敦煌俗字研究

張涌泉 著

第二版

上海教育出版社

本書榮獲教育部高校第二屆人文社會科學研究成果一等獎（1998）

中國社會科學院胡繩青年學術獎（2000）

斯388號《正名要録》之一

斯388號《正名要錄》之二

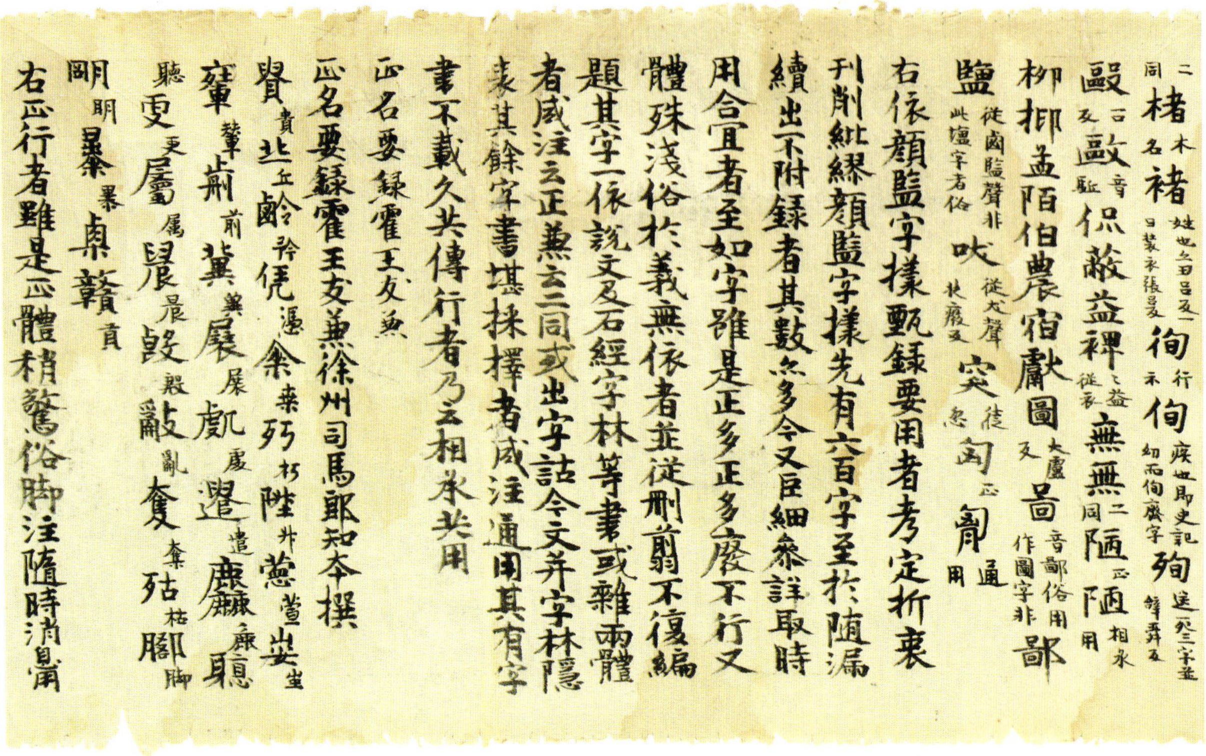

斯388號《字樣》《正名要錄》（局部）

二楮褚 地也且日呂反 同行
同名 麻世助史記 徒逕字盡
殿音 日蒙永張曼 徇 幼而徇齊字
殴駏 佀蔽 益禋 從益 無無二 殉 诤弄五 徇二 徇正
又殴駏 從承 迺 同 用 迱 相永

柳揶孟陌伯典農宿獻圖又 大盧 音鄙俗用
鹽 此鹽字方俗 吠 從大聲 突 恩 闺 作圖字非 鄙
從鹵監贊非 地廣又 闺正

右依顏監字樣甄錄要用者考定折衷
刊削紕繆顏監字樣先有六百字至於隨漏
續出不附錄者其數怨多今又臣細參詳取時
用合宜者至如字雖是正多廢不行又
體殊淺俗於義無依者並從刪翦不復編
題其字一依說文又石經字林等書或雖兩體
者咸注之正兼三同或出字詁令文并字林隱
裹其餘字書堪抹擇者咸注通闇其有字
書不載久失傳行者乃互相承共用

正名要錄霍王友兗徐州司馬郎知本撰

五名要錄霍王友兗

賢 貴北五齡矜 俀 漅 余 棃 殍 扸 陞 井 蘐 萱 山 安 坌
竆 摹 苦朔 蜚 蓂 屧 亂 虘 遷 廉麻 廉 聽

聽 更 屬 屬 晨 晨 殷 歜 奩 夵 砧 腳 脚

朗 明 暴 暴 皋 贛 貢

右正行者雖是正體精驚俗腳注隨時消息用

大唐進士白居易千金字圖

鄭氏字寶　　　　　千金赤白砜金　　以鄭氏字圖

凡人之運動足骨有名目言常在口字難待怨是以
兆人立用豕妨下筆梁俠莟逵貴於尋梡雜以諺
吐常致疑之念沧眼刺之字不在經典小史籍之內閒於
萬人理辤之言字多辤逑口則言之記中不之識至於七
大夫及博學之客曾紀書傳典之言訐心言朡驚
雜之字侴欲自書或敀人聞皆稱不識何有恥之
下靟甲而憋顏於賓知則有無豢之子万智之徒戓
云俗字不曉斯言芚彳天下士歲同流廁覓共慶論
粗按十之七八皆以誓以愶俗既俗字而不識則言話之訛訛矣
矢在士者因不啻欷如未之小豢又曾鼪屄而焭敫
使曖睐賢惠家紉無辤余令訐寒字統援引泉書翰
苑王纂數家扐蘭篡氐戳量緇戒一卷雜末壹天下
之物名氺粗齊舎竜之滯思歸曰字寶有者砜金
然零眂教要之時則無大瑕而凮筆濟用之力宙欵
其金譓之佩金開卷有益靖之易識厞育之字注引
假俏余恩濟豢為大同以歸轚為美辭持毃羕
末高也氏之一軸常為一卷術印瞕嬌定有所益肯
費尋幾也金矣為四聲湾逋則五脰　平夲聲
肌胜體　　　　　　艽夳二聲
文云　　儣蘱斜　又唁　肥徔崨　　同胫唇
人瞎眠夂　紲掵亼　　　歏量相㥄倚　　天文挨心

平聲

肥曉體 業苗反 又廘
目䀹眣 正瞑下所夾
相䅽佝 絕皆反 又扶楧
人䫊䫙 雨腐反
聲䎖 ろ 犮夾
曉眼 古俠

物䚻斜 㩥乗反 又喝
人矏眼 丑更反
心忪恌 音錬調
面戯鳳 交加反
人頰頤 音玻戲
笑呝ろ 由伊

肥肶尵 烏懷反 丑乖反
柑柎 下乗反 又歧曇
人眼蘇 音花 又燈㐬
鯉䰸 音脾䰸 又化催
䀾頃 音䔍
馬䮕踏 悄

語敨嘶謷 音西
相㸰妖 音潦下鉢
火㭘刉 白檻反
㮞皷 知爪反朾也
子㪍硬 五交反
相謿䳾 莫干反
嚯啄 側呱反下卓

猪䑛坳 音天猪線地
手榑磬 自檻反下走音反
相捫賊 而綠反
心䛝言硬 五交反
手橈㮼 泆哥反
顡劉 音科落

柎斯言咠聲 音西破豐聲世
人婃椋 楮音
用䶏子 卿灾反
手榛峞 乃敌反素瘂
鉀 足前反 金
聲詨ろ 尸反驚反

人㒞眠 賣為反睡
人嗅呾 丁俟反 多割

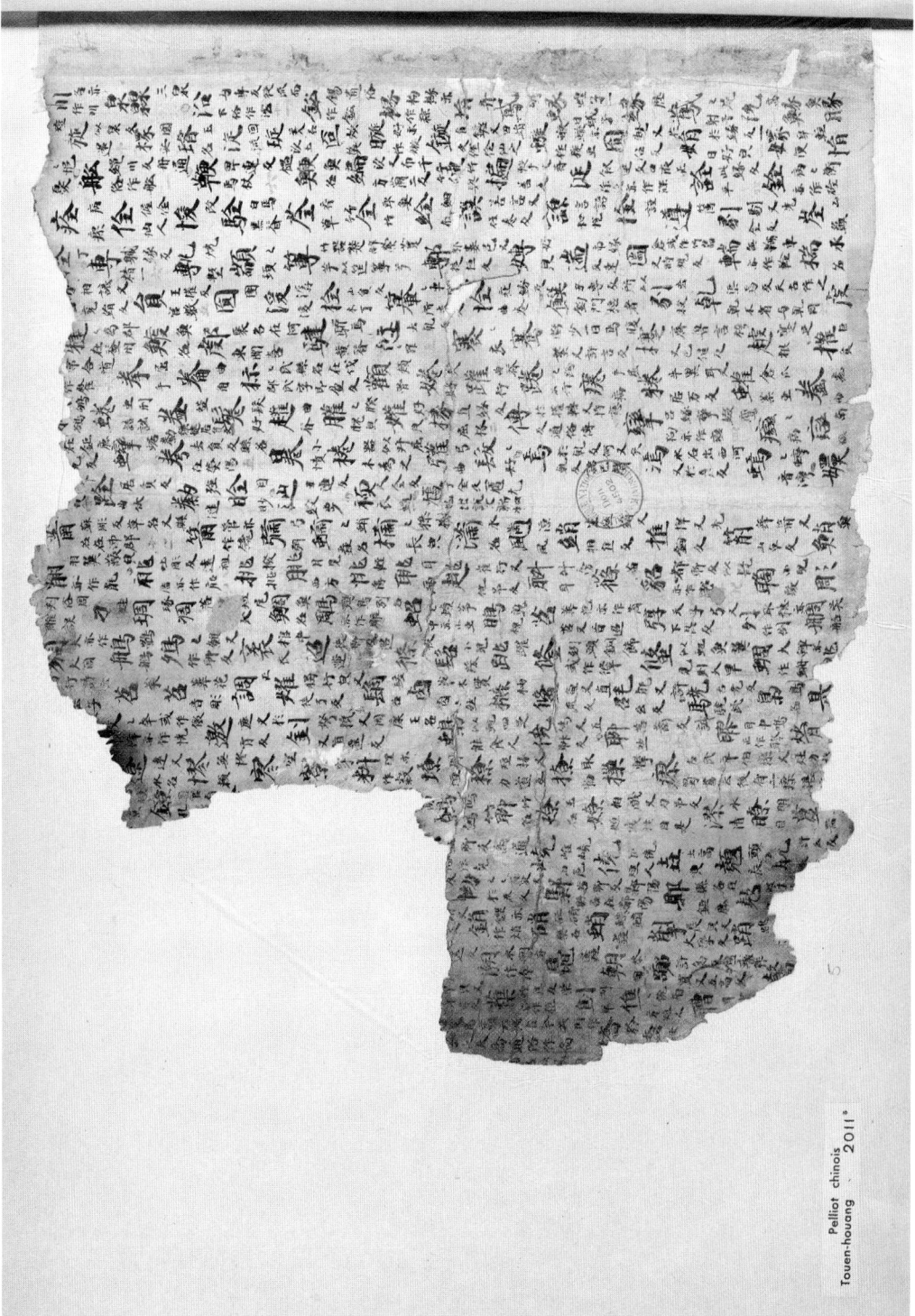

伯2011號《刊謬補缺切韻》（局部）之一

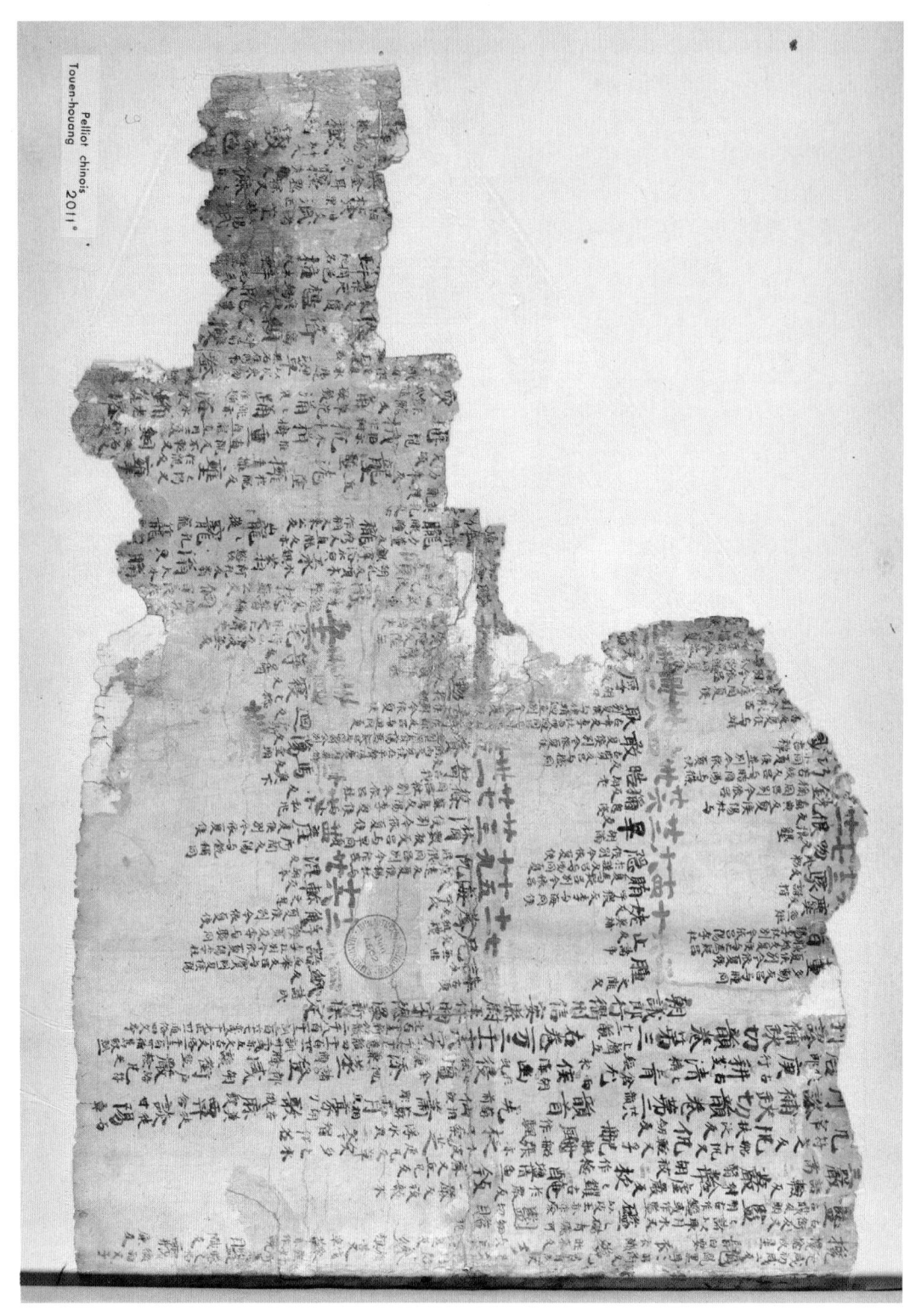

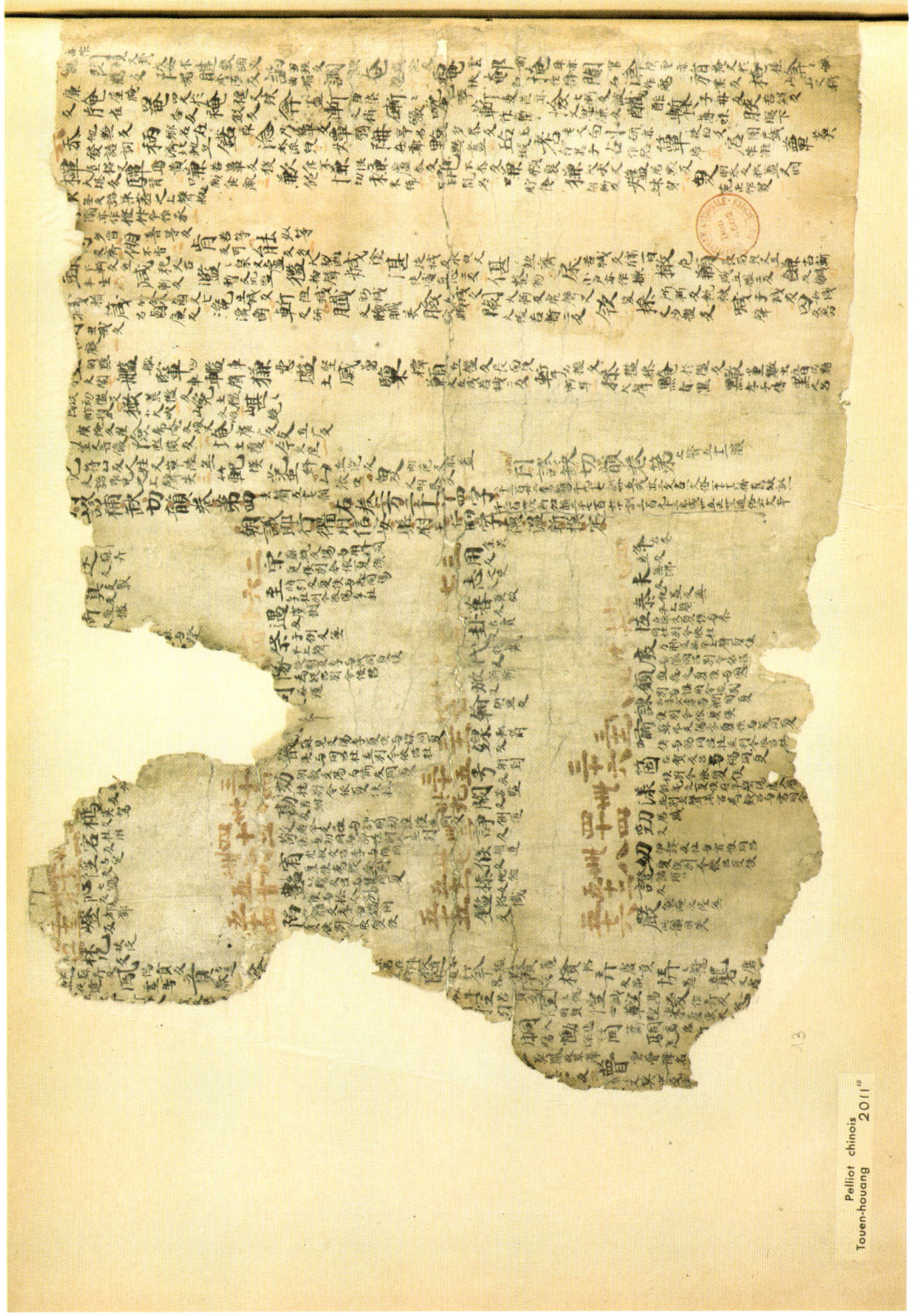

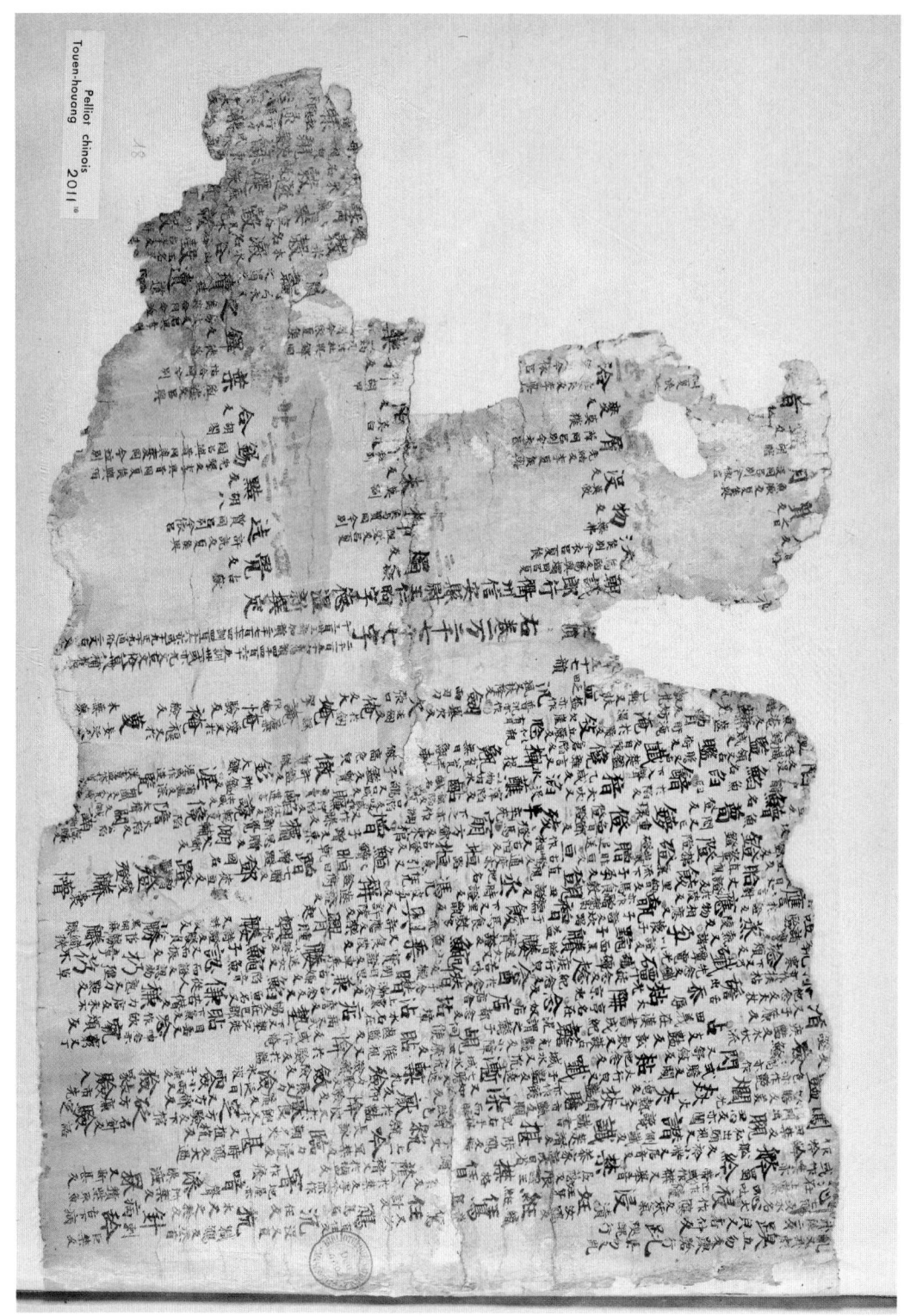

斯6117號《時要字樣》

伯2609号《俗务要名林》(局部)

序

饒宗頤

文字之正與俗，其區別甚難言也。俗與正相對而言，然何者必爲正，而何者爲俗，溯洄以尋根株，資料所限，往往未易遽得其碻證。顏元孫以躬、躳並爲正，今則以躳爲異體。觀戰國包山簡字乃作窮，則躳何嘗非正乎？魏齊別寫，以烏爲象，而馬王堆《繫辭》均以馬字代象，又何嘗非俗乎！

《壇經》獦獠一詞，近時潘石禪教授舉敦煌本佛乘，力證獦當爲獵之俗寫①，不知武威漢簡《泰（大）射》獵獲正作獦護②。余所見建初四年簡有獦君③，未必果爲俗體，獦字實早見於漢代文書；知此類異文，非局於敦煌寫本，事實更有其遠源也。

繼服虔《通俗文》，隋祕書監王劭有《俗語難字》之作，揭出俗之一義，意存匡正，惜其書靡傳。碑碣別體，近人理董者多，其書滿家，遠則六國字例，凌雜更甚，遙開六代之先，治敦煌學者倘能溯源及此，所得當更倍蓰焉。

張君涌泉，殫精文字訓詁之學，病敦煌卷子別字之多，人稱譌火，傳誤滋甚，爬梳剔抉，櫽括鯤集，通其條貫，勒成鴻篇。其中偶舉實例，皆綽有根據，極富創見，矯正時賢之失，尤足多者。此書之出，允爲衆説之歸墟，要亦斯學之鈐鍵。因力促其刊佈，所覬大雅宏達，多所匡益，釋疑決滯，同掃榛蕪，庶不負作者之精心，兼示來學以易曉云爾。

1994 年 9 月

---

① 《敦煌寫本六祖壇經中的獦獠》，《中國文化》第 9 期。
② 《武威漢簡》，文物出版社，1964 年，頁 49。又見漢熹平石經《儀禮·既夕》鬣作鬎，漢簡作䳾，具見曷、鼠通用。
③ 本片藏於香港中文大學中國文化研究文物館。

總 目

序 ·· 饒宗頤 1

上編　敦煌俗字研究導論

序　例 ··· 3

第一章　緒　論 ·· 5

一、俗字的定義 ··· 5
二、俗字的名稱 ··· 8
三、俗字的範圍 ·· 10
四、俗字流行小史 ·· 13

第二章　敦煌俗字概説 ··· 15

一、敦煌文獻與俗字 ·· 15
二、敦煌俗字書要覽 ·· 21
　（一）杜延業（？）《字樣》殘卷 ···································· 22
　（二）郎知本《正名要録》 ·· 26
　（三）佚名《時要字樣》 ·· 28
　（四）鄭氏《字寶》 ·· 30
　（五）王仁昫《刊謬補缺切韻》 ···································· 34
三、敦煌俗字研究述略 ·· 37

第三章　敦煌俗字研究的意義（上） …… 43

一、有助於大型字典的編纂 …… 43
　　（一）選定正確的字頭 …… 44
　　（二）糾正辨析的錯誤 …… 47
　　（三）抉發俗字的淵源流變 …… 48
　　（四）提供準確的用例 …… 50
　　（五）增補漏收的俗字 …… 55
　　（六）考索"無可考據"的俗字 …… 56
二、有助於近代漢字的研究 …… 58
三、有助於漢字的整理和規範 …… 60
　　（一）遵循約定俗成的原則 …… 60
　　（二）尊重漢字字形簡化的大勢 …… 61
　　（三）避免選用易於引起歧解的俗字 …… 62
四、有助於古籍的整理和校勘 …… 63

第四章　敦煌俗字研究的意義（下）
——與敦煌文獻的校理 …… 69

一、糾謬誤 …… 69
二、訂訛體 …… 74
三、辨異文 …… 78
四、識難字 …… 82
五、探源流 …… 85
六、定名稱 …… 89
七、明時代 …… 94

第五章　敦煌俗字誤校示例 …… 99

一、不明俗字迻錄失真例 …… 100
二、不明俗字誤錄例 …… 101
三、不明俗字臆改例 …… 104
四、不明俗字失校例 …… 106

五、不明俗字誤校例 ···································· 107
六、不明俗字誤録復誤釋例 ···························· 108
七、俗書形近而誤録誤校例 ···························· 111
八、不明俗字作缺字例 ································ 114
九、不明俗字而誤删例 ································ 116
十、據通行俗體或後世簡化字回改而誤例 ················ 117
十一、因俗體誤二字爲一字或一字爲二字例 ·············· 120
十二、以後起字校改古代本字例 ························ 124

第六章　敦煌俗字的類型 ···························· 126

一、偏旁增減 ·· 126
　（一）增加表意的偏旁 ····························· 126
　　1. 增加表意的偏旁以指示類屬 ···················· 126
　　2. 增加表意的偏旁以顯化意符 ···················· 127
　　3. 另增表意的偏旁以明確字義 ···················· 128
　（二）省略表意的偏旁 ····························· 129
　（三）省略表聲的偏旁 ····························· 130
二、偏旁改换 ·· 131
　（一）改换表意的偏旁 ····························· 131
　　1. 意近换用 ·································· 131
　　2. 形近换用 ·································· 132
　　3. 改旁便寫 ·································· 133
　　4. 因事物的質地發生變化或觀察的角度不同而换用 ··· 134
　　5. 因字義引申而换用 ·························· 135
　　6. 改表意的偏旁爲表聲的偏旁 ·················· 135
　（二）改换表聲的偏旁 ····························· 136
　　1. 音近换用 ·································· 136
　　2. 改换聲旁以求更確切地反映字音 ·············· 137
　　3. 改换聲旁以簡化字形 ························ 138
　　4. 形近變誤 ·································· 138
　　5. 改表聲的偏旁爲表意的偏旁 ·················· 139

三、偏旁易位 ··· 140
　　四、書寫變易 ··· 141
　　五、整體創造 ··· 143
　　　（一）新造會意字 ··· 144
　　　（二）新造形聲字 ··· 144
　　　（三）新造象形字 ··· 146
　　六、正字蛻變 ··· 147
　　七、異形借用 ··· 148
　　　（一）音借 ··· 148
　　　（二）形借 ··· 150
　　八、合文 ·· 152

第七章　敦煌俗字形成的幾種趨勢 ······················· 158
　　一、類化 ·· 158
　　　（一）受上下文影響的類化 ······························ 158
　　　（二）受構形法影響的類化 ······························ 162
　　　（三）受形近字影響的類化 ······························ 163
　　　（四）字的内部類化 ······································ 164
　　二、簡化 ·· 165
　　　（一）用簡筆代替繁筆 ··································· 166
　　　（二）省略某些相同的或非主要的構件 ················ 166
　　　（三）符號代替 ··· 167
　　　（四）草書楷化 ··· 167
　　三、繁化 ·· 168
　　　（一）增加筆畫 ··· 168
　　　　1. 區別形近的字 ·· 168
　　　　2. 受其他字影響 ·· 168
　　　　3. 由於書寫習慣或字形的整體協調的影響 ·········· 169
　　　（二）改用常見的偏旁造成繁化 ························ 169
　　　（三）據俗體回改造成繁化 ······························ 170

第八章　敦煌俗字辨識方法論 ……………………………… 171
一、審辨字形 ………………………………………………… 172
二、類比例句 ………………………………………………… 175
（一）把出現相同或相近形體的俗字材料排比在一起，
據以推定其正字 ………………………………… 176
（二）把含義或作用相當的詞或句子排比在一起，據以
推定其正字 ……………………………………… 178
三、比勘異文 ………………………………………………… 179
四、佐證文獻 ………………………………………………… 181
五、審察文義 ………………………………………………… 183

第九章　研究敦煌俗字應注意的幾個問題 ………………… 186
一、諳熟佛教用語和俗語詞 ………………………………… 186
二、具備一定的音韻學知識 ………………………………… 191
（一）某些俗字本身是假借字，沒有一定的音韻學知
識就很難透過字形的迷障去求其本真 ………… 191
（二）有些俗字是通過改換聲旁或音近假借形成的，
沒有一定的音韻學知識就無法正確認識俗字或
推明俗字的來源 ………………………………… 192
三、通曉漢字的各種形體 …………………………………… 193
四、堅持無徵不信的原則 …………………………………… 196

第十章　研究敦煌俗字的重要參考書——《龍龕手鏡》 …… 198
一、行均其人其書 …………………………………………… 198
二、《龍龕手鏡》與敦煌俗字 ………………………………… 201
（一）分部歸類與敦煌俗字相合 ………………………… 201
（二）疑難怪字與敦煌俗字相應 ………………………… 203
三、《龍龕手鏡》讀法示例 …………………………………… 205
（一）正字例 ……………………………………………… 206
（二）同字例 ……………………………………………… 207

（三）或作例 · 208
（四）古文例 · 208
（五）今字例 · 209
（六）通字例 · 209
（七）俗字例 · 209
（八）俗通例 · 210
（九）變體例 · 210
（十）誤字例 · 210
（十一）互見例 · 211
（十二）以正字注音例 · 211
（十三）以俗字注音例 · 212
（十四）俗字僅標音義而不指明正字例 · 213
（十五）一形多用例 · 213
（十六）行文不避俗字例 · 214
四、《龍龕手鏡》的缺點 · 215
（一）異體歸類缺乏統一的標準 · 215
（二）異體字同部雜出 · 215
（三）異體俗字正字不明 · 216

下編　敦煌俗字彙考

編　例 · 221
部首目録 · 225
檢字表 · 227
正　文 · 245

主要引用書目 · 939
後　記 · 946
第二版後記 · 949
四角號碼索引 · 951

上　編

敦煌俗字研究導論

序　例

一、敦煌文獻俗字盈篇,實爲閱讀之最大障礙,前輩學者至有"苟不研究敦煌之俗字,即難望通曉敦煌之作品"之慨。然則辨識俗字,乃爲研治敦煌文獻之首務。故特撰作本書,試就敦煌俗字的類型、研究的意義、方法等略抒己見,冀有助於敦煌俗字之辨識和敦煌文獻之校理。

二、凡敦煌莫高窟發見之漢文寫本、刻本、石本文獻皆在本書研考範圍之内。吐魯番文書與敦煌文獻關係至爲密切,故亦酌加擇用。

三、所謂"敦煌俗字",乃指所有敦煌文獻中所載録、所使用的俗字,但未必爲敦煌文獻所專有,亦未必爲敦煌文獻書寫的時代所始有。特此聲明,以免誤會。

四、書中引用敦煌文獻資料,一般據縮微膠卷、各家影印本、網上公布或筆者購買的彩色照片,其中"伯"指法國國家圖書館藏敦煌文獻伯希和(P. Pelliot)編號;"斯"指英國國家圖書館藏敦煌文獻斯坦因(A. Stein)編號;"北"指中國國家圖書館藏敦煌文獻縮微膠卷號(卷號後括注原千字文編號);"北敦"指北京圖書館出版社 2005—2012 年影印《國家圖書館藏敦煌遺書》編號;"臺圖"指臺北石門圖書公司 1976 年影印臺灣"中央圖書館"藏敦煌寫卷《敦煌卷子》編號;"上博"指上海古籍出版社 1993 年影印《上海博物館藏敦煌吐魯番文獻》編號;"浙藏"指浙江教育出版社 2000 年影印《浙藏敦煌文獻》編號;"中村"指日本文部科學省科學研究費特定領域研究〈東ァジア出版文化の研究〉総括班 2005 年影印《台東区立書道博物館所藏中村不折旧藏禹域墨書集成》編號;"敦研"指甘肅人民出版社 1999 年影印《甘肅藏敦煌文獻》所收敦煌研究院藏敦煌文獻編號。其他各地所藏,則隨文注出。爲方便摹寫和免於枝節蔓衍,引文中凡與所説明的内容無關的俗字别體,一般徑改爲通行的繁體,書中不一一注明。原卷缺字用"□"號表示，缺幾字用幾個"□"，不能確定者，上部殘缺時用"▭"號，中部殘缺時用"▭"號，下部殘缺時用"▭"號表示；缺字據異本或上下文或文意補出時在缺字符號後用圓括號注明；模糊不清無法錄出或殘存偏旁者用"⊘"號表示，缺幾字用幾個"⊘"號；如原卷本身有脫字，則加"[□]"號表示之，脫字據上下文或文義補出時外加[ ]號（音義類寫卷注音反切後往往省略"反"字，爲免誤解，引用時亦酌情用[ ]號補出）；衍文用⦅⦆括住。假借字、譌字在原字後用"（ ）"注出本字或正字。引例中的重文符號或省代符號一般回改爲原字，有必要保留的，前者一般用"＝"形符號代替，後者一般用"—"形符號代替。釋讀尚存疑的，在字後或相應符號後加(?)。文中引用前人整理過的敦煌文獻，其中校錄符號與上揭規定不同者，也一律依原卷實際情況改用上揭符號。

　　五、引用敦煌文獻以外的文獻資料，一般隨文標注頁碼，以便稽核；書末附載"主要引用書目"，標明所據版本。引用單篇論文，則隨文出注。

　　六、本文所舉例證，大多出自個人的研究心得；少數擷自前賢或時人著作，則隨文注明。凡有錯誤，概由本人負責。

　　七、書中列舉了以往敦煌學著作中因不明俗字而造成的一些失誤。這些著作的作者，大都是筆者素所尊敬和仰慕的師長，爲此筆者極感惶懼不安。兹特借用唐蘭先生的一段名言以表明自己的心迹，并懇請師長們的寬恕："治學問而至不敢明是非，還成什麼學問。學問本只是求真理，我們找出自己過去的不是，指摘別人的不是，同樣也願意別人指摘我們的不是。"（《古文字學導論·自敍》）

　　八、最後，借用伯3433號《論語集解》卷末題記中的一句話以就教於師長和學友："手惡筆若(弱)，多有厥(闕)錯，朋師見者，即与盖(改)卻！"

第一章 緒 論

一、俗字的定義

研究敦煌俗字,首先要解決的一個問題是:什麽是俗字?換言之,即俗字的定義是什麽。對這個問題,雖然人們并没有太多的分歧,但要給予準確完整的表述卻也并非易事。下面我們且看幾家權威性的論定:

舊《辭海》(舒新城主編)"俗字"條下云:

謂通俗流行之字,别於正字而言。(頁231。《中文大辭典》說同,頁1039)

新《辭海》同條下云:

異體字的一種。舊稱流行於民間的多數爲簡體的文字爲俗字,别於正字而言。區分正和俗的標準,往往隨時代而變遷。(頁564。按:同書頁2819"異體字"條下云:"音同義同而形體不同的字。即俗體、古體、或體、帖體之類。")

新《辭源》同條下云:

在民間流行的異體字,别於正體字而言。(頁221)

《漢語大詞典》同條下云:

俗體字。舊時指通俗流行而字形不合規範的漢字,别於正體字而言。(第1册頁1405)

《中國大百科全書》語言文字卷未見"俗字"條,但該書"俗體"條云:

俗體(Vulgar form),指民間手寫的跟字書寫法不合的漢字字體。

例如……燈作灯、墳作坟、驢作驴、遷作迁等字都是俗體。唐代顔元孫《干祿字書》和王仁昫的《刊謬補缺切韻》裏所收俗體字極多。宋元以後在戲曲小說刻板書裏還經常應用一些俗體字,其中很多字一直到現在還在應用,有不少已作爲正式的簡化字。(頁375)

顯然,這裏所講的"俗體"和前面所説的"俗字"是一回事,不過稱呼略有不同而已。

綜合以上各家所説,我們認爲漢語"俗字"的定義應該是這樣的:

> 漢字史上各個時期與正字相對而言的主要流行於民間的通俗字體稱爲俗字。

對於這一表述,我們有必要作如下的説明:

(一) 俗字存在於漢字史上的各個時期。俗字是伴隨着文字的産生而産生的。無論是商周古文還是近代、當代文字,都有俗字的存在[1]。以當代文字而論,廣東、香港一帶常把輪胎的"胎"寫作"呔",又作"軑";電梯的"梯"或寫作"䡤"[2],這就是現代漢字的俗體。周有光先生指出:"俗體字的産生在歷史上没有停止過,……各種字體裏都有俗體字。"(《漢字改革概論》頁299—300)今後只要漢字存在下去,漢字俗體的産生也就不會停止。新《辭海》《漢語大詞典》等書在"俗字"的定義前冠以"舊稱""舊時指"的限定語,那是不科學的。

(二) 俗字具有時代性。一定時期的俗字是相對於一定時期的正字而言的。商周有商周的俗字,秦漢有秦漢的俗字,近代也有近代的俗字。正俗之間的關係并不是一成不變的,它們往往隨着時間的推移而不斷發生變化。不同的書體如此,單個的漢字也是如此。如"躬"字,《説文》定作"躳"的俗字;唐代顔元孫的《干祿字書》則云躬、躳"並正";到現代,"躳"成爲"躬"的異體字,而"躬"則成了唯一的正字。又如"乱"是一個六朝俗字(《顔氏家訓·書證》篇載之),《干祿字書》《廣韻》皆云"亂"俗作"乱",而大陸地區簡化漢字以後,"乱"便搖身一變,成爲"合法"的正字了。所以我們在俗字的定義前冠以"漢字史上各個時期與正字相對而言的"限定語,理由即在於此。

---

[1] 參看拙著《漢語俗字研究》第二章《古今俗字大觀》,岳麓書社1995年版。
[2] 香港灣仔告士打道某商廈的玻璃門上寫有"搬運物資,請用貨䡤"字樣,"貨䡤"指專門載貨的電梯。廣東話念"梯"音近"立","䡤"是按照廣東方言造的形聲俗字。

（三）俗字主要流行於民間。總的來說，俗字是"凡夫俗子"所創造所使用的。但作爲約定俗成的結果，有時也會對上層社會產生影響。《顔氏家訓·書證》篇云："吾昔初看《説文》，蚩薄世字，從正則懼人不識，隨俗則意嫌其非，略是不得下筆也。所見漸廣，更知通變，救前之執，將欲半焉。若文章著述，猶擇微相影響者行之；官曹文書，世間尺牘，幸不違俗也。"（頁463）"從正則懼人不識"，當時俗字使用之廣，竟使寫正字有使人看不懂的危險，流風所及，以至像顔之推這樣"蚩薄世字"的正統文人也不得不對俗字採取妥協的態度。可見俗字的流行有時也會波及上層社會。1992年初某電視臺作"中國質量萬里行"的連續報道，熒屏上經常打出請高層領導題寫的"中国质畺万里行"字樣，其中"量"寫作俗字"畺"①，這也可説明俗字并非"凡夫俗子"的專利品。以此而言，我們在上揭定義"流行於民間"前冠以"主要"的限定詞，就不是可有可無的了。

（四）俗字是一種通俗字體。俗字之所以稱爲"俗"字，主要與它通俗的特點有關。顔元孫在《干禄字書》序中説："所謂俗者，例皆淺近，唯籍帳、文案、券契、藥方非涉雅言，用亦無爽；倘能改革，善不可加。"（頁9—10）。根據這一表述，俗字的通俗性可以包含兩方面的內容：一是字體"淺近"；二是主要流行於民間的通俗文書。字體淺近，主要與俗字簡省的特徵有關。即使有些增繁的俗字，同樣具有淺近的特點。如前面所舉輪胎的"胎"俗寫作"軩"，雖然字形上繁化了，但音義上卻更"淺近"明白了②。

另外，我們有必要指出，《中國大百科全書》"俗體"條所下的定義是存在着嚴重缺陷的。首先，俗字并不限於手寫體。姑且不説俗字連篇累牘的宋元以來戲曲小説刻本，就連最神聖的《十三經》刻本也未能免"俗"。如《爾雅·釋言》："祈，叫也。"郭璞注："祈祭者叫呼而請事。"周祖謨校箋："'叫'當作'叫'。宋刻十行本不誤。注'叫呼'亦當作'叫呼'。"（《爾雅校箋》頁210）又阮元刻《十三經注疏》本《左傳·襄公三十年》："或呌於宋大廟。"阮元校勘記："朱本、明翻岳本'呌'作'叫'，《釋文》同，《石經》作'叫'。"（頁2012、2017）這裏提到的"叫"和"呌"便都是"叫"的俗字③。可見字之正俗與手寫與否并不存在必然的聯繫。

---

① 《説文》載"量"字古文作"量"，而俗書方口尖口不分，故"量"俗又書作"畺"。
② "軩"是從車、太聲，爲形聲俗字。
③ 《龍龕手鏡·口部》："呌，俗；噭，正：古吊反，鳴也，遠聲也，亦喚也。與叫同。叫，同上，叫喚也。"（頁273）《字彙·口部》："噭，與叫同。"（頁83）用於叫喚義的"呌""叫"都是"叫"的俗字。

其次,字形與字書相合與否也不能作爲判定正俗的標準。因爲字書是一個統稱,一個時代有一個時代的字書,難道能要求現代漢字跟漢代《説文解字》中的小篆相合纔算正字嗎？更何況字書所收的字可以是正字,也可以是俗字,怎麽能作爲判定正俗的標準呢？所以,《中國大百科全書》"俗體"條所下的定義是我們所不能苟同的。

最後還得饒舌一下的是,古人所謂的"俗字"有時并非指俗體字,而是指俗語詞或習用無新意之詞①,這一含義的"俗字"與我們的論題無關,這裏就不討論了。

二、俗字的名稱

字分正、俗的觀點,漢代的學者已肇其端倪。如東漢許慎作《説文解字》便收載了許多當時通行的俗字或體。如"蟁"下云俗從虫從文作"蚊"(頁 284),"冰"下云俗從疑作"凝"(頁 240),"居"下云俗從足作"踞"(頁 174),等等。近人馬敘倫《説文解字研究法》云:"許書兼取俗字……此蓋由其字不見於《史籀》《倉頡》《凡將》《訓纂》及壁中書,而世俗用之,故不得而削,别之曰俗字。"(頁 27)不過當時尚未直接提出"俗字"這一名稱。

最早使用"俗字"這一名稱的,大概應推隋初顏之推所作的《顏氏家訓》。該書《書證》《雜藝》等篇都曾一再提到"俗字"。如《書證》篇云:"虛字從虍,宓字從宀,下俱爲必,末世傳寫,遂誤以虛爲宓。……孔子弟子虙子賤爲單父宰,即虙羲之後,俗字亦爲宓,或復加山。"(頁 408)又《雜藝》篇云:"晉、宋以來,多能書者,故其時俗,遞相染尚,所有部帙,楷正可觀,不無俗字,非爲大損。"(頁 514)皆其例。唐宋以後,"俗字"之稱便流行開了。

比俗字更早一些,漢代人還有所謂"别字"的稱呼。《漢書·藝文志》載無名氏之《别字》十三篇(頁 1720),《後漢書·光武十王傳》亦稱東平憲王劉蒼有

---

① 如宋王楙《野客叢書》卷二四"以鄙俗語入詩中用"條:"唐人有以俗字入詩中用者。如張祜詩:'銀注紫衣擎'……王建詩:'楊柳宮前忽地春',曰'萬事風吹過耳輪',曰'朝回不向諸餘處',曰'若教更解諸餘語',曰'新晴草色暖溫暾';白樂天詩:'池水暖溫暾',此類甚多。"(頁 270)其中所謂"俗字"就是指"鄙俗語"(亦即俗語詞)而言。又清雷浚《説文外編》卷十二《俗字》條:"俗字者,不見於經而見於《玉篇》《廣韻》者也。"(該卷頁 1)這是對"俗字"的又一種理解。

《別字》之撰(頁1441),雖然它們的内容,由於其書已佚,今不可知,但據《顔氏家訓·書證》篇稱,王羲之《小學章》①"陳"字"別字"阜傍作車(頁395)②,由此可以推知,這些所謂的"別字",不過是"俗字"的別一名稱罷了③。後來清人趙之謙作《六朝別字記》,羅振玉作《增訂碑別字》,都是這一意義的俗字彙編。

除了"俗字""別字"以外,前人還經常提到"近字""俗用字""時用字""俗體""俗書""別體""僞體""譌體""或體""破體""小寫""手頭字"等一類的名稱。如唐釋玄應《一切經音義》卷十二《賢愚經》第四卷音義:"如掊,蒲交反,《通俗文》:手把曰掊。字從手、音聲。經文作刨,近字也。"(頁539)又唐釋慧琳《一切經音義》卷三四《佛説内藏百寶經》音義:"繖蓋,上珊宣反,《東觀漢記》:時天大雨,上騎持繖蓋。顧野王云:繖即蓋也。《説文》從糸、散聲。經文作此傘,未詳,亦俗用字。"(頁1377)又同書卷六一《根本説一切有部毘奈耶律》第三十三卷音義:"攂裙,上音臺,下音羣……言攂裙者,摳衣也。下裙字《説文》正體從巾作帬,今律中從衣作裙,時用字。《説文》:帬,裳也,上曰衣,下曰裳。並合從巾。今並從衣,俗字。"(頁2452—2453)又宋孫奕《履齋示兒編》卷二二引《字譜總論訛字》:"如顧之顾、霸之覇、喬之髙、獻之献、國之囯……醉之酔,凡此皆俗書也。"(頁227)又宋祁《宋景文公筆記》卷中:"後魏北齊時,里俗作僞字最多,如巧言爲辯、文子爲學之比④。"(頁8)清顧炎武《金石文字記》卷上後魏《孝文帝弔比干墓文》跋:"此碑字多別構……蓋文字之不同,而人心之好異,莫甚於魏、齊、周、隋之世;別體之字,莫多於此碑。"(頁9—10)陸以湉《冷廬雜識》卷四《破體字》:"朝考殿試,最重書法。大要以黑、光、匀爲主,並不可有破體字。"(該卷頁7)繆荃孫《京本通俗小説》跋:"通體皆減筆小寫,閲之令人失笑。"(《京本通俗小説》末附)等等。這些名稱,究其實質,和前面所説的"俗字""別字"并

---

① 盧文弨抱經堂校本《顔氏家訓》作王羲《小學章》,此據宋淳熙台州公庫本。參看王利器《顔氏家訓集解》頁396注〔10〕。
② 陣地之"陣"古本作"陳","陣"爲"陳"的後起俗字。
③ "別字"還可指拆字(分析字的形體)和音誤、形誤字,與此不同。《後漢書·尹敏傳》:"讖書非聖人所作,其中多近鄙別字,頗類世俗之辭,恐疑誤後生。"王先謙《後漢書集解》引何焯曰:"如以劉爲卯金刀,以泉貨爲白水真人,皆別字之徵。"(頁894)這便是指拆字而言。
④ "文子爲學","子"原作"字",誤。斯388號《正名要録》"正行者正體,脚注訛俗"類"學"下脚注"孥"。又宋孫奕《履齋示兒編》卷二二引《字譜總論訛字》以"學之孥"爲"俗書"(頁227)。敦煌文書"學"多作"孥"。原作"文字爲學"於古無徵,非是。兹徑予録正。

無二致,前人在實際運用中,也往往把它們和"俗字"等而同之。

三、俗字的範圍

俗字的定義、俗字的名稱既如上述,俗字的範圍也就不難確定了。我們大致可以這樣認爲:凡是區別於正字的異體字,都可以認爲是俗字。俗字可以是簡化字,也可以是繁化字;可以是後起字,也可以是古體字。不過,古今人的看法往往并不一致,甚至古人之間的看法有時也不一致,這就需要我們做一些溝通的工作,從而達到理解和一致。敦煌遺書大抵是唐代前後的產物,要確定敦煌俗字的範圍就必須結合那個時代的情況來加以考察。這裏我們先來看看唐代文字學家顏元孫的觀點。顏氏在他所編的《干祿字書》中把漢字分成俗、通、正三體,他在序中說:

> 自改篆行隸,漸失本真。若總據《說文》,便下筆多礙。當去泰去甚,使輕重合宜……具言俗、通、正三體。……所謂俗者,例皆淺近,唯籍帳、文案、券契、藥方非涉雅言,用亦無爽;倘能改革,善不可加。所謂通者,相承久遠,可以施表奏、牋啟、尺牘、判狀,固免詆訶。(原注:若須作文,言及選曹、銓試,兼擇正體用之尤佳。)所謂正者,並有憑據,可以施著述、文章、對策、碑碣,將爲允當。(原注:進士考試理宜必遵正體;明經、對策,貴合經注本文;碑書多作八分,任別詢舊則。)(頁6—11)

在正、俗二體之外設立"通"體,這是顏元孫承繼乃祖顏之推的觀點,能夠"通變"的表現。不過這并非顏元孫的發明。敦煌寫本斯388號有《字樣》殘卷一種,根據我們的研究,這就是杜延業的《羣書新定字樣》(說詳第二章第二節),其中已提到"通用""相承用"的概念;稍早於《干祿字書》的王仁昫的《刊謬補缺切韻》也經常使用"通俗作"的術語。試比較:

> 甲 《干祿字書》:"甄甎:上通下正。"斯388號《字樣》:"甎,正;甄,通用。"

> 乙 《干祿字書》:"盃杯:上通下正。"斯388號《字樣》:"杯,正;盃,相承用。"

> 丙 《干祿字書》:"亰京:上通下正。"伯2011號王仁昫《刊謬補缺切韻》:"亰,通俗作京。"

> 丁 《干祿字書》:"頽頹:上通下正。"斯388號《字樣》:"頹,徒回反,

從秀。從秀作俗。"

戊 《干禄字書》:"藂叢,上通下正。"《廣韻·東韻》:"叢,聚也。藂,俗。"

比較以上五組例句,我們不難看出,顏元孫所謂的"通"字和杜延業的"通用"字、"相承用"字以及王仁昫的"通俗作"字,其實是一回事;這類"通"字和一般的"俗"字也沒有大的區別,只不過它們沿用的時間更長一些,使用的範圍更大一些。說得更乾脆一些,"通"字也就是承用已久的俗字。蔣禮鴻師指出:"就'規範'的觀點來說,尺度放嚴格些,'通'也就可以屬於俗字的範圍①。"這是完全正確的。

下面我們來討論一下俗字與誤字、俗字與同音(或近音)通用字的聯繫和區別。

誤字包括形誤字和音誤字,是指因形近或音近而誤讀誤書的字,古人亦統稱爲"別字"。清凌霞《六朝別字記序》云:"世俗以字之誤書、誤讀者謂之別字。"(《六朝別字記》卷端)如明浮白主人《笑林》"讀別字(吳語謂之'白字')"條云:

有主人以米數石延蒙師,與之約:讀一別字,罰米一升。至解館,計一年所讀,退卻,僅存米二升。主人取置案上,師大失望,嘆曰:是何言與(輿)?是何言與(輿)?主人顧童子曰:連二升一併拿進去。(《歷代笑話集》頁208引)

又馮夢龍《笑府》卷上云:

二蒙師死,見冥王,一係讀別字者……勘畢,別字者罰爲狗……別字者曰:"請爲母狗。"王曰:"何也?"曰:"《禮記》云:'臨財毋苟(母狗)得,臨難毋苟(母狗)免。'"(同上,頁301引)

又顧炎武《日知錄》卷十八"別字"條云:

別字者,本當爲此字而誤爲彼字也。今人謂之"白"字,乃"別"音之轉。山東人刻《金石錄》,於李易安後序"紹興二年元黓歲壯月朔",不知"壯月"之出於《爾雅》,而改爲"牡丹"②。凡萬曆以來所刻之書,多"牡丹"

---

① 見《中國俗文字學研究導言》,載《杭州大學學報》1959年第3期"中國語文專號",頁129。
② "壯"俗書與"牡"字至近(參看《碑別字新編》頁34),"壯月"之刻作"牡丹",當是俗書形近致誤。顧氏以爲出於刻者臆改,疑非盡然。

之類也。(頁1377—1378)

諸如此類因形近或音近而誤讀誤書的別字,大抵是讀者或書者無意所致,具有很大的偶然性。而我們前面所説的等同於俗字的"別字",則是書者有意識造成的,或者習慣使然,兩者有着明顯的區别。俗字研究不把後一類"別字"包括在内。

至於俗字與同音(或近音)通用字的關係,這個問題比較複雜一些。有的學者認爲俗字應該包括同音通用字在内,研究俗字也應該包括研究同音通用字①。也有的學者認爲俗字只限於一個字筆畫或偏旁的增損和變異,而不能把同音通用字包括在内。後一説似乎更合理一些。歷來搜輯俗字、別字的著作,如《六朝別字記》《增訂碑別字》《碑別字新編》等等,大抵是把一個字的不同變體類聚在一起,而很少把同音通用字包括在内。我們認爲大多數同音通用字確實不宜看作俗字。這種同音通用字的使用或者是根據傳統用法,或者是書者倉卒間而爲之,借字與正字之間純粹是同音或近音假借的關係。但如果同音通用字的使用是出於書寫習慣或者爲了達到簡化字形或區别字義的目的,而非純粹出於聲音上的考慮,我們就不妨把這個同音通用字看作是俗字。如敦煌寫本"幢幡"多書作"憧憣",我們認爲"憧憣"即"幢幡"的俗字。因爲俗書巾旁與忄旁不分,"幢幡"寫從忄旁,正是俗書寫法,而非借用音近的"憧憣"來表示"幢幡"。《龍龕手鏡·心部》:"憧,昌容反,往來皃也。又俗宅江反,一幡,正作幢。"(頁54)又云:"憣,俗,孚袁反,正作幡。"(頁56)便是"憧憣"用作"幢幡"俗字的實際記録。又如敦煌俗文學寫卷中每見"懷躭"一詞,猶云"懷擔",指擔身孕。據字書,"躭"是"耽"的俗字。如果從語音上來說,不妨說"躭(耽)"是"擔"的假借字。但進一步分析,我們覺得把"躭"看作"擔"的俗字更合適一些。這不但是因爲敦煌寫本中擔負、擔身孕義多用"躭"字來表示,而且從字形上來說,"躭"(字又作"軀",見《龍龕手鏡》)字從身,較之"擔"之從手,更能表現以身荷擔之意。改"擔"的手旁爲身旁,這正是俗書改换形旁以求更貼切地表示字義的造字方法的運用。所以同音(或近音)通用字是否定作俗字,恐怕應作具體客觀的分析,而不宜一概加以否定。

---

① 參看蔣禮鴻師《中國俗文字學研究導言》,頁130。

四、俗字流行小史

爲了進一步明確敦煌俗字流行的背景,我們還有必要對整個漢語俗字流行的情况作一個粗綫條的描述。

如前所説,俗字是伴隨着文字的産生而産生的,并且隨着時間的推移而不斷發生變化。我國文字由甲骨文、金文到小篆,由小篆到隸書,由隸書到真書,每一種新文字都可以説是舊文字的簡俗字,而且每種文字内部也有它自己的俗字,如甲骨文有甲骨文的俗字,小篆有小篆的俗字,隸書有隸書的俗字。但總的來説,在秦始皇統一中國之前,"言語異聲,文字異形"①,各國之間的文字很難用正俗的標準去加以衡量。秦始皇統一中國以後,車同軌,書同文,以秦國通用的小篆統一六國文字,"罷其不與秦文合者"②,所以小篆就是當時得到官方認可的正字。與此同時,在民間又逐漸形成一種簡略急就的字體,這就是隸書。隸書對小篆而言,便是當時的俗字。到了漢代,隸書逐漸取小篆而代之,因而就從俗字的地位上昇爲正字。在這一階段,統治者對是正文字的工作是比較重視的,他們嚴格限制俗字的流行和使用,"書或不正,輒舉劾之"③;再加上書寫載體的限制,俗字的數量以及流行的程度都十分有限。東漢末期以後,漢字由篆而隸,由隸而真,字體漸漸趨於定形,楷書作爲正字的地位得到了確立,并一直沿用到今天。而另一方面,與作爲正字的楷書相對來説的俗字隨之在民間泛濫起來,并且逐漸自成統系。敦煌莫高窟發見的數萬卷寫本、刻本古書,正是這一特定歷史階段的産物。所以這種在漢字由隸書到楷書的轉變期間及其轉變完成以後所産生的通俗字體,也正是敦煌俗字所要研究的主要對象。

漢字楷化以後,俗字的流行曾先後在魏晉六朝和晚唐五代形成過兩個高峰,這并不是偶然的。東漢以後,隨着紙的發明,書寫大大便利起來,文字運用的範圍擴大了,字形紛雜的機會也就大大增多。民間書寫,務趨簡易,以淺近易寫爲特點的俗字便很能迎合這一需要。加以書未刊刻,人們書寫無定體可循,手寫之體,勢不能出於一致,授受既異,文字遂訛。據《東觀記》載,光武帝時,城皋縣衙官員的印章,同一"皋"字卻有三種寫法:"城皋令印,皋字爲'白'

---

①②③ 見許慎《説文解字敍》,徐鉉校訂本《説文解字》頁315。

下'羊';丞印'四'下'羊';尉印'白'下'人','人'下'羊'。"①所以馬援慨嘆道:"即一縣長吏,印文不同,恐天下不正者多。"(《後漢書·馬援傳》李賢注引,頁839)許慎《說文解字敘》亦稱世人"詭更正文,鄉壁虛造不可知之書,變亂常行,以耀於世";"人用己私,是非無正,巧說衺辭,使天下學者疑"(《說文解字》頁315、316)。這種情況表明,東漢時期俗字已在一定程度上使用和流傳開來。到了魏晉六朝,國家的分裂,造成了各地區間語言文字的隔閡,更加速了俗字泛濫的勢頭,并終於形成了俗字流行的第一個高峰。當時的寫本書籍及碑刻墓誌,其中的訛俗別字,的確連篇累牘,盈紙滿目。顧炎武《金石文字記》云:"文字之不同,而人心之好異,莫甚於魏、齊、周、隋之世。"(卷上頁10)畢沅《中州金石記》卷一亦云:"字之變體,莫甚於六朝。"(頁11)誠哉斯言!

入唐以後,隨着國家政治上的強盛,統治者對刊正字體的工作也重視起來。據《舊唐書·職官志》載,唐代國子監置書學博士,立《石經》《說文》《字林》之學(頁1892);并規定宏文、崇文兩館的學生"所習經業,務須精熟;楷書字體,皆得正樣"(《册府元龜》卷640,頁7677)。唐太宗貞觀七年(633),頒布顏師古的《五經》定本,作爲學者讀經的依據,并先後有顏師古的《字樣》(今佚)、郎知本的《正名要錄》、杜延業的《羣書新定字樣》、顏元孫的《干祿字書》、歐陽融的《經典分毫正字》(今佚)、唐玄宗的《開元文字音義》(今佚)、張參的《五經文字》及唐玄度的《九經字樣》等字樣書問世,對當時楷書字體的定形和規範起了積極的作用,所以盛唐、中唐時期俗字使用的數量和範圍都相對減少②。但到了晚唐、五代,國力漸衰,世風日頹,一時曾有所收斂的俗字別體遂又泛濫起來,從而形成了俗字流行的又一高峰。

宋代以後,隨着版刻書籍的盛行和流傳,以正楷爲主的印刷體的地位不斷得到鞏固和加強,字體逐漸趨於一統。人們的書寫有了可遵循的範本,從而大大減少了俗字存在的機會和市場。儘管宋以後的坊間刻本俗字仍不絕於篇,但總的來說,俗字的使用已走向低谷。

---

① 漢《曹全碑》"皋"作"皐",即"白"下"羊"的俗字;《王未卿買地券》作"窐",近似"四"下"羊"的俗字。
② 據施安昌先生抽樣調查,初唐碑誌中俗字約占總字數的百分之十左右,而到盛、中唐時期,則僅占百分之三左右,呈明顯下降的趨勢。說見其《唐人〈干祿字書〉研究》一文,載《顏真卿書〈干祿字書〉》一書之末,紫禁城出版社1990年版。

第二章　敦煌俗字概説

一、敦煌文獻與俗字

　　20世紀初葉,在敦煌莫高窟和吐魯番吐峪溝等地發現了大批古代文獻;此後,又不斷有新的發現和發掘。其中敦煌莫高窟發現的文獻最爲繁夥(總數達六萬件左右),内容也最爲重要,所以爲了敘述的方便,我們把它們統稱爲"敦煌文獻"。敦煌文獻以寫本爲主,另有少數拓本和刻本。所抄文字,有漢文、梵文、藏文、回鶻文、龜茲文、突厥文、于闐文等,而以漢文數量爲最多。本書所論,即以漢文文獻爲其畛域。敦煌文獻的書寫年代上起魏晉,下迄宋初,綿延了近千年。這一時期,漢語俗字的流行曾先後在魏晉六朝和晚唐五代形成過兩個高峰,敦煌文獻作爲這一特定歷史時期的產物,俗字的繁衍也在它身上留下了深深的印記。我們隨便打開一個敦煌卷子來看,就會發現俗字的使用不是個別的、偶然的現象,而是連篇累牘,觸目驚心。誠如任二北先生所説:"句裏行間,叢脞混亂,荒幻詼詭,至於不可想象!"[1]爲了使許多没有機會接觸敦煌寫卷本身(或其影印件)的讀者對敦煌俗字紛亂的情況有一個總的了解,下面我們就根據敦煌文獻内容的綫索作一番考察和評述。

　　敦煌文獻的俗字較爲集中的是籍帳、文案、券契、藥方等社會經濟文書,以及變文、曲子詞、王梵志詩等俗文學作品。籍帳、券契之屬原本就是"俗人"的東西,其間使用一些"俗字"可謂本色天然,入情合理。如

---

[1]　見《敦煌曲初探》頁122。

斯1897號《後梁龍德四年(924)張某甲雇工契》(見圖1):

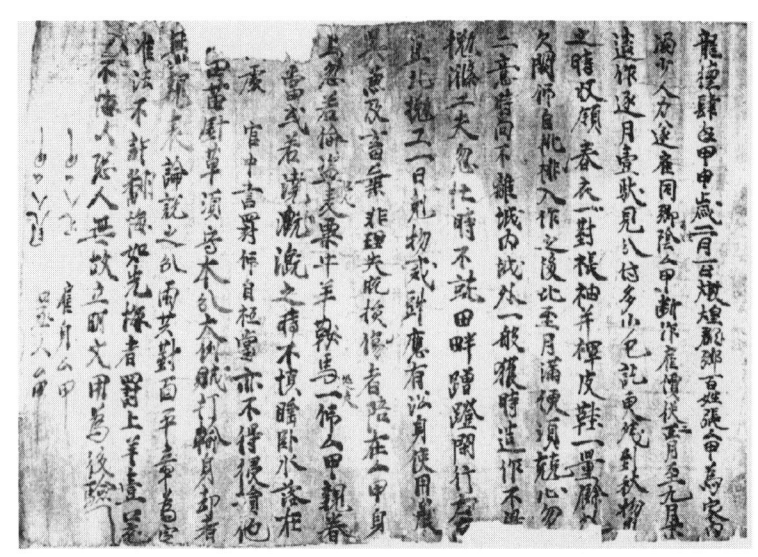

圖1　斯1897《後梁龍德四年張某甲雇工契》

契文殘存近三百字,其中龍(龍)、断(斷)、従(從)、収(收)、對(對)、沿(沿)、麦(麥)、或(或)、處(處)、㝎(定)、准(準)、恐(恐)等《干禄字書》《五經文字》或《廣韻》等書標明爲通俗字的就達三十個左右;此外如岁(歲)、燉(敦)、厶(某)、𨵿(闕)、戏(殘)、拋(抛)、斗(斗)、兼(兼)、鞍(鞍)、仰(仰)等一類的俗字尚達五十餘個。兩項相加,俗字約占原文的四分之一左右。另外,還有幾個字值得特別提出來討論一下。其一是原文第四行的"裋袖"。俗書從衤從礻不分,故後一字即"袖"字可以無疑。而前一字則無論從衤從礻均未見字書所載,這是個什麽字呢?説來話長,我們姑且把這一問題留待第八章第一節再加以討論。其二是"褌"字。"褌"即"褌"的俗字(其後應施逗號),字又作"𮣳",即今語所謂滿襠褲,爲平民百姓所穿著。《史記·司馬相如列傳》載相如"身自著犢鼻褌,與保庸雜作"(頁300),"褌"之爲物,可以想見。中國科學院歷史研究所資料室編的《敦煌資料》(第1輯)迻録上文,照録"褌"字,又與"皮鞋一量"云云連讀(頁333),顯然是錯誤的。其三是原文第五行的"批排"二字。俗書木旁與扌旁不分,故後一字當校録作"排"。前一字則當據同行第十一字"比(比)"的寫法比定作"批",而"批"又當校作"比",文中因與"排"字連文,"比"遂類化贅旁作"批"。原卷"排"字右側有一鈎乙符號,故"比排"又當迻正作"排比"。

"排比"是唐代前後習用的俗語詞,意爲安排、準備,文意順適。上揭《敦煌資料》録作"枇排",則不知所云矣。其四爲第十二行的"衹"字。"衹"乃"衹"的俗字。凡"氏"旁俗書皆可作"互"。《干禄字書》:"互氏,上通,下正。諸從氏者並準此。"其説是矣。"衹當"亦爲唐代習用之詞,義爲承擔。而《敦煌資料》録作"衹當",亦不得其解矣。此外"時向"當讀作"時餉","獲時"當讀作"畫時","抛滌"當讀作"抛擲","口丞"當讀作"口承",則俱爲同音或近音借用。短短三百字的契文,俗書、音假者幾占三分之一,謂之"叢脞混亂,荒幻詼詭",殆不爲過矣。

變文、曲子詞、王梵志詩、願文之屬亦淵源於民間,它們的作者和傳抄者都與"俗人"有不解之緣。用潘重規先生的話來説,它們是"俗手寫俗字而流傳下來的"俗文學①,其中俗字之繁夥,自亦不難想見,如斯1441號背《云謡集·破陣子》(見圖2),該詞原卷訛俗頗甚。任二北先生至謂:"此首之原寫中,書手訛乙之烈空前!校者遂有迷罔顛連之苦。"(《敦煌歌辭總編》頁175)其實所謂"訛乙",不過是唐五代前後習見之俗寫而已。如原卷第三行之"脱",乃爲"晚"之俗寫。俗書日旁月旁不分,而"免"字又多書作"兔"或"兑",以至"晚"字遂書同解脱之"脱"。此種寫法敦煌卷子中

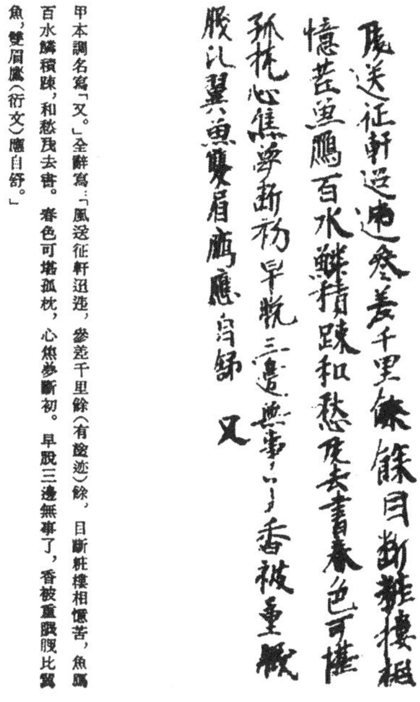

圖2 斯1441《云謡集·破陣子》
（左爲《敦煌歌辭總編》録本）

屢見不鮮,固不當以"訛乙"視之也。又如第二行之"百水",爲本辭校訂的一大公案。或校作"南來";或校作"由來";或校作"白水"②;或謂"百"有跳躍勉力之意,"百水"謂跳躍水中,不煩改字③;任二北先生又謂"百水"應係"關河"或"山川"等意,而又以"山川"較近,因定作"山川",且舉證曰:"[0877]於'堂前'二字

---

① 見《敦煌卷子俗寫文字與俗文學之研究》,載《敦煌變文論輯》頁279。
② 參看任二北《敦煌歌辭總編》頁175—176。
③ 參看潘重規《敦煌雲謡集新書》頁115—116。

曾寫‘山河’,[1515]於‘當今’二字曾寫‘唐川’,知書手之訛火所至,無奇不有,大可推及將‘山川’寫成‘百水’也。”(同上,頁 176)實則“百水”即“趏水”,“百”爲“趏”之俗省①。寫卷俗書,每有省形而存聲者,“趏”之作“百”,即其一例。伯 2653 號《韓朋賦》:“魚鱉百水,不樂高堂;燕若羣飛,不樂鳳凰。”又斯 2204 號《父母恩重讚》:“弟八爲造惡業緣,躭(擔)輕負重陌關山。”凡此“百”“陌”亦爲“趏”之省借,可以比勘②。《龍龕手鏡・走部》:“趏,越也。今作驀。”(頁 326)是“趏水”即游水、戲水之意。全句含義,則誠如潘重規先生所言,“魚雁連言,意在魚字;鱗積蓋鱗蹟;由於魚樂戲躍水中,故鱗蹟稀疏,音書斷絶也”(《敦煌雲謡集新書》頁 115—116)。如此作解,文意順適,固不可斥爲“訛火”而濫施斧鉞也。又原卷第一行“里”下一字,第三行末一字本已塗去,不當録;第四行“眉”下一字蓋本當作“應”而以形音皆近誤書作“鷹”,字未及成,抄手旋即發現其誤,故“鷹”字未成即改書“應”以正之,則誤字固所不當録也。任氏摹録,多有傳刻失真及不够忠實之處,讀者慎之。

敦煌文書中有不少宣揚因果報應的“因緣記”“靈驗記”一類的作品,它們也屬於俗文學的範疇,其中俗寫別體,亦紛然雜陳。這裏舉斯 381 號《龍興寺毗沙門天王靈驗記》爲例(見圖 3):

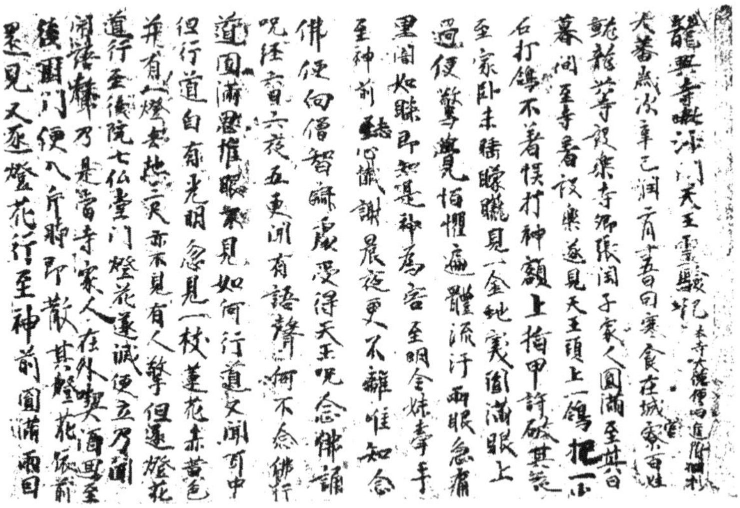
龍興寺毗沙門天王靈驗記　本寺大德僧日進附口抄
大蕃歲次辛巳潤二月十五日因寒食在城家百姓
就龍興寺設樂寺卿張閏子家人圓滿至其日
暮間至寺看設樂遂見天王頭上一鴿把一小
石打鴿不著誤打神額上指甲許破其
至家臥未睡朦朧見一金甲人圓滿眼上
過便驚覺悟懼遍體流汗兩眼急痛
里閭知即知是神為害至明令妹牽手
至神前懺悔謝晨夜更不離唯知念
佛便向僧智歸處受得天王呪念佛誦
呪經晝六夜五更則有語聲何不念佛行
道圓滿罪摧眼不見如何行道又聞耳中
但行道自有光明忽見一枝蓮花赤黃色
并有一燈光熱三尺亦不見有人擎但逐燈花
道行至後院七佛堂門燈花遂滅便立乃聞
開堂鎖乃是當寺家人在外喫酒迴至
後門便入所聽即散其燈花依前
還見又逐燈花行至神前圓滿兩目

圖 3　斯 381《龍興寺毗沙門天王靈驗記》(局部)

---

① 參看黄征《〈敦煌歌辭總編〉校釋商榷》,載《敦煌研究》1990 年第 2 期。

② 《韓朋賦》之“百水”,江藍生《〈敦煌變文集〉校記補議》校作“驀水”,是。江文載《敦煌學輯刊》1984 年第 1 期。

文中"龍"(龍)、"興"(興)、"片"(片)一類的俗字約占原文三分之一左右。其中尤可注意的是第三行"興(興)"的寫法和今天的簡化字完全一樣;"門"旁的寫法也差不多。第四行"看"爲"看"的俗字,《干祿字書》《五經文字》等書載"看"俗作"看",上形即其變體。伯3211號《王梵志詩·觀內有婦人》亦有同樣的寫法。《敦煌遺書總目索引》迻錄作"着"(頁116),不確(比較原卷第五行"着"的寫法)。又第六行"突"爲"突"的俗字。俗書"八"旁多寫作"ソ"形,"犬"旁多書作"尣"形(參看《碑別字新編》頁101),而上形復爲"突"俗書的贅畫字,上揭《敦煌遺書總目索引》迻錄作"實",陳祚龍《敦煌學海探珠》復校錄作"貫"(頁339),皆誤。又第八行"害"爲"害"的俗字,見《干祿字書》等,而上揭索引及陳祚龍書皆作缺文,殆亦不明俗字歟？

敦煌文書中有相當數量的詩文、諸子百家、歷史、地理等類著作的卷子,其中俗體字也不少見。如斯373號李存勗《題北京西山童子寺》詩(見圖4):

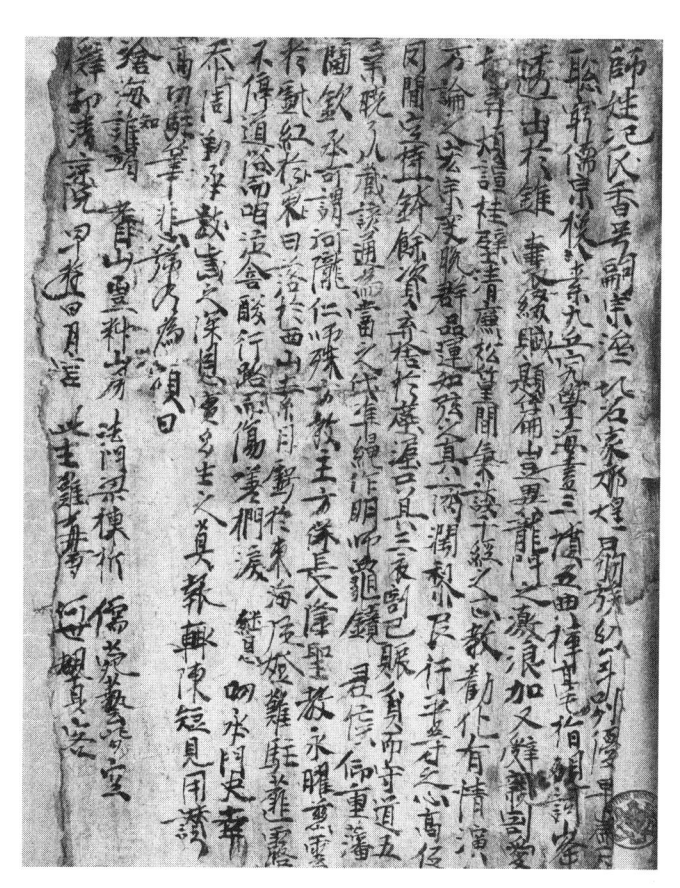

圖4　斯373《題北京西山童子寺》　　圖5　斯390《氾嗣宗和尚邈真讚并序》

其中"亰(京)""泒(派)""畄(留)"一類的俗字約占原詩三分之一。原詩第二行"此"爲"此"字俗書,見於《干祿字書》,第三行"崚屼"當是"崚屼"二字的俗書,《敦煌遺書總目索引》第116頁分別錄作"北""崚□",誤。又第四行"嗁"應爲"嗁"或"嗁"的變體,詩中用同"嘯"(説詳第九章第二節)。

碑碣文字,本來是比較保守的,照顏元孫的話,是應該用"正字"來書寫的。但敦煌文書中所見的碑碣一類卷子俗字同樣非常地多,有的甚至訛俗滿紙。這或許同這類卷子多是碑文的原稿或傳錄本有關。如斯390號《氾嗣宗和尚邈真讚并序》(見圖5),文中"儒(儒)""索(索)""伍(低)""該(該)""苑(苑)"一類的俗別字約占原文的三分之一以上。第四行首字右半模糊難辨,據殘存字形并推以文意,當是"頓"字("屯"字及其偏旁俗書作"屯"形),《敦煌碑銘讚輯釋》錄作"長"(頁510),殆未確。第六行首字"罔"爲"罔"的俗字,見《龍龕手鏡》,《輯釋》錄作"同",亦誤。又第八行第三字"承"當是"承"的俗書(同卷又寫作"承",凡二見),《輯釋》作"永",校作"咏",非是。又第二行第五字《輯釋》錄作"挽",意未合,當再考①。

比較而言,敦煌文書中儒釋道三家的經典俗字少了一些。因爲這些經典大多是由經生工楷書寫,有的還經過一校再校的勘正。如斯36號《金剛般若波羅密經》末題記云:"咸亨三年五月十九日左春坊楷書吳元禮寫,用麻紙十二張,裝潢手解善集,初校書人蕭禕,再校書手蕭禕,三校書手蕭禕,詳閱太原寺大德神符,詳閱太原寺大德嘉尚,詳閱太原寺主慧立,詳閱太原寺上座道成,判官少府監掌冶署令向義感,使太中大夫守工部侍郎永興開國公虞昶監。"斯84、456、513、1048、1456號、伯2195號等卷亦有類似的題記。伯3858號《沙州準目錄欠藏經數》有云:"如或寫者,切須三校,不請有留錯字也。"伯2715號《孝經》題記亦云:"《孝經》一卷,丁亥年二月七日寫畢,點勘一無錯脫,傳之後學,請不疑慮記也。"不難想見,當時人們把抄經的工作是看得很神聖的②。然而在整個俗化的大氛圍下,即使這些經過一再校勘的經本,也仍然未能免俗。

---

① 校按:姜伯勤、項楚、榮新江合著《敦煌邈真讚校錄并研究》(新文豐出版公司1994年版,頁325)此字錄作"揔","揔"同"總",義合,近是。
② 抄經是佛教的一種功德,必須虔誠,不可輕忽,否則會招致惡業。如《法苑珠林·敬法篇》"謗罪部"引《敬福經》云:"善男子經生之法,不得顛倒,一字重點,五百世中墮迷惑道中,不聞正法。"(卷二六頁1)

即以上揭經多人勘校、詳閱的斯 456 號《妙法蓮華經》寫本爲例(見圖 6):

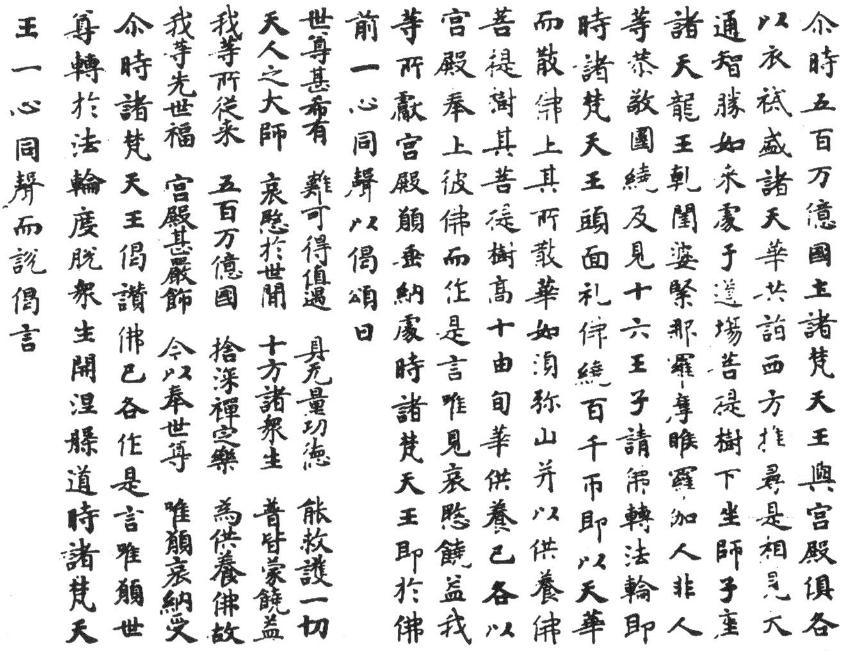

圖 6　斯 456《妙法蓮華經》(局部)

這是斯 456 號《妙法蓮華經》卷三寫本的一段,其中圡(土)、胅(勝)、處(處)、龍(龍)、乹(乾)、荨(等)、湏(須)、扵(於)、甚(甚)、功(功)、䏻(能)、切(切)、従(從)、㝎(定)等《干禄字書》《五經文字》明確定爲訛俗字的就達二十個,約占原文字數的十分之一。此外,詣、繞、作、来等俗體尚有十餘個。又第二行第三字"祇"爲"祴"的俗字,其右半作俗體"戒"(《干禄字書》以"戒"爲"戒"的"通"體),而左半則作"礻"旁。以規範的角度而論,這便是一個錯字。然唐人俗書從礻從衤不分,無怪乎那些充任勘校詳閱的"大德""上座"們不以爲誤了。由此也可以看出,當時俗書的泛濫,在某種程度上已經到了一種約定俗成的地步,不但"俗人"們這樣寫,那些"雅士"們也這樣寫。敦煌文獻作爲這樣一種特殊氛圍下的產物,俗字的紛雜便是不可避免的了。

二、敦煌俗字書要覽

在進入正題之前,我們有必要對唐代前後俗字書的撰作情況作一番簡要的回顧。

如前所述,漢魏南北朝時期,漢字由篆而隸,由隸而真,是字形變遷最爲繁劇的時期,也是異體俗字最爲紛雜的時期。與此相適應,漢無名氏的《別字》、衛宏的《古文官書》①、服虔的《通俗文》②、魏張揖的《古今字詁》③、晉葛洪的《要用字苑》④、梁王劭的《俗語難字》⑤、北齊顏之推的《訓俗文字略》⑥、顏愍楚的《俗書證誤》⑦等一些以收載俗字爲主體的俗字書也就應運而生。此外,《説文》《字林》《玉篇》等書也或多或少收載了當時流行的一些俗字異體。顏之推的《顏氏家訓》以相當多的篇幅記載了當時俗字泛濫的情況,并對一些俗字作了精到的分析,堪稱俗字研究的導夫先路之作。隋唐以後,隨着國家的統一,統治者對文字規範化工作的重視,一些以正字爲目的的"字樣"書相繼出現。其中當首推顏師古《字樣》一書。顏元孫在《干禄字書序》中云:

> 史籀之興,備存往制;筆削所誤,抑有前聞。豈唯豕上加三,蓋亦馬中闕五。迨斯以降,舛謬寔繁;積習生常,爲弊滋甚。元孫伯祖故祕書監貞觀中刊正經籍,因録字體數紙,以示讎校楷書。當代共傳,號爲"顏氏字樣",懷鉛是賴,汗簡攸資。(《干禄字書》頁3—5)

可見顏氏《字樣》當時影響很大。繼之又有杜延業《羣書新定字樣》、顏元孫《干禄字書》、張參《五經文字》、唐玄度《九經字樣》等字樣書問世,一時間蔚爲鉅觀。敦煌本《字樣》《正名要録》《時要字樣》等大抵也是這一時期的產物。

所謂"字樣",顧名思義,乃指文字書寫之規範式樣。而要求其"規範",必要解析其"不規範"。所以"字樣"書一方面既收載正體,另一方面又備載俗體。這樣,從某種意義上來説,"字樣"書又可稱之爲"俗字"書。敦煌本《字樣》《正名要録》等皆可作如是觀。

除了字樣書以外,敦煌文書中收載俗字較多的還有《刊謬補缺切韻》等韻書和《字寶》等俗語詞書。下面我們就按照上述綫索擇要試作評述:

(一) 杜延業(?)《字樣》殘卷

敦煌寫本斯388號有字樣書兩種,後一種爲《正名要録》,前一種即《字樣》

---

① 《隋書·經籍志》:《古文官書》一卷,後漢議郎衛敬仲撰(頁945)。
② 《隋書·經籍志》:《通俗文》一卷,服虔撰(頁945)。
③ 《隋書·經籍志》:《古今字詁》三卷,張揖撰(頁942)。
④ 《顏氏家訓》多次提到葛洪的《字苑》,兩唐志題作《要用字苑》,當即一書。清人有輯本。
⑤ 《隋書·經籍志》:《俗語難字》一卷,秘書監王劭撰(頁943)。
⑥ 《隋書·經籍志》:《訓俗文字略》一卷,後齊黃門郎顏之推撰(頁944)。
⑦ 《俗書證誤》,清人有刻本。《隋書·經籍志》有《證俗音字略》六卷,無撰人名,兩唐志載顏愍楚《證俗音略》,疑與《俗書證誤》爲同一書。

殘卷(圖 7)。前者首缺尾全,無書名和作者名,存 83 行,和其後的《正名要錄》字迹相同,當爲同一人所抄。卷中避唐太宗及高宗諱①,而不避中宗及玄宗諱,其書寫年代當在唐高宗或武則天之世。一些迹象顯示,該殘卷很可能就是杜延業的《羣書新定字樣》。

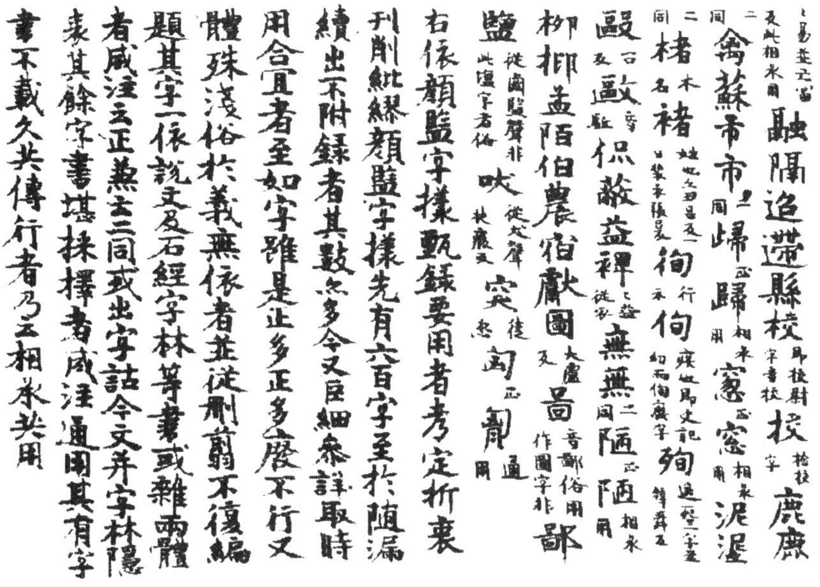

圖 7　斯 388《字樣》(局部)

杜延業,履歷不詳。據顔元孫的《干禄字書序》,知道他曾任學士一職,《羣書新定字樣》是他根據顔師古的《字樣》續修的。顔元孫似乎對此頗爲不滿,他在《干禄字書序》中指責該書"雖稍增加,然無條貫;或應出而靡載,或詭衆而難依"(《干禄字書》頁 6)。但顔氏《字樣》和杜氏《羣書新定字樣》世無傳本②,因而很難推知它們的本來面貌。斯 388 號《字樣》殘卷的發現,則爲了解杜延業《字樣》的原貌提供了綫索。考該殘卷末之説明云:

---

① 如《字樣》殘卷:"琕,理玉。""理"爲"治"的避諱字(高宗名"治")。《正名要錄》"泄"寫作"洩","氓"寫作"𫞪","諜"寫作"諜",皆避唐太宗諱。
② 顔氏《字樣》清人有輯本。如《廣韻·候韻》:"鉤,《字樣》句之類並無著厶者。"但唐宋人"字樣"之稱并非專指顔書。如唐玄度《九經字樣》卷首載陳夷行等請刻《九經字樣》牒文:"其舊字樣歲月將久,畫點參差,傳寫相承,漸致乖誤。"其中的"字樣"實指《五經文字》而言。清人輯本把涉及《字樣》的文句即歸屬於顔書,恐有未妥。伯 3693 號《箋注本切韻》殘卷:"撿,書撿。又按《説文》、杜延業《字樣》爲檢。"則杜延業《羣書新定字樣》亦可簡稱爲《字樣》。

右依顏監《字樣》甄錄要用者考定折衷,刊削紕繆。顏監《字樣》先有六百字,至於隨漏續出不附錄者,其數亦多。今又巨細參詳,取時用合宜者。至如字雖是正,多廢不行①,又體殊淺俗,於義無依者,並從刪翦,不復編題。其字一依《說文》及《石經》《字林》等書,或雜兩體者,咸注云正,兼云二同;或出《字詁》今文,并《字林》隱表②,其餘字書堪採擇者,咸注通用;其有字書不載,久共傳行者,乃云相承共用。

據此可知該書係依顏師古之《字樣》而增刪考定之作;其辨別文字之"正""同""通用""相承共用"一以《說文》《石經》《字林》爲定。案前引顏元孫《干祿字書序》接云:"且字書源流,起於上古;自改篆行隸,漸失本真。若總據《說文》,便下筆多礙。當去泰去甚,使輕重合宜。"這段話似隱寓杜延業《羣書新定字樣》墨守《說文》而不知變通之意。又該卷字樣單字排列似無一定之規,既非依形,又非依聲,顯得比較鬆散雜亂,這正與顏元孫指責杜氏《字樣》"無條貫"云云相合。又顏師古《字樣》作於唐貞觀(公元 627 至 649 年)中,顏元孫《干祿字書》作於公元八世紀前後③,杜延業的《羣書新定字樣》編定於這兩書之間。本卷抄寫於唐高宗(公元 650 至 683 年在位)或武后(公元 684 至 704 年在位)之世,也與杜氏《字樣》的撰作年代相一致。凡此種種迹象表明,這一《字樣》殘卷很可能就是杜延業的《羣書新定字樣》④。

上揭《字樣》殘卷的內容,主要是辨別正字和異體字,其中包括正、同、通用、相承共用、俗、非等類型。作者把見於《說文》《石經》《字林》中的字定爲正字;如果這些書中字形不一致,則都定作正字,或者說"二同"或"三同"。如:"叔朮:二同。"據《五經文字》,前者爲《說文》的寫法,後者則是《石經》的寫法,故注云"二同"。出於《說文》《石經》《字林》以外的其他字書中的異體字則作爲"通用"字。如:"競,正;竸,通用。"按:後一形漢碑中已見,可能六朝前後的字書已載錄。又云:"隨,正;随,通用。"按:六朝碑刻中"随"字已見(敦煌卷子"隨"多書作"随"),可能唐代前已進入字書。那些字書未收,而又"久共傳行"

---

① 原卷重"正多"二字,蓋誤衍其一,今刪。
② "隱表"似指不作爲字頭而僅在注文中出現的字形。或以"隱表"屬下讀,恐不確。
③ 參看王顯《對〈干祿字書〉的一點認識》,載《中國語文》1964 年第 4 期。
④ 參看周祖謨《敦煌唐本字書敘錄》和朱鳳玉《敦煌寫本字樣書研究之一》,分別載《敦煌語言文學研究》(北京大學出版社 1988 年版)和臺北《華岡文科學報》第 17 期(1989 年出版)。

的異體字,則注云"相承共用"(原書正文中簡稱"相承用")。如:"互,正;乎,相承用。音護。"又云:"效,致也,放也,功也。効,相承用爲功效字。""乎""効"都是唐代以前便已流行的異體別字①,故云"相承用"。至於何者爲"俗",作者未作説明,但從稱"俗"字往往與"非"等一類字眼聯繫在一起,可見所謂的"俗"大概就是於義無據的譌字別字。如:"穨,徒回反,從秃。從秀作,俗。"又云:"羑,從大或火。從犬,俗,無依。"又:"啚,音鄙,俗用作圖字,非。"又有徑稱"非"的,如:"衡,從魚作非。"按:漢《執金吾丞武榮碑》"衡"字中作"魚"(《隸釋》卷十頁139),即所謂"從魚作"的"非"字。

　　從作者對上述異體字的分類來看,其確定正俗的標準主要是根據見於《説文》《石經》《字林》與否來決定,這和當時統治者的提倡是有關的。唐代科舉考試要考《説文》六帖、《字林》四帖;國子監生員的學習科目有《説文》《石經》《字林》等内容,規定"《石經》三體書限三年業成,《説文》二年、《字林》一年"②;還規定宏文、崇文兩館學生的考試"楷書字體,皆得正樣"③。這所謂的"正樣",很可能就是指《説文》《石經》《字林》中的字體而言。在這種情況下,殘卷《字樣》作者以見於《説文》等書與否作爲確定字形正俗的標準,就是理所當然的了。但從客觀的角度進行審視,其正俗關係就有重新加以檢討和定位的必要。例如殘卷中一些稱爲"同"的字,就很有俗别的嫌疑。如"坐、坐:二同。"而《干禄字書》以後者爲俗字。又如:"䧺、雄:二同。"而《干禄字書》以前者爲俗字,《五經文字》更斥爲訛字。此外如厥(厥)、彸(從)、龍、龍(龍)、曺(曹)、考(考)、安(安)等等"同"字《干禄字書》皆定爲"通"體。我們認爲《干禄字書》的歸類是更爲可取的。所以從規範的角度來看,該卷所謂的通用、相承共用、俗、非以及一部分"同"字都可以劃歸俗字的範疇。

　　殘卷中有許多字并不出現異體,如:"館、綏、彝(彝)、攝、粵、蚩、唤(唤)、量。"這些字排列在一起,相互之間并無什麼聯繫,這時作者的目的大概只是告訴讀者某字正體如何寫罷了。有時是把形近的字或偏旁相同或相近的字排列在一起,而有區别字形的意義。前者如:"奔、莽",又:"柳(柳)、抑(抑)";後者

---

① 《玉篇·力部》之末:"効,俗效字。"疑爲唐宋人所"廣益"。
② 見《唐六典》卷二一頁10,臺灣商務印書館影印文淵閣四庫全書本。
③ 見《册府元龜》卷六四〇頁7677。

如:"句、鉤、局(局)",又:"弘、私、晉"。有時作者在字形下提示所從的形旁或聲旁,這也有區别字形的意義。如"博,從十。"言外之意就是説不應從卜了。有時作者把音近或形音皆近的字排列在一起,如:"楊,木姓;揚,宣揚。"但這種字數量不是很多。

總的看來,上揭《字樣》過於墨守《説文》《石經》《字林》等書,而缺乏實事求是的態度;一些字形的辨析不盡妥當(如云:"羙,從大或火;從犬,俗,無依。"此條釋"美"字,説"美"從大是對的,但"美"從火作"羙"則與"羔"字相亂,乃俗書之訛);字頭的序列也缺少條貫。顏元孫對杜延業《羣書新定字樣》的一些批評是符合該殘卷的實際情況的。

(二) 郎知本《正名要録》

緊接着斯388號《字樣》殘卷的即爲《正名要録》(圖8)。書名下題"霍王友兼徐州司馬郎知本撰"。霍王爲唐高祖第十四子,名元軌,太宗貞觀十年(636)封爲霍王,"授絳州刺史。尋轉徐州刺史。元軌前後爲刺史,至州,唯閉閣讀書,吏事責成於長史、司馬。二十三年,加實封滿千户,爲定州刺史。"(《舊唐書》本傳,頁2430)據此,郎知本任霍王友兼徐州司馬應在貞觀十年以後至二十三年(649)之間。"友"爲古代王府官名。《新唐書·百官志四下》:王府官"友一人,從五品下,掌侍游處,規諷道義"(頁1305)。考《隋書·郎茂傳》云:"有子知年。"(頁1556)《舊唐書·郎餘令傳》云:"餘令從父知年爲霍王友。"(頁4961)據此,郎知本與郎知年當是同一人。如前所説,本卷抄寫時間約在高宗、武后之世,去原書撰作時間不過一二十年;原卷"本"字作"夲",乃爲"本"的常見俗

圖8 斯388《正名要録》(局部)

字(《干祿字書》:"夲本:上通下正。"頁 39),字形分明,故其名似當從寫卷作郎知本爲是①。至於正史所載,展轉傳鈔,翻刻屢易,容或有誤。又日本藤原佐世《日本國見在書目錄》小學家載:"《正名要錄》二卷,司馬知羊撰。"(頁十二)"司馬知羊"顯屬郎知本或郎知年之誤(原書蓋以官名司馬而誤以爲姓氏,"羊"則又爲"本"或"年"形近之誤)。

《正名要錄》的内容,據原書標列,約有以下數端:

1. 正行者雖是正體,稍驚俗,腳注隨時消息用。如:𧶘貴、𠅘(夏)更、𣑭枯。其中"貴""更"爲篆文隸定字,"枯""𣑭"《説文》字別,後世或以"枯"爲"𣑭"的或體字。"消息用"即酌情使用之意(原本《玉篇·水部》"消"字下顧野王案:"消息猶斟酌也。")。

2. 正行者正體,腳注訛俗。如:歸皈、婦奴、罷甫、覓覔、學孚、國囯、俗俻。其中腳注的大多數爲會意俗字。

3. 正行者楷,腳注稍訛。如:觸觕、堲智、牀床、斷断、楞棱、弄卡、體躰、繼継。有必要指出,郎氏所謂的"楷"字(《廣雅·釋詁》:"楷,法也。"頁 100。又云:"楷,式也。"頁 1341。"楷"字實即正字的代名詞)的字形有些是有問題的。如"堲"乃是"堲"的俗別字(《五經文字》卷中:"堲,作𡏳訛。"頁 48。"堲"即"堲"的變體),"楞"乃是"棱"的會意俗字(玄應《一切經音義》卷十八《立世阿毗曇論》第八卷音義:"楞,又作棱,同。……《通俗文》:木四方爲棱。"頁 845。《干祿字書》:"楞棱,上俗下正。"頁 34。後書"棱"字原殘,兹據叢書集成初編本補),似皆不宜定作"楷"字。

4. 各依腳注。如:争從爪,坐從兩人,堯從三土,鼻不從甼,曹須兩畫,拜、呈不須點,卲(卲)思夜。從這些例子來看,腳注有提示原字的偏旁的(如前四例),有提示原字的筆畫的(如五、六兩例),有提示原字讀音的(如末例)。應該注意的是,有些正行的字并非正字,而是俗體。如"鄒不重彐",這裏提示原字不重"彐",也就是説原文不作"鄒"。但無論重"彐"還是不重"彐",這二形都是俗體。《玉篇·邑部》:"鄒,俗作鄒。"(頁 42)《干禄字書》:"鄒鄒:上通下正。"(頁 32)《龍

---

① 劉燕文認爲"郎知本"爲"郎知年"的同輩,説見其《敦煌唐寫本字書〈正名要錄〉淺介》,載《文獻》1985 年第 2 期。朱鳳玉則認爲"郎知本"當是"郎知年"之誤,説見其《敦煌本字樣書研究之一》,兹皆不取。

龕手鏡·邑部》："鄁,俗;鄁,通;鄒,正。"(頁455)上揭例正行的"鄁"當是"鄁"或"鄁"一類字形的變體,自然算不得什麼正字。

5. 字形雖別,音義是同,古而典者居上,今而要者居下。如:糧粮、憐怜、紙帋、覇霸、禮礼。這樣的字總共有二百四十對。其中有些是正字和俗字的關係(如前三例),有的則是古異體字的關係(如後例"禮""礼"皆見於《說文》)。前面的字是否都是"古而典者",也是有問題的。如"覇""霸"皆爲"覇"的俗字。又如"宍肉",前者實爲"肉"隸書的變體,《干祿字書》定作"肉"的俗字(頁57),是也。

6. 本音雖同,字義各別例。如:堪任龕受;元善,亦始原田,亦發端源水;緝績耳和葺補。這樣的字總共780個,三百餘組,所占的比重最大。如前所説,斯388號《字樣》殘卷已見把音近或形音皆近的字排列在一起以區別其意義的先例,但數量不是很多;而有意識地把這種音同義異的字輯録在一起,藉以區別其不同用法,恐怕應以郎氏此書爲嚆矢。

根據以上論列,可知《正名要録》是一部辨別字形正、俗及音同義別之字的字樣書,它是現存的第一部較爲完整的字樣學著作。書中所提出的"隨時消息用"的原則,説明作者能够用歷史發展的觀點去看待漢字,這是難能可貴的。許多後世流行的俗字在該書中首先予以載録,如怜、床、粮、斷等等。尤爲可貴的是,一些後人不甚了然的俗字在該書中有明確的記載,對此,我們將在以後的章節中陸續加以介紹,此不詳述。

(三) 佚名《時要字樣》

凡存四殘片,即斯6208、斯5731、斯11423、斯6117號。其中前三個殘片乃同一寫卷之撕裂,應予綴合(圖9)①。該三號綴合後前一部分爲分類抄録事物名稱的字書殘葉,後一部分即本書,首行題"新商略古今字樣撮其時要并行正俗釋下卷第□(三)",其下所抄皆去聲字;後接"時要字樣卷下第四",所抄爲入聲字。據此可知原書當是依平上去入四聲編作卷上第一、卷上第二、卷下第三、卷下第四凡二卷。"時要字樣"當是原書的簡稱。該卷卷背有"乾符六年(879)"的題字,可據以推知本書當寫於該年之前。斯6117號殘存11行,爲去

---

① 參看周祖謨《敦煌唐本字書敍録》。該三號綴合圖最早見《敦煌經部文獻合集》,中華書局2008年版,第8册第3847頁。

聲字,所抄字與上一寫卷有重合,體例亦有所不同(如該號每組同音字不標字數,而用"一"形符號隔開,而且幾乎每個字頭下都標有一個草書的"乀"形符號,均爲上一寫卷所未見),當是同一書的不同傳抄本的殘片①。

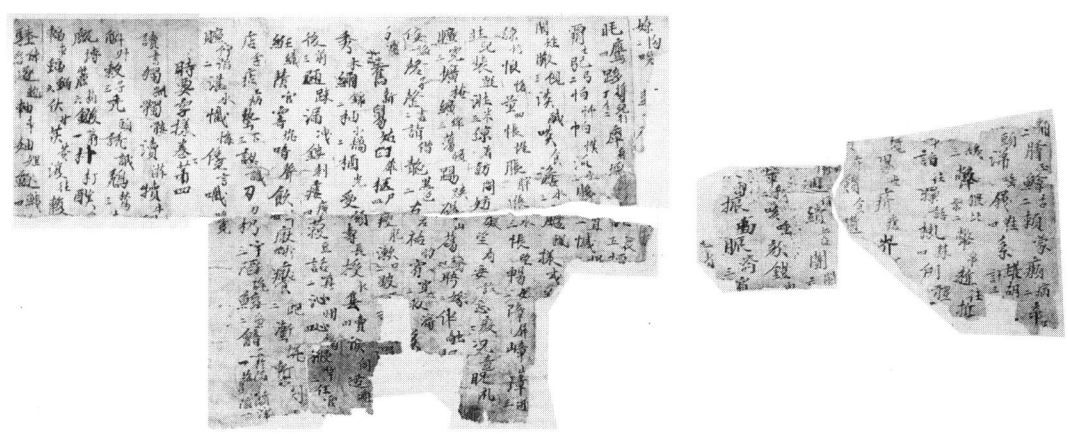

圖9　斯6208＋斯5731＋斯11423《時要字樣》綴合圖(局部)

本書的體例,和斯388號《正名要録》的"本音雖同,字義各別例"相當,爲區別音同義別之字所作。如:"逸放佚樂溢滿,三。"這表示"逸"是放逸之"逸","佚"是佚樂之"佚","溢"是滿溢之"溢"。被注字與注字連讀,便是被注字的意義。最後的"三"是表示該組同音字的字數是三個。

本書很少涉及字形問題,見於四個殘片的只有以下二例:"(上殘)氐古蕨菜……。"又:"幹弧末斜俗,二。"前例"古"的被注字與"蕨"等字同組,當是"氐"字的變體,其前所缺正文標目字則疑爲"厥"字。《説文·氏部》:"氐,木本。从氏,大於木。讀若厥。"段玉裁注:"古多用蘖弋字爲之。""氐"字《説文》篆文作"氐",隸變或作"氐"(《玉篇·厂部》)、"氐"(《龍龕·雜部》)等形,"氐"正亦"氐"字隸書之變。又《説文·厂部》:"厥,發石也。从厂,欮聲。""氐"與"厥"本是完全不同的兩個字,但由於二字同音,古書多借用"氐"字作"厥",借用既久,遂或徑視"氐"及其變體爲"厥"字之古文。《廣韻·月韻》居月切:"厥,其也,亦短也,《説文》曰發石也。……氐,古文也。"《唐韻》同一小韻:"厥,其也。古作氐。亦短也。又姓。"即其例。據此,則上例注字"古"當是古文之意。

---

① 參看張金泉《論〈時要字樣〉》,載《浙江社會科學》1993年第4期。《敦煌遺書總目索引》定作"韻書"不確。

後例"㪬"即"斜"字,注字"俗"當是俗字之意。"榦"字徐鍇《説文繫傳》以爲"所以抗也",即舀水之具;引申之亦可指舀水的動作,而"斜"即"榦"的俗字。故宫本王仁昫《刊謬補缺切韻》入聲末韻烏活反:"斜,斜取物。或作擀。"又呼括反:"斜,抒。""擀"即"榦"的後起專字。

既然本書主要是辨別音同義異之字,那爲什麼標題上還要説"并行正俗"呢?根據我們的理解,這可以從如下兩方面加以考慮:

1. 所釋多爲時要用字。自顔師古《字樣》開始,以迄唐玄度之《九經字樣》,字樣學所研究的對象都是儒家經典,因而完全成了經學的附庸。而《時要字樣》則衝破了爲經學服務的樊籬,把平常百姓的通俗用字作爲自己的主要研究對象,諸如"備擬"①、"鼻孔"、"疥瘡"、"脹胖"②、"逐趁"③、"勃逆"、"堐土"、"庥豁"④、"決杖"⑤等等都是那些村野田夫耳熟能詳的習用語。

2. 注字和被注字都不避俗字。俗字如果爲凡夫俗子所普遍遵用,就没有任何人能把它抹殺。所以作者把一些約定俗成的俗字直接列入正文。如上揭的"備",原卷寫作俗字"俻";"决",原卷寫作俗字"决";又正文的"苹(萃)""夌(妾)""覇(霸)""泒(派)""侫(佞)""吹(哭)""扙(拔)"等等,都是唐代前後習見的俗體字。同樣注文中也常用俗字。如:"獨"下注"孤(孤)"、"逐"下注"赵(趁)"、"血"下注"宍(肉)"等皆是。作者這樣處理,和顔之推"不違俗"的精神是一致的。

從這兩個意義上來説,本書稱爲《時要字樣》是名副其實的。

(四) 鄭氏《字寶》

敦煌文獻中有《字寶》一種,主要見於五個卷子,即伯2058、伯2717(首缺,俄敦5260背、俄敦5990背、俄敦10259背係從該號掉下來的殘片,應予綴合)、

---

① "備擬"爲準備之意。如《敦煌變文集》卷四《降魔變文》:"佛家道場,卿須備擬;六師所要,朕自祇(祇)供。"頁379。
② 玄應《一切經音義》卷三引《埤蒼》:"胖脹,腹滿也。"頁117。
③ 玄應《一切經音義》卷一:"趁逐,丑刃反,謂相追趁也。關西以逐物爲趁也。"頁52。
④ 斯6204號《字寶》入聲:"肥頹頤末骨。"伯3418號《王梵志詩·富兒少男女》:"到大肥没忽,直似飽糠屯(肫)。""庥豁"與"頹頤""没忽"爲同一詞語的不同記錄形式。
⑤ 斯6537號《立社條件(樣式)》:"局席齋延(筵),切憑禮法。……非理作閙,大者罰䐒(醴)䐒(膩)一席,少者決杖十三。"斯2073號《廬山遠公話》:"這遍若不取我指撝,不免相公邊請杖決了,趁出寺門,不得聞經。""決杖""杖決"爲同義複詞,"決""杖"皆是抽打之義,爲鞭背之刑。

伯 3906、斯 619(尾缺,爲節抄本)、伯 6204(首缺)。其中伯 2058 號首題"大唐進士白居易千金字圖　次鄭氏字圖",次行題"鄭氏字寶　千金亦白(曰)碎金"。斯 619 卷首題"白家碎金一卷"。伯 2058、3906 及斯 6204、伯 2717 卷首有序文(後二卷殘前部)。茲據伯 2058 號迻錄原序如下:

凡人之運[手]動足,皆有名目。言常在口,字難得知。是以兆人之用,每妨下筆;修撰著述,費於尋檢。雖以談吐,常致疑之。又俗猥剌之字,不在經典史籍之内,聞於萬人理論之言,字多僻遠,口則言之,皆不之識。至於士大夫及轉學之客,貪紀(記)書傳典籍之言,計(繫)心豈暇繁雜之字。每欲自書,或被人問,皆稱不識。何有恥之下輩,而慚顏於寡知。則有無學之子,劣智之徒,或云俗字不曉,斯言謬甚。今天下士庶同流,庸賢共處,語論相接,十之七八,皆以協俗,既俗字而不識,則言話之訛訛{殘}矣。在上者固不肯錄如(而)示之,小學者又貪輕易而懶之,致使曖昧,賢愚麄細無辨。余今討窮《字統》,援引眾書,《翰苑》《玉篇》,數家《切韻》,纂成較量,緝成一卷。雖未盡天下之物名,粗亦齊(濟)含毫之滯思。號曰《字寶》,有若碎金。然零取救要之時,則無大段;而副筆濟用之力,實敵其金,謂之《碎金》。開卷有益,讀之易識。取音之字,注引假借。余思濟眾爲大,罔以飾潔爲美,𢪺(擬)持疑之①來者也。成之一軸,常爲一卷,俯仰瞻矚,寔有所益,省費尋檢也。今分爲四聲,傍通列之如後。

據此可知原書本名《字寶》;以其可貴,故又稱《碎金》。又斯 619 號《白家碎金》係節錄《字寶》而成,其稱"白家",當與白居易有關(或係後人假託)。伯 2058 號題"大唐進士白居易千金字圖",可以爲證。又考斯 6204、斯 619、伯 3906 等卷皆有詩四首,分別爲沈侍郎、白侍郎、吏部郎中王建《讚碎金》和白侍郎《寄盧協律》詩(參圖 10)。其中後詩云:

滿卷玲瓏實碎金,展開無不稱人心。曉眉歌得白居易,𤢪𤢪②盧郎更敢尋。

推詳詩文,似有謂白居易即《碎金》作者之意。而這與王建(約公元 767—831

---

① "之"原卷作"從",茲從伯 2717 卷。又"𢪺"當是"擬"字形誤,擬,備也。或校作"將",茲不從。
② 斯 6204 號《字寶》入聲:"人𤢪𤢪,音兒、丑角[反]。"又去聲:"人胇臊,冒燥。"即今語之"毛躁"。參下文。

年)同時的白侍郎,也許就是白居易(公元 772—846 年)本人。但伯 2056 號又稱"次鄭氏字圖""鄭氏字寶","鄭氏"是誰? 其所著《字圖》《字寶》與白居易《千金字圖》、《白家碎金》的關係如何?《字圖》與《字寶》的關係又是如何? 這些都還是疑問。

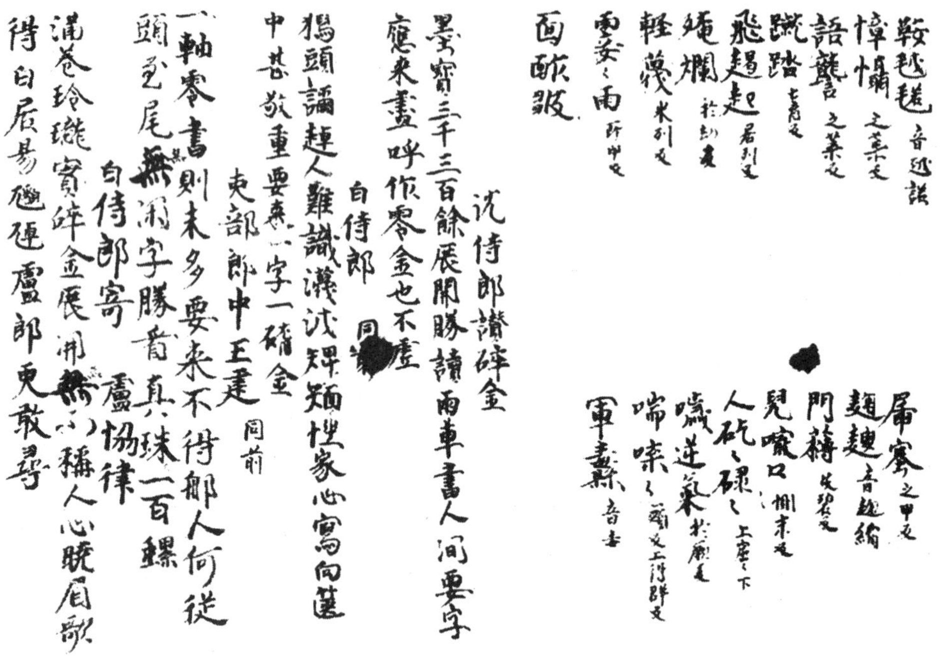

圖 10　斯 6204《字寶》(尾部)

上揭五卷當中,以伯 3906、斯 6204 兩卷較爲完整。全書按四聲排列,計收詞語四百餘條。本書的内容,如同序文所説是輯録"不在經典史籍之内",而"聞於萬人理論之言"的"俗猥剌之字",亦即民間的口頭語詞。而書中記録這些口頭語詞的又往往是没有"憑據"的俗體字。以斯 6204 號爲例,如:"相侳倚烏皆反,又挨",今作"挨"字;"水濺洗所患反,又渲",當即《廣韻·諫韻》之"涮";"手捎拽楚愁反",即《龍龕手鏡·手部》載録之俗字"揥",其正字爲"搊";"插擩之甲反,而喻反",後字當是"擩"之俗字,即《廣韻·遇韻》"擩,擩莝,手進物也"之"擩";"人妣欴音比姿",殆即《廣雅》之"妼妣",短也;"面麽攞莫我反,力我反",殆即《廣韻》之"懡㦬",羞慚貌:諸如此類,不勝枚舉。更爲可貴的是,本書保存了大量唐代民間俗語俗字,是我們今天研治敦煌民間文書的重要參考資料。如《敦煌變文集》卷四《降魔變文》:"(金翅鳥王)遥見毒龍,數迴博接,雖然不飽我一頓,且得噎飢。"原校"博接"爲"搏接"(頁 386),徐震堮又校作"搏擊"①。按本書云:"口嘌噪博接。"據此,"博接"實爲"嘌噪"之同音借字,文中指金翅鳥咬嚼毒龍肉的動作,而與"搏擊"無涉。又同篇下文:"是日六師漸冒憯,忿恨岡知無□控"(同上頁),"憯"字伯 4524 號作"堜",按本書云:"人肞腺冒燥","肞腺"應是"眣睰"的俗寫(俗書月、目不分),亦即唐李肇《國史補》卷下之"眱睰"(該卷九頁);而變文寫卷的"憯""堜"乃"慄","堜"之俗寫(俗書土、忄相亂,故後字實即前字的變體),"冒慄"也就是"眣睰"或"眱睰"。又如同書卷四《太子成道經》:"努力向鷲峯從聖道,新婦莫慵讒不擎(禁)卻回來。"按本書云:"慵䬸石容反。"爲"慵䬸"二字的俗寫。變文中的"讒"乃"䬸"的借字,"慵䬸"謂既懶且貪也。類似的例子尚多,在此不能備舉。可以説本書既是唐代的一部民間俗語詞詞典,又是一部俗字字典。

不過書中這些記錄俗語詞的文字並非作者杜撰,而是他從《字統》《玉篇》《翰苑》②及數家《切韻》中輯錄而得。宋趙叔向《肯綮録》曾據陸法言《切韻》摘録一些俚俗之字(頁 1—2),其中頗有與本書所載相一致者,下面試録數條,以資比觀:

《肯綮録》	《字寶》
胮肛音龐缸,肥大也。	胮肛匹江反,許江反。
歁以箸取物曰歁,音羈。	箝搘物音飢。又剞。
躪斜物之不正曰躪斜,音㝵。	物躪斜苦乖反。又喎。
扻以拳加物,丑皆反。	拳扻人丑皆[反]。又攄。
小兒衣曰繃褓下慈夜切。	兒䋿褓百耕反,下謝。
	("䋿褓"即"繃褓"的俗寫)
稱量曰敁敠上丁兼反。	拑(拈)敠下(丁)兼反。又敁量。
齒傷于酸曰齗音楚。	齒齗使音。③
器破未離有痕曰璺音問。	物璺蟀音問。
垢曰垢圻音夏。	垢圻音苟,下夏。

不難看出,兩者的來源是相同或相近的。儘管有些條目字形不盡一致,但往往

---

① 見《敦煌變文集校記再補》,載《華東師範大學學報》1958 年第 2 期。
② 《新唐書·藝文志》類書類:張楚金《翰苑》七卷(頁 1564)。不知與《字寶》所稱爲一書否?
③ 注文"使音"斯 619 號作"使策",疑當乙正作"策使";《廣韻·語韻》創舉切:"齗,齒傷醋也。""策""創"同屬初紐,"使"字《廣韻》上聲止韻音疏士切,又去聲志韻音疏吏切,"齗""使"分屬遇攝、止攝,唐五代西北方音止攝、遇攝同用。

是同一字的變體。

除了《字寶》而外,敦煌寫卷中尚有《俗務要名林》(殘存於伯 2609、斯 617 等卷)爲分類記載日常應用的不同詞語,體式與《字寶》相近,兹不詳述。

(五) 王仁昫《刊謬補缺切韻》

王仁昫,字德温,唐中宗神龍年間(705—707)曾任"朝議郎行衢州信安縣尉"。撰有《字樣》等書①,但傳世的僅有《刊謬補缺切韻》一種。

王仁昫《刊謬補缺切韻》現存寫本兩種,一種出自敦煌,編號爲伯 2011(參圖 11 及卷首彩圖);一種爲故宫博物院所藏。前者有殘闕;後者則大體完整,但脱誤較多。以下以敦煌本爲主,對該書作一簡要的介紹。

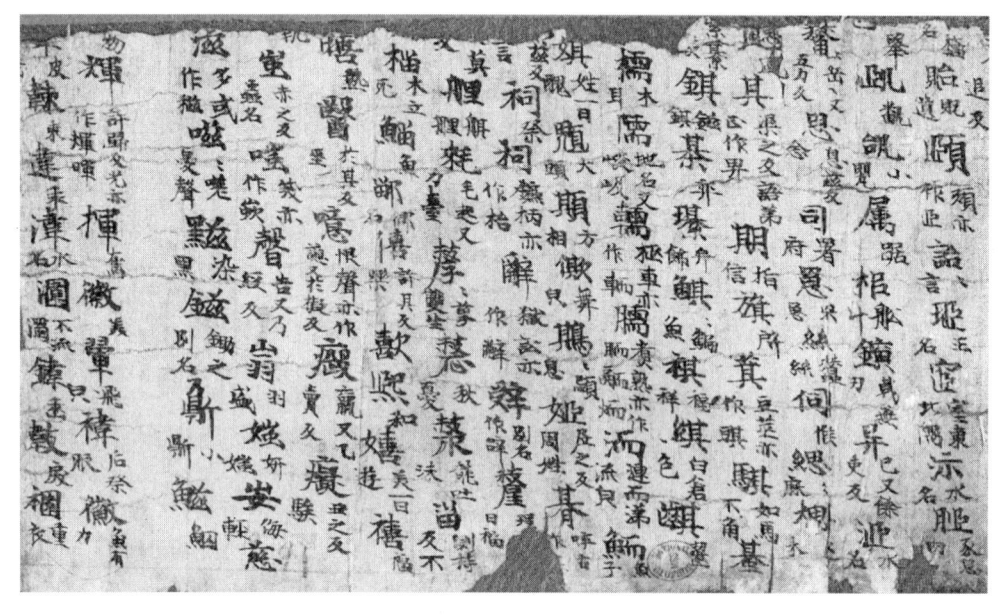

圖 11　伯 2011《刊謬補缺切韻》(局部)

王仁昫的書是爲補正陸法言的《切韻》而作的。故宫本書名下注云:"刊謬者,謂刊正誤謬;補缺者,謂加字及訓。"敦煌寫本伯 2129 號有該書王仁昫的自序,序文説到自己作該書是受江東道巡察黜陟大使、侍御史平侯嗣先的啓示,平侯對他説:

> 陸法言《切韻》,時俗共重,以爲典規,然苦字少,復闕字義,可爲《刊謬補缺切韻》,削舊濫俗,添新正典,并各加訓,啓導愚蒙。

---

① 見伯 2129 號《刊謬補缺切韻》王氏自序。

這就是王書所作的緣起。王書的内容，如自注及序文所言，主要是刊正陸氏《切韻》的謬誤；補充訓解；增加字數。這裏要特别指出的是，凡是字有異體的，王書都在注文中一一注明。故宫本王氏自序後有注云："或朱（字？）有正體及通俗者，皆於本字下朱書。"又自序中云："字該樣式，乃備應危疑。"又云："其字有疑涉，亦略注所從，以決疑謬，使俗（各）區析，不相雜廁。"可見王氏備載異體的目的是爲了明其"樣式"，"備應危疑"，使人們書寫時有所遵循。根據異體的不同性質，王氏在載列異體時使用了不同的表述方式，其中包括：

1. 正作某。如寒韻"飡"正作"湌"，怪韻"恠"正作"怪"，陽韻"壃"正作"畺"，晧韻"嫂"正作"嫂"，昔韻"役"正作"役"，等等。與正字相對的標目字大概是當時通行的寫法，儘管有的是後世産生的俗體字（如《干禄字書》《廣韻》分别以"恠""飡"爲俗字）。

2. 本作某。如晧韻"昊"本作"夰"①，霽韻"丽"本作"麗"，隊韻"對"本作"對"，等等。"本"的含義近似於"正"。

3. 古作某。如晧韻"寶"古作"珤"，燭韻"属"古作"屬"，軫韻"准"古作"準"，等等。"古"的含義近似於"本"和"正"。

4. 亦作某。如陽韻"粮"亦作"糧"，薺韻"禮"亦作"礼"，旱韻"疃"亦作"畽"，至韻"瘁"亦作"悴"，等等。

5. 或作某。如賄韻"鮾"或作"脮"，旱韻"暖"或作"暝"，震韻"儁"或作"俊"，等等。

6. 又作某。如齊韻"隄"又作"堤"，侵韻"襟"又作"衿"，軫韻"筍"又作"笋"，等等。

按："亦作""或作""又作"的用法大抵相當，其後往往是變换形旁或聲旁形成的異體字，而且這種異體字通常流行已久。

7. 通俗作某。如獮韻"雋"通俗作"隽"，至韻"冀"通俗作"兾"，翰韻"館"通俗作"舘"，等等。

8. 俗作某。如晧韻"嫂"俗作"㛐"，哿韻"鎖"俗作"鏁"。又姥韻："簿，裴古反，簿籍，俗作從草，是薄，音伯，非。"等等。

按："通俗作""俗作"的字往往是字形訛變形成的俗字。相對而言，前者流

---

① "夰"當作"昦"。《九經字樣》："昦昊：上《説文》，下隸省。"頁46。

行的時間可能更長一些,更"正規"一些,其含義略等於斯 388 號《字樣》所謂的"通用"和"相承共用"字。至於"俗作"字,王仁昫往往把它們和"非""失"一類的字眼聯繫在一起,自然是不登大雅之堂的鄙俗別字了。

除了上述載錄異體字的方式外,王仁昫有時還在注文中加以辨析。如模韻下云:"啚,思度。《説文》音鄙,訓云難意,今因循作圖云。"又云:"圖,畫。《説文》:畫計難。從囗(音韋),從啚;啚,難意。用啚作圖,非。"又仙韻"燃"字下云:"上然從火,已是燒;更加火非。同'梁'加木,失。"皆其例。

值得特別指出的是,王仁昫在對待俗字方面採取了比以往辭書更爲務實靈活的做法,即把許多通行俗字作爲標目字來處理,這不能説不是一個大膽的舉措。如晧韻云:"嫂",正作"㛮",以隸變字"嫂"爲標目字;而尤韻云:"捜,俗作搜。"比較而言,作爲標目字的"嫂"顯然也是當時的俗字(斯 2071 號《箋注本切韻》即云:"㛮,俗作嫂。")。同樣"古作"類的標目字"属"與"准","亦作"類的標目字"粮",也是當時通行的俗體字(《千禄字書》皆以爲"通"體)。此外一些注文中未載列異體的標目字,如尤韻的"挃(搊)",混韻之"夲(本)",震韻之"趂(趁)",等等,也都是當時的通行俗字。之所以出現這種情況,很顯然,和這些俗體當時的流行是有關的。作爲一種約定俗成的結果,王仁昫不過是在他的書中給予正式的承認罷了。

原書每卷之首記有陸法言原本《切韻》的字數和王仁昫新增的字數,現把有關載錄異體字的情況抄錄如下,以資比較。(寫卷卷一、卷二殘,據故宫本補卷一的數字,卷二故宫本缺記數字)

類別\卷數	卷一	卷三	卷四	卷五	合計	總計
陸法言原本《切韻》						
或亦	16	33	35	31	115	
古	4	5	2	9	20	140
俗	1	2	1	1	5	
王仁昫新增						
亦或	342	367	393	416	1518	
正	44	19	35	19	117	
通俗	37	31	23	19	110	1763
古	0	0	0	2	2	
本	2	4	6	4	16	

這就是説,不包括卷二在内,王仁昫新增的異體字數已達 1763 個;加上原本的 140 個,異體字更達 1903 個,收載之富,誠足令人驚嘆了。

總而言之,王仁昫對當時流行的異體俗字作了廣泛的輯録和歸納,從而形成了本書多載俗體的特色。周祖謨先生指出:"本書所載的唐代的通俗字體相當完備,可做爲一部唐代通俗字字典來看①。"事實確是如此。後來顔元孫作《干禄字書》,很多俗字可能就是取材於此書②。與敦煌本相比,故宫本刪去了相當大一部分異體字,因而也就在很大程度上失去了本書原來的特色,這是很可惋惜的。

除了王仁昫的《刊謬補缺切韻》以外,敦煌、吐魯番文書中還有二十餘種韻書的卷子或其殘片,其中收載俗字異體較多的有斯 2071、2055 號、伯 3693、3694 號等《切韻箋注》,及伯 2014、2015、5531 號五代本韻書等。儘管在載録異體俗字的數量上這些韻書都不能和王韻相比,但由於敦煌本王韻本身殘缺不全,而且不同的作者對俗字異體的處理、收録的範圍也會有不同的地方,所以這些韻書也頗有可與王韻比觀互勘之處,值得重視。限於篇幅,這裏就不一一羅列了。

三、敦煌俗字研究述略

臺灣著名敦煌學家潘重規先生在談到敦煌俗文學的研究時,曾經這樣説過:

> 敦煌寫本,保存了不少俗文學,而保留下來的俗文學,幾乎都是用俗文字寫成的。……如果不通曉敦煌俗寫文字,幾乎就讀不通敦煌的俗文學。敦煌俗字、敦煌俗文學應該是可以分別獨立的兩門學問。(《敦煌卷子俗寫文字與俗文學之研究》,載《敦煌變文論輯》頁 279)

潘先生的話給了我們極大的啓發。由潘先生的話加以引申,我們可以這樣認爲:敦煌文獻多數是用俗文字寫成的,如果不通曉敦煌俗寫文字,幾乎就讀不通敦煌卷子,更不要説正確校理了;敦煌俗字研究是整理校勘敦煌文獻的最基礎的一環,是敦煌學的一個重要組成部分。

---

① 見《唐五代韻書集存》下編《考釋四‧王仁昫〈刊謬補缺切韻〉一》,頁 884。
② 參見拙著《漢語俗字研究》第十章第二節,岳麓書社 1995 年版。

但由於種種原因,敦煌俗字的研究始終没有得到人們應有的重視,儘管近十年來敦煌學的研究在國内外都很熱鬧。敦煌文獻發現一百多年來,很少有人注意到敦煌俗字的研究,這方面的研究成果也少得可憐。下面只能就見聞所及,把有關的研究情況作一個概略的介紹。

敦煌石室遺書發現不久,中外學者便注意到文書本身多俗别的問題。如羅振玉 1913 年跋伯 2586《晉紀》云:"此卷書法至精,其中别搆之字,與六朝碑版同。"①但當時還没有引起人們研究的興趣。1925 年,蔡元培在《〈敦煌掇瑣〉序》中指出:"(敦煌卷子)所遺在本國的,只有佛經抄本,……這種抄本,一可以校經文的異同,二可以見當時的别字,三可以看當時普通人的書法,已不能不算是希世之寶了。"(《蔡元培語言及文學論著》頁 235)這是最早對敦煌俗字的重要價值給予充分肯定的。二十世紀二三十年代以後,随着敦煌遺書的大量刊布,俗字的問題也開始提上了學者們的議事日程。1929 年,日本學者西本龍山影印敦煌本《十誦比丘尼波羅提木叉戒本》,并加以解說,末附異體文字表,這大概是最早輯録敦煌俗字的書。同年陳寅恪先生在《北平圖書館館刊》二卷五號刊布《敦煌本十誦比丘尼波羅提木叉跋》一文,肯定了西本龍山的做法,他說:

> 此爲考古學文字學重要事業,前人鮮注意及之者。若能搜集敦煌寫本中六朝唐代之異文俗字,編爲一書,於吾國古籍之校訂,必有裨益。予久蓄是念,今讀西本君之書,因附著其意,以質世之治考古學文字學者。

據劉復《宋元以來俗字譜》序稱,當時《中國大辭典》編纂處曾專門組織人搜集唐人寫經中的別字(劉序作於 1930 年 2 月)。所謂唐人寫經別字,當是指敦煌寫經而言,可是始終未見成書。

二十世紀五十年代初,任二北先生在《敦煌曲初探》一書中再次提到輯集敦煌俗字的問題,任書云:

> 唐人之俗寫,沿魏漢六朝舊習,而集其成。……今日欲加董理,至少應續邢澍《金石文字辨異》、趙之謙《六朝别字記》、羅振玉《碑別字》、劉復《宋元以來俗字譜》等業,專爲唐人俗寫,編成字彙,有助於敦煌文獻之一般研究,初不僅爲樂曲歌辭設耳。(頁 119—121。上海文藝聯合出版社 1954 年版)

---

① 《雪堂校刊羣書敘録》卷下,《羅雪堂先生全集初編》第一册頁 183。

次年，姜亮夫先生刊布《瀛涯敦煌韻輯》一書，其中附有陶秋英先生纂録的《諸隋唐宋人韻書字譜》，包括《或亦字譜》《俗字譜》《正字譜》《古字譜》四部分，每部分按韻序次，字頭下依次載録當時知見的隋唐宋人韻書中的或亦字、俗字、正字、古字。這四種譜的分設，大概是受王仁昫《刊謬補缺切韻》等韻書把異體字分成"亦或""通俗""古""正"等的影響。但這種分法本身就是不很科學的。上揭《字譜》沿用這種分類法，隨之也帶來了一些缺陷。如我們根據《玉篇》知道"準"俗作"准"，但在上揭《俗字譜》中卻找不到它，而在《古字譜》中卻發現了它的踪迹：字頭"准"下列故宫藏本裴務齊正字本《刊謬補缺切韻》等書古作"準"①。又如《玉篇》云："怪"俗作"恠"。我們在《俗字譜》也查不到它，卻在《正字譜》下查到了：標目字"恠"下列王仁昫《刊謬補缺切韻》正作"怪"。這種不合理的編排方法，給讀者的檢閱帶來了很大的不便，從而也就使該譜的實用性大大打了折扣。

該譜的另一個缺陷是所載異體尚多疏漏。以平聲模韻爲例，該譜據王仁昫《刊謬補缺切韻》載録異體十三個，而漏收異體四個，它們是：謨，亦作暮；壺，正作壺；頭，或作咽；圖，俗作啚。所收異體中，"徒"下載或亦字"达"，乃爲"达"字傳録之誤，伯2011號王韻本身作"达"，不誤。又"弙"下載或亦字"忓"，備注中云《廣韻》字別。按《廣韻·模韻》："弙，滿挽弓有所向。"哀都切（頁47）。又虞韻："忓，憂也。"況于切（頁39）。初觀乍視，確爲不同的字（"于"篆文作"亏"，隸定或作"亐"，故"忓"即"忤"）。其實王韻的"忓"并非"忓"字，而是"帟"字俗書②。俗書巾旁多寫作忄旁，故"帟"俗寫作"忓"。"帟"又即"弙"（楷定作"扝"）的換旁俗字。《玉篇·巾旁》："帟，亦作弙。"（頁500）以"帟""弙"爲一字，是也。又"乎"下載正字"兮"，宜當從王韻原卷作"兮"。"乎"金文或作"乎"，隸書或寫作"乎"形（參看《隸辨》卷一模韻），"兮"又爲隸字的楷定寫法。諸如此類的疏漏失真之處，也給原書的可靠性帶來了影響。所以該譜問世五十多年來，在學術界并没有産生太大的影響，這是令人遺憾的。但無論如何，該譜是我國學者敦煌俗字輯録方面的導夫先路之作，前輩學者對學術的執着奉獻，是

---

① "準"當作"準"，故宫博物院藏本王仁昫《刊謬補缺切韻》軫韻："准，古作準。""準"字不誤。
② 故宫藏本王仁昫《刊謬補缺切韻》模韻哀都反："扝，滿弓有所向。又口孤反。"同一小韻隔四字又云："忓，引。又口孤反。"把"扝""忓（帟）"一分爲二，大誤。

值得我們表示深深的敬意的。

1959 年,蔣禮鴻師在《杭州大學學報》該年第 3 期"中國語文專號"上發表《中國俗文字學研究導言》一文,文章以敦煌俗字研究爲中心,對俗字研究的意義、步驟、方法等作了獨到的分析和闡述。文章呼籲加強俗字研究和進行敦煌寫本俗字的輯録工作。這是俗字研究方面的一篇具有開拓性意義的重要論文。可惜蔣先生的呼籲没有受到人們應有的重視。此後二十多年,除了蔣先生本人在《敦煌變文字義通釋》中不時地進行一些俗字的辨析,以及 1961 年中華書局出版的《敦煌資料》(第 1 輯)附有一個極其簡略的"别體字改排爲繁體字對照表"外,敦煌俗字的輯録、研究一直無人問津。直到八十年代前後,隨着國學的復蘇和世界性敦煌學研究的高漲,這種狀況纔有所改變。

1978 年,潘重規先生偕弟子王三慶、曾榮汾、鄭阿財等十餘人編輯出版了《敦煌俗字譜》(臺北石門圖書公司 1978 年版)。潘先生在序文中指出:

> 敦煌寫本,字體殽亂,正俗糾紛,斯譜之作,所以爲敦煌寫本導夫先路也。……凡欲研究某一時代之作品,必須通曉某一時代之文字,必須通曉某一時代書寫文字之慣例。吾人苟不研究敦煌之俗字,即難望通曉敦煌之作品。此俗字譜之作所以不容或緩也。

該譜取材於台灣"中央圖書館"所藏的敦煌卷子(臺北石門圖書公司 1976 年影印出版)和日本神田喜一郎編的《敦煌祕籍留真新編》(臺灣大學 1958 年影印出版),包括敦煌寫卷 178 種。全書依《康熙字典》分 240 部,同部之字依筆劃多少爲次。所採俗字以正字標領,每個正字下編字號,凡 2546 號。每個俗字下標明出處;隸古定及武后新字附於俗字之末,分别以Ⓐ和◎符號表示。

該譜是第一部較大規模的直接從敦煌作品本身輯録俗字的著作。譜中收録了大量六朝以迄宋初流行的俗字異體,對古籍整理尤其是敦煌文獻的整理具有很大的參考價值。如敦煌寫本伯 3734《王梵志詩·身是五蔭城》:"總在糞尿中,不解相蛆(怚)姞。""姞"字費解。或讀作"括",或改作"蛄",均所未安。查該譜"妳"字下有俗字"姞",據此可以推知"姞"當又是"妳"的訛俗字(上揭王梵志詩異本伯 3418 號正作"妳")。校"姞"作"妳",原詩便豁然貫通了①。

該譜將劉復、李家瑞編的《宋元以來俗字譜》全部收入,附於敦煌俗字之

---

① 參見郭在貽師《唐代白話詩釋詞》,載《中國語文》1983 年第 6 期。

後,其中正字下未收錄敦煌俗字者,則以※符號標識之。兩相比較,可以發現許多宋元以後流行的俗字其實是前有所承的。如屡、师、粮、麦、床等等,皆見於敦煌寫卷。所以我們可以憑藉此書了解到一些俗字的更早的淵源。

該書的缺點一是取材過窄,難以反映整個敦煌卷子俗字的狀況;二是缺乏簡擇,往往同一形體連篇累牘,眉目不清,昏人耳目;三是印刷不精,模糊漫漶,頗難辨認;四是一些字頭的分屬未盡妥當。如"蹔""暫"一字,乃分而爲二;"皈"爲"飯"之俗訛,而"皈"又爲"歸"的會意俗字("皈"見斯 388 號《正字要錄》。宋孫逢吉《職官分紀》記後魏俗字"自反爲歸",即指"皈"而言),《字譜》"歸""皈"既一分爲二,又以"皈"爲正字,以"飯"爲俗字,可謂顛倒甚矣。

1983 年,中華書局推出周祖謨先生編著的《唐五代韻書集存》。周書在劉復《敦煌掇瑣》(1925 年出版)、《十韻彙編》(1936 年出版)和姜亮夫《瀛涯敦煌韻輯》的基礎上,拾遺補闕,把當時所能見到的韻書卷子都搜集在一起。全書分上下編,包括總述、唐五代韻書三十種(主要爲敦煌卷子)及韻字摘抄等寫本九種的照片及部分摹本,此外還有考釋、輯佚和附表。因爲該書收錄的韻書中包含有大量的俗字資料,周祖謨先生在總述及考釋中又多次提到敦煌俗字研究的問題,所以有必要給予關注和重視。

另外還值得一提的是岳麓書社 1990 年出版了先師郭在貽先生、黄征兄及筆者合作撰著的《敦煌變文集校議》。該書糾正了前人在敦煌變文校勘方面的大量錯誤,其中在"俗字和俗語詞考釋方面,尤多獨得之秘"①。在某種意義上,可以把該書當作研究敦煌俗字的著作來看。

除了上述敦煌俗字輯錄及相關研究著作外,這時期還發表了一些與敦煌俗字研究有關的學術論文,舉其要者,有臺灣潘重規先生的《敦煌卷子俗寫文字與俗文學之研究》《〈龍龕手鑑新編〉序》《用敦煌俗寫文字校釋文心雕龍刊本中殘存俗字考》《敦煌卷子俗寫文字的整理與發展》②、朱鳳玉的《敦煌寫本字樣書研究之一》《敦煌寫本"碎金"系字書初探》③、大陸學者周祖謨的《敦煌唐

---

① 見郭在貽師致友人信,轉引自梅季坤《系統嚴密,創獲良多——郭在貽等〈敦煌變文集校議〉讀後》一文,載《杭州大學學報》1991 年第 1 期。
② 分別載臺北《孔孟月刊》1980 年第 7 期、《龍龕手鑑新編》卷首、《第二屆敦煌學國際研討會論文集》(臺北漢學研究中心 1991 年版)、《敦煌學》第 17 輯(臺北中國文化大學 1991 年版)。
③ 分別載臺北《華岡文科學報》1989 年第 17 輯、《第二屆敦煌學國際研討會論文集》。

本字書敘録》①、劉燕文的《敦煌唐寫本字書〈正名要録〉淺介》②、張金泉的《論敦煌本〈字寶〉》③、杜愛英的《敦煌遺書中俗體的諸種類型》④、郭在貽師與筆者合撰的《關於敦煌變文整理校勘中的幾個問題》《俗字研究與敦煌俗文學作品的校讀》⑤,以及拙撰《試論敦煌寫卷俗文字研究之意義》《敦煌寫卷俗字的類型及其考辨方法》《"卬、卅、卌"辨析》⑥等。此外,項楚師的一些論著,如《敦煌變文選注》⑦、《王梵志詩校注》⑧以及收在《敦煌文學叢考》⑨中的許多論文,也有大量俗字考釋方面的内容,且多不刊之論,值得我們重視。

  總的來看,在潘重規、蔣禮鴻、周祖謨等老一輩學者的倡導和影響下,近年來已有越來越多的學者注意到敦煌俗字的重要意義,研究隊伍不斷壯大,研究論文日見其多,敦煌俗字研究的高潮正在到來。

---

① 見《敦煌語言文學研究》,北京大學出版社 1988 年版。
② 見《文獻》1985 年第 3 期。
③ 見《敦煌研究》1993 年第 2 期。
④ 見《敦煌研究》1992 年第 3 期。
⑤ 分別見《古漢語研究》1989 年創刊號、《近代漢語研究》(商務印書館 1992 年版)。
⑥ 分別見"敦煌研究院 1990 年敦煌學國際學術討論會"論文集(遼寧美術出版社 1995 年版)、香港《九州學刊》1992 年第 2 期、《敦煌研究》1993 年第 2 期。
⑦ 巴蜀書社 1990 年版。
⑧⑨ 上海古籍出版社 1991 年版。

第三章 敦煌俗字研究的意義（上）

姜亮夫先生在談到歷史上俗字的流行時,曾經這樣説過:

敦煌卷子剛好是關鍵,敦煌卷子以前的俗書、僞書、假書在敦煌卷子裏面都可以看見了。敦煌卷子以後所用的省體字在敦煌卷子裏也都找得出來了。這也是我們應該注意的事情。(《敦煌學概論》頁116)

這就是説,作爲跨越魏晉六朝乃至五代宋初這一漫長歷史時期的產物,敦煌卷子在俗字流行史上扮演着承前啓後的關鍵角色,不但魏晉六朝以前的俗字在它上面留下了痕迹,宋元以後的俗字也在它上面露出了端倪。所以,像這樣一個俗字積存的大寶庫,對其研究的價值就越出了敦煌文獻本身,而具有更爲廣泛的意義。具體説來,這種意義至少表現在以下五個方面:

一、有助於大型字典的編纂

大型字典區別於中小型字典的一個顯著特點就是收字多,而那些增多的字相當一部分就是俗字。所以收錄、辨析俗字的情況如何,就成了檢驗一部大型字典質量高低的重要標尺。現在的幾部大型字典如《康熙字典》《中華大字典》《漢語大字典》《中華字海》在收錄、考辨俗字方面都作出了自己的努力;尤其是《漢語大字典》《中華字海》,在繼承前人成果的基礎上,又汲取了今人的一些新成果,成就尤爲突出。然而由於受整個俗字研究水平的限制和可資利用的書面材料的不足,這些字典在俗字的收錄、辨析等方面都還存在着嚴重的缺陷。加强敦煌俗字的研究,則可在很大程度上彌補這種缺陷。具體來説,敦煌俗字研究對大型字典編纂的作用主要表現在以下六個方面:

(一) 選定正確的字頭

所謂"字典",就是典範性的字書。而字頭形體的典範,就是這種"典範性"的主要標誌之一。但對許多生僻俗字來説,欲求其字頭形體的"典範"卻并非易事。通過對敦煌俗字的研究,則可在選定正確的字形方面給我們以很大的幫助。例如:

【獌】

獌,同"獌"。《龍龕手鏡·犬部》:"獌","獌"的俗字。(《漢語大字典》册 2 頁 1371)

按:《漢語大字典》引用的《龍龕手鏡》①,據第 7 册所附的"主要引用書目表",是根據四部叢刊續編影宋刊本和中華書局 1985 年影印高麗本,但此兩本並云:"獌,俗;獌,正。"而別無所謂"獌"字。《漢語大字典》的"獌"顯然就是"獌"的楷定體。應該説,大型字典在確定字頭形體時,對古籍中的一些俗體作適當的楷正,以使字形更"典範"或更具普遍性,是有它的必要性的。問題是這種楷正必須建立在對字形演變的深刻把握之上,而不是相反。上例的"獌"要楷定作"獌",我們認爲必須符合兩個條件:一、"曼"旁一般不寫作"昜",作"昜"爲偶然筆誤;二、這偶然筆誤的"昜"本當作"昜"。然而事實并非如此。請看下面的例子:

伯 2809 號《曲子搗練子》:"君去前程但努力,不敢放慢向公婆。""放"後爲"慢"字。

伯 2714 號《十二時》:"勸諸人,莫放慢,火宅驅忙無際限。""放"下的字亦爲"慢"字。另一本伯 2054 號"慢"作"慢",亦俗字。

斯 5588 號《求因果》:"至親骨肉共鋪攤,遞伐(代)也相謾。"末字爲"謾"字。

斯 5692 號無名詩:"莫謾喜,莫謾愁,歡喜憂愁早晚休。"掃描字亦皆"謾"字。

伯 2204 號《悉曇頌》:"行住座(坐)卧無體段,在於衆中慢叫唤。""慢"

---

① 《龍龕手鏡》宋人重刻時避太祖趙匡胤祖父趙敬的嫌諱("鏡""敬"同音),改"鏡"爲"鑑"。除引文外,今均據中華書局影印高麗本作《龍龕手鏡》。

爲"漫"字。

斯 6537 號《阿曹婆詞》:"獨坐幽閨思轉多,意如何? 秋夜更長難可度,冐憐他。""冐"即"曼"字。

根據以上實例,我們可以推斷"曼"俗寫或作"冐",又作"冐";而前述"獖"字右旁的"冐",顯然就是"冐"或"冐"的變體。斯 2073 號《廬山遠公話》:"若於手下驅使,來之如風,實不頑慢。"伯 2292 號《維摩詰經講經文》:"戴霧花枝香爛熳,惹煙幡蓋勢巍峨。"伯 3087 號《十二時》:"漫搥胸,徒下淚,前路忙忙沒依倚。"其中的"慢""熳""漫"右旁原卷亦皆作"冐",可見"曼"旁作"冐"爲俗書通例。那麽"冐"或"冐"是不是來源於"冐"呢? 不是。它們應該來源於"冐"。《龍龕手鏡·日部》:"冐,或作;曼,正:莫官反,路遠也。又音万,長也。"(頁 425)慧琳《一切經音義》卷三《大波若波羅蜜多經》第三三三卷音義"傲慢"條下云:"曼字從又,俗從万,訛也。"(頁 128)《楚辭·離騷》:"路曼曼其修遠兮"(頁 28),伯 2494 號隋道騫《楚辭音》"曼"作"冐",注云"亡半反"。可見,"冐"是一個曾經相當流行的俗體字。與此相一致,"曼"旁俗書亦多寫作"冐"。如伯 3142 號《白龍廟記》:"井側有廟,號曰白龍廟焉。……敬慢二徒,禍福兩驗。"伯 3808 號《長興四年中興殿應聖節講經文》:"風慢香煙滿殿飛,人人盡有祝堯詞。"斯 7 號(刻本 1 號)《故圓鑒大師二十四孝押座文》:"最難誑惑謾衷懇,不易欺輕對上蒼。"其中的"慢""謾"右旁原卷皆作"冐",是其例。從字形上來說,"曼"本是從又、冒聲的形聲字(據《說文》),但從楷定後的字形上卻很難看出這種關係。《龍龕手鏡》等字書把"曼"字歸入日部而不歸入又部(《玉篇》歸又部),便是明證。而"曼"字古與"萬"同音。《左傳·桓公五年》"曼伯爲右拒"陸德明釋文:"曼,音萬。"(頁 225)錢大昕《十駕齋養新録》卷二"曼"條云:"古有重脣而無輕脣,故曼、萬同音。今吳中方音千萬之萬如曼,此古音也。"(頁 33)可見"曼"字易"又"爲"万"(俗以"万"爲"萬"的俗體),顯然具有表音的作用。至於"冐""冐"等形,應該又是"冐"的變體。其演變軌迹大概是:

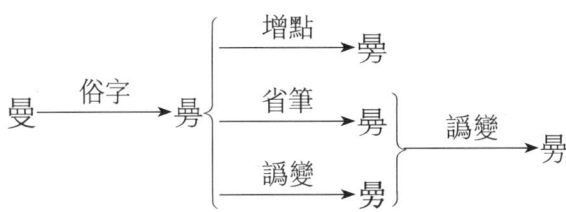

根據這樣的推斷，前揭"猀"字假如要加以楷正的話，就只能作"猀"而不能作"猀"。然而如果没有敦煌卷子爲我們提供大量俗體演變的材料，上面的認知過程就會困難得多。《漢語大字典》之所以在字頭選定上出現偏差，編寫者對"甼"旁的來源缺乏了解顯然是最重要的因素。

再看下面的例子：

【𡴆】

𡴆，bēng 音"崩"。同"崩"。見《龍龕手鏡》。（《中華字海》頁441）

按：四部叢刊續編影宋刊本和中華書局1985年影印高麗本是《龍龕手鏡》最爲通行的本子，但此二本"𡴆"字皆作"𡴆"，字形有明顯的出入。那麽《中華字海》選定的字形對不對呢？我們且看下面的材料：

伯4638號《大番故敦煌郡莫高窟陰處士公修功德記》："屬以五色慶雲，分𡴆帝里；一條毒氣，扇滿幽燕。"

斯390號《氾嗣宗和尚邈真讚并序》："滄海誰知竭，耆山豈料𡴆。"

伯2193號《目連緣起》："羅卜見母身亡，狀若天𡴆地減（陷）。"

上述諸例中的扫描字，推以文意，當爲"崩"字無疑。事實上，敦煌卷子中"崩"字大抵皆書作此形。但僅知道這一點，還不足以完全回答前面提出的問題。我們還有必要作更進一步的考察。考"崩"字下從朋聲，"朋"字《説文》以爲古文"鳳"字①，寫作"𣊤"形，隸定作"朋"，作兩個斜書的月字形。宋孫奕《履齋示兒編》卷二三引《明皇雜錄》云："劉晏以神童爲秘書省正字，上問：'汝爲正字，正得幾字？'晏曰：'天下字皆正，唯朋字未正。'"（頁243）可見唐代前後"朋"的正字是必須斜書的（《字鑒》卷二登韻亦云"朋"字"斜書之"）。由斜書的"朋"省變，"朋"字俗又書作"用"形。如：

斯2947號《丈夫百歲篇》："四十看看欲下坡，近來用友半消磨。"

伯2653號《燕子賦》："不分黄頭雀，囚博（比）結豪强。"

同上卷《韓朋賦》："昔有賢士，姓韓名用。"

類似的例子尚多，無煩廣舉。很明顯，"崩"寫作"𡴆"淵源於"朋"寫作"用"。

---

① 近人多以爲"朋"爲古代貨幣單位。參看王國維《説珏朋》，文載《王國維遺書》第1册《觀堂集林》卷3頁20—21，上海書店1983年影印本。

"用"和"岜"都是隸變俗字,而并非什麽古文。正如俗字"用"不能楷定作"用"一樣,俗字"岜"也不應楷定作"岜"。《中華字海》據《龍龕手鏡》的"岜"把字頭定作"岜",那是不可取的。

(二) 糾正辨析的錯誤

正確辨字析義是每一部字典都應該達到的基本要求。但對收載有大量俗字別體的大型字典來説,要做到這一點并不容易。即以《漢語大字典》爲例,在俗字的辨析方面便存在不少錯誤。通過敦煌俗字的研究,則可在很大程度上發現這種錯誤,并加以匡正。例如:

【垾】

垾 àn《改併四聲篇海·土部》引《搜真玉鏡》:"垾,音岸。"鄭振鐸《中國俗文學史》上引敦煌變文《季布駡陳詞文》:"後至五年冬三月,會垾滅楚静煙塵。"按王重民校作"垓"。(《漢語大字典》册 1 頁 466)

按:《大字典》據《搜真玉鏡》以"垾"音 àn,由於傳世古籍未見有關的書證可供檢驗,故其正確與否,無法判斷。但鄭著所引《季布駡陳詞文》的"垾",卻并非音 àn。考上揭録文係據敦煌寫本伯 2747 號迻録,其字原卷本作"垓",乃爲"垓"的俗字。"亥"字或"亥"旁俗書與"彦"相亂。如北 8440(烏 10)號《勸戒文》:"人＝定＝亥＝,罪福总是天曹配。"伯 3618 號《秋吟》:"金言大啓,玉偈宏諺。"伯 2418 號《父母恩重經講經文》:"未降珢兒慈母怕,及乎生了似屠羊。"其中的掃描字分別爲"亥""該""孩"的俗字。又伯 3645 號《季布詩詠》:"漢高皇帝詔得韓信,於彭城垓下作一陳。""垓"爲"垓"字俗書。據此,前揭"垓"字亦當是"垓"的俗字。《捉季布傳文》的另外兩個寫卷伯 3697 號(王重民以此卷爲底本,録入《敦煌變文集》)、斯 2056 號"垓"字俱徑作"垓",更其確證。"會垓滅楚"是指劉邦在垓下會戰把項羽的軍隊徹底地擊敗了。釋"垓"爲"垓",文義順適;倘作"垾",讀作 àn,就不知所云了。

【稽】

稽 jī《敦煌變文校録》音躋。〔稽稽〕象聲詞。形容打擊樂器的聲音。《敦煌變文·維摩詰經講經文》:"鏘鏘稽稽杖①嵬嵬,總在菴園會裏排。"王慶菽校

---

① "杖"字原卷斯 4571 號本作"狀",宜據正。

錄:"稽,音躋。"(《漢語大字典》册 4 頁 2625)

按:所謂的《敦煌變文校録》《敦煌變文》大概是指王重民、王慶菽等先生編的《敦煌變文集》,查上述引文見於該書 542 頁,該篇校録者王慶菽先生在前一個"稽"字後括號内注"躋"字,此外别無説明。根據該書的校勘體例,用加括號來注明的字包括誤字(形誤字)、别字(音誤字)和俗字①。《漢語大字典》的編寫者根據原書"稽"後括號内注"躋",便斷定原字音"躋",并且用引號的形式加以引録,儼然是原文如此了。其實,"稽"當是"穧"的俗字。敦煌卷子中"齊"字或"齊"旁每寫作"斉"。如斯 328 號《伍子胥變文》:"一人判死,百人不敵;百若斉心,横行天下。"伯 2193 號《目連緣起》:"唯願聖主慈悲,更賜方圓救済。"《漢語大字典》所引《維摩詰經講經文》(斯 4571 號)寫卷上文:"豈辭利済勞兼倦,不憚辛懃去又來。"下文:"一時空裏降,斉總下雲來。"凡此"斉""済"分别爲"齊""濟"的俗字。故"穧"字俗書或作"稽"。不過"穧"字文中於義無取,宜當讀作"濟"。"鏘鏘""濟濟"敦煌文書中經見。同篇下文:"於是巍巍聖主,蕩蕩慈尊,居賢聖之中,處菴園會裏。聲聞可八千之衆,道貌鏘鏘;菩薩乃三萬餘人,威儀濟濟。"又斯 3871 號《維摩詰經講經文》:"若在王子,……並須鏘鏘濟濟,有孝有忠,始末一心,無懷二意,同匡家社,共治邦家。"又伯 3213 號《伍子胥變文》:"風不鳴條,雨不破塊,街衢道路,濟濟鏘鏘。""鏘鏘"(字又作"蹡蹡""鎗鎗")、"濟濟"是指儀容莊敬充盛之貌。據此訓釋《漢語大字典》所引《維摩詰經講經文》例,則原文怡然理順。而編寫者不辨俗字,既承《敦煌變文集》校録之誤,又進而稱"稽稽"爲象聲詞,形容打擊樂器的聲音,南轅北轍,於義不合也。

(三) 抉發俗字的淵源流變

大型字典與中小型字典的區别不僅在於收字數量多,舉例釋義更細更全,而且在於需要窮源竟流。借用一句訓詁學的老話來説,即要得其"會通"。也就是説,要抉示異體字之間的内在聯繫,推本溯源,明其嬗變。就俗字方面的條目來説,就要做好兩方面的工作,一是要明其然,即要告訴讀者俗字的正字是什麽;二是要明其所以然,即要告訴讀者這俗字是怎麽來的,也就是要推求俗字與正字之間的演變軌迹。這種考鏡源流的工作,過去的大型字典或多或

---

① 參看該書卷首的《敍例·校勘體例》。

少做過一些,但説實在的,做得很不夠。通過敦煌俗字的研究,則可以使這方面的工作大大得到加强。仍以《漢語大字典》爲例:

【軶】

軶(一)wǎn《龍龕手鏡》無返反。引。《龍龕手鏡·車部》:"軶,引也。"(二)wàn《龍龕手鏡》音万。車。《龍龕手鏡·車部》:"軶,車也。"(《漢語大字典》册5頁3535)

按:"軶"字未見於《龍龕手鏡》以前的古代字書,它的來歷是怎樣的,實在是一個疑問。根據敦煌俗字的書寫規律,我們推斷"軶"當是"輓"的俗字。在敦煌卷子中,"免"字或"免"旁每寫作"兊"(由"兊"變來),與兊换之"兊"同形。如斯3872號《維摩詰經講經文》:"是身如聚沫,不可能摩撮,將喻一生身,誰人得兊脱。""兊"即"免"。伯2809號《望江南》詞:"若不遠文(仗)天威力,何(河)隍(湟)必[恐]陷戎夷,早晚聖人知。"原卷"晚"字右半作"兊"。伯3724號《王梵志詩·夫婦生五男》:"户役差科來,牽挽我夫婦。"原卷"挽"字右半亦作"兊"。據此以推,則"輓"字俗書當可寫作"軶"。《廣韻》"輓"字上去二音,上聲阮韻無遠切,與"挽"同,引也;去聲願韻無販切(與"万"同一小韻),輓車也,亦作"挽"①。與上引《龍龕手鏡》"軶"字的音義正同。是"軶"之即"輓",殆可無疑②。然而在《漢語大字典》中,"軶""輓"卻是互不相涉的,這不能説不是一種缺陷。

【斛】

斛《集韻》胡谷切,入屋匣。①同"斛"。《集韻·屋韻》:"斛,或作斛。"②地名用字。《晉書·胡奮傳附胡烈》:"(胡)烈屯於萬斛堆。"(《漢語大字典》册3頁2252)

按:説"斛"同"斛",有《集韻》爲證,自然不存在什麽問題。但爲什麽"斛"會寫作"斛",讀者卻不得其解。考六朝及唐代碑刻中有"斛"字。如清陸增祥《八瓊室金石補正》卷二八隋《龍華碑》云:"鳥獸迴音,望八斛之分身。"陸增祥

---

① "挽"字《説文》未見,蓋爲"輓"的後起分化字。
② 中華書局影印高麗本《龍龕手鏡》實即寫作"輓"字。《漢語大字典》所據蓋四部叢刊續編本。

跋稱"斛"爲"斛"的"俗譌之體"(頁 183—184)。又同書卷四二唐《開元寺三門樓題刻二十九段·史世樂等題名》"斛律"下陸跋引沈濤《常山貞石志》云:"斛律即斛律,字書無,惟《集韻》有'斛'字,云:斛,或作斛。《晉書·胡奮傳》:屯萬斛堆。案:'斛'即'斛'字。漢隸'斗'字多作'升',後人遂訛'升'爲'升',北齊以'百升飛上天'爲斛律明月之識①,是六朝時已有此別體字矣。"(頁 289)據沈氏此說,則似"斛"又爲"斛"的譌字。但敦煌吐魯番文書卻爲我們提供了一種相反的結論,即"斛"當是"斛"的譌字。吐魯番文書"斛"常寫作"斛"。如《吐魯番出土文書》第 4 册《高昌延和八年(609)七月至延和九年(610)六月錢糧帳》:"麥伍斛貳兜捌昇,床粟貳斛究兜。"(頁 151)又第 6 册《唐總章三年(670)左憧憙夏菜園契》:"其園叁年中與夏價大麥拾陸斛。"(頁 428)在《吐魯番出土文書》册一至十中,"斛"字出現了上千次,然而卻無一例寫作"斛",可見當時"斛"字非常流行,而"斛"則否。又敦煌寫本斯 388 號郎知本《正名要録》"字形雖別,音義是同,古而典者居上,今而要者居下"類,"斛"下對應的字爲"斛",即"斛"字(斯 388 號《字樣》謂衞宏《古文官書》"升"作"卄")。郎知本以"斛"爲"今而要者",也充分證明了這一點。從字形上來看,"斛"從百、升二字會意,正與唐宋以前以百升(十斗)爲一斛的計量制度相合②。而寫"斛"爲"斛",卻説不出一個所以然來。所以"斛"爲"斛"的會意俗字,而"斛"則又當爲"斛"的訛字③。明白了斛(形聲字)→斛(會意字)→斛(譌變俗字)的演變過程,"斛"之所以同"斛"便霧解冰釋了。然而令人遺憾的是,《漢語大字典》竟未收"斛"字。這樣,"斛"之所以同"斛"得不到合理的説明,也就没有什麼可以奇怪的了。

　　附按:《漢語大字典》義項二所引《晉書》"萬斛堆"之"斛"顯然也是"斛"的訛俗字,《大字典》爲之專辟一個義項,其實是沒有必要的。

　　(四) 提供準確的用例

　　字典辭書,舉例很重要。王力先生把提供適當的用例看作他心目中"理想

---

① 《北齊書·斛律光傳》:"周將軍韋孝寬忌光英勇,乃作謠言,令間諜漏其文於鄴,曰:'百升飛上天,明月照長安。'"(頁 225)"百升"即指"斛(斛)"字。
② 《漢書·律曆志上》:"量者,龠、合、升、斗、斛也。……合龠爲合,十合爲升,十升爲斗,十斗爲斛。"(頁 967)南宋末年改作五斗爲一斛。
③ "升""斗"古字形近,互訛之例屢見,參看賀昌羣《升斗辨》,文載《歷史研究》1958 年第 6 期,又收入《賀昌羣史學論著選》,中國社會科學出版社 1985 年版。

的字典"的基本要素之一。他説:"一般的字典對於近代的字義所以不舉例者,一則是看輕俗字俗義,不屑舉例;二則是近代的書太多,要找始見的例子很難。古代的字義,有許多字書、類書可抄;至於近代的字義,就只靠自己去羣書中搜尋,所以不是容易的事。但是,看輕近代語是不應該的;無論如何困難,對於每一個常用的字義,是必須舉例的。這種責任,要放在後來人的身上了。"①對於俗體字的舉例來説,除了王力先生所説的因素以外,還存在着"文獻不足徵"的問題,即由於可資利用的書面材料的不足,使得編寫者力不從心,有志不逮,無法求其完備。然而敦煌卷子中豐富的漢語俗字,則爲彌補這種缺憾創造了條件。具體説來,敦煌俗字研究對大型字典俗字條目舉證的意義表現在以下三個方面:

1. 爲無證者提供例證。如《漢語大字典》水部"氷"字下云:"同'冰'。《字彙·水部》:'氷',俗冰字。"(册3頁1546)没有一個例證。其實"氷"乃唐代前後俗字②,敦煌卷子中經見。如北8672(河12)號《父母恩重經講經文》:"泣竹卧氷也不及,百年侍養莫交(教)虧。"斯5588號《求因果》詩:"惠(慧)日消除東(凍)水氷,本性湛然凝。"斯467號《五臺山曲子六首》之四:"玉花池,金沙畔,氷窟千年,到者身心戰。"伯3726號《釋門都法律杜和尚寫真讚》:"戒珠恒朗,行潔清氷。"伯3718號《范海印和尚寫真讚并序》:"威稜侃侃,皎性潔於氷壺。"等等,凡此"氷"字皆爲"冰"的俗字。伯2011號王仁昫《刊謬補缺切韻》平聲蒸韻:"氷,筆陵反,氷凍。"這個"筆陵反"的"氷"也正是"冰"字。可見當時"氷"字流行很廣,以致韻書也採用它作爲標目字了。很明顯,假如字典的編寫者對敦煌卷子稍稍涉獵,像"氷"這類俗字的用例是不難找到的。此外如兴、歨、或、終、樑、桒、斉、灰、局、斈、冨、抜、慎③等等在《漢語大字典》中沒有例證的俗字,都不難在敦煌卷子中找到用例。

2. 爲有證者提供較早例證。辭書的舉例是一門學問。例證不是越多越

---

① 見《理想的字典》,載《龍蟲並雕齋文集》册1頁360。
② 陸增祥《八瓊室金石補正》卷二北魏《廣川王太妃侯自造彌勒像記》:"氷薄之心,唯歸真寂。"(頁71)此爲"氷"字之早見者。同書卷二六隋《蜀王美人董氏墓誌銘》:"風卷愁幕,氷寒淚枕。"陸氏引清瞿中溶《古泉山館金石文編》跋謂"仌寒之仌作'氷',即後代俗書作'氷'之始"(頁167),不確。
③ 以上分別爲興、些、或、終、梁、桑、齊、灰、局、學、富、拔、順的異體俗字。

好,也不是隨便找幾個例證就算完成了任務,而是要通過例證本身揭示字或詞產生、流行、消亡的歷史發展過程。這樣從溯源的角度來説,就要儘可能"舉始見書的例子"①。但就現有幾部大型字典的許多俗字條目來看,不是沒有例證,就是例證時代太晚,離上面的要求還相差很遠。通過敦煌俗字的研究,則可以在提供較早例證方面給予幫助。例如:

【宩】

同"寂"。《龍龕手鏡・宀部》:"宩",同"寂"。《宋元以來俗字譜》:"寂",《通俗小説》《太平樂府》作"宩"。清許承家《贈杜于皇七十》:"宩寞臺城北,高吟不厭貧。"(《漢語大字典》册 2 頁 935)

按:這裏我們有必要先討論一下"宩"的字形問題。查《漢語大字典》所引以爲據的四部叢刊續編影宋刊本和中華書局 1985 年影印高麗版影遼刻本《龍龕手鏡》,其中的"宩"實皆作"宷",下部中間爲三小點而不是兩小點,這也就是説《漢語大字典》的編寫者對原書的字形作了調整。那麽這種調整對不對呢?這又得從"寂"所從的聲旁"叔"説起。"叔"字篆文作"𦎫",又作"𦎫"。隸變作"朮""朮"等形(參看《隸辨》卷五屋韻)。《五經文字》卷下又部:"叔朮:上《説文》,下《石經》,今經典並依《説文》作叔。凡字從叔者皆放此。"(頁 69)《干禄字書》:"朮叔:上俗下正。"(頁 58)手寫時又寫作"朮"形。斯 388 號《字樣》殘卷:"叔朮:二同。"俗書常有增筆的習慣,於是"朮"又或增點作"朮"形。如伯 2718 號《王梵志詩・兄弟須和順》:"兄弟須和順,朮姪莫相輕。"是其例。按照俗書偏旁類推的規律,因此"寂"字俗書或作"宷""宩""宩"等形。《五經文字》卷上:"寂宷:上《説文》,下《石經》。"(頁 15)斯 388 號《正名要録》"字形雖別,音義是同,古而典者居上,今而要者居下"類:"家、宩。"上揭《龍龕手鏡》的"宩"也正是"寂"的俗字。至於《京本通俗小説》等書"寂"字作"宩",不過是"宩"之變體而已②。而《漢語大字典》反據以擅改《龍龕手鏡》的"宩"爲"宩",而又不加以説明,顯然是很不妥當的。下面言歸正傳,看看《漢語大字典》例證

---

① 王力《字典問題雜談》,載《辭書研究》1983 年第 2 期。
② 清張氏澤存堂刻《玉篇・又部》:"叔,俗作朮。"(頁 129)"朮"爲"朮"之變,而"宩"又爲"宩"之變。

方面的問題。其實無論是"寐"還是"寐"，唐代前後都已見用例。如伯 2481 號《副僧統和尚邈真讚并序》："妙覺常身，等虛空而湛寐。"伯 2991 號《張靈俊和尚寫真讚并序》："業資惠(慧)海，德爽智山，證三教而精通，修四禪而凝寐。"斯 1949 號《送師讚》："師今曠寐去，捨我逐清閒。"斯 4583 號《悉曇章》："四維上下不可度，住寐涅盤同開覺。"以上爲作"寐"形者。伯 2553 號《王昭君變文》："侍從寐寞，如同喪孝(考)之家。"此爲作"寐"形者。上揭《送師讚》的異本伯 4597 號"寐"字亦作"寐"。可見"寐"和"寐"都是敦煌寫本中流行的俗體字(而尤以前者爲經見)。《漢語大字典》的舉證是應該據以大大向前推進的。

此外如恐、国、㝎、高、寡、微①、㫄、䏻(懷孕義)等等《漢語大字典》據《宋元以來俗字譜》等書載錄的俗字，其實也都可在敦煌卷子中找到更早的用例，限於篇幅，這裏就不一一列舉了。

3. 提供正確無誤的例證。例證除了要儘可能地早以外，還必須做到準確無誤。但對許多俗字條目來說，要做到這一點并不容易。這是因爲古書中的俗字幾經傳摹，難免出現偏差，加上俗字的字形往往會因人因時發生差異，如何選取一種通行的寫法實在也不是一件容易的事，所以援引例證時必須慎之又慎。而加強敦煌俗字的研究，則可在很大程度上避免援證錯誤的發生。例如：

【怵】

怵，chù 憂愁；憂怖。《集韻·術韻》："怵，憂怖也。"《敦煌變文集·父母恩重經講經文》："慈母自從懷任(妊)，憂怵千般，或坐或行，如擎重擔。"（《漢語大字典》冊 4 頁 2288）

按：上引例證見於《敦煌變文集》頁 678，該篇講經文的校錄者向達先生原校"怵"爲"惱"，《漢語大字典》的編寫者顯然沒有採取向達先生的意見，而徑按字面釋爲憂愁、憂怖。表面上看，倒也文從字順，天衣無縫。其實向達先生的原校是正確的。因爲"怵"字敦煌寫本原卷伯 2418 號本作"怋"，爲"惱"的手寫體，而"怋"則爲"惱"字異體（《龍龕手鏡·心部》："怋，今；惱，正。"頁 56）。該卷

---

① 以上分別爲恐、國、定、喬、寡、微的俗字。

下文:"思量慈母生身日,苦㤀(《敦煌變文集》録作"怞")千般難可述。"又云:"懷耽十月事堪哀,苦㤀千般不可裁。"其中的掃描字皆爲"惱"字俗寫。也許向達先生校録時"㤀"字并没有誤成"怞",所以他能正確地校定作"惱"。後來手民摹刻時誤植爲"怞",因而導致了《漢語大字典》編寫者的錯誤理解。這個例子也説明,在援引俗字的例證時,最好不要用後人的排印本,而宜直接取用原本(至少要與原本核對一下),以避免烏焉成馬的錯誤。

下面再看一個因編寫者判斷不當而擅改例證的實例。

【夆】

夆,同"學"。《改併四聲篇海·夂部》引《俗字背篇》:"夆,音學,義同,俗用。"《宋元以來俗字譜》:"學",《列女傳》《通俗小説》等皆作"夆"。(《漢語大字典》册2夂部,頁868)

【夆】

夆,同"學"。《改併四聲篇海·支部》引《俗字背篇》:"夆,音學,俗用。"《宋元以來俗字譜》:"學",《列女傳》《通俗小説》《三國志平話》作"夆"。(《漢語大字典》册2支部,頁1450)

按:《漢語大字典》兩引《宋元以來俗字譜》,夂部云《列女傳》等"學"作"夆",支部又云《列女傳》等"學"作"夆"。然則《宋元以來俗字譜》所載《列女傳》等書"學"字作"夆"乎?作"夆"乎?抑或既作"夆"又作"夆"乎?其實《宋元以來俗字譜》既無"夆"字,亦無"夆"字。該書十七畫"學"下列舉《列女傳》《通俗小説》《古今雜劇》《三國志平話》《太平樂府》《白袍記》《東窗記》《目連記》《金瓶梅》《嶺南逸事》等十種宋元明清刻本書籍皆作"斈"。復檢《列女傳》等書,可知《宋元以來俗字譜》所録不誤。如《列女傳》卷一《母儀傳·鄒孟軻母》:"孟母曰:'子之廢斈,若吾斷斯織也。夫君子斈以立名,問則廣知……'"(頁22)又如《通俗小説》(即《京本通俗小説》)卷十二《西山一窟鬼》:"(吴秀才一舉不中)只得胡亂在今時州橋下開一个小小斈堂度日。"(卷一二頁五)即其例。然則《漢語大字典》引《宋元以來俗字譜》一引作"夆",再引作"夆",其爲臆改,亦可斷言。推尋編寫者的心理,大概是因爲《改併四聲篇海》有"夆"字,又有"夆"字,一時又找不到合適的例證,遂臆改《宋元以來俗字譜》所載録的"斈"字來勉強湊合。其實"斈"纔真正是貨真價實的俗字。假如我們涉獵一點敦煌卷子,就不難得出結論。如伯 3286 號《十二時》:"斈持齋,究經義,親覩蓮花生慧智。"又伯 2493 號《斈道十二時》十二首之三云:"平旦寅,斈道事須貧。了無卓錐地,會合涅槃因。"伯 4028 號《法體十二時》:"日入酉,莫斈渴鹿驅猭走。"凡此"斈"皆即"學"的俗字。又斯 388 號郎知本《正名要錄》"正行者正體,脚注訛俗"類"學"字下脚注"斈"。再聯繫到宋宋祁《宋景文公筆記》卷中云後魏北齊時里俗作偽字"文子爲學"的話(頁 8),和孫奕《履齋示兒篇》卷二二引《字譜總論訛字》"學"俗書作"斈"的記載(頁 227),可見"斈"確是流行已久的俗字。至於《改併四聲篇海》引《俗書背篇》稱"學"俗作"夆"又作"夅",以筆者孤陋寡聞,尚未見過這樣的用例,其可靠性倒是大可懷疑的("夆""夅"疑是"斈"之訛體)。而《漢語大字典》的編寫者反改可信之"斈"以牽合不可信之"夆"和"夅",其根源就在於不明俗字。

附按:《漢語大字典》第 3 冊文部"斈"下云:"同'學'。"(頁 2170)既無書證,又無例證,可知編者對"斈"字確實知之甚少。

(五) 增補漏收的俗字

大型字典以"大""全"爲其重要特徵,而這"大""全"在某種程度上又要靠收錄異體俗字的情況體現出來。所以異體俗字收錄得是否完備也就成了判定其規模大小、質量高低的重要標尺。《康熙字典》《中華大字典》是收載俗字較多的兩部字典,唯以成書較早,難免缺漏。《漢語大字典》皇皇八巨冊,收字 54678 個[①],比以收字多著稱的《康熙字典》還多 7643 個,收羅不可謂不宏富。然就敦煌寫本中的一些常見俗字檢核之,結果卻往往令人失望。如:

【侫】

"佞"的俗字,敦煌寫卷中經見。如伯 3099 號《悉談章》:"諸佛弟子莫瞋侫,三毒忽起無佛性。"斯 4571 號《維摩詰經講經文》:"覩物情懷發惡心,見人於(顏)色行姐(怚)侫。"伯 4049 號《王梵志詩集·尋常勤念善》:"心裏無姐(怚)侫,何愁佛不成。"皆其例。斯 388 號《正名要錄》"正行者楷,脚注稍訛"類"佞(侫)"下脚注"侫"。《干祿字書》:"侫佞:上俗下正。"(頁 56)《五經文字》卷下女部:"佞,乃定反,從仁。作侫訛。"(頁 65)凡此皆足以證明"侫"是唐代前後

---

① 校按:2010 年出版的《漢語大字典》第 2 版收錄楷書單字 60370 個。

相當流行的一個俗字①。"佞"與言語有關,故"佞"字俗或換旁作"詝"②,見《集韻‧徑韻》。由"佞"換旁或由"詝"演變,"佞"字俗又作"諄"。《龍龕手鏡‧言部》:"諄、諄(諄):乃定反。二。"(頁 49)皆即"佞"的俗字。然試檢《漢語大字典》,有"詝"(頁 3957。按字形當從《集韻》作"詝","佞"從女,仁聲,"佞"換旁作"詝",右上部仍應作二短畫),有"諄"(頁 3992),卻偏偏沒有"佞"字,這不是太不合理了嗎?

【安】

"安"的草書楷化俗字,敦煌寫卷中經見(其上部的二畫寫法不盡一致,今爲摹寫方便,一般錄作"安")。如斯 2204 號《父母恩重讚》:"弟三母子是安然,乘妄(剩望)孝順養殘年。"又云:"且母懷妳十個月,常怕起卧不安然。"伯 2976 號《五更轉》:"人皆恒作千年調,謂將不死鎮安居。"斯 2679 號《五更轉》:"二更催,大圓寶鏡鎮安臺。"皆其例。斯 388 號《字樣》殘卷:"安安:二同。"《干祿字書》:"安安:上通下正。"(頁 24)唐韋絢《劉賓客嘉話錄》云:"逆胡將亂於中原,梁朝誌公大師有語曰:'兩角女子綠衣裳……'兩角女子,'安'字;綠者,祿字也。"(頁 4)"兩角女子綠衣裳"暗示安祿山("衣裳"即"衫","衫"諧"山"音)。所謂"兩角女子"的"安",正是指俗字"安"而言,可見俗字"安"在當時是非常流行的。然而遺憾的是,在收字最多的《漢語大字典》中也找不到"安"字。自然,面對"兩角女子"的"安",人們也就只能是莫名其妙了。

又如我們上文提到過的"曼",俗字作"曼",又或訛變作"曼""曼"等形;相應地"曼"旁字"慢"或作"愣","謾"或作"謢"(例見前),"縵"或作"綹","墁"或作"塓"(並見《龍龕手鏡》),等等。然試檢《漢語大字典》,則有"曼"而無"曼",有"愣"而無"愣",有"謢"而無"謢",有"綹"而無"綹",有"塓"而無"塓",等等,恐不免數典忘祖之譏矣。

(六)考索"無可考據"的俗字

由於種種原因,歷代遺留下了許多迄今尚未被人們所認識的疑難漢字。

---

① 《魏吴郡王蕭正表墓誌》已見書"佞"作"佞"之例,見《碑別字新編》頁 32。
② "佞"作"詝"當是"人"旁"言"旁意近換用("言"由"人"出,詝佞與言語有關)。然"佞"字本從女,仁聲(據徐鍇《説文解字繫傳》。大徐本作從女、信省,未確。參段玉裁《説文解字注》),俗書作"詝",則右上部的"二"於義無取了。

如《康熙字典》末附《備考》一卷,就收載了"有音無義或音義全無""無可考據"(《康熙字典·備考》卷首語)的字數千個;《漢語大字典》也載錄了相當數量的疑難漢字。其實這些字絕大部分是各個時代民間流行的俗體字,假如我們把歷代的俗字研究透了,其中的許多字是不難找到答案的。下面我們就舉兩個憑藉敦煌俗字的研究考索疑難俗字的實例:

【囟】

《龍龕手鏡·口部》:"囟,音因。"(頁174)《康熙字典》把"囟"列入"無可考據"的《備考》(頁1590)。《漢語大字典》"囟"音yīn,引《龍龕手鏡》,又引《字彙補·口部》"囟,見《篇韻》",而未明其義(頁716)。看來"囟"是屬於那種有音無義的疑難字。其實"囟"就是"因"的俗字。考敦煌俗書從大從火不分。如伯2292號《維摩詰經講經文》:"煭弱柔和如似水,此個名爲真道場。""煭"爲"奭"的俗字。又伯4615號《索崇恩和尚修功德記》:"(前缺)威儀觀盥,如斯美德(下缺)""羙"爲"美"的俗字(斯388號《字樣》殘卷:"羙,從大從火。"從"火"者即指俗字"羙"而言)。所以原本從大的"因"字俗亦或從火寫作"囟"。斯388號郎知本《正名要錄》"各依腳注"類:"因,從大,亦從火。"郎知本云"因"字"亦從火",正是指俗字"囟"而言。據此,則"囟"爲"因"俗字殆無可疑①。行均以"囟"字音"因",乃是標明其正字耳。

校閱附記:筆者在北京大學做博士後時,寓所中關園西門邊有一食品店,店主在黑板上寫的食品介紹中有"烟酒"一項,"烟"顯即"烟"字。古人云:"禮失而求諸野。"即此之謂歟?

【耺】

《漢語大字典》第4册耳部下云:"耺,音義未詳。《字彙補·耳部》:'耺,音義闕。出《釋藏》。恐是"耶"字之譌。'"(頁2784)吴任臣説"耺"恐是"耶"字之譌,只是一種猜測之詞,所以《康熙字典》仍把"耺"收入"無可考據"的《備考》之中,《漢語大字典》也説"耺"字音義未詳。然而敦煌遺書的發現,則使吴任臣的懷疑得到了證實。在敦煌卷子中,"耶"字類多寫作"耺"形。如伯2721號《舜

---

① 《隋郭休墓誌》"因"亦作"囟",可參。見《碑別字新編》頁22。

子變》:"已身是兒,千重萬過,一任阿耺鞭恥。"伯 2918 號《聖教十二時》:"夜半子,摩耺夫人生太子。"伯 2044 號《勸善文》:"弟一囑,發愿耺孃長萬福。"伯 2418 號《父母恩重經講經文》:"爲人不孝負於天,輕慢耺孃似等閑。"等等,其例至爲繁夥。可見釋藏"耶"字作"耺",不過是採用唐代前後流行的俗字而已①。

二、有助於近代漢字的研究

漢語文字學古稱"小學",是研究漢字發生、發展及其演變規律的一門科學。按照歷史的分期,有人把漢語文字學劃分爲如下五個方面:1. 先秦古文字研究;2. 秦漢篆隸文字研究;3. 魏晉以後的行書、楷書研究;4. 六朝唐宋以來的俗字、簡體字研究;5. 近代方言字研究。(《中國大百科全書·語言文字》卷"漢語文字學"條,頁 161)其實,如果更概括一些,漢語文字學大體可以分爲兩個大的方面:

1. 古文字學,研究小篆及其以前的古文字;
2. 近代文字學,研究隸書以下的近代文字。

近一個世紀以來,隨着甲骨的發掘和銘文銅器的大量出土,吸引了眾多學者的注意,因而古文字學在文字學的領域中一枝獨秀,取得了了不起的成就。近代文字學包含的範圍很廣,也很重要。唐蘭先生指出:

> 近代文字的研究,也是很重要的。隸書、草書、楷書,都有人做過蒐集的工作。楷書的問題最多,别字問題,唐人所釐定的字樣,唐以後的簡體字,刻板流行以後的印刷體,都屬於近代文字學的範圍。西陲所出木簡殘牘,敦煌石室所出古寫本經籍文書,也都是極重要的材料。(《中國文字學》頁 8)

但由於種種原因,近代文字的研究(尤其是近代文字的核心——俗文字的研究)卻一直是門前冷落鞍馬稀,處於空白或半空白的境地。20 世紀 30 年代,唐蘭先生在《古文字學導論》一書中指出:

> 舊時的文字學,所研究的對象,只有小篆。隸書以下,是學者們懶得去研究的,所以,範圍是很窄的。……所謂文字學,只存了小篆的研究,永遠去鑽陳腐的六書説的牛犄角,而找不到出路。……在我要創立的新文字學裏所要研究的,是從文字起源,一直到現代楷書,或俗書、簡字的歷

---

① 參看李正宇《釋"耺没忽"》一文,載《敦煌研究》1983 年創刊號。

史。這範圍是極廣泛的。(頁 134—136)
二十多年以後,蔣禮鴻先生在一篇文章中寫道:

> 漢字創製得非常早,歷史很久長,研究漢字的人又很多,也很有一些成績。但是前人研究漢字,眼光大抵注射在小篆以上的古文字,一部丁福保輯的《説文解字詁林》所收納的著作達 1036 卷之多,就説明這一點。至於隷書以下的文字的研究,前人就不曾很好地系統地做過。《隷釋》《隷辨》《碑別字》《宋元以來俗字譜》一類的著作,單和《詁林》的數量比一比,就要黯然失色。而且就是這一些著作,也是輯録文字的多,分析考辨的少。……因此,漢以後文字發展演變的情形怎樣? 人們在怎樣地發展俗字以與統治階級的壟斷進行鬭爭? 人們是怎樣使用這些文字的? 我們就知道得很少。俗文字學在文字學這個部門中到今天還幾乎是空白的。爲了填補這一大段和人民大衆的生活歷史有關的空白,使文字學的研究趨於完整,我們不該專力搞一下俗文字學嗎?(《中國俗文字學研究導言》,載《杭州大學學報》1959 年第 3 期《中國語文專號》)

又三十多年過去了,蔣先生的這個呼籲在學術界似乎没有引起應有的反響。在這期間,雖然也出現了有關俗字的幾部新作(主要有秦公的《碑別字新編》、潘重規的《敦煌俗字譜》,以及日本學者據《祖堂集》編集的《唐宋俗字譜》①),但這些書仍限於資料纂輯性質,系統性和理論性都談不上(像李榮先生的《文字問題》,則有頗爲精到的考辨,但所述主要限於晚明刻本小説的用字)。儘管近十年來朱德熙、李榮、潘重規、周祖謨、裘錫圭等著名學者都曾在不同場合呼籲過加强近代文字尤其是俗字的研究,然而時至今日,俗字研究的赤貧如洗的狀況并没有從根本上得到改變,從而嚴重制約了漢語文字學的健康全面發展。這和整個呈現勃勃生機的文字學研究來説,顯然也是很不相適應的。造成這種狀況的原因,主要與重正輕俗的傳統觀念有關。傳統的文字學作爲經學的附庸,它所重視的是所謂"正字"以及古字的研究,而那些不登大雅之堂的俗字,是很難在其中找到容身之地的。另外,可資研究的俗文字資料的匱乏,恐怕也是一個不可忽視的因素。雕版印刷以前,書皆手寫,書寫文字無定體可循,俗字滋生,乃屬必然之理;逮至宋元以後,刻本流行,以正楷爲主體的印刷

---

① 日本學者太田辰夫編,汲古學院 1982 年版。

體的地位不斷得到鞏固和加強,字體漸趨於一尊,人們的書寫有了可遵循的範本,從而大大減少了俗字存在的機會和市場。寫本中"徧滿經傳"(《顔氏家訓·雜藝》篇語)的俗字,一經後人刊刻,亦多蕩然無存。所以後世一般的刻本書籍中俗寫文字已不多見。近世鉛印流行,俗字得到進一步的控制。這種情況,對漢字的規範來説無疑是件好事,但也造成了俗字研究資料匱乏的後果,從而對俗字研究工作的積極開展帶來了不利影響。只是在敦煌遺書發現以後,尤其是在近年敦煌卷子真迹隨着縮微膠卷和《敦煌寶藏》《英藏敦煌文獻》等書廣泛傳播以後,纔使這種狀況從根本上得到了改變。敦煌卷子中數量至爲繁夥的俗訛別字,已經從資料上爲俗字研究的昌盛,爲建立完整的(而不是頭重腳輕的)漢語文字學體系準備了條件。

三、有助於漢字的整理和規範

文字是人民羣衆創造的。由於造字者的時代、區域、文化素質方面的差異,不同的造字者會用不同的形體來表示同一個"字",或者用相同的形體來表示不同的"字";另外,由於時代的變遷,同一來源的漢字有時會分化成幾個不同的形體,從而造成異形同字、同形異字等等分歧錯亂的現象。這種現象當然不利於記録語言和交流思想的需要,於是就需要正字的工作,選擇正體,淘汰異體。在這種被選擇、被淘汰的過程中,敦煌俗字的研究可以給我們以多方面的啓發:

(一) 遵循約定俗成的原則

傳統的文字學以《説文》作爲正字的唯一依據,凡不見於《説文》者概斥爲俗字。如宋張有甚至連"年""鋒""烽""潮""繁"等傳行已久的隸楷之體也斥爲訛字俗字,而要"復"於"秊""鏠""燹""淖""緐"等小篆之"古"(《復古編》)。清雷浚《説文外編·俗字》下云:"俗字者,不見於經而見於《玉篇》《廣韻》者也。"(卷十二頁一)這又把是否見於經典(《十三經》)作爲確定正、俗的標準。這種觀點都是我們所不能同意的。

我們認爲,正、俗的關係不是永恒不變的,確定正、俗必須遵循約定俗成的原則。在這方面,敦煌字書、韻書的一些做法是很值得我們借鑒的。如斯 388 號《正名要録》提出不"驚俗"、"隨時消息用"的原則,對貴、更、前、丘、腳等一類的篆文隸變楷定字大膽給予承認;骨、灾、怜、馳(驪)、炬(烟)、粮等一大批當時流行的俗字則被稱爲"今而要者"。伯 2011 號王仁昫《刊謬補缺切韻》則把許多通行俗字作爲標目字來處理,如恠、仾(低)、廾(升)、屡(屢)、准、粮等等俗字皆被作爲標目字,相應的正字有的只在注文中説明(有的注中也不標出正字),有的則被視爲"亦作"或體(如"粮"下云亦作"糧",而後者爲《説文》本字)。這都説明上述辭書的作者能用歷史發展的觀點看待漢字,是難能可貴的。後來大陸地區整理漢字時,把灾、怜、准、粮等確定爲規範字,不過是沿用唐人的成法而用政府的法令加以確認罷了,是符合約定俗成的原則的。

(二) 尊重漢字字形簡化的大勢

漢字的簡化不是某位政治家心血來潮的産物,也不是哪一個天才的"倉頡"忽發奇思的想象,而是漢字本身發展規律的體現,是千百年來羣衆意志和願望的體現。

文字是語言的書寫符號,是人類社會最重要最基本的交際工具,文字的這一性質决定了形體簡化的必要性。敦煌卷子中簡化俗字之多,使用之廣,都是前所未有的,它顯示了人民羣衆對漢字簡化的不可遏止的要求和漢字簡化的必然趨勢。過去有人對簡化字存在着這樣那樣的想法,如果他們看到敦煌卷子中紛繁的簡體俗字,不知該當作何感想! 七十多年前,胡適在爲《國語月刊》第 7 期《漢字改革號》(上海商務印書館 1923 年版)寫的卷頭言上指出:

> 這二千年的中國的小老百姓,不但做了很驚人的文法革新,他們還做了一件同樣驚人的革新事業,就是漢字形體上的大改革,就是破體字的創造與提倡。例如一個錢字,有十六畫,小百姓嫌它太難寫了,就改用一個四畫的"䥅"字,……這些驚人的大改革,處處都合於經濟的一個大原則,小百姓總算盡了他們的力了。

在那篇卷頭言中,胡氏縱觀漢字形體演變的歷史,歸納出如下兩條原則:

> 1. 在語言文字的沿革史上,往往小百姓是革新家而學者文人卻是頑固黨。
>
> 2. 促進語言文字的革新,須要文人學者明白他們的職務是觀察小百姓語言的趨勢,選擇他們的改革方案,給他們正式的承認。

胡氏的這一著名論斷,是值得今天的學者文人們深長以思的。

當然,對歷代的簡化字不能盲目地照抄照搬,而必須有選擇地給予承認。這方面,敦煌俗字的研究可以給我們提供參考和借鑒。今天大陸地區通行的簡化字,其實許多都可以在敦煌俗字中找到依據。比如高興之"興",簡化字作"兴",過去人們雖然知道它來源於草書,但并沒有舉出古人已有徑寫作"兴"的實例,而現在敦煌寫本恰恰爲我們彌補了這一缺憾,其例已見於本書第二章所舉之斯 381 號《龍興寺毗沙門天王靈驗記》;又如斯 328 號《伍子胥變文》:"禍亂不作,災害不兴。"斯 2113 號《唐沙州龍興寺上座沙門俗姓馬氏香號德勝宕泉創修記》:"弟僧龍兴寺臨壇大德法真,威儀冰操,不若(惹)纖塵。"亦其例。又如國家之"國",簡化字作"国",據説是本作"囯",後來學日本加點作"国"①。其實這是不準確的。大約六朝前後,出現了俗字"囯"(敦煌寫本中每見書"國"作"囯"之例)②。後來又有人加點寫成"国"(俗書有增加筆畫的習慣)。如斯 541 號背《毛詩故訓傳》之《邶風·式微》小序毛傳:"黎侯爲狄人所逐,棄其国而寄於衛。"伯 2838 號《云謠集雜曲子·拜新月》:"国泰時清晏,咸賀朝列多賢士。"是其例。又伯 2838 號《開經文》:"體政真之實相,思福囗於良途。"掃描字又爲"国"的缺筆字,可參。所以日本漢字"國"字作"国",不過是承襲了中國漢字的俗書罷了。此外如辭作辞、趨作趋、繼作继、斷作断、門作门、堅作坚、盡作尽,等等,都是敦煌寫本中經常可以見到的,説明這些簡體字是經過長期演變約定俗成的,具有深厚的羣衆基礎,是切實可行的。不過也有的簡化字的選用似乎不盡妥當。如"學"簡作"学",似不如據敦煌俗字作"斈"爲得當;"覺"簡作"觉",似不如據敦煌俗字作"覔"爲合宜,等等。

敦煌卷子中的豐富俗字,還可以爲漢字的進一步簡化提供字樣。如"佛"不妨簡化作"仏",現在日本漢字正寫作"仏",簡化後可使中國漢字和日本漢字在字形上取得一致。又如上引胡適文中提到的"錢"字,敦煌寫本中多寫作"兮"形,這也可以作爲今後簡化字形的參考。

（三）避免選用易於引起歧解的俗字

敦煌俗字的研究,還可以從反面爲漢字的整理和規範提供經驗和教訓。

---

① 如曾出任日本國立國語研究所研究部長的林大云:"他們(指中國)并沒有完全不顧到日本,例如國字,他們先略成囯,但在社會主義國家中有王的存在,似乎説不通,於是便學日本,加進一點,變成玉了。"見《中國文字改革之現狀座談會》,載 1957 年 6 月號《言語生活》第 285 期,東京筑摩書房出版。

② 隋開皇十五年(公元 595 年)《故比丘尼釋脩梵石室誌銘》已見"囯"字,銘文載《八瓊室金石補正》第二十五卷頁 163。唐蘇鶚《蘇氏演義》卷上稱"囯"爲後魏俗字。

其中最重要一條就是要避免選用易於引起歧解的俗字。如敦煌俗字常有與其他字同形的情況,如美作羑、本作夲、妒作妒、喊作噉、趨作赻、代作伐、短作矩、孃作娘,等等,後面的字又自有其音義在,這樣就形成了前一個字的俗體與另外一個漢字相混的現象,易於引起理解上的分歧和困難。如《敦煌碑銘讚輯釋》①卷首《校注例言》七云:

　　派:按"派",音古胡切,俗混入派字,又以水名之派爲宗派者。派,與"沠"同,古文流字。釋作派、派(泉按:其中一字當爲"派"之誤植)皆通。爲行文方便,俱釋作"派"。

這段話説得不是很明白,不過大意是説,敦煌碑銘讚原卷中常見"派"字,既可釋作"派"("派"音古胡切,水名,俗又用作"派"),又可釋作"派(沠—流)",兩説皆通;爲行文方便,書中俱迻録作"派"。這就是因爲同形異字造成了理解上的分歧。當然,兩説不能皆是,我們認爲鄭書中的"派"皆爲"派"的俗寫。俗書從瓜從爪不分②,故"派"俗寫作"派";而"派"又皆爲"派"的俗字。《干祿字書》:"派派:上俗下正。"(頁 49)清胡鳴玉《訂譌雜録》卷十:"派,水之衺流也。俗作派。"(頁 111)如《敦煌碑銘讚輯釋》頁 261 伯 3720 號《河西都僧統陰海晏墓誌銘并序》:"和尚俗姓陰氏,香號海晏,則安西都護之貴派矣。"又頁 417 伯 3718 號《范海印和尚寫真讚并序》:"和尚俗姓范氏,香號海印,則濟北郡寺門首淨禪公之貴派矣。"頁 425 伯 3718 號《閻子悦生前寫真讚并序》:"閥閲貴派,宗枝太原。"凡此"派"字寫本原卷俱作"派",皆爲"派"之俗字。清陸增祥《八瓊室金石補正》卷五十唐《右衛中郎將鄭玄果墓誌》:"邑封十號,派流千祀。"(頁 342)"派"亦爲"派"之俗字,倘釋作"流",則不辭矣。像"派"這種與多個漢字繳繞不清的俗字,自然是我們今後在選擇簡化字時應儘量予以避免的。

四、有助於古籍的整理和校勘

　　敦煌俗字研究對古籍整理和校勘的意義,當然首先體現在敦煌文獻本身(這一點非常重要,下面我們將闢專章討論),但如前所説,敦煌卷子作爲歷代

---

① 鄭炳林《敦煌碑銘讚輯釋》,甘肅教育出版社 1992 年版。
② 《龍龕手鏡·瓜部》云:"瓜部與爪部相濫。爪音側絞反。"(頁 195)又同書《爪部》云:"爪部與瓜部相濫。瓜音古花反。"(頁 330)這就是俗書"瓜""爪"不分的實録。

俗字積存的大寶庫,敦煌俗字研究的意義已經超越了敦煌文獻本身,在其他古籍的整理和校勘方面也是如此。敦煌俗字的研究不僅對敦煌文獻的校理具有直接的重要的作用,對其他傳世古籍的整理和校勘也有着超乎尋常的重要意義。下面我們就提出五個例子試作討論。

例一,《顏氏家訓·雜藝》篇云:"北朝喪亂之餘,書迹鄙陋,加以專輒造字,猥拙甚於江南。乃以百念爲憂,言反爲變,不用爲罷,自反爲歸,更生爲蘇,先人爲老,如此非一,徧滿經傳。"(頁514)

按:顏之推這裏所舉北朝俗字,大抵是會意字,如"更生爲蘇"指"甦"字,"先人爲老"指"尐"字,等等。但何以"言反爲變""不用爲罷",人們卻不得其解。素以注釋詳贍著稱的王利器先生的《顏氏家訓集解》於"言反爲變"下闕注,"不用爲罷"下則云:"器案:《龍龕手鑑》三《不部》:'甭,音弃。'音與此別。"(頁515)遍查其他字典辭書,也沒有相關記載。然試檢敦煌寫本斯388號《正名要錄》,其中"正行者正體,腳注訛俗"類下云:罷甭,變訉。這纔使人恍然大悟:原來"言反爲變"是"訉"字①,"不用爲罷"是"甭"字,都是會意俗字。《龍龕手鏡》音"弃"的"甭",則爲"棄"的俗字,與"不用爲罷"的"甭"并非一字。藉助於敦煌本《正名要錄》的這一記載,《顏氏家訓》的原文便順適無礙了。

例二,唐蘇鶚《蘇氏演義》卷下云:"只如田夫民爲農,百念爲憂,更生爲蘇,兩隻爲雙,神蟲爲蠶,明王爲聖,不見爲覓,美色爲豔,囗王爲國,文字爲學:如此之字,皆後魏流俗所撰,學者之所不用。"(頁11)

按:《蘇氏演義》原書久佚,今本係清人從《永樂大典》中輯出,由於傳錄翻刻,錯訛頗甚。在上面這段話中,埋伏着三個釘子:一是"田夫民爲農";二是"美色爲豔";三是"文字爲學"。何以"田夫民"爲"農"? 有人在其下引《龍龕手鏡》卷一田部的"畚"②。但《龍龕手鏡》"畚"字音"同",實與"農"字無涉。其實"田夫民爲農"當作"田民爲農"(比較下面九句都是四字句,不應此句獨異);"田民爲農"乃指"甿"字,爲"農"的會意俗字。斯388號《正名要錄》"正行者正體,腳注訛俗"類下"農"下腳注"甿","甿"即"甿"的避諱缺筆字③,是爲確證。

---

① 《碑別字新編》頁469載《隋楊厲墓誌》"變"字下部作"反",可參。
② 見王利器《顏氏家訓集解》頁515注〔12〕。
③ 斯388號《正名要錄》避唐太宗及高宗諱,如"愍"寫作"愍","珉"寫作"玟",是其比。

再來看"美色爲豔"。竊謂原文當作"豐色爲豔",即"豔"字①。俗書"豐""豐"不分②,故字又寫作"豔"。斯1441號《破陣子》詞:"正似越溪花捧豔,獨隔千山與萬津。"伯3994號《虞美人》詞:"東風吹綻海棠開,香麝滿樓臺。香和紅豔一堆堆。"皆其例。斯388號《正名要錄》"字形雖別,音義是同,古而典者居上,今而要者居下"類有"豔豔"。可見俗字"豔"在唐代已成了"今而要者"了。"豊(豐)色"即美色③,今本《蘇氏演義》作"美色爲豔"者,蓋傳刻者以意改之也。最後來看"文字爲學"。我們在本章第一節說過敦煌卷子"學"字多寫作"孝",明乎此,則答案便躍然紙上了:即"文字爲學"當作"文子爲學",指俗字"孝"而言。宋孫逢吉《職官分紀》卷十五引韋述《集賢記注》記開元十九年集賢院四庫書中古代書云:"齊、周書紙墨亦劣,或用後魏時字,自反爲歸,文子爲字,欠畫加點,應三反四,又無當時名輩書記。"(頁380)其中的"文子爲字"亦當作"文子爲學",適可與上例互勘。正是依賴於敦煌卷子提供的大量俗字材料,纔爲我們解決"田夫民爲農""文字爲學""美色爲豔"這類棘手的難題創造了條件。否則,要作出正確的校訂就會困難得多。

例三,明孫沐《干祿字書跋》云:"右《干祿字書》,再以魯公石刻校之,多所更定。惟平聲有'篪'字,在四支韻中,是作埵篪之'篪',當竹下从虒,今乃从虎,自讀爲虎,而非可音池也。上聲有'惚'字,在十九皓韻中,同爲'惚'字。考字書'惚'字別無此體,即恍惚之'惚'也,音忽。夫此帖自唐入宋,已經傳刻,當時亦云'寖磨滅'矣。況後世苟簡書寫,而正之風日遠,又安知非烏焉之類乎?二字俱誤無疑,姑識于此。嘉靖丁亥歲春丹陽孫沐書。"(《叢書集成初編》本《干祿字書》末附,頁39)

按:《干祿字書》平聲:"篪篪:上通下正。"(頁16)又上聲:"惚惚:上俗下正。"(頁41)孫沐認爲"篪""惚"俱爲傳刻誤字。今考《說文》"篪"字从竹、虒聲,然俗書"虒"旁與"虎"旁相亂(如"遞"俗作"遞"之類),故"篪"實爲"篪"的俗字。宋陸游《老學庵筆記》卷十云:"宣和中,有林虎者賜對,徽宗亦異之,賜名於虎上加竹,然字書初無此字,乃自稱塤篪之'篪'。而書名不敢增,但作'篪'云。"

---

① 《集韻·豔韻》:"豔,隸作豔。"(頁1297)後者即會意俗字,《集韻》以爲"隸"體。不確。
② 《玉篇·豐部》:"豐,大也。俗作豊。"(頁305)敦煌卷子中"豐"多作"豊"。
③ 電視連續劇《少女慈禧》有一鏡頭,記少女慈禧問李樂天如何去博取咸豐皇帝的恩寵,李樂天便寫了一個"豔"字,即暗示少女慈禧以豐色——美色爭寵之意。

(頁95)宋徽宗賜名林虎爲林篪,"篪"正是"篪"的俗字。《龍龕手鏡·竹部》:"篪篪,或作;篪,正。"(頁391)更其切證。顔元孫以"篪"爲正字,誠有未妥(顔書所謂的"正"字頗有後世通俗流行之體,上聲的"恼"亦其例),然孫氏以爲傳刻之誤,則非確論也。下面我們着重來討論"惚"字。誠如孫氏所云,"惚"通常音忽,即恍惚之"惚"。然俗書多有以"惚"爲"恼"(即"惱"字異體,《集韻》以"恼"爲"惱"字或體,是也)俗字者。如敦煌寫本斯2195號《摩訶般若波羅蜜經》卷二三云:"須菩提,菩薩摩訶薩得阿耨多羅三藐三菩提時,拔出衆生種種憂苦愁惚,著无畏岸涅槃處,須菩提,是爲菩薩摩訶薩爲樂世間,故發阿耨多羅三藐三菩提心。"斯4415號《大般涅槃經》卷三一:"有寶藏者心無憂戚,其無藏者心則愁惚。"俄弗96號《佛報恩經講經文》:"特故朝參辭父母,願王令去無憂惚。"又云:"只願父王深體察,莫將憂惚作遮攔。"凡此"惚"皆爲"惱"的俗字(第三例"惚"爲韻脚字,與上文寶、老、掃、道、到等字押韻,或校作"愁",非是)。《龍龕手鏡·心部》:"惚,俗;恼,通;恼,今;惱,正。"(頁56)又云:"惚,音忽,恍惚,失志貌。又俗音恼。"(頁62)這更是"惚"又用作"惱"俗字的鐵證。伯2172號《大般涅槃經音》第一卷"惚"字下脚注"恼"。五代釋可洪《新集藏經音義隨函録》第貳册第柒拾陸張《大方廣三戒經》音義:"所惚,音恼。"(頁605)注音者以"恼"音"惚",亦爲揭示其通行正字,可參。顔元孫據當時寫本用字的實況辨別正俗,故以"惚"爲"恼(惱)"之俗字;而孫氏不見敦煌遺書,不明寫本用字的真相,因疑"惚"爲後人傳刻之誤。敦煌俗字研究對傳世古籍校理之意義,於此可見一斑。

附按:清盧文弨《抱經堂文集》卷十五《唐王居士塼塔銘跋》云:"(其文)煩惱之'惱'作'惚',臆撰無理,不可以誤後人。"(頁212)倘或盧抱經先生知道敦煌卷子"惱"字多寫作"惚",恐怕就不至於發此感慨了①。清陸增祥《八瓊室金石補正》卷十二北魏《廣川王太妃侯自造彌勒像記》:"明悟旨覺,遠除曠世無明惚業。"(頁71)"惚"亦當爲"惱"的俗字。據此,則"惚(惱)"字六朝已見。

例四,《史記正義·論字例》云:"若其……泰、恭從'小',匴、匠從'走',……美下爲'火',……此之等類例,直是訛字。"(中華書局標點本《史記》

---

① "甾"形部件俗書亦多作"忽",如"腦""瑙"右旁皆可寫"忽",分別見斯388號《正名要録》和斯3950號《妙法蓮華經》卷一。

末附,頁14)所謂"泰""恭"從"小",是指俗書把它們下部所從的"水"旁"小"旁寫作"小";"美"下爲"火",是指俗書把"美"下部所從的"大"寫作"火":這都是六朝前後碑刻及敦煌卷子中經常可以見到的。而從"走"的"匱""匠",則聞所未聞,令人納悶。但如果涉獵一些敦煌卷子,恐怕就會恍然大悟,原來"匱、匠從'走'"當作"匱、匠從'辵'","走"乃是"辵"的誤字①。敦煌寫本中"匚"旁多有寫作"辵"旁的。如伯3720號《張淮深造窟功德碑》:"班輸妙盡,構(泉按:"盡""構"二字疑當互乙)天近(匠)以濟功。"斯328號《伍子胥變文》:"南壁下迊(匝)北壁匡,王壽命長。"伯3079號《維摩詰經講經文》:"周回捧擁,百迊(匝)千連(遭)。"皆其例。從字形演變的角度來看,由"匚"到"辵",其軌跡大概是這樣的(以"匠"爲例):

匠→迈(斯388號《字樣》殘卷載"匠"字作此形)→近(伯2040號背《食物帳》:"麫拾肆碩玖斗貳勝,八月十四日已後至九月十一日看木匠、泥匠……等用。""匠"字原卷作此形)→近(伯4638號《大番故敦煌郡莫高窟陰處士公修功德記》:"貿良工,招鍛匠。""匠"字原卷作此形。《干禄字書》頁55以此形爲"匠"的俗體)→近(《干禄字書》頁63載"匼"俗作"迊",頁59載"匹"俗作"㐃"。"远"右上部的一橫畫一般不會略去〈"迊"字做此〉,而"近""迊""遭"〈見《碑別字新編》頁277〉等字右上部的一橫畫則似一個懸贅物,不符合漢字的書寫習慣或審美習慣,故俗書往往略去)。

由"匚"到"辶",字形一變再變,尤其是俗變後的"近(匠)"竟與"近(jìn)"字同形,無怪乎張守節要説"直是訛字"了。明乎"匚"旁俗書的種種演變,則張守節所説的"匱、匠從'走'"當作"匱、匠從'辵'",便是無可懷疑的了。

附按:《鹽鐵論·錯幣第四》:"吏近侵利,或不中式,故有薄厚輕重。"(卷一頁十四)"吏近"不辭,孫詒讓《札迻》卷八校作"吏匠",指鑄鐵之工匠(頁243),極是。"近"顯即"匠"字俗誤。王利器《鹽鐵論校注》從孫説改作"吏匠"(頁57),是也。馬非百《鹽鐵論簡注》校作"吏正"(頁34),非是。

例五,宋洪适《隸釋》卷六載漢桓帝建和元年(147)《敦煌長史武斑碑》:"商周假貌,歷世壙(曠)遠,不隕其美。"(頁73)《漢語大字典》第八册《補遺》艸部載

---

① 清張文虎《校刊史記集解索隱正義札記》卷五《史記正義》"匱匠從走"條下云"'走'疑'辵'。唐玄宗御書《道德經》'匠'作'近'。"(頁757)已發其説。

此例,稱"豤"字"音義不詳"(頁 36)。

按:敦煌寫卷俗書"貌"字或作"豤",如斯 388 號《正名要録》"字形雖別,音義是同,古而典者居上,今而要者居下"類:"皃豤。"後字即"貌"字俗書(《龍龕手鏡·豸部》:"豤,俗;貌,古。"頁 322)①。又或換旁作"狠"。斯 625 號《金光明經》卷四:"時二王子心大愁怖,啼泣悲嘆,容狠憔悴。""容狠"即"容貌"。"貌"旁俗書亦或寫作"豤"和"狠"。如北圖夜字 7 號《金剛般若波羅蜜經》:"須菩提白佛言:世尊,佛得阿耨多羅三豤三菩提爲無所得邪?"斯 2863 號《觀世音經》:"佛説是普聞品時,衆中八萬四千衆生皆發無等等阿耨多羅三豤三菩提心。"其中的"豤""豤"皆是"貌"字俗書。據此,則前揭漢《敦煌長史武斑碑》之"豤",殆亦即"貌"字俗寫,"假豤"猶云遐邈(洪适原注:"碑以'假'爲'遐'。"),與下句"壙(曠)遠"同義。姜亮夫先生云敦煌卷子以前的俗書也可以在敦煌卷子裏面見到踪迹,果非虚言也。

---

① 《隸辨》卷四效韻:"豤,《老子銘》:聃然老旄之一也。按:《説文》,皃,籒文作貌。碑譌從皀,皀即艮字。從艮者豤字也,懇字從之。豤與貌相似,故致譌耳。"(頁 148)

第四章　敦煌俗字研究的意義(下)

——與敦煌文獻的校理

如前所説,敦煌俗字研究的意義,首先體現在敦煌文獻本身。敦煌寫卷俗寫文字紛亂雜陳,盈紙滿目,從而給整理這些卷子的學者提出了一個特殊的要求,即通曉俗字。如果對敦煌俗寫文字缺乏深切的了解,幾乎就讀不通敦煌的寫卷(或刻本)文字,更不要説正確校理了。可以這樣説,通曉俗字是整理校勘敦煌文獻的最基礎的一環;不通俗字,就無法做好敦煌文獻的整理校勘工作。所以,敦煌俗字研究對敦煌文獻校理的意義是最爲重大的,也是最爲直接的。這也是我們特闢專章討論這個問題的原因所在。具體説來,這種意義主要體現在:

一、糾謬誤

敦煌寫卷字多俗別,這是每一個接觸過這些卷子的人都會深切地感受到的。這些俗字別體,當時的人也許是過眼即了,但今天的讀者則不免感到隔膜而難於識解。所以在校理敦煌文獻時,首先要排除的便是俗別字這個攔路虎,這也是我們今天提高敦煌文獻校錄質量的鈐鍵所在。但由於以往重正輕俗的治學習尚的影響,俗字的研究恰恰又是過去研治敦煌文獻的學人們所最爲輕忽的。在這種情況下,出現種種誤解和偏差便是不可避免的了。那麽,我們今天在利用前人的校錄成果時,如何纔能不爲這種失誤所迷惑呢?辦法只有一個,那就是花工夫閲讀一些敦煌卷子,對俗寫文字作一番認真的歸納和研究。只有這樣,纔能不爲前人的"成説"所左右,纔能燭照幽微,正其闕失。下面我們就舉幾個憑藉俗字知識匡糾前人誤校誤釋的實例,藉以見其一斑。

例一,《全唐詩外編》第一編《補全唐詩・丘爲〈答韓丈〉》:"長安落葉酒,或可此時盼攜手。""落葉酒"費解。劉盼遂先生校云:"當是落桑酒。"(頁25)

按:本詩係據敦煌寫本伯2567號迻錄,檢核寫本原卷,"落葉酒"實作"枽落酒"。"枽"字刻本載籍罕見,普通讀者容或不識。但如果對敦煌寫本俗字進行過一番考察和研究,則不難明白"枽"即"桑"的俗字。敦煌寫本中"桑"字多作此形。如伯2718號《王梵志詩・蒙人惠一恩》:"蒙人惠一恩,終身酬不極。若濟枽下飢,扶輪可惜力。"是其例。《廣韻》下平聲唐韻:桑,俗作枽(頁117)。《三國志・蜀書》楊洪傳裴松之注:"(何祗)嘗夢井中生桑,以問占夢趙直,直曰:'桑非井中之物,會當移植;然桑字四十下八,君壽恐不過此。'祗笑言:'得此足矣。'……年四十八卒,如直所言。"(頁1015)所謂"桑字四十下八",即指"枽"而言①。所以伯2567號寫卷的"枽落酒"即"桑落酒"。"桑落酒"爲美酒名。《水經注・河水四》:"(河東郡)民有姓劉名墮者,宿擅工釀,采挹河流,釀成芳酎,懸食同枯枝之年,排於桑落之辰,故酒得其名矣。"(卷四頁八)杜甫《九日楊奉先會白水崔明府》詩:"坐開桑落酒,來把菊花枝。"(仇兆鰲《杜詩詳注》頁263)並其證。原錄作"落葉酒"者,蓋校錄者誤辨"枽"爲"葉"字,"葉落酒"不辭,遂又臆乙爲"落葉酒",可謂一誤而再誤矣。

例二,同上魏奉古《長門怨》:"舊來偏得君王意,今日無端寵愛輕。窈窕容華爲誰惜,長門一閉無行迹。聞道他人更可憐,懸知欲垢終無益。"(頁15)蔣禮鴻師校:"'垢'當作'妬'②。"項楚師校亦云:"'垢'字當是'妒'字的形訛③。"

按:"妬""妒"爲同字異體,蔣、項二師之說是也。然其訛誤之由則猶有可說者。考本詩係據敦煌寫本伯3195、2748號兩卷迻錄,其中的"垢"字二本原卷實俱作"姤"。"姤"字《廣韻》音古候切,一般指卦名或偶、遇之義,與詩意不符。但如果對寫本俗字進行一些研究後就會發現,寫本中"姤"又用作"妒"的

---

① 鄭榮《開元傳信記》(清王文誥輯《唐代叢書》本):"開元末於弘農古函谷關得寶符,白石赤文,正成枽字。識者解之云:枽者四十八,所以示聖人御曆之數。""枽"亦"桑"字。《百川學海》《説郛》《學津討原》《唐人説薈》《四庫全書》等本"枽"字作"乘","四十八"作"四十八年",恐誤。
② 見《〈補全唐詩〉校記》,載《敦煌學論集》,甘肅人民出版社1985年版。
③ 見《〈補全唐詩〉二種續校》,載《四川大學學報》1983年第3期。

俗字,當讀作當故切。斯 3872 號《維摩詰經講經文》:"戒身心,少嫉妬,倏速時光早已暮。"伯 2714 號《十二時》:"戒身心,少嗔妬,遮莫身爲家長主。"斯 2614 號《大目乾連冥間救母變文》:"世人[不]須懷嫉妬,一落三途罪未畢。"凡此"妬"皆爲"妒"的俗字,前二例"妬"字爲韻腳字,分別與"暮"和"主"押韻,可見這"妬"確乎當讀作當故切,而不當讀古候切。北齊顔之推《顔氏家訓·書證》篇謂當時有人以"妒"爲"妬"字注音,便是當時"妬"爲"妒"俗字讀音的實際記錄。慧琳《一切經音義》卷十四《大寶積經》第八十一卷音義:"妒嫉,都固反……《説文》:婦妒夫也。從女、户聲。俗用從后或從石者,並非也。"(頁 540)同書卷三十《大乘方廣總持經》音義:"嫉妒,下都故反……經作妬,非也。"(頁 1206)又卷一百《止觀》上卷音義:"嫉妒,下都固[反]。《説文》:婦妒夫也。爲名利起,如準此,應知從女從户,形聲字也。有從后,或從石,皆非也。"(頁 3720)儘管慧琳一再以"妒"字作"妬"爲非,但他還是不得不承認流俗甚至經本有把"妒"寫作"妬"的。遼釋行均的思想似乎更解放一些,他的《龍龕手鏡》則直接把"妬"定爲俗字:"妬,俗;妒,通;妒,正:當故反,害色也。"①(頁 282)結合敦煌寫本中"妒"字常常寫作"妬"的實際情況,可見"妒"俗字作"妬"是一個不容否認的客觀事實。但由於"妬"的這一用法未被辭書載列②,所以一般人在遇到"妬"用作"妒"俗字的實例時,往往會輕加校改③。上揭魏奉古詩,校錄者把兩個寫卷的"妬"都臆改作"垢",大概也是出於這一原因。

附按:"妒"俗寫作"妬",當由"妬"訛變而來。"石"異體作"后"。《集韻·昔韻》:"石,古作后。"(頁 1535)又省作"后"。《隸辨》卷六:"石,或作后,從古文石省。"(頁 227)當"后"或"后"用作偏旁時,因受"后"字的影響,其上的一橫往

---

① "妒""妬"的正俗關係歷來有不同意見。今本《説文》作"妒",從女、户聲。段玉裁則認爲當作"妬",從女、石聲,猶柘、橐、蠹等字皆從石爲聲。段説近是(段説見《説文解字注》頁 622)。《干禄字書》云:"妒妬:上通下正。"(頁 47)《五經文字》卷下女部云:"妬,丁故反,作妒者非。"(頁 65)皆可爲段説助證。
② 近年新出的《漢語大字典》"妬"字音 gòu,其第六義項下云:"忌妒;忌恨。《人物志·八觀》:'犯其所乏則婟,以惡犯婟則妬。'劉昞注:'今伐其所能,犯人所婟,則妬害生也。'《敦煌變文集·維摩詰經講經文》:'只是心田興妬害。'"(頁 1045)"妬"實即"妒"的俗字,《漢語大字典》把它們列於 gòu 的音項下是錯誤的。
③ 《敦煌變文集》卷六《大目乾連冥間救母變文》:"娘娘昔日行慳妬,不具(懼)來生業報恩(因)。"(頁 736)"妬"字原書誤校作"吝",是其例。

往類化作一撇。敦煌寫本伯2045號《十二時》:"戒身心,少嗔姤。"其中的"姤"顯然就是"妬"的變體,亦即"妒"字。該篇的異本伯2714號"姤"字作"姤",原本亦當是"妬"的變體,亦即"妒"字,但形式上卻與表卦名的"姤"相混無别了。久而久之,人們便把"姤"當作了"妒"的俗字。而表示卦名及偶、遇之義的"姤",由於其本身是個冷僻字,載籍罕用,所以一般並不會造成意義上的混亂。了解了這個來龍去脈,"妒"爲什麽寫作"姤"便不難理解了。

例三,《敦煌變文集》卷五《維摩詰經講經文》(斯3872號):"如似盡(畫)瓶,用盛糞穢,忽然破裂,一段乖張。"(頁585)(按:"段"原卷作"叚",文中爲"段"的俗字。原録作"改",誤)徐震堮先生校云:"原校改'盡'爲'畫',非也。'盡'乃'浄'的同聲字。"①項楚師則云:"原校不誤,徐氏誤駁。'畫瓶'之喻,佛經習見,如《般泥洹經》:'彼好莊衣,譬如畫瓶,雖表彩色,中但屎尿,當知好女,皆盡畫瓶輩也。'"②

按:項師之説是也。"盡"字原卷本作"畫",實爲"畫"的俗字。同卷:"顯名於鳳閣之中,畫影向麟臺之上。""畫"字原卷亦作"畫"。《干禄字書》:"盡畫:上通下正。"宋郭忠恕《佩觿》卷上亦云:"畫,俗别爲盡。"可見"盡"是唐代前後相當流行的俗體字。《變文集》録"畫"爲"盡",當與不明俗字有關。伯2305號《解座文匯抄》:"更遺言,相委記,畫取閻王禎(幀)子跪。""畫"亦是"畫"的俗字,《敦煌變文集》頁662録作"盡",其誤正同。又考《經律異相》卷二十《須陀洹婦病於從事一悟得第三果二》(出《出曜經》)載一須陀洹得道後不近女色,其婦不解,問其緣由,其夫乃"彩畫好瓶,盛滿糞穢,牢蓋其口,香花芬熏。還至彼衆,告其婦曰:'審愛我不?若愛我者,可抱弄此瓶,如愛我身。'婦隨其語,抱瓶玩弄,意不捨離。夫主見婦愛著此瓶,即打瓶破,臭穢流溢,蛆蟲現出。復語婦曰:'汝今故能抱此破瓶不耶?'答曰:'我寧取死,不能近此。……'夫言:'見汝正見。我觀汝身,劇於此瓶。從頭至腳,分别思惟三十六物,有何可貪!'"(《大正藏》卷53頁110)這大概就是"畫瓶盛糞"的出典,可證原卷作"畫瓶"是正確的。我們要糾正《變文集》之誤録,徐氏之誤校,就必須從考辨俗字入手。

例四,《唐五代韻書集存》下册載伯2014號《五代本切韻》摹本有云:"髙,

---

① 見《敦煌變文集校記再補》,載《華東師範大學學報》1958年第2期。
② 見《〈維摩詰經講經文〉補校》,載《敦煌文學叢考》,上海古籍出版社1991年版。

水鳥。又姓。巨□(泉按:缺字原卷作"憍")反。"《瀛涯敦煌韻輯》《敦煌韻書卷子考釋》所錄同,《瀛涯敦煌韻輯新編》亦無異説。

按:指稱"水鳥"的"髙"前此未見字書載錄,此後亦未見載籍沿用,故此"水鳥"云云不能令人無疑。考俗書"髙"字多用作"喬"的俗字。《干祿字書》:"髙喬:上俗下正。"故宫本《刊謬補缺切韻》平聲宵韻:"喬,通俗作髙。"伯3636號《類書》引《説苑》:"子産,姓公孫,名髙,周時鄭國相也。""髙"即"喬"的俗字。例多不贅舉。因疑上揭韻書的"髙"當亦是"喬"的俗字。"巨憍反"即"巨憍反"("憍"爲"憍"的俗字),正與"喬"字字音吻合。原卷"髙"字下接云:"喬,正字。"正是指"髙"爲"喬"的俗字而言。又查原卷"水鳥"二字實作"木髙",即"木高"二字。故宫本《刊謬補缺切韻》"喬"字正釋作"木高"。"喬"字本爲"高而曲"義,古人多用"喬木"一詞,故此以"木高"釋"喬"。"髙"爲"喬"的俗字,至此可以無疑。各家錄"木高"爲"水鳥",恐與校錄者不明"髙"爲"喬"的俗字有關。

例五,《敦煌變文集》卷五《佛説阿彌陀經講經文》:"或稱極樂世界者,無有衆苦,但受法樂,非是五欲不浄之樂也。或稱常樂。常受法樂,無有苦障(辛),故稱常樂。"(頁476)"障"字字書失載,原校作"辛"。蔣禮鴻師《〈敦煌變文集〉校記録略》則云"障"字可疑①。

按:檢覈原卷斯6551號,所謂"障"字實本作"障"。這個字并非"辛"字,而是"隔"的俗字。《龍龕手鏡·阜部》:"隔、隔:音革,障也。……二同。"(頁298)敦煌俗書則多寫作"障"形。如斯6836號《葉浄能詩》:"蜀中路遠,阻障山河。"是其例。上揭斯6551號寫卷的"障",又爲"障"字手書的變體。伯4092號《新集雜別紙》:"某比者睽遠知憐,星霜綿障。"又斯6537號《放妻書一道》:"緣業不遂,見此分離。……相障之後,更選重官雙職之夫。"其中的掃描字亦皆爲"隔"的俗字,可以比勘(後例"障"字或錄作"薛"形②,而不知爲何字,當亦由不明俗字作祟)。前揭講經文意謂西方極樂世界常受法樂,無諸痛苦煩惱,故云"無有苦隔"。下文接云:"不同此土,早朝唱歌,日午苦來,發聲便哭。"此則有苦相隔之謂。校"障"作"隔",正與文義密合。

例六,伯2467號《真藏經》第三:"死受酆都報,劍樹碎形傷。萬劫劫無期,

---

① 附載於《敦煌變文字義通釋》之末,頁571。
② 見《敦煌社會經濟文獻真迹釋録》第2輯頁183。

魂神痛斷腸。叫聲聲不絕,獄卒烹鑊湯。受報無休息,搷眼四邊張。誰能受此苦,迷或(惑)亂猖狂。"又斯 4571 號《維摩詰經講經文》:"閽塞虛空烈(列)鼓旗,奔雷掣電走分非。修羅展臂楨雙眼,龍神降(胮)腮努兩眉。"又伯 2418 號《父母恩重經講經文》:"為人不解思恩德,返倒父娘生五逆。共語高聲應對人,擬嗔嗔眼如相喫。"上列三個卷子分別出現了"搷""楨""嗔"三字,其中的"搷"字《敦煌文學》校作"損"①;"楨"字《敦煌變文字義通釋》校作"睜"②;"嗔"字《敦煌變文集》臆改為"瞋"③。

按:"嗔""楨""搷"三字用法相當,顯然是同一個詞的記音用字之異。或校作"損",或臆改作"瞋",皆不可從。蔣禮鴻師校作"睜",恐亦未是。蓋"睜"字用作睜目義元代以後載籍始見,唐宋以前則無聞焉。竊以為上列三字當為張目怒視之意,其正字當為"瞪"。《廣韻·證韻》:"瞪,直視貌。"(頁346)《玉篇·目部》:"瞪,怒目直視貌。"(頁86)字義正合。又考《集韻·映韻》:"幀,張畫繪也。或作幀。"(頁1247)《正字通·巾部》:"幀、幀、幀並同,絹畫在竹格也。"(寅集中頁55)由"幀"異體作"幀"律之,可知"貞"旁"登"旁理或可通。俗寫文字往往存其聲而不論其形,則作"嗔"作"搷"作"楨"者,或皆即"瞪"之後起俗字也。

以上六例,前四例為糾正錄文之誤,後二例為糾正校文之誤(第五例錄文亦不準確)。導致誤錄的原因,主要在於不明俗字。我們要校正其錯誤,就必須作針對性之研究,以俗治俗,纔能發其覆而正其誤,恢復敦煌文獻的真相。

二、訂訛體

除了後人的誤錄誤校外,敦煌寫卷本身也存在著大量文字上的錯誤,造成這種錯誤的原因當然是多方面的,但因俗字而誤則是其中很重要的一個方面,在碰到因俗字而誤的時候,掌握一定的俗字方面的知識便能幫助我們發現這種錯誤,并加以匡正。如:

例七,《全唐詩外編》第二編《敦煌唐人詩集殘卷·馬雲奇〈被蕃軍中拘係之作〉》:"何事逐漂蓬,悠悠過鑿空!世窮途運蹇(原作'榮'),戰苦不成功。"(頁59)

---

① 見《敦煌文學》頁94。
② 見《敦煌變文字義通釋》頁79。
③ 見《敦煌變文集》頁692。

按："蹇""榮"形音俱大遠,校者改"榮"爲"蹇",恐爲無據。查核原卷(伯2555號),"途"字寫卷實作"徒"。今謂"徒"字不誤,而"榮"則當作"筞"。蓋"筞"俗書多作"筞",形近誤而爲"榮"也。《顏氏家訓·書證》："簡策字,竹下施束,末代隷書,似杞、宋之宋。"(頁406)敦煌寫本中"策"字多從俗作"筞"。如《敦煌變文集》卷一《王昭君變文》："黃頭紫頭,知筞明妃,皆來慶賀。"(頁99)又云："明妃既筞立,元來不稱本情。"(頁100)又斯5693號《瓜沙兩郡史事編年并序》："若或年内無事,此筞子上亦空三行。"伯2003號《佛説十王經》："筞髮仰頭看業鏡,始知先世事分明。"凡此"筞"皆爲"策"的俗字。故上詩"榮"字當是"筞"的形近誤字,亦即"策"字。"運策"猶云運籌。"世窮徒運策"與下句"戰苦不成功"儷偶,意亦密合。校者不明"榮"爲"筞"之誤字,遂改而爲"蹇";意不可通,復又臆改"徒"爲"途",以致一誤而再誤也。

例八,伯4017號《社司轉帖》："右緣年支春座局席,次至主人,人各麥壹斗,粟壹斗,麵貳斤,油半斤。幸請諸公等,帖至限今月十一日卯時,於主人家送内(納)。捉二人後到,罰酉(酒)一兑;全不來,罰酉(酒)半兑。"

按："兑"字於義無取,顯然是個誤字。根據寫本俗字的書寫規律,可知正字當是"瓮"字。"瓦"字俗書作"瓦"形(見《五經文字》),又或變體作"凡""几"等形,故"瓮"俗書作"瓮"或"瓮",略帶草體則又書作"瓮"。如伯3211號《王梵志詩·暫出門前觀》："富者造山門,貧家如破瓮。"伯4003號《壬午年十二月十八日渠社轉帖》："捉二人後到,罰酒壹角;全不來者罰酒半瓮。"是其例。另一方面,方口尖口俗書可以互换①,故"兑"俗書作"兊"(《五經文字·儿部》："兊兑:上《説文》,下經典相承隷省。"),而"公"旁俗書又寫作"凸",於是"瓮"的俗字"瓮"或"瓮"又進而變體寫作"兑"了。如果没有一定的俗字知識,恐怕是難

---

① 唐高彥休《闕史》卷上云："進士單長鳴者,隨計求試於春官,日袖狀訴吏云:'某姓單(音丹),爲筆引榜者易爲單(音善)。單誠姓氏之僻,而援毫吏得以侮易之,實貽宗先之羞也。'主司初不諭,久之方云:'方口尖口,亦何異耶?'長鳴厲聲曰:'……明公倘以尖方口得以互書,則台州吳兒乃吕州矣兒也。'主文者不能對。"(頁19)這則故事在宋天和子《善謔集》中記作唐之進士有姓單者,就試時被有司誤書爲"单"(清褚人穫《堅瓠十集》卷二引,臺北新興書局1985年版《筆記小記大觀》23編頁5558)。無論是"单"被書作"單",還是"單"被書作"单",都説明在一般人看來方口尖口是可以互換的(從字形演變的角度看,"单"當是"單"的後起俗字,《正字通·厶部》:"单,俗單字。"〈子集下頁119〉是也)。在俗文字中,方口尖口換用的例子很多,此不贅舉。

以窺知箇中奧妙的。

例九,伯2621號《事森》①:"蔡順字君長,汝南平輿人也。少失其父,獨養老母。王奔末,天下饑荒……出《後漢書》。"

按:蔡順是東漢有名的孝子,《後漢書》卷三九有傳。寫卷中的"王奔",據文意顯然是"王莽"之訛(《敦煌變文集》即校作"王莽")。但爲什麼"莽"會訛作"奔"呢?原來寫本俗書"莽"字作"莽",如俄弗365號《妙法蓮華經講經文》(一):"不求莽魯聲聞,不託尋常賢聖。"伯3666號《燕子賦》:"果見論官理府,更被枷禁不休,於身有阿莽好處?"其中的"莽"皆爲"莽"的俗字(後例"莽"又爲"没"的假借字)。《干禄字書》:"莽莽:上俗下正。"(頁43)可見"莽"是唐代前後十分流行的一個俗體字。寫本俗書又常有省略偏旁的通例(參看第六章第一節),"莽"省去偏旁便成爲"奔"了。斯6631號《和菩薩戒文》:"諸菩薩,莫多嗔,多嗔定受奔蛇身。""奔"字北圖字39號作"蟒","奔"則爲"蟒"字俗省。蓋"蟒"字右旁俗作"莽",又作"奔"(見《龍龕手鏡》),後者省去虫旁即爲"奔"了。斯2056號《捉季布傳文》:"若是生人須早語,忽然是鬼莽丘墳。""莽"又爲"奔"的增旁字(伯3697號等卷即作"奔")。"莽""蟒"或省旁作"奔","奔"或增旁作"莽",都與俗寫相關。不明俗字,便無法透過字形上的迷障,去探求寫本文獻的真諦了。

例十,《敦煌歌辭總編》卷五《百歲篇·一生身》序:"河西都僧統賜紫沙門悟真,年逾七十,風疾相兼;動静往來,半身不遂。思憶一生所作,有爲實事,難竟寸陰;無爲理中,竊行缺少。"(頁1338)

按:上引小序係據敦煌卷子斯930號迻錄。其中的"竟"字"竊"字寫本原卷分別作"竟"和"切",乃爲"競"和"功"的俗字,任錄誤。又"思"字寫本原卷實作"㤙","㤙"是不是"思"字呢?考《總編》同卷940—951首《十二時·勸凡夫》後任氏有校語云:乙本(北圖鳥字10號)辭末有"甲申年七月七日,報恩(原作'思')寺僧比丘保會誦持受記"之語(頁1359)。查所謂的"思"字寫卷實亦作"㤙"。看來校者把"㤙"錄爲"思"并非偶然。其實不然,"㤙"并非"思"字,而是"恩"的俗字。敦煌寫本中"恩"字類皆寫作"㤙"。如斯2204號《父母恩重讚》:"父母恩重十種緣,弟一懷擔受苦難。"是其例。所以前例的"㤙憶"實爲"恩

---

① 《敦煌變文集》擬題作《孝子傳》,此從原卷末題。

憶"。"恩"字於義無取,是否爲"思"字形誤呢?恐怕也不是。竊以爲這個"恩"乃爲"囙"的增旁俗字(涉下"憶"字類化增加心旁),"囙"即"因"的俗字(《千禄字書》:"囙因:上俗下正。"頁 22。敦煌寫本中"因"字亦多作"囙")。斯 2614 號《大目乾連冥間救母變文》:"娘娘昔日行慳妒,不具(懼)來生業報恩。""恩"字北圖麗字 85 號作"因","因"字是,而"恩"亦爲"因"的誤字。伯 3821 號《百歲篇·緇門》:"叁拾精通法論全,四時無暇復無眠。有心直擬翻龍藏,豈肯恖尋過百年。"任二北校"恖尋"爲"因循"①,可以比勘。這也是憑藉俗字知識訂正訛文之例。

例十一,《敦煌社會經濟文獻真迹釋録》第 1 册頁 323《社司轉帖》後附録:"慈惠鄉百姓氾子通欠少急用,遂雇某乙。入作已後,事須兢兢,不得勉敞公狀尅物一斗。若勉敞入作主人已後,事須後付。"

按:這則雇工契係據斯 6614 號寫卷迻録。其中的"敞"當作"敵",形近而誤("敵"又借用作"擲");"公狀"當作"功夫"("公""功"音近借用;"狀"爲"扶"字誤書,"扶"又通用作"夫"),其後宜施逗號("尅物一斗"前當抄脱"抛工壹日"四字)。"勉"字義不可通,顯然也有錯誤。我們認爲"勉"當作"抛"。也許有人會以爲"勉""抛"形音皆殊,無緣致誤。其實不然。俗書"抛"字作"拋""挩""抛"等形。如斯 2073 號《廬山遠公話》:"汝虛拋氣力,解事低頭莫語,用意專聽。"伯 2718 號《茶酒論》:"大枷檻項,背上拋椽。"斯 1897 號《後梁龍德四年(924)張某甲雇工契》:"入作之後……城內城外一般獲(畫)時造作,不得拋滌(擲)工夫。"伯 2344 號《祇園圖記》:"(善始)到水之傍,乃於水中拋出四釜黄金。"凡此"拋""挩""抛"皆爲"抛"的俗字(後例又當讀作"抱")。"挩""抛"等抄略偏旁便成爲"勉"了(俗書"免"字多寫作"兑""兑"等形)。斯 5583 號《雇工契》:"自雇已後,便須兢心造作,不得抛敵工夫。"斯 6452 號《癸未年樊再昇雇工契》:"自雇以後,便須驅驅,不得抛敵功夫。如若忙時抛功壹日,尅物貳斗。"伯 5008 號《戊子年梁户史氾三雇工契》:"自雇已後,便須兢心造作,不得抛敵工扶(夫)。"以上各例中的"抛敵""抛敵""抛敵"俱爲"抛敵(擲)"俗誤,義爲抛擲、耽誤②,用法與斯 6614 卷同,可證"勉"當校作"抛"應無疑問。但如果不

---

① 《敦煌歌辭總編》頁 1368。
② 參看蔣禮鴻師《〈敦煌資料〉(第一輯)詞釋》,載《懷任齋文集》,上海古籍出版社 1986 年版。

知道"抛"俗字作"拋",要作出正確校訂恐怕是困難的。

三、辨異文

敦煌文獻中同一古書或文書往往有多少不等的異本,《金剛經》《妙法蓮華經》《金光明經》等佛經異本甚至達數千件之多。還有些寫本本身有刻本流傳於世,或其內容與其他傳世古籍有相同或相似之處。由於種種原因,這些異本間的文字甚至內容都會有不同程度的差異。這種差異,有相當一部分是與俗字有關的。通過敦煌俗字的研究,則可幫助我們在字形歧異時作出正確的抉擇,并弄清致歧的原因。如:

例十二,《敦煌變文集》卷八句道興《搜神記》:"昔有侯霍,白馬縣人也。"(頁870)王慶菽校記:"甲卷(斯525號)'霍'作'雙'。"

按:"霍""雙"形音俱遠,何以會造成異文呢? 初觀乍視,確實令人費解。但對敦煌俗字作一些調查研究後就會明白,原來"雙"與"霍"的歧異還有個中間媒介——"霚"。"霚"原本當作"靊",從兩隻會意(唐蘇鶚《蘇氏演義》稱後魏俗字"兩隻爲雙",即指"靊"字而言)。但因爲俗書從兩從雨不分,故"靊"往往寫作"霚"。裴務齊正字本《刊謬補缺切韻·江韻》:"雙,亦[作]霚,非。"(《唐五代韻書集存》頁541)《龍龕手鏡·雨部》:"霚,正,所江反,雨(兩)貌也。今作雙,同也。"(頁306)敦煌寫本多作"霚"。如俄羅斯藏敦煌卷子俄弗96號《雙恩記》:"憫念衆生業所爲,袖淹霚淚旋還垂。"文中篇題有"霚恩記第三",又有"雙恩記弟七"字樣,是"霚"即"雙"也。又伯3836號《南歌子》:"忽見霚飛燕,時聞百轉鶯。"又吐魯番阿斯塔那42號墓《唐缺名隨葬衣物疏》有"雞鳴審(枕)一枚,玉團一霚"等隨葬名目。"霚"亦皆"雙"字。"霚"傳抄時脫略下部"又",便成爲"霍"字了。"雙"與"霚","雙"字應該是對的,"霍"則是"雙"字俗誤,其訛變軌跡是:

$$雙 \xrightarrow{異體} 霚 \xrightarrow{俗誤} 霚 \xrightarrow{俗省} 霍$$

例十三,同上:"昔有郭巨者,字文氣,河內人也。"(頁886)同書《孝子傳》"郭巨"條"文氣"作"文舉"(頁905。《變文集》"文"作"大",此據寫本原卷伯2621號錄正)。

按:"氣""舉"形音亦俱大遠,何以能導致字形的差異呢? 項楚師校云:"'氣'字爲'舉'字之訛,蓋因'舉'字草書作'乑',又從而誤作'氣'也①。"按:項師之説甚是。唯"乑"字似當作"乑"。《龍龕手鏡·乙部》:"乑,古文。音舉。"(頁541)敦煌寫本伯2133號《金剛般若波羅蜜經講經文》:"言'一切有爲法'者,總乑有爲之法也。"又云:"言如來説諸心者,先乑衆心也。"其中掃描字都是"舉"字。後例下部乑看似是"米"字,其實仍是"未"手寫之小變而已。"乑"當是"舉"字草書楷化而來的俗字,并非什麽古文。五代禪宗語録集《祖堂集》一書中經見"乑"字,如卷四《石頭和尚》:"侍者持此偈乑似師,師答曰……"例多不贅舉②。"乑""氣"形近,抄手不察,便有意無意地把"乑"誤抄爲"氣"字了。但如果不曉得"舉"俗字作"乑",那在"舉""氣"之間便有可能惘然無措了。

例十四,同上書卷一《伍子胥變文》:"自從一别音書絶,憶君愁腸氣欲絶。遠道冥冥斷寂寥,兒家不慣長欲别。"(頁11)

按:"長欲别"費解。蔣禮鴻師以爲"長欲别"就是長别,"欲"是没有意義的語助詞③。竊恐未然。考上文底卷斯328號"欲"字實作"頭",另一異本伯2794號作"欤"。"欤"確爲"欲"的俗字。伯3883號《孔子項託相問書》:"當時便欤酬倍價,每束黄金三錠強。""欤"也是"欲"的俗字,可以比勘(漢碑中已見類似寫法)。那末"頭""欲"哪個對呢? 我們認爲"頭"字是對的。"長頭"猶言長時、長久,頭爲詞尾④。《全唐詩外編》第一編王重民《補全唐詩·樊鑄〈及第後讀書院咏物十首上禮部李侍郎〉》之十:"物情翻覆難可論,莫言權勢長頭存。"王重民校記引劉盼遂云:"'長頭'二字乃俗語。'頭',尾聲。"(頁44)伯3211號《王梵志詩·家中漸漸貧》:"家中漸漸貧,良由慵懶婦。長頭愛床坐,飽喫没娑肚。"又伯3418號《王梵志詩·吾死不須哭》:"只願長頭醉,作伴唤劉零。""長頭"義亦同。是非既已明白,那末"長頭"怎麽又會誤成"長欲"的呢?

---

① 見《敦煌本句道興〈搜神記〉補校》,載《文史》第26輯。
② 參看《敦煌變文字義通釋》及梅祖麟《敦煌變文裹的"熠没"和"乑(舉)"字》一文(載《中國語文》1983年第1期)。
③ 見《敦煌變文字義通釋》"欲"條,頁520。
④ "長欲"當作"長頭",拙作《〈敦煌變文字義通釋〉讀後》(杭州大學1987年青年教師學術報告會論文)已指出。蔣紹愚先生《〈敦煌變文集〉(上册)校補》説同。蔣文載《敦煌語言文學論文集》,浙江古籍出版社1988年版。

原來這也是俗字在作怪。"頭"字敦煌寫卷中常寫作"politics"形（由草書楷化而來）。如斯 2114 號《醜女緣起》："妹子雖不端嚴,手政裁縫最巧。"又云："娘子莫顛莫強,不要出政出惱（腦）。"伯 2794 號《伍子胥變文》："阿姊抱得弟政,哽咽聲嘶,不敢不（大）哭。"伯 3128 號《不知名變文》："白日起[□]無飯喫,夜政擬臥没氈眠。"伯 3645《季布詩咏》："千金不博老政春,醉臥階前忘卻貧。"其中的掃描字皆爲"頭"的俗字。"政""欿"字形十分接近,於是原本的"長政（頭）"傳抄時誤書爲"長欿（欲）",便是十分自然的了。不明"頭"字俗作"政","欲"字俗作"欿",而專在楷定正體上做文章,那是會百思不得其解的。

例十五,同上卷八《孝子傳》："薩苞,字孟常,汝南人也。"（頁 905）徐震堮校："薩苞,當作薛苞①。"

按:敦煌寫本原卷伯 2621 號"薩"字本作"蕯"。考《後漢書》卷三九云："安帝時汝南薛包孟嘗,好學篤行,喪母,以至孝聞。"（頁 1294）據其事迹,"薩苞""薛包"顯然是同一個人。那麼"蕯""薛"哪個對呢？徐震堮先生大概是認爲應作"薛"的。其實"蕯"即"薛"的俗字。宋張有《復古編》卷下云："薛,艸也。從艸、辥。別作薛,非。又桑葛切,作'蕯',亦非。"（該卷頁十一）"薛"見《説文》,隸變作"薛"（《五經文字》卷中艸部："薛薛:上《説文》,下《石經》。"頁 27）,又變作"薜""蕯""薩"等形（分別見《縱橫家書》《流沙簡》《漢繁陽令碑陰》等）,而"蕯"則又爲其變體。張有以"薛"字作"薛""蕯"爲非,是從他"復古"的立場而言的。至於菩薩的"薩",與"薛"古本一字。玄應《一切經音義》卷三《明度無極經》第一卷音義云："開士,謂以法開導之士也,梵云扶蕯,又作扶薛,或言菩薩是。"（頁 152）"薛""蕯"皆即"薛"字。清孫星衍云："考菩薩'薩'字不見《説文》,錢少詹據宋張有謂即'薛'字。薛、薩聲形皆相近,字之誤也。及見此書,元（玄）應已云又作扶薛,知唐時尚未別出'薩'字。今《玉篇》有'蕯'字,桑葛切,云釋典菩薩也。此類并非孫強所增,乃宋所廣益矣。蓋艸書寫自爲阝,寫辛先豎後畫,故以末畫居下爲形。今俗寫薩字訛從産,則又唐人碑碣所無也。"②今考敦煌寫本及同時期碑刻,菩薩之"薩"皆作"蕯""薛""薜"等形,實皆即"薛"字。如清陸增祥《八瓊室金石補正》卷二四《歷城千佛崖造像·李景崇題記》：

---

① 見《敦煌變文集校記補正》,載《華東師範大學學報》1958 年第 1 期。
② 《一切經音義》卷三"開士"條校語,《叢書集成初編》本。

"維大隋開皇十年……敬造阿彌陀像一區并二菩薩。"（頁 152）同卷《陶□題記》："像主陶□……造□□壽像□□二菩薩。"（頁 155）同書卷三十《龍門山造像·崔貴本題記》："（唐貞觀廿三年）弟子崔貴本敬造觀世音菩薩二軀。"（頁 199）同書卷六三《大佛巖造像·石崗虞侯王金題名》（陸氏定爲後唐石刻）："救苦觀世音薩一身,弟子石崗虞侯王金敬造。"（頁 433。"音"字後脫一"菩"字）皆其例。上博 1 號《佛説維摩詰經》："菩萨隋（墮）望（妄）見,其大悲者,有數出生,不隋（墮）望（妄）見。"其中的"萨"亦爲"薩"字。至於寫作"薩"的就更多了,此不贅舉。而同時期寫本及碑刻中"薛"字亦多寫作"薜""薜""薩"等形。如斯 2055 號載陸法言《切韻序》有"薩史（吏）部道衡",其中的"薩"字伯 2129 號同一序文作"薜","薜""薩"皆即"薛"字（查故宫本《刊謬補缺切韻》及《廣韻》皆作"薛"。王國維摹本把斯 2055 號的"薩"摹録作"薩",不確。王國維摹本載周祖謨《唐五代韻書集存》上册,頁 159）。由此可見,"薩""薛"古本一字,唐五代时尚未分用。大約宋代以後,"薩"被用作菩薩之"薩"的專字,音桑葛切;稍後,爲免與姓薛的"薜""薜""薩"等相亂,又把菩薩的"薩"的右下部改爲"產",成爲今天的"薩"字。四部叢刊影印吴興張氏南海潘氏藏宋刊本《經進東坡文集事略》卷五四目録有"四菩薩閣記",同卷《勝相院藏經記》："諸化菩薩及護法神鎮守其門。"又四部叢刊影印南海潘氏藏宋刊本《集注分類東坡先生詩》卷十四有"菩薩寺南漪堂杜鵑花"詩。《經進東坡文集事略》《集注分類東坡先生詩》均爲南宋人所編集,上揭"薩"字右下部原書確已寫作"產",可見"薩"字大約南宋時已經産生。然敦煌寫本及宋代的一些重要辭書如宋本《玉篇》《集韻》《類篇》皆有"薩"無"薩"①。《鉅宋廣韻》入聲曷韻："薩,釋典云菩薩。菩,普也,薩,濟也,能普濟衆生也。""薩"即"薩"的變體②,但與後世的"薩"仍有距離。説明當時"薩""薩"的分化并未完成。知道了"薩"字的來龍去脈,則敦煌寫本把薛包寫

---

① 各公私機構"敦煌藏品"中偶見"薩"字,如伯 3811 號《陀羅尼》有五個"薩"字,其中一個作"薩"形,四個作"薩"形,但該卷出現了"当（當）""帮（幫）""难（難）""湾（灣）"等一些宋元以後才行用的俗字,所以這個卷子應係其他寫卷混入,而非藏經洞原有之物。參看王見川《敦煌卷子中的鐘離權、吕洞賓、韓湘子資料——兼談"伯三八一〇"的抄寫年代》,《臺灣宗教研究通訊》（半年刊）,第 3 期,2002 年 4 月,第 127 頁。

② 1957 年古典文學出版社影印元延祐刊本《東坡樂府》卷下《浣溪沙》："紅玉半開菩薩面。""薩"字形與《廣韻》相近。

作"薩苞"("苞"當作"包",涉前字類化增旁),便沒有什麼可以奇怪的了。

又按:由於"薛""薩"古本一字,於是在把"薛""薩""薩"等改從今體時往往會出現歧異。如《北史》卷二二《長孫晟傳》載隋文帝仁壽三年(603)有"斛薛"等部落來降,"薛"字《隋書》卷五一本傳作"薩"。《大正藏》卷五六載日本僧人中算(約生在十世紀初)《妙法蓮華經釋文》三卷,書中引到"薩岣"的話,有人認爲當作"薛岣"①。敦煌寫本斯 4654 號《薩訶上人寄錫鷹閣留題并序》,"薩"字寫卷不很清楚,字形似在"薛"與"薩"之間,而今人錄文有"薛""薩"之異②。伯 2877 號《乙丑年正月十六日行人轉帖》人名有"薛汜三",各家錄文"薛"字也有作"薛"作"薩"的不同③。這種種歧異,也只有從俗字演變的角度纔能得到合理的解釋。

附記:《漢書·地理志》敦煌郡下有縣曰"淵泉",顏師古注引闞駰云:"地多泉水,故以爲名。"(頁 1614)而《後漢書·郡國志》則作"拼泉"(頁 3521)。錢大昕《廿二史考異》卷十四謂"拼泉"當作"淵泉"(頁 308)。今案趙明誠《金石錄》卷二十載《晉護羌校尉彭祈碑》作"淵泉"(該卷頁八),可證"淵泉"不誤。但"淵泉"怎麼會變成"拼泉"呢?這也與俗字有關。考六朝以來俗書"淵"字或寫作"渊""渕"等形(見《碑別字新編》頁 172)。《八瓊室金石補正》卷七六唐《隴西李扶墓誌》:"顏子渊死,孔子曰:德行厥躬,不實殂落,命矣夫。"(頁 526)《龍龕手鏡·水部》:"渊,俗;渊,正。"皆即"淵"的俗字。敦煌寫本中又有簡省作"抌"形的(可能與避唐高祖李淵諱有關)。如斯 5478 號《文心雕龍·宗經第三》:"韋編三絕,故(固)哲人之驪抌也。"又云:"抌哉鑠乎,羣言之祖。"同卷《辨騷第五》:"若能憑軾以倚《雅》《頌》,……則顧盻可以驅辭力,欬唾可以窮文致,亦不復乞靈於長卿,假寵於子抌矣。"皆其例。"淵"字的上述俗體和"拼"字字形至近,抄刻時極易造成訛誤。所以"淵泉"之變作"拼泉",很可能也是"淵"字的俗體在其間起了媒介的作用。

四、識難字

有機會研閱敦煌文獻的讀者,常常會碰到一些不見於任何辭書的疑難怪字。

---

① 見《湯用彤學術論集》頁 331,中華書局 1983 年版。
② 參看劉銘恕《敦煌遺書考·劉薩訶與敦煌》,載《文史》第 29 輯。
③ 參看《敦煌社會經濟文獻真迹釋錄》第 1 輯頁 412。

這些疑難怪字往往與俗字別體有着千絲萬縷的聯繫。這就要求研究者在掌握俗寫規律的基礎上,善於運用如偏旁分析、異文比勘、歸納類比等手段,去獨力地辨識一些不見於字典辭書的難字、怪字。否則,研究工作將無法進行。如:

例十六,《敦煌歌辭總編》卷三《水鼓子·宮辭》(斯6171號):"掖庭能織御衣人,福尺襟襴盡可身。"任校:"原本'福'寫'裑',……或爲'幅'之訛,'福尺'待考。"(頁710—711)

按:"福"字寫卷實作"裑",即"福"的俗字。伯3418號《王梵志詩·有錢不造福》:"聞強急修裑,莫於(逾)百年期。"其中的掃描字亦爲"福"的俗字。但歌辭的"福"與王梵志詩的"福"并非同一個字,這個"福"乃是"福"字的俗寫。俗書從衣從衤不分,衣旁多寫作衤旁。顏師古《匡謬正俗》卷六云:"副貳之字,副字本爲福字,從衣、畐聲。……張平子《西京賦》云'仰福帝居',《東京賦》云'順時服而設福',並爲副貳。傳寫訛舛,衣轉爲示,讀者便呼爲福禄之福,失之遠矣。"(頁62)清人胡克家《文選考異》卷一《西京賦》"仰福帝居"下校云:"凡從衣之字,每與從示混。各本傳寫之誤,與顏云云正同。善自作福,不作福也。"(頁844)今驗敦煌寫卷,衣旁字類多從衤,與顏、胡說若合符節(歌辭同句"襟襴"二字原卷即作衤旁)。不過歌辭的"福"和表示副貳義的"福"又自不同,這個"福"乃是"幅"的俗字。從衣從巾意近,故俗書每多換用。如"幞"字俗又作"襆","袂"字別又作"袟",等等,例多不贅舉。斯4504號《乙未年龍弘子貸生絹契》:"貸生絹壹匹,長肆拾尺,福闊壹尺捌寸叁分。"又斯5632號《辛酉年富長貸絹契》:"貸絹壹匹,長叁丈玖尺,福壹尺玖寸。"斯4884號《辛未年梁保德買斜褐契》:"斷生絹壹匹,長叁丈玖尺,福貳尺。"凡此"福"字,皆爲"福"字俗寫,亦即"幅"的俗字。所以歌辭的"福尺"即"福尺",亦即"幅尺"。弄清了幅→福→福→裑的淵源嬗變,則冰釋霧解,詞意便豁然貫通了。

例十七,同上補遺《失調名·遠征行》:"上卻沙場別卻妾,教我兒婿遠征行。乃可矉鞍梯漢婿,大王不容許女人妝。"任校:"矉"字未解。(頁1759)

按:"矉"字未見字書載錄,初視之不可識。但試比較以下的語言材料,似不難找到答案:斯5573號《五臺山讚》:"師子一吼三千界,五百毒龍心瞻摧。""瞻"爲"膽"字俗書,斯2614號《大目乾連冥間救母變文》:"饒君鐵石爲心,亦得亡魂瞻戰。"掃描字亦爲"膽"字。伯3211號《王梵志詩·世間日月明》:"貴者乘車馬,賤者膊儋行。"又伯2578號《開蒙要訓》:"雀栢鷹廊。""鷹"字原卷注音"閻"。郭在貽師謂後二例掃描字分別爲"擔""簷"的俗寫①。根據這些材料,可知"詹"旁俗書可作"𢉖"形。據此,則"幨"當係"幨"的俗字,其右旁爲"詹"之變體耳。"幨鞍"謂車帷、馬鞍,似可與詞意相合。又"挮漢婿"費解,項師謂"挮"當作"替",極是。"梯"字《集韻》有他計切一音,與"替"同音。

例十八,伯 2555 號《久憾縲紲之作》:"今時有恨同蘭艾,即日無辜比冶長。點虜莫能分玉石,終朝誰念淚沾裳。"

按:"艾"字《漢語大字典》等大型辭書未載,王重民先生迻錄作"芝"②,殆出於臆改。以俗書筆法律之,其字當是"艾"字。"乂"形構件俗寫與"又"相亂。清顧藹吉《隸辨》卷六"又"字下云:"艾從乂,或作艾。"(頁 205)《唐鄭子尚墓誌》"刈"字作"刈"(《碑別字新編》頁 5),《程村造橋碑》"艾"字作"艾"(《碑別字新編》頁 30),伯 2962 號《張義潮變文》"凶"字作"凶",皆其證。俗書又常有贅加筆畫的現象,如"義"字宋元以後的通俗刻本常借用同音的"乂",後來又加點寫作"义"。如文學古籍刊行社 1987 年影印本《京本通俗小說·菩薩蠻》:"主人恩义重,兩載蒙恩寵。"(該篇頁四)"义"即"乂"字,亦即"義"字。所以"乂"旁俗又有寫作"叉"的。如《魏伏夫人昝雙仁墓誌》"刈"寫作"刈",是其例。於是"艾"俗書便有可能寫作"艾"。《碑別字新編》載《魏元愔墓誌》"艾"字正作"艾"(頁 30)。伯 3931 號《某賀端午別紙》:"伏以採艾芳辰,結蘆(廬)令節,冀啟交歡之日,將臻納祐之祥。"伯 4092 號《新集雜別紙》五月下:"伏以時屬浴蘭,節當採艾。"其中的"艾""艾"並爲"艾"的俗字。又《敦煌變文集》卷三《燕子賦》:"口銜艾火,送着上風。"(頁 253)蔣禮鴻師謂此"艾"是"艾"字俗誤③,是也。《龍龕手鏡·草部》:"艾,俗;艾,正:五蓋反,歷也,老也,長養也。又草名,又姓。二。"(頁 261)以其音義求之,"艾""艾"正是"艾"的俗字。所以上舉佚名詩的"蘭艾"應該就是"蘭艾","艾"就是"艾"的俗字。"蘭艾"指蘭草和艾草。《楚辭·離騷》:"戶服艾以盈要兮,謂幽蘭其不可佩。"(卷一頁三七)蘭香艾臭,常以喻君子小人或貴賤、美惡。"同蘭艾"喻君子小人不分,即下聯"點虜莫能分玉石"之意。校"艾"爲"艾",正與詩意密合。

---

① 見《唐代白話詩釋詞》,載《中國語文》1983 年第 6 期。
② 見《〈補全唐詩〉拾遺》,載《敦煌遺書論文集》,中華書局 1984 年版。
③ 見《敦煌變文字義通釋》"艾火"條,頁 94。

例十九，《敦煌歌辭總編》卷二《失調名·花落又重開》："飛過盡，不敢擡。今歲中□□望夫來。□花落，又重開。"任校謂"花"前的缺字原本寫"𪓌"（頁540）。

按：次句"敢擡"原本斯329號實作"𣂁臺"，當爲"飯（歸）臺"二字俗寫，任校作"敢擡"恐無據。又"花"前缺字原卷實作"𪓌"，任氏以其不可識，故設空待補。其實，如果對敦煌俗字進行過一些歸納和研究，這個字是不難辨識的。試比較以下材料：伯3618號《秋吟》："□□□門景置（致），遠近花𨊄難比。"又斯2440號《押坐文》："見佛不是𣂁時間，百千萬劫長時見。"伯2555號佚名《春霄（宵）有懷》："獨坐春霄（宵）月𣂁高，月下思君心鬱陶。"其中的掃描字分別爲"軒""暫""漸"三字。後一掃描字或錄作"見"①，誤。又斯4571號《維摩詰經講經文》："背真原，舊邪𨊄。"伯3994號《菩薩蠻》："皎皎綺羅光，𨊄＝雲粉妝。"其中的掃描字又分別爲"逕""輕"的俗字。由此，我們可以歸納出兩點基本結論：(1)"車"旁俗書可作"丰"形（由草書變來）；(2)"至"旁俗書可作"圣"。那末"輕"俗書當可作"𨊄"，而"𪓌"即其變體也。杜甫《爲農》詩："圓荷浮小葉，細麥落輕花。"（《杜詩詳注》頁739）又謝朓《詠燈》詩："飛蛾再三繞，輕花四五重。"（《謝宣城詩集》卷五頁七）皆有"輕花"一詞，可證歌辭"花"前之字作"輕"爲不誤也。

五、探源流

俗字研究不但有助於考辨疑難怪字，也能幫助我們對俗字的來源作出合理的説明。許多俗字的形成常常經過了複雜的演變過程。作爲一個研究人員，就不但要知其然，而且要知其所以然，即要揭示俗字與正字的演變軌迹，推本溯源，得其會通，這樣方能解疑釋惑，讓讀者信服。試看以下三例：

例二十，伯3833號《王梵志詩·讒臣亂人國》："讒臣亂人國，姑婦破人家。"伯2914號《王梵志詩·六賊俱爲患》："疾（嫉）姑終難卻，慳貪去即來。"伯3211號《王梵志詩·家中漸漸貧》："兩家既不和，角眼相蛆姑。"同卷《兄弟義居活》："外姓能蛆姑，啾唧由女婦。"

按：上舉四首詩中都出現了"姑"字。"姑"字《廣韻》列下刮、户括二切，義

---

① 見《〈補全唐詩〉拾遺》，載《敦煌遺書論文集》，中華書局1984年版。

爲面醜、羞慚、狡詐等,均與詩意不合。所以後來一些學者認爲王梵志詩的"姞"字當是"妒"的俗字。目前這一觀點已得到學術界的普遍贊同①。但"妒"爲什麽會寫作"姞"呢?這卻是一個迄今仍未解釋清楚的問題②。對"妒"字俗體綜合考察的結果,我們認爲由"妒"到"姞",其演變軌跡應該是這樣的:

$$妒 \xrightarrow{異體} 妌 \xrightarrow{異體} 姤 \xrightarrow{俗誤} 姤 \xrightarrow{俗書} 姤 \xrightarrow{俗誤} 姞$$

"妒"俗字作"妌",我們已在本章的第一部分做過詳盡的分析,此不贅述。又"后"字俗書多作"后"。如上圖 93 號《金光明經》卷五:"是時王子,當捨身時,正值後宮,妃后婇女,眷屬五百,共相娛樂。"又《八瓊室金石補正》卷二六《隋信州舍利塔銘》:"願太祖武元皇帝、元明皇太后、皇帝、皇后、皇太子、諸王子孫等……生生世世值佛聞法。"(頁 171)同書卷三二《唐龍門山造像·劉孝光題記》:"今敬造阿彌陀像一龕,上爲天皇天后、所生父母,及以業道衆生,一切含靈,俱免蓋纏,同登正覺。"(頁 210)俱其例。"后"旁亦寫作"后",如同上書卷四十《唐新太令張文珪造像碑銘》:"邂逅相遇,斷金之契已隆。"(頁 269)"逅"即"逅"字俗書。因之,"姤"俗又可書作"姤"。同上書卷二三《北周強獨樂文帝廟造像碑》:"侯莫陳陰生姤嫉,密懷徒害。"(頁 142)清陸增祥跋:"碑字多謬俗……妒嫉作姤嫉。"(頁 144)敦煌寫本伯 3418 號《王梵志詩·身是五蔭城》:"總在糞尿中,不解相蛆姤。""姤"也是"姤",亦即"妒"的俗字。又"舌"亦用作"昏"和"舌"的俗字。《正字通·口部》:"舌,昏字之訛。"(丑集上頁 8)"昏"字隸定多作"舌"。《説文·口部》:"昏,塞口也,从口,氒省聲。"段玉裁注:"凡昏聲字,隸變皆爲舌,如括、刮之類。"(頁 61)《廣韻·鎋韻》:"舌,塞口。《説文》作昏。"(頁 398)又伯 3919 號《佛説父母恩重經》:"寧以百千劫拔出其舌,長百千由旬,鐵犁耕之,流血成河,終不違於如來聖教。"其中的"舌"則爲口舌的"舌"的俗字。這樣,"舌"與"舌"又爲同字異體。於是,"妒"字可以寫作"姤",也就可以寫作"姞","姞"亦即"姤(妒)"字了。上舉伯 3418 卷的"姤"字,伯 3724 卷寫作"姞",可知"姞"即"姤",亦即"姤(妒)"。通過這樣一番探本索源的工作,"姞"何以同"妒",就更有説服力了。

---

① 郭在貽師《唐代白話詩釋詞》始發此説,後來項楚師《王梵志詩校注》等書皆從之。
② 郭、項二師均以"姞"爲"姤"之變,而"姤"即"妒"的俗別字,説近是。

例二十一,伯2305號《解座文匯抄》①:"或是僧,或是道,清浄蓮臺持釋教,將爲無常﹝兇﹞得身,也遭白髮驅摧老。"

按:上揭"兇"字《敦煌變文集》迻録作"免"(頁657)。從文意看,這是完全正確的。但我們在本章的第二部分曾經説過,"瓮"字俗書或作"兇"形,怎麽這裏又成爲"免"字了呢?這還得從"免"的俗字作"兑"及"兊"説起。俗書"ソ"旁多寫作"丷"形,如敦煌寫本中常見"色"寫作"㐫",是其例,故"免"字俗書作"兑"。如斯6551號《佛説阿彌陀經講經文》:"歸依三寶福難陳,兑落三途受苦辛。"是其例。由"兑"訛變,"免"俗又書作"兊"。伯3833號《王梵志詩·玉髓長生術》:"俱傷生死苦,誰兊涅盤因。"伯3911號《擣練子》:"造得寒衣無人送,不兊自家送征衣。"伯3697號《捉季布傳文》:"世路盡言君足計,今且如何兊禍迍?"凡此"兊"皆爲"免"的俗字。②甚至"免"旁俗也多書作"兊",限於篇幅,這裏不再舉例。而"兊"字本身俗又書作"兌",對此本章第二部分已有舉證。又如《京本通俗小説·錯斬崔寧》:"做這老性命著,與你兌了罷。"(該篇頁十八)又《馮玉梅團圖》:"至晚將妻子兌轉,各還其舊。"(該篇頁五)"兌"皆爲"兊"的俗字。敦煌寫本中"脱"字、"説"字右旁皆有寫作"兌"形的(分别見伯2931號《佛説阿彌陀經講經文》、伯2133號《金剛般若波羅蜜經講經文》),亦其比類。於是"免"俗書作"兌",并進而演變作"兇"了。這和本章第二部分提到的"兊(瓮)"俗書作"兌",殆可謂同途而殊歸。

例二十二,斯751號《十誦毗尼初誦》末題:"比丘法騰書此《十毗尼》一弓。"斯2942號《摩訶般若波羅蜜經》:"復更自説,有人書寫經弓與人……其福勝前。"日本學者池田温《中國古代寫本識語集録》(以下簡稱"池田温集録")所附書道博物館藏熙平元年(516)《律抄》寫卷題記圖版:"《律抄》壹弓,熙平元年七月十三日于昌梨寺寫訖。"(頁24)又天寶十二載(753)《法華經玄贊》寫卷圖版:"《法華經玄贊》弓弟七。"(頁48)

---

① 《敦煌變文集》擬題作《無常經講經文》,不確。
② 後世的刻本書籍中仍多見書"免"作"兊"之例,如胡道静《夢溪筆談校證》卷十一:"律云:'免官者,三載之後,降先品二等敘。免所居官及官當者,期年之後,降先品一等敘。'降先品者,謂免官二官皆免,則從未降之品降二等敘之;免所居官及官當止一官,故降未降之品一等敘之。"胡校:"弘治本本條及下條'免'字皆誤作'兊',凡五見皆然。"(頁414)其實"兊"即"免"的俗字,否則"五見"皆誤作"兊"就不好理解了。

按：上列各例中的"弓""弓""弓""弓"字,據文意可以推知即"卷"字。但如果問一個爲什麽,恐怕許多人都答不上來。考宋黄伯思《東觀餘論》卷上《論弓字》條云:"小宋《太一宫》詩:'瑞木千尋竦,仙圖幾弔開。'注云:《真誥》謂一卷謂一弔。殊不知《真誥》所謂弓即卷字,蓋從省文。《真誥》音亦爾,非弔字也。碧虚子陳景元據《真誥》以此字即'篇'字,蓋亦誤云。"(該卷頁四八)①明陶宗儀《輟耕録》卷二云:"弓即卷字,《真誥》中謂一卷爲一弓。或以爲弔字及篇字者皆非。"(頁49)清錢大昕《十駕齋養新録》卷四則云:"《説文》:罷,讀爲書卷之卷。道書以一卷爲一弓,蓋即艸書罷字。凡艸書横目多作𠃌,文有兩目,故以'二'代之,非从弓从二也。楊用脩以爲糾字之訛,此肊説不足信。"(頁70)由於錢氏素以考訂精密著稱,故此説一出,後人翕然信從。其實不然。竊以爲所謂"弓"與敦煌寫本中的"弓""弓""弓""弓"當是同一字的變體,宋人黄伯思以爲"卷"字省文,堪稱卓識。"卷"字《説文》從卩、关聲,"卩"字篆書作"弓"。隸定或作"弓"(《字彙·弓部》:"弓,即卩字。"頁146),故"卷"字或書作"卷"。池田温集録所附新町三井家藏水(癸)卯年(公元403年或463年)《大雲無想經》寫卷圖版:"《大雲無想經》卷第九。清信女張宜愛所供養。"(頁12)"卷"即"卷"的變體。又"卩"字或省點作"卩",所以"卷"亦可省點作"卷"。《龍龕手鏡·弓部》:"卷,書卷。今作卷。"(頁151)我們前面提到的"弓"和"弓",顯然就是"卷"和"卷"的省文;而"弓"和"弓",當又是"弓"的變體。《龍龕手鏡·弓部》云:"弓,或作;弓,古文;音眷,今作卷。"(頁151)行均以"弓"爲古文,恐怕是没有根據的。至於"卷"字作"弓"作"弓",當是"弓"等的訛變字;《太一宫》詩的"弔",當又是"弓"的誤字。斯2693號《無量壽經義記》下卷末題"无量壽義記下弓"。又可洪《藏經音義隨函録》第十八册《阿毗曇毗婆沙論》第六〇卷音義:"百弓,居願反。"(《大正藏》本《阿毗曇毗婆沙論》相應位置作"百卷")又第貳拾叁册《經律異相》第十一卷音義:"五弓,音卷。"(《大正藏》本《經律異相》相應位置作"五卷")又第貳拾貳册《法句喻經》第一卷音義:"經弓,居願反。"其中的掃描字皆爲"弓"或"弓"手寫的變體,其形與"弔"字至近,極易發生訛混。伯2143號普泰二年(532)《大智度論》第廿六品題記:"東陽王元榮……敬造《无量壽經》一

---

① 據清邵武徐氏叢書初刻本,明汲古閣刻《津逮秘書》本"弓"作"弓",宋孫奕《示兒編》(《叢書集成初編》本)引亦作"弓"。

百部,卅弖爲毗沙門天王……造《摩訶衍》一百弖,卅弖爲毗沙門天王,卅弖爲帝釋天王,卅弖爲梵釋天王。"又斯 996 號《雜阿毗曇心經》卷六題記:"(太和三年,公元 479 年)洛州刺史昌梨王馮晉國,仰感恩遇,撰寫十一切經,一一經一千四百六十四弖,用答皇施。"其中的"弖"字寫卷皆作"ᘙ"形,即"卷"的簡俗字,後例迻録誤作"弔"字,可見二字確有相混者。

图 12　伯 2143 號《大智度論》第廿六品題記

六、定名稱

歷史上的一些地名、人名或其他名物在沿用的過程中,有時會發生書寫形式的變化(有的甚至變得面目全非)。導致這種變化的原因,當然是多方面的,但其中有不少是與俗書相關的。敦煌寫卷中也有不少這樣的情況。通過敦煌俗字的研究,則可以對這些現象作出合理的說明,或揭示它們的本來的面目。試看以下三例:

例二十三,"敦煌"古或作"燉煌",許多人認爲"敦"字作"燉"是唐代所改。

如唐李吉甫《元和郡縣圖志》卷四十隴右道沙州下云:"隋大業三年,又罷州爲敦煌郡。……皇朝以敦煌爲燉煌。"(頁1025)後來清儒段玉裁在《説文解字注》中一再申述了李氏的這一觀點。如該書"河"字下注云:"(敦煌)唐朝乃作燉煌,見《元和郡縣志》,前此皆作'敦'。"(頁516)同樣的話又見於同書"焞"字下注。近人向達在《記敦煌石室出晉天福十年寫本壽昌縣地境》一文中也説:"敦煌唐改燉煌。"①一些日本學者亦持類似的觀點。如長澤和俊《敦煌:歷史與文化》第五章《繁榮時期的敦煌》中云:"天寶以後敦煌的敦字加上火旁開始寫作燉煌,以後,在唐代便多記爲燉煌,在莫高窟發現的文書也大部記載爲燉煌②。"在1990年敦煌研究院舉行的敦煌學國際學術討論會上,日本北海道大學山田勝久提交的《關於〈沙州燉煌二十咏〉的寫本的成立年代》一文也説:"敦煌的'敦'字,使用火字旁是從天寶元年到乾元元年之間。"

按:以上這些説法,除了受《元和郡縣圖志》的影響以外,大概還與《舊唐書·地理志》的如下記載有關:

  沙州,下,隋燉煌郡。武德二年,置瓜州。五年,改爲西沙州。貞觀七年,去"西"字。天寶元年,改爲燉煌郡。乾元元年,復爲沙州。(頁1644)

然而志中稱"天寶元年改爲燉煌郡"只是説該年恢復燉煌郡的建置而已,而不是説改"敦煌"爲從火的"燉煌",顯然不能以之作爲"敦"字開始使用火旁的依據。《地理志》下文云:"燉煌,漢郡縣名。月氏戎之地,秦、漢之際來屬。漢武開西域,分酒泉置燉煌郡及縣。"同樣,我們也不能依據這條材料説"敦煌"寫作"燉煌"是漢武帝所改。考"燉"字不見於《説文》,今本《玉篇》始收之,云"火盛貌"(頁393),似亦與用於地名的"燉"無涉③。"敦煌"漢代前後古籍中一般也不從火作"燉煌"。如《隸釋》卷六所載漢《敦煌長史武斑碑》(頁73)、同書卷十二所載漢《執金吾丞武榮碑》(頁139),及《居延漢簡》甲編97號、168號、1599號、1958號等簡皆有"敦煌"之稱。尤其是《敦煌漢簡》一書收載有"敦煌"地名的簡册二十餘枚,無一例寫作"燉煌"。敦煌寫本斯113號西涼建初十二年(416)《敦煌郡敦煌縣西宕鄉莫高里籍》敦煌地名凡十五見,亦皆寫作"敦煌"。

---

① 見《唐代長安與西域文明》頁430,三聯書店1987年版。
② 譯文載《陽關》1991年第3期。
③ 《説文·火部》有"焞"字,釋云"明也。從火,享聲"(頁485)。"火盛貌"的"燉"當是"焞"的後起俗字。

可見"敦煌"應是敦煌這個地名的較早寫法。從字義上來說,雖然《說文解字》釋"敦"爲"怒也,詆也,一曰誰何也"(頁68),但至遲漢代"敦"字已產生了敦厚、盛大等新的意義。《方言》卷一:"敦,大也。"(頁三)《漢書·地理志》"敦煌郡"下應劭注:"敦,大也;煌,盛也。"(頁1614)應劭以"大"釋"敦",這是和當時"敦"字的這種新的用法相一致的。王莽時曾一度改"敦煌"爲"敦德",所着眼的大概也正是"敦"字的這種新的用法,所以漢武帝時以當時通行的表大盛之義的"敦"用於敦煌的地名也是合情合理的。那麼"敦煌"後來又怎麼會變作"燉煌"呢?原來這也是俗書在作怪。俗書有類化偏旁的傾向(說詳第七章第一節),原本沒有火旁的"敦"因受"煌"字的影響,遂亦類化作"燉",以便在字形結構上與"煌"字取得一致(類化後的"燉煌"看起來便都成了左形右聲結構)。這種寫法的"燉煌"唐代以前已見。如斯1427號《成實論》卷十四題記:"永平四年歲次辛卯七月廿五日,燉煌鎮官經生曹法壽所寫論成訖。""永平"爲後魏宣武帝年號,永平四年相當於公元511年。又斯341號《大樓炭經》卷七題記:"延昌二年歲次癸巳六月□□日,燉煌鎮經生張顯昌所寫經成訖。"又伯2179號《誠實論》卷八題記:"延昌三年歲次甲午六月十四日,燉煌鎮經生帥令狐崇哲於法海寺寫此論成訖竟。""延昌"亦爲後魏宣武帝年號,延昌二年、三年分別爲公元513年、514年。同一時期的碑刻中也有寫作"燉煌"的。如後魏《故寧遠將軍燉煌鎮將元君墓誌銘》:"君諱倪,字世弼,……太和廿一年二月寢疾卒於洛陽照明里宅,蒙贈寧遠將軍燉煌鎮將。"(《漢魏南北朝墓誌集釋》圖版七三)"太和"爲後魏孝文帝年號,"太和廿一年"即公元497年。又《八瓊室金石補正》卷二五載《周驃騎將軍鞏賓墓誌》:"曾祖澄,……乃與燉煌公李保立義歸誠。魏太武皇帝,深加禮辟。"(頁161)誌文作於隋開皇十五年(595)。由此可見,"敦煌"之作"燉煌",至遲六朝時已見其例①。唐代人"敦煌"多作"燉煌","燉"字從

---

① 池田温《中國古代寫本識語集錄》載張虹舊藏吳建衡二年(270)《太上玄元道德經題記》圖版有"建衡二年庚寅五月五日燉煌郡索紞寫已"字樣,這是"燉煌"之"燉"較早出現的例子。但該卷或疑爲僞作,未必可據。又傳世的《史記》《漢書》《三國志》等版刻書籍中"敦煌"亦有寫作"燉煌"的,但這些書屢經後人傳抄翻刻,文字不斷"當代化",未必是原書的本來面貌,故不能據以作爲討論漢代前後用字情況的依據。清許瀚《別雅訂》卷四"尭堯"條下云:"必得石刻方爲確證。版印之書,安知非依唐人寫本爲之。"(頁44)可謂知言之選,有人據《史記》等刻本書籍來討論用於敦煌地名的"敦""燉"的出現先後,自難得出正確的結論。

火,不過是沿用流行已久的類化俗字而已①。

附按:慧琳《一切經音義》卷八九《高僧傳》第一卷音義:"燉煌,上遁魂反,下音皇。《漢書》云:燉煌郡,沙州也,武帝元年分酒泉郡置之也。……《古今正字》燉煌二字並從火,形聲字也。"(頁3413)釋希麟《續一切經音義》卷十《護法沙門法琳別傳》音義引《古今正字》亦云"燉煌""二字並從火,敦、皇皆聲"(頁4042)。近人龍璋輯《小學蒐佚》載唐張戩《古今正字》二卷,慧琳所引蓋即其書。張戩謂"燉煌"二字皆從火,顯然是根據類化後的俗字而言的,并不反映"燉煌"二字的本來面貌。但由此卻可說明,從火的"燉煌"當時流行之廣,以致一般的人已不知"燉"為類化俗字了。

例二十四,敦煌寫本斯2073號《廬山遠公話》,記遠公和尚廬山修道之事。"嚧山"是否就是著名的"廬山"呢?考《玉篇·山部》有"嚧"字,力魚切,山名(頁405),而未明其所在。《廣韻·魚部》力居切小韻下有"廬""嚧"二字,"廬"下云:"山名。《廬山記》云:周威王時有匡俗廬君②,故山取其號。""嚧"下云:"《玉篇》云:山名。"(頁36)權威的《漢語大字典》亦"嚧""廬"分列,當作不同的字處理。《漢語大詞典》未收"嚧"字,但在引例中則把"嚧山"簡化作"岿山"(冊1頁1560"停酸"條下引。而"廬"的簡化字則爲"庐")。看來無論古人還是今人,對於"嚧山"與"廬山"的關係都是不甚了然的。然而"嚧山"實在就是"廬山"。《廬山遠公話》文云:"遠公行經數日,便至江州。巡諸巷陌,歇息數朝,又乃進發。向西行經五十餘里,整行之次,路逢一山,問人曰:此是甚山?鄉人對曰:此是嚧山。"這個江州(今九江)屬下的"嚧山"自然非"廬山"莫屬。文中提到的香爐峰、擲筆峰等等,也和廬山的景觀吻合。事實俱在,無煩贅辯。那麼"廬山"怎麼會寫作"嚧山"呢?這仍與俗書有關。因為"廬"山是山,山名從山,水名從水,普通人的心理莫不如然,加上字與"山"相連,俗書遂換易偏旁寫作"嚧","廬山"便寫作了"嚧山"。《玉篇》雖未明言"嚧"山即"廬"山,但據其音義

---

① 段玉裁《說文解字注》"炖"字下注云:"漢時有敦煌郡……唐時乃作燉煌,見《元和郡縣志》。'燉'乃唐人俗字,非'炖'之異體也。"(頁485)"燉煌"的"燉"與作爲"炖"異體的火盛貌的"燉"不同,段玉裁以之爲"敦"的俗字,我們認爲是正確的。或以爲"敦煌"之"敦"本當作"炖","燉"爲其異體,而"敦"則爲其假借用法(說詳譚世保《燉(炖、敦)煌考釋》一文,載《文史》37輯),不可從。

② "君"當作"居",形近而誤。

來看,可能正是指廬山而言(《玉篇》"廬"字下僅列寄也、屋舍也二義〈頁407〉,可能是以"壚"作爲廬山山名的專字)。《廣韻》等書爲字面所惑,遂分"壚""廬"一山爲二,實屬大謬。

例二十五,《敦煌社會經濟文獻真迹釋錄》第5輯載伯3556號《後周敦煌郡靈修寺闍梨尼張氏戒珠邈真讚并序》云:"闍梨乃蓮府豪宗,葉崏山之瑞彩;清河貴沠(泉按:即"派"俗字),稟落雪之奇姿。"又云:"張公貴子,崏岫膺靈。"(頁180—181)

按:"落雪"句是用才女謝道韞以"未若柳絮因風起"喻落雪的典故,文中寓指尼姑張氏戒珠幼時才智不凡。但文中的"崏山""崏岫"所指云何,則令人費解。查原卷,"崏"字實皆作"崏"形(前一字右上部有一點,當屬抄手誤贅),"崏"可楷定作"崏","崏"又爲"岉"的俗寫(《碑別字新編》頁36載《廣妲神頌》"巫"作"㞞",可參)。同卷載《後周故普光寺法律尼清净戒邈真讚》云:"天資別俊,應世多奇,貌超洛浦之姿,影奪崏山之彩。"其中的"崏"字《敦煌社會經濟文獻真迹釋錄》頁178錄作"岉",是也。但"岉"字《漢語大字典》等大型字書未載,"岉山""岉岫"又是指什麽呢?竊謂"岉"即"巫"的增旁俗字,因"巫"指山,字又與"山""岫"相連,俗遂類化增旁作"岉"①。這和前揭斯2073號寫卷"廬山"之變作"壚山",演變軌迹正同。故所謂"岉山"實即"巫山","岉岫"實即"巫岫"。《龍龕手鏡·山部》:"崏,音无。"(頁73)"无(無)""巫"《廣韻》皆有"武夫切"一音,這個音"无"的"崏",殆亦即"巫"的俗字,可以參證。上揭寫卷的"巫山""巫岫"都是用宋玉《高唐賦·序》的典故:"昔者先王嘗遊高唐,怠而晝寢,夢見一婦人,曰:'妾巫山之女也……'王因幸之,去而辭曰:'妾在巫山之陽,高丘之阻,旦爲朝雲,暮爲行雨,朝朝暮暮,陽臺之下。'"(《全上古三代秦漢三國六朝文》頁73)後世多用巫山之女作爲美女的代稱。上揭寫卷"葉巫山之瑞彩""巫岫膺靈""影奪巫山之彩"云云,正是寓指邈真讚讚主尼姑戒珠和清净戒年輕時狀貌超羣(這其實是一種套語)。釋"崏"爲"巫",適與上下文義密合。不明俗字,則"岉山"成"崏山";辨明俗字,則"岉山"即"巫山"。俗字研究對辨別各種名稱的重要性,於此亦可見其一斑了。

---

① 《碑別字新編》頁36載"巫"之別字《唐趙夫人姚氏墓誌》作"岉",《唐張君夫人秦氏墓誌》又作"婺",皆可資比勘。

七、明時代

　　了解資料的年代，纔能確知資料的史料價值或校勘價值，所以明時代乃是研究工作的基礎。但敦煌卷子大多没有具體的書寫年月，要了解其時代只能通過一些間接的途徑來進行。其中俗字使用情況的研析乃是窺探敦煌寫卷書寫年代的一條重要途徑。

　　我們在前面多次説過，俗字具有時代性。這種時代特徵可以給我們提供卷子書寫時代方面的許多重要信息。如惪（憂）、甦（蘇）、霙（雙）、蛬（蠢）、聖（聖）、覔（覓）、孝（學）等等都是北朝産生的俗字（參看顔之推《顔氏家訓·書證》篇、蘇鶚《蘇氏演義》卷上、孫逢吉《職官分紀》卷十五），如果卷子中有這類俗字，那麽其書寫年代很可能是在北朝以後。再如下面的例子：

　　例二十六，《天津市藝術博物館藏敦煌文獻》61EV 爲"信札"一件。敘録云："晚唐五代寫本。寫於同號《諸星母陀羅尼經》背面。共 7 行，每行字數不等。楷書，墨色稍淡。……鈐有白文方印'周暹'，朱文方印'德化李氏凡將閣珍藏'。"①

　　按：津藝 61 號從 A 至 H 凡 8 紙，均係周暹（叔弢）舊藏，館方和津藝敘録大多已判定爲僞作。上揭信札鈐有"德化李氏凡將閣珍藏"的印章，與另幾件被判定爲僞作者同，殊可懷疑。從用字看，該件也存在作僞的嫌疑。信札云："伏惟阿郎起居萬福，不審近日尊体何似？""体"即"體"的會意俗字。但這種用法的"体"其他敦煌寫本中未見。四部叢刊影印瞿氏鐵琴銅劍樓藏宋刊本《古文苑》（宋紹定壬辰章樵增訂本）卷六《王孫賦》："顔狀類乎老公，軀体似乎小兒。"又四部叢刊影印宋刊本《經進東坡文集事略》（宋乾道間郎曄編）卷三八《賜龍圖閣直學士正議大夫權知開封府吕公孺上表陳乞致仕不允詔》："矧卿体力不衰，髮齒猶壯，遽有引年之請，殊乖圖舊之心。"這是用同"體"的"体"較早出現的例子。宋孫奕《履齋示兒編》卷二二引《藝苑雌黄》及《字譜總論訛字》謂流俗書"體"作"体"，斥爲"全不識字"，説明這個字南宋前後雖已出現但并未得到正式的承認。敦煌寫本確也有"体"字，但并不同"體"，而是從人、本聲的形聲字，用同麤笨的"笨"。斯 2071 號《切韻箋注·混韻》盆本反："体，麁名（兒）。"

---

① 《天津市藝術博物館藏敦煌文獻》第 1 册頁 308，上海古籍出版社 1996 年版。

("名"字從伯 2011 號王仁昫《刊謬補缺切韻》校)斯 329 號《書儀鏡·奉口馬奴婢書》:"馬一匹,某毛色。……願不棄麁体,見垂檢領,即小人願畢。"其中的"体"即麁笨義。津藝 61EV 的抄手把"體"寫作"体",無意中打上了抄者時代的印記,所以這一信札即便不是後人偽造,也決不可能如同津藝敘錄所稱爲"晚唐五代寫本",而只能出於宋代以後人之手。

另外,敦煌寫卷中還有不少因避諱而產生的俗字,這種避諱俗字因其產生的時代特徵比較明顯,所以更是我們考探卷子時代的一種有效手段。如宋張世南《游宦紀聞》卷九云:"世字因唐太宗諱世民,故今牒、葉、棄皆去'世'而從'云'①;漏泄、縲緤又去'世'而從'曳'。'世'之與'云'形相近,與'曳'聲相近。若皆從'云',則'泄'爲'沄'矣,故又從'云'而變爲'曳'也。'民'則易而從'氏','昏'、'愍'、'泯'之類至今猶或從'氏'也。"(頁 52)故或敦煌寫卷中出現這類避諱俗字,則其書寫年代當在唐太宗貞觀以後。下面我們舉一個據避諱俗字考探卷子書寫年代的實例:

例二十七,斯 5478 號爲行書《文心雕龍》殘卷。對該卷的書寫時間,學者們頗多異同之論。如趙萬里認爲"卷中'淵'字、'世'字、'民'字均闕筆,筆勢遒勁,蓋出中唐學士大夫所書"②。姜亮夫據趙説把具體時間推定爲唐宣宗大中七年(853)③。日本學者鈴木虎雄則認爲"蓋係唐末鈔本"④。林其錟、陳鳳金復又以爲很可能出於初唐人手。林、陳二位云:

> 今察此卷,"淵""世""民"皆缺避,而"忠"(唐高宗太子諱忠)、"弘"(高宗太子諱弘)、"照"(武后諱曌)、"顯"(中宗諱顯)、"豫"(代宗諱豫),均不避。《頌讚第九》有"仲治流別","治"唐寫本作"冶"。楊明照校云:"冶"乃"治"之誤。可見,高宗李治諱,亦不改避。"旦"(睿宗諱旦)作"口",史諱有改作"明"而無作"口"之例。從以上事實推斷,此卷書寫時間至遲當不

---

① "棄"字本不從"世",但因其中間部分形近"世",故人們亦避嫌改從古簡體作"弃"(《説文》以"弃"爲古文"棄"字)。宋孫奭《律音義》云:"弃,古棄字,詰利切,唐避太宗諱行焉。今從古。"(頁 10)可參。
② 見《唐寫本文心雕龍殘卷校記》,載《清華學報》第 3 卷第 1 期,1926 年。
③ 見《莫高窟年表》頁 395—396,上海古籍出版社 1985 年版。
④ 見范文瀾《文心雕龍注》卷首所載《鈴木虎雄黃叔琳文心雕龍校勘記》頁 8,人民文學出版社 1962 年版。

晚於開、天之世,有很大可能殆出初唐人手。因此,姜氏、鈴木氏之斷,恐未的確①。

今按:本卷"淵""世""民"等字缺筆,"民"字亦有改作"人"的,其爲避唐高祖、太宗諱殆可無疑。"仲洽"作"仲冶",不能排除爲避諱缺筆的可能性。高宗太子李忠、李弘等人因爲最終并未登上皇帝的寶座,故後來不避諱亦在情理之中。唐武后諱曌,除武后當政時期外,後世一般不避諱。"顯"字該卷皆作"㬎"形,似乎也無諱改的迹象。中宗後繼位者依次爲睿宗旦、玄宗隆基、肅宗亨、代宗豫、德宗适、順宗誦、憲宗純、穆宗恒等等,其中"隆""豫""誦""恒"等字原卷即如此作,顯然不避諱("隆"字見《辨騷第五》"駕豐隆"句;"豫"字見《明詩第六》"《暇豫》優哥〈歌〉"句;"誦"字原作"诵",見《明詩第六》"諷誦舊章"等句,該卷"言"旁多作草書"讠";"恒"字多見);"純"字卷中數見,皆作"純",可能亦與避諱無關("純"右半作"屯"形漢碑已然,參看《隸辨》頁33);"基""亨""适"等字未見。這裏值得討論的是"旦"字作"旵"。該卷"旦"字凡二見,皆寫作"旵"(見《頌讚第九》)。而且"旦"旁亦皆寫作"旵",如"但""怛""暨"所從的"旦"都寫作"旵",沒有例外(分別見《正緯第四》《哀弔第十三》《明詩第六》,"暨"字凡七見,下部皆作"旵")。甚至連與"旦"相近的偏旁也寫作"旵",如《辨騷第五》:"蟬蛻穢濁之中,浮遊塵埃之外,皭然涅而不緇。""涅"字原卷右半作"旵"。這種現象該怎樣來解釋呢?我們認爲最大的可能就是避睿宗諱缺筆。考《册府元龜》卷三《帝王部·名諱》下載唐高宗顯慶五年正月詔曰:

> 孔宣設教,正名爲首;戴聖貽範,嫌名不諱。比見鈔寫古典,至於朕名,或缺其點畫,或隨便改換,恐六籍雅言,會意多爽;九流通義,指事全達,誠非立書之本意。自今以後,繕寫舊典文字,並宜使成,不須隨義改易。(頁36)

陳垣《史諱舉例》第三避諱缺筆例下據碑刻用字認爲避諱缺筆之例實即起於高宗之世(《勵耘書屋叢刻》頁1276)。儘管高宗明令繕寫舊典文字無須避諱,但不諱不爲罪,諱亦不爲非,故其後避諱缺筆之習仍沿用不衰。如《敦煌古籍敍錄》卷一伯2630號《今字尚書》下云:"世字民字基字並缺筆,審其筆迹,似較晚,或出於天寶改字以後。"(頁22)同書卷四伯3592、2823號唐明皇撰《道德

---

① 見《敦煌遺書文心雕龍殘卷集校·前言》,上海書店1991年版。

真經疏》下云:"卷中淵、民、治等諱字,其在經文,必缺末筆,若在疏內,則以諱避之字代之。……然則唐人避諱之例,舊文則缺筆,撰述則採用代字,斯其例矣。"(頁246)可見繕寫古書避諱缺筆,唐代中後期實已成爲通例①。那麼睿宗諱"旦"字有没有缺筆改避的實例呢?且看宋人葉夢得《石林燕語》卷八的一段記載:

  時曁(曁陶,人名)自闕下一畫,蘇(蘇頌)復言字下當從"旦"。此唐避代宗諱,流落(俗)遂誤弗改耳。(頁72)

文中所説的代宗當是睿宗之誤。曁陶書名"曁"字自闕下一橫畫,蘇頌認爲係沿襲唐代避睿宗諱的寫法,可證"旦"字唐代避諱缺筆是有案可稽的。前揭《文心雕龍》寫卷"旦"字或"旦"旁寫作"旦",當是"旦"字避諱缺筆的又一種寫法。因爲"旦"字如果缺末筆,則與"日"字相混無别,那麼最好的解決辦法就是省去"日"旁中間的一橫畫。相應地,"旦"旁避諱缺筆也可寫作"旦"了。"旦"字或"旦"旁寫作"旦",在唐代中後期的敦煌寫卷中經見(五代以後的寫卷也有這種寫法,則是沿襲避諱俗字),當亦與避諱缺筆有關②。這樣看來,前揭《文心雕龍》寫卷當係唐睿宗朝或其以後抄本,而從卷中"隆""豫""恒"等字不缺避及"旦"字或"旦"旁無一例外缺筆的情況來看,尤以睿宗朝書寫的可能性爲大。

  附按:本書草成,偶檢清周廣業《經史避名彙考》(臺北明文書局1981年版),該書卷十六帝王類唐睿宗下云:"唐經典碑帖於旦及但、坦、景、影、曁、亶、宣等字皆日字缺中一畫。"(頁243)拙見正與之暗合。據此,則前揭《文心雕龍》寫卷"旦"及"旦"旁寫作"旦",爲避睿宗諱無疑焉。

  應該注意的是,依據俗字(包括避諱缺筆字)考察卷子的書寫年代必須事先對有關俗字產生、消亡的踪迹有全面的了解,否則便無法得出正確的結論。而且這種方法通常只能確定卷子書寫年代的上限。因爲俗字幾經流傳,爲大衆所認同,便成爲普通字庫中的一分子而爲後人所襲用。如《職官分紀》所稱"自反爲歸"的"皈",《顔氏家訓》所稱"席中加帶"的"廗",大約都是東漢至六朝間產生的俗字。但這種寫法的俗體晚唐五代的敦煌卷子中仍非常流行。有人卻據敦煌寫本《韓朋賦》中有這兩個俗體,而推測其寫定的時間爲"北魏

---

① 參看陳垣《史諱舉例》卷八《唐諱例》,《勵耘書屋叢刻》頁1454。
② 《龍龕手鏡·木部》:"檀,俗;檀,正:徒干反,旃一也。""檀"字寫作"檀",當是唐代避諱寫法的承沿。

或稍後"①,那顯然是靠不住的。據避諱俗字確定寫本的時代也應慎重。儘管某些俗字隨着時間的變化已失去了存在的意義,如"菜(葉)""碟(牒)""洩"等等本是唐代避太宗諱創製的避諱字,但五代、宋初的卷子中這類字仍屢見不鮮(宋代以後亦仍沿用),固不能據之作爲推斷卷子書寫年代下限的依據。又如"圀"(字或作"囻")字,爲武后當政時推行的"國"的會意字,但五代後晉天福九年(944)書寫的伯2187號《破魔變文》題記中也出現了"圀"字(原卷作變體"圀")。宋范成大《桂海虞衡志·雜志》"俗字"條云:"邊遠俗陋,牒訴券約專用土俗書,桂林諸邑皆然。……大理國間有文書至南邊,及商人持其國佛經題識,猶有用圀字者。圀,武后所作國字也。"(《説郛三種》本頁2872)是宋代邊鄙之地猶或沿用"圀"字也。故以俗字考察卷子書寫時代,必須慎之又慎。如果可能,當結合紙張、書法等項作綜合考察,以期能得出較爲可靠的結論。王重民先生在三十多年前評述前代學者對敦煌寫卷的研究時,曾經這樣説過:

  竊謂過去四十年,於文字之疏釋,頗有貢獻,而於寫本年代之推測,則臆説多於實際研究,後有繼者,宜有糾正。(《敦煌古籍敘錄》頁26)

造成這種"臆説"的原因,主要就在於把避諱字作爲推測寫本年代的唯一依據。這方面的教訓,是值得我們記取的。

---

① 見李純良《敦煌本〈韓朋賦〉創作時代考》一文,載《敦煌研究》1989年第1期。該文據敦煌寫本《韓朋賦》的用字、用詞等推測原文創作時代,語多悠謬,不可信。如該文有云:"《韓朋賦》中……低作伍等,也可看出北魏的痕迹。敦煌藏經洞發現并被逯欽立先生考定,收入《全北魏詩》的《老君十六變詞》,其十五變云:'伍頭視地仰看天。'伍即低,前此似未見。敦煌遺書中陸法言《切韻》殘卷有伍無低字。復檢'王二'《切韻》齊韻:'伍,當兮反,低。伍昂。亦作低、伍。'(泉按"王二"當是"王一"之誤。學界通常稱敦煌本〈伯2011號〉王仁昫《刊謬補缺切韻》爲"王一",而稱故官藏宋濂跋本王仁昫《刊謬補缺切韻》爲"王二"。寫卷原文云:"伍,當兮反,伍昂。亦作伍。"李氏錄文多誤)則初唐時伍仍被視作正體,與低並行。《李陵變文》訛作伍。《集韻》有底無低(泉按:此四字疑爲"有低無伍"之誤),從氐得聲字皆作氏,故可斷定晚唐後伍字殆已消失。"按:古書的抄寫時代不等於作品的創作時代,古書一經後人傳抄,其用字往往不能反映創作時代的原貌。李文不對敦煌寫本《老君十六變詞》的抄寫時代加以考證,就武斷地據以把"伍"出現的時代和北魏聯繫在一起,殊非其當。至於李文稱"伍"字晚唐後殆已消失,更屬無稽之談。《龍龕手鏡·人部》云:"低,正;伍,今。"《廣韻·齊韻》:"低,俗作伍。"伯3808號《長興四年(933)中興殿應聖節講經文》:"身遇聖賢高伍相,法契人天深淺根。"此皆晚唐以後"伍"字繼續沿用之證。至於《集韻》不收"伍"字,乃是因爲它已在"氐"字下云"俗作互",故從"互(氐)"旁的俗字則不再收載,該書通例如此。怎麽能據以斷定晚唐後"伍"字殆已消失呢?

第五章 敦煌俗字誤校示例

法國敦煌學家陳祚龍先生在談到前輩學者對敦煌文獻的校理時，曾經發過這樣一番感慨：

> 今後大家對於引用我們的"學人"所發表之有關著述，譬如：劉復的《敦煌掇瑣》、許國霖的《敦煌雜錄》等鉅製，最好先行多予留神識別其中的字句之是否毫無訛脫，次行極力去求洞"解"與善加點斷，末了才作引述和"宣演"，俾證己說之可信與當從！須知"敦煌學"的範圍至大至廣，而即使單講敦煌卷、冊所反映的學問，也是至龐至雜。劉氏刊佈其"掇瑣"，許氏刊佈其"雜錄"，他們固已曾將敦煌古抄原有的文字之差錯，加以"改""正"了不少，但其原本不"錯"不差，然經他們分別隨以一時之高"興"，瞎"改"亂"正"，胡"添"妄"刪"所造成的大"錯"，實際也是……難予枚舉！事實上，就我所審，縱或諸如：向達、陳寅恪、陳垣、鄭振鐸、胡適等那些習用敦煌卷、冊去"宣演"某些中華文史演變的名流、大匠，……（他們的著述中）原由他們個別依據敦煌卷、冊原有文字所造成的"錯"釋與誤"解"，臆測與獨斷，既不是根本沒有，而且亦只是真難謂爲"十全十美"與毫無"補""正"及繼作"新"穎之發現暨發明的餘地。（《關於李唐玄宗御"注"金剛經》，載《敦煌資料考屑》頁493—494）。

平心而論，陳先生的這番話道出了不少敦煌文獻校理之作的通病。造成前人錯釋與誤解的原因，固然是多方面的，但因不明俗字而誤，則是其中最重要的根源之一。在上一章中，我們已經列舉過若干這方面的實例。在這一章中，我們將把敦煌文獻校理中與俗字有關的失誤臚括爲十二例，每例下各舉若干具體的例證加以說明，希望能藉以使人們對敦煌俗字研究的重要意義有更進一步的認識。

一、不明俗字迻録失真例

在一些人的心目中，俗字是"訛火"，是抄手"任意性"的產物，而無規律可言。其實這種看法是片面的。一些俗字確有隨意性强的特點。但就大多數俗體而言，它們是人們在長期的書寫過程中約定俗成的產物，其點畫增損，其偏旁移易，都自有其規律在，有其習慣在。有的人由於對這種規律、習慣缺乏應有的注意，因而每每發生俗字迻録失真的情況。如：

例一，《敦煌社會經濟文獻真迹釋録》第4輯録伯3720號《七言美瓜沙僧獻款詩二首》作者題名："右街千福寺内道場表白兼應制賜紫大德宗蓮。"（頁35）

按：末字字書未載，不可識。查覈寫本原卷，字實作"茝"。這個字不當録作"蓮"，而當楷定作"茝"。"臣"旁俗書或作"𦣝"形。顧藹吉《隸辨》卷六："臣，俗作𦣝，非。"（頁234）李文仲《字鑑》卷一之韻："臣，盈之切，……凡姬、頤、宧、熙、頤、茝之類從臣，偏旁作𦣝，誤。"（頁12）斯388號《正名要録》："熙，和。"即"熙"字，是其例。前揭寫卷"茝"下部的"𦣝"，又是"𦣝"的變體。《正名要録》載"頤"字作"頤"；《碑别字新編》載"姬"字作"姬"（頁85），"熙"字作"熙"（頁248），"頤"字作"頤"（頁341），皆可資比勘。伯2011號《刊謬補缺切韻》上聲海韻："茝，昌紿反，香草。"《龍龕手鏡·草部》："茝，或作；茝，正：音止，香草也。又昌海反。"（頁260）其中的"茝""茝"亦皆爲"茝"的俗寫，更其切證。所以"茝"就是"茝"的俗字。"茝"爲香草名，用於人名亦正合宜。但由於録文者對"臣"旁俗書的演變規律缺乏必要的了解，録"茝"爲"蓮"，嚴重失真，因而原字也就不可辨識了。

例二，同上書第5輯録伯2945號《權知歸義軍節度兵馬留後使某某書狀稿》："竊聆使臣經過貴府，深沐恩私，邀宴賞於紅樓，動經霄（泉按："霄"當校作"宵"）夜；拽𪕨武之金杯，重添玉燭。"（頁327）校録者於"𪕨"字右側標問號，蓋示存疑。

按："𪕨"字字書未載，費解。細審原卷，其字下部并不作"馬"，而是作"鳥"，那麽"𪕨"是什麽字呢？竊謂這個字乃是"鷪"的俗字。"鷪""嬰"一類字上部的雙"貝"俗書往往寫作雙"目"或雙"日"，故"鷪"字俗或書作"鷪"，又書作"鷪"（例見第八章第二節）。據《集韻》，"鷪"爲"鶯"的或體（頁497），但上揭寫卷的"鷪"則當讀作"鸚"，"鷪武"即"鸚鵡"。斯3872號《維摩詰經講經文》："玉爲樓,金作殿,䴎鵡頻迦咸讚歎。"其中的"䴎"亦爲"鸚"字俗寫,"䴎鵡"亦即"鸚鵡",是其切證。不過後例的"鸚鵡"爲鳥名,而前揭伯2945號寫卷的"鸚鵡"則指酒器。伯2714號《十二時》:"鳳凰釵,鸚鵡盞。""鸚鵡盞"亦指酒器而言。校者錄"䴎"爲"罵",字形錄寫既有出入,讀者辨識也就不容易了。我們只有加強俗字的研究,纔能儘可能避免這種"烏焉成馬"的錯誤發生。

例三,《敦煌學海探珠》上册《新校重訂敦煌古鈔釋良价的詩歌與偈子》一文載錄伯3591號《洞山和尚神劍歌》云:"斬邪徒①,蕩妖孽。"原書按云:"妖",祖本作"姃"(頁87)。

按:"妖"字原卷實作"妖",即"妖"的常見俗字。"夭"字或"夭"旁俗書或作"夭"。《干禄字書》:"夭夭:上通下正。"(頁41)伯3286號《十二時》:"孕者生,壽者夭,壯者衰殘小者老。"又云:"罪誰無,要猛決,一懺直教如沃雪。"又伯3128號《望江南》詞:"静難論兵扶社稷,恒將籌略定妖氛。"上舉三例中的"夭"或"夭"旁原卷皆寫作"夭"形,是其證。校者稱前揭伯3591卷的"妖"祖本作"姃",便與寫卷原形大相徑庭了。

例四,《敦煌歌辭總編》卷一《傾杯樂·五陵堪娉》詞:"裙生石榴,血染羅衫子。"原書校云:原本"榴"字作"磂"(頁212)。

按:"磂""榴"形音皆殊,"榴"何以變作"磂",費解。考上詞見載於伯2838號,"磂"字原卷實作"磂",即"磂"字俗書。俗書方口尖口不分(説詳第四章第二節),故"磂"字俗或作"磂"。而"磂"又是"磂"的俗字。《干禄字書》:"畱留:上通下正。"(頁32)伯2991號《張靈俊和尚寫真讚并序》:"乃召良工,丹青繪畱真影。""畱"即"留"的俗字。"留"俗作"畱",故"磂"字俗書右旁從之。不過前揭寫卷的"磂"并非硫黄之"硫"的異體,而是"榴"的類化俗字。"榴"字因與"石"字連用,受其影響,遂類化易旁作"磂"。"榴"字一變作"磂",再變作"磂",三變作"磂",彎子一轉再轉;校者誤錄作"磂",可謂雪上加霜,讀者更無從推知箇中的遞嬗演變了。

二、不明俗字誤錄例

俗字迻錄失真,雖然所錄的字與原卷的字形有出入,但原字的基本框架大

---

① 陳祚龍校云:"斬,古抄作揮。"按:原卷實作"掃"。"掃"字義安,宜據改正。

抵還是保存着的。不明俗字誤録,則所録變成了與原字無關的另一個字。如:

例五,《敦煌學海探珠》上册《新校重訂敦煌古鈔釋良價的詩歌與偈子》一文載斯 2165 號《辭親偈》:"不好浮榮不好儒,願樂空門捨俗徒,煩惱盡時愁火滅,恩情斷處愛河枯。六通戒定香曳引①,一念無生惠力扶。"(頁 89)

按:"香曳引"費解。查原卷,"曳"字本作"𠁼",這個字并非"曳"字,而是"風"的俗體。敦煌寫本中"風"字草書或作"𠁼"形。如斯 1441 號《云謡集雜曲子·破陣子》:"日煖𠁼輕佳景,流鴬似問人。"是其例。又斯 390 號《氾嗣宗和尚邈真讚并序》:"風燈難駐,薤露不停。"斯 1441 號《云謡集雜曲子·洞仙歌》:"恨征人久鎮邊夷,酒醒後多風醋。"其中的"風"字寫卷亦皆作"𠁼"形。後例《敦煌歌辭總編》卷一迻録作"尾",失真。由"𠁼"小變,字又寫作"𠁼"形。如伯 2305 號《解座文匯抄》:"百歲何殊石火光,一生大似𠁼中燭。"斯 4508 號《三歸依》詞:"雙童引,頻伽舞,一回𠁼動向(響)珊珊。"其中的掃描字皆爲"風"字。據此而言,則前揭《辭親偈》的"𠁼"應即"風"字俗寫,殆可無疑。"香風引"與下句"惠力扶"儷偶,意亦密合。伯 3726 號《釋門都法律杜和尚寫真讚》:"香風前引,奔□千僧。"此用"香風前引"一語,可參。校者不察俗字,"𠁼"迻録作"曳",便辭晦而意難安了。

例六,同書下册《中世敦煌釋門弘法文獻之一斑》一文載伯 3405 號《兵賊侵擾》②:"我皇理化,意在安人,望樂業於畿中,静鳶鴂於磧表。"(頁 370)

按:"鴂"字古籍中只用於鴂鴂、子鴂之稱,而不單用,亦不與"鳶"字連屬。查原卷,"鴂"字本作"鴀",實爲"鴟"的俗字。"氐"旁俗書或作"玄",如《龍龕手鏡》載"低""抵""詆""坻""邸"等字的俗體皆有從"玄"旁作的,故"鴟"字俗或書作"鴀"。《龍龕手鏡·鳥部》:"鴀,俗;鴟,正。"(頁 284)《康熙字典·備考》:"鴀,《篇海類編》與鴟同。"(頁 1628)《玉篇·鳥部》:"鴟,鳶屬。"(頁 449)即今常語所謂的老鷹。正因爲"鴟"爲"鳶屬",故可以"鳶鴟"近義連文,文中是以"鳶鴟"比喻作亂的外族。《晉書·吕光載記》:"光下書曰:乾歸狼子野心,前後反覆。朕方東清秦、趙,勒銘會稽,豈令豎子鴟視洮南!"(頁 3060)所喻相當,可以

---

① "通"字原録作"道",校記云:"原本作通。"按:"六通"爲佛教術語,指神境通、天眼通等六種神通之力,文義甚安。原書改作"六道",非是。
② "兵"字原録作"災",誤,兹據原卷改正。

比勘。原書録"鴟"爲"鳩",恐與抄者不明俗字有關。

例七,《敦煌遺書總目索引·斯坦因劫經録》811號《永書》下録文:"比自江東,十六而學,七年茅嶺,三載廬山,被受飢荒……貧不自資,所以求集朱門。"(頁126)

按:"求集朱門"費解。查原卷,"集"字本作"隽",實爲"售"的俗字。如前所説,俗書方口尖口相亂,故"售"字俗或書作"隽"。如斯10號《毛詩傳箋·谷風》:"既阻我德,賈用不隽。"是其例。《干禄字書》:"隽售:上俗,下正。"(頁56)前一字實爲"隽"的變體。《説文新附·口部》:"售,賣去手也。"(頁35)"求售朱門"謂炫己之長於官宦富貴之家以求謀生糊口也。金王若虛《送呂鵬舉赴試序》:"今鵬舉方將求售於春宫,余復默默,無乃負士衡之所教乎?"(《滹南遺老集》卷四四頁十一)亦用"求售"一詞。

例八,《敦煌碑銘讚輯釋》載伯4640號《陰處士碑》:"屬以五色慶雲,分崩帝里;一條毒氣,扇滿幽燕。江邊辭踏於楚歌,隴上痛聞[於]豺叫,梟聲未殲,路絕河西。"(頁34)

按:同書又載伯4638號《大番故敦煌郡莫高窟陰處士公修功德記》,屬同一碑文的不同抄本,其中"梟聲未殲"的"殲"該卷鄭録作"殄"(頁239)。"殲""殄"哪個對呢?查原卷,"殲"字"殄"字原卷實皆作"殀",當爲"殄"的俗字。俗書"参"旁多寫作"尔"形,如《干禄字書》云"珎珍:上通下正"(頁22),是其例。故"殄"字俗或書作"殀"。《五經文字》卷下歹部:"殀,作殄訛。"(頁78)從字形演變的角度來説,"参"旁隸書或作"尒","尔"(後來又作"尔")即"尒"手寫的變體。故"殄"作"殀"乃民間俗寫。張參定作訛體,則是從較正統的角度出發的。同一"殀"字,原書或録作"殄",或録作"殲",皆由不明俗書在作怪。同書又載伯3490號《於當居創造佛剎功德記》:"護法善神,殲除災沴。"又云:"災殃殲滅,邊方無燧火之憂。"(頁529)其中的二"殲"字原卷亦皆作"殀",也正是"殄"的俗字,原書録作"殲",顯然也是錯誤的。又前例"災沴"之"沴"原卷作"沴",爲"沴"的俗字,當録寫作"沴"。又同書載斯4654號《羅通達邈真讚并序》云:"回劍征西,伊吾弥掃。"(頁337)其中的"弥"字原卷作"𢑥",當是"殀"字手書之變。《龍龕手鏡·歹部》:"殀,俗;殄,正。"(頁514)原書録作"弥",恐亦未確。

例九,《敦煌社會經濟文獻真迹釋録》第5輯載録伯3449號《書儀·進謝恩馬狀》:"前件馬,性匪馴良,名非駔駿,輕塵聖德,但切憂惶戰越之至。謹

進。"(頁360)

按:"騀骇"費解。查原卷,"骇"字本作"骇"。竊謂此字當是"駿"手寫的變體,而"駿"則爲"駿"的俗字。"夋"旁俗書往往寫作"夋"形,如"酸""梭""峻"右旁皆有寫作"夋"形的(分別見斯5601號《十恩德》、伯3833號《王梵志詩·我家在何處》、斯2204號《太子讚》),故"駿"俗或作"駿"。伯2945號《權知歸義軍節度兵馬留後使某某書狀稿》:"伏以相公……天遐(假)英□,權謀湧㴲,橫戈而朔漠雲收,卷旗而邯鄲易幟。""㴲"右旁當是"夋(夋)"的變體,可與上例互勘。或録"㴲"作"岈"①,非是。"騀駿"指駿馬。《玉篇·馬部》:"騀,駿馬也。"(頁424)南朝宋顔延年《赭白馬賦》:"惟德動天,神物儀兮;於時騀駿,充階街兮。"(《全上古三代秦漢三國六朝文》頁2634)是其義。前揭《進謝恩馬狀》"性匪馴良,名非騀駿"云云是送馬人謙虚的話。伯2539號《具馬狀》:"右件馬名非騀駺,價異奇□……干瀆台嚴,戰汗交積。"句意相當。校者録"骇"作"骇",録"㴲"作"岈",皆與不明俗字有關。

三、不明俗字臆改例

不明俗字誤録,所録固然有誤,但與原形總還相近,這種失誤往往是"無心而誤"。也有的人因爲不明俗字,便憑臆妄改,以致所録的字與原字的差異不可以道里計了。試看以下四例:

例十,《敦煌學海探珠》下册《新校重訂"齋琬文"》録伯2940號《齋琬文》云:"八述功德:造繡像、織成、鐫石、彩畫、雕鏤、金銅、造幡、造經、造堂、造浮圖。"(頁326)

按:文中的"雕鏤"表面上看起來文從字順,無懈可擊,但一查原卷,問題就出來了:"鏤"字原卷本作"檀",這個字并非"鏤"字,而應是"檀"的俗字。俗書"木"旁與"扌"旁不分。又《干禄字書》云:"亶亶:上俗下正。"(頁39)"亶"旁敦煌寫本中亦多作"亶""亶"等形。如俄弗365號《妙法蓮華經講經文》:"於虚空中雨曼陀羅花,細末堅黑旃檀。""檀"字右旁原卷作"亶",是其例。前揭《齋琬文》的"檀"正是"檀"字俗書手寫的變體("亶"字唐代避睿宗諱,"旦"旁或缺中一畫作"旦",參上第四章第七節)。"檀"蓋爲旃(字又作"栴")檀之略,爲一種

---

① 見《敦煌社會經濟文獻真迹釋録》第5輯頁327。

名貴的香木,佛教徒常用以刻鏤佛像。如唐玄奘《大唐西域記·憍賞彌國》下云:"親觀妙相,彫刻栴檀。""雕檀"當即"彫刻栴檀"的略語。敦煌研究院藏唐聖曆元年(698)《李君莫高窟佛龕碑并序》云:"刻石窮阿育之工,彫檀極優闐之妙。"亦用"彫檀"一詞("雕檀"之"雕"爲"彫"的假借字),足資比勘。原錄《齋琬文》之"檀"爲"鏤",可謂風馬牛而不相及,顯然是想當然的産物。

例十一,同書《中世敦煌釋門弘法文獻之一斑》一文載伯3405號《水旱霜蝗之難》:"霜蝗起陸,因人心而感之。……既霜風早降,致傷西作之苗;霜蝗夏飛,必殞東成之實。……我皇稽顙……願息霜蝗之難。"(頁369—370)

按:上文"霜蝗"先後三見,從字面上看,當是指霜風、蝗蟲二者而言。然中間一例云"霜蝗夏飛",以"夏飛"屬蝗蟲則可,以言霜風則所未安。檢核原卷,"霜蝗夏飛"之"霜"實作"螟",左爲"虫"旁,右半則即"冥"之俗寫(《千禄字書》:"冥冥:上俗下正。"頁31),故原字當是"螟"字。《爾雅·釋蟲》:"食苗心螟。"(頁2640)即吃稻莖髓部的螟蟲。螟蟲、蝗蟲都是對農作物爲害極大的害蟲,故古人常以"螟蝗"連文,以作爲害蟲的代稱。《呂氏春秋·不屈》:"蝗螟農夫得而殺之。"(卷十八頁十四)"螟蝗""蝗螟"一也。原錄作"霜蝗"者,蓋爲不察俗書,因據上下文臆改耳。

例十二,同書《新校重訂"齋琬文"》一文録伯2940號《齋琬文》云:"三敘臨官:刺史、長史、司馬、文書、縣令、縣丞、主簿、縣尉,折衝。"(頁325)

按:"文書"古代通常指文字圖籍、案牘、字據等等,而不用於指稱官名,所以這裏的"文書"雜廁於司馬、縣令等官名之間,頗顯不倫不類。檢核原卷,"文書"實作"六曺"。後一字并非"書"字,而是"曹"的隸變俗字。《干禄字書》:"曺曹:上通下正。"(頁27)《五經文字》卷下曰部:曹,《石經》作曺(頁78)。敦煌寫本中"曹"字也多作此形。如伯3211號《王梵志詩·前人心裏怯》:"前人心裏怯,乾喚愧曺長。"是其例。所以前揭《齋琬文》的"六曺"即六曹。唐詩以州府佐治之官功曹、倉曹、户曹、兵曹、法曹、士曹稱"六曹",其職銜正與上文官銜的序列相合。原録作"文書",顯然也是校録者不察俗字而憑臆改訂的結果。

例十三,《敦煌地理文書彙輯校注》載録斯529號《諸山聖迹志》:"從此東南[行]一千二百里至洪州,……已前鍾令公管理此州時,水陸居人二十萬户,近日殘破,由(猶)有十萬餘户。"(頁271。原録"鍾"字、"由"字有誤,兹徑據寫卷録正)

按：“管”字原卷本作“䇷”，實爲“䈎”的俗字。“咠”旁俗書作“䍃”。《干禄字書》：“絹緝：上俗下正。諸與緝同聲者並準此。”（頁 64）這就是説，凡“咠”旁俗書皆可寫作“䍃”，故“䈎”字俗書作“䇷”。《唐九成宫碑》“葺”字作“䇷”（《碑別字新編》頁 262），是其比。《龍龕手鏡·草部》：“葺，子入反，茨也；又七入反，修補也。”接云：“䇷，七入反，葺累，修補也；又子入反，茨也。”（頁 263）其實“䇷”即“葺”的俗字，行均一分爲二，不妥。“葺理”爲同義連文，“葺”猶“理”也。五代李存勖《南郊赦文》：“到官唯務於追求，在任莫思於葺理。”（《全唐文》卷 105 頁 1076）亦“葺理”連文。是“䇷理”即“葺理”，文義甚安。“䇷”“管”形不近，校者改“䇷”爲“管”，蓋亦不明俗字而臆改耳。

四、不明俗字失校例

校録寫本文獻，理當把俗字別體迻録爲通行正字，或者在校記中加以説明，以便讀者研讀利用。然瀏覽所及，每見寫本俗字別體而今人之整理本仍照録未予録正者。究其緣由，往往與不明俗字有關。例如：

例十四，《敦煌碑銘讃輯釋》載録伯 3556 號《都僧統氾福高和尚邈真讃并序》：“和尚乃生之奇異，母乳而了別莘薰。”（頁 371）又載録同卷《都僧統陳法嚴和尚邈真讃并序》：“星塵永罷，了別薰莘。”（頁 381）又同卷《曹法律尼某乙邈真讃并序》：“辭親割愛，孩乳而不近薰莘。”（頁 387）又云：“薰莘不染，頓棄煩籠。”（同前）

按：上揭各篇皆有“莘薰”或“薰莘”之語。考字書，“莘”字有長貌、衆多等義，顯與文義不合。其實上列“莘”乃是“辛”的俗字。辛是指韭、蔥、蒜、薑等帶刺激氣味的菜，因與“草”相涉，加上又與從草的“薰”連文，俗書遂亦贅草作“莘”。原書照録“莘”字而無説明，殆猶不明其爲“辛”之俗字也。

例十五，同書載録伯 2991 號《張靈俊和尚寫真讃并序》：“韶年割愛，一迼精專。”（頁 324）

按：《廣韻》平聲脂韻處脂切：“迼，走貌。”（頁 23）“一迼”費解。其實文中的“迼”并不當讀處脂切而當讀古定切，即“逕”的俗字。“巠”旁俗書或寫作“至”，如“輕”右旁作“至”（見伯 3633 號《酒賦》），“經”右旁作“至”（見伯 3911 號《望江南》詞），故“逕”字俗或書作“迼”。伯 3350 號《下女詞》脱衣詩：“山頭寶迼甚昌楊，衫子背後雙鳳凰。”北圖成字 96 號《目連變文》：“聖者來於幽迼，行至奈河邊。"伯 3911 號《望江南》詞："今因絶塞暫經過,路迌合通和。"凡此"迌"字皆爲"迡"的俗字,是其證。故前揭伯 2991 號卷子的"一迌"即"一迡"。《類篇·辵部》："迡,直也。"(頁 63)則"一迡"也就是一直,謂持續不斷,切合於文意。原書照録"迌"字,文義便不可解了。

五、不明俗字誤校例

不明俗字誤録,所録者非原字;不明俗字誤校,則所録固不誤,而其誤在校。相對於不明俗字臆改來說,校録者把原來的字形逐録下來,讀者尚能據以推知俗字的根源,這是難能可貴的。例如:

例十六,《敦煌變文集》卷六《秋吟》："相將襪步出蓮宫。"(頁 810)又云:"簾前攏步惹殘香。"(頁 811)

按:本篇見録於伯 3618 卷,其中掃描字與原卷字形基本一致,而《變文集》皆校作"襪"。然"襪步"載籍罕覯,其意費解。其實這兩個掃描字并非"襪"字,而是"换"的俗訛字。木旁扌旁俗書相混無别,故上列二形當以後形作扌旁爲正(前一形左部原卷本作"才"形,當即扌旁)。又"奐"旁俗或書作"戔"一類的形狀。如斯 4511 號《金剛醜女因緣》："宫女侍婢常隨後,使喚東西是大臣。""喚"即"唤"的俗字,是其例。故前揭《秋吟》的兩個掃描字當校録作"换"。不過這"换"又當讀作"緩"。敦煌寫本中"换"字多借用作"緩"。如《敦煌變文集》卷三《下女夫詞》："立客難發遣,展褥鋪錦牀,請君下馬來,模模便相量。"(頁 275)王重民先生校云:"乙卷'模模'作'唤唤'。"(頁 280)按:"模模"於義無取。查原卷伯 3350 號,實作"换="(後字作重文符號),當校録作"换换","换换"與乙卷(斯 5949 號)的"唤唤"亦皆爲"緩緩"的借字,是其證。由于俗字本身又是假借字,彎子一轉再轉,所以要作出正確的校訂確不是一件容易的事。

例十七,《敦煌歌辭總編》卷三王梵志《迴波樂》後附載"問答詩"二組,有云:"沉浮□(五)欲樂,幾許難開解。"(頁 1040)原書於"沉"字下校云:"原作'舩'。"

按:這個字并非"沉"字,而是"躭"字的俗寫。"尤"旁俗書或作"冗"。如《五經文字》卷下水部"沈"字下云:"今人以此字音審,別做沉字,於義無據,亦行之久矣。但經典之文不可不正。"(頁 58)徐鉉校訂《說文》"沈"字下注:"今俗别作沉,冗不成字,非是。"(頁 234)又《龍龕手鏡·耳部》載"耽"通俗作"躭"(頁

313),亦其比。故前揭"躭"當是"躭"字,而"躭"又同"耽"(張參《五經文字》卷中耳部:"耽,德南反,從身訛。"頁50。《玉篇·身部》:"躭,俗耽字。"頁62),沈溺、迷戀之義。從詞義上來說,"躭浮"近似於"沈浮";但從字形上說,"躭""沈"卻毫不相干。原書校"躭"作"沉",得其義卻未得其字。

例十八,《敦煌吐魯番唐代法制文書考釋》載錄伯2754號《麟德安西判集殘卷》云:"高頭、阿龍,久諧琴瑟。昨因貧病,遂阻參商。龍遊蕩子之家,忽悲鸞而獨舞;頭寄(泉按:"寄"後疑脫一"邊"字)隅之徼,恒驚鵲以空栖。事非出於兩情,運以徵於夔意。無夫之媛,不可空擲春霄(泉按:"霄"當讀作"宵");闕妻之男,實是難窮秋夜。"(頁469)文中的"夔"字,原書斷作"隻"的俗字(頁478)。

按:以上是一則鰥夫寡婦再婚的判卷。其中"事非出於兩情"兩句是說鰥夫寡婦之再婚并非出於私情,而是相似的命運使他和她產生了共同的意願。"夔"字與上句"兩"字儷偶,原書定作"隻",頗與上下文意違戾。其實這個字原卷作"夔",乃爲"雙"的俗字。"雙"字俗從"兩隻"作"夔"(六朝已見),又變作"夔"(斯388號《正名要錄》載之)。而上揭判卷的俗字又爲"夔"或"夔"的變體。《魏劉雙周造均塔記》"雙"字作"夔",《碑別字新編》載《齊宋買造像》作"夔",《隋王始興等廿七人造像》作"夔"(頁421),皆可爲校字之證。"雙"與上句"兩"對文同義,文意順適無礙。

六、不明俗字誤錄復誤釋例

不明俗字誤錄,所錄既非原字,文意自然乖違扞格;校者若復據已誤之字改訂立說,強作解人,則其重腊貤謬,亦屬意料中事。如:

例十九,《敦煌文物隨筆·敦煌古鈔"社條"三種》載錄伯3730號《立社條約》"人家若喪亡巡行。各使三件更爲徧贈。便有上駄薦席。"(泉按:"徧"字原卷作"偏",當改正;"巡行"似當屬下讀,"件"字下逗。斯6537號背有本篇的另一抄本,"偏"字同;"有"字作"次〈置〉",義長)原書按云:"此言'三件',殆指向由度量衡所計之物件,或係專指其下文所具之'上駄'(原注:即上等駄騰〈泉按:"騰"當是"騎"字誤植,下同〉,蕃馬也。其毛長者謂之騰)、'薦'(原注:即藁秸,坐卧藉體之具也)、'席'(原注:即莞蒲,亦爲坐卧藉體之具也),亦未可知。"(頁29)

按："上馱薦席"云云與上文義不相屬，令人費解。查原卷，"薦"字本作"*局*"，當爲"局"的俗字。"局"字俗作"局"，又作"局"（見《千祿字書》頁58）。敦煌寫卷又或贅點作"局"或"局"，分別見伯3211號《王梵志詩·當鄉何物貴》、伯3833號《王梵志詩·官職亦須求》等卷。上揭寫卷的"*局*"，則當又爲"局"或"局"的變體，該《立社條約》的另一抄本斯6537號背正作"局"。斯6214號《社司轉帖》："右緣年支春座筵*局*，人各麥、粟、麪……"又伯3883號《孔子項託相問書》："夫子曰：'吾車中有雙陸*局*，共汝博喜（戲）如何？'"其中的掃描字亦皆爲"局"的俗字。後例掃描字另一寫卷伯3882號作"局"，可以比勘。"局席"指宴席，爲唐代俗語詞。斯5939號《社司轉帖》："右緣張都頭先罰*局*席造出，幸請諸公等，帖至限今月十日午時於主人家齊同。"又伯3094號《社司轉帖》："右緣常年春座局席，人各粟壹斜，油半升，幸請諸公等，帖至，限今月十七日卯時於主人家送納。"伯3145號《社司轉帖》："右緣年支春座局席，次至曹保奴家。"其中的"*局*席""局席""局席"皆即"局席"，義同。又"上馱"之"馱"原卷作"*馱*"，另一抄本斯6537號背作"*馱*"，文中當皆是"馱"的俗字（字又作"馱"，《字彙》以"馱"爲"馱"的俗字）。俗書有贅增筆畫的通例（詳第七章第三節），故"馱"字俗或書作"馱"，與指稱蕃馬的"馱騎"的"馱"同形。敦煌卷子中"馱"字多寫作"馱"。如伯3649號《丁巳年（957）賀保定雇工契》："斷作雇價每月壹*馱*，乾濕中亭。"是其例。故所謂"上馱薦席"實當作"上馱局席"。社人入社時，應繳納"三馱"糧食等物品，并請"上馱局席"，纔能成爲正式社員并享受相應權利。斯6005號《立社條約》："應若三*馱*（馱）滿者，再上*局*（局）畢，便任各自取意入名。若三*馱*（馱）滿未上*局*（局）者，不得請贈。"斯6537號《立社條件》："應有追凶格律，若立三*馱*（馱）名目，舉名請贈。若承葬得者合行，亦須勒上*馱*（馱）*局*（局）席。"皆其證。校録者不察俗字，把"上*馱**局*席"誤録爲"上馱薦席"，而又大加發揮，誠可謂郢書而燕説了。

例二十，《敦煌歌辭總論》卷三載録北圖鳥字64號《悉曇頌》："如來衆行等恒沙，融變三千無有差。各各精心勤結跏，東昇西没莫能遮。"原書校記："原本'昇'寫'男'。"（頁1020—1023）

按："男""昇"讀音迥殊，字形也頗不相近，原校校"男"爲"昇"，卻未説明理由，不能使人無疑。其實原卷字本作"*勇*"，實爲"勇"字俗書。伯3375號《歡喜國王緣》："好道理，不思儀（議），記當修行莫*勇*伊。"掃描字亦爲"勇"字，可以比勘("ᄀ"形構件俗書多作"ㄨ"形)。不過"東勇西没"的"勇"又爲"湧"的省旁借音字。由於原文蒙上了一層俗書音借的迷障,從而造成了辨識的困難。任録作"男",校作"昇",顯然都是錯誤的。

　　例二十一,《敦煌文書學》第五章《敦煌文書的抄寫》第一節第三目下云:"功德主僱請寫經生抄寫佛經,其價格的高下,通常視經卷的長短而定。北圖潛字 15 號《大涅槃經》末尾題記云:'……佛弟子清信女令狐陀咒(泉按:"陀"字原卷實作"阿",宜據正)……仰爲亡夫敬寫《大涅槃經》一部,三十弔;《法華經》一部,十弔;《大方廣經》一部,三弔;《藥師經》一部,一弔。冀因此福,願亡夫神遊浄郷……'按《大涅槃經》有四十卷,其價格爲三十弔;《妙法蓮華經》爲七卷,價格十弔。可證寫經的價格,係以卷數字數的多少爲比例。"(頁 156)

　　按:以"弔"作爲貨幣單位,行用於明清之際,而宋元以前未聞。現在敦煌卷子中突然冒出這種用法的"弔",不能令人無疑。查寫卷原文,上揭所謂的"弔"實皆作"丂"形,這個字并非"弔"字,而是"卷"的俗字。"卷"字俗書或省變作"弓""弓""弓"等形,又或變體作"弔"形(説詳第四章第五節)。所以上揭寫卷的"丂"就是"卷"俗字的變體。功德主抄寫佛經時,除注明部數外,通常還標明卷數。如伯 2143 號普泰二年(532)《大智度論》第廿六品題記:"東陽王元榮……敬造《无量壽經》一百部,卅卷爲毗沙門天王……造《摩訶衍》一百弓,卅弓爲毗沙門天王,卅弓爲帝釋天王,卅弓爲梵釋天王。"其中的"弓"字原卷作"丂"形,即"弓"字手寫之變,亦即"卷"字,是其例。前舉北圖潛字 15 號寫卷的"《大涅槃經》一部,三十卷","三十"當據寫卷改正作"卌"。四十卷正是《大涅槃經》的卷數。《大方廣經》蓋指北涼曇無讖譯的《大方廣三戒經》,正是三卷。《藥師經》當是指唐玄奘譯的《藥師瑠璃光如來本願功德經》或隋達摩笈多釋的《佛説藥師如來本願經》,也各是一卷。有問題的是《妙法蓮華經》,該經爲後秦鳩摩羅什所譯,一般爲七卷本(《開元釋教録》載八卷本),但敦煌卷子中則有稱八卷、九卷、十卷的。如北圖列字 11 號爲《妙法蓮華經》卷八(原題),斯 2105 號爲《妙法蓮華經》卷十(亦原題)。又斯 3624 號《三界寺見一切入藏經目録》既有"《妙法蓮花經》一部,七卷,一袟"的記録,又有"《妙法蓮花經》一部,十卷,一袟"的記録。敦研 345 號《三界寺藏内經論目録》也有"《妙法蓮花經》一部,十卷,一袟"的記録。池田温《中國古代寫本識語集録》載日本五島美術館藏《大方等大集經》卷二北魏永熙二年(533)東陽王元太榮題記:"仰爲毗沙門天王敬造《大集》一部十卷,《法華》一部十卷,《維摩》一部三卷,《藥師》一部一卷,合廿四卷。"(頁118)《法華》或即《妙法蓮華經》之略稱,所載也正是十卷,可見當時確有十卷本的《妙法蓮華經》之存在。又晉竺法護譯《正法華經》爲十卷,前揭《法華經》《法華》云云指《正法華經》也不無可能。總之,前舉北圖潛字15號寫卷題記"示"前的"卅""十""三""一"等數字乃指經本卷數而言,"示"即是"卷"俗字,殆可斷言。而校録者不察俗字,"示"既誤辨爲"丏",又進而把它和後世用作貨幣單位的"丏"混爲一談,亦可謂風馬牛不相及了。

七、俗書形近而誤録誤校例

俗書形近包括如下兩種情況:一種是甲字的俗體與乙字的俗體形近,另一種是甲字的俗體與乙字本身形近。儘管甲與乙本是兩個互不相關的字,但由於俗書形近,人們在書寫時有時會趨於同形,後人在辨識時也會發生誤甲爲乙的情況。例如:

例二十二,《敦煌遺書總目索引·斯坦因劫經録》1344號下載録《論鳩摩羅什通韻》:"計經功德,阿僧祇亦不知四大海水可以升量。"①(頁135)

按:文中的"升"字原卷本作"卄",此字并非"升"字,而是"斗"的俗字。"斗"字隸書或作"卄"形,見漢《白石神君碑》《石門頌》等,即許慎《説文解字敍》所斥"人持十爲斗"是也。顧炎武《金石文字記》卷三《贈太師孔宣公碑》下云:"升音陞,卄音斗,……昔人以其文易混,故改卄爲丳,俗作斗。"(該卷頁四—五)上揭寫卷的"卄"即"卄"的變體。斯388號《字樣》:"卄、枓……:已(以)上並從卄。"其中的"卄""卄"皆即"斗"字,"枓"則爲"料"字,可資比勘。《字樣》又云:"卄,正;卄,此勘《説文》《字林》並無,又勘衛宏定《官書》如此作。"伯2011號王仁昫《刊謬補缺切韻》平聲蒸韻:"卄,識承反,十合。""卄""卄"又爲"升"字。無論是"卄"與"升",還是"卄"與"卄""卄",字形都十分接近,校録時稍有不慎,便會發生錯誤。前揭索引迻録"卄"作"升",即其一例。敦煌本《太公家教》云:"凡人不可貌相,海水不可斗量。"可見作"斗"是對的。又同書斯692號《秦婦吟》下録原卷題記:"今日寫書了,合有五斗(升?)米,高代不可得,環(還)是自身災。"校録者"斗"後括號中注"升?"蓋據理校而疑"斗"爲"升"字之誤。

---

① 原書録字多誤,兹據原卷改正。又文中的"阿僧祇"爲梵語音譯,意爲無數,當屬上讀。

其實原卷本作"斗",正是"升"的俗字。這也是因爲"斗""升"俗書形近而疑誤的例子。

例二十三,《敦煌學海探珠》下册《敦煌古鈔"凡節度使新受旌節儀"殘卷校釋》迻錄伯3773號原文云:"左旌右節宣付了,相識天使,便令軍將參天使一件參賀序答。"原書按云:"'一件'殆由'一仟'或'一千'彼此音近而誤。然'一千'復又與'一干'嘗經通借。愚意原詞實當作'一干',義即'軍將'與'天使'也。"(頁261—262)

按:原校過迂,實難信從。檢核原卷,"件"字本作"伴",竊謂此字并非"件"字,而是"伴"的俗寫。《敦煌歌辭總編》卷五《五更轉·七夕相望》:"五個姮娥結綵樓,那個見牽牛。"原書校云:"原本下句'那個'寫'那件'。'那個'句意甚顯。"泉按:所謂"件"字原卷斯1497號本作"伴",竊謂此字亦當爲"伴"字俗寫(伯3418號《王梵志詩·吾死不須哭》:"只願長頭醉,作伴喚劉零。""作"後的字亦爲"伴"字俗寫,是其比)。不過上揭二例的"伴"又皆當讀作"畔"。敦煌寫本每見"伴""畔"通用。《敦煌變文集》卷五《佛說阿彌陀經講經文》:"南邊其形稍黑,北伴(畔)來者體黃。"(頁456)是其例。上揭伯3773號寫卷當於"參天使"後施逗,"一伴(畔)參賀序答"是承上"軍將"而言的。斯1497號寫卷是歌詠怨女求偶,而未能如願。"那伴(畔)見牽牛"即同篇上文"不知牽牛在那邊"之意。以"伴(畔)"字校釋之,原文無不怡然理順。但由於原卷的"伴""件"形近於"件",因而導致了各家校釋的錯誤。

例二十四,《敦煌地理文書彙輯校注》載伯2522號《貞元十道錄》:"霸州,静戎郡。"下轄安信、牙信、保寧、皈(歸)化等四縣。原校:"《舊唐書·地理志》霸州下僅統安信一縣。《新唐書·地理志》:'縣四。安信,下。牙利,中。保寧,中。歸化,中。'疑本卷牙信,皈化二縣名有誤。"(頁148)

按:"皈"即"歸"的俗字(由"皈"變來),敦煌卷子中經見,何"誤"之有?值得討論的是"牙信"一名。考霸州(今四川理縣一帶)唐時爲邊鄙之地,爲吐蕃勢力範圍所及,唐王朝採取綏靖政策,在收復邊地時通常使用一些政治色彩很濃的漢化地名,如上舉安信、歸化、保寧皆是。但"牙信"(或"牙利")一名則頗費解。查寫本原卷,"牙"字實作"牙"。這個字并非"牙"字,而是"互"的俗字。斯388號《字樣》殘卷:"互,正;乎,相承用。"慧琳《一切經音義》卷十一《大寶積經》第二卷音義:"互……經作牙,俗字誤也,非正體字也。"(頁418)敦煌卷子中

"互"字多寫作"手"形。如北8444(成96)號《目連變文》:"天地路殊,久隔**牙**不相見。"是其例。故所謂的"牙信"實當作"互信"。而《新唐書》的"牙利",疑亦當作"互利"("互信"之"信"疑涉"安信"之"信"而誤,或當據《新唐書》作"利")。因爲"手""牙"形近,傳錄翻刻時頗易誤而爲"牙"。宋劉攽《貢父詩話》引劉道原云:"(牙郎)本稱互郎,主互市,唐人書互爲牙(手),因訛爲牙。"(頁8)隋巢元方《諸病源候論》卷十二:"互跪,兩手向後,手掌合地出氣向下。"南京中醫學院校釋:"互,原作'牙',從本書卷三虚勞膝冷養生方導引法改。"(頁1456)《敦煌變文集》卷八《搜神記》王景伯條:"於後吉凶遞牙相追,聞者皆稱異哉。"(頁873,"遞"字原錄誤作"逆",茲據原卷中村139號改正)"牙"字項楚師校作"互"①。斯5700號《某甲養外甥爲男契》:"如若不憑言約,牙生翻悔者,便招五逆之罪。"其中的"牙"亦"手(互)"字俗誤。凡此皆足以證明俗字"手"確有誤錄誤刻作"牙"的。故《新唐書》之"牙利"疑即"互利"俗書之訛。而校者不考俗字,反改敦煌寫卷可信之"**手**"以迎合《新唐書》可疑之"牙",卻又不加以説明,可謂顛倒甚矣。

例二十五,《敦煌社會經濟文獻真迹釋錄》第5輯錄伯3864號《書儀·俵錢去處》:"俵錢去處:中興門、明福門、章善門、銀臺門、興善門,計分四貫文。客省門、通天門、閣門、光政門,計分二貫。九人將軍計分六貫七百文。密院門八人計分一貫八百文。"(頁383)

按:上文"分"字凡四見,查原卷,字皆作"**分**"形。其實這個字并非"分"字,而是"錢"的俗字。敦煌卷子中"錢"字多作此形。如伯3808號《長興四年中興殿應聖節講經文》:"幾家歡樂夢先成,欠負官**分**勾卻名。"又伯3093號《佛説觀彌勒菩薩上生兜率天經講經文》:"喻如進士,爲見宰相身作廟堂,日食萬**分**,遂苦心爲詩作賦。"皆其例。宋孫奕《履齋示兒編》卷二二引《字譜總論訛字》云:"又如顧之顧……錢之**夛**……凡此皆俗書也。"(頁227)但由於"**分**"字後世罕覯,而字形又與"分"(草書或作"**纷**")近,校者遂錄作"分"。斯4571號《維摩詰經講經文》:"贖香**分**減兩三文,買笑銀潘七八挺。"又俄弗365號《妙法蓮華經講經文》:"有**分**財,長富貴,一世不憂多稱意。"其中的掃描字亦皆爲"錢"的俗字。前例《敦煌變文集》錄作"分"(頁539),後例《敦煌變文集補編》錄作"身"

---

① 見《敦煌本句道興〈搜神記〉補校》,文載《敦煌文學叢考》,頁370。

(頁49),亦爲不明俗字而誤錄爲形近的字("身"草書作"🔣",形與"🔣"至近)。

例二十六,同上書第5輯録伯4640號《陰處士碑稿》:"又有弟加珍,九九初生,心中密算;二王舊體,筆下能書。收租寄義於馮煖,請粟恩用於冉子。端然章甫,稱爲南面之臣;束帶立朝,可使諸侯之迎。"(頁75—76)

按:同書所載伯4638號《大番故敦煌郡莫高窟陰處士公修功德記》係上揭碑文的另一抄本,所録文句基本相同(頁221—227)。其中"請粟恩用於冉子"一句頗爲費解。查原卷,"用"字二本皆作"朋"形,實爲"朋"的簡俗字。"朋"字俗體作斜書的"用"字形,我們在第三章第一節已有詳述,這裏不再重複。故所謂"恩用"實當作"恩朋"。不過"恩朋"依然費解,"恩"當又是"思"字之誤。"思""恩"形近易誤,上文第四章第十例已有舉證。"請粟思朋於冉子"典出《論語·雍也》篇:"子華使於齊,冉子爲其母請粟。子曰:與之釜。請益。曰:與之庾。冉子與之粟五秉。"(《十三經注疏》頁2477)即此句所本。"思朋"與上句"寄義"儷偶,指思念冉子那樣的朋友,正與文義密合。考校者不辨俗字,誤"朋"爲形近的"用",則文義不可通矣。

又伯3726號《釋門都法律京兆杜和尚寫真讚》:"謝此濁世,淨土招承;一歸極樂,三界無朋。"伯3633號《西漢金山國張安左生前邈真讚》:"與朋友交,言而守信。"伯3167號《乾寧二年(895)安國寺道場司常秘等牒》"有押衙陳朋=女妙智"題名。上述各卷中斜書的掃描字亦皆爲"朋"字,而《敦煌碑銘讚輯釋》頁221、《敦煌社會經濟文獻真迹釋録》第4輯頁384、頁67分別録作"用""明""明明",亦誤。

八、不明俗字作缺字例

校録古書(尤其是寫本古籍),也許會碰到不能辨識的字。這時應把原字描摹下來,加以說明,讓讀者自己去鑒別。世界之大,一個人的學問畢竟有限;校録者不能識別的字,讀者能夠認識亦未可知。不知蓋闕,古有成訓。如果把自己不能辨識的字視作脫文,甚或徑行刪去,則有乖實事求是之旨。敦煌寫本字多俗訛,辨認不易,校録者不識,或徑以脫文符號表示之。例如:

例二十七,《敦煌遺書總目索引·斯坦因劫經録》526號《武威郡夫人陰氏與某和尚書》:"只爲和尚在此之日,小來如兄如弟,似水似魚,□牙謙慕(泉按:"慕"字原卷作"恭",宜據正),不聞弱事。"(頁210)

按：查原卷，缺字處有一"遞"字，此字當是"遞"的俗字。六朝碑版"遞"字或書作"遞""遞"等形（參看《碑別字新編》頁 307），《龍龕手鏡》又載"遞"通俗作"遞""遞"等形（頁 491）。上揭寫卷的"遞"，不過是"遞"俗書的又一變體而已。斯 2073 號《廬山遠公話》："是時也，春光揚豔，薰色芳菲，淥（綠）柳隨風而婀娜，望雲山而迢遞，覩寒雁之歸忙。"其中的掃描字亦爲"遞"的俗字，可以比勘。不過"遞牙謙恭"文意仍是不明，"牙"當作"互"。查原卷作"牙"，正是"互"的俗字。敦煌卷子中"互"字多從俗作"牙"，說已見上文。慧琳《一切經音義》卷十一《大寶積經》第二卷音義：遞互，經文作"遞牙"，俗字也（據《中華大藏經》影印《高麗藏》本，頁 609）。所錄經本字形與上揭寫卷至近，可資比勘。"遞互謙恭"則怡然理順。校錄者不明俗字，"牙"既誤錄作"牙"，又碰上字書不載的"遞"，字既不識，意復不明，遂徑以脫文符號標識之，所失多矣。

例二十八，同書斯 381 號迻錄《鳴鐘詩》："鳴鐘振響覺羣迷，聲振十方無量度，救（泉按："救"字原錄作"永"，茲據原卷正）拔衆生長夜苦，一切地獄□停□。"（頁 117）

按：前一缺字原卷作"得"，當是"得"的俗書。後一缺字原卷作"酸"，當是"酸"的訛俗字。斯 126 號《父母恩重讚》："弟二臨產是（足）心遽，命如草上霜珠懸。""遽"即"遽"，亦即"酸"的訛俗字，可資比勘。"酸"指苦酸，"停酸"即停息苦酸、苦楚，亦即不再受苦之意。斯 2073 號《廬山遠公話》："三塗地獄，悉（息）苦停酸。"斯 6551 號《佛說阿彌陀經講經文》："更三塗息苦，地獄停酸。"皆"息苦""停酸"互文，"停酸"猶"息苦"也。原錄不察俗字，徑以脫文視之，不覩原卷，讀者便無從推尋其本來面貌了。又按：上詩"酸"字不入韻。考原卷詩末有旁記小字云："上二句正，下二句顛到（倒）。"蓋指後二句當互乙，以"度""苦"爲韻腳字。

例二十九，同書斯 86 號迻錄《淳化二年馬醜女迴施疏》："右件所修，終七已後，並將奉爲亡過三娘子資福，超□幽冥，速得往生兜率内院。"（頁 111）

按：缺字原卷作"拔"，即"拔"的俗字。伯 2066 號《歸去來》："歸去來，見彌陀，今在西方現說法，拔脫衆生出愛河。"斯 5557 號《和菩薩戒文》："罪因罪報罪根心（深），乃被牛頭來拔舌。"其中的掃描字亦皆爲"拔"的俗字，可以比勘。原錄不考俗字，徑以脫文視之，殊非其當。

例三十，同書斯 1441 號迻錄《患難月文》："惟患産乃清貞淑順，婦禮善閑，

智德孤明,母儀□備,遂因往劫福湊,今生感居女質之軀。"(頁137。"乃"字、"閑"字原錄作缺文,此據原卷補)

按:查原卷,缺字本作"物"。竊謂"物"當爲"惣"之訛省,而"惣"則爲"總"的俗字。清吳玉搢比輯、許瀚校勘《別雅訂》卷三云:"惣督,總督也。《梁書·武帝紀》:惣督衆軍。按:《廣韻》:摠,同總。《鄭烈碑》變作'捴';《仲秋下旬碑》變作'捴';隸楷遞嬗,遂成物下著心之字,此爲隸變,蓋不可以六書之理相繩也。"(頁35)"惣"字敦煌卷子中經見。如伯2714號《十二時》:"少誅求,莫奸巧,業報惣猶(由)心所造。"例多不贅舉。前揭斯1441號寫卷則復由"惣"訛省作"物"。伯3716號《王梵志詩·邪淫及妄語》:"邪淫及妄語,知非物勿作。""物"亦"惣"之訛省(伯2718號正作"惣"),是其比。原錄不考俗字,以"物"字義不可通,遂徑作脫文,殆有失實事求是之旨。

九、不明俗字而誤刪例

不明俗字有視爲缺文的,亦有因而誤刪的。試看以下二例:

例三十一,《敦煌學海探珠》下冊《敦煌寫本"九諫書"校詁》載錄伯3399號《九諫書》:"昔大禹譽九功,繇暮九德。"原書按云:"繇上原有'名',然其右旁加作'卜',今即據此而將其刪去。繇音遥,咎(音臯)繇之略也。而咎繇,亦即臯陶(音遥),舜臣也。"(頁211)

按:"名"字原卷伯3399號實作"𠮛",即"咎"的結構變易俗字。"咎"字《説文》本從人,從各,故隸定後既可作"咎",亦可作"𠮛"。故宮藏本王仁昫《刊謬補缺切韻》平聲豪韻古勞反:"𠮛,一繇。"字即作"𠮛"。斯6631號《五更轉兼十二時》:"不著空,不住有,不斷貪嗔不離垢,不見佛僧可取食,若能如此無諍𠮛。"伯2714號《十二時》:"下牀開眼是欺謾,舉意用心皆過𠮛。"其中的掃描字亦皆爲"咎"字。《字彙補·子集拾遺》:"𠮛,咎字之譌。……案:咎字從人從各,各相違,故謂之咎。今從卜,非是。"(頁24)吳任臣所謂的"譌",是着眼於"咎"字的"人"隸變作"卜"而言的。綜上而論,上揭《九諫書》寫卷的"𠮛繇"即咎繇,亦即臯陶,與上句"大禹"儷偶。而校者不察,乃誤辨"𠮛"右側的"卜"爲刪字符號,而其左半又誤錄作"名",徑予刪去;文有未安,復又以省略搪塞之,可謂一誤而再誤了。

例三十二,伯3836號《南歌子》詞:"蠻(漫)畫眉儒柳,虗云(虛匀)劍(臉)

上連(蓮)。知他心在扴阿誰邊。"其中的"扴"字字書不載,爲本詞校釋的一大難點。《敦煌歌辭總編》等徑予刪去。

按:此字當是"於"的類化俗字。漢字經常發生字形內部類化的現象,如"顛"字涉左旁類化作"巔"(見《集韻·先韻》,敦煌寫本中經見),"體"字涉左旁類化作"骵"(見《龍龕手鏡》頁 480),又涉右旁類化作"軆"(見伯 3618 號《秋吟》),"舛"字涉左旁類化作"歽"(見《龍龕手鏡》頁 514),等等,說詳本書第七章第一節。上揭寫卷的"扴"亦當是字形內部類化的結果,當校作"於"。"在於"爲同義連文,"於"猶"在"也。斯 133 號《秋胡變文》:"請娘子片時在於懷抱,未委娘子賜許以不?"伯 3645 號《前漢劉家太子傳》:"其時遂有漢帝丈人王莽在於宮中,見其孫年小,遂設計謀,擬奪帝業。"斯 2073 號《廬山遠公話》:"時有上足弟子雲慶在於高峯之上,望見本師在於寺內,奔走下山,直至大師面前。"皆有"在於"同義連文之例,可爲校字之證。(附按:蔣禮鴻師《〈敦煌曲子詞集〉校議》①云:"'在扴'應作'扴在','扴'是'放'的俗字。《水滸全傳》第七十四回的'劈牌放對',日本《諸錄俗語解》正宗贊卷之一斫牌條作'劈牌扴對',可證。'扴在'兩字中有一個是襯字。"泉按:《諸錄俗語解》"放"寫作"扴",也是字形內部類化的結果。不過"在扴"之"扴"似不如校釋作"於"的類化字爲簡捷明快。)

十、據通行俗體或後世簡化字回改而誤例

宋王觀國《學林》卷十"參"字條下云:"草書法,槮字與參字同形,故晉人書操字皆作撡,今法帖碑本中王操之書皆作撡之。殊不知摻字乃音所咸切,又音所減切。《詩》曰'摻摻女手'是也。……徐鍇博學多識,時有修字官,凡字有從參者,悉改從槮。鍇曰:非可以一例……"(頁 320)"槮"字草書與"參"字同形,故六朝前後"槮"旁俗書多寫從"參";宋代的修字官據此加以回改,把從"參"者悉改從"槮",以致把一些原本從"參"的字也改成了從"槮",犯了一律化的錯誤。在古書的傳刻、校錄工作中,像上舉修字官那樣的人是頗不少見的。下面就舉幾個敦煌文獻校理中據通行俗體或後世簡化字回改而致誤的實例。

例三十三,《英藏敦煌文獻(漢文佛經以外部分)》第 4 卷載斯 2113 號《乾寧三年(896 年)沙州龍興寺上座德勝宕泉勤修功德記》。

---

① 附載於《敦煌變文字義通釋》之末,頁 591。

按：檢寫本原卷，本有標題云："唐沙州龍興寺上座沙門俗姓馬氏香號德勝宕泉刱修功德記。"文云："遂捨房資，於北大像南邊刱造新龕一所。"其中的掃描字并非"勤"字，而是"刱"的訛俗字。"刱"字《説文》從井、刅聲，或省筆作"刱"和"剏"。伯 2991 號《敦煌社人平拙子等宕泉建窟功德記》："乃於兹地，刱建一龕。"斯 4860 號《創建伽藍功德記并序》："今欲卜買勝地，刱置伽藍。"伯 3564 號《莫高窟功德記》："子僧政願清、法律道琳等……於宜秋本莊上刱建浮圖一所。"其中的掃描字皆爲"刱"字俗省，是其例。"刱"或其俗寫進而又有訛變作"刬"形的，如斯 5638 號《諸雜文・佛堂文》："厥月（今）則有坐前清信施主，先因種善，今世增［加］，頓悟苦空，刱成佛刹，啓陽（揚）設供諸（之）福會也。"其中的掃描字即"刱"字訛省。"刱"猶"創"。《王一・漾韵》："創，初亮反，始。正作刱。"《集韻・漾韻》："刱，通作創。"（頁 1235）就創建而言，"刱"爲《説文》本字，"創"則爲假借字。上揭寫卷的"刱""剏"或"刬"即是用"刱"的本義。但由於《第二次漢字簡化方案（草案）》（1977 年 12 月 20 日試用，1986 年 9 月廢止）以"刬"爲"勤"的簡化字，《英藏》編者受其影響，誤以上揭寫本中的"刬"亦爲"勤"的簡俗字，遂加以回改，造成疏誤。

例三十四，《敦煌變文集》卷六《目連變文》："善男善女是何人，共行幽逕没災迍。"（頁 759）末字字書不載，艱於識解。蔣禮鴻師謂是"迍"字俗誤①。

按：蔣校甚是。查原卷（北圖成字 96 號），其字實作"迍"，爲"迍"手寫之小變，"迍"則即"迍"的俗字。《龍龕手鏡》以"迍"爲"迍"的今字（頁 490）。伯 3697 號《捉季布傳文》："若得片雲遮頂上，楚將投來總安存。唯有季布鍾離末，火炙油煎未是迍。"斯 381 號《十二娘祭婆婆文》："（婆婆）久染時疾，醫藥不詮（痊），何禍來迍，我兮無依。"其中的"迍"亦皆"迍"的俗字。後例《敦煌遺書總目索引》録作"造"（頁 117），臆改不可從。由於"屯"形與"長"的草書"长"相似，所以"屯"偶有變體寫作"长"形的，如斯 6551 號《佛説阿彌陀經講經文》："（無量壽國）无有女人，純是男子。"次句首字爲"純"的俗字②，是其例。但"屯"旁絶不能據以楷定作"長"。而《敦煌變文集》的校録者不達於此，誤以"迍"裏邊的部分

---

① 見《敦煌變文字義通釋》附録二《〈敦煌變文集〉校記録略》，頁 572。
② 《敦煌變文集》據啓功説校作"總"（頁 475），非是。參見《敦煌變文字義通釋》附録二《〈敦煌變文集〉校記録略》（頁 572）。

爲“長”的草書而加以回改，以致與原字愈趨愈遠了。

例三十五，斯6032號《王梵志詩·天下浮逃人》：“天下浮逃人，不啻多一半。”其中的“多”字伯3418卷作“乡”，有人説是“鄉”字①。

按：這個字并非“鄉”字，而是“多”的俗字。敦煌寫本中“多”字常寫作此形。如伯3418號《王梵志詩·出家多種果》：“出家乡種果，花蘂競來新。……後園乡桃李，花盛亂迎春。……努力勤心種，乡留與後人。”又斯5569號《十空讚》：“造化世間乡少事，古往今來也是空。”斯3872號《維摩詰經講經文》：“使卻幾乡江海水，定應不得離塵埃。”凡此“乡”字皆爲“多”字俗書。至於“鄉”字作“乡”，乃是近幾十年間纔行用的簡化字（保留原字的左半），而清代以前所未聞。然校者不察，以致把“多”的俗字“乡”和“鄉”的簡化字混而一之，遂鑄其誤。

例三十六，《敦煌碑銘讚輯釋》載伯4615號《索崇恩和尚修功德記》：“（前殘）對元戎而揟鞭；性逸巢游，倚繩牀而不待。”（頁286）

按：“揟”字字書有濾水、取魚二義，均與文義不合。查原卷，上揭記文“揟”字作“捐”，竊謂此“捐”并非“揟”的俗字，而是“揖”的俗字。“胥”和“咠”俗書皆可書作“肙”。《干禄字書》：“肙胥：上通下正。”（頁18）《隸辨》卷五：“《説文》‘緝’從‘咠’，碑變作‘肙’。”（頁191）但“捐”通常只是“揖”的俗字（“揟”字載籍罕用）。《顔氏家訓·書證》篇云俗書“揖下無耳”，即指“捐”而言。伯3718號《府君憂道邈真讚并序》：“寬弘得衆，捐讓長時。”斯2630號《唐太宗入冥記》：“崔子玉覓官心切，便索紙祇捐。”凡此“捐”皆爲“揖”的俗字。伯4615卷“捐”亦正當校釋作“揖”。而校者不察，乃據“胥”俗字作“肙”之例，回改作“揟”，以致義不可通。

例三十七，《敦煌社會經濟文獻真迹釋録》第2輯載録伯3813號《唐判集》：“我皇鳳跱龍旋，天臨日鏡，掩八紘而頓綱，籠萬代以翔英。”（頁602）又云：“父既貪榮顯職，已犯朝章；子又規免王傜，更羅刑綱。”（頁608）

按：上揭例句中“綱”字凡二見，查原卷，字皆作“䋄”。其實這個字并非“綱”字，而是“網”的俗字。“網”字古本作“网”，或增加聲旁作“罔”（從网，亡聲），而“网”字古或作“冈”（源於甲骨文“”），亦作“⿵冂又”。故宫藏本王仁昫

① 見《王梵志詩校輯》頁175，中華書局1983年版。

《刊謬補缺切韻》上聲養韻："罔,亦作冈。"(《唐五代韻書集存》頁 484)《龍龕手鏡·冈部》："冈,俗;罔,正。"(頁 329)上揭伯 3813 號判集寫卷："瞻言聖善,彌悽冈極之心。"又斯 390 號《氾嗣宗和尚邈真讚并序》："運如弦之真(直),濟潤黎民;行平等之心,高低冈閒。""冈""冈"皆即"罔"字。或錄"冈"爲"同"字①,大謬。"罔"旁俗書亦或寫作"冈"或"冈",故"網"字俗作"綱",又作"綱"。上揭伯 3813 號寫卷又云:"輕犯湯羅,自挂吞舟之綱。"又《貞松堂藏西陲秘籍叢殘》影印敦煌寫本《文殊問疾佛曲》云:"六通(道)每朝興教綱,三塗長日救輪迴。""綱""綱"皆即"網"字。《敦煌零拾》錄後例"綱"爲"綱"(《羅雪堂先生全集》三編册七頁 2490),亦誤。《龍龕手鏡·糸部》:"綱,音冈,一罟也。"(頁 399)注文"冈"爲"罔"的俗字,而"綱"則爲"網"的俗字。至於"岡"字或"岡"旁俗書作"冈",明代以前未聞,當是清代以後的事②。校錄者習見於近世流行的"岡"的簡體"冈",因據以把敦煌卷子中的"綱"或"綱"回改爲"綱",同樣是犯了以今例古的錯誤。

十一、因俗體誤二字爲一字或一字爲二字例

古籍中有誤二字爲一字的,也有誤一字爲二字的,其中有些與俗字有關。例如:

例三十八,《敦煌學海探珠》上册《校訂釋無名的〈無名歌〉》載錄《無名歌》云:"君覓城外空牆匡(泉按:"匡"字原錄誤作"迫",兹據寫卷正),將軍祇是栽花竹。"原書校云:"覓,甲本、乙本並作覔。"(頁 82)

按:上詩僅見於甲(伯 3620)、乙(伯 3812)二卷,所謂的"覔"字甲、乙卷實皆作"不見"二字(參圖 13、14)。由於寫卷是直行抄錄,而"覓"字俗書又作"覔",原錄遂誤合二字爲一字。《敦煌變文集》卷六《大目乾連冥間救母變文》:"但且歌,但且樂,人命由由(悠悠)如轉燭,何覓天堂受快樂,唯聞地獄罪人多。"(頁 740)該書校記云:"甲卷'何覓'作'不見'。"(頁 752)按:此當以甲卷作"不見"爲是("不見"與下句"唯聞"儷偶)。原卷(斯 2614 號)作"何覓"者,蓋"不見"二字

---

① 見《敦煌碑銘讚輯釋》頁 510。
② 《宋元以來俗字譜》"崗"字下載清初刊《目連記彈詞》作"岗",或許清代初葉前後"岡"俗書已有簡寫作"冈"之例。

誤合爲“覔”，復贅“何”字以湊成七字以足句耳。周祖謨先生《唐五代韻書集存》下册影印《唐寫本唐韻》去聲代韻烏代反：“僾，隱也。《詩》云：僾而覔。”（頁657）其中的“覔”也是“不見”二字之誤合，可資比勘。

圖 13　伯 3620《無名歌》

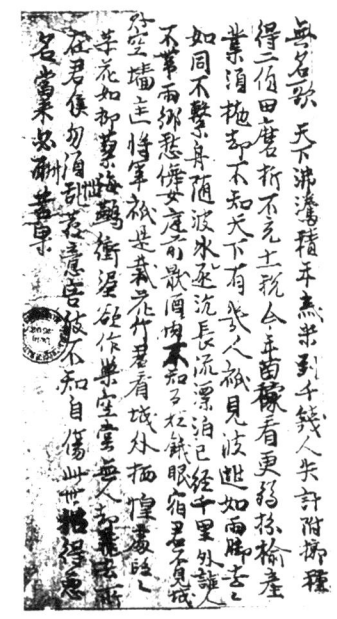

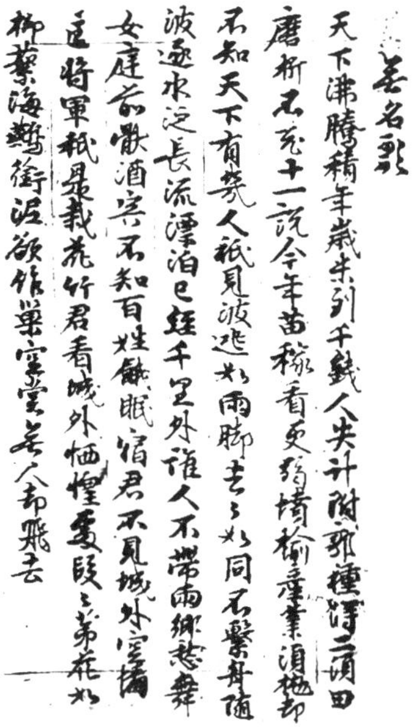

無名歌
天下沸騰積年歲米到千錢人失計附郭種得二頃田
磨折不充十一稅今年苗稼看更弱枌榆產業須抛卻
不知天下有幾人只見波逃如雨腳去去如同不繫舟隨
波逐水泛長流漂泊已經千里外誰人不帶兩鄉愁舞
女庭前厭酒肉不知百姓饑眠宿君不見城外空牆
匡將軍只是栽花竹君看城外恓惶處段段茅花如
柳絮海燕銜泥欲作巢空堂無人卻飛去

圖 14　伯 3812《無名歌》

交兒河覔處船[illegible]

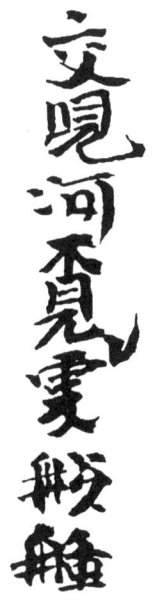

圖 15　伯 3910《張騫壹曲歌》局部

無獨有偶，“覔”字又有因俗書而誤分爲“不見”二字的。《敦煌學海探珠》上册《敦煌古鈔中世詩歌一續》載録伯 3910 號《張騫壹西歌》（泉按：“西”當作“曲”）：“狀似遠道苦征遼，水深千丈而難度（泉按：“度”字陳校作“鏖”，未確）。交河不見渡船艇，織女啼哭莫抱槽。”原書於“交河”一句下按云：“此句，原本作‘交見河不見雯船艇’，且在‘見’之右上角作有一與其上字倒轉符號‘√’。”（頁 177）按：如圖 15 所示，此句原本實作“交兒河覔處船[illegible]”，其中“兒”字“處”字原卷從俗作，原録作“見”和“雯”，誤；“河”字當作“何”，敦煌寫本中此二字通用；末字俟考。又原卷在“覔”和“處”之間（右側）有一鉤形乙轉符號，故二字當互乙；而“覔”則就是“覓”的俗字。據此，上句當作“交兒河（何）處覓船[illegible]（？）”。原録稱原本作“交見河不見雯船艇”，“不見”二字顯係“覔”字之誤分。

又《敦煌社會經濟文獻真迹釋録》第 5 輯載録斯 1438 號背《沙州狀》：“右件

賊,今月十一日四更,驀囡①大城,入子城,煞卻監使判咄等數人。……城中縱有所由,忙怕藏避。某見事急,遂走投龍興寺,不見蕃大德,告報相將,逐便迴避。"(頁320)按:末三句語意不明,殊感生硬。查原卷,"不見"二字實只作一"覓"字,即"覓"的俗字,故原文當讀作:某見事急,遂走投龍興寺,覓蕃大德告報,相將逐便迴避。這也是因不察俗書而誤"覓"爲"不見"二字的。

例三十九,《敦煌變文集》卷八《孝子傳》:"(舜)上語父曰:'井泥已盡,可以縈(索求)出我。'"(頁901)

按:"可以"後的字原卷(伯2621號)實作"素",即"索"字。《干祿字書》:"素索:上俗下正。"(頁62)"可以索出我"是說可用繩索把我從井中拉上去,文義甚安。原校作"索求"二字,非是。

例四十,《敦煌碑銘讚輯釋》載錄伯2991號《敦煌社人平咄子等宕泉建窟功德記》:"乃於茲地,創建一龕。華飾儼然,粉繪將畢,門臨月窟,以危山咢而當軒戶,枕仙巖而靈縱並秀。"(頁327)

按:"山咢"二字原卷實作一"崿"字。《正字通·山部》:"崿,山峯。崿,同。""崿"實即"崿"的俗字。原錄作"山咢",誤一字爲二字。附按:上文後三句當讀作:"門臨月窟,以危崿而當軒;戶枕仙巖,而靈蹤("蹤"字原錄誤"縱")並秀。"次句"而"字疑衍。

例四十一,《敦煌歌辭總編》卷一《洞仙歌·戍客流浪》:"悲雁隨陽,解引秋光,寒蛩響夜夜堪傷。"(頁157)上辭見載於甲(斯1441號),乙(羅振玉《敦煌零拾》)二本。原書校記云:甲本"寒"作"它=",乙本作"它它"。又云:"二本'寒'字均訛爲'它它',緣晉《十七帖》'積雪凝寒'之'寒'作'㝉',《雲謠集》祖本用之,裔本不求甚解,化一字爲二。斯本然,伯本亦然,皆化爲二字而潘書強縮斯本之'='(重文符號)於'它'字腳下,合爲一字,主觀加工如此,不符原本原狀。"(頁158)

按:"潘書"指潘重規先生的《敦煌雲謠集雜曲子新書》。潘先生認爲乙本(《敦煌零拾》)就是甲本的過錄本,任先生則認爲乙本係據某巴黎本迻錄。我們認爲潘說是正確的(這一問題較爲複雜,這裏不能展開討論)。這也就是說,

---

① 原卷無"突"字,校者據文意臆補。按:"驀"爲越義,"驀大城,入子城"文意甚安,"突"字不當補。

斯 1441 卷就是上辭唯一的底本。其中的"寒"字底卷作"𡨄",上下部分間略有間隔,任先生認爲是抄手誤"𡨄"爲"它="二字(下字作重文符號),潘先生則以爲原卷本即作"𡨄"一字,從原卷看(圖 16),所謂"它"字明顯只占半個字的位置,潘先生的判斷應該是正確的,所謂"𡨄"實即"寒"的草書楷化俗字。伯 2845 號劉商《胡笳十八拍》之十七:"行過胡天千萬里,唯見𡨄砂朔風起。""𡨄"亦"寒"字,伯 3812 卷正作"寒"字。又伯 3556 號《賈僧正清和尚邈影讚并序》:"五夜六時,精煉豈疲[於]𡨄煖。""𡨄煖"即"寒煖","𡨄"亦"寒"字。羅振玉《敦煌零拾》迻錄前揭斯 1441 號寫卷的"𡨄"字作"它它"二字,乃是不明俗字而誤。任先生謂底卷"𡨄"下部的兩小點爲重文符號,那是不符合"原本原狀"的。

圖 16 斯 1441《洞仙歌》

　　例四十二,《敦煌碁經箋證》載斯 5574 號《碁經·勢用篇第三》:"戲中之雅翫,上下之彌佳,妙理無窮,此之謂也。"(頁 38,又頁 154)

　　按:"上下之彌佳"費解,查原卷"上下"本作"卡"。竊謂原文并非"上下"二字,而是"弄"的俗字。斯 388 號《正名要錄》"正行者楷,腳注稍訛"類"弄"字下腳注"卡"。"卡"即"弄"的會意俗字。"弄之彌佳"文義順適。由於原卷"卡"字中間稍有間隔,校録者不明俗字,遂分爲"上下"二字,意不可通。《世説新語·規箴》:"王緒、王國寶相爲脣齒,並上下權要。"(頁 316)"上下"唐寫本作"卡",亦即"弄"字,諸刊本誤分爲"上下"二字①,適可與上例互勘。

　　例四十三,《敦煌社會經濟文獻真迹釋録》第 5 輯載録斯 5402 號《歸義軍時期百姓薛延俊等申請判憑狀》:"伏乞台慈,照非分欺憨劫少,不致右等違察,鐺婢儻直,高低平均處判,伏乞不吝神毫,特賜處分。"(頁 3)

　　按:這段話費解,當有脱誤。疑"照"字下脱"察"字,"照察"屬上讀;"憨"當作"誠","劫"當作"幼"。又"右等"二字原卷作"𦍋",實爲"辜"的俗字。《龍龕手鏡·古部》:"𦍋,俗;辜,正。"(頁 339)俗書"古"字或"古"旁上部的豎畫多作撇勢,故"辜"字俗書又變作"𦍋"形。如伯 2418 號《父母恩重經講經文》:"不念二

---

① 參看徐震堮《世説新語校箋》頁 316。

親恩養力,厚僥棄背也唱將來。"又云:"尊親共語,應對違情,拗眼烈(捩)睛,不知恩義。此者並是厚恩負德五逆之人。"例多不贅舉。故前揭斯 5402 號寫卷的"辛"實爲"辜"的俗字,"辜違"連文,其後的"察"則當屬下讀。校錄者不察俗字,乃竟誤"辛"爲"右等"二字,以致文義不可通矣。

十二、以後起字校改古代本字例

前輩學者陳垣先生在談到古籍的校勘整理時,曾經這樣説過:"翻刻古籍,與翻譯古籍不同,非不得已,不以後起字易前代字,所以存其真也。"(《元典章校補釋例》頁 43)敦煌卷子湮埋一千多年,未經後代校刻竄亂,保存着唐五代寫本、刻本的原貌,其中用詞用字,與後世出入很大。今兹校錄,理當儘量尊重原卷的風格特點,以存古本之真。然而令人遺憾的是,校錄者每每喜用後起字改易古代本字,致失古本原貌。例如:

例四十四,《敦煌歌辭總編》卷三載斯 5588 號《求因果》:"累經著棒更賠錢,漸漸輭如綿。"(頁 882)

按:"賠"字不見於《玉篇》《類篇》等書,唐、宋以前古籍中"賠"義多作"陪"或"備"。如白居易《長慶集》卷五十《判題》:"甲牛觚乙馬死,請償馬價。甲云:'在放牧處相觚,請陪半價。'"(該卷頁十一)《唐律疏議》卷十五:"價不減者,謂元直絹十匹,雖有殺傷,評價不減,仍直十匹,止得笞三十罪,無所陪償。"(該卷頁十一)此作"陪"者。《敦煌漢簡》1036 簡:"具守御器弩折傷……皆不應薄(簿)記到,以所舉見吏備償從可。"《敦煌社會經濟文獻真迹釋錄》第 2 輯載《唐開元二十五年(737)律疏——雜律疏殘卷》:"諸棄毀亡失及誤毀官私器物者,各備償。"(頁 529)《資治通鑑·漢安帝永寧元年》:"北虜遂遣責諸國,備其逋租。"胡三省注:"備,償也。"(頁 1604)此作"備"者。又有"陪備"連文者。如《吐魯番出土文書》第七册《唐永徽三年(652)賢德失馬陪徵牒》:"□月廿九日,在羣夜放,遂馬匹闌失,□被府符徵馬。今買得前件馬,付主領訖。……賢德失馬,符令陪備。"(頁 26)又《唐律疏議》卷五:"問曰:貿易官物,復以本物卻還,或本物已費,別將新物相替,如此悔過,得免罪否?答曰:……若其非官本物,更以新物替之,雖復私自陪備,貿易之罪仍在。"(該卷頁十二)是其例。考《説文·自部》:"陪,重土也。一曰滿也。一曰陪臣,陪,備也。"(據徐鍇《説文解字繫傳》頁 276)陪、備之義爲增益,爲具備,引申之則可指賠償。至於"賠"字,當爲"陪"或"備"的後起俗字①。明王志堅《表異錄》卷十一:"高歡立法,盜私家十備五,盜官物十備三。……備音裴,償補也。今作賠。"(頁 105)《字彙·貝部》:"賠,古無此字,俗音裴,作賠補之字。"(頁 466)以前一般認爲"賠"字的出現時在元、明之際②。而現在敦煌歌辭中出現了"賠"字,那其年代不是應該大大向前推進了嗎?然而事實并非如此。查寫本原卷,"賠"實作"陪",即"賠"的古本字。校者以今例古,臆改"陪"爲"賠",卻又不出校說明,不睹寫卷真迹,幾疑唐代前後已有此"賠"字矣。

例四十五,同書卷六《十二時·普勸四衆依教修行》:"鳳凰釵,鸚鵡盞,枕盞妝函金花鈿,搬將送與別人家,任你耶娘賣家產。"(頁 1636)原校:三本"搬"皆寫"般"(頁 1641)。

按:上辭見於伯 2054、伯 2714、伯 3087 號三卷,"搬"字三卷皆作"般"。考"搬"字古本作"般"。《廣韻·桓韻》:"般,般運。"(頁 77)敦煌卷子中搬運字皆作"般"③。如《敦煌變文集》卷五《降魔變文》:"應時便開庫藏,般出紫磨黃金。"(頁 370)《敦煌變文論文錄》附錄《佛報恩經講經文》:"依時集士如雲赴,繼日般財似蟻旋。"(頁 828)皆其例。至於"搬"字,宋元以後始見載籍應用,乃爲"般"的增旁俗字。是"般"古而"搬"俗,校者改"般"爲"搬",誠屬多事。

此外如"睛"字,古本作"精";"陡"(陡峭、陡然)字,古本作"斗";"穩"(安穩)字,古字作"隱"或"㥯";"燃"字,古本作"然";"第"(次第)字,古本作"弟";"睬"字,古本作"采"或"採",等等,敦煌卷子多用古字,可謂得其本真;而校者以今例古,乃多改從今體,實在是多此一舉。

---

① 李榮先生認爲"賠"字是從"陪"字分化出來的,說見《文字問題》頁 64,商務印書館 1987 年版。
② "賠"字明代小說刻本中已常見,但仍有用"陪"的,說明當時由"陪"或"備"到"賠"的轉變尚未完成。
③ 浙敦 69 號《佛教禪宗文稿》有"搬"字:"一相無相太分明,只在當人一念中。十二時中勤搬用,超出生死涅槃門。"但該卷筆者認爲并非敦煌寫本,而應是宋元之間的寫本。《浙藏敦煌文獻》敘錄定爲"唐寫本",不可從。參看拙作《敦煌寫本辨僞研究——基於字形分析角度的考察》,載《文史》2003 年第 4 期,第 222—239 頁。

第六章　敦煌俗字的類型

敦煌卷子字多俗別,這是每一個接觸過這些卷子的人都會産生的深切體會。這些俗字別體,形體無定,繁簡不一,初觀乍視,確乎是"訛火"燎原,一片混亂,竟至學界有"抵制訛火"之議①。情況之嚴重,於此可以想見。然而,當我們透過那表面的"混亂",冷靜地給予全面的、理性的觀察,就會發現事實并非如此。俗字作爲一種約定俗成的書寫符號,書手的"任意性"不能不受到文字社會性的制約。表面上似乎雜亂無章的俗寫文字能夠進入流通領域,能夠被社會所認同,自亦應有它的根源,有它的條理。根據我們的觀察,敦煌俗字大抵可以歸納爲如下幾種類型:

一、偏旁增減

漢字的偏旁包括表意和表聲的兩大類,增減偏旁形成的俗字主要與表意的偏旁的增減有關,表聲的偏旁增減的情況敦煌卷子中比較少見。下面分別加以討論:

(一) 增加表意的偏旁

增加表意的偏旁,主要是爲了顯化原字的意義。就敦煌俗字而言,大約有以下三種情況:

1. 增加表意的偏旁以指示類屬

有的字本身是象形字或會意字、形聲字,字形本身已經反映了相關的意義,即清王筠《説文釋例》所説"字有不須偏旁而義已足者"(頁327)。但俚俗爲使字的類屬更加明確,往往添加一個表意的偏旁,形成

---

① 參看《敦煌歌辭總編》頁60。

俗字。陸德明《經典釋文序録》所批評的"飛禽即須安鳥,水族便應著魚,蟲屬要作虫旁,草類皆從兩中"(頁3),指的就是這種情況。例如:

【鎠】

伯2943號《學道十二時》:"日迭(昳)未,識性如鎠沸。"《敦煌變文集》卷一《李陵變文》:"魚遊(游)鎠中,鷰巢幕下。"(頁89)按:"鎠"即"鼎"的增旁俗字①。據近人馬衡先生研究,"鼎"本象形字,象三足兩耳碩腹之形②。但從字形本身反映不出鼎的質地,於是俗書便添加一個金旁,以指示鼎與金屬有關。

【鷰 鶟】

《敦煌變文集》卷三有《鷰子賦》兩種,敘燕、雀爭巢故事。"鷰子"即燕子,這不存在什麽疑問。但"燕"爲什麽寫作"鷰",一般人恐怕是不大清楚的。本來"燕"是一個"籋口、布翄、枝尾"的象形字(《説文·燕部》頁245),但因爲"燕"是禽鳥之屬,"飛禽即須安鳥",於是俚俗便增加鳥旁寫作"鷰"或"鶟"。《干禄字書》:"鶟燕:上通,下正。"(頁53)伯2011號王仁昫《刊謬補缺切韻·霰韻》:"燕,乙鳥,或作鶟。按《説文》燕會、燕子字並單作,後加……鳥,通。"上條所舉《李陵變文》"燕"亦寫作"鶟"。又《集韻·霰韻》:燕,或從鳥作鷰(頁1170)。後來"鷰"字又省去中間象"枝尾"的四點,便成了"鷰"。《廣韻·霰韻》:"燕,《説文》云:玄鳥也。鷰,俗,今通用。"(頁315)敦煌卷子"燕"字多作"鷰"或"鶟",可見這類增旁俗體唐代前後便已相當流行了。

2. 增加表意的偏旁以顯化意符

有的字本身已有表意的偏旁,但由於隸變、楷化等原因,原有的意符不夠顯豁,於是俚俗便再加上一個表意的偏旁,形成俗字。例如:

【燶】

伯2193號《目連緣起》:"其中受罪之人,一日万生万死。或刀山劍樹。或

---

① 陳直《古器物文字叢考·西安高窑村出土西漢銅器銘考釋》:"十一號鼎銘有:'昆陽乘輿銅鎠一。'……鼎字繁文作'鎠',亦見漢汝陰侯鼎。"文載《文史考古論叢》頁515,天津古籍出版社1988年版。據此,則西漢時已見繁化的"鎠"。
② 見《凡將齋金石叢稿·中國金石學概要》,中華書局1977年版,第7頁。

鐵犁耕舌……或抱銅柱,身體燋然爛壞。"其中的"燋"即"焦"的俗字①。《干禄字書》云:"燋焦:焦爛字上通下正。"(頁26)從字形上看,"焦"本從火得義,但隸變以後,火旁寫作了四點,於義不顯,俚俗便再增加一個火旁作"燋",實際上便成了從兩個火的俗字。唐李匡乂(文)《資暇集》卷中"俗字"條下云:"焦下已有火,今復更加一火,剩也。"(頁16)即是指"燋"而言。

【崛】

《敦煌變文集》卷五《佛說阿彌陀經講經文》:"負一錫以西來,途經數載。製三衣於沙磧,遠達崑崛(崙)。"(頁460)本篇的校錄者王慶菽先生校"崛"爲"崙",又在校記中引啟功先生"疑即'崙'字或'崗'字"(頁477)。看來校者最終還是選擇了前者。其實"崗"字是對的。原卷(斯6551號)字本作"崛",即"崗"字。"崗"字本作"岡",從山,网聲,爲形聲字。但楷定以後,原來的形聲結構已不太明顯,於是俚俗便贅加山旁寫作"崗"或"崛"。《集韻·唐韻》:"岡,俗作崗。"(頁475)《字彙補·山部》:"崛,與岡同。"(頁69)俗書山旁與"止"相亂②,於是"崛"又進而寫作了"崛"。

3. 另增表意的偏旁以明確字義

有的字本身有表意的偏旁,但隨着字義的引申,產生了一些其他的意義,這些新產生的意義,與原字的意符往往沒有直接的聯繫,於是俚俗便增加一個表意的偏旁以指示後起的意義,從而形成俗字。如伯2011號《刊謬補缺切韻·昔韻》:"嫡,嫁。此從女,傷俗。單作典要。""適"本爲往義,引申指女子出嫁,俚俗遂增女旁作"嫡",以明確這一後起之義。又如:

【孋】

斯1441號《浣溪沙》詞:"孋景紅顏越衆希,素胸連(蓮)臉柳眉低。"伯3286號《十二時》:"潘岳容,石崇富,美孋西施并洛浦。""孋"又爲"孋"字異寫。按《集韻·霽韻》:"孋,美也。"(頁1043)此字與"麗"同屬郎計切小韻,其實就是

---

① 《說文·火部》:"燋,所以然持火也。从火,焦聲。"(頁481)這個"燋"和作爲"焦"俗字的"燋"同形異字。
② 伯2133號《金剛般若波羅蜜經講經文》:"直須剩轉金剛教,般若無過遍數多。""剛"爲"剛"字,其左下部的"止"亦由"山"訛變而來,可參。

"麗"的俗字。"麗"本是從鹿、丽聲的形聲字,意爲儷偶、耦行等,引申爲美麗之義後,原有表意的偏旁很難體現這一新的意義,於是俚俗便另增一個表意的女旁,庶幾可謂形副其實了。

【嬪】
伯2838號《內家嬌》詞:"兩眼如刀,渾身似玉,風流第一佳人。及時衣著,梳頭京樣,素嬪豔孃情(青)春。"又同卷《傾杯樂》詞:"觀豔嬪語軟言輕,玉釵墜(綴)素綰烏雲髻。"按:"嬪"即"質"的增旁俗字。"質"本從貝從所會意(或謂係從貝、所聲。參段玉裁《說文解字注》,頁281),但上揭詞句中是指女子的麗質、稟性,爲引申義,原有的意符反映不出這一意蘊,俚俗遂增女旁寫作了"嬪"。

也有些增加表意的偏旁是爲了明確本義,區別引申義。如伯2011號《刊謬補缺切韻·仙韻》:"然,是。燃,燒。上然從火已是燒;更加火,非,同'梁'加'木',失。"燃燒的"然"加"火"作"燃",除了顯化意符的作用外,主要是爲了明確本義,區別引申義。伯3545號《燃燈文》:"燃今某公乃於新年上律,肇歲加晨(嘉辰),建炬輪於寶坊,然惠(慧)燈於金地。"其中首字"燃"按理應作"然",而末句"然"則用同"燃",這是因爲當時"然""燃"的分化尚未完成導致的用字的混亂。

(二) 省略表意的偏旁

增加表意的偏旁是爲了明確字義,省略表意的偏旁則是爲了方便書寫。省略表意的偏旁往往與表意構件不止一個的字有關。有的字本身是由兩個或兩個以上的意符組成的,俗書或省略其一,形成俗字。例如:

【琛】
伯2133號《金剛般若波羅蜜經講經文》:"若人滿三千大千世界七琛以用布施。"又云:"施琛能招多快樂,官職尊崇次第榮。"按:"琛"爲"寶"的俗字。《說文》"寶"字從宀、從王、從貝,缶聲(頁151)。俗書或作"寳",從宀、珎("珍"的俗字,宋以後多作"琛")、貝會意。《干祿字書》:"寳寶:上通,下正。"(頁42)上揭寫卷作"琛",則又由"寳"省略意符"貝"而來。

附記:1994年4月10日《光明日報》第五版載豐子愷的漫畫《阿琛赤膊》,"琛""琛"一字異寫,亦即"寶"字,可見這個字後來仍在社會上流傳。

【羿】

伯 2553 號《王昭君變文》："妾死若留故地羿,臨時請報漢王知。"《漢語大字典》第 1 册卄部"羿"字音項(二)zàng 下引此例,云"'葬'的訛字"(頁 516)。其實"羿"即"葬"的省旁俗字。"葬"本是從"死"在"茻"中,"茻"從四"屮",俗書省略其二,不是仍從"艸"嗎? 所以省旁後的"羿"仍是會意字,并未背離六書的造字原則。《漢語大字典》定作訛字,那是不恰當的。其實這種寫法的"葬"《隋元公墓誌》已見,《宋蘇适墓誌》又變作"癸"(據《碑别字新編》頁 261 至 262:比較"從日在茻中"的"莫"下部的"大"由"艸"隸變所致),真可謂源遠而流長了。

只有一個意符的形聲字如果省略意符,會發生與聲符所代表的字同形的情況。如斯 2056 號《捉季布傳文》："遂喚上將鍾离末,各將輕騎後隨身。"其中的"鍾离未"伯 3697 號作"鍾離末",《史記·淮陰侯列傳》作"鍾離昧","离"就是"離"的省形存聲字。宋元以後的一些通俗刻本"離"字多省作"离"(參看《宋元以來俗字譜》頁 103)。這種省形存聲字,與其說是借音字,不如說是省形俗字更爲切當。

(三) 省略表聲的偏旁

通過增減表聲的偏旁形成的俗字殊不多見,這裏舉兩個省略聲旁的例子:

【宝】

伯 3808 號《長興四年中興殿應聖節講經文》："如來頭宝冠而足蓮花,言懸河而心巨海。"斯 4571 號《維摩詰經講經文》："競捧瑠璃宝,齊擎龍腦香。"其中的"宝""寳"皆爲"寶"的俗字。宋孫奕《履齋示兒編》卷二二引《字譜總論訛字》云:"……寶之宝……醉之酔,凡此皆俗書也。"(頁 227)①我們在上文說過,"寶"本是從宀、王(玉)、貝會意,缶聲("缶"亦表意)。俗字作"宝"或"寳",則省略了聲旁及一個表意的構件,變成了會意字。

【聴】

伯 3065 號《太子入山修道讚》："二更夜月明,音樂堪人聴。"按:"聴"爲"聽"的省筆字,而"聽"又爲"聽"的俗字②。《說文·耳部》:"聽,聆也。從耳、

---

① 《漢語大字典》"宝"字下云:"'寶'的簡化字。"(頁 917)既無書證,亦無例證。
② 省"壬"的"聽"《孔宙碑》已見,《隸辨》卷四云:"碑復省壬,今俗因之。"(頁 155)

恳,壬聲。"(頁250)段玉裁注:"耳恳者,耳有所得也。"(頁592)俗書作"聼"或"聴",則存形而省聲,也成了會意字。

有些俗字并不把整個聲旁省去,而只是省去聲旁的一部分,如"譬"俗作"辟"(見斯3872號《維摩詰經講經文》等卷)、"嘗"作"甞"(由"甞"變來,"甞"見伯2565號《南陽張延綬別傳》等卷,"甞"見伯2544號《酒賦》等卷),等等。這種情況,和《說文解字》所謂的"省聲"的現象相似。

二、偏旁改换

通過改換偏旁形成的俗字可以分爲改換表意的偏旁和改換表聲的偏旁兩類,現分論如下:

(一) 改换表意的偏旁

改换表意的偏旁有以下幾種類型:

1. 意近換用

漢字的許多偏旁,其含義是相同的或相近的,這類意近的偏旁,俗書常常換用,從而形成一大批俗字。例如:

【崫　窟】

伯4625號《五臺山讚》:"南臺崫裏甚可憎,裏許多饒羅漢僧。""崫"所從的"屈"旁原卷上部有一點,爲俗書贅點字(比較同卷下文"金剛窟裏蜜流泉",原卷"窟"字"屈"旁上也加了一點);北圖鹹字18號此字作"宭"。按:"崫""宭"皆爲"窟"的換旁俗字。"穴""宀"義近("穴"從"宀"得義),而"穴"又往往與山有關,於是"窟"字俗書遂換旁寫作"崫"或"宭"。

【姊】

伯2714號《十二時》:"因茲直到姊涅槃,洗滌身心交(教)净潔。"按:"姊"即"佛"。書手易"人"爲"女",大概也與這兩個偏旁意近有關。

【閛】

斯1891號《孔子家語》卷十:"是故大夫之罪,其在五刑之域者,聞有譴發,則白冠氂纓,盤水加劍,造乎闁而自請罪。"按《龍龕手鏡·門部》:"闁,俗,音非,正作扉,户一也。""造乎闁而自請罪"即登門請罪之義。"門""户"義近,故"扉"或換旁作"闁"。今本《孔子家語》"闁"作"闕",疑屬後人所改;或據以改敦煌本的"闁"爲"闕",非是。

此外如骨與身、豸與犭、月(肉)與西、耳與身、耒與禾、足與辵、口與言、鳥與隹、米與禾、支與攴、缶與瓦、亻與彳、衣與糹、宀與冖、氵與冫、广與厂等等,這些偏旁相互之間都有這樣那樣的共同點,所以敦煌寫卷亦多換用。

2. 形近換用

有些偏旁,相互間在意義上并没有什麽共同之處,只是因爲形體相近,俗書也常常換用。張守節《史記正義·論字例》所説的"泰、恭從小,匱、匠從走(辵)",唐釋雲公《大般涅槃經音義序》(載慧琳《一切經音義》卷二五)所説的"挑、桃渾於手、木,悵、帳亂於心、巾",指的就是這種情況。又如下面的例子:

【致】

《敦煌文物隨筆·敦煌古鈔碑銘五種》載録伯2482號《陰善雄墓誌銘并序》:"立功終始兮方當大用,天何不順兮降此傾離。"(頁77)原書校記謂"降"字原卷作"阪"(頁89)。按:原卷實作"致",此字既非"阪",更非"降",而是"致"字俗書。"致"字《説文》右旁從"攵",因形與"反"近,俗書遂有寫作"反"形者。斯276號《靈州龍興寺白草院史和尚因緣記》:"直臣致死,烈士亡軀。"伯4638號《曹良才邈真讚并序》:"前僉大務,廉正如弦;後超都將,不致人怨。"伯2991號《敦煌社人平詘子等宕泉建窟功德記》:"所以大雄流教,廣誘於郡(羣)迷;化度有情,致蒼生於壽域。"其中的掃描字皆爲"致"的俗字。俗書"變"字"雙"字下部或作"反"形①,亦爲偏旁形近換用,可以比勘。

【牝壯】

斯4654號《薩訶上人寄錫雁閣留題并序》:"金鞍月角,懸控牝壯之宮。"其中的掃描字或校録作"牝壯"②,恐怕只對了一半。我們認爲應是"牝牡"二字的

---

① 伯2482號《羅盈達邈真讚并序》:"盛績雙彰,殊勳克著。"原卷"雙"字下部即作"反"。另參《碑別字新編》頁421、469"雙"字和"變"字下所載別字。
② 見《敦煌碑銘讚輯釋》頁334。

俗書(後字右半即"士"的加點字,俗書"土"字或"土"旁多加一點,以別於"士")。"丬"旁"牛"旁俗書皆或寫作"𠂇"形。前者如"將"作"将"①,後者如"特"作"𣘸"②。由"𠂇"回改,既可作"丬",又可作"牛";加上"牛""丬"原本形近,所以俗書"丬"旁"牛"旁也常換用。前揭寫卷"牝牡"寫作"牝牡",正其一例③。斯 388 號《字樣》殘卷"牝牡"寫作"牝牡",可資比勘。四部叢刊續編影宋刊本《龍龕手鏡·人部》"仡"字下云:"許乞反,牡貌。又語乞反,牡勇也。"(頁 13)其中的"牡"又爲"壯"的俗字④,可以互勘。寫到這裏,我們想到山東刻本《金石錄》後序"壯月朔"誤作"牡丹朔"的事,顯然也是導源於俗書"壯""牡"不分,顧炎武以爲出於刻者臆改⑤,恐非盡然。

敦煌卷子中表意的偏旁因形近而換用,較爲常見的有:礻作衤、巾作忄、忄作忄、木作扌、匚作辶、力作刀、瓜作爪、丬作牛、夊及夂作反、山作止或止作山、口作厶或厶作口,等等。

3. 改旁便寫

有些字俗書改換表意的偏旁可能主要是爲了書寫的方便。如敦煌卷子中"鬥"旁大抵寫作"門"旁,"竹"旁大抵寫作"艹"旁,大概都與書寫的簡便有關。上文提到的俗書"木"作"扌""丬"作"牛",可能也與方便書寫有關。下面舉一個例子:

【捛】

伯 3595 號《蘇武李陵執別詞》:"幽澗冰生,鴻鳴逐捛。"末字爲"旅"的俗字。斯 388 號《正名要錄》"字形雖別,音義是同,古而典者居上,今而要者居下"類以"捛"爲"旅"的"今而要者"。《干祿字書》:"捛旅:上俗下正。"(頁 36)《龍龕手鏡·手部》:"指捛,二俗;捛,正:音呂,師一也。與旅字同。"(頁 212)"旅"字改

---

① 伯 2011 號《刊謬補缺切韻·陽韻》:"將,通俗作将。"
② 伯 2991 號《報恩寺吉祥窟記》:"特達資身,恭謙立志。"原卷"特"字左旁作"𠂇"。
③ 楊雄《太玄·攡》:"牝牡羣貞,以攡吉凶。"范望注:"貞,正也。陰爲牝,陽爲牡。陰陽牝牡,萬物化生,各得其正,故曰羣貞,以張吉凶之事也。"(卷七頁六)寫卷"懸控牝牡之宫"蓋取義於此。
④ 參看《碑別字新編》頁 34"壯"字下所載別字。宋郭忠恕《佩觿》卷上稱俚俗以"牝牡之'牡'爲'壯'"(頁 23),可見俗書"壯"確已混同於"牡"。
⑤ 顧說見《日知錄》卷十八頁 1377。

"方"旁爲"扌"或"才",當俱與改旁便寫有關。斯 328 號《伍子胥變文》又有從木旁的"㮕"("獨立窮舟〈洲〉旅岸"的"旅"原卷作此形),當又係從扌旁變化而來。

4. 因事物的質地發生變化或觀察的角度不同而換用

時代的發展,物質文化生活的改變或提高,往往會在語言文字上留下深深的烙印。俗文字表意偏旁的改換,有時也是因爲受時代因素的影響。例如:

【帋】

伯 3697 號《捉季布傳文》:"典倉牒帋而吮筆,便呈字勢似崩雲。"按《太平御覽》卷六〇五引王隱《晉書》云:"魏太和六年,博士河間張揖上《古今字詁(詰)》,其巾部:紙,今也(世)其字從巾。古之素帛,依舊(書)長短,隨事截絹,枚數重沓,即名幡紙,字從系(糸),此形聲也。後和帝元興中中常侍蔡倫以故布擣剉作紙,故字從巾。是其聲雖同,系(糸)、巾爲殊,不得言古紙爲今紙。"(頁 2724。"世"字據周密《齊東野語》卷十"絹紙"條所引校改。)上揭寫卷"紙"字作"帋",就是這種變化的反映。敦煌卷子中"紙"又或作"縪"①,則是把"紙""帋"熔爲一爐了。

【笔】

斯 388 號《正名要録》"字形雖別,音義是同,古而典者居上,今而要者居下"類:笔筆。案:"笔""筆"二字的位置應互乙。"筆"早於"笔"。《説文·聿部》:"聿,所以書也。楚謂之聿,吳謂之不律,燕謂之弗。"又云:"筆,秦謂之筆。从聿从竹。"(頁 65)"筆"字從竹從聿會意。古蓋削竹爲筆,故其字從竹。後世筆尖用毛(《莊子·田子方》有"舐筆和墨"之語,這個"筆"當即是指毛筆。據認爲新石器時代和商代已開始使用毛筆),故俗書易"聿"爲"毛",變成了從竹從毛的會意字。這也是物質質地的變化導致字形變化的實例。又按:上揭寫卷所載"笔"爲"笔"字之早見者,《漢語大字典》"笔"下引《集韻》的書證,失之於晚。附按:或謂"筆"本指毛筆,從竹就竹管而言;"聿"(篆文作"肃")像手持筆形,其下散開者即指毛筆頭而言。可備一説。

---

① 伯 4638 號《右軍衛十將使孔公浮圖功德銘并序》、伯 3211 號《王梵志詩·父母生男女》、伯 2305 號《解座文彙抄》皆有用例。

人們對文字理解的不同,或者說觀察事物角度的差異,也是導致俗書改換表意偏旁的原因之一。例如:

【奻】

斯 388 號《正名要錄》"正行者正體,腳注譌俗"類"婦"下腳注"奻"。按:《說文·女部》:"婦,服也。从女持帚,灑掃也。"(頁 259)這就是說,手持掃帚掃地的女人就是"婦",這反映了古人對"婦"的看法。敦煌俗字作"奻",則是從女人會意,這是從另一種角度觀察而造成的會意俗字。《廣雅·釋親》:"男子謂之丈夫,女子謂之婦人。"(頁 202)可作爲"奻"的注腳。

5. 因字義引申而換用

由於時地的變遷,許多漢字在本義的基礎上産生了引申義,爲準確地反映這種新的意義,有時俚俗會通過改換表意偏旁的方式來加以調整。例如:

【峒】

伯 3821 號《謁金門》詞:"長伏(服)氣,住在蓬萊山裏。緑竹桃花碧溪水,峒中常晚起。"斯 2607 號《臨江仙》詞:"不處囂塵千萬年,我於此峒求仙。"按《集韻·送韻》:"峒,山穴。通作洞。"這一音義的"峒",其實就是"洞"的換旁俗字。"洞"本指疾流,故其字從水;後多指洞穴,因洞穴多與山有關,於是俚俗便改易偏旁寫作"峒"。

6. 改表意的偏旁爲表聲的偏旁

這種情況通常發生在會意字上。會意字大抵是會合兩個或兩個以上表意的偏旁以成一字之義,俗書或改其中的一個表意的偏旁爲表聲的偏旁,從而變會意字爲形聲字。如敦煌卷子中"豚"常寫作"肫"。伯 3724 號《王梵志詩·富饒田舍兒》:"牛羊共成羣,滿圈養肫子。"斯 388 號《正名要錄》"字形雖別,音義是同,古而典居上,今而要者居下"類,"豚"下"今而要者"爲"肫"。可見"肫"是當時流行的俗字。據《說文》,"豚"本是從肉從豕會意,俗書作"肫",則變成了從肉、乇(即"屯"字俗書)聲的形聲字。又如:

【燌】

《敦煌變文集》卷一《李陵變文》："魚遊鑊中，燕巢幕下，鼎燌魚爛，幕動巢傾。"（頁 89）按："燌"即"焚"字。《說文·火部》："焚，燒田也。从火、林。"（據段玉裁注本，頁 484）慧琳《一切經音義》卷五十《攝大乘論釋》第八卷音義："焚，《説文》：燒田也，從火從林。"（頁 1990）同書卷二七《妙法蓮華經·譬喻品》音義："焚，《廣雅》：焚，燒田也。字從火燒林意。古文作炃、燌二形，同。"（頁 1065）"焚"本是從火、林的會意字，俗寫作"燌"，則成了從火、賁聲的形聲字（《集韻·文韻》"賁"字有符分切一音，與"焚"同音）。"燌"字不見於《説文》，今本《玉篇》及《廣韻》始載録之，並云同"焚"（頁 391、65）；《集韻》云"焚"或作"燌"（頁 270），當是六朝前後產生的俗字。慧琳以爲"古文"，不確。

形聲字的形旁偶爾也會發生被一個形近的聲旁所替代的情形。這是由於字形的演變，原來的形聲結構變得模糊起來；或者由於語音的變化，原有的聲旁失去了表音作用，使得人們從原來的字形上看不出表聲的偏旁，於是便改原字的形旁爲聲旁，從而形成了實際上是"二聲"的俗字。前一種情況如"曼"俗寫爲"昺"（《説文》云"曼"從冒聲）①，後一種情況如"恥"俗寫作"耻"（《説文》"恥"從耳聲）②。"昺""耻"都是敦煌卷子中常見的俗字。

（二）改換表聲的偏旁

改換表聲的偏旁也有五種類型：

1. 音近換用

敦煌卷子中不少俗字是聲旁同音或近音改換的結果，如下面的例子：

【蕳】

《敦煌變文集》卷四《降魔變文》："六師聞請佛來住，心生忿怒，頰悵（脹）③蕳（嘶）高，雙眉斗豎。"（頁 374）原校"蕳"爲"嘶"，《漢語大字典》第 8 册補遺據以定作"'嘶'的訛字"（頁 27）。但根據原文"悵"（泉按：當作"脹"）"高"皆爲動詞，而與"頰"相應的"蕳"則應是名詞纔是，所以我們認爲"蕳"當是"顋"的聲旁

---

① "曼""万"古同音，參看錢大昕《十駕齋養新録》卷二"曼"字條，頁 33。
② 伯 2011 號《刊謬補缺切韻·止韻》："恥，俗作耻。""止""恥"音近。參看李榮《文字問題》頁 40，裘錫圭《文字學概要》頁 15。
③ "悵"當讀作"脹"。原校作"漲"，非是。

改換俗字①。"腮"從"思"得聲,而"斯""思"讀音至近(僅韻母微殊)。民間識字多據聲旁(即"秀才識字讀半邊"是也),所以儘管"斯""腮"讀音有一定區别("斯""思"皆止攝字,"腮"則蟹攝字),仍可換易聲旁把"腮"寫作"撕"。伯2122號《維摩詰經押座文》②:"我見即今釋迦土,地平如掌寶天宫,隨其心净見如思,不是如來土不净,自是本心心垢重,隨其心垢見丘陵。"其中的"思"爲"斯"的借音字,可證"思""斯"當時讀音確實非常接近。

有必要指出,判斷音同或音近必須根據俗字所産生的那個時代來加以考察。就敦煌卷子來説,唐五代前後的西北方音就是我們考慮問題的出發點。如斯4332號《别仙子》詞:"此時牟樣,算來是,秋天月。"掃描字爲"牟"的俗寫,而"牟"則就是"模"的改换聲旁俗字。初觀乍視,"牟"與"模"或"莫"雖則聲母相同(同屬明紐),而韻母則有較大的距離("牟"《廣韻》平聲尤韻字,流攝;"模"《廣韻》平聲模韻字,遇攝)。但唐五代西北方音尤、侯、幽等韻唇音字讀如虞、模二韻③,所以"牟"字當時的實際讀音和"模"或"莫"趨於相同。斯4511號《醜女緣起》:"女緣前生貌不敷,每看恰似獸頭牟。"其中的"牟"蔣禮鴻師校讀作"模"④,可證"牟"的讀音與"模"或"莫"的確相同或相近。據此,則"模"字俗書改换聲旁作"牟"便不難理解了。

2. 改换聲旁以求更確切地反映字音

形聲字的聲旁是表音的。但時有古今,音有轉移,有的形聲字的聲旁逐漸和它所代表的字音拉開了距離,這時俗書往往用更换聲旁的方式另造新字,以求聲旁重新與字音取得一致。例如"搗"字(見斯76號《食療本草》等卷。又斯617號《俗務要名林·田農部》:"搗,杵舂。都老反。")是唐代前後產生的俗字(由"擣"變來,"擣"字至遲六朝碑刻中已見),它是在其正字"擣"的聲旁"壽"不能代表實際語音的情況下用更换聲旁的方式創造出來的。又如下面的例子:

【輩】

"輩"的俗字。伯4660號《故敦煌陰處士邈真贊并序》:"雖弱冠從戎,頗彰

---

① 項楚師《敦煌變文選注》謂"撕"當作"腮"(頁536),極是。
② 《敦煌變文集》卷五載此文,擬題作《維摩詰經講經文》,不確。
③ 參看張金泉《變文假借字譜》,載《杭州大學學報》1984年增刊。
④ 見《敦煌變文字義通釋》"牟"條,頁62。

於七德;守中居信,弃三惑於輩流。"北圖河字 12 號《父母恩重經講經文》:"始從懷抱作嬰孩,長大成人六尺材;棄德輩恩多五逆,惟行不孝縱癡咍(騃)。"按《干禄字書》:"輩輩:上通下正。"(頁50)"輩""輩"二字的位置應互乙。《廣韻·隊韻》:"輩,俗作輩。"(頁291)是也。據《説文》,"輩"字從"非"得聲,但隨着語音的發展變化,非聲和它所代表的整個字的字音發生了脱節的情況(《廣韻》"輩""非"聲韻調皆別),於是俗書便改"非"聲爲"北"聲。《集韻·隊韻》"北"字有補妹切一音,正與"輩"字同音。上揭引例後例"輩(輩)"借用作"背",而"背"從"北"得聲,這也證明"北"確有同"輩"一音。後來宋元以後的一些刻本小説也多採用從北聲的"輩",也反映了"輩"字的實際讀音。段玉裁《説文解字注》卻説"輩"字"俗從北,非聲也"(頁728),那是不符合實際情況的。

3. 改換聲旁以簡化字形

有些形聲字的聲旁過於繁複,辨認、書寫都有不便,俗書便通過改換聲旁的方式加以簡化。例如:

【騌】

北8437(雲24)號《八相變》:"(大王)再處分車匿,來晨被(備)於朱騌白馬,卻往南門觀看。"按:"騌"爲"駿"的俗字。《説文新附》:"駿,馬鬣也。從馬,㚇聲。""㚇"是一個生僻字,讀、寫都不方便,俗書改從"宗"聲,雖然筆畫只少了一筆,卻簡潔明快得多了。

又如"怱(悤)"字或"怱"旁敦煌卷子中多寫作"忩"①,上半變"勿"爲"公"(二字《廣韻》同隸東韻,但聲母有"清""見"之別),似亦有簡便字形的意義在内。

4. 形近變誤

有些形聲字的聲旁由於俗寫的關係常常會寫作另一個形體相近的偏旁,這時的聲旁實際已喪失了原有的表音的功能(當然,對那些習慣於這種寫法的人們來説,原有的表音功能仍不會失去)。如"夆"字《説文》讀若"縫",悟也;"夅"爲"降"之本字,伏也(《説文解字注》頁237):二字音義皆不相同。但敦煌

---

① 如伯2718號《茶酒論》:"阿你兩箇,何用忩忩。""忩忩"即"怱怱"。漢碑中已見"怱"旁作"忩"之例。

卷子中"夆"聲之字多寫作從"夅"。《干禄字書》:"逢逢:上俗下正。諸同聲者並準此。唯'降'字等從'夅'。"(頁15)可見除"降"等少數字本從"夅"外,其他從"夆"之字俗書亦皆可寫作從"夅"。又如下面的例子:

【閻】

伯3910號《聽唱張騫壹西(曲)歌》:"閻浮太子傳精進,欲往西園坊(訪)花林。"北圖鳥字10號《十二時》:"字(自)恨生長閻浮帝(提),恒爲冤磨(魔)會須勤。"斯2614號《大目乾連冥間救母變文》:"目連又問:'閻羅大王住在何處?'"按《龍龕手鏡·門部》:"閻,通;閻,正。"(頁92)"閻"從"臽"聲,"臽"與"伯"形音皆所不同,殆可謂風馬牛而不相及者,何以"臽"聲會變體作"伯"呢?原來兩者之間還有個中間媒介——匌。"臼"旁俗書多作"旧"形。《干禄字書》:"旧臼:上俗下正。諸字從臼者並準此。"(頁44。前面的俗字《叢書集成初編》影印《夷門廣牘》本作"旧",頁21)《龍龕手鏡·雜部》:"旧旧:其九反,二。"(頁550)這兩個音"其九反"的字就是"臼"的俗體,據此類推,"臽"俗書便寫成了"匌"形。伯3485號《目連變文》:"貧道是南閻浮提人,小小身遭父母喪。"其中掃描字"門(門)"中的"匌"就是"臽"的俗寫。由"匌"進一步演變,"匌"就寫成了"伯"("匌"上半的一撇與"旧"左側的豎畫相連成爲"亻",其餘部分又合寫成"白"),而"閻"就寫成了"閻"。於是,在字面上也就看不出這是一個形聲字了。

5. 改表聲的偏旁爲表意的偏旁

我們在前面說過,俗書有改表意的偏旁爲表聲的偏旁的,反之,又有改表聲的偏旁爲表意的偏旁的。例如:

【迯】

斯328號《伍子胥變文》:"臣即不紹於家,棄父離君迯走。"又云:"我昔迯迯入南吳,在路相逢從乞食。"按斯388號《正名要録》"正行者正體,脚注訛俗"類"逃"下脚注"迯"。元李文仲《字鑑·豪韻》:"逃,徒刀切,《説文》:亡也,从辵,兆聲。俗作迯。"(頁43)"逃"本從"兆"聲,俗書作"迯",則成了從辵、外的會意字。

【釖】

斯 2614 號《大目乾連冥間救母變文》:"昔(借)問前頭釖樹苦,何如剉磑斬人腰。"伯 2305 號《妙法蓮華經講經文》:"釖樹利兮森森,刀山聳兮岌岌。"按《集韻·驗韻》:"劒,俗作釖,非是。"(頁 1303)儘管《集韻》給"釖"安了個"非是"的帽子,但俗書這樣寫卻是事實。"劒"(篆文作"劒")從"僉"聲,俗書作"釖",也是變形聲爲會意。

三、偏旁易位

漢字由篆而隸,隸變以後繼以楷變,字形結構漸趨固定,偏旁的位置不同往往就意味着是另一個字。正如元李文仲《字鑑》卷一所云:"召字从形在左則爲叨,含字以聲在右則爲吟,字畫稍改,則爲別字。"(頁 28)但俗寫文字對字形結構并不太講究,偏旁移動的情況時有可見。事實上,許多俗字就是通過偏旁易位的方式造成的。下面舉幾個例子:

【睭】

北圖鳥字 64 號《悉曇頌》:"見者因光除我慢,各發涅槃離睭幻。"斯 4277 號《王梵志詩·漸漸斷諸惡》:"若使如羅漢,即自絶睭塵。"斯 2133 號《唐沙州龍興寺上座馬德勝和尚宕泉創修功德記》:"棄舍睭塵,住持崛澗。"按:"睭"即"囂"的偏旁易位字。《説文》作"囂",但漢簡中已見作"睭"的;《龍龕手鏡》不出"囂"字,而以"睭"爲正字(頁 265),可能是反映了當時用字的實況。

【岳】

斯 6537 號《劍器詞》:"嗷(喊)聲天地裂,騰踏山岳摧。"按:"岳"爲"岳"的偏旁易位字。漢碑中"嶽"字有把"山"旁寫在"獄"字之下的,可以比觀。伯 2641 號《莫高窟再修功德記》"嵒"字寫作"岳",亦其比類。

【槀】

伯 2962 號《張義潮變文》:"僕射即令整理隊伍,排比兵戈,……分兵兩道,槀合四邊。"伯 3821 號《謁金門》詞:"聞道君王詔旨,服槀琴書歡喜。"後例掃描字上部"呆"爲"果"的俗寫,敦煌卷子中"果"字或"果"旁多寫作"呆"形。按《龍龕手鏡・衣部》:"裹,俗;裏,正。"(頁104。原本衣上無點,兹據《四部叢刊續編》影宋刊本增)"裏"字原本是用"衣"把"果"聲包在中間,俗字則改爲上聲下形。"裹"字《漢語大字典》失載。

【睈】

伯3390號《孟授上祖莊上浮圖功德記并序》:"師乃間生豪族,異世英雄;位亞及於三賢,智鄰通於十睈。"斯3491號《頻婆娑羅王后宮綵女功德意供養塔生天因緣變》:"佛有他心睈智,預知衆生心意。"按:"睈"即"聖"字。據《說文》,"聖"字作上下結構,與今天的寫法一致。但"聖"字本是從耳、呈聲,敦煌俗書作"睈",似有顯化原字的形符及聲符之意。

有些字偏旁易位以後,會發生與另一個字同形的情況,容易造成理解的困難。如下面的例子:

【部】

《吐魯番出土文書》第1册《北涼承平八年(450)翟紹遠買婢券》:"若後有何(呵)盜刃(認)名,仰本主了,不了,部還本價。"(頁187)其中的"部"字費解。原書把它校訂做"倍",似乎可通。其實這個"部"乃是"陪"的偏旁易位字。六朝以迄唐代前後多以"陪"表示賠償之義(說亦見前)。書"陪"作"部",不過是變動一下偏旁的位置而已。但由於這個"部"寫得和部隊的"部"完全沒有分別,易於造成讀者理解的歧異。

四、書寫變易

漢字的字體除了今天通行的楷書以外,歷史上還經歷過商周古文字、小篆、隸書的變遷,此外還有章草、今草、行書的先後流行。這些不同的字體,不但相互之間寫法迥異;就是同一字體內部,往往也是變態萬端,莫衷一是。面對這種種紛雜的字體和變體,後來的人們在進行楷化的時候,由於傳承的差異或者對字形的不同理解或安排,同一結構的字卻會形成不同的書寫形式。如敦煌寫本中常見的"枽"字,《廣韻》定作"桑"的俗字(頁117)。其實"桑"字甲骨文作"✸"形,漢印或作"𣕱",據此加以楷定即可寫作"枽"。但由於後世以據《說文》篆文"𣘃"楷定的"桑"爲正體,"枽"便被看作了俗體。又如下面的例子:

【姊】

伯 2838 號《拋毬樂》詞：“當初姊=分明道，莫把真心過與他。”伯 3048 號《醜女緣起》：“生身父母多嫌棄，姊妹朝朝一似嗔。”伯 3011 號《出家讚》：“捨卻親姊熱妹，惟有法兄法弟。”按：“姊”爲“姊”的變體，“姊”即“姊”字。今日本漢字“姊”仍寫作“姊”。在一般人看來，這個後世不經見的“姊”顯然是個俗字。其實不然。“姊”字小篆右旁作“𣎵”，據小篆字形隸定或楷定，即可寫作“姊”形。這種寫法的“姊”《隸釋》卷十六《漢武梁祠堂畫像》已見（頁 167），清顧藹吉《隸辨》卷三按云：“《説文》姊從𣎵，𣎵從㞢從一，隸變㞢爲市，碑蓋省一從㞢也。”（頁 86）其實“𣎵”從“㞢”從“一”，由“㞢”隸定，大可寫作“朩”形，再加上“一”，不就是“市”了嗎？顧氏以省文解釋，似可不必。所以“姊”當是篆文的隸變字。但由於後世以“姊”爲正字，“姊”及其變體“姊”自然就成了俗體。

【栁】

伯 3137 號《南歌子》詞：“翠栁眉間綠，桃花臉上紅。”伯 2714 號《十二時》：“年既秋，漸蒲栁，起坐呻吟力衰朽。”伯 2418 號《父母恩重經講經文》：“眉懸栁葉和煙翠，臉奪桃花帶雨新。”按《增訂碑別字》云：“栁，柳也。”引《唐鴻慶寺碑》（頁 236）。從楷定後的字形上看，“柳”何以寫作“栁”，實在讓人費解。但如果從古文字的角度加以考察，就不難找到答案。考“柳”《説文》以爲從“丣”聲，像兩户關閉之形（參《説文》“酉”字下注，頁 311）。由於“丣”與兩户相關，故俗或變體作“户”。《龍龕手鏡·户部》：“户，音户，……又力西反。”（頁 303）“力西反”的“户”即是“丣”的變體字。於是從“丣”的“柳”或寫作“栁”，便是順理成章的了。《龍龕手鏡·木部》以“栁”爲古文“柳”字（頁 380），雖非完全切當，但卻道出了“栁”確實和“古文”有關。

【夃】

斯 427 號《禪門十二時》：“豪強富貴暫時間，究竟終歸不免死。非論我輩是凡夫，自古君王夃如此。”斯 2073 號《盧山遠公話》：“貧道欲擬填還，不幸夃死。”又云：“其時道安希夃在會下而座。”按《字彙補·夕部》引楊慎云：“夃，即古亦字。”（頁 39）考《説文》“亦”字作“夾”，從大，象兩腋之形（頁 213），即古“腋”字。由於其下部與“火”字形近，故隸變或作“亦”（比較“赤”字下部原爲“火”

旁）。池田温《中國古代寫本識語集録》末附羅振玉舊藏水卯歲（公元 403 或 463 年）《大雲無想經》卷九題記圖版，即有書"亦"作"亦"之例。草書或行書"亠"形往往連書作"乚"或"㇉"，故"亦"又變體作"众"和"㐺"形。《中國大百科全書·語言文字卷》彩圖插頁第八頁晉王羲之《蘭亭序》圖版"亦"字作"上"，上部書作"乚"形。斯 525 號《搜神記》趙子元條："見女子一人，年十五，㐺姿容甚美。"此爲作"㐺"者。俗書常有增筆或改生僻的偏旁爲常見的偏旁的通例（這一點我們下文還會講到），於是"㐺"又進而被寫作了"㣫"①。上揭《廬山遠公話》寫卷後一例"亦㣫"連文，當是先寫作"亦"，隨之又從當時通行的寫法改作"㣫"（"亦"字似已點去，該卷"亦"字大抵作"㣫"而不作"亦"），可見當時"㣫"字之流行，而竟有喧賓奪主之勢了。

【象】

伯 2999 號《太子成道經》："悉達太子之時……兼所有國城妻子象馬七珍等，施以（與）一切衆生。"伯 2991 號《張靈俊和尚寫真讚并序》："博通儒術，辯若河懸；森森龍象，侃侃清研。"按："象"即"象"的俗字。"象""象"乍看起來似乎有點風馬牛不相及，其實也是篆文隸變分化的産物。考小篆"象"字作"象"，象耳、牙、四足之形（《説文·象部》頁 198），隸變既可作"象"，也可作"象"（比較"馬"字小篆作"馬"，與"象"字下半部相似，而隸定作"馬"）。《干祿字書》："象象：上通下正。"（頁 43）《集韻·養韻》："象，古作象。"（頁 855）敦煌卷子中的"象"顯然就是"象"的手寫之變（"勹"旁俗書多作"丷"形；中間部分增豎作"皿"，則是受了"罷"一類字的影響）。但由於宋元以後"象"字流行，一般人的心目中"象"便成了俗字異體；至於"象"，那更是俗之又俗者了。

五、整體創造

以上所講四種類型的俗字，主要是通過對原有字形的改造或書寫的變化形成的，俗字與正字之間或多或少有些聯繫。本節所要講的"整體創造"，則是完全拋開正字，另起爐竈，用全新的構件創製新字。這類新造的俗字，就其構形而論，約可分爲如下數端：

---

① "亦""夕"並《廣韻》昔韻字，讀音亦相近。"亦"俗書作"㣫"，也許還有字音上的聯繫。

(一) 新造會意字

整體創造的字,以會意字居多。諸如自反(皈)爲歸、更生(甦)爲蘇、不用(甭)爲罷、田民(畎)爲農、身本(躰)爲體、上下(卡)爲弄(並見斯 388 號《正名要錄》),等等,都是新造的會意字。又如下面的例子:

【𠄏】

伯 2143 號普泰二年(532)《大智度論廿六品釋論》題記:"弟子……東陽王元榮,惟天地妖荒,王路否塞,君臣失禮,於茲及(多)載。天子中興,是以遣息叔和詣闕脩𠂤(?)。弟子年𠄏疹患,冀望叔和早得還迴。"其中的"𠄏"字,或錄作缺文①,蓋不明其爲何字。其實這個字是"老"的會意俗字。《顏氏家訓·雜藝》篇記北朝俗字,其中有"先人爲老"(頁 514),正是指"𠄏"字而言。"𠄏"字六朝碑版中經見。但唐代以後似已不甚行用,故敦煌卷子中殊不多見。

唐武后載初元年(689)及稍後,武則天詔頒"新字"17 個(唐武周時期的敦煌寫卷屢見之,有些是承用前代已經流行的俗字)②,其中多數爲生造的會意字,如"明"下作"空"爲"照","一"下作"忠"爲"臣","一"下作"生"爲"人"等等,皆是。

(二) 新造形聲字

敦煌卷子中與原來的字形無關的後起形聲字數量不是很多。下面舉幾個例子:

【炁】

斯 2617 號《大目乾連冥間救母變文》:"西邊黑煙之中,總是毒炁,吸着和尚化爲灰塵。"伯 2517 號《紫文行事訣》:"子時平坐,接手放兩膝,閉炁冥目內視。"按《玉篇·火部》:"炁,去既切,古氣字。"(頁 392)《集韻·未韻》:"气,丘既

---

① 見《敦煌文書學》頁 281。
② 武后所製新字的字數,《新唐書·后妃列傳》所載爲十二字,此外還有十四字(《學林》)、十六字(《通志》)、十八字(《集韻》)、十九字(《宣和書譜》)諸説,字形亦多互歧。參看日本常盤大定《武周新字の研究》(《東方學報》第 6 冊第 5—42 頁,東京,1936 年)、董作賓、王恒餘《唐武后改字考》(《中研院歷史語言研究所集刊》第 34 本下冊,第 447—475 頁,1963 年 12 月)、王三慶《敦煌寫卷中武后新字之調查研究》(《漢學研究》第 4 卷第 2 期,第 437—464 頁,臺北,1986 年)、施安昌《從院藏拓本探討武則天造字》(《故宫博物院院刊》1983 年第 4 期,第 30—38 頁)等文。

切,《説文》:雲气也。象形。一曰息也。或作氣、炁。"(頁1004)《集韻》以"炁"爲"气"字或體,我們認爲是正確的。就雲氣、氣息等義而言,"气"爲古本字,象形;後借用"氣(餼)"字來表示;至於"炁"字,當是"气"的後起形聲字,從火①,旡聲。《説文》"氣"字或作"氣"("既"爲聲符,而"既"又從"旡"得聲),可證"旡""氣"古字音近。

【粧】

伯3048號《醜女緣起》:"再三自家嗟嘆,嗟嘆無計,遂罪(罷)粧臺。"又云:"懊惱今生貌不强,緊盤雲髻罷紅粧。"按"粧"爲"粧"的加點字。南唐徐鍇《説文解字繫傳》卷二四:"妝,飾也。從女,牀省聲。臣鍇曰:今俗作粧。"(頁244)從字形上來看,"粧"當是從米、庄聲,"庄"爲"莊"的俗字②,故"粧"字本當作"糚"。《玉篇·米部》:"糚,側牀切,飾也。"(頁294)《集韻·陽韻》:"妝,或作糚。"(頁458)至於"糚"字何以從米,當與古代化妝用米粉有關。《説文·米部》:"粉,傅面者也。从米,分聲。"(頁148)徐鍇繫傳:"古傅面亦用米粉。"(頁145)所以"粧"或"糚"是與其正字"妝"的字形無關的後起形聲字③。

有的字表面上看起來是與原形無關的新造形聲字,但如果深入考察,就會發現有的構件其實是從原形蜕變而來的。如伯2305號《妙法蓮華經講經文》:"黄金作棟梁,白玉作椽柱,囪牖水精粧,門户摩尼作。"其中的"囪(窗)"字《敦煌變文集》卷五録作"窗"(頁495),甚是。"囪"即"窗"字(《唐御史臺精舍碑》"窗"字亦書作"囪"),而"囪"又爲"窗"的後起形聲字,從宀,忽聲。表面上看,"窗""囪"形旁、聲旁俱殊,"囪"與"窗"字形無涉。其實不然。"囱""匆"爲篆文隸變之異,故"忽"實亦從"囱"得聲。"窗"字俗字或改從"忽"聲作"窓"④,又或作"窻"⑤;俗書"穴"旁"宀"旁不分,故"窓""窻"又可寫作"忩"或"囪"了。

---

① "气"字古有從"火"作"炁"者,蓋火燒則蒸氣上昇,故從火。可參。
② 《五經文字》卷中艸部:"莊,作庄,非。"(頁25)敦煌卷子中"莊"字多作"庄"。"庄"又爲"庒"的變體。
③ 元李文仲《字鑑》卷二陽韻以"粧"爲"裝"的俗字(頁48),似未確。參看下文第七節。
④ 今本《説文·穴部》有"窓"(隸定亦作"窗")字,段玉裁注謂係"淺人所增"(頁345),極是。
⑤ 見《龍龕手鏡·穴部》頁506。伯2603號《讚普滿偈》:"窻間客至風難立,影裏僧居日易曛。"首字亦爲"窗"字。

(三) 新造象形字

新造象形字的數量更少,就敦煌卷子涉及的,下面提出"凸""凹"二字略作討論:

【凸】

伯 2011 號王仁昫《刊謬補缺切韻·屑韻》徒結反:"凸,陸云高起。字書無此字。陸入《切韻》,何考研之不當。"按《龍龕手鏡·雜部》:"凸,田結反,高起也,象形字。"(頁 554)《廣韻》"凸"字没韻、屑韻二見,没韻音陀骨切。關於"凸"字的來源,玄應《一切經音義》卷十《大乘莊嚴經論》第六卷音義云《蒼頡篇》作"突"(頁 463);同書卷十一《正法念經》第五十七卷音義又云《蒼頡篇》作"突"(頁 487,所引"突"字《永樂南藏》本同,《中華大藏經》影印《高麗藏》本作"突")。慧琳《一切經音義》卷四九《大莊嚴論》第四十九卷音義則云:"凸,亦俗字,象形,正作垤。從土,從姪省聲字也。書云:垤,蟻封。垤,高起也。"(頁 1966)按:"垤"通常僅用於蟻冢或小山丘之義,慧琳以"凸"爲"垤"俗字,似未切當。據《廣韻》陀骨切的音切,疑"凸"即"突"的俗字。"突"有凸出、高起之義,音義皆相吻合。

【凹】

伯 2011 號王仁昫《刊謬補缺切韻·洽韻》烏洽反:"凹,下。或作窅,正作㜝。按凹無所從,傷俗尤甚。名之《切韻》,誠曰典音,陸采編之,故詳其失。"按:"窅"(玄應《一切經音義》卷十一《正法念經》第五十七卷音義云"凹"《蒼頡篇》作"窅",頁 476)"㜝"皆後起字。慧琳《一切經音義》卷四九《大莊嚴論》第四十九卷音義云:"凹凸,上烏瓜反,俗字,形相(泉按:同書卷十四云"象形字也","形相"疑"象形"之誤)。正從穴窊。或作窪,亦同用也。"(頁 1966)《説文·穴部》:"窊,污衺下也。从穴,瓜聲。"(頁 152)段玉裁注:"凡下皆得謂之窊。"(頁 345)慧琳以"凹"爲"窊"俗字,近是。

附按:本書完稿後,偶閱錢大昕《潛研堂文集·跋復古編》,錢氏謂"凹凸"乃"窅突"之俗(卷二七),可參。

唐武周時期的敦煌吐魯番文書多用武后新字,"星"寫作"〇","日"寫作"☉","月"寫作"㊉"等形,大抵也是象形字("㊉"字外圈象圓月形,裏面的"卍"或作"卐",則應是代表祥雲)。不過"☉"乃《説文》古文,象日中有烏之形。

後人傳刻時或作"囜"形,乃其楷書之變。段玉裁《說文解字注》云:"(☉)蓋象中有烏。武后乃竟作囜,誤矣。"(頁302)這實在是一種誤會。又《集韻·月韻》云"月"字"唐武后作囝"(頁1400),乃由"🈷"字草書楷定而然。

六、正字蛻變

我們在第一章第一節曾經說過,一定時期的俗字是相對於一定時期的正字而言的;正俗之間的關係并不是一成不變的,它們往往隨着時間的推移而不斷發生變化。比較常見的情況,是前一時期的某些俗字後來為正字系統所吸收,而成為正字系統的組成部分。與此相適應,也有前一時間的正字蛻變為俗字的情形。如下面的例子:

【娉】

斯1441號《鳳歸雲》詞:"娉得良人,爲國遠長征。"伯2418號《父母恩重經講經文》:"長大了擇時娉與人,六親九族皆歡美。"又云:"娉與他門榮九族,一場喜慶卒難論。"按《說文·女部》:"娉,問也。从女,甹聲。"(頁262)段玉裁注:"凡娉女及聘問之禮古皆用此字。娉者,專詞也;聘者,汎詞也。耳部曰:聘者,訪也。言部曰:汎謀曰訪。故知聘爲汎詞也。……至於聘(娉)則爲妻,則又造字所以从女之故。而經傳概以聘代之,聘行而娉遂廢。"(頁622)是"娉"爲娉娶、娉嫁本字。但由於後世"聘"字流行,而"娉"字反被視爲異體俗字。《唐律疏議》卷十三《户婚》:"雖無許婚之書,但受娉財亦是。"(該卷頁十三)宋孫奭《律音義》云:"聘,作'娉'者俗。"(頁九)可見宋代前後"娉"已被視爲俗字。上揭《父母恩重經講經文》例,其中的二"娉"字《敦煌變文集》皆錄作"聘"(頁686、687),蓋亦視"娉"爲俗字而徑予改訂了。

【矜】

伯2011號王仁昫《刊謬補缺切韻·蒸韻》居陵反:"矜,憋;又渠巾反,矛柄。……從今。今俗從令,失。"儘管王仁昫心裏明白"矜"俗從"令"失,但他筆下還是把"矜"寫作了從"令"的"矜",可見"矜"確乎是當時頗為流行的俗字。這也怪不得斯388號《正名要錄》的作者要在"矜"字下特別注明是從"今"。言外之意也就是說不要寫作從"令"了。其實"矜"字古本作"矜",從矛,令聲。清顧藹吉《隸辨》卷二云"諸碑矜皆從令"（頁69），唐慧苑《華嚴經音義》卷二云"《説文》《字統》'矜，憐也'，皆從矛、令"（該卷頁七），皆其顯證（説詳段玉裁《説文解字注》、臧庸《拜經日記》）。後世音譌字改，"矜"既成爲正字，"矜"也就淪爲俗字了。

【皃】

斯2073號《廬山遠公話》："天生意氣，不與凡同；骨ㄠ神姿，世人之罕有。"伯2193號《目連緣起》："差惡身體乾枯，豈有平生之皃。"按斯388號《正名要録》"正行者楷，腳注稍訛"類"貌"下腳注"皃"。"貌"即"貌"手寫的變體，"皃"則"皃"手寫的變體。據《説文》，"貌"爲籀文，篆文則本作"皃"（頁177）。但由於後世籀文"貌"流行，而篆文"皃"則被視作"訛"體俗字了。《干禄字書》以"皃"爲"貌"的"通"體（頁53—54，"通"即通行已久的俗字），亦可看出"皃"的地位已一落千丈了。

此外如"与"字，"云（雲）"字、"礼"字、"无"字、"処"字等見於《説文》的古字，在唐宋時代似亦已淪爲俗體。伯4638號《陰處士碑》"乘孤擊寡，起陣雲於馬蹄"，"雲"字原卷先寫作"云"，繼又在其下改作"雲"，可見當時"雲"已成了抄手心目中唯一的正字了。宋洪邁《容齋隨筆》卷五"字省文"條云："今人作字省文，以禮爲礼，以處爲処，以與爲与，凡章奏及程文書册之類不敢用，然其實皆《説文》本字也。許叔重釋'礼'字云古文；'処'字云：止也，得几而止，或從處（虍）；'与'字云：賜予也，与、與同。然則當以省文者爲正。"（該卷頁十一）清黃生《字詁》亦云："与本賜与之与，今人誤用黨與之與，或有作'与'者，反以省筆俗書目之矣。"（頁6）儘管當時的人們平常書寫時多用"礼""与""无"等簡字（敦煌寫卷即多用簡字），然"章奏及程文書册之類不敢用"，可見這些古字確已成了不能登大雅之堂的俗字了。

七、異形借用

異形借用可分爲音借和形借兩類，下面分別舉例討論：

（一）音借

敦煌卷子中同音或近音替代的字很多，其中大多數可以劃入假借字或音誤字的範疇；但也有相當一部分同音或近音替代字的使用是出於書寫習慣或者爲了達到簡化字形或區別字義的目的,而非純粹出於聲音上的考慮,這一類的同音或近音替代字,就應該納入俗文字的範疇。對此,我們已在第一章第三節舉過一些例子,這裏不再重複。下面另舉一個例子:

【面】

伯2133號《妙法蓮華經講經文》:"若説殑伽河裏,沙細人間莫比,恰如粉面一般,和水渾流不止。"伯3833號《王梵志詩·負恩必須酬》:"負恩必須酬,施恩慎勿索。得他一石面,還他拾斗麥。"其中的"面"皆即"麪"字。據《説文》,"麪"字從麥、丏聲(頁112),俗寫作"面",可能導源於俗字"麵"。《干禄字書》:"麵麪:上俗下正。"(頁52)慧琳《一切經音義》卷三八《金剛光焰止風雨陀羅尼經》音義:"麪,從麥、丏聲,丏音彌演反。經文從面,俗字也。"(頁1510)敦煌卷子中"麵"字經見。如斯4571號《維摩詰經講經文》:"每交(教)不出閨幃,長使調脂弄麵。"是其例("麥"字或"麥"旁俗書多簡作"麦")。"麪"字變"丏"爲"面",是改換聲旁俗字。俗書作"面",則復去形存聲,明顯具有簡化字形的因素在内。今簡化字相沿以"面"代"麪"。

俗書借用同音或近音字也有造成字形繁化的現象。例如:

【墮】

斯133號《秋胡變文》:"縱使黃金積到天半,亂採(綵)墮似丘山,新婦寧有戀心!"伯2305號《解座文彙抄》:"直墮黃金北斗齊,心中也是無厭足。"斯2144號《韓擒虎話本》:"皇帝聞奏,即在殿前,遂安社(射)墮,畫二鹿,便交(教)賭射。"按:"墮"即"垜"。前二例爲堆積之義。敦煌卷子中"垜"字少見,而多作"墮"。考玄應《一切經音義》卷十二《長阿含經》第二十卷音義云:"石陊,徒果反,《通俗文》:積土曰陊。經文作墮,非也。"(頁532)又同書卷五《月上女經》上卷音義:"雀垜,徒果反,謂城上女牆也。經文作墮落之墮,非體也。"①"陊"即"垜"字異體。這裏玄應一再提到"垜"字經文作"墮",可見當時的佛經寫本"垜"字也常寫作"墮"。又《世説新語·傷逝》:"王濬仲爲尚書令,著公服,乘軺

---

① 《月上女經》音義叢書集成初編本玄應《一切經音義》未見,此據《中華大藏經》影印金藏廣勝寺本,北京:中華書局,1993年,第56册892頁。

車,經黃公酒壚下過。"劉孝標注引韋昭《漢書注》曰:"壚,酒肆也,以土爲墮,四邊高似壚也。"徐震堮校箋疑"墮"爲"陊"之借,同"垛"(頁348),不必疑。爲什麼抄手放着形體簡單得多的"垛"不用,卻要寫作"墮"呢?這裏除了二字同音的因素以外,恐怕還有字形上的原因。無論是"雀垛"還是"箭垛""積土爲垛",這些個"垛"都與"土"有關。而從字形上看,"墮"字從土、隋聲,與"垛"的字形結構一致;"垛"的意義可以用從土、朵聲的"垛"來表示,也不妨用從土、隋聲的"墮"來表示。作"垛"作"墮",俱無乖於形聲會意之旨。所以從這種意義上來說,我們不妨把"墮"看作"垛"的俗字。

俗書借用同音或近音字,有時會造成理解的歧異。這時俚俗往往通過加注或改換偏旁的方式分化出新字來。例如我們在本章第五節討論過的"粧"字,"妝"寫作"粧"很可能是先借用"莊"。斯2614號《大目乾連冥間救母變文》:"金鞍永絕晶珠心,玉貌無由上莊閣。""莊"爲"莊"的俗字,"莊"即爲"妝"的借字①。後來爲免與莊重、村莊之"莊"相混,又加注"米"旁寫作"粧"(俗書又進而寫作"粧"),分化出一個新的形聲字來。《干祿字書》:"莊莊莊:上俗,中通,下正。其粧粉合用此字,相承從米已久。"(頁29)説粧粉合用"莊"字,不確;不過由此卻可證明唐代前後"莊"常被借用作"妝","妝"寫作"粧"當是從假借字"莊"分化出來的。

(二) 形借

裘錫圭先生在《文字學概要》一書中曾經指出:"形借是不管一個字原來的音義,只借用它的字形的一種現象。"(頁209)由於造字角度的差異或字形演變的關係,俗字常常會發生跟另一個音義不同的漢字同形的現象。這種異字同形的現象,和裘先生所説的"形借"是不同性質的。這裏只是爲了敘述的方便,相對於上文的"音借"而言,把俗字與另一個音義不同的字同形的現象稱爲"形借"。如下面的例子:

【尋】

斯5996號《五更轉》:"包融一切含萬境,色空不異何相尋。"該辭又見於斯

---

① 唐以後的韻書、字書每釋"莊"爲妝飾義,如伯2011號《刊謬補缺切韻·陽韻》:"莊,飾。"當是因假借而產生的引申義。

3017號,"旻"字同。《敦煌歌辭總編》卷五據上述二卷載録本辭,"旻"字録作"得"(頁1412)。考《説文·彳部》:"旻,古文省彳。"(頁43)此蓋即任録的依據。但"旻"作爲"得"的異體,傳世文獻中極少用例,六朝以後更是聞所未聞。故任録"旻"字作"得",不能令人無疑。其實上揭寫卷的"旻"并非"得"字,而是"礙"的俗字。慧琳《一切經音義》卷五四《佛説食施獲五福報經》音義:"礙,《韻略》作硋,《文字集略》作旻,並俗字也。"(頁2163)敦煌卷子中"旻"多用作"礙"的俗字。如斯4243號《無相珠》:"無罣旻,更無比。"又北8405(鳥64)號《悉曇頌》:"觀心無罣無旻,故無滅無生無恐怖。"皆其例。"旻"用作"礙"的俗字,較早見於東漢(《隸釋》卷四東漢桓帝建和二年司隸校尉楊孟文《石門頌》有其字,洪适謂即"碍"字,唯其字上部的"日"原書作"目"形,字形略異)。有的學者認爲"旻(礙)"是"得"的變體字,去掉"得"的"彳"旁表示有障礙不能得到的意思①,可備一説。"礙"寫作"旻",就與"得"的古文"旻"成了同形字,所以玄應《一切經音義》中一再説俗字"礙"作"旻","旻"非此義也(卷一《大方廣佛華嚴經》第一卷音義、卷六《妙法蓮華經》第一卷音義,頁11、頁267)。其實,由於"旻(得)"字載籍罕用,并不會與"旻(礙)"發生意義上的混亂。前揭斯5996號寫卷"旻"字任録作"得",是與校録者對這一點缺少了解有關的。

【怵】

伯3833號《王梵志詩·前業作因緣》:"今世受苦惚,末(未)來當富貴。"其中的掃描字項楚師《王梵志詩校注》録作"怵",校作"惱",可從。詩中"怵"實即"惱"的俗字②。《龍龕手鏡·心部》:"怵,丑律、竹律二反,憂心也。又俗音惱。"(頁62—63)"恼"同"惱"(《龍龕手鏡·同部》:"恼,今;惱,正。"頁56)。這個"俗音惱"的"怵"就是"惱"的俗字。那麼從心、甾(腦)聲的"惱"怎麼會寫作"怵"與"怵(chù)"字同形呢?原來這與字形訛變有關。我們在第三章第一節説過,敦煌卷子中"惱"字多作"恼",又變作"惱"形,後者與"怵"字至近,傳寫訛變或受右下部"山"的類化都極易混同於"怵"。在那一節中我們還舉過一個"惱"字後

---

① 參看裘錫圭《文字學概要》頁139。
② 《玉篇·心部》:"怵,竹律切,憂心也。"(頁156)王梵志詩"苦怵"之"怵"照字面解釋似亦可通,但不如視作"惱"的俗字更爲貼切。

人傳刻時誤作"怵"的實例。這説明"惱"及其手寫變體確有可能訛變作"怵"。於是,字形訛變形成的俗字"怵(nǎo)"便與原來的"怵(chù)"字成了同形字。

八、合文

漢字是音節文字,一個字代表語言的一個音節。但也有少數把兩個字或幾個字合寫在一起代表語言的兩個或兩個以上音節的複音字,文字學家稱之爲合文。敦煌卷子中的合文主要有以下幾個:

【卝】

"菩薩"的合文。如伯3808號《長興四年中興殿應聖節講經文》:"若非卝之潛形,即是輪王之應位。"又伯3360號《大唐五臺曲子》:"花木芬芳,卝多靈異。"後例掃描字斯2985號作"菩薩"。又云:"八德池邊……卝行時龍衆請。"其中的掃描字斯467號作"菩薩"。按《龍龕手鏡·草部》:"卝,莫朗反,草木冬生不死也。又音菩薩二字。""音菩薩二字"即是指"卝"爲"菩薩"的合文。"菩薩"寫作"卝",大概是因爲"菩薩"是佛典中的常用詞,抄寫的人爲了節省時間,故而開始時僅用兩個草頭來代替。如北6205(辰68)號《法華經玄贊第二》:"彼佛從定起正告妙光:卝 卝衆中隨深智惠,與佛相應。"如圖17所示,其中的掃描字原卷分寫在前行之末和次行之首,應分別爲"菩"和"薩"的簡省字,《大正藏》本正作"菩薩"二字。又上圖125號《金剛般若經義疏》卷二:"故阿耨卝(菩提)是如來事,付囑卝即荷如來重擔,荷負如來十佛事故。""卝"乃"菩薩菩薩"重文的省書,其中的"卝"形掃描字亦分別爲"菩"和"薩"的簡省字,而其下的"ゝ"乃重文符號。由此可見,"菩薩"省寫作"卝",兩個"卝"形構件也許本來是分寫的。但由於古書竪抄的特點,抄手有可能會把這兩個簡省字合寫在一起,僅占一個位置,於是就成了一個合文。約定俗成,甚至連"菩"字或"薩"字單用時也可寫作"卝"形。如北6206(黃12)號《法華經玄贊第四》:"聚沙爲佛塔皆已成佛道者,謂發卝提心、行卝 卝行者以作善根能證卝提,非諸凡夫及決定種性聲聞未發卝

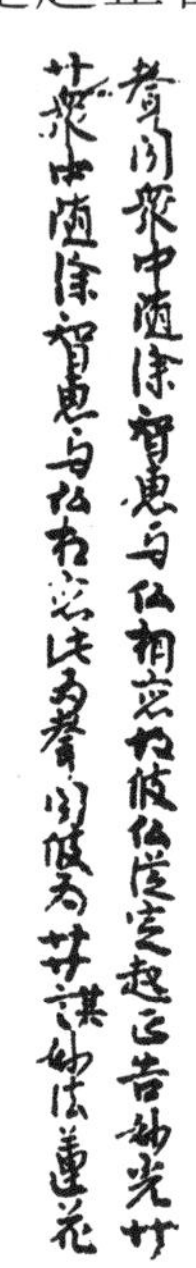

圖17 北6205《法華經玄贊第二》

提心者之所能得。"如圖18所示,其中的掃描字原卷各占一格位置(末句的"卄"原卷在行末,而其後"提"字則在次行之首),《大正藏》本依次作"菩""菩薩""菩""菩"。同卷又云:"初説見道名爲法輪。非卄婆多正義。雜心亦復不正義云。牟尼説見道速疾名輪,俱舍復云或諸聖道皆是法輪等,此是卄婆多師本意。"其中的掃描字原卷亦占一格位置,《大正藏》本皆作"薩"。又北6205(昃68)號《法華經玄贊第二》:"卅摩訶卄安住如是真實相已,所發慈悲,明諦不虛。"其中的掃描字《大正藏》本分別作"菩薩""薩"。又上圖125號《金剛般若經義疏》卷二:"卅(菩薩)摩訶卄是住法者,修大菔(菩提),度脱卄埵,依境界語立卅(菩薩)聲,具七種大,名摩訶卄。"其中的"卄"形掃描字亦皆為"薩"的簡俗字。

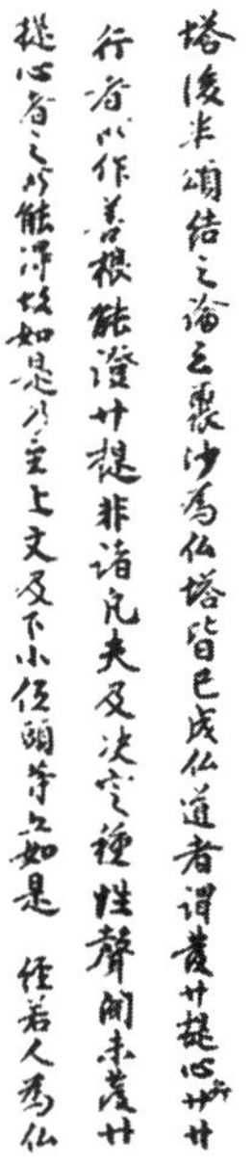

圖18 北6206《法華經玄贊》

【𦯧】

也是"菩薩"的合文。如斯2500號《菩薩戒本疏》上卷,標題"菩薩"二字首題作"𦯧",末題則作"卅"。該卷中"菩薩"多寫作"𦯧"形,如:"要具四德,方堪為師,授𦯧戒。"是其例。按:"𦯧"即"卅"的變體。"卅"由"菩薩"的兩個草字頭合成,"𦯧"則更把下面的一個草字頭用重文符號"乙"替代。

【菔】

"菩提"的合文。如伯3083號《五更轉》:"四更長,太子苦行萬里香。一樂菔修佛道,不藉你世上作公王。"其中的"菔"伯2483號作"菩提"。按:"菔"是由"菩"的草字頭和"提"字合成的。如上所説,"菩薩"合文作"卅",俚俗據以類推,"菩"字亦或簡省作"卄"形,如上圖125號《金剛般若經義疏》卷二:"佛告卄須提,凡所有相皆是虛妄者,述成也。"又云:"須菔(菩提),卅(菩薩)應離一切相,發卄提心者,第四於傳法時離取相過也。"前例"卄須提"原卷"卄"字右側有一提筆形乙正符號(圖19),表示"卄"與下"須"字應互乙,原文當作"須菩提";後例"卄"原

圖19 上圖125《金剛般若經義疏》

卷在前行末,"提"在次行首。由此可見,"菩"簡省作"艹"形是可以獨立成字的。這獨立成字的"艹"再進一步加以合成,於是"艹提"便寫成了"荙"。

寫卷"菩提"又或寫作"菩荙",如伯 2122 號《維摩經押座文》:"聽衆聞經罪消滅,總證菩荙法報身。"同卷又一篇:"我佛嘿然而受請,爲説菩荙浄土因。"其中的"荙"則爲"提"的類化字(涉上"菩"字類化增加草字頭),與上文作爲"菩提"合文的"荙"不同。

【芇】

也是"菩提"的合文。如伯 2133 號《金剛般若波羅蜜經講經文》:"堅修善法没人過,定證芇阿耨多。"按《龍龕手鏡·草部》:"芇,音菩提二字。"(頁 255)"菩提"寫作"芇",當是比照"艹"而產生的合文:"艹"是"菩薩",在"艹"中加一點則代表"菩提"。如果説"艹"是拼合原字的部分構件產生的合體字,那麼"芇"則純粹是記號字了。下舉指稱"涅槃"的"卅""卌"同此。

【卅】

"涅槃"的合文。如北 6205(昃 68)號《法華經玄贊第二》:"梵云波利昵縛諵,此云圓寂,即是圓滿體寂滅義,卅訛也。"這是説梵語"波利昵縛諵"(Parinirvāna 的音譯)中土意譯爲"圓寂";舊譯作"卅",是錯誤的。"卅"無疑就是"涅槃"①。又北 6206(黄 12)號《法華經玄贊第四》云:"卅經中唯説往法。"又云:"卅經中唯説艹往身,不説艹往行。"(圖 20)其中的掃描字分别爲"涅槃""菩薩"俗省。或謂前一例的"卅"爲"菩薩"的合文②,非是。又按:後一寫卷的掃描字原卷約占一格半,上下部分有間隔,也可認爲是各自成字。同卷又云:"然 卅卅 可證而縛除,種智不成以無覺故。"又云:"卅卅 經曰'吹貝知時',簫管也。"又北 6205(昃 68)號《法華經玄贊第二》:"卅卅 經云:闍王不遇耆婆,來月七日當墮地獄。"又云:"此入 卅卅,是後四中寂静樂也。"上揭諸例中的"卅"形掃描字原卷皆占一格位置,且一在前行之末,一在次行之首,則確乎爲獨立的

---

① 唐窺基《成唯識論述記》卷一云:"西域梵音云波利暱縛喃。波利者圓也,暱縛喃言寂,即是圓滿體寂滅義。舊云涅槃,音訛略也。今或順古亦云涅槃。"(頁 897)可參。
② 見杜愛英《敦煌遺書中俗體字的諸種類型》,文載《敦煌研究》1992 年第 3 期。

"涅""槃"二字,"吹貝知時""闍王不遇耆婆"云云分別見曇無讖譯《大般涅槃經》卷十三、卷二十(後者爲意引)。又俄弗 167 號《金剛般若經義疏》卷二:"故《論》說涅槃略有四種:一自性清淨涅槃。謂有菩薩見一切法,其性本寂,故名涅槃。二有餘依涅槃。謂有脩者殘苦依在,名有餘依,煩惱永寂,故名涅槃。三無餘依涅槃。謂諸無學苦依永盡,名無餘依,衆苦永寂,故名涅槃。四無住處涅槃。謂諸菩薩脩大智悲,輪迴不染,名無住處,諸障永寂,故名涅槃。涅槃無異證者,有異就證者,故有四涅槃。"其中的"涅槃"底卷皆作"卅"形,占二格位置;而且倒數第二、第三兩個"涅槃"底卷只作一個"卅",而於上下二"卅"下各加一重文符號(如圖 21 所示),表示此處"涅槃"當重複。"卅"也應是獨立的"涅""槃"二字。這種獨自成字的"涅""槃"的簡俗字大約是"涅槃"合文"卅"的先導環節。

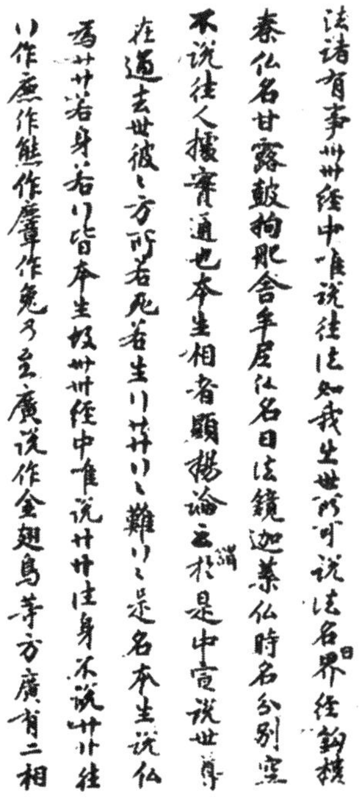

圖 20　北 6206《法華經玄贊第四》 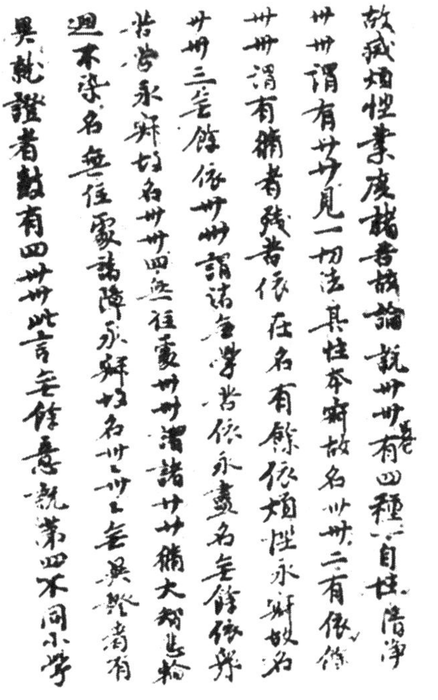　　圖 21　俄弗 167《金剛般若經義疏》

【卅】

也是"涅槃"的合文。如伯 2045 號《五更轉》:"善惡不思即無念,無念無思是卅。"又伯 3099 號《悉曇頌》:"生死卅不合渡,愛河逆上不留住。"後例"卅"伯 2212 號作"涅盤"("盤""槃"古本一字,且音譯字多無定字)。又斯 4474 號《張安三父子敬造佛堂功德記》:"先用資益過往亡靈神生净土,見佛聞法,永離三途八難,超昇 卌 彼岸。"其中的"卌"《敦煌碑銘讚輯釋》頁 317 録作"菩薩",誤①。

"卌"或"卌"又有變體寫作"卌"或"卌"的。如伯 2991 號《莫高窟塑畫功德讚文》:"修六波羅蜜,救度塵[□]之河;行四無量心,身登 卌 之岸。"伯 2133 號《金剛般若波羅蜜經講經文》:"言六種心者,……弟五不住生死 卌 心。"又云:"不揀四生兼六類,盡得無餘證 卌。"《敦煌變文集》於次例"弟五不住生死 卌 心"句下校云:"原'卌',據《金剛經》文爲'涅槃'二字。"(頁 448 注〈19〉)甚是。《敦煌文物隨筆·敦煌學新記》把伯 2991 號例"卌"録作"菩薩"(頁 275),當誤。"涅槃"寫作"卌""卌""卌""卌"等形,大概也是比照"菩薩"作"卅"而産生的純記號字。

【乞】

斯 2630 號《唐太宗入冥記》有"唐天子太宗皇帝李 乞 生魂"句,其中的掃描字原卷約占一格半位置(圖 22)。《敦煌變文字義通釋》謂"乞"是"厶乙"的合文。伯 3633 號《龍泉神劍歌》,作者署名"大宰相江東吏部尚書臣張 乞 撰進",其中的掃描字原卷約占一格位置(圖 23),王重民《敦煌遺書論文集·金山國墜事零拾》録作"壘"(頁 95),非是。按:上揭掃描字究竟係合文還是兩個獨立的字其實是兩可的。斯 4673 號背《懺悔文》:"今日今侍(時),對十方諸佛前,十二部經前,虛空善神邊,厶乙和尚邊,見前大衆邊,發露懺悔。"其中的"厶乙"二字原卷分寫,占兩格位置(圖 24),則顯然是兩個字。大概兩個字爲其較早形式,但由於其筆畫簡單,豎寫時占用空間較少,故後來有合二而一的傾向。

《文物》1998 年第 6 期載甘肅寧縣博物館張馳《甘肅寧縣發現後周買地券》一文,其買地券録文有云:"維大周顯德二年,歲次乙卯十二月乙丑朔二日丙寅,亡人劉□合爲身亡,宜(?)於寧州定安縣神福鄉龐村人户張敬思邊買得闕地一所,謹用錢帛交付訖。"查該文所附圖版,其中的缺字原文作"乞"(圖 25),

---

① 斯 2614 號《大目乾連冥間救母變文》:"當時[説]此經時,有八万 卌,八万僧、八万優婆塞,……作禮圍遶,歡喜信受奉行。"其中的"卌"則確乎當作"菩薩",該文的另一寫卷北 7707(盈 76)號背正作"菩薩"。但"菩薩"寫作"卌"其例未廣,當是"卅"之誤書。

正是"厶乙"二字的合文。

圖 22　斯 2630《唐太宗入冥記》

圖 23　伯 3633《龍泉神劍歌》

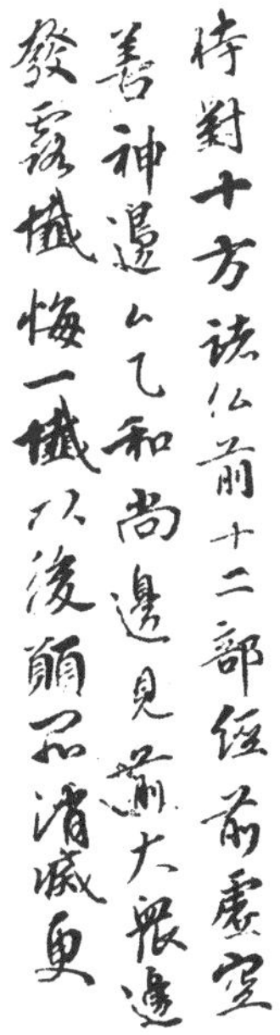

圖 24　斯 4673 背《懺悔文》

圖 25　後周顯德二年劉某乙買地券

除了上述合文以外，敦煌卷子中還常見"營""廿""卅""卌"等合文（分別代表"營田""二十""三十""四十"），限於篇幅，這裏就不一一介紹了。

第七章 敦煌俗字形成的幾種趨勢

在上一章中,我們舉例討論了敦煌俗字構成的八種基本方法,或者說敦煌俗字的八種類型,但并沒有把所有的敦煌俗字都包容在這八種類型之中。在這一章中,我們主要是想從敦煌俗字形成的大趨勢上繼續討論這一問題,并對上一章未能談到的問題作一些補充。本章要討論的問題有三個:一、類化;二、簡化;三、繁化。

一、類化

文字書寫時不免發生偏旁類化的現象。如這幾年有一個頗爲時髦的新詞——傢俬(亦作"家俬"),可是連收字最多的《漢語大字典》中也查不到"俬"字。其實"傢俬"本只作"家私",原指家產及日用器物之屬①。後來"家"字因受"傢俱""傢什""傢伙"②等的影響,增旁作"傢";而"私"字又受"傢"字的影響,亦類化增旁寫作"俬"("傢俬"既已流行,大陸地區的人因習用"家"字,因此亦有寫作"家俬"的)。像這種因類化而使偏旁與其他字趨於一致的現象,文字學上稱爲"類化法",由之產生的漢字就是"類化字"。類化是俗字產生的重要途徑。敦煌卷子中類化字特別發達,下面分四個方面加以討論:

(一) 受上下文影響的類化

文字因受上下文影響,而使本不一致的偏旁趨於一致,這是最爲常見的一種類化現象。例如:

---

① 明李翊《俗呼小録·世俗語音》:"器用曰家生,一曰家火,又曰家私。"
② "傢俱"的"俱"、"傢伙"的"伙"亦爲類化增旁字。

【趁迏】

伯2962號《張義潮變文》："其賊不敢拒敵,即乃奔走。仆射遂號令三軍,便須追逐。行經一千里已來,直到退渾國内,方始趁迏。"考字書"迏"字有大走、走貌等義,均與文義不合。其實這裏的"迏"即"迖"字,文中因與"趁"字連用,遂類化換旁作"迏"。《敦煌變文集》卷四《降魔變文》："天仙空裏散名花,讚唄之聲相趁迖。"(頁382)字正作"趁迖"。"趁迖"意爲追上、追及①,正與文義密合。

【餬餅】

俄弗365號《妙法蓮華經講經文》："恰似爐中餬餅,喫來滿口馨香。"按慧琳《一切經音義》卷六二《根本說一切有部毗奈耶雜事律》第五卷"糕餅"條音義引《釋名》亦有"餬餅"一稱(頁2490),而傳本《釋名·釋飲食》作"胡餅",云："胡餅,作之大漫沍也,亦言以胡麻著上也。"(頁203—204)宋黄朝英《靖康緗素雜記》卷二云："市井有鬻胡餅者,不曉名之所謂,乃易其名爲爐餅,則又誤也。案《晉書》云:王長文在市中嚙胡餅。又《肅宗實録》云:楊國忠自入市,衣袖中盛胡餅。安可易'胡'爲'爐'也?蓋胡餅者,以北人所常食而得名也。"(頁13)是"胡餅"因"胡麻"或"胡人"而得名。其作"餬餅"者,"餬"即"胡"字涉"餅"字類化而增加食旁耳。同卷下文："若問最好是上州,胡餅爐間滿市頭。"又伯2049號《後唐同光三年(925)沙州淨土寺直歲保護手下諸色入破曆算會牒》："麥壹㪷,轉麥日買胡餅用。麥壹㪷,初算日買胡餅用。"正作"胡餅"。

【馺騋】

敦煌寫本《太子成道經》《八相變》等篇經常出現"馺騋"一詞。如伯2999號《太子成道經》："大王問(聞)知,遂遣車匿被(備)馺騋白馬,遣太子觀看。"又云："太子聞唤,便遣車匿被(備)馺騋,便擬往於雪山。""馺"字又寫作"朱"。如同卷："(太子)處分車匿,來晨被與(備於)朱騋[白]馬,亦往觀看。"又北8437(雲24)號《八相變》："宮人並總睡著,只留車匿醒悟,被(備)得朱駿白馬,牽來直近階前。"按:"騋"爲"駿"的俗字(參看第六章第二節),末例"駿"則爲"駿"的

---

① 參看蔣禮鴻師《敦煌變文字義通釋》該條,頁155。

形近誤字。"騄騉""朱騉"哪個對呢？《敦煌變文集》卷四載錄上揭寫卷，於"騄騉"無校，"朱騉"則皆校作"騄騉"。其實"朱騉"纔是這個詞的本來面貌。"朱騉(駿)"指馬的紅色頸毛，"朱騉白馬"古指神馬。南朝梁孫柔之《瑞應圖·白馬朱鬣》："明王在上，則白馬朱鬣見。"（頁 30）"朱駿"猶"朱鬣"。"騄"是"朱"的類化俗字，因受"騉"的影響，遂類化增旁作"騄"。伯 2483 號《五更轉》："二更深，五百個力士睡昏沉，遮取黃羊及車匿，朱鬃白馬同一心。""鬃"同"鬣"，亦即"駿"，"朱"字沒有被類化，可以比觀。

【岑崈】

伯 3048 號《醜女緣起》："岑崈踽踽如龜鱉，渾身又似野豬皮。"按："岑崈"即"穹崈"。《玉篇·穴部》："穹，高也。"（頁 226）《文選》司馬相如《長門賦》："正殿塊以造天兮，鬱並起而穹崈。"李善注："穹崈，高貌。"（卷 16 頁 8）"穹"字本已從穴旁以表意，但因與"崈"字連文，遂類化增旁作"岑"，以與"崈"在構形上取得一致。

【咦嗟】

斯 2614 號《大目乾連冥間救母變文》："目連聞語，啼哭咦嗟向前。"按："咦"即"咨"字，涉"嗟"字類化，使原來的上聲下形結構變爲左形右聲結構，從而在形式上與"嗟"字趨於一致。

以上五例，第一例是類化改換偏旁，二至四例是類化增加偏旁，後一例是類化導致偏旁易位。類化後的字，在形式上便與上下文顯得更爲協調一致了。這一類的類化，主要涉及表意的偏旁的改換、增加或位置的變化，大抵上還是符合六書的造字原則的。但偶爾也會發生丟形得聲或丟聲得形的類化，從而導致原字字形結構的破壞。例如：

【外姓】

斯 328 號《伍子胥變文》："子胥有兩個外姓——子安、子永。"其中的"外姓"伯 2794 號作"㛊甥"，"㛊"即"外"字，涉"甥"字類化而增加男旁。但"甥"怎麼又會寫作"姓"呢？考《龍龕手鏡·生部》有"姓"字，注云："音外。"（頁 187）近人羅振玉《龍龕手鏡跋》云："考姓字從外生，臆斷其文，當是甥字別體，此注音外,疑未必然。"①按:"外甥"連文,"甥"字因受"外"字的影響,形旁"男"被"外"字取代,便可寫作"甥";反之,"外"字受"甥"字的影響,類化增加"生"旁,則可寫作"㽵"②。所以同是由"生""外"合成的"甥"或"㽵",不妨一身而兼二職:既可是"外"的類化字,亦可是"甥"的類化字。《龍龕手鏡》以"㽵"字音"外",雖未見實際用例,然理或如然。羅氏臆斷其文,雖有上揭變文寫卷作證,卻未必可靠。不過無論是"外"的類化字,還是"甥"的類化字,"甥"或"㽵"的字形結構都是和六書的造字原則格格不入的。

【鵝䳆】

北 7707(盈 76)號背《大目乾連冥間救母變文》:"清涼屈曲遶池流,鵝䳆鴛鴦狀(狀?)涙涙。"按:"䳆"字斯 2614 號作"鴨","䳆"即"鴨"字,文中涉"鵝"字類化偏旁。但"鴨"失去的是原來表意的偏旁"鳥",得到的卻是既不表聲又不表意思的"我"。類化字"䳆"的結構用傳統的六書也是無法解釋的。

【閈浮】

伯 3375 號《歡喜國王緣》:"今朝到此,來報大王,伏望不戀閈浮,求生天上。"按《龍龕手鏡·門部》:"閈,下文作閻(閻)字,在《中阿含》第十九卷。"(頁92)這就是說,《中阿含經》第十九卷把"閻"字寫作了"閈"。上揭寫卷的"閈"亦正是"閻"字。"閻"字從門、臽聲,怎麼會變成"閈"或"閈"呢?顯然這也得從類化上找原因。"閻浮"為佛典中的習用詞,因受"浮"字的影響,"閻"字的聲旁"臽"被"浮"字或"浮"字的聲旁"孚"所取代,便寫成了"閈"或"閈"。當然,類化字"閈"或"閈"從六書的角度也是無法得到解釋的。

受上下文影響的類化并不限於詞的內部,有時一個詞組,甚至一個句子中也會發生類化的現象。如伯 3812 號《胡笳十八拍》之十七:"馬飢䮷雪食草根,人渴敲冰飲流水。"按《廣韻·覺韻》:"䮶,獸名,似馬,一角。䮷,同上。"(頁379)作為獸名的"䮷"與詩義無涉,不可取。其實詩中的"䮷"當作"跑"(伯 2845 號正作"跑"),詩中因受上文"馬"字類化,遂改從馬旁。"跑"指獸類用腳刨地。

---

① 文載《面城精舍雜文乙編》,臺北文華出版公司 1970 年版《羅雪堂先生全集三編》,第 1 冊頁 111。
② "外甥"古亦或寫作"外生","甥"或"㽵"也可能是由"外生"增旁所致。

《西京雜記》卷四:"滕公駕至東都門,馬鳴跼不肯前,以足跑地久之。"(該卷頁二)是其義。又如下面的例子:

【閤】

伯2564號《齖䶗新婦文》:"夫齖䶗新婦者,本自天生,鬪脣閤舌,務在喧争。""鬪"是"鬭"的俗字,見《干禄字書》。俗書"鬥"旁多寫從"門"旁。"閤"字《説文》云"門旁户也。从門,合聲"(頁248),而與文義無涉。有的先生因校"閤"爲"嗑"①,疑非其當。其實這個"閤"即"合"字,文中涉上文"鬪"字而類化增旁作"閤"②。"鬪脣合舌"指相争鬪嘴,"合""鬪"互文同義。南唐劉崇遠《金華子雜編》卷上:"俄而判官孔振裘攘袂,厲聲曰:'韓三十五老大漢,向同年覓一副使,而更學鬪脣合舌!'瑄掀髯而起,饌席遂散。"(頁10)正有"鬪脣合舌"一語,是其切證。伯3211號《王梵志詩·家中漸漸貧》:"東家能涅舌,西家好合鬪。""合鬪"爲同義並用,可以參觀。

(二)受構形法影響的類化

漢字有一種最普通的結構——形聲字。每字可分爲兩部分:一部分是形旁,跟全字的意義有關;另一部分是聲旁,跟全字的讀音有關。由於漢字的絶大多數是形聲字,人們的心目中無形之中就形成了一種"形聲化"的潛意識,覺得一個字總該有個形符繞對,於是往往用類推的方法,給没有形旁的字加上一個形旁;原有形旁而不容易辨認的,重複亦所不恤。這是漢字類化的另一種表現。我們在第六章第一節談到增加表意的偏旁時,所舉的許多例子,其實就是這種類化的産物,這裏不再重複。下面再舉兩個例子:

【釰】

斯2614號《大目乾連冥間救母變文》:"女卧鐵牀釘釘身,男抱銅柱胸壞爛,鐵鑽長交(教)利鋒釰,饞牙快似如錐鑽。"在第六章第二節,我們曾經指出"釰"俗書用作"劍"的俗字。但上例的"釰"并非"劍"字,而是"刃"的增旁俗字。

---

① 見周紹良先生《讀變文札記》,文載《敦煌語言文學研究》,北京大學出版社1988年版。
② 參看拙作《敦煌變文校讀釋例》,文載《杭州大學學報》1987年第1期;項楚師《敦煌變文選注》頁790。

《龍龕手鏡·金部》:"釰,音刃,劍刃也。"(頁 17)其實就是"刃"的俗字。據《説文》,"刃"本是"象刀有刃之形"(頁 93),無需其他偏旁而其意已足。但因爲"刃"與金屬相涉,故俗書亦按形聲字的原則類化增旁作"釰",形式上就成了從金、刃聲的形聲字。"刃"增繁作"釰"戰國楚簡帛和馬王堆帛書已見,來源甚古。

【縠】

伯 3079 號《維摩詰經講經文》:"輕羅拭體,吐異種之馨香;薄縠掛身,曳殊常之翠彩。"按:"縠"(原卷無中下部"糸"上的一橫畫,爲俗書省筆)當即"縠"字。"縠"字本已從糸旁,但由於這表意的偏旁是躲藏在原字的左下側,於義不顯,於是俗書便再加一糸旁,看起來就成了從糸、縠聲的形聲字。

(三) 受形近字影響的類化

甲與乙原本也許是互不相關的兩個字,但由於在字形構造上有某種相似的成分,甲字受了乙字的影響,本來相似卻不相同的成分往往會趨於一致。這是類化的另一種表現。例如:

【槼】

斯 4578 號《望月婆羅門》詞:"錫杖槼天關,明珠四畔懸。"伯 3666 號《燕子賦》:"燕子單貧,造得一宅,乃被雀兒強槼。"按《干禄字書》:"槼奪:上俗下正。"(頁 60)"槼"又爲"槼"的增筆俗字。"奪"字下部本該從"寸",但因受"集"字的同化,所以俗書變而從"木"。《山海經·西山經》:"(翼望之山)有獸焉,其狀如貍,一目而三尾,名曰讙,其音如槼百聲。"晉郭璞注:"言其能作百種物聲也。"郝懿行箋疏:"(奪)蓋形近誤作槼也。"(卷二頁二三)郝懿行校"槼"作"奪"是正確的。但形誤字爲大衆所普遍認同而進入流通領域,就成爲俗字了,而未必是傳録時形近致誤。

【莽】

伯 3666 號《燕子賦》:"更被枷禁不休,於身有阿莽好處?"伯 2653 號《燕子賦》:"如今會遭者莽赤(敕)推①,總是者黑嫗兒作祖。"按:"莽"爲"莽"的俗字

---

① "者"字原卷作"夜",兹從伯 2491 號校改。

(上舉二例中皆通"没"),見《干禄字書》。據《説文》,"莽"本是從犬在草中,一般人認爲"弃"不成字,而其字形又與"奔"相近,遂同化作"奔"。

(四)字的内部類化

類化的現象,并不僅限於不同的字或詞之間,有時同一字内部也會發生類化。例如:

【羑】

伯3418號《王梵志詩·童子得出家》:"平明欲稀粥,食手調羑臚。"伯3718號《閻勝全寫真讚并序》:"均羑感衆,勇絶飛馳,藴葛亮之深謀,負陳安之趫捷。"按:"羑"爲"羹"的俗字。《五經文字》卷上:"羹羹:上《説文》,下經典相承隸省。"(頁10)"羹"字從羔從美("羔""美"上部均從羊,下部則有"火""大"之别)。"美"字俗書或作"羙",亦作"羑",敦煌寫本中均屬習見。斯388號《字樣》殘卷:"羙,從大或火。""羙"即"美"字。慧琳《一切經音義》卷十《理趣般若經》音義:"美,《説文》從羊從大,經從父作羙(羑),非也。"(頁397)所以"羹"字所從的"美"俗書可寫作"羑",而上部"羔"又與"美"的俗書"羙"趨於同形,遂亦受下部"羑"的類化而寫作"羑",於是"羹"便變作了"羑"。

【朋】

斯276號《靈州史和尚因緣記》:"韓朋初聞截耳,何不逃形?"伯2054號《十二時》:"命親鄰,屈朋友,撫掌高歌飲醴酎。"按:掃描字爲"朋"的俗字。前例《敦煌遺書總目索引》録作"鵬",誤。敦煌寫卷中"朋"字多書作"用"形(例見第三章第一節)。而"朋"又是"用"受"朋"字的影響而形成的類化俗字。

【需】

斯388號《正名要録》"本音雖同,字義各别例":"須需,並待;繻,帛。"伯4638號《曹夫人宋氏邈真讚并序》:"治理官閨,謀孫探四儒之術。"伯2173號《御注金剛般若波羅蜜經宣演》卷上:"洒凝睿思,暢述儒道。"斯3950號《妙法蓮華經》卷一:"諸佛滅度已,若人善濡心,如是諸衆生,皆已成佛道。"按《龍龕手鏡·而部》云:"需,俗;需,正。"(頁189)又《干禄字書》:"儒儒:上通下正。"(頁19)《龍龕手鏡·水部》:"濡,俗;濡,正。"(頁226)敦煌卷子中"需"旁多寫作

"需",上揭引例"繻""儒""濡"即分別爲"繻""儒""濡"的俗字。《隸釋》卷八《衛尉衡方碑》:"君之烈祖,少以濡術,安貧樂道。"洪适跋:"碑以濡爲儒。"(頁 90—91)"濡"即"濡"字,文中通作"儒"。據此,則"需"旁作"需"東漢以來已然。據《説文》,"需"字從雨、而聲,俗書作"需",當是涉聲旁而類化。

【䐉】

伯 3595 號《蘇武李陵執别詞》:"酌别酒於路傍,按離琴而(於)䐉上。"伯 2633 號《酒賦》:"入凝凍,香滿室,紅地盧(爐),相厭䐉。"按:掃描字皆爲"膝"之俗字。"膝"字從肉、桼聲,俗字或作"脉"(漢碑已見,敦煌卷子中亦多見),又作"膝"(參看《碑别字新編》頁 333)。敦煌卷子中作"䐉"當是涉"脉"或"膝"("來"俗書作"来")類化的結果。

類化產生的漢字(特別是受上下文影響產生的類化字),有的只出現於特定的語境,後來事過境遷,也就失去了繼續存在的土壤,因而曇花一現,很快便消失了。但也有的類化字由於字形上存在某種合理性,產生後被人們認同和接受,從而進入了流通領域。如上面所舉的"餬餅"的"餬","鋒釰"的"釰","強龔"的"龔",後來都曾在一定範圍内流通過。又如俄弗 101 號《維摩碎金》:"汝各心中酙酌取,盡呈虚幻一場空。"按:"酙酌"即"斟酌","斟"字涉"酌"字而類化偏旁。"斟"本從斗、甚聲,"酌"字從酉、勺聲,類化的結果是"斟"丟聲而得形,成了從酉、從斗的會意字。由於"酙"字從酉從斗與其字義密合,合於字理,於是約定俗成,便成爲俗字被後人所接受。玄應《一切經音義》卷十四《四分律》第十四卷"斟酌"條音義稱"斟"字"律文作酙,未聞也"。又《龍龕手鏡·酉部》:"酙,俗,音針,正作斟。"(頁 309)可見類化字"酙"當時已進入流通領域而被社會所承認。後來一些刻本或寫本古書中也沿用了這一俗字。如清彭孫貽《茗齋集》(《四部叢刊續編》影印手寫本)七言古詩《渭臣弟以病斷酒長歌調之》:"入椀旋驚虎魄生,開瓶已透穠香走。酙滿長墳滴乳花,膏凝不滑流涎口。"其中的"酙"即"斟"的俗字,詩中已脱離與"酌"連用的語境,但仍寫從"酉"旁,説明該字業已約定俗成,成爲普通俗字了。

二、簡化

通俗性是俗字的根本特性之一。而這種通俗性在很大程度上又是通過形體簡化體現出來的。形體簡化是古今漢字形體演變的主流,也是俗字產生的重要途徑。敦煌卷子是簡體俗字的淵藪。我們今天使用的簡化字,許多都可以在敦煌卷子中見到它們的踪迹。關於形體簡化的方式,我們在上一章關於俗字類型的討論中已經提到過多種,如省略表意的偏旁,省略表聲的偏旁,改旁便寫,改用形體較爲簡單的聲旁,等等,都與形體簡化有關。這裏可以補充的是:

(一)用簡筆代替繁筆

有的偏旁筆畫繁複,不便於書寫,俗書往往改用較爲簡便的筆畫。例如:

【黽 黾】

伯4638號《陰處士碑》:"深基禮迹,爲後代之孫;切示筌繩,富將來之嫡。"伯3211號《王梵志詩·世間何物貴》:"廣貪長命財,纏繩短命鬼。"伯4010號《李端公諱明振墓誌銘》:"猗歟哲人,世嗣羣官;珪繩于佩,嚴而不殘。"伯4638號《陰處士碑》又云:"念兹在兹,是吾術內,僶諸俛矣,爾則爲之。"按:前三個掃描字皆爲"繩"的俗字(《干祿字書》稱"繩"通俗作"繩",《龍龕手鏡·糸部》又云俗作"繩、繩",右旁寫法略有差異),後一個掃描字則爲"僶"的俗字。敦煌寫卷"黽"旁多書作"黾"或"黾"形。"黽"字曲來折去,字形繁複,俗書簡省作"黾"或"黾",則簡捷得多了。

(二)省略某些相同的或非主要的構件

有的漢字本身有兩個或兩個以上相同或相近的構件,俗書往往把這種相同或相近的構件加以合併,省略其中的一部分。例如:

【纔】

伯2418號《父母恩重經講經文》:"纔擬交(教)招便氣築天,試伴約束懷嗔怒。"又云:"纔始安排交(教)仕宦,等閑早被使頭嗔。"又云:"男女成長已後,各須仕宦、經營,纔出他州,母心相逐。"《敦煌變文集》卷五迻錄該文,其中前二例掃描字校錄作"纔",後一例掃描字則錄作"總"。其實這三個字都是"纔"的俗字。俗書"兔"旁與"免"不分,"免"俗書往往寫作"兌",所以"纔"右下部所從的"兔"俗書可作"兌";而右上部的"毚"又被"兌"類化,於是"纔"右部便寫成了兩個上下重疊的"兌"形。伯3286號《十二時》:"雞鳴丑,曙色纔能分户牖,富者高眠醉夢中,貧者已向塵中走。"其中的掃描字即"纔"字。"纔"右部兩個上下疊壓的"兑"省略其一,便成了"锐"或"锐"。

【讎】

伯 3821 號《十二時行孝文》:"夜半子,干將造劍國無二,臣劍安在木松間,爲父報讎不惜死。"又云:"日昳未,荆軻報讎燕太子。"按《龍龕手鏡・隹部》:"讎,或作;讎,今:市流反,匹也,仇也。二。"(頁 148)"讎"本是從言、雔聲,俗書則把其中的一個"隹"略去了右半。《字彙補》以"讎"爲"讎"字"省文"(頁 241),是也。

有的漢字構件比較紛雜,俗書往往會把那種看起來不太重要的構件加以省略。對此,我們在第六章第一節談到俗書省略表意的偏旁和省略表聲的偏旁時都已有舉證,這裏就不再贅述了。

(三) 符號代替

符號代替是簡省筆畫的一種有效方法,因而在俗文字中應用極廣。在敦煌卷子中,常用的簡省符號有以下幾個:

【文】如"學"作"斈","覺"作"竟","齊"作"斉","齋"作"斋","舉"作"荦",其中的"文"皆爲簡省符號。

【米】如"齋"作"斋","斷"作"断","繼"作"继",等等,其中的"米"皆爲簡省符號。

【丷】如"歸"作"帰","臥"作"卧","臨"作"临",等等,其中的"丷"皆爲簡省符號。

(四) 草書楷化

草書楷化是簡體俗字的重要來源之一。如"言"旁作"讠",就是草書楷化的產物。此外如敦煌卷子中經見的"門"俗作"门"、"卒"作"卆"、"身"俗作"丿"、"定"俗作"之"、"安"俗作"安"等等,都與草書楷化有關。上文討論符號代替的簡省方法,所謂的簡省符號"米""丷"等,追本厥初,其實也與草書楷化有關。只是後來約定俗成,人們直接把它們當作一個簡省部件來使用,於是便脱離書體而獨立了。

三、繁化

如上所説,形體簡化是古今漢字形體演變的主流,也是俗文字的主流。但俗字作爲整個文字系統的一個組成部分,作爲語言的輔助工具的一部分,也必須遵循文字音義明確、便於理解的原則,所以俗文字在字形簡化的同時,也有大量繁化的現象;俗字裏面既有許多簡化字,也有大量繁化字。歷代俗字如此,敦煌俗字也是如此。至於俗字形體繁化的方式,上一章已有所述及,此外還包括:

(一) 增加筆畫

增加筆畫形成的俗字敦煌卷子中比比皆是,數量十分龐大。增加筆畫的原因,約有如下三端:

1. 區別形近的字

如敦煌卷子中"土"字或"土"旁大多加點寫作"圡",大概就是爲了區別於形近的"士"。《隸辨》卷三云:"'土'本無點,諸碑'士'或作'圡',故加點以别之。"(頁94)俄弗109號《押座文》:"山上有廟獨孤魂,地圡靈祇諸聖者。"又斯2073號《廬山遠公話》:"遂於佛殿前,將紫雲毫神筆,啓告十方諸佛如來、圡地靈祇,咸願證知。"其中的"圡"即是"土"的增點俗字,可是有人卻把它們分别録作"藏"和"立"①,顯然是錯誤的。

2. 受其他字影響

斯4332號《菩薩蠻》詞:"枕前發盡千般願,要休且待青山爛。"津藝38號《華嚴經》卷十七:"脩菩薩行,未曾休息。"伯2011號《刊謬補缺切韻·尤韻》:"休,許尤反,止。俗作加點作㣧,謬。"俗作字右上部的點圖版本不明顯,但《鉅宋广韻》本條標目字作俗字"㣧",可證俗字應有點。"㣧"字六朝碑刻已見。"休"加點作"㣧"當是受"术"字的影響。又如敦煌卷子中"奪"字多作"奪","奢"字多作"奢",其上部的"大"字兩側加點可能是受"寮""僚""燎"等字的影響;"拔"字多作"拨",其上增撇可能是受"夭"字的影響;"夭"字多作"夭",增撇增點可能又是受"拔"等字的影響。《敦煌歌辭總編》卷三《失調名·當身無敵》:"塞上曾經提劍,河邊幾度彎弓。"原書校記謂原本"劍"上一字殘,僅存"扌"旁(頁697—698)。其實"劍"上一字原卷(斯289號)作"㧞"形,字形大體

---

① 分别見《敦煌變文論文録》頁811、《敦煌變文集》頁170。

可辨。"拔"即"拔"的增撇字。原錄作"提",臆改不可從。

3. 由於書寫習慣或字形的整體協調的影響

如敦煌卷子中"支"字多加點作"支"、"披"字多加點作"披"、"民"字多加點作"民",可能都與書寫習慣有關。至於"索"字增筆作"縈"、"私"字增筆作"私"、"巧"字增筆作"巧",則當與字形的整體協調有關。古人(尤其是書法家)講究字形的均稱茂密,平穩方正,所以常常增加飾筆,以迎合人們這方面的審美要求。

這裏我們順便討論一下"京"的俗字"京"。"京"字漢碑中已見用例,敦煌寫卷中則凡"京"字大抵皆寫作"京"。如伯 2553 號《王昭君變文》:"身殁於蕃裏,魂兮豈忘京華。"甚而"京"旁亦多作"京"。如伯 2962 號《張義潮變文》:"諸川吐蕃兵馬還來劫掠沙州。""掠"即"掠"字。考《漢語大字典》"京"字下引《康熙字典》云:"京字《字彙》不載,韻書無考,《正韻·十一先》收原、遼,亦闕京。《正字通》強增以爲京即原字,不知京、京古通假。"(頁 285)按:《正字通》以"京"即"原"字,自屬大謬,無庸置辨;《康熙字典》以爲"京""京"古通假,其說悠謬,亦難據信。其實"京"即"京"的增筆字,中間的"口"增畫作"曰",可能是受景、杲、原等字的影響。伯 2011 號《刊謬補缺切韻·庚韻》:"京,通俗作京。"《干祿字書》:"京京:上通下正。"(頁 31)《九經字樣》:"京,從高省,就字從之。作京,訛。"(頁 41)王仁昫、顏元孫、唐玄度三家對"京"的定性雖不盡相同,但以"京"即"京"字則完全一致(注意:顏元孫所謂的"通"指通俗行用之字)。可見這是一個古人早已解決的問題。《正字通》《康熙字典》卻又別出枝節,可謂荒謬;《漢語大字典》竟又加以引用,殆亦有失別擇了。

(二) 改用常見的偏旁造成繁化

俗書常常把那些罕見的,生僻的偏旁改爲形近的、常見的偏旁,這種改動的結果通常是使字形繁化。例如:

【遷】

伯 4615 號背《索崇恩和尚修功德記》:"曾皇祖恪,前唐安西通海鎮將軍……改遷遊擊大將軍。"按《龍龕手鏡·辵部》:"遷,俗;遷,正。"(頁 488)"遷"字所從的聲旁比較生僻,俗書改作"零",則習見得多了,但字形卻繁化了。

改用常見的偏旁而造成字形繁化的現象,可參看本章第一節(三)受形近字影響的類化。

(三) 據俗體回改造成繁化

古書既多俗寫,於是就有人加以回改。有因回改不當而造成字形繁化的。例如:

【㮟】

伯 3373 號《歸西方讚》:"盡(晝)夜勤須念彼佛,極樂逍遥坐寶臺。"伯 3716 號《晏子賦》:"使者晏子,極甚醜陋。"按《五經文字》卷上木部:"極,作㮟訛。"(頁 2)上揭寫卷的掃描字即"㮟"的變體。俗書"木"旁"扌"旁不分,故"極"字俗書多改從"扌"旁。至於"極"右下部的一横畫變作四點,當與俚俗據俗書回改有關。俗書四點多寫作一横畫。如斯 388 號《正名要録》"各依脚注"類"烏烏"二字下注"一畫",實即"烏鳥"二字俗寫。而"極"字下部實爲一横畫,俚俗卻誤以爲四點俗書加以回改,因而造成字形繁化。

【宊】

伯 4638 號《大番故敦煌郡莫高窟陰處士公修功德記》:"鵲鴿羽翼,禦侮同來;四鳥安巢,齊聲未去。"伯 3644 號《長安辭》:"長安帝德誰恩報,萬國歸朝拜聖君。"斯 2614 號《大目乾連冥間救母變文》卷末題記:"貞明柒年辛巳歲四月十六日浄土寺學郎薛安俊寫。"按:上揭掃描字皆爲"安"的俗字。這個字看起來似乎是上穴下女,其實不然。竊謂此字當是上宀下女,而"女"實即"安"的俗字。敦煌卷子中"安"多作此形。"宊"當是因俗字"女"而又受正字"安"影響而産生的俗體。

附按:《龍龕手鏡·宀部》:"㚇,俗;叜,正:蘇走反,老一也。今俗作叟字。"(頁 156)"叜"俗寫作"㚇",當是寫字的人誤以爲"叜"字下部的"又"爲"火"的重文,因加回改造成的。《唐五代韻書集存》下册影印《唐寫本唐韻》去聲宥韻:"瘦=損。亦作瘦。所祐反。"(頁 677)其中的標目字即"瘦"的俗體,其訛變軌迹與"㚇"字同。

第八章 敦煌俗字辨識方法論

  臺灣敦煌學家林聰明先生曾經指出：
  在敦煌文書中，俗寫文字隨處可見。由於俗字的結構，大多與正字差異懸殊，並且有其時代特性，以致後人頗難辨認，成爲閱讀文書的重大障礙；甚至常有穿鑿臆測，强爲解説，乖違失真之事；然則認識俗字，乃爲研治文書的要務。（《敦煌文書學》卷首《序例·四》，頁3）
  王重民先生在談到敦煌文書的校理時也説："校釋文字，最是難事。以羅氏父子之精於六朝三唐碑版別字，而釋佀爲捉①；以劉半農先生之提倡通俗文學，而將人所共知項羽自刎於烏江之烏江，誤作'鳥江'②。"③可見辨識敦煌俗字確實不是一件容易的事。以致有的學者提出，在利用敦煌文書資料以前，必須先"由精於中國文字學，特別是敦煌漢文卷册所有的文字"的飽學之士，"將其加以徹底與通盤的校録"④。這當然是一個很好的主意。但這一工作不是三天兩天和三人兩人所能夠完成的。在没有這樣的校録本以前，研究者所面對的仍然只能是充斥着俗字別體的寫卷原文。爲了能真正讀懂寫卷原文，也爲了在引録校理時少犯錯誤，這就需要研究者自己動手對俗字作一番認真的辨析

---

① "捉"蓋"促"的誤植。羅振玉《敦煌零拾》據日本狩野直喜抄本載録《季布歌》，其中"莫惜百金促買取""君促送僕朝門下""座中促説東齊事"等句中的"促"原卷斯540號皆作"佀"，實爲"但"的俗字，羅書作"促"，誤。
② 劉復《敦煌掇瑣》上輯載伯2747號《捉季布傳文》，其中"項羽烏江自刎"的"烏"乃"烏"字之誤録。原卷作"烏"不誤；伯3697號作"𪉢"，乃"烏"的俗字。
③ 《敦煌古籍敘録》卷五集部《捉季布傳文》，頁344。
④ 陳祚龍《敦煌學海探珠》上册《唐太宗登極前後之文治與武功》一文語，頁192。

和研究。在這種辨析和研究的過程中,筆者以爲以下的幾點是可以供大家參考的:

一、審辨字形

俗字是人們在長期的書寫過程中約定俗成的產物,通常是固定的,有規律可尋的。就敦煌俗字而言,其構成大致不會越出上文所説的十一種類型。這樣,我們就有可能根據這些規律對每一個俗字加以比定和作出合理的説明。當然,由於人們書寫習慣的差别或者偶然的因素,同樣的一個俗字在不同人的筆下或者同一個人在不同的時間卻會寫成不完全一致的形體。這就需要我們在掌握基本形體的前提下,通過審辨字形等手段,去求得正字,化難知爲易知。如:

例一,伯5032號《甲申年(984)二月廿日渠人轉帖》:"今緣水次逼近,切要通底河口,人各鍬钁一事,白刺三束、枝兩束、㭟一笙,帖至,限今月廿二日卯時於票子口頭取齊。"同卷《四月十七日渠人轉帖》:"今緣水次逼近,切要修治沙渠口,人各樫壹束,白刺壹束,柒尺㭟壹笙。"又伯4017號《渠人轉帖》:"今緣水次逼斤(近),切要通底河口,人各枝兩束,{亭}白刺壹{不}束、㭟兩笙、鍬钁一事。"伯3412號《壬午年(982)五月十五日渠人轉帖》:"今緣水次逼近,要通底河口,人各鍬钁壹事,白刺壹束、樫壹束、㭟壹笙(莖)。"其中的掃描字《敦煌社會經濟文獻真迹釋録》第1輯前一例録作"捸",後三例録作"掘",編者於前一例下出校記云:"捸,就是掘。見蔣禮鴻著:《敦煌變文字義通釋》頁103(泉按:1988年增訂本爲頁140)。以下均徑寫掘,不再注。"(頁404)

今按:敦煌卷子中"捸"確有用作"掘"的(説詳下),但上述各例釋讀作"掘"卻説不通。其實上揭掃描字并非"掘"字,而是"橛"的俗字。"橛"俗書從木入土會意作"㭟"。《龍龕手鏡·木部》:"㭟,古文,其月反,木入土也。今作橛。"(頁386)"㭟"即"㭟"字。斯4373號《癸酉年(913或973)六月至八月磑户董流達園磑諸色破曆》:"樫十五束,枝廿口(束),㭟十七笙,上頭修大渠(闡)用。"又云:"枝十五束,㭟拾笙,上頭修渠(闡)用。"又伯2838號《唐中和四年(884)上座比丘尼體圓等諸色斛斗入破曆算會牒》:"粟兩碩捌斗,買白刺兩車、枝四車用。麥壹碩肆斗、粟柒斗,買㭟十五笙用。"又云:"麥陸碩貳斗,買㭟卅一笙用。"其中的掃描字即"㭟"或其加點字"㭟",亦即"橛"的俗字,上揭《敦煌社會經濟文獻真迹釋録》俱徑録作"掘",亦誤。俗書木旁與扌旁不分,入旁人旁亦不分①,而土旁又多增點作"圡",所以"桢"字又變體書作"拴"或"捈"形。斯5157號《大般涅槃經》卷二五:"譬如有人安拴於空,終不得住。"其中的掃描字亦爲"橛"的俗字,《中華大藏經》影印金藏廣勝寺本正作"橛",可以參證。只要我們把握住"桢"這個基本字形以及俗書偏旁變換的規律,就不難透過字形的迷障而得其本真了。從意義上來看,"橛"字或作"橜",即短木樁;"笙"或"莖"是敦煌文獻中常見的表示細長之物的量詞;"橛壹笙""橛兩笙"即短木樁壹根、兩根。"橛"和上揭各例中的"樫""白刺""枝"等都是修治河渠時打樁築堤用的材料。伯5032號《甲申年(984)二月廿九日渠人轉帖》:"今緣水次逼近,切要修治瀉口,人各白刺五束、壁木叁笙,各長五尺、六尺,鍬钁一事。""壁木"疑當作"檗木",即黃檗,質地堅硬,讓渠人們帶上"壁(檗)木叁笙"大概也是作爲打樁之用,即此也可證明前揭"拴"和"捈"形掃描字校定作"橛"是正確的。伯3501號《後周顯德五年(958)押衙安員進等牒》:"今月[十]六日城東園蓋舍拴壹拾肆筳(莖),西宅拴玖筳(莖)。"其中的"拴"即"桢"字,亦即"橛",係用作構建房舍的木料。《廣雅‧釋宮》:"橛,杙也。"王念孫疏證:"凡木形之直而短者謂之橛。"(頁214)是其義。

至於"拴"用作"掘",敦煌寫本伯2653號《韓朋賦》、斯427號《禪門十二時》等卷皆有用例(原本俱作"拴"形)。但這種用法的"拴"仍應是"桢(橛)"的俗字,不過臨時借用作"掘"或"撅"罷了("橛"和"撅""掘"古書通用。伯5957號《某寺諸色入破曆算會牒》:"粟叁□、□□斗,已上充修油梁掘木及迎醜娘破用。"其中的"掘"則當讀作"橛")。或者可以説用作"掘"的"拴"是比照"橛"作"桢"而產生的俗字②。因其義異而異其形,這正是俗書的特點。但不管怎樣,都應該是先有"桢(橛)"而後纔有"拴(掘)"。

---

① 《敦煌變文集》卷五《維摩詰經講經文》(斯3872):"是身如毒蛇,如怨賊,如空聚,陰界諸人(入)所共合成。"(頁587)原校:"'入'字據《維摩詰經》改。"(頁588)即其一例。
② 《龍龕手鏡‧手部》:"拴,俗,其月反,正作拴。"(頁217)標目字和注文中的"正"字同形,當有一誤。疑"正"字當作"桢"。"桢"字《龍龕手鏡》音"其月反",正與"拴"字同音。而"掘"字《龍龕手鏡》音"渠物反",反切用字不同。有人認爲《龍龕手鏡》的"拴"是指"掘"的俗字,恐不確。《龍龕手鏡‧水部》有"洼"字,爲"滲"的俗字(從水入土會意),其造字結構與"桢"字相類,可以比勘。

又按:本文草成,偶檢慧琳《一切經音義》,該書多次提到"栓"字。如卷二六《涅槃經》第二十六卷音義云:"橛,有作拴,俗字,後世濫行,非正體也。"(頁1020,"拴"當是"栓"字之誤)又卷三五《蘇悉地經》音義:"橛,經作栓,非也。"(頁1424)卷三六《金剛頂經曼殊室利五字心經》音義:"橛者,若鐵若竹若木纖之以釘地及牆壁,《古今正字》從木、厥聲,經作栓,云木入土爲橛。是天后朝時有人偽造進奉,尋以停廢,不堪行用。"(頁1455)"拴""栓"亦即"栓"字。這就把"栓"的來歷說清楚了。據此,則"栓"爲"橛"之俗字便更無疑義了。

例二,《敦煌歌辭總編》卷五《五更轉·七夕相望》:"諸女綵樓畔,燒取玉爐煙。不知牽牛在那邊,望得眼睛穿。"原書校記云:"'諸'原寫'愼',俟校。饒編作'煩','煩女'不辭!衛譯注爲'頻'訂作'嬪',入矢《補錄》同,指爲侍女,不可。"①(頁1225—1237)

今按:"愼"字字書不載,各家或校作"煩",或校作"頻(嬪)",或校作"諸",誠可謂紛如聚訟者。其實,從字形上看,這個字應該就是"貞"的增旁字。貞者忠貞、專貞,義與心相涉,俗書因即增加心旁作"愼"。俗書每有據字義贅增偏旁之例(參看第六章第一節)。寫卷抄手給那個思念牛郎"望得眼睛穿"的貞女加上一個心旁作"愼",以示其心之專貞不貳,可謂恰到好處。無獨有偶,宋洪适《隸釋》卷八《郎中馬江碑》亦有"愼"字,其文云:"夫人宛句曹氏,終溫淑愼,咸曰女師。"(頁95)清顧藹吉《隸辨》載"愼"字於卷五"疑字"下,而云"疑即貞字,加心於旁。……未詳所出"(頁196)。這個"愼"顯然也是"貞"的增旁俗字,而用不着什麽"出"處。時不分古今,上揭二例寫字人的時代雖然不同,但同樣把"貞"寫作"愼"的心理大概是相通的。

例三,斯2073號《廬山遠公話》:"是日遠公由(猶)如臨崖枯木,再得逢春;亦似鉤𨦜之魚,蒙放卻歸江海。"其中的"𨦜"字未見辭書載列,《敦煌變文集》錄作"錮",而校"鉤錮"爲"溝洫"(頁191)。該書校記中云:"'鉤錮',向達以爲'溝壑',王重民以爲'溝洫'。"(頁195)

今按:"𨦜""錮"形音皆殊,《敦煌變文集》錄"𨦜"爲"錮",臆改無據。字形迻錄既不準確,那麽由此作出的考訂自然就更不足據信了。從字形上看,我們

---

① "饒編"指饒宗頤《敦煌曲》;"衛譯"指英國衛萊譯《五更轉·七夕相望》一文;"入矢《補錄》"指日本入矢義高《敦煌定格聯章曲子補錄》。

認爲"䤚"當是"綱"的偏旁類化字（受"鉤"字影響而易"糸"爲"金"），而"綱"又爲"網"的俗字（説詳第五章第十節）①。《龍龕手鏡·金部》："鋼，音罔。"（頁16）可洪《新集藏經音義隨函録》第捌册《觀佛三昧海經》第五卷音義："鐵鋼，音綱。"（頁847）這個音"罔"或"綱（網）"的字當亦即"網"的俗字，後書"鐵鋼"《大正藏》本經文相應位置出"五百億鐵網地獄"句，字正作"網"，可證。故"鉤䤚"即"鉤網"。"鉤""網"皆爲捕魚之工具，"鉤網之魚"意指已被捕捉的魚，切於文意。

這裏我們順便討論一下第二章第一節提到的"長袖"。斯1897號《後梁龍德四年張某甲雇工契》："春衣壹對，長袖并襌皮鞋一量。"（《敦煌資料》第1輯頁33斷句如上）俗書從衤從礻不分，故文中三個從礻旁的字都可比定爲從衤旁。但第五字則無論從衤從礻都不見字書載録，這是個什麼字呢？根據前一章所説俗書偏旁類化的規律，我們認爲"裏"即"長"的增旁字。文中因受前面的"春衣"和後面"袖（袖）"等字的影響，遂類化增旁寫作"裏"。故原文當校讀作："春衣壹對，長袖，并襌；皮鞋一量。""長袖"是對"春衣壹對"的補充説明。伯2415號《乙酉年乾元寺僧寶香雇百姓鄧仵子契》："每月斷作雇價麥粟壹馱……春依（衣）長袖一，并襴袴一腰，皮鞋一量。"所述與前揭斯1897號雇工契相當，而字正作"長袖"，是其切證。又伯3410號《崇恩處分遺物憑據》云："崇恩亡後衣服……赤黃綿壯袴壹腰，京褐夾長袖壹。"亦有"長袖"一詞。

二、類比例句

先師郭在貽教授在談及俗語詞研究的方法時，曾經這樣説過：

> 俗語詞研究必須建立在歸納語言材料的基礎上，在歸納的基礎上進行比較，在比較的基礎上進行推勘。（《訓詁學》頁166）

這段話不但爲俗語詞的研究指明了方向，對俗字研究來説同樣具有指導性的意義。有許多俗字，在單文隻字的情況下是很難作出確切的判斷的。有時即使根據上下文義猜出某字可能是某字的俗字，但如果問一個爲什麼，則往往仍説不出一個所以然來。這時就需要花一些歸納類比的功夫，把同一類型的俗字材料搜集排列在一起，然後加以比較和推勘，纔能作出準確的判斷和合

---

① "鋼"當作"網"，先師郭在貽師與黃征及筆者合著之《敦煌變文集校議》已發之，頁137。

乎情理的説明。具體説來,這種類比例句的工作可以包括以下兩種類型:

(一)把出現相同或相近形體的俗字材料排比在一起,據以推定其正字

例四,伯3532號《慧超往五天竺國傳》:"道路雖有足賊,取物即放,亦不傷殺;如若悋物,即有損也。"其中的掃描字字形不太明晰,不易辨認,有人把它録作"慎"①,那大概是想當然的産物。但我們試類比如下的語言材料,似不難得出結論:斯2199號《尼靈惠遺書》:"靈惠只有家生婢子一名——威娘,留與姪女潘娘,更無房資。靈惠遷變之日,一仰姪女潘娘葬送營辦。已後更不許諸親恡護。"斯2614號《大目乾連冥間救母變文》:"及其羅卜去後,母生慳悋之心,所囑咐資財,並私隱匿。"又云:"青提夫人雖遭地獄之苦,慳貪久(究)竟未除,見兒將得飯鉢來,望風即生忺惜。"斯2717號王無競《君子有所思行》詩:"自矜青春日,王(玉)顏忺容光。"其中的掃描字,前一例《敦煌遺書總目索引》録作"恢"(頁153),次二例《敦煌變文集》分別録作"忺(悋)""悋"(頁714、741),後一例王重民先生《補全唐詩》録作"忺",校記云:"俞(平伯)云:'"忺"乃"悋"之簡體,即"悋、吝"。'劉(盼遂)云:'當作"怯"。'"(《全唐詩外編》頁10)對這些例句進行考察推敲,我們覺得《敦煌變文集》的校録和俞平伯先生的考斷是正確的。我們試用"吝"去替代上揭掃描字,上述各例無不允當妥洽,文義順適,這説明這一推斷是正確的。再從字形上來看,"吝"字俗書增旁作"悋",又變作"怪"("吝"俗作"㐫",見《干禄字書》,"怪"是"悋""㐫"交互影響的産物);"怪"又簡省作"忺"。《齊比丘惠瑗造像》"吝"字作"怪"(《碑別字新編》頁120),"忺""怪"一也②。上揭各掃描字又分別爲"怪"或"忺"手寫之變。可見把上揭掃描字定作"吝"的俗字,從字形演變的角度來看也是合情合理的。

例五,《敦煌歌辭總編》卷五白居易《十二時·行孝文》:"人定亥,父母年高須保愛。但能行孝向尊親,喜得揚名於後代。"(頁1302)原書校記云:原本"喜"寫"忞"(頁1306)。筆者在一篇文章中曾對此提出不同意見,認爲"忞"當是"忝"的訛變字,而後者則即"亦"的俗字③。

今按:"忞"(原卷伯3821號實作"忞")"喜"形音皆大遠,任書臆改作

---

① 見《敦煌地理文書彙輯校注》頁202。
② 比較"怪"字又寫作"性","有"字又寫作"肙",等等。"又""ナ"都是篆文"ヨ"隸變後的産物。
③ 見《試論敦煌寫卷俗文字研究之意義》,敦煌研究院1990年敦煌學國際學術會議論文。

"喜",自難令人信服。拙見定作"亦"字,乍看倒是言之成理。但一排比相近字形的俗字材料,問題就出來了:斯5440號《捉季布傳文》:"君但送僕朝門下,必得加官品位新。"又伯3833號《王梵志詩·少年何必好》:"少年何必好,老去何須嗔。"同卷《負恩必須酬》:"負恩必須酬,施恩慎勿索。"又斯1835號《失名書》:"(前缺)媚之語,多悦貌而會;忠謇正直之言,必倒心而逆。"斯5574號《碁經》:"有五三子者,必不可救,慎勿救之。"這些例句中的掃描字,都應當是"必"字的俗寫。"必"字中間的一點和一撇手寫時往往連書,於是便寫成了上面的樣子。前揭伯3821號寫卷的"必",顯然是"必"字俗寫的又一種變體。把"必"比定作"必",正與文意密合。這個例子說明,審辨字形應結合類比例句進行,否則易於犯主觀臆測的錯誤。

例六,斯289號《李存惠逸真讚并序》:"善乘鞍馬,弓開而猿玃先啼;頗曉陣圖,施設而縱擒自在。"其中的掃描字《敦煌碑銘讚輯釋》錄作"猴"(頁549),意安,但缺乏校勘上的根據。於是我們注意搜集相關的俗字資料,發現"瞿"或"矍"一類的偏旁其上部的兩"目"俗書往往寫作"羽"或"ヨヨ"形,如《敦煌變文集》卷三《下女夫詞》:"至堆詩:彼處無瓦礫,何故生此堆①? 不假用鍬钁,且借玉䂎(杷)摧(推)。"(頁276)其中的"钁"底卷伯3350號作"钁",爲"钁"字俗寫,而"钁"又即"钁"的俗字②。《龍龕手鏡·金部》:"钁,其俱反,兵器,戟屬也。"(頁13)這個字則爲"钁"的俗字。據此我們認爲前揭寫卷的"玃"當是"玃"的俗字。《説文·犬部》:"玃,母猴也。"(頁205,段注於"母猴"前增"大"字)亦泛指一般的猴子。故"猿玃"意即猿猴,形義皆安。

又斯6551號《佛説阿彌陀經講經文》:"他家浄土人端正,釋迦世界瘦吒嗟。"後句是該文校勘中的一大難點。項楚師謂"釋迦"當作"娑婆",甚是。又"瘦"字項楚師認爲是"瘦"字的形譌③,亦是。根據上文歸納的材料,我們認爲"瘦"即"瘦"字,而"瘦"又是"瘦"的簡體俗字。這一推斷又可由如下的俗字材料得到證明:斯4571號《維摩詰經講經文》:"啼樹晚鶯同助哭,語簷秋燕共添哀。"伯3079號《維摩詰經講經文》:"琵琶弦上弄春鶯,簫笛管中弄錦鳳。"其中

---

① "此"字原錄作"北",兹據各寫卷正。
② 敦煌卷子中"钁"字多寫作"钁"。本章第一節例一所引寫卷例句中的"钁",皆是"钁"的俗字。
③ 見《〈敦煌變文集〉校記散錄》,文載《敦煌文學叢考》頁418。

的掃描字爲"鶊"的俗字。《龍龕手鏡·鳥部》:"鶊,俗,鶊,正:烏耕反,黄一也。"(頁285)又伯4508號唐太宗《温泉銘》:"朕以憂勞積慮,風疾屢嬰。"末字爲"嬰"字俗書。據此,可以推知"嬰"旁上部的雙"貝"俗書可變作雙"目"(作雙"日"又爲其變體)。所以"瘻"字俗書當可寫作"瘻"。《龍龕手鏡·疒部》"瘻"寫作"瘻"(頁472),可以比勘。

(二)把含義或作用相當的詞或句子排比在一起,據以推定其正字

例七,斯6537號《立社條件(樣式)》:"不守嚴條,非理作鬧,大者罰醲䐃一席,少者決仗(杖)十三。"同卷又一篇:"上下有此之輩,大(決)丈(杖)十七,[罰]醲䐃一筵。"其中的掃描字可楷定作"醲䐃",然其字皆未見字書所載,其義云何,殊爲費解。但試比較以下的語言材料,則不難找到答案:伯3720號《某甲等謹立社條(樣式)》:"上下有此之輩,決丈(杖)七下,[罰]膿膩一延(筵)。"伯4525號《宋太平興國七年(982)二月立社》:"若有小輩啾唧,不聽大小者,仍罰膿膩一筵。"其中的"膿膩"與前揭寫卷中的"醲䐃"處於相同的位置,是"醲䐃"當即"膿膩"。據《説文·酉部》:"醲,厚酒也。从酉,農聲。"(頁312)又肉部:"膩,上肥也。从肉,貳聲。"(頁90)"醲"當是"醲"的形訛字,而"䐃"則是"膩"的偏旁類化字。"醲膩""膿膩"同義(《釋名·釋形體》:"膿,醲也,汁醲厚也。"頁104),蓋好酒好肉之謂。寫卷中借以指代上等的酒席。《淮南子·主術訓》:"肥醲甘脆,非不美也。"(卷九頁十七)伯2054號《十二時》:"喫腥羶,飲醲酒,業壯(?)癡心難化誘。"皆可参。

例八,伯3564號《莫高窟功德記》:"(願清等)見積古靈龕壹所,並乃摧壞。……遂使虔誠懇意,抽搣資賄……當命巧匠,遍覓良材,不計多年,便成[窟]簷。"又莫高窟第220窟甬道北壁發願文:"潯陽翟奉達抽搣□貧之財,敬畫新樣大聖文殊師利菩薩一軀。"按:以上二例都出現了"抽搣"一詞。考《説文·手部》云:"搣,摇也。"徐鉉注:"今別作撼。"(頁255)是"搣"即"撼"的本字,而與文義無涉。那麼文中的"搣"又是什麼字呢?於是我們便搜集與之相關的例句,進行比較研究。請看:伯4040號《修文巷社再緝上祖蘭若標畫兩廊大聖功德讚并序》:"厥有修文巷社敦煌者壽王忠信……等計四十捌人,抽減各己之財,造斯功德。"又斯4553號《大通方廣經》卷上令狐妃仁題記:"大隋仁壽三年二月十四日,清信女令狐妃仁發心減割衣資之分,敬寫《大乘方廣經》一部。"斯1317號《大般涅槃經》卷一道濬題記:"寶定四年六月戊子朔廿五壬午,比丘道

濬減割衣資之餘,敬寫《涅槃經》壹部。"斯 4571 號《維摩詰經講經文》:"贖香錢減兩三文,買笑銀潘七八挺。"上述例句中的"抽減""減割""減"所起作用與"抽搣"相當,據此,我們可以推定"抽搣"就是"抽減","搣"就是"減"的換旁俗字。"減"謂把自己的錢財拿出來救濟別人或用於慈善事業①。因爲"減"表示動作,俗書遂易旁從手作"搣"(前揭二例中的"搣"也可以説是"減"受"抽"的影響產生的偏旁類化俗字)。

斯 1529 號《華嚴經》卷四九袁敬姿題記:"開皇十七年四月一日,清信優婆夷袁敬姿謹搣身口之費,敬造此經一部。"斯 2527、6650、4520 號《華嚴經》卷九、卷三十、卷四七之末亦有内容相當的題記,其中的"搣"亦爲"減"的俗字。

三、比勘異文

我們在第四章第三節曾經説過,敦煌文獻中内容重複的卷子很多。如《妙法蓮華經》有七八千個卷子,《大般若波羅蜜多經》《金剛般若波羅蜜經》《大般涅槃經》《金光明最勝王經》等也都有數千個卷子,一些世俗文獻往往也有重複的卷子,如《孔子項託相問書》有十四個卷子,《大目乾連冥間救母變文》有十個卷子,等等;有些文獻本身原來又有不同的寫本或刻本流傳於世。這些不同抄本、刻本的文字、内容都可能會有不同程度的差異。如本書第六章第八節曾舉過的伯 3099 號《悉曇頌》:"生死𣵡不合渡,愛河逆上不留住。"其中的"𣵡"伯 2212 號作"涅槃"。用校勘學的術語來説,這叫做異文。通過這種異文的比勘,一些原本艱於辨識的疑難俗字往往可以找到令人滿意的答案。如:

例九,《敦煌社會經濟文獻真迹釋録》第 4 輯載録伯 3720 號《唐大中五年(851)賜贈洪辯、悟真等告身》:"(洪辯、悟真等)心惟可嘉,跋頍勞止,宜酬節義之劾,或將(泉按:"將"當讀作"獎")道途之勤。"(頁 29)其中的"跋頍"二字費解。查原卷,"跋"字本作"𧿨"形,仍不可識。考同一寫卷載有上揭告身的另一抄本,其中"跋頍"作"跡頍"(後字《敦煌社會經濟文獻真迹釋録》逕録作"頍",頁 33)。據此,我們可以推定"𧿨"當是"跡"的俗字。我們在第六章第四節曾經説過,"亦"字俗書或作"夵""夵"等形,而"亦"旁從之。伯 2814 號《後唐天成年代都頭安進通狀》:"乃覰古𧿨,神廟圮坼,毀壞年深。""𧿨"即"跡"的俗字。又

---

① 參看《敦煌變文字義通釋》"分減"條,頁 198。

《碑別字新編》載《魏慈香造像》等碑刻"跡"字右旁寫作"朩"形（頁266），可參。前揭伯3720卷的"𨁓"，顯然就是"跡"字俗寫的變體（下部爲四點連書）。至於"跡"後的字，當是"頗"字俗訛。故原文當作"跡頗勞止"。"勞止"語出《詩經·大雅·民勞》篇，辛勞、辛苦之意，"跡頗勞止"與上句"心惟可嘉"儷偶，文義順適。

例十，斯289號《報慈母十恩德》："弟一懷𨈢守護恩。"同樣的詞句又見於伯2418號《父母恩重經講經文》、斯2204號《父母恩重讚》等數十個卷子。其中的"懷𨈢"或校作"懷胎"①，或校作"懷躬"②，或校作"懷擔"③，可謂衆説紛紜。後來我們發現上述宣傳父母十恩德的通俗文學作品都是根據《佛説父母恩重經》演繹的④。敦煌寫本伯3919號《佛説父母恩重經》云："父母恩德有其十種……一者懷擔守護恩，二者臨産受苦恩……"兩相對照，可知"懷𨈢"就是"懷擔"，"𨈢"爲"躭"的俗書，而"躭"則就是"擔"的俗字（參看第一章第三節）。台圖32號《盂蘭盆經講經文》："第一懷擔守護恩，十月之中常負重。"字亦正作"懷擔"。由於我們找到了"懷𨈢守護恩"一語的老祖宗，校"𨈢"爲"擔"，其正確性就是無可懷疑的了。

例十一，《敦煌古籍敍錄》卷二史部伯3813號《晉書》下云："此殘卷存《載記》第十一卷尾二十四行，第十二《苻洪苻生等傳》百二十行……文字異同，則多較今本爲勝，兹校卷第十二以示例。……'車騎尚書令梁楞'，今本楞作楞。"（頁83—84）

按："楞"字原卷實作"𣖺"，此字未見《漢語大字典》等大型字書載錄，王重民先生指出今本《晉書》作"楞"，爲我們認識這個字提供了可貴的異文綫索。但他把該字當作寫本勝於今本的實例，卻未必妥當。一般來說，根據俗書偏旁類推的規律，"𣖺"字可以定爲"槾 màn"（參看第三章第一節）。但上揭寫卷中的"𣖺"我們認爲就是"楞"的俗字。伯2319號《大目乾連冥間救母變文》："手

---

① 《敦煌變文集》卷五載《父母恩重經講經文》兩種，把寫卷中的十數個"懷𨈢"皆臆改作"懷胎"。
② 見《敦煌歌辭總編》頁754。
③ 見郭師與筆者等合作之《關於敦煌變文整理校勘中的幾個問題》，載《古漢語研究》1988年創刊號。
④ 參見拙作《以父母十恩德爲主題的佛教文學藝術作品探源》，《原學》第2輯。

中放卻三㮝棒,臂上遥抛六舌叉。"俄弗 96 號《佛報恩經講經文》:"佛得道後十五年間,多居此山,廣説妙法,思益㮝伽等山。"北 8670(洪 62)號《榜題》:"毗㮝竭梨大王卻後七日當於身上瑑千鐵釘時。"其中的掃描字皆爲"楞"的俗字。伯 2011 號《刊謬補缺切韻·登韻》:"楞,盧登反,四方木。或作棱,通俗作㮝。"從字形演變的角度來看,"棱"爲《説文》本字,俗字作"楞"(從四方木會意),訛變作"㮝"或"㮨"(後字係據前字錯誤回改而來)。王仁昫以"㮨"作爲"棱"等的正字,誠有未妥,但卻説明當時人們確實常常把"棱"或"楞"寫作"㮝""㮨"等形。前揭伯 3813 號寫卷的"㮝",不過是"楞"俗書的又一變體罷了。所以寫卷的"梁㮝"實在就是今本《晉書》的"梁楞"。這也是異文比勘有助於辨識俗字的實例。

例十二,《敦煌研究》1992 年第 3 期杜愛英《敦煌遺書中俗體字的諸種類型》一文云:"抄寫者把佛字寫作伯,或者仏。《玉篇》説:'伯,私進切,古文信。'《龍龕手鏡》也説:'伯,古文信。'但是,在卷子中伯決不是信的古文,而是佛字的俗體字。……舉例:伯 惟食喪祭,辜伯明誼。(斯 799)"

按:敦煌寫卷中"佛"字或寫作"仏",可謂人所共知;但寫作"伯",則爲杜氏此文所始發。查斯 799 號卷子爲《尚書》殘卷,起《泰誓》,迄《武成》,杜文所引見《武成》篇,其原文是這樣的:"重民五教,惟食喪祭。憛伯明誼,崇德報功。"第三句首字爲"憛"字古文,杜録作"辜",誤;次字"伯"則是"信"字古文,而決不是"佛"的俗體字。寫卷第三句下有注云:"使天下厚行信,顯忠義。""行信"二字正是對"伯"字的解釋。今本《尚書》該句作"憛信明義",更其確證。如果杜先生在下筆前能把上揭寫本《尚書》和今本《尚書》比勘一下,恐怕就不至於把"伯"斷作"佛"的俗體字了。

附按:《説文·人部》:"佛,見不審也。"(頁 163)其用爲佛陀(Buddha)的簡稱是東漢以後佛教傳入後的事。顯然,這種含義的"佛"也絕不可能在《尚書》中出現。

四、佐證文獻

古代的字典辭書以及其他一些語文著作,記載或保存着豐富的漢語俗字資料。舉其要者,如北齊顏之推的《顏氏家訓》、唐顏元孫的《干禄字書》、唐玄度的《九經字樣》、張參的《五經文字》、玄應及慧琳的《一切經音義》、後晉可洪的《新集藏經音義隨函錄》、宋郭忠恕的《佩觿》、張有的《復古編》、孫奕的《履齋示兒編》、元周伯琦的《六書正訛》、李文仲的《字鑑》、明方以智的《通雅》、梅膺祚的《字彙》、張自烈的《正字通》、今人秦公的《碑別字新編》，以及日本釋空海（公元 774 至 835 年）的《篆隸萬象名義》、太田辰夫的《唐宋俗字譜》等等。而其尤要者，則爲遼釋行均所編《龍龕手鏡》，對此，我們將在下文闢專章介紹，此不詳敘。此外，敦煌遺書中也有一些記錄或辨析俗字的著作，説已見第二章第二節，這裏不再重複。由於後者更貼近敦煌寫本產生的地區和時代，因而利用它們來辨識敦煌俗字自然也就更親切，更可靠。總之，古代文獻中保存的漢語俗字資料是很豐富的，值得我們珍視并善加利用。下面就舉幾個憑藉文獻資料來考辨敦煌俗字的實例，以見其一斑。如：

例十三，《敦煌地理文書彙輯校注》載伯 3532 號《慧超往五天竺國傳》："又山中有一寺，名那揭羅馱娜。有一漢僧，於此寺身亡。彼大德説從中天來，明閒三藏聖教，將欲還鄉，忽然逵和便即化矣。"（頁 204）

按："逵"字原卷作"违"，此字未見於《漢語大字典》等大型字書，辨識非易。查斯 388 號《正名要録》"正行者正體，脚注訛俗"類"違"下脚注"违"。又《龍龕手鏡·辵部》："逵，音違。"亦即"違"字。據此，可知"违和"即"違和"，"违"爲"違"的俗字。"違和"爲得病之意（其後當施逗號），正與文意密合。

例十四，《敦煌碁經箋證》載斯 5574 號《碁經》："交軍兩競，停戰審觀。弱者抧之，嬴者先擊。"原書注云："'抧'，與此形似的字有五。《碁經》中凡木字旁均寫作挑手旁（扌）。以此類推，'抧'可作'枚'、'板'、'扳'、'柡'、'救'。按全句文義推斷，'枚'、'板'、'扳'三字，用於此處均不可解。'柡'意爲'安定'、'安撫'，講得通。但從《碁經》後文所附梁武帝《碁評要略》中出現的同一字形'救'來推測，則釋作'救'字，義勝。"（頁 84）

按："弱者抧之"的"抧"原卷作"衩"，左部字形在"衤"與"木"之間，上書録作提手旁是不準確的（該書第 35 頁則録作"枚"）①。考《龍龕手鏡·衣部》云："衩，舊藏作救。"（頁 107）又 衤部云："衩，舊藏作救。"（頁 112）此謂佛經舊藏有

---

① 該卷後面載《碁病法》云："何謂二不詳？一謂下子無理，任急速；二謂抧死形勢不足。"末句"抧"寫卷確是作提手旁。此外該卷"救"字還出現了多次，但皆不作俗體。原書稱該卷所載梁武帝《碁評要略》有"同一字形"，不確。

把"救"字寫作"攽"或"攷"的。明乎此,則上揭《碁經》寫卷的"㪻"爲"救"的俗寫殆可無疑,作"敉""扳""枚""扟"都是不可取的。伯 3048 號《醜女緣起》:"多少内人噴水㪻,須臾始得卻醒蘇。"其中的"㪻"也是"救"的俗寫,可以比勘。假如《敦煌碁經箋證》的作者能直接引用《龍龕手鏡》的書證,恐怕就不用費那麽大的周折了。

例十五,《敦煌變文集》卷六《大目乾連冥間救母變文》:"其阿鼻地獄⋯⋯鐵杷䟃眼,赤血西流;銅叉剗腰,白膏東引。碎肉迸濺於四門之外,凝血滂沛於獄壚之畔。"(頁 731)

按:這個和"四門"相對的"獄壚"指什麽?爲什麽凝血會滂沛於"獄壚"之畔?細細琢磨,不能令人無疑。查上述引文唯一的底卷斯 2614 號,"壚"字本作"壚"。其實這個字并非"壚"字,而是"牆"的俗字。斯 388 號《正名要録》"字形雖別,音義是同,古而典者居上,今而要者在居下"類"牆"的今而要者爲"墻";《干禄字書》云"牆"字俗作"墻"(頁 29);《龍龕手鏡·土部》云"牆"俗作"壚、壚、塔"(頁 246)。上揭斯 2614 號寫本的"壚",顯然就是"牆"字俗書的又一變體。斯刻本 1 號《故圓鑒大師二十四孝押座文》:"若是弟兄争在户,必招隣里闇遷壚。"其中的"壚"也是"牆"的俗字,可以比勘。上引《大目乾連冥間救母變文》的原文是描述阿鼻地獄的血腥恐怖,"獄牆"與上句"四門"對偶,文義順適。在上述的考證過程中,《龍龕手鏡》等字書所提供的綫索無疑起了關鍵的作用。

例十六,我們在上文例八所引莫高窟第 220 窟甬道北壁發願文有"敬畫新揉大聖文殊師利菩薩一軀"一語,其中的"揉"字《漢語大字典》不載,殊爲費解。項楚師指出當是"樣"的俗字,意安,但缺乏文獻佐證。後檢《龍龕手鏡·手部》云:"揉,俗;搛,正:余亮反,楷模,拭(式)一也。二。"(頁 214)乃知"揉"爲"搛"的俗字,而"搛"又爲"樣"的俗字。《干禄字書》:"搛樣:上通下正。"(頁 55)俗書"木"旁與"扌"旁不分(上引《龍龕手鏡》"楷模"二字原書即從"扌"作),故"樣"變體作"揉"。得此二證,則"揉"爲"樣"之俗字便可無疑了。

五、審察文義

審察文義也是考辨俗字的重要手段。俗字常常會發生與其他字同形的情況,如"兩"之與"雨"、"瓜"之與"爪"、"短"之與"矩"、"商"之與"商",等等,俗書每多混用不分(通常是前一字寫作後一字的形狀)。俗字又常常有一身兼任二職甚或三職、四職的情況,如"莽"字既可用作"莽"的俗字(見伯3666號《燕子賦》等,亦見《干祿字書》),又可用作"奔"的俗字(見伯2648號《捉季布傳文》等)。在這種情況下,審察文義的重要性就更爲明顯了。試看以下三例:

例十七,伯3532號《慧超往五天竺國傳》:"又從波斯國北行十日入山至大寔國。彼王不住本國,見向小拂臨國住也。爲打得彼國,彼國復居山島,處所極牢,爲此就彼。"其中的"牢"字羅振玉《敦煌石室遺書·慧超往五天竺國殘卷》迻錄作"罕"(《羅雪堂先生全集三編》頁2093);《敦煌地理文書彙輯校注》同(頁209)。

按:"罕""牢"形近,俗書書"罕"作後者之形,確有可能。《隸釋》卷三《楚相孫叔敖碑》:"自曹臧、孤竹、吳札、子罕之倫,不能驂也。"(頁38)伯2305號《妙法蓮華經講經文》:"我有蓮花中道經,世間之中應罕有。"其中的"罕""牢"皆爲"罕"的俗字,可參。但俗書又有寫"牢"作"牢"形的,其例《漢史晨奏銘》已見(《隸辨》頁52)。伯3718號《張良真生前寫真讚并序》:"此日仍充應管內外都牢城使。""牢"亦"牢"字。《干祿字書》:"牢牢:上俗下正。"(頁27)可參。那麼前揭伯3532號寫卷的"牢"爲"罕"字乎?抑或爲"牢"字乎?這就有賴於通過審察文義來裁斷了。從文意看,我們認爲後一種答案是更合適的。蓋爲小拂臨國依山傍海,形勢險要,易於防守,故云"處所極牢"也。羅振玉等錄作"罕",意不可通。

例十八,斯529號《失名行記》:"(某)遐遊江表,十有餘秋,凡睹聖迹,並皆抄錄。……名山一十八所,舍利塔十九所,祖師塔六所,尊宿山門一所,杲山五所,四絶寺四所。"《敦煌地理文書彙輯校注》錄上文,於"杲山五所"下注云:"杲山:地望待考。"(頁279)

按:"杲山"費解,疑"杲"當作"果"。俗書"果"字往往與"杲"相亂。如斯6551號《佛說阿彌陀經講經文》:"不但當來成佛杲,必應累劫罪山崩。"伯2204號《悉曇頌》:"萬事不起真無我,直進菩提離因杲。"斯1441號《患難月文》:"惟願日臨月滿,杲生奇異之神(人);母子平安,定無憂嗟之厄。"其中的"杲"皆爲"果"的俗字。後例《敦煌遺書總目索引》錄作"景"(頁137),臆改不可從。所以,前揭斯529號的"杲山"既可能是"杲(gǎo)山",也可能是"果山"。"杲(gǎo)山"費解,那麼剩下的選擇就是"果山"了。

例十九,伯 3776 號《雜集時要用字·天部》:"渭渭泫泫,露濕皃。"其中的"渭"字《敦煌音義匯考》定作"湨"的俗字(頁 760)。按《干禄字書》:"肙肙:上通下正。"(頁 18)又云:"絹緝:上俗下正。諸与緝同聲者並準此。"(頁 64)故"肙"旁"胥"旁俗書皆可寫作"肙"形。則上文"渭"字既可能爲"湨"的俗字,也可能爲"湑"的俗字,而其正確答案則有賴於據文義來裁斷。從文義看,我們認爲上揭"渭"應爲"湑"的俗字。《龍龕手鏡·水部》:"湑、渭,相居反,落也,又露皃也。"(頁 227)《詩·小雅·蓼蕭》"蓼彼蕭斯,零露湑兮"毛傳:"蕭,蒿也。湑湑然蕭上露貌。"(頁 420)"湑湑"正與寫卷注文"露濕皃"義合。《匯考》以"渭"爲"湨"字,雖亦合於字理,但與注文釋義不合,故不可從。

有必要指出,審察文義應和審辨字形、類比例句、比勘異文、佐證文獻等手段結合起來進行。否則,容易帶來主觀臆斷的弊端。

第九章 研究敦煌俗字應注意的幾個問題

敦煌文獻大抵是六朝以迄北宋初年的手寫本,它們湮埋一千多年,未經後代校刻竄亂,保存着當時寫本的原貌。作爲這樣一個特定歷史時期的特殊形態的文獻積存,這些文獻在語言文字上有以下幾個鮮明的特色:一、多佛典用語;二、多俗字、俗語詞;三、多用假借字;四、隸、楷、行、草並用。我們今天研究敦煌俗字,必須對這種語言特點有一個充分的了解。下面我們就根據上述綫索,就敦煌俗字研究中應該注意的幾個問題談一點不成熟的看法,不當之處,還祈方家教正。

一、諳熟佛教用語和俗語詞

明代學者楊慎《丹鉛續錄》卷三"阿堵"條下云:

> 凡觀一代書,須曉一代之語;觀一方書,須通一方之言。不爾,不得也。(頁61)

就敦煌文獻來說,這個"一代之語"和"一方之言"主要就是唐代前後的佛教用語和民間俗語詞。

敦煌文獻主要是佛教寺廟藏書,其中佛教文獻占了絕大部分;即使那些非佛教的部分,往往也摻雜着濃厚的佛教內容。同時,敦煌文獻又是"俗人"們的文獻。這些文獻的作者和傳抄者,主要是普通的僧侶、低級官吏和其他勞動人民,文獻使用的大抵是尋常百姓的口頭語言。所以,敦煌文獻中不但有大量唐代前後的佛教用語,而且還有許多"字面普通而義別"或"字面生澀而義晦"的俗語詞。而用來記錄這種佛教用語和俗語詞的又多是當時民間流行的通俗字體。於是,佛教用語、俗語詞披上了一層俗字的外衣,或者說俗字所表現的對象又是佛教用語或俗語詞,這樣無論是對佛教用語、俗語詞的訓釋還是對俗字的辨析,都增加了很大的困難,這就要求研究者於通曉俗字以外,還必須對俗字外衣遮蓋着的佛教用語、俗語詞有一個較準確的把握。否則俗字辨識就會遇到困難。如:

例一,《敦煌碑銘讚輯釋》載伯4638號《大番故敦煌郡莫高窟陰處士公修功德記》:"方欲去縲紲,將尋善友;念解脱,訪迹報崖。"(頁240)

按:"報崖"費解。查原卷,"報"字本作"投",實爲"投"的俗字①。俗書"殳"旁多作"夂"形,故"投"俗寫作"投"。伯2747號《捉季布傳文》:"若得片雲遮頂上,楚將投來總安存。"是其例。"投崖"是用佛本生故事。梁釋僧旻、寶唱等集《經律異相》卷三二《乾陀尸利國王太子投身餓虎遺骨起塔》:"乾陀尸利國王太子,不好榮華,栖遁山澤。時深谷底有一餓虎,新産一子。遇天降雪,虎母抱子已經三日不得求食,懼子凍死,守餓護子。雪落不息,母子飢困,喪命不久。母既飢逼,還欲噉子。時諸仙曰:誰能捨身救濟此者?太子曰:善哉,吾願果矣。往到崖頭,下向望視,見虎母抱子,爲雪所覆,生大悲心。……自投身虎前,虎母得食菩薩肉,母子俱活。時崖頭諸人望見太子爲虎所噉,骨肉狼藉,悲號大叫,聲動山中。"(《大正新修大藏經》卷53頁162)另外,唐義浄譯《金光明最勝王經·捨身品》、後魏慧覺等譯《賢愚經·摩訶薩埵以身施虎緣品》等佛典亦記有同一故事,惟情節略有不同。校者倘若知道這一出典,恐怕就不至於把"投崖"誤作"報崖"了。

例二,同上書載伯2641號《觀音院主釋道真修龕短句并序》:"觀音院主釋道真等十人,悟四大而無實,睹丘井以懸騰;慮[□]地以火風,恐強象而煎逼。"(頁515)原書於"騰"字無校。

按:"騰"當作"藤"。"藤"俗字作"藤"。如《敦煌變文集》卷四《降魔變文》:"亦有松樹參天,藤蘿萬段。"(頁382)斯2114號《醜女緣起》:"玉葉不生端正樹,金藤結朵野田花。"皆其例。前揭寫卷作"騰",顯然就是"藤"的省旁字。原文"悟四大"以下四句是用佛教典故。《翻譯名義集·增數譬喻》引《大集經》:"昔有一人,避二醉象(生死),緣藤(命根)入井(無常)。有黑白二鼠(日月)囓

---

① 伯4640號《陰處士碑》爲該篇的另一傳抄本,該本"投"字亦作"投",《敦煌碑銘讚輯釋》頁34錄作"投"不誤。

藤將斷,旁有四蛇欲螫(四大),下有三龍吐火,張爪拒之(三毒)。人仰望二象已臨井上,憂惱無託。忽有蜂過,遺蜜滴入口(五欲),是人唼蜜,全忘危懼。"(《大正新修大藏經》卷54頁1141,括號中的字爲原書所有)假如校錄者知道這個來龍去脈,則"騰"當作"薐(藤)"便不會有任何疑問了。

例三,《敦煌學海探珠》下冊《新校重訂唐代吐蕃統治瓜、沙期間當地釋衆事佛的幾種藝文》載斯2146號《行城文》(二):"我法王之利見也,大矣哉,故神降兜率,現影王城,觀妙色有苦(泉按:原卷作"若",當據正)於廱瘡,眩寶曆乃踰於宮闕。"原書校記云:"眩寶曆,原本作'骸寶住'。"(頁349)

按:原書校"骸寶住"爲"眩寶曆",但"眩寶曆"所指云何,校者卻没有交代。考原卷"住"字有塗改,似已改作"位"字;而"骸"字原卷實作"骸",這個字並非"骸"字,而是"猒"(今作"厭")的譌俗字。"猒"字俗書多作"猒"等形。如伯2305號《妙法蓮華經講經文》:"我非是今生修種,悟解累劫之中,猒幻此身⋯⋯"是其例。"猒"又爲"猒"的變體。故上述三字實當作"猒寶位"。該句是用悉達太子出家修道故事。伯2999號《太子成道經》:"長生(成)不戀世榮華,猒患王宫爲太子,捨卻輪王七寶位,夜半逾城願出家。"説的是同一件事,可參。校者不明佛典,又不知"猒"爲"猒"字俗誤,遂悍然改作"眩寶曆",而不知其義之不可通也。

例四,《敦煌變文集》卷五《維摩詰經講經文》:"蒙沾法雨,洗盪塵勞;得飲醍醐,頓消熱惱;以感千生之便,得漸萬善之恩。"(頁626)

按:該篇凡見於伯3079號、北圖光字94號兩個寫卷,其中的"漸"二本實皆作"慚"形。從字形上來看,這個字既可看作是從心、漸聲,也可看作是從忄、慙(慚)聲。如果是前者,則爲"慙"的俗字;如果是後者,則當是"漸"的俗字。《敦煌變文集》錄作"漸",顯然是選擇了後一種答案。其實前一種答案纔是正確的。因爲"慙"字唐代前後口語中多用作感謝義①,文中的"慚"與"感"字對文同義,正是感謝之意。伯2418號《父母恩重經講經文》:"皆慙乳哺多恩德,盡感懷躭足慙憐。"斯4571號《維摩詰經講經文》:"萬種隨心没感慙,纖毫爲(違)意嫌災横。"前例"慙""感"對文,後例"感慙"連文,"慙"亦猶"感"也。校者錄"慚"爲"漸",顯然與不明俗語詞有關。伯3618號《秋吟》:"滿面慚顏陳瑣薄。"其中

---

① 參看《敦煌變文字義通釋》"慚愧 慚 愧 媿"條,頁165。

的"憄"亦爲"憋"的俗字,可以比勘。不過後一個"憄(憋)"爲一般的憋愧義,和上文的"憋"含義不同。

例五,《敦煌學海探珠》下册《敦煌古鈔"凡節度使新受旌節儀"殘卷校釋》載伯3773號《凡節度使新受旌節儀》:"見天使之時,先問來日聖人萬福,後序寒冷,便衹邑,並馬作樂入城。在路不得下馬,旌節可入城門①。……左旌右節宣付了,相識天使,便令軍將參天使,一伴(泉按:"伴"當作"伴〈畔〉",說已見前)參賀序答,便衹邑。"原書於前一"衹邑"下按云:"'衹邑'當作'抵邑',行抵縣邑之謂也。"又於後一"衹邑"下云:"'衹邑',當作'抵邑'。"(頁260—262)

按:"衹"并非"抵"的譌字,而是"祇"的俗字。俗書"氐"旁或書作"互",故"祇"字俗作"衹"②。"邑"字原書定作"邑"是正確的("邑"即"邑"的俗字,漢碑中已見用例),但文中又爲"挹"的省旁借音字。"祇挹"猶"祇揖",指見面時向對方肅拜之禮,爲唐五代習見的俗語詞。北8437(雲24)號《八相變》:"大王屈請聖[仙]才,侵晨便到門守(首)來。廣排綺席花敷殿,共王衹撮(揖)上基階。"伯2319號《大目乾連冥間救母變文》:"大王既見目連入……連忙案後相衹挹。""衹挹""衹揖"義同,"衹"亦爲"祇"的俗字。後例異本斯2614號作"衹邑",伯3485號作"衹邑","邑"即"邑",亦即"挹",足爲校字之證。而校者不明俗書、俗語詞,乃竟校釋作"抵邑",斯爲謬矣。

例六,《敦煌地理文書彙輯校注》載伯3532號《慧超往五天竺國傳》:"(波斯國)土地人性受(愛)與易,常於西海泛舶入南海,向師子國取諸寶物……亦泛舶漢地,直至廣州,取綾、絹、絲、綿之類。"(頁208)原書校注曰:"受與易:羅(振玉)校曰:'有奪字③。'楊(建新)校作'愛交易'。"(頁221)

按:"受"字楊建新《古西行記選注》校作"愛",甚是。"愛""受"形近,敦煌卷子中每多互誤之例。至於"與易",則當作"興易"。"與"字原卷本作"![興]",即"興"字俗書。斯388號《字樣》殘卷:"![興]興:二同。"《龍龕手鏡·興部》:"興,俗;興,正。"(頁202)是其證。"興易"指經商貿易,爲唐代前後習見

---

① "可"字原卷本作"所"。"城門"下原卷有"中門"二字,當補。
② 《干祿字書》:"互氐:上通下正。諸從氐者並準此。"(頁20)《龍龕手鏡·衤部》:"衹,正,音脂,敬也。"(頁110)這個所謂的"正"字實即"祇"的俗體。
③ 羅振玉《慧超往五天竺國傳校錄札記》原文作"有奪誤"(《羅雪堂先生全集三編》第6册《敦煌石室遺書》,頁2119)。

的俗語詞①。如伯 2319 號《大目乾連冥間救母變文》:"(羅卜)於一時間,欲往他國興易。"又斯 3144 號《唐開元户部格》殘卷:"諸蕃商胡,若有馳逐,任於内地興易。"《敦煌變文集》卷八《搜神記》"侯光侯周兄弟"條:"相隨多將財物,遠方興易。"(頁 871)又"王景伯"條:"昔有王景伯者,會稽人也。乘船向遼水興易。"(頁 872)皆其例。倘或校錄者知道"興易"爲當時的俗語詞,恐怕就不至於誤作"與易",更不會妄改作"交易"了。又同篇下文:"彼王常遣二三(泉按:原卷作"三二",宜據回改)百人於大播蜜川,劫彼與(商)胡,及於使命。縱劫得絹,積在庫中,聽從壞爛,亦不解作衣著也。"(頁 210)原書校記云:"與胡,商胡(或易胡)之誤。"(頁 223)其實"與"亦當作"興"(此字原卷寫作"興"形,上部不甚明晰,似亦本作"與"字),"興胡"指經商的胡人。原校亦因不明俗語詞而誤。伯 3813 號《判集》:"長安縣人史婆陀,家興販,資財巨富。""興販"爲經商販賣之意,可參。

例七,伯 3532 號《慧超往五天竺國傳》:"王子、首領各有百姓,布施自由,不[問]王也。造寺亦然,須造即造,亦不問王。王亦不敢遮,怕招罪也。""招"字費解,羅振玉《慧超往五天竺國傳校錄札記》云:"有譌誤。"(《羅雪堂先生全集三編·敦煌石室遺書》頁 212)

按:"招"當作"招"。"招"字俗書作"招"。《干禄字書》:"㕣召:上俗下正。諸從召者準此。"(頁 53)故"招"俗字作"招"。伯 3697 號《捉季布傳文》:"遥望漢王招手罵,發言可以動乾坤。"其中的掃描字即"招"俗字(俗書扌旁多作"才"字形)。例多不贅舉。"招""招"字形至近,手寫時發生訛誤便是十分自然的了。伯 3375 號《歡喜國王緣》:"道是因憑八戒力,感招得身敬上天宫。"其中的"招"亦爲"招"字俗誤,可與上例互勘。"招"即"感招",指果報感應,爲敦煌卷子中的習語。如 3375 號《歡喜國王緣》上文:"因緣已感生天上,果報還招福自隨。"又伯 2931 號《佛説阿彌陀經講經文》:"'阿羅漢'者釋有三義:……第二不生,更不招感後有身故。"伯 2133 號《金剛般若波羅蜜經講經文》:"善業感招生勝處,業緣重即卻沉淪。"皆其例。(上揭諸例"招"字原卷皆寫作"招"形)前揭伯 3532 號寫卷"怕招罪"即害怕感招罪業因緣,文義順適。這個例子説明,敦煌文獻的校理有時需把俗字和佛教習語、俗語詞結合起來進行考察。不明俗字,就很難把"招"和"招"聯繫在一起;不明佛教習語,就不會想到"招"要校作

---

① 參看《敦煌變文字義通釋》"興易　興生"條,頁 247。

"招",即使校作"招",也難於作出正確的解釋。

二、具備一定的音韻學知識

具備一定的音韻學知識對敦煌俗字研究的重要意義,筆者以爲可從以下兩個方面加以討論:

(一) 某些俗字本身是假借字,没有一定的音韻學知識就很難透過字形的迷障去求其本真

敦煌卷子中同音或近音假借字很多,而有些假借字又是以俗字的面目出現的,這樣校錄者就必須透過俗書、假借的雙重障礙纔能窺知其廬山真面。在這種情況下,一定的音韻學知識就是必不可少的了。

例八,斯3872號《維摩詰經講經文》:"迷意終難叚,癡心尚繼纏。"其中的"叚"字《敦煌變文集》錄作"改"(頁569),文義似乎可通。其實不然。這個字并非"改"字,而是"段"的俗字。本卷"段"字多書作"叚"形,而"改"字則作"改"形,字形有明顯的區别。如上文:"今辰幸乞賜慈悲,願決昏昏一叚疑。"又云:"裹心常有此疑猜,一叚疑猜終不去。"下文:"如人夜眠作夢,覺時一叚虚華。"以上爲"段"字。下云:"葉彫(凋)枝落並皆枯,㤹(?)植萬般争改易。"此爲"改"字。可見前舉"迷意終難叚"之"叚"當是"段"字。不過這個"段"又是"斷"的音近假借字。敦煌卷子中"斷""段"通用。伯3618號《秋吟》:"□襪即空存叚領,裙袴乃惟見碎腰。"斯2073號《廬山遠公話》:"樹木叢林擁(蓊)鬱,花開不揀四時;泉水傍流,豈有春冬叚絶。"其中的"叚""段"亦"段"俗字,文中也都通作"斷",可與前例互勘。前揭"叚"字《敦煌變文集》誤錄作"改",固然與不明俗字有關,但更主要的恐怕還在於不明假借。

例九,《敦煌遺書總目索引·斯坦因劫經録》載斯1441號《燃燈文》:"籠懸寫月,焰起分星,光耀九天,輝流百億,亙十方而歷供,杲滿今景,豎千百之芳□。"

按:"景"字原卷實作"晨",當據回改。"晨"或可讀作"辰",其下施分號(末句後似脱四字)。"杲"當是"果"的俗字(參看第八章第五節)。末句"百"字原卷作"祔",實爲"福"的俗字①。原録作"百",臆改不可從。又末字原卷作"返"

---

① 伯3211號《王梵志詩·受報人中生》:"今身不修祔,癡愚膿血袋。"其中的"祔"亦"福"的俗字。

形,乃"延"的俗字。《干禄字書》:"返延:上俗下正。"(頁 25)可證(敦煌卷子中亦多見)。不過這個"延"又爲"筵"的假借字。校録者以末字作缺文,顯然和不明假借有關。

例十,斯 529 號《諸山聖迹志》:"(光州)城周三十里,住上江口,商侶傎填,水陸居人三萬餘户。"其中的"傎"字未見字書載録,根據俗書偏旁類化的規律,我們可以推知"傎"當是"便"的類化增旁字①。而"便填"又當讀作"駢闐"。慧琳《一切經音義》卷六一《根本説一切有部毗奈耶律》第四十三卷音義:"駢闐,上便綿反,下殿蓮反,《集訓音》:駢闐,謂溢滿也,盛也。"(頁 2461)是"商侶便填"即客商雲集之意,切於文義。這個例子説明,一定的音韻學知識對辨識俗字來説是必不可少的。

(二) 有些俗字是通過改換聲旁或音近假借形成的,没有一定的音韻學知識就無法正確認識俗字或推明俗字的來源

例十一,《敦煌歌辭總編》卷四《行路難》第十四:"豈悟所作唯迷倒,乃更深機生死根。"原書校云:"(原卷)'機'寫'栱',……'深機'與下'根'字應,'機'乃'關'義,猶言'係'。"(頁 1197—1198)

按:任校臆改原卷"栱"爲"機";"機"字義不可通,又曲解"機"猶"係",彎子一轉再轉,實難令人信服。其實"栱"即"栽"的俗字②。"栽"字與"哉"同音(二字聲旁相同),故"栽"字俗或换易聲旁作"栱"。伯 2641 號《觀音院主釋道真修龕短句并序》:"嫌閙砌前栱樹少。"斯 2614 號《大目乾連冥間救母變文》:"栱接果木入伽藍,布施種子倍常住。""栱"皆爲"栽"的俗字。"哉"字或"哉"旁俗書常寫作"𢦏""𢦏"等形(分別見北 8440〈烏 10〉號《禪門十二時》、伯 3882 號《孔子項託相問書》),"栱"字也相應產生了一些變體。《龍龕手鏡·木部》:"栱,與栽同,種也。"(頁 375)"栱"即"栱"的俗書之變。前揭《行路難》寫卷的"栱",不過是"栱"字俗書的又一變體而已。"深栽生死根","栽"與"根"呼應,文義平實可解。《敦煌歌辭總編》誤校作"機",與校者對原字的形聲結構缺乏了解恐怕是不無關係的。

---

① 同篇上文:"(鄴都)商賈便填,不殊鎮府也。"正作"便"字。《敦煌地理文書彙輯校注》"便填""傎填"皆録作"填便"(頁 270、271),非是。
② "栱"當作"栽",項楚師《敦煌本〈行路難〉之再探討》一文已發之,文載《第二屆國際唐代學術會議論文集》,臺北文津出版社 1993 年版。

例十二,斯 529 號《諸山聖迹志》載大中天子誦詩:"五空云(雲)散匡廬出,承興登臨任性便。遇著花蔭閑共歇,但逢幽處即題篇。心清喜得遊三寺,氣定觀影上九天。風度碧□聞虎嗦,雨飛深洞聆蚊□(吟)。[毘]耶舍中看梵夾,遠公堂內列諸賢。門首柳葉金綫細,[□□□]石苔織錦錢。風撓竹聲如走珮,雲生石堂似飛綿。"

按:原卷多用草書,艱於辨識,今姑校錄如上,其中的"嗦"字敦煌寫卷中通常用作"笑"字。如伯 3449 號《書儀·得官後辭人書》:"某自到闕庭,久陪譚嗦,實受獎憐之惠,但深感荷之誠。"北敦 14666 號《李陵變文》:"單于見管敢投來,大嗦呵呵。"皆其例(前例"嗦"字《敦煌社會經濟文獻真迹釋錄》第 5 輯頁 371 錄作"嗎",誤)。但前揭斯 629 卷的"嗦"比定作"笑"意思上卻說不通。有人把它錄作"吼"字①,意安,但缺乏字形上的根據。其實這個"嗦"既非"笑"字,更非"吼"字,而是"嘯"的俗字。"嘯"字本從"肅"得聲,但時移音變,"肅"和"嘯"的讀音中古前後已頗不一致,俗書便改用與"嘯"音近的"笑"(俗寫多作"笶",亦作"𥬇")取而代之,成爲一個從口、笑聲的新形聲字(與用作"笑"俗字的"嗦"同形)。斯 2073 號《廬山遠公話》:"猿啼幽谷,虎𥬇深溪。"其中的"𥬇"以及我們在第二章第一節提到過的《題北京西山童子寺》詩"虎嗦巖邊去復還"的"嗦"(後者爲"嗦"或"𠲿"的變體),都可以說是"嘯"的俗字。當然,也不妨說"嗦""𠲿"等仍爲"笑"的俗字,上揭相關寫卷中是借用作"嘯"。但不管取用哪一種說法,一定的音韻學知識都是必不可少的。

三、通曉漢字的各種形體

清康熙間項絪刻《隸辨》卷首識語云:"夫欲讀書,必先識字;欲識字,必先察形。"敦煌文獻隸、楷、行、草並用,俗字來源或甲、或篆、或隸、或草,迩徑不一,故欲辨識俗字,就必須先對漢字的各種形體有一個總體的了解,否則研究工作將無法進行。如:

例十三,斯 4654 號《薛訶上人寄錫雁閣留題并序》:"且流泉瑩澈,迒迴草間滄波。"其中的掃描字或錄作"繞"②,蓋視爲"遶"的俗字而以回改,實屬大謬。

---

① 見《敦煌地理文書彙輯校注》頁 273。
② 見《敦煌碑銘讚輯釋》頁 334。

今謂"迂"即"迂"字。"于"字《説文》篆文作"亐",隸變亦或作"亐"(漢碑中已見),而"于"旁從之,故"迂"字或作"迂"。《龍龕手鏡·辵部》:"迂迂:音于,遠也,由也;又憶俱反,曲也;又於武反,曲迴貌也。二同。"(頁488)"迂"即"迂"的隸變俗體。上揭寫卷"迂迴"連文,"迂"猶"迴"也。倘或校録者對"迂"字的形體演變略知一二,自然就不至於把它校録作"繞"字了。

例十四,斯289號《李存惠墓誌銘并序》:"天列星辰兮必應賢才,風雲羍會兮君臣偶諧。"其中的掃描字或録作"奔"①,誤。這個字并非"奔"字,而是"契"的俗字。《説文》"契"字從大從韧;隸書"大"旁或作"廾",故"契"字亦書作"羍"。《隸辨》卷六《偏旁》"大"字下云:"從大之字……美或作羍、契或作羍,皆譌從廾。"(頁230)斯388號《字樣》殘卷:"契,正;羍,相承用。"前者為"契"手寫之變體,後者則為"羍"手寫的變體。俗書有增加點畫的習慣,故"羍"字俗又或增加點作"羍"。《龍龕手鏡·廾部》:"羍,苦計反,一約也。"(頁527)"羍"即"契"的俗字。《干禄字書》:"契羍:上通下正。"(頁49)這裏的"通""正"關係應該倒過來説②。故前揭斯289號的"羍"無疑就是"契"的隸變俗字。由"契"到"羍",字形一變再變,假如校録者心中沒有一本賬,自然是不易作出正確的按斷的。

例十五,《敦煌變文集》卷五《金剛般若波羅蜜經講經文》:"言六種心者,第一,念處心,……第四,採(攝)取法身心。"(頁430)原書校記云:"原'採'字,據《金剛經》文為'攝'。"(頁448)

按:原校用異文比勘的方法,校"採"為"攝",方法、結論都是正確的。但原卷(伯2133號)并不作"採",而是作"採",即"攝"字草書變化而來的俗體。同卷下文:"此是弟四採取法身心中弟二段經文。""採"字同。《草字編》《草書大字典》等書所載"攝"字草書多有類似上述字形者,讀者可以參看。俗字由草書變來者甚夥,不明草書,則不能探其源而發其覆。

例十六,斯1475號《寅年令狐寵賣牛契》:"寅年正月廿日,令狐寵為無年糧種子,今將前件牛出買(賣)與同部落武光暉,斷作麥漢斗壹拾玖碩。……恐人無信,故立私契,兩共平章,畫指為記。"其中"契"前一字《敦煌遺書總目索

---

① 見《敦煌碑銘讚輯釋》頁553。
② "羍"為"契"的變體。元李文仲《字鑑》卷四去聲十二霽韻:契,俗從刃,誤(頁122)。

引》作缺文(頁138),蓋不明其爲何字。

按:"𥝢"當是"私"字。"私"字俗作"𥝢"。《干禄字書》:"𥝢私:上俗下正。"(頁17)斯2385號《陰國政賣地契殘卷》:"恐人無信,兩共對面平章,故立𥝢契。"斯3877號《後唐天復九年(909)安力子賣地契》:"恐人無信,故立𥝢契,用爲後驗。""𥝢"皆"私"的俗字。"𥝢"字略帶草體,則或寫作"𥝢"形。如斯4192號《未年張國清便麥契》:"恐人無信,故立𥝢契,兩共平章,畫指爲記。"是其例。而前揭斯1475號寫卷的"𥝢",又是"𥝢"的變體。從這個例子也可以看出,一定的草書方面的知識對俗字的辨識來說也是必不可少的。

例十七,敦煌卷子中"殺害""殺生"之"殺"多寫作"煞"或"煞"。如伯2305號《妙法蓮華經講經文》:"煞鬼忽然來到後,阿誰能替我无常。"斯6551號《佛説阿彌陀經講經文》:"食肉從來佛不開,爲徒(圖)香美煞將來。"例多不贅舉。"煞""煞"與"殺"是什麼關係呢?考清李調元《勦説》卷一"殺不作煞"條云:"常璩《華陽國志》宋李㼁刊本,殺俱作煞。按:煞,方言極也,太甚之辭。程子《經解》云:'煞害義理。'朱子《答陸子論無極書》云:'太煞分明。'從未有作'殺'者。應是傳寫之誤。"(頁6)

按:"殺"也可用作太甚之辭。明楊慎《俗言》卷一"殺音廈"條云:"白樂天《半開花》詩:'西日憑輕照,東風莫殺吹。'自注:殺,去聲,音廈。俗語太甚曰殺。"(頁4)是也。其實無論殺戮的"煞"還是太甚的"煞",皆即"殺"的俗字。慧琳《一切經音義》卷十五《大寶積經》一百八卷音義云:"殺,古文煞字也,經文作煞,俗字謬也。"(頁565)希麟《續一切經音義》卷八《根本説一切有部毘奈耶藥事》第六卷音義云:"殺,作煞,俗字也。"(頁3979)《廣韻·黠韻》亦云:"煞",俗"殺"字(頁397)。宋李㼁刊本《華陽國志》"殺"字作"煞",不過是用俗字而已,李調元以爲"傳寫之誤",那是不正確的。那麼"殺"怎麼會寫作"煞"或"煞"呢?這就需要有一些字形演變方面的知識了。考"殺"字《説文》篆文作"𣪩"(頁66),隸書或作"敎""敎"等形(《隸辨》頁174),由此楷變,即可寫作"煞"形。《干禄字書》:"煞敎殺:上俗中通下正。"(頁60)其中的"通"體當是由"殺"到"煞"的過渡環節。《敦煌古籍敍録》卷一載李鳴南藏本《春秋經傳集解》殘卷越致校記,稱"弒"字寫卷作"弑"(頁53),可資比勘。知道了這一淵源流變,則"殺"之所以寫作"煞"或"煞",就不至於迷惑不解了。

四、堅持無徵不信的原則

辨識俗字是老老實實的學問，它要求的是實事求是，無徵不信，而反對主觀武斷，憑臆猜測。敦煌俗字大多與正字差異懸殊，而且有其時代特徵，有的還和俗語詞、俗音、假借等攪在一起，更增添了辨認的困難。在這種情況下，我們更要重視證據。前人說"證不三，例不立"，也應該作爲我們認識敦煌俗字的一句座右銘。但有的人在校理敦煌文獻時，見到他所不能認識的字，動輒云某字的俗字，但卻拿不出任何證據來，更有甚者憑臆直接改動原文，卻不加以任何說明，這就背離了無徵不信的原則，其結果往往是失之毫釐，謬以千里。試看以下二例：

例十八，《敦煌碁經箋證》載錄斯5574號《碁經・勢用篇第三》："直四曲四，便是活碁；花六聚五，恒爲死亡。"（頁37、頁123）該書末附《敦煌寫本〈碁經〉中所見的別體字》，其中有"𢀖—亡"，所舉例證爲"恒爲死𢀖"（頁324）。這就是說，"恒爲死亡"的"亡"寫卷本作"𢀖"，而"𢀖"即"亡"的別體字。但據筆者瀏覽所及，敦煌卷子中並沒有類似把"亡"寫作"𢀖"的例子，其他傳世文獻中也未見到這方面的證據；而且上揭寫卷"亡"字尚有四見，字皆作"亡"，而無作"𢀖"者。可見校錄者把"𢀖"定作"亡"的別體字顯然是主觀臆測的結果。其實"𢀖"並非"亡"字，而是"兆"字。"兆"俗字作"𢀖"。《干祿字書》："𢀖兆：上通下正。"（頁41）敦煌卷子"兆"字多作"𢀖"。如斯2454號《維摩五更轉》："五更曉，五更曉，將明佛國先有兆。"伯3808號《長興四年中興殿應聖節講經文》："聖明兩備，畏愛雙彰，實爲五運之尊，真是兆民之主。"皆其例。而斯5574號寫卷的"𢀖"，不過是"𢀖"手寫的變體而已（手寫時"𢀖"往往作"𢀖"形，如斯1040號佚名五言詩"桃"字寫作"桃"，是其比。"𢀖"略變就成了"𢀖"。《碑別字新編》頁19載"兆"別字或作"𢀖"，可以比勘）。"花六聚五"是一種棋形。《敦煌碁經箋證》引宋張擬《棋經雜說》云"花聚透點，多無生路；花六聚七，終非吉祥"，實即脫胎於敦煌本《碁經》，"恒爲死兆"即張擬所說"終非吉祥"之意，作"兆"於義甚安。

例十九，《敦煌研究》1992年第3期載杜愛英《敦煌遺書中俗體字的諸種類型》一文，其中第三部分"偏旁通用類"云敦煌寫卷豸、犭二旁通用不分，舉例云："狼　三界某甲必須專，心狼願受持不得。（斯5541）"文末附有"本文舉例俗字與正字對照"，俗字"狼"下對應的正字爲"狼"。

第九章 研究敦煌俗字應注意的幾個問題

按:杜先生説敦煌寫卷豸旁與犭旁可以换用,這是很正確的。但把斯 5541 號寫卷的"貇"據以比定作"狼"的俗字,意思上卻説不通。查該卷爲《密教雜咒經》,爲了避免斷章取義的錯誤,我們把原文相關部分逐録并標點如下:

> 此兩道真言及此金剛是諸佛秘蜜(密)心藏流出,傳受(授)三界,某甲必須專心貇願受持,不得轉抄畫與別人及於壁上。迷遇(愚)薄福衆生見者,心生謗毁,廣招罪。

所謂"兩道真言及此金剛"是指上文所説的二十八宿及九曜星辰通於佛前納身命咒和戴焰金剛杵咒。原卷"三界"以下十四字抄作兩行(每行七字),杜文據以斷句,大誤。杜先生連文義都未弄清楚,就按照他設計好的"豸""犭"通用的公式往這裏套,自然無法得出正確的結論。那麽這個"貇"究竟是什麽字呢?項楚師認爲是"懇"字,極是。《字彙·豸部》:"貇,同懇。"(頁 463)斯 3328 號《佛名經》卷一:"莫言我今生中无有此罪,所以不能狼到懺悔。""狼"即"懇"字,《大正藏》本正作"懇"。俗書有增加點畫的習慣,"貇"加上一點就變成了"狼"。當然,這方面的例證還有待進一步搜集的必要①。但無論如何,前揭寫卷的"貇"并非"狼"的俗字卻可斷言。杜氏生搬硬套、牽强附會的做法是不可取的。

---

① 四部叢刊初編本《唐文粹》卷五五張説《鄖國長公主神道碑銘》:"銀爐煙斷,羅幕霜飛。懇願毁形,託身壞衣。不諒人只,改嬪他士。""懇願"猶言誠願。

第十章 研究敦煌俗字的重要參考書

——《龍龕手鏡》

一、行均其人其書

釋行均,字廣濟,俗姓于氏。據釋智光《龍龕手鏡》序,可以知道他祖籍"青齊"(今山東一帶),後出家在"燕晉"(今河北、山西一帶)爲僧,大約生活於五代末葉至遼聖宗統和年間(公元十世紀中後期),具體生卒年不詳。

行均精於文字、音韻之學。《龍龕手鏡》是他在五臺山金河寺花了五年的時間寫成的①。書成之後,請遼京高僧憫忠寺智光爲之序。序文作於遼統和十五年(宋太宗至道三年,公元997年)七月,行均的書大概也就是這一年初完成的。智光在序中説:"矧以新音,徧於龍龕,猶手持於鸞鏡,形容斯鑒,妍醜是分,故目之曰《龍龕手鏡》。"所謂"龍龕",佛教指稱供奉佛像或盛放佛典的龕櫝之屬②,行均蓋用以借指佛教經典。故所謂《龍龕手鏡》,實際上就是佛教經典的備查手冊。智光序稱:

> 釋氏之教,演於印度,譯布支那。轉梵從唐,雖匪差於性相;披教悟理,而必正於明言。明言不正,則性相之義差;性相之義差,則修斷之路阻矣。故祇園高士,探學海洪源,準的先儒,導引後進。揮以寶燭,啟以《隨函》,郭逸但顯於人名,香嚴唯標於寺號。流傳歲久,抄寫時訛,寡聞則莫曉是非,博古則徒懷惋歎。不逢敏達,孰爲編修?

---

① 釋智光序稱行均"寓金河而載緝","金河"當指金河寺而言。
② 五代釋可洪《新集藏經音義隨函録》卷末慶冊疏文云:"竊見當山龍龕劫就,海藏初圓,持經而無諮問之師,握卷而無檢尋之笇。"其中的"龍龕"與"海藏"對文,即指盛放佛教藏經的龕櫝而言。

有行均上人……善於音韻,閑(嫻)於字書,覩香嚴之不精,寓金河而載緝。這段話也十分清楚地説明行均撰作《龍龕手鏡》的目的是爲僧俗羣衆研讀佛經提供一部可靠的解字注音的工具書。書中屢引《舊藏》《舊經》《新藏》《弘明集》《廣弘明集》《僧護經》《阿含經》《賢愚經》《拔悲經》《西域記》等佛教典籍以及基法師、琳法師、應法師、郭迻、郭氏、香嚴、《隨函》《隨經》《江西隨函》《西川隨函》《江西經音》《西川經音》《經音義》《音義》①等佛典音義之作,也説明佛教典籍是該書取資的主要來源。沈括稱《龍龕手鏡》係"集佛書中字爲切韻訓詁"(《夢溪筆談》卷十五,頁 513),可謂知言之選。《四庫全書總目提要》反以沈括言爲"不然"(卷四一,頁 351),可謂無知而妄説。

《龍龕手鏡》書凡四卷②,分二百四十二部,部首的先後,以及同部之字的先

---

① 錢大昕《十駕齋養新録》卷十三《龍龕手鏡》下云:"考之宋《藝文志》,有可洪《藏經音義隨函》三十卷,未知其爲'江西'與'西川'也。僧玄應有《一切經音義》十五卷(泉按:當作"二十五卷"),其即應法師乎?"(頁 295)按:《藏經音義隨函録》見載於《高麗藏》,可洪在該書前序中云:"洪俸依《龍藏》,披攬衆經,於經律論傳七例之中,録出難字二十五卷,除其雙書翼從,及以注正説文,於中同號别章,名殊體一,凡具音切者總一十二萬二百二十二字。首尾十載,綴撰方周,用紙九百張,寫成十五篋,□□《藏經音義隨函録》焉。……時天福五年,歲次庚子六月二十日也。"行均所引《隨函》等書殆即指可洪音義而言,又羅振玉《龍龕手鏡跋》末云:"琳法師即慧琳,著《一切經音義》百卷。《宋高僧傳》:周會稽郡大善寺行瑫,慨郭迻音義疏略,慧琳音義不傳,遂述《大藏經音疏》五百卷云。"而疑郭迻即行均注中所引之郭迻(羅氏從錢大昕誤以行均注中所引爲"郭逡",今查行均書實無郭逡,作"郭逡"蓋錢大昕誤記)。按可洪《藏經音義隨函録後序》:"竊見藏經音決,作者實多……或有單收一字,不顯經名,首尾交加,前後失次(原注:江西謙大德經音是也。只略得傳記中《陁羅尼集》及《道地經》兩帙中字,勘會頗甚訛舛,故知前後亦尔)。或有署其卷目,亦不雙彰,唯標錯誤之形,餘則都無一二(原注:西川厚大師經音是也。從《十誦律》借得此本校勘,兼有未詳之字,並不載卷中,此實不可也。洪則並箸册内,遇不錯處則正之)。或有統括真俗,類例偏旁,但號經音,不聲來處(原注:即郭迻及諸僧所撰者也)。……後攬應師所製,鄙與符同,……應和尚是唐朝恝匠,厚大師當蜀國英髦,謙師爲浙右奇人,郭氏乃河東博士。"據此,行均所引應法師當即可洪所稱之應師、應和尚,亦即玄應;《江西經音》當即可洪所稱之江西謙大德經音;《西川經音》當即可洪所稱之西川厚大師經音;郭迻、郭氏當即可洪所稱之河東博士郭迻經音。基法師當指唐釋窺基。《經音義》《音義》係指何家音義,俟考。
② 據釋智光序。今存《龍龕手鏡》通行本亦皆四卷。宋晁公武《郡齋讀書志》及馬端臨《文獻通考》皆著録爲三卷。《四庫全書總目提要》以作三卷者爲誤。清瞿鏞《鐵琴銅劍樓書目》卷七云:"今以此書(宋刊本)核之,乃知晁氏之非誤。蓋書中本以四聲分四卷,各載部目於卷前,而板心則以去入兩卷統書龍三,實無龍四。殆以去聲僅九葉,不成卷,故合之,所以又有三卷之稱也。"(頁 109)按:《四部叢刊續編》等影印宋刊本版心確只三卷,中華書局影印高麗本則作四卷。

後均按四聲的順序排列,始於金部,終於雜部。全書收字二萬六千四百三十餘,注文十六萬三千一百七十餘,字頭加注總共十八萬九千六百一十餘字(據釋智光序)。

《龍龕手鏡》的編撰體例,略同於唐顔元孫《干禄字書》而又有所變化,每字下詳列正、同、或作、今、通、古、俗、誤各體。這些術語的内涵以及它們之間的聯繫和區别,我們將在第三節作詳細的討論。

《龍龕手鏡》的特色,最鮮明的大概有以下三點:一是收俗字多;二是根據當時楷書筆形的實際寫法劃歸部類;三是創部首和音序相結合的檢字方法。其中前兩點留待下文再作討論,後一點與我們的論題關係不大,這裏也不詳述。

《龍龕手鏡》成書以後,大約不久即有刊本行世。但"契丹書禁甚嚴,傳入中國者法皆死"(《夢溪筆談》卷十五,頁513),故一直到宋神宗熙寧中,纔有人從俘虜手中得到此書,而始傳入宋。宋人重刻時,因避太祖趙匡胤祖父趙敬的嫌諱,改名爲《龍龕手鑑》。近年中華書局據高麗版影印本,書名仍作《龍龕手鏡》,且錯訛較少,大約較爲接近原刻,是一個較好的本子。另有據江安傅氏雙鑑樓藏宋刊本及毛氏汲古閣舊藏宋刊本影印的《續古逸叢書》本、《四部叢刊續編》本(該二本皆據雙鑑樓藏宋刊本影印)、清虛竹齋本等,則錯訛相對較多。如中華書局影印本金部:"鋞,胡頂反,似鍾而長。"(頁15)其中的"鋞"即"䥱"的俗字。《廣韻·迥韻》胡頂切:"䥱,似鐘而長。"(頁218)音義皆相吻合;而後三本"胡頂反"皆誤作"胡項反"。《漢語大字典》從誤本而音"鋞"爲xiàng,把"鋞""䥱"當作互不相關的字來處理(頁4209),就是因擇用版本不當而造成的失誤。又如中華書局影印本車部:"轍輨:他迴反,車盛兒。二同。"(頁81)其中的"輨"即"輠"的省撇字。《玉篇·車部》:"轍,他回切,車盛兒。輠,同上。"(頁338)是其證。而後三本"輨"字的右旁皆譌作"吕",則不成字矣。當然,中華書局影印本也有一些傳刻之誤。如人部:"伍,通;低,正;伍,今。"(頁23)其中的"今"體後三本作"伍","伍"字是。又車部:"軷軷:二俗;軷,正:蒲末反,行祭名也。"(頁85)其中"軷""軷"二字的位置《四部叢刊續編》等本互乙,虛竹齋本前字作"軷",後字作"軷"。考《說文》其字從車、犮聲(頁302)。元李文仲《字鑑》卷五末韻"犮"字下云:"凡跋、拔……諧聲者從犮,俗作犮、犮。"(頁168)所以前揭三字當從《四部叢刊續編》等本以"軷"爲正字,以"軷""軷"爲俗字。除上述各本以外，還有明清時期的一些抄本或刻本，但因輾轉傳録，錯訛更多。另據中華書局張力偉先生見告，他們還見到與上揭影印本不同的另一高麗刻本，字數較通行本有較大幅度的增加，當是後人增訂的本子①。他日有暇，當取各本對勘，整理出一個新的本子。

二、《龍龕手鏡》與敦煌俗字

《龍龕手鏡》問世以後，長時期没有得到應有的重視。清代後期研究碑刻文字成爲風氣，纔有人注意到它的價值。《四庫全書總目提要》謂其書"於《説文》《玉篇》之外多所搜輯"、可以"補六書所未備"（卷四一，頁 351），持論尚稱公允。近人羅振玉亦稱："其書爲讀教中經典而作，故多載佛藏中文字，俗作僞體，甄録甚詳。……（佛典）多存六朝鄙别字，《玉篇》《廣均》所未收者甚夥，行均撰集成書，有功於文字甚大。"②但知道的人還是不多。直到本世紀在敦煌藏經洞發現數萬卷寫本（少數爲刻本）文獻，其中俗寫文字多與《龍龕手鏡》相合，人們纔逐漸認識到它的重要作用。潘重規先生稱《龍龕手鏡》"即敦煌寫本專造之字書"③，可謂言之有據。具體來説，《龍龕手鏡》與敦煌俗字的關係主要體現在以下兩個方面：

（一）分部歸類與敦煌俗字相合

如前所説，《龍龕手鏡》是"集佛書中字爲切韻訓詁"。這些"佛書"可能主要是寫本佛典。當時雕版術發明不久，刻本書籍還不很流行。距第一部雕版印行的佛藏——《開寶藏》的創刊僅僅一二十年④。契丹遠離中原，書禁又嚴，佛經刻本自然更爲少見。所以行均當時依以爲據的，自然也只能主要是寫本佛典。既然是收集寫本文字，於是行均便根據寫本用字的實際情況劃歸部類。這種分部歸類的情況，無不與敦煌俗寫文字相合。如《龍龕手鏡》無鬥部，凡從"鬥"之字皆入門部，如從"鬥"之"鬧""鬩"變作從"門"而歸入門部，甚至連從

---

① 楊守敬《日本訪書志》卷四著録高麗刻本亦有八卷本，未見。校按：筆者後來見到日本影印的朝鮮咸化八年（1472）刊刻的八卷本《龍龕手鑑》，字數較原本確有較多增加。
② 見《面城精舍雜文乙編・龍龕手鏡跋》，載《羅雪堂先生全集三編》第 1 册頁 111，臺北文華出版公司 1970 年版。
③ 見《龍龕手鑑新編・引言》，中華書局 1988 年版。
④ 《開寶藏》開刊於宋太祖開寶四年（971），至太宗太平興國八年（983）粗成，此後尚有續刊。

"鬥"的"正"字"鬭"也列在門部。試驗敦煌寫本，凡從"鬥"之字無不寫從"門"，是知行均據寫本實際情況設立部首也。又如《龍龕手鏡》有"支"部而無"支"部，"支"部下云："支，章移反，一持、一度也。《說文》云無點。又此部與文、攴三部俗字相濫，故出之耳。"是"支"字本無右上部的一小點，因"支"與"文""攴"形近，故俗書加點以別之。試驗敦煌寫本，則"支"字或"支"旁類皆加點作"支"，是知行均部首形體據俗寫而定也。再如《龍龕手鏡·瓜部》下云："瓜部與爪部相濫。"（頁195）又爪部下云："爪部與瓜部相濫。"（頁330）瓠、瓢、瓤、匏等字既入瓜部，而其俗體從"爪"又收入爪部。今驗敦煌寫卷，從"瓜"之字多寫從"爪"形，是知行均據寫本俗寫分別部居也。此外如從"衤"之字或收入"衤"部，從"巾"之字或收入"忄"部，從"方"之字或收入"手（扌）"部，從"木"之字或收入"手（扌）"部，從"瓦"之字或收入"凡"部，從"攴"之字或收入"文"部，從"爿"之字或收入"牛"部，從"日"之字或收入"肉（月）"部，從"广"之字或收入"疒"部，從"亻"之字或收入"彳"部，均與敦煌寫卷混用偏旁的情況相合。這種據俗寫字形歸部的方法，有利於讀者據形檢字。尤其是對那些字面生澀而艱於辨識的疑難俗字來說，據形歸部對讀者的好處更大。如敦煌寫本中經見"㧞"字，我們查《龍龕手鏡·手部》，可知"㧞"與"旅"字同（頁212）；敦煌寫本中經見"憧憺"之稱，查《龍龕手鏡·心部》，可知"憧憺"即"幢幡"的俗字（頁54、56）；斯2056號《捉季布傳文》有"白土拂墻交畫影"句，查《龍龕手鏡·土部》，可知"墻（墻）"即"牆"的俗字（頁246），等等。類似的例子不勝枚舉。這對讀者查檢疑難俗字顯然是很有幫助的。然而《龍龕手鏡》的這一創例，卻一再遭到後人的攻擊。如清儒錢大昕說：

> 六書之學，莫善於《說文》。始"一"終"亥"之部，自《字林》《玉篇》以至《類篇》，莫之改也。自沙門行均《龍龕手鏡》出，以意分部……其中文、攴不分，日白莫辨；屵、𡶨入於山部，鬭、鬥入於門部，糞、𥝩入於米部，瓢、匏入於爪部；……"滴"音"商"而又音都歷反，則混"商"於"商"；"鑴"音子泉反而又音戶圭反，則溷"巂"於"雟"；"𨐅"則"多""辛"複出，"弓"則弓、雜兩收；𢆉、歪、孬本里俗之妄談，崩、愿、𡉠、卡悉魚豕之譌字，而皆繁徵博引，汙我簡編，指事形聲之法，掃地盡矣。（《潛研堂文集》卷二七，頁十七）

李慈銘《越縵堂讀書記》也說："此書俗謬怪妄，不可究詰，全不知形聲偏旁之誼。又轉寫譌亂,從淆心目,轉滋俗惑,直是廢書,不可用也。"①之所以會產生這種偏見,與他們不了解該書的編寫目的、體例以及當時寫本用字的真相是有關係的。敦煌寫本的發現,纔爲我們重新認識《龍龕手鏡》的這種體例創造了條件。

(二) 疑難怪字與敦煌俗字相應

我們在前面說過,《龍龕手鏡》的主要特色之一是收俗體字多。行均把他當時所能看到的俗字異體輯爲一編,每個字頭下詳列正、同、或作、古、今、通、俗、誤各體,如"國"字載俗體五、或作一,凡七字(頁175);"驅"字載俗體五、通體二,凡八字(頁290),"皺"字載俗體七、今體二,凡十字(頁123);"甗"字載俗體七、古體二,凡十字(頁134);"痰"字載俗體十二、通體一,凡十四字(頁474);"炒"字載俗體七、古體五、今體三,凡十五字(頁241)。又有俗體異部別見的,如方部載"旅"字(頁125),其俗體"挀"②、"挌"、"招"入手部(頁212),"袕""袓"入衤部③,"袱"又入衣部④。又如片部載"牆"字(頁118),其俗體"牆"入牛部(頁115),"墻""墻"等俗體、今通體四入土部(頁246),"廬"等俗體二入广部(頁299),等等,其收載俗字異體之完備,辨析之細緻,都給人留下了深刻的印象。在一定意義上,我們可以說《龍龕手鏡》是唐五代寫本俗字的集大成之作。

行均輯集的俗字異體,其中有不少不見於其他字典辭書,亦爲後世刻本書籍所罕覯。因而招致了一些人的懷疑和指責(參前引錢大昕語)。敦煌寫本的重見天日,纔使這種疑雲一掃而光。《龍龕手鏡》所獨有的疑難怪字往往可以在敦煌寫本中得到印證。或者說,敦煌寫本中的許多疑難俗字,也往往只有藉助於《龍龕手鏡》纔能找到答案。著名的如"艹""艹"二字,《龍龕手鏡》分别有"音菩薩二字""音菩提二字"的注音(頁255),但人們還是不甚了然。讀了敦煌寫本,纔知道"艹"就是"菩薩"的合文,"艹"就是"菩提"的合文。敦煌佛典寫本中"菩薩"多寫作"艹","菩提"多寫作"艹",其數殆可以千萬計,行均據佛經寫本收字,故而云然也。又如:

---

① 轉引自潘重規先生《龍龕手鏡新編·引言》。
② 《龍龕手鏡》以"挀"爲"正"字(頁212),《干祿字書》則定爲"旅"的俗字(頁36)。
③ 《龍龕手鏡·衤部》:"袕,音吕,祭山川名也。"(頁111)又云:"袓,音吕。"(頁112)實皆"旅"的俗字。
④ 《龍龕手鏡·衣部》:"袱,俗,音吕,祭名也。"(頁104)亦"旅"的俗字。

【宜】

《龍龕手鏡·宀部》:"宜,寡、掌二音。"(頁156)音"掌"的"宜"姑置不論,這裏只討論音"寡"的"宜"。"宜"字後來的各種大型字典不載。這個字爲什麼會有"寡"音呢?"宜"與"寡"又是什麼關係呢?僅憑《龍龕手鏡》本身,恐難以得出令人信服的結論。後閱斯328號《伍子胥變文》寫本,有云:"(越王)停歇河邊,有一人上王瓠之酒,王飲不盡,頃(傾)在河中,[曰]:'兵事(士)共**宜**人同飲!'"其中的"**宜**"字,推以文意,當爲"寡"字無疑。據此,乃悟《龍龕手鏡》音"寡"的"宜"乃即"寡"之俗字耳。"寡"字俗字作"寅",又作"寅"或"寅"等形①,"宜"又爲其變體也②。

【㓷】

《龍龕手鏡·乃部》云:"㓷,俗,音勢。"(頁339)其中的"㓷"未見於其他字書載錄,其正字爲何,無從查考。而敦煌寫本則爲我們提供了這方面的綫索。俄弗101號《維摩碎金》云:"弄影弄身左右轉,驅雲唱電㓷恢恢。"又北敦14666號《李陵變文》:"覩(魚)遊鼎中,燕巢幕下,鼎焚魚爛,幕動巢傾,㓷既不全,理難存立。"推以文意,其中的"㓷""㓷"當皆爲"勢"的俗字③。據此,可知《龍龕手鏡》"音勢"的"㓷"亦當即"勢"的俗字。

【垢】

《龍龕手鏡·土部》:"垢,音垢。"(頁249)這個音"垢"的"垢"是什麼字呢?查檢各種字典辭書及其他文獻均找不到答案。後見敦煌寫本斯4583號《悉曇頌》云:"佛與衆生同體段,本原清浄魔垢散。"其中的"垢"字另一寫本伯2212號作"**垢**",伯2204、3082、3099號等寫本則作"垢",因知"垢""**垢**"皆爲"垢"之俗字(比較"姤"俗字作"姤",又作"姤""姤",詳見第四章第五節)。《龍龕手鏡》"垢"字音"垢",乃以正字爲俗字注音耳。

---

① 參看《龍龕手鏡·宀部》"寡"字下所載俗體(頁156)及《碑別字新編》頁282。
② 伯3211號《王梵志詩·生坐四合舍》:"宜=黑闇眠,永別明燈燭。""宜"爲"冥"的俗字,可以比勘。
③ 前例"㓷"字《敦煌變文集補編》錄作"㓷"(頁72),誤。

【鈍】

《龍龕手鏡‧金部》:"鈍,《新藏》作鈍。"(頁16)這是説《新藏》有把"鈍"(即"鈍"字)寫作"鈍"的。但傳世文獻中未見到這樣的用例,也許人們對其可靠性存有疑慮,故後來《康熙字典》《漢語大字典》等大型字書均未收載"鈍"字。但敦煌寫本卻證明行均的記載是可信的。斯5557號《和菩薩戒文》:"混鈍猶如鑊湯沸,一切地獄盡經過。""鈍"字另一本斯6631號作"鈍"。又斯2073號《廬山遠公話》:"今擬訪一名山,尋溪渡水,訪道參僧,隱鈍於巖谷之邊,以暢平生可矣。"其中的掃描字皆爲"鈍"的俗字(後例"鈍"又通作"遁"),可證"鈍"字作"鈍"確是當時的通俗寫法。

【帝】

《敦煌遺書總目索引‧斯坦因劫經録》斯4652號下載録《道家爲皇帝皇后祈福文》:"諸公主性道帝夷,言容婉秀,柔儀桂馥,懿范蘭熏。"(頁206)其中的"帝"字《漢語大字典》等大型字書不載,頗難辨識。查《龍龕手鏡‧巾部》云:"希、帝,二俗,音希。"(頁138)據此,可以推知"帝"當即"希"之俗字①。"帝夷"即"希夷",謂恬静淡泊也。《北史‧序傳‧李行之》:"年將六紀,官歷四朝,道協希夷,事忘可否。"(卷100頁3321)正用"希夷"一詞。

此外如錢大昕斥爲"魚豕之譌字"的"卡"字,乃爲"弄"的會意俗字,敦煌寫本中有用例(詳見第五章第十一節)。又如《龍龕手鏡》輯録而傳世載籍所罕覯的"乐"(犖)、"右"(后)、"酐"(斟)、"閗"(閻)、"弖""弖"(卷)、"惚"(惱)、"妬"(妬)、"栓"(檞)、"鋼"(網)等俗字,也都可在敦煌寫本中找到用例(參看上文有關章節)。潘重規先生謂"取敦煌寫本以證《手鑑》(泉按:指《龍龕手鏡》,下同)而《手鑑》明,取《手鑑》以證敦煌寫本而寫本明"②,誠非虛言也。

三、《龍龕手鏡》讀法示例

如前所説,《龍龕手鏡》是根據寫本佛經編撰而成的一部字書,在部首設置、字頭序列及字形辨析等方面都有着許多殊異於其他字書的獨特之處。沈

---

① 斯388號《正名要録》"正行者楷腳注稍訛"類"希"下腳注"帝",與《龍龕手鏡》所載相合。
② 見《龍龕手鑑新編‧引言》,中華書局1988年版。

括稱其書"音韻次序,皆有理法"(《夢溪筆談》卷十五,頁513),可謂語出有因。但由於行均本人并没有對全書的編撰體例作出必要的説明;智光的序也只是説"具辯宫商,細分喉齒","以平上去入爲次,隨部復用四聲列之",語焉而不詳,這就妨礙了人們對該書内容的正確認識。清代學者對《龍龕手鏡》頗多指責,在很大程度上與他們不了解該書的體例是有關係的。這些年來,隨着國際性敦煌學研究的高漲,《龍龕手鏡》的重要價值已爲越來越多的人所認識,使用它的人也越來越多。在這種情況下,對《龍龕手鏡》的體例有一個正確的認識就是更爲緊迫的了。下面就根據筆者的體會,談幾點粗淺的認識,供大家參考。

(一) 正字例

"正"字通常是指於古有據而且當時仍在正式場合通行的字體。如心部:"悑,正;怖,今。"(頁57)又云:"悉,俗;悉,正:息七反,委也,皆也。《説文》從釆也。"(頁69)又日部:"曑,或作;曼,正。"(頁425)又言部:"詅,通;診,正。"(頁45)其中的"正"字都是見於《説文》的篆文的楷定字,而其"今""俗""或作""通"各體則爲"正"字的變體。

但《龍龕手鏡》中也有不少以後起字當作"正"字的情况。其中有以前代避諱字爲正字的。如金部:"鐽,正;鐽,俗。"(頁15)據《説文》,這個字應當是從金、亶聲,但由於唐代避睿宗李旦諱,"亶"字及"亶"旁減筆作"亶"(參看第四章第七節),後世流沿弗改,行均遂以當時仍通行的唐代避諱寫法作爲正字。同書言部有"譂"字(頁44),走部有"趚"字(頁224),木部有"檀"字(頁373),辵部有"邅"字(頁490),行均亦均注明爲"正"字,原因亦在於此。又同書亠部云:"亶,多旱反,誠信也,大也,多也,厚也。"(頁129)而全書别無"亶"字,蓋即以"亶"爲正字。又如該書標明爲"正"字的土部的"堭""埃"(頁251),心部的"悚"(頁63),目部的"睐"(頁423),亦均爲沿用唐代的避諱寫法。

另外有些"正"字本是後代產生的俗字。如心部:"悋悋:二正,良刃反,一惜。"(頁59)從字形演變的角度來説,其正字當從《説文》作"吝",後來俗書增加心旁作"悋"(《廣韻·震韻》:"悋,本亦作吝。"頁295);"吝"字俗書作"恡"(《五經文字》卷下:"吝,作恡非。"頁74),故"悋"字亦從俗作"悋",而"悋"又爲其變體。又如手部:"掟,俗;掟,正:似泉、似戀二反,揎也,轉也。"(頁210)這個字未見於唐代以前的字書載録,以其音義考之,當是"旋"的俗字(其中"揎也"一義疑有誤)。俗書"方"旁多有寫從"扌"旁的(《干禄字書》載"旅"字俗書左旁從

"扌",頁36;《五經文字》卷下稱"族"字左旁從"扌"者"訛",頁79),故"旋"字俗書或作"挋"(參看《碑別字新編》頁164"旋"字下所載俗體),而"挋"又爲其變體。《龍龕手鏡》同部下文以"挋"(旅)爲正字(頁212),亦其比類。

《龍龕手鏡》中還有正、俗地位發生變化的情況。如心部:"協,俗;恊,正:音叶,和也,合也。"(頁62)據《説文》,這個字從劦從心會意,"劦"從三"力";俗書"力"旁多寫作"刀"(如敦煌寫卷"功""幼"右旁多作"刀"),故"劦"旁俗書寫作"刕"(《龍龕手鏡·刀部》載"勰"字左旁作"刕"),而"恊"字俗寫作"恊"。《干禄字書》:"恊協:上通下正。"(頁63)顏元孫以"協"爲正,以"恊"爲"通",應該説是比較合於字形演變的實際的。又如《龍龕手鏡·金部》:"鏒,俗;鏨,正。"(頁17)"俗"字見於《説文》,而"正"字則當是"俗"字的後起偏旁易位字。爲什麽會出現上述這種俗字變成正字,甚至正俗關係發生逆轉的情況呢?這當然不能排除編者判斷不當的可能性,但最主要的恐怕是與當時寫本用字的實際情況相一致的。俗字如果爲人們所普遍接受,以致達到約定俗成的地步,就有可能進入正字系統而成爲其中的一分子。相反,如果正字爲多數人所摒棄而不再流通,人們以"俗字"目之,那也就是理所當然的了。

一般來説,異體間的正字只有一個。但《龍龕手鏡》中卻常見到"二正"甚至"三正"的情況。如火部:"炰、炮:二正,步交反,合毛炙物也。"(頁238)又米部:"粎、糈:二正,私吕反,《説文》云:粱米也①。"(頁304)宀部:"寂、宋、家:三正……情厤反,安也,静也。"(頁158)其中前一例的"炰"爲"炮"的偏旁易位字;次例的"粎"爲"糈"的俗字(比較《干禄字書》:"胥胥:上通下正。"頁18。又伯2011號王仁昫《刊謬補缺切韻·魚韻》:"胥,通俗作胥。");後一例的"宋"見《説文》,後起字作"寂",而"家"則爲其會意俗字②。由此可見,正字不止一個時往往其中有一個或兩個是由俗體演變而來的。藉此也可證明,正、俗之間的關係并不是永恒不變的。

(二) 同字例

"同"字通常是指變易偏旁或字形結構而形成的異體字。其中有改換聲旁

---

① "粱米"之"粱"有誤,疑當作"粱"或"糧"。《説文·米部》:"糈,糧也。"(頁147)
② 斯2071號《切韻箋注·錫韻》:"寂,或作家。"裘錫圭先生認爲"寂"作"家"是"家"字去掉"豕"旁右邊跟"人"字形近的兩筆,表示家中無人。説見《文字學概要》頁140。

的,如刀部:"剬、劐:二同,旨充反,細割也。"(頁98,前字爲"剬"的俗寫)又手部:"拙、撚:音筆,刺也。二同。"(頁218)水部:"洩"同"泄"(頁236,"洩"爲"洩"的增點字)。有改換形旁的,如心部:"惏,正,盧含反,貪也。與婪同。"(頁54)有改變字形結構的,如山部:"崑、崐,一崙山也。二同。"(頁70)"同"字也有因字形訛變造成的。如水部:"沿、沿:音緣,一緣也,順流而下曰一。二同。"(頁226)又手部:"挀,與旅字同。"(頁212)"沿"字右側聲旁變作"公","旅"字左側"方"變作"扌",都是由字形訛變造成的。《龍龕手鏡》中有些未予分類的異體字,如米部:"粮糧:音良,一食也。二。"(頁304)大約也可劃歸"同"的範疇。

(三)或作例

"或作"的含義與"同"大體相當,也往往是指變易偏旁或字形結構而形成的異體字。如心部:"悞,或作;悖(悖),正:音牟,愛也。"(頁53)又刀部:"剿,或作;勦,正:子小反,一絕也。"(頁98)衣部:"衧,或作;袁,今:音于,包衣,即大袖衣也。"(頁102)言部:"謂,或作;謂,正:相居、私呂二反,有才智之稱也。"(頁40)其中第一例是改換聲旁,第二例是改換形旁的寫法,第三例是改變字形結構,第四例是聲旁採用俗寫。《漢語大字典》衣部"袁"字下引第三例,讀作:"衧,或作袁。今音于。"(頁3074)大誤。

(四)古文例

"古文"亦簡稱"古",是指古代曾經使用而當時已不流行的字體。其中有古代的異體字,也有後世產生的俗字。如人部:"伈,古文,音信。"(頁34)又山部:"岩,古;巖,五銜反,峯也,險也,峻也,崿也。"(頁69)心部:"憂,俗;愚,古文:於求反,志也,亦一愁也。今作憂,同。"(頁64)雜部:"卡,古文,盧貢反。"(頁552)其中"伈"《説文》定作"信"字古文(頁92);"岩"字不見於《玉篇》《集韻》等書,當是較晚出現的會意俗字;"憂"當是"愚"的譌變俗字(後者見《説文》,爲憂愁之"憂"的本字),約產生於六朝①;"卡"字斯388號《正名要録》定作"弄"的稍訛字,其字亦見於六朝②,蓋會意俗字也。

---

① 《顏氏家訓·雜藝》篇稱北朝俗字以"百念爲憂"(頁514),即指"憂"而言。
② 《八瓊室金石補正》卷十五載北魏《贈營州刺史懿侯高貞碑》、《漢魏南北朝墓誌集釋》第166通《魏故齊郡王妃常氏墓誌銘》皆有"卡"字。

(五) 今字例

"今"相對於"古",是指當時流行的字體。其中多數與俗書有關。諸如"俠"(俠,頁38)、"悋"(悋,頁57)、"剖"(割,頁99)、"恠"(怪,頁60)、"寞"(冥,頁155)、"紿"(紹,頁400)等等,這些"今"字其實都是唐代前後便已十分流行的俗字。我們試比較《干禄字書》以"旨""害""恠""召""寞"爲"旨""害""怪""召""冥"的"俗"字(後字《干禄字書》原稱"通"),伯2011號王仁昫《刊謬補缺切韻》以"夾"爲"夾"的"俗"字,就不難得出結論。如前所說,俗字既已爲人們所普遍接受,就没有理由不給予正式的承認。行均大膽地把當時流行的許多俗字定作"今"字(甚至"正"字),這種實事求是的態度,在那個時代的確是難能可貴的。

行均圈定的"今"字也有少數是古代本已有之的。如人部云:"僻,正;僻,今:普亦反,邪一也,誤也。"(頁37)其中的"今"字見於《說文》,而"正"字"僻"則未見於其他字書載録,它的來歷實在還是一個疑問。又如言部以"譜"等三字爲"古","訛""訾"二字爲"今"(頁44)。其中的"訾"爲《説文》中的寫法,"訛"爲其結構變易字,"譜"則爲後起俗字。大概"訛""訾"等字仍然是當時通行的寫法,故行均仍目爲"今"字;而"譜"等字雖古代已有,但當時已不甚行用,故行均目之爲"古"。至於行均以來歷不明的"僻"爲"正"字,那恐怕是不妥當的。

(六) 通字例

"通"字是指通行已久的俗體字,其規範性較"俗"字爲强。"通"字主要是字形演變或聲旁改換的結果。前者如言部:"詼,正;諛,通。"(頁45)又乃部:"搎,通,户圭反,持也,提也。"(頁339)"搎"即"攜"字。"夋"旁隸變作"叟"及"攜"字作"搎"漢代已見用例①,可謂源遠而流長,故《干禄字書》即以"叟""搎"爲"通"字。後者如木部:"楦,通;楥,正:許願反,靴履模一也。"(頁382)又竹部:"笋,通;筍,正:思尹反,竹一也。"(頁391)"笋"字《干禄字書》已定作"通"字;"楦"字産生的時代不詳,約在唐代前後。"楦""笋"都是改換聲旁産生的俗體。

(七) 俗字例

"俗"字是指社會上流行的不規範的字體。《龍龕手鏡》中"俗"字的數量頗

---

① 參看《隸辨》卷二頁74"搜"字及卷一頁26"攜"字下引漢碑。

爲繁夥,其中有字形訛變的,如麥部:"麦,俗;麥,正。"(頁 504)有改換聲旁的,如心部:"恡,俗;憪,正。"(頁 59)有改換形旁的,如身部:"躬,俗,古活反,正作䯡。"(頁 162)有增加偏旁的,如人部:"企,俗;企,正。"(頁 29)有增加筆畫的,如人部:"仇,俗;仇,正。"(頁 23)有新造的,如不部:"夯,俗,音多。"(頁 543)即"多"的會意俗字。我們在前面說過,《龍龕手鏡》中的正俗關係有與其他字書不一致的地方,故亦頗有古代本字而被定作"俗"字者,上文我們已經列舉過這方面的實例。又如人部:僊,俗,今作仙(頁 24)。"僊"爲《說文》本字,而"仙"則爲其後起字。又如人部:"㦻,俗,胡感反。"(頁 213)據其音切,當是指"㦻"爲"撼"的"俗"字。而實則"㦻"爲《說文》本字,"撼"爲其後起字。蓋當時"仙""撼"等後起字通行,而其本字"僊""㦻"則時人罕用,故行均徑以"俗"字目之也。

(八) 俗通例

"俗通"蓋流俗通行之意,"俗通"字大約是兼於"俗"字與"通"字之間的字體。如心部:"怜,俗通;憐,正。"(頁 53)又尸部:"属,俗通;屬,正。"(頁 164)《干祿字書》以"怜"爲"俗"字,以"属"爲"通"字,可以比較。"俗通"字亦有實爲古代本字者,如麥部:"麪,俗通;麵,正。"(頁 505,"麪"爲"麫"字俗寫,該部"麥"旁即使"正"字也多有寫作"麦"形的)"麫"字見於《說文》,而"麵"爲"麫"的後起改換聲旁字,蓋當時"麵"字較"麫"通行,故行均以"麵"爲正字,以"麪"爲"俗通"也。

(九) 變體例

"變體"是指字形演變或偏旁易位形成的字體。如火部:"熙,變體;熙,正。"(頁 238)又雜部:"犛,變體,五高反,正作摮。"(頁 544)

(十) 誤字例

"誤"字是指書寫訛變形成的字體。如羊部:"羍、辜:二誤,音孤,罪也,正作辜字。"(頁 159)又方部:"旌,誤;旌,正。"(頁 124)"誤"字與"俗"字的界限,在於前者是偶然筆誤,後者則是習慣性的寫法。但如果某一誤字在古籍中出現的次數頗爲頻繁,或者帶有某種規律性,那這一誤字就可以被看作是俗字。如"辜"作"辜",漢碑中已見(《隸辨》卷一,頁 23)。又慧琳《音義》卷十六《無量清淨平等覺經》下卷玄應音義:"辜,經從羊作辜,不成字。"(頁 605)同書卷五三《釋摩男本經》音義:"辜,《說文》從辛、古聲也,經文從羊作辜,非也。"(頁 2142)

可見"韋"古代寫本中經見,我們就不妨把它看作俗字。

(十一) 互見例

有些單字的部首不是很明確,其歸部是兩可的。對這種字,《龍龕手鏡》往往既收入甲部,又收入乙部。前引錢大昕所批評的"舛則多、辛複出,弓則弓、雜兩收",指的就是這種情況。這樣做,有利於讀者檢索,堪稱辭書編纂史上的一大創舉。錢大昕橫加指責,那是不公正的。下面再舉幾個例子。隹部:"準,古文准字,均平、一度也。"(頁 149)又氵部:"凖,古文,音准,均也,平也,度也。"(頁 187)①酉部:"䤖,俗,音針,正作斟。"(頁 309)又斗部:"䤖,俗,同斟"(頁 333)。日部:"旧田:其九反,二。"(頁 427)同條又見於雜部(頁 550)②。又如"誻(訓)"字言部、水部兩收,"剹(糾)"字刀部、糸部兩收,"叫"字刀部、口部兩收,亦皆其例。

(十二) 以正字注音例

羅振玉《龍龕手鏡跋》在肯定《龍龕手鏡》的同時,又指出其書"譌誤多有,不勝臨摘",其後舉例有云:"心部'忌'注'音忌'。考'忌'字即'忌'之俗作,此云'音忌',不知即'忌'俗體。……木部'栁'注'古人(泉按:"人"當據原書作"文")音柳,小楊也'。考'栁'即'柳'字,見《唐鴻慶寺碑》,此云'音柳',不知即'柳'之俗體。"等等。羅氏因而斷言"緇流疏於考覈"云云。

按:羅氏考論"忌"即"忌"字、"栁"即"柳"字,這是完全正確的。問題在於行均是否"不知"這一點呢?試問如果編者不知道"忌"與"忌"、"栁"與"柳"的關係,他怎麼能知道"忌"與"栁"的讀音甚至其意義呢?其實,編者以"忌"音"忌",以"柳"音"栁",即是揭示前者即後者的正字。《龍龕手鏡》有以正字注音的體例。如言部:"䛿,音字,名一,今作字。"(頁 49)"䛿"即"字"的增旁俗字。人部:"伈,古文,音信。"(頁 34)"伈"即"信"字古文(說見前)。刀部:"刕,音從。"(頁 97)"刕"即"從"字初文"从"篆文的隸變字。同書雜部云:"刕,古文,疾容、七恭、即容三反,今作從。"(頁 545—546)是其證。自部:"皈,音歸。"(頁 364)又更部:"甦,音蘇。"(頁 366)"皈"即"歸"的會意俗字,"甦"即"蘇"的會意

---

① "準"正字當據《說文》從水作"準"。
② 這個音"其九反"的"旧"和田爲"臼"的俗字。《漢語大字典·日部》頁 1483"旧"下引《龍龕手鏡》,而不明其義。

俗字,"自反爲飯""更生爲甦"皆六朝俗字。又心部:"憥,俗,音樂。"(頁63)即"樂"的增旁俗字①。同部:"恖,音臣。"(頁64)"恖"即"臣"的會意字,唐武后所造②。山部:"岥,俗,音坡。"(頁72),"岥"即"坡"的換旁俗字③。同部:"崘,俗,音埽。"(頁74)"崘"即"埽(歸)"的俗字④。人部:"俗,音俗。"(頁38)又方部:"㳍,俗,音俗。"(頁125)"俗""㳍"當皆即"俗"的俗字⑤。穴部:"寅,音寅。"(頁507)"寅"即"寅"的俗字⑥,等等,凡此皆爲以正字注音也。羅氏不明其例,因横加指責,行均上人西天有知,殆不免感到冤屈了。

(十三) 以俗字注音例

《龍龕手鏡》中又有以俗字爲正字或古字注音者。如人部:"備,音俻,防也。"(頁33)按斯388號《正名要録》"正行者楷脚注稍訛"類"備"下脚注"俻"。《干禄字書》:"俻備:上俗下正。"(頁46)是"俻"爲"備"的俗字。又禾部:"秊,音年,穀熟曰一。"(頁143)按故宫本王仁昫《刊謬補缺切韻·先韻》:"年,奴賢反,載。正作秊。"《干禄字書》:"年秊:上通下正。"(頁25)《九經字樣》:"秊年:上《説文》,從禾,從千聲;下經典相承隸變。"(頁18)是"年"爲"秊"的隸變字。又宀部:"害,正,音害。"(頁157)按《干禄字書》:"害害:上俗下正。"(頁48)是"害"爲"害"的俗字。又火部:"炗,正,音光,明照,瑩静也。"(頁238)按:"光"字篆文"从火在人上"(《説文》頁210),隸定作"炗"(又作"炚"),變體作"光"。《玉篇·火部》:"炗,今作光。"(頁391)《干禄字書》:"光炗,上通下正。"(頁30)是"光"爲"炗"的隸變字。又一部:"互,古文,音乎。"(頁525)按斯388號《字樣》:"互,正;乎,相承用。音護。"慧琳《一切經音義》卷四九《順中論》上卷音義:"遞互,下胡故反……論文作乎,俗用字也。"(頁1975)是"乎"爲"互"的俗字。又卩部:"卻,音却,退也。"(頁538)按《玉篇·卩部》:"卻,俗作却。"(頁508)《五經文字》

---

① "樂"與"心"有關,俗因增旁作"憥"。《集韻·鐸韻》以"憥"爲"樂"的或體(頁1492)。
② 趙與時《賓退録》卷五:"《唐君臣正論》載武后改易新字,如以山水土爲地……一忠爲臣。"(頁52)"一忠爲臣"即指"恖"字。
③ 《集韻·戈韻》:"坡,或作岥。"(頁419)
④ 俗書"止"旁與"山"旁相亂,故"埽"俗作"崘"。《漢語大字典·山部》"崘"下據《龍龕手鏡》音"埽",云"山名"(頁784),蓋未知"崘"即"埽"之俗字也。
⑤ 斯388號《正名要録》"正行者正體脚注訛俗"類"俗"下脚注"俗"。
⑥ "寅"俗作"寅",敦煌卷子中經見。如斯5567號《法體十二時》:"平旦寅,洗足燒香禮世尊。"是其例。

卷中："卻,作却俗,亦相承用之。"(頁 45)是"却"爲"卻"之俗字。又玉部："珎,音珍。"(頁 435)按《玉篇·玉部》:珎,同"珍",俗(頁 17)。又《五經文字》卷中玉部："珍,作珎訛。"是"珎"爲"珍"之俗字,等等。凡此皆爲以俗字爲正字注音之例。爲什麽會出現這種"反常"的情況呢？蓋爲俗字流行既久,人所共知；正字則俚俗罕用,衆情驚懵："從正則懼人不識,隨俗則意嫌其非。"①故書之以正,音之以俗,從其兩便也。

(十四) 俗字僅標音義而不指明正字例

《龍龕手鏡》所載俗字有徑以正字注音者,前已言之。又有僅標列其音切或兼釋義而不指明其正字者。例如金部："鎟,俗,桑朗反。"(頁 15)按："鎟"當是"鎟"的俗字。"桑"字或作"桒"(參看第四章第一節),故"鎟"字右旁從之。《集韻·蕩韻》："鎟,鈴聲。"寫朗切(頁 868)。音切正同。又山部："岁,北登反。"(頁 74)按同部上文云："崩,古；崩,正：北弘反。"(頁 70)"北登""北弘"音同,"岁"當即"崩"的訛字。又雜部："顛,古文,丁年反。"(頁 544)按《廣韻·先韻》："顛"同"顛"(頁 83)。即"顛"字涉左旁產生的類化字。伯 2292 號《維摩詰經講經文》："卓定深沉莫測量,心猿意馬罷顛狂。""顛"即"顛"字。又牛部："牀,俗,士莊反,一榻也。"(頁 114)按：據其音義,"牀"即"牀"的俗字。俗書"爿"旁與"牛"旁不分,故"牀"俗作"牀"。例多不贅舉。

羅振玉《龍龕手鏡跋》在列舉《龍龕手鏡》之"譌誤"時,有云："亻部'傑'注'俗,其列反,又音列'。考'傑'即'傑'别字,見《唐充公頌》。此僅著其音,實未知'傑'即'傑'之别體。……(同書衤部)'祣'注'音呂,祭山川名也'。考'祣'即'旅'别字,此僅著其音,不知即'旅'之俗體。"其實行均以"其列反"注"傑",以"音呂,祭山川名也"注"祣",即寓指"傑"爲"傑"的俗字,"祣"爲"旅"的俗字。羅氏不諳原書體例,輕加訾議,未爲的當。

(十五) 一形多用例

我們在前面的章節中曾不止一次地說過,俗字有與其他字同形的情況,比如一個"姤"字,既可音 gòu 表示偶遇或卦名,又可音 dù 用作"妬"的俗字。這種情況反映在《龍龕手鏡》中,就形成了大量一形多用的現象。例如言部："誰,如鹽反,多言也。又陟流反。"(頁 40)根據其音義,"如鹽反"的"誰"當是"訥"的

---

① 《顏氏家訓·書證》篇語,頁 463。

俗字,"陟流反"的"詶"則當是"詶"的俗字。俗書"冉"與"舟"皆可寫作"舟"形①,故"詶"字一身而可兼二職。又心部:"慓,匹遙反,急也。又俗必遙反,幟也。"(頁53)按:"匹遙反"的"慓"爲慓悍之"慓","必遙反"的"慓"則爲"幖"的俗字。俗書巾旁與忄旁相亂,故"幖"俗書與"慓"同形。又同部:"惚,音忽,悗一,失志貌。又俗音惱。"(頁62)按同部上文:"惚,俗;惱,正。"(頁56)是"惚"既爲悗惚之"惚",又爲"惱"的俗字。又魚部:"鱢,俗,蘇、仙二音。"(頁165)按:"鱢"右半即"魚"的俗寫。音"蘇"的"鱢"當是"穌"的俗字,音仙的"鱢"則當是"鮮"的俗字。俗書有字的内部類化的現象,"穌""鮮"涉左旁類化皆可變作"鱢"。

(十六) 行文不避俗字例

"字典"作爲典範性的字書,一般來説應使用規範性較強的字形。但行均所處的那個時代,正是俗文字的使用達到高峰的時代,因而在整個俗化的大氛圍下,《龍龕手鏡》本身也未能免"俗",其中的一個突出表現就是行文多用俗字。如女部"姦"字下云:"一僞,私詐也。"(頁279)又"姣"字下云:"妖媚也。"(頁280)又水部"渻"字下云:"一然興作也。"(頁235)其中的"私""妖""興"即"私""妖""興"的俗字。又人部"俚"等二字下云:"二俗,音纏,正作纏。"(頁24)查同書糸部"纏"爲"今"字,其"正"字則爲"纒(纏)"(頁395)。又革部"靫"等四字下云:"四俗,側救反,正作靫,面一也。"(頁450)查同書皮部,"正"字爲"皺",其"俗"體有"皺、皶","今"體有"皺"(頁123),而別無所謂的正"靫"字,"靫"當爲"皺"或"皶"的變體。又日部:"暝,俗,莫丁、莫定二反,正作暝、寅二字。"(頁425)查同書宀部:"寅,今,莫瓶反,幽也,昧也。又莫定反。"(頁155)這個"今"字的正字當據《説文》作"冥"(《干祿字書》以"寅"爲"冥"的"通"字),其後起增旁字作"暝",而"暝"又爲"暝"的俗寫。甚至連作爲"正"字的標領字也有從俗寫的,如麥部云"麦,俗;麥,正",但其下所載"麥"旁字的"正"體多從俗寫作"麦"旁。又如言部:"讖,正,初禁反,預也。"這個"正"字實爲"讖"的俗寫。凡此種種,都是當時俗字泛濫在《龍龕手鏡》本身留下的烙印。這也就需要讀者具備一定的俗文字方面的知識,而不要被俗寫"正"字的假象所迷惑。

---

① 如斯6836號《葉浄能詩》:"江有惡屬,舟船不能過之。"此爲"舟"字。伯4640號《陰處士碑》:"收租寄義於馮煖,請粟恩(思)朋於冉子。"此爲"冉"字。《龍龕手鏡·人部》:"佥,俗,汝占反,正作詶,多言也。"(頁28)其中的"正"字"詶"爲"詶"字俗寫。

四、《龍龕手鏡》的缺點

通過上面的分析，我們可以看出，前人對《龍龕手鏡》的指責主要是由於他們對該書缺乏深入研究以及不明古代寫本的真相造成的，其責任不應該由行均來負。但也無庸諱言，《龍龕手鏡》確也存在着不少"舛誤"之處。下面就根據筆者的一孔之見，提出三點來加以討論。

（一）異體歸類缺乏統一的標準

行均把異體分爲正、通、俗、誤等十餘種類型，分類之細，堪稱空前。但這種分類，缺乏劃一的標準，類與類的界限也不明顯，而往往帶有很大的主觀隨意性。如同是以"㫃（兆）"爲右旁的字，左旁從人、從目定作"正"（頁 24、421），左旁從羊、從耳定作"或作"（頁 160、313），左旁從言、從口定作"俗"（頁 45、265），真不知作者的依據是什麽？又如"氏"旁俗作"互"，又作"玄"；"芻"旁俗作"蛋"；"枼"旁俗作"枽"（避唐諱），與這些俗體偏旁相關的異體字的歸類，《龍龕手鏡》也是五花八門，漫無標準。又如該書又部云："肎，誤。《舊藏》作'有'字。"（頁 348）這是説《舊藏》寫本有把"有"誤作"肎"的。其實"有"字上部的"ナ"即"又"。"又"旁篆文作"彐"，隸定作"ナ"（"右""灰"等字從之），亦作"又"（"圣"字從之），故"有"字亦不妨寫作"肎"。同部上文云："厷，古弘反，今作肱。"（頁 348）"厷"即"厷"字，爲"肱"字的初文。又火部："灰，正，呼回反，死火也。"（頁 238）即"灰"字。土部："左、圣：苦没反，汝南人云致力於地中曰一。二。"（頁 252）"厷""灰""左""圣"與"肎"上部所從的是同一偏旁，爲什麽偏偏"肎"被定作"誤"字呢？

（二）異體字同部雜出

按照《龍龕手鏡》的大例，同一部首同一字的異體字應該類比在一起，以便讀者查檢。但該書常常有同一字的異體字同部雜出的現象。如心部："惏，或作；怀，正：音牟，愛也。二。"（頁 53）相隔二十餘字又云："恈，音牟，愛也。與怀同。"（頁 54）"恈""怀（怀）"既然爲一字異體，有什麽必要擱置兩處呢？又如門部："闚，正，去月反，門觀也。"（頁 95）相隔七字後又載"闚"等俗體二，云："二俗，去月反。"（頁 96）根據所提供的音切，可知後者即"闚"的俗字①，但原書卻

---

① 《字彙補・門部》："闚，俗闚字。"（頁 254）相似的俗體六朝已見。參看《碑別字新編》頁 420 "闚"字下所載別字。

把它們分隔開來,俗字下又不標明正字,頗易使讀者產生誤解。又如心部:"悙,都昆反,撲(樸)也,大也,信也。"(頁52)相隔數十字後又云:"悙,多昆反,厚也,信也。"(頁54)這兩個字字形音切皆有不同,乍看似是不同的字。其實"都昆""多昆"同音,"悙""悙"皆即"悙"字(比較同書亯部以"**亯**""亯"爲"二同"),行均把它們割裂開來是不妥當的。又如口部:"咔,音弄,《玉篇》言也。"接云:"咔,俗;哢,正:音弄,鳥鳴。二。"(頁275)按照原書的體例,"咔""哢"爲一字,"咔"則別爲一字。其實"咔"爲"哢"的俗字("弄"俗作"卡",故"哢"右旁從俗作"卡"),"咔"則又爲"咔"的變體(比較"卡"俗又作"卡")。所引《玉篇》"言也"今本《玉篇》作"言咔也"(頁105),雖與"鳥鳴"之義略有不同,但"咔""哢"本爲一字則可無疑。行均一分爲二,那同樣是不妥當的。

《龍龕手鏡》中還有同一字頭同部前後複出的情況。如刀部云:"刳,苦姑反,剖、判、屠、破也。"(頁96)相隔幾十字後又云:"刳,苦姑反。"(頁97)又心部上聲:"恁,音甚。"(頁66)同部去聲下又云:"恁,音甚。"(頁68)爲什麼會出現這種同一字頭同部雜出,收字前後重複的情況呢?很可能是作者據各種寫本佛經輯集文字材料,前後不免重複,成書時又缺乏仔細的剪裁整理,從而造成了上面所說的弊端。

(三) 異體俗字正字不明

我們在前面說過,《龍龕手鏡》有以正字爲異體俗字注音之例,但這樣的字數量不是很多。大多數注音字僅起注音的作用,而與被注音的正字無關。《龍龕手鏡》中還有大量以反切注音的字。其中許多標注直音或反切的異體俗字,原書并不標明正字。這類異體俗字,當時的人也許過眼即了,但後來的讀者卻不免感到生疏和隔膜,這就對我們今天重新認識它們造成了極大的困難。如人部:"侑,徒卧反。"隔數字後又云:"侑,音又,勸食。"(頁36)音"又"的"侑"載籍經見,無需多說;音"徒卧反"的"侑"則爲其他字書所不載,艱於辨識。根據原書所提供的音切,這個字很可能是"惰"的俗字。"惰"的行爲與人有關,俗書因或易"忄"旁爲"亻"旁;"惰"右旁中的"工"俗寫往往略去①,於是"惰"便寫成了"侑",與音"又"的"侑"成了同形字。

又如言部云:"認,郭氏音惚。"(頁46)據同書心部,知"惚"爲"惱"的"通"字

---

① 《五經文字》卷上:"隨,從左,作随訛。"(頁13)可參。

（頁 56）。但《漢語大字典》據《改併四聲篇海·言部》引《龍龕手鏡》："認,郭氏音惚。"因把"認"定作"諰"的訛字（頁 3991）。考《龍龕手鏡》"認"字列在上聲,"諰（諰）"字則在去聲,故原文當以作"音惚"爲是。那麼這個音"惚"的"認"是什麼字呢？竊謂這個"認"當是"憹"的俗字。"甾"旁俗書或作"忽"（説詳第三章第四節）,故"憹"字俗書作"認"。"憹"字《集韻·皓韻》音乃老切,正與"惚"字同音。

又如山部云："𡶚、𡶚、𡶚：所立反。三。"（頁 77）這三個音"所立反"的字《漢語大字典》僅載録其中的"𡶚"字,而義則未詳（頁 764）。私意以爲這三個字皆爲"澀"的俗字。俗書"止"旁與"山"旁不分,故"澀"字俗書訛變作"𡶚"。"澀"字古或作"歮",又作"澁"和"𦥔"（參看《集韻》頁 1582）,"𡶚"和"𡶚"當是上列異體訛變的產物。"澀"字《廣韻·緝韻》音色立切,與"所立切"同音。《字彙補·山部》引《篇韻》"𡶚"字"音澀"（頁 56）,殆即指"𡶚"爲"澀"的俗字。

諸如上述這類有音切而不載明正字的異體俗字,在《龍龕手鏡》中不在少數。編者既然知道它們的讀音（甚至意義）,想必是明了其正字的①。可惜他當時過於吝惜筆墨,以致給後人留下了不少的難題。

除了上舉三端之外,《龍龕手鏡》在異體辨析方面也間有失誤。如镸部："髹、髹,二俗；髹,正：私宗,息恭二反,髹一也。……三。"（頁 87）這就是説"髹""髹"爲"髹"的俗字（末尾的"三"是指所載正、俗字體的總數）。其實"髹"并非"髹"的俗字,而是上一條的正字"髹"的俗字。"夅"旁俗書作"夅",故"髹"字俗作"髹"。而"髹"與"髹"則不可能發生正俗異體的關係。

總的來説,儘管《龍龕手鏡》也有一些不盡如人意之處,然其載録俗字之富,對寫本文獻校理作用之鉅,誠非它書所能望其項背,治敦煌學及文字之學者,固所宜當寶貴也。

---

① 也許有一部分字作者并不知道其正字,它們的讀音是根據字形擬定的。如白部："䎞,音男。"（頁 431）這個字很可能是"舅"的訛字。"舅"字《説文》本作"䎞",爲左聲右形結構,形近誤爲"䎞"（"䎞"又有誤爲"䎞"的,見《龍龕手鏡·田部》,頁 152）。《碑別字新編》載《魏司馬景和妻墓誌》正有作"䎞"形的"舅"字（頁 259）。行均以"䎞"字"音男",大概是"望形生音"的結果。又如金部："錙,相居反。"（頁 14）"相居反"的音切大概是根據右旁"冐"得出的。"冐"即"胥"的俗字（《龍龕手鏡·肉部》以"冐""胥"爲"二今",頁 409）。但"錙"字并未見於載籍,不可解。其實這個"錙"可能并非"錙"字的俗寫,而是"鋸"字的俗寫。"㠯"旁俗寫也可寫作"冐"形（如"輯"字《龍龕手鏡》載今體作"輯",頁 85）,故"鋸"或寫作"錙"。行均據俗寫的一般習慣推斷,就誤把"錙"讀成了"相居反"。但這種"望形生音"的字數量不會很多。

下 編

敦煌俗字彙考

編　例

一、敦煌文獻字多俗寫，爲閱讀、研究之最大障礙；敦煌辭書多載俗字，以敦煌治敦煌，實爲辨識敦煌俗字的良方利器。然敦煌辭書所載俗字散在各處，查檢非易，故特試作本編，期於辨識敦煌俗字收便捷切近之效。

二、凡敦煌字書、韻書及音義書中所標明之俗、通、或、譌、亦作等各體均在本編輯録之列。上述辭書中帶有濃重俗書筆意的標目字亦酌情輯入。敦煌辭書以前的古代字書已經載列的古異體字，本編一般不再收入。原有刻本傳世的辭書寫本（如玄應《一切經音義》），亦不在本編收採之列。出於存字明源的目的，本編亦酌收少量《漢語大字典》不收或異體關係沒有得到溝通的古異體字。

三、《刊謬補缺切韻》爲彙載俗字異體的淵藪，致有"唐代通俗字字典"之稱。然敦煌本殘缺頗甚，未爲全豹；故宫博物院藏宋濂跋本雖有節删，但大體仍保留了原書多載俗字的特色，故本編亦酌加採擇，以期反映王韻收載俗字的全貌。

四、敦煌辭書以寫本爲主，由於人們書寫習慣的差異或偶然的因素，同樣的一個俗字在不同人的筆下或者同一個人在不同的時間卻會寫成不完全一致的形體，故本編對所收俗字適當加以楷正，以期使之更具普遍性。但引例中則儘量採用原卷掃描字形，以存古書之真。引用傳世文獻中的俗字，必要時亦用掃描字形（碑刻拓本俗字多有漶漫，故酌情採用《隸釋》《隸辨》《碑别字新編》諸書中的摹録字形）。

五、本編亦酌收少量雖或敦煌辭書未載但卻常被用作偏旁的俗體，以期獲致舉一反三的效果。這種可充任偏旁的俗體於字右上角打"＊"形符號標識之。相應的由此類俗體偏旁構成的俗字，本編只擇要輯入，讀者以意推之可也。

六、研究俗字的目的主要是爲整理古籍和漢字的整理、規範服務,故本編擇用目今較爲通行的繁體字作爲字頭標領(字頭不等於正字),以便讀者檢索。字頭按部首分部排列,同部的字按筆畫數多少順序排列;如果筆畫數相同,則按一(橫)、丨(豎)、丿(撇)、丶(點)、乙(折)的筆形順序排列。

七、每個俗字下酌加考證,其中包括書證(敦煌辭書本身的用例)、例證(敦煌文獻中實際用例)、按語等項。按語中既有字形的辨析,又有其他傳世古籍的旁證,上串下聯,力圖勾勒出每個俗字異體的來龍去脈。考證以俗字爲主,一般的異體字從略。

八、凡不見於《漢語大字典》的俗體於字頭右上角打"△"形符號;《漢語大字典》已收,但引例可以提前或說解可以補充的則在字頭右上角打"◎"形符號標識之。

九、書前按部首編列字頭索引(字頭不計部首本身的筆畫);書後附四角號碼索引。凡本編載列的字頭及其俗字異體均可在後一索引中檢獲。

十、本編輯集的敦煌辭書要目如下(正文中引用時只有一個卷號的辭書不再標注卷號,有多個卷號的按實際引用標出所據卷號):

《字樣》(斯 388 號)

《正名要録》(斯 388 號)

《字寶》(斯 619、斯 6204、伯 2058、伯 2717、伯 3906 號)

《時要字樣》(斯 5731、6208 號)

《字樣》殘葉(斯 6329 號)

《俗務要名林》(斯 617、伯 2609、伯 5001 號)

《諸雜難字》(伯 3109 號)

《略雜難字》(伯 3109 號)

《佛經難字及韻字抄》(伯 3823 號)

《切韻》殘葉一(伯 3798 號)

《切韻》殘葉二(伯 3695、3696 號)

《切韻》殘葉三(斯 6187 號)

《切韻》殘葉四(斯 2683、伯 4917 號)

《切韻》斷片一(見《唐五代韻書集存》頁 70)

《切韻》斷片二(見《唐五代韻書集存》頁 71)
《箋注本切韻》一(斯 2071 號)
《箋注本切韻》二(斯 2055 號)
《箋注本切韻》三(斯 6176 號)
《箋注本切韻》四(伯 3693 號)
《箋注本切韻》五(伯 3694 號)
《箋注本切韻》六(伯 3696 號)
《增訓本切韻》殘葉一(斯 5980 號)
《增訓本切韻》殘葉二(伯 3799 號)
《增訓本切韻》斷片(斯 6156 號)
《增字本切韻》殘葉一(斯 6013 號)
《增字本切韻》殘葉二(斯 6012 號)
《增字本切韻》殘葉三(伯 4746 號)
《增字本切韻》斷片(見《唐五代韻書集存》頁 236)
《刊謬補缺切韻》(伯 2011 號,簡稱《王一》)
《刊謬補缺切韻》(故宮博物院藏宋濂跋本,簡稱《王二》)
《五代本切韻》一(伯 2014 號)
《五代本切韻》二(伯 2015 號)
《五代本切韻》三(伯 2016 號)
《五代本切韻》四(伯 4747 號)
《五代本切韻》五(伯 5531 號)
《唐韻》殘葉(伯 2018 號)
《刻本韻書》殘葉(見《唐五代韻書集存》頁 775)
《刻本切韻》殘葉(見《唐五代韻書集存》頁 777)
《韻字殘卷》(伯 2758 號)
《禮記音》(斯 2053 號背)
《毛詩音》一(伯 3383 號)
《毛詩音》二(斯 2729 號)
《楚辭音》(伯 2494 號)
《文選音》(伯 2833 號)

《楞嚴經音義》一（斯6691號）
《楞嚴經音義》二（伯3429號）
《大般涅槃經音義》（伯3025號）
《大般涅槃經音》一（斯2821號）
《大般涅槃經音》二（斯5999號）
《妙法蓮華經難字》（斯5690號）
《難字音》（伯4696號）
失名《字書》（斯5514號）
《春秋後語音》（斯1439號）

十一、本編經常引用的書籍簡稱如下：

許慎《説文解字》，簡稱《説文》；

玄應《一切經音義》，簡稱玄應《音義》；

慧琳《一切經音義》，簡稱慧琳《音義》；

希麟《續一切經音義》，簡稱希麟《續音義》；

可洪《新集藏經音義隨函錄》，簡稱可洪《音義》；

行均《龍龕手鏡》，簡稱《龍龕》；

姜亮夫《瀛涯敦煌韻輯》，簡稱姜書；

潘重規《瀛涯敦煌韻輯新編》，簡稱潘書；

周祖謨《唐五代韻書集存》，簡稱周書。

十二、引文規範參見本書上編卷首"序例"，主要引用書目見全書卷末，兹不贅述。

部首目錄

(部首右邊的數碼指檢字表的頁碼)

一 畫		卩	228	夕	231	止	233	心	235	六 畫	
一	227	刀	228	夂	231	攴	233	爿	235	耒	237
｜	227	力	229	广	231	日	233	毋	236	老	237
丿	227	厶	229	宀	231	水	233	五 畫		耳	237
乙	227	又	229	尸	231	牛	234	示	236	臣	237
二 畫		夊	229	已	231	手	234	甘	236	而	237
十	227	三 畫		弓	231	毛	234	石	236	至	237
厂	227	工	229	子	231	气	234	目	236	虍	237
匚	227	土	229	女	231	片	234	田	236	虫	237
冂	227	寸	229	幺	231	斤	234	皿	236	网	238
人	227	卄	229	四 畫		爪	234	矢	236	肉	238
八	228	大	229	王	232	月	234	禾	236	缶	238
勹	228	尢	229	无	232	氏	235	白	237	舌	238
儿	228	口	229	木	232	欠	235	瓜	237	竹	238
几	228	囗	230	支	232	殳	235	疒	237	臼	238
亠	228	巾	230	犬	232	方	235	立	237	自	238
冫	228	山	230	歹	232	火	235	穴	237	舟	238
冖	228	彳	230	戈	232	斗	235	皮	237	衣	238
凵	228	彡	230	瓦	232	戶	235	矛	237	羊	238

米	238	貝	240	八　畫		鬼	242	十一畫		十三畫	
聿	238	見	240	雨	241	食	242	麥	242	鼓	243
艸	238	里	240	隹	241	風	242	鹵	242	黽	243
羽	239	足	240	阜	241	音	242	鳥	242	十四畫	
糸	239	邑	240	金	241	韋	242	魚	243	鼻	243
七　畫		辵	240	門	241	十　畫		麻	243	齊	243
走	239	谷	240	隶	241	鬥	242	鹿	243	十五畫	
車	239	豸	240	九　畫		髟	242	十二畫		齒	243
豆	239	角	241	革	241	馬	242	黹	243	十六畫	
酉	240	言	241	頁	242	鬲	242	黑	243	龍	243
辰	240	辛	241	面	242	高	242	黍	243		
豕	240			骨	242						

檢字表

說明：每欄左側爲字頭，字頭左上側的數碼爲該字頭的畫數（不計部首本身的筆畫）。
字頭右側爲本書所收的俗字異體及其頁碼。

一 部			乙 部			³匜	迊	268
²于	亐	245	¹九	玖	256	⁴匡	匡匡	268
³屯	芚屯毛	245	⁷承	丞	256	匠	远	269
互	㸦	247	¹⁰乾	乾乹乹	257	⁵臣	㢈	269
⁴世	卋	247	¹²亂	亂乱乿乿亂亂	257	匪	匪	269
丘	丠丘	248				¹²匱	匱匱	270
⁵再	再	248	十 部					
⁶更	更更	248				冂 部		
兩	兩	249	³卉	卉	260	³冉	冄冉冉	271
⁸甚	甚是甚	249	⁶卑	甼早	260	³冊	箳冊冊曺	272
¹³爾	尒尓	250	卒	卆平卆	261	⁶岡	罡崗	272
			協	協恊	261	⁸冓	冓冓冓冓冓育冓	273
丨 部								
			厂 部			人 部		
⁹丵	莘	251	²厄	阨	263	²仄	昃	275
			⁷龐	疟	263	介	尒尕	275
丿 部			厚	厚厚㫗	263	³参	尔	275
²川	巛	252	⁸原	原	264	令	令	276
³升	外外外卦陞	252	¹⁰厭	厭厭	264	⁴全	仝全	276
⁴乍	乍	253	¹²靥	靥厭獻懕	265	休	伏休	277
乐	巿	254	曆	曆㳑	266	伍	伂	277
乎	乎乎	254				仿	髣	277
⁵年	年年	255	匚 部			仔	好	278
⁷乖	乘	255	²匹	疋疋疋疋	267	⁵佞	倿倿	278
						伸	仙	279

低	伍伍	279		八部		⁹渫	渁	310
伫	竚	280					冖部	
⁶來	来	280	²兮	丂兮	292	²冗	冗沽冘冘	311
俫	忲	280	⁶其	幵昪	292	⁷冠	冦	312
俍	㑌	280	⁶並	並	293	⁸冡	冡	312
血	囼	281	⁷前	葥荊	293	冥	冥寅	313
俙	俙	281	⁸兼	蒹蕪	294	冤	寃	314
佩	珮	281	眞	真真眞	294		凵部	
併	倂	281	¹⁴冀	冀冀冀冀冀冀	295	²凶	囟	315
伜	件	281	興	興興	296	³凸	亞	315
⁷俞	俞	282		勹部		凹	㢓容	315
俅	頹	282	³包	勹巳	297	⁶函	函函	316
偺	塀偺	282	⁸匊	匄甶孟彐䓞莒荁莒			卩部	
俗	俉	283		菊	297	³卯	夘	317
侯	俟悇候	283		儿部		⁶卷	巻	317
俟	俟庋	283	⁴兆	地地兆地	300	⁷卻	却	318
俊	儁儁	284	兇	兇	300		刀部	
⁸倏	焂鼈鼈鼈	284	⁵兌	兒咒	301	刀	刃刁	319
倪	倪	285	免	免兎	302	²切	切	319
⁹偫	時	285	兗	兗	302	刃	列刕	320
假	假假	285		几部		分	公	321
¹⁰傘	傘傘	286	几	机	303	⁴划	鐂鍋	321
傲	傲憿	286		亠部		刖	肌	321
備	俻	286	¹亡	匸	304	⁵初	初	322
¹¹僉	僉	287	²亢	亢亢亢亢亢	304	⁶刺	刾	322
僞	僞	287	⁴亦	亦	305	制	剏	323
僙	趡	287	⁶京	京	306	刹	刹	323
傳	傳	288	享	享亯	306	創	剏	324
僊	俸	288	⁷亮	亮	307	⁷剃	鬀	324
僚	僎	288	⁹商	商	307	⁸剖	剖	324
像	像僞	288	¹¹亶	亶亶	307	剛	剛	324
¹²僰	僰僰僰	289	²¹亹	亹亶亶亹亹亹	308	⁹剪	剪剪	325
¹³僵	僵僵	289		冫部		剝	暴	325
¹⁴儒	儒	289	⁴冰	氷	310			
償	償償	290						
¹⁵儩	傰	290						
¹⁶儵	顠	290						
¹⁹儺	量儺	290						

	剝	剥	325		延	延延	342		寸 部
10	創	剏荊瘡	326			工 部		8	專	專	356
11	剳	剳剳剳	326	3	巩	卭	344	11	對	對	356
	剳	剒	327	4	巠	巠圣	344		廾 部
	剽	剽	327		巫	巫	344		廾	収	358
13	劇	劇	327	6	差	差差	345	4	弄	卡咔	358
	剷	勴剷	327			土 部		9	弊	棄	359
14	劗	劗斳節箾	328		土	圡	346	11	弊	弊獎	359
15	劓	劓劓劓	329	4	坐	坐坒	346		大 部
24	劚	豔豔豐豐豐畔	330		坎	埳	347		大	六	360
	力 部		坃	坺	347	1	矢	矢矢矢	360
	力	刀	332		坑	硎	347	2	失	失	361
3	功	切	332	5	坤	巛	347	3	夷	夹夷	361
4	劦	劦	332		坰	圀	348	4	夾	夹	362
5	劫	刧	333		坻	坏坅氐	348	5	奇	竒	362
7	勃	勃	333	6	垛	垛垛埵	348		奈	㮠	362
10	勞	旹	333		垒	垒瓷	349	6	契	契契	363
11	勢	勢	334	7	袁	衰	349		奐	奐	363
12	勤	勤	334	8	堆	塠	349	7	奚	夹	363
14	勳	勛	334		堋	堋	350	8	奭	奭奭	364
	厶 部		9	堯	堯堯	350	11	奩	奩奩	364
	厶	口	335		埋	陛	350		奪	奪棄奪	365
9	參	叅叅叅叅叅	335		堤	堤	351		獎	獎	365
	又 部		塊	玌	351	12	奭	奭奭奭奭	366
2	反	仮	337		壼	壸	351	20	韠	韠韠	366
4	受	叐	337	10	填	真	351		尢 部
6	取	耴	337		塗	涂	352	1	尢	尢	368
	叔	尗尗尗	338	11	墟	甗	352	4	尨	尨狵	368
7	叚	畏叚叚殺	338	13	墾	墾墾	352		口 部
8	叜	叜叜	339		壞	壤	352		口	ム	369
9	曼	胃胃胃	339		甕	壅	353	2	台	公	369
16	叢	藂	341	14	壓	壓押	353		句	勺	370
	廴 部		墼	墼	354				
4	廷	迁廷	342	15	壘	櫐	354				
				16	壞	壞敷攘劃	354				

叴	厸	370	¹⁰嗜	咮鰭膪醋嗜嗜	385	⁴希	希帝	401	
叫	叫	371	嗇	啬嗇	386	⁵帙	袟麽帙	402	
召	㐜	371	嗅	齅嗅齅	387	⁶帥	肺帨	402	
³后	后舌	371	嗥	㺕獆呺	388	帢	帢帹皍帢帢	403	
⁴吠	吠	372	嗤	歋	388	⁷帨	帴裞帗祴祐	404	
呈	星	372	¹¹嗷	㗛	389	師	師	404	
含	含唅	373	嘉	恚	389	席	廗	405	
吻	脗	373	嗽	嗽	389	⁹帽	袹	405	
吝	丢恪悋	373	嗾	喈𡁅䈮	389	幄	握	405	
吳	吳吴吴	374	¹²嘲	謿	390	¹²幟	幟怰	406	
吼	呴吽	375	嘼	嘼畜	390	¹³幨	㡛裧	406	
⁵咄	㖥詍戙㳒	375	¹³嘴	觜紫唻鷦	390	¹⁴幭	幪	406	
咺	咘唗	376	器	噐	391		山部		
咎	卧各	376	噉	鯰	392	³屺	岐	407	
⁶哉	夬戝	377	¹⁴嚏	嚏	392	⁵岻	岻	407	
骨	骨	377	噅	懘	392	⁷峻	陖埈	407	
哂	吷哎	378	¹⁶嚴	嚴	392	⁸崎	圻	408	
号	号	378	¹⁸囓	齧	393	⁹嵍	堥	408	
咽	呵	378	囂	𨵼	393		彳部		
哀	袞裛	378	²¹囑	喝嘱嘱	393	⁴役	役伇侇佟佟佟	409	
咨	諮	379		口部		⁶後	復	410	
⁷員	貟	379	²囚	囚囚囙	395	⁷徒	辻従	410	
哯	吀	379	³因	囚𡇎	395	徑	俓	411	
哭	哭	380	回	囬	396	⁸徙	徒徙	411	
⁸喊	欨	380	囟	顖	396	得	㝵	412	
唱	誯	380	⁴囷	囝	396	從	從従	412	
售	雋雋	380	囪	囦囪	397	⁹御	御	412	
唅	欦	381	⁸國	國国囻	397	循	徇徊	413	
啖	啟胅	381	¹⁰圏	蘭	398	¹⁰微	微㣲微	413	
啓	𢼄	382	¹¹圖	啚	399	¹²德	悳德	414	
⁹喪	䘮㐭㐭	382	¹³圓	圎	399	徹	徹徹徹	414	
喊	㰔	383		巾部		¹³衡	衟	415	
喟	㗬	383	巾	小	400		彡部		
單	単单	383	²市	市	400	⁸彬	斌	416	
冞	咪	384	³帆	飄颿	401				
喬	髙髙喬喬	384							
善	善	385							
喧	誼	385							

彫	雕	416	宴	宴宴醼讌	431	⁹弱	弱弱	448
²⁶鬱	鬱欝	416	⁸寇	寇宼	432	強	强	449
	夕 部		寅	寅	433	¹⁴彌	彌彌弥	449
			寂	家宊寂諔	433		子 部	
⁸䋫	䋫	418	⁹富	冨	434			
⁹䥯	䥯	418	寐	寐寐	434	¹孔	㝔㝗	450
¹¹舞	儛	418	¹¹寬	寬宽	435	⁴孛	学学	450
綢	裯	419	寡	㝅寡	435	⁵孟	孟	451
	夂 部		寠	寠	436	⁸孰	孰孰	451
			寢	寢寢寑	436	¹³學	學斈	451
³夅	夅	420	¹³審	審	437	¹⁴孺	孾	452
⁴夆	夆夆	420	¹⁷寶	珤珤寳珎	437	¹⁶孽	孼	452
⁵麦	麦	420		尸 部			女 部	
妥	嫠	421						
⁶复	复	421	²尼	足	439	⁴妖	袄魊	453
¹¹夒	夒	421	⁴尿	尿溺	439	姊	姊姉姐	453
¹⁸夔	夓夒夒夓夒	421	尾	尾	440	妒	妬妒	454
	广 部		局	舃局	440	妝	粧糚粒	455
			⁵居	㞐	441	⁶姨	姨	456
⁵府	䵒	423	⁶屋	屋	441	姜	羌	456
⁷盾	盾	423	屎	䐒屎	441	姦	奸	456
⁸庫	埤堲	423	⁷展	屐展展	442	⁷娣	娣	456
¹¹殿	廒	423	⁹屣	屣屧	443	⁸婁	婁	457
¹²廟	庿庿	424	¹¹屨	屨	443	婚	婚	457
塵	厓廛鄽鄽廛塺埵		屣	屣	443	婉	蜿	457
	鄽厪鄽	425	¹⁵屩	屩蹻	444	婦	归	457
¹³廉	僉僉	426	¹⁸屬	屬屬属属属	444	⁹媔	娟	458
	宀 部			己 部		嫂	嫂嫂	458
						婿	壻壻聓聓壻	458
²穴	穴冗㝐	427	¹巴	巳	446	¹⁰媿	媿媿娾蹇	459
³安	妟	428	⁸犯	犯㹠	446	媥	娉	460
⁴完	完	428		弓 部		嫉	愱諕	460
⁵定	㝎	429				¹¹嫙	暶	461
宜	宐宎	429	¹弔	弔弔	447	¹⁴嬭	妳妳	461
⁶宦	宦	429	²弘	弘	447	嬰	嬰嬰	461
⁷害	害害	430	³弙	㧑	448		幺 部	
宦	窨	431	⁷弱	翁	448	²幼	纫	463

⁹幾	㡬	463	校	挍	475			支部	
	王部		桑	桒㮮	476				
			⁷梗	梗	477	⁸攲	攲搞剞搞剴	491	
⁵珍	珎	464	棿	棵梚	477			犬部	
⁷珵	珽	464	⁸棱	稜楞楊楞	477				
⁸琳	玪	464	棘	棘棘	478	⁴犬	犮犮	493	
⁹瑰	珚	465	棗	棗棗	479	¹犮	犮	493	
瑠	瑠礒	465	棲	栖	479	⁴狄	㹤	494	
¹⁰瑛	瑛	465	椎	槌	480	⁵狗	狗	494	
瑣	瑣	465	棄	弃	480	⁷狹	狹陿	494	
¹³環	環鐶	466	極	捵	480	⁸猪	猪猪腊豬	495	
¹⁴璿	瑢珫	466	⁹楔	榍	481	¹⁰猿	猿猨	495	
瓊	瓊	466	楂	楂槎	481	¹¹獀	獬獬	496	
璽	壐壐壐壐壐	467	械	桶	481	¹²獘	獘	496	
	无部		楫	檝	482	¹⁴獮	獮	496	
			槝	輖	482	¹⁵獸	獣獸	497	
⁵既	旡	468	槐	櫰	482	獵	獦獦獦	497	
	木部		概	槩	483	¹⁶獻	獻	498	
			枂	桅	483	¹⁷玀	犴	498	
¹本	夲	469	¹⁰楓	騟傓	483			歹部	
²朾	樟撐敦	469	榘	榘	483				
³杖	扙	470	¹¹標	標摽	484	²叙	攽敘	499	
⁴杯	盃	470	樗	樓	484	⁵殄	弥	499	
果	菓杲	470	樟	樮櫖	484	⁹殢	瘷	500	
析	斦析扸折	471	樓	樓	485			戈部	
松	榕	472	槮	橵葊	485				
枕	櫶	472	¹²橛	捒	486	³戒	戎	501	
杼	竽	473	樸	朴	486	⁴或	或或	501	
⁵葉	枼苺	473	槖	簶	487	戕	㧊柯	502	
柏	栢	473	燃	橪	487	⁷戚	戚	502	
柢	柢	474	樟	嬉	487	⁸戟	戟	503	
柳	桺	474	橃	艥	487	¹⁰截	戳	503	
柿	柿	474	¹³櫛	榔柒	487	¹¹戴	戴	503	
⁶栽	烖	474	檜	櫚	488	¹³戲	戲戲	504	
栲	㭒	475	¹⁴櫺	檽	488			瓦部	
栗	㮚	475	櫂	掉	488				
柴	柴	475	¹⁵欇	欘	489	瓦	𠁼瓦	505	
			¹⁷欋	攫欋	489				

⁴瓮	瓫甕瓮甕	505	²旨	盲旨	519	汨	澦溳	534		
⁵瓴	瓩瓮	507	⁴昊	昊夰昦	520	沈	沉邒	534		
⁶瓶	瓶瓻	507	昔	昔	520	決	决	535		
⁹甁	甐甁	507	昃	旲昗具	521	⁵泰	泰	535		
¹²甖	甖	508	明	朙明	521	沾	沾	536		
甒	坺	508	昏	昏	522	泠	冹	536		
			⁵昧	眛	522	沿	沿	536		
止 部			冒	冐	522	泥	埿	537		
止	㢟	509	映	暎	522	⁶涎	湠唌涎浱	537		
²此	㭰	509	曷	曷	523	派	𠂢	538		
³步	歨步	509	⁶晉	晉	523	⁷流	流沶	538		
⁹歲	歲嵗歳	510	晏	晏	523	浣	浣浼	538		
¹²歷	歴	510	⁷曹	曺	523	⁸淠	浑湷	539		
¹⁴歸	歸婦皈	511	晨	晨晨	524	泚	垩	539		
			⁸最	冣冣	524	淡	倓	539		
支 部			曾	曽	525	涮	灛洹	539		
²收	收収	512	⁹暖	暖煖暄暗曘㶣煓		淄	湽	540		
³改	㱅	512		耎	525	⁹溲	溲	540		
⁵敂	敀	513	暇	暇	527	淵	瀰渕	540		
政	㱋	513	¹⁰暄	暄昍暄	527	滋	稵	541		
⁶敖	敖敖遨	513	嘗	甞	527	¹⁰潰	潰濽	541		
效	効	514	暉	暉暉	528	準	準准	541		
⁷敕	勅勑	514	暨	曁泊	528	溪	溪嵠磎	542		
⁸散	㪔散散㪛	514	¹¹暴	暴㬥曝	528	溯	泝沂	542		
敬	敬	515	暫	蹔蹔暫	529	滓	莘	543		
敦	敦	515	¹²曉	曉憢	530	溺	㲻	543		
¹⁰敲	搞	516	曆	曆	530	漆	漆㯄柒涞淶	544		
¹¹敷	敷	516	¹⁴曜	燿	530	¹¹漂	嫖	545		
數	數	516	¹⁹曬	瀗	531	滲	渗	545		
¹²轂	殻	516				¹²潮	潮	545		
整	整整墊墊憼㪿	516	**水 部**			潛	潜濳	545		
¹⁴斅	雗	517	¹永	氶	532	潔	潔㓗	546		
¹⁹變	變䜃	517	²氾	汜	532	澗	澗磵㵎	546		
			³汎	泛汃渢	532	¹³濊	濊	547		
日 部			汜	汨	533	濺	驐靛	547		
日	粤	519	⁴沔	汅	533	¹⁴濡	㵶	547		
¹旦	㫜	519	沌	汒阣屸	533	濕	溼	548		
			沚	渚	534	濟	泲泲済	548		
			沙	砂	534					

澀	溾淰	549	¹⁰搗	擣搗搗搗	561	爬	把	575		
	牛 部		搁	揾挡挡	562	⁸爲	為	575		
²牟	牟	550	摌	皺	563	¹³爵	爵爵	576		
⁴牸	牸齡	550	¹¹撫	棻	563		月 部			
⁶特	犆	550	摑	擶	563	³肙	育	577		
⁷牽	牽牽	551	摘	摘	564	⁴肯	肯肯	577		
⁸犍	劇	551	摎	摞擨	564	肴	餚	577		
犀	犀犀犀	551	摻	搽	564	朋	朋	578		
⁹犐	牠牠箍	552	¹²撓	撓獠	565	肺	金	578		
¹⁰犒	犒	552	撮	撮	565	肥	肥肥肥	579		
	手 部		揀	揀揀	565	⁵胡	頡咽	579		
³扐	撖挧挧撢	553	撤	撤	566	胚	胚	580		
⁴技	技伎伎	553	¹³擄	攄攄	566	胃	脷	580		
扼	搵扼	554	¹⁴擩	擩	566	胗	胗	580		
抄	抄剿	554	¹⁵擾	擾	567	胥	胥	580		
扭	扭撒	555	¹⁸攜	攜攜	567	⁶脂	臟鼒炳鼐	581		
抑	抑	555	²⁰攫	戤	567	脂	脂	581		
⁵拔	拔	555	²¹攬	攬攣	568	胸	胷	582		
⁶挂	掛	556		毛 部		朕	朕	582		
挳	軼挳	556	⁶毦	挈	569	朔	翔	582		
挑	挑	556	¹⁰氈	毡	569	脅	脅脇	582		
拯	承拯拯	557		气 部		能	能	583		
⁷捎	芟	557	气	乞氘	570	⁷望	望望	583		
挽	挽輓	557		片 部		脧	痠	584		
捃	攈	558	⁴版	板	571	⁸期	朞碁	584		
⁸掣	摯捐	558		斤 部		胎	烕	584		
捷	捷梗	559	¹斤	斤	572	勝	榜勝	585		
掏	掏	559	⁴斧	鈇	572	腕	掔	585		
掃	掃	559	¹¹斲	斵斲斲斲斲	572	⁹腩	醋胼	585		
⁹揀	揀	559	¹⁴斷	斲斲斷遾	573	脃	痋	586		
插	插插	560		爪 部		脚	腳脚	586		
搜	搜	560				朕	埗	586		
搥	鞋垠碇	560				腦	儑灺膤膤膤胧	587		
揩	陪	561				¹¹膝	膝榢膝脎	588		
掾	掾掾	561	⁴采	採彩	575	膚	肤	589		
						滕	滕	589		
						¹²膡	膡爖	589		

[13]膝	膝		589	[6]烏	烏乌		606	恥	耻		620
[15]臘	臈膡		590	烝	烝		606	恢	敪		621
[16]臝	盈		590	[7]烽	烽		607	恭	恭		621
[22]臠	臡褰		591	焉	烏		607	[7]恩	恖		621
氏部				[8]焚	焚燔		607	悉	悉悉		622
[1]氏	氐互丘氏		592	無	無無		608	悖	憝		622
欠部				[9]煒	焫椴		608	[8]惡	忠悪悳		623
[4]欤	献		593	煙	炟		608	惠	惠		623
[5]歌	喎		593	煢	梵悖		609	悎	憶		623
[8]款	款歀欵欵欸		593	煉	棟		609	惆	懰		624
[9]歅	歃咴		594	[10]熏	熏		609	[9]惷	偼譽		624
殳部				[11]熱	熱		610	愍	愍愍憨		625
殳	旻多旻		596	[12]熰	燦燗		610	惰	堕		625
[5]段	叚敄		596	燃	燃		610	愕	愕悍		626
[6]殷	骸殷艱		597	燕	鶊		611	愧	謉愧娩		626
殺	榖敩煞		598	[13]燥	烄燯		611	惱	悩恼惚		627
[7]殻	榖		598	[16]爐	爐鑪		611	[10]憂	恴		627
[9]殻	歀		599	[26]爨	爇		612	愿	愙		628
榖	鼜		599	**斗部**				[11]慧	譓		628
[11]毅	毅毅毅		599	斗	斗外斗斗		613	慒	憒憒		628
方部				[6]斜	斜		614	慺	慺		628
方	才		600	[7]斟	魁酖酙		614	慯	痈		629
[4]於	扵		600	**户部**				慣	串		629
[5]施	饫		600	[4]所	所所所		616	[12]憩	惷		629
[6]旖	旂旚旇旇		601	[5]扂	串		616	憑	憑		629
旅	挀旅挀挀扵挀袯袯		601	**心部**				憤	懫		630
[7]族	族族挨		603	[1]必	必		617	憮	憮		630
旋	旋		604	[3]忍	忎		617	憐	怜		630
火部				[4]忧	忼		617	[13]懶	懥		630
[2]灰	灰		605	忝	忝		618	[14]懟	譀		631
[3]炮	炝		605	[5]怨	怨惩惌		618	懦	懦		631
[4]炒	煇鼺		605	急	忌		619	[16]顟	懿		631
				怪	恠佐恠		619	懶	悚懶顠懶		631
				[6]恐	恐		620	懷	懐		632
								爿部			
								爿	爿		633
								[4]牀	床		633

⁷將	将将	634	磣	磄	646	¹⁴疆	壃壃彊	658	
¹³牆	廧牆墙壈墻牆牆		¹²磽	硗	646	**皿 部**			
	牆	634	¹⁴礙	儗	647	⁴盆	瓫	660	
毋 部				礦	礦鑛	647	⁵盍	盇	660
²每	毎	636	¹⁵礫	䃚	647		溫	䁎	660
示 部			**目 部**				盈	雅	661
³衩	襘	637	⁴眄	盯	648	⁶盛	盛	661	
⁵祇	袛	637		盾	肎	648	¹⁰盤	盤槃	661
	祧	庣	637		眉	眉	649	¹⁴盪	盪搭	661
⁸禍	旤	638	⁶皆	㸑	649	¹⁹鹽	鹽塩塩塩塩	662	
¹³禮	礼	638		眽	脉	649	**矢 部**		
¹⁴禰	祢	638	⁸睹	覩	649		矢	夫	664
	禶	痸	638		奭	奭	650	⁶矧	㰈	664
甘 部				督	𥃲	650	⁷短	挺	664
⁶甜	甜	639	⁹睿	叡睿叡睿	651	⁸矮	姓	665	
石 部			¹⁰瞋	嗔	651	¹²矯	矯揭	665	
³矻	左劤	640	¹¹瞠	膵	652	**禾 部**			
	砥	碍	640		膠	睬䁻	652	²私	私	666
⁴研	研硯斳	641	¹⁹矓	矓	652	³秄	籽	666	
	砭	砭	641	²¹矚	瞩	652	⁴秕	粃	666	
⁵砰	研	641	**田 部**				秒	標	666
	砷	岬	642		由	㽕	653		秭	秭秭	667
	硅	砫砫砫	642	²甹	甹	653	⁵秘	秘	667
⁶砉	硈騔	642		粤	柵	653	⁷稍	翘	667
⁷確	垍	643	⁴界	堺	654	⁸稚	稺稺	667	
⁸碎	脺	643	⁵畛	昣	654		稟	禀稟	668
	碇	磴	643		留	留留畄	654	⁹稭	秸	668
	碗	椀埦	644		畎	畒	655		稿	稾	669
⁹破	叚	644		畚	畚畚畚畚	655		稭	䄺	669
¹⁰磊	磵	644	⁶異	异	656		稱	稻尓稻秤	669
	磿	廐	644	⁷番	番	656	¹⁰稽	晵	670
	確	確確磪磪囿	645		畫	畫	656		穆	穆	670
	碾	碾	646	⁸畤	𤱭	657	¹¹穋	穋穥	670
¹¹磚	靶博	646	⁹畹	畞壞壞壈	657		穆	稳	671
			¹⁰畿	圻	658				

¹²穗	穗	671	¹⁷竊	竊	685	⁸臺	臺		698
白 部			**皮 部**			**虍 部**			
⁴皆	皆	672	⁹皰	腕皰	686	虍	严		699
⁶皎	皎皦	672	¹⁰皺	皷皴	686	²虎	虎		699
瓜 部			**矛 部**			⁴虔	虔虔		699
瓜	瓜爪苽	674	⁴矜	矜矝	688	⁵虛	虛虛		700
⁵瓞	㼓	675	**耒 部**			處	處處處處處处		700
疒 部			⁴耕	耕	689	號	號唬號号吗		701
⁴疲	癬	676	**老 部**			⁷虞	虞		703
⁵疹	疢	676	²考	考	690	虢	虢		703
⁷痒	痒	676	**耳 部**			⁸虜	虜虜蓬		703
⁹瘟	疴	677	¹耳	耳	691	¹⁰盧	盧		704
瘧	瘧	677	⁴耽	躭躭耽	691	虢	虢		704
¹¹療	瘑瘜	677	⁵聃	䏰	692	¹¹虧	虧虧虧虧		704
癃	癃	677	⁷聘	騁	692	**虫 部**			
¹²癇	癎	678	⁸聊	䏲	693	虫	蚩垔		706
¹³癤	癤癧	678	¹¹聰	聰聪	693	²虯	虬蟣		706
癖	壁	678	聯	聨	693	⁴蚩	蚩蚩		707
¹⁴癢	癢痒	678	膠	膠	693	⁵蛆	蛆		707
¹⁶癰	癱	679	¹²聶	聶	694	蚯	蚯		708
立 部			職	軄	694	蛇	虵		708
¹³競	竨喝	680	¹⁶聽	聽聽聼聽聪聠	694	⁶蛔	蛔蚘		708
¹⁵竸	競	680	**臣 部**			蜇	蛆		709
穴 部			臣	𦣞	696	⁸蛙	蛙		709
⁴突	突	681	**西 部**			¹⁰融	融		709
⁵窄	迮	681	⁶覃	覃	696	¹¹蟠	蚠		709
⁶窑	窯陶	681	**而 部**			螯	螯蠢蠢螫		710
窔	窔	682	³耎	耎	697	¹²蟲	虫		710
⁷窗	囱甪窓悤窻窓愡	682	**至 部**			蟬	蝉		711
⁹窨	瘖	683	⁴致	致致	698	蠐	螠蟻		711
¹¹窺	闚閲窥	683				¹³蠅	蠅		711
¹²窿	窿塳	684				¹⁴蠕	蠕		712
¹⁶竈	竈	685				蠱	蛑		712
						¹⁵蠢	截		712
						¹⁷蠱	蛄		712

18蠶	蠶蝅蚕蛬	713	10篤	竺	731	襦	襦裺	742
21蠟	蠟	714	簏	箖箈	731		羊部	
	网部		篘	筲簪	731	1羌	羗	743
网	罓罒闪門罔宂	715	11簀	牘	731	3羑	羙羑	743
3罕	罕罕	717	籠	籙	732	5羝	羗	744
8罨	罙	718	籛	簶	732	9羯	羯	744
10罷	甪	718	12籥	籔	732		米部	
19羈	羈	718	17籣	韊	732	7粳	杭秔稉	745
	肉部			臼部		粲	粲	745
肉	肉宍宂肉	719	2臾	臾	733	粔	粔屎	746
	缶部		3舀	舀舋舀舀	733	9糊	糊	746
缶	缶缶岳	721	舁	舁	734	糈	秝	746
4缶	窑	722	4舀	舀	734	11糟	糟醩	746
炶	炶	722	9舉	㪯	734	糞	糞糞糞	747
缺	𡇷𡇹	722		自部		糠	糠	747
15罍	鐳	722	4臭	臭臰	735	糝	糝餘	748
	舌部			舟部		12糧	粮	748
舌	舌	723	舟	舟	736	14糯	穤穛稬糯	749
4舐	舐舓	723	5船	舩	736	20糲	欄糐	749
	竹部		10艋	㯭	736		聿部	
竹	艹	724		衣部		聿	聿	750
4笑	笑唉啌哔笑唉	724	4衷	衷衷	737	8肇	肇肇	750
6策	箣筞笶笑	725	袂	扶	737		艸部	
筏	拔	727	衦	袒	737	2艾	艾	751
筋	觔荕肋	728	5袔	襸	738	艽	井芀㯟	751
笋	笋笒	728	袖	褎袖	738	3芒	竺秲	752
筆	笔	729	衹	袘袛	738	5茂	戊	752
7箏	竿	729	袍	襃襛	739	芙	甙	752
筴	筴	730	8裂	裂袑	739	苟	苟	753
節	莭	730	10褠	構	739	苑	茒菀	753
8管	筦	730	褫	褍	740	苔	萬苫	754
9篇	篁	730	11褒	襃褒	740	6茵	茵	754
			14襪	韈韈袜襪袜韈袜		茜	蒨	754
				袜	740			

苗	笛	754	薄	薄	769	纔	裁	784
茲	玆兹	755	藩	蕃	769	21纜	纜	784
7華	荂華萆蕐苹花	755	16蘇	蕪穌甦	769	編	編	784
莊	莊莊庄	756	17蘭	蘭	770		走 部	
8萆	萛	757		羽 部		走	赱㞍	785
菭	蓾菭	757				2赴	赳赴訃	785
菹	葅	757	羽	羽	771	起	起起	786
菅	萳	757	5翏	翏翏	771	4趉	起	786
菑	甾	758	12聽	聽	772	5越	越	787
9葉	葉茮	758		糸 部		趁	趂	787
葬	塟垄	758				赻	詢	787
葺	葺	759	糸	纟	773	9搓	越	787
葰	葰葰	759	2糾	糺糾糺	773	10趨	趍趨趋	788
萱	蒠	760	4索	紥	774	13趲	忩	788
10蒜	蒜	760	純	絋	774		車 部	
蓋	盖	760	紙	帋	774			
莘	芇	761	5継	綫線	755	2軌	軏	789
蔭	稸	761	絃	袂	775	4軟	軟	789
蒸	蒸餗	761	6絍	鞋	775	5軫	輊	790
蓏	蓏尊	761	7經	經経	776	6輛	轆輛	790
11蓀	茶	762	8綱	網經	776	7輒	輒	791
蓼	菜	762	9緯	幃	776	8輳	箐	791
蓡	蓡蓡	762	緝	絹	777	輩	輩	791
13薙	蠿薙	763	10緻	緻	777	輝	輝	792
蕆	蕿	763	綢	絢絔	777	輞	輞枆	792
薛	薜	763	11縷	縷	778	輻	輻輻	792
蓟	薊	764	總	緫摠搃緫総捴綜鬆氃	778	10輿	擧	793
薩	蕯	764	繼	絲	780	轄	轄鎋	793
薅	揪鎒荍	765	繆	絲	780	11轉	轉	793
14藏	蔵	766	12繞	遶	781	12轍	轍	794
藐	藐	766	總	繒繒	781	14轞	樹	794
藥	蔚	766	13繩	繩	781	15轢	轆	794
藿	萑	767	繰	綵	782	轡	轡䩥	794
15藕	藕	767	14纂	纂繑	782		豆 部	
蘭	蘭藙蘭蘭蘭繭	767	繼	継	782			
蕉	麁苞蕉	768	15纏	繵纏	783	8豎	竪	796
穀	穀	768	17纙	纙罽	783			

	薹	苍	796			見部		鄉	鄒邹鄉	822
¹¹豐	豊	796					¹²鄰	隣	822
²¹豔	豔艷	797		⁴規	規	810	¹³鄢	鄢	823
		酉部			覓	覔	810	¹⁸酆	酆鄷	823
					視	眎	811			辵部
¹¹醫	毉醫毉	798		¹⁰覿	覼覵	811			
¹³醪	醁	798		¹³覺	覚	811	⁵迴	迴廻	824
¹²醢	醢	799		¹⁴覽	覧	811		迟	迟	824
¹⁷釀	穰	799				里部		⁶逃	迯迱	824
		辰部						迹	跡踈	825
				⁴野	埜	813		退	退	825
辰	辰	800		⁵量	量	813	⁷逖	逊	826
⁶農	農農甼	800		¹¹釐	釐釐釐	813		逢	逢	826
		豕部				足部		⁹達	逹達	826
								逼	逼偪	827
⁴豝	狄	802		足	呈	815		遁	遁腔	827
豚	肫犿	802		⁶跪	䟡	815		遊	遊	828
象	爲鸟傷	803		⁸蹐	蹁	815		遐	遐	828
⁶處	處	804		蹴	趣	816		違	违	828
⁷豪	豪豪	804		⁹蹐	騎	816	¹⁰遞	逓遞遞	829
		貝部			踢	遢	816	¹¹適	嫡	829
					踵	踵	816	¹²遷	遷遷	830
²負	貟伿	805		蹄	蹄號	817		遴	賝	830
⁵貢	貢	805		¹¹蹟	蹐蹐	817	¹²遲	遲迟	830
貴	貴	805		¹³躅	躅	817	¹³遽	邊邊	831
貿	貧	806		¹⁴躑	踣	818		邀	傲	831
⁶賈	估	806		¹⁵躚	躑踵	818	¹⁴邐	迩	832
⁷賓	寰	806				邑部				谷部
⁸賣	賣	806								
賭	賋	807		邑	邑	819	¹⁰豁	豁豁	833
賚	賫睞	807		⁴邪	枲斜耶	819			豸部
⁹賴	頼頼頼	807		邠	邠	820			
¹¹賾	賾	808		那	郍那	820	豸	豸豸豸	834
¹²贊	賛	808		⁵邸	邱	821	³豺	犲	834
¹³贍	贍	808		⁷郤	郗	821	⁴豼	獼	835
¹⁷贛	貢	809		郭	埠	821	⁵貀	貀	835
					¹⁰鄒	鄒邶	821	⁶貉	豿貊豿豿	835

⁷貌	狼皃貌	836	¹²辭	辝辭辞	850	⁵細	細	863		
⁸貓	猫	837				鉛	鈆	863		
¹²獠	獠	837	**雨 部**			⁶錙	剚	864		
角 部			⁶需	䀢	851	銓	硂	864		
⁵觔	觔	838	⁹霞	霞	851	⁷銷	焇	864		
⁶觥	觥觵	838	¹³霸	覇覇霸霸覇	851	⁸錡	錡	864		
觿	觽	839	¹⁴靆	靆	852	⁹鍥	鍻	864		
解	解䚯	839	¹⁶靈	靈霊霛灵靇	853	鍱	鍱鏮	865		
⁹觴	觴	839	**隹 部**			鍼	針	865		
¹³觸	觕挵	840	³雀	鵲	854	錪	錘	865		
言 部			⁴雄	雄	854	鏃	矻	865		
³訊	訙	841	隼	隼	854	銎	銋	866		
⁵詞	呵	841	⁹雖	鈚	855	¹⁰鏵	銀	866		
訴	訴愬	841	¹⁰雙	雙雙雯	855	鎖	鏁	866		
診	訞	842	雛	雛	856	鎗	鎗	867		
⁶詽	訮	842	離	離	856	¹¹鏝	墁墁撍撊	867		
詁	訽話唃	842	**阜 部**			鏦	鈘憃	868		
詹	詹詹詹詹	843	³阡	仟裕	857	¹²鐫	鵀鵁	868		
詣	詣詣	844	⁴阱	敇	857	¹³鐵	鐵鉄	868		
⁷誠	諴	845	阮	阢	858	鐔	釗	869		
誑	註	845	⁵阻	岨	858	鎌	鐮	869		
⁸諕	謑謣	845	⁶陋	陋	858	鐾	鐏	869		
⁹諲	惲	846	陌	隔隖	858	¹⁹鑵	罋鏍	870		
諭	喻	846	⁸陵	陵	859	**門 部**				
誚	誚	846	陰	陰陰	859	³閑	閒関	871		
¹¹謳	慪嘔	846	⁹階	階堦	859	⁴開	開	871		
譣	諰愡	847	¹⁰隙	隟隟	860	⁸閻	閆	872		
諴	皽	847	¹²隨	随	860	¹⁰關	闗関	872		
謬	謀	847	¹³險	隒崄	861	¹¹闞	闄闗	873		
¹⁴讙	譆	848	¹⁴隰	隰	861	¹²闊	閬	873		
¹⁷讒	譏	848	隱	隠隐	861	**隶 部**				
辛 部			¹⁵隳	塽墬	862	⁹隸	隷隸隷隷	874		
⁵辜	辜	849	¹⁶隴	隴	862	**革 部**				
⁹辨	辦辨槳	849	**金 部**			革	革	876		
			³釣	釣	863					

⁴靴	靴靴	876	飲	歓	888	⁹驃	駒	901
⁵靶	靵靳	877	⁵飾	餝	889	駿	駿駿	902
鞁	靺靮	877	飼	䬺	889	¹⁰騮	騽聊	902
⁶鞋	鞋	877	⁶飿	桐	889	騳	駻駔	902
⁷鞅	鞅	878	飴	餕	890	¹¹驅	駈	903
鞘	靯乾	878	⁷餐	飱飡	890	騾	騾	903
¹²鞲	韝	878	⁸館	舘	890	**鬲部**		
頁部			⁹饑	饑	891			
			¹⁰饍	饘	891	鬲	鬲禹䰛	904
³須	湏	879	¹²饎	餫	891	⁴鼓	皷	904
⁷頫	頬	879	¹³饗	䭫饔	892	**高部**		
¹⁰顛	顛	879	**風部**					
願	頙	880				高	髙	905
¹²顧	顧	880	⁸颰	颰	893	¹³髞	髝	905
¹⁴顯	顯	881	**音部**			**麥部**		
¹⁶顱	鱸	881						
面部			¹¹響	響	894	麥	麦夌	906
			韋部			⁴麩	弪	906
⁷靦	靤	882				麫	麵麫	907
骨部			¹⁰鞲	鞾鞊	895	⁸麴	麯	907
			鬥部			⁹鏖	嗟	907
⁶骱	胶	883				**鹵部**		
⁸髀	髀胜	883	⁵鬧	闹	896			
¹¹髏	顤	883	¹⁴鬫	闗閖	896	鹵	鹵	908
髎	髎	884	¹⁶鬪	鬪鬭鬬	897	⁴䶈	酕䶈	908
¹²髓	髻	884	**髟部**			⁹鹹	醎	908
¹³體	體躰	884				¹⁶鹽	鹽	909
鬼部			⁵髫	䯒	898	**鳥部**		
			⁹鬈	髼	898			
鬼	鬼兇	885	¹²鬚	湏𩑳鬢	898	鳥	鳥鳥	910
⁸魁	魁蚘	885	**馬部**			²鳧	鳬昪	910
食部						⁴鴈	鴈鴈	911
			²馮	馮	900	⁵鴨	鵯	912
²飣	箕	887	⁵駔	駸䮝	900	鴗	鴗鴗鵶	912
⁴飫	餕	887	⁷騁	駒	901	⁷鵰	鵰雕	912
飯	飰餅餅	887	⁸騳	駈	901	鵠	雛	913

⁸鵜	臮雉	913		黹 部			鼻 部	
鴿	敇	913	⁵黻	獻獻紱	922	鼻	臯	931
¹¹鸜	雞鵨	913	⁷黼	黼黼	922	²齅	皷	931
	魚 部			黑 部			齊 部	
魚	魚奌臭	915	黑	黒	924	齊	斉斉	932
⁵魟	魦	916	⁴默	默嘿	925	³齋	齊齋	933
⁶鮮	尠	916	⁵點	䣓	925	⁶齎	禧	934
⁷鰻	胗	916	⁸黨	堂	925	⁷齎	賣齋賷	934
鯍	鮓	916		黍 部			齒 部	
⁹鯯	鹹	917	³黎	黏黎	926	²齔	亂	935
¹⁰鰥	鰥朡觪	917	⁵黏	鷞翻	926	⁸齟	齟	935
¹¹鱉	鱉鼈	917	黏	黏粘	927	⁹齬	䖲	935
¹³鯛	豫	918	¹¹黐	穊樢	927	齬	齬	936
鱸	鱺	918		鼓 部		¹⁰齷	磴齷	936
¹⁴鱺	穌	918	鼓	皷	928	齶	齔	936
	麻 部		⁸鼛	鼛鼙	928		龍 部	
¹²麼	糜床	919	⁹鼟	鼞鼛	929	龍	龍竜	937
	鹿 部			鼁 部		⁶龕	龕	937
鹿	庶	920	鼁	鼁鼂鼉鼄	930			
¹²麟	麒	920						
²²麤	麁	920						

一 部

于²

【亐】*

《箋注本切韻》一平聲虞韻："亐，明(羽)俱反。"《王二》同韻下云："于，羽俱反，於。正作亐。"俄敦 5212 號《妙法蓮華經》殘片："是故朽宅，屬亐一人。"

按："于"字《說文》小篆作"亐"，從丂從一，徐鉉注："今隸變作于。"但秦漢以前的古文字"于"字多作"亐""于"等形，"亐"旁從之，其中筆與上一橫畫相接。《玉篇·亐部》："亐，禹俱切，於也。……于，同上，今文。"可參。敦煌卷子中"于"旁亦或寫作"亐"，如《箋注本切韻》一虞韻"迂""盂""竽""玗""吁""盱"等字所從的"于"旁皆寫作"亐"形，是其例。斯 4654 號《薩訶上人寄錫雁閣留題并序》："且流泉瑩澈，迂回草間滄波。"其中的掃描字乃"迂"字；或錄作"繞"，誤。

屯³

【乇】△*

《箋注本切韻》一平聲魂韻："乇，聚。徒渾反。"斯 2073 號《廬山遠公話》："(白莊)遠結徒黨五百餘人，星夜倍程，來至江州界內，當即乇軍而便即住。"

按："乇"字漢碑已見①，爲"屯"的隸變字。敦煌卷子中"屯"旁亦或書作"乇"。如伯 2054 號《十二時》："但將好事讓他人，早晚僂羅勝百㒰。"又云："養

---

① 《隸辨》卷一魂韻引漢《武榮碑》"乇守玄武"，"乇"即"屯"字。同書卷二豪韻引漢《曹全碑陰》"故功曹乇定吉"，其中的"乇"字顧藹吉謂"即乇字。諸碑從乇之字或省作乇"，當是。《漢語大字典》把後者置於"屯"字之下，恐不確。

雞鵝,餵猪狗,雀鼠穿偷圖囝漏。"伯 3718 號《范海印和尚寫真讚并序》:"忽值妖宔起孽,鵲公來而無痊。"皆其例。

【屯】△*

《箋注本切韻》一平聲真韻:"屯,陟倫反。"標目字《王一》《王二》皆作"屯"。斯 77 號《莊子郭象注・外物》:"慰瞀沉屯,利害相摩。"

按《干禄字書》:"屯毛:上屯厄,下毛聚。"羅振玉《干禄字書箋證》:"《說文》屯从中貫一,字作屯。此作屯,誤。"按《五經文字》卷下糸部云:"紃,音鶉,從屯,又音準,緣也。……廟諱省。"唐憲宗諱純,故"純"字缺筆作"紃"。而唐人避諱通例,諱字的偏旁獨立成字或用作其他字的偏旁時亦多缺避,故"屯"或缺筆作"屯"。今傳《干禄字書》係出自南宋蜀石本,而蜀石本的祖本又是唐開成年間的楊漢公摹本,故"屯"字作"屯"當亦與避諱有關,而羅氏以爲"誤",恐非探本之論。又前揭《箋注本切韻》真韻又載"窀""純""蒓""酏"等字,其所從的"屯"旁原卷皆作"屯"形,當亦爲避諱缺筆字。

又按《干禄字書》謂屯厄字作"屯",屯聚字作"毛";前揭《箋注本切韻》陟倫反的"屯"寫作"屯",徒渾反的"屯"則寫作"毛",相應的聲旁亦分別寫作"屯"和"毛",似亦有以"屯(屯)""毛"分用的意味。《龍龕・雜部》:"屯,陟倫反,難也,厚也。"又云:"毛,徒渾反,聚也。又姓。"亦分"屯""毛"爲二。然"屯""毛"實爲同一篆文隸書形成的變體,古人在實際使用中并沒有什麼區分。可洪《音義》第叁册《大方等大集經》第十一卷音義:"村毛,徒魂反,聚也,亦村也。"可洪讀釋"聚也"的"毛"爲"徒魂反",可證。《隸辨》卷一云:"毛,聚也;屯,厄也。碑多通用。"漢碑"毛""屯""通用",正是當時"毛""屯"并不分用的明證。羅振玉《干禄字書箋證》云:"古屯厄、屯聚本一字。《易・序卦》傳曰:'屯者,盈也。'屯聚之義本此。屯聚亦曰屯落。人民盈聚,故曰屯聚。皇甫士安《高士傳》云'管寧所居屯落'云云,猶能用古字。此分屯厄、屯聚爲二形,誤。"伯 3697 號《捉季布傳文》:"唯有季布鍾離末,火炙油煎未是迍。""迍"從"屯(陟倫反)"得聲,卻寫作"迍"(《龍龕》以"迍"爲"迍"的"今"體),這也說明古人的筆下"毛""屯"并無區别。

【毛】△*

"毛(屯)"的譌變俗體(只見於偏旁)。伯 3697 號《捉季布傳文》:"世路盡言君足計,今且如何免禍迍?"伯 3087 號《十二時》:"紙陁供,香積飯,法會齋筵陳供獻。"斯 5557 號《和菩薩戒文》:"混鈍猶如鑊湯沸,一切地獄盡經過。"

按《正名要録》"本音雖同,字義各別例"下云:"紝美淳漬。""紝"即"純"字。上揭各例的掃描字分別爲"迬""紝""鈍"的變體(後例"鈍〈鈍〉猶"沌")。《龍龕·金部》:"鈍,《新藏》作鈍。""鈍""鈍"實皆即"鈍"字。俄弗101號《維摩碎金》:"一无慚愧,豈知於貧賤之人;紝鄋("騁"的換旁俗字)英雄,唯愛於奢華之事。"其中的"紝"亦即"純"字,或録作"託",大誤。

互[3]

【乎】*◎

《字樣》:"互,正;乎,相承用。音護。"《王二》去聲暮韻胡故反:"乎,差。"《楞嚴經音義》一:"乎相,上音護。"北圖成字96號《目連變文》:"夫妻雖然恩愛,各修行業不同,天地路殊,久隔乎不相見。"

按:慧琳《音義》卷十一《大寶積經》第二卷音義:"遞互,下胡固反……經作乎,俗字誤也,非正體字也。"又同書卷四九《順中論》上卷音義:"遞互,下胡固反……論文作乎,俗用字也。"蓋佛經寫本多用"乎",故《字彙》以"乎"爲"釋藏"中字。伯2133號《金剛般若波羅蜜經講經文》"色相之身,從法身而現化;萬法流行,從化身演出也;乎相依止,源本法身也。""乎"即"互"字。《敦煌變文集》録作"本",誤。又"互"旁俗亦多書作"乎"。《廣韻》去聲暮韻:"互,差互,俗作乎,餘倣此。"所謂"餘倣此"即"互"旁俗書亦皆作"乎"之意。《王二·暮韻》載"笁""洰""柧""苣"等字,其所從的"互"旁原卷皆寫作"乎"形,是其例。

又按:"乎"與"牙"形近,"乎"字或"乎"旁古籍中多有誤作"牙"的。《漢書·谷永傳》:"百官盤互,親疏相錯。"顏師古注:"互字或爲牙,言如豕牙之盤曲,犬牙之相入也。"或本的"牙",顯係"乎"之譌字。顏氏望文生訓,實屬大謬。《俗務要名林》(斯617號)女工部:"芽,收絲芽。胡路反。"其中的"芽"乃"笁"字俗譌,亦其例。①

世[4]

【丗】△*

"世"的避諱缺筆字。斯5478號《文心雕龍·正緯弟四》:"《經》顯丗訓,《緯》

---

① 校按:季旭昇《説互》一文(《第四屆中國文字學會國際學術研討會論文》,臺灣中壢,1993)謂"互"係由"牙"字分化而來,可備一説。

隱神教；世 訓宜廣,神教宜約。"同書《明詩弟六》："興發皇世,風流《二南》。"

按：唐代避太宗李世民諱,故"世"字或缺筆作"卋"。"世"旁亦或缺避作"卋"。如《五代本切韻》二入聲葉韻載"葉""揲""楪""鍱""煠""箂"等字,其中的部件"世"原卷皆寫作"卋"形。

丘[4]

【北】

《字樣》："北,正；丘,通用。"《王二》平聲尤韻："丘,去求反,作北,大阜。"後例"作"前疑脱一"正"字。

按："丘"字甲骨文作兩個小山丘形,金文和戰國秦漢文字或變體作"北""北""北"等形,"北"即這類寫法的隸定形,而"丘"爲其隸變之訛(馬王堆漢墓《戰國縱横家書》"丘"作"丘",字形已近於"丘")。

【丘】

《正名要録》"正行者雖是正體,稍驚俗,腳注隨時消息用"類"北"下腳注"丘"。

按《玉篇·北部》："北,去留切,虚也……北、丘,並同上。""丘"字《説文》從北從一,隸定即作"北"(先秦古文字"丘"上部已見訛作"北"形的寫法)。《五經文字》卷下一部："北丘：上《説文》,從北下一；下《石經》。""丘"爲"丘"的避諱缺筆字(避孔丘諱)。參上條。

再[5]

【冉】△

《字樣》載"冉"字。斯 2204 號《董永變文》："娘子記(既)言冉三問,一一具説莫分張。"

按可洪《音義》第拾柒册《僧祇比丘戒本》音義："斉(齊)冉,上自西反,下子在反。""冉"即"再"的隸變字,漢簡及碑刻中已見。

更[6]

【更】

《王二》平聲庚韻古行反："更,代。又古孟反。古作夏。"同書去聲敬韻：

"更,古孟反,改。又古衡反。正作叓。"

按:"更"字《説文》從攴、丙聲,隸變作"更"。《九經字樣》:"叓更:改也,從攴、丙聲。上《説文》,下隸省。"

【叓】△

"叓(更)"的變體。《正名要録》"正行者雖是正體,稍驚俗,腳注隨時消息用"類"更"的"正行者"爲"叓"。

按《隸辨》卷二:"《羊竇道碑》:叓易由此。按《説文》作叓,從攴、丙聲,碑變從又。""叓"蓋又爲"叓"之變("人"形部件俗書或作"卜"形)。

兩[7]

【兩】△*

"兩"字隸楷之變。《王二》上聲養韻:"兩,力獎反,再。本作兩。"伯2032號背《净土寺食物等品入破曆》:"豆兩碩,雇驢拔毛用。"

按:"兩"本從二"入",但"入""人"古多相亂,故"兩"或變體作"兩"。漢碑中已多見從人的"兩"。又上書同韻從"兩"旁的字亦皆變作從"兩",如"魎""脼""倆"等皆是。

甚[8]

【甚】△*

《箋注本切韻》一上聲寢韻:"甚,損(植)枕反。"斯4511號《醜女緣起》:"阿姊見成親,心裏喜歡非常,到於宫中,拜賀父母。當時甚道云云。"伯2564號《齟齬新婦文》:"齟齬新婦甚典硯,直得親情不許(喜)見。"後例"甚"字《漢語大字典》2414頁迻録作"甚",失真。

按:"甚"字《説文》從甘從匹會意,"匹"字俗作"疋"形,故"甚"俗或變體作"甚"。"甚"旁亦或作"甚"。上揭《箋注本切韻》接云:"椹,食稔反。""椹"字右旁原卷作"甚"形。伯3697號《捉季布傳文》:"察貌勘(勘)名擒捉得,賞金賜玉拜官新。"亦其例。

【是】△

"甚"字古文的俗寫。《箋注本切韻》四上聲寢韻:"甚,植枕反。一。《説文》安樂也。從目(甘)、疋,耦也。又古文作此是。"

按:《説文》載"甚"字古文從口從匹作"㘴";"匹"俗作"疋",故"㘴"俗書也相應寫作"是"。

【甚】△*

"甚"字草書的楷定字。俄敦 851 號《維摩詰所説經》卷上:"此我等與此居士有法樂,我等甚樂。"

按《干禄字書》:"甚甚:上通下正。""甚"可能來源於"甚"("止"字或其偏旁草體作"心"形)。敦煌卷子中"甚"旁亦或作"甚"。如《切韻》殘葉三有"碪""諶""煁"等字,其右旁原卷皆寫作"甚"形。

爾[13]

【尒】

《五代本切韻》一:"爾(爾),兒氏反,一汝,亦作尒。"《王二》上聲紙韻:"爾,兒氏反,亦作尒、尔。"斯 3872 號《維摩詰經講經文》:"尒時舍利弗承佛之威神,又不敢發問,默然作念。"

按《説文・八部》:"尒,詞之必然也。"變體作"尒"。又《説文・㸚部》云:"爾,麗爾,猶靡麗也。"段玉裁注:"後人以其與汝雙聲,假爲爾汝字。又凡訓如此、訓此者皆當作尒,乃皆用爾,爾行而尒廢矣。"《説文》"爾""尒"字別,但從先秦古文字看,實本一字。林義光《文源》卷一:"尒即爾省,不爲字。"劉釗《古文字構形學》(福建人民出版社 2006,下同)第八章:爾字金文作𤕫,尒字就應是截取金文"𤕫"字上部的"个"而成。從古代文獻的實際使用情況來看,"爾""尒"多混用不分,"尒"字似乎并没有真正獨立過。

【尔】*◎

《正名要録》"字形雖別,音義是同,古而典者居上,今而要者居下"類"爾"下爲"尔"。俄弗 223 號《十吉祥》:"十方世界未曾聞,敖猪忽尔誕龍屯(豚)。"

按《干禄字書》:"尔尒、爾爾:並上通下正。""尔"爲"尒"手寫的變體(今字又變作"尔")。《正名要録》合"爾""尔(尒)"爲一,與古書的實際使用情況相符。又"爾"旁俗書亦或作"尔",如"彌"俗作"弥","嬭"俗作"妳","禰"俗作"祢"(參看各有關字條下),等等。又俗書"爾"旁亦作"尔"或"尒"形,與"爾"旁俗書作"尔"或"尒"同形,應注意辨別。斯 4654 號《羅通達邈真讚并序》:"回劍征西,伊吾尒掃。"其中的"尒"乃"珍"字俗書,或録作"弥",誤。參看"爾"字條。

丨 部

丵⁹

【茟】△

"丵"的變體。《王一》入聲覺韻士角反:"茟,草叢生。亦丵。"標目字《王二》作"丵",當據正。

按:"丵"見《説文》,"茟"當是其隸變形成的譌體。《漢語大字典》引《改併四聲篇海》作"茟",與字形演變的趨勢較合。

丿 部

川²

【巛】△

《王一》平聲仙韻昌緣反："川,谷。亦作巛。"《王二》同韻下云："川,谷。俗作巛。"

按：上揭王韻字頭與亦作、俗作字的區別不明顯,後書俗作字龍宇純《唐寫本王仁昫刊謬補缺切韻校箋》録作"巛",近是。"川"字《説文》篆文作"巛"（先秦古文字已見此類寫法）,隸定作"川",亦或作"巛"。《篇海類編·地理類·巛部》："巛,川本字,通作川。"敦煌寫本中"川"字有作近似形狀者,如北408（地78）號《思益梵天所問經》卷三："又如大海无别異,百巛流入皆一味。"斯5448號《渾子盈邈真讚并序》："天何不祐,魂歸逝巛。"可參。

升³

【外】△*

《箋注本切韻》一平聲蒸韻："外,十合。識烝反。"

按："升"字金文或作"𠁼",《説文》小篆作"𠀉","外"蓋淵源於金文。上揭《箋注本切韻》"陞""昇"所從的部件"升"亦皆作"外"形。

【外】△*

《王二·蒸韻》："外,識承反,十合。正作□。"

按："外""外"爲一字之變。該本"升"旁亦從之,如"陞""昇""抍"皆是。《魏元昭墓誌》"升"字作"斗",可資比勘。

【external character】△*

《字樣》:"external character,正;external character,此勘《說文》《字林》並無,又勘衛宏定《官書》如此作。"

按:"external character"蓋"external character"的增點字。俗書"斗"字亦或書作"external character",故"升"字加點以別之。斯19號《算經》:"凡external character量所起,起於圭,……十合爲一external character,十external character爲一升,十升爲一斛,……一external character有十external character、百合、千勺、萬撮。"其中右下側無點的"external character"形字爲"斗"字,右下側有點的"external character"形字則皆爲"升"字,分用劃然。又《字樣》"昇"字寫作"external character","升"旁從之。

【external character】△*

《王一・蒸韻》:"external character,識承反,十合。"伯2609號《俗務要名林》量部:"十勺爲一合,十合爲一external character。"

按《五經文字》卷中斗部:"升,式陵反,象形……作external character訛。""external character"蓋"external character"之變,而"external character"又爲"external character"之變。可洪《音義》第貳拾柒册《續高僧傳》第九卷音義:"三external character,尸陵反,八十縷爲一external character也。"其中的"external character"亦爲"升"俗字。斯617號《俗務要名林》:"十合爲一external character,□□□□□,十external character爲一斛(斛)。"其中的"external character"爲"斗"字("斛"字從之),"external character"爲"升"字,可見右下側加點的"external character"也有區別字形的意味在內。"external character"字《隋陳常墓誌》已見。敦煌寫本"升"旁亦或從之。如《楞嚴經音義》一:"external character,音external character。"是其例。

【陞】

《正名要録》"正行者雖是正體,稍驚俗,腳注隨時消息用"類"external character"下腳注"external character"。《文選音》:"陞,external character。"

按:上揭掃描字分別爲"陞""升"的俗寫(參上文)。"陞"字不見《說文》,蓋"升"的後起分化字。《箋注本切韻》一作"external character",《王一》作"external character",《王二》作"external character",皆釋作"登",與"升"分訓。原本《玉篇・阜部》:"陞,始繩反。《蒼頡篇》:陞,上也。《廣雅》:陞,進也。《聲類》:今external character(升)字。"其中的"陞"原本作"external character"形,《聲類》以爲"升"的"今"字,當是。《正名要録》以"陞"爲正體,恐未諦。

乍⁴

【乍】△*

《王一》去聲禡韻:"乍,鋤駕切。"伯3697號《捉季布傳文》:"初更乍黑人行少,越牆直入馬坊門。"

按:"乍"《說文》作"𠂆",據之隸定即可作"生"形。《隸辨》卷六"𠃊"字下云:"(𠃊)亦作生,變𠂇爲𠂆,今俗遂譌作乍。"敦煌卷子中"乍"旁亦多作"生"。《毛詩音》殘卷一:"作之:宰洛。"《俗務要名林》(伯 2609 號)木部:"柞,音作。"伯 3697 號《捉季布傳文》:"唯嗟世上無藏處,天寬地𥦜(窄)大愁人。"皆其例。

朮[4]

【市】△*

《王一》上聲止韻即里反:"𣎵,草木盛。"

按:"朮"字《說文》本作"𣎵","市"即其隸變字。上揭《王一》同一大韻又載"芾"與"肺"字,其"朮"旁原卷亦皆寫作"市"形。參看王觀國《學林》卷九"市朮"條。

乎[4]

【乎】△*

《箋注本切韻》一平聲模韻戶吳反:"乎,何(詞)。"伯 2638 號孫愐《唐韻序》後載:"《切韻》者,本乎四聲,紐以雙聲疊韻。"

按:金文"乎"或作"乎",隸定即可作"乎"或"𠂞"。"乎"字《魏鄭羲碑》已見。伯 2204 號《悉談章》:"第五實相門中照,一切名利妄呼召。""呼"即"呼"字,"乎"旁從之。

【𠂞】△*

《王一·模韻》戶吳反:"乎,詞已聲。又雲烏反。正作𠂞。"俄敦 5217 號佛經殘片:"國土自然七寶,得无有異乎?"敦研 194 號《佛說太子瑞應本起經》卷上:"夫老、病、死,自世之常,何獨豫憂,乃棄美号,隱隧(遁)潛居,以勞其形,不亦難乎?"

按:"𠂞"亦"乎"的隸定字。《漢孔宙碑》"乎"字作"𠂞",可參。上舉後例掃描字或可楷定作"𠂞",蓋"𠂞"字之變。《箋注本切韻》一模韻:"𭃂,荒烏反。"即"呼"字,其右旁的"𠂞"亦處於"𠂞"與"𠂞"之間。《龍龕·雜部》:"𠂞𠂞:二古文乎字。"可參。參上條。

年 5

【秊】
《五代本切韻》一平聲先韻:"秊,禾熟曰年,作秊,熟。奴前反。"《王二·先韻》:"秊,奴賢反,載。正作秊。"
按《九經字樣》禾部:"秊年:上《説文》,從禾,從千聲;下經典相承隸變。"《復古編》卷上:"秊,从禾千,别作年,非。""年"爲隸變字。

【年】△
《字樣》:"秊年:二同。"《正名要録》"字形雖别,音義是同,古而典者居上,今而要者居下"類:"秊年。"《諸雜難字》書名下題:"太平興國八年記。"
按:六朝碑刻中多見"年"字(漢碑亦偶或見之)。《干禄字書》:"年秊:上通下正。"與"年"皆一字之變。

乖 7

【乑】△
《王二》平聲皆韻:"乖,古懷反,背。亦作乑"。
按:"乖"作"乑"它書未見。考《廣韻》與"乖"同一小韻下有"乑"字,云:"《説文》曰:背吕也。"前書以"乖""乑"爲一字,恐誤。

乙 部

九¹

【玖】

《正名要録》"字形雖別,音義是同,古而典者居上,今而要者居下"類:玖九。斯 1475 號《令狐寵寵賣牛契》:"今將前件牛出買(賣)與同部落武光暉,斷作麥漢斗壹拾玖碩。"

按:"玖"爲"玖"的俗寫。"玖"本爲"石之次玉黑色者"(《説文·玉部》),大約六朝前後纔借用"玖"代借"九"來表示數目。《正名要録》以"玖"爲"九"的"古而典者",那是不準確的。

承⁷

【承】◎

《王一》平聲蒸韻:"承,署陵反,次;一曰奉,從手作承受字。通俗作丞。"斯 3491 號《頻婆娑羅王后宮綵女功德意供養塔生天因緣變》:"夫人松柏同貞,長丞貴寵。"又《字樣》"盃"字下云:"相丞用。"

按《集韻·蒸韻》:承,或作丞。《魏張猛龍碑》已見"丞"字。"丞"字甲骨文作"𢎘",像兩手捧人之形,即"承"之象形初文;"承"是後來在"丞"下累加"手"旁而成。大約漢代以後《説文》"承"字的寫法流行,而"丞"則被視爲俗體。斯 390 號《氾嗣宗和尚邈真讚并序》:"君侯仰重,藩閫欽丞。""丞"亦"承"字,與"丞"微異。或録"丞"作"永",非是。

乾[10]

【乾】△

《刻本韻書》殘葉："乾,《字樣》云:本音虔,今借爲乾濕字。又姓,出何氏《姓苑》也。"《毛詩音》："乾,剛寒[反]。"伯2193號《目連緣起》："累歲不聞漿水氣,乾枯渴乏鎮長飢。"

按:"乾"爲"乾"字俗寫,《齊雋敬碑》已見。《龍龕·卓部》以"乾"爲正字。

【漧】△

《箋注本切韻》一平聲寒韻："乾,燥。古作漧。"《刻本韻書》殘葉:漧,古文乾字。

按《廣韻·寒韻》:漧,古文乾字。"漧"即"漧"的俗寫。"漧"蓋"乾gān"的後起分化字。各家以爲"古文",當指古已行用之意,而與指稱先秦古文字的"古文"不同。《復古編》卷上:"乾,別作軋、漧,並非。古寒、渠焉二切。"可參。

【乹】◎

《箋注本切韻》一平聲仙韻："乹,古作乾。渠焉反。"《王二·仙韻》:"乹,渠焉反,乹坤,天地。"斯610號《雜集時用要字》二儀部第一："乹,西北方。"失名《字書》："乹,古寒[反]。"斯5441號《捉季布傳文》："遙望漢王招手罵,發言可以動乹坤。"

按《干祿字書》："乹乹乾:上俗,中通,下正。下亦乾燥。"《魏寇臻墓誌》已見"乹"字。"乹"又爲"乹"之變體。《王一·仙韻》："乹,渠焉反,天。古作之(此)乹不省,与乹同。"第二個"乹"蓋"乾(乾)"之誤字。又乾燥之"乾"俗亦可作"乹",如前揭《字書》。又如斯3872號《維摩詰經講經文》："頭痛口苦,唱死唱生,腹脹喉乹。"是其例。

亂[12]

【亂】△

《正名要録》"正行者楷,腳注稍訛"類"乱"的"楷"字爲"亂"。臺圖101號《大佛萬行首楞嚴經》："佛告阿難:一切衆生從无始來種種顛倒,業種自然如惡叉聚,諸脩行人不能得成无上菩提,乃至別成聲聞緣覺,及成外道諸天魔王及魔眷屬,皆由不知二種根本,錯亂脩習。"

按:"亂"字《魏尔朱紹墓誌》已見。"亂"字從"𠭅","𠭅"下部的"又"篆文作"ᒡ",即一只手;而"廾"篆文作"𦥑",即雙手形:故從"又"從"廾"含意相當。

【乱】◎

《箋注本切韻》三:"亂,治也。落段反。《説文》作此乱,從乚。"《王一》去聲翰韻:"亂,落段反,理。亦作乱。"伯 3451 號《張淮深變文》:"朕聞往古義不伐乱,匈奴今豈(其)謂矣。"

按:《顏氏家訓·書證》篇稱六朝前後俗書"亂"旁爲"舌",即指"乱"字而言。《干祿字書》:"乱亂,上俗下正。"《經典釋文·敍錄·條例》稱"亂、辭從舌""直是字謁"。"亂"字作"乱",可能是比照"辭"俗作"辞"("辞"當由"辝"譌變而來,"辝""辭"古籍混用不分)而產生的俗字。"乱"字敦煌卷子中經見。今爲"亂"的簡化字。

【乿】△

《禮記音》:"乿,魯段[反]。"臺圖 76 號《大般涅槃經》:"如是梵志,其性濡(儒)雅,純善質直,常爲知故而來諮問,不爲惱乿。"

按:"乿"蓋"乱"的贅撇字。《周強獨樂爲文帝造像》已見加撇的"乿",明刻《薛仁貴跨海征東白袍記》亦有用例。可洪《音義》第貳拾壹册《佛本行讚》第六卷音義:"耗乿,上火高反,下洛貫反。""乿"亦爲"亂"字。

【乿】△

《王二·翰韻》:"亂,落段反。理。亦作乱、乿、𠭅。"伯 2170 號《太玄真一本際經聖行品卷第三》:"作衆天樂,歌儛乿會,吉祥瑞應,非世所有。"

按:《隋王弘墓誌》有"乿"字。可洪《音義》第捌册《觀佛三昧海經》第七卷音義:"乿意,上郎喚反,不理也,煩也,正作乱、亂、𣂪三形也。""乿"是由"亂"變"乱"的中介,大約是比照辭→辝→辞的演變類推而然。可洪把"乱"看作"乿"的正字,則是把本末搞顛倒了。

【𠭅】△

《王一·翰韻》:"亂,落段反,理。亦作乱、𠭅。"

按:"𠭅"爲"𠭅"的變體(參看上文)。《王二》即作"𠭅"。《説文·受部》:"𠭅,治也。"段玉裁注:"此與乙部亂音義皆同。""𠭅""亂"蓋古今字。

【𣂪】△

《正名要錄》"正行者雖是正體,稍驚俗,腳注隨時消息用"類"𣂪"下腳注"亂"。

  按:"亂"即"亂"字,而"敵"則即"敵"字。《説文·乙部》:"亂,治也。"又攴部:"敵,煩也。"段玉裁注:"敵與夊部𤔕、乙部亂……音義皆同,煩曰敵,治其煩亦曰亂也。"《集韻·換韻》:"敵,通作亂。"以字形而論,"𤔕""亂""敵"似皆一字之孳乳,古籍中多以"亂"爲之。《王一》以"理"("治"的避諱字)訓"亂",以"不理"訓"敵",二字異訓,蓋古人所謂"義有相反而實相因者"也。

十　部

卉³

【卉】
《王一》去聲未韻許貴反："卉，百草苗。正作芔，從三屮。"

按："芔"爲篆文隸定字，隸變作"卉"。

卑⁶

【甲】*◎
《字樣》："甲，尊甲。"伯3636號殘類書"老"字下云："男女之別，男尊女甲，故与(以)男爲貴。"

按《干祿字書》："甲畀：上尊卑，下畀與。""甲"與"甲"字形微異。《龍龕》卷一以"甲"爲部首，"卑"旁從之。《字彙》首卷"古今通用"下云：卑，古；甲，今。"又田部下云："甲，俗卑字。"考兩漢以下碑刻"卑"字多作"甲"形。"卑"字上半從"甲"，以"甲"字篆文隸定作"甲"律之，則"卑"隸定自可作"甲""甲"等形。《字樣》："俾，使。必紙反。"《正名要錄》"本音雖同，字義各別例"："陴，女牆；裨，益；鄩，姓。""卑"旁俱作"甲"。

【早】△*
《禮記音》："早：婢。"北344(珍34)號《大乘入楞伽經》卷一："或有體早陋，爲人所輕賤。"伯3558號《王梵志詩·親家會賓客》："親家會賓客，在席有尊早。"

按："早""早"蓋皆"甲"的譌俗字（"田"形俗書多有變作"曰"形的，如"果"字敦煌寫本多作"杲"形，是其比），而"婢"字右旁從之。《禮記音》又云："碑

(碑），悲。"《俗務要名林》（斯617號）草部："稗（稗），彭拜反。""卑"旁皆從俗作。

卒[6]

【卒】△*

《大般涅槃經音》二"卒"作"卒"。伯3720號《張淮深造窟功德碑》："前驅蒼海之龍，後擁雨師之卒。"

按："卒"字《說文》篆文作"卒"，"卒"蓋即其隸變之異。其字《漢郭仲奇碑》已見。可洪《音義》第貳册《法鏡經》音義："食卒，上音倉，下七没反。"《楞嚴經音義》一："枯悴：上苦胡反，下疾醉反。""悴"字右旁從之。

【卒】△*

《禮記音》："卒，子恤［反］。"伯2482號《羅盈達墓誌銘并序》："（羅盈達）即以天福八年歲次癸卯九月十日壽卒於懷安坊之私宅也。"

按《干禄字書》："卒卒：上通下正。"《隋宫人六品朱氏墓誌》亦見"卒"字，蓋"卒(卒)"手書的變體（比較"罕"俗書作"罕"）。《楞嚴經音義》一："碎，蘇對［反］。"又《佛經難字及韻字抄》有"醉"字，"卒"旁俱從之。

【卒】*◎

《毛詩音》二："卒，足恤［反］。"伯2305號《解座文彙抄》："西方好，卒難論，實是奢華不省聞。"

按《龍龕‧十部》："卒，俗；卒，今；卒，正。"俗書"卒"旁亦或作"卒"。《時要字樣》（斯6208號）："顇，顦；萃，集。"《略雜難字》又有"翠""悴"等字，皆其例。

協[6]

【協】◎

《字樣》："協叶：二同。"

按：宋王觀國《學林》卷十"繾疊"條云："……博、協皆從十，而俗書爲博、協。凡此類皆失字之本體者也。"明何良俊《四友齋叢説》卷三六《考文》下云："《説文》凡心之屬皆從心，獨博與協從十，今世人寫博、協皆從心，是不知六書之故也。"按《説文‧劦部》云："協，同心之和。从劦从心。"又云："協，衆之同和也。从劦从十。叶，或从口。"是《説文》本有從心的"協"。但"協""協"形、音、義皆近,故二字古多不分。《字彙·心部》:"恊,同協。"《字樣》同"叶"的"協",其正字當是"協"。玄應《音義》卷七《正法華經》第三卷音義:"宣叶,又作恊,同。""恊"亦同"協"。

【恊】△

《正名要録》"本音雖同,字義各別例":"叶、恊,和;脇,同。"斯 1441 號《勵忠節鈔·德行部》:"沈約書云:'恊贊通天,其梁宇宙;高勳盛烈,則被管弦。'"

按:前例是以"叶""恊"爲一字而與"脇(脇)"比較,"恊"爲"協"字俗書(《干禄字書》:"恊協:上通下正。"),"協"又同"協"。慧琳《音義》卷二八《説無垢稱經》第六卷玄應音義:"恊同,又作勰(勰)、叶,三形同,胡頰反。《爾雅》'恊,和也',合也,亦同用也。"(玄應《音義》卷二一載末句無"用"字)其中的"恊"亦爲"協"的俗字,而"協"又同"協"。今本《爾雅·釋詁上》云:"協,和也。"可以爲證。斯 6537 號《何滿子詞》:"平(半)夜秋風凜凜高,長城協(協—俠)客逞雄豪。"可參。

厂 部

厄²

【厄】◎

《正名要録》"正行者楷,腳注稍訛"類"戹"下腳注"厄"。《王二》入聲麥韻:"戹,烏革反,俗作厄。"

按《説文·户部》:"戹,隘也。"又卪部:"厄,科厄,木節也。"是"戹""厄"本爲不同的字,險隘、困厄義其本字當是"戹"。但後世多以"厄"表"戹"字之義。《五經文字》卷中户部:"戹厄:上《説文》,下經典相承隸省。凡字從厄者皆放此。"據此,則似表險隘、困厄義的"厄"即"戹"字隸變,與表科厄義的"厄"爲同形字。

庬⁷

【疘】△

《箋注本切韻》二平聲江韻:"疘,厚、大。莫江反。六。按《説文》從囗。"

按《説文·厂部》:"厖,石大也。从厂,尨聲。""疘"當是"厖"的俗字。其中間過渡環節大概是"庬"。《王二·江韻》:"庬,莫江反,厚、大。"俗書"广"旁每與"疒"旁相亂,於是"庬"便進而寫作了"疘"。

厚⁷

【厚】△

《王一》上聲厚韻:"□,□□反,不薄。亦作□,俗作厚。"《王二·厚韻》:厚,又作厚。

按《王一》卷三上聲韻目下云："卅二厚，胡口反。"上揭《王一》例前三個缺字可據此擬補。"厚"蓋"厚"的省筆俗字。《龍龕·厂部》："厚，音厚。"當即"厚"的俗字。《晉成晃碑銘》"厚"作"厚"，可以比勘。

【厚】△

《箋注本切韻》一厚韻："厚，胡口反。"臺圖 29 號《合部金光明經》卷七："如是大地，至金剛際，厚十六萬，八千由旬。"

按："厂""广"形意皆近，故"厂"旁"广"旁俗書多混用不分。漢簡中已見從"广"的"厚"，魏晉以後碑刻中亦多見。

【𣎴】△

《王二·厚韻》："厚，胡口反，不薄。亦作𣎴，又作厚。"

按《説文》："𣎴，厚也。"即厚薄之"厚"的本字（"厚"之本義爲"山陵之厚"）。《字彙補·曰部》："𣎴，厚本字。亦作𣎴。""𣎴"或"𣎴"即篆文"𣎴"的隸定字。前揭《王二》的"𣎴"當爲"𣎴"或"𣎴"的變體。

原⁸

【原】*◎

《正名要録》"本音雖同，字義各別例"："原，田；亦發端。"伯 2913 號《張淮深墓誌銘》："公以大順元年二月廿二日殞斃於本郡，時年五十有九，葬于漠高里之南原，禮也。"

按《干禄字書》："原原：上俗下正。"漢印中已見不加撇的"原"。漢碑"原"字多作"原"，可參。考《説文》"原"字篆文從泉作"𠩤"，據之楷定，既可作"原"，也不妨作"原"（比較篆文"甲"字楷定作"甲"）。宋元以後的版刻書籍中"原"字仍多有寫作"原"的，見《宋元以來俗字譜》。又《正名要録》："源，水。""原"旁亦寫作"原"。

厥¹⁰

【厥】△

《字樣》："厥厥，二同。"斯 4505 號《結壇散食文》："厥今置浄土壇於八表，敷佛像於四門。"

按："厥""厥"皆爲"厥"的隸變字。"厥"字《漢韓勑碑》已見。《漢楊淮碑》

《漢景君碑》"厥"的部件"屰"寫作"芉"，與《字樣》作"羊"微異。《干祿字書》："厭厥：上俗下正。"《隸辨》卷五《韓勅碑》"天與厭福"下云："《說文》作厥，從屰；碑變作'芉'；他碑亦作'丰''羊'，皆'屰'之譌也。"皆可參。

【厭】△

書證見上。伯 3211 號《王梵志詩集·得錢自喫用》："一日厭摩師，空得紙錢送。"

按：參看上文。

厭[12]

【厭】△

《字樣》："猒，正；厭，通用。"俄敦 1873 號《藥師琉璃光如來本願功德經》："厭媚蠱道，呪起屍鬼。"

按：據《說文》，"猒"為厭足、厭惡之"厭"的本字，"厭"則為壓笮之"壓"的本字。後來以"厭"代"猒"（厭足義俗又作"饜"），而又別製"壓"字以代壓笮字。"厭"則又為"厭"的增點俗字。漢簡中已見"厭"字。斯 5487 號《五臺山讚》："毒龍遊江如火海，文殊鎮厭不能翻。"其中的"厭"亦為"厭"字俗書，不過它是用作壓笮的本義，與用同"猒"的"厭"不同。

【厭】△

《箋注本切韻》五去聲豔韻："厭，飫也。於豔反。"《文選音》："厭，於耕。"

按："厭"為"厭（厭）"的增畫字。《齊石信墓誌》已見"厭"字。《唐等慈寺碑》又作"厭"，可參。

【猒】△

同上《箋注本切韻》五：厭，或猒、懕。

按："猒"即"猒"的增畫字。伯 2305 號《妙法蓮華經講經文》："我非是今生修種。悟解累劫之中，猒幻此身……"其中的掃描字復又為"猒"的贅撇字，可以比勘。

【懕】△

書證見上文。

按："懕"即"懕"的增畫字。《說文·心部》："懕，安也。从心，厭聲。"但上文用作"厭"或體的"懕"則當是"厭"的增旁字。蓋"厭"之義為滿足、為厭惡，義與心相涉,俗遂增旁作"懕"。《集韻·豔韻》:"厭,足也。亦作懕。"《龍龕·心部》:"憨,伊閻反,犬甘內(肉),心無足也。"(比較同書犬部:"猒〈猒〉,於閻反,飽也;犬甘肉,心無一足也。")"憨"即"憨"字,亦即"猒"字。這個"猒"也應是"厭"或"猒"的俗字,可以比勘。

屚[12]

【屚】△

"屚"的譌字。《箋注本切韻》一上聲旨韻居洧反:"屚,一泉,或作氿。"

按:"咎"俗字作"各",又俗書"各""谷"不分,故"屚"俗或譌變作"屚"。同一小韻云"晷,日","晷"爲"晷"之譌字,可以互勘。

【氿】△

書證見上。

按:"軌"俗書作"軏",故"氿"俗寫作"氿"。"氿"又爲"屚"的後起形聲字。

匚　部

匹[2]

【㊀】△

《字樣》"匹"寫作"㊀"。

按：故宫舊藏裴務齊正字本《刊謬補缺切韻》卷端字樣："匹㊀：上正，普必[反]。"

【疋】△

《楞嚴經音義》一："天倫疋：即兄弟者天與倫次，故曰天倫。"又同卷"漂"下注云："疋遥反。"伯2912號《丑年正月已後入破曆》："教授柒綜布壹拾伍疋。"

按可洪《音義》第貳拾叁册《經律異相》第十六卷音義："百疋，普吉反，正作匹。""疋"即"匹"俗書的變體（"匚"旁的"𠃊"筆俗書多寫作"人"形，而"疋"的"く"筆即"匹"字"𠃊"筆的手寫體）。

【疋】△

《大般涅槃經音》一"匹"下脚注"疋"，此爲以俗字注音之例。伯2155號背《曹元忠與迴鶻可汗書》："打將馬三兩疋，卻往東去。"斯4571號《維摩詰經講經文》："實難疋喻，莫已(以)等量，難將有相之身，陪廁無爲之體。"

按《廣韻·質韻》："匹，俗作疋。""疋"即"疋"的楷定形。近世字書多把這一用法的"疋"寫作"疋"，右上部帶鉤，既不符字理，亦與唐代前後寫本字形不合，不可從。

【疋】△

《略雜難字》有"疋"字。《箋注本切韻》一入聲質韻："疋，譬吉反。"《王一·質韻》:"疋,譬吉反,配;一曰卌尺。"伯2124號《付法藏因緣經》卷四:"我本處尊貴,威德少倫疋。"

按可洪《音義》第貳拾壹冊《出曜經》第二卷音義:"誂疋,上市周反,下普吉反,正作讎匹也。""匚"旁的"乚"筆俗作"㇏",又變作"入""又""辶"等形,故"匹"字俗又作"疋"。《干祿字書》:"疋匹:上俗下正。"可參。

匝³

【迊】◎

《箋注本切韻》一合韻:"帀,徧,子答反。又作迊。"俄敦2267號《佛母經》:"散髮搥胸,遶棺三迊。"

按《干祿字書》:"迊帀:上通下正。""帀"後起字作"匝",而"迊"又爲"匝"的俗字。"匝"是"帀"變作"迊"的中間環節。斯4571號《維摩詰經講經文》:"滿筵大衆,合會天人,圍世尊而百匝千番。"伯3873號《韓朋賦》:"貞夫下車,遶墓三迊。"斯3704號《大目乾連冥間救母變文》:"世尊喚言:'目連,汝阿孃如今未得飯喫,無過周迊一年七月十五日,廣造盂蘭盆,始得飯[喫]。'""匝""迊""迊"當是"迊"的較早形式。

匡⁴

【匡】△*

《正名要錄》"正行者楷,腳注稍訛"類"匡"下腳注"廷"。伯3697號《捉季布傳文》:"聖明天子堪匡佐。"

按:"匡"即"匡"的俗書("匚"旁俗書多作"匚"形)。《毛詩音》二:"匡畚。""篋"即"筐","匡"旁從之。

【廷】△*

"匡"的變體。《字樣》"匡"作"廷"。《正名要錄》以"廷"爲"稍訛"字。《箋注本切韻》一平聲陽韻:"廷,去王反。"伯2648號《捉季布傳文》:"陛下千金招召取,必能廷佐作忠臣。"

按《字鑑》卷二陽韻:"匡,俗作廷。"《毛詩音》二:"誆(誑),求狂[反]。""匡"旁從之。又《箋注本切韻》一陽韻"筐""蚟""邼""框""恇""劻"等字"匡"旁皆作"廷"形。

匠⁴

【迊】△

《字樣》"匠"作"迊"形。伯2040號背《食物帳》："麪拾肆碩玖斗貳勝,八月十四日已後至九月十一日看木迊、泥迊……等用。"

按《干祿字書》："迊匠:上俗下正。"伯3720號《張淮深造窟功德碑》："班輸妙盡,構("盡""構"二字疑當互乙)天迊以濟功。""迊"又爲"迊"進一步譌變的結果。張守節《史記正義・論字例》謂俗書"匠"字"從走(辵)",即"迊"字是也。

臣⁵

【𦣞】△*

《箋注本切韻》二平聲之韻与之反:"頤,篆文從頁。……《說文》作𦣞,頷巴,象形。"《王一・之韻》:"頤,頾。亦作𦣞。"

按:"臣"字《說文》作"𦣞","𦣞"即其隸定或楷定的變體。上揭《箋注本切韻》載"頤""姬""𦣞""𦣞"等字,"臣"旁皆從之。

【𦣝】△*

"臣"的俗寫(只見於偏旁)。《正名要錄》:"熙,和。"即"熙"字。

按:"𦣝"當是"𦣞"之變。《字鑑》卷一之韻:"臣,凡姬、頤、宧、熙、頤、苣之類从一。偏旁作𦣝,誤。"《隸辨》卷六偏旁:"臣,俗作𦣝,非。"《字彙・火部》:"熙,俗字,本作熈。"又頁部:"頤",同"頤",俗字。偏旁皆從俗作"𦣝"。又《正名要錄》:"頤,養。"《大般涅槃經音》一:熙,音喜。掃描字分別爲"頤""熙"的俗寫,可參。

匣⁵

【匞】△

《箋注本切韻》一入聲狎韻胡甲反:"匣,箱一。"失名《字書》:"匣,胡甲[反]。"斯619號《讀史編年詩》廿二歲:"素琴暗匞嗚咽去。"

按《干祿字書》:"匞匣:上通下正。""匞"又爲"匣"之變。

匱[12]

【匱】△

《字樣》"匱"作"匱"。俄弗 367 號《一切經音義》卷八"不匱"條音義："《詩》云不匱,傳曰:匱,竭也。"

按:此亦"匚"旁作"匸"之例。可洪《音義》第壹册《大般若經》第十九帙音義："感匱,巨位反,乏也。""匱"亦爲"匱"俗書。

【遺】△

《文選音》:"遺,具位[反]。"斯 705 號《開蒙要訓》載"箱遺"字。

按可洪《音義》第拾册《菩薩戒本》音義："貧遺,求位反,乏也,正作匱。""遺"即"匱"的變體。《唐潤州魏法師碑》亦見"遺"字。《史記正義·論字例》謂俗書"匱匠從走(辶)","遺"字近之。《老子》第二十章:"衆人皆有餘,我獨若遺。"朱謙之校釋:"奚侗曰:遺借爲匱,不足之意。"其實,"匱"寫作"遺"恐與俗書有關。

冂 部

冉³

【冄】*◎

《王二》平聲鹽韻汝鹽反:"冄,毛一。"

按《九經字樣·雜辨部》:"冄冄:染平,毛冄冄也。象形。上《說文》,下隸變。邢、枏、聃等字並從冄。經典相承作冉,音染。"《王二·鹽韻》"疒""枏""訷""袡"等皆從"冄"作(《鉅宋廣韻》俱從"冉")。

【冄】*

《王二》上聲琰韻:"冄,而琰反,人姓。"伯4640號《陰處士碑》:"收租寄義於馮煖,請粟恩(思)朋於冄子。"

按:"冄"蓋"冉"的變體。《唐張玄弼墓誌》"冉"字亦作"冄"。《箋注本切韻》一鹽韻"呻""蚺""枏""訷"等字皆從"冄"作。《禮記音》:"繎,而瞻[反]。""繎"即"紳(袡)"字。

又按:"舟"字俗書亦有寫作"冄"形的(詳"舟"字條),應注意辨別。伯2717號《字寶》上聲:"相訷惹:而鹽也(反)、而者反。"其中的"訷"即"訷"的俗字,姜書錄作"訸",潘書又錄作"訝",皆不妥。

【冄】△*

《箋注本切韻》一琰韻:"冄,而琰反。"俄敦953號《論語集解》"子適衛,冄有僕"集解:"孔子之囗(衛),冄有御也。"

按:"冄"亦"冉"字變體。前書同韻載"枏""姌"等字,"冉"旁亦寫作"冄"。

又按:"舟"字或"舟"旁俗書也寫作"冄",應注意分辨。參看"舟"字條。

册³

【筹】◎

《王二·麥韻》："册，簡。或作[□]，俗作筹。"伯2748號《古文尚書傳·洛誥》："王命作筹，逸祝筹，惟告周公其後。"

按："册"字篆文作"𠕁"，隸定作"冊"，又變作"册"和"册"。《説文》載"册"字"古文"從竹，是"筹"即古文"册"字的隸體，而非"俗作"。

【册】*◎

《箋注本切韻》一麥韻："筹，簡。或作册。"《五代本切韻》五："册，簡。或作册，正作囗。"斯2144號《韓擒虎話本》："主上已龍歸倉海，今擬册立使君爲軍(君)，卿意者何？"

按："册"爲"册"字篆文的隸定字，説見上文。《刻本韻書》殘葉載"册""冊""珊""姍"等字，"册"旁從之。

【冊】△

《王一·麥韻》："冊，簡。或作曹，通俗作□。"

按："册"字篆文隸定作"冊"，省變作"册"，"冊""冊"手寫之變。《原本玉篇殘卷》有"冊部"，即"册部"，文中"册"亦皆寫作"冊"。

【曹】△

書證見上。

按《説文·曰部》："曹，告也。从曰从册，册亦聲。"《集韻·麥韻》楷定作"曹"，"曹"即"曹"之變。"曹""册"《説文》字別，但後世册告義亦用"册"字，故《王一》以"曹"爲"册"字或體。《原本玉篇殘卷·曰部》："曹，《説文》，楚革反，《説文》：曹，告也。《字書》：或册字也。"可參。

岡⁶

【罡】△*

《略雜難字》載"罡"字。斯78號《類書》："陟罡：毛詩云：陟彼罡兮。"

按可洪《音義》第玖册《心明經》音義："山罡，古郎反。""罡"當是"岡"的譌俗字。"岡"本從山、网聲，"网"旁隸變作"罒"，故"岡"字或寫作"罡"。《集韻·唐韻》："岡，或書作罡。"《龍龕·山部》作"罡"，則又爲"罡"的變體。俗書山旁與止旁不分，故"罡"俗又書作"罡"形。"罡"字《唐劉玄豹夫人高氏墓誌》有同例。《復古編》卷上："岡，隸作岡。別作崗、罡，非。"《正字通·网部》："罡，天罡，星名。""罡"又是"罡"的譌體。《字彙補·网部》謂"罡"與"剛"同，非是。斯1722號《毛詩·周南·卷耳》："陟彼高罡，我馬玄黃。""罡"即"岡"字。又"岡"旁俗書亦或作"罡"。如斯1920號《百行章》第五爲"罡行章"，"罡"爲"剛"俗字，是其例。又《俗務要名林》(斯617號)珍寶部："鋼，鐵罡也，古郎反。""鋼"爲"鋼"的譌俗字。又斯1889號《敦煌氾氏家傳并序》："氾禪……素剛直。""剛"爲"剛"的譌俗字，皆可資比勘。

【崗】◎

《王二》平聲唐韻古郎反："崗，山脊。正作岡。"

按《集韻·唐韻》："岡，俗作崗。""崗"即"岡"的後起增旁字。《履齋示兒編》卷二二引《字譜總論訛字》以"岡"作"崗"爲"偏旁之贅者"。伯2762號《張氏修功德記》："南土蕃渾，獻崑崗之白璧。""崗"又爲"崗"字俗書。

附按："岡"俗字作"崗"，相應地，"崗"又有譌變作"崗""崗""崗""崗"等形的。《干祿字書》："崗岡：上通下正。"斯530號《索法律和尚義壇窟銘》："在原之德未申，陟崗之望俄軫。"《八瓊室金石補正》卷七六唐《王氏富春郡孫夫人墓誌》："葬於廣州南海縣四望亭後崗。"同書卷二三北周《強獨樂文帝廟造像碑》有"石崗縣"名，陸增祥跋謂"崗"即"岡"之"謬俗"字，是也。

冓⁸

【冓】△*

《王二》去聲候韻古候反："冓，積財(材)。"

按："冓"篆文作"冓"，據之隸定即可作"冓"。上書同一小韻下載"遘""搆""媾""覯""購"等字，"冓"旁皆寫作"冓"。

【冓】*◎

"冓"的變體。《王一·候韻》："冓，積財(材)。"

按："冉"形字俗或作"冄"。《隸辨》卷六"冓"字下云："再或作冄，譌從冄。"是其例。故"冓"俗或作"冓"。上揭寫卷同一小韻下"遘"寫作"遘"，"冓"旁從之。

【冓】△*

"冓"的譌俗字。《毛詩音》二："冓，古豆[反]。"

按:"菐"上部的"世"當即"世"手寫的變體(比較同卷下文"緤"寫作"緤")。上揭《毛詩音》寫卷又云:"𩖲,古豆[反]。"《文選音》:"𦵯,古豆[反]。"又《諸雜難字》有"溝"字,"冓"旁俱作"菐"形。

【菐】△*

"冓"的變體。《箋注本切韻》一平聲侯韻古侯反:"菐,數名。十稀(秭)曰菐。"

按:同一小韻有"㰚""篝""𪉷"等字,"冓"旁從之。《王二·侯韻》:"溝,渠。俗作溝。"又:"褠,襌衣。亦幬。"亦其例。伯 2748 號《古文尚書傳·洛誥》:"惠篤敘,亡有菐自疾。"其中的掃描字當又爲"菐"的變體(下部也許是受"冓"俗寫"菐"的影響)。

【菐】△*

"菐(冓)"的避諱缺筆字。《王二·候韻》:"冓,亦作菐。"

按:唐朝避太宗諱,"世"字或"世"旁常缺避作"卅"(説詳"世"字條),故"菐(冓)"字寫作"菐"。"冓"旁亦然。《楞嚴經音義》一:"交遘:下古侯(候)反,交遘猶交接也。"其中的掃描字皆爲"遘"字,右上部的"世"前者缺避,蓋爲唐代所抄經本原形,而音義所作時代已在五代宋初,無煩缺避,故後者徑從俗寫作"世"也。

【𦫵】△*

"菐(冓)"的避諱改形字(只見於偏旁)。《箋注本切韻》一侯韻古侯反載"溝"字。

按:唐代避太宗諱,"世"旁有缺筆的,亦有改作"云"形的。宋張世南《游宦紀聞》卷九云:"世字因唐太宗諱世民,故今牒、葉、棄皆去'世'而從'云'。漏泄、縲緤又去'世'而從'曳'。'世'之與'云'形相近,與'曳'聲相近。若皆從'云',而'泄'爲'沄'矣,故又從'云'而變爲'曳'也。""冓"字俗作"菐""菐"等形,上部從"世",故俗亦或改避從"云"。《龍龕·水部》:"溝,今;溝,正。""溝"亦"溝"的避諱俗字。

【𦫵】△*

"菐(冓)"的避諱改形字(只見於偏旁)。《正名要錄》:"勒,勞。"又云:"遘,覯;搆,造;媾,婚。"

按《龍龕·辵部》:"遘、遘,二或作;遘,今。""遘"也是"遘"俗體的避諱改形字。行均據唐代佛經寫本收採字形,故書中多有唐諱字而未予録正者。

人　部

仄²

【厞】△

《五代本切韻》一入聲職韻阻力反："仄,一陋。亦作厞。"

按："厞"蓋"厌"之俗。《王篇·厂部》："厞",同"仄"。"仄"本是"从人在厂下"會意(《説文·厂部》),異體作"厞",則成了形聲字。《龍龕·厂部》以"厞"爲"厌"的"或作"字,疑未確。

介²

【尒】△*

《王一》去聲怪韻："尒,通俗作介。"《王二》同韻下云："尒,大,俗作介。"

按："介"字《説文》從人、從八,秦代石刻《詛楚文》寫作"尒"形,隸定作"尒",楷定作"介"。上揭二種《刊謬補缺切韻》"介"旁亦皆作"尒"形,如"庎""宋""砎""衸"等皆是。

【夻】△

《王一·怪韻》："尒,大。或作夻,通俗作介。"

按："夻"字原卷作"夻"形,上下部稍有間隔,似二字形,各家遂録作"大""木"二字,不妥。《説文·大部》："夰,大也。從大,介聲。"即表"大"義的"介"的本字("介"則本爲"界"的初文)。"夻"即"夰"篆文的隸定字。

参³

【尔】△*

《箋注本切韻》一上聲軫韻："軡,此類合從参。之忍反。"《王一·軫韻》：

"彡,黑髮。亦作顥、鬢。此小隸體所從並作此。"後書注文"此小"二字原卷在雙行注文的前行之末,疑"此"字衍,而"小"字則當移至後行之末,全句校作"隸體所從並作此小",指"彡"俗字作"尒"或"尔"而言。

按:宋王觀國《學林》卷十"尒彡"條下云:"(尒)後世俗書乃作尔字,故書彌爲弥,書嬭爲妳,……皆非字法也。而俗書彡字亦作尔,如書珍爲珎,書軫爲軩,書診爲诊,書參爲叅之類,皆因草書彡字爲尔形,故隸書亦從而變之,然失字法益遠矣。"敦煌卷子中"彡"旁多作"尔"形。如《王一·軫韻》載"紾""胗"等字,《箋注本切韻》一軫韻載"眕""軩"等字,皆與《學林》所云相合。後世刻本通常寫作"尔"形,又爲"尒"的變體。

令[3]

【令】◎

《王二》去聲勁韻:"令,力正反,善。又力盈反。政(正)作令。"

按《字鑑》卷四去聲勁韻:"令,力正切,《説文》:發號也。从亼,音集;从卪,音節。俗作令。""令"爲篆文隸定字(漢碑經見),"令"則爲其變體。

全[4]

【仝】△*

《箋注本切韻》一平聲仙韻:"仝,聚緣反。"《王一·仙韻》:"仝,聚緣反,具。或作全。"《王二》同韻下云:"全,聚緣反,亦作仝。"斯 4860 號《創建伽藍功德記并序》:"刱修精宇,旬日盡仝。"

按:"全"字《説文》從入從工作"仝",亦或從玉作"全"。"仝"即"全"的變體。《干禄字書》:"仝全:上俗下正。"但《五經文字》卷下人部云:"仝全:從人下工,今經典相承用下字。或作仝,訛。"所説字形與今本《説文》不合,疑誤。《漢郙閣碑》已見"仝"字。《箋注本切韻》一仙韻"詮"作"詮",《王一·仙韻》"荃"作"荃"、"筌"作"筌",等等,皆從"仝"字。

【全】△*

"全"的俗字。書證見上文。斯 2659 號《大唐西域記》卷一凌山:"暴風奮發,飛沙雨石,遇者喪没,難以全生。"

按:"全"字《説文》從入,俗書"入"與"人"不分,故"全"俗字作"全"。《字鑑》卷二僊韻："全,俗作全。"《箋注本切韻》一仙韻載"詮""痊""佺""絟",等等,皆從俗"全"旁。

休⁴

【伙】*◎

《王一》平聲尤韻："休,許尤反,止。俗作加點作伙,謬。"斯 4332 號《菩薩蠻》詞："枕前發盡千般願,要伙且待青山爛。"

按:前書"俗作加點"的"伙"當作"伙"或"烋"(參下),"伙"字《魏蘇屯墓誌》已見。《鉅宋廣韻》標目字即寫作"伙";同一小韻又有"貅""庥"字,"休"旁亦加點作"伙"。

【烋】◎

《王二·尤韻》："休,許尤反,正(止)。俗作加點作烋,謬。"又平聲幽韻："休,許彪反,美。加火失。"

按:"加火失"的"休",即指"烋"字而言。《廣韻》幽韻香幽切下云："烋,美也,福祿也,廣善也。出《玉篇》。"則徑以加火的"烋"為標目字。"烋"字《魏司馬元興墓誌》已見。《魏張玄墓誌》又有"烋"字,則既加點又加火。又伯 2108 號《大集經》卷二四："調諸衆生,无有休息。"《干祿字書》："休 休:上通下正。"這種右下部加橫畫的寫法大概又是"烋"的變體。

伍⁴

【仵】

《王二》上聲姥韻："伍,人一;又姓。亦仵。"伯 3213 號《伍子胥變文》："楚之上相,姓仵名奢。"斯 4571 號《維摩詰經講經文》："搦搦排隊仵,瞻禮法輪王。"

按《洪武正韻》上聲姥韻："仵,通作伍。"疑"仵"為"伍"的後起分化字。

仿⁴

【髣】◎

《王二》上聲養韻："髣,芳兩反,一髴。古作仿佛。"俄敦 330 號《大般涅槃經第一袟難字》載"髣髴"二字。伯 3718 號《張明德邈真讚并序》："丹青髣髴,邈影生同。"

按《説文·人部》:"仿,相似也。"又云:"佛,見不審也。"又彡部:"髣,若似也。""佛""髣"蓋異體字,而"髣"則又是涉"髴"字類化而産生的"仿"的换旁字。"髟(髣)髴"則是"髣髴"的異體。

【髣】△

"髟(髣)"的譌俗字。《箋注本切韻》一養韻:"髣,一髴,古作仿佛。芳兩反。"

按:"彡"旁字古多作左右結構,"髟"的部件"彡"通常置於右旁的上部,故"髣"字寫作"髟"(《龍龕》即作此形),而"髣"又爲"髟"的譌俗字。

仔[4]

【妤】◎

《王一》平聲魚韻:"妤,婕妤,婦官。亦作仔。"

按《説文·人部》:"仔,婦官也。""婕妤"蓋本當作"倢仔",因其由女子充任,俗遂换易偏旁作"婕妤"。《漢書·成帝紀》"趙倢仔"下顔師古注:"倢,接幸也;仔,美稱;故以名宫中婦官。倢音接,仔音余。字或並從女。"可參。

佞[5]

【佞】△

《正名要録》"正行者楷,脚注稍訛"類"佞"下脚注"佞"。伯 3833 號《王梵志詩·行善爲基路》:"不解讒朝庭,不解佞君王。"

按:"佞"字從女從仁會意(據慧琳《音義》卷十、五七、七十等),"佞"實亦"佞"的譌變俗字。《字鑑》卷四徑韻:"佞,《五經文字》云作佞譌。"(《叢書集成初編》本《五經文字》"佞"作"佞",詳下引)。《龍龕·人部》:"佞,乃定反,諂媚僞善也。""佞"字中華書局影印高麗本如此,《四部叢刊續編》影宋刊本則作"佞","佞""佞"皆即"佞"字俗譌。故宫舊藏裴務齊正字本《刊謬補缺切韻》去聲清韻乃定反:"佞,巧諂,一曰高才。從二、女。"這個"佞"又爲"佞"字之變("亡"俗作"亡",故"佞"右上部從之)。

【佞】◎

書證見上。斯 4571 號《維摩詰經講經文》:"愛慈悲,嫌諂佞。"伯 3656 號《王梵志詩·尋常懃念善》："心裏無蛆佞，何愁佛不成。""佞"字伯2818號等卷作"侫"。

按《干禄字書》："侫佞：上俗下正。"《五經文字》卷下女部："佞，乃定反，從仁，作侫訛。"唐寫本《唐韻·徑韻》："佞，諂。一曰才。或作侫。"蓋唐代前後俗字"侫"流行，以致正字"佞"退處"或作"的位置了。《魏吳郡王蕭正表墓誌》已見用同"佞"的"侫"字。

伸⁵

【伸】△

《禮記音》："詘，屈；伸，申。"俄敦5482號《修行道地經》殘片："一切骨節縮不得伸。"

按：前例所音經文見《樂記》篇，原文云："執其干戚，習其俯仰詘伸，容貌得莊焉。""伸"即"伸"的隸變字（比較"曳"字從申、丿聲）。《龍龕·人部》："伸，音申。""伸"字同。《漢楊震碑》已見"伸"字。北圖李字39號可洪《藏經音義隨函錄》殘卷："电，音身，正作申也。"可參。

附按：《淮南子·繆稱》："容貌顔色，理詘佹倨。"王念孫《讀書雜志》引劉績謂後句當作"詘伸倨句"，甚是。"伸"蓋因"伸"而復贅撇作"佹"，可參。

低⁵

【低】△

《王二》平聲齊韻："低，當嵇反，下。正作低。"俄弗53號《妙法蓮華經》卷六："時諸菩薩摩訶薩……曲躬低頭，合掌向佛。"

按："氐"字隸變或作"互"（詳"氐"字條），故"低"字右旁從之。

【低】

《王一·齊韻》："低，當兮反，低昂。亦作低。"

按：標目字即"低"的俗字（據"低"楷定），說詳"氐"字條。亦作字右旁字形在"互"與"互"二者之間，今姑楷定作"互"。"低"即"低"字。《集韻》齊韻都黎切："低，低回，疑不即進。"與"低"同音。斯4571號《維摩詰經講經文》："臨臨取別，低迴而愁結雙眉。""低（低）迴"猶"低回"，"低"蓋"低"的換旁俗字。後來"低"專用於"低回"（亦作"低徊"）之義，又讀作直尼切（見《廣韻》《集韻》脂韻、《龍龕·亻部》），與"低"異讀，人們遂以之爲別一字矣。

佇⁵

【竚】

《正名要録》"字形雖别,音義是同,古而典者居上,今而要者居下"類:竚佇。《箋注本切韻》一上聲語韻:"佇,或作竚。除吕反。"《王一·語韻》:"佇,待。亦作竚。"

按《玉篇·立部》:"竚,今作佇。"然"佇"字見載於《爾雅》,《説文新附》收之,漢碑中亦有用例,疑以"佇"字爲早出。"竚"字《玉篇》始收載之,當爲"佇"的後起換旁字。

來⁶

【来】*◎

《切韻》殘葉二平聲咍韻:"来,落哀反。"《王一·咍韻》:"來,落哀反,回。通俗作来。"伯3911號《望江南》詞:"娘子麵,磑了再重磨。昨来忙暮行里小,蓋緣傍伴迸夫多。所以不来過。"

按《廣韻·咍韻》:"來,俗作来。"漢碑及簡帛中已見"来"字。上揭《切韻》殘葉二同一小韻有"莱""郲""騋"等字,"來"旁從之。

忕⁶

【忲】◎

《王二》入聲職韻:"忕,意想。或作忲。"

按:"忕"義與心相涉,俗書因換易偏旁作"忲"。

㕣⁶

【侃】◎

《切韻》殘葉四:"㕣,空旱反,又空旦反。"《箋注本切韻》一上聲旱韻:"㕣,俗作侃。"《王一·旱韻》:"侃,正作㕣。"伯2991號《張靈俊和尚寫真讚并序》:"森森龍象,侃₌清研。"

按《五經文字》卷中巛部:"㕣,相承作侃,訛。""㕣"字《説文》從仰、從巛,篆文作"㕣",隸定作"侃"或"㕣";"侃"蓋從人、三口,爲後起會意俗字。

侐⁶

【閾】◎
《五代本切韻》一:"侐,清潔。[□]作閾。"
按《廣韻》入聲職韻況逼切:閾,同"侐"。"閾"蓋後起形聲字。

佾⁶

【俗】△
《王二》入聲質韻夷質反:"佾,舞一。俗作俗。"伯 2748 號《古文尚書傳·多士》:"不克庸帝,大淫俗有詞。"
按《龍龕·人部》:"佾,俗;俗,正:音逸,一,舞列也。二。"考"佾"字見載於《説文新附》,從人、肖聲,似較"俗"字爲近正。《集韻·質韻》:"佾,古作俗。""俗"蓋又爲"佾"的變體。

佩⁶

【珮】
《字樣》:"佩,正;珮,相承用作玉佩字。"
按《干禄字書》:"佩珮:上帶也,下玉珮也;古並作佩。"《玉篇·玉部》:"珮,步輩切,玉珮也。本作佩,或從玉。"蓋佩者爲人,故字從人作"佩";而佩之質爲玉類,故字又從玉作"珮"。

併⁶

【倂】△
《箋注本切韻》一上聲耿韻:"倂,且。或作併。蒲幸反。"
按《説文·人部》:"併,並也。"引申之義爲皆、都,爲并且。"倂"字不見於《説文》,蓋"併"的後起分化字(《漢語大字典》有"倂"無"併")。

侔⁶

【件】◎
《王一》平聲尤韻莫浮反:"件,本亦侔字,今爲牛。"《王二》同一小韻下云:

"件,本亦作侔字,今爲件。"

按《集韻》平聲侯韻迷浮切:侔,或省作"件"。

俞[7]

【俞】△*

《文選音》:"俞,許入[反]。"伯 2420 號《老子德經》:"聖人不積,既以爲人己俞有,既以與人己俞多。"

按:"俞"爲"兪"字俗書,而"兪"又爲"俞"字俗書。《唐輕車都尉強偉墓誌》亦見"俞"字。上揭《文選音》殘卷上文:"諭,以句[反]。"又下文:"渝,以朱[反]。"又《正名要録》"字形雖別,音義是同,古而典者居上,今而要者居下"類:踰 逾。"俞"旁皆從之。

俅[7]

【頯】◎

《王一》平聲尤韻巨鳩反:"俅,戴。亦作頯。"《王二》同一小韻下云:"俅,載。亦作頯。"

按《爾雅·釋言》:"俅,戴也。""載""戴"音近義通。《玉篇·頁部》:"頯,柔流切,《詩》'戴弁俅俅',……或作頯。""頯"蓋"俅"的後起換旁字。《漢語大字典》第 8 册"異體字表""俅"下不收異體"頯",不妥。

俜[7]

【竮】◎

《箋注本切韻》一平聲青韻:"竮,竛竮,行不止(正)。或作俜。普丁反。"《王二·青韻》:"竮,普丁反,竛竮,行不正,或作俜。"

按《廣韻·青韻》:"竮,竛竮,行不正。亦作伶俜。普丁反。""俜"即"俜"的俗寫。"竮"字後起。

【俜】△

説見上文。

俗⁷

【俗】△

《正名要録》"正行者正體,腳注訛俗"類"俗"下腳注"俗"。斯 3491 號《頻婆娑羅王后宮綵女功德意供養塔生天因緣變》:"真宗有召伐之興,俗民有堯年之樂。"

按:"谷"旁俗書多寫作"仐"形(詳"谷"字條),故"俗"俗字作"俗"。《龍龕·人部》:"俗,音俗。"即"俗"的俗字。《魏元彥墓誌》已見"俗"字。《漢衡方碑》作"俗",亦已近之。北圖成字 96 號《目連變文》:"(目連)未見我佛在俗之時……"斯 2614 號《大目乾連冥間救母變文》:"俗 間大有同名姓。""俗""俗"又是"俗"的變體。

侯⁷

【侯】△*

《王一》平聲侯韻:"侯,胡溝反,候。"伯 2748 號《古文尚書傳·君奭》:"王人罔弗秉德,明恤小臣,屏侯甸。"

按:"侯"乃"侯"的俗字。《王一》同一小韻下有"糇""餱""鍭"等字,"侯"旁從之。《隋徐智竦墓誌》已見"侯"字。

【帾】△

《王一·侯韻》:"侯,亦作帾。"

按:同一小韻下又云:"帾,射張布。""帾"爲"帿"的俗寫。《玉篇·巾部》:"帿,射帿也。古作侯。"

【候】◎

《王二·侯韻》:"侯,胡溝反,候。亦作候。"

按《字彙補·人部》:"候,同候。"俞樾《兒笘録》謂"候"爲"侯"的孳乳字。

俟⁷

【俟】◎

《王一》上聲止韻:"俟,□史反,亦作竢、竢、竢、竢。"《王二》同韻:"俟,漦史反,待。亦作竢、竢。"

按:"俟"蓋"俟"的換旁字(俗書"亻"旁"彳"旁往往混用)。《説文》別有"俟"字,爲"㑰"的或體,與此不同。又"竢""竢"皆見於《説文》,爲表等待之"俟"的本字,而"俟"之本義爲大,然經傳多假"俟"爲"竢",以致喧賓奪主,"竢""竢"反淪爲或體字。

【庹】◎

書證見上。

按:《集韻》以"庹"爲"竢"字或體。

俊[7]

【雋】△

《正名要録》"字形雖别,音義是同,古而典者居上,今而要者居下"類:雋俊。《王一》去聲震韻:"雋,子峻反,爽。或作俊。"

按《干禄字書》:"雋雋:上通下正。亦作俊字。"《五經文字》卷上人部:"雋俊:二同。"考"俊"字見載於《説文》,當爲古正字,而"雋"則當爲其改易聲旁形成的後起字(古書或借"雋"爲"俊"),"雋"則又爲"雋"的變體。

【㩗】△

"雋"的譌字。《王二》去聲震韻:"㩗,子俊反,爽。或作俊。"

按:"㩗"當爲"雋"之譌字。參看"攜"字條。

倏[8]

【獎】△

《王一》入聲屋韻:"獎,犬走疾。亦作鼗、鼗、鼗。"

按:"倏"本從犬、攸聲("攴"旁隸變作"夊"),俗書從犬從大不分,故犬旁譌變作"大"。

【鼗】△

書證見上。

按:"鼗"字他書未見,當是"狵(狵)"的贅旁俗字,"狵""倏"皆見於《説文》,音近義通。

【鼗】△

書證見上。

按:"鶑"字他書未見,蓋"瞪"或"倏"的換旁俗字(疾速義既與足、犬有關,也與瞬息有關)。《玉篇·心部》:"悠,式六切,疾也。""悠"應爲"倏"的增旁俗字,可以比勘。

【翛】◎

書證見上。

按《玉篇·羽部》:"翛,尸祝切,疾也。或作倏。""翛"即"翛"字。"倏"亦"倏"俗字,見《干禄字書》。

倪⁸

【倪】△

《五代本切韻》二:"倪,孩一;又姓。五兮反。"《王二》平聲齊韻:"倪,五嵇反,孩。正作倪。"

按:"倪""倪"爲隸變之異。

侍⁹

【侍】◎

《王一》上聲止韻直里反:"侍,……具。亦作侍。"《王二》同。

按《玉篇·人部》:"侍,直理切,待也。亦與㐌同,儲也,具也。""侍""㐌"皆見於《説文》,二字音義皆近,蓋古異體字;而"侍"則爲後起換旁字。

假⁹

【假】△

《正名要録》"正行者楷,脚注稍訛"類"假"下脚注"假"。伯 3697 號《捉季布傳文》:"兀(髡)髮剪頭披短褐,假作家生一賤人。"

按《干禄字書》:"假假:上俗下正。""叚"旁俗書或作"叚",故"假"俗字作"假"(參看"叚"字條)。伯 3697 號《捉季布傳文》:"假政匡邦毁寡人。""假"又爲"假"的變體。

【假】△

《字樣》:"假,正;假,下相承用。"斯 236 號《禮懺文》:"種種不净假名身。"

按:"𠊲"爲"假"手寫的變體。參看"叚"字條。

伞[10]

【伞】◎

《王二》上聲旱韻蘇旱反:"伞,一蓋。"伯3065號《太子入山修道讚》:"幡花伞蓋日争光。"

按:"伞"蓋"傘"字變體。中國書店1983年影印揚州使院刻本《集韻》亦寫作"伞"。

【䘎】△

《佛經難字及韻字抄》載"䘎"字。

按《龍龕·人部》載"䘎"俗作"伞",蓋亦"傘"的變體。

傲[10]

【傲】△

《正名要録》"字形雖别,音義是同,古而典者居上,今而要者居下"類:慠傲。伯2717號《字寶》去聲:"倨傲,音據鏾(鐅)。"俄弗130號《五蘊論》:"云何爲憍? 謂於自盛事染著倨傲心恃爲性。"

按:"敖"字本從出、從放,隸省作"敖"(説詳"敖"字條),故"傲"或作"傲"。《龍龕·人部》以"傲"爲"通"體。慧琳《音義》卷四《大般若經》第三百六十六卷音義:"(傲)《説文》從出從放,今經文從土作傲,漸訛略也。"

【慠】△

書證見上。北8596(冬37)號《未曾有因縁經》卷上:"王及羣臣憍慠習樂。"

按:"慠"即"慠"字。《集韻》去聲号韻:"傲,或从心。""慠"字不見於《説文》,當爲"傲"的後起换旁字。慧琳《音義》卷二十《寶星經》第一卷音義:"傲,《説文》從人、敖聲,經本從心作慠,誤也。"同書卷三十《寶雨經》第二卷音義:"傲,經文從心作慠,非本字也。"可參。《正名要録》以"慠"爲"古而典者",不確。

俻[10]

【俻】

《正名要録》"正行者楷,腳註稍訛"類"備"下腳註"俻"。《時要字樣》(斯

6208號）：“俻，擬。”《王二》去聲至韻：“備，平祕反，亦俗作俻，具。”斯 2073 號《廬山遠公話》：“道安俻（備—被）難，度（杜）口無詞。”

按《干禄字書》：“俻俻備：上俗中通下正。”“俻”當是“俻”的譌變俗字。《魏温泉頌》“備”作"佲"，形微別。敦煌卷子中“俻”字經見；宋元以後的刻本書籍中亦多見。今簡化字作“备”，當是“俻”的省旁字。

僉[11]

【僉】△*

《楞嚴經音義》一：“僉，七占反。”伯 3015 號《古文尚書傳·堯典》：“僉曰：'於，鯀哉！'”僞孔傳：“僉，皆也。”

按《干禄字書》：“僉僉：上通下正。”《隸辨》卷二：“僉，《張遷碑》：一然同聲。按《説文》作'僉'，下從'从'，碑變作'灬'，今俗因之。”敦煌卷子中“僉”旁亦多作“僉”。如《箋注本切韵》五去聲豔韻有“驗”字“噞”字，《佛經難字及韻字抄》有“險”字，其所從的“僉”旁原卷皆作“僉”。又《文選音》：“僉，七占。”“僉”又爲“僉”的變體。

傿[11]

【傿】◎

《王一》去聲焮韻：“傿，於靳反，依人。或作憃。”《王二》同。

按《廣韻·焮韻》：“偃，依人也。於靳切。憖，同上。”《集韻·焮韻》：“傿，依止也。或作憃、偃。”《龍龕·人部》：“傿……《玉篇》又於靳反，依也。”（今本《玉篇》“傿”字下無此音義，蓋後人所删）“傿”“憃”“偃”“憖”或易形旁，或易聲旁，實皆同字之異構。《漢語大字典》未溝通四字的關係，欠妥。

僙[11]

【趪】◎

《王一》平聲唐韻古皇反：“僙，一，武。亦作趪。”

按《廣韻·唐韻》：“僙，僙僙，武兒。”上揭寫卷似脱一“僙”字。“僙”“趪”蓋換旁異體字。

傅[11]

【傅】△

《字樣》:"傅,相承;傅,正。"《王一》平聲仙韻直緣反:"傅(傅),{於權}轉。又持戀反。通俗傅。"《王二》同一小韻下云:"傅,又持戀反。俗傅。"伯2019 號《唐韻序》:"訥言此製,酌古沿今,無以加也。然昔傅之,已文多失本原。"

按:"專"異寫作"専"(參"專"字條),相應"傅"異寫作"傅"。"傅"字《漢武榮碑》已見。

僊[11]

【僊】◎

《正名要録》"字形雖别,音義是同,古而典者居上,今而要者居下"類:僊仙。

按《龍龕·人部》:"僊,俗;僊,古文。""僊"蓋"僊"的譌變俗字,而"僊"即"僊"的隸變字。《隋龍藏寺碑》亦有"僊"字。

偰[11]

【偰】

《王一》入聲屑韻先結反:"偰,動草聲。或作偰。"

按《玉篇·人部》:偰,《字書》同"偰"。

像[11]

【像】△

《箋注本切韻》一上聲養韻:"像,俗作像。詳兩反。"俄敦 1296 號《佛説觀彌勒菩薩上生兜率天經》:"其身舍利如鑄金像,不動不摇。"

按:"像"蓋"像"手寫的變體,而"像(像)"則爲"像"手寫的變體。古以"象"爲正字,"象"則被視爲俗字;故從"象"旁的"像"亦被視爲俗字。參看"象"字條。

【僞】△

説見上文。

僰 12

【僰】△

《字樣》:"僰,蒲北反。或作㦰字,淺俗無依。"

按《説文·人部》:"僰,犍爲蠻夷。从人,棘聲。"俗書"朿""束"相亂,故"僰"俗書作"㦰"。《干禄字書》:"㦰僰:上通下正。""正"字"僰"亦譌從二"束"。

【㦰】

書證見上。

按《龍龕·束部》:"㦰 㦰,二或作;僰,今:蒲北反,一道,縣名。又丁壯兒。又音逼。三。"可參。

【㦰】△

《增字本切韻》殘葉三入聲德韻傍北反:"㦰,縣名。又符逼反。"

按:此又變"人"爲"又"。

俛 13

【俛】

《切韻》殘葉四武盡反:"俛,—俛。"《箋注本切韻》一上聲軫韻同一小韻下云:"俛,—俛。俗作俛。"

按:"黽"字俗作"黾",相應"俛"字俗作"俛"。參看"黽"字條。

【俛】△

《王二·軫韻》:"俛,—俛,通俗作俛。"

按:"黽"字俗又或作"黾",故"俛"字右旁從之。伯 4640 號《陰處士碑》:"俛諸俛矣,是則爲之。""俛"亦"俛"俗字,可參。參看"黽"字條。

儒 14

【儒】△

《箋注本切韻》一平聲虞韻:"儒,日朱反。"伯 2019 號孫愐《唐韻序》:"我國家偃武修文,大崇儒術。"

按《王二·虞韻》:"儒,日朱反,碩德。""儒"即"儒"的俗字。《干禄字書》:"儒儒:上通下正。"《魏張猛龍碑》已見"儒"字。參看"需"字條。

儐¹⁴

【儐】△

《王一》去聲震韻:"儐,必刃反,相。通俗作儐。"末字右側中部彩色照片及各家影本不甚明晰,茲從潘書摹本定作"儐"。《敦煌掇瑣》錄作"儐"。臺圖89號《羯磨》有"興滅儐羯磨文","儐"字多見,皆寫作"儐"形。

按:"賓"字俗作"賔",亦作"宾",故"儐"字既可作"儐",亦可作"儐"。參看"賓"字條。《龍龕·人部》:"儐,必刃反,一從也,相也,導也。或作儐。""儐"亦即"儐"字。

【儐】△

《王二·震韻》:"儐,必刃反,相。正作儐。"

按:參看"賓"字條。

儠¹⁵

【儠】△

《五代本切韻》二入聲葉韻立涉反:"儠,長壯。又作儠。"

按:"巤"旁篆文形與"葛"相近,故"巤"旁字俗書多寫從"葛"旁。參看"獵"字條。

儯¹⁶

【顒】

《王一》平聲登韻呼弘反:"儯,悟迷。或作顒。"

按:"儯"見《說文》,"顒"蓋"儯"的後起換旁字。

儺¹⁹

【儺】◎

《王一》平聲歌韻諾何反:"儺,除疾人。亦作𩴲,通俗作儺。"《王二》同一小韻下云:"儺,除疫人。俗作儺。"

按：驅疫字《周禮·夏官·方相式》作"難"（段玉裁以爲即"儺"的本字，見《説文解字注》"儺"字下注），後借用"儺"字（"儺"之本義爲行有節度貌）。至於"㘝"，蓋這一用法的"儺"的後起專用字（"㘝"從叩、從里，蓋會意字；叩，衆人並呼也）。《玉篇·叩部》："㘝，乃多切，除疫也。與儺同。"

【儺】

説見上文。

八　部

兮²

【兮】*◎

《五代本切韻》二平聲齊韻乎鷄反:"兮,助句。兮,正字。"《王二·齊韻》:"兮,詞。從八、丂。[丂]音考(考)。俗作兮,非,真謬。"伯2305號《妙法蓮華經講經文》:"鐘聲哄哄兮皆聞,鼓響蓬蓬兮滿路。"

按:"八"形偏旁俗書多寫作"丷"形,故"兮"字俗書作"兮"。《漢綏民校尉熊君碑》"兮"已書作"兮"。《干禄字書》:"丂兮:上通下正。"顏元孫以"兮"爲正字,可見當時"兮"字非常流行。《五代本切韻》二齊韻烏兮(兮)反:"䚯,誠言。"又《佛經難字及韻字抄》有"䀪"字,"兮"旁亦皆從俗作"兮"。

【兮】△

書證見上。

按:"兮"疑爲"兮"字之誤。

其⁶

【舁】△

《箋注本切韻》二平聲之韻:"其,渠之反。按《説文》作此舁,舉也。"

按《玉篇·収部》:"舁,渠記、渠基二切,舉也。""舁"字《説文》篆文作"舁"。上揭《切韻》訓"舉"的"舁"當即是"舁"字。《王二·之韻》渠之反:"舁,舉。又渠記反。"字又作"舁",可以比勘。考《説文》"箕"字籀文作"𠔋",一般認爲後世作爲語詞等用法的"其"就是淵源於籀文"箕"。大概上揭韻書作者認爲"其"并非來源於籀文"箕",而是來源於訓舉的"舁",因有如上的箋注。可備一説。

【昪】

《王一·之韻》:"其,渠之反,語第。正作昪。"

按:"昪"當是"昪"楷定的變體。《敦煌掇瑣》錄作"其",臆改不足據。參看上文。

並[6]

【並】

《字樣》:"竝並:上正,下相承。"《正名要錄》"字形雖別,音義是同,古而典者居上,今而要者居下"類:竝並。《王一》上聲迥韻:"竝,萍迥反,比。通俗作並。"《王二》末句作"通作並",餘同。

按《干祿字書》:"並竝:上通下正。""並"是"竝"合併相同部分形成的簡體字。《龍龕·見部》:"覚,《新藏》作競。""覚"爲"競"的俗字(斯 2073 號《廬山遠公話》有"螢光覚日"句,"覚"即"競"字);"覚"又爲"覚"的俗字,其上部合二"立"爲"並",也是合併相同部分使然。

前[7]

【歬】△

《正名要錄》"正行者雖是正體,稍驚俗,腳注隨時消息用"類"歬"下腳注"前"。《王二》平聲先韻:"歬,昨先反。進。正作歬。《説文》從舟,謂止舟而進。或作前。"

按《九經字樣·舟部》:"歬蒍前:三同,上止於舟上,不行而進;中齊斷也;下經典相承隸省以爲前後字。"據《説文》,"歬"爲前進之"前"的本字,"蒍"字隸變作"前",爲"剪"的本字;後世以"前"代"歬"表前進、前後義,而"歬"字及"前"之本義遂廢而不行。"歬"即"歬"的省撇字。

【歬】△

《五代本切韻》一先韻:"歬,一進,先導也。□正作歬。祚連反。"

按:"歬"即"歬"字篆文隸書的變體("舟"旁隸變多有作"月"形的)。《漢華山廟碑》已見"歬"字。

兼[8]

【羰】△

《箋注本切韻》五去聲㮇韻:"羰,古念反。"臺圖 117 號《大方便佛報恩經》卷六:"又以五戒勢分相著故,羰以本意誓受五戒故。"

按:"兼"字本是從又(手)持二禾會意(篆文作"秝"),隸省作"兼"。"羰"當是其變體。《唐周志遠造像》作"羰",可以比勘。

【熏】△*

伯 2019 號孫愐《唐韻序》:"熏習諸書訓解。"伯 3697 號《捉季布傳文》:"馬上盤槍熏弄劍,彎弓倍(背)射勝陵君。"

按:《漢魯峻碑》"兼"作"熏"形,《魏元遙墓誌》作"熏"形,當皆為"兼"的隸變字。《箋注本切韻》五去聲陷韻有"㪘"字,《禮記音》有"謙"字(音"口熏"反),又有"燂"字(音"胡熏"反),"兼"旁皆從之。

真[8]

【真】*◎

《王二·真韻》:"真,職鄰反,俗作真。"

按:"真"為隸變字,漢碑中已見類似寫法(參下)。《五經文字》卷下匕部:"眞真:上《說文》,從匕、從目、從乚,乚音隱,八,所乘載;下經典相承隸省作真,又作真。凡顛、慎之類皆從眞。"俗書"眞"旁亦多作"真"。

【眞】△*

《箋注本切韻》一平聲真韻:"眞(真),職鄰反,俗作真。"臺圖 20 號《維摩詰所說經》卷上:"若能如是,是真出家。"

按:"真"蓋"眞"字隸變之異。

【眞】△

"眞"的變體。說見上文。

【真】△

《字樣》:"真,正;真(真),相承用。"敦研 102 號《梵摩渝經》:"梵摩渝為門徒廣陳之,期為無上正真衆聖之王。"

按:"真"字《漢北海相景君銘》已見其例,蓋"眞"的隸變字。《漢韓勑碑》作

"真",形微别。

冀[14]

【冀】△

《正名要録》"正行者雖是正體,稍驚俗,腳注隨時消息用"類"冀"下腳注"冀"。

按:"冀"字《説文》從北、異聲;"異"《説文》篆文作"異",從廾,從畀。但古文字"異"字或作"異"(金文),或作"異"(三體石經),象人舉手頭上戴物或自翼蔽形(即"戴"或"翼"之初文),故隸書"異"字或作"異"(見《漢禮器碑》)。相應地,"冀"字或書作"冀"形。

【冀】△*

書證見上。又《正名要録》"本音雖同,字義各別例"云:"冀,望。"斯 329 號《書儀鏡》:"不日從使出巡,冀當披奉面會。"

按:"冀"即"冀"的簡筆俗字。"冀"字《漢韓勑碑》作"冀",《漢景北海碑陰》作"冀",皆可資比勘。《齊高建妻王氏墓誌》亦有"冀"字。上揭《書儀鏡》又云:"同附一驥,旋有東西。""冀"旁亦寫作"冀"。

【冀】△*

《楞嚴經音義》一:"冀,望。几利反。"《諸雜難字》及《佛經難字及韻字抄》亦均有"冀"字。斯 79 號《類書》:"梁冀妻:冀,漢桓帝將軍也。"後例二掃描字皆即"冀"字。

按:"冀"即"冀"的變體。《唐王仲建墓誌》亦見"冀"字。慧琳《音義》卷八《大般若經》第五百七十七卷音義:"冀,經作冀,俗字也。"可參。又斯 1441 號《勵忠節鈔・恃德部》:"《吕氏春秋》曰:……致遠者託之於驥。""驥"爲"驥"字,是"冀"旁俗書亦或作"冀"。

【冀】

《王二・至韻》:"冀,几利反,中州。亦作冀。俗作冀。"

按《九經字樣・雜辨部》:"冀冀:北方州也,堯所都,異於餘州,故從北從異。上《説文》,下隸省。"《玉篇・北部》:"冀",同"冀"。《復古編》卷上:"冀,別作冀,非。"斯 2052 號《新集天下姓望氏族譜》:"冀州中山郡出六姓。"形微別。

【箕】△*

《王一》去聲至韻："冀，几利反，中州。通俗作箕。"斯 1835 號失名書注："屈原作《離騷》，以諷諫懷王，箕其覺悟。"

按："八"形部件手書往往寫作"丷"形，故"箕"當是"冀"字手書之變。斯 1920 號《百行章》識行章第七十二："驥駑二情，不駕寧知其駿。""驥"爲"驥"之俗，是"冀"旁俗亦作"箕"。

【兾】

書證見前。斯 2052 號《新集天下姓望氏族譜》："兾州渤海郡出廿八姓。"

按："箕""兾"即"冀"的變體。慧琳以"兾"爲俗字，詳上文"冀"字條。

興[14]

【興】

《字樣》："興興：二同。"《箋注本切韻》一平聲蒸韻："興，起。按文作興。"《箋注本切韻》五及《王一》皆以"興"爲標目字，無異體。伯 3418 號《王梵志詩·興生向前走》："興生向前走，唯求多出利。"

按《干祿字書》："興興：上通下正。"《龍龕·興部》："興，俗；興，正。"《漢白石神君碑》已見"興"字。

【興】△

《正名要錄》"正行者楷，腳注稍訛"類"興"下腳注"興"。斯 453 號《禮懺文》："如過去諸佛，出興於世。"

按《九經字樣·雜辨部》："興，起也。上從同從臼，臼音舁，象兩手；下從廾，廾音拱，亦是兩手：謂衆手同力能興起也。今或作興、興，皆訛。""興"與"興"字形微別，當是手寫之變體。《漢魯峻碑》"興"作"興"，可以比勘。

勹 部

包³

【𠣘】△

《王二》平聲肴韻:"包,布交反,裹。俗作𠣘。"

按:"𠣘"蓋"勹"的手寫變體。"勹"旁俗書多寫作"𠣘"形,如《王一·肴韻》有"胞""咆""鉋"等字,"包"旁右上部寫作"𠣘"形,是其例。《説文·勹部》:"勹,裹也。"即"包"的本字("包"則爲"胞"的本字)。《王一·肴韻》:"包,布交反,包裹。王作丏。"末句彩色照片不太明晰,姜書摹録作"亦作丏",周書據《敦煌掇瑣》校録作"正作丏",似均未安。據字形演變而言,似當作"正作勹"。

【㔾】△*

《正名要録》"本音雖同,字義各別例":"㔾,裹;苞,藂。"

按:前一掃描字爲"包"的俗書,後一掃描字則爲"苞"字俗書。《熹平石經》中已見"包"寫作"㔾"形。又"包"旁俗書亦或作"㔾",例見上文。

芻⁸

【𦰡】△*

《箋注本切韻》一平聲虞韻:"𦰡,測隅反。"

按:"芻"本從二"屮",上揭韻書寫本作二"巾",蓋手書之變。同韻又載"趨""穤"字,又尤韻載"搊""鄒"等字,"芻"旁原卷皆寫作"𦰡"形。

【皿】△*

"芻"的俗寫(只見於偏旁)。《五代本切韻》二女洽反:"偛,一佔。"又云:"喢,喢一,小人言薄相。"伯3666號《燕子賦》:"雀兒煩惱,兩眉不皺。"

按:"芻"字《古璽彙編》載戰國齊印作"𠾅",又睡虎地秦簡作"𠷎",皆變"屮"爲"十",猶"艸"隸變作"艹"之比。《干禄字書》:"茤萶芻:上中通,下正。""芻"俗字增旁作"蒭"(詳下),而"茤""萶"又爲"蒭"的俗寫,可參。

【䒑】△*

"丑"的俗寫(只見於偏旁)。《楞嚴經音義》一:"𩅘,側救反。"《王二》去聲宥韻:"𩅘,側救反,面一。"同一小韻下又云:"綯,蹙。亦作絟。""綯"亦俗字,《廣韻》作"綯",是也(《龍龕·走部》載"趨"字作"趍",可以比勘)。

按:"䒑"上部的"マ"大概是一個重文標記,表示省書一個"丑"形部件。《復古編》卷上:"芻,別作蒭、䒑、萶,並非。"《龍龕·皮部》:"𩅘,俗;皺,正;𩅘、𩅘,二今。"可參。《廣韻》云"皺"俗作"𩅘",當又是"𩅘"的變體。

【刍】△*

敦研 10 號《佛説祝毒經》:"令我所呪,皆從知願:𠷎迩梨離,摩摩蘭泥……"

按:"刍"爲"丑"的變體。《楞嚴經音義》一:"𩅘,側救反,下同。"《佛經難字及韻字抄》亦有"𩅘"字,皆"皺"的俗字,"芻"旁從之。又斯 6267 號《燕子賦》:"鵾鵊惡發,把腰即搊。"後例"搊"字伯 2653、2491 號作"搊",俱爲"搊"的俗字。《龍龕·手部》:"挡,俗;拁,通;搊,正:楚尤反,手一也。"實皆"搊"的俗體,可參。

【蒭】

《王二》平聲虞韻:"芻,測禺反,草。俗作茤、蒭。"

按《玉篇·艸部》:"芻,俗作蒭。"《九經字樣·艹部》:"芻,作蒭訛。"唐李匡乂(文)《資暇集》卷中"俗字"條云:"俗字至夥,芻字已有二草在心,今或更加草,非也。"《干禄字書》載"芻"字"通"體作"茤""萶",則又是"蒭"的俗寫。

【萱】△

書證見上。又《毛詩音》二:"王萱:窗于[反]。"斯 1722 號《兔園册府》卷首:"然而萱詞野誠,理難周於翰墨。"

按《詩·衛風·淇奥》"綠竹猗猗"毛傳:"綠,王芻也。"即上揭《毛詩音》之所本,"王萱"即"王芻"。"芻"旁俗作"䒑",相應"蒭"俗書也寫作"萱"。或可説"萱"是"蒭"的簡筆俗字。可洪《音義》第陸册《藥師瑠璃光如來本願功德經》音義:"苾萱,上毗必反,下測居反。"下字亦爲"蒭"字俗書。

【茤】△

《楞嚴經音義》一:"烏茤:下惻愚反。"《諸雜難字》亦有"茤"字。斯 516 號

《歷代法寶記》："彼方多有安住大乘諸苾蒭、苾蒭尼。"斯 1441 號《勵忠節鈔·任賢部》："漢武踐祚，異人間出，故卜式發於芻牧，弘羊出於賈竪。"

按：佛典中有"烏芻瑟摩"，爲梵語音譯，意譯爲火頭金剛。上揭《楞嚴經音義》殘卷之"烏蒭"蓋即出自"烏芻瑟摩"，"蒭"即"芻"的俗字。"蒭"蓋"蒭"的省筆字(省去"畕"旁的二橫畫，而"茝"則當是"蒭"省去二竪畫)。可洪《音義》第柒册《大乘四法經》音義："苾蒭，上毗必反，下測俱反。"下字亦爲"蒭"字俗書。斯 5999 號《字書》有"芛"字，脚注音"吹"，疑即"蒭"的變體。《增訂碑別字》據《魏義橋石像碑》載"蒭"字，爲其形之早見者。

【茝】△

《禮記音》："茝，查居[反]。"

按《禮記·坊記》："詩云：先民有言，詢于芻蕘。"即上文所本。"茝"即"芻"的俗字(由"茝"或"蒭"變來)。可洪《音義》第貳拾捌册《弘明集》第三卷音義："茝蒙，上測俱反，下音患，上亦作蒭、芻二形。"《唐李彦墓誌》"芻"作"茝"，形微別。又斯 2646 號《讃僧功德經》："若欲天中受樂者，亦當供養苾茝僧。""茝"亦"芻"的俗字，可以比勘。

【蒭】◎

《諸雜難字》連載"蒭""茝"二字。斯 4473 號《後晉文鈔·大行皇帝諡狀》："庶績咸熙(熙)，訪蒭蕘於里巷之中。"

按："茝"即"芻"字，説已見上文。"蒭"亦"芻"的俗字。《龍龕·草部》："蒭，測于反，同蒭(蒭)。""蒭""蒭"手寫之變。

儿　部

兆⁴

【𠔽】△＊

《箋注本切韻》一上聲小韻治小反："𠔽，卦。"《諸雜難字》亦有"𠔽"字。伯3418號《王梵志詩·仕人作官職》："選日通好名，得官入京𠔽。"

按："兆"字古作"㸚"，象龜甲裂紋之形；隸書或變作"北"形（見《漢韓勅碑》），而"𠔽"又爲其變體。可洪《音義》第壹册《大般若經第五會序》音義："𠔽朕，上直少反，下直忍反。"詞目上字亦爲"兆"的俗字。又上揭《箋注本切韻》宵韻載"晁""䠧""挑"等字，蕭韻載"佻""桃"等字，又《略雜難字》載"眺"字，"兆"旁皆作"𠔽"。

【𠔽】＊◎

斯2454號《維摩五更轉》："五更曉，將明佛國先有𠔽。"伯3451號《書儀》："京𠔽尹：大尹夙彰嚴政，久振風威。"

按《干祿字書》："𠔽兆：上通下正。""𠔽"蓋"兆"的楷定形。伯2324號《難陁出家緣起》："臉似桃花光灼灼，眉如細柳色輝輝。"《箋注本切韻》一平聲豪韻徒刀反："咷，號一。"《俗務要名林》（斯617號）："洮，以水洮米也。""兆"旁皆從之。

【𣥂】△＊

斯5574號《碁經·勢用篇第三》："直四曲四，便是活碁；花六聚五，恒爲死𣥂。"

按："𣥂"當是"兆"或"𠔽"的變體。《箋注本切韻》一平聲蕭韻吐彫反："挑，一撥。"《佛經難字及韻字抄》有"桃"字，"兆"旁從之（"桃"既可定作

"挑"字,亦可定作"桃"字,當視文意而定)。《敦煌碁經箋證》謂"此"是"亡"的俗字,誤。

【圠】△*

《正名要録》:"圠,卦。"伯 2395 號《道要靈祇神鬼品經》:"問其是非,皆白 圠 吉凶可而使之。"

按:"圠"當是"地"的變體(右側變"土"爲"乚",蓋代表省書"土"旁,猶"㕚"作"叾"之比)。同書載"𣪩(鼕)"字,又《箋注本切韻》一蕭韻徒聊反載"䠂(䠂—桃)"字,"兆"旁皆從之。

附按:《箋注本切韻》一小韻有"䠂"字(治小反),篠韻有"䠂"字(吐鳥反),《俗務要名林》(斯 617 號)果子部有"桃(桃,伯 2609 號作"桃")"字(徒高反),"兆"旁分別寫作"圠""圠""圠"等形,可與上文作"圠"者互勘。

兇[4]

【兇】

《切韻》殘葉二平聲鍾韻:"兇,惡。"《佛經難字及韻字抄》載"兇"字(其下一字爲"險")。伯 4660 號《張議廣邈真讚》:"殊功已立,身殁狂兇。"

按《龍龕・凶部》:"兇,許恭反,恐也,咎也,惡也。"即"兇"的俗字。斯 3872 號《維摩詰經講經文》:"大臣者……成邦立國,爲社稷之柱石;定難除兇,作朝廷之籬(籬)屏。"其中的掃描字亦"兇"字;《敦煌變文集》録作"堯",而疑是"危或兇"字,未盡妥。

兕[5]

【兕】

《箋注本切韻》一上聲旨韻徐姊反:"兕,古作兕。"

按:"兕"字《説文》篆文作"𠒁"形,古文作"兕"形,"兕"顯然源於後者,而"兕"則似是二者糅合的産物。

【兕】△

《王一・旨韻》:"兕,徐姊反,正作兕。"《王二・旨韻》:"兕,徐姊反,正作兕。"

按:"兕"爲"兕"的譌變字。《漢孔宙碑》:"稱彼兕觥。"洪适《隸釋》卷七跋謂"㒵"即"兕"字。又斯1722號《毛詩·周南·卷耳》:"我姑酌彼㒵觥。""㒵"亦即"兕"字,皆可參。

免[5]

【兊】△*

斯6551號《佛説阿彌陀經講經文》:"歸依三寶福難陳,兊落三塗受苦辛。"伯3718號《閻子悦生前寫真讚并序》:"頻邀固辭,終不獲兊。"

按:"⺈"旁俗書多作"丷",故"免"俗或作"兊"。"免"旁亦然。如伯3833號《王梵志詩·思量小家婦》:"生活九牛挽,唱叫百夫敵。"又斯5692號佚名詩:"莫謾喜,莫謾愁,歡喜憂愁早晚休。""挽""晚"即"挽""晚"的俗寫,是其例。

【兌】△*

斯778號《王梵志詩·撩亂失精神》:"此是守財奴,不兌貧窮死。"伯2133號《妙法蓮華經講經文》:"恭敬便生千種福,受持還兌百般殃。"

按:"兌"爲"兊"的譌變俗體。俗書"免"旁從之。如斯778號《王梵志詩·双盲不識鬼》:"向前十道挽(挽),背後鐵鎚鎚。"伯3128號《望江南》詞:"河隍必恐陷戎夷,早晚(晚)聖人知?"是其例。

兑[5]

【兊】*◎

《王二》去聲泰韻:"兊,杜會反,卦。"

按:"兑"(舊字形作"兌")中部的部件本爲"口",但俗書方口尖口不分,故"兑"俗書作"兊"。《字鑑》卷四泰韻:"兌,俗作兊。"《干禄字書》:"兊兌:上通下正。"字形微別。"兊"字漢碑已見。敦煌卷子中"兌"旁亦大抵寫作"兊"形。如《箋注本切韻》一入聲末韻有"悦""挩""脱"等字,薛韻有"䬼""悦""蚗""说""挩"等字,皆其例。

又按:"兑"字俗書作"兊",而"免"字俗書則作"兊"。凡卷子中作"兊"形的往往可推定爲"免"(或"兔")的俗體,而非兑换的"兑"。

几　部

几

【机】◎

《楞嚴經音義》一:"机,案几。下同。"《楞嚴經音義》二:"杋,音義同案几之几,或作几。""杋"爲"机"的贅點字。

按《龍龕·木部》:"机,居履反,木一,小案之屬也。"慧琳《音義》卷六六《集異門足論》第八卷音義:"几橙,上飢喜反,……論文作机,俗通用字也。"同書卷九十《高僧傳》第七卷音義:"《考聲》云:几,案屬也。……傳文從木作机,亦可通也。""机"實即"几"的增旁俗字。《説文》別有"机"字,木名,與案几的"机"爲同形字。朱駿聲《説文通訓定聲》等以"机"用同"几"爲假借,不確。

亠　部

亡¹

【亾】△*

《文選音》："亾，無。"凡四見。斯 2073 號《廬山遠公話》："(白莊)少年好勇，常行劫盜，不顧危亾，心生好煞。"

按："亡"《説文》小篆本作"𠃑"，隸書或作"亡"；敦煌卷子則復變點爲橫寫作"亾"形。"亡"旁亦或作"亾"形。如《文選音》："茫，莫郎[反]。"《正名要録》："肓，㡿。"又云："岷，人。"掃描字分别爲"茫""肓""岷"三字（"岷"右旁作"民"係避唐諱）。又上揭《廬山遠公話》："麁者失欺，敲者㡿意。"亦其例。

亢²

【亢】△*

《正名要録》："亢，星。"《春秋後語音》："亢，音古郎反。"伯 2005 號《沙州都督府圖經》"雨師神"："境内亢旱，因即祈焉。"

按："亠"旁手寫時往往連寫作"厶"形，故"亢"俗寫作"𠅑"。可洪《音義》第叁册《大方等大集經》第廿一卷音義："𠅑氐，上苦浪反，下丁兮反。"前一字亦爲"亢"俗字。"亢"旁亦或從之。如"抗"作"抗"，"坑"作"坑"（並見《字樣》），"杭"作"杭"，"阮"作"阮"（並見《王一》），等等。

【亢】△*

《王一》平聲唐韻古郎反："亢，星名，一曰亢父縣名。俗加點作亢（亢），失。"北 6335(藏 36)號《大般涅槃經》卷九："値天亢旱，不生華實。"

按："亢"贅點作"亢"漢碑已然。《漢楊君石門頌》："深執忠伉（伉—抗）。"

"冘"旁亦從之。

【兂】△*

斯 5464 號《開蒙要訓》:"兂旱燋枯。"北 220(列 28)號《大方等大集經》卷十八:"東方七宿,謂角兂氐房心尾箕。"

按:"兂"爲"兂"與"冘"二形的綜合體。可洪《音義》第拾壹册《大乘莊嚴經論》第二卷音義:"兂對,上苦浪反。"形微別。《諸雜難字》有"抗"字("抗"或"杭"字),《略雜難字》又有"䪴"字,"冘"旁亦皆寫作"兂"。

【兂】△*

斯 705 號《開蒙要訓》:"兂旱燋枯。"斯 6836 號《葉净能小說》:"開元十三年天下兂旱。"

按:"兂"爲"兂"的變體。可洪《音義》第貳拾柒册《法顯傳》音義:"兂旱,上苦浪反。"形微別。又《王一》平聲庚韻:"抗,坎。客庚反。"《楞嚴經音義》一:"坑,客庚反。"《楞嚴經音義》二亦有同樣的話。《時要字樣》(斯 6208 號):"壍,坑。"其中的掃描字皆即"坑"字,"冘"旁從之。《龍龕·宀部》:"冗,俗,苦浪反,正作冘。""冗"即"兂"的譌俗字。《漢語大字典·宀部》逕錄作"冗",臆改不可從。

【兂】△

《正名要録》"正行者楷,腳注稍訛"類"冘"下腳注"兂"。伯 2388 號《太上妙法本相經》卷二三:"天所以兂陽,國失政。"

按:"兂"蓋"兂""冘"等形交互影響的產物。可洪《音義》第貳拾册《雜阿毗曇心論》第十一卷音義:"兂旱,上苦浪反。"形微別。《齊李琮墓誌》"冘"作"宄",是其比。

亦[4]

【亦】

斯 5508 號可洪《藏經音義隨函録·大乘律音義》:"亦,音亦。"《正名要録》"本音雖同,字義各别例":"易,改;亦,復。"伯 4638 號《右軍衛十將使孔公浮圖功德銘并序》:"亦以士有行藏,虎生獨步;材稱上選,豹變應時。"

按:"亦"當是"亦"的俗字,前例爲以正字爲俗字注音之例。"易""亦"《王一》同屬入聲昔韻羊益反小韻(《廣韻》同),故云"本音雖同"。"亦"字古文字本作"夾"形,從大,左右兩点指示兩腋部位;漢简或變體作"亣";俗書"亠"旁或連寫作"ㄥ"形(參前"亢"字條),而"厽"上部的"ㄅ"又爲"ㄥ"的變體。敦煌卷子"亦"字又有書作"厽"形的。如斯 2073 號《廬山遠公話》:"是時貧道作保,後乃相公身亡,貧道欲擬填還,不幸厽死。"是其例。"厽"當又是"厽"的增筆繁化俗字。上揭《廬山遠公話》下文:"其時道安亦厽在會下而座(坐)。""亦""厽"正、俗字,二字當衍其一。疑"亦"爲旁記正字而誤入正文者;或抄手慣用俗字"厽",此處偶作正字,而疑其有誤,故接書"厽"以正之。

亰[6]

【亰】*◎

《字樣》:"亰,《石經》如此作。"《箋注本切韻》一平聲庚韻九卿反小韻下列"亰"字,未釋義。《王一·庚韻》:"囗,大。古音經。通俗作亰。"《王二》同韻舉卿反:"京,大。古音經。通俗作亰。"伯 2553 號《王昭君變文》:"身[雖]殁於蕃裏,魂兮豈忘亰都。"

按:"京"異寫作"亰",漢世碑刻已然。《干祿字書》:"亰京:上通下正。"《九經字樣·口部》:"京,作亰訛。"慧琳《音義》卷六《大般若經》第四九八卷音義:"京,景迎反,《說文》從口作京,今俗從日作亰,非也。"又同書卷十《仁王護國陀羅尼經》音義:"亰,經從日從小作亰(亰),俗字。"《漢語大字典》"亰"字下引《康熙字典》云:"亰字《字彙》不載,韻書無考,《正韻·十一先》收原、邍,亦闕亰。《正字通》強增以爲亰即原字,不知京、亰古通假。"其中語多荒謬,不足置辨。

又按:俗書"京"旁亦多作"亰"。如《字樣》載"景"字,《正名要錄》載"諒"字,《佛經難字及韻字抄》載"掠"字,皆是。伯 2962 號《張義潮變文》:"諸川吐蕃兵馬還來劫掠沙州。""掠"即"掠",亦其例。

享[6]

【享】△*

《禮記音》:"享,許兩[反]。"斯 343 號《願文》:"良願既備,勝福咸享。"

按:"享"爲隸變字,漢碑中已多見。《正名要錄》載"惇""淳""敦""塾"等字,"享"旁皆從之。

【亯】△

《王一》平聲庚韻許庚反："享,通。又普庚反,煑。又虛掌反,獻神。雖三音,止一字。籀文作此亯(亯)。依隸作亨。顧野王以享不緊要,爲亨,於亨不(下)加火爲烹,強生分析,不及依本。"

按："亯"爲《説文》籀文"亯"的隸變字(篆文作"亯"),通常作"亯"。"享"(xiǎng)、"亨"(hēng)、"烹"(pēng)古本一字,皆"亯"的隸變或分化字。伯2748號《古文尚書傳·洛誥》："女其敬識百辟亯,亦識其有不亯。"其中的掃描字亦爲"亯"字籀文隸變之譌,可參。

亮[7]

【亮】◎

《正名要録》："亮,明。"《王二》去聲漾韻："亮,力讓反,朗。"斯619號《讀史編年詩》廿四歲："月冷石窗依庚亮,山橫松寺住荆州。"

按："亮"爲隸變字。"亠"形部件隸書多寫作"亠"形,如"亨"作"亨"(《漢華山碑陰》),"高"作"高"(《漢孔龢碑》),"享"作"享"(《漢張遷碑》),皆其例。"亮"字《漢景北海碑陰》已見。《漢語大字典》引《宋元以來俗字譜》例,失之於晚。

商[9]

【商】△

《正名要録》"正行者楷,脚注稍訛"類"商"下脚注"商"。斯5508號可洪《藏經音義隨函録·大乘律音義》："農商,音傷。"伯2630號《古文尚書傳·立政》"其在商邑,用協于厥邑"僞孔傳："湯在商邑,用三宅三俊之道和其邑。"

按《干禄字書》："商商:上俗下正。""商"字《廣韻》入聲錫韻音都歷切,本也,原與"商"字字別。但"商"字通常只用作偏旁,而不單獨使用,故俗書書"商"作"商"并不會發生意義上的混亂。宋孫奕《履齋示兒編》卷二二引《雌黃》及《字譜總論訛字》皆稱俗書書"商"作"商",而斥其謬。這也可證明"商"之作"商"在當時確乎是廣爲流行的。或謂顏元孫以"商"作爲"商"俗字是"失於考校",可謂無知妄説。斯610號《啓顔録》"盧嘉言"條："三箇禿,不敵一箇盧。"其中的"敵"爲"敵"字俗寫,則是"商"旁寫作了"商",可以互勘。

亶¹¹

【亶】△*

《切韻》殘葉四旱韻："亶,多旱反。"斯63號《太上洞玄靈寶無量度人上品妙經》："眇莽九醜韶謡緣亶。"

按《干祿字書》："亶亶:上俗下正。""亶"即"亶"的變體。《箋注本切韻》一平聲仙韻有"𧝝""亶""𩨹"等字,《毛詩音》二有"禋(禪)"字,"亶"旁俱從之。

【亶】△*

伯2748號《古文尚書傳・君奭》："汝明勛偶王,在亶乘茲大命。"

按:"亶"應爲"亶"的變體。可洪《音義》第貳拾叁册《陀羅尼雜集》第八卷音義:"羅亶,都旱反。"被切字亦即"亶"字。又《禮記音》:"壇,徒單[反]。"《俗務要名林》(斯617號)虫部:"曲蟺:下音善。"又木部:"檀,徒蘭反。"《佛經難字及韻字抄》有"氊"字。"亶"旁皆從之。

亹²¹

【亹】△

《箋注本切韻》一上聲尾韻無匪反:"亹,又作亹,美兒。"

按《龍龕・亠部》:"亹,俗;……亹、亹,二正:《玉篇》音尾,美兒。""亹"當是後二形的變體(比較"寡"字異寫作"寡")。斯619號《讀史編年詩》廿歲:"星星病髮坐垂領,亹=清談如逼人。""亹"亦"亹"俗字,可參。

【亹】△

書證見上。

按《龍龕・文部》:"亹,正,音尾,一,微也,文才美兒也。""亹"蓋即其譌俗字。

【亹】△

《毛詩音》一:"亹,音門,莫昆。又作亹。"北8456(辰17)號《洞真上清諸經摘抄》:"三寶繁十方,亹亹空中澄。"

按《詩・大雅・鳧鷖》:"鳧鷖在亹。"鄭玄箋:"亹之言門也。"即上語所本。"亹"爲"亹"之俗書(比較"興"俗作"興")。可洪《音義》第壹册《大般若經第五會序》音義:"亹,音尾。"標目字亦爲"亹"字俗書。

【䳢】△

書證見上。

按：" 凸 "形來源俟考。

【䲾】△

《王二·尾韻》無匪反："䲾，美皃。又音門。又羲覾反。俗作䲽。"

按：據前二音，係指"亹"字；據後一音，又係指"斖"字。從字形看，"䲾"當是"斖"的俗寫，而"䲽"又是"䲽(亹)"的俗寫，原書可能是把"亹""斖"混雜在一起了。參看"斖"字條。

【䲽】△

"䲽(亹)"的俗字。説見上文。

冫 部

冰⁴

【氷】◎

《箋注本切韻》一平聲蒸韻:"氷,氷凍。筆凌反。"《王一》同。伯 3386 號楊滿川《詠孝經壹拾捌章·感應章弟十六》:"嚴氷泉滿出,魚躍爲王祥。"

按《干禄字書》:"氷冰:上通下正。"慧琳《音義》卷四一《六波羅蜜多經》第三卷音義:"冰,經作氷,俗字也。"《漢語大字典》據《字彙》收"氷"字,失之於晚。

渫⁹

【渫】◎

《王二·狎韻》:"渫,丈甲反,濕。"

按:"渫"即"渫"的避唐諱改形字,參看"冓"字條及"某"字條。《龍龕·冫部》:"浹渫:上胡甲反,下又(丈)甲反,俗字,正作浹渫二字,水(冰?)凍相著也。""浹渫"即"浹渫"。據此,"渫"又當爲"渫"的後起分化字。

一　部

尤²

【冘】△*

《王二》平聲侵韻餘針反："冘,行皃。從人出冖。"《王一》云："冘,行皃。從人出冂。……亦作㳂。又以周反。"（後書"冘"字原卷上部略顯模糊,姜書録作"冘",可從。潘書謂原卷作"冘",不確。）

按《龍龕·冖部》："冘,而隴反,散也。又音由,一豫,不定也。"前一音義的"冘"爲"宂"的俗字（參看"宂"字條）,後一音義的"冘"即"尤"的俗字（"尤"有二音二義,音由的"尤"同"猶"）。俗書"尤"旁亦或寫作"冘"。如《箋注本切韻》一侵韻除深反小韻有"沉""忱""霃"諸字,"冘"皆即"尤"旁俗書（《廣韻》皆作"尤"）。《大般涅槃經音》一有"魷"字,即"魷"字,亦其例。

【㳂】◎

書證見上。

按《廣韻·侵韻》：㳂,同"尤"。

【冘】△*

《箋注本切韻》一平聲尤韻以周反："冘,一豫,不[定]。"

按："冘"爲"尤"的俗字。《龍龕·宀部》："冘,俗由、冘、育三音。"音"由"的"冘"即是"尤"的俗字。《字鑑》卷二侵韻："沈,俗作沉,非,……俗又加點,誤。""俗又加點"當是指在俗字"沉"上加點,亦即"沉"字,是"尤"旁俗亦或寫作"冘"形。①

---

① 校按：可洪《音義》第貳拾陸册《大慈恩寺法師傳》第八卷音義："沉痛,上直林反。"其中的掃描字爲"沈"的俗字。據此,《字鑑》所謂"俗又加點"的字亦可能指"沉"形的字。

【尣】△*

"冘(尢)"的變體(只見於偏旁)。《楞嚴經音義》一:"㝢酒,直禁反,毒鳥名。"《禮記音·中庸第三十一》:"䏎,都南[反]。"

按:前一掃描字爲"鴆"的俗字,後一掃描字爲"躭(耽)"的俗字,"尢"旁皆寫作"尣"。

冠[7]

【冠】△

《文選音》:"冠,古乱[反]。"同樣的音切殘卷中近十見。又《春秋後語音》:"冠,古丸反。"伯3451號《張淮深變文》:"年初弱冠即登庸,匹馬單槍突九重。"伯3451號《書儀》:"侍御令問素高,聲華久著,詞爲才冠,行爲儒宗。"

按:"元"旁充任左右結構漢字的左側部件時,俗書往往變體寫作"衤"形,故"冠"俗寫作"冠"。《干祿字書》:"冠冠:上俗下正。"慧琳《音義》卷二二《華嚴經》第二十六卷慧苑音義:"首冠十力莊嚴之冠:上冠字音古乱反,鄭注《禮記》曰:著冠爲冠也;下冠字音古鶯反也。"其中的"冠"亦皆"冠"字俗寫。伯2133號《妙法蓮華經講經文》:"或添纓絡身中。或綴寶冠頭上。"其中的"冠"又爲"冠"的變體(俗書"冖"旁"宀"旁不分),《敦煌變文集》錄作"冠",失真。又《字彙·广部》:"冠,與冠同,……見釋典。""冠"亦當是"冠"的變體。《漢語大字典》據《字彙》收"冠"字,而失收"冠"字。

冢[8]

【冢】△

《佛經難字及韻字抄》有"冢"字。伯3438號《大般涅槃經音》亦有"冢"字。北6286(昃82)號《大般涅槃經》卷一:"猶如慈父,唯有一子,卒病喪亡,送其屍骸置於冢間。"

按:"冢"當爲"冢"字俗體。上揭《大般涅槃經》卷一"冢"字北6287(海98)號經本作"冢",後者即"冢"字異寫("冢"字秦漢以前古文字本從"豕")。"冢"字俗增土作"塚",又變作"塚"。慧琳《音義》卷八六《辯正論》第七卷音義:"汲冢(冢),上音急,下株壠反……論從土作塚,俗字,非也。""冢"當又爲"塚"的偏旁易位省筆字(戰國文字已見"塚"字,且其土旁亦有寫在字右的)。《龍龕·冖部》:"犼,知勇反。""犼"亦當是"豕"的俗字,可以比勘。

冥[8]

【冥】△*

《箋注本切韻》一平聲青韻:"冥,暗。莫經反。"《王二·青韻》:"冥,莫經反,暗。一音肩,從日、從六。通俗作宾。"斯 619 號《讀史編年詩》九歲二首之一:"臨風追哭楊玄就,宾寞誰招斮(斷)臂魂。"

按:"宾"即"冥"的變體。慧琳《音義》卷四一《大乘理趣六波羅蜜多經》第一卷音義:"冥,從日、六,日數十六日而月始虧幽暗也。……經從具作宾(《高麗藏》本作"宾"),非也。""宾"又爲"冥"的增畫字。《字鑑》卷二青韻:"冥,俗作宾、宾。"《隋馬穉墓誌》已見"宾"字。又上揭《箋注本切韻》青韻莫經反小韻有"榠""溟""螟""蓂"等字,《箋注本切韻》五莫定反小韻有"艵""暝"等字,"冥"旁原卷皆從俗作"宾"。斯 516 號《大曆保唐寺和上傳頓悟大乘禪門門人寫真讚并序》"滄溟"作"滄溟",亦其比。

【寅】△*

《楞嚴經音義》一:"寅,莫經反。"斯 161 號《禮懺文》:"未來生死,寅然無崖。"

按:俗書"宀"旁"冖"旁不分,故"冥"俗又書作"寅"。《干禄字書》:"寅冥:上通下正。"《龍龕·宀部》:"寅,莫瓶反,幽也,昧也。""寅"亦即"冥"字。《漢語大字典》迻録作"寅"(該書不載"宾""宾"字),失真。《俗務要名林》(伯 2609 號)果子部:"榠楂:上莫經反,下側加反。""榠"即"榠"字,"冥"旁亦從俗作。

附按:俗書"宀"旁"穴"旁不分,故"冥"俗又有作"寅"者(漢碑已見作"寅"形者)。如伯 2305 號《妙法蓮華經講經文》:"死墮阿毗地獄,永屬寅司,長受苦毒。"又有變作"宾"的,見伯 2133 號《金剛般若波羅蜜經講經文》。更有譌變作"宜"形的,見斯 4571 號《維摩詰經講經文》、伯 3211 號《王梵志詩·生坐四合舍》首及《來如塵暫起》首,等等,可謂變態萬狀矣。

【寅】△

《春秋後語音》:"窈寅:上烏了[反],下莫丁[反]。"斯 6659 號《太上洞玄靈寶妙經衆篇序章》:"流景寅華之都,抗志於八圓之中。"

按:慧琳《音義》卷十二《大寶積經》第二十九卷音義:"冥,今經文多從宀

(音綿)從具作寘,非也,失之甚矣。""寘"蓋"寊"或"寘"的增筆繁化字。

冤[8]

【兊】△

《箋注本切韻》一平聲元韻於袁反:"冤,屈;又冤句,縣名。"其中的"冤"原卷作"兊"形。伯3286號《十二時》:"痛一般,命無別,争不教他抱兊結。"伯2714號《十二時》:"得即欣,阻即怨,歡喜兊家相惱亂。"

按:俗書"冖""宀"不分,而"兔"旁"免"旁古多相亂,故"冤"字俗書作"宛"(漢碑已見書"冤"作"宛"之例。漢魏六朝碑刻"冤"字下部多作"免",唐代前後碑刻及寫本亦然,如《王二・元韻》標目字"冤"及"冤"旁皆寫作"宛",故"冤"字下部究竟本是從"兔"抑或從"免"其實還是疑問)。如前所述,"免"字或"免"旁俗或書作"兊"(詳見"免"字條),於是"宛"便進而變成了"兊"。上揭《箋注本切韻》同一小韻下載"㴸""鋺"二字,"免"旁寫作"宛",也是淵源於"宛"("免"旁俗亦書作"兊"),可以互勘。

凵 部

凶²

【凶】△*

《切韻》殘葉二平聲鍾韻許容反小韻"凶"寫作"凷"。伯2962號《張議潮變文》："僕射聞言,心生大怒:這賊争敢輒爾猖狂,恣行凶害。"

按:"乂"形部件俗書往往寫作"又"形,故"凶"俗寫作"凶"。《唐明州刺史韋填墓誌》亦見"凶"字。又上揭韻書同一小韻下載"鋆""詾"等字,"凶"旁原卷亦從俗作"凶"形。

凸³

【亞】△

《箋注本切韻》一入聲屑韻徒臭反:"亞,高起。"

按《王一·屑韻》徒結反:"凸,陸云高起。字書無此字。陸入《切韻》,何考研之不當。"《廣韻》"凸"字没韻、屑韻兩見,没韻音陀骨切。玄應《音義》卷十云"凸"字《蒼頡篇》作"突",卷十一又云《蒼頡篇》作"突"(後例"突"字《高麗藏》本作"窐")。據《廣韻》陀骨切的音義,疑"凸"即"突"的後起象形俗字,而"亞"又爲"凸"之變。慧琳《音義》卷四九以"凸"爲"垤"的俗字,恐未確。

凹³

【窞】◎

《王一》入聲洽韻烏洽反:"凹,下。或作窞。正作窞。按凹無所從,傷俗尤甚。名之《切韻》,誠曰典音,陸采編之,故詳其失。"

按《集韻·洽韻》："凹，低下也。或作窅。""凹""窅"皆後起字，其正字似當是"窊"。《説文·穴部》："窊，污衺下也。从穴，瓜聲。"段玉裁注："凡下皆得謂之窊。"慧琳《音義》卷四九《大莊嚴論》第六卷音義："凹凸，上烏瓜反，俗字，形相(按：同書卷十四云"象形字也"，"形相"或"象形"之誤)，正從穴窊。或作窪，亦同用也。"可證。

【窅】◎

書證見上。

按：玄應《音義》卷十一《正法念經》第二卷音義："凹，烏郊反，抱撲子云：凹，陷也。《蒼頡篇》作窅，下也。"《廣韻·洽韻》烏洽切："凹，下也。或作窅。""窅"蓋"凹(窊)"字異構，"窅"又是"窅"的換旁俗字。

函[6]

【函】△

《王一》平聲咸韻胡讒反："函，一谷關名，又函書，亦作函。"斯 2659 號《大唐西域記》卷一："其弟受命，竊自割勢……封之金函。"

按："函"字《説文》篆文作"函"，隸變作"函"，亦作"函"。《龍龕·凵部》載"函"，定作"正"字。

【函】*◎

《王二·咸韻》："函，一谷關名。"斯 525 號《搜神記》"侯雙"條："因爾已[來]，後人學之，作函板通婚。"

按《字鑑》卷二覃韻："函，俗作函。"《王二》上聲感韻載"菡""莟"等字，"函"旁原卷亦寫作"函"。

卩 部

卯³

【夘】*◎

《箋注本切韻》一上聲巧韻："夘,古作卯,莫飽反。"《王一·巧韻》標目字作"卯",形微別。伯 2942 號《唐永泰間河西巡撫使判集》："張使君性本兇荒……有正夘之五盗,無日碑之一心。"伯 3864 號《書儀》："未不服藥,夘不穿井。"

按《字鑑》卷三巧韻："卯,莫飽切,辰名。《說文》作卯,從兩户相背。象開門之形。隸作卯。……俗作夘。"上揭《箋注本切韻》標目字與"古作"字形無别,後者疑有誤。又該書同一小韻下載"昴""茆"二字,《王一》平聲蕭韻有"聊"字,"卯"旁原卷皆寫作"夘"。

卷⁶

【叏】

《五代本切韻》一平聲宣韻："叏,縣名。《說文》從弓,膝曲也。今作卷。"同韻"權"字下注云"具叏反"。池田温編《中國古代寫本識語集録》所附京都博物館藏丁卯歲(427)《優婆塞戒》寫卷圖版："《優婆塞戒》叏第七。"

按："卷"字《說文》從卩、关聲,"卩"字篆文作"弓",隸定或作"弓"(《字彙·弓部》："弓,即卩字。"),故"卷"字或書作"叏"。上揭池田温集録所附新町三井家藏水(癸)卯年(公元 403 或 463 年)《大雲无想經》寫卷圖版："《大雲无想經》叏第九。清信女張宜愛所供養。"又斯 1437 號《大方等陀羅尼經》："《大方等陀羅尼經》叏第二。""叏""叏"即"叏"的增筆字或其變體。"叏"亦即"叏"字手書之變。"卷"字又有作"叏"的(比較"卩"或作"卩")。《龍龕·弓部》："叏,丘員反,古縣名。又音眷,曲也。又書卷。今作卷。"可参。

卻[7]

【却】*◎

《字樣》:"卻,正;却,相承用。"《王二》入聲藥韻:"却,去約反,退。"伯 3128 號《浪濤沙》詞:"却卦(掛)緑蘭用筆章,不藉你馬上弄銀槍。"

按:"卻"爲隸定字(左旁篆文作"仚"),楷字通常作"卻","却"則爲隸變字。《五經文字》卷中卩部:"卻,作却俗,亦相承用之。"又《隸辨》卷五藥韻"却"字下云:"《王純碑》:退則一埒閉門。按《説文》作卻,從卩從仚,碑變從卩從去,今俗因之。"可参。《龍龕·卩部》:"卻,音却,退也。"以俗字"却"給正字"卻"注音,可見當時"却"顯然是更爲通行的了。《正名要録》"脚注"皆寫作"脚注","卻"旁從之。

刀 部

刀

【刅】△*

伯2122號《佛説阿彌陀經押座文》："劍樹刅山霜雪白,有人見者總心寒。"斯2614號《大目乾連冥間救母變文》："鐵城烟焰火騰騰,劍刅森林數萬層。"

按：俗書"刀"字或"刀"旁往往贅點作"刅"。上揭寫卷"刅山"即"刀山","劍刅"即"劍刀",佛典中常以刀山劍樹描摹地獄之陰森可怖,即上文所本。《王一》入聲屑韻："潔,清。"斯5996號《五更轉》："歷刧(劫)相隨今始解。"又云："欲將法財施一切。"其中"潔""刧""切"所從的"刀"旁原卷亦皆加點作"刅"形。

【刁】

《王一》平聲蕭韻都聊反："刁,姓。"《箋注本切韻》一同。

按：《王二》同一小韻標目字作"刀","刁"即"刀"的後起分化字。《玉篇·刀部》："刀,亦姓,俗作刁。"《鉅宋廣韻》蕭韻："刀,又姓,……俗作刀(刁)。"宋王觀國《學林》卷九"刀"字條下云："諸字書'刀'都高切,又音都聊切,一字而異音者也,於篆文則一而已,未有倒其筆爲刁者。倒其筆爲刁者,俗書也。"《集韻》云"刁"俗作"刀"者非是,恐誤。

切²

【切】△

《時要字樣》(斯5731號)："切,要。"伯3409號《五更轉》："苞容一切含萬境,色空不異何相礙。"斯5567號《法體十二時》："一切善法從心起。"

按《正名要録》"各依脚注"類:"七刀,從七。"《干禄字書》:"刌切:上通下正。"慧琳《音義》卷二七《妙法蓮華經》譬喻品音義(釋大乘基撰,慧琳再詳定):"切,《廣雅》:切,近。又亦迫也,割也。字從刀、七聲也。"但同書卷二一《華嚴經》音義(釋慧苑撰)第一卷"一切"條下則云:"《説文》云:一切,普也,即遍具之義。故切字宜從十。《説文》曰:十謂數之終也。有從七者,俗字也。"兩説不同。考今傳《説文》"切"字從"七"聲。"七"字甲骨金文及漢簡多作"十"形(九、十的"十"則多作一豎畫,或豎畫中再加一點),像居中切斷之形,蓋即"切"字初文(參看近人丁山《數名古誼》)。後來大概是爲避免與九、十的"十"字相亂,故變體寫作"七"形。在這前後,"七"被用作數字專名,因復加刀作"切"或"切",表示"七"字的本義。故無論是"切"還是"切",左旁都應該是"七"("七"是有義的聲旁),而不是九、十的"十"。慧苑以從七者爲"俗字",恐怕是不準確的。"切"字漢簡中已見。敦煌卷子中則凡"切"字多寫作"切",或復加點作"刌"(例見上文"刀"字條)。顏師古《匡謬正俗》卷一"刌"條云:"《甫田篇》云'勞心忉忉',《爾雅》音切切,憂也。後之賦者敘憂慘之情多爲'忉怛'。王仲宣《登樓賦》云:'心悽愴以感發,意忉怛而潛惻。'諸如此類,皆當音'切'。字與'忉'字相類,'切'字從刀、七聲,傳寫誤亂,或變爲'忉'。今之學者,諷誦辭賦,皆爲'忉怛',不復言'切',失之遠矣。"如果顏説可信,那麼"切"之變"忉",俗字"刌"當是其間的中介(俗書豎心旁多作"十"形,根據這一通例加以回改,則"刌"便成了"切")。

刐²

【列】△

《王一》平聲蕭韻都聊反:"列,取穗。亦作刐。"《王二》同一小韻下云:"列,取穗。亦作刐(刐)。"

按:"列"蓋"刐"的譌俗字。上揭二本同一小韻下又云:"鴉,一鵄。又作聊反。""鴉"爲"鵰"的譌俗字,可以比勘(《廣韻》分別作"刐"和"鵰")。

【刐】◎

書證見上。

按《玉篇・刀部》:"刐,丁幺切,斷取也。刐。同上。"《廣韻・蕭韻》:"刐,斷穗。"《廣雅・釋詁》:"刐,斷也。"釋義各有不同。蓋"斷"爲其初義,"斷穗"

"取穗"等則爲引申義。"刟"蓋"刁"的後起改易聲旁字。《龍龕·刀部》:"刁,丁聊反,斷也。"接云:"剠,俗;刮,正;刟,今:丁聊反,以取禾穗也。三。"分"刁""刟"爲二,失之。

分²

【叐】△*

《正名要録》"正行者楷,脚注稍訛"類"分"下脚注"叐"。《箋注本切韻》一平聲文韻:"叐,府文反。"《王一》去聲問韻:"分,扶問反,段別。通俗作叐。"伯3812號劉商《胡笳十八拍》之一:"叐將薄命委鋒鏑,可料紅顏隨虜塵。"後例掃描字或録作"忽",誤。

按《干禄字書》:"叐分:上通下正。"形微別。《箋注本切韻》一文韻有"紛""棻""芬"等字,"分"旁亦皆作"叐"形。

划⁴

【鐹】◎

《王一》去聲箇韻古卧反:"划,鎌。又公禍反。亦作鐹。"

按《廣雅·釋器》:"划,鎌也。"《方言》卷五作"鐹",蓋古異體字。

【鍋】◎

《王二·箇韻》:"划,鎌。又公禍反。亦作鍋。"

按:"鍋"爲"鐹"的省形字,亦見《集韻》上聲果韻。《漢語大字典》"划(guò)"與"鐹""鍋"之間的異體關係没有得到溝通。

刖⁴

【肌】△

《王二》入聲月韻魚厥反:"刖,絶足趺。亦作肌、跀。"

按《説文·刀部》:"刖,絶也。从刀,月聲。"即斷足之刑。因爲斷足與刀劍有關,故其字從刀;斷了足便成了"兀者",故字又從兀;被斷的是"足",故字又從足:形旁雖則不同,但表的都是斷足之意。《漢語大字典》不載"肌"字,而收有"肍"字,注云:"wǎ《改併四聲篇海》引《類篇》音瓦。斷足。《改併四聲篇海·肉部》:'肍,斷足也。'"竊謂這個"肍"就是"肌"的譌字,"音瓦"的"瓦"則是"兀"

的譌字("兀""刖"皆有"五忽切"一音)。"兀"字或"兀"旁手書通常作"㔾"形(《龍龕·兀部》"兀"字及"兀"旁皆作此形),與"瓦"字形近易誤。《龍龕·兀部》:"刓,音㔾,同刖。"這個音"㔾(兀)"的"刓(刓)"也是"刖"的俗字(從兀從刀會意),可以比勘。①

初⁵

【初】△

《箋注本切韻》一平聲魚韻:"初,楚魚反。"《箋注本切韻》二魚韻:"初,楚魚反,按《說文》,始也,從刀,裁衣之始。"《王一·魚韻》:"初,楚魚反,始。"斯1441 號《云謠集雜曲子·鳳歸雲》:"眉如初月,目引橫波。"

按:"刀"《說文》篆文作"刀",隸定即成"刀"形;又俗書"衤"旁與"礻"旁相混無別,故"初"俗或作"初"。《魏元昭墓誌》已見"初"字。《字鑑》卷一魚韻:"初,俗作初。"可参。可洪《音義》第貳拾叄册《經律異相》第廿七卷音義:"初无,上楚魚反,正作初(初)。"同書第拾册《大智度論》第五十六卷音義:"韧自,上楚魚反,正作初(初)。""初""韧"當又爲"初"的變體。

刺⁶

【刺】△

《箋注本切韻》一入聲昔韻七迹反:"刺,穿。又七四反。又作刾。"《王一》同一小韻:"□(刺),穿。又七四反。通俗作刾。"《王二》去聲寘韻:"刾(刺),此豉反,針一。俗作刾。"《楞嚴經音義》一:"刾,正作刺(刺)。"臺圖 28 號《金光明經》卷二:"國土无有怨賊棘刾,他方怨敵不能侵陵。"

---

① 校按:甲骨文有"𠛎""𠛎""𠛎""𠛎""𠛎"等形的字,裘錫圭師《甲骨文中所見的商代五刑——並釋"刖""剢"二字》(《考古》1961 年第 2 期,後收入《裘錫圭學術文集》第 1 卷,復旦大學出版社 2012)引後四形,認爲"所象的顯然是用鋸斷人足之形。後來的刖、踂、趴等字,都應該是從它演化出來的";"按照'踂'或作'刖'、'跐'或作'刞'的例子,'踂'的或體'趴'應該也可以作'刓'。甲骨文𠛎字由刖足人形和在'刀'上加橫畫的鋸形組成。'兀'是刖足人形的訛體,在'刀'上加橫畫的鋸形也很容易簡化或訛變成'刀'字。所以我們可以把𠛎字釋作'刓'。"今見《龍龕》正有"刓",不但證明裘師的推斷是完全正確的,而且説明這個字後世其實并沒有消失。甲骨文的"𠛎"完全可以直接楷定作"刓"。這樣看來"刓"不但不是"刖"的俗字,而很可能是"刖"字的初文。

按《顏氏家訓·書證》:"簡策字,竹下施朿,末代隸書,似杞、宋之宋,亦有竹下遂爲夾者。猶如刺字之傍應爲朿,今亦作夾。"秦漢篆文"朿"旁或寫作"夾"形,"夾"即是這類字形的隸變字;而"夹"又爲"夾"的俗體。漢碑中已見"刾"和"剌"字。《五經文字》卷中刀部:"刺,作剌訛。"慧琳《音義》卷十二《大寶積經》第三十六卷音義:"毒刺,此恣反,……從刀、朿(束),此恣反,聲也。經文作剌,俗字也。"《龍龕》有"剌"無"刾",大概當時"剌"已較"刺"更爲通行。

制⁶

【剬】◎

《正名要録》"字形雖別,音義是同,古而典者居上,今而要者居下"類:剬制。臺圖 88 號《優婆塞戒經》卷七:"戒者名制,能制一切不善之法,故得名制。"後例三"制"字原卷皆作"剬"形。

按《史記·五帝本紀》"依鬼神以剬義"下張守節正義:"剬,古制字。"《史記正義·論字例》:"《史》《漢》文字,相承已久,若悦字作説,……勅字作飭,制字作剬,此之般流,緣古少字,通共用之。"《魏寇憑墓誌》有同"制"的"剬"。《隋嚴元貴墓誌》"制"作"剬",可參。《説文》"剬""制"字別,音義俱殊,用同"制"的"剬"當淵源於"制"的古字。金文"制"字或作"剬"(《王子午鼎》,見《金文編》第 290 頁),像以刀斷木,"剬"即這一類古體的隸定字。《史記正義》謂"制"作"剬"是"緣古少字,通共用之",非是。

刹⁶

【刹】◎

《楞嚴經音義》一:"刹,初錯反。"臺圖 53 號《妙法蓮華經》卷一:"及餘諸弟子,亦滿十方刹。"

按《龍龕·刀部》:"刹,俗;剎(刹),正:初錯反,一柱也。""刹"爲"剎"的變體。

附按:"刹"字不見於《説文》,徐鉉《新附》始收載之。玄應《音義》卷一《大方廣佛華嚴經》第一卷音義以"刹"爲"剎"字之略,可參。

刨⁶

【刨】△

《王一》入聲洽韻苦洽反："刨,入。亦作㪁。"

按《集韻·洽韻》乞洽切："刨,陷也。通作㪁,入也。"從字形演變的角度來看,蓋先有"刨"字,從刀、合聲;"刂"旁俗書與"丩"相亂,"丩"又譌變爲"屮",故字或書作"刨";"屮"爲"斗"字俗書,據以楷定,即成"㪁"。故"㪁"即"刨"的變體。《漢語大字典》"㪁""刨"關係不明。

剃⁷

【剃】◎

《王二》去聲霽韻他計反："剃,除。或作髵。"伯3833號《王梵志詩·男婚藉嘉偶》:"菩薩常梳髮,如來不剃頭。"

按:"髵"見《說文》,"剃"爲其後起換旁字。王仁昫以"剃"爲標目字,蓋當時"剃"已較"髵"爲通行。敦煌寫本多用"剃"字。伯2324號《難陀出家緣起》:"他家剃頭落髮,身被壞色袈裟。"亦其例。

剞⁸

【剖】◎

《王二》上聲紙韻居綺反："剞(剞),曲刀,亦作剬。"

按:"剬"爲"剞"的改易聲旁字。

剛⁸

【剛】△

《王一》平聲唐韻:"剛,古郎反,強。"臺圖80號《大般涅槃經》卷十一:"金剛死雨亦復如是,悉能破壞一切衆生,唯除金剛菩薩住於大乘大般涅槃。"

按《干祿字書》:"剛剛:上通下正。"即"剛"隸書的變體。漢碑中已見"剛"字。伯3883號《孔子項託相問書》:"一重門裏石師子,兩重門外石金剛。""剛"又爲"剛"的變體。參看"岡"字條。

剪⁹

【剪】

《正名要録》"字形雖別,音義是同,古而典者居上,今而要者居下"類:翦剪。伯 3449 號《書儀》:"只半張紙,切須鉸剪齊正,小書字。"

按《玉篇·羽部》:"翦,俗作剪。"《干禄字書》:"剪翦:上俗下正。"《集韻》上聲獼韻:"歬,《説文》齊斷也。俗作剪,非是。"據《説文》,"歬"爲"剪"的本字,前後之"前"則本作"歬";後人以"前"爲前後字,又借表"羽生"之"翦"爲剪齊字,而俗字作"剪"。

【劒】△

《箋注本切韻》四上聲獼韻:"劒,即踐反。《説文》□□爲前字,所以前下更加刀。"

按:可洪《音義》第貳拾貳册《付法藏因緣經》第一卷音義:"燒劒,即淺反,正作翦。""劒"當是受"剪""翦"的交互影響産生的繁化字。

剭⁹

【黰】◎

《王一》入聲覺韻於角反:"剭,刑。或作黰。"

按:古有所謂"墨刑",故"剭"或改易形旁作"黰"。

剶⁹

【剶】△

《王一》平聲仙韻此緣反:"剶,剔。又先全反。"又丑專反小韻:"剶,去枝。"

按《廣雅·釋詁》:"剶,剔也。"《玉篇·刀部》:"剶,丑全切,削也,去枝也。""剶"即"剶"字俗寫。《龍龕·刀部》:"剶,俗;剶(剶),正:丑全,子全二反,一去皮也。"可參。《敦煌變文集》卷五《維摩詰經講經文》(斯 3872 號):"不須廣爲宰剶,漫作幸(泉按:原卷非"幸"字,且已塗去,不當録)烹庖。"其中的"剶"字原卷作"剶",亦正是"剶"字俗寫,指剔解骨肉(《説文》:"剔,解骨也。")。原校作"割",非是。

創¹⁰

【剙】△

《王一·漾韻》:"創,初亮反,始。正作剙。"《王二》去聲漾韻:"創,初亮反,始。正作剙。"斯461號背《雜字類抄》有"剙"字。斯4860號《創建伽藍功德記并序》:"今欲卜買勝地,剙置伽藍。……剙修精宇,旬日蠢全。"

按:創始字《説文》本作"刱"(小徐本作"剙"),後人多借用同音的"創"(本指創傷)爲之。慧琳《音義》卷八《大般若波羅蜜多經》第五七五卷音義:"剙見,楚莊反,《韻英》:剙,初也。……經作創,俗字也。"上文的"剙"當是"刱"或"剙"的變體。《龍龕·井部》:"刱,古文,初向反,初也,始也,懲也。""剙"字同。

【荆】△

《正名要録》"字形雖別,音義是同,古而典者居上,今而要者居下"類:

荆 創。

按:"荆"蓋"剙"字俗省。金文有"刱""剙"等字,字形與"刱""剙"合,但《金文編》以此字爲"荆",論者亦紛紜不定,存疑待考。

【瘡】

《王二》平聲陽韻:"瘡,楚良反,古作創。"

按:"瘡"爲"創"(創傷)的後起分化字。《干禄字書》:"瘡創:上通下正。"慧琳《音義》卷五五《越難經》音義:"創痛:上楚霜反,《禮記》云:頭有創則沐。《古今正字》云:創,傷也。《説文》從刀、倉聲也。經作瘡,俗字也。"

剌¹¹

【剌】△

《王一》入聲質韻:"剌,初栗反,割聲。或作㓾。"

按《字鑑》卷五質韻"漆"字下云:"俗作漆。"凡"桼"旁俗書皆或作"柒",故"剌"俗寫作"剌"。《龍龕·刀部》:"剌,俗;剌,正:初一反,割物聲也。"所謂的正字亦用通俗寫法。

【㓾】◎

書證見前。

按《廣韻·質韻》:㓾,同"剌"。

【刹】△

《箋注本切韻》一質韻：" ![字形], 割聲。或作刹。"

按："氺"旁俗書或作"小"。張守節《史記正義·論字例》謂俗書"泰、恭從小"，"泰"下俗從"小"，即其例。故"刹"即"刹"字俗書。同韻有" ![字形] "字，又有" ![字形] "字，分別爲"漆""郄"的俗寫，是其比。

剤[11]

【剞】◎

《王二》上聲獮韻："剤，旨兗反，細割。害（泉按：'害'字有誤）作剞。"

按《廣韻·獮韻》："剤，細割。旨兗切。剞，同上。"

剽[11]

【剽】△

《正名要録》"字形雖別，音義是同，古而典者居上，今而要者居下"類：剽剽。

按：從"刂"從"刀"爲隸書之變。

劇[13]

【劇】△

《王二》入聲陌韻："劇，奇逆反，俗作劇。"臺圖 29 號《合部金光明經》卷七："其肺病者，春則增 ![字形] 。"

按："劇"字《説文新附》從"豦"聲，"豦"旁俗書或寫從"處"（參《隸辨》卷四御韻"據"字及卷五陌韻"劇"字下所載漢碑字形）；而"處"字俗作"處"（參"處"字條），故"劇"字俗或書作"劇"。慧琳《音義》卷三八《嚩折囉頓拏陁羅尼經》音義："劇，《説文》從刀、豦聲。豦音渠，《説文》從虍，音呼；下從豕。俗用字從處作劇，訛也。"

剿[13]

【勦】◎

《箋注本切韻》四上聲小韻："勦，勦絶，子小反。《説文》又作剿。"《王二》同韻:"勦,子小反,絶。亦作剿。"

按:上揭《箋注本切韻》接云:"勦,勞。又鋤交反。"《王二》則云:"勦,勞。又鋤交反。"《鉅宋廣韻》則訓"絶"的字作"勦",訓"勞"的字作"勦",與《箋注本切韻》相反。從字形演變的角度來看,《廣韻》是對的。《説文·刀部》:"劋,絶也。从刀,喿聲。《夏書》曰:天用劋絶其命。"又力部:"勦,勞也。从力,巢聲。《春秋傳》曰:安用勦民。"後來"劋"字改換聲旁或寫作"剿",亦作"勦"。《龍龕·刀部》:"劋,或作;勦,正:子小反,一絶也。"由於"勦"字字形與"勦"至近,人們往往把剿絶的"勦"混同於勤勞的"勦",習非成是,於是"勦"也成了剿絶之"劋"的異體字。除上述韻書外,又如慧琳《音義》卷五四《佛説鴦掘摩經》音義:"勦,焦小反,孔注《尚書》:勦,截也,謂絶滅之。《書》《説文》從力從巢。"《五經文字·力部》:"勦,楚交反,見《禮記》。又子小反,見《夏書》。"而刀部别無"劋"字。是皆以"勦"爲"劋"矣。《王二》訓"絶"的"勦"和訓"勞"的"勦"同形,疑有一誤。

【剿】△

《王一·小韻》:"勦,子小反,絶。亦作剿。"

按:"勦"左旁爲"巢"字篆文的隸定形,"剿"則爲"劋"的俗字。俗書"喿"字與"參"不分(參看《學林》卷十"參"條),而"參"字又作"叅"(參看《隸辨》卷二侵韻"叅"字下注),於是"劋"便寫成了"剿"。《漢書·西域傳下》:"(郭)欽擊殺其老弱,引兵還。莽封欽爲劋胡子。"顔師古注:"鄧展曰:劋音衫。師古曰:劋,絶也。音子小反。字本作劋,轉寫誤耳。"顔師古的注音和分析是正確的。鄧展謂"剿"字音"衫",蓋據左半"參"而爲之音,可謂望形而生音。《集韻》遂於銜韻收"剿"字,音師銜切(與"衫"同一小韻);《漢語大字典》據之讀"剿"爲 shān,皆誤。

劗[14]

【劗】△

《王一》入聲鎋韻初刮反:"鄿,斷。又叉芮反。亦作劗。"

按《集韻》去聲祭韻充芮切:"劗,斷也。或从斤。亦作劗。""劗"爲"劗"字俗譌,而"劗"又是"劗"的譌體。

【鄿】△

《王二·鎋韻》初刮反:"鄿,斷。又叉芮反,亦作劗。"

刀　部 | 329

按：“斳”當作“斮”。《集韻·祭韻》入聲黠韻初轄切：“劅，割聲謂之劅，或從斤。”《廣韻·祭韻》作“斳”，當是“斮”和“劅”交互影響的産物，周祖謨《廣韻校勘記》以作“斳”者爲誤，未盡確。

【劍】◎

《王一》去聲祭韻此芮反：“劍，斷。又叉芮反。亦作劍。”

按《廣雅·釋詁》：“劅，斷也。”《集韻》載“劅”或作“劍”，“劍”“劅”顯爲一字之變。

【篩】◎

書證見上。

按：“劅”字或從斤作“斮”（《集韻·鎋韻》），“篩”即“斮”的譌俗字。《鉅宋廣韻·祭韻》其字作“斳”，周祖謨校勘記謂“斳”爲“斮”字之誤，可以比勘。《漢語大字典》據《四聲篇海》引《川篇》載“篩”字，音“吐芮切，斷也”，“吐芮切”當是“叱芮切”之譌，這個“篩”也正是“斮”字俗譌。《漢語大字典》“劍”“篩”“斳（斮）”字際關係不明。

兔15

【兔】*

"兔"的類化俗字（只見於偏旁）。《時要字樣》（斯 5731 號）："懺，悔；僋，言。"《正名要録》"本音雖同，字義各別例"："裁，決；縫，暫。"《佛經難字及韻字抄》亦見"鑱"字。斯 610 號《啓顔録》"潮誚"類"饞"或寫作"饞"，亦其例。

按："兔"旁本是上半作"㲋"，下半作"兔"，俗書"兔"旁的一點往往略去，而上部的"㲋"又受下部的"兔"類化，遂變作"兔"。①

【兔】*

"兔(兔)"的俗寫（只見於偏旁）。《箋注本切韻》一平聲咸韻："讒，士咸反，又士銜反。"又云："饞，不廉。"伯 2054 號《十二時》："雞鳴丑，曙色纔能分戶牖。"

按：上揭掃描字分别爲"讒""饞""纔"的俗字。俗書"夂"旁多作"丷"，故

---

① 校按：秦漢簡帛"兔"字大抵作"兔"形，故劉釗推測"兔"字"本從二兔，同時以兔爲聲"（《古文字構形學》第 219 頁），可備一説。

"兔"俗又書作"㝹"。《佛經難字及韻字抄》有"攩"字,蓋即"攙"俗書,其右旁兼於"兔"與"㝹"之間。

【㝹】*

"㝹"(兔)的俗書(僅見於偏旁)。伯3286號《十二時》:"雞鳴丑,曙色繞能分户牖。"伯2714號《十二時》:"百般譊佞耳邊來。"伯2633號《酒賦》:"銀盞渾擎張口瀉,君聽且作瀺灂聲。"

按:上揭掃描字分別爲"繞""譊""瀺"的俗字。俗書"免""兑"相亂,故"兔"旁俗又變作"㝹"。

釁[24]

【釁】△

《王二》去聲震韻:"釁,許覲反,罪。俗作釁。"

按《五經文字》卷下:"釁,許覲反,作釁非。"慧琳《音義》卷十二《大寶積經》第十二卷音義:"釁,今俗作釁,略也。"又卷十五《大寶積經》第一一七卷音義:"釁,因草隸書變分爲灬,訛也。""寡"字異寫作"寡",其下部的"分"寫作四點,可以比勘。《隸辨》卷四載《魏大饗碑》"釁"作"釁",可參。

【釁】△

《王一·震韻》:"釁,許覲反,罪。正作釁。"

按:此復由"釁"省去四點。

【釁】◎

《王一》上聲尾韻無匪反:"釁,美皃。又音門。又羲覲反。俗作釁,攵(失)。"伯3716號《新集書儀·吊妻亡》:"禍釁無常,賢夫人傾逝,奉助悲切。"

按:以字形及後一音切而言,前例"釁"當即"釁"字俗書。《干禄字書》:"釁釁:上俗下正。"慧琳《音義》卷一《大般若經》第九卷音義:"釁,欣覲反。《考聲》云:釁,罪也。……經文作釁,俗字謬也。"《廣韻·震韻》許覲切:釁,俗"釁"字。亦俱以"釁"爲"釁"俗字。但據前二音及釋義而言,則又似爲"亹"字俗書。"釁"又爲"釁"俗書。參看"亹"字條。

【釁】△

《正名要録》"正行者楷,腳注稍訛"類"釁"下腳注"釁"。

按:"正行者"的"釁"當是"釁"字之譌,亦即"釁"的俗字。

【疊】△

書證見上。

按："釁"俗字或作"疊","疊""疊"當是一字之變。

【衅】

《箋注本切韻》三震韻許覲反："衅,牲血塗器祭,或作釁。"

按：慧琳《音義》卷一一《大寶積經》第九卷音義："釁,或作衅,古字也。"

力 部

力

【刀】*

"力"旁的俗寫。書證見本部所載俗字。

按：俗書"力"旁與"刀"旁相亂。《隸辨》卷六："從力之字，功或作刧，勝或作勝，譌從刀。"是"力""刀"相亂漢碑已然。《正名要錄》"各依腳注"類下云："勢、劣、勁、勝、功：從力。"作者之所以要鄭重其事地説明這些字"從力"，即是因爲俗書或寫從"刀"，故特表而出之也。

功³

【刧】△

《五代本切韻》三平聲東韻古紅反："刧，一夫，刧成，刧績；又姓；又複姓，成刧，司刧。"伯2187號《破魔變文》："小僧願講經刧德，更祝僕射萬萬年。"

按《干祿字書》："刧功：上通下正。"《五經文字》卷中力部："功，從工從力，作刧訛。""功"作"刧"漢碑已然。《鉅宋廣韻·東韻》："功，俗作刧。""俗"字"功"當爲"刧"之誤。

劦⁴

【刕】*

"劦"旁的俗書。《正名要錄》"本音雖同，字義各别例"："叶、協，和；勰，同。"《五代本切韻》一入聲業韻："愶，一威，力相恐。出《埤蒼》。"斯5658號《劉子》殘卷："《流子》，劉協注。"

按：上揭各例掃描字分別爲"恊（協）""勰""憎""協"的俗寫。上揭《五代本切韻·業韻》尚有"歆""噿""潃""燩"等字，"脅"旁原卷皆從俗寫作"脅"。

劫⁵

【刧】* ◎

《五代本切韻》一入聲業韻："刧，居業反，強取也。"斯126號《十無常》詩："人居濁世逢刧壞，惡世界。"

按《五經文字》卷中力部："劫，几業反。又從刀者，俱爲劫脅之劫。其從刀者本是或體，今經典並從力。"《廣韻·業韻》："劫，俗作刧。"《漢武梁祠堂畫像題字》"劫"字作"刦"，伯2621號《事森》"鮑出"條作"刧"，則又爲"刧"的變體。又上揭《五代本切韻》同韻下有"蜐""紤""脚"等字，"劫"旁亦皆從俗作"刧"。

勃⁷

【勃】△

《箋注本切韻》五入聲没韻："勃，速也，作也。蒲没反。"斯329號《書儀鏡》四海平蕃破國慶賀書："勃律小蕃，滅亡在即。"

按："勃"字隸書或作"勃"（參看《隸辨》卷五没韻）。《干祿字書》："勃勃：上俗下正。"《龍龕·力部》："勃，俗；勃，正。"斯610號《啓顔錄》"謿誚"類："白云：並解吹勃邐迴。""勃"即"勃"字。而"勃"當是"勃"的增繁俗字。《魏敬史君碑》"勃"字亦作"勃"。斯2614號《大目乾連冥間救母變文》："黑煙蓬勃，臭氣勲（薰）天。""勃"當是"勃"字俗譌。《龍龕·力部》：勃，俗，同"勃"。可參。上揭《箋注本切韻》同一韻下云："渤，一瀣，海名，又水貌。"即"渤"字。是"勃"旁俗書亦或作"勃"。《漢孫叔敖碑陰》"渤"字作"渤"，當是"渤"作"渤"的中介。參見"孛"字條。

勞¹⁰

【勞】△

《正名要錄》"正行者正體，脚注訛俗"類"勞"下脚注"勞"。

按：玄應《音義》卷十一《增一阿含經》第二十八卷音義："勞，經文作勞、勞二形，誤也。""勞""勞"一字之變。《龍龕·比部》："勞勞：音勞，二同。"其中前一形與"势"字至近,當即"势"的變體。"势"字當是由"勢"字草書楷化形成的俗體。斯5478號《文心雕龍·正緯弟四》:"故河不出圖,夫子有歎,如或可造,無芳唱然。"其中的"芳"即"勞"字草書,是其證。《漢語大字典》據《龍龕》載"势"字,失真,蓋不明其爲"势"字俗誤。斯4474號《文樣·藏鉤》:"遠近势藏,或度貌而難測。""势"蓋亦"勞"字(文中又通作"牢"),可參。

勢[11]

【勢】△

《正名要録》"正行者楷,腳注稍訛"類"勢"下腳注"勢"。斯1441號《勵忠節鈔·安國部》引相如語曰:"兩虎共鬥,勢不俱全。"

按《干禄字書》:"勢勢:上俗下正。"《隋范安貴墓誌》已見"勢"字。《隸辨》卷四祭韻載《老子銘》"埶"("勢"的古本字)字作"埶",則"坴"旁作"圭"漢世已然。

勩[12]

【勩】△

《王一》去聲祭韻餘制反:"勩,勞。亦作勚。"《王二·祭韻》:"勩,勞。亦作勩。"

按:"勩"爲唐代避諱俗寫。參看"世"字條。又"勚"同"勩",《玉篇》已載。

勳[14]

【勛】△

《正名要録》"字形雖別,音義是同,古而典者居上,今而要者居下"類:勛勛。

按:《説文·力部》載"勳"字古文作"勛",俗書方口尖口不分,故"勛"俗又寫作"勛"。

厶 部

厶

【ㄙ】*

"厶"旁的俗寫。《字樣》:"雄雄:二同。""雄"爲"雄"的俗字。

按:俗書尖口、方口相亂,尖口可以寫作方口,反之方口亦可寫作尖口。《字樣》:"弘、晉:從尖口。"言外之意即以俗書從方口作"弘""晉"爲不然也("弘"先秦古文字本從方口)。參看"口"字條。

參⁹

【叅】*◎

《字樣》載"叅"字。《箋注本切韻》三去聲口韻七紺反:"叅,一皷。"《楞嚴經音義》一:"叅,七南反。下並同。"伯2187號《破魔變文》:"心頭託手細叅詳,世事從來不久長。"

按:"參"作"叅"漢碑已然。《隸辨》卷二侵韻:"從參之字,諸碑或變作厽,如珍爲珎、軫爲軨之類甚多,故叅即參字。……俗專以參爲參商之參,而以叅爲叅謀。"敦煌卷子中參商之"參"亦或作"叅",而非專以"叅"爲參謀之"參"。如斯4332號《菩薩蠻》詞:"白日叅辰現,北斗迴南面。"即其證。又"參"旁俗亦書作"叅"。如《箋注本切韻》三:"諗,伺。七紺反。"《箋注本切韻》五:"淰,濴。所禁反。"又《王一·寑韻》載"埨""醂""硶"等字,皆其例。

【糂】*◎

《禮記音》:"糂,所良[反]。"伯3449號《書儀·辭書平交》:"右某昨者獲糂台旆,合獻芹儀。"斯2073號《廬山遠公話》:"若也祗對一字糂差,卻到賤奴向相公邊請杖。"斯619號《讀史編年詩》九歲二首之二:"解問厽商燕國重,能精篆籀漢臣降。"

按《龍龕·厶部》:"參厽:初今反,一差,不齊貌也。又倉含反,近也。又所今反,一辰也。二。"《廣韻·覃韻》:"參,俗作厽。倉含切。"《字鑑》卷二侵韻:"參,疏簪切……俗以此爲一商之一,而以倉含切別作厽爲一謀。"敦煌卷子中則無論參謀之"參"抑或參商之"參"皆可作"厽"。"厽"當是"厽"的增點繁化字。《切韻》殘葉三:"厽,一差,不齊貌。楚□反。""厽"即"嵾"字,是"參"旁俗書亦或作"厽"。

【曑】*

《切韻》殘葉三:"曑,一辰。"所金反。

按:"參"字《說文》本作"曑",或體作"曑"。"參"字上部從品字形的寫法甲骨文已見。上揭韻書同一小韻下云:"蔘,本作葠。""蔘"即"蔘"字(亦即"參"字),是"參"旁亦從古作"曑"。

【叒】△*

《五代本切韻》一:"叒,一辰。《說文》正作叒(曑)。"斯238號《上清金真玉光八景飛經》:"得御玄雲,叒駕綠輧。"

按:"叒"爲"曑"字俗書,猶"參"俗書作"厽"。《漢衡方碑》已見"叒"字,敦煌卷子"參"旁亦或寫作"叒"。如"蔘"作"蔘"(《五代本切韻》一)、"慘"作"慘"(《切韻》殘葉三),皆是。

【叁】◎

《正名要錄》"字形雖別,音義是同,古而典者居上,今而要者居下"類"三"上的"古而典者"爲"叁"。

按:表數的"叁"爲"參"的後起區別字。《字鑑》卷二侵韻:"參,又蘇甘切,數名。……(俗)以蘇甘切作叁爲數名,誤。"斯389號《肅州防戍都狀》:"大小叁拾柒人。"斯466號《廣順三年(953)莫高鄉龍祐定兄弟典地契》契首年份作"廣順叁年"。"叁""叄"亦"參"字(由"曑"變來),可參。

又 部

反²

【彼】◎

《王一》上聲阮韻府遠反："反，亦作彼。"

按《説文·辵部》以"彼"爲"返"字異體。而《集韻·阮韻》則云："反，或作仮。"疑上揭韻書"彼"爲"仮"之誤。

受⁴

【荽】

《王一》上聲小韻平表反："荽，草。又符小反。亦作受（受）。又物落。"《王二》大體同。

按："荽"爲"受"的後起分化字。

取⁶

【耴】△*

《王一》上聲麌韻："耴，七庾反，得。"伯 2962 號《張義潮變文》："即乃點兵，……耴西南上把疾路進軍。"

按《干禄字書》："耴取：上通下正。"《五經文字》卷下又部："取，作耴訛。"敦煌卷子中"取"旁亦類多寫作"耴"。如《王一》平聲虞韻載"嶫""娵"等字，是其例。又斯 2073 號《廬山遠公話》："《涅槃經》譬喻，其數冣多。""冣"爲"冣（最）"字俗書，亦其例。

叔[6]

【尗】△*

《王一》入聲屋韻："尗,式竹反,火(父)之弟。亦作叔。"《王二》同一小韻下云："叔,亦作尗。"《楞嚴經音義》一："俶,音尗。"注音字"尗"亦即"叔"字。伯2418號《父母恩重經講經文》："時時愛被翁婆怪,往往頻遭伯尗嗔。"

按《干禄字書》："尗叔:上俗下正。"《五經文字》卷下又部："叔尗:上《說文》,下《石經》。今經典並依《說文》作叔。凡字從叔者皆放此。"伯2418號例"尗"又為"尗"的贅點字。《楞嚴經音義》一："俶裝:上始,昌六反。"《王一·屋韻》子六反："踧,一踏,行而謹敬皃。"《王二·屋韻》殊六反："琡,美。""叔"旁皆從俗作。

【朩】△*

《字樣》："叔朩:二同。"俄敦861號《妙法蓮華經》卷七："白銀為葉,金剛為鬚,甄朩迦寶以為其臺。"

按:"朩"當是"尗"的變體。俗書"叔"旁亦或作"朩"。《王一·沃韻》冬毒反："㝱,率。又察。"又先篤反："褽,新衣聲。"皆其例。

【朩】△*

斯5647號《分書(樣式)》："右件分割家沿活具十(什)物,朩姪對坐,……抛鈎為定。"伯3716號《新集書儀》："朩伯兄弟姊妹吊云:不意凶禍,某新傾逝,奉助哀切。"

按:"朩"當是"尗"的贅點字。《正名要錄》"本音雖同,字義各別例""督"寫作"晢","蹴"寫作"踧",斯617號《俗務要名林·菜蔬部》"椒"寫作"枞",《禮記音》"淑"寫作"㴋","叔"旁亦皆從俗作"朩"。伯3150號《癸卯年吳慶順典身契》末署"口承見人房朩吳佛婢",其中的"朩"當為"朩"或"尗"的變體。

叚[7]

【叚】△*

"叚"旁的俗寫。《佛經難字及韻字抄》有"遐""暇"等字。

按:同卷又有"暇""遐"等字,其"叚"旁當又為"叚"的變體。

【叚】△*

"叚"旁的俗寫。《箋注本切韻》三去聲禡韻古訝反:"瘕,腹病。"又云:"椵,舉閣。"《楞嚴經音義》二:"不假,音賈。"《禮記音》:"假,格。"

按《說文》載"叚"字或體左旁作"𠂆","叚"左旁蓋因之而稍變。故宮舊藏裴務齊正字本《刊謬補缺切韻》卷首字樣:"叚,胡加反,又古雅反,又徒玩反。"前二音切的"叚"當是"叚"字,後一音切的"叚"則當是"段"的俗字。俗書"叚""段"皆可作"叚"形。參看"段"字條。

【叚】△*

"叚"旁的俗寫。《禮記音》:"徦,格。"又云:"假,古雅[反]。"

按:"徦""假"分別爲"徦""假"的俗寫。

【叚】△*

"叚"旁的俗寫。《毛詩音》二:"葭,皆遐[反]。"又云:"假,皆訝[反]。""瑕,行家[反]。"按:上揭掃描字分別爲"葭""假""瑕"的俗寫。

叟[8]

【叟】*

《箋注本切韻》四上聲厚韻:"叟,老。蘇后反。按:正名作夌。"

按《干祿字書》:"叟夌:上通下正。"《五經文字》卷下又部:"夌叟:上《說文》,從灾下又;下經典相承隸省。凡字從叟者放此。"《箋注本切韻》一平聲尤韻有"捜""颼""溲""鎪""廋""蛟"等字,除"捜""溲"二字外,《王二·尤韻》"夌"旁皆寫作"叟"。

【夌】△*

"夌(叟)"旁的俗寫。《王一·尤韻》所鳩反:"餿,餠壞。"又云:"溲,小便。""鄋,北方國。"其中標目字所從的"夌"旁原卷皆寫作"叟"形。

按:"夌"下部本從"又",俗書譌作"支"。

曼[9]

【曼】△*

《楚辭音》:"曼,亡半反。"《王二》去聲願韻無敗(販)反:"曼,長。"斯6551號《佛說阿彌陀經講經文》:"其嗟外道百千般,忍飢受渴曼柱顛。"

按：慧琳《音義》卷三《大般若波羅蜜多經》第三三三卷"傲慢"條音義："曼字從又，俗從万，訛也。"《龍龕・日部》："曡，或作；曼，正：莫官反，路遠也。又音万，長也。""曼"字《說文》從又、冒聲，但從楷定以後的字形很難看出這種形聲關係，俗書以"万"代"又"，大概具有表音的作用。斯373號《題幽州石經山》："碧蘿引蔓枝枝到，石溜穿渠院院通。"又伯3883號《孔子項託相問書》："樹樹每量無百尺，葛蔓交腳甚能長。"其中的掃描字皆爲"蔓"的俗字，前者原卷右側注有一直音字"万"，後者異本斯5674號音誤作"万"。可證"曼"確可讀作"万"。俗書"曼"旁亦多作"曡"。如伯3808號《長興四年中興殿應聖節講經文》："風㷄香煙滿殿飛，人人盡有祝堯詞。"《楚辭音》"㷄"字音"亡諫"反。"㷄"即"慢"字。《王二・願韻》載"蔓""轋""饅"等字，又翰韻載"縵""幔""漫"等字，其所從的"曼"聲皆寫作"曡"。

【曡】△*

《文選音》"封禪"篇"曡"字下注音"万"。同卷"東方"篇"曡"字下注音"刀"，"刀"當爲"万"的訛字。斯6537號《阿曹婆詞》："獨坐幽閨思轉多，愁夜更長難可度，曡憐他。"斯619號《讀史編年詩》十九歲："曡倩恢諧非所優，妙年已擅兵家流。"

按：可洪《音義》第貳拾壹册《修行道地經》第一卷音義："曡命，上莫官反，聞也。""曡"當是"曡"的變體。俗書"曼"旁亦或作"曡"。《諸雜難字》有"漫""縵"等字，《毛詩音》有"蔓"字，又有"嫚"字，其聲旁"曼"原卷皆寫作"曡"。斯5692號佚名詩："莫謾喜，莫謾愁，歡喜憂愁早晚休。"原卷"謾"右旁亦皆作"曡"。

【曡】△*

斯5431號《開蒙要訓》："幃幕懸垂。"

按：可洪《音義》第伍册《方廣大莊嚴經》第一卷音義："曡陁，上莫官反，華名，曡陁羅，唐言圓華。""曼"字作"曡"，當是"曡"或"曡"的變體。《俗務要名林》（斯617號）女工部："縵，紡縵。麻諫反。"又菜蔬部："蔓菁，上莫干反。"又云："菘，蔓菁之類。"伯3087號《十二時》："漫搥胸，徒下淚，前路忙忙沒依倚。"其中的"縵""蔓""漫"所從的"曼"原卷皆作"曡"形。

又按：由"曡"演化，"曼"旁俗書又有變體作"曡""曡"等形的。如斯3728號《故圓鑒大師二十四孝押座文》："最難誑惑謾衷懇，不易欺輕對上蒼。"原卷

"謾"字右旁作"㕰"。又斯 5588 號《求因果》詩："因何我慢學抟蒲，虚使用功夫。"原卷"慢"字右旁作"㕰"。又有作"㕰"的。如斯 3016 號《易易歌》："解悟成佛易易歌，不勞辛苦漫多羅。"原卷"漫"字右旁作"㕰"。

叢 [16]

【藂】◎

《王二》平聲東韻："叢，徂紅反，或作藂。草木聚生。"

按《干禄字書》："藂叢：上通下正。"《廣韻·東韻》："叢，聚也。徂紅切。藂，俗。叢，草叢生貌。"據《説文》及《廣韻》，"草木聚生"爲"叢"字的本義。又《正名要録》以"叢"爲"古而典者"，以"藂"爲"叢"的"今而要者"。頗疑"藂"本爲"叢"的會意俗字，後世"叢"字罕用，而皆以"叢"爲之，於是世俗遂徑以"藂"爲"叢"之俗字。郎知本以"藂"爲"叢"的今字，猶未失其初旨，今人則罕知之矣。

廴　部

廷⁴

【迋】△*

《箋注本切韻》五特徑反："迋，朝—。"《毛詩音》一："迋，田經[反]。"伯2653號《燕子賦》："百姚(伯桃)憶朝迋，哽咽淚交連。"後例掃描字兼於"迋"與"廷"之間。

按《干禄字書》："迋廷：上通下正。"漢碑中已見作"迋"之例。"廷"旁俗書亦寫作"迋"。《箋注本切韻》一上聲迥韻"鋌""娗""梃"等字右旁皆寫作"迋"。伯3350號《下女詞》："君登貴客，久立門逛。""逛"即"庭"字，則又把俗旁"迋"分割開了。

【廷】△*

斯1441號《勵忠節鈔・任賢部》："臣聞教化之流，……由乎賢者在位，能者處職，朝廷策福，百寮敬讓。"

按《字鑑》卷二青韻："廷，俗作廷。"《箋注本切韻》四迥韻"鋌""娗""珽"等字右旁皆作"廷"。《俗務要名林》(斯617號)船部"艇"字右旁亦作"廷"。"廷"的右部俗書又有寫作"手"形的，當又爲其變體。

延⁴

【延】*△

《正名要録》"正行者楷，腳注稍訛"類"延(延)"下腳注"延"。《文選音》"美新"篇："延，以戰[反]。"伯3666號《燕子賦》："雀兒……貴在淹留，遷延不去。"

按:"延"旁俗書亦作"延"。《楞嚴經音義》一:"㳙,一席。"《王一》平聲仙韻:"㳊,叙連反,口液。"皆其例。

【返】△*

《王一·仙韻》:"返,以然反,引長。"斯 126 號《十無常》詩:"直饒彭祖壽返長,不免也無常。"

按《干祿字書》:"返延:上通下正。""返"當是"延"的贅點俗字。《魏劉洛真造像》已見"返"字。上揭《王一》同一小韻下有"挻"字,"延"旁原卷亦從俗作"返"。

工 部

巩³

【卭】*

"巩"旁的俗寫。《文選音》"典引"篇:"䍐,恭奉[反]。"《禮記音》:"䇯,(音)竹。"

按:"恐"俗字作"忎",亦其例。參看"恐"字條。

巠⁴

【䍃】*

"巠"旁的俗寫。《箋注本切韻》一上聲靜韻:"汫,初井反,《廣倉》云:寒泉。"又迥韻:"剄,斷首。古挺反。"《箋注本切韻》四迥韻下挺反:"䥖,似鍾而長。"

按:故宮舊藏裴務齊正字本《刊謬補缺切韻》卷首字樣:"䍃巠:古形,下通。""䍃"即"巠"手寫的變體。

【圣】*

"巠"旁的俗寫。《禮記音》:"輕:區貞[反]。"《毛詩音》二:"根荄:下耕[反]。"

按:漢碑已多見作"圣"形的"巠"旁。

巫⁴

【巫】△*

《禮記音》:"巫:文區[反]。"伯 2748 號《古文尚書傳·君奭》:"時則有若伊陟、臣扈,格于上帝,巫咸乂王家。"

按:可洪《音義》第貳拾册《解脱道論》第一卷音義:"𢍉師,上文夫反,正作巫。""𢍉"當是"巫"的繁化俗字。《魏吕望表》已見。羅福頤《漢印文字徵》載"巫"字作"𡉬",或即"𢍉"字所由出。伯 3911 號佚名詞:"羊子遍野𡉬山。""𡉬"亦"巫"俗字,可參。《顔氏家訓·書證》篇稱六朝俗字"巫混經旁",殆即指"巫"俗作"𢍉""𡉬""至"一類的偏旁而言。《楞嚴經音義》一:"誣冈(罔):上音無。""誣"爲"誣"的俗字,是"巫"旁亦或從俗作"𠂉"。《春秋後語音》載"哑"字,音"誓",疑爲"哑"之俗寫,而"哑"又爲"筮"的换旁字。

差⁶

【差】△*

北圖洪字 85 號《妙法蓮華音義》:"差,猜離反。"斯 328 號《伍子胥變文》:"吴王致疾臨死之時,咐囑太子夫差……"又云:"越王取得此物,即差勇猛之人,往向吴國,贈與宰彼。"

按《干禄字書》:"差差:上俗下正。"上揭《伍子胥變文》:"黄泉能莫生惸差。""差"旁從之。

【羗】△*

《箋注本切韻》一平聲皆韻:"羗,簡。楚皆反。"《五代本切韻》二皆韻:"羗,一遣。楚皆反。"《楞嚴經音義》一:"羗:上楚宜反,又音叉。"斯 4511 號《金剛醜女因緣》:"前生爲謗辟支迦,所以形容面貌羗。"

按:"羗"當是"差"的變體。"差"旁俗亦或寫作"羗"。如《箋注本切韻》一皆韻"瘥"作"瘫",是其例。

土 部

土

【土】＊◎

《箋注本切韻》一上聲姥韻:"土,他古反。"《俗務要名林》(斯617號)綵帛絹布部:"土布:上音杜。"又聚會部:"吐哎:上土路反。"《楞嚴經音義》一:"土梟,下音驍。"俄弗109號《押座文》:"山中有廟獨孤魂,地主靈祇諸聖者。"

按《干祿字書》:"圡土:上通下正。""土"或"土"旁加點漢碑已然。《隸辨》卷三姥韻:"土本無點,諸碑士或作土,故加點以別之。"上揭《箋注本切韻·姥韻》載"吐""圡""肚"等字,"土"旁皆加點作"圡"。

坐⁴

【坐】＊◎

《字樣》:"坐坐:二同。"《王一》上聲哿韻:"坐,徂果反,正亦作坐。"《王二》:"坐,徂果反,俗作坐。"斯2056號《捉季布傳文》:"執手上堂相對坐,索飯同餐酒數巡。"

按《干祿字書》:"坐坐坐:上俗,中下正。"《說文·土部》:"坐,止也。从土,从留省。坐,古文坐。"秦漢簡帛或作"坐""坐"等形,"坐"即由上述古體進一步譌變的結果(比較"留"隸變或作"畄")。"坐"則爲"坐""坐"交互影響的產物。俗書"坐"旁亦或作"坐"。如"挫""座""剉""銼""莝"等字"坐"旁《王一》去聲箇韻皆寫作"坐"形。

【坐】△＊

《王一·箇韻》:"坐,在臥反,罪。"中村1號《法句譬喻經》卷三:"世尊高坒,澹然不動。"斯 3872 號《維摩詰經講經文》:"更不是別疾病,是坒後風。"

按:"坒"字漢代簡牘碑刻已見。《王一》同一小韻下云:"厈,小牀。""坐"旁從之。

坎⁴

【埳】

《王一》上聲感韻:"坎,苦感反,窞(窨)。亦作埳。"

按:"埳"爲"坎"的改易聲旁字。《王二》"埳"作"墭",爲譌變俗字(俗書"臽""舀"相亂)。《龍龕·土部》:"墭,俗;埳、坎,二正。"

垼⁴

【焃】

《王一》入聲昔韻營隻反:"焃,喪家竈。亦作垼。"

按:"垼"見《説文》,"焃"爲"垼"的改易形旁字。

坑⁴

【砊】

《箋注本切韻》一平聲庚韻:"坑,坎。或作砊。客行反。"

按:《廣韻》以"坑""砊"皆同於"阬","阬"爲《説文》本字。

坤⁵

【巛】

《正名要録》"字形雖别,音義是同,古而典者居上,今而要者居下"類:巛坤。《王二》平聲魂韻:"坤,苦昆反,地。或作巛。"伯 2004 號《老子化胡經》卷十:"足蹹乾巛橋,日月左右迴。"

按《干禄字書》:"巛坤:上通下正。"《龍龕·巛部》:"巛,古文,音坤,乾坤。"《熹平石經》及《魏受禪表》"坤"寫作"〿"形,蓋漢代俗字。王引之《經義述聞·周易上》"巛"條云:"乾坤字正當作坤,其作巛者,乃是借用川字。"參看"川"字條。

坰⁵

【冋】◎
《王二》平聲青韻古螢反:"坰,郊外林外。本作冋。"
按《龍龕·冂部》:"冋,今;冋,正:古螢反,象遠界也。二。"據《説文》,此字小篆作"冂",古文作"冋",或體作"坰"。"冋"當是"冋"的繁化字,《正字通》定作"冋"的俗字。

坻⁵

【坛】◎
《王二》平聲脂韻直尼反:"坻,小渚曰坻。亦作坛、坘。"
按《龍龕·土部》:"坛,俗;玿,通;坘,《玉篇》云:小渚也;坘,正;直尼反,《切韻》亦小渚也。又都禮反。九。"

【坘】△
《王二》上聲薺韻都禮反:"坻,隴坂。又支氏反。亦作氐、坘。"
按:由"坘"加以楷定,可作"坘"或"坘"。《玉篇·土部》:坻,俗作"坘"。"氐"旁俗書可作"互"或"丘","𠀉"大概是其中的過渡環節。

【氐】
書證見前。
按:"氐"用同"坻"未見它書載録,疑有誤。

垛⁶

【垛】
《王一》平聲歌韻:"陊,丁戈反,又丁果反,小堆。亦作埵、垛。"
按《龍龕·土部》:"垛垛:徒果反,射一也。二同。""垛"爲"垛"篆文的隸變字。

【陊】◎
書證見前。
按《龍龕·阜部》:"陊,或作;陊,今:丁戈反,一堆也。"即"垛"或"垛"的换旁字。

【埵】◎

書證同前。斯 6551 號《佛説阿彌陀經講經文》:"當風只消一把火,當時柴埵便成灰。"

按:慧琳《音義》卷五六《正法念經》音義:"射垛,徒果反……經文作埵,丁果反……非今義。""埵""垛"音近義通。

坴⁶

【坴】△

《王二》平聲脂韻疾脂反:"坴,以土增道。又才即反。亦作埱、瓷。"

按:"坴"疑爲"瓷"的譌字。《集韻》以"瓷"爲"瓷"字或作。

【瓷】◎

書證同前。

按:"坴""瓷"同音,但以"瓷"用作"坴",載籍未見。考《龍龕·土部》云:"坴,疾資、秦力二反,以土增道也。又瓦器也。"是"坴"可用於"瓦器"之義,這一意義的"坴"殆即"瓷"的換旁俗字。

袁⁷

【袁】*◎

《王二》平聲元韻:"袁,韋元反,人姓。"

按《古今韻會舉要·元韻》:"袁从口,俗省从厶作袁。"《字鑑》則謂"袁"字《説文》從衣、叀省,字本當作"袁",而以中從口者爲誤。漢碑中經見"袁"字。《越絶書·越絶篇敘外傳記第十九》有隱語云:"記陳厥説,略其有人:以去爲姓,得衣乃成;厥名有米,覆之以庚。"這個隱語裏面暗藏了"袁康"二字,所謂"以去爲姓"即就"袁"字上部而言。"袁"則爲"袁"手寫的變體。《古今韻會舉要》:"袁,又作袁,非是。"《王二》同一小韻"園""猿""轅"等字"袁"旁亦皆從俗作"袁"。

堆⁸

【塠】

《正名要録》"字形雖别,音義是同,古而典者居上,今而要者居下"類:堆堆。《韻字殘卷》:"堆 堆:都回反。"斯 328 號《伍子胥變文》:"飲食 堆 如山岳,列在路邊。"

按:"堆"爲"塠"之省("𠂤"旁俗書多作"目")。慧琳《音義》卷三〇《證契大乘經》上卷音義:"𠂤,都迴反,《聲類》云:𠂤,小塊也。……象形字。經文從止(土)作塠,俗字也。""堆""塠"皆爲"𠂤"的後起形聲字。

堋 [8]

【窻】◎

《王一》去聲嶝韻:"窻,方鄧反,束棺下之。亦作堋。"

按:"窻"爲"堋"的後起換旁字。

堯 [9]

【尭】*◎

《箋注本切韻》一平聲蕭韻:"尭,五聊反。"《王一·蕭韻》:"□(堯),五聊反,商(高)。通俗作尭。"《王二》:"堯,或作尭。"伯 2044 號《真言要決》卷三:"若以滋味美色爲懷,猶乖尭舜養民之道。"

按:《隸辨》載漢《周公禮殿記》"僥"字作"侥",蓋漢代前後"堯"已或省書作"尭"。上揭《箋注本切韻》一蕭韻"僥""膮""曉"等字"堯"旁亦皆從俗作"尭"。又《文選音》:"垅,乃孝[反]。"又《諸雜難字》有"晓(曉)"字,亦其例。

【尭】△*

伯 2314 號《進新譯大方廣佛花嚴經表》:"慧日將舜日俱懸,法雲共尭雲等布。"

按《字鑑》卷二蕭韻:"堯,俗作尭。""尭"字六朝碑刻中已多見。又《略雜難字》有"𪓐"字,"堯"旁亦寫作"尭"形。

埀 [9]

【陞】

《正名要錄》"字形雖別,音義是同,古而典者居上,今而要者居下"類:埀陞。

按:"埀""陞"皆爲"㔲"的後起增旁字。

堤⁹

【堤】◎

《正名要録》"字形雖別,音義是同,古而典者居上,今而要者居下"類:隄堤。《王二》平聲齊韻當稽反:"隄,防。亦作堤。"伯 3836 號《南歌子》詞:"楊柳連堤緑,纓(櫻)桃向日紅。"

按《干禄字書》:"堤隄:上俗下正。"慧琳《音義》卷六七《衆事分阿毗曇論》第五卷音義:"隄隨,論文作堤塘,俗通用字也。"唐代以後"堤"字更爲通行。《説文》别有"堤"字,滯也,與此爲同形字。

塊⁹

【凷】△

《俗務要名林》(斯 617 號)田農部:"塊,團也。苦對反。或作凷。"

按《王一》去聲隊韻:"塊,或作凷。"(《説文》以"塊"爲"凷"之或體)"凷"又爲"凷"的俗寫。

壺⁹

【壺】◎

《箋注本切韻》一平聲模韻户吴反:"壺,酒器。"《王一》:"壺,酒器。正作壺。"《王二》同。

按:"壺""壺""壺"爲隸變之異。《干禄字書》以"壺"爲正字,以"壺"爲俗字。今通用"壺"字,《佛經難字及韻字抄》有"壺"字,當爲"壺"的又一變體。

填¹⁰

【寘】△

《正名要録》"字形雖別,音義是同,古而典者居上,今而要者居下"類:寘填。

按《王二》平聲先韻徒賢反:"填,亦作寘。""寘"當是"寘"的譌俗字。"填""寘"皆見載於《説文》,音義同,後世通行"填"字(今用新字形作"填")。

塗[10]

【途】

《字樣》:"塗,路,泥;途,亦路。"《正名要錄》"字形雖別,音義是同,古而典者居上,今而要者居下"類:塗途。《王一》平聲模韻度都反:"塗,泥。亦作途。途,道。與塗通。"

按:"塗""途"皆爲《說文》"涂"的分化字,在路途一義上"塗""途"爲異體字。

壚[11]

【甋】△

《王二》去聲勁韻承政反:"壚,塯壚。亦作甋。甋,缶器。"("甋"字右旁原卷作"凡"形,乃"瓦"旁的通俗寫法)

按《集韻·勁韻》:"壚,器也。或作甋。""甋"當即"甋"之省變。《漢語大字典》不收"甋"字。

墾[13]

【墾】◎

《佛經難字及韻字抄》載"墾"字。《毛詩音》二:"墾,肯佷。"後例被注字出於《衛風·氓》"信誓旦旦"鄭箋"言其懇惻款誠"句,乃"懇"字音誤。臺圖16號《佛説佛名經》卷七:"今當復次稽墾懺悔人天餘報。"

按《龍龕·土部》:"墾,正;墾,俗。""豸""犭"二旁形義皆近,故俗書多可換用。

【墾】△

《佛經難字及韻字抄》又載"墾"字。俄弗94號《大方便佛報恩經》卷四:"出城觀看,見其耕者,墾土出蟲,烏隨啄吞。"

按:"墾"當是"墾"的俗字。"狠"字俗或用作"貌"的俗字(見《龍龕·豸部》),據之加以回改,則"墾"俗可書作"墾"。參看"懇"字條。

壈[13]

【壈】△

《切韻》殘葉四:"壈,坎壈。盧感反。"

按《王一》上聲感韻："壈，盧感反，坎壈。""壈"即"壈（壈）"的俗字。參看"稟"字條。

壅[13]

【壅】△

《箋注本切韻》二平聲鍾韻於容反："壅，塞。又於隴反。"

按："壅"字又作"廱"，"廱"當是受"壅""壓"的交互影響而形成的俗字（蓋先寫作"㾜"，俗書"广"旁與"疒"旁不分，因又繁化作"廱"）。

壓[14]

【壓】△

《正名要錄》"字形雖別，音義是同，古而典者居上，今而要者居下"類：壓押。北8406（宿 91）號《諸經集要》卷十一："我以惡業故，見狗見烏，或見山壓。"

按："厭"俗字作"猒"（詳"猒"字條），故"壓"字類比寫作"壓"。臺圖19號《大乘入楞伽經》卷五："譬如恒沙，雖苦壓治，欲求蘇油終不可得。""壓"大約是"壓"的早期形式。伯2721號《舜子至孝變文》："交伊舜子淘井，把取大石填壓死。""壓"亦爲"壓"字俗寫，可以比勘。

【押】◎

書證見前。斯2607號《西江月》詞："船押波光遥野（夜）艫（艣），[貪]歡不覺更深。"斯289號佚名詩："戰馬先驅北狄，揚兵後押西戎。"

按：敦煌寫本中"壓"字常寫作"押"。講經文之首有所謂"押座文"者，"押"亦用同"壓"。考慧琳《音義》卷二五《涅槃經》第七卷音義云："治壓：於甲反，《廣雅》：壓，鎮也。經文多作押，非本字也。"同書卷二七《妙法蓮華經》陀羅尼品音義云："墜，……鎮也。……有作押，音甲，《爾雅》：押，轉（輔）也，亦押束也，字從手，……非經義也。"又卷六七《阿毗曇毗婆沙論》第七卷音義云："壓（壓），於甲反，《蒼頡解詁》云：壓（壓），鎮也，笮也。論文作押，《爾雅》：押，輔也，亦束也。押非此用。"儘管慧琳一再說"押"非鎮壓之用，但當時人們習慣用"押"代"壓"卻是事實，無怪乎《正名要錄》要把"押"當作"壓"的"今而要者"了。

壑 14

【𡋛】△

《增字本切韻》殘葉二："𡋛，丘一。"

按："𡋛"爲"壑"字俗寫。可洪《音義》第玖册《大方便佛報恩經》第一卷音義："溝𡋛，呼各反。"被切字亦爲"壑"字俗寫，可以比勘。又《周神智造像》"壑"字作"𡋛"，《唐小石橋碑》作"𡋛"，皆可參。

壘 15

【櫐】△

《正名要錄》"字形雖別，音義是同，古而典者居上，今而要者居下"類：壘櫐。

按："櫐"同"壘"，未聞其例。

壞 16

【壊】△

《箋注本切韻》六去聲怪韻："壊，敗。胡怪反。按籀文作𡫳。"伯2004號《老子化胡經》卷十："門崩戶以壊，學者如浮雲。"斯4571號《維摩詰經講經文》："一塠壊質爲根本，三尺荒墳是去呈（程）。"後例字形略異，蓋手寫的變體，《敦煌變文集》錄作"德"，誤。

按："褱"旁俗書多作"裵"形，參看下文。

【𡫳】△

《箋注本切韻》六怪韻古壞反："𡫳，毀。"《王一》同一小韻："𡫳，毀。亦作攃。"《王二》："𡫳，毀。亦作攃。"伯2004號《老子化胡經》卷十："打銅𡫳像削取金。"

按：《説文》以"𡫳"爲"壞"字籀文，上揭各掃描字皆爲"𡫳"的俗寫。

【攃】◎

書證見前。

按："攃""攃"皆爲"壞"字俗寫。《廣韻》"𡫳"字後云："壞，上同。"而別無"攃"字。疑"攃"實即"壞"的形近譌字。《集韻》："壞，或从手。"殆已不知其爲書寫之譌也。

【劃】△

書證見前。

按:"劃"字未見它書載録,此稱"籀文作",疑即"𣪊"字誤植。

寸 部

專⁸

【專】△*

《五代本切韻》一平聲宣韻:"專,——。職川反。"《王二·仙韻》:"專,職緣反,精。俗作專字。"伯 2019 號《切韻序》:"非是小子專輒,乃述羣賢遺意。"

按《干禄字書》:"專專:上通下正。"《漢韓勑後碑》已見"專"字。① "專"旁俗亦書作"專",如上揭《五代本切韻·宣韻》載"鱄""嫥""膞""篿""塼""鄟"等字,其所從的"專"旁原卷皆作"專",是其例。

對¹¹

【對】△

《王一》去聲隊韻:"對,都佩反,比。本作對。"《王二》同。斯 2073 號《廬山遠公話》:"汝欲見吾之鼓,不辭對答往來。"伯 2418 號《父母恩重經講經文》:"呈線呈針鬭意長,對雞對鳳誇心智。"

按:姜書前例掃描字錄作"到",未契原卷。《干禄字書》:"對對:上俗下正。"慧琳《音義》卷七《大般若波羅蜜多經》第五百四十八卷音義:"對,經文從卄、從至作到,誤也。""對"左側的"荲"即"丵"的俗寫。俗書每有改生僻的或不成字的偏旁爲常見的或成字的偏旁的傾向,故"對"左上部的"业"簡省爲相

---

① "專"字作"專"秦漢簡帛已見,其實早期的甲骨文此字上部也是作後一形,晚期的甲骨文和金文始作前一形。可見作"專"作"專"皆淵源有自。參見劉釗《古文字構形學》第 153—154 頁、梁春勝《楷書部件演變研究》第 314—315 頁(北京:綫裝書局,2012 年)。

近的"艹"旁,而其下的"羊"寫成成字的"至"。《王一》稱"對"本作"對",不確。

　　附按:敦煌寫卷中"對"字確有寫作"剳"的。如伯 3618 號《秋吟》:"珊瑚窗下,剳鳳凰而悮繡鴛鴦。"是其例。"剳"又是"對"的變體。

廾 部

廾

【𠬞】△

《五代本切韻》二平聲冬韻駒冬反："𠬞,竦手。又巨供反。共、舁類從此。"

按："廾"字篆文隸定或作"𠬞","𠬞"即其變體。

弄⁴

【卡】◎

《正名要錄》"正行者楷,腳注稍訛"類"弄(弄)"下腳注"卡"。《禮記音》"𩑶"下注"古卡"反。斯 5574 號《碁經·勢用篇第三》："戲中之雅翫,卡之彌佳,妙理無窮,此之謂也。"後例"卡"字中間略有間隔,或録作"上下"二字,非是。

按《龍龕·雜部》："卡,古文,盧貢反。""卡"蓋"弄"的會意俗字,其字《魏孝文帝吊比干文》中已見,故行均稱之爲"古文"。①

【咔】◎

《俗務要名林》(斯 617 號)聚會部："嫽咔:上郎彫反,下郎貢反。"伯 2609 號"咔"字作"咔"。

按："咔"即"卡"的增旁俗字,而"咔"又爲"咔"的變體。《龍龕·雜部》"卡"異體有作"卡"者,是其比。《碑別字新編》載《隋皇甫深墓誌》"弄"作"咔",亦其證。俄弗 112 號《月上女經》："於虛空内而有無量諸天子等,揚聲大叫,儛咔身

---

① 校按："弄"俗寫作"卡",陳劍以爲是受"箄"異體作"笇""笇"影響產生的俗體,其説見梁春勝《楷書部件演變研究》第 190 頁引。參看本書"箄"字條。

衣,詠歌嘯調。"其中的"哛"亦爲"咔"的俗字,可參。《龍龕·口部》:"咔,音弄,《玉篇》:言也。"接云:"咔,俗;哖,正:音弄,鳥鳴。""咔"顯爲"咔"的變體,行均把"咔""咔"區別開來,疑非的當。

霣⁹

【棄】◎

《王一》去聲未韻云貴反:"棄(霣),草木李(字)。亦作棄。"《王二》同。

按《集韻·未韻》:"霣,或作棄。"

弊¹¹

【弊】

《王一》去聲祭韻:"弊,毗祭反,固。亦作敝,本作㡀。"臺圖 31 號《佛說父母恩重經》:"弊衣破故,父母自着。"

按:《王一》注文"固"疑"困"字之譌。這一意義的"弊"初文作"㡀",又作"敝",而俗書作"弊"。參看下條。

【獘】◎

《字樣》:"獘,正;弊,通用。"臺圖 80 號《大般涅槃經》卷十一:"復於門外更見一女,其形醜陋,衣裳獘壞,多諸垢膩。"

按《玉篇·㡀部》:敝,同㡀,壞也,敗也,極也,頓仆也;或作獘;俗作弊。《干祿字書》:"弊獘:上俗下正。"《廣韻·祭韻》:"獘,困也,惡也,《說文》曰頓仆也。俗作弊。"《說文·犬部》云:"獘,頓仆也。从犬,敝聲。"而別無"獘"字。"獘"當即"獘"字俗省。而"廾"旁隸定或作"大"(《隸辨》卷六:"〈廾〉亦作大,奐、奨〈戒〉等字從之,與從大字無別。"),由之加以回改,則"大"旁亦可寫作"廾"。《隸辨》卷六又云:"從大之字……美或作羙,契或作㓞,皆譌從廾。""弊"亦正是由"獘"譌變而來。"獎"字《說文》本從"犬",俗書從"大"作"獎",又復從"廾"作"獘",與"獘"演變爲"弊"的軌跡正同。顏元孫以"弊"爲正字,可見這個字唐代前後已經約定俗成而成爲正字的一分子了。宋袁文《甕牖閒評》卷四云:"獎字下從大,其從廾者,俗書也,然世皆通用弊字。……獎字下從大,其從廾者,俗書也,然世皆通用爲弊字。"袁氏謂"獘""獎"字下本從大,固非探本之言,但其謂"弊""獘"所從的"廾"爲"大"俗書,則自是確論。

大 部

矢¹

【䇂】△

《五代本切韻》一入聲職韻阻力反:"䇂,傾頭。"

按:"䇂"爲"矢"篆文的隸變字。同韻載"昃(𣅔)"字作"𣅔","稷"字作"稷",可以比勘。

夭¹

【夭】△*

《字樣》載"夭"字。伯 2748 號《古文尚書傳·君奭》:"惟文王尚克修和我有夏,亦惟有若虢叔,有若閎夭。"

按:可洪《音義》第壹冊《大般若經》第三十帙音義:"夭壽,上於少反,一殀,死也,正作殀也,夭屈也。""夭"即"夭"的贅點俗字。《魏元譚妻司馬氏墓誌》已見"夭"字。上揭《字樣》又載"妖""沃"等字,"夭"旁亦增點作"夭"。

【夭】△*

《箋注本切韻》一上聲小韻:"夭,屈。於兆反。"《毛詩音》二:"夭,英驕[反]。"斯 2073 號《廬山遠公話》:"求得人間資財,中路便遭身夭。"

按《干祿字書》:"夭夭:上通下正。"即"夭"的贅增筆畫字。"夭"字六朝碑刻中已見。敦煌卷子中"夭"旁亦常寫作"夭",如"媖""誠""祅""呹"(《箋注本切韻》一平聲宵韻、肴韻)、"沃"(同前入聲沃韻)等皆是。

【夭】△

《王一》上聲小韻:"夭,於兆反,屈。二夭。"斯 318 號《洞淵神咒經》卷七:

"自今以去,故令枉死,妄夭人命者……"

按:前例末二字有誤,疑當作"亦作夭"之類。可洪《音義》第貳拾柒册《高僧傳》第三卷音義:"夭彼,上於小反。""夭"作"夭"漢碑已然。《隸辨》卷三小韻:"夭從丿從大,諸碑皆變作夭,下復作丿。"

失²

【失】△*

《略雜難字》載"失"字。臺圖 39 號《大般若波羅蜜多經》卷五二四:"若退般若波羅蜜多,則爲退失一切白法。"

按《隸辨》卷五質韻:"失,《鄭固碑》:家一所怙。按:即失字。他碑從矢之字亦或作失,相混無別,今俗因之乃變作失。"敦煌卷子中"失"旁亦或作"失"。如《毛詩音》二:"迭,徒結[反]。"即"迭"字。又如"賉""跌""軼""駃"等字(《箋注本切韻》一入聲屑韻)皆是。

夷³

【夷】△*

《箋注本切韻》二平聲脂韻以脂反:"夷,按《説文》從弓聲作此夷,上亦通。"斯 4642 號《文樣》:"鼠投魑魅之鄉,流落蠻夷之國。"斯 1441 號《勵忠節鈔·將帥部》引《漢記》:班超曰:"……蠻夷戎狄,懷鳥獸之心。"斯 4625 號《燃燈文》:"南北蠻夷,共賀來降之望。"

按《魏皇甫驎墓誌》"夷"字作"夷",是其比。《大般涅槃經音》二有"痍"字,音"夷",即"痍""夷"二字。又上揭《箋注本切韻》同一小韻下有"姨"字,即"姨"字,皆可參。

【夷】△*

上揭《箋注本切韻》稱"夷"字《説文》作"夷","夷"當是"夷"手寫之變。伯 2353 號《道德經開題序訣義疏》:"視之不見,名曰夷精也。"

按《唐等慈寺碑》"夷"亦作"夷"。又上揭《箋注本切韻》同一小韻復有"痍""洟""荑""桋""蛦"等字,"夷"旁原卷皆寫作"夷"。

夾⁴

【夹】*◎

《五代本切韻》二入聲洽韻:"夾,古洽反,持一。正作夹。"《王一·洽韻》:"□(夾),俗作夹。"《正名要錄》"本音雖同,字義各別例":"夹,持;挟,檢。"《楞嚴經音義》一:"夹,音甲。"斯 2072 號《珝玉集》馮唐條:"兩木夹足是楚字。"

按:"夾"字《說文》從大夾二人,隸變作"夹"(漢碑已見"夹"字)。上揭《五代本切韻》謂"夾"正作"夹","夾""夹"疑當互乙。俗書"夾"旁亦多作"夹",如"峽""挾""睞"(上揭《五代本切韻》洽韻、狎韻)、"狹"(《佛經難字及韻字抄》)、"蛺"(斯 617 號《俗務要名林》),等等。

奇⁵

【竒】*◎

《切韻》殘葉二:"竒,渠羈反,又居宜反。"《王二》平聲支韻:"奇,通俗作竒。"伯 2292 號《維摩詰經講經文》:"父母聞言道大竒。"

按《字鑑》卷一支韻:"奇,从大从可,俗作竒。餘放此。""大"字小篆異體有作"介"形者(見泰山刻石等,《說文》以爲籀文),"竒"字上部從之(比較"立"字《說文》作"位",上部亦從"大"字異寫)。漢碑中"奇"字或"奇"旁已多寫作"竒"。敦煌卷子亦然。如上揭《切韻》殘葉有"琦""碕"等字,《箋注本切韻》一支韻有"騎""崎""踦""椅"等字,上聲紙韻有"倚""剞""綺"等字,"奇"旁原卷皆寫作"竒"。

奅⁵

【窌】◎

《王一》去聲效韻:"奅,匹貌反,起釀。或作窌。"《王二》同。

按《廣韻》:窌,同奅。《集韻》:窌,通作奅。"窌"字《說文》訓"窖也",用於"起釀"義的"奅""窌"或當以"窌"爲近正。《龍龕·大部》:"奅,匹貌反,起釀也。"又穴部:"窌,正;窌(窌),今:匹貌反,起釀也。又力救反,亦窖也。"則徑以從穴的"窌"爲正字。該書宀部云:"窌,俗,匹貌反。"即"窌"字。《改併四聲篇海》引《川篇》:"窌,音奅,醉起也。"可參。《漢語大字典》把"窌""奅"作爲互不相關的字處理,不妥。

契[6]

【挈】△

《字樣》:"契,正;挈,相承用。"伯 2155 號背《大乘莊嚴論序》:"是則聖人執挈,玄化潛通。"

按《隸辨》卷六偏旁"大"字下云:"從大之字……契或作挈,皆譌從廾。""挈"爲"契"的變體,"挈"則爲"挈"的變體。

【挈】△*

《正名要録》"本音雖同,字義各别例":"挈,持。"《文選音》:"挈,可計[反]。"《禮記音》:"挈,苦結[反]。"斯 289 號背《李存惠墓誌銘并序》:"天列星辰兮必膺(應)賢才,風云挈會兮君臣偶諧。"

按《龍龕·廾部》:"挈,苦計反,一約也。又苦結反,一闊也。""挈"即"挈"的增點俗字。《干禄字書》:"契挈:上通下正。"這裏"契""挈"疑當互乙,"挈"爲"契"之變,"挈"則爲"挈"之變。"契"旁俗亦書作"挈"。《禮記音》:"榹,素結[反]。"《俗務要名林》(斯 617 號):"鯯鯯:上音草(革),下五革反。"皆其例。

奐[6]

【奐】△*

《箋注本切韻》三呼段反:"奐,文彩。按《説文》作奐(奐),大。"

按:"奐"字《説文》從廾、夐省聲(據《説文繫傳》本),隸定作"奐",又作"奐",而"奐"又爲"奐"的增筆俗字。《干禄字書》:"奐奐:上俗下正。"《毛詩音》一:"奐,毛呼乱[反],鄭胡乱[反]。""奐"亦爲"奐"的贅筆俗字。《楞嚴經音義》一:"擾,改。胡段反。"又《正名要録》載"唤""煥""渙"等字,"奐"旁分别從俗作"奐"或"奐"。

奚[7]

【奚】△*

《楞嚴經音義》二:"奚,胡西反,何也。"北 8384(閏 84)號《因緣頌釋》:"瑣瑣文句,奚能了真?"

按《箋注本切韻》一平聲齊韻："奚,胡雞反。""奚"當是由"奚"變作"奚"的過渡環節。斯2144號《韓擒虎話本》："香湯沐浴,改搩衣裝。""搩"爲"摌"的俗字,"奚"旁從之。《龍龕·言部》："諕,今;諿,正:胡禮反,耻辱也。又許懈反,怒言也。"這個所謂的"正"字實爲"諿"的俗字("諿"見《説文》),行均視爲"正"字,可以見出當時"奚"旁作"奚"已經到了約定俗成的地步。

爽[8]

【奭】△

《正名要錄》"正行者楷,脚注稍訛"類"奭"下脚注"爽"。《楞嚴經音義》一："爽,疏兩反。"伯2005號《沙州都督府圖經》"張芝墨池"下有"上柱國張大奭"之名。斯1441號《勵忠節鈔·政教部》："太傅曹奭攝政,時人語曰:曹奭之勢熱如湯,太傅父子冷如漿。"

按《干禄字書》："奭奭:上通下正。""奭"爲"爽"字篆文的隸變字(參段玉裁《説文解字注》),"奭"則爲"奭"的俗字。《字鑑》卷三養韻："爽,俗從四人作奭,誤。"可參。

【爽】△*

《切韻》殘葉四上聲養韻："爽,疏兩反。"《毛詩音》二："爽,山丈[反]。"斯343號《願文》："道器清秀,神儀爽然。"

按:"爽"爲"奭"手寫之變。上揭《切韻》殘葉載"碄""剌""練"等字,《正名要錄》載"駛""鵝"等字,"爽"旁原卷皆從俗作"爽"形。

奩[11]

【奩】△

《王二》平聲鹽韻力鹽反："奩,盛器。"北6470(雲100)號《大般涅槃經》卷二九："以是業緣,得足下平如奩底相。"

按:鏡奩字《説文》本作"籢",後起形聲字作"匳","奩""奩"即"匳"的譌俗字。慧琳《音義》卷四五《優婆塞净行法門經》上卷音義:"匳,經作奩,俗字,非也。"可參。

【奩】△

《正名要錄》"奩"字音"簾"。失名《字書》："奩,力監[反]。"斯525號《搜神記》"辛道度"條:"其盒中後(復)有金枕,度是生人,貪心金枕。"

按《干禄字書》:"盦盇:上俗下正。"慧琳《音義》卷六四《四分尼羯磨》音義:"盇,經從大從品作盦,不成字也。"《隋元公夫人姬氏墓誌》"盇"亦作"盦"。《龍龕·匚部》載"盦"俗作"盇",又爲"盇"或"盒"的變體。今"盒"字通行。

奪[11]

【搩】◎

《正名要録》"正行者雖是正體,稍驚俗,腳注隨時消息用"類"奪"下腳注"搩"。《箋注本切韻》一入聲末韻:"搩,徒括反。"《箋注本切韻》五:"搩,徒活反。"《王一》:"搩,徒括反,失。正作奪。"伯 3873 號《韓朋賦》:"生搩庶人之妻,枉殺賢良。"

按:"奪"字《説文》本作"敚",下從弓,隸變譌作"寸"。慧琳《音義》卷十四《大寶積經》第八十八卷音義:"敚,蔡邕《石經》從寸作奪。"而俚俗以"奪"下部的"尃"不成字又寫作形近的"集"而成爲"搩"。《干禄字書》:"搩奪:上俗下正。"《龍龕·大部》:"搩,俗;敚、奪,二正。"

【𡙻】△

《楞嚴經音義》一:"𡙻,音脱,傾𡙻。"伯 2962 號《張議潮變文》:"收𡙻得馳馬牛羊二千頭匹。"

按:"𡙻"是"搩"受"撩""燎"一類字的影響而產生的增繁俗字。慧琳《音義》卷二二《華嚴經》第二十一卷慧苑音義:"奪字有作此𡙻者,俗也。"

【奪】△

《大般涅槃經音》二:"奪,𡙻。"臺圖 73 號《大般涅槃經》卷六:"如來在世,遮我等利,今入涅槃,誰復當有遮奪我者?若无遮奪我,則還得如今利養。"

按:《漢北海相景君銘》"奪"字有作"𡙻"形的("奪"字金文上部本從雀在衣中,"𡙻"字"隹"上部分即"衣"頭和"雀"頭組合之變),"奪"字的來源或許與這種寫法有關(也可能是受"雚"旁俗寫的影響)。

獎[11]

【奬】△

《切韻》殘葉四上聲養韻:"奬,即兩反。"《箋注本切韻》一:"奬,勸。即兩反。"斯1441號《勵忠節鈔·字養部》："張恂爲常山太守,到任開建學教,獎勸儒術。"

按《玉篇·犬部》："獎,子養切,助也,……今作奘。""獎"爲《説文》本字,俗譌作"奬",而"奘"又爲"獎"的變體(參看"弊"字條)。慧琳《音義》卷七七《釋迦譜》第三卷音義："勸奘,將兩反,《方言》云:秦晉之間相勸曰奘。《古今正字》:勵也,從廾、將聲也。"當時"奘"字之流行,以致人們徑視其爲"正字"了。《楞嚴經音義》一:"奨,一訓。"《略雜難字》亦有"奨"字。"奨""奨"又爲"奘"或"奘"的俗寫。

奭¹²

【奭】△

《字樣》:"奭,失赤反。"

按《集韻》入聲昔韻施隻切:"奭,或作奭。""奭"即"奭"手寫的變體。《王二》同一小韻云:"奭,邵公名。""奭"又爲"奭"的變體。

【奭】△

《正名要録》"正行者楷,腳注稍訛"類"奭"下腳注"奭"。

按:"奭"爲"奭"的俗寫。

【奭】△

書證見上。伯2748號《古文尚書傳·君奭》:"召公爲保,周公爲師,相成王爲左右。召公弗說,周公作《君奭》。"

按:《唐多寶塔碑》"奭"亦寫作"奭"形。

【奭】△

《毛詩音》二:"奭,式石[反]。"

按:可洪《音義》第柒册《佛說孔雀王呪經》上卷音義:"奭翅,上香力反。"《周華岳頌》"奭"亦作"奭"形,是其比。

奲²⁰

【奲】△

《字寶》(伯2717號)上聲:"寬奲,尺者反。又奲。"

按:"奲"後當據斯6204號、伯2058號等重一"奲"字。考《説文·奢部》:

"奲,富奲奲皃。从奢,單聲。"段玉裁注:"俗用嚲字,訓垂下皃,亦疑奲之變也。"《廣韻》上聲馬韻:"奲,寬大也。昌者切。"音義均與"奲"字相合,"奲"當即"奲"的俗體("奲"蓋"奲""嚲"二形交互影響的產物)。

【奲】

書證見上。

按:"奲"蓋"奲"的變體,其字從大從多會意,單聲。

尢 部

尤¹

【尢】*◎

《正名要録》"各依脚注"類"尢"下脚注:"右不須點。"《箋注本切韻》一平聲尤韻:"尢,雨求反。"

按《正字通·尢部》:"尢,尤本字。"《說文》"尤"字本從乙、又聲作"ㄗ",隸定右上部不必加點。後來大概爲免與"尢"(音 wāng)字相亂,故加點作"尤"。《字鑑》卷二尤韻:"尤,于求切,……上有一點,與尢字異,尢音汪。"可參。上揭《箋注本切韻·尢(尤)韻》從"尢"之字"忧""疣""沈""訧"等皆不加點。其中"杗"字下云:"木名。按《說文》尢無點。"

尨⁴

【尨】△*

《箋注本切韻》二平聲江韻莫江反:"尨,犬(犬)。今《説文》單作。"

按:"今《説文》單作"謂《説文》不從犭旁而單作"尨"。"尨"字《説文》從犬從彡,謂"犬之多毛者",楷定以右上側有點作"尨"爲長,"尨"蓋省點字。《廣韻》:"狵,犬多毛。亦作尨。尨,上同。"上揭《箋注本切韻》二同一小韻下別有"厖(厐)""駹""浝""哤""龐"諸字,"尨"旁均不加點。

【狵】△

書證見上。

按《字鑑》卷一江韻:"尨從犬從彡,俗又加犬作狵,非。""狵"又爲"狵"的省點字。

口　部

口

【厶】*

"口"旁的俗寫。《楞嚴經音義》一："𫯴然：以水反。"即"唯然"。《正名要錄》有"箪""負""畣"等字，分別爲"箪""員""畣"的俗寫。斯2073號《廬山遠公話》："直繞（饒）大絹與綾，皆總因他經緯。""絹"爲"絹"的俗寫。

按唐高彦休《闕史》卷上云："進士單長鳴者，隨計求試於春官，日袖狀訴吏云：'某姓單（音丹），爲筆引榜者易爲單（音善）。單誠姓氏之僻，而援毫吏得以侮易之，實貽宗先之羞也。'主司初不諭，久之方云：'方口尖口，亦何異邪？'長鳴厲聲曰：'……明公倘以尖方口得以互書，則台州吳兒乃呂州矣兒也。'主文者不能對。"宋天和子《善謔集》則云唐之進士有姓單者，就試時被有司誤書爲"單"。無論是"单"被書作"單"，還是"單"被書作"单"，都説明俗書尖口方口是不分的。從字形演變的角度來看，無論是音丹還是音善，"單"應爲其較早寫法，"单"則爲"單"的俗字。《佩觿》卷上云"單有都安、上演二翻"，而以"俗別爲单"爲"浮僞"。《復古編》卷上："單，都寒切，又上演切，別作单，非。"單長鳴以音丹的"单"專用於單姓，那只是爲區別於音善的"單"而分化字形的結果。

㠯²

【公】*

"㠯"旁的俗寫。《俗務要名林》（斯617號）舟部："舩，神專反。"又水部："沿，下水。"珍寶部："鉛，年專反。"

按："㠯"旁篆文本作"㠯"，隸定作"㠯"（今作"㠯"爲楷變字）。"㠯"俗書又作"公"。《干禄字書》:"鈆鉛:上通下正。"又注云:"沿、船並同。""合"旁作"公"是方口俗書作尖口的規律在起作用。①參看各有關字頭下。

句²

【勾】*

《箋注本切韻》五去聲候韻古候反:"勾,一檢。"《王二》同一小韻下云:"句,檢一。亦勾。"同書平聲侯韻古侯反:"句,一龍。俗作勾。"伯3931號《書本》:"閑於窗下,尋舊勾以恓(栖)心;悶向庭前,披新牋而豁意。"

按《干禄字書》去聲:"勾句:上俗下正。"《佩觿》卷上:"句有九遇、古侯、古候三翻,俗別爲勾。"《説文》"句,曲也"下段玉裁注:"凡章句之句亦取稽留可鉤乙之意,古音總如鉤。後人句曲音鉤,章句音屨,又改句曲字爲勾,此淺俗分別,不可與道古也。""句"作"勾",也是俗書方口尖口不分的產物。較早的時候,應該是句曲、章句之"句"皆可寫作"勾",後來"勾"專用於勾曲、勾檢之義,纔一分爲二。《俗務要名林》(斯617號)雜畜部:"馬駒:下舉虞反。"又伯2504號《唐天寶間國忌、諸令式等表》:"……其三硤砥定之類,不拘此限。""駒""拘"(音 jū)右旁寫作"勾",可證章句(音 jù)之"句"俗書亦可寫作"勾"。《廣韻·侯韻》:"鉤,曲也。又劍屬。《字樣》句之類並無著厶者。"按敦煌本《字樣》標列"句、鉤、局(局)"等字,與《廣韻》所言相合。但這倒反過來證明當時俗書"句"之類多有寫作"勾"者,《字樣》標列正字,實有糾正俗寫之意。伯2418號《父母恩重經講經文》:"弄狗捻刀,每慮嚙傷之苦。""狗"即俗"狗"字,此亦"句"旁作"勾"之例。

叴²

【厹】△

《王一》平聲尤韻巨鳩反:"厹,地名。在臨淮。亦作吼。"《王二》同。

按:"叴"字《説文》從"口",此從尖口,俗。又"吼"爲"叴"的偏旁易位字,《玉篇》已載。

---

① 校按:"合""公"相亂秦漢古文字已然,近代漢字"合"旁寫作"公"形也許正是承古文字而來。參看梁春勝《楷書部件演變研究》第313—314頁。

叫²

【叫】◎

《正名要録》"字形雖別，音義是同，古而典者居上，今而要者居下"類：嘄 叫。《王二》去聲嘯韻："叫，古弔反，亦嘄。"斯 5437 號《漢將王陵變》："張良聞詔，趨至殿前，拜舞禮中（終），叫呼萬歲。"伯 2718 號《茶酒論》："單醪投河，三軍告醉。君王飲之，叫呼萬歲。"

按《説文・口部》："叫，嘑也。""嘄，吼也。一曰：嘄，呼也。"後一意義的"嘄"與"叫"實爲同字異體關係。又《龍龕・口部》："吅，俗；嘄，正：古弔反，鳴也，遠聲也，亦喚也。與叫同。叫，同上，—喚也。""叫"當是"叫"的俗字。"丩"旁形與"刂"至近，手寫時極易變作"刂"形。上揭《王二》的"叫"，字形就兼於"叫"和"叫"之間。"叫"字六朝碑刻已見。漢碑也已有近似的寫法（參看《隸辨》）。

召²

【㕽】*◎

伯 3697 號《捉季布傳文》："陛下千金招㕽取，必能匡佐作忠臣。"

按《干禄字書》："㕽名召：上俗，中下正。諸從召者準此。"《毛詩音》二有"㕽"字，《毛詩音》一又有"䮻"字，"召"旁皆從俗作"㕽"。上揭《捉季布傳文》的"招"爲"招"字俗寫（文中當讀作"詔"），亦其例。

后³

【㖏】△*

《文選音》："剖，普㖏［反］。"斯 1722 號《毛詩・國風・周南・關雎》序："《關雎》，㖏妃之德也。"又《葛覃》序："《葛覃》，㖏妃之本也。"《卷耳》序："《卷耳》，㖏妃之志也。"

按《龍龕・雜部》："㖏，音后。"即"后"的俗字。《干禄字書》："㖏后：上俗下正。"《八瓊室金石補正》卷二六《隋信州舍利塔銘》："願太祖武元皇帝、元明皇太㖏、皇帝、皇㖏、皇太子、諸王子等……生生世世值佛聞法。""㖏"亦"后"的俗字。"后"旁俗亦作"㖏"。《略雜難字》載"垢"字。又伯 2122 號《悉曇頌》："佛與眾生同體段，本原清净摩（魔）垢散。""垢"皆即"垢"的俗字。後例伯 2204、

3082、3099號三卷正作"垢"字。《時要字樣》(斯6208號):"話,嗔。"即"詬"的俗字。伯3418號《王梵志詩·身事五蔭城》:"總在糞尿中,不解相蛆姤。""姤"則爲"姤(妒)"的俗字。

【舌】*

斯5471號《千字文注》"弔民伐罪"注:"故《書》曰:'待我舌:來其蘇息。'"引文出《尚書·湯誓》:"徯予后,后來其蘇。"或録"舌"與其後的重文符作"舌之"二字,非是。北1980(陽63)號《金光明最勝王經》卷十:"王是父净飯,舌是母摩耶。"

按可洪《音義》第貳拾捌册《甄正論》上卷音義:"之舌,胡豆反,君也,亦作后也。""舌"爲"后"俗字"吞"進一步譌變的結果。俗書"后"旁從之。《時要字樣》(斯5731號):"坵,垢。"斯4583號《悉曇頌》:"本原清净魔垢散。"伯3833號《王梵志詩·讒臣亂人國》:"讒臣亂人國,姤婦破人家。""垢"爲"垢(垢)"的俗寫,"姤"爲"姤(妒—妒)"的俗寫。《龍龕·土部》:"垢,音垢。"即指"垢"爲"垢"的俗字。參看"舌"字條。

吠[4]

【吠】△

《字樣》:"吠,從犮聲,扶廢反。"俄弗96號《雙恩記》:"吠舍釐君聞者事,當時不敢舉干戈。"

按《五經文字》卷下口部:"吠吠:扶肺反,犬聲也。上《説文》,下《字林》。"清王筠《説文解字句讀》:"篆當依《字林》作吠,從口、犮聲。《繫傳》曰'或云從大','大'即'犮'之譌也。"慧琳《音義》卷十四《大寶積經》第八十八卷音義:"吠字《説文》云:犬鳴也,從口、從犬聲也。""犬"字非聲,當爲"犮"聲之誤。"犮""吠(吠)"同爲唇音字,古音皆在月部,可以諧聲(《集韻·廢韻》與"吠"字同屬房廢切小韻的有"髊、鱖、鮁"等字,亦皆從"犮"得聲,可證)。《集韻·廢韻》:"吠,《説文》犬鳴也。或作狒、狓。""狓"蓋從犬、犮聲,爲"吠"的後起换旁俗字,可以比勘。

呈[4]

【呈】△

《正名要録》"正行者楷,腳注稍訛"類"呈"下腳注"呈"。

按:"星"爲"呈"的贅撇俗字。

含⁴

【含】△

《正名要録》"本音雖同,字義各別例":"含,銜;函,容。"俄敦 1362 號《太平興國三年(978)志忍等施寫大寶積經題記》:"十類四生之輩,含靈蠢動之徒,賴此勝緣,咸登覺道。"

按《干禄字書》:"含含:上通下正。"《五經文字》卷下口部:"含,作含非。"《漢武榮碑》已見"含"字。《字樣》:"含舍:二同。""舍"疑爲"含"的誤字。

【唅】△

《禮記音》:"唅,胡闇[反]。"《文選音》:"唅,含。"

按:前例所音經文爲《喪大記》"含一牀"句,後例所音本文爲《聖主得賢臣頌》"羹藜唅糗"句,"唅"爲"唅"的俗寫,"唅"又爲"含"的增旁字。《漢書·貨殖傳序》"唅菽飲水"顔師古注:"唅,亦含字也。"可洪《音義》第拾捌册《善現律毗婆沙》第九卷音義:"唅筒,上户南反,正作含也。"又同書第拾柒册《善現律毗婆沙》下卷音義:"唅飯,上户南反,正作含也。"後例"唅"亦爲"唅"的俗寫,亦即"含"字。上揭《禮記音》上文:"唅:胡闇[反]。""唅"亦"唅"的俗寫。

吻⁴

【脗】△

《王一》上聲吻韻:"吻,武粉反,口吻,亦作脗。"

按:末字左上部不太明晰,當從月(肉);《王二》從日,非義。通行本《説文》"吻"字下載或體"脗",段玉裁注本改作"脗"。故宫舊藏裴務齊正字本《刊謬補缺切韻》同一小韻:"吻,口吻,亦脗。"《玉篇·口部》:唔,"吻"字古文。《漢語大字典》收"脗"而失載"脗"。

吝⁴

【叐】◎

《王二》去聲震韻力晉反:"叐,惜。正作吝。"

按《五經文字》卷下口部:"吝,作叐非。"《廣韻·震韻》:"吝,俗作叐。"《干禄字書》:"吝吝:上通下正。""吝"字《説文》從口、文聲,作"吝"應爲隸書的變體("吝"字《熹平石經》有作"吝"者,當爲"吝"字所由出)。《字鑑》卷四:"吝,俗又作吝,誤。"俗書方口尖口不分,故"吝"俗又書作"丟"。《禮記音》:"丟,良進[反]。"這個字當又爲"丟"的變體。

【悋】

《諸雜難字》載"悋"字。

按《廣韻·震韻》:"悋,鄙悋。本亦作吝。""悋"實爲"吝"的增旁俗字。

【恡】◎

《楞嚴經音義》二:"恡,力震反,惜。"《王二·震韻》:"恡,鄙恡。"斯107號《太上洞玄靈寶昇玄内教經》:"如此之人,慳惜至死,奄欲絶時,猶故恡惜。"

按:"恡"既可説是"丟"的增旁俗字,又可説是"悋"字的俗寫。《龍龕·心部》:"恡恡:二正,良刃反,一惜,貪鄙也。"斯2165號《證道歌》:"無價真,用無盡,隨物應時時不恡。""恡""恡"又爲"恡"的變體。《集韻·稕韻》:"悋,或作恡。"《楞嚴經音義》一:"恡,音藺。""恡""恡"可能是"吝"或"悋"變作"恡""恡"的中間環節。

吴[4]

【吴】△*

《字樣》:"吴,正;吴,□。"《王一》平聲模韻五胡反:"吴,國名。通俗作吴。"《箋注本切韻》同一小韻載"吴"字,形微異。

按:"吴"即"吴"手寫的變體。《漢魯峻碑陰》"吴"字作"吴",可參。上揭《箋注本切韻》又載"琪""琨"等字,"吴"旁從之。

【吴】△*

書證見上。斯328號《伍子胥變文》:"吴王常與楚讎,兩國不相和順,吴與楚國數爲征戰。"

按:《漢敦阮碑陰》已見"吴"字。《隸辨》卷六"矢"字下云:"吴或作吴,亦作吴、吴。與從矢、從失、從夫之字無別。今俗從天作吴,非是。"《隋梁環墓誌》"吴"亦寫作"吴"。《略雜難字》有"誤"字,"吴"旁作"吴"形。

【吴】*◎

《王二·模韻》:"吴,國名,又姓。俗作吴。"斯328號《伍子胥變文》:"不經旬月之間,即至吳國。"

按《字鑑》卷一模韻:"吳,俗作吳。"《夢溪筆談》卷一七《書畫》下云:"古文自變隸,其法已錯亂,後轉爲楷字,愈益譌舛,殆不可考。如言'有口爲吳,無口爲天',按字書,'吳'字本從口從矢,非天字也。此固近世謬從楷法言之。"《三國志·吳志·薛綜傳》載薛綜語:"無口爲天,有口爲吳,君臨萬邦,天子之都。"裴松之注又引《江表傳》載諸葛恪語:"無口者天,有口者吳,下臨滄海,天子帝都。"蓋當時俗已書"吳"爲"吳",故爾云然。《楞嚴經音義》一:"悮,音悟,一,錯悮,下疑悮同。"又云:"誤,音悟。""吳"旁亦從俗作。

吽[4]

【㘬】

《王一》上聲厚韻:"吽,呼后反,牛鳴。亦作㘬。"

按《廣雅·釋詁》:"㘬,鳴也。"《玉篇·牛部》:"㘬,呼口切,牛鳴也。亦作呴。"又口部:"吽,呼垢切,牛鳴也。"王念孫《廣雅疏證》云"㘬、呴、吽並同",是也。

【吽】

上揭《王一》"吽"字下接云:"吽,噑。亦作呴。"《王二》同。

按《廣韻·厚韻》以"吽""呴""吽"爲一字,《玉篇·口部》亦云"吽"同"吽"。《王一》分作二字,不妥。"吽"蓋"吽"的會意字。

呭[5]

【嘰】

《王一》去聲制韻餘制反:"嘰,嘰嘰,樂。或作詍,多言。亦作鴺,鳥飛。並或作洩。"

按《廣韻·祭韻》同一小韻下云:"呭,呭,樂,《説文》曰多言也。亦作嘰。""嘰"爲唐代產生的避諱字。

【詍】

書證見上。

按《玉篇·言部》:詍,同"詍"。"詍""呭"皆見於《説文》,音義同,爲古異體字。"詍"則爲唐代產生的避諱字。

【뾔】

書證見前。

按：" 뾔"字亦作"毗""翍"(" 뾔"疑爲唐代避諱字)，意爲飛貌。其用同"曳"，未聞。

【洩】

書證見前。

按："洩"字《説文》作"泄"，與"呭""詍"音同義通。

咂[5]

【𠵅】△

《正名要録》"字形雖別，音義是同，古而典者居上，今而要者居下"類：𠵅 唼。

按：玄應《音義》卷六《妙法蓮華經》第二卷音義："唼食，古文喋，又作𠵅，同，子盍反。《通俗文》：入口曰𠵅。""𠵅"即"𠵅"的俗寫。今字作"咂"。

【唼】◎

書證見前。

按：慧琳《音義》卷五三《起世因本經》第三卷音義："𠵅，子臘反，《韻略》云：𠵅，入口也。《説文》作嚛（嚌），俗作唼。"又卷六三《根本説一切有部尼陀律》第十卷音義："𠵅，《古今正字》從口、從帀聲也。亦作嚛，經從妄作唼，俗字也。"

咎[5]

【卧】*◎

《王一》平聲豪韻古勞反："卧，一繇。"《王二》同。伯3399號《九諫書》："昔大禹誉九功，卧繇薈九德。"伯2714號《十二時》："下牀開眼是欺謾，舉意用心皆過卧。"

按可洪《音義》第拾玖册《俱舍論》第八卷音義："何卧，巨九反，正作咎。""咎"字《説文》從人從各，爲左右結構（"人"旁在右側）。"人"旁隸變或作"卜"，故"㕤"字隸變作"卧"，又變作"咎"（"臥"字隸變或作"卧"，是其比）。《隸辨》卷三有韻"咎"字下云："《説文》作㕤，從人，碑變從卜，今俗因之。"《字彙補·卜部補遺》："卧，咎字之譌。……案咎字從人從各，各相違，故謂之咎。今從卜，非是。"又《五代本切韻》一平聲豪韻"荅"寫作"荅",《王二》上聲小韻"欲"作"欲""猶"作"猶",晧韻"橙"作"橙","咎"旁皆作"卟"。

【各】△

《箋注本切韻》一有韻巨久反:"各,罪。"《箋注本切韻》四"咎"亦寫作"各"。《楞嚴經音義》一:"各,音舊。"《毛詩音》二:"各,其久[反]。"斯 1441 號《勵忠節鈔·薦賢部》:"晉文侯問於各犯曰……"

按《干祿字書》:"各咎:上通下正。""各"應爲"咎"字俗省。馬王堆漢墓帛書及武威漢簡中即已見類似寫法。

哉[6]

【㦲】△

《切韻》殘葉二咍韻祖才反小韻收"㦲"字。《王二》同一小韻下云:"哉,詞。俗作㦲。"伯 3882 號《孔子項託相問書》:"夫子答曰:善㦲!善㦲!"

按:漢碑中已多見"㦲"字。慧琳《音義》卷一百《肇論》下卷音義:"哉,俗作㦲。"

【裁】△

《字樣》收"裁"字。伯 2140 號《佛說梵摩渝經》:"其坐禪定,燋然无想,……心寂然裁。"

按:"裁"左下側的"夕"即"㦲"相同部位部件"ク"的增筆字。六朝碑刻中已多見"裁"字。

員[6]

【骨】*

"員"旁的俗寫。《箋注本切韻》一入聲緝韻:"緝,續。七入反。二。眥,修一。"《文選音》:"戢,側立[反]。"又云:"揖,一入[反]。"斯 2056 號《捉季布傳文》:"母解緝麻居村墅,父能牧放住鄉村。"

按《干祿字書》:"緝緝:上俗下正。"《五經文字》卷上手部:"揖,一入反,從員。作揖訛。""員"旁作"骨"漢碑已然。參看《隸辨》卷五緝韻。又"胥"字及其偏旁俗亦書作"骨",與"員"旁俗寫相混無別,應注意分辨。參看"胥"字條。

哂⁶

【欥】◎

《王一》上聲軫韻式忍反:"哂,笑。亦作欥、𣪘。"

按:"欥"字《敦煌掇瑣》、潘書、周書等皆錄作"欥",未契原卷。《龍龕·欠部》:"欥,俗;吹,正:音引,笑不壞顏也。又古文哂字。"《集韻·軫韻》:"吹,或作哂。""欥"即"吹"的譌俗字。《改併四聲篇海·欠部》引《類篇》:"欥,音欠。""欥"疑又爲"吹"的贅點字,《改併四聲篇海》音"欠",蓋據右旁而望形生音,殆誤。

【唉】△

上揭《王一》的"𣪘"口旁似在中間,兹從《敦煌掇瑣》錄定作"唉"。

按:"唉"蓋從口、弜聲的俗字,它書未見。《王二》"哂"下云"亦作吲","弜"聲即"引"聲(《說文》云"弜"從矢、引省聲)。

咢⁶

【愕】△*

"咢"旁的俗寫。《略雜難字》載"腭""愕"等字,《文選音》亦載"愕"字。

按可洪《音義》第貳拾伍册《一切經音義》第七卷音義:"圻愕,五各反。""愕"乃"咢"字俗寫。《魏奚真墓誌》"愕"已書作"愕"。

咽⁶

【咽】◎

《王二》平聲先韻烏前反:"咽,咽喉,亦作咽。"北敦 14666 號《李陵變文》:"逢水且須和麨喫,逢冰莫使咽人喉。"

按:"因"旁俗書或作"曰",故"咽"字俗作"咽"。後例"咽(咽)"同"噎"。《廣韻》入聲屑韻:"噎,食塞。又作咽。"《龍龕·口部》:"噎,烏結反,食不下。或作咽。"參看"因"字條。

哀⁶

【哀】△

《箋注本切韻》一平聲哈韻:"哀,烏開反。"伯 2418 號《父母恩重經講經文》:"三年乳哺誠堪嘆,十月懷躭足可哀。"

按:"宀"旁手書多連筆作"冖"形,故"哀"寫作"哀",又變作"哀"。

【哀】△

《楞嚴經音義》一載"哀憖"字。《佛經難字及韻字抄》載"哀"字。《禮記音》:"哀,烏才[反]。"後二字形微異。俄敦 3867 號《孝經注》:"□□(喪則)致其哀。"

按:"哀"爲"哀"的繁化俗字。

咨 6

【諮】◎

《箋注本切韻》二平聲脂韻:"咨,即脂反,與諮同,《説文》:謀事也。"

按:"諮"爲"咨"的後起增旁字。

員 7

【貟】*◎

《正名要錄》載"貟(員)"字。伯 2032 號《净土寺食物等品入破曆》:"義貟粟壹碩伍㪷。"

按:俗書方口尖口不分,故"員"俗作"貟"("員"字甲骨金文及戰國文字大抵從○,《説文》誤以爲口聲)。《字鑑》卷二僊韻:"員,俗作貟。"漢碑已見"貟"字。又《字樣》"圓"作"圓"。《切韻》殘葉四有"隕""損"等字,"員"旁皆寫作"貟"。

呎 7

【吚】△

《王二》上聲銑韻胡繭反:"呎,小兒歐乳。亦作吚。"

按《集韻·銑韻》:呎,或作吚。《正字通·口部》:"吚,俗呎字。""吚"又爲"吚"字省變。《王一·銑韻》:"□(呎),小兒歐乳。亦作吚。"末字右上部原卷略有濾漫,但第一筆作横畫,右下部作"丌"形,原字應是"吚";《敦煌掇瑣》、姜書等皆録作"听",殆誤。

哭⁷

【哭】△

《時要字樣》(斯 5731 號)：" ，啼。"伯 2553 號《王昭君變文》："地上築墳猶未了，泉下惟聞叫 聲。"

按："哭"字隸變或省點作"哭""哭"等形(前一形見《漢侯成碑》)；"哭"右上側的"口"代之以重文符號，即變作"哭""哭"等形。《干禄字書》："哭哭：上俗下正。"《五經文字》卷下口部：" ，從犬從吅，吅音喧，作 訛。"可參。

喊⁸

【欰】◎

《王一》入聲屋韻於六反："喊，聲。又呼麥反。或作欰。"又麥韻呼麥反："喊，聲。又於六反。或作欰。"

按《説文·欠部》："欰，吹气也。从欠，或聲。"《方言》卷十三："喊，聲也。"《原本玉篇殘卷·欠部》："欰，呼麥、於陸二反，《説文》吹氣也。《字書》亦喊字也，喊，聲也，在口部。"宋本《玉篇·口部》："喊，呼麥、於六二切，聲也。或作欰。""喊"蓋指吹氣之聲，當是"欰"的換旁字。《廣韻》以下韻書、字書皆"喊""欰"分立，作完全不同的字處理，實誤。

唱⁸

【誯】

《王二》去聲漾韻："唱，昌亮反，發歌。亦作誯。"

按《原本玉篇殘卷·言部》："誯，充向反，《字書》：或唱字也。"即"唱"的換旁俗字。

售⁸

【隹】△

《時要字樣》(斯 6208 號)：" ，賣。"

按：俗書方口尖口相亂，故"售"俗或書作"雋"，而"隹"又爲其變體。

【䲀】△

《佛經難字及韻字抄》載"䲀"字。《王一》去聲宥韻承秀反："䲀,賣去。"《字寶》(斯6204號)："賣不䲀受。"斯610號《啓顏錄》昏忘類："數迴牽入市,三朝賣不䲀。"斯811號《永書》："貧不自資,所以求䲀朱門。"

按《干祿字書》："䲀售:上俗下正。"慧琳《音義》卷四《大般若波羅蜜多經》第三九八卷音義："䲀,經文從厶作䲀,非也。《今古正字》從隹從口。""䲀"爲"售"或"䲀"的繁化俗字。

唸⁸

【欼】◎

《王一》去聲㮇韻都念反："唸,呻唸。亦作欼。"

按："欼"左旁原卷作"𠂔",爲"氐"旁的俗寫,加以楷定即爲"丘"。"氐"旁俗書多有寫作"丘"形的。《漢語大字典·欠部》"欼"字下引《改併四聲篇海》及《字彙補》音都念切,義未詳。據上揭韻書,可知"欼"即"唸"的俗字。

附按:《王二》"唸"字下云"亦作吹"。《集韻·脂韻》以"吹"爲"呎"字或作。以字形審之,當以後説爲是。

啖⁸

【噉】◎

《正名要錄》"字形雖別,音義是同,古而典者居上,今而要者居下"類:啖噉。《切韻》殘葉四上聲敢韻："噉,噉食。或作啖。徒敢反。"《楞嚴經音義》一："啖,喫。與噉同。"斯4081號《授三皈八戒儀軌》載列"噉人羅刹""閻羅天子"等名目。

按:慧琳《音義》卷五四《治禪病秘要法經》音義："啖,談覽反,《廣雅》云:啖,食也。《説文》從口、炎聲。……經作噉,俗字也。"但同書卷五七《佛説弟子死復生經》音義則云："噉,《廣雅》云:噉,食也。《説文》:噉,噍也,從口、敢聲。"卷七《大般若波羅蜜多經》第五三九卷音義亦云："噉,《古今正字》云:噉,食也,從口、敢聲也。《説文》:噉,噍(嚼)也。或作啖,或作啗,並同。"唐趙璘《因話録》卷五亦云:"噉字是正也,著兩火俗也。"考今本《説文·口部》有"啖"無"噉",其"啖"字下云:"啖,噍啖也。从口,炎聲。一曰噉。"段玉裁注謂"蓋《説文》本作噉",近是。

【朕】◎

《王一》去聲闞韻徒濫反:"朕,或作啖。相飲。"

按:"朕"蓋"啖"的換旁俗字。

啟⁸

【启】◎

《王二》上聲薺韻:"啓,康禮反,開。俗作启。"斯 328 號《伍子胥變文》:"子胥启吳王曰……"

按《干祿字書》:"启啓:上通下正。""啓"作"启"漢碑已見其例,改户爲石,乃隸書之變("啓"字《説文》篆文從攴,但甲骨文皆從又,爲"启"所本),《龍龕·口部》以"启"爲"古"體。

喪⁹

【𠷔】△

《正名要録》"正行者楷,腳注稍訛"類"𠷔"下腳注"𠷔"。《王二》平聲唐韻息郎反:"喪,亡。字或從哭、亡。"北 6284(珠 97)號《大般涅槃經》卷一:"時諸夫人不果所願,心懷愁惱,自拔頭髮,椎胸大哭,猶如新𠷔所愛之子。"

按可洪《音義》第拾捌册《阿毗達磨發智論》第二卷音義:"殞𠷔,上云憋反,下桑浪反。""𠷔"爲"喪"字篆文的隸定字,"喪"爲隸變字。

【㐮】△

書證見前。北 8391(宇 4)號《最上乘論》:"莫使三世虚度,枉㐮功夫。"

按可洪《音義》第貳拾柒册《續高僧傳》第五卷音義:"遠㐮,桑浪反。"又同書第貳拾肆册《開元釋教録》第一卷音義:"㐮女,上桑浪反。""𠷔"字俗書或變體作"㐮""㐮"等形,"㐮""㐮"又爲其簡俗字,猶"喪"俗又省作"丧"。《王二·唐韻》息郎反小韻"𩢴"字寫作"𩢴","㐮"即"㐮"。

【𠁣】△

《禮記音》:"𠁣,息浪[反]。"伯 2999 號《太子成道經》:"𠁣主答曰:此是死人。"

按:慧琳《音義》卷二《大般若波羅蜜多經》第一百二卷音義:"䘮,俗作𠁣,非也。"同書卷三《大般若波羅蜜多經》第三一二卷音義:"嬰,經中作喪,或作冟,皆訛謬也。"

喊⁹

【嗌】◎

《王一》去聲闞韻:"喊,可(呵)。又工覽反。亦作嗌。"《王二》同。

按:"嗌"爲"喊"的改易聲旁字。

喟⁹

【匄】△

《王一》去聲怪韻苦壞反:"敏,大息。亦作匄。"

按:"敏"同"喟"。末字原卷不甚明晰,姜書録作"匄",《王二》作"匄",後者較合。然"匄""匄"皆未見它書載録。考《玉篇·勹部》云:"匄,口怪切,太息也。或作敏、喟。""匄""匄"當即"匄"的變體。

單⁹

【单】*◎

《王二》平聲仙韻市連反:"單,一于。"俄弗51號《妙法蓮華經》卷五:"单己无眷屬,樂於獨處者。"

按:前書同一小韻下有"蟬""蟬""禪"三字,"單chán"旁皆寫作"单";而同書寒韻都寒切小韻"單dān"及其從"單"旁的"禪""鄲""簞"等字則一概作"單",似有區別字音的意義。《干禄字書》:"单單:上俗下正。"《字鑑》卷一寒韻:"單,都寒切,一,複之對。上從吅,音喧。一又音善,姓也。俗書姓作单以別之,非也。"俗書方口尖口不分,故"單"字作"单"顯然是俗書所致。但後來作"单"作"單"讀不同的音,俗字與正字分化了。不過民間俗寫并不受此限,不同讀音的"單"仍一皆可簡寫作"单"。參看"口"字條。

【𥜌】*◎

伯3666號《燕子賦》:"伊且𥜌身獨手,樓(嘍)我阿莽孽斫。"

按《禮記音》:"𥜌,唐蘭[反]。"又云:"禪(憚),徒旦[反]。""單"旁皆從俗作"𥜌"。上揭《燕子賦》下文:"燕子𥜌貧,造得一宅,乃被雀兒強奪。""𥜌"又爲

"罩"的俗寫。

㗜⁹

【咮】

《王一》入聲屋韻之竹反："㗜，呼雞聲。亦作咮。"

按："咮"爲改易聲旁俗字。《王二》右部作"朶"形，誤。

喬⁹

【髙】*◎

《五代本切韻》一："髙，木高。又姓。巨憍反。喬，正字。"《王一》平聲"驕"字下云："喬，通俗作髙。"《王二》平聲宵韻："喬，奇驕反，木高。通俗作髙。"《禮記音》有"髙"字，下注音"驕(驕)"。伯3636號《類書》引《説苑》："子産，姓公孫，名髙，周時鄭國相也。"伯2832號《書儀》："捨巨髙(喬—橋)之粟，振給軍幕。"

按："喬"字或"喬"旁作"髙"漢碑已然。《隸辨》卷二宵韻"髙"字下云："《説文》作喬，從夭折之夭，碑變從犬，或從ナ。""喬"字古文字有從又從高的寫法，而"又"旁隸變或作"ナ"(右、有、灰等字從之)，"髙"應即這種寫法的"喬"的隸變形；而上部從夭的寫法則東漢始見。敦煌卷子中"喬"旁亦多從俗作"髙"。如《楞嚴經音義》一："㜮，憍之上聲呼。"《毛詩音》一："蹻，其略反，《説文》云：行舉足高也。"《正名要録》"本音雖同，字義各別例"："髙，木；槁，梁；僑，寄。"皆其例。又前揭《五代本切韻》巨憍反及舉喬反、□遥反小韻"喬"旁字凡數十見，"喬"旁皆寫作"髙"。周書、姜書等"髙"旁或録作"喬"，實誤。

【髙】△*

《正名要録》"正行者楷，腳注稍訛"類"喬"下腳注"髙"。

按可洪《音義》第拾壹册《十住婆沙論》第二卷音義："髙曇，上巨憍反。""髙"爲"髙"的變體。《佛經難字及韻字抄》有"㜮"字。又伯2025號《大般若波羅蜜多經》："如是如是，憍慢轉增。""喬"旁從之。《魏元遵墓誌》"橋"作"橋"，亦其比。

【喬】△

書證見前。

口　部　385

按："喬"即"喬"的贅筆字。《干祿字書》："髙喬：上俗下正。"其中的正字加點作"喬"，是其比。

【喬】△*

《正名要録》"本音雖同，字義各別例"："喬，高；嶠，嵩。"伯 2155 號背《大乘莊嚴論序》："遷柰苑之喬枝，入祇園之隩室。"

按可洪《音義》第拾壹册《大乘莊嚴經論》序文音義："喬枝，上巨憍反，高也。""喬"即"喬"的省畫字。漢碑中有書"喬"作"喬"的，可參。"喬"字及"喬"旁作"喬"六朝碑刻中已見。

善⁹

【善】△

《王二》上聲獮韻："善，常演反，今亦作善，正作譱。"伯 2005 號《沙州都督府圖經》祥瑞"白雀"條："唐咸亨二年，有百姓王會昌於平康鄉界獲白雀一雙，馴善不驚，當即進上。"

按："善"字《説文》從誩、從羊作"譱"，隷省作"善"，再省作"善"。《隷辨》卷三獮韻"善"下云："《靈臺碑》'君子善之'，《孫叔敖碑》'去不善如絶紀'，皆省善爲善。"伯 2292 號《維摩詰經講經文》："我昔時，因勸善，爲兜率天王及從眷。"伯 2305 號《解座文彙抄》："戀西施，暮（慕）月面，多傾美容生敬善。""善""善"又爲"善"的變體。

喧⁹

【誼】

《正名要録》"字形雖別，音義是同，古而典者居上，今而要者居下"類：誼喧。《箋注本切韻》一平聲元韻況袁反："喧，喧譁，大語。或作誼。"

按《説文・吅部》："吅，驚嘑也。讀若讙。"徐鉉校："或通用讙。今俗別作喧。""喧""誼"皆爲"吅"的後起形聲字。

嗜¹⁰

【咶】

《王一》去聲至韻："嗜，常利反，欲。亦作咶、餙、腊、醋。"

按《玉篇·口部》以"哧"爲古文"嗜"字。蓋改易聲旁字。

【饈】

書證見前。

按《原本玉篇殘卷·食部》："饈,視利反,《字書》:亦嗜字也。"希麟《續音義》卷六《大寶廣博樓閣善住祕密陀羅尼經》卷下音義:"嗜,又作饈,同。"

【䐑】

書證見前。

按《玉篇·肉部》:"䐑,時至切,俗嗜字。"慧琳《音義》卷四八《瑜伽師地論》第三十九卷音義:"嗜,又作䐑、饈二形,同。"同書卷八十《開元釋教錄》第九卷音義:"嗜,從口、耆聲,從目者非也。"從"目"的"䁽"當是"䐑"的變體。《龍龕·肉部》:"䐑,俗,常利反。""䐑"即"䐑"字俗寫。

【醭】

書證見前。

按《玉篇·酉部》:"醭,視利切,亦作嗜。""醭""䐑""饈"皆爲"嗜"的改換形旁俗字。

【嗜】△

《正名要錄》"各依腳注"類"嗜"下腳注"從㫖"。

按:"㫖"爲"旨"的俗寫,故"嗜"即"嗜"字。"嗜"字《說文》從口、耆聲;"耆"字則從老省、旨聲;《廣韻》標目字作"耆","老"旁不省,故"嗜"就是從不省"老"的"耆"聲。慧琳《音義》卷八五《辯正論》第二卷音義:"嗜,從旨。"可參。

【嗜】△

《正名要錄》"正行者楷,腳注稍訛"類"嗜"下腳注"嗜"。北7664(來64)號《普賢菩薩說證明經》:"若有索酒索肉鬼,若有嗜酒嗜肉鬼。"

按《干祿字書》:"者者:上俗下正。""者"俗寫作"者",相應地,"嗜"字俗書便寫作了"嗜"。

嗇 10

【嗇】△*

《字樣》載"嗇"字。伯2420號《老子德經》:"治人事天,莫若嗇。夫唯嗇,是謂早服,早服謂之重積德。"

按可洪《音義》第貳拾伍册《一切經音義》第四卷音義："啬夫,上所側反。"《字樣》上文有云："牆墻:二同。"即"牆"字。即此,可以推知"啬"即"嗇"的俗字。《毛詩音》一："稼穡:鄭作家啬。"即"稼穡"。"嗇"字及"嗇"旁作"啬"漢碑已然。参看《隸辨》卷五職韻。

【啬】△*

《增字本切韻》殘葉二所力反小韻："啬,愛。"《禮記音》"啬"字下注音"色"。《佛經難字及韻字抄》亦有"啬"字。

按:"回"字俗書作"囬"(参"回"字條),故"啬"字俗又作"啬"。《佛經難字及韻字抄》又載"憎"字,《毛詩音》二有"稼穡,山力[反]"條,《俗務要名林》(伯2609號)舟部有"艢,帆竿。秦羊反"條,上揭《增字本切韻》殘葉二所力反小韻又有"歡""轖""薔"等字,"嗇"旁原卷皆從俗作"啬"。《略雜難字》又載"穡"字,《文選音》亦載"穡"字,音"色",當即"穡"字。其右旁作"啬"當又爲"啬"的變體。"嗇"字及其偏旁作"啬"漢碑已然。

嗅[10]

【齅】

《楞嚴經音義》一："齅,許救反,鼻取氣,或從口,或從半死,並俗。"伯2224號《金光明最勝王經》卷五末所附經音："齅,許救[反]。"

按:上揭掃描字可楷定作"齅",當是"齅(齅)"字涉左旁"鼻"而赘增一"田"形部件。後例經音之前所載伯2224號《金光明最勝王經》卷五經文云："鼻根恒齅於香境,舌根鎮嘗於美味。"即卷末經音所出,其中的"齅"乃"齅"字涉左旁"鼻"而同字類化,可以比勘。

【嗅】

《字樣》："齅,正;嗅,相承用。"

按:上揭《楞嚴經音義》一謂標目字"或從口",亦指"嗅"字而言。《五經文字》卷上鼻部："齅嗅:上《説文》,下經典相承隸省。"慧琳《音義》卷十四《大寶積經》第八十九卷音義："齅,休救反,《説文》:以鼻就臭曰齅。……經文從口作嗅,非也,不成字。"後世"嗅"字通行。

【齅】◎

上揭《楞嚴經音義》一謂標目字俗"或從半死",即指"齅"右下半俗書作

"死"而言。

按："臭"字俗作"皋"（参"臭"字條），故"齃"俗書作"齃"。《龍龕·鼻部》："齃，俗；齃，正。"其字左側"鼻"即"鼻"旁的俗寫。

嗥¹⁰

【嗷】△

《箋注本切韻》一平聲豪韻胡刀反："嗥，熊虎聲。又作嗷。"北8206（裳33）號《父母恩重經》："一切衆生聞經歡喜，發菩薩心，嗷哭動地。"

按："嗷"即"嗥"字，"嗷"又爲"嗥"的異體。"皋"字秦漢早期簡帛文字只作"睪"，作"皋"的寫法是西漢以後在"睪"的異體的基礎上改造而成的（參看劉釗《古文字構形學》第181—186頁）。但"皋"字產生後，喧賓奪主，"睪"反倒被看作了俗體。《顏氏家訓·書證》篇謂當時俗字"皋分澤片"，即指"皋"旁俗作"睪"而言。《干禄字書》："睪、皋（皋）：上俗下正。"亦可参。相應"嗷"字亦被視作"嗥"的亦作或體。希麟《續音義》卷三《新譯十地經》第四卷音義："嗥，亦作嗷字也。"又《龍龕·口部》："嗷，音毫。"實即"嗥"的俗字。《魏奚真墓誌》"嗥"字作"嗷"，是其比。《漢語大字典》"嗷"字下引晉郭璞《咸巫山賦》："禽鳥栖陽以晨鳴，熊虎窟陰而夕嗷。"這個"嗷"正是"嗥"的異體，《大字典》讀作 yì，大謬。

【獋】

《王一》："嗥，熊虎聲。亦作獋。"

按："獋"字或作"獋"，即"嗥"的換旁字。

【呺】◎

《王二》："嗥，亦作呺。"

按《集韻·豪韻》："呺，風聲。"即"號"字别構。"嗥""號"音同義通。參看虍部"號"字條。

嗤¹⁰

【欶】△

《王一》平聲之韻赤之反："嗤，笑。亦作欶。"

按："嗤"或體作"欶"，"欶"即"欶"的變體。

嗎[11]

【㖞】△

《王一》平聲仙韻："嗎,許延反,笑。亦作㖞。"《五代本切韻》一許乾反："嗎,一,笑貌。亦作㖞。"

按："㖞"爲"嗎"的俗寫。《方言》卷十三："㖞,樂也。"郭璞注："㖞㖞,歡貌。"《廣雅·釋訓》："嗎嗎,喜也。""㖞""嗎"音義皆近,蓋即一字異寫。《廣韻》分作二字,不妥。《集韻》云"㖞,或作嗎",是也。

嘉[11]

【赱】△

《禮記音》："赱,[音]假。"伯2237號《亡考文》："厥今坐端齋主、至孝等銜悲茹毒者,奉爲某七功德之赱會也。"

按:前例所音經文爲《中庸》"詩曰:嘉樂君子"句,"赱"即"嘉"的簡省俗字。《齊柴季蘭卅餘人造像》有同形。

嗽[11]

【嗽】

《王一》入聲覺韻所角反："欶,口噏。字作嗽。"

按:口噏字《説文》作"欶",從欠,束聲,"嗽"爲其增旁俗字。慧琳《音義》卷五三《起世因本經》第三卷音義："嗽,色捉反,《韻略》云:欶,口翕(噏)也。正作嗽。"慧琳以"嗽"爲正,説明當時"嗽"已取代"欶"而成爲通行用字。

嗾[11]

【嗟】◎

《王一》平聲侯韻速侯反："嗾,使犬。又桑豆反。或作嗟。"同卷去聲候韻蘇豆反下亦云："嗾,或作嗟。"

按《龍龕·口部》："嗟,或作;嗾,正。""嗟"蓋"嗾"的後起異體字。

【遦】△

《王一》上聲厚韻蘇后反："嗾,使狗聲,亦作遦。"《王二》同一小韻"嗾"下所載異體同。

按:"遭"當爲"嗾"的偏旁易位字。

【簌】△

《王二》平聲侯韻束侯反:"嗾,使犬。又桑苟反。或作簌。"

按:"簌"下部即"造"字別構(《集韻·晧韻》:"造,古作趚。"),"簌"蓋"嗾"的換旁俗字。

嘲¹²

【謿】

《正名要錄》"字形雖別,音義是同,古而典者居上,今而要者居下"類:謿嘲。

按:"謿""嘲"皆不見於《説文》,《説文新附》收"嘲"字。慧琳《音義》卷七五《修行道地經》第四卷音義:"嘲,古文謿,今作嘲,又作啁,同。"同書卷八一《南海寄歸內法傳》第一卷音義則以"謿"爲俗字。

嘼¹²

【嘼】△

《王一》去聲宥韻許救反:"嘼,嘼產。正嘼。俗作畜。"

按:"嘼"字《説文》篆文上部本作"㔿",象獸耳朵之形,隸變作"叩"和"凹"。

【畜】◎

書證見前。同書"畜"字下云:"許救反,養。又許郁反,又丑六反,聚。通作嘼產,俗。"《王二·宥韻》"嘼"字下云:"畜產。亦作畜。"

按:牲畜之"畜"字本作"嘼",而"畜"爲"蓄"之初文。後以"畜"代"嘼",乃增旁作"蓄"以表蓄積之"畜",而"嘼"則被用作"獸"之簡體。

嘴¹³

【觜】◎

《箋注本切韻》一上聲紙韻:"觜,即委反,或作柴。"《王二》:"柴,即委反,鳥喙。或作唻。通俗作觜。"伯3835號《百鳥名》:"山鵲觜紅得人愛。"

按：慧琳《音義》卷六三《根本説一切有部尼陀律》第十卷音義："觜，醉髓反，《考聲》云：觜，鳥口也。……《説文》從束、此聲(泉按：今本《説文》作從此、束聲)。束音次。律文從角作觜，俗字也。""嘴"字較早用"觜"字，稍後亦借用"觜"，大約唐代以後又增旁作"嘴"。慧琳《音義》卷三九《不空羂索經》第八卷音義："觜，醉髓反，《字書》云：觜，鳥口也。正作觜，《説文》從此、束聲。或作喍、嘴。"又希麟《續音義》卷八《根本説一切有部毘奈耶藥事》第二十卷音義："觜，即委反，《埤蒼》作觜，《説文》同，鳥喙也。律文從口作嘴，字書無此字。"

【觜】△

書證見前。伯 2167 號《正法念處經》卷六："有焰觜鳥，分分攫斷，令如芥子。"

按："觜"即"觜"字。俗書"束"旁與"朿"旁相亂，故"觜"俗書作"觜"。慧琳《音義》卷十一《大寶積經》第八卷音義："觜，從此；朿，七賜反，聲也，今經文從束，訛也。"

【喍】△

書證見前。

按："喍"爲"喍"字俗誤。《玉篇·口部》："喍，或作觜。""喍"爲"觜"的換旁俗字。

【嶲】◎

《正名要録》"字形雖別，音義是同，古而典者居上，今而要者居下"類：觜嶲。

按："嶲"當是"嶲"手寫的變體。《龍龕·口部》：嶲、嶲，俗，即委反，正作觜(觜)、觜二字，鳥喙也。"嶲"又爲"嶲"的俗寫(比較"雋"俗字作"隽")。慧琳《音義》卷四六《大智度論》第十八卷音義："觜(觜)，或作嶲。論文作嶲，檢諸經史，無如此字。""嶲"字同。

器 13

【噐】◎

《正名要録》"各依脚注"類"噐"字下脚注"從工"。斯 6537 號《劍器詞》："劍噐呈多少，渾脱向前來。"

按《干禄字書》："噐器：上通下正。"《玉篇·品部》：噐，同"器"，俗。《五經文字》卷中犬部:"器,作噐訛。"據《説文》,"器"本象器皿之形,犬所以守之,爲會意字;俗書易"犬"爲"工",蓋指器皿與工匠有關,故"噐"當是字形譌變形成的會意俗字("犬"旁俗書與"大"旁形近相亂,"大"旁俗書又或譌寫作"工",如"因"俗字作"回"之比,故"器"字俗書可譌變作"噐")。"噐"字漢碑已見。

唸¹³

【鮱】◎

《王一》平聲鹽韻語廉反:"唸,魚喁。又魚儉反。或作鮱。"又上聲琰韻魚儉反:"唸,魚喁上下白。亦作鮱。""魚喁上下白"句《王二》"魚檢反"小韻作"魚口喁上下皃(皃)""白"當是"皃"之譌字。

按《説文新附·口部》:"唸,唸喁,魚口上見也。从口,僉聲。""鮱"即"唸"的換旁俗字。

嚏¹⁴

【䶊】△

《王一》去聲霽韻都計反:"嚏,氣歕。亦作䶊。"

按:"䶊"即"䶊"的俗寫(參看"鼻"字條)。《玉篇·鼻部》:"䶊,本作嚏。"

嚂¹⁴

【憛】◎

《王一》去聲闞韻盧瞰反:"嚂,食。或作憛。"《王二》同。

按《玉篇·口部》:"嚂,貪也。"《集韻》平聲談韻盧甘切:"憛,貪憛,嗜也。或从口。""貪"與"口"有關,也與"心"有關,故從口從心其義一也。上揭《王一》的"食"疑爲"貪"字形誤。《廣韻·闞韻》盧瞰切:"憛,貪也。"又云:"嚂,食貌。"分"憛""嚂"爲二字二義,實誤。

嚴¹⁶

【嚴】△

《正名要録》"正行者楷,脚注稍訛"類"嚴"下脚注"嚴"。伯2392號《本際經》卷一:"千百二官君、將軍騎史,一時嚴裝,往到其國。"

按："嚴"中間的"厂"古文字有寫作"︿"形的，"嚴"就是這種寫法的古文字的隸定字。漢碑中"嚴"字及"嚴"旁均已見作"嚴"之例。

囈[18]

【寱】◎

《王一》去聲祭韻魚祭反："寱，睡語。或作囈。"《王二》同一小韻下云："寱，睡語。"

按《切韻》殘葉二同一小韻下云："寱，睡語。或作囈。""寱"即"寱"的換旁俗字，而"囈"則爲後起形聲字(段玉裁《説文解字注》："寱，俗作囈。")。

囂[18]

【𠸄】*◎

《箋注本切韻》一平聲宵韻："𠸄，喧。許□反。"《五代本切韻》一："𠸄，喧——□。又氣上頭。許喬反。"《王二》："𠸄，許喬反，喧。或作貴。又五高反。"斯238號《上清金真玉光八景飛經》："𠸄氣何紛紛，穢道當塗生。"

按："𠸄"即《説文》"囂"的偏旁易位字，其字漢簡及印章中已見。"貴"爲《説文》或體。敦煌韻書中"囂"旁亦寫作"𠸄"。如《箋注本切韻》一宵韻有"獤""蘇"等字，《五代本切韻》有"𠸄"字，皆其例。

囑[21]

【囑】◎

《王一》入聲燭韻之欲反："囑，託。通作𤔔。"《王二》同一小韻下云："囑，託。俗作嘱。"

按：慧琳《音義》卷二七《妙法蓮華經》神力品音義："囑，《切韻》託作囑。"蓋指《切韻》囑託義作"囑"字。囑託義古用"屬"字，"囑"爲其後起分化字。至於"囑"字，《説文》訓"噣"，與"屬(囑)"字別。然據《切韻》所載，抑或"囑"又爲"屬"(囑託)之後起俗字，與訓"噣"之"囑"爲同形字耳。

【嘱】△

書證見前。

按："嘱"即"囑"的俗字。"屬"俗字作"属"(參"属"字條)，故"囑"俗寫作

"嘱"。

【嘱】◎

書證見前。伯 2418 號《父母恩重經講經文》:"嘱仙(先)生,交(教)文字。"

按:"屬"字俗又作"属"(參"屬"字條),故"囑"俗亦相應寫作"嘱"。《龍龕·口部》:"嘱,音燭,託也。"即"囑"的俗字。

口 部

囜²

【囻】◎

《王一》入聲洽韻："囻，女洽反，手取物。又女減、女縶二反。"《王二》同韻下云："囻，女洽反，囗取。"

按《廣韻》同一小韻下云："囜，俗作囻。"《龍龕·口部》："囜，或作；囻，正。"考《説文》其字從囗、從又作"囜"，故當據《廣韻》以"囜"爲正字，"囻"則當是"囜"字篆文的隸變俗字（"又"旁篆文作"彐"，"囻"所從的"丑"蓋即其譌體）。

【囚】◎

《五代本切韻》二："囚，女洽反，手一。亦作囻、囲、囜、𡆻（？）。又女咸反，又女縶反。"

按《佩觿》卷下辨："囚，辨證曰：《説文》：囜……从囗从又。"《正字通·口部》謂"囚"即"囜"之譌字。

【囲】◎

書證見前。

按："囲"當是"囜"字變體"囻"進一步譌變的結果。《玉篇·口部》以"囲"爲"枊"字或體，則別爲一字。

因³

【囚】◎

《正名要録》"各依脚注"類"因"字下脚注云："從大，亦從火。"從火的"因"當指"囚"字而言。斯 2832 號《書儀》："十号於是尩彰，三乘囚而並烈。"同卷又有"囚産亡事"云云。

按《龍龕·口部》：" 囚，音因。"可洪《音義》第貳拾捌册《辯正論》第一卷音義：" 囚尸，上伊人反。"俗書從大從火相亂，故" 囚"即"因"的俗字；後例出於《辯正論》第一卷"因尸利而説三歸"句，《大正藏》本正作"因"字。《隋郭休墓誌》"因"字亦寫作" 囚"。《漢語大字典》" 囚"字有音無義，蓋不明其爲何字。

【囙】*◎

伯2734號《聖教十二時》："不羨世間爲國王，唯求涅槃成佛囙。"斯427號《禪門十二時》："欲得當來證果囙，棄捨榮華及(急)修道。"

按《干禄字書》："囙因：上俗下正。"漢碑中已見書"因"作"囙"之例。敦煌卷子中"因"旁亦多從俗作"囙"。《箋注本切韻》一平聲先韻"咽"作"咽"，《正名要録》"烟"作"烟"，《大般涅槃經音》二"姻"作"姻"，皆其例。

回³

【囬】*◎

《正名要録》"正行者楷，腳注稍訛"類"回"下腳注"囬"。《字樣》殘葉："囬，轉。"

按《干禄字書》："囬回：上俗下正。諸字有從回者並準此。"敦煌卷子中"薔"字或寫作"蓎"(參"薔"字條)，即"回"旁從俗作"囬"之例。

囟³

【顖】△

《箋注本切韻》三去聲震韻："顖，腦會。《説文》作㿉。"

按《説文·囟部》："囟，頭會匘蓋也。象形。"" 㿉"當是"囟"之誤植。"囟"增旁作"顄"，又繁化作"顖"，而"顖"又爲"顖"之變體。

囤⁴

【圌】◎

《箋注本切韻》一上聲混韻："圌，小廩。徒損反。"伯2714號《十二時》："養鵝雞，餵猪狗，雀鼠穿偷圖圌漏。"《俗務要名林》(斯617號)田農部："圌，小圌也。徒本反。"" 圌"當是"圌"的譌字。

口　部 | 397

按："屯"旁俗書作"乇"（參"屯"字條），故"囤"字俗作"囶"。《龍龕·口部》："囶，徒損反，小廩也。""囶"又爲"囶"的變體（"乇"旁俗書多有譌變作"乇"的，詳"屯"字條）。《漢語大字典》"囶""囤"關係不明。

囱⁴

【冊】*◎

《五代本切韻》一平聲冬韻此琮反："冊，通孔。亦悤。"《五代本切韻》二同。

按："冊"即"囱"字篆文"囪"隷書的變體。《玉篇·冂部》："冊，音琮，冊孔也。"《龍龕·冂部》："冊，藏宗反，《玉篇》孔也。""冊"皆即"囱"字。"囱"本爲"窗"的象形字，引申之亦指煙囱。上揭"冊"字皆指煙囱而言。《箋注本切韻》二平聲江韻："窗，楚江反，按《説文》作此囪，又從穴作此窗（窗）。"其中的"囪"則是指窗户而言。參看"窗"字條。《漢語大字典》"冊""囱"關係不明。又"囱"旁俗亦或書作"冊"。上揭《箋注本切韻》二"窗"書作"窗"，是其例。又如《箋注本切韻》一上聲董韻："摁，作孔反。"同一小韻下云："緫，聚束。""摁""緫"實皆"總"的俗字（參"總"字條）。又上聲軫韻眉殞反小韻"敏"字下云："聰"，即"聰"的俗字。又入聲陌韻古陌反小韻"茖"字下云："山蔥"，"蔥"即"蔥"（後世通行"葱"字）的俗字，亦皆其例。

【悤】◎

書證見前。

按：以字形而言，"悤"當是"恩"的俗字（詳"恩"字條）。又"窗"字俗或作"窓"（詳"窗"字條）。此云"冊"亦作"悤"，疑有誤。又"囱"字隷變或作"匆"，用與"悤（恩）"（字亦作"怱"）字同。陸游《讀胡基仲舊詩有感》詩："囱囱去日多於髪，不獨悲君亦自悲。""囱囱"即"恩恩"。據此，則上揭韻書稱"冊"亦作"悤"，或是指"冊（囱）"與"悤"在匆忙義上爲異體關係亦不無可能。

國⁸

【國】△

《增字本切韻》殘葉三："國，古或（或）反，又作國。"原卷標目字與"又作"字大抵相同，當有一誤。姜書"又作"字録作"國"，雖非原形，然理或如然（參看"或"字條）。俄敦885號《佛名經》卷十九："舍利弗，東方過十五佛國土，有世界名光明□(照)。"

按:俗書方口尖口不分,故"國"字俗書作"國"。漢碑已多見"國"形的寫法。

【囯】◎

《正名要錄》"正行者正體,腳注訛俗"類"國"下腳注"囯"。伯3808號《長興四年中興殿應聖節講經文》:"囯中不忒風雨候,天上無虧日月星。"

按《龍龕·口部》:囯,俗,正作國字。唐蘇鶚《蘇氏演義》卷上:"只如田夫民爲農,……口王爲國,文字(子)爲學,如此之字,皆後魏流俗所撰,學者之所不用。""口王爲國",即指"囯"字而言。其字從口從王,蓋會意俗字。《齊宋敬業造像》有"囯"字。蘇鶚以"囯"爲後魏俗字,當有所本。斯541號《毛詩故訓傳》之《邶風·式微·小序》毛傳:"黎侯爲狄人所逐,棄其囯而寄於衛。"伯2838號《云謠集雜曲子·拜新月》:"囯泰時清晏,咸賀朝列多賢士。""囯"又爲"囯"的加點字。陳直《文史考古論叢》載《漢代民間簡字舉例》一文,據漢陶殘片謂漢代已見"囯"字,其說有待進一步證實。

【囗】

《文選音》"三國"寫作"三囗"(所音爲袁宏《三國名臣序贊》)。伯2025號《大般若波羅蜜多經》:"汝身生在某方某囗某城某邑某聚落中。"

按《龍龕·口部》:"囗,俗,正作國字。"《集韻·德韻》:"國,唐武后作囗。"《宣和書譜》(汲古閣刻《津逮秘書》本)卷一歷代諸帝王書載武后新字"國"作"囗"。《玉篇·口部》:"囗、囗,古文國字。"今本《玉篇》所載乃唐宋人所"廣益",自然也非真"古文";或據以謂"囗"字梁顧野王撰《玉篇》已見,武后新字"囗"乃借用,非武后新造,謬也。伯2506號《獻忠心》詞:"早晚得到唐囗裏,朝聖明主。"伯2187號《四獸因緣》:"過去久遠,往昔世時,有一大囗,号曰迦尸。"其中的"囗""囗"又皆爲"囗"的變體。

囩 10

【薗】◎

《正名要錄》"各依腳注"類:"園,上不須草。"伯3873號《韓朋賦》:"庭前蕩蕩,何時掃汝?薗菜青青,何時拾汝?"

按:"園"即"園"字俗書。"袁"旁俗書作"表"(參"袁"字條),故"園"俗作

"園"。《正名要録》謂"園"上不須草,即針對俗字"薗"而言。慧琳《音義》卷六《大般若波羅蜜多經》第四七九卷音義:"園,説(疑"經"之誤)文從草作薗,或從兩點作菌(薗),並俗字,非正也。《説文》從囗、袁聲,外形內聲字也。"

圖[11]

【啚】◎

《切韻》殘葉二:"啚,思度。圖,畫。"《王一》平聲模韻度都反:"啚,思度,《説文》音鄙,訓云難意。今因循作圖,失。圖,畫。《説文》:書(畫)計難,從囗,音韋;從圖(啚),啚,難意。用啚作圖,非。"《字樣》:"啚,音鄙,俗用作圖字,非。"伯2603號《讚普滿偈》:"同裝普滿浮啚意,總在微僧十偈詞。"

按《干禄字書》:"啚圖:上俗下正。"玄應《音義》卷八《維摩詰所説經》下卷音義:"所圖:案《詔定古文官書》:圖、啚二形同。達胡反。《廣雅》:圖,度也,議也。圖亦計也。"據《説文》,啚,嗇也,段玉裁以爲即"鄙"字初文;圖,畫計難也,從囗、從啚,引申之即有圖畫、思度諸義。故《切韻》以"思度"義專屬之於"啚"是不妥當的,但下俚"啚"可用作"圖",則是一個不必否認的事實。

圓[13]

【圓】◎

《字樣》:"圜,正;圓,通用。"

按:"圜"爲"圜"的俗寫,"圓"爲"圓"的俗寫。《説文·囗部》:"圓,圜。"二字音同義通。

巾 部

巾

【卜】*

"巾"旁的俗寫。《正名要録》:"㡥,香纓。"又云:"帙,書。"《時要字樣》(斯5731號):"悵,幄。"

按:俗書巾旁與卜旁不分,故上揭各字分别爲"幃""帙""帳""幄"的俗寫。《龍龕·心部》:"慓,俗,必遥反,幟也。"又云:"憧,俗,宅江反,一幡,正作幢。""懚,俗,孚袁反,正作幡(幡)。""愰,胡廣反,惟(帷)幔也。正從巾。""帗,俗,披義反,正作帔。衣一。""愢,俗,於角反,正從巾作。""帙,俗,直質反,書一也。正作帙。"凡此亦皆俗書巾旁與卜旁相亂之證。

市²

【市】◎

《字樣》:"市市:二同。"斯189號《老子道德經》:"美言可以市尊。"

按《干禄字書》上聲:"市市:上俗下正。"市場之"市"《説文》作"𣎵"(冂部),隸定通常作"市",亦作"市"(皆見於漢碑,又《古陶文彙編》載"市"字,睡虎地秦簡有作"市",乃其早見者)。後形與韍服之"市"(音fú,篆文作"市")及草木盛貌之"市"(音pō,字又作"宋",篆文作"𣎵")相亂。《字鑑》卷三止韻:"市,上止切……隸作一,上從一點,與之字隸變同。唯鬧字從此。與末韻市字異。市音潑,中從一直畫,肺、沛等字從之。俗書多混。"參看宋王觀國《學林》卷九"市市"條。

帆³

【颿】◎

《王一》平聲凡韻符芝反:"帆,船上帆。"又云:"颿,船張。亦作騳。"

按:慧琳《音義》卷三一《新翻密嚴經序》音義:"帆,或作騳,亦作颿。"《廣韻·凡韻》:"帆,亦作騳。""騳"字《説文》釋爲"馬疾步也",其用同"帆"蓋借音字。

【颰】◎

書證見前。

按《龍龕·風部》:"颰颰:古文帆字。二同。""颰""颰"蓋皆"帆"的會意俗字("風"亦聲)。

希⁴

【希】△*

《箋注本切韻》二平聲微韻:"希,虛機反,少。"斯2073號《廬山遠公話》:"覩此其希,遠公次成偈曰……"

按:"希"字古本作"希",作"希"爲其變體。《箋注本切韻》一虛機反小韻載"希""希"等字,《正名要録》載"稀"字,"希"旁從之。

【帝】△*

《正名要録》"正行者楷,腳注稍訛"類"希"下腳注"希"。伯2140號《佛説梵摩渝經》:"可奇可貴,自古帝有。"

按:"希"字隸變或作"帝"。《漢繁陽令楊君碑陰》有"功曹史魏帝",《隸辨》卷一云:"即希字。……諸碑從希之字或書作帝。"慧琳《音義》卷三《大般若波羅蜜多經》第三三二卷音義:"希,經文往往作帝,古希字也。"《禮記音》:"姬,居帝[反]。""帝"即"希"字。又變作"帝"。馬王堆帛書《老子》甲本已見"帝"字。慧琳《音義》卷八《大般若波羅蜜多經》第五七七卷音義:"希,古文作帝。"《龍龕·巾部》:"帝,俗,音希。"即"希"字。《佛經難字及韻字抄》:"欷,許記反。"當是"欷"字。《禮記音》:"衣,於希[反]。"又伯3079號《維摩詰經講經文》:"希奇魔女,一万二千。"後二例中的掃描字當又是"帝"或"帝"的變體。

帙⁵

【袟】

《王一》入聲質韻直質反："帙(帙)，書衣。或作袠。亦作袟。"斯133號《秋胡變文》："辭妻了道(首—手)，服得十袟文書，……便即登逞(程)。"

按《字樣》："袠帙：二同。"《說文》以"袠"爲"帙"字或體，而"袟"則爲"袠"的偏旁易位字。慧琳《音義》卷九十《高僧傳》第八卷音義："袠，《文字典說》或從巾作帙，俗作袟，同也。"

【䥯】△

《正名要錄》"字形雖別，音義是同，古而典者居上，今而要者居下"類：䥯袟。

按：俗書礻旁與衤旁不分，故"袟"字即"袠"字俗寫。"䥯"則是"袠"的譌俗字。慧琳《音義》卷八六《辯正論》第七卷音義："袠，或作帙、袟，義同。論作袠，俗字。"又《龍龕·衣部》："袟，俗；袠，正：直質反，書衣也。"其中的"袠""袠"亦皆爲"袠"的譌俗字，可以比勘。《字彙·广部》："䥯，古文秩字。"這個"䥯"也正是"袠"的譌俗字，亦即"袟(帙)"字，梅膺祚以爲古文"秩"字，非是。

【怢】△

《正名要錄》"本音雖同，字義各別例"："秩，禄；怢，書。"前揭《王一》"帙"亦寫作"怢"。斯4478號《付法藏因緣傳》："寶怢珠龕，昌像季之法門。"

按《五經文字》卷中巾部："帙，丈一反，從心訛。"《龍龕·心部》："怢，俗，直質反，書一也。正作帙。"俗書巾旁與忄旁相亂，故"帙"俗書作"怢"。

帥⁶

【肺】△

《王一》去聲祭韻此芮反："帨，佩巾。亦作肺。又時(將)肺字。"斯85號《春秋左氏經傳集解·文公十五年》："晉郤缺肺師伐蔡。"

按《說文·巾部》："帥，佩巾也。从巾、𠂤。帨，帥或从兌。""帨"爲"帨"字變體，"肺"即"帥"字。《干祿字書》："肺帥：上通下正。"《五經文字》卷中巾部："帥，從巾。或從市者訛。"漢碑"帥"或作"肺"，又作"帥"。《隸辨》卷五質韻云："《說文》帥從𠂤，𠂤讀若堆。碑省作目，今俗因之。"又云："《說文》帥從巾，碑變從巿。"其實"帥"字金文作"🖾""🖾""🖾"等形(左部爲"帥"字初文,從二爪持丨〈巾之象〉,與"𠂤"非一字),又省作"🖾",漢《楊統碑》作"🖾","帥""肺"即其進一步譌省的結果,其左部并非"𠂤"之省寫。

【帨】△

書證見前。

按:"兑"旁俗書或作"兊"(參"兑"字條),故"帨"俗寫作"帨"。《龍龕·巾部》:"帨,稅(稅)、脆二音,佩巾也。"

帢⁶

【帢】◎

《王一》入聲洽韻苦洽反:"帢,巾帢。亦作㡊、䶒。"

按同一小韻下文云:"帢,士服缺四角。""帢"等實即"帢"的異體字。《廣韻·洽韻》:䶒、㡊、帢,同"帢"。

【㡊】◎

書證見前。

【䶒】◎

書證見前。《王二》作"䶒"。俗書"臽"與"舀"不分,"䶒"即"䶒"的俗寫。

【㡊】◎

《五代本切韻》二洽韻口洽反:"㡊,巾一。亦作㡊。"《王二》標目字作"㡊","㡊"即"㡊"字。

按:"㡊"即"帢"的譌俗字。俗書"臽"旁每與"舀"旁相亂。《王二》上聲感韻徒敢反小韻有"窞""萏"等字,即"窞""萏"的俗寫(《廣韻》同一小韻正作"窞""萏"),是其比。古書中"帢"字多誤作"㡊"。《集韻》平聲豪韻他刀切小韻載"㡊"字,云"巾帙也"。查《王一》及《廣韻》《玉篇》等書均無這一音義的"㡊"。頗疑這一意義的"㡊"實亦即"帢"的譌俗字,丁度等人不達於此,望形生音,讀作他刀切而收入豪韻,與"帢"字分而爲二,實屬大謬。

【㡊】△

上揭《五代本切韻》口洽反小韻:"㡊,亦作㡊。"又云:"㡊,冠一。"

按:"㡊"即"㡊"的俗字(參"夾"字條),"巾帢""冠㡊"其義一也。

㡛⁷

【㡛】△
《王一》平聲添韻丁廉反："㡛,衣領。又丁頰反。亦作裗。"
按："耴"旁通常爲"取"的俗寫(參看"取"字條),但"㡛""裗"所從的"耴"則當是"耴"旁的俗寫。《廣韻·添韻》丁兼切:"㡛,衣領。又丁頰切。裗,上同。""㡛"即"㡛"的俗寫。

【裗】△
"裗"的俗寫(説見上文)。"裗"爲"㡛"的换旁字。

【㡛】◎
《五代本切韻》二入聲怗韻□協反:"㡛,衣領。亦作祜。"《王二·添韻》丁廉反:"㡛,衣領。又丁頰反。亦作裗。"又入聲怗韻他協反:"㡛,衣領。又丁兼反。又亦作裗、祜。"
按:"㡛""裗"分别爲"㡛""裗"的譌俗字。蓋傳抄者誤以"㡛""裗"右旁爲"取"字俗書而加以回改,"㡛""裗"遂變成"㡛""裗"。前揭《王一》"㡛""裗"二字《敦煌掇瑣》及潘書等分别迻録作"㡛"和"裗",即其明證(姜書摹録作"㡛""裗"不誤)。

【裗】△
書證見前。
按《龍龕·衣部》:"祜,俗;裗,通;裗,正:丁兼、丁叶二反,衣領也。三。"《漢語大字典·衣部》據《龍龕》收"裗"字,音 cuì,義爲"衣遊縫",這個字乃"裗"(《龍龕》原文作"裗",爲"裗"之俗寫,"裗"又爲"褪"的俗字)之誤録,與用作"裗(㡛)"俗字的"裗"不可混爲一談。

【祜】
書證見前。
按:《龍龕》以"祜"爲"裗(㡛)"的俗字。

師⁷

【師】
《王二》平聲脂韻:"師,踈脂反,可範。通作師。"伯 2718 號《王梵志詩·逢師須禮拜》："逢師須禮拜,過道向前行。"

按："師"作"師"秦漢簡帛及漢碑已然。

席[7]

【席】◎

《正名要録》"正行者楷,脚注稍訛"類"席"下脚注"席"。《毛詩音》二："席,詳吏[反]。"伯2718號《王梵志詩・親還同席坐》："親還同席坐,[知]卑莫上頭。"

按《干禄字書》："席席：上俗下正。"《顏氏家訓・書證》篇謂六朝俗書"席中加帶",《經典釋文・序録》亦稱"席下爲帶"之類"直是字謬,不亂餘讀",皆指俗字"席"而言。《文選》司馬相如《上林賦》："於是二子愀然改容,超若自失,逡巡避席。"李善注："席與席古字通。"其中的"通"與《干禄字書》所説的"通"相同,謂通俗行用之意,而非指聲音上的通假。"席"作"席"是字形譌變的結果,而與字音無涉("席"字別有當蓋切一音,指屋斜,與"席"的俗字"席"爲同形字)。《漢語大字典》等書謂"席"通"席",誤。

帽[9]

【褐】△

《王一》去聲号韻："帽,莫報反,頭巾,亦作褐,本作曰(冃)。"

按："冒"字俗寫作"冐"(詳見"冒"字條),故"帽""褐"分別爲"帽""褐"的俗寫。"褐""帽"又皆爲"冃"或"冒"的後起繁化字。慧琳《音義》卷九二《續高僧傳》第九卷音義："帽,從巾、冒聲,或從衣作褐,音同上。"又卷六五《五百問事經》音義："帽,《説文》作冃,……象形字也。經從衣,非也。"斯2659號《大唐西域記》卷一：屈支國"服飾錦褐,斷髮巾帽","帽"亦即"帽"字,可參。

幄[9]

【握】

《王一》入聲覺韻於角反："幄,大帳。亦作握。"

按："握"字左部原卷作"才"形,與同一小韻握持之"握"同形,故原字當是"握"的俗寫；《敦煌掇瑣》迻録作"幄",未契原卷。"握"古通作"幄"。《爾雅・釋言》："握,具也。"陸德明釋文："握,李本作幄。"《周禮・春官・巾車》翟車"有握"釋文:"握,下("賈"或"干"之譌)、馬皆作偓。"皆其證。考《説文》有"偓"無"偓",用同"偓"的"握"當是"偓"字俗誤(參看段玉裁《説文解字注》"偓"字注及《周禮漢讀考》)。

幟[12]

【懺】△

《王一》去聲志韻式吏反:"懺,旗。又曰(昌)志反。"又昌志反小韻下云:"懺,旗。亦作恄。"《王二》前一"懺"字同,後一"懺"及"恄"則從巾旁。

按:俗書"巾"旁與"忄"旁不分,故"懺""恄"即"幟""帱"的俗寫。《龍龕·心部》:"恄,俗;懺,正:昌志反,志也。又音試。""恄""懺"實皆即"幟"的俗字。希麟《續音義》卷五《金剛頂真實大教王經》卷下音義:"幟,經文從心作懺,微誤。"

【恄】△

書證見前。

按:慧琳《音義》卷十三《大寶積經》第三十八卷音義:"幟,或從志作帱,亦同。"又卷三十《證契大乘經》上卷音義:"幟,《聲類》或作恄字。""帱"爲"幟"的改易聲符字,而"恄"又爲"帱"的俗字。

幨[13]

【裧】◎

《王一》平聲鹽韻:"裧,幌。亦作袡。"

按《集韻·鹽韻》:"幨,或作袡、裧、憸。""裧"爲"幨"的改易聲旁字。

【袡】◎

書證見前。

按:"袡"蓋後起形聲字。

幭[14]

【幦】△

《王一》入聲屑韻莫結反:"幭,帊幞。亦作幦。"

按:"幦"爲"幭"的偏旁易位字。後世各種辭書失載"幦"字。《集韻》載"幭"或省作"幦","幦"當爲"幦"之省誤。

山　部

屺³

【峼】◎

《王一》上聲止韻虛里反："屺，山無草木。亦作峼。"《王二》"屺"作"圮"，當據正。

按《爾雅·釋山》："無草木峼。"陸德明釋文："峼，《三蒼》《字林》《聲類》並云猶屺字，音起。阮孝緒《字略》音古開反。""峼"當即"屺"之換旁字。《廣韻》載"峼"於平聲咍韻，分"峼""屺"爲二，殆誤。

岻⁵

【岴】△

《切韻》斷片一："(上殘)遲，又直利反。䖢，蟻卵。岴，山[名]。"

按《玉篇·山部》："岻，直夷切，山名。""岴"當即"岻"的俗字。"氐"旁俗書或作"丘"(參看"氐"字條)，故"岻"俗書作"岴"。

峻⁷

【陖】△

《王一》去聲震韻："峻，私閏反，高。亦作陖、埈。"

按："峻"字《説文》本作"嶜"，"陖"爲"嶜"的偏旁易位字。《龍龕·山部》："峻，今；陖，正：笋閏反，高險峭遠也。""陖"即"陖"字("陖"旁作"陖"爲篆文的隸變形)。慧琳《音義》卷六一《苾蒭尼律》第十二卷音義："峻，古文作陖。"

【埈】◎

《王二·震韻》:"峻,和(私)閏反,高。亦作埈。"

按:慧琳《音義》卷二十《寶星經》第一卷音義:"峻,字書作陖,亦作陵、埈。"

崎⁸

【圻】◎

《箋注本切韻》一平聲微韻渠希反:"崎,山傍曲岸。又作圻。"注文《箋注本切韻》二、《王一》均作"水傍曲岸",當據正。

按《廣韻·微韻》:"崎,曲岸。碕,上同。圻,亦上同。""竒"爲"奇"旁的俗寫。

嵍⁹

【堥】◎

《王一》平聲豪韻莫袍反:"堥,前高後下丘。又汝周反。亦作嵍。"

按《詩·邶風·旄丘》陸德明釋文:"前高後下曰旄丘。《字林》作堥,云堥丘也。亡周反,又音毛。山部又有嵍字,亦云嵍丘。""嵍""堥"爲同字異體關係。

彳 部

役⁴

【役】△

《正名要録》"各依腳注"類"役"下腳注"從彳"。《字樣》"傜"下注"役"。斯 80 號《無上秘要》卷十:"囚徒餓鬼,責役死魂。"

按:"殳"旁隸變或作"旻"(參"殳"字條),故"役"或書作"役"。漢碑已見從"旻"形的"役"字。

【伇】△

《佛經難字及韻字抄》載"伇"字。伯 3821 號《謁金門》詞:"終日驅塵伇飲食。"伯 4092 號《新集雜別紙》副使:"一夕三秋,伇夢魂而不歇。"

按《説文》載"役"字古文作"伇","役"或書作"役",相應地"伇"則作"伇"。

【㣐】△

《箋注本切韻》一:"㣐,營隻反,案文作伇。"

按:"㣐""伇"又爲"役""伇"的變體。

【伇】△

書證見前。伯 4092 號《新集雜別紙》:"瞻傾風味,頗伇夢魂。"伯 3666 號《燕子賦》:"比來傜伇,惡徵應頻。"形微別。

按:《魏元瞻墓誌》"役"字作"伇",可參。

【㣤】△

《五代本切韻》五:"㣤,營隻反,使一。俗作伇。"

按:"㣤""伇"又爲"役""伇"的變體。漢碑已見"役"右下部作"夂"之例,可比勘。《魏元茂墓誌》"役"字作"伇",是其比。

【伇】△

書證見前。北248(潛45)號《藥師如來本願經》:"若生人道,常居下賤,爲人奴婢,受他驅伇。"

按《隋元君墓誌》"役"作"伇",可參。

後⁶

【㣟】△

《正名要録》"正行者正體,腳注訛俗"類"後"下腳注"㣟"。

按可洪《音義》第叁拾册《廣弘明集》第二十四卷音義:"厥㣟,户狗反,正作後。"《八瓊室金石補正》卷五一《具兵參軍張思道墓誌》:"前喆克羾彝倫,㣟胤傳乎載籍。"陸增祥跋:"㣟,後之俗體。""㣟"蓋"後"的會意俗字。伯2390號道經:"《南華論》云:静而與陰同德,動而與陽同波,不爲福先,不爲禍始,感而後應,迫而後動,不得已而後起。"其中的三個"後"字原卷皆作"㣟"形,當又爲"㣟"字俗省。

徒⁷

【辻】

《王一》平聲模韻:"徒,度都反,空。又或作辻。步行。"《王二》同。

按:"徒"字《説文》本從辵、土聲作"辻",隸變作"徒",亦作"辻"。《玉篇·辵部》:"辻,今作徒。"《龍龕·辵部》以"辻(辻)"爲古"途"字,非是。

【㳔】△

《箋注本切韻》一:"㳔,度都反。"

按:"辻"隸變作"徒",右旁與"㚏"的隸變形"走"同形;"㚏"隸變亦或作"㐹"(參"走"字條),俚俗以"徒"右旁爲從"走"而加以回改,遂寫作"㐹"形。又俗書"彳"旁與"亻"旁不分,於是"徒"便成了"㳔"。《隋明質墓誌》已見"㳔"字。《龍龕·亻部》:"㳔,音從。""音從"疑爲"音徒"之誤,而"㳔"即"徒"的俗字。可洪《音義》第貳拾陸册《集今古佛道論衡》卷丁音義:"之㳔,達胡反。"其中的"㳔"亦爲"徒"的俗字,可洪音"達胡反"是也。

徑⁷

【俓】◎

《正名要録》"字形雖别，音義是同，古而典者居上，今而要者居下"類：俓迳。

按：路迳字《説文》作"徑"，"俓""迳"皆爲"徑"的後起换旁字。

徙⁸

【徙】△*

《五代本切韻》一："徙，斯豸反，移一。正作辻。《説文》作辻。囗囗囗囗止相重作徙。"

按《龍龕·彳部》："徙，通；徙，正。""徙"字《説文》從辵、止聲作"䢕"，隸定作"辻"；又或移"䢕"左旁的"辶(止)"於聲旁"止"之下，而寫作"徙"，右側成了"二止相重"。《玉篇·辵部》："辻，今作徙。"前揭《五代本切韻》斯紫反小韻："莁，草名。"即"莁"字，"徙"旁從之。①

【徏】△

《字樣》："徙，正；徏，通用。"斯 1835 號失名書注："《魏志》曰：……（文）帝欲徏冀州士家十萬户以實河南。"

按《五經文字》卷上彳部："徙，作徏者訛。""徏"形寫法漢碑、漢簡已見，即"徙"的簡寫。伯 4660 號《金光明寺故索法律邈真讚并序》："撫徏敦煌，宗盟則一族無異。""徏"當亦是"徏（徙）"字。唐耕耦等《敦煌社會經濟文獻真迹釋録》録作"徒"，恐誤。

---

① 校按：李家浩指出："徙"形的寫法秦漢簡帛和碑刻文字已見，係從辵、少（沙）聲，而《説文》篆文從止的"徙"應該是漢代小學家篡改的結果。李説見《〈説文〉篆文有漢代小學家篡改和虛造的字形》《先秦古文字與漢魏以來俗字》二文，皆收入《安徽大學漢語言文字學研究叢書·李家浩卷》，北京師範大學出版社 2013 年版，第 369—370、387—388 頁。泉按：《干禄字書》云："徏徙：上通下正。"《干禄字書》以"徙"爲正字，或可爲李説提供助證。但金文中有"𢓊""𢓊"形的寫法，《金文編》定爲"徙"字（第 98 頁），這樣看來《説文》作"徙"亦不爲無據。

得⁸

【淂】◎

《正名要錄》"字形雖別,音義是同,古而典者居上,今而要者居下"類:得淂。下字左側當是三點水旁之連書。斯 328 號《伍子胥變文》:"使人淂語,便即卻迴。"

按:草書"彳"旁與"氵"旁無別,據以楷化,"彳"旁或變作"氵"旁,故"得"俗或書作"淂"。《正字通·水部》:"淂,今俗以淂爲得。"六朝碑刻中"得"字已有寫從三點水旁者。

從⁸

【従】◎

《切韻》殘葉二:"従,疾容反。"《禮記音》:"従,在用[反]。"《五代本切韻》一平聲冬韻七恭反:"従,一容。"伯 3451 號《張淮深變文》:"左右驂従,無不慘愴。"

按《干祿字書》:"従従從:上中通下正。""從"作"従"漢碑已然。敦煌卷子"從"旁亦作"従"。如上揭《五代本切韻》七恭反小韻載"樅""鏦""瑽"等字,"從"旁原卷皆寫作"従"。

【徔】△*

《正名要錄》"正行者楷,腳注稍訛"類"從"下腳注"徔"。《字樣》:"従徔:二同。"《文選音》:"徔,七恭[反]。"伯 2553 號《王昭君變文》:"侍徔寂寞,如同喪孝(考)之家。"

按:"從"作"徔"亦已見於漢碑。俗書"從"旁亦或作"徔"。如《切韻》殘葉一七恭反"樅""鏦"等字,《切韻》殘葉二即容反"縱""蹤""樅"等字,"從"旁原卷皆寫作"徔"。

御⁹

【禦】△*

《正名要錄》"正行者楷,腳注稍訛"類"御(御)"下腳注"禦"。伯 2540 號《春秋左氏經傳集解·昭公二十八年傳》:"取妻而美,三年不言[不笑],禦以如皋。"

按《干禄字書》:"御御:上俗下正。"漢碑中已見近似寫法。《五經文字》卷上彳部:"御,《石經》作御。""御"蓋隸變字,顏元孫定作正字,殆未妥。斯1441號《勵忠節鈔·將帥部》:"白起云:……利則思其害,害則思其利,此古帝王禦寇之術。"其中的"禦"爲"禦"字俗書,是"御"旁俗亦書作"御"形。

循⁹

【㣙】△

《毛詩音》殘卷二:"能㣙:松荀[反]。"伯2039號《三界唯心無外境論》:"凡夫二乘,長被境使心,六道㣙還,長受諸苦。"斯5588號《求因果》詩:"因㣙過日累生休,虛度數千秋。"

按:前例所音爲《召南·采蘋》小序"大夫妻能循法度"句,"㣙"即"循"的俗字。慧琳《音義》卷五《大般若波羅蜜多經》第四一四卷音義:"循身,經中有作㣙身,誤也。"是其比。伯2193號《目連緣起》:"奉勸聞經諸聽衆,大須布施莫因㣙。""㣙"亦"循"的俗字。以字形而論,"㣙"當是"㣙"的變體。"㣙"與"㣙"皆已見於漢碑。參看《隸辨》卷一諄韻。

【徝】△

《楞嚴經音義》一:"徝顧:上音巡。"又《楞嚴經音義》二:"徝聲:[音]巡。"伯2942號《唐永泰間河西巡撫使判集》:"到頭莫益,不可因徝。"

按可洪《音義》第貳拾捌冊《甄正論》下卷音義:"曰徝,音巡。""徝"爲"循"的變體。慧琳《音義》卷十三《大寶積經》第三十八卷音義:"循,今經文多誤從人、從竪畫作徝,非也。"可參。伯3051號《頻婆娑羅王后宫綵女功德意供養塔生天因緣變》:"自念無始從來事,徝還六趣是因緣。""徝"又爲"徝"的變體。

微¹⁰

【微】△

《王二·微韻》:"微,無非反,妙。通俗作微。"伯2140號《佛説梵摩渝經》:"澡鉢之時,水鉢俱寂,不有微聲。"

按《干禄字書》:"微、微(微):上通下正。"《五經文字》卷上彳部:"微,作微訛。"慧琳《音義》卷二《大般若波羅蜜多經》第一百八十一卷音義:"微,經從山從歹作㣲,俗字訛也。"

【嶶】△

《正名要錄》"正行者楷,腳注稍訛"類"微(微)"下腳注"嶶"。《箋注本切韻》二平聲微韻:"𢾾(微),無非反,妙。通俗作𢾾。嶶,隱行。"伯3350號《下女詞》:"嶶心欲擬觀容貌,暫請傍人與下簾。"

按:次例"微"字三見,字形各異,蓋皆手寫之變。《增訂碑別字》平聲微韻:"嶶,微也。""嶶"當是"微"的變體。

【崴】△*

伯3821號《女人百歲篇》:"明晨若有崴風至,筋骨相牽似打羅。"

按《字鑑》卷一微韻:"微,俗作㣲。""崴"當是"㣲"的變體,猶"㣲"俗又變體作"嶶"。《箋注本切韻》二微韻無非反小韻載"薇""薇"等字,"微"旁原卷亦從俗作"崴"。

德¹²

【悳】△

《正名要錄》"字形雖別,音義是同,古而典者居上,今而要者居下"類:悳德。斯799號《古文尚書傳·武成》:"大邦畏亓力,小邦襄亓悳。"

按《隸辨》卷五德韻:"德行之德《說文》本作悳。德,升也。後人借用之,乃以悳爲古字。""悳"字從直(篆文作𥄂)心二字會意,"悳"即篆文"悳"的隸變字。《隋張壽墓誌》作"悳",可參。

【徳】◎

書證見前。伯2843號有"十恩德讚一本"。

按:漢碑已見"德"字右旁省畫之例。《隸辨》卷五:"(德)碑省悳爲悳,今俗因之。"影印明刻本《清平山堂話本·死生交范張雞黍》:"夫主范巨卿自洛陽回,常談賢叔盛德。"亦其例。

徹¹²

【徹】△

《字樣》:"徹徹:二同。"斯4243號《無相珠》詩:"智惠珠,明皎潔,上下通,四維徹。"

按《干禄字書》："彻徹：上通下正。"羅振玉箋證："彻、徹二字倒列，當改正。"《五經文字》卷中云部："彻，從云，相承從去者譌。"慧琳《音義》卷三《大般若波羅蜜多經》第三二六卷音義："徹，《説文》從彳、攴，育聲也。俗從去，非也。"希麟《續音義》卷五《金剛頂瑜伽文殊師利菩薩經》音義："徹，作彻俗。"考戰國秦漢古文字"徹"所從的部件"去"有作"🅇"形者，從"去"的"徹"顯然就是這類古文的隸定字。《集韻·語韻》："去，徹也。"也許"徹"字原本從彳、攴（羅振玉《增訂殷墟書契考釋》以爲"又"之譌）、肉、去會意，表示食畢而撤去之。篆文譌"去""肉"爲"育"，則不可解矣。慧琳《音義》卷十《文殊師利所説般若波羅蜜經》音義："徹，俗作撤，古作彻。"可參。故前揭《字樣》稱"彻""徹"二"同"，《干禄字書》以"彻"爲正，殆非無據也。

【徹】△

《正名要録》"本音雖同，字義各別例"："徹，通；撤，發；轍，車。"斯 6825 號背《老子道經上想爾注》："善行无徹迹。"

按："徹"又"徹"之變。

【徹】△

《佛經難字及韻字抄》載"徹"字。斯 5588 號《求因果》詩："萬般千種受災殃，痛苦徹心腸。"

按："徹"蓋"徹"之譌俗字。

衡[13]

【衡】◎

《字樣》："衡，從魚作非。"斯 3287 號《千字文》："磻溪伊尹，佐時阿衡。"斯 2072 號《珮玉集》："區純，晉時衡陽人也。"

按："衡"所從的"奐"係"角""大"的隸定形。而俗書"魚"字亦或寫作"奐"（參"魚"字條），由"奐"加以回改，則"衡"就可寫作"衡"。《五經文字》卷上角部："衡，從角從大，從魚譌。"秦漢簡帛及漢碑中已見從魚的"衡"字。

彡 部

彬⁸

【斌】

《正名要録》"字形雖别，音義是同，古而典者居上，今而要者居下"類：斌彬。

按《説文·人部》："份，文質備也。彬，古文份。""斌"字始載於《玉篇》，當爲"彬"的後起會意字。

彫⁸

【雕】

《箋注本切韻》一平聲蕭韻都聊反："彫，刻。或作雕。"《王一》："彫，刻。俗作雕，誤。"

按：用作雕刻義的"雕"爲"彫"的假借字。

鬱²⁶

【欝】*◎

《箋注本切韻》五入聲物韻："欝，氣也，茂也。古作𣡡。迂物反。"斯 7292 號《太上一乘海空智藏經會聖品第一》："多生甘果樹木，枝條花實芬芳，四時欝茂。"

按《干禄字書》："欝鬱：上俗下正。""欝"當是"鬱"的隸變字。上揭《箋注本切韻》同一小韻載"灪"和"爩"字，所從的"鬱"旁原卷亦從俗作"欝"。

【𣡡】△

書證見前。伯 2064 號《四分戒本疏》卷一："羯磨一受，乃具六義：一是時長,謂通現未;二安遍;三方除鬱單,曰報兼男女;……"

按:"鬱"字睡虎地秦簡或作"鬱",據之楷定即可作"欝"。又《龍龕·木部》載"鬱"古字作"欝";《魏上尊號奏》作"欝";《字鑑》卷五勿韻云俗作"欝",皆可參。

夕　部

羟⁸

【㚔】△

《王一》去聲怪韻古壞反："㚔，大。"《王二》同。

按："㚔"即"羟"字異構。《説文·多部》"羟"字從多、圣聲；"圣"上部的"又"篆書作"彐"，隸定作"又"，亦作"ナ"（右、有、灰等字從之）；故"圣"字或"圣"旁亦或書作"左"（《龍龕·土部》：左，同"圣"），而"羟"字亦書作"㚔"。《龍龕·多部》："㚔，或作；㚔，大石（引者按："大石"二字有誤，疑當作"俗"）；羟：音怪，大皃也。三。""羟"即"羟"的贅點字，"㚔"爲"㚔"之譌，"㚔"則又爲"㚔"的繁化俗字。

姟⁹

【夼】◎

《王一》平聲咍韻苦哀反："姟，多，亦作夼。"《王二》同。

按《玉篇·多部》："姟，口才切，多也，大也。亦作夼。"從多從大義近，故"夼"即"姟"的換旁字。《王一》平聲蕭韻載"綢"字亦作"裔"，是其比。《廣韻·咍部》分"夼""姟"爲二字二義，不妥。《漢語大字典·大部》載"夼"字，音開，而未詳其義。這個字當是"夼"字俗譌。

舞¹¹

【儛】◎

《正名要録》"字形雖別，音義是同，古而典者居上，今而要者居下"類：舞儛。《王一》上聲麌韻無主反:"舞,萬樂。亦作儛。"《王二》同。斯 5437 號《漢將王陵變》:"張良聞詔,趨至殿前,拜儛禮中(終),叫呼萬歲。"

按《干祿字書》:"儛舞:上俗下正。"六朝碑刻中已見增加人旁的"舞"。

夠[11]

【夠】◎

《王一》平聲蕭韻都聊反:"夠,大。亦作夠。"《王二》同。

按《玉篇·多部》:"夠,丁幺切,多也,大也。亦作夠。""夠"即"夠"的換旁字。《漢語大字典》"夠""夠"當作不同的字處理,不妥。

夅 部

夅³

【夅】*

"夅"旁的俗寫。《箋注本切韻》二平聲江韻載"烽""䤳""𦗒""浌""䯀"等字,"夅"旁皆寫作"夅"。同韻又載"䧏"字,右旁"夅"亦增點作"夅",可參。

夆⁴

【夆】△*

《箋注本切韻》二平聲鍾韻敷容反:"夆,甹峯,掣曳。"

按:同一小韻下載"峯""鋒""烽""桻""蜂"等字,"夆"旁原卷亦皆寫作"夆",與從"夅"之字相混無別。

【夆】*

"夆"旁的俗寫。《切韻》殘葉一東韻薄紅反載"蓬"字;《箋注本切韻》一敷容反小韻載"峯""烽"等字;《佛經難字及韻字抄》載"蜂"字,又載"鋒"字,"夆"旁原卷皆寫作"夆",與"夅 jiàng"旁同形。《俗務要名林》(斯 617 號)虫部:"蜂,撫容反。"(伯 2609 號"蜂"作"蜂")"夆"旁又作"夆",亦與"夅 jiàng"旁的俗寫"夅"相混無別。

按《干祿字書》:"逢逢:上俗下正。諸同聲者並準此。唯降字等從夅。"敦煌卷子中"夆"旁多寫作"夆""夆""夆"等形,與"夅"旁不分。

麦⁵

【麦】*

"麦"旁的俗寫。《正名要錄》"本音雖同,字義各別例"載"凌""陵"等字。

《楞嚴經音義》一："夌，音陵。"

按："夌"旁作"麦"漢碑已然。《隸辨》卷二蒸韻"陵"字下云："諸碑從夌之字皆變作麦。"

夞⁵

【夒】△

《王一》上聲忝韻："夒，明忝反，腦蓋。又明范[反]。正作夞。"《王二》同韻下云："夒，明忝反，腦蓋。又明范反。正作夞。"末字不甚明晰。又《王一·范韻》云："夒，明范反，腦蓋。又明忝反。"

按《鉅宋廣韻·忝韻》："夞，俗作夒。"又范韻："夞，俗作夒。"清張氏澤存堂刻本俗字分別作"夞"和"夒"。《集韻·忝韻》："夞，或作夒。"《龍龕·雜部》："夞，正；夒，今。"前揭《王一》的標目字"夒"疑爲"夒"或"夒"字寫誤；其正字則當作"夞"或"夞"，即"夞"的隸變字。

复⁶

【复】

《王二》入聲屋韻房六反："复，作(行)故道。通俗作复。"

按《五經文字》："夏复：音伏，從畐省，從夂，上《説文》，下《石經》，凡復、輹之類皆從复。"《集韻·屋韻》："夏，隸作复。""复"又爲"夏"之變。

夐¹¹

【敻】△

《王二》去聲霰韻許縣反："敻，深遠。又詡政反。正作夐。"又勁韻："敻，虛政反，遠。正作夐。"

按："夐"字《説文》作"矞"，從旻，從人在穴上。"夐"爲其隸變字，而"敻"爲其俗體。《干禄字書》："敻夐：上俗下正。""敻"又爲"夐"之變。

夔¹⁸

【夒】△

《正名要録》"字形雖別，音義是同，古而典者居上，今而要者居下"類：

夔蘷。

按:"夔"爲"夔"的變體。

【蘷】△

書證見前。又《王二》平聲脂韻渠追反:"夔,一龍。俗作蘷。"形微別。

按《干禄字書》:"蘷蘷夔:上俗中通下正。"伯2540號《春秋左氏經傳集解·昭公二十八年傳》:"樂正后蘷取之,生伯封。"後例掃描字又爲"蘷"的變體。可洪《音義》第貳拾陸册《集今古佛道論衡》卷丁音義:"蘷龍,上巨追反,龍名也;又獸名,似牛,一足,無角,其聲音如雷,皮可以冒鼓。舊韻作夔。""蘷""蘷"一字異寫。

【夔】△

《箋注本切韻》一脂韻:"夔,一龍。俗作夔。"

按:"夔"爲"夔"之變體。

【蘷】△

書證見前。斯5478號《文心雕龍·樂府弟七》:"暨後漢郊廟,惟新雅章,詞雖典文,而律非蘷、曠。"

按:此形與《干禄字書》之"通"體相近。可洪《音義》第叁拾册《廣弘明集》第二十八卷音義:"鳴蘷,巨追反,獸名,似牛,一足,無角,其音如雷,黄帝以其皮冒鼓。""蘷""蘷"一字異寫。《字彙補·艸部》:"蘷,音未詳,人名。宋李蘷著《晉書指掌》十二卷,見《文獻通考》。""蘷"當又是"蘷"的變體。

【夔】△

《箋注本切韻》二脂韻:"夔,一龍。俗作夔(蘷)。按《説文》作此□。"

按:"夔"爲"夔"之變體。

广　部

府[5]

【府】△
《正名要録》"正行者楷,腳注稍訛"類"府"下腳注"府"。
按:《魏汝南太守寇演墓誌》"府"作"府",可參。

庮[7]

【庮】△
《王一》平聲尤韻以周反:"庮,久屋木。又弋久反。亦作䆉。"
按《集韻·尤韻》:"庮,或从卣(作䆉)。""庮"爲"庮"之變。

庳[8]

【㘴】
《箋注本切韻》一上聲紙韻便俾反:"庳,下。或作㘴。""㘴"即"㘴"的俗寫。
按:"庳""㘴"音近義通。

【㘴】△
《王二·紙韻》:"庳,或作㘴。"
按:"卑"(俗作"甲")、"畀"形近,俗書每多混用。此例"㘴"爲"㘴"字俗誤。參看"鼻"字條。

廄[11]

【廄】◎
《正名要録》"正行者楷,腳注稍訛"類"廄"下腳注"廄"。《王二》去聲宥韻久祐反:"廄,養馬千匹爲——。俗作厩。"

按:"廄"中的部件"白"篆文本作"𠂤",故"廄"即其篆文的隸定字。而"𠬪"旁俗書多作"殳",故"廐"又爲"廄"字俗書。《干禄字書》:"厩廄:上俗下正。"慧琳《音義》卷七四《佛本行讚傳》第五卷音義:"廄,傳文作厩,俗,亦通也。""厩"當是由"廄"向"厩"過渡的中間環節。顔元孫以"廄"爲正字,殆非探本之論。《龍龕·广部》:"厩,俗;廄,今;廄,正。"可參。前揭《正名要錄》的"厩"又爲"厩"字俗書。參"既"字條。

廟[12]

【庿】

《箋注本切韻》三去聲笑韻:"庿,皃也。眉召反。"《王一》同一小韻:"庿,亦作廟。"《王二》同一小韻:"廟,亦作庿。"斯 5478 號《文心雕龍·頌讚弟九》:"魯以公旦次編,商以前王追録,斯乃宗庿之政哥(歌)。"

按:"庿"爲古文"廟"字(《説文》載之)。《干禄字書》:"廟庿:並正。"敦煌卷子多用古文"庿"字。上揭《箋注本切韻》等以"庿"爲標目字,蓋當時"庿"字已更爲流行。《王二》改以"廟"爲標目字,大概是拘泥於《説文》篆文,並不反映當時用字的實際情況。伯 3808 號《長興四年中興殿應聖節講經文》:"上資宗庿,下福生靈。""庿"爲"庿"的省點字。宋代以後"廟"俗字作"庙",又是"庿"的譌體。慧琳《音義》卷五五《佛説五苦章句經》音義:"廟,經作庙,非也。"宋王觀國《學林》卷十"繈緥"條列舉"字爲俗書改其體者",其中有"廟之庙"。蓋兩漢以後正式場合多用"廟"字,而"庿"遂被視爲簡體俗字。

【廇】△

《字樣》:"廟(廟)、廇:二同。"同書"秉"字下云:"廇譁,從禾。"伯 3720 號《河西都僧統陰海晏墓誌銘并序》:"道俗含悲起廇塔,門人孫侄助墳哀。"

按可洪《音義》第拾册《彌勒菩薩所問經論》第四卷音義:"塔廇,明照反,正作廇(廟)。"草字頭古多作"⺿"或"⺾"形,故"廇"即"庿"字,亦即"庿"的增筆字。《陰海晏墓誌銘》例"廇"字《敦煌碑銘讚輯釋》録作"廣",誤。伯 3142 號《白龍廟記》:"井側有廇,號曰白龍廇焉。"其中的掃描字又爲"庿"的省點字。

㕓[12]

【㕏】*◎

《正名要録》"本音雖同,字義各別例":"㕏,市;纏,束。"《五代本切韻》一:"㕏,一居地,与⊘□(㙻同),□(從)里。直連反。"

按《干禄字書》:"㕏㕓:上通下正。"慧琳《音義》卷四《大般若波羅蜜多經》第三九八卷音義:"㕓(㕓),經作㕏,俗字略。"《龍龕·厂部》:"㕏、㕝,二俗,音纏,居也。正從广。"俗書"㕓"旁亦或作"㕏"。《廣韻·仙韻》:"纏,俗作缠,餘皆做此。上揭《五代本切韻》直連反小韻又載"躔""趲"等字,"㕓"旁原卷皆寫作"㕏",即其例。

【㕝】◎

《五代本切韻》一直連反:"㕝,郊一字。"《王二·仙韻》直連反:"鄽,市。俗作㕝。"

按:俗書從"广"從"厂"不分,故"㕓"俗書作"㕝"。

【鄽】△

書證見前。按《集韻·僊韻》:"㕓,亦作鄽。"即"㕓"的增旁字。而"鄽"又爲"廛"之變。《龍龕·邑部》:"鄽,直連反。市一。""鄽"又"鄽"之變。

【鄽】△

《王一·仙韻》直連反:"鄽,市。通俗作廛。"

按:"鄽"爲"鄽(鄽)"字俗省。

【廛】△

書證見前。同一小韻又云:"廛,屋。与壥通。"

按:"廛"爲"㕓"字俗省。

【壥】△

同上書同一小韻:"壥,一畝畢(半)。一曰城市内空地。"《王二》作"㙻"。

按《玉篇·土部》:"㙻,與㕓同。"即"㕓"的增旁字。而"㙻""壥"又皆爲"㙻"的變體。希麟《續音義》卷二《新大方廣佛華嚴經》第九卷音義:"㕓,經文作㕏,或作㙻,皆非。"

【㙻】△

《五代本切韻》一直連反:"㕏,一居地,与⊘□(㙻同),□(從)里。直連反。""与"後一字原卷右下部殘缺,據殘形,原卷似本作"埕"。

按:"廛"字或增旁作"壥","埕"又爲"壥"字俗省。希麟《續音義》卷四《大乘本生心地觀經》第四卷音義:"壓(廛),正體字也。經文作鄽,或作壏、埕二形,皆訛。"又《集韻·僊韻》:"廛,亦作埕。""埕"亦爲"壥"字俗省,可以比勘。參上條。

【鄽】◎

《五代本切韻》一直連反:"鄽,野外曰郊鄽。"《王一·仙韻》同一小韻"鄽"字下云:"郊鄽作廛,從省作鄽。"斯1635號《泉州千佛新著諸祖師頌》:"或處山林,或居鄽市。"

按:"廛"俗省作"厘",故"鄽"當即"鄽"字俗書。

【厘】△*

書證見前。

按:"厘"爲"壓"或"廛"之變體。《王一》同一小韻載"纏""躔"等字,"廛"旁原卷皆從俗作"厘"。

【鄽】△

《俗務要名林》(斯617號)市部:"鄽,市之別名。遲連反。"

按:"鄽"爲"鄽"字俗書。

廩[13]

【㐭】△

《箋注本切韻》四上聲寑韻:"㐭(廩),倉。力稔反。《説文》作此 㐭,……㐭 從入,象屋形,中有戶牖。又作㮚,從木無點,顏監從禾有點也。"

按:"廩"字《説文》篆文作"㐭",隸定作"㐭"。此作"㐭",多一横畫。

【㮚】△

書證見前。

按:"㐭"《説文》或體作"廩",下從禾。《説文》別又有"稟"字,賜穀也,從㐭、禾,《廣韻》筆錦切,與"廩"音義均所不同。但以字形而論,"稟""廩"似皆爲"㐭"的孳乳字,古蓋本爲一字,後世亦或以"稟"等同於"廩"。《集韻·寑韻》:"㐭,力錦切,……或作廩、稟。"即其例。上揭《切韻》"又作㮚"的"㮚",當是受"㐭""稟"的交互影響產生的變體。

宀 部

宂²

【宎】△

《箋注本切韻》一上聲腫韻："宎，一散。又作冗，而隴反。"

按："宎"字從宀從人(古文字"人"多作"入"形)會意，"宎"即古文"宂"的楷定字，故宮舊藏裴務齊正字本《刊謬補缺切韻》卷端："宎，而勇[反]。""宎"即"宂"字。《漢語大字典·宀部》載"宎"字，據《改併四聲篇海》引《川篇》而勇切，釋作"長毛"。其實這個"宎"亦正是"宂"的楷定字，其用作"長毛"義，不過是借用作"毦"或"毷"罷了。慧琳《音義》卷六五《佛阿毗曇論》下卷音義："毛宂：如勇反，散也，宜作毦，而容反，謂古貝垂毛者也，毷飾也。"《佛阿毗曇論》寫本借"宂"作"毦"，可資比勘。

【冗】◎

書證已見上文。

按："宀"旁與"冖"旁形義皆近，俗書每可換用。"宎"下變從"几"，又隸楷之變。《龍龕·冖部》："冗，而隴反，散也。"而同書宀部不收"宂"字，是殆即以"冗"爲通行正字矣。

【宂】*

《王二·腫韻》："宂，而隴反，散。從宀從人。通俗作穴。"

按《字鑑》卷三腫韻："宂，俗作穴。"希麟《續音義》卷十《續開元釋教録》卷下音義："宂雜，上而隴反，《考聲》云：散也。"字亦寫作"宂"。上揭《王二》同一小韻載"𢁥"字(《王一》作"𢁢")，"宂"旁從之。

安³

【𢇃】△*

《字樣》:"安𢇃:二同。"伯 3808 號《長興四年中興殿應聖節講經文》:"經若行而捨凡成聖,敕若行而遠肅邇𢇃。"

按《干祿字書》:"𢇃安:上通下正。"唐韋絢《劉賓客嘉話錄》以"兩角女子"隱喻"安"字,亦正是據"𢇃"字而言。"𢇃"蓋"安"字草書的楷化字。俗書"安"旁亦多作"𢇃"形。如《楞嚴經音義》一:"挍,音素,一擊。"《楚辭音》:"晏,烏鷹[反]。"皆其例。

完⁴

【宂】△*

北 6495(黃 40)號《大般涅槃經》卷三四:"捨三惡身,得受人身,諸根宂具,生於中國,具足正信,能修習道。"

按《干祿字書》:"宂完:上俗下正。"《五經文字》卷上宀部:"完,音丸,全也。俗作宂。宂音貌。"《龍龕·白部》:"宂,俗,音完,一全也。"慧琳《音義》卷十五《大寶積經》第一百九卷音義:"完,從宀,音綿;元聲也。有作宂,非也。"《字彙補·白部》:"宂,湖貫切,音換,義闕。"這個"宂"當又爲"宂(完)"的變體。綜上,可知"完"俗書寫作"宂",與容貌之"宂"同形,相應地"完"旁俗亦寫作"宂"。《王一》平聲寒韻:"莞,小蒲席。"又云:"䋵,候風羽。胡官反。"同書上聲旱韻胡管反:"䋵,候風羽,又胡官反。"《五代本切韻》一上聲緩韻乎管反:"睆,縣名。輐,員一。䋵,候風雨具。挽,一擊。浣,水名。"又古卵反小韻下云:"脘,胃一。筦,一籥。"等等,凡此"宂"皆爲"完"旁的俗寫。或錄"莞"爲"莧",錄"䋵"爲"鯇",誤。《龍龕·草部》:"莧,或作;莞,今。"同書日部:"睆,今;晥,正。"又水部:"浣,俗;澣,正;浣,通。"竹部:"筦,俗;筦,正。"目部:"睆,俗;睆,正。"皆其證。《集韻·濟韻》:"莧,莧爾,笑皃,或作莞。"其中的"莧"實爲"莧"的譌字。又《字彙補·糸部》:"䋵,名暴切,音貌,義闕。"其實這個字應該就是"綄"的俗字。吳任臣不明俗書,望形生音,不得其解也就是自然而然的了。

定⁵

【㝎】*◎

《箋注本切韻》五:"㝎,止也。特徑反。"《毛詩音》二:"㝎,帝徑[反]。"《正名要錄》"本音雖同,字義各別例":"畢,竟;必,㝎。"伯 3697 號《捉季布傳文》:"不用驚狂心草草,大夫㝎意且安身。"

按《干禄字書》:"㝎定:上通下正。""定"作"㝎"馬王堆帛書《老子》甲本已見,蓋隸草之變。《正名要錄》"本音雖同,字義各別例":"澱,滓;淀,水。""淀"即"淀"字,是"定"旁俗亦或書作"㝎"。

宜⁵

【宜】*◎

《箋注本切韻》一平聲支韻:"宜,魚□反。"《王二·支韻》:"宜,魚羈反,當一。"伯 3833 號《王梵志詩·官職亦須求》:"王相逢便宜,參差著局席。"

按《五經文字》卷上宀部:"宐宜:上《說文》,下《石經》。"《玉篇·宀部》:"宐,今作宜。"《字鑑》卷一支韻:"宜,俗作宐。"俗書"宀"旁"冖"旁不分,故"宐"即"宜"的換旁字。秦漢簡帛及漢碑皆已見"宐"字。《王二》去聲寘韻宜寄反:"誼,人所宐。漢有賈誼。""宜"旁亦寫作"宐"。①

【宛】△

《箋注本切韻》二平聲支韻:"宜,魚羈反,按《說文》作此宛,從宀下一,多省聲,所安也。"

按:"宛"爲"宜"字俗誤。

宦⁶

【宦】△

《禮記音》:"宦,胡串[反]。"伯 2838 號《傾盃樂》詞:"一旦娉得狂夫,功(攻)書業拋妾求名宦。"斯 6947 號《佛說藥師經》:"人居世間,仕宦不遷,治生

---

① 校按:"宜"字甲骨金文及戰國文字分別作"🔲""🔲""🔲"一類的形狀,也許作"宐"的寫法更契合古字原貌。但後世往往以《説文》的字形爲正體,於是其他寫法便一概被視作或體俗字。

不得。"

按：俗書"官""宦"相亂。唐趙璘《因話録》卷五云："下輩不通義理者，使之寫文字甚誤，悉同一本。若'宦'字（原注："仕宦合著臣妾之'臣'。"）多作'官'（原注："職官合著目也。"）。"大概爲免與"官"字相亂，"宦"字俗書或換旁作"窗"。《干禄字書》："窗宦：上俗下正。"《五經文字》卷上宀部："宦，作窗訛。"斯 2053 號《漢書·蕭望之傳》："初，宣帝不甚從儒術，任用法律，而中書窗官用事。"掃描字即"窗（宦）"字。而"宦"又爲"窗"的變體（比較伯 3128 號《菩薩蠻》詞"良臣安國部"，書"臣"作"目"）。可洪《音義》第拾肆册《分别善惡所起經》音義："仕宦，音患。在宦，同上，此正。"其中的"宦"即"宦"的俗字。相反，"官"字則一般不寫作"宦"。前揭《佛説藥師經》"仕宦"二見，"宦"字皆作"宦"；而"官位""五官""縣官"等"官"字凡六見，皆作正字"官"。斯 133 號《秋胡小説》："縱放汝尋師，起（豈）即立成官宦？""官宦"即"官宦"，抄手"宦"字寫作"宦"，而"官"字則不作穴旁，亦其例。又伯 3333 號《菩薩蠻》詞："自從涉遠違（爲）遊客，鄉關條（迢）遞千山隔。求官宦一無成，操勞不漸（暫）亭（停）。"第三句當作"求宦一無成"。蓋抄手擬書"宦（宦）"而誤書作"官"，故接書"宦"以正之。《箋注本切韻》二載陸法言《切韻序》："於是更涉餘學，兼從薄宦，十數年間，不遑修集。"其中的"宦"字伯 2129 號及《王二》所載陸序皆作"宦"。凡此皆可證明"宦"是當時通行的"宦"的俗字。《隸釋》卷十二《戚伯著碑》："調宦沛土。"顧藹吉釋云："（宦）即官字，變宀從穴。他碑從宀之字如宇爲穸、寵爲寵之類甚多。《字原》既釋作官，復誤釋作宦。"疑此字亦以定作"宦"字爲近真。前揭《禮記音》的"宦"字，據胡串反的音切，其爲"宦"字無疑。其所音經文據阮元刻《十三經注疏》本爲："管仲死，桓公使爲之服。官於大夫者之爲之服也，自管仲始也。"阮元校勘記謂"官"爲"宦"字之誤，是也。

害[7]

【害】△

《字樣》："害，字合丰，丰音戒。《石經》隸書已從土。"斯 63 號《太上洞玄靈寶無量度人上品妙經》："上消天災，保鎮帝王；下攘毒害，以度兆民。"

按《五經文字》卷上宀部："害，從丰，丰音介。《石經》省從士從工者訛。""省從士"之"士"疑爲"土"字之誤。《玉篇·宀部》："害，俗作害。"可洪《音義》

第貳册《道行般若經》第五卷音義："厄害,胡蓋反,損也,正作害。"考金文有"![]"
"![]"等形,秦漢簡帛及漢代碑刻"害"字中部多見"丯""土""工"之類的寫法,當
由金文後一類形體所生發。《龍龕·宀部》:"害,古;害,正:音害。"又可洪《音
義》第柒册《佛説決定總持經》音義:"所害,胡蓋反,煞一、損一也,正作害、害二
形。"行均、可洪分别以"害""害"爲"古"爲"正",可謂淵源有自,端非無據也。

【害】*◎

《毛詩音》二:"害,何刮[反]。"又云:"害,毛何蓋反,鄭何刮反。"斯 2073 號
《廬山遠公話》:"何得心無慈愍,毒害尤深,欺誑平人!"

按《干禄字書》:"害害:上俗下正。"慧琳《音義》卷四一《大乘理趣六波羅蜜
多經》第一卷音義:"害,經作害,俗字也。"敦煌卷子中"害"作偏旁亦或寫作
"害"。如《俗務要名林》(斯 617 號)車部:"轄,軸頭鐵。行八反。"《楞嚴經音
義》一:"豁,呼栝反,豁達也。"其中"轄""豁"所從的"害"旁原卷皆作"害"形,是
其例。參上條。

宦[7]

【窋】◎

《箋注本切韻》二平聲之韻與之反:"窋,室東北隅。按《説文》無穴作此
窋,養也,食所居。"《王一·之韻》:"窋,室東北隅。"

按:"臣"旁俗書或書作"匠"(詳"臣"字條),故"窋""窋"即"宦""窔"的俗
寫。而"窔"又是"宦"的換旁俗字(俗書"宀""穴"二旁混用不分)。"宦"見《説
文》。《龍龕·宀部》:"宦,俗,与之反。"同書穴部:"窋,俗;窔,正:与之反,室東
北隅也。"其中的"宦"即"宦"字,"窋"和"窋"則即"窔"字。行均以從穴的"窔"
爲正字,大概是把正俗關係搞顛倒了。《漢語大字典》録"窋"爲"窔",嚴重失
真;又稱其爲"宦"的謁字,亦非切當。

宴[7]

【宴】*◎

《王二》上聲銑韻於殄反:"宴,安。又於見反。"同書去聲霰韻:"宴,烏見
反,安。"

按《五經文字》卷上宀部:"宴宴:上《説文》,下《字林》。"漢碑中已見"宴"

字。《説文》"宴"從"妟"聲,但後者是一個生僻字,載籍罕用,故後來改用同音的"晏"爲聲旁,顯化了聲符。上揭《王二》烏見反小韻又載"曘"字,"宴"旁從之("曘"同"瞹",後者又爲"曖"字別構)。

【宴】△

《字樣》:"宴,相承用;宴,正。"《箋注本切韻》一銑韻:"宴,安。"《佛經難字及韻字抄》亦載"宴"字。伯3994號《菩薩蠻》詞:"酒傾金盞滿,蘭麝重開宴。"

按《干禄字書》:"宴宴:上通下正。"《龍龕·宀部》:"宴,俗;宴,正。""宴"即"宴"字。"安"字俗書作"安",故"宴"俗書作"宴"。行均以"宴"爲正字,那是不準確的。斯4511號《醜女緣起》:"遂赴朝官之宴,同拜玉皆(階)。""宴"字上部作穴旁,當又爲"宴"的換旁字。

【醼】◎

《字樣》:"醼,飲也。古燕飲字無傍酉。安者相承作此宴字。"北7046(藏82)號《四分戒本疏》卷三:"從中後乃至後夜,俗人醼會遊戲,若乞生惱故制不聽。"

按:宴安、燕飲字本皆作"宴",古或借"燕"爲之。後來爲避免與指鳥名的"燕"相亂,又加注"酉"旁形成一個新的形聲字。《廣韻·霰韻》:"醼,醼飲。……古無酉,今通用。亦作宴。"

【讌】◎

《正名要録》"字形雖別,音義是同,古而典者居上,今而要者居下"類:讌宴。

按:"宴(宴)"爲本字,"讌"亦爲在"宴"的假借字"燕"的基礎上加注意符形成的後起字。《廣韻·霰韻》:讌,讌會,本亦同"醼"。

寇[8]

【寇】*◎

《箋注本切韻》五去聲候韻:"寇,賊也。苦候反。"《正名要録》"正行者楷,腳注稍訛"類正行者"寇寇"二字下腳注"寇"。

按:後例"寇"字"攴"形部件乍看似"支",但細審原字筆勢,可知實爲"攴"旁而稍譌耳("攴"旁手寫時上部一横畫略向左側延伸),故"寇"實即"寇"字。"寇"字《説文》從攴、完;"攴"旁隸變作"攵"(《九經字樣·攵部》:"攴,隸省作文。"),故"寇"又變作"宼"。《干禄字書》《五經文字》"寇"字皆寫作"宼"。《龍龕·宀部》:"宼,正;寇,今。"《正字通·宀部》以"宼"爲俗字。前揭《箋注本切韻》五同一小韻載"寇"字,"寇"旁從之。同韻呼候反小韻又載"敂"(蔻)"字,可參。

【寇】△

書證見前。伯2747號《捉季布傳文》:"不能助漢餘(除)柱寇,假政匡君毀寡人。"

按伯3451號《張淮深變文》:"某乙所來爲寇非(下殘缺)。""寇""寇"字形微別,其右下部當皆是"殳"的俗寫("殳"旁俗書多作"旻")。俗書"攴""殳"不分,而"元"旁又形誤爲"衤",故"寇"俗書或作"寇"形。《龍龕·宀部》:"寇、寇,二俗;寇,正。"《干禄字書》:"寇寇:上俗下正。""寇""寇"又皆爲"寇"的變體。《時要字樣》(斯6208號)"蔻"字作"蔲",可參。

寅⁸

【寅】*◎

《箋注本切韻》二平聲脂韻以脂反:"寅,按《説文》作此寅。"後一字當是"寅"字誤書。斯5567號《法體十二時》:"平旦寅,洗足燒香禮世尊。"

按《龍龕·穴部》:"寅,音寅。""寅"即"寅"的俗字,此係以正字爲俗字注音之例。《王一》上聲軫韻載"戭""縯""演"等字,"寅"旁原卷皆從俗作"寅"。

寂⁸

【宗】◎

《箋注本切韻》一入聲錫韻:"寂,或作宗。昨歷反。"伯3720號《河西都僧統陰海晏墓誌銘并序》:"是時化緣已備,宗滅幽閨。"

按《玉篇·宀部》:"宗,無聲也。寂、宗,並同上。"慧琳《音義》卷八九《高僧傳》第六卷音義:"宗,古文寂字也。《説文》正作宗。""宗"字漢碑中經見(參《隸辨》卷五錫韻)。裘錫圭先生認爲"宗"當是"家"字去掉"豕"旁右邊跟"人"字形近的兩筆,表示家中無人(《文字學概要》)。《復古編》卷下:"宗,或作誄,同。別作寂、宗,並非。""宗"當是"宗"字俗譌。

【宎】

《正名要録》"字形雖别,音義是同,古而典者居上,今而要者居下"類:宗宷。斯 4332 號《別仙子》詞："人宷静,滿面蟾光如雪。"

按:"叔"字俗書或作"尗"(參"叔"字條),故"寂"字俗書作"宷"。《五經文字》卷上宀部:"寂宷:上《説文》,下《石經》,今依《説文》。"《龍龕·宀部》:"寂宋寂,三正;宷,今。""宷"是"宷"的較早形式,"宷"則是"宷"的增點俗字。伯 4660 號《大唐河西道沙州故釋門法律大德凝公邈真讚》:"律通幽遠,禪宷无疆。"此爲作"宷"者。

【寂】

書證見前。又《王一·錫韻》:"宷,昨歷反,或作家,静。亦作誌、宋。"

按:"宋"爲《説文》本字,"寂"爲其後起字。慧琳《音義》卷二十《寶星經》第二卷音義:"宋,通俗作寂。"同書卷五一《起信論》音義:"宋,俗作寂。"

【誌】

書證見前。

按:"誌"爲《説文》或體,《正字通》稱爲俗字。

富[9]

【冨】△

《箋注本切韻》五去聲宥韻:"冨,府副反。"斯 6825 號背《老子道經上想爾注》:"冨貴而驕,自遺咎。"斯 5474 號《王梵志詩·他家笑吾貧》:"你冨户役高,差科並用卻。"

按《干禄字書》:"冨富:上俗下正。"《五經文字》卷上宀部:"富,作冨者訛。"宋陳師道《後山談叢》卷二:"金陵人喜解字,習以爲俗,曰同田爲富……""同田爲富"即據俗字"冨"而言。伯 2133 號《妙法蓮華經講經文》:"煞鬼豈曾饒冨貴,無常未肯怕公卿。""冨"字漢碑已見,而"冨"則又是"冨"的變體。

寐[9]

【寐】◎

《楞嚴經音義》一:"寐,蜜二反。"伯 2054 號《十二時》:"悲行人,抛幼累,恨別愁明啼不寐。"

按《干禄字書》:"寐寐寐:上俗中通下正。"《龍龕·穴部》:"寐寐寐:三俗,……正作寐。"皆可參。

【寐】△

《佛經難字及韻字抄》載"寤寐"二字。斯329號《書儀鏡》四海平蕃破國慶賀書:"念德懷賢,當忌寤寐。"

按:慧琳《音義》卷十四《大寶積經》第六十九卷音義:"寐寤,或有從穴,或從忄作'悕悟',皆非也。"斯329號《書儀鏡》"寐"字或作"寐",可參。

寬 11

【寬】

《正名要錄》"正行者楷,腳注稍訛"類"寬"下腳注"寬"。伯2153號《威德摩尼輪法》蜜號法印第十:"其法每須三迴作聲,三度寬步遶壇誦讚。"

按可洪《音義》第壹册《大般若經》第八帙音義:"寬廣,上苦官反。""寬"字下從"莧"聲(與"見"音義均所不同),俗書或省點作"寬"(《正字通》以"寬"爲俗字),而"寬"又爲"寬"字俗省。

【寬】

書證見前。伯2962號《張義潮變文》:"漢家持刃如霜雨,虜騎天寬無處逃。"

按《干祿字書》:"寬寬:上俗下正。"《五經文字》卷上宀部:"寬,作寬訛。"上述二書正字皆作省點的"寬"。"寬"漢碑中有作"寬"者,敦煌卷子中亦有用例。如伯2747號《捉季布傳文》:"何不草繩而自縛,歸降我王乞寬恩。""寬"字伯3697號作"寬"。從字形演變的角度看,"寬"可能是由"寬"到"寬"轉變的橋梁。

寡 11

【寡】△

《王一》上聲馬韻:"寡,古瓦反,無夫。通俗作寡。"斯79《類書》"宋弘"條下:"時胡陽公主寡,公主私心敬弘。"

按《五經文字》:"寡寡:上《說文》,下《石經》。"《干祿字書》:"寡寡寡:上俗中通下正。""寡"下部變"分"爲"灬",蓋隸書之變。①漢碑中已見"寡"字。而"寡"則又當是"寡"的省畫字。希麟《續音義》卷一《大乘理趣六波羅蜜多經》卷

---

① "寡"字金文下部或從頁,戰國以後或於"頁"下部贅加"八"形繁飾,梁春勝《楷書部件演變研究》謂"寡"形的寫法和《說文》從分的"寡"都是由後者訛變而來的(第133頁),其說可從。

三音義:"寡字下從分;經文從灬……作寡,書寫誤。"

【寘】◎

《王二·馬韻》:"寡,俗作寘。"伯2292號《維摩詰經講經文》:"詞疏理寘非他說,識淺情幽每自知。"

按《龍龕·宀部》:"寘,俗;寡,俗通;寡,正。""寘"的演變軌跡大約是:寡→寡→寘→寘。伯3718號《曹盈達寫真讚并序》:"俊以寘識,駐筆乖言。""寘"又"寘"之變。同上卷《范海印和尚寫真讚并序》:"余以寘識,駐筆難旋。"伯2962號《張義潮變文》:"彼衆我寘,遂落姦虞。"斯1920號《百行章》慎行章第廿一:"無事莫過寘婦之門。"其中的"寘""寘""寘"亦皆爲"寡"的俗字,可參。

寠[11]

【寠】◎

《箋注本切韻》一上聲麌韻:"寠,貧無礼。其縷反。"《王一·麌韻》:"寠,其矩反,貧無礼。正作寠。"《王二》無"正作寠"三字,餘同。

按:"婁"旁俗書作"婁"(詳"婁"字條),故"寠""寠"分別爲"寠""寠"的俗寫。《說文·宀部》:"寠,無禮居也。从宀,婁聲。"引申泛指貧窮之意。而"窭"實爲"寠"的後起換旁俗字。慧琳《音義》卷五七《佛說分別善惡所起經》音義:"貧寠,劬乳反……《說文》從宀、婁聲,宀音綿,古今正字也。"同書卷六一《根本說一切有部毗奈耶律》第三十四卷音義:"寠,《爾雅》云:寠,貧也。《古今正字》從宀、婁聲也。"又卷八一《南海寄歸內法傳》第一卷音義:"貧寠,劬禹反……《說文》從宀、婁聲。傳從穴作窭,非。"但大約唐代前後,從穴的後起字"窭"變得更爲通行,喧賓奪主,以致一般人誤以"窭"爲正字。《龍龕·宀部》:"寠,其主反,貧無禮也。正從穴作。"亦其例。《廣韻》有"窭"而無"寠",蓋亦以"窭"爲正字(《玉篇》有"寠"無"窭",尚不誤;《集韻》《類篇》"寠""窭"並見)。唐代以前傳世古籍指稱貧窮義多作"窭"字,疑多出後人臆改。如《爾雅·釋言》:"窭,貧也。"前揭慧琳《音義》引《爾雅》"窭"作"寠",不從穴,是其例。

寢[11]

【寢】△

《王一》上聲寢韻:"□,七稔反,室。通俗作寢。"末字照片及印本不甚清晰,應是"寢"字,同書上聲韻目下有"卌四寢"字樣,可證;《敦煌掇瑣》、姜書等皆作"寢",似不確。俄弗 242 號《文選》曹植《上責躬應詔詩表》:"晝分而食,夜分而寢。"斯 6537 號《阿曹婆詞》》:"妾守空閨恒獨寢。""寢"爲"寢"的增筆繁化字。

按《干禄字書》云:"寢寢:上通下正。""寢"字後起,據《説文》系統,其本字爲"寢"或"寢"。《説文》"寢"字段玉裁注:"寢者,卧也;寢者,病卧也:此二字之别。今字槩作寢矣。""寢"字隸省作"寢",而"寢"即"寢"的俗字。故前揭韻書的缺字疑當爲"寢"或"寢",而其"通俗作"字則應作"寢"或"寢"。不過"寢""寢"二字在古書的實際應用中并没有區别。包山楚簡有"寢"字,從宀、從爿、從帚,與"寢"字較近。參下文"寢"字。

【寢】△

《箋注本切韻》四:"寢,室,七稔反。"伯 2054 號《十二時》:"寢(寐)長逢過往人,神魂已入幽冥界。"

按:"寢"爲"寢"的繁化俗字。

【寢】◎

《王二》:"寢,七稔反,室。正作寢。"斯 6075 號殘詩:"屬万機霄分,尚忘寢昧旦。"

按:慧琳《音義》卷二《大般若經》第五十三卷音義:"寢,篆文從帚從又,今順俗從省略從宀、侵聲也。"

審[12]

【審】△

《箋注本切韻》四上聲寢韻式稔反:"審,《説文》作審,作(從)釆。"斯 4511 號《醜女緣起》:"朝慕(召募)切須看聽審,惆悵莫交外人聞。"

按《説文·釆部》:宷,篆文作審。段玉裁以"宷"爲古文、籀文。"審"中從"釆",音辨(即"辨"字古文)。俗書則"番"旁多書作"畨"(參"番"字條),故"審"俗書作"審"。《字鑑》卷三寢韻:"審,俗中從米粟字作審,誤。""審"作"審"漢碑已然。

寶[17]

【珤】

《王二》上聲晧韻:"寶,博抱反,古作珤、琛。"

按："寶"《說文》從宀、從王(玉)、從貝，缶聲("缶"亦表意)；古或作"宲"，又或作"珤"，而其形聲會意之旨不變。希麟《續音義》卷九《根本説一切有部毘奈耶破僧事》第十六卷音義："寶，古文作珤，從玉，缶聲。"

【珤】△

《字樣》："珤，古寶字。"《箋注本切韻》四晧韻："寶，古作珤。"

按："缶"字俗或作"乐"(参"缶"字條)，故"珤"即"珤"字俗寫。《龍龕·玉部》："瑶珤珤，三俗；珤，正：音寶，今作寶。"可参。

【寶】◎

《箋注本切韻》一晧韻："寶，古作珤(珤)。"斯 6551 號《佛説阿彌陀經講經文》："四遠總來朝寶座，七州安泰賀時康。"

按《干祿字書》："寶寶：上通下正。"《五經文字》卷上缶部："寶，從缶。從尒訛。"慧琳《音義》卷三七《無垢淨光大陀羅尼經》音義："寶，《字書》正從乐(缶)作珤(珤)，云珍也。經從尒作寶，俗字也。""寶"字漢碑或作"寶"，從宀、珍、貝會意。"珍"字隸變或作"珎"(亦見於漢碑)，故"寶"又變作"寶"，而"寶"又為"寶"之變體。"寶""寶"亦皆已見於漢碑。

【琜】△

《王二》謂"寶"古作"琜"。

按："琜"通常為"珍"的俗字。《説文·宀部》："寶，珍也。""珍""寶"同義然非同字。考"寶"字俗或作"琜"。如伯 2133 號《金剛般若波羅蜜經講經文》："無量阿僧祇世界，七琜持將惠有情。"又云："施琜能招多快樂，官職尊崇次弟榮。"皆其例。同"寶"的"琜"疑又為"琜"之省譌。另一種可能是"琜"為"琛"之譌字。"寶"字古或作"宲"(見《説文》)，又作"琛"(見馬王堆帛書《老子》乙本)。"琛""琜"形近而誤。《王一·晧韻》"寶"字下云："古作珤、琜。"末字左半作"王"，右半有墨漬，模糊難辨(姜書錄作"琜"，"琜"字字書不載，疑誤)。這個字當即《王二》"琜"字之所本。

尸 部

尼²

【屔】*◎

《切韻》殘葉二平聲脂韻:"屔,女脂反。"伯 2324 號《難陀出家緣起》:"我佛牟屔大法王,觀見難陀氣憋傷。"

按《干禄字書》:"屔尼:上俗下正。"《字鑑》卷一脂韻:"尼,俗作屔。""屔"字蓋六朝産生的俗字(《隋元夫人姬氏墓誌》"泥"字作"浘",可見當時"屔"字可能已相當流行)。《隸釋》卷二載東漢《桐柏淮源廟碑》:"仲屔慎祭,常若神在。"其中的"屔"字疑非原形,其字宋劉球《隸韻》摹録作"尼",可參。《俗務要名林》(斯 617 號):"浘,奴黎反。"《切韻》殘葉二女脂反載"㧕""㧗"等字,"尼"旁亦皆從俗作。

尿⁴

【尿】

《王一》去聲嘯韻:"尿,奴弔反,小便。正或作溺、作屁。"

按:"尿"字《説文》從尾從水作"屎","屁"即其部件易位字,而"尿"爲隸省字。慧琳《音義》卷五《大般若波羅蜜多經》第四百十四卷音義:"(尿)《説文》正體從尾從水。……經文作尿,俗字省略也。"同書卷三九《不空羂索經》第二十七卷音義:"尿,俗字也。《説文》作屎,……亦作屁。"

【溺】

書證見前。

按:慧琳《音義》卷四九《廣百論釋》第八卷音義:"尿,醫方多作溺,古字假借耳也。"

尾⁴

【尾】

《箋注本切韻》一上聲尾韻:"尾,俗作尾。無匪反。"《王一》同韻:"尾,通俗作尾。"

按:後例標目字與通俗作字字形略同,或有一誤。《五經文字》卷中尸部:"尾尾:從到毛,相承亦從正毛作下字。"上揭《箋注本切韻》無匪反小韻又載"浘"字,許偉反小韻又載"烜"字,"尾"旁俱從倒毛作"尾"。

局⁴

【咠】△﹡

《箋注本切韻》一入聲燭韻:"咠,渠玉反,又作局。"

按:"局"字《說文》篆文作"局",從口在尺下,"咠"上部的"弔"當是"尺"字篆文隸書的變體。可洪《音義》第拾柒冊《曇無德羯磨》音義:"所咠,巨玉反。"同書第貳拾貳冊《那先比丘經》下卷音義:"責咠,其玉反,正作局。"其中的掃描字亦皆"局"的俗字。又《隋儀同三司王護墓誌》"局"作"咠",是其比。《龍龕·弓部》:"咠,渠玉反。咠,居玉反。"這兩個字疑皆爲"局"的俗字。上揭《箋注本切韻》同韻又載"錋""踾"等字,"局"旁皆寫作"咠"。

【侷】﹡◎

《字樣》載"侷"字。伯3145號《社司轉帖》:"右緣年支春座侷席,次至曹保奴家。"伯4634號《唐永徽二年令》東宮諸府職員列有"司經侷""典膳侷""藥藏侷"等名目。

按《干祿字書》:"侷侷局:上俗中通下正。"《五經文字》卷下口部:"局,作侷與侷皆訛。""局"寫作"侷",大約是寫字的人認爲"局"從"尸"旁,而其下的"可"不成字,遂改爲形近的"句"。①俗書有贅增點畫之例,又方口尖口不分,故"局"

---

① 校按:《說文·口部》:"局,促也。从口在尺下復局之。一曰博所以行棊。象形。"慧琳《音義》卷五十《業成就論》音義:"知局,下筇玉反,《尒雅》:局,分部也。《詩》云曲也。《廣雅》云近也。《說文》促也,從口在尸下復句之。一曰博局,所以行棊。象形字也。"其中引《說文》"從口在尸下復句之"句同書卷六九、卷八十"局"字條引皆作"從口在尺下復句之",卷一百"局"字條引作"從口在尸下復勹之","尸""尺"或當以前者爲是;又"句""勹"傳本《說文》作"局",劉釗引慧琳《音義》前一例,謂作"句"是,"局"本應是從尸、句聲的形聲字,并(轉下頁)

俗又寫作"屌""屌""屌"等形。如伯3211號《王梵志詩·當鄉何物貴》："縣屌南衙點,食並衆厨餐。"伯3882號《孔子項託相問書》："吾車中有雙六屌,共汝博戲如何?"是其例。斯1889號《敦煌氾氏家傳并序》："古人有言:謂天蓋高,不敢不跼。""跼"爲"跼"字俗寫,是"局"旁俗書亦可寫作"局""局"一類的形狀。

居⁵

【屆】

《正名要録》"字形雖別,音義是同,古而典者居上,今而要者居下"類:屆居。斯2440號《八相押座文》："六年苦行在山中,鳥獸同屆爲伴侣。"

按《玉篇·尸部》:屆,古文"居"字。《龍龕·尸部》："屆,音居,住也。""屆"字漢代以前載籍未見,疑六朝俗字(《魏比丘道瓚記》始見"屆"字)。《龍龕·户部》："庌,又古文居字。""庌"蓋又"屆"的增點字。

屋⁶

【屋】*◎

《箋注本切韻》一卷五入聲屋韻標目字作"屋"。伯3883號《孔子項託相問書》："汝知屋上生松,户前生葦,……是何也?"

按:上揭《箋注本切韻》入聲覺韻又載"渥""偓""喔"等字,"屋"旁皆增點作"屋"。《漢語大字典》"屋""屋"字際關係不明。

屎⁶

【屆】△

《王一》上聲旨韻式視反："屎,糞。亦作屆、屆。"

按:"屆"爲"屆"的俗字。凡"囟"形部件俗書皆可寫作"囟"。"屎"字《説文》

(接上頁)引睡虎地秦簡和漢印作"局"的字形爲證(《談考古資料在〈説文〉研究中的重要性》,收入《古文字考釋叢稿》,岳麓書社2005年版,第394頁)。但慧琳《音義》引稱其字"從口在尸下",似乎原本仍是從口;而且慧琳引明云此字爲"象形字",改析作形聲字也與慧琳所引説解不合。故劉説仍有疑點有待排除。竊謂此字仍以作"局"爲典正,其字從口在尸下("尸"陳也,"口"林義光《文源》卷七謂象物形);"復句之"當指"局"字尸、口之間的一筆,意指其陳物之處局促不寬敞。"局"的局促、狹窄、局限、約束、範圍等一系列意義正由此生發。

作"菡"。《玉篇·艸部》:"菡,糞也。亦作矢,俗爲屎。"慧琳《音義》卷六八《阿毗達磨大毗婆沙論》第四十卷音義:"屎,正從艸作菡,古字也。……論文作屎,俗字。"

【屎】◎

書證見前。

按《龍龕·尸部》:"屎,俗;屎,今;屎,正。"慧琳《音義》卷二《大般若波羅蜜多經》第五十三卷音義:"屎,音始,《字指》云:糞屎也。經從米,俗字也。《説文》從尾、矢聲也。"同書卷五《大般若波羅蜜多經》第四一四卷音義:"屎,《古今正字》作屎。相傳作屎,俗字也。古作夭(矢)。正體從尾省,夭聲也。"據此,則"屎"從尾省,矢聲,爲形聲字。《集韻·旨韻》:"菡,或作屎。"後者殆即不省尾的"屎"本字。但今本《説文》未見從尾、矢聲的"屎"字,故慧琳引文的可靠性還有待進一步研究。

展[7]

【屢】△

《正名要録》"正行者雖是正體,稍驚俗,腳注隨時消息用"類"屢"下腳注"屢"。

按:"展"字《説文》作"屢",從尸、衰省聲,"屢"即其隸楷變體。《箋注本切韻》一上聲獮韻知演反:"𡲢,極巧視之。"即"𡲢"字,可以比勘。

【展】△

書證見前。斯 4474 號《文樣》:"月面高展於紺目。"

按:漢碑已見"展"字。《隸辨》卷三獮韻:"《説文》作屢,從四工,碑變作卄,今俗因之。""展"從衰省聲,"衰"從衣、𡲢聲,故以字形而言,當以作"展"爲典要,而"展"則爲其譌略之體。慧琳《音義》卷三六《蘇婆呼童子請問經》下卷音義:"展,俗字也,古文正從𡲢、從衣作屢。"可參。

【展】△*

斯 5474 號《王梵志詩·他家笑吾貧》:"吾無呼喚處,飽喫長展腳。"

按:慧琳《音義》卷四五《優婆塞净行法門經》上卷音義:"展,正體從𡲢作衰(屢),今作展,訛也。"斯 4571 號《維摩詰經講經文》:"滿園如萬種花敷,遍野似千般障展。"斯 328 號《伍子胥變文》:"儻值明主得遷達,施展英雄一片心。"

"展"當是"㞡"或"展""㞮"的變體。俗書"展"旁亦作"展"。如《楞嚴經音義》一:"碾磑:上尼展反。"《箋注本切韻》一上聲軫韻敕忍反載"䡅(輾)"字,是其例。

屧⁹

【屧】△

《正名要錄》"字形雖別,音義是同,古而典者居上,今而要者居下"類:屧㯕。

按:"屧"當即"屧"字,唐代避太宗諱而改"世"爲"云"。

【㯕】△

書證見前。

按:字書不載"㯕"字,疑爲"㯕"字誤書。"㯕"字從木、燮聲,爲"屧"的後起形聲字。慧琳《音義》卷五二《中阿含經》第三十七卷音義:"屧(屧),又作韘,同,思俠反,履屬也。經文作燮。燮,和也。燮非字義也。""㯕"可能是在"燮"這個假借字的基礎上產生的(王筠《説文句讀》:"屧以木爲之而空其中也。"故"㯕"字從木)。《集韻》別有"㯕"字,指"楓㯕,菫名。"當別是一字,與用作"屧"異體的"㯕"不同。

屢¹¹

【屢】△

《王一》去聲遇韻:"屢,李遇反,數。正作屢。"斯462號《大唐中興三藏聖教序》:"菩提樹下,屢攀折以淹留。"

按:"婁"旁俗作"娄"(參"娄"字條),故"屢"俗作"屢"。"屢"字漢碑已見。

屣¹¹

【屣】

《王一》上聲紙韻:"屣,一不攝根(泉按《廣韻》作"履不躡跟")。亦作鞋。"

按:"鞋"見《説文》,後起字作"屣"。徐鍇《説文解字繫傳》:"(鞋)今俗作屣。"慧琳《音義》卷四五《佛説優婆塞五戒威儀經》音義:"屣,《聲類》云:亦鞋字也。……《古今正字》從履省,徙聲。"

屩¹⁵

【屩】△

《正名要録》"字形雖別,音義是同,古而典者居上,今而要者居下"類:屩蹻。

按《古今韻會舉要·藥韻》:"屩,又作屫。"俗書"爿"或作"丬","喬"旁或作"髙",故"屩"即"屫"字俗寫。《龍龕·尸部》:"屩,俗;屫,正:居渆(汋?)反,履也,鞋別名也。""屩"當亦爲"屫"的俗寫。①

【蹻】△

書證見前。

按:慧琳《音義》卷三五《一字頂輪王經》第二卷音義:"屫,綺妖反,或作蹻、轎。""蹻"即"蹻"的俗寫。這個"蹻"和訓舉足高的"蹻"不同,當是"屫"的換旁俗字。

屬¹⁸

【屬】△*

《字樣》:"屬,正;屬,相承。"《王二》入聲燭韻之欲反:"屬,付一。又市玉反。"伯3169號《古文尚書傳·禹貢》:"涇屬渭汭。"

按:"屬"字《説文》從尾、蜀聲,"尾"旁隸定作"屒"形,又省變作"尸"形。《五經文字》卷中尸部:"屬屬:上《説文》,下經典相承隸省。"慧琳《音義》卷二《大般若經》第五十三卷音義載"屎屎"(屎尿)二字,謂其字《説文》分别從尾矢聲、從尾從水,可參。《龍龕》亦以"屬"爲正字。《箋注本切韻》一燭韻載"䴊"字,《王一·燭韻》稱"䴊"字"正作䴊","屬"旁原卷皆寫作"屬"。

【屬】△

《正名要録》"正行者雖是正體,稍驚俗,腳注隨時消息用"類"屬"下腳注"屬"。

按:"屬"當是"屬"字俗誤。

---

① 校按:梁春勝《楷書部件演變研究》謂"彳"形部件隸楷文字中或變作"丬",故"屩"即"屫"字異寫,而"屫""屩"所從的"爿""爿"又皆由"丬"形變來(第19—21頁),其説可從。

【属】△*

前揭《字樣》以"属"爲"相承"用字。《王一·燭韻》之欲反:"属,付。古作屬。"《春秋後語音》:"属,燭音,託寄。"俄弗154號《佛説佛名經》卷九:"或畜養雞猪牛羊犬豕鵝鴨之属。"

按《干禄字書》:"属屬:上通下正。"《復古編》卷下:"屬,別作属、囑,並非。"漢碑已見"属"字或"属"字。上揭《王一》又載"瞩""蠣"等字,"属"旁原卷皆從俗作"属"。

【属】△*

前揭《正名要録》以"属"爲"隨時消息用"字。《王一·燭韻》市欲反:"屬,通俗作属。"斯4173號《南宗讚》:"不宣諸天甘露蜜,魔軍眷属出來看。"

按:"属"當是"属"的譌俗字。《正名要録》下文"本音雖同,字義各別例"云:"属,記;瞩,視。"其中的"属"字原卷有描改,而本行下的地腳注有一"属"字,蓋即示以"属"改"属"之意。《齊諸維那冊人造太子像》有"属"字,可參。

【属】*◎

《箋注本切韻》一燭韻:"屬,俗作属。"《楞嚴經音義》一:"属,音燭。"《禮記音》:"属,之欲[反]。"伯3669號《漢書·刑法志》:"於是招延張湯、趙禹之属,條定法令。"

按:俗書有改不成字的偏旁爲成字的偏旁的通例,"属""属"尸下的部件皆不成字,俚俗因進而改爲形近的"禹"。慧琳《音義》卷四《大般若經》第四百卷音義:"屬,經作属,俗字謬也。"《龍龕·尸部》:"属,俗通;屬,正。"漢碑已見"属"字。《隸辨》卷五燭韻:"《説文》屬從尾從蜀,碑則省蜀爲禺,他碑或作禺,亦作禺,轉轉相變,并上尾止存尸頭,而下遂爲禹字矣。"又"属"旁俗書亦可作"属",參看"囑""瞩"條。

巳 部

巴¹

【㠯】*

"巴"旁的變體。《增訓本切韻》殘葉二入聲緝韻:"㠯,累(縣)也。英及反。"《箋注本切韻》一平聲微韻:"肥,符非反。"《文選音》:"把,布馬[反]。"

按:"巴"旁的來源有二:一是篆文的"𢀳",象蛇形,隸定作"巴",音 bā,偏旁又作"㠯";其二是篆文的"𢀳",象骨節之形,隸定通常作"卩""𠙴""㔾"等形,音 jié,偏旁亦或作"㠯",又作"巴",與"巴 bā"相混無別。"邑(邑)""肥(肥)"所從的"㠯"旁來源於骨節之"卩","把(把)"所從的"㠯"則來源於巴蛇之"巴"。可洪《音義》第拾柒册《舍利弗問經》音義:"㠯連,上補麻反。"其中的"㠯"乃"巴 bā"字異寫。

豝⁸

【豝】△

《王一》入聲覺韻子角反:"豝,龍尾。亦作豚。"《王二·覺韻》:"豝,龍尾。"形微別。

按《廣韻·覺韻》:"豝,龍尾。豚,上同。""豝"當是"豝"字俗省。"豝"蓋從巳(巴)、豕聲。字又作"豵""豵""豵""豵""豵"等,皆同字變體。

【豚】◎

書證見前。

按:"豚"蓋"豝"的換旁(形旁)字。

弓 部

弔[1]

【弔】△

《字樣》："弔,正;弓,通用。"

按："弔"即"弔"的贅點字。

【弔】

書證見前。伯3707號《戊午年四月廿四日親情社轉帖》："右緣傅郎母亡,準例合有弔酒。"

按："弔"爲"弔"手寫之變。

弘[2]

【弘】△*

《佛經難字及韻字抄》載"弘"字。《王二》平聲登韻："弘,胡肱反,大。通俗作弘。"伯2999號《太子成道經》："廣發四弘誓願,爲求無上菩提。"

按《正名要録》"各依腳注"類："弘,從尖口。"《干禄字書》："弘弘:上俗下正。"但甲骨金文及秦漢簡帛"弘"字多從"口",裘錫圭師認爲此字是從口、弓聲的形聲字,亦可分析爲從弓從口、弓亦聲,故作"弘"的寫法可謂淵源有自;傳本《説文》"弘"從"厶"是"口"旁譌變的結果("口"旁古文字又可畫作圓圈,隸變時往往易譌寫作三角形或"厶"形)。説詳裘師《釋"弘""强"》一文,載《古文字論集》第53—57頁。但由於《説文》的巨大影響,後來"弘"字流行,"弘"則被目爲俗體。《毛詩音》二："紭,懷弘[反]。""弘"即"泓"字,"弘"旁亦從俗作"弘"。

弙³

【帍】△

《王一》平聲模韻苦胡反："弙，張弓。又於孤反。亦作帍。"《王二·模韻》哀都反："弙，滿弓有所向。又口孤反。"又云："帍，引。又口孤反。"同韻苦胡反小韻："弙，張弓。又於孤反。亦作帍。"

按《切韻》殘葉二："弙(弙)，滿弓有所向。"《箋注本切韻》一模韻哀都反："弙，滿弓有所向。"考"于"旁古或作"亐"(詳見"于"字條)，故"弙"即"弙"字。又俗書"巾"旁與"忄"旁相亂，故"帍"當是"帄(弙)"字俗書。而"帍"又爲"弙"的換旁字。《玉篇·巾部》："帍，亦作弙。"是其證。《王二》哀都反小韻分"弙""帍"爲二字，非是。

弱⁷

【搦】△

《正名要録》"正行者正體，腳注訛俗"類"弱"下腳注"搦"。伯 4094 號《王梵志詩集·他貧不得笑》："他貧不得笑，他弱不須欺。"斯 76 號《食療本草》"甜瓜"下云："案經，多食令人羸悷虛弱，腳手少力。"

按："搦"即"弱"的手寫變體。可洪《音義》第貳拾貳册《阿育王經》第四卷音義："軟搦，而斫反，正作弱也。""搦"當又爲"弱"的變體。

弼⁹

【弼】△

《箋注本切韻》一入聲質韻："弼，俗作弼、弼字。房律反。"《王一·質韻》："弼，房律反，輔。亦作弻、弼。"

按：弼輔字《說文》篆文從弜、丙聲作"弼"，偏旁易位作"弼"，而"弼"則爲"弼"的隸變字。《五經文字》卷下弓部："弼弼：上《說文》，下經典相承隸省。"《龍龕·弓部》載"弼"俗作"弻""弼"，當分別爲"弻""弼"的省變字。

【弼】△

《正名要録》"字形雖别，音義是同，古而典者居上，今而要者居下"類：弼弼。俄敦 895 號《開蒙要訓》："臣佐輔弼，匡翊懃恪(恪)。"

按《復古編》卷下:"彌,隸作弭,从百,非。"《字鑑》卷五質韻:"弼,俗作弼。"漢碑中已見"弼"字。"弼"又爲"弼"之俗省。俗書"百""白"往往不分。可洪《音義》第拾肆册《佛本行集經》第八卷音義:"弼諧,上皮密反。"上字亦即"弼"字。《唐獨孤仁政碑》"弼"字亦作"弼"。

强⁹

【强】◎

《正名要録》"各依脚注"類:"强,從虫、引。"《王一·陽韻》:"强,巨良反,壯。或作強。"(末字疑當作"强")斯 107 號《太上洞玄靈寶昇玄内教經》:"或恃强勢,陵易孤寡。"伯 3211 號《王梵志詩集·興生市郭兒》:"不是人強了,良由孔方兄。""強"乃"强"之變。

按:"强"字秦漢簡帛、碑刻本從"引"(猶"弘"字古本從"引"),《正名要録》謂"强"字從"引",正與之相合。但"强"所從的"引"傳本《説文》譌作"弘",故後人反以作"强"者爲俗譌。如《復古編》卷上:"强,别作強,……非。"《字鑑》卷二陽韻:"强,《增韻》上從口作强,誤。"參看上文"弘"字條。

彌¹⁴

【彌】△

《字樣》:"彌,正,彌,正;弥,通用。"

按:"爾"字《説文》從冂從爻,尒聲,篆文作"爾",隸定作"爾",亦作"爾""爾"等形。《干禄字書》:"爾爾:上通下正。"(據《叢書集成初編》本)。"彌""彌"右旁即"爾""爾"的變體。

【彌】△

説見上文。

【弥】△

書證見前。斯 2204 號《父母恩重讚》:"燒香禮拜歸佛道,願值弥勒下生年。"

按:"爾""尒"(俗寫作"尔")古字通用,故"彌"亦或作"弥"或"弥"。《玉篇·弓部》:弥,同"彌"。慧琳《音義》卷八八《釋法琳本傳》第二卷音義:"彌,俗作弥。"今字作"弥",又爲"弥"的變體。

子 部

孔¹

【𥥆】△

《字寶》(斯6204號)上聲字:"穿𥥆:音孔。亦作𥧌。"

按:"𥥆""𥧌"它書未見,以其音義論之,疑即"孔"字别構。也可能是拱土之"拱"的後起俗字。

【𥧌】△

書證見前。

按:《改併四聲篇海·穴部》引《類篇》有"𥧌"字,古孔切,"剜土也",與"𥥆"當是一字。

校按:臺北中研院藏《明本大字應用碎金·諍訟篇》鬥毆:"鑽壁,𥥆公上聲穴。"又《篇海》卷十三穴部引《類篇》:"𥧌,古孔切,剜土也。""𥧌""𥥆"疑爲一字之變。其中的"𥥆""𥧌"都用作動詞,含義與"拱"相近。

孛⁴

【学】△*

俄敦2033號《佛説孛經》末署"佛説孛經一卷",卷中"孛"字凡六見,皆作"学"形。

按《干禄字書》:"学孛:上俗下正。""孛"旁俗書亦或作"学"。《箋注本切韻》五入聲没韻蒲没反:"𡶇,塵起。"又云:"悖,一逆,盛也。"是其例。"孛"旁作"学"漢碑已然(參看《隸辨》入聲没韻)。

【孛】*◎

"字"旁的俗寫。《箋注本切韻》五没韻蒲没反："𫘫,速也,作也。"又云："𩡧,馬牛尾一角。醰,茗一。"又："馞,大香。"

按《龍龕·子部》："孛,通;字,正。"俗書"字"旁從之。

孟⁵

【孟】△*

《正名要錄》"正行者楷,脚注稍訛"類"孟"下脚注"盂"。伯2005號《沙州都督府圖經》："盂授渠,長廿里。右據《西涼錄》:燉煌太守趙郡盂敏於州西南……開渠造田。"

按《干禄字書》："盂孟:上通下正。""孟"所從的"子"旁隷書或作"孑"形,"孟"字上半即其變體。《魏司馬景和妻墓誌》已見"孟"字。《隸辨》卷四映韻載《鄭季宣殘碑》"孟"字作"盂",可參。"盂"當又是"孟"字俗省。《龍龕·皿部》："盇,音孟。"這個音"孟"的"盇"字蓋亦"孟"的俗字,殆由"盂"譌變而來。斯1344號《脩多羅法門》卷一:"瞋恚之害,猶如猛火。"斯2643號《讚僧功德經》:"寧使口中出猛焰。"其中的掃描字亦皆爲"猛"字,是"孟"旁亦或書作上述俗體。

孰⁸

【孰】△

《字樣》:"孰,正;孰,相承用。"

按:"享"字隸變亦作"享"(參"享"字條),"孰""孰"左半從之。"孰"右旁篆文作"𠬝",隸定作"丮",又變作"凡"或"丸"。《漢繁陽令楊君碑》"孰"作"孰",是其比。

【孰】△

書證見前。

按《干禄字書》:"孰熟:上誰也,下煮也。""孰"字及"孰"旁亦寫作"孰"。

學¹³

【學】△

《正名要錄》"正行者正體,脚注訛俗"類"學"下脚注"孝"。

按:"學"爲"學"字變體,上部變"爻"爲"爻"。《龍龕》以"學"爲部首,"與"旁所從的"爻"亦皆寫作"爻"。

【孝】◎

書證見前。伯3808號《長興四年中興殿應聖節講經文》:"因此碧潭孝養性,近來也解使雷風。"

按:"學"字篆文從爻從冖、臼聲,隸變或作"學"形(漢碑經見),俗字"孝"似即由"學"簡省而來。唐蘇鶚《蘇氏演義》卷上稱後魏流俗所撰俗字有以"文字爲學"者,宋孫逢吉《職官分紀》卷十五引韋述《集賢記注》則稱後魏俗字有以"文子爲字"者,"文字爲學""文子爲字"當皆爲"文子爲學"之誤,即指俗字"孝"而言。宋祁《宋景文公筆記》卷中云後魏北齊時里俗作僞字"文子爲學",是也。孫奕《履齋示兒編》卷二二引《字譜總論訛字》亦以"學之孝"爲"俗書"。"孝"字敦煌卷子中經見,宋元以後的通俗文學刻本中仍多見沿用。

孺[14]

【㺗】◎

《王一》去聲遇韻:"㺗,而遇反,幼。亦作㺗。"末字左部原卷漫漶不清,右部與字頭略同(各家錄此字爲"孺",與原卷字形不合),或有誤。《王二》同一小韻:㺗,亦作孺。斯619號《讀史編年詩》十歲二首之一:"徵詞立撫㺗子背,泣箭坐報鮮卑雠。"

按《五經文字》卷中子部:"孺,經典及《釋文》或作㺗,與孺同。"慧琳《音義》卷三四《私呵昧經》音義:"孺,《説文》從子、需聲,俗作此㺗,今不取。"《龍龕·子部》:"㺗,俗;孺,正;㺗,今。""㺗""㺗"一字之變。

蕯[16]

【蕯】◎

《箋注本切韻》一入聲薛韻:"蕯,庶。魚列反。案文蕯。"

按:"薛"字隸變亦作"薛"(詳"薛"字條),故"蕯"字或寫作"蕯"。《龍龕·草部》:蕯,魚列反,與蘖(蕯)同。

女 部

妖⁴

【袄】◎

《字樣》:"袄,灾;妖,妍,相承作袄祥字。"《箋注本切韻》一平聲宵韻:"媱,於嬌反。"又云:"袄,亦作妖,灾。"俗書"夭"旁或贅筆作"夭""夬"等形(詳"夭"字條),故"妖""媱""袄""袄"即"妖"和"袄"的俗寫。

按《干禄字書》:"妖袄:上妖冶,下袄祥。今亦用上字。"經籍袄災、妖冶通常以"妖"爲之。

【魅】△

《楞嚴經音義》一:"魅魅:上於喬反,亦作此媱。"

按:"魅魅"當即"魅魅"二字俗寫。"魅"字未見它書載録,以其音義而論,當即"媱(妖)"字異構。俄弗89號《大佛頂如來密因修證了義諸菩薩萬行首楞嚴經》卷九:"現美女身,盛行貪欲,未逾年歲,肝腦枯竭。[口]兼獨言,聽若魅魅。""魅"乃"妖"的換旁俗字。可洪《音義》第陸册《大灌頂經》第一卷音義:"魅魅(魅),上音妖,下音媚。上又步末反,非。""魅"當又是"魅"的贅點字。而"魅"疑又爲"魅"的譌俗字。

姊⁴

【姊】△

《字樣》:"姊,正;姊,相承用之也。"

按:所列"正"字與"相承用"字字形略同,當有一誤(疑下字當作"姊",參下)。"姊"即"姊"字篆文的隸變字(篆文"姊"右旁作"巿")。《五經文字》卷下女部:"姊,從朿。朿音姊。凡枾、第之類皆從朿。"變篆文原來的橫筆爲撇筆,當是隸書之變。參看"弟"字條。

【姉】◎

《箋注本切韻》一上聲旨韻:"姉,將几反。"伯 2838 號《抛毬樂》詞:"當初姉=分明道,莫把真心過与他。"

按:漢碑已見"姉"字,蓋"姊"字篆文隸書的變體。慧琳《音義》卷三《大般若經》第三二三卷音義:"姉,咨此反,……《説文》從女、市聲也。市音兹死反。"今日本漢字猶用"姉"字。

【姉】△

《禮記音》:"姉,兹履[反]。"斯 328 號《伍子胥變文》:"子胥賢士,逆知阿姉之情。"伯 3011 號《出家讚》:"捨卻親姉熱妹,惟有法兄法弟。"

按:上揭掃描字右部的起筆或作短橫,或作頓點,其字乃"姉"字手寫之變。敦煌卷子中"姊"字以作"姉"最爲常見。

妒[4]

【妬】◎

《字樣》:"妒,正;妬,《説文》妒從女、戶,後戶變作石,遂成下字,久已行用也。"

按《正名要録》"各依脚注"類云:"妬,從石。"《王二》去聲暮韻云:"妬,當故反,亦妒,嫉。"則又似以"妬"爲正字,與《字樣》持説不同。考《干禄字書》云:"妒妬:上通下正。"《五經文字》卷下亦云:"妬,丁故反,作妒者非。"而慧琳《音義》卷八、十三、十四、三十、三九、一百等卷引《説文》皆云從女、戶聲,卷十三、十四、一百等卷更斥從女、石聲作"妬"者爲"非"爲"誤",持説亦復歧異。蓋"戶""石"篆文形近,當時傳本《説文》已有作"妒"作"妬"之不同,人們各據所見立説,故持論紛歧。今本《説文》皆作"妒",則出唐宋人所校訂。段玉裁《説文解字注》改"妒"爲"妬",云:"此如柘、橐、蠹等字皆以石爲聲,戶非聲也。"(按:"戶"古音在魚部,與"妒"字同部。段説云"戶"非聲,不確)嚴章福《説文校議議》則云:"《説文》聲多兼義,妒從戶,取專房恃寵之意。從石非義。"結合聲、義兩方面來考慮,嫉妒字似以從女、戶(戶亦聲)作"妒"字爲近正。篆文"戶"與"石"形近,故隸定時"戶"旁或譌變作"石",如"啓"作"啓""肇"作"肇"之比,故

"妒"當是"妒"的隸變譌字。

【姤】△

《毛詩音》二:"嫉,從七[反]。姤,東路[反]。"伯3418號《王梵志詩·身是五陰城》:"總在糞尿中,不解相蛆(怛)姤。"

按:據前例上下文,知所音爲《周南·樛木》小序"言能逮下而無嫉妒之心焉"句,"姤"即"妒"的俗字。"妒"作"姤",蓋先寫作"姤"。慧琳《音義》卷三十《大乘方廣總持經》音義:"妒,經作姤,非也。"同書卷一百《止觀》上卷音義:"妒,有從后或石,皆非也。"《龍龕·女部》:"姤,俗;姤,通;妒,正。"《顏氏家訓·書證》篇云:"《史記》又……作妒字,誤而爲姤,裴、徐、鄒皆……以姤字音妒。"據此,"妒"俗書作"姤"六朝已然。敦煌卷子亦經見。如斯3872號《維摩詰經講經文》:"戒身心,少嫉姤,迄速時光早已暮。"是其例。而"后"旁俗書或作"右"(詳"后"字條),故"姤"俗又譌變作"姤"。敦煌卷子中"妒"字又或作"姤"(如上揭《王梵志詩》"妒"字伯3724號即作"姤"),則其變之又變者也。

妝⁴

【粧】◎

失名《字書》載"粧奩"字。伯2305號《妙法蓮華經講經文》:"窗牖水精粧,門户摩尼作。"

按《玉篇·米部》:"粧,側牀反,飾也。""莊"字俗書作"庄"或"庒",故"粧"即"粧"之俗書。"粧"字後起,當是"妝"的俗字。《集韻·陽韻》:"妝,或作粧。"《説文繫傳》卷二四:"妝,今俗作粧。"蓋古代化妝或用米粉(《説文·米部》:"粉,傅面者也。从米,分聲。"徐鍇繫傳:"古傅面亦用米粉。"),故俗字從米、莊聲作"粧"。《干禄字書》謂"粧粉"字合作"莊",《字鑑》卷二陽韻又謂"粧"爲"裝"的俗字,似皆未切當。

【粧】△

《箋注本切韻》一平聲陽韻側羊反:"粧,一粉。"伯2001號《南海寄歸内法傳》卷一:"[所]有粧臺鏡奩之屬,咸悉持來,佛前奉獻。"

按:"莊"字俗書作"庄",又或繁化作"庒"(詳"莊"字條),故"粧"即"粧"的繁化俗字。

【粧】△

《王一·陽韻》側羊反："粧，一粉。"《王二》同一小韻下云："粧，一粉。"

按："粧"即"糚"的俗寫，"糚"亦"妝"的俗字。《集韻·陽韻》："妝，或作糚。"上揭《王一》妝飾作"妝"，妝粉作"粧(糚)"，分"妝""粧(糚)"爲二，似未切當。

姨⁶

【姨】△

《王二》平聲脂韻："姨，以脂反，母之姊妹。通俗作姨。"俄敦 905 號《摩訶摩耶經》："□□□□(本昔王宮中)，生我七日已，□□□□(神昇受天福)，姨母長乳養。"

按《干祿字書》："夷夷：上通下正。""夷"俗作"夷"，故"夷"旁亦或從之。

姜⁶

【羌】△

《正名要錄》"字形雖別，音義是同，古而典者居上，今而要者居下"類：羌姜。

按："羌"當是"羌"字。"羌"字從羊、儿(據《五經文字》卷上羊部，今本《説文》作從人從羊)，"羌"下部的"几"即"儿"之變。"羌""姜"當是一字之分化。

姦⁶

【奸】

《正名要錄》"字形雖別，音義是同，古而典者居上，今而要者居下"類：姦奸。《韻字殘卷》："姦奸：古顔反。"《楞嚴經音義》一："奸，古顔反，或作姦，同。"伯 2838 號《云謠集雜曲子·鳳歸雲》："已憑三尺，勇戰奸愚。"

按《玉篇·女部》：奸，同"姦"，俗。《五經文字》卷下女部："姦，私也。俗作奸，訛。""姦"字古或借用"奸"字，"奸"當是受"姦""奸"交互影響形成的俗字。

婌⁷

【婌】△

《王一》入聲覺韻測角反："婌，恭謹皃。或作婌。"

按《玉篇·女部》：媒，同"姨"。"姨"當是"媒"的省寫。《龍龕·女部》："媒，俗；姨，正。""媒"當亦是"媒"的譌省俗字。

婁⁸

【婁】*◎

《箋注本切韻》一平聲侯韻落侯反："婁，星名。"《王一》同一小韻："婁，星名。"又虞韻力朱反："婁，空。"

按《五經文字》卷下女部："婁婁：上《說文》，從毌從中從女；下《石經》。力侯反，又力句反。凡數、樓之類皆放此。"敦煌卷子中"婁"旁多作"婁"。如《正名要錄》"本音雖同，字義各別例"云"樓，觀；樓，聚"，《箋注本切韻》一平聲虞韻載"婁""摟"等字，同書侯韻載"髏""瞜""廔""嘍"等字，凡此"婁"旁原卷皆作"婁"。

婚⁸

【婚】

《大般涅槃經音》二"婚"下音"昏"。斯 79 號《語對》有"婚姻"類。

按《玉篇·女部》："婚，亦作婚。"漢簡已見"婚"字。

婉⁸

【䩕】◎

《王一》上聲阮韻："婉，於阮反，美。亦作䩕。"

按《玉篇·面部》："䩕，於遠切，眉目之間美皃。《韓詩》云：清揚䩕兮。今作婉。""婉"見《說文》，"䩕"則為其後起換旁字。《玉篇》云"今作婉"，蓋指《韓詩》"䩕"今傳《毛詩》本作"婉"。《漢語大字典》"䩕"字下云"後作'婉'"，恐怕是把本末搞顛倒了。

婦⁸

【奻】△

《正名要錄》"正行者正體，腳注訛俗"類"婦"下腳注"奻"。

按："奻"蓋"婦"的會意俗字。

婋⁹

【姽】◎

《五代本切韻》一入聲德韻口得反:"婋,罵女老婋。亦作姽。"

按:"剋"爲"克"的後起分化字,故從"克"從"剋"相同。"婋""姽"不見於此前的各種辭書,疑即"剋"或"克"的增旁字。迷信稱生相不合爲"克",字亦作"剋","老婋(姽)"之"婋""姽"蓋即取義於此。

嫂⁹

【嫂】

《箋注本切韻》一上聲晧韻:"媼,俗作嫂。蘇浩反。"《王一·晧韻》:"嫂,正□☒。又俗作姆。"缺字《王二》作"作媼"二字。

按:"叜"旁隸變皆作"叟"(詳"叟"字條),故"媼"隸變作"嫂"。《干禄字書》:"姆嫂媼:上俗中通下正。"《五經文字》卷下女部:"媼嫂:二同,上《説文》,下隸省。作姆訛。"《王一》以"嫂"爲標目字,蓋當時"嫂"字已更爲通行。

【姆】◎

《字樣》:"嫂姆:二相承用。"《正名要錄》"正行者楷,脚注稍訛"類"嫂"下脚注"姆"。伯 3350 號《下女詞》:"賊來須打,客來須看,報道姑姆,出來相看。"

按:"姆"爲隸變字。武威漢簡已見"姆"字。希麟《續音義》卷八《根本説一切有部毘奈耶藥事》第二卷音義:"嫂,律文從更作姆,俗用字也。"

婿⁹

【壻】△

《王一》去聲霽韻:"☒(壻),女夫。或作[image]、[image]。通俗作[image](婿)。"

按:上例字頭原卷存右旁"胥",兹參《王二》擬補作"壻"字;而注文通俗字則當作"婿"。"胥"字及"胥"旁作"胃"爲俗書通例(詳見"胥"字條)。又或作字前一字上部原卷似作"如"形,當是"聟";後一字原卷字形不太明晰,似爲"聓"字。"聟""聓"應皆爲"壻"的譌變俗字。參下文。

【婿】◎

《佛經難字及韻字抄》載"婿"字。《王二·霽韻》蘇計反:"壻,女夫。或作▢。"

按《五經文字》卷中士部："壻，作壻訛。"《集韻·霽韻》："壻，亦作壻。""壻"當由"壻"譌變而來。"胥"旁俗作"胃"，"聟"旁俗亦或作"胃"（詳"聟"字條），由"壻"回改，"壻"便可變作"壻"（《唐臨高寺碑》"葺"寫作"菁"，當亦是由"胃"旁回改致誤，可以比勘）。《睡虎地秦墓竹簡》已見近似於"壻"的寫法。

【聟】△

書證見前。

按："聟"當是"婿"比照"壻"俗寫或作"壻"類推產生的俗字，然古代文獻未見實際應用。

【聟】△

《正名要錄》"正行者楷，腳注稍訛"類"聟"下腳注"聟"。斯1040號《書儀新鏡》："弔人女聟云：不意變故，賢某郎殞逝，深助悲切。"

按："聟"即"壻"的偏旁易位字。《干祿字書》："聟聟壻：上俗中通下正。"伯2633號《鬍䱉新婦文》："新婦乃色（索）離書：廢我別嫁可曾（憎）夫聟。""聟"又是"聟"之變。

【聟】

書證見前。斯133號《秋胡變文》："新婦夫聟遊學，經今九載。"

按《禮記·昏義》"壻執雁入"唐陸德明釋文："壻，字又作聟，女之夫也。依字從士從胥，俗從知下作耳。"《龍龕·耳部》："聟聟，二今，音細，女夫也，與壻同。"《漢仙人唐公房碑》兩見"聟"字，《隸釋》卷三謂即"壻"字，《隸辨》卷六進而謂其左上的"去"由"士"譌變而來，如果洪、顧之說可信，則漢代已見"聟"字（"聟"即"聟"的楷定字）。顧炎武《金石文字記》卷二《唐孔子廟堂碑》跋云："壻字一傳爲壻，再傳爲壻，三傳爲聟，四傳爲聟，皆胥之變也。"

媲[10]

【媲】△

《王一》去聲霽韻："▢，匹諧反，配。亦作▢。"

按《王二·霽韻》："媲，匹計反，配。""媲""媲"皆即"媲"字。據《說文》，"媲"右上部爲"囟"，隸定作"囟"，亦變作"囚""囗""內"等形。故"媲"字亦可作"媲""媲""媲"等形。

【媲】△

《正名要録》"正行者楷,脚注稍訛"類"女毘"下脚注"女㫳"。

按:"媲"當爲"媲"或"婋"字之變。《龍龕·比部》:"毘毘:音毗,小籠屬也。二同。""毘""毘"即"毘(毘)"字,可參。《漢語大字典》據《集韻》收"媲"字,匹寐切,引《字林》云,配也。這個"匹寐切"的"媲",顯即"媲"的音變字(慧琳《音義》"媲"字既音匹寐反〈卷八一〉,又音匹閉反、批計反〈卷八八〉,而釋義相同,蓋當時"媲"字有兩讀)。《漢語大字典》分"媲""媲"爲二,實誤。參上條。

【婋】△

書證見上。

按《龍龕·女部》:"婋,俗;媲,正:匹計反,醜也。"慧琳《音義》卷九八《廣弘明集》第十四卷音義:"媲(媲),集從昆作婋者,非也。""毘"旁隸定作"毘",而"昆"又爲"毘"之變體。

【踾】△

書證見前。

按《玉篇·足部》:"踾,普計切,偶也。""踾"即"踾"字,"踾""媲"蓋同字異構。《廣雅·釋言》:"踾,踦也。""踦"猶"奇",義爲不耦,與配、偶義反,俟再考。

嫇[10]

【娟】△

《春秋後語音》:"明娟,上孟音,下子須反,……或作嫇,同。"

按:"芻"旁俗書或作"彐"(詳"芻"字條),故"娟"即"嫇"的俗字。明嫇即"孟嫇",古代美女名。

嫉[10]

【恢】◎

《王一》入聲質韻秦悉反:"嫉,妬。又秦四反。亦作佚。"又云:"恢,毒苦。亦作誎。"

按《説文·人部》:"佚,妎也。从人,疾聲。一曰毒也。或从女(作嫉)。"《玉篇·言部》:"誎,自粟切,毒苦也。又作恢。""誎""恢"實皆即"佚"或"嫉"的後起換旁字。《篇海類編·身體類·心部》謂"恢"同"嫉",是也。

【誸】

説見上文。

嫙[11]

【暶】◎

《王一》平聲仙韻似泉反:"暶,好。亦作嫙。"

按《王二》標目字作"睒"。《説文·女部》:"嫙,好也。从女,旋聲。"《玉篇·日部》:"暶,似緣切,美皃。"同書目部:"睒,辭緣切,好皃。""暶""睒"實皆爲"嫙"的換旁俗字。

嬭[14]

【𡥘】△

《王二》上聲薺韻乃禮反:"嬭,梵人呼母。或作𡥘、妳。"北7444(潛27)號《佛説隨求即得大自在陀羅尼神咒經》:"其王初生之時,即申右手執於母妳。其母兩妳變成金色乳自流出。"

按:"嬭"即"嬭"的手寫體。"爾""尒"(字亦作"尒""尔")古字通用,故"嬭"字或體字作"𡥘",又作"妳"。《龍龕·女部》以"𡥘"爲"通"體。

【妳】

書證見上。

按《玉篇·女部》:"妳",同"嬭(嬭)"。

嬰[14]

【嬰】△*

《禮記音》:"嬰,於營[反]。"《大般涅槃經音》一有"嬰兒行品第九"的標目。

按:據上下文,知前例所音爲《雜記下》"中路嬰兒失其母"句,"嬰"即"嬰"的俗字。慧琳《音義》卷二《大般若經》第一二八卷音義:"嬰,《説文》從女、賏聲。賏從二貝,經從二目、從安,非也。"可洪《音義》第柒册《佛説龍施菩薩本起經》音義:"嬰=,烏耕反,鳥聲也,正作嬰。""嬰"字作"嬰",大概是省去"賏"下部兩個相同的"八"形部件中的一個,寫作"賏"形;"八"與下部的"女"相合,便成了上"䀠"下"妾(安)"。《唐魏遇妻趙氏墓誌》有"嬰"字,《唐隆闡禪師碑》又有

"嬰"字,是其比。《龍龕·女部》:"婴,俗;嬰,正。"俗字"婴"上部作"則",可參。《正名要録》"嚶"寫作"嚶","鸚"寫作"鸚","嬰"旁皆從俗作。《漢冀州從事郭君碑》"纓"字作"纓",則"嬰"作"婴"漢代已然。

【婴】△*

《禮記音》:"婴,伊營[反]。"北111(鱗96)號《勝鬘師子吼一乘大方便方廣經》:"七日婴兒,不見日輪。"

按:據上下文,知前例所音爲《雜記上》鄭玄注引《春秋傳》"晏嬰麤衰斬"句,"婴"即"嬰"的俗字。"婴"蓋又"婴"之省。《唐亡妻李氏墓誌》"嬰"亦書作"婴"。《俗務要名林》(斯617號)菓子部:"櫻桃:上烏耕反。"又鳥部:"鸚鵡,上烏庚反。""嬰"旁亦寫作"婴"。敦煌卷子中"嬰"旁亦有寫作"婴"的(如上揭"櫻"字伯2609號作"棵"),則又爲"婴"之省變。

幺　部

幼²

【纫】

《箋注本切韻》六去聲韻目：卅八**纫**，伊謬[反]。伯3821號《百歲詩拾首》之一："**纫**齡割愛豫投真，未報慈顔乳哺恩。"

按："力"旁俗書與"刀"旁相亂，故"幼"俗書作"纫"。《字鑑》卷四幼韻："幼，俗作纫。"

幾⁹

【幾】△*

《正名要録》"本音雖同，字義各别例"："**幾**，微；**機**，關。"《王一》上聲尾韻居俙反："幾，幾何。又既希反。通俗作幾。"《楞嚴經音義》一："羣**幾**：居希反。"

按《干禄字書》："幾幾：上通下正。""幾"即"幾"的省點字。《楞嚴經音義》一："生**機**：居希反。""**機**"當是"機"的俗寫，"幾"旁亦從俗作"幾"。

王 部

珍[5]

【珎】△

《箋注本切韻》一平聲真韻："珎,陟鄰反。"伯4640號《陰處士碑》："又有弟加珎及弟僧法律等,進思悌恭,將順其美。"

按："㐱"旁俗書皆可作"尔"(參看"㐱"字條),故"珍"俗字作"珎"。《玉篇·玉部》:珎,同"珍",俗。《干祿字書》:"珎珍:上通下正。"《五經文字》卷中玉部:"珍,作珎訛。""珎"的較早形式當是"𤣡"。希麟《續音義》卷四《守護國界主陀羅尼經》第四卷音義:"𤣡,正作珍。""𤣡"字漢碑多見。

琞[7]

【䂮】◎

《王一》入聲屋韻:"琞,初六反,齊。亦作䂮。"《王二》同。

按《集韻·屋韻》"琞""䂮"分訓,"琞"下云"等齊也","躅"下云"齊謹也。或作踧、䂮"。疑"琞""躅""踧""䂮"皆爲一字之分化。

琳[8]

【玪】

《正名要錄》"字形雖別,音義是同,古而典者居上,今而要者居下"類:琳玪。

按:"玪""琳"《說文》字別,然古多混用。《集韻·侵韻》:"琳,《說文》:美玉也。古作玪。"可參。

瑰⁹

【瑰】◎
《五代本切韻》二平聲灰韻户灰反："瑰,玫瑰。……亦作瓌也。"
按：《龍龕·玉部》以"瓌"爲"瑰"的俗字（《集韻·灰韻》："瑰,或作瓌。"）。

瑙⁹

【瑙】◎
《王一》上聲晧韻奴浩反："瑙,馬瑙,寶石。"《俗務要名林》（斯617號）珍寶部："碼瑙：上音馬,下奴老反。"
按："囟"形部件俗書皆可作"甾"。《集韻·晧韻》：碯,或作瑙、𥑓。六朝碑刻已見"瑙"字。參看"腦"字條。

【硇】△
《箋注本切韻》一上聲晧韻奴皓反："硇,碼𥑓,寶石。"
按："硇"爲"磘"的俗字,而"磘"又爲"瑙"的换旁字。參看"腦"字條。

瑮¹⁰

【瑮】△
《王一》入聲質韻力質反："瑮,玉之英華。本作瑮。"
按："瑮"字《説文》作"瑮",隸省作"瑮","瑮"爲其變體。《玉篇·玉部》作"瑮",可參。

瑣¹⁰

【璅】◎
《正名要録》"正行者楷,脚注稍訛"類"瑣"下脚注"璅"。伯2033號《十地論離垢地》卷二："雖生色無色中暫離犯戒,不勉戒行相違,愛欲使縛,如經愛璅所繫故。"
按："璅""瑣"《説文》字别,但後世亦用"璅"爲"瑣"的異體。《干禄字書》："璅瑣：上俗下正。"慧琳《音義》卷二《大般若經》第五十三卷音義："《説文》云瑣字從玉、肖聲也。肖音同上,從小、從貝。經從巢,非也。"

環[13]

【環】△

《正名要録》"字形雖別,音義是同,古而典者居上,今而要者居下"類:鐶擐。

按:"環"隸變作"擐"(《龍龕》以之爲"正"字,《字彙》則以爲"俗"字),"擐"又是"環"的變體。

【鐶】△

書證見上。

按:"鐶"即"鐶"的俗寫(《龍龕·金部》:"鐶,户關反,指一也。""鐶"亦"鐶"字,可參)。"鐶"字不見於《説文》,當是"環"的後起换旁字。《正名要録》以"鐶(鐶)"爲"古而典者",失考。慧琳《音義》卷七六《阿育王經》第一卷音義:"環釧,上患關反,鄭注《周禮》:環,旋也。又鄭玄云:環,圍也。《説文》從玉、睘聲。……經從金作鐶,是子母鐶也,本義乖也。"則分"環""鐶"爲二。

璿[14]

【瑄】△

《正名要録》"字形雖別,音義是同,古而典者居上,今而要者居下"類:琁瑄。

按:"瑄"蓋"璿"的簡俗字。《魏元始和墓誌》"睿"作"睿",《唐昭仁寺碑》"璿"作"瑄",是其比。

【琁】◎

書證見上。

按:"璿"字改易聲旁作"璇",而"琁"又爲"璇"之省。《集韻·仙韻》:"璿,或作琁、璇。"

瓊[14]

【瓊】

《王二》平聲清韻:"瓊,渠營反,玉一。俗作瓊。"伯2002號《無上金玄上妙道德經》:"億億乘空出,身相跂瓊蓮。"

按:"瓊"爲"瓊"篆文的隸變字,而"瓊"則爲其俗字。參看"夐"字條。

璽[14]

【壐】△

《字樣》:"壐壐璽:三同。"

按:"璽"字《說文》篆文從土、爾聲("爾"作"爾"),籀文從玉、爾聲,"壐""壐"即篆文隸變之異,"璽"爲籀文的隸變字。

【壐】△

說見上文。

【璽】△

說見上文。

【壐】△

《春秋後語音》:"壐,胥尒反,印。"

按:"壐"蓋"壐"之變。

【壐】△

《五代本切韻》一斯豸反:"壐,印別名。"

按:"壐"爲"璽"字籀文的隸變字。

无　部

既⁵

【既】△*

《字樣》載"既"字。《王一》去聲未韻："既,居未反,其。正作既。"形微別。伯3211號《王梵志詩·用錢索新婦》："替人既倒(到)來,條錄相分付。"

按:"既"爲《說文》篆文的隸定字,隸變作"既"。"既"又爲"既"的俗寫。"既"作"既"六朝碑刻已多見。《正名要錄》"字形雖別,音義是同,古而典者居上,今而要者居下"類:概㮣。即"概"和"㮣"的俗寫。又斯6204號《字寶》:"人臋臀,孤磑反。""臋"爲"臀"的俗寫,"既"旁俱從俗作。

木 部

本¹

【夲】*

《切韻》殘葉四:"夲,布忖反。"《箋注本切韻》一上聲混韻:"□(本),布忖反,俗作夲。"《王二》同一小韻:"夲,正作本。"《正名要録》末:"右夲音雖同字義各別例。"

按《干禄字書》:"夲本:上通下正。"《五經文字》卷上木部:"本夲:上《説文》,從木,一在其下;今經典相承隸省。""本"作"夲"漢碑已然。俗書"本"旁亦書作"夲"。如上揭《箋注本切韻·混韻》載"苯(苯)""笨(笨)"等字,"本"旁皆從俗作。考《説文》原有"夲"字,從大從十,進趣也,讀若滔。"本"寫作"夲",便與音滔的"夲"相混無別,因而頗遭後人的責難。如《佩觿》卷上斥俗書以"進趨之夲土刀翻爲本布袞翻……其順非有如此者"。《履齋示兒編》卷二二引《字譜總論訛字》更斥爲是"全不識字"。其實這種指責是不公正的。音滔的"夲"載籍罕用,所以根本的"本"寫作"夲"一般并不會發生意義上的混亂,這也是俗字"夲"至今仍沿用不絕的原因所在。

朾²

【樗】△

《箋注本切韻》一平聲耕韻直耕反:"樗,撞。"

按《説文·木部》:"朾,橦(段注本改作"撞")也。从木,丁聲。"其後起换易聲旁字作"樗"("亭"從丁聲,故"亭"聲實即"丁"聲)。慧琳《音義》卷五七《須摩提長者經》音義引《集訓》:"樗,撞也,牟也。"《龍龕·木部》:"樗,宅耕反,撞也,觸也。""樘"皆即"打"的後起俗字。而"樘"則爲"樘"的形近譌字。

【撑】◎

《王二·耕韻》:"撑,撞。亦作敦。"

按:"樘"字俗書從手作"撑",而"撑"又爲"撑"或"樘"字俗誤。《集韻·耕韻》:"打,或作樘、敦、撑。"

【敦】◎

書證見前。

按《龍龕·文部》云:"敦,俗,宅耕反,正從攴。""敦"即"敦"的隸變字。"敦"用於撞觸義當是"敦"的譌俗字,而"敦"又爲"撑"的換旁字。可洪《音義》第貳拾伍册《一切經音義》第二十卷音義:"嫽**敦**,下正作敦,宅耕反。"可洪謂"**敦**"同"敦",是也。

杖³

【扙】△

《字樣》:"杖,亦倚杖,又倚杖從扌 非。"俄弗 154 號《佛説佛名經》卷九:"身三業者,第一殺害,如經所明,恕己可爲喻,勿殺勿行**扙**。"又云:"或以鞭**扙**枷鎖,桁械壓拉,拷掠打擲……如是種種諸惡,方便苦惱衆生。"

按:俗書木旁扌 旁不分,故"杖"俗或從扌 作"扙"。

杯⁴

【盃】◎

《字樣》:"杯,正;盃,相承用。"《正名要録》"字形雖别,音義是同,古而典者居上,今而要者居下"類:杯盃。《王一》平聲灰韻:"杯,布迴反,似椀而淺。或作盃。"

按《干禄字書》:"盃杯:上通下正。"《廣韻·灰韻》:盃,同"杯",俗。"杯"字《説文》作"㮎",或省作"杯","盃"又爲"杯"的換旁俗字。

果⁴

【菓】◎

《箋注本切韻》一上聲哿韻:"果,古火反。"又云:"菓,一實。"《箋注本切韻》

四上聲哿韻："果,古火反。《説□(文)》▭▭▭此爲菓。"《王二·哿韻》："果,加草者非。"《俗務要名林》(斯617號)菓子部："菓,古火反。"

按《干祿字書》："菓果:果木字上俗下正。"《五經文字》卷上木部："果,從木,上象子形,是果實字。相承加草者於義無據。"慧琳《音義》卷三三《佛説睒子經》音義："果,經文從艸作菓,俗字也。"敦煌卷子中"果"字多作"菓"。

【杲】△*

"果"字或"果"旁的俗寫。伯3724號《王梵志詩·出家多種果》："出家多種㮛,花藥競來新。……但能求生路,同證四杲身。""㮛""杲"皆即"果"的俗字。《俗務要名林》(斯617號)綵帛絹布部："獨窠:綾名。下苦和反。""窠"即"窠"的俗字。

按:"果"字或"果"旁俗寫作"杲"六朝碑刻已然。由於"果"的俗字"杲"與音古老切的"杲"字同形,容易造成辨識的困難。《八瓊室金石補正》卷五十載唐《右衛中郎將鄭元杲墓誌》云:"公諱玄杲,滎陽開封人也。"陸增祥跋云:"元(玄)杲之杲,頗似果字。《補訪碑錄》作果。"是其例(此當以定作"果"字爲是。《新唐書·宰相世系表》有名"鄭元果"者,可參。"玄"字清代避諱多改作"元")。

析 4

【㭊】◎

《王一》入聲錫韻先擊反:"析,分。亦作㭊。"《王二》同。72TAM179：16/2(b)《尚書孔氏傳》:"織皮、昆侖、㭊支、渠搜,西戎即敘。"

按《隸釋》卷九《漢司隸校尉魯峻碑》:"承唐弗構,㭊薪弗何。"洪适跋:碑以"㭊"爲"析"。"析""㭊"皆會意字。《龍龕·片部》:"㭊,先擊反。""㭊"又爲"㭊"之俗寫。

【析】△

《正名要錄》"本音雖同,字義各別例":"析,分;晳,白。"《楞嚴經音義》一:"辨析:下音昔。"伯3223號《永安寺法律願慶與老宿紹建相諍根由責勘狀》:"……有何詞理,仰其分析者。"

按:"析"俗字作"枂"。《干祿字書》:"枂析:上俗下正。"《五經文字》卷上木部:"析,先狄反,作枂訛。""析"作"枂"漢碑已然。《經典釋文序錄》稱俗書"析傍著片"，亦指俗字"枂"而言。"片"旁俗或書作"斤"（如前揭《龍龕》"斫"寫作"所"），故"析"又爲"枂"之俗寫。可洪《音義》第貳拾册《阿毗達磨顯宗論》第十三卷音義："析破，上先擊反。"其中的"析"亦爲"析"的俗字。

【扸】

《字樣》："析，正；扸，相承。思迪反。"《正名要録》"正行者楷，脚注稍訛"類"析"下脚注"扸"。伯 2005 號《沙州都督府圖經》"古塞城"下："武帝元鼎六年，……扸酒泉置燉煌郡。"

按：俗書木旁與扌旁不分，故"枂"俗又寫作"扸"。《玉篇·手部》："扸，俗析字。"《隋嚴元貴墓誌》已見書"析"作"扸"之例。

【折】△

《箋注本切韻》一錫韻："析，分。俗作折，亦通。"伯 3666 號《燕子賦》："遂往鳳凰下，下牒分折。"

按可洪《音義》第壹册《大般若經》第三十九帙音義："折除，上先擊反。"《大正藏》本對應經文作"析除"，"折"亦爲"析"的俗字。"折"既可説是"扸"之俗寫，也可説是"析"之俗寫。《齊是連公妻邢夫人墓誌》已見"折"字。

松⁴

【榕】△

《王二》平聲鍾韻詳容反："松，梓道。亦作榕。"

按《説文》載"松"字或體作"窣"，"榕"即"窣"的偏旁易位字。《龍龕·木部》："橁枀，二或作；榕，今通：《切韻》音松，梓道；《玉篇》音容，木名也。"音"松"的"榕"亦即"松"的異體。《玉篇》音容，木名也，則當是指榕樹而言。《漢語大字典》失載同"松"的"榕"字。

枚⁴

【樞】△

《王一》平聲嚴韻虛嚴反："枚，枚鑹。古作樞。"《王二》同。

按《廣韻·鹽韻》："匲，俗作奩。""匲"或"奩"俗又作"區"（参"奩"字條）。故"樞"當即"檆"字，亦即"樞"字别構。《廣韻·嚴韻》："枚，鍬屬。古作樞。"（"樞"字《鉅宋廣韻》本作"檆"，兹據清澤存堂本及《集韻》校正）《集韻》"枚"字又有丘廉切一音,云"泄水器",或作"櫼"(平聲鹽韻),蓋方言音變字。《漢語大字典》"櫼"下僅載丘廉切、泄水器的音義,應據上揭《切韻》增補。

杼⁴

【竻】◎

《正名要錄》"字形雖別,音義是同,古而典者居上,今而要者居下"類:竻杼。

按《集韻·語韻》:"杼,《說文》:機之持緯者。或从竹[作竻]。""竻"蓋"杼"的後起形聲字。

葉⁵

【枽】*◎

《五代本切韻》二入聲葉韻□(與)涉反:"枽,薄一。"《佛經難字及韻字抄》亦載"枽"字。

按:唐避太宗李世民諱,"世"旁或改書作"厺""廿"等形。故"枽"即"葉"避唐諱形成的異體字。《龍龕·木部》:"枽,音葉,薄兒也。"這個"枽"也正是"葉"字別構。《漢語大字典》錄作"枽",與"葉"作爲不同的字處理,失之。又"葉"旁亦從之。如《正名要錄》載"媟""諜""牒""蝶"等字,《增訓本切韻》殘葉二載"踥""堞"等字,《王二·葉韻》載"楪""揲""鍱""煠""箂"等字,其所從的"葉"旁原卷皆作"枽",是其例。

【枼】*◎

"葉"旁的避諱寫法。如《增訓本切韻》殘葉二載"渫"字,《五代本切韻》二入聲葉韻載"揲""楪""鍱""煠""箂""殜"等字,其所從的"葉"旁原卷皆作"枼",是其例。

柏⁵

【栢】◎

《箋注本切韻》一入聲陌韻博白反:"栢,木。"《俗務要名林》(伯2609號)木部:"栢,音百。"斯1441號《勵忠節鈔·俊爽部》:"蒲柳之姿,望秋先落;松栢之質,凌霜不彫。"

按《干禄字書》："栢柏：上俗下正。"《五經文字》卷上木部："柏，巴革反，經典相承亦作栢。""柏"作"栢"漢碑已見其例。

柢⁵

【柢】△

《王一》去聲霽韻都計反："柢，根。或作柢、氐。又丁奚反。"《王二》標目字作"柢"，又注文"根"下有省代符號。伯2045號《太上大道玉清經》卷七："一切怖畏，不能恐動，深根固柢，不爲業風之所傾拔。"

按："氐"旁俗書或作"互""互""互"等形（詳"氐"字條），故"柢"字右旁從之。《龍龕·木部》："栢柢：都計反，木根也。下又都奚反，訓同。二。"可參。

柳⁵

【柳】◎

《字樣》載"柳"字。《箋注本切韻》一上聲有韻："柳，力久反。"斯1441號《勵忠節鈔·俊爽部》："蒲柳之姿，望秋先落；松柏之質，凌霜不彫。"

按："柳"字《説文》從木、丣(酉)聲，但甲骨金文及秦漢古文字皆從"卯"聲。"卯"字俗作"夘"（詳"卯"字條），故"柳"俗作"栁"。《龍龕·木部》："桺，古文，音柳，小楊也。""栁"亦即"柳"字。

柿⁵

【柿】△

《字樣》："柿，木也。音士。"

按："柿"字右旁篆文與"姊"右旁同形，隸變皆可作"市"（參看"姊"字條）。《五經文字》卷上木部："柹，音仕，從木，朿聲。朿音姊（姊）。""柹"亦隸變字。《龍龕·木部》作"柿"，今字作"柿"。

栽⁶

【栽】△

《佛經難字及韻字抄》載"栽"字。伯2241號《佛説大乘稻芊經》："如多羅樹，明了斷除諸根栽已，於未來世證得无生无滅之法。"

按："栻"即"栽"的贅旁俗字。《龍龕·木部》："栻，音灾，與栽同，種也。"又希麟《續音義》卷八《根本説一切有部毘奈耶藥事》第十三卷音義："栽，《説文》：種也，從木，哉省聲，律文作栻，俗字，無據也。"可參。

栬[6]

【榹】◎

《五代本切韻》五入聲麥韻陟革反："榹，蠶榹。亦作栬。"

按《集韻·麥韻》："栬，或作榹。""栬"爲《説文》本字，"榹"爲改易聲旁字。

栗[6]

【槑】△

《正名要録》"正行者雖是正體，稍驚俗，腳注隨時消息用"類正行者有"槑"字，其下當脱腳注字"栗"。

按《五經文字》卷下西部："槑栗：上《説文》，見《周禮》；下經典相承隸省。凡字從栗者放此。""槑"爲"槑"之變。斯801號《古文尚書傳·大禹謨》："祇載見瞽瞍，夔夔㕥槑，瞽亦允若。""槑"又爲"槑"之省，可參。

柴[6]

【㧓】△

《王二》平聲佳韻："柴，士佳反，薪，俗作㧓。"伯2032號《净土寺食物等品入破曆》："豆叄碩，於吴家買刺㧓兩車用。"

按："此"字俗字作"此"（參"此"字條），故"柴"俗寫作"㧓"形。

校[6]

【挍】◎

《字樣》："校，即挍(校)尉字，音挍(?)。挍，檢挍字。"《王二》去聲效韻胡教反："校，校尉。從木。從手非。"又古孝反："挍，檢挍。"《敦煌變文集》卷一《漢將王陵變》："新婦檢挍田苗，見其兵馬。"

按《經典釋文》卷九《周禮·夏官司馬》"校人"下釋文："户教反，字從木，若從手旁作，是比挍之字耳。今人多亂之。"《干禄字書》："挍校：上比挍，下校尉。"持説與《字樣》同。《五經文字》卷上木部則云："校,音教,又音效,皆從木。"清儒錢大昕《十駕齋養新錄》卷三"陸氏釋文多俗字"條下云："《説文·手部》無挍字,漢碑木旁字多作手旁,此隸體之變,非別有挍字。六朝俗師妄生分別,而元朗亦從而和之,傎到甚矣。《廣韻》去聲三十六效韻,校字兩音,一胡教切,一古孝切,而於胡教切下云又音教,不別收挍字,較之《釋文》,實爲精當。"今按:錢説是。漢碑已見從扌之"挍(校)"。敦煌卷子木旁扌旁亦混用不分,故亦多見從扌之"挍"。然據《字樣》《干禄字書》《經典釋文》所説言之,俗書檢校、比較字作"挍",似有區别字義的意圖。

桑[6]

【枽】*◎

《俗務要名林》(斯617號)田農部："桒,素郎反。"《王一》平聲唐韻："桒,息郎反,養蠶木。"《王二》同一小韻下云："桒,俗作桑。"伯4094號《王梵志詩集·蒙人惠一恩》："蒙人惠一恩,終身酬不極。若濟桒下飢,扶輪可惜力。"

按《五經文字》卷上木部："桑,作桒訛。"慧琳《音義》卷八一《大唐西域求法高僧傳》下卷音義："桑,古文從三中作叒,下從木,小篆變三中爲桑(叒),音弱。今隸書俗用從卉作桒,漸訛也。"《廣韻·唐韻》:桒,俗"桑"字。《王二》以"桑"爲俗字,與上引諸説相左,疑有誤。從字形演變的角度來看,"桑"字甲骨文作"桒",下象根,上象桑枝之形。漢印或作"桒"。上揭慧琳音義稱古文作"叒"(《類篇》《集韻》亦載古"叒"字),即其隸變體。漢代以後的"桒"或"枽"字(秦漢簡帛及漢碑已見此類寫法)和這一系統的"桑"顯然是一脈相承的(比較"奔""賁"等字所從的"卉"旁淵源於"屮")。而今天通行的"桑"字,則是《説文》篆文"桑"的隸定字。兩相比較,自以"桒"一類的寫法爲近古。然唐宋以後以據小篆隸定的"桑"爲正字,"桒"等則被視作俗字訛體矣。又《箋注本切韻》上聲蕩韻載"顙""磉"等字,"桑"旁也寫作"桒"。

【傘】△

《正名要錄》"正行者雖是正體,稍驚俗,腳注隨時消息用"類"傘"下腳注"桒"。

按:"傘"疑爲"桑"字小篆隸變之譌。

梗[7]

【梗】

《王二》上聲梗韻："梗,古杏反,桔梗,藥。正作椺。"

按："椺"爲篆文隸定字,隸變作"梗"。參看"更"字條。

梡[7]

【梡】◎

《王一》上聲旱韻苦管反："梡,斷木。亦作𣏾。又胡管反。"《王二》亦作字作"梡",餘同。

按《集韻‧緩韻》："梡,斷木也。一曰木名。一曰薪蒸束。或作棵。""梡"從木、完聲,見載於《說文》。

【梡】△

書證見前。"完"旁俗書作"兒"(參看"完"字條),故"梡"即"梡"的俗寫。

棱[8]

【稜】

《字樣》："棱,正;稜,相承用。"斯1722號《兔園册府》卷一："將使……負羽之軍,稜威而外蕩。"

按:慧琳《音義》卷三五《大陁羅尼末法中一字心呪經》音義："棱,或從禾作稜。"《玉篇‧禾部》："稜,俗棱字。"《復古編》卷上："棱,別作稜、楞,並非。"《漢魯峻碑》已見書"棱"作"稜"之例。

【楞】◎

《正名要錄》"正行者楷,腳注稍訛"類"楞"下腳注"棱"。

按《干祿字書》："楞棱:上俗下正。"(缺字《叢書集成初編》本作"稜"。按:當作"棱")慧琳《音義》卷二四《信力入印法門經》第一卷音義："楞,勒登反,俗字也。《說文》正體作棱,木𣕅也,從木,夌聲。""楞"爲"棱"的會意俗字(玄應《音義》卷十八《立世阿毗曇論》第八卷音義："《通俗文》:木四方爲棱,八棱爲𣕅。""楞"正是由"木四方"三字合成)。《漢殽阮神祠碑》已見"楞"字,蓋漢代俗字。

【楞】◎

《箋注本切韻》一平聲登韻："楞,四方木。字或作稜。盧登反。"斯 2614 號《大目乾連冥間救母變文》："手中放卻三楞棒,臂上遙拋六舌叉。"

按:"楞"當爲"楞"的譌變字。可洪《音義》第伍册《寶雲經》第一卷音義:"首楞,洛登反,正作楞,三昧名。"又同書第拾貳册《雜阿含經》第三十八卷音義:"楞者,上郎登反,《別譯阿含》作楞祇。"其中的掃描字皆爲"楞"的譌俗字,可以比勘。

【㮰】◎

《王一·登韻》："㮰,盧登反,四方木。或作稜,通俗作楞。"《王二》同一小韻下云："㮰,或作稜。"

按:"冐"旁通常爲"曼"的俗寫（參看"曼"字條）,但"楞"右旁的"冐"卻爲"罒"旁俗誤,韻書編者不達於此,誤以爲"楞"即"㮰"字俗寫而加以回改,又稱通俗作"楞",實屬荒謬。上揭《王一》同一小韻又載"稜""棱"二字(後字《王二》誤作"挍"),云："稜,廉,謂威稜。""棱,枫棱。"而不知四方木之"㮰(楞)"、威稜之"稜"、枫棱之"棱"實爲一字耳。

棘[8]

【棘】◎

《春秋後語音》："黃棘:紀。"北 5009(鹹 89)號《妙法蓮華經》卷三："國界嚴飾,无諸穢惡、瓦礫荆棘、便利不净。"

按《干禄字書》："棘棘:上俗下正。"慧琳《音義》卷三《大般若經》第三百三十卷音義:"棘(棘),從二束(朿)相並,經從二來,非也。"《漢梁休碑》已見"棘"字。

【棘】△

《毛詩音》二："彼棘,京色[反]。"斯 328 號《伍子胥變文》："念君神識逐波濤,遊魂散漫隨荆棘。"斯 5505 號《天地開闢已來帝王記》："地肥神聖化爲草棘。"

按:前例所音爲《邶風·凱風》"吹彼棘心"句,陸德明釋文："棘(棘),居力反,俗作棘。""棘"當又是"棘"的類化字。《龍龕·來部》："棘棘,二俗,紀力反,今作棘(棘)。"俄敦 16016 號《大般涅槃經》卷十八："□□□□□□□(我今處廁衆穢歸處)如死屍間、衆棘刺中。"伯 3126 號《冥報記》秦姚萇條："後掘永固屍,鞭撻無數,倮剥衣裳,薦之以棘,堀坎埋之。""棘""棘"大約是"棘"進一步繁化作"棘"的過渡環節。《集韻·職韻》又載"棘"或作"棘"。"棘"既可能是"棘"的類化字,也可能是"棘"回改而成。《齊李琮墓誌》"棘"作"棘",可能是"棘"的較早形式。

棗⁸

【棗】△

《王一》上聲晧韻子浩反:"棗,赤栕。通俗作棗。"《王二》標目字作"棗",形微別。

按:寫本文字"朿"字或"朿"旁中部每加一短橫作"朿"形。如《王二》去聲寘韻載"朿""刺""康"等字,是其例。故"棗"或寫作"棗"。"朿"形與"束"至近,於是手寫時又往往混同於"束"。《龍龕》凡從"束"旁字皆收入束部,便是明證。《龍龕·束部》云:"棗,音早,木菓名。""棗"亦"棗"字。《俗務要名林》(斯617號)菓子部:"棗,音早。"又云:"栟棗,上而兖反。"其中的掃描字又爲"棗"的簡俗字。

【棗】△

書證見前。又上揭《俗務要名林》的二"棗"形字伯2609號皆作"棗"形。斯76號《食療本草》:"其皮炙令黄,搗爲末,和棗肉爲丸,日服卅丸,後以飯押,斷赤白痢。"

按《干祿字書》:"棗棗:上俗下正。"慧琳《音義》卷十五《大寶積經》第一百九卷音義:"棗,《説文》:重二朿爲棗。俗從二來作棗,誤。"《龍龕·來部》:"棗,俗,音早,正作棗(棗)字。"《夢溪筆談》卷十七《書畫》下云:"兩漢篆文尚未廢,亦有可疑者。如漢武帝以隱語召東方朔云:'先生來來。'解云:'來來,棗也。'按'棗'從朿,不從來,此或是後人所傳,非當時語。"考秦漢簡帛及六朝碑刻中已見近似於"棗"的寫法。故漢武帝以"來來"隱指"棗"字,自屬可能,沈括疑"非當時語",殆非確論。斯610號《啓顔録》"昏忘"類:"虢州録事姓盧,家中有棗新熟。""棗"又爲"棗"字俗省。

棲⁸

【栖】◎

《字樣》:"棲,正;栖,通用。"《正名要録》"字形雖別,音義是同,古而典者居上，今而要者居下"類：棲栖。《王二》平聲齊韻："棲，或作栖。"

按《干禄字書》："棲栖：並正。"《五經文字》卷上木部："棲，作栖同。"《龍龕·木部》："栖，俗；棲，正。""棲"字《説文》篆字本作"西"，或體作"棲"。"栖"字既可説是"西"的增旁字，又可説是"棲"的改易聲旁字。漢碑已見"栖"字。

椎[8]

【槌】◎

《箋注本切韻》二平聲脂韻直追反："捶，按《説文》作此椎，擊也。"北355（騰36）號《大乘入楞伽經》卷五："如杖捶瓦石，能壞於物，而自不壞。"

按："捶""椎"應分別爲"槌""椎"的俗寫（俗書木旁亦或作"扌"形）。《説文》"椎""槌"字別，但後世多假用本指蠶箔柱的"槌"表示椎擊之"椎"。《五經文字》卷上木部："椎槌：二同，並丈追反，並擊也。"蓋唐時二字已混而爲一。

棄[8]

【弃】

《王一》去聲至韻："弃，詰利反，捐。正作棄。"《王二》同一小韻下云："弃，亦作棄。"《楞嚴經音義》一："弃，詰利反，正作棄也。"

按："弃"《説文》以爲古文"棄"字。慧琳《音義》卷二八《大方等頂王經》音義："棄，經作弃，古文字也。""棄"字中間部分形與"世"近，唐代避太宗李世民的嫌諱，故多從古文作"弃"。宋孫奭《律音義》云："弃，古文棄字，詰利切，唐避太宗諱行焉。今從古。"

極[8]

【搣】△

《禮記音》："搣，強力[反]。"伯2292號《維摩詰經講經文》："尊卑搣遠，深淺全殊。"

按《五經文字》卷上木部："極，作搣訛。""搣""搣"形微別。《龍龕·火部》："烝，紀力反，急也，疾也，趣也。又去吏反，數也，邊也。"即"亟"的俗字。"極"從"亟"聲，故"亟"旁亦或從俗作"烝"。《魏比丘洪寶造像記》"極"作"搣"，《隋造龍華碑》作"搣"，皆可參。上揭《禮記音》又載"搣"字（伯3735號《歡喜國王緣》有同例），己力反，當又爲"捄"等的變體。

楔⁹

【楈】◎

《王一》入聲屑韻先結反："楔，木楔。亦作楈、栢(?)。又古黠反。"

按：玄應《音義》卷十《攝大乘論》第十一卷音義："楔，又作楈，同，先結反。《説文》：楔，櫼也。"希麟《續音義》卷九《根本説一切有部毘奈耶出家事》第一卷音義："楔，先結反，《切韻》云：木楔也。……律文作楈，謂門閫也，非木楔義。"用作木楔的"楈"蓋"楔"的聲旁替换俗字（《正字通·木部》："楈，俗楔字。"），與表示門閫的"楈"爲同形字。

楂⁹

【楂】△

《箋注本切韻》一平聲麻韻："楂，水中木。或作槎。鋤加反。"《王一》標目字同。《王二》同一小韻下云："楂，亦作槎。""槎"即"槎"的俗寫。

按《干禄字書》："槎查：上俗下正。"慧琳《音義》卷七二《顯宗論》第十六卷音義："槎，乍沙反，《考聲》云：槎，水中流木也。《古今正字》從木、差聲也。經文作楂，亦同。"從字形演變的角度來看，"楂"或"槎"的本字爲"柤"。《説文·木部》："柤，木閑。从木，且聲。"即木栅欄。引申之即可指木筏。《干禄字書》的正字"查"即"柤"的偏旁易位字。《字鑑》卷二麻韻："查，莊加切，姓也。本作柤，……从木，且聲。俗从旦夕字作查，誤。"而"楂"則爲"查"的贅旁俗字。《廣韻·麻韻》："楂，水中浮木。……查、槎，二同。""楂"又爲"楂"的譌字。後世"楂"和"查"字流行，乃不復知有"楂"或"查"字矣。

【槎】◎

"槎"當是"柤"或"楂"的後起聲旁替换俗字。參看上文。

械⁹

【椷】◎

《王一》平聲咸韻胡讒反："械，杯。又古咸反。"同韻古咸反小韻下云："械，或作捅。"

按：末字當爲"梱"之誤字。《廣韻·咸韻》："椷,杯也。梱,同上。""梱"字從木、圅聲("圅"即"函"字《説文》篆文的隸定字。隸變作"函"。"椷""函"《王一》皆有胡讒反一讀),爲"椷"的聲旁替換字。慧琳《音義》卷三五《蘇悉地經》音義："梱,亦作椷,並正。經文單作函,是函谷關名也,此非經義。"又《續音義》卷五《新譯仁王護國般若波羅蜜多經》下卷音義："梱,或作椷,經文作函,俗字。""椷"字見於《説文》,"梱"字可能是在"函"這個假借字的基礎上加注形符形成的俗字。

楫⁹

【檝】◎

《箋注本切韻》一入聲緝韻秦入反："檝,舟一。"《增訓本切韻》殘葉二同一小韻："楫,舟楫。或檝。"伯 4092 號《新集雜別紙》："仙槎穩汎,……巨撧徐開。"

按《干祿字書》："檝楫：上通下正。"《五經文字》卷上木部："楫,音接。經典及《釋文》或作檝。"慧琳《音義》卷二四《方廣大莊嚴經三藏聖教序》音義："檝,《説文》作楫,[從]木,咠聲。經作檝,俗用字。"前揭伯 4092 號寫卷作"撧",又爲俗書之變。

槶⁹

【輠】◎

《王一》平聲歌韻古和反："輠,車盛膏器。亦作槶。"《王二》同。
按："槶"見載於《説文》,"輠"當爲其後起換旁字。

槐⁹

【櫰】△

《正名要錄》"字形雖別,音義是同,古而典者居上,今而要者居下"類：**櫰**槐。

按："櫰"爲"櫰"字俗寫。《龍龕·木部》："**㯰**,俗;**櫰**(櫰),正。""櫰""㯰"形微別。"櫰"蓋即"槐"字異體。古人多據《爾雅》以"槐大葉而黑"者爲"櫰",別爲二物,恐失之。

概⁹

【概】◎

《正名要録》"字形雖別,音義是同,古而典者居上,今而要者居下"類:㮣槩。

按:"既"字俗書作"旣"(參"既"字條),故上揭二字即"㮣""槩"的俗寫。"槩"見《說文》,"概"爲其偏旁易位字。郎知本以"概"爲"古而典者",不確。

棥⁹

【枆】◎

《王一》平聲豪韻莫袍反:"棥,冬桃。亦作枆。"《王二》標目字作"棥",即"棥"字隸省(《九經字樣》:"攴,隸省作攵。")。

按《龍龕·木部》:"枆,或作;棥,正:音毛,冬桃也。""枆"爲聲旁替換俗字。

楎¹⁰

【觡】◎

《王一》上聲混韻胡本反:"楎,未折(析)。亦作觡、窘。"《王二》同一小韻"觡"作"魠",餘同。

按《玉篇·角部》:"觡,古楎字。"慧琳《音義》卷五二《別譯阿含經》第三卷音義:"楎,古文觡,同,胡昆反。"俗書"角""魚"每每相亂,《王二》"魠"當是"觡"字俗譌。

【窘】△
書證見前。
按:"窘"乃爲"窘"字異構。此以爲"楎"字或體,俟再考。

槊¹⁰

【槊】◎

《正名要録》"字形雖別,音義是同,古而典者居上,今而要者居下"類:矟槊。《大般涅槃經音義》:"矛矟,下𥏦(朔),或槊。"《大般涅槃經音》二:"槊,音朔。"北8528(月92)號《大方便佛報恩經》卷五:"如來尒時以方便力化作一人,乘大名象,身著鎧器,帶持弓箭,手執鉾槊。"

按《王一》入聲覺韻所角反："槊，刀槊。亦作矟。""朔"俗書作"翔"（參"朔"字條），故"槊"即"槊"字俗寫。可洪《音義》第叁册《寶星陀羅尼經》第一卷音義："短槊，所角反。"其中的掃描字亦爲"槊"字俗寫。"矟""槊"爲古異體字。

標[11]

【標】△

《字樣》："標，正；標，相承用：並必遥、又頻小反。"

按："票"字《説文》本作"票"，下從火，隸變從示作"票"。但隸書亦有寫作"票"形的（《漢楊著碑》"飄"字左旁作此形，是其例）。上揭《字樣》書"標"爲"標"，亦是這種寫法的承沿。《魏昭儀胡明相墓誌》書"標"作"標"，是其比。

【摽】△

書證見前。俄敦1309＋1310＋1316＋2969＋3016＋3024＋3153＋3159號《書儀》："惟某考仁風雅智，摽領袖於鄉閭。"

按《干禄字書》："標摽：上標記字，必遥反；下摽梅字，頻小反。""摽"爲"標"字異寫。"標""摽"本爲不同的字，但俗書木旁才旁不分，故標記之"標"亦或從手寫作"摽"，與摽梅之"摽"同形。慧琳《音義》卷六四《彌沙塞羯磨本》音義："摽，必遥反，顧野王云：標謂識處所也。《説文》從木、票聲。……從手作摽，謂擊也，非經義。"同書卷六八《阿毗達磨大毗婆沙論》第七十三卷音義："摽幟：上必遥反……《文字典説》從木、票聲，論從手作摽，誤也。"可洪《音義》第壹册《大般若經》第四十九帙音義："摽幟，上正作標，下昌志反。"佛經寫本一再把標識之"標"寫作"摽"，"摽"正是"標"的俗寫，而與摽擊之"摽"無涉。

樗[11]

【樗】◎

《王一》去聲禡韻胡华反："樗，木名。又胡郭反。亦作樗。"

按：説詳次條。

樗[11]

【樗】◎

《箋注本切韻》一平聲魚韻敕居反："樗，惡木。又作樗。"

按《龍龕·木部》:"㭉、樗,二俗;㭉,今;樗,正:丑居反,惡木名也。""㭉""樗"一字之變("亏"隸變作"于")。《集韻·魚韻》:"樗,《說文》:木也。一曰惡木。或从雩、从慮。"考《說文·木部》云:"樗,木也。从木,虖聲。"又云:"㭉,木也,以其皮裹松脂。从木,雩聲。讀若華。㯉,或从蔓。"段玉裁注謂"㭉""樗"二篆互譌,訓惡木者當是"㭉"字。竊恐不然。《王一·魚韻》"樗"亦訓"惡木"。又慧琳《音義》卷五五《生經》第三卷音義:"樗樹:敕於反,《詩》云'蔽芾其樗',傳曰:樗,惡木也。大不中繩墨,小不中規矩。"同書卷八四《集古今佛道論衡》第四卷音義:"樗棘:上丑余反,《毛詩》:樗,惡木也。《莊子》云:有大樹,人謂之樗,大枝擁腫而不中繩墨,小枝拳曲而不中規矩。《說文》從木、虖聲也。"而同書卷三五《一字頂輪王經》第一卷音義"㭉"字下則云:"華卦反,《考聲》:木名也。或從蔓作㯉,俗用作樺。"均與今本《說文》相合。今本《詩經》及毛傳、《莊子》"樗"字皆作"㭉",疑即"樗"的譌俗字。段玉裁以今例古,擅改篆字,殆非切當。

【樢】◎

《箋注本切韻》二魚韻敕居反:"㭉,㭉蒲。今作樢。"

按:原卷"㭉""樢"左旁作"彳"形,即"木"旁的俗寫。《集韻·魚韻》載"樗"或作"樢",然只限於惡木義。

樓[11]

【樓】△

《正名要錄》"本音雖同,字義各別例"載"樓"字。《王二》平聲侯韻:"樓,落侯反,臺榭。正作樓。"伯3824號《十空讚文》:"項王漢主爭天下,樓煩一歇世(勢)龍鍾。"

按:"婁"旁隸變作"婁"(詳"婁"字條),故"樓"別作"樓"。《五經文字》卷上木部:"樓樓:上《說文》,下《石經》。"

槮[11]

【槮】△

《五代本切韻》一所今反:"槮,樹長。亦作槮。"

按:"參"旁俗書作"叅"(詳"參"字條),故"槮"俗作"槮"。慧琳《音義》卷九六《弘明集》第八卷音義:"橬,所錦反,《爾雅》云:橬謂之涔。""橬"亦俗"槮"字。《字彙·木部》:"橬,同槮。""橬"又爲"橬"的變體。

【葠】△

書證見前。

按《集韻·侵韻》:"槮,或作蓡。""葠"爲"蓡"的俗寫。《王二·侵韻》:"槮,亦作蔘。""蔘"疑"蓡"之誤。

橛[12]

【拴】△

《楞嚴經音義》一第八卷:"鐵撅(橛):下其月反,俗作此拴。"伯 5032 號《甲申年渠人轉帖》:"今緣水次逼近,切要通底河口,人各鍬钁一事、白刺三束、枝兩束。拴壹笙,……於票子口頭取齊。"

按:"拴"當是"拴"的形誤字。"拴"爲"栓"字俗寫,而後者即"橛"的會意俗字。北 8416(騰 29)號《佛說諸經雜緣喻因由記》:"其夜,被劫暮(墓)人來栓墓。"慧琳《音義》卷四二《大佛頂經》第八卷出"鐵橜"條,云"經作栓,俗撰字也"。同書卷三六《金剛頂經曼殊室利五字心經》音義:"橛者,若鐵若竹若木纖之以釘地及牆壁,《古今正字》從木、厥聲。經作栓,云木入土爲橛。是天后朝時有人僞造進奉,尋以停廢,不堪行用。"《龍龕·木部》:"栓,古文,其月反,木入土也。今作橛。""栓"即"栓"的贅點字。斯 1362 號《楞嚴經》卷八:"心熱發火,鑄氣爲金,如是故有刀山、鐵栓、劍樹、劍輪、斧鉞、鎗鋸。"伯 2838 號《唐中和四年算會牒》:"麥陸碩貳斗,買栓三十一笙用。"亦用"栓"字。《龍龕·手部》:"拴拴,二俗,其月反,正作拴(栓)。""拴""拴"亦皆"栓"之俗寫,可參。

樸[12]

【朴】◎

《箋注本切韻》一入聲覺韻匹角反:"樸,木素。或作朴。"

按《干祿字書》:"樸朴:上樸素;下愿朴字,亦鞭。普卜反。"《龍龕·木部》:"樸、朴:二正,匹角反,木素也,又質一也。""樸""朴"《說文》字別,但古多用"朴"作"樸"。慧琳《音義》卷十一《大寶積經》第九卷音義:"質樸,經作朴,俗字也。"同書卷十三《大寶積經》第四十九卷音義:"樸,俗用或作朴。"

橞¹²

【篲】△

《王一》去聲祭韻：" 橞，楚歲反，重擣。或作篲。"

按：它書未見"篲"字，"橞"字亦始見於此書。《玉篇·竹部》："篲，初稅切，重擣也。""橞""篲"當爲異體字。它們與《説文·竹部》的"箑"當是同源字。

檓¹²

【檓】△

《五代本切韻》一平聲先韻："檓，檓及（支）草。檓，同上。"

按："檓""檓"左旁原卷皆作"彳"形，文中爲"木"旁俗寫。"檓"爲"檓"的改易聲旁俗字。

橦¹²

【𣡓】△

《唐韻》殘葉平聲鍾韻："𣡓，《字樣》云：本音童，今爲木橦字。加。"

按："𣡓"字它書未見，疑即"橦"字寫誤。《王二·鍾韻》職容反："橦，今作木橦。又（下殘）。"可參。

橃¹²

【艐】

《王一》入聲末韻博末反："艐，大船。亦作橃。"

按："艐"字後起。

櫛¹³

【榊】△

《王一》入聲質韻親悉反："榊，木，可爲杖。亦作栚。"《王二》同韻親日反："榊，亦栚。"

按："桼"字俗書作"朩"（詳"漆"字條），而"桼"旁從之。

【栚】△

書證見前。

按："棶"即"棶"俗寫。《説文》"棶"從剌聲，而"剌"又從柬聲，故柬聲猶剌聲。《漢語大字典》據《康熙字典》引《五音篇海》收"棶"字，云"同棶"。這個字實爲"棶"的譌字。

櫩[13]

【櫊】△

《王一》平聲鹽韻："櫊，屋梠，亦作櫩。"《王二》同。

按《廣韻·鹽韻》：櫊，同"櫩"。俗書"閻"或作"閹"（參"閹"字條），故"櫊"即"櫩"的俗寫。"櫊"爲"櫩"的後起改易聲旁字。

檽[14]

【檽】△

《箋注本切韻》一平聲之韻如之反："檽，木耳。"《箋注本切韻》三去聲箇韻□（乃）卧反："檽，一木。"

按《龍龕·木部》："檽，俗；檽，正：音而，木耳別名。"這一音義的"檽"《説文》作"荋"，"檽"爲其異體（《集韻·響韻》："荋，《説文》：木耳也。或作檽。"又音人之切）。"需"旁俗書作"需"，故"檽"俗又書作"檽"。

櫂[14]

【掉】△

《正名要録》"字形雖別，音義是同，古而典者居上，今而要者居下"類：櫂**掉**。斯4571號《維摩詰經講經文》："如人將投大海，願泛洪波，不揮篙而難已行舟，不舉掉而如何進步。"斯2607號《曲子浣溪沙》："倦（捲）卻詩書上釣船，……掉向碧波深處去。"

按《干禄字書》："棹櫂：上通下正。"俗書木旁扌旁不分，故"棹"俗又書作"掉"（使"棹"用手，俗書改"棹"爲"掉"，也許亦與字義有關）。慧琳《音義》卷六一《根本説一切有部苾芻尼律》第三十三卷音義："棹，從木從卓，亦從翟作櫂，義同。從手者，非也。"可洪《音義》第貳拾柒册《大唐西域求法高僧傳》下卷音義："返掉，丈孝反，進船木也，正作棹、櫂二形。"據此亦可證明當時確有人把"棹"寫作"掉"的。

木 部 | 489

欇[15]

【欉】△

《王一》入聲葉韻良涉反："欇，梸首。又余涉反。亦作欇。"

按："鼠"旁俗書或作"葛"，故"欇"俗書作"欉"。參看"獵"字條。

權[17]

【攉】△

《王一》平聲仙韻："攉，巨員□(反)，□常合道。"《五代本切韻》一平聲宣韻："攉，具卷反，權，反常合道；又迹行遠；又變，平，重，秤錘，始。字從手。"（據注文，標目字當從手，原卷反切下"權"即"攉"字，或有以之取代標目字之意）斯619號《讀史編年詩》廿五歲："桂陽材業持中攉，南康帝子哀纏綿。"伯2133號《金剛般若波羅蜜經講經文》："法身无相本无刑（形），現相攉宜化有情。""攉"爲"攉"字俗省。

按《説文·木部》："權，黃華木。从木，藋聲。一曰反常。"但唐代前後，大約爲區别於木名之"權"，諸凡權變、權平、權衡之"權"多從手作"攉"。慧琳《音義》卷六《大般若經》第五百零一卷音義："攉，賈注《國語》云：攉，秉也，執勢謂之攉。《考聲》：變也。何注《公羊傳》：稱也，所以别輕重也。《爾雅》：始也。《古今正字》云：稱錘也。從手，藋聲。"同書卷十、卷十七、卷二九、卷七一皆云"攉"字從手（唯卷三六謂"權"字從木）。《龍龕·木部》："權，音攉，稱錘也，又草名也。"同書手部云："攉，渠員反，一變也，宜也，秉也，平也，重也，始也，稱也。又姓。""攉"即"權"字。行均以"攉"爲"權"字標音，可見從手的"攉"當時是非常流行的。約莫宋代以後，權變等義的"攉"亦以"權"爲正字，"攉"則被視爲俗字。《廣韻·仙韻》："權，權變也，……俗作攉。""俗作權"之"權"蓋"攉"之誤。今則知有"權"而不知有"攉"矣。《漢語大字典》不載同"權"的"攉"字，即是明證。

【㰚】△

上揭《五代本切韻》"攉"字後接云："㰚，黃色。"

按：上揭韻書"攉"字下不載指稱木名或草名的"權"字之義，此"㰚"蓋即"權"字俗書。王國維《〈爾雅〉草木蟲魚鳥獸釋例下》："權及權輿皆本黃色之名。《釋草》'蕮,黄華',《釋木》'權,黄英',其證也。"《五經文字》卷上木部載"權"俗作"㩲",《干禄字書》謂"權"俗作"㩲"("蒦"旁上部本從丫,象羊二角,但戰國文字"蒦"亦有從一角的,應即後世"雈"形寫法所由出。參看李家浩《先秦古文字與漢魏以來俗字》一文,載《安徽大學漢語言文字學研究叢書·李家浩卷》,北京師範大學出版社 2013 年版,第 380—381 頁),皆可參。今本《玉篇·禾部》云:"穮,渠元切,禾黄也。"蓋"權"之分化字。可洪《音義》第捌册《日月三昧經》下卷音義:"*穮*智,上音拳,正作權。""*穮*"蓋又"權"之變,則一般的權變、權智之義亦可寫作"穮"。斯 1441 號《勵忠節鈔·將帥部》引《漢記》載班超語:"*㩲*抦自*犯*(把?),威恩自施,當宜任人,勿以自任。"其中的"*㩲*"即"權"的俗字,可參。

支　部

支

【支】△*

《切韻》殘葉二平聲支韻："支，章移反。"斯5440號《捉季布傳文》："非但百金爲上價，千金於口合支分。"

按《干禄字書》："支支：上俗下正。"《龍龕·支部》："支，章移反，一持、一度也。《説文》云無點。又此部與文、攵三部俗字相濫，故出之耳。"據此，俗書"支"字加點具有區别形近的"攴""文"二字的目的在内。前揭《切韻》殘葉"支"字後又載"枝""肢"等字，"支"旁原卷亦皆加點作"支"。

攲[8]

【攲】△

伯2609號《俗務要名林·手部》："攲，以筯取物也。曲宜反。"

按玄應《音義》卷十五《僧祇律》第三十五卷音義："當攲，居儀反，《通俗文》：以箸取物曰攲。"（"攲"字《高麗藏》本作"攲"）《廣韻·支韻》居宜切："攲，箸取物也。《説文》曰：持去也。""攲"爲"攲"字異寫，"攲"字不見於《説文》，當是"攲"的譌俗字。《説文·支部》："攲，持去也。从支，奇聲。"《王一·支韻》居宜反："攲，一取物。"字正作"攲"。

【㩴】△

《字寶》（斯6204號）："筯㩴物，音飢。又㩴，同上。"《箋注本切韻》二支韻居宜反："㩴，一取物。"日本奈良寧樂美術館藏敦煌寫本《王梵志詩·親家會賓客》："諸人未下筯，不得在前㩴。"

按可洪《音義》第貳拾柒册《高僧傳》第十四卷音義："搐撅,上居宜反,箹取物也,正作欹、攲二形也。""搐"爲"掎"字俗寫。《説文·手部》:"掎,偏引也。"其用作"箹取物"義當是"欹(攲)"的换旁俗字。

【剞】△

書證見前。

按:"剞"爲"剞"字俗寫。"剞""掎""欹"皆從奇聲,例可通用。

【搐】△

伯2717號《字寶》:"箹搐夾,音飢。又剞。"前揭王梵志詩"搐"字伯3716號作"搐","搐"即"搐"的俗寫。

按:"搐(搐)"爲"搐(掎)"的繁化字。《集韻·支韻》:"攲搐:以箸取物。或作搐。""搐"(注文中從正作"搐")當是"搐"的混用偏旁字。

【剞】△

書證見前。

按:"剞"爲"剞(剞)"的繁化俗字。

犬　部

犬

【犮】△*

伯3619號《破陣樂》："西戎最沐恩深，犮羊違背生心。"斯4571號《維摩詰經講經文》："弄犮捻刀，每慮噛傷之苦。"

按："犮"即"犬"的增筆字。後例或錄作"戈"，誤。可洪《音義》第拾册《大寶積經論》第四卷音義："如犮，苦泫反，狗也。"其中的"犮"亦爲"犬"俗字。又"犬"旁俗書亦多增筆作"犮"。如《楞嚴經音義》一："臭，尺救反。"即"臭"字，是其例。《隸辨》卷六偏旁"犬"字下云："獸或作獸，……突或作突，默或作默，伏或作伏，皆譌從犮。"是"犬"作"犮"漢隸已然。

【尨】△*

"犬"字或"犬"旁的俗寫。伯3883號《孔子項託相問書》："尨吠其主，婦坐使姑。"《楞嚴經音義》一："窋然，上徒忽反。"又云："戾，音麗，乖也。"

按："尨"又爲"犮(犬)"的贅撇字。《龍龕·穴部》："窋，俗；突，正。"同書户部："戾，俗；戾，正。"可參。又同書犬部："狣，俗，音犬。"殆即"犬"的俗字。這個字大概是在俗字"尨(犬)"的基礎上而又加注意符形成的。

犮[1]

【犮】△*

"犮"旁的俗寫。《楞嚴經音義》一："跋，蒲鉢反，涉。"又云："魃(魃)鬼：上蒲末反。"《毛詩音》二："茇，蒲口[反]。"又云："柭，彭八[反]。"又云："軷，蒲末[反]。"

按《九經字樣·犬部》："犮，作犮者訛。"《龍龕·鬼部》："魃，俗；魃(魃)，正。"同書草部："茇,俗;芨(茇),正。"又手部："扙,俗;扙(拔),正。"皆可參。

狄⁴

【狄】△

《禮記音》："狄,唐歷[反]。"伯 2820 號《釋門文範》："黔庶咸安,夷狄無暴亂之虞。"

按：前例所音爲《喪大記》"無林麓則狄人設階"句，"狄"即"狄"的俗字。可洪《音義》第伍册《大寶積經論》第二卷音義："狄處,上徒的反,北方胡名也,正作狄。"考《干祿字書》："狄狄：上俗下正。"斯 289 號佚名詩："戰馬先驅北狄,揚兵後壓西戎。""狄"亦"狄"的俗字。"犬"旁俗書增筆作"犮",故"狄"又是"狄"的變體。《魏王偃墓誌》已見書"狄"作"狄"之例。

狗⁵

【狗】△

《箋注本切韻》四上聲厚韻古厚反："狗,犬。"《俗務要名林》(斯 617 號)雜畜部："狗,古厚反。"伯 4625 號《五臺山讚》："代州都督不信有文殊,飛鷹走狗競來追。"

按《干祿字書》："狗狗：上俗下正。"《龍龕·犬部》："狗狗：古口反,犬也。二同。""狗"從犬、苟聲,"苟"即"苟"的俗寫(詳"苟"字條),故"狗"亦有寫作"狗"形的。

狹⁷

【狹】◎

《五代本切韻》二入聲洽韻侯夾反："狹,隘。"俄敦 512 號背《大佛頂經難字》："狹,候夾反。"

按《干祿字書》："狹狹：上通下正。"羅振玉箋證謂"狹""狹"二字當互乙,是。參看"夾"字條。

【陿】△

《楞嚴經音義》一："狹,音洽,或作陿。"

按《五經文字》卷中自部："陿,亦作狹。案字書,狹義當作陜。相承用陜爲分陜字,以狹代之。""陜"見《説文》,"狹""陿"爲後起字,"陿"則爲"陜"的俗寫。

可洪《音義》第拾玖册《阿毗達磨順正理論》第七十二卷音義："廣狹,下夾反。廣陿,同上也,正作陜。""陿""陿"一字之變。又《龍龕·阜部》載"陜"字或作"陛",同書心部載"悏"字或作"悏",皆可參。

猪[8]

【猪】◎

《王一》平聲魚韻："猪,陟魚反,豕。正作豬。"伯2714號《十二時》："養鵝鷄,餵猪狗。"俄敦223號《十吉祥》："所以聖胎將誕,夢啓貞(禎)祥;猪產龍豚,其由嘉瑞。"

按《干祿字書》："猪豬:上通下正。"《五經文字》卷中豕部："豬,從犬訛。"慧琳《音義》卷十三《大寶積經》第四十一卷音義："豬,經文從犬作猪,俗字也。""猪"爲"豬"的後起換旁字。

【豬】△*

《箋注本切韻》二魚韻："豬,又作猪。"《王二·魚韻》："猪,正作豬。"俄弗94號《大方便佛報恩經》卷四："轉復前行,見諸人民屠牛駝馬,皮剥豬羊。"

按:"豕"旁俗書多有省作"犭"形的,故"豬"即"豬"字俗省。又《箋注本切韻》一魚韻載"豬""豫"等字,"豬"旁亦省作"豬"。

【腤】

《箋注本切韻》一魚韻："猪,又作腤。"《正名要録》"字形雖別,音義是同,古而典者居上,今而要者居下"類:猪腤。俄弗154號《佛説佛名經》卷九："或畜養雞腤牛羊犬豕鵝鴨之屬。"

按《玉篇·肉部》："腤,亦作豬。""腤"爲"豬"的後起換旁字。

【貒】△

《俗務要名林》(伯2609號)肉食部："猪貒:兩字並陟魚反。"

按《龍龕·采(豕)部》："貒,俗,音猪。"《字彙補·豕部》："貒,與豬音義同。""貒"即"豬"字。

猿[10]

【猿】◎

《正名要録》"字形雖別,音義是同,古而典者居上,今而要者居下"類:

猨𤠔。

按《干禄字书》:"猿猨蝯:上俗;中通;下正,今不行。""猿"爲"猿"的俗寫(參"袁"字條)。據《説文》,"蝯"爲其本字,"猨"爲其形符替換字,"猿"則爲"猨"的聲符替換字。

【猨】

書證見前。

按《五經文字》卷中虫部:"蝯,于言反,又音爰。作猨訛。"

獌 11

【獌】△

《王二》去聲翰韻莫半反:"獌,狼屬。又貋。"

按《王一》同一小韻下云:"獌,亦作㺽。""獌""㺽"即"獌""貋"的俗寫。"曼"字俗書作"䈄",故"曼"旁從之(詳"曼"字條)。《龍龕·犬部》:"獌,俗;貋,正。""㺽"爲"獌"的變體。《漢語大字典》臆改《龍龕》的"獌"爲"㺽"而收載之,卻不載"獌"字,大誤。

【㺽】△

書證見前。

按:"獌"爲"貋"字俗書,而"貋"又爲"獌"的換旁字。

猻 11

【㺗】◎

《王一》上聲檻韻山檻反:"㺗,獑㺗,犬聲。"

按《王二》同一小韻"㺗"作"猻","㺗"即"猻"的俗字。《龍龕·犬部》:"㺗,或作;猻,正。"

獳 14

【獳】◎

《箋注本切韻》一平聲虞韻日朱反:"獳,朱獳,獸名。"

按《龍龕·犬部》:"獳,通;獳,正。"參看"需"字條。

獸[15]

【獸】△

《字樣》:"獸 獸:二同。"《正名要錄》"正行者楷,腳注稍訛"類"獸"下腳注"獸"。斯133號《羣書治要·左傳》:"獸臣司原,敢告僕夫。"

按《干禄字書》:"獸獸:並正。"俗書方口尖口不分,故"獸"當是"獸"字俗變。斯610號《啓顔録》"昏忘"類:"吾有一奇獸,能肥亦能瘦。"伯2553號《王昭君變文》:"万里攢軍,千兵逐獸。"掃描字又爲"獸"的變體。

【獸】△

書證見前。北334(文20)號《入楞伽經》卷四:"復次句身者,謂巷路行迹,如人象馬諸獸行迹等,得名爲句。"

按:"嘼"字古文作"嚚"形(參段玉裁《説文解字注》"嘼"字下注),故"獸"或從古文作"獸"。漢碑中多見"獸"字。《字彙補·犬部》:"獸,與獸同,見《漢樊嘉碑》。""獸"又爲"獸"字變體。

獵[15]

【獦】◎

《五代本切韻》二入聲葉韻立涉反:"獦,戎姓。俗作田獦,非。"斯1588號《百歲篇》:"十月角弓鳴塞北,五花駿馬獦城南。"

按《干禄字書》:"獦獵:上通下正。"慧琳《音義》卷七四《佛本行讚傳》第五卷音義:"獵,傳文作獦,俗字也。"《顔氏家訓·書證》篇記當時俗字有云"獵"化爲"獦",可見"獦"爲六朝俗字。"鼠"旁作"葛"當是隸書之變,"欇""蠟""臘"等字右旁俗書亦或寫作"葛",初不僅"獵"字爲然。又戎姓之"獦"疑亦即"獵"字。《姓觿·葉韻》:"獵,《千家姓》云:西河族。""獦""獵"當本是一姓。

【獦】△

《正名要錄》"正行者楷,腳注稍訛"類"獵"下腳注"獦"。《毛詩音》二:"獦,力涉[反]。"伯2922號《佛説善惡因果經》:"好獦煞生者,死墮犲狼中。"

按《龍龕·犬部》:"獦,俗;獦,正:音葛(葛),一狙,似狼文質也。又俗音良涉反。""俗音良涉反"的"獦""獦(獦)"即是"獵"的俗字,可參。

【獦】△

《禮記音》:"獦,良輒[反]。"斯 6825 號背《老子道經上想爾注》:"馳騁田獦,令人心發狂。"

按:前例所音爲《祭義》鄭玄注"春獵爲獀"句,"獦"即"獵"的俗字。慧琳《音義》卷九十《高僧傳》第十三卷音義:"獵,傳文從山從鳥作獦,不成字,非也。""獦""獦"當是"獦"的譌變字。《龍龕·犬部》:"獦,《舊藏》作獵。""獦"又爲"獦"之省譌。

獻 16

【獻】△

《字樣》有"獻"字。俄弗 242 號《文選》曹植《上責躬應詔詩表》前標"獻詩"。

按《干祿字書》:"獻獻:上通下正。"俗書"虍"旁多寫作"严"形,"獻"字左上部從之。伯 3286 號《十二時》:"純陀供,香積飯,法會齋筵陳供獻。""獻"又爲"獻"之變。

貛 17

【犴】◎

《王一》平聲寒韻呼官反:"貛,狼。亦作犴。"

按《龍龕·犬部》:"犴貛:呼官反,野豚也。二同。""犴"蓋改易聲旁俗字。《王二》"犴"作"犴",誤。

歹 部

奴²

【叔】△

《王一》平聲寒韻昨干反："叔，穿。亦作𡰯。"末字《王二》作"叙"，餘同。

按："奴"字《説文》篆文作"𡰯"，隸定作"叔"，亦作"奴"（《玉篇・叔部》：奴，同"叔"），"叔"蓋其省變。《廣韻》亦作"叔"。

【叙】△

書證見前。

按："叙"《王二》作"叙"，《集韻・寒韻》云"奴"亦作"𩧑"。"叙""叙""𩧑"當是一字之變。

殄⁵

【殇】△*

《箋注本切韻》一上聲銑韻："殇，徒顯反。"《王二・銑韻》："殇，徒典反，滅。"伯4638號《大番故敦煌郡莫高窟陰處士公修功德記》："屬以五色慶雲，分崩帝里；一條毒氣，扇滿幽燕。……梟聲未殇，路絕河西。"

按《五經文字》卷下歹部："殄，作殇訛。"慧琳《音義》卷二九《金光明最勝王經》第七卷音義："消殄，下田演反，俗字也，……正作殄。""殇"當是"殄"之變體。《漢語大字典》據《改併四聲篇海》及《敦煌變文集・長興四年中興殿應聖節講經文》收載"殇"字，查前書及後者敦煌寫本原卷，"殇"字實皆作"殇"，作"殇"爲傳録之誤。參看"珍"字條。又《箋注本切韻》一入聲屑韻他結反："饕，貪食。"即"餮"字，"殄"旁亦從俗作"殇"。

殜⁹

【殗】◎

《王一》入聲葉韻與涉反:"殗,病。"

按:"殜"字俗體繁化作"殗",唐代避太宗諱,"殜""殗"又分別變體作"殠""殢"。《字彙·歹部》:殠,同"殜。"《正字通·歹部》:殠、殢,俗"殜"字。《龍龕·歹部》以"殢"爲"正"字,乃承唐代避諱通行寫法而言。

戈　部

戒³

【戒】*◎

《正名要録》"本音雖同,字義各别例":"戒,心;誡,言。"《禮記音》:"戒,古賣[反]。"伯3375號《歡喜國王緣》:"有相夫人於石室比丘尼所受戒了,歸來七日滿,身終也。"

按可洪《音義》第拾捌册《善現律毗婆沙》第十五卷音義:"戒弄,上音戒,下音弄。""戒"即"戒"的俗字。《干禄字書》:"戒戒:上通下正。""戒"當又是"戒"的省筆字。伯2193號《目連緣起》:"枷鎖杻械,不曾離身。""戒"旁亦從俗作"戒"。

或⁴

【或】*◎

《增字本切韻》殘葉三入聲德韻:"或,不定。胡國反。正作或。下並準此。""正作或"之"或"當爲"或"字俗誤。潘書標目字録作"或",未契原卷。斯1897號《後梁龍德四年張某甲雇工契》:"或若澆溉之時不慎睡卧,水落在處,官中書罰,仰自祇當。"

按:俗書方口尖口不分,故"或"俗書作"或"。《干禄字書》:"或或:上通下正。"《五經文字》卷中戈部:"或,從一從囗,囗音圍。俗作或者訛。""或"旁俗亦作"或"。上揭《增字本切韻》殘葉"或"字下載"惑""蜮""國"等字,是其例(前二字"或"旁潘書録作"或",未契原卷)。"或"字及"或"旁作"或"漢碑已然。

【或】*◎

《正名要録》"本音雖同,字義各别例":"或,不定;惑,亂。"又云:"域,封;

閴,門。"斯 2140 號《沙州乞經狀》:"《法集經》一部,六卷,有;戜八卷,無。"伯 2133 號《妙法蓮華經講經文》:"戜見歡娛花樹下,戜逢寂寞遠江頭。"

按:"戜"係由"或"手寫連書所致。"戜"俗書又加點作"戜"。"或"旁俗亦寫作"戜"或"戜"形。如上揭"惑""域"等字。

戕⁴

【舸】◎

《箋注本切韻》一平聲歌韻:"戕,所以繫舟。牂戕,郡名。亦作舸。"

按:俗書"爿"旁"牛"旁不分,皆可書作"爿"形。上揭"舸"當是"舸"的俗寫。《龍龕·爿部》:"戕,情羊反,殺君也。……又俗音舸。"接云:"舸,音哥,所以繫舟。又牂—郡名。""俗音舸"也是指"戕""舸"的異體關係而言。從語源上來說,"戕 gē""舸"當皆是"杚"的後起字。《廣雅·釋宮》:"牂、杚,杙也。"即木樁。"牂"字從弋、爿聲,"杚"字從弋、可聲,蓋皆形聲字("杙"即"弋"的後起字,"弋"《説文》釋爲"橜",亦即木樁)。"舸"爲"杚"的換旁(形旁)字;"戈"與"弋"形近,又與"可"音近,故"戕 gē"當又是"杚""舸"二字交互影響的產物。《集韻·哿韻》載"哦"字,云"繫舟杙","哦"亦"杚"字別構,可參。但從另一個角度來看,"戕"又可能是"牂"的譌字(猶"杚"譌變作"哦")。於是"戕"便一身而兼二職:既爲"杚"(字亦作"舸""哦")的異體,又爲"牂"(字亦作"牂")的異體。《廣韻·歌韻》:"舸,所以繫舟。又牂(牂)舸郡名。戕,陸云上同。"同書唐韻:"戕,戕舸。亦作牂。"《集韻·陽韻》:"戕,戕哦,橜也。"便是這種錯綜的異體關係的反映。但兩說不能皆是,從字形上看,似以視"戕"爲"牂"字俗譌爲切當。陸法言、行均以"戕"同"舸",恐爲失之。

【柯】

《王一·歌韻》:"戕,所以繫舟。牂戕,郡名。或作柯。"

按:據前揭《箋注本切韻》,則"柯"或爲"舸"字之誤。但王念孫《廣雅疏證》謂"柯"爲"杚"之本字,則"柯"字似又不誤。錄存兩說,以俟質正。

戚⁷

【戚】△*

《箋注本切韻》一入聲錫韻:"戚,倉歷反。"北 6485(果 30)號《大般涅槃經》

卷三十："若聞如來涅槃无常,心不憂慼。"

按:"慼"爲"戚"字俗書。"小"形部件俗書或變作"灬""爫"等形,故"戚"字俗作"慼",後例掃描字又爲其變體。上揭《箋注本切韻》同一小韻載"憾"字,"戚"旁原卷亦作"慼"形。

戟⁸

【戟】*◎

《箋注本切韻》一入聲陌韻:"戟,刀戟,几劇反。案文作戟。"斯 1137 號《發願文》:"注(鑄)劍戟,擗疇千(阡)。"

按:前例末字疑當作"戟"或"幹"。"戟"字《說文》從戈、倝作"幹",隸省作"戟","戟"又爲"戟"之變。慧琳《音義》卷七四《佛本行讚傳》第五卷音義:"幹,傳文省作戟,俗字也。"《龍龕·戈部》:"戟,哀(京)逆反,戈一也。"前揭《箋注本切韻》"戟"下又載"撽(撽)""戟(戟)"等字,"戟"旁從之。

截¹⁰

【戳】△

《箋注本切韻》一入聲屑韻:"截,昨結反,案文作戳。"

按:"截"字《說文》從戈、雀聲作"戳",隸變作"截"。上揭韻書末字疑當作"戳"。慧琳《音義》卷十七《大乘顯識經》卷下音義:"截,《說文》……從戈,雀聲,經從上(土)作截,俗字也。"《廣韻·屑韻》:"戳,或作截。餘倣此。"皆可參。

戭¹¹

【敱】◎

《王一》上聲軫韻余軫反:"戭,長瘡(槍)。亦作敱。"《王二》同韻:"戭,亦作敱。"

按:"寅"俗寫作"寅"(詳"寅"字條),故"戭""敱"所從的"寅"《王一》寫作"寅"。"敱"蓋"戭"的後起換旁字。《漢語大字典》據《玉篇》《集韻》載"敱"字(原書皆作"敱"。"支"旁隸變作"攵"),羊進切,擣也,分"敱""戭"爲二字,非是。《集韻》"戭"字亦有羊進切一音(與"敱"同一小韻)。又《說文·戈部》:"戭,長槍也。从戈,寅聲。《春秋傳》有擣戭。""擣戭"爲古顓頊帝八才子之一,見《左傳·文十八年傳》,陸德明釋文謂"戜"字《漢書》作"敓"(見《漢書·古今人表》),可證"敓""戜"爲古異體字。《玉篇》《集韻》等書訓"敓"爲"擣",當與"擣敓"之名有關,固不當據之作爲"戜""敓"異字之證。

戲[13]

【戲】◎

《王二》去聲寘韻:"戲,羲義反,謔。或作戲。"

按:慧琳《音義》卷二四《莊嚴菩提心經》音義:"戲,《説文》從戈、虐聲;經從虛作戲,俗字也。"《龍龕·戈部》:"戲,今;戲,正。"

【戱】△

《正名要録》"正行者楷,脚注稍訛"類"戲"下脚注"戱"。俄敦 10559＋10601 號《添品妙法蓮華經》殘片:"若説法時,無得戱笑。"

按:"虛"俗寫作"虗"(詳"虛"字條),故"戱"又爲"戲"的俗寫。慧琳《音義》卷十四《大寶積經》第八十一卷音義:"戲,經從虗從弋作戱,非也。"《干禄字書》:"戱戲:上通下正。""戱""戱"又皆爲"戲"的變體。斯 610 號《啓顔録》"盧嘉言"條:"嘉言即與之談話,因相戱弄。"其中的掃描字與"戱"略同。

瓦 部

瓦

【凡】△

《王一》去聲禡韻："凡,五化反,苦屋。"《王二》禡韻同。北5009(鹹89)號《妙法蓮華經》卷三："國界嚴飾,无諸穢惡、凡礫荆棘、便利不浄。"

按《干禄字書》："凡瓦:上俗下正。"《五經文字》卷下瓦部："土器也,象形,作凡訛。""瓦"字《説文》作"𤮺",隸書或作"凡"形,"凡"即其楷定字。故《正名要録》以"凡"爲"今而要者",裴本《刊謬補缺切韻》更以"凡"爲正字(詳下)。《齊道興造像》已見"凡"字。敦煌卷子中"瓦"旁亦多書作"凡"。如《王一·之韻》："甌,瓶。"又云："瓴,小甖。"其中"甌""瓶""瓴""甖"所從的"瓦"旁原卷皆作"凡"形。又《字樣》："甕,烏貢反。"即"甕"字,亦其例。

【𤮺】△

《正名要録》"字形雖别,音義是同,古而典者居上,今而要者居下"類:𤮺 凡。北324(鱗42)號《彌勒下生成佛經》："棄之於地,猶如𤮺石草木土塊。"

按可洪《音義》第拾陸册《四分律》第四十三卷音義："𤮺瓶,上五馬反,正作瓦。"同書第貳拾伍册《四分律》第四十三卷音義："𤮺噐,上五寡反,正作瓦。"可参。又裴務齊正字本《刊謬補缺切韻》卷首字樣："凡𤮺𤮺:吴寡反,上正中通下俗。""𤮺"疑爲"𤮺"字譌變,"𤮺"爲隸變形。伯2292號《維摩詰經講經文》："令𤮺礫以生光,遣枯林之花秀。""𤮺"亦爲"瓦"字。

瓮[4]

【瓮】△

《正名要録》"字形雖别,音義是同,古而典者居上,今而要者居下"類:甕瓮。斯1519號《辛亥年某寺諸色斛斗破曆》："十九日,麥酒壹瓮,粟酒兩瓮,僧録、僧政節料用。"

按可洪《音義》第拾柒册《沙弥威儀》音義:"瓫(瓮)瓮,上蒲門反,下烏貢反。"俗書"瓦"旁作"月",故"瓫"即"瓫"的俗字,"甕"即"甕"的俗字。《八瓊室金石補正》卷八三《石魚題刻一百段·盛景獻題記》:"汎舟江南,折梅賦詩,復開帆至石瓮下步,磐石席坐。""瓮"亦"瓮"字。"甕"爲"罋"的俗字,"瓮""罋"皆見於《説文》,二字音義均近,蓋古異體字。《干禄字書》:"瓮甕:並正。"《玉篇·瓦部》:甕,同"瓮"。慧琳《音義》卷七八《經律異相》第十五卷音義:"瓮,《古今正字》:罋也,從瓦,公聲。經文作甕,俗字也。"但同書卷五一《唯識論》音義引《古今正字》則謂正字從瓦、雍聲,"或從公作瓮,俗字也。"同書卷六十《根本説一切有部毗奈耶大律》第三十卷音義亦云:"甕,正體字,……律文從公作瓮,俗字也。"兩説不同。疑唐代前後以"甕"字爲標準用字,而流俗遂以"瓮"爲俗字。宋王觀國《學林》卷十"緂疊"條列舉"字爲俗書改其體者",其中有"甕之瓮",亦以"瓮"爲俗字。《復古編》卷上:"瓮,別作甕,非。"則當是據《説文》而言。

【甕】△

書證見上文。俄弗93號《大佛頂如來密因修證了義諸菩薩萬行首楞嚴經》卷八:"七者怨習交嫌發于銜恨,如是故有飛石投礰、匣貯車檻、甕盛囊撲。"

按可洪《音義》第拾肆册《佛本行集經》第二十四卷音義:"甕裏,上烏弄反。"上字亦爲"甕"的俗字。

【瓫】△

《楞嚴經音義》一:"甕,烏貢反,俗作此瓫。"斯6614號《社司轉帖》:"捉二人後到,罰酒壹角;全不來者,罰酒半瓫。"

按:"甕"爲"甕"的變體,"瓫"又爲"瓫"的變體。可洪《音義》第拾陸册《根本説一切有部毗奈耶苾芻尼律》第十四卷音義:"盆瓫,上步門反,下烏貢反。"掃描字亦爲"瓫"的俗字。斯5830號《違反社約處分》:"準條案合罰酒壹瓫,合決十下。"伯3211號《王梵志詩·暫出門前觀》:"富者造山門,貧家如破瓫。""瓫""瓫"又爲"瓫"的變體。

【甕】△

説見前文。可洪《音義》第拾壹册《瑜伽師地論》第十六卷音義:"甕之,上烏貢反,亦瓮(瓮)。"上字亦爲"甕"的俗寫,可比勘。

瓯[5]

【瓯】△

《王一》入聲鎋韻女刮反："甈,瓯。亦作瓯。"《王二》標目字作"甈"。

按《廣韻·鎋韻》："瓯,甈也。""瓯"即"瓯"字異寫。

【甈】△

書證見上。

按《玉篇·瓦部》："瓯,女刮切,甈也。甈,同上。"其中的"甈"字《改併四聲篇海·瓦部》引《玉篇》作"甈"。"甈""甈""甈"應爲一字之變,但上部作"取"作"耴"皆不合字理。《集韻》載"瓯"或作"甈",從叹得聲,"耴""取"應皆爲"叹"字形譌。

瓶[6]

【瓶】△

《正名要錄》"字形雖別,音義是同,古而典者居上,今而要者居下"類：瓶瓴。斯8434號《雜字》抄有"瓴"字。伯2078號《佛說觀佛三昧海經》卷四："如是光明遍照十方諸羅漢頂。照頂之時,如人執瓴灌藥入頂,其狀色貌,猶如提湖(醍醐)。"

按："瓶"即"瓶"的俗寫。

【瓴】△

書證見前。

按："瓴"應爲"瓴"字俗寫。《改併四聲篇海·瓦部》引《搜真玉鏡》："瓴,音瓶。""瓴"亦俗"瓴"字,可參。《説文》以"瓶"爲"缾"字或體(後世通行"瓶"字)。"瓴"當是"瓶""缾"二字交互影響的產物。《集韻·有韻》以"瓴"爲"缶"字或體,與此非一字。

瓠[9]

【瓠】△

《王一》平聲唐韻苦岡反："瓠,瓠。亦作瓠。"

按："瓠"爲"瓠"字俗寫。

【颥】△

書證見前。

按:"颥"爲"甀"字俗寫。《玉篇·瓦部》:甀,同"瓶"。

甈 12

【甈】△

《大般涅槃經音》二"甈"下音"師"。《字寶》(斯 6204 號):"物{誓}甈聲:音西,破甖聲也。"其中的"甈"伯 2717 號作"甈",手寫小變。

按:慧琳《音義》卷六四《四分僧羯磨》下卷音義:"甈,音西,《韻詮》云:破聲也。"《廣韻·齊韻》先稽切:"甈,瓦破聲。""甈"即"甈"字。潘書摹錄伯 2717 號《字寶》"甈"作"甈",誤。

甒 12

【㼽】△

《箋注本切韻》上聲麌韻無主反:"甒,罋。或作㼽。"

按:"甒"或改易聲旁作"瓾"(見《集韻·虞韻》),"㼽"又是"瓾"的改換形旁字。

止 部

止

【㞢】△*

伯2007號《老子化胡經》卷一："過蔥嶺山,中有深池,毒龍居㞢。"俄弗90號《大佛頂如來密因修證了義諸菩薩萬行首楞嚴經》卷二："譬如有客寄宿旅亭,蹔㞢便去,終不常住。"

按《干禄字書》:"㞢止:上通下正。"可洪《音義》第拾叁册《經律異相》第三十一卷音義:"㞢矣,上音止。""㞢"爲"止"草書的楷定字。"止"旁俗亦作"㞢"。如《文選音》:"祉,耻。"又云:"歱,徔。"《楞嚴經音義》一:"歷,過也。閒激反。"皆其例。

此²

【㠯】△*

《箋注本切韻》一上聲紙韻:"此,俗作㠯。雌氏反。"《王二·紙韻》:"㠯,正作此。"伯3812號劉商《胡笳十八拍》之八:"旦夕思歸恨㠯身,愁心想得(似)籠中鳥。"

按《干禄字書》:"㠯此:上通下正。"俗書"此"旁亦或作"㠯"。如上揭《箋注本切韻·紙韻》載"跐"字,《箋注本切韻》六去聲卦韻載"痴""䀹"等字,《正名要録》"本音雖同,字義各别例"載"貲""訾"等字,皆其例。

步³

【捗】△

《王二》去聲暮韻薄故反:"步,徐行。或作捗、步。"

按:"捗"蓋"步"的增旁字。《集韻·暮韻》有"捗"字,捗攄,收斂也,字別。

【步】◎

書證見前。斯785號《李陵與蘇武書》:"領五千之步卒,南截金河。"

按《干禄字書》:"步步(步):上俗下正。"《五經文字》卷上止部:"步,相承以⃝爲少者訛。"慧琳《音義》卷十一《大寶積經》第一卷音義:"步,從止從⃝,……相背重書,即步字,今俗同止,下從少,訛略也。"漢碑中"步"字已多見。

歲⁹

【歲】△

《正名要録》"正行者楷,脚注稍訛"類"歲"下脚注"歲"。伯2718號《茶酒論》:"君王飲之,叫呼萬歲。"

按《五經文字》卷上止部:"歲歲:上《說文》,下經典相承隸省。""歲"當即"歲"的變體。

【歳】△

書證見前。臺圖48號《金剛般若波羅蜜經》:"若當來世,後五百歳,其有衆生得聞是經,信解受持,是人則爲第一希有。"

按:此又譌"止"爲"山"。《干禄字書》:"歳歳歲:上俗中通下正。"漢碑已見譌"止"旁爲"山"之例。

【歲】◎

《王二》去聲祭韻:"歲,正作歲。"斯5549號《百歲篇》:"百歲歸原去不來,暮風搔雪(騷屑)石松哀。"

按《漢鄭固碑》"歲"字作"歲",下部已變"少"爲"小"。伯3821號有《百歲詩拾首》,"歲"字與《鄭固碑》相類。

歷¹²

【厤】△

《字樣》:"曆正歷厤正歷相承用。"斯203號《度仙靈録儀》:"五月生被太元中官微明厤炁君召。"

按:前例當有脱誤,疑當校正作:曆正厤相承用;歷正歷相承用。《干禄字書》:"歷歷:上俗下正。"《漢韓勑碑》:"歷世禮樂陵遲。""歷"即"歷"字,而"厤"又爲"歷"

的俗寫(參"止"字條)。《魏西陽男高廣墓誌》"歷"作"應",則又變"心(止)"爲"亡(正)"。參看"曆"字條。

歸[14]

【歸】△

《字樣》:"埽,正;歸,相承用。"

按:《説文》以"埽"爲籀文"歸"字,"埽"當是"歸"字省變。《魏寇霄墓誌》"歸"字或作"歸",可參。

【歸】△

《箋注本切韻》二微韻:"歸,俱韋反,還。亦作歸(歸?)。"斯 474 號《社邑於當坊蘭若塑釋迦牟尼等像記》:"歸依者苦原必盡,迴向者樂果其深。"斯 543 號《戒懺文》:"歸[依]佛兩足尊,歸依法離欲尊,歸依僧衆中尊。"後例"歸"字原卷皆作"歸"形,形微别。

按:"歸"或作"歸"形,應爲"歸"字俗省。《隋元仁宗墓誌》"歸"作"歸",可參。

【皈】△

《正名要録》"正行者正體,腳注訛俗"類"歸"下腳注"皈"。斯 133 號背《秋胡變文》:"我兒當去,元期三年,何因六載不皈?"

按《龍龕·自部》:"皈,音歸。"此爲以正字注音之例。可洪《音義》第拾册《十善業道經》音義:"皈依,居韋反,就也,還也,安也;正作歸。"宋孫逢吉《職官分紀》記後魏俗字"自反爲歸",即指"皈"而言。敦煌寫本亦有作"皈"者,又爲"皈"字譌變。如斯 5953 號《奉唐寺僧依願上令公阿郎狀》有"難銷沐施之皈依"句,是其例。

攴 部

收²

【妆】△

《字樣》:"妆,式周反。"北8237(制84)號《究竟大悲經》卷二:"其中亦有魄怖驚忙,衆懷死難,藉此雜毒善資,妆天王果。"

按《字鑑》卷二尤韻:收,俗作妆,誤。

【収】◎

《王一·尤韻》:"収,式州反,取。通俗作収。"標目字"収"當是"收"字之誤。周書二字皆録作"妆",失真。《王二》同韻:收,又作収。《佛經難字及韻字抄》亦載"収"字。伯3697號《捉季布傳文》:"朱解低頭親看札,口去(呿)目瞪妄(忘)収脣。"

按《五經文字》卷下攴部:"收,作収訛。""収"又爲"收"之俗寫,猶"收"俗寫作"妆"。《廣韻·尤韻》:"收,俗作収。"鉅宋本如此,清張士俊澤存堂刻本"収"作"収"。《魏銀青光録大夫于纂墓誌》已見"収"字。

改³

【叜】△

《王一》上聲海韻:"改,古亥反,换。亦作叜。"伯2193號《目連緣起》:"遍體盡皆瘡癬甚,形骸枯考(槁)叜容儀。"形微别。

按:俗書"攵"旁"殳"旁不甚分别,故"改"或可换旁作"叜",而"叜"即"叜"字俗寫("殳"旁俗寫作"旻")。《龍龕·殳部》:"叜,音改,更也。""叜"亦即"改"的俗字,可参。

㪣⁵

【㪣】◎

《王一》上聲哿韻呼我反:"㪣,擊。亦作㪣。"《王二》同。

按《集韻·哿韻》:"㪣,或作㪣。"

政⁵

【政】△

《王二》去聲勁韻:"**政**,之盛反,施教。亦作政。"

按:"政"字它書未見,疑爲"政"字之誤。"攴"旁隸變作"攵",故"政"又作"政"。同書東韻云"攻"又作"攻",海韻云"改"又作"改",等等,是其比。

敖⁶

【敖】△

《五代本切韻》一平聲豪韻:"敖,五刀反,敖山……亦遨;正敖,從攴。"接云:"敖,一遊,正字。"

按《九經字樣·攵部》:"敖敖:上《説文》,下隸省。"《龍龕·文部》:"敖,通;敖,正。""敖"即《説文》篆文的隸變字(右側變"攴"爲"攵")。

【敖】△*

《箋注本切韻》一豪韻:"**敖**,俗作遨,非,然行之已久,亦可通。"俄弗223號《十吉祥》:"十方世界未曾聞,**敖**猪忽尒誕龍屯(豚)。"斯1889號《敦煌氾氏家傳并序》:"自氾**敖**以下,至於氾璜、氾毓之徒,雖傳芳已久,絶而不録。"

按:"敖"字《説文》從出、從放作"𢾍"形,隸省作"敖"。《字鑑》卷二豪韻:"敖,从出从放,隸作一。……俗作敖。"敦煌卷子中"敖"旁大抵寫作"敖"。如前揭《箋注本切韻》一豪韻又載"聱""謷""漱""螯"等字,《正名要録》載"傲""傲"等字,其所從的"敖"原卷皆作"敖"。

【遨】△

書證見前。又《王一·豪韻》:"敖,五勞反,遊。俗作遨。"《正名要録》:"遨,遊。"

按《説文·放部》:"敖,出游也。"即遨遊之"遨"的本字,"遨(遨)"爲遨遊義的後起專用字。

效⁶

【効】

《字樣》："效，致也，放也，功也。効，相承用爲功效字。"《王二》去聲效韻："效，胡教反，亦作効。"伯3128號《曲子菩薩蠻》："効節望龍庭，麟臺早有名。"

按《玉篇·力部》："効，俗效字。"《九經字樣·攵部》："效，作効者訛。""効"蓋"效"的後起換旁俗字（功效與"力"相關，也有可能涉"功"字類化換旁）。《干祿字書》："効效：上功，下放。"功效義古亦作"效"，非別有"効"字，顔元孫分"効""效"爲二，失之。

敕⁷

【勑】◎

《楞嚴經音義》一："誨勑，（下字）或作，與勑義同。"

按：宋王觀國《學林》卷九"敕"字下云："敕字亦作勑，此詔勑之字，敕不若勑之從力，則順于行草書而美看，故古今寫敕字，惟用從力之勑。"

【勅】△

書證見前。伯2979號《唐開元二十四年岐州郿縣尉勛牒判集》："又承恩勅，逋欠之物合原。"

按：俗書"束"旁"朿"旁不分，"朿"古字與"來"相近，故"勑"俗作"勅"或"勅"（"來"俗字作"来"，故"勅"當是"勅"字俗寫）。《五經文字》卷下攵部："敕，丑力反，古勑字，今相承皆作勅。"《集韻·職韻》："敕，古從力。或作勑，本音賚，世以爲敕字，行之久矣。"用同"敕"的"勑"或"勅"字東漢碑刻中已見，六朝以後使用"勑"或"勅"更已成爲通例（參看《隸辨》卷五職韻"勑"字條）。前揭《學林》"敕"字條又云："世俗寫朿字來字並作来形，如棗字作棗，萊字作莱之類是也。寫勑爲勅者，蓋俗書變朿爲来也，而楷書者不察其由，遂直書'來'字作勅，則誤矣。"王觀國謂"勅"係據"勑"楷化回改而來，疑未的確。

散⁸

【㪔】△

《正名要錄》"正行者楷，脚注稍訛"類"㪔"下脚注"散"。

按："散"字《説文》篆文作"㪔"，從肉、攵聲，隸定或作"㪔"，"㪔"即"散"字篆文的楷變字。

【散】△

書證見前。又《箋注本切韻》一上聲旱韻："散，蘇旱反，俗作散。"俄弗68號《維摩疏》卷三："二禪味，離散亂煩惱。"

按《五經文字》卷上肉部："散散：上《説文》，下《石經》。"《集韻·旱韻》："散，隸作散。""散""散"皆隸省字。

【散】△

《切韻》殘葉四(斯2683號)旱韻："散，蘇旱反。"斯76號《食療本草》："蕪夷，平，右主治五内邪氣，散皮膚支節間風氣。"

按：慧琳《音義》卷六九《阿毗達磨大毗婆沙論》第九十九卷音義："散，論作散，俗字。"魏三體石經《君奭》"散"字篆文作"㪔"，可參。

【㪔】◎

《王一·旱韻》："散，正作散，亦作㪔。"《王二》旱韻同。

按：《説文》載"㪔"字，從隹，攵聲，義爲"繳㪔""飛㪔"，與"散"字字別。但二字同音，義亦相近，故後人或即以爲異體字。慧琳《音義》卷七《大般若經》第五五九卷音義："㪔，或從隹作㪔(㪔)。"又可洪《音義》第柒册《如來獨證自誓三昧經》音義："分散，桑讚反。"後例《大正藏》本相應經文作"分散"，皆其例。

敬[8]

【敬】△*

《字樣》："敬敬：二同。"伯3211號《王梵志詩集·你若是好兒》："王祥敬母恩，冬竹抽筍与。"

按："敬"字左部本從"茍"("茍"上部從羊省，與"苟"字上部從艸不同)，"茍"俗寫作"苟"(詳"茍"字條)，故"敬"字俗寫作"敬"。伯3211號《王梵志詩集·興生市郭兒》："他買(賣)抑遣賤，自買(賣)即高敬。""敬"旁亦寫作"敬"。

敦[8]

【敦】△

《王二》平聲魂韻："敦，鄉名。都昆反。俗敦。"

按：“享”字“亯”旁作“享”漢碑已然。參看“享”字條。

敲[10]

【搞】◎

《五代本切韻》一平聲肴韻：“敲，敲擊。亦搞。口交反。”

按《集韻·爻韻》：“敲，或作搞。”“搞”蓋換旁俗字。

敷[11]

【𢾭】△

《楞嚴經音義》一：“𢾭，音敷。”伯 2718 號《茶酒論》卷端題“鄉貢進士王𢾭撰”。斯 1722 號《兔園策府》卷一：“勸導之宜，咸𢾭厥旨。”伯 2999 號《太子成道經》：“无憂花樹葉𢾭榮。”形微別。

按：《唐趙郡癭陶縣令□□墓誌》“敷”作“𢾭”，是其比。

數[11]

【𢾗】△

《王一》去聲遇韻色句反：“𢾗，正作數。”

按：“婁”旁隸書亦作“妻”（詳“婁”字條），故“數”字左旁或作“妻”。漢碑已見從“妻”的“數”字。

敲[12]

【敫】◎

《王一》入聲錫韻去激反：“敲，驚敲。又五交、口彫二反。亦作敫。”

按《集韻·蕭韻》堅堯切：“敫，擊也。或從堯。”又牽幺切：“敫，擊也。通作敲。”“敫”“敲”一字異寫。用於擊義的“敫”當即“敲”或“敫”字異構。《漢語大字典》一分爲二，不妥。

整[12]

【𢾫】△

《箋注本切韻》一上聲靜韻：“整，俗作𢾫。之郢反。”俄敦 10684 號《金光明最勝王經》卷六末經音:"整,征郢。"

按:"整"字右上部本作"攴",作"攵"爲隸書之變。慧琳《音義》卷三六《大毗盧遮那經》第五卷音義:"《古今正字》:整,正也,從束從攴,正聲也。"

【整】△

《楞嚴經音義》一:"整,之郢反,或作此整。"

按:"整"下部從正,此省作"止"。慧琳《音義》卷四一《大乘理趣六波羅蜜多經》第一卷音義:"整,從敕、正聲也。俗從止,非也。""整"字下部作"止"六朝碑刻已然。

【整】

《箋注本切韻》四:"整,《說文》作此整,從正。整,俗。"俄弗 45 號《妙法蓮華經》卷二:"(須菩提等)即從座起,整衣服,偏袒右肩,右膝著地,一心合掌,曲躬恭敬。"

按:"敕"字俗書作"勅"或"勑"(詳"敕"字條),"整"字上部俗書從之。《龍龕·雜部》載"整(整)"俗字作"整",即上揭韻書"從正"的俗字。《五經文字》卷下攵部:"敕,丑力反,古勒字。今相承皆作勑。唯整字從此敕。"然六朝碑刻"整"上部已多寫作"勑"。敦煌寫卷亦然。又"止"俗書作"心"(詳"止"字條),故"正"旁又寫作"心"形。

【整】△

書證見前。伯 3697 號《捉季布傳文》:"走到下坡而憩歇,重整戈牟(矛)問大臣。"

按可洪《音義》第陸册《月燈三昧經》第九卷音義:"整理,上之領反。""整"爲"整"之俗或"整"之省。《隋郭達墓誌》"整"作"整",右上部又復變"力"爲"刀"。

【整】△

書證見前。斯 4571 號《維摩詰經講經文》:"安排寶蓋,整頓金冠。"

按:"止"旁又復從俗作"心"。《干祿字書》:"整整:上俗下正。"《隋鄧□墓誌》有同例。

【整】△

書證見前。

按伯 2004 號《老子化胡歌》卷十:"化胡成佛還東秦,敷揚道教整天文。"字形微異。《五經文字》卷下夊部："整，作𢾾訛。"慧琳《音義》卷二九《金光明經》第六卷音義："整，經從止作𢾾，非也。"同書卷五七《摩達國王經》音義："整，經作𢾾，誤也。"又《唐演公塔銘》"整"作"𢾾"，皆其比。《龍龕·雜部》："𢾾𢾾，二俗；整，正：章領反，齊也，正也，理也。"所謂的"正"字亦爲"整"字別構。斯 78 號《類書》"顧悌"下云："每得父母書，灑掃𢾾衣服。""𢾾"亦"整"字，可參。

籪[14]

【𪉠】◎

《王一》去聲願韻芳万反："籪，小舂。亦作𪉠。"《王二》標目字作"籪"，"籪"即"籪"之小變。

按《玉篇·卤部》："𪉠，叉萬切，礦粟也，舂米未精也。"與"籪"音義皆近（《廣韻》"籪"字亦叉萬切），蓋古異體字。《集韻·願韻》："籪，或作𪉠。"是也。"𪉠"字又作"𪉠"。《漢語大字典》把"𪉠（𪉠）""籪"當作不同的字處理，失當。

變[19]

【㝰】△

《正名要錄》"正行者正體，腳注訛俗"類"㝰"下腳注"䛡"。中村 1 號《法句譬喻經》卷三："坐卧空中十二㝰化，没身不現還在坐上。"

按《干禄字書》："㝰變：上俗下正。""㝰"又爲"㝰"之省變。《隋楊厲墓誌》"變"作"㝰"，可以比勘。

【䛡】△

書證見前。

按可洪《音義》第貳拾册《成實論》第十一卷音義："不䛡，下彼弁反，異也，正作變也。""䛡"字從言從反，蓋會變卦不守信用之意。《顔氏家訓·雜藝》篇云："北朝喪亂之餘，書迹鄙陋，加以專輒造字，猥拙甚於江南。乃以百念爲憂，言反爲變，不用爲罷，……如此非一，徧滿經傳。""言反爲變"當即指俗字"䛡"而言。據此，則"䛡"産生於六朝。清趙撝叔《六朝别字記》亦收載之。

日　部

曰

【粤】△

《正名要録》"字形雖別，音義是同，古而典者居上，今而要者居下"類：粤曰。

按："粤"蓋"粤"的省筆字。"曰""粤"字別，但二者音同，用法亦多相類。

旦¹

【旦】△*

斯5478號《文心雕龍·頌讚弟九》："年迹逾遠，音徽如旦。"

按：唐代避睿宗諱，故"旦"缺筆作"旦"。"旦"旁亦然。《時要字樣》（斯5731號）："忉，悲；妃，已。"伯2305號《妙法蓮華經講經文》："但知説得《蓮經》，此事有何不得！"是其例。周廣業《經史避名彙考》卷十六帝王類唐睿宗下云："唐經典碑帖於旦及但、坦、景、影、暨、亶、宣等字皆日字缺中一畫。"唐寫本《唐韻》去聲翰韻："旦，得肝反。""旦"亦"旦"字。同韻又載"疸""鴠""狚""悬""苴""澶（澶）"諸字，"旦"旁亦皆缺筆作"旦"。

旨²

【盲】*◎

《箋注本切韻》一上聲旨韻："盲，美。職雉反。"《王二》同韻："盲，正作旨。"伯3141號《維摩五更轉》："文殊忽然承聖盲，往問維摩疾何因。"

按《干禄字書》："盲百旨：上俗中下正。"俗書"旨"旁亦或作"盲"。如《箋注本切韻》一平聲脂韻載"脂""鮨(鮨)"等字,是其例。"旨"字或"旨"旁作"盲"漢碑已然。

【旨】△*

臺圖 5 號《佛說如幻三昧經》卷下:"佛之聖旨,故令其然。"伯 3812 號劉商《胡笳十八拍》之六:"姓名音旨兩不達,度日經年長閉口。"

按:"旨"當是"旨"的變體。"亠"形部件手寫時往往連書作"冖"形,楷定即成"冖"。顏元孫以"旨""旨"並列爲"正",而以"盲"爲"俗",欠妥。"旨"旁俗書亦或作"旨"。如上揭《胡笳十八拍》之五"脂"作"脂",之六"指"作"指",是其例。

昊[4]

【昊】

《箋注本切韻》四上聲皓韻胡老反:"昊,《說文》從夰。"

按《九經字樣·日部》:"昊昊:音皓,春天也,上《說文》,下隸省。""昊"下部本作"夰",篆文"夰"形與"天"近,故隸變作"天"。慧琳《音義》卷十九《大哀經》第五卷音義:"(昊)今時用從日從天,俗字也。"

【夰】

《王一·皓韻》:"昊,天。本作夰。"

按:"昊"從"夰"聲,雖則二字古或通用,但本非一字,此處"夰"當爲"昊"之誤(或"本作夰"之"作"爲"從"字之誤)。

【昊】△

《箋注本切韻》四皓韻"夰"字下云:"《說文》昊天從夰。從夭者非。"

按:"夭"爲"天"的增筆俗字。據此,則"昊"字俗書或從"天"作"昊"。

昔[4]

【昔】

《箋注本切韻》一入聲昔韻:"昔,古作𦰩。"《王一·昔韻》:"昔,古正作𦰩。"

按《五經文字》卷下日部:"𦰩昔:上《說文》,此字本是腊字,上象肉文,得日而乾,後加作腊,以此爲古昔字;下《石經》。"《字鑑》卷五昔韻:"昔,《說文》作𦰩,……隸作昔。""昔"字漢碑已見。

昃[4]

【吳】△

《正名要録》"本音雖同,字義各別例":"仄,陋;吳,日昳。"

按:"吳"爲"昃"字異體"昗"(源出甲骨文,《龍龕》以之爲正字)的俗寫。

【昗】△*

《五代本切韻》一阻力反:"昗,日斜。俗作昗。"

按《龍龕·日部》:"昃,俗;昗,通;昊(昗),正。"上揭《五代本切韻》同一小韻又載"稷(稯)"字,"昗"旁從之。

【昗】△

書證見前。

按:"昗"又"昗"字變體。

明[4]

【朙】△

《正名要録》"正行者雖是正體,稍驚俗,腳注隨時消息用"類"朙"下腳注"明"。

按:"明"字《説文》篆文左旁作"囧"(甲骨金文等先秦古文字亦多從"囧"),"朙"左旁即其變體。

【明】◎

書證見前所引。斯6631號《和菩薩戒文》:"連明曉夜下長釘,眼耳之中皆泣血。"

按《干禄字書》:"明朙:上通下正。"《五經文字》卷上月部:"明朙朙:上古文,中《説文》,下《石經》。今並依上字。"秦漢簡帛及漢碑已見"明"字,蓋"朙"字隸省。《箋注本切韻》一平聲庚韻:"明,又作朙。"末字疑爲"明"字之誤。

又按:甲骨文有"󰀀"字,侯馬盟書有"󰀁"字,中山王鼎有"󰀂"字,皆即"明"字,從日月會意。但秦漢以前"明"字的寫法并不通行,甚至以唐五代時期爲主體的敦煌寫本中,仍以作"朙"字爲常見。

昏⁴

【昬】*◎

《箋注本切韻》一平聲魂韻：“昬，呼昆反。”斯 6825 號背《老子道經上想爾注》：“國家昬亂，有忠臣。”

按《説文·日部》：“昏，日冥也。从日、氐省。氐者，下也。一曰民聲。”“昏”字甲骨文作"♀""♀""♀"等形，取日低於地會意。秦漢簡帛及漢代碑版多譌從民聲作“昬”，故許慎稱“一曰民聲”。及至唐代避太宗諱，改“昬”所從的“民”爲“氏”，正與古“昏”字吻合。《五經文字》卷中心部：“愍，傷也。緣廟諱偏旁準式省從氏。凡泯、昏之類皆從氏。”可參。①上揭《箋注本切韻》同一小韻載“婚”“婚”“樗”等字，右旁皆寫作“昬”形，蓋“昬”手寫之變。《毛詩音》二：“閽，呼溫[反]。”即“閽”字。

昧⁵

【眛】◎

《王一》去聲泰韻忘艾反：“眛，冥。亦作昧。”

按：“昧”“眛”《説文》字別，但二字形音義俱近，俗書容可通用。

冒⁵

【冐】◎

《王一》去聲号韻莫報反：“冐，涉。又莫北反。”伯 3449 號《書儀》：“退省徒增於忝冐，夙霄（宵）倍切於兢惶。”

按《龍龕·日部》：“冐，莫報反，覆也。又莫北反，干也。”《正字通·冂部》：“冐，俗冒字。”上揭《王一》同一小韻又載“帽”“瑁”“䁃（瞀）”等字，“冒”旁原卷皆從俗作“冐”。

映⁵

【暎】◎

《字樣》：“暎映：《説文》《字林》等上二字皆相承用。”伯 2653 號《韓朋賦》：

---

① 參看虞萬里《榆枋齋學術論集》第 418—420 頁，南京：江蘇古籍出版社，2001 年。

"皎皎明月,浮雲暎之。"

按可洪《音義》第貳拾册《成實論》第四卷音義:"明暎,於命反,正作映。"又《集韻·映韻》:"映,於慶切,隱也。或从英。"但慧琳《音義》卷一《大般若經》第一卷音義則云:"暎,英敬反,《考聲》:暉也。《韻英》云傍照也。從日,英聲。經從央作映,非也,音烏朗反,不明也,非經義也。"《龍龕·日部》亦云:"暎,於敬反,影也。映,音同上,又於浪反,反(此字當爲衍文)暗也。"則又皆分"映""暎"爲二字。疑當以前説爲是。"映""暎"皆不見《説文》(《説文新附》始載"映"字),"英"從"央"聲,故從英實即從央,"暎""映"非二音二義也。

曷⁵

【曷】△*

《箋注本切韻》一入聲末韻胡葛反:"曷,何。"俄弗 242 號《文選》韋孟《諷諫》詩:"嗟嗟我王,曷不斯思?"

按:前例同一大韻載"遏""葛""蝎""褐"等字,"曷"旁原卷皆寫作"曷"。

晉⁶

【晉】

《王一》去聲震韻:"晉,即刃反,地名。亦作進,正作晉。"

按《五經文字》卷下日部:"晉晉:上《説文》,下《石經》。""晉"爲隸變字。

晏⁶

【晏】△*

《王一》去聲諫韻:"晏,烏澗反,正作晏(晏)。"《王二》同一小韻:"晏,俗作晏。"《毛詩音》二:"晏,見諫[反]。"伯 2564 號載"晏子賦一首",文中"晏"字皆作"晏"。

按:"安"俗寫作"安"(詳"安"字條),故"晏"字俗書從之。

曹⁷

【曹】*◎

《字樣》:"曹曺:二同。"伯 3211 號《王梵志詩·本是達官兒》:"長大人中官,當銜判曺事。"

按《五經文字》卷下曰部:"朁曹曺:上《説文》;中經典相承隸省,凡字從曹者皆放此;下《石經》。"《干禄字書》:"曺曹:上通下正。""曹""曺"都是隸省字(皆已見漢碑)。後世通常以"曹"爲正體。《正名要錄》"各依脚注"類"曹"下脚注"須兩畫",即指上部當作二竪畫而言。"曹"旁亦或寫作"曺"。如伯3211號《王梵志詩·虛霑一百年》:"横遭狂風吹,總即連根倒。"其中的"遭"即"遭"字,是其例(漢碑已見"遭"字)。

晨[7]

【晨】△

《正名要錄》"正行者雖是正體,稍驚俗,脚注隨時消息用"類"晨"下脚注"晨"。《佛經難字及韻字抄》"晨"字下注音"神"。

按《九經字樣·日部》:"晨晨:早昧爽也,從辰、從臼,臼象叉手晨省之義;上《説文》,下隸省。""辰"旁俗作"辰"(詳"辰"字條),故"晨"即"晨"的俗寫。

【晨】◎

書證見前。伯2845號劉商《胡笳十八拍》之一:"哀哀父母生育我,見離别兮當此晨。"

按《王二》平聲真韻:"晨,通俗作晨。""晨"隸省作"晨",而"晨"又爲"晨"的俗寫。《説文》别有"晨"字,指房星,與"晨"的俗字"晨"爲同形字。

最[8]

【冣】◎

《王二》去聲泰韻:"冣,作會反,極好。"斯2204號《父母恩重讃》:"弟六乳哺恩冣難。"

按:《干禄字書》以"冣"爲通體。《隋龍藏寺碑》已見"冣"字。伯4571號《維摩詰經講經文》:"致使佛光冣勝,掩耀羣霞;聖力獨超,遮闌宇宙。"這個"冣(冣)"又爲"冣"的變體。《説文·冖部》别有"冣"字,積也,與"最"音義皆别。但六朝俗書"最"字作"冣",又作"冣",遂與冣積之"冣"相混無别。《顔氏家訓·書證》篇:"《詩》云:'黄鳥于飛,集于灌木。'傳云:'灌木,叢木也。'……古叢字似冣字。近世儒生,因改爲冣。""叢"譌變作"冣",就是因"冣"在中間起了媒介的作用("冣"與"聚""叢"古通用)。《王二·末韻》載"撮""襊"等字,"最"旁亦從俗作"冣"。

【冣】△*

《毛詩音》二:"冣,祖會[反]。"伯 2292 號《維摩詰經講經文》:"百億世界,唯佛冣尊。"

按:"取"俗作"耴",故"冣"俗書又作"冣"。《楞嚴經音義》一:"撮,子栝反,又七栝反。"即"撮"字。是"最"旁俗亦或作"冣"。

曾[8]

【曾】△*

《王二》平聲登韻昨滕反:"曾,人姓。又昨棱反,嘗。"伯 3821 號《行孝文》:"項王不取范曾(曾—增)言,韓信投降漢王走。"

按《九經字樣·曰部》:"曾曾:上《說文》,下經典相承隸省。""曾"手寫通常作"曾"。《楞嚴經音義》一:"憎,音增。""曾"旁亦皆作"曾"。

暖[9]

【暖】◎

《字樣》:"煗,正;暖,相承用。"斯 5435 號失名醫方"腫毒方":"右取牛糞,暖水調,令稍稀。"

按《說文·火部》:"煗,溫也。从火,耎聲。"又云:"煖,溫也。从火,爰聲。"《九經字樣·火部》:"煗煖:上《說文》正溫煗字;下本音暄,齊馮煖名,今經典相承以爲溫煖字。"是"煗"爲溫暖本字,後借用"煖"字,而"暖"又爲"煖"的後起換旁字。慧琳《音義》卷三一《新翻密嚴經》第一卷音義:"煖,正作煗,……俗作暖。"

【煖】◎

《箋注本切韻》一上聲旱韻乃管反:"暖,或作煗、煖。"北 4489(爲 52)號《般若波羅蜜多心經疏》:"覺知冷煖苦樂等,名之爲觸。"

按:慧琳《音義》卷十《仁王護國般若波羅蜜多經》上卷音義:"煗,或作煖,俗用非也。""煖""煗"音近義通。

【暵】◎

《王一·旱韻》:"暖,暄。或作暵。"斯 5999 號《大般涅槃經音》載"暵"字,其下注"暖"。

按:慧琳《音義》卷五五《禪秘要法經》卷上音義:"煖,或從日作暵、暖。""暵"爲"煖"的换旁俗字。

【暵】△

書證見前。

按:慧琳《音義》卷四《大般若經》第三九八卷音義:"煖,有作暖、暵,皆俗用字。"俗書"大""火"不分,故"暵"又爲"暵"的俗寫。可洪《音義》第拾肆册《正法念處經》第六十六卷音義:"暵飲,上奴管反。""暵"亦爲"暵"的俗寫。

【㬉】◎

《正名要録》"字形雖别,音義是同,古而典者居上,今而要者居下"類:暖㬉。斯1966號《大般涅槃經》卷五:"譬如春月下諸豆子,得㬉氣已,尋便出生。"

按:慧琳《音義》卷七六《阿育王傳》第六卷音義:"煖,經從日作㬉,非也。"《龍龕·日部》:"㬉,俗;暖,正。""㬉"蓋"暵"的偏旁類化字。"耎"旁俗書每涉上部的"而"而類化作"需"形。

【燸】◎

《楞嚴經音義》一:"冷燸:下乃管反,正作暖,或作燸。"伯2172號《大般涅槃經音》"燸"字下注"暖"。斯840號《字音》亦載"燸"字。北6345(寒24)號《大般涅槃經》卷十一:"是中衆生常爲寒苦之所逼惱……遇斯光已,如是等苦亦滅無餘,即得調和,煴燸適身。"

按:慧琳《音義》卷五十《攝大乘論釋》第六卷音義:"煖,奴管反,……論作此燸字,俗也。"《龍龕·火部》:"燸,俗;煗,通;煖,正:奴管反,温也,火氣也。下又音暄。""燸"蓋"煗"或"煖"的偏旁類化字(也可能是"㬉"的换旁字)。

【煗】△

《佛經雜字》載"煗"字。

按:慧琳《音義》卷十四《大寶積經》第五十六卷音義:"煗,奴管反,《韻詮》云:煗,温也,或作暵。有作暖、煖,俗字也。""煗"即"煖"字俗寫,猶"暵"即"暵"字俗寫,俗書"大""火"不分也。

【炅】◎

《楞嚴經音義》一:"炅氣,上奴管反,與暖、燸同。"俄弗91號《大佛頂如來密因修證了義諸菩薩萬行首楞嚴經》卷九:"汝如沸浪,波(彼)如堅冰,奭氣漸隣,不日銷殞。"

按:"奭"蓋"煗"之省聲字("煗"從"耎"聲,而"耎"又從"而"聲)或"煗"之省旁字。《龍龕·日部》載"暖"字俗又作"晌",可資比勘。《改併四聲篇海·火部》引《類篇》:"灻,音暖。""灻"當是"奭"的譌字。又"奭"俗或用同"奭"(詳"奭"字條),與此非一字。

暇⁹

【暇】△

《字樣》:"暇,正;**暇**,……相承用。"

按:"叚"旁隸變皆可作"段"。參看"假"字條。

暱¹⁰

【暱】△

《正名要錄》"字形雖別,音義是同,古而典者居上,今而要者居下"類:**暱昵**。

按:"若"俗寫作"若"(見《干祿字書》),故"暱"即"暱"的俗寫。《干祿字書》:"昵暱:並正。"下字亦從俗作。

【昵】△

書證見前。

按:"尼"旁俗作"尼"(詳"尼"字條),故"昵"即"昵"的俗字。《說文》以"昵"爲"暱"字或體。

【暱】△

《箋注本切韻》一入聲質韻:"暱,近,尼質反,又作昵。"

按《五經文字》卷下匚部云:"匿,作匿者訛。""暱"字右旁從之。

嘗¹⁰

【嘗】◎

《箋注本切韻》一平聲陽韻時羊反載"嘗"字。《俗務要名林》(斯 617 號)聚會部:"嘗,少喫。音常。"斯 610 號《啓顏錄》辯捷論難類:"高祖又嘗集儒生會講,酬難非一。"

按《九經字樣·雜辨部》:"嘗甞:上《說文》,下隸省。"《漢孫叔敖碑》已見"甞"字,蓋由"嘗"字譌變形成的形聲字。

皞[10]

【皞】◎

《字樣》:"皞睈:二同,音昊。"

按:"皋"字隸變亦作"皐",故"皞"字右旁從之。《干祿字書》:"睈皞:上俗下正。"可參。

【睈】△

書證見前。

按《魏元寶月墓誌》"嗥"作"嗥",又《漢孔彪碑》"皋"作"皐",《魏冀州刺史元昭墓誌》作"皐",皆可資比勘。

暨[10]

【塈】△

《正名要錄》"字形雖別,音義是同,古而典者居上,今而要者居下"類:塈洎。《楞嚴經音義》一:"洎,其器反,洎,及。與塈同。"伯2357號《太上妙法本相經》:"塈其長成,專志自計。"

按:"既"字俗或作"旡"(詳"既"字條),"暨"字上部俗書從之。次例"暨"下部又變"旦"為"且"。

【洎】◎

書證見前。

按:"洎""暨"《說文》字別,但二字音近,在及、至等義項上用法亦相當。慧琳《音義》卷六十《根本說一切有部毗奈耶大律》序文音義:"暨,音忌,《爾雅》:暨,及。序文從水作洎,非此用也。"可參。

暴[11]

【暴】△

《正名要錄》"正行者雖是正體,稍驚俗,腳注隨時消息用"類"暴"下腳注"暴"。

按:"暴"字《説文》從日從出從廾從米會意,"暴"即其隸變體(廾變作"八"形)。《五經文字》卷下日部作"曓",可參。《龍龕》以"暴"爲俗字。

【㬥】△

書證見前。斯 1441 號《勵忠節鈔·賢行部》:"牛主懷慚,不敢更㬥[其禾]。"斯 610 號《啓顔録》昏忘類:"陳長沙王叔堅,性驕豪㬥虐。"

按:《唐城父縣尉盧復墓誌》"暴"作"㬥",是其比。又慧琳《音義》卷五《大般若經》第四一四卷音義:"暴,經中從田從恭,非也。"亦可參。

【曝】△

《俗務要名林》(斯 617 號)田農部:"曝,亦曬物也。薄報反。"

按《干禄字書》:"曝暴:上通下正。"慧琳《音義》卷十五《大寶積經》第一百十四卷音義:"暴,經文從田從恭,又旁加日作曝,非也。字本有日,今變作田,一錯;下又變爲恭,非暴之義;强加一日,惑之甚矣,濫已久矣。"《龍龕·日部》:曝,俗;暴,正。皆可參。

暫[11]

【蹔】◎

《王二》去聲闞韻:"暫,亦作蹔。"斯 133 號《秋胡變文》:"秋胡忽見貞妻,……蹔停住馬,向前上熟看之。"

按《五經文字》卷下日部:"暫,作蹔訛。"慧琳《音義》卷三《大般若經》第三二七卷音義:"蹔,俗字也,正體從日作暫。""蹔"蓋"暫"的换旁俗字。

【𧿧】△

《字樣》:"暫,正;𧿧,通用。"《王一·闞韻》:"暫,亦作𧿧(蹔)。"(亦作字原卷右上角略有殘泐)俄弗 90 號《大佛頂如來密因修證了義諸菩薩萬行首楞嚴經》卷二:"譬如有客寄宿旅亭,𧿧止便去,終不常住。"

按《干禄字書》:"𧿧暫:上通下正。""足"字俗書作"𤴔"形(詳"足"字條),故"𧿧"即"蹔"字俗寫。

【暫】△

《正名要録》"字形雖别,音義是同,古而典者居上,今而要者居下"類:暫 𣅬。北 4489(爲 52)號《般若波羅蜜多心經疏》:"念念進取真如之理,无時𣅬捨,故名爲行。"

按可洪《音義》第貳册《勝天王般若經》第一卷音義:"暫住,上昨濫反,正作暫、蹔二形也。""蹔"爲"暫"的换旁俗字,而"軓"應即"暫"手寫的變體。

曉[12]

【臙】△

《王一》上聲篠韻:"臙,呼鳥反,旦明。亦作臙。"

按:標目字與亦作字字形略同,當有一誤。《王二》同一小韻下云:"曉,亦作皖。"可參。俗書"日"旁"月"旁不甚區别,故"臙"即"曉"的俗寫。《隋鮑宮墓誌》"曉"寫作"皖",可參。

【憢】◎

《正名要録》"字形雖别,音義是同,古而典者居上,今而要者居下"類:曉憢。

按:曉,明也,其引申義爲知曉,爲曉慧,義皆與心相涉,故俗書因或改從心旁。然它書皆"憢""曉"字别,且這組字原書列在平聲,而"曉"爲上聲字,頗疑"曉"乃"嘵"字抄誤。"嘵"見《説文》,字亦作"憢",《廣韻》皆在平聲蕭韻許幺切小韻。《爾雅·釋訓》"憢憢憢憢,懼也"陸德明釋文:"憢,本又作嘵。"二字音義皆合。

曆[12]

【厯】△

《字樣》:"曆正歷厯正歴相承用。"斯610號《啓顔録》昏忘類:"厯諸行鋪,竟日求之不獲。"

按:《字樣》例有脱誤,疑當校讀作:"曆,正;厯,相承用。歷,正;歴,相承用。""厯"蓋"曆"的變體。伯2721號《新集孝經十八章皇帝感》:"曆代已來無此帝,三教内外總宣揚。""曆"亦"曆"字,可參。參看"歷"字條。

曜[14]

【耀】◎

《王一》去聲笑韻:"曜,弋笑反,光耀。或作耀。"

按《干禄字書》:"耀曜:上通下正。"慧琳《音義》卷二三《華嚴經》第七十卷慧苑音義:"曜,字又從光也。"

曬[19]

【暆】◎

《王一》去聲卦韻:"曬,所賣反,曝。又所寄、丑離二反,亦作暆。"

按:"暆"字從黍、從易,蓋會意俗字。《廣韻·卦韻》:"暆,不黏之皃。或與曬同。""不黏之皃"的"暆"未詳。

水　部

永¹

【𣱩】◎

《字樣》："𣱩永：二同。"北 8618(字 42)號《菩薩地持經》卷十："諸阿羅漢動止視瞻言説行住,有煩惱所起,相似餘習,如來𣱩斷,是故名爲斷除諸習。"

按《干禄字書》："永𣱩：上通下正。""𣱩""永"爲其篆文隸變之異。

氾²

【氾】◎

《字樣》："氾,濫也。"又云："汜,水名。[音]似。"

按：泛濫之"氾"當作"氾"。俗書從㔾從巳多不分別。《漢周憬功勳銘》已見書"氾"作"汜"之例。

汎³

【泛】◎

《字樣》："汎泛：並浮；氾(氾),濫也。三字今並通用。"

按《説文·水部》："汎,浮皃。从水,凡聲。"又云："泛,浮也。从水,乏聲。"二字音義均同,蓋古異體字。《干禄字書》："汎泛：並正。"《五經文字》卷下水部："汎泛：二同。"慧琳《音義》卷四八《瑜伽師地論》第九十八卷玄應音義："汎,又作泛,同。"皆其證。

【氾】

書證見前。

按："氾""汎""泛"音近義通。慧琳《音義》卷十九《大哀經》第六卷音義："泛流，上孚梵反，《考聲》：泛，浮也。或作氾（氾），《説文》：氾（氾），濫也。"慧琳《音義》卷二八《普曜經》第六卷音義："氾（氾）流，古文泛，同，孚劍反。氾氾（氾），浮皃也。"《龍龕·水部》："氾（氾），或作；泛汎，二正。"漢碑中已見"氾""汎"通用之例。參看《隸辨》卷四梵韻。

【渢】◎

《王一》去聲梵韻："汎，普。汎，亦作渢。又扶隆反。"《王二》平聲東韻扶隆反："汎，浮。又孚劍反。亦作渢。"

按：玄應《音義》卷十四《四分律》第二十六卷音義："泛，古文氾（氾）同，敷劍反。《説文》：泛，浮也。《廣雅》：泛，普也。律文作汎，古文。渢，同，扶弓反，亦浮也。""渢"蓋"汎"的後起會意字（"風"亦聲。"帆"字異體或作"颿"，可以比勘）。

氾³

【洍】△

《王一》上聲止韻詳里反："氾，亦作洍。"

按："氾"篆文右旁作"巳"，"㠯"即其隸變體。

沔⁴

【汅】◎

《箋注本切韻》四上聲獮韻無兗反："沔，漢水別名。俗作汅。"

按《干禄字書》："汅沔：上通下正。"參看"眄"字條。

沌⁴

【汒】

《切韻》殘葉四上聲混韻徒損反："汒，混汒。"

按："屯"旁俗書作"乇"，故"沌"字右旁從之。《龍龕·水部》："汒，徒本反，混一也。""汒"亦"沌"字。

【阣】△

《王一·混韻》："汒，混汒。亦作阣、阣。"《王二》同。

按："阣（阣）"字它書未見。

【坉】△

書證見前。

按《廣韻·混韻》:"沌,混沌也。坉,上同。""坉"即"坉"的俗寫。

沚⁴

【渟】◎

《王一》上聲止韻諸市反:"渟,小渚。或作沚。"

按《説文·水部》:"沚,小渚曰沚。从水,止聲。"又云:"渟,水暫益,且止未減也。从水,寺聲。"後者今字作"滯"。但"渟""沚"同音,後世小渚義多以"渟"爲之,喧賓奪主,以致"沚"反而成爲或作異體了。《龍龕·水部》:"沚,或作;渟,正:音止,水渚也。"亦以"沚"爲或體。

沙⁴

【砂】

《正名要録》"字形雖別,音義是同,古而典者居上,今而要者居下"類:沙砂。伯3812號《胡笳十八拍》之二:"萬里重陰鳥不飛,寒砂莽莽無南北。"

按《玉篇·石部》:"砂,俗沙字。"

汨⁴

【潿】◎

《王一》入聲錫韻莫歷反:"汨,水名,在豫章。亦作浘、潿。"

按:"潿""汨"皆見於《説文》,而訓釋有別。段玉裁注據《廣韻》謂"潿""汨"爲古今字,當是。

【浘】◎

書證見前。

按《廣韻·錫韻》:潿、浘,並同汨。"汨"字音覓,"浘"即"汨"的改易聲旁字。

沈⁴

【沉】

《切韻》殘葉三:"沉,除深反。"《王二》平聲侵韻:"沉,除深反,没。又或

(式)稔{枕}反,人姓。俗以出頭作姓。"斯 202 號《傷寒論辨脈法》:"寸口脈浮在表,沉在裏。"

按《王二》上聲寑韻:"沈,式稔反,亦作邡,人姓。"是《王二》沉没之字不出頭作"沉",而人姓之字則出頭作"沈",二形分用。實則沉没之"沉"本亦作"沈","沉"爲"沈"的隸變俗字。《五經文字》卷下水部:"沈,丈林反,又音審,從人出冖。今人以此字音審,别作沉字,於義無據,亦行之久矣。但經典之文不可不正。"徐鉉校訂《説文解字》"沈"字下注:"今俗别作沉,冗不成字,非是。"而且指稱人姓的"沈"較早時亦可寫作"沉",與沉没之"沉"無别。可洪《音義》第拾玖册《廣弘明集》第七卷音義:"沉休,上音審,正作沈。"此條本於《廣弘明集》(《大正藏》本)第七卷"沈休文難之"句,"沈休文"即沈約,可見人姓之"沈"確可寫作"沉"。

【邡】

《箋注本切韻》四寑韻:"沈,古作邡。式稔反。"

按《左傳》有"邡垂","邡"蓋"沈"的古異體字。

決⁴

【决】◎

《時要字樣》(斯 5731 號):"决,杖。"斯 3872 號《維摩詰經講經文》:"其大官甚怒,便令從人拖出,數人一時打决。"

按《正名要録》"各依脚注"類"决"下脚注"從水"。但俗書從氵從冫不分,故"決"俗書作"决"。《干禄字書》:"决決:上俗下正。"《五經文字》卷下水部:"決,作决訛。"漢碑中已見俗字"决"。

泰⁵

【㤗】◎

《正名要録》"各依脚注"類"泰"字下脚注:"從水,從心。"斯 799 號《古文尚書傳》有"泰誓下第三"篇名,"泰"原卷作"㤗"。

按《干禄字書》:"㤗泰:上俗下正。""從心"的"㤗"當即是指俗字"㤗"而言。"心"旁隸變亦作"小"形,故云"㤗"字從心。《正名要録》下文:"䇘(恭)慕忝(忝):從心。"所云"從心"亦是指"小"旁而言,是其證。《魏山徽墓誌》已見從

"小"的"泰"。斯 1655 號《白鷹呈祥詩二首并序》:"蓋聞君臣道叄,所感異瑞呈祥。""叄"亦"泰"字,則又變"小"爲"小"。

沾[5]

【沾】◎

《正名要録》"正行者楷,脚注稍訛"類"霑"下脚注"沾"。

按《説文・水部》:"沾,水。出壺關,東入淇。一曰:沾,益也。从水,占聲。"又云:"霑,雨霂也。从雨,沾聲。"二字古籍中皆可指沾濡、沾染等義。據其本義而言,似當以"霑"爲正。《干禄字書》:"沾霑:上通下正。"慧琳《音義》卷十七《如幻三昧經》卷下音義:"霑污:輒廉反……顧野王云:霑猶濡也。《説文》從雨、沾聲。經作沾,俗字也。"皆可參。

渗[5]

【渗】△

《王一》去聲霽韻魯帝反:"渗,妖氣。"伯 3490 號《於當居創造佛刹功德記》:"護法善神,殄除災渗。"

按《五經文字》卷下水部:"渗,作渗者訛。"《龍龕・水部》:"渗,正;渗,今:郎計反,妖氣也。""参"旁隸變作"介",手寫時又變作"尓",故"渗"字或作"渗"(見《集韻・霽韻》),又變作"渗"。

沿[5]

【沿】◎

《箋注本切韻》一平聲仙韻:"沿,從流而下。俗沿。與專反。"《王一・仙韻》:"沿,俗作沿。"伯 2633 號《齖䶫新婦文》:"是與沿房衣服,更別造一牀氈被。"

按:"沿"即"沿"字篆文的隸變字。"㕣"(古多作"台")"公"相亂秦漢古文字已然(參看"㕣"字條)。《五經文字》卷下水部:"沿沿:上《説文》,從㕣,㕣音鉛;下經典相承隸省。"慧琳《音義》卷八十《開元釋教録》第十卷音義:"沿,《説文》從水、㕣聲,……録從公作沿,非。"

泥⁵

【埿】◎

《字樣》："泥埿：二同。"伯3390號《孟授上祖莊上浮圖功德記并序》："㛪至已就，繪畫未圓。"

按《干禄字書》："埿泥：上俗下正。"慧琳《音義》卷四五《菩薩内戒經》音義："泥，經從土作埿，俗字也。"伯2193號《目連緣起》："在世慳貪多殺害，命終之後落㲈犁。""㲈"又爲"埿"的俗寫（《五經文字》卷下水部："泥，從工者訛。"可參）。

涎⁶

【渿】△

《正名要録》"字形雖別，音義是同，古而典者居上，今而要者居下"類：渿唌。

按《集韻·僊韻》："次，徐連切，《説文》：慕欲口液也。或作涎、渿。""涎""渿"皆爲"次"的後起換旁字。而"渿"又爲"羨"的省體（比較"羡"俗省作"羑"）。慧琳《音義》卷十一《大寶積經》第二卷音義："涎，通俗字也，《説文》正體作次。……束皙作唌，《史籀》作㳄，賈逵作渿，或作㳄，古字也。"玄應《音義》卷十一《增一阿含經》第二卷音義："渿，又作涎、延（唌）二形，同，詳延反，《字林》：慕欲曰渿。《三蒼》作次，次唾也。經文作渿，非也。"

【唌】◎

書證見前。

按：慧琳《音義》卷五一《緣生論》音義："唌，俗字也，……正從水作次也。""唌"蓋"涎"的換旁俗字。《説文》别有"唌"字，語唌嘆也，當另是一字。

【涎】

《王一》平聲仙韻："涎，敘連反，口液。正作次，亦作㳄。"

按："涎"爲"次"的後起俗字（説見上文）。《龍龕》以"涎"爲"今"字。

【㳄】◎

書證見前。

按《龍龕·水部》："㳄㳄㳄：三俗；涎，今；次，正。"《王二》"㳄"字作"洇"，《玉篇》亦載"洇"，蓋一字之變。

派⁶

【泒】◎

《王一》去聲卦韻:"泒,匹卦反,分流。"伯 3556 號《張戒珠邈真讚并序》:"闍梨乃……清河貴泒,禀落雪之奇姿。"

按《干祿字書》:"泒派:上俗下正。"伯 3720 號《河西都僧統陰海晏墓誌銘并序》:"和尚俗姓陰氏,香號海晏,則安西都護之貴泒矣。""泒"又"泒"之俗。

流⁷

【㳅】◎

《箋注本切韻》一平聲尤韻力求反載"㳅"字。斯 5643 號佚名詞:"塞北征戰幾時休,罷風㳅。"

按《干祿字書》:"㳅流:上俗下正。""㳅"爲省點字。

【沠】

《正名要録》"字形雖别,音義是同,古而典者居上,今而要者居下"類:沠流。《王一·尤韻》:"流,亦作沠。"伯 3315 號《尚書釋文·舜典》:"沠,古流字,放也。"斯 6825 號背《老子道經上想爾注》:"心中曠曠,但信道如谷冰之志,東沠欲歸海也。"

按《龍龕·水部》:"沠,古文流字。"漢碑中已見"沠"字,疑爲"流"的隸變字。

浣⁷

【浣】

《正名要録》"字形雖别,音義是同,古而典者居上,今而要者居下"類:浣澣。

按:洗浣字《説文》本作"澣",或體作"浣","澣"則爲"澣"的隸變字。《干祿字書》:"浣澣:上通下正。"慧琳《音義》卷十五《大寶積經》第一百九卷音義:"浣,俗字也,正作澣。"

【涴】△

《王一·旱韻》胡管反:"澣,亦作涴。"斯 2607 號有詞題"涴溪沙"。

按："完"字俗寫作"兒"(詳"完"字條)，故"涋"即"浣"的俗寫。慧琳《音義》卷十五《大寶積經》第一百九卷音義："浣，經文有從兒作涋，非也。"同書卷七四《佛本行讚傳》第一卷音義："澣，經文作涋，俗字也。"《龍龕‧水部》："涋，俗；澣，正；浣，通。"

渾⁸

【渾】◎

《王一》去聲霽韻匹詣反："渾，水名，在汝南，亦作渜（潷）。"

按："渾"爲"渾"的俗寫(參看"卑"字條)。"渾"又爲"渾"的譌變俗字。

【潷】◎

書證見前。

按："潷"爲"潷"的俗寫。"潷""渾"《說文》字別。

涖⁸

【埊】△

《俗務要名林》(斯617號)水部："埊，深泥也。蒲口反。或作並（涖）。"《箋注本切韻》五去聲鑑韻："埊，深埊。蒲鑑反。"

按："埊"爲"埊"的俗字(比較"泥"字俗作"泹")。《王一‧鑑韻》："埊，或作涖。"

淡⁸

【倓】◎

《王一》去聲闞韻徒濫反："淡，無味。或作倓。"

按：《說文》"倓""淡"字別。

涮⁸

【灊】△

《字寶》(斯6204號)："水灊洗，所患反。又渲。"

按《龍龕‧水部》："涮，所患反，一洗也。""灊""渲"蓋皆"涮"的口語記音字。

【渲】◎

説見上條。

淄⁸

【渹】△

《正名要録》"字形雖别,音義是同,古而典者居上,今而要者居下"類:淄 渹。伯 2942 號《唐永泰間河西巡撫使判集》:"管内官吏,盡是賢良,無混渹涃,須明逆順。"

按《干禄字書》:"渹淄:上俗下正。"《龍龕·水部》:渹,俗;渹,或作;淄,今。《集韻·之韻》:淄,俗作渹。"渹"或"渹"是"淄"俗寫的又一變體。

溲⁹

【溲】

《箋注本切韻》四上聲有韻:"溲,溲麩,疏有反。《説文》從此叜。"

按:慧琳《音義》卷九七《廣弘明集》第二卷音義:"浚,《説文》從水、叜聲,集作溲,俗字。"參看"叟"字條。

淵⁹

【渊】△

《五代本切韻》一:"渊,烏玄反,深水。刾(剠),古困。"《大般涅槃經音》二"渊"字下注音"怨"。俄敦 666 號《妙好寶車經》:"出愛欲之深渊。"伯 2633 號劉長卿《酒賦》:"孔夫子,並顔渊,古今高哲稱大賢。""渊"字伯 2555 號作"渊",形微别。

按可洪《音義》第肆册《大般涅槃經》第十六卷音義:"投渊,烏玄反。""渊"亦爲"淵"俗字。《魏張猛龍碑》已見"渊"字。慧琳《音義》卷一百《肇論序》音義:"淵,論文作渊,訛誤。"可參。

【渊】△

《禮記音》:"渊,烏玄[反]。"斯 6453 號《老子道德經》:"魚不可脱於渊。"

按可洪《音義》第捌册《五千五百佛名經》第六卷音義:"渊如,上於玄反,别本作淵。"《隋唐世榮墓誌》"淵"字已寫作"渊"。《龍龕·手部》:"渊,俗;渊,正:

烏玄反,深也。"其中的"渊""渊"亦爲"淵"的俗字,可以比勘。

滋⁹

【兹】

《箋注本切韻》二平聲之韻子之反:"滋,多。或作兹。"

按:慧琳《音義》卷九《摩訶般若波羅蜜經》第二十卷音義:"滋,古文孳、兹二形,同,子夷反。滋,益也,潤也。""兹"蓋"滋"的換旁字。

溑¹⁰

【溑】

《箋注本切韻》四上聲哿韻:"溑,水名。按《説文》作此溑。"

按:"溑"爲篆文"溑"的隸變字。《龍龕·水部》:"溑,蘇果反,水名。""溑"即"溑"字。又《正字通·金部》載"鎖"俗作"鎻",可以比勘。

【溑】◎

書證見前。

按:"貞"旁俗書多變作"巢",如"瑣"俗作"璅"(見《干禄字書》),"鎖"俗作"鏁"(見《集韻》),皆其比。

準¹⁰

【準】◎

《正名要録》"字形雖别,音義是同,古而典者居上,今而要者居下"類:準准。《箋注本切韻》一上聲軫韻:"准,古作準。之尹反。"

按:準平字今本《説文》從水作"準",但古本似有從冫作"凖"者。慧琳《音義》卷十六《佛刹經》中卷音義:"凖,《説文》平也,從冰、隼聲,俗用從隹作准,非也。"同書卷三四《賢劫經》第一卷音義:"准,《説文》作'凖',同。"《龍龕·冫部》:"凖,古文,音准。"而同書卻不收"準"字,可參。

【准】◎

書證見前。

按《干禄字書》:"准準:上通下正。"《五經文字》卷下水部:"準,從水傍隼。《字林》作准,平也。"漢碑中已見"准"字,蓋"準"字隸變之譌。參看王筠《菉友蛾術編》卷下。

溪[10]

【溪】

《字樣》:"谿,正;溪,相承用。"《正名要録》"字形雖别,音義是同,古而典者居上,今而要者居下"類:谿溪。伯3128號有"曲子浣溪沙"。

按《干禄字書》:"溪谿:上通下正。"慧琳《音義》卷九二《續高僧傳》第九卷音義:"谿,傳文……從水作溪,俗字也。""溪"爲"谿"的後起换旁字。漢碑已見"溪"字。

【嵠】

《韻字殘卷》:"谿嵠溪磎:苦奚反。"

按《玉篇·山部》:"嵠,溪谷名。亦與溪同。"慧琳《音義》卷三一《大薩遮尼乾子經》第三卷音義:"谿,經從山作嵠,或從水,並非。""磎""嵠"亦"谿"的後起换旁字。

【磎】◎

《王二》平聲齊韻:"谿,亦作溪、磎。"

按:慧琳《音義》卷八《大般若經》第五六六卷音義:"谿,亦從水作溪;從石作磎,是磻磎字,見《纂韻》,非此義也。""磎"實亦"谿"的後起换旁字。從谷、從水、從山、從石皆可會溪澗之意。"磻磎"之"磎"亦即溪澗之"谿","磎""谿"非二字二義也。

溯[10]

【溯】△

《正名要録》"字形雖别,音義是同,古而典者居上,今而要者居下"類:泝溯。

按:"朔"字俗寫作"㓤"(詳"朔"字條),故"溯"即"溯"的俗字。《魏元悌墓誌》已見"溯"字。

【泝】◎

書證見上。

按《五經文字》卷下水部:"泝㴑:上《字林》,下經典相承隸省。"沿溯字《説文》本作"瀄",隸變作"泲",又省作"汧"。漢碑已見"泲"字。《龍龕》以"泲"爲俗字,可參。

滓[10]

【莘】◎

《王一》上聲止韻:"滓,側李反,粞。亦作莘。三。"

按:注文"粞"字當從故宮舊藏裴務齊正字本《刊謬補缺切韻》作"粞";《王二》作"料",非是。《改併四聲篇海·米部》引《川篇》:"粞,音訸,米滓也。"這個"粞"亦爲"粞"字之誤。慧琳《音義》卷五八《僧祇律》第十七卷音義:"粞,所巾反,《通俗文》:物滓曰粞。字從米。"《廣韻·臻韻》所臻切:"粞,粉滓。""滓""粞"義同,故韻書以"粞"釋"滓"。又考《説文·水部》:"滓,澱也。"艸部:"莘,羹菜也。"所謂"羹菜",似即飯後的殘羹冷菜之屬,故"滓""莘"疑古本一字。慧琳《音義》卷十五《大寶積經》第一一三卷音義:"糟滓,下淄史反,《考[聲]》:滓,穢也。《説文》澱也。從水,宰聲也。或作莘,亦同。"同書卷十六《大方廣三戒經》卷中音義:"滓,緇史反,《埤蒼》作莘,《説文》:滓,澱也。"皆可證。《箋注本切韻》一上聲止韻:"滓,側李反。四。"接云:"茡,草。或作莘。"釋草的"茡(茡)"未見所本,或屬望形生音("茡"應即"莘"的後起形聲字,亦即"滓"字),故王韻"刊謬"刊去"茡"字而以"莘"歸屬於"滓"。《集韻·止韻》:"莘,《説文》羹菜也。或作茡。"蓋以"茡"字釋草無據,故改以"莘"爲字頭,而不知"茡""莘"實皆同於"滓"也。校者或謂《王一》側李反小韻奪"茡"字條,稱"亦作莘"三字原是"茡"字注文,恐不可從(《箋注本切韻》該小韻字頭四,《王一》删去"茡"字,相應字頭數改爲"三",可見作者删去"茡"字必爲有意之舉)。

溺[10]

【溺】

《箋注本切韻》一入聲錫韻奴歷反:"㲻,俗作溺。"

按:"溺"《説文》以爲水名,但載籍多用以指代沈溺的"㲻"。《玉篇·水部》:"㲻,今作溺。"慧琳《音義》卷二《大般若經》第一八一卷音義:"沈溺,下泥歷反,……正從人作㲻,今通作溺。"

漆[11]

【漆】

《箋注本切韻》一入聲質韻親悉反:"桼,膠桼。今作泽(漆)。"

按:膠漆字《說文》本作"桼",後以水名之漆爲之。《玉篇·桼部》:"桼,今爲漆。"

【桼】△*

《王一·質韻》:"桼,膠桼。"

按:同韻載"膝""漆""郄"等字"桼"旁皆作"桼"形。《龍龕》以"漆"爲"漆"的正字,可參。

【朱】*◎

《王一·質韻》:"朱,木汁。亦作桼。"

按:漢代多假"桼"爲"七"字。"桼"字作"朱",蓋即從木、七聲,爲形聲字。《漢李翊夫人碑》:"壽十二兮九九期,三五朱兮衰左姬。"《隸辨》卷五"朱"字下云:"即桼字,亦借用七也。《廣韻》云:漆,俗作泺。碑蓋去水爲朱耳。"顧藹吉謂"朱"即"桼"字,甚是。但其謂"朱"是"泺"去水而然,則恐未確。"漆"字俗字作"泺",當是因"桼"俗字作"朱",故"漆"字右旁從之。畢沅《中州金石記》卷三《濟瀆北海壇祭器雜物銘并陰跋》以"泺"爲"漆"字草書,疑亦未確。上揭《王一》又載"業""㭘""振"等字,"朱"皆"桼"旁的俗寫,可以爲證。

【泺】◎

《毛詩音》二:"泺,此栗[反]。"斯2143號《出家讚文》:"吾本出家誰知,捨卻泺槃泺捥(椀)。"

按《干祿字書》:"泺漆:上俗下正。"《龍龕·水部》:"泺,俗通;漆(漆),正。"《齊道興造像》已見"泺"字。《漢語大字典》載"柒"字,當是"泺"之變體(所引《集韻》,原書實作"泺",《漢語大字典》臆改作"柒",非是)。

【淶】△

《正名要錄》"字形雖別,音義是同,古而典者居上,今而要者居下"類:淶泺。斯202號《傷寒論辨脈法》:"(脈)綿綿如淶之絕者,亡其血。"(四部叢刊本《注解傷寒論》作"脈綿綿如瀉漆之絕者,亡其血也")

按:"淶"爲"漆"的譌俗字。可洪《音義》第拾叁册《大樓炭經》第二卷音義:

"如㳫,音七。"又同書第拾柒册《删補羯磨》音義:"㳫素,音七;又音來,非也。"其中的掃描字亦皆爲"漆"的譌俗字,可參。又《新莽候鉦》"㭣"字作"来",《鄭固碑》"膝"字作"脒",《廣韻·質韻》載"漆"俗作"沫"(《鉅宋廣韻》本),皆可資比勘。

漂[11]

【嫖】◎

《王一》去聲笑韻匹笑反:"漂,水中打絮。亦作嫖。"

按:"嫖"《説文》釋爲"輕",與"漂"字别。

滲[11]

【渗】△

《大般涅槃經音》一"渗"字下脚注音"審"。

按:"參"字俗書作"叅"(詳"參"字條),故"渗"即"滲"的俗字。裴務齊正字本《刊謬補缺切韻·沁韻》:"渗,所禁反,一灑。""渗"亦即"滲"字。《龍龕·水部》:"渗,通;滲,正。""渗"又爲"渗"的增筆繁化字。斯5918號《布薩偈文·受香湯説偈文》:"香水勳(薰)沐渗諸垢。"其中的掃描字則爲"澡"的俗字,與"滲"的俗字"渗"同形異字。

潮[12]

【潮】

《王一》平聲宵韻:"潮,水潮。亦作淖。"

按《説文·水部》:"淖,水朝宗于海。从水,朝省。"徐鍇繫傳:"今俗作潮。"《復古編》卷上:"淖,隸作潮,俗。""淖"字作"潮",不過是歸其本元,自然算不得什麽俗字。

潜[12]

【潜】△

《正名要録》"正行者楷,脚注稍訛"類"潜"下脚注"潜"。

按:"潜"爲"潛"之變體。蓋"潛"俗作"潜"(六朝碑刻已見),而"潜"又變作

"潜"也。

【潜】△

《王一》平聲鹽韻:"潜,昨鹽反,水伏流。通俗作潜。"又《大般涅槃經音》二亦載"潜"字。伯 3016 號《韻書字義抄》:"潜,深、沉、藏也。"伯 3286 號《十二時》:"紅顏潜去没人知,白髮暗來何處避。"

按慧琳《音義》卷一《大唐三藏聖教序》音義:"潜,有從二天或從二夫,皆誤略也。"《干禄字書》:"潜潜:上俗下正。"《五經文字》卷下水部:"潜,作潜訛。""潜"即慧琳所云"從二天"的俗字。

潔[12]

【潔】△

《王一》入聲屑韻古屑反:"潔,清。案《説云(文)》無此字,後俗相承共用,於義無傷,亦可通。俗或從冫,音冰。"

按:潔清字古本作"絜",後增旁作"潔",又或作"潔";而"潔"爲"潔"的變體。

【潔】△

書證見前。

按《王二·屑韻》:"潔,清。""潔"即"潔"的變體。《干禄字書》:"潔潔:上通下正。"《玉篇·冫部》:"潔,俗絜字。"由於徐鉉《説文新附》收"潔",故後世往往視"潔"爲俗字。

澗[12]

【澗】◎

《王一》去聲諫韻古晏反:"澗,谷。亦作磵、𡻕。"

按:希麟《續音義》卷七《觀自在如意輪瑜伽》音義:"《爾雅》云:山夾水曰澗。或作磵字,俗用,亦通。"

【磵】◎

書證見前。

按:希麟《續音義》卷八《根本説一切有部毘奈耶藥事》第七卷音義:"磵,或作澗。""磵"爲"澗"的後起换旁字,而"磵"又爲"磵"的俗字。

【㵎】◎

書證見前。

按:慧琳《音義》卷四一《六波羅蜜多經》第四卷音義:"澗,亦作㵎,又作磵。""㵎""磵"亦皆爲"澗"的後起換旁字。

濊 13

【濊】△

《箋注本切韻》一入聲末韻呼活反:"濊,水聲。或作瀎(濊)。"

按:"瀎"爲"濊"的俗寫。參看"歲"字條。

澱 13

【灦】△

《王一》去聲霰韻堂見反:"澱,滓。亦作灦。"《王二》同一小韻下云:"澱,滓。亦作靛、灦。"

按:慧琳《音義》卷七九《經律異相》第四十一卷音義:"澱,或作灦。""澱""灦"皆見於《說文》,音義同,段玉裁謂二字異部而實一字,甚是。"灦"蓋又"灦"的譌俗字。

【靛】◎

書證見前。

按:"靛"當是"澱"或"灦"的後起字。後二字引申亦指藍色染料,其義後世多作"靛"。但《漢語大字典》等大型辭書皆失載表示澱滓義的"靛"。

濡 14

【濡】◎

《箋注本切韻》一平聲虞韻日朱反:"濡,水名。"《毛詩音》二:"濡,辱朱[反]。"伯2140號《佛說梵摩渝經》:"聲有八種:最好聲,易了聲,濡軟聲……"

按《龍龕·水部》:"濡,俗;濡,正。"《漢衡方碑》已見"濡"字(碑中借用作"儒"字)。慧琳《音義》卷四三《三劫三千佛名》中卷音義:"濡,《說文》從水、需聲,經作濡,俗字也。"參看"需"字條。

濕[14]

【濕】

《增訓本切韻》殘葉二入聲緝韻:"溼,水霑。俗作濕。失入反。"

按:霑濕之"濕"《説文》本作"溼",而"濕"本指水名(後起字作"漯")。然經典多以"濕"代"溼"。《五經文字》卷下水部:"濕,兖州水名。經典相承以爲燥濕之濕,別以漯爲此字。"慧琳《音義》卷四一《六波羅蜜多經》第三卷音義:"溼,經作濕,非也,……筆授人不知有正體字也。"同書卷五五《佛説五苦章句經》音義:"溼,經作濕,俗字非也。"以"濕"爲"溼",漢碑已然。六朝以後載籍亦多作"濕"而罕用"溼"。

濟[14]

【淒】△

《正名要録》"字形雖别,音義是同,古而典者居上,今而要者居下"類:**淒**濟。

按:慧琳《音義》卷七七《大周刊定衆經目録序》音義:"淒,《説文》從水、齊聲。""齊"字或"齊"旁隸變有作"㐬"形的,"淒"所從的"㐬"即"㐬"的變體。

【溠】◎

《難字音》:"溠,音濟。"伯3718號《馬靈佺和尚邈真讚并序》:"窂識慈仁,定長皆而**溠**物。"

按:慧琳《音義》卷八九《高僧傳》第三卷音義:"濟,古文作溠。""溠"亦"濟"的隸變字。

【済】△

書證見前。伯2001號《南海寄歸内法傳》卷一:"河池之處,或可安捲,用陰陽瓶,權時**済**事。"伯2193號《目連緣起》:"諸神慈悲來救**済**,必賜神通慧眼觀。"

按:"濟"俗字作"済"。如上揭《目連緣起》上文:"唯願聖主慈悲,更賜方圓救済。"又斯4571號《維摩詰經講經文》:"豈辭利済勞兼倦,不憚辛勤去又來。"是其例。"済"當是"済"手寫的變體。

澀 14

【澀】△

《箋注本切韻》一入聲緝韻："⿰氵⿱立ㄓ，色立反，又作澀。"《增訓本切韻》殘葉二："澀，色立反。"

按《周禮·考工記·廬人》鄭玄注"牆澀"下陸德明釋文："澀，所立反，本又作澀。""澀"爲《説文》本字，"澀"爲其後起增旁字。"澀"爲"澀"的變體。可洪《音義》第玖册《諸法最上王經》音義："不澀，所立反。""澀"亦"澀"字。《字彙·水部》載"澀"俗作"澁"，可以比勘。

【淰】△

《楞嚴經音義》一："淰滑，上色立反，或作澀。"又云："淰，所立反。"《諸雜難字》亦載"淰"字。伯 2001 號《南海寄歸内法傳》卷一："其木條如苦淰辛辣者爲佳。"

按《干禄字書》："淰澀：上俗下正。"慧琳《音義》卷十三《大寶積經》第三十七卷音義："澀，有從三止、從水作澁者，俗字，非正體也。""澀"字漢隸有從三止作"歮"者。"澀"繁化增旁作"澀"；由"歮"增旁，則成了"澁"（《龍龕》以"澁"爲"今"字）。斯 76 號《食療本草》："木瓜，温。右主治霍亂、澁痹、風氣。"此即作"澁"者。草體"止"旁作"心"，於是"澁"又進而寫作了"淰"。《改併四聲篇海·水部》據《川篇》載"淰"字，所及切，這個字實爲"淰"的譌體。

牛 部

牟²

【㸌】△＊

《箋注本切韻》一平聲尤韻莫侯反："㸌,牛聲。"伯 3035 號《佛經名詞解釋》"易三寶名字"："亦名過去仏,亦名釋迦㸌尼仏。"

按《龍龕·牛部》："牟,今作㸌。"《干禄字書》："㸌牟:上通下正。"漢碑已見"㸌"字,"㸌"蓋"㸌"之變。又上揭《箋注本切韻》同一小韻又載"𦫳""㸔""𦫵"等字,"牟"旁亦從俗作"㸌"或"㸌"形。

牿⁴

【䶃】

《王一》去聲沁韻："䶃,巨禁反,舌下病。或作噤,亦作牿、齡。"

按："牿"見《説文》,"䶃""齡"皆爲"牿"的後起换旁字。"噤"亦見《説文》,與"牿"字音同義通。

【齡】◎

説見上文。

特⁶

【牠】△

《五代本切韻》一入聲德韻："特,大得反,獨。亦作牠。"

按《龍龕·牛部》："牠,俗;牷,或作;特,正。""牷"蓋"特"的聲旁替换俗字,而"牠""牠"又皆"牷"的變體。

牽⁷

【𤛆】△
《正名要録》"正行者楷,脚注稍訛"類"𤛆"下脚注"𤘩"。
按:"牽"字《説文》篆文作"𤘾","𤛆"即其隸定形。北 7140(地 55)號《沙彌威儀》:"出户當還𤛆户閉之。"其中的掃描字亦爲"牽"字異寫,可參。

【𤘩】△
書證見上。
按慧琳《音義》卷六《大般若經》第五百十二卷音義:"牽,或作𤘩。"其中的"𤘩"字《高麗藏》本作"𤘩","𤛆""𤘩"亦皆"牽"字俗省。

犍⁸

【劇】
《王二》平聲元韻居言反:"劇,以刀去牛勢。或作犍,通。"
按:玄應《音義》卷十一《正法念經》第四十八卷音義:"犍割:又作㹇(《高麗藏》本作"㹇")、劇二形,同,紀言反。《通俗文》:以刀去陰曰劇也。字從牛也。"此字傳世文獻中以"犍"最爲早見,而"劇""㹇"等晚出,或爲"犍"的後起形聲字。

犀⁸

【𤙙】△
《正名要録》"各依脚注"類:"𤙙,從牛,從辛。"
按:"犀"字上部從"尾(尾)"聲,此作"尸"形,蓋省筆字。"犀"字或"犀"旁隸變多有省作"𤙙"形的。

【犀】◎
上揭《正名要録》稱"犀"字亦"從辛",當是指俗字"犀"而言。
按《干禄字書》:"犀犀:上俗下正。""犀""犀"一字之變("辛"字漢隸多寫作"𢆉")。《龍龕·尸部》:"屖,音西,瓠也。"這個"屖"實即"犀"的隸變俗字。

【屖】◎
《文選音》"犀"字音"西"。俄弗 136 號《十輪經》卷一:"遠離煩惱,如屖一角。"

按：據前例上下文，知所音爲《文選》卷四七王褒《聖主得賢臣頌》"陸剸犀革"句，"犀"即"犀"的俗字。《龍龕·尸部》：犀，俗；犀（犀），正。"犀"蓋亦隸變而然。

㸑⁹

【牠】◎

《王一》平聲歌韻古和反："牠，牛無角。亦作㸑。"

按《玉篇·牛部》："㸑，苦戈切，無角牛。"又云："牠，徒和切，或作䑶。""㸑""牠""䑶"實一字之異。《王二》"㸑"作"牸"，爲省體字。

【牠】◎

《王一·歌韻》："牠，徒和反，牛無角。□作觟。"

按："它""也"隸書不分，"牠"即"牠"之變。《玉篇·角部》："觟，徒和切，牛無角。亦作牠。"正作"牠"字。《漢語大字典》據《龍龕》收"牠"字，而未揭示與"觟""牠"的異體關係，失之。

【觟】◎

說見前文。

犒¹⁰

【餄】◎

《王一》去聲号韻："餄，苦到反，餉軍。亦作犒。"

按："餄"爲"犒"的後起形聲字。

手　部

扠³

【摌】◎
《王二》平聲佳韻："扠,丑佳反,以拳加人。亦作摌。摌音丑皆反。"
按:慧琳《音義》卷三六《蘇婆呼童子請問經》下卷音義:"扠,丑皆反,《考聲》云:扠謂以拳擊人也。……或從虒作摌,音訓與上同。《古今正字》從手、叉聲也。""摌"蓋"扠"的音變俗字。

【挓】◎
《箋注本切韻》一佳韻："扠,以拳扠人。亦作挓字。丑佳反。"
按《龍龕·手部》:挓、挓,俗;摌,正。俗書"虒"旁多省作"虎",故"摌"俗省作"挓"。《玉篇·手部》:"挓,古獲切,批挓也。"這個音古獲切的"挓"蓋"摑"字別構,與作爲"摌"異體的"挓"爲同形字。

【挓】△
《五代本切韻》二佳韻："扠,拳扠。丑佳反。挓,同上。"
按:"挓"又是"挓"的俗寫(參看"虎"字條)。

【摢】△
《字寶》(伯 2717 號)："拳扠人,丑皆反,又摢。"
按:"摢"疑爲"挓"之譌字。

技⁴

【技】△
《箋注本切韻》一上聲紙韻："技,藝,渠綺反。或作伎。"

按:"技"爲"技"的俗寫。《龍龕·手部》:"技,渠綺反,一藝,能也,巧也。""技"亦俗"技"字。

【伎】◎

《王二·紙韻》:"技,俗作伎。"俄弗 27 號《大般若波羅蜜多經》卷四五二:"六十四能,十八明處,一切**伎**術,無不善巧。"

按《干祿字書》:"伎技:上通下正。"慧琳《音義》卷二九《金光明最勝王經》第七卷音義:"技,經文從人作伎,借用非本字。""伎"字《說文》訓"與"(黨與),與"技"字別。但二字同音,且從人從手義近,故用同"技"的"伎"既可說是"技"的借字,又可說是"技"的換旁俗字。

【伎】◎

書證見前。伯 3627 號《漢將王陵變》:"皇帝問曰:盧綰有何**伎**藝?"

按:慧琳《音義》卷五《大般若經》第四四九卷音義:"技藝,上渠綺反,……經文從人作伎,非也。""伎"可說是"技"的換旁俗字,也可說是"伎(技)"的俗寫。

扼[4]

【搹】△

《箋注本切韻》一入聲麥韻烏革反:"**搹**,持。又作扼。"《五代本切韻》五麥韻:"搹,持、把。亦作扼。"

按《干祿字書》:"搤搹:上俗下正。"故"搹"當是"搹"的俗字。"扼"則爲"挖"的俗字。慧琳《音義》卷四五《淨業障經》音義:"挖,《說文》正作搹,搹,把也;亦作扼,從手,戹聲。……經作扼,俗字也。"《說文》以"挖"爲"搹"字或體,訓"把也";《說文》又載"搹"字,訓"捉也",一曰"握也":二字音義均同,實爲古異體字。《干祿字書》:"搹扼:並正。"《龍龕·手部》則以"搹""扼"爲"搹"的今體,皆可參。

【扼】

說見前文。

抄[4]

【抄】

《正名要錄》"字形雖別,音義是同,古而典者居上,今而要者居下"類:鈔抄。《箋注本切韻》一平聲肴韻楚交反："抄,略。又初教反。或作鈔。"

按:《説文》作"鈔","抄"爲其後起换旁字。

【劋】◎

《王一》去聲効韻："抄,初教反,掠。或作鈔,亦作劋。"

按《集韻·效韻》："抄,楚教切,略取也,或從金,亦作勦、劋。"上揭各字在"略取"一義上蓋爲異體關係。

扯⁴

【扯】△

《王一》入聲質韻："扯,摘。又子列反。亦作撦。"同書薛韻："扯,摘。又子一反。亦作撦。"(《王二·薛韻》"摘"作"摘")

按《龍龕·手部》："扯,子列反,摘去也。""扯"當皆是"扯"的俗寫。"扯"從手、心聲,爲形聲字。

【撦】◎

書證見前。

按《集韻·質韻》："扯,摘也。或作撦。""撦"即"撦"字異體(比較"戳"字隸變作"截")。《集韻·屑韻》以"撦"爲"戳"字或作,或許別是一字。

抑⁴

【抑】◎

《字樣》載"抑"字。伯 3211 號《王梵志詩集·興生市郭兒》："他買(賣)抑遣賤,自買(賣)即高擎。"

按:"抑"字《説文》本從反印作"归",又載俗從手作"㧕","抑"即"㧕"的偏旁易位字,而"抑"爲"抑"之省筆字。《龍龕·手部》："抑,於棘反,一損也,屈也,意也,推也,按也。""抑"亦即"抑"字。

拔⁵

【㧞】△

《時要字樣》(斯 5731 號)："㧞,挽。"《楞嚴經音義》一"神呪"二字下云:"希誦習者,請先擇師資。擬㧞死生,無任胸臆。"

按：慧琳《音義》卷二四《信力入印法門經》第二卷音義："拔，經文從犮作抜者，非也。"《龍龕·手部》："抜，俗；拔(拔)，正。""抜"爲"拔"的增撇俗字。漢碑中已見從"犮"形的"拔"字。

挂[6]

【掛】◎

《正名要錄》"各依腳注"類"挂"字下腳注："右不須卜。"伯 2931 號《佛説阿彌陀經講經文》："一件袈裟掛在身，威議(儀)去就与(異)常人。"

按《干禄字書》："掛挂：上俗下正。"《五經文字》卷上手部："挂，古化反，又作掛，見《易》。"慧琳《音義》卷四一《六波羅蜜多經》第三卷音義："挂，經文加卜作掛，俗用，非也。""挂"本從圭聲，但後來"挂""圭"讀音分化，"挂"不讀"圭"音，故俗書改易聲旁作"掛"，從而使聲旁和字音重新趨於一致。

挃[6]

【䄻】△

《王一》入聲質韻陟栗反："挃，撞。又之逸反。或作䄻。又作秷。穫聲。"
按：它書未見"䄻"字。

【秷】◎
書證見前。
按："秷"爲"挃"的後起換旁字。

挑[6]

【扰】△

《箋注本切韻》四篠韻："誂，弄。俗作扰。"
按："兆"字或"兆"旁隸變或作"㫑"，又作"北"，故"挑"字或寫作"扰"，又作"拁"。北 7140(地 55)號《沙彌威儀》："比丘僧飯食，沙彌掃地，有五事，一者卻行，二者不得扰臂手……"俗書扌旁木旁不分，故"扰"當爲"拁"之變。慧琳《音義》卷三十《入定不定印經》音義："挑，從手，兆聲。兆從八作兆，經作㫑，俗字者也。"希麟《續音義》卷二《新大方廣佛華嚴經》第十二卷音義："挑，亦作拁，俗字。"可參。參看"兆"字條。

拯⁶

【丞】

《王一》上聲拯韻："◌，無反語，取蒸之上聲，救溺。亦作撜、抍。本作丞。"

按：《王二》標目字作"拯"。《玉篇·手部》："丞，《聲類》云抍字。"清桂馥《札樸·溫經·拯》："字本作抍，與承聲義相近，魏晉人因造丞字，隋唐人改作拯。"拯救字《說文》本作"抍"，或體作"撜"，而"丞"爲"抍"的後起俗字。

【拯】

《箋注本切韻》一拯韻："拯，救休。無反語，取蒸之上聲。"斯 6075 號五言詩殘片："□劍拯沈淪，戎衣救焚炳。"

按《干祿字書》："抍拯：上通下正。"《龍龕·手部》以"抍""拯"同字。"抍"蓋"丞(抍)"的增旁俗字。

【拯】◎

《箋注本切韻》四："拯，俗作拯。"

按："拯"又爲"抍"的繁化字。段玉裁《說文解字注》改《說文》"抍"爲"拯"，大謬。玄應《音義》卷二、卷九及慧琳《音義》卷十一、十二、三二、六一、八九、九二引《說文》皆作"抍"。如慧琳《音義》卷十二《大寶積經》第十八卷音義云："拯，隸書俗用字也，《說文》正體從手、升聲也，或從登作撜。"是"拯"爲後起字甚明。漢碑已見"拯"字。《五經文字》卷上手部："拯，作拯訛。"而不出"抍"字。蓋唐代前後已通行"拯"字。

捎⁷

【芰】◎

《箋注本切韻》一平聲肴韻所交反："捎，蒲捎，良馬名。又作夐。"

按："夐"當是"芰"字俗書（"受"旁俗書作"叟"）。《廣韻·肴韻》："捎，蒲捎，良馬名也。亦芰也。"蓋"捎"有"芰"義，但"芰"并非"捎"字異體。《箋注本切韻》注語有誤。

挽⁷

【挩】△

《增訓本切韻》殘葉一無販反："輓，一車。或作挩。"伯 3724 號《王梵志詩·夫婦生五男》:"戶役差科來,牽挩我夫婦。"

按:俗書"免"字或"免"旁多書作"兑",故"挩"即"挽"字俗寫。參看"免"字條。

【輓】△

書證見前。

按《王二》去聲願韻無販反:"輓,輓車。或作挽。""輓"即"輓"的俗寫。"輓""挽"古今字。慧琳《音義》卷三九《不空羂索經》第五卷音義:"挽,正作輓。《說文》從車、免。"四部叢刊續編本《龍龕手鑑·車部》:"輓,無返反,引也。又音方(万),車也。"其中的"輓"亦即"輓"的俗寫(中華書局影印高麗本正作"輓"),而"輓"又爲"輓"的贅點字。《漢語大字典》把"輓""輓"當作不同的字處理,誤。

捃[7]

【攈】△

《王一》去聲震韻:"攈,古音居韻反,今音□(居)運反,拾。或作捃。"又問韻:"捃,居運反,拾。亦作攈。"《王二》同。

按:捃拾字《說文》本作"攈",後起改易聲旁字作"捃",而"攈"當爲"攈"之譌字。《龍龕·手部》載"捃"古字作"攈",可參。

掣[8]

【挈】△

《王一》去聲祭韻:"掣,尺制反,曳。又尺折反。或作挈。"《王二》末字下部作"毛",蓋形誤字。

按《玉篇·手部》:"挈,同'掣'"。《集韻·祭韻》:"掣,或作挈。""挈"爲"掣"的譌俗字。

【挩】△

《五代本切韻》五:"挩,昌設反,挩拽。亦作掣。"

按《龍龕·手部》載"掣"俗作"挩""挩","挩"當是"挩"或"挩"的變體。

捷[8]

【摭】◎

《五代本切韻》二入聲葉韻:"摭,疾楪反,獲。"《大般涅槃經音》一:"摭,除獵反。"伯3697號《捉季布傳文》："卿既舌端懷辯㨗，不得妖言悮寡人。"

按可洪《音義》第壹册《摩訶般若波羅蜜經》第十二卷音義："㨗疾，上疾業反。"上字亦爲"捷"俗字。又慧琳《音義》卷五四《佛説意經》音義："捷，經作㨗，非也。""㨗"當又爲"捷"的俗寫。

【樤】△

《毛詩音》二："樤，慈棱[反]。"

按：所音爲《齊風·還》"子之還兮"毛傳："還，便捷之貌。""樤"即"捷"的俗字。俗書從扌從木相亂，故"捷"俗又從木作"樤"。《楞嚴經音義》一："㮣，疾葉反。""㮣"又爲"樤"之變。可洪《音義》第拾玖册《阿毗達摩大毗婆沙論》第一三五卷音義："樤疾，上才葉反。"上字亦爲"捷"的俗字，可以比勘。

掏⁸

【掏】◎

《王一》平聲豪韻吐高反："搯，搯捪。……亦作掏。"

按："掏"爲"搯"的後起改易聲旁字。

掃⁸

【掃】◎

《箋注本切韻》四上聲晧韻蘇晧反："掃，《説文》弃也，從土。"

按《干禄字書》："掃埽：上通下正。"《五經文字》卷中土部："埽，經典及《釋文》多作掃。"慧琳《音義》卷五三《起世因本經》第五卷音義："埽，經作掃，俗字也。""掃"爲"埽"的後起換旁字。

揀⁹

【㪑】◎

《王一》去聲霰韻："揀，揀擇。亦作㪑。"

按《集韻·霰韻》："柬，擇也。或从手，从攴。""揀""㪑"皆爲"柬"的後起增旁字。

插⁹

【揷】△
《王一》入聲洽韻："揷,楚洽反,通俗作插。"
按："揷"爲"插"字篆文的隸變字。可洪《音義》第柒册《不空羂索神變真言經》第十九卷音義："口插,叉洽反。""插""揷"應是手寫之異。參"臿"字條。

【挿】△
《五代本切韻》二洽韻："挿,楚洽反,刺。亦作插。"伯2001號《南海寄歸内法傳》卷一："但畜一小銅瓶,著蓋挶口,傾水流散。"
按《干禄字書》："挿插:上通下正。"希麟《續音義》卷七《成就妙法蓮華經王瑜伽儀軌》音義："插,作挿、揷皆非本字。"《春秋後語音》："操挶:楚洽反。""挶"蓋又"插"之變。參"臿"字條。

搜⁹

【捜】◎
《箋注本切韻》一平聲尤韻："捜,索。俗作搜。所鳩反。"
按《五經文字》卷上手部："捜搜:上《說文》,下經典相承隸省,見《詩·頌》。"慧琳《音義》卷八三《大唐慈恩寺三藏法師玄奘傳序》音義："捜,傳從叟作搜,俗字也。"參"叟"字條。

搥⁹

【塠】◎
《王一》平聲灰韻都迴反："搥,擿。亦作塠。"
按《玉篇·言部》："塠,丁回切,譴也。"《原本玉篇殘卷》："塠,丁迴反,《倉頡篇》譴也。《詩》云'王事塠我'是也。野王案:《毛詩箋》云:塠猶投擿也。今並爲敦字,在支部,訓擿。亦与磓字同,在石部;或爲搥字,在手部。""塠""磓""搥"蓋皆一字之孳乳,而"擿""譴(譴)"則音近義通。

【埳】◎
《楞嚴經音義》一："埳擊,上都迴反,或作此磓。又直追反。"俄弗93號《大佛頂如來密因修證了義諸菩薩萬行首楞嚴經》卷八:"二習相擊,故有

(宫)割、斬斫、剗刺、**掋**擊諸事。"

按："堁"爲"塠"的俗寫。但上揭用例中的"堁"當又是"搥"的別體。

【硾】◎

書證見上。

按："硾"爲"碓"的俗寫,例中用同"搥"。

掊⁹

【陪】◎

《箋注本切韻》一上聲感韻烏感反："掊,或作陪字,手覆。"

按："掊"應爲"揞"字形誤。《集韻·感韻》以"陪""暗"同字,而與"掊"字別。

掾⁹

【掾】△

《刻本切韻》殘葉："掾,官名。或作㧈也。以絹反。"

按《五經文字》卷上手部："掾,弋絹反。""掾"爲隸變字。

【㧈】△

書證見前。伯 2625 號《敦煌名族志》："宗人德,字益濟,祖殷,太尉㧈。"

按："彖"旁俗書省作"豖",故"㧈"即"掾"的俗字。《龍龕·手部》："㧈,俗音掾。"此"㧈"亦爲"掾"的俗字。可洪《音義》第捌册《佛語經》音義："波卑㧈,以絹反,正作掾。"是也。又伯 3883 號《孔子項託相問書》："屋上生松者是其㧈。"斯 4511 號《醜女緣起》："一雙膈膊似枯㧈。"其中的"㧈"皆爲"掾"的俗字,是其比。

搗¹⁰

【擣】△

《正名要録》"字形雖別,音義是同,古而典者居上,今而要者居下"類:**擣搗**。北 437(盈 43)號《轉女身經》："**擣**藥舂米。"

按:捶搗字《説文》本作"擣",隸變作"擣",而"搗"又爲"擣"之變。《龍龕·手部》："搗,通;**擣**,正。""**擣**"亦"擣"字。

【搗】◎

《妙法蓮華經難字》載"搗"字。

按《干祿字書》:"搗擣:上俗下正。"慧琳《音義》卷十《仁王護國陀羅尼經》音義:"擣,經文從鳥作搗,俗字也。非正體。"伯2133號《妙法蓮華經講經文》:"令人搗合交(教)如法,及月收來必異常。""搗"又爲"擣"之俗寫。

【鵃】△

書證見前。

按可洪《音義》第柒册《佛説轉女身經》音義:"鵃藥,上都老反,正作搗。""鵃"即"搗"字俗寫,而"搗"又爲"擣"字俗變。

【擣】◎

《俗務要名林》(斯617號)田農部:"擣,杵舂。都老反。"斯67號《食療本草》:"其花葉陰乾,擣爲末,如鐵丹服之。"

按:慧琳《音義》卷十四《大寶積經》第六十八卷音義:"擣,或作搗。"《經典釋文》卷十三《禮記·雜記》音義:"以擣,本亦作擣。丁老反。""搗""擣"皆爲"擣"的改易聲旁字。伯2305號《解座文彙抄》:"那磨時,無拗校,一任磨磨兼硾擣。""擣"又爲"擣"之變。

搦[10]

【掦】△

《王一》平聲尤韻:"掦,楚尤反,手掦。"伯2653號《燕子賦》:"鷦鷯惡發,把腰即掦。"

按:"弱"旁俗書或作"畧"(詳"弱"字條),故"掦"即"搦"字的俗寫。《龍龕·手部》:"拐挡,二俗;挏,通;搦,正。"行均以"搦"爲正字,大約這種寫法當時已經約定俗成。《漢語大字典》録《龍龕》之"搦"爲"挡",臆改不可從。

【挡】◎

《王一·尤韻》楚尤反小韻下又載"挡"字,釋"拘"。《王二·尤韻》:"挡,楚尤反,手挡。"同一小韻又云:"搨,枸—。"

按:"挡"即"掦",亦即"搦"。"拘"係"手搦"義之引申,"掦""挡"非二字。《王二》之"搨"又"挡"之譌字(注中的"枸"亦"拘"之譌)。希麟《續音義》卷五

《金剛頂真實大王經》卷下音義："搦，經作招(挡?)、捛，非本字。""捛"蓋"挏"之俗省。《漢語大字典》據《龍龕》載"捛"字，非原形。

【挡】◎

《字寶》(伯2717號)："手挡拽，楚愁反。"

按："挡"爲"挏"字俗省。宋王觀國《學林》卷九"趣趨"條下云："俗書趨爲趋，蓋憚點畫之多，而變芻爲刍。又如變鄒爲邹，變驪爲骊，變鷦爲鸼，如此類無意義，不可循襲。""挏"之變"挡"，亦其比類。

搦¹⁰

【皱】△

《王一》入聲覺韻："搦，女角反，亦作皱。"

按《集韻·覺韻》："搦，持也。或从攴(作皱)。"龍宇純《唐寫全本王仁昫刊謬補缺切韻校箋》據以謂"皱"爲"皱"之誤，近是。《龍龕·攴部》："皱，女角反。"字亦從攴作。

挩¹¹

【挩】◎

《王一》去聲霽韻特計反："挩，取。又丁計反。亦作挩。兩指急持人。"

按《集韻·霽韻》："挩，亦作挩。"《說文》"挩"或體從折從示作"挩"，"挩"蓋"挩"字俗譌。

摑¹¹

【擝】△

《五代本切韻》五入聲麥韻古獲反："摑，一搭。亦作擝。"

按："擝"爲"擝"俗寫(參"虢"字條)，其字從手、虢聲，蓋後起形聲字。又按：慧琳《音義》卷三八《囀折囉頓拏法》音義："摑，寡伯反，俗字也，時共用，《說文》正體作敋，從攴(支)、從格省聲也。《廣雅》：敋，擊也。《埤蒼》云擊頰也。顧野王云今俗語云摑耳是也。正體本形聲字也。"據此，則"摑""擝"似皆"敋"的後起俗字。

摘[11]

【摘】◎

《五代本切韻》五入聲麥韻:"摘,陟革反,手取。亦作摘。"(末字原卷印本不甚明晰,姜書録作"摘",周書録作"擿",前書近是)

按:"摘"蓋"摘"字俗書。原卷此條下接云:"讁,責。又丈革反。""讁"復爲"謫"的俗字。可以比勘。慧琳《音義》卷八四《續古今譯經圖記》音義:"摘,或作摘。"可參。

摎[11]

【摎】△

《王一》平聲尤韻:"摎,縛殺。……亦作捌。"

按:"翏"旁俗書多作"氣"(詳"翏"字條),故"摎"即"摎"字俗寫。《龍龕·手部》:"摎,今;摎,正。""摎"又爲"摎"之變。

【捌】△

書證見前。

按:慧琳《音義》卷四二《七佛神呪經》第四卷音義:"摎(摎),作捌同,居茅反。""捌"蓋"捌"字俗譌。

摻[11]

【捴】△

《王一》上聲豏韻:"捴,所斬反,執袂。又沙檻反。"

按:"參"旁俗書多作"枀",故"捴"即"摻"的俗字。《龍龕·手部》:"捴,俗;摻摻,二今:所斬反,執袂也。"從文字演變的角度來説,執袂義的"捴"或"摻"實爲"操"的譌俗字。"操"字俗或作"捴"。《干禄字書》:"捴操:上俗下正。"而"參"旁俗書亦寫作"枀",故"摻"字俗或作"捴",與"捴 cāo"字同形。宋王觀國《學林》卷十"參"字條下云:"草書法,枀字與參字同形,故晉人書操字皆作摻,今法帖碑本中王操之書皆作摻之。"後人望形生音,遂讀執袂之"捴"或"摻"(cāo)爲所斬反,而不知其實爲"操"字俗書也。

挠¹²

【挠】△
《箋注本切韻》一上聲巧韻：“獿，擾亂，奴[巧]反。又作挠。一曰事露，下巧反。”
按：“堯”俗書作“尭”（詳“堯”字條），故“挠”即“撓”字俗書。

【獿】◎
書證見前。
按《廣雅·釋詁》：“獿，擾也。”《龍龕·犬部》：“獿，奴巧反，擾亂也；又下巧反，事露。”又《集韻·巧韻》女巧反：“撓，《説文》擾也。或作獿。”“獿”“獶”音義均同於“撓”，當是一字之變。

撮¹²

【㪌】◎
《王一》入聲末韻子括反：“撮，捉㪌。”同韻七活反：“㪌，手取。”《王二》標目字作“㪌”形。斯 3872 號《維摩詰經講經文》：“譬如水中聚沐（沫），如河（何）㪌摩？”又云：“是身如聚沫，不可能摩㪌。”
按：“最”俗字作“冣”（詳“最”字條），故“撮”俗寫作“㪌”。慧琳《音義》卷四七《能斷金剛般若波羅蜜多經論》下卷音義：“㪌，《古今正字》從手、冣聲也。”同書卷七三《五事毗婆沙論》下卷音義則云：“撮，《古今正字》……從手、最聲也。”“冣”“㪌”即“最”“撮”的俗寫。《龍龕·手部》：撮㪌，二同。又“取”旁俗寫作“耴”形（《干禄字書》：“耴取：上通下正。”上揭《王一》“手耴”之“耴”即“取”的俗字），故“㪌”俗又寫作“㪌”，而“㪌”又爲其變體。

㨨¹²

【㨨】△
《五代本切韻》五入聲麥韻測革反：“㨨，扶㨨。亦作捒。”（“扶”後“㨨”字原卷不太明晰，但右下部確作“宋”形，故此徑予楷正）
按《集韻·麥韻》：“㨨捒，扶也，或省。”“策”字俗寫作“筞”（詳“策”字條），故“㨨”即“㨨”俗寫。《漢語大字典》載“㨨”字，云“同'㨨'”，“㨨”當又是“㨨”的變體。

【抹】◎

書證見前。又《王一·麥韻》:"抹,扶。"

按《鉅宋廣韻·麥韻》:"抹,扶抹也。""抹"爲"抹"之譌。

撒[12]

【撒】△

《字樣》載"撒"字。《正名要錄》"本音雖同,字義各別例":"徹,通;撒,發。"斯189號《老子道德經》:"有德司契,无德司撒。"

按:"撒"爲"撒"俗字。參看"徹"字條。

據[13]

【㨿】△

《字樣》:"㨿,正;據,通用。"

按:俗書從扌從木不分,又虍旁俗書作严,故"㨿"即"據"的俗寫。

【據】◎

書證見前。又《正名要錄》"本音雖同,字義各別例":"據,依;倨,傲。"《王二》去聲御韻:"據,俗作據字。"伯2005號《沙州都督府圖經》:"孟授渠,長廿里。右據《西涼錄》,燉煌太守趙郡孟敏,於州西南十八里,於甘泉都鄉斗門上,開渠溉田,百姓蒙賴,因以爲号。"

按《五經文字》卷上手部:"據,從豦,豦音渠,凡勮、蘧之類皆從豦。作據訛。"參看"劇"字條。

擩[14]

【擩】◎

《箋注本切韻》五去聲候韻奴豆反:"擩,搆一,不解事。"《字寶》(斯6204號):"插擩,之甲反、而喻反。"

按:"需"旁俗書皆可作"需",故"擩"俗作"擩"。《龍龕·手部》:"擩,通;擩,正:人注反,一莖,手進物也;又奴豆反,搆一,不解也。"

擾[15]

【擾】

《王一》上聲小韻:"擾,而沼反,馴。俗作擾。"

按《五經文字》卷上手部:"擾擾:上《說文》,下經典相承隸省。"慧琳《音義》卷十五《大寶積經》第一百十二卷音義:"擾,從手、㹛(夒)聲也。……夒者獸名,立字形之本意也。篆書取勢分頁下兩點兩邊垂下,左右從止、巳,下從夂,作夒,遂與憂字上下相似。後因草書,務從省略,寡聞之士,不曉本字,便相效從憂,故有斯謬。此失之由,其來遠矣,哀哉,實難改正也。"

攜[18]

【攜】△

《箋注本切韻》一平聲齊韻:"攜,戶圭反。"斯10號《毛詩傳箋·邶風·北風》:"惠而好我,攜手同行。"

按:慧琳《音義》卷八二《西域記》第五卷音義:"攜,俗字有作攜。"《龍龕·雜部》:"攜,俗;戶圭反。"同書手部載"攜"今字作"攜","攜"當為"攜"的省變俗字。

【携】△

《五代本切韻》二:"攜,亦作携。戶圭反。携,俗字。"《毛詩音》二:"携,螢圭[反]。"《楞嚴經音義》一:"携,戶珪反。"斯705號《開蒙要訓》:"擔携負抱。"

按《五經文字》卷上手部:"攜,戶圭反,相承作携或作攜者皆非。"慧琳《音義》卷十三《大寶積經》第四十六卷音義:"攜,俗作携,訛也。"同書卷六四《五分尼戒本》音義:"攜,俗從隹、從乃作携,誤也。"《龍龕·乃部》:"携,通,戶圭反,持也,提也。""携"當是"攜"的簡省字。《漢語大字典》據《改併四聲篇海》等書載"携"字,而不載"携"字,不妥。

攫[20]

【𤓯】◎

《佛經難字及韻字抄》載"𤓯裂"字。伯2901號玄應《一切經音義節抄》:"𤓯裂,宜作攫,九縛、居碧二反,《說文》:攫,爪持。《淮南子》曰'獸窮則攫',

是也。"

按《龍龕·爪部》：𤓰，俗，居碧、居縛二反，正合作攫字。

攬[21]

【攬】△

《正名要錄》"字形雖別，音義是同，古而典者居上，今而要者居下"類：攬擥。斯1344號《論鳩摩羅什法師通韻》："六夷殊語，一攬無餘。"伯3833號《王梵志詩·觀影元非有》："攬之不可見，尋之不可窮。"

按："攬"字《説文》本作"擥"，從手，監聲；"攬"爲改易聲旁字；而"攬"又爲"擥"字俗省(比較"覽"俗省作"覧"，詳"覽"字條)。《干禄字書》："攬擥：上通下正。"《龍龕·手部》以"攬"爲"擥"的今字。

【擥】◎

書證見前。

按《龍龕·手部》："擥，俗；擥，正。"

毛 部

犛[6]

【挐】△

《箋注本切韻》二平聲魚韻女余反:"犛,犬多毛。又作挐。"

按《龍龕·毛部》:"犛,奴加、人諸二反,正作挐、犛二字。"可證俗書"毛""手"二旁相亂。

毪[10]

【毪】◎

《王一》上聲軫韻:"毪,而尹反,毛聚。又而勇[反],亦作𣯶。"《王二》無末三字,餘同。

按:"毪"爲"毪"之俗字。凡字從"隼"(篆文作𠋛)者,隸變往往脫略"十"旁而混同於"隹"(參看"準"字條)。《龍龕·毛部》:"毪,俗;𣯶,正。"所謂的"正"字即"毪"字之譌。附按:上揭《王一》末字原卷不甚明晰,各家錄作"𣯶",近是。然據《説文》,其字當作"襃"。"襃"字又作"黹"(《説文·黹部》),與"毪"爲古異體字。

气 部

气

【乞】◎

《王一》去聲未韻去既反:"乞,与人。古作雲乞。又去訖反。"《王二》句末尚有"皆謂雲霧一"五字,餘同。

按:"乞""气"古同字。

【炁】◎

《正名要録》"字形雖別,音義是同,古而典者居上,今而要者居下"類:炁氣。伯2751號《紫文行事決》:"子時平坐,接手放兩膝,閉炁冥目內視。"

按:慧琳《音義》卷五二《增一阿含經》第四十六卷音義:"氣,古文肛、炁二形同,墟既反,氣息也。"同書卷九六《弘明集》第十四卷音義:"气,《説文》雲气也,象形,亦作氣。集本作炁,古文字。""炁"字不見於秦漢載籍,大約是六朝以後産生的形聲俗字(今本《玉篇》已載"炁"字,其字蓋從火、旡聲。"气"字古或從火作"気",可參)。

片　部

版[4]

【板】

《正名要録》"字形雖别,音義是同,古而典者居上,今而要者居下"類:板版。

按《干禄字書》:"版板:上通下正。下亦板蕩字。"《五經文字》卷下片部:"版,從片,經典亦作板。""板"爲"版"的後起换旁字。顔元孫以"板"爲"正",蓋據當時通行寫法而言。

斤 部

斤¹

【斤】△

《正名要録》"本音雖同,字義各別例":"尺,度;斤,指。"斯 4473 號《後晉文鈔·大行皇帝謚狀》:"敦大行信而邊無斤候。"

按:"斤"字《説文》本作"庐",隸變作"庁""厈""斥"等形。《五經文字》卷中广部:"庐厈:上《説文》,下經典相承隸省。"慧琳《音義》卷三四《如來師子吼經》音義:"庐,經文作此厈,俗字也。"《龍龕·厂部》:"厈,俗;斤,今通。""斤"又爲"斤"之變。

斧⁴

【鈇】◎

《正名要録》"字形雖別,音義是同,古而典者居上,今而要者居下"類:鈇斧。

按:"斧""鈇"《説文》字別,但古或以"鈇"爲"斧"字異體。《五經文字》卷下金部:"鈇,音斧。又與斧同。"慧琳《音義》卷十五《大寶積經》第一百十卷音義:"斧,夫武反,《字書》:鈇,斧也。……今經文作鈇,……並非此義,准經且宜作斧。"

斸¹¹

【斸】◎

《箋注本切韻》一入聲覺韻:"斸,治。俗作斸。丁角反。"《佛經難字及韻字抄》載"斮"字。伯 2167 號《正法念處經》卷六:"有焰㭰鳥,分分攫斮,令如芥子。"

按:慧琳《音義》卷五一《止觀門論頌》音義:"斮,俗作斮。"《干禄字書》:"斮斮:上通下正。"字形略異。

【斮】◎

《王一·覺韻》:"斮,子(丁)角反,理。亦作斱、斮、斮。"

按:"斱"爲《説文》或體,"斮"則是受"斮""斱"交互影響産生的後起俗字。

【斮】△

《王二·覺韻》:"斮,丁角反,亦或作斮、斱、斮、斮,破削也。"

按:"斮"爲"斮"之俗寫。

【斮】◎

書證見前。

按《字彙補·斤部》:"斮,同斮。"即"斮"字俗誤。可洪《音義》第拾玖册《大毗婆沙論序》音義:"不斮,音卓。""斮"又"斮"字異寫。

【斮】◎

書證見前。伯 2175 號《根本薩婆多部律攝》卷十三:"時六衆苾芻手自和泥,斮掘生地。"

按《五經文字》卷中斤部:"斮斮:竹角反,斫也,經典相承或作下字。""斮"即"斮"字異寫。

斷[14]

【斷】△

《箋注本切韻》一上聲旱韻:"斷,徒管反,又都亂反。"《五代本切韻》一上聲緩韻徒卵反:"斷,一割。"《王二·旱韻》:"斷,徒管反,截。俗作斷。"《春秋後語音》:"斷,丁亂[反]。"伯 2353 號《道德經開題序訣義疏》:"序述聖人之旨,訣斷學者之疑也。"

按《干禄字書》:"断斷斷:上俗中通下正。"《龍龕·斤部》:"斷,俗;斷,正。""断""斷""斷"都是簡省"斷"左旁兩個相同的部件"丝"而形成的俗字。慧琳《音義》卷十《能斷金剛般若波羅蜜經》音義:"斷,今經文作斷,皆隸書從省略也,或取便穩而作,非正體也。"

【斷】△

《王一·旱韻》都管反："斷，一當。"同書去聲翰韻都亂反："斷，決獄。正作斷。"伯 2987 號《西天大小乘經律論并及見在大唐國内都數目録》："決斷經一部，一百三十五卷，八卷在唐國。"

按："斷"爲"斷"之變。

【断】◎

《正名要録》"正行者楷，脚注稍訛"類"斷"下脚注"断"。《文選音》："断，徒管[反]。"《毛詩音》二："断，都乱[反]。"

按《五經文字》卷中斤部："断，作断非。"慧琳《音義》卷三《大般若經》第三三七卷音義："斷，有作断，俗字也。"宋王觀國《學林》卷四"斷"字下云："又有断、断二字，皆俗書，不可用。蓋草書斷字作断形。而世俗作字多從簡易，故隸書亦爲草字之形，殊不知失字法也。"

【逝】◎

《禮記音》："逝，都管[反]。"又云："逝，都亂[反]。"北 6526(河 35)號《大般涅槃經》卷四十："梵志言：世尊，如其是身從煩惱業，是煩惱業可逝不也？"北 8575(餘 16)號《涅槃經疏》："若言一切行无常即逝見者，計俱也。"

按可洪《音義》第拾册《十地經論》第七卷音義："逝智，上徒短反。""乚""辶"二旁俗書多亂，故"断"俗又變作"逝"。北 6526(河 35)號《大般涅槃經》卷四十："若知二邊中間无礙，是人則能逝煩惱業。""逝"大約是由"断"變"逝"的中間環節。《隋仲思那造橋碑》已見書"斷"作"逝"之例。

爪 部

采[4]

【採】◎

《字樣》:"采,采取,從爪在木上。一曰光。採彩:上共用作采取字,下作光采字,《説文》《字林》並無。"《王二》上聲海韻:"採,倉宰反,取,古本作采。"

按《干禄字書》:"採采:上通下正。"慧琳《音義》卷三四《採蓮違王上佛受決号妙華經》音義:"采,《考聲》云:采取也。《説文》從爪從木。今經從手,通用也。"《廣韻·海韻》"采"字下接云:"採,取也。俗。""採"爲"采"的增旁繁化字。

【彩】◎

書證見前。

按《干禄字書》:"綵彩:上繒綵,下光彩。""彩""綵"皆"采"的後起分化字。

爬[4]

【把】◎

《箋注本切韻》一麻韻:"爬,搔。或作把。蒲巴反。"

按:希麟《續音義》卷九《根本説一切有部毘奈耶破僧事》第十卷音義:"爬,蒲巴反,《切韻》:搔爬也。或作把。"用同"爬"的"把"爲"爬"的換旁字,與把握的"把"同形異字。

爲[8]

【為】

《王二》平聲支韻:"爲,遠支反,作。通俗作為。"

按《玉篇·爪部》："爲,俗作為。"《五經文字》卷下爪部："爲,作為訛。"慧琳《音義》卷十二《大寶積經》第三十六卷音義："爲,從爪作爲,正也。經文作為,略也。""爲"字上部本從爪,作"為"蓋隸書之變。

爵[13]

【爵】△

《正名要録》"正行者楷,脚注稍訛"類"爵"下脚注"爵"。

按:"爵"字《説文》篆文作"爵",更早的金文或作"爵",睡虎地秦簡或作"爵",上部皆有柱形,"爵"形的寫法顯然較現今通行的"爵"更符合古字的原貌。

【爵】△

書證見前。斯6453號《老子道德經》："道尊德貴,夫莫之爵而常自然。"

按可洪《音義》第拾册《菩薩地持經》第七卷音義："官爵,即削反,正作爵(爵)。"其中的"爵"字《金藏》廣勝寺本玄應《音義》卷十引作"爵","爵""爵"形微異,皆即"爵"字異構。

月　部

冐³

【旨】*

"冐"旁的俗寫。《箋注本切韻》一平聲先韻載"弲""剈""涓""睊""肯""稍""鋗""鵑""騆",又仙韻載"娟""悁""捐"等字,"冐"旁原卷皆寫作"旨"。

按:俗書方口尖口不分,故"冐"俗作"旨"。《類篇·肉部》:"冐,隸作旨。""冐"旁作"旨",漢碑已然。

肯⁴

【肯】

《正名要錄》"正行者楷,腳注稍訛"類"肯"下腳注"肯"。北8603(文53)號《賢愚經》卷十三:"往者端正,不肯相見,今日形殘,何所看乎?"

按可洪《音義》第肆册《度世品經》第五卷音義:"不肯,音肯。""肯"字《説文》作"肎",從肉、從冎省,金文或作"多"等形,"肯"殆即古文"肯"字的隸變字。

【肯】

書證見前。

按《九經字樣》:"肎肯:上《説文》,下經典相承。""肯"殆亦淵源於金文等古文字。

肴⁴

【餚】◎

《箋注本切韻》一平聲肴韻:"肴,與餚通。胡茅反。"《王二·肴韻》:"肴,亦作䬽。"伯 2042 號背《大佛名經内略出懺悔及經》："或爲大會施設䬽饍,故取麻米屏處食之。"

按《干禄字書》："䬽肴:上俗下正。"慧琳《音義》卷二七《妙法蓮華經序品》音義："肴膳,又有作䬽饍二字,檢無所從,近代出俗字也。""䬽"即"肴"的後起增旁字。

朋[4]

【朋】△*

《箋注本切韻》一平聲登韻："朋,步崩反。"斯 1441 號《勵忠節鈔·智信部》引《吕氏春秋》曰："朋友不信,則其交必絶。"

按："朋"字甲骨文作"玨""拜"等形,象串玉形;金文加人旁作"佣""佣"等形,漢碑作"多""多"等形,隸定作"朋",作兩個斜書的"月"字形。《九經字樣》雜辨部："掤朋:上古文,下隸省,非從月。"前者爲"鳳"字古文"朋"之變,《説文》等舊字書以爲朋黨字所出,不確。宋孫奕《履齋示兒編》卷二三引《明皇雜録》云："劉晏以神童爲秘書省正字,上問:'汝爲正字,正得幾字?'晏曰:'天下字皆正,唯朋字未正。'"這就是説"朋"字是應須斜書的。可洪《音義》第壹册《放光般若經》第一卷音義："朋友,上蒲弘反,黨也,正作朋。……《説文》云:本是古文鳳字,象形,鳳飛羣鳥從以萬數,故後爲朋黨字,隸變而爲朋也。"可參。今字作"朋"則爲俗書之變。《字鑑》卷二登韻："朋,斜書之,凡鵬、堋、棚、崩、萷之類从—。俗作朋。"敦煌卷子中"朋"旁亦多作斜書的"朋"。如《楞嚴經音義》一:"崩,北騰反。"是其例。但亦有正書作"朋"的。如前揭《箋注本切韻》一登韻載"崩""堋""棚"等字,其聲旁原卷皆不斜書。

肺[4]

【仕】△

《王一》上聲止韻側李反："肺,脯。亦作仕。"末字中部略欠明晰,《王二》作"仕"。

按："肺"即"胏"字(參看"朿"字條)。"胏"字《説文》篆文本從肉、仕聲作"仕","仕"即其隸定字。

肥⁴

【肥】*◎

《箋注本切韻》一平聲微韻:"肥,符非反。"《王二·微韻》:"肥,或作肥。"斯289號《報慈母十恩德》:"爲男女,母飢羸,從(縱)食酒肉養不肥。"

按《干祿字書》:"肥肥:上通下正。"明楊慎《藝林伐山》卷十七"吳元濟將敗之兆"條:"裴度征淮西,掘得一碑,上有謠云:'井底一竿竹,竹色深深綠。雞未肥,酒未熟,障車兒郎且須縮。'有識之者曰:'雞未肥,肥去月,乃己字;酒未熟,乃酉字。'後果以己酉日擒吳元濟。""肥去月"而成爲"己"字,亦正是據"肥"字而言("巳""己"俗書混用不分)。考"肥"字篆文右旁從卪作"㔾","㔾"旁隸變或作"巴"(邑、色、絕等字從之),亦作"已"(卷、危等字從之),亦可作"巳"(巽字從之)。故據"肥"字篆文隸定,既可作"肥",也可作"肥"(較之篆文㔾字隸定作"巴",則"㔾"以隸定作"巳"爲合宜)。但由於後世通行"肥"字,"肥"遂被視作或體俗字。又上揭《箋注本切韻》一有"淝"字,《王一》有"萉"與"疿"字(俱見平聲微韻),"肥"旁原卷亦皆寫作"肥"。

【肥】△*

《箋注本切韻》二微韻:"肥,正作肥。"

按:同書"肥"旁亦寫"肥"形。如同一小韻所載"萉""疿""蜚"等字的"肥"旁皆作"肥"形。考《字鑑》卷一微韻:"肥,俗作肥。"("肥"字戰國文字右部從卩,亦寫作"巳","肥"形的寫法與之相合)"肥"疑爲"肥"的俗寫。伯2042號背《大佛名經內略出懺悔及經》:"或舌貪好味,鮮美甘肥。"北8454(地17)號《大道通玄要》卷七:"學士及百姓子貪濁滋味肥薰罪。"其中的掃描字亦皆爲"肥"俗寫,可參。

【肥】△*

《王一·微韻》:"肥,正作肥。"斯328號《伍子胥變文》:"僕是楚人,身充越使……乘肥卻返,行至小江,遂被狂賊侵欺。"

按:"肥"本從肉,"冈"即"肉"旁的隸變形。《箋注本切韻》一微韻載"萉"與"疿"等字,"肥"旁原卷亦寫作"肥"形。

胡⁵

【䪃】

《王一》平聲模韻户吳反:"䪃,牛頸下垂。或作胭。"

按:同書同一小韻下又載"胡"字,釋爲"何"。實則"牛頸下垂"乃"胡"的本義,"頢""咽"則爲"胡"字本義的後起專用字。玄應《音義》卷二四《阿毗達磨俱舍論》第五卷音義:"胡,又作頢、咽二形,同,户孤反。"

【咽】

書證見上。

按:《王二》載"頢"字或體作"咕",亦通。

肧⁵

【肧】◎

《王一》平聲灰韻:"肧,芳杯反,肧胎一月。匹尤反。正作肧。"

按:"肧"字《説文》從肉、不聲作"肧",後起俗字作"胚"。《龍龕·肉部》:"胚,俗;肧,正。"上揭韻書標目字與正作字同形,疑標目字本作"胚"。《敦煌掇瑣》等書臆改正作字爲"胚",非是。

胃⁵

【腪】

《春秋後語音》載"腸腪"一詞,下字注音"謂"。伯 2718 號《茶酒論》:"米麴乾喫,損人腸腪。"

按:慧琳《音義》卷六八《阿毗達磨大毗婆沙論》第四十卷音義:"胃,論作腪,俗字也。""腪"爲"胃"的贅旁俗字。

胗⁵

【胉】◎

《切韻》殘葉四:"胉,癮胉,皮外小起。"

按《龍龕·肉部》:"胉,通;胗,正。""㐱"旁俗書皆可寫作"尓"。參看"㐱"字條。

胥⁵

【胥】◎

《正名要録》"字形雖別,音義是同,古而典者居上,今而要者居下"類:胥胥。《王一》平聲魚韻:"胥,息魚反,相。通俗作胥。"斯 328 號《伍子胥變文》:"今卻返具述胥言。"

按《干禄字書》:"胥胥:上通下正。""胥"寫作"胥"漢碑已然。

胹⁶

【臑】◎

《王一》平聲之韻:"臑,煮熟。亦作胹、䎡、焖。"

按:"胹"爲《説文》本字。"臑"《説文》訓"臂羊矢",與"胹"字別。但俗書從"需"從"而"多可换用,故"臑"俗又用作"胹"的異體。《龍龕·肉部》:"胹,俗;臑,正:音而,煮肉也。"這是把"胹""臑"的正俗關係搞顛倒了。《集韻·之韻》以"臑、䎡、焖"等字皆爲"胹"字或體,是也。

【䎡】◎

書證見前。

按《廣韻·之韻》以"䎡"字爲籀文。

【焖】◎

書證見前。

按:"焖"爲"胹"的後起换旁字。

【臑】△

《箋注本切韻》一之韻如之反:"臑,煮熟。"

按《廣韻·之韻》:"臑,煮熟。胹、焖,並上同。""臑"可説是"胹"的繁化字,也可説是"臑(胹)"的俗寫("需"旁俗書作"需")。"臑"從肉旁,故"臑"又寫作"臑"。

脂⁶

【脂】△

《箋注本切韻》一平聲脂韻:"脂,盲夷反。"《王二·脂韻》:"脂,盲夷反,膏。正作脂。"斯 76 號《食療本草》"芋"條下云:"右主寬緩腸胃,去死肥,令脂肉悦澤。"斯 2114 號《醜女緣起》:"咽(胭)脂合(盒)子捻抛卻。"

按:"旨"俗作"盲",故"脂"俗作"脂"。參看"旨"字條。

胸[6]

【胷】◎

《字樣》:"匈,正;胷,通用。"《唐韻》殘葉:"胷,膺也。亦作匈、肾。許容反。"

按:胸腔字《説文》作"匈"("匈"爲手寫之小變),或體作"肾",而"胷"及今字"胸"則爲"匈""肾"交互影響產生的後起字。慧琳《音義》卷六三《根本説一切有部律攝》第五卷音義:"肾,律文從勹作胷,俗用字也。"

朕[6]

【朕】

《箋注本切韻》一上聲寑韻:"朕,古作䑳,直稔反。"《王一·寑韻》:"朕,直稔反,我。通俗作朕。"《王二》同一小韻下云:"朕,正作䑳。"

按:次例標目字疑爲"䑳"字之誤。"朕"字《説文》本作"䑳",隸變作"朕"或"䑳",又作"朕""朕"等形。《五經文字》卷上舟部:"朕朕:上《石經》,下經典相承隸省。"手寫時"月"旁與"月"旁往往趨於同形。

朔[6]

【翔】*◎

斯1441號《勵忠節鈔·德行部》:"漢光武之代,……骨(滑)稽則東方翔,枚皋。"

按《干禄字書》:"翔朔:上通下正。"慧琳《音義》卷十一《大寶積經序》音義:"朔,經文作翔,俗字也。"《時要字樣》(斯5731號):"翔,槍。"《毛詩音》一:"遡,速故[反]。"又云:"愬,宋故[反]。""朔"旁俗書亦皆寫作"翔"。

脅[6]

【脅】△*

《增字本切韻》殘葉三入聲業韻:"脅,胷一,虛業反。又作脇。俗從力,非。"斯1438號《書儀》:"拓拔王子迫脅,人庶張望。"又云:"脅從之類,錮送瓜州。"

按："脅"字《説文》從肉、劦聲；"劦"字從三力。上揭韻書以從"力"者爲誤，那是把正俗關係搞顛倒了。《干禄字書》："脅脅：上通下正。"慧琳《音義》卷一《大般若經》第一卷音義："脅，從肉，劦，音叶，從三力。經從三刀作脅（下部原書誤作"貝"），非也。"《五代本切韻》一業韻載"歙""噏""潝"等字，"脅"旁原卷亦皆寫作"脅"。

【脇】◎

書證見上。斯1441號《勵忠節鈔·政教部》："夫以德化之不變而強盛，強盛之不變而後脇之，則休矣。"

按：慧琳《音義》卷四一《六波羅蜜多經》第三卷音義："脇，《說文》……從肉、劦聲，劦音叶，從三力。經文從三刀作脇，非也。""脇"爲"脅"的俗字，"脇"則爲"脅"的偏旁易位字。

能 [6]

【能】* ◎

《正名要錄》"正行者楷，腳注稍訛"類"能"下腳注"能"。《王一》平聲登韻："能（能），通俗作能。"斯6551號《佛說阿彌陀經講經文》："此日既能抛火宅，暫時莫鬧聽經文。"

按《干禄字書》："能能：上通下正。""能"作"能"形蓋草書楷定而然。漢碑已見近似寫法。敦煌卷子中"能"旁亦多寫作"能"。《文選音》："態，他代[反]。"即"態"字。又《箋注本切韻》二東韻"熊"作"熊"，又支韻"羆"作"羆"，皆其例。

望 [7]

【望】△

《正名要錄》"各依腳注"類："望，從壬，從立。"伯3485號《目連變文》："通達聲聞居望地。"斯2052號載"新集天下姓望氏族譜"，有云："夫人立身在世，姓望爲先。"

按："望"蓋"望"的俗寫（左上角即"亡"俗寫）。漢碑中已見右上角作"夕"的"望"字（"夕"与"月"甲骨文同形，本一字之分化）。《高麗藏》本慧琳《音義》卷三三《轉女身經》音義："望，《說文》從𠂉、從夕、從壬。"可參。

【翌】◎

《正名要録》稱"望"字亦"從立",當是指"翌"字而言。

按《集韻·漾韻》:望,或從立作"翌"。《説文通訓定聲》"壬"字下云:"此字从人立土上會意,挺立也,與立同誼。"故"望"作"翌"當是形符意近換用。《隸辨》卷四載《雍勸闕碑》已見"翌"字。《隋李則墓誌》又寫作"翌"。

胺[7]

【痎】◎

《王一》平聲灰韻:"胺,子回反,赤子陰。又作痎。"

按:末字彩色照片不甚明晰,各家摹録作"痎",可從。《王二》作"庝"。"庝""痎"它書皆無用同"胺"的記載。《廣韻·灰韻》"胺"下據《聲類》載異體"厓",與"庝""痎"當是一字之變("厓""庝"形近,而"广""疒"二旁俗書相亂)。

期[8]

【朞】◎

《箋注本切韻》二平聲之韻居之反:"朞,今。按《説文》古從日,今從月,二同。"

按:期會字《説文》作"期","朞"爲偏旁易位字。漢碑中已多見"朞"字。

【暮】◎

上揭韻書稱"朞""《説文》古從日",當是指"朞"或"昚"字而言。斯 1441 號《勵忠節鈔·恩義部》:"……如此暮年,吏不能決。"

按:《説文》載"期"古文從日、丌作"昚";"丌"古或用同"其",故"昚"字又或寫作"暮"。金文中已有從日的"暮"。《魏司空王誦墓誌》亦有用例。

䑋[8]

【䑋】△

《王一》去聲勘韻下紺反:"䑋,食肉不厭。亦作䑋。"末字乃"䑋"手寫之小變。

按:"䑋"爲"䑋"字俗寫。《玉篇·炙部》:"䑋,乎濫切,肉也。亦作䑋。"指稱肉的"䑋"或"䑋",後起字作"餡"。

月　部 | 585

勝[8]

【𦞙】△

《箋注本切韻》一平聲蒸韻識丞反："勝，任。又書證反。又作𦞙。"《王二》"𦞙"作"稜"，蓋形誤字。

按：用同"勝"的"𦞙"它書未見。

【勝】

《王一·蒸韻》："勝，任。▢作▢(𦞙)。"《王二》去聲證韻："勝，詩證反，亦作勝字。"

按："勝"字《説文》從力、朕聲，"朕"本從舟，故"勝"字古本作"朕"字，作"勝"爲隸書之變。慧琳《音義》卷四四《離垢慧菩薩問禮佛經序》音義："勝，《説文》從力、朕聲也……經從月作勝，俗字非也。"

腕[8]

【𡙡】◎

《王一》去聲翰韻烏段反："腕，手腕。正作𡙡。"正字左上角"月"旁原卷似多一撇，疑係贅筆。《王二》："腕，亦作𡙡。"

按：《漢書·游俠傳》"搤腕而游談者"顏師古注："𡙡，古手腕字也。"可洪《音義》第叁拾册《廣弘明集》第二十六卷音義："手𡙡，烏亂反，正作腕、𡙡(𡙡)二形。"手腕字《説文》本作"𡙡"，後起形聲字作"腕"，而"𡙡"爲"𡙡"之變。"𡙡"當又爲"𡙡"之變。慧琳《音義》卷三六《毗盧遮那如來要略念誦法》上卷音義："睅，經從肉作腕，俗字也。"同書卷六十《根本説一切有部毗奈耶律》第七卷音義："𡙡，從目，從又(叉)，又(叉)音爪，從手，雖古，且正體字也。律文從宛作捥，或從肉作腕，並俗字，非也。""𡙡""睅"亦皆"𡙡"俗譌字，可參。

腩[9]

【𦢊】

《王一》上聲感韻："腩，奴感反，煮肉。亦作𦢊、腍。"

按："腩""𦢊"爲形旁換用。

【膁】◎

書證見上。

按《集韻·感韻》：腩，或作䐉，亦作膁。

膇⁹

【瘑】◎

《王一》去聲寘韻："膇，重膇病。亦作瘑。"《王二》同。

按：上揭"膇""瘑"所從的"追"原卷作"追"形，俗寫。

脚⁹

【腳】△

《正名要錄》"正行者雖是正體，稍驚俗，脚注隨時消息用"類"腳"下脚注"脚"。

按："腳"從卻聲，"卻"字的左旁篆文作谷，隸變或寫作"舎"形（《隸辨》卷五陌韻載《學師宋恩等題名》"郤"字作"郤"，是其例）；而"ㄨ"旁俗書又往往寫作"又"形，於是當"脚"寫作"腳"時，便會進而演化作"腳"。《王二》入聲藥韻："腳，居灼反，脛。""腳（腳）"也是"脚"演化的產物，可以比勘。

【脚】◎

書證見上。《正名要錄》有"正行者楷，脚注稍訛"類，又有"各依脚注"類，等等。

按：慧琳《音義》卷三七《無量壽如來修觀行供養儀軌經》音義："脚，《說文》從肉、卻聲也。俗用從去作脚，訛謬也。卻……從卩、從谷。谷音强略反，從重八、從口，今隸書，故從去。正字太古不行也。今爲訓釋其文，故說其本末也，任隨意用。"敦煌卷子中多從俗作"脚"。參看"却"字條。

塍⁹

【堘】◎

《王一》平聲蒸韻食陵反："塍，畦；又埒。亦作堘。"《王二》同。

按："塍"爲"塍"古字。"塍"字《說文》從土、朕聲，"堘"爲"塍"的改易聲旁字。慧琳《音義》卷九九《廣弘明集》第二十八卷音義："塍，又作堘也。"

腦[9]

【𦚞】△

《箋注本切韻》一上聲晧韻："𦚞,奴晧反,古作𤴐,又腦。"

按："腦"字《説文》篆文作"𤴐"（楷書作"𡿺"），"𦚞"蓋即其楷定手書之變。

【烴】△

《箋注本切韻》四："𦚞,奴浩反。《説文》作此烞。"

按：末字原卷右下部略有殘泐,當缺一橫畫,原字應爲"烴";周書錄作"𡿺",潘書錄作"烞",均與原形不合。"烴"通常爲"烴(烴)"字俗寫,文中則應爲"𡿺"字俗誤。

【腦】◎

書證見前。又《王二》："腦,奴浩反,髓。"《王一》去聲号韻："腦,奴到反,優皮。"斯 2073 號《廬山遠公話》："口(唇)乾舌縮,腦痛頭痛。"

按："𡿺"後起換旁字作"腦",而"腦"爲"腦"的俗字（"𡿺"所從的"囟"《説文》篆文作𡆧,古文作𡿁,"腦"右下部的"山"蓋即古文𡿁的變體）。慧琳《音義》卷四《大般若經》第三七六卷音義："𡿺,此字訛謬甚多,或從三止,或從月,或從口,或從𢖩,或從山,皆非也。""腦"就是慧琳所説從月、從山的俗字。《龍龕·肉部》以"腦"爲今字。失名《字書》："𦙶,奴晧[反]。"《王二·号韻》："𦙶,奴到反。""𦙶""𦚞"又爲"腦"之譌體。

【腦】△

書證見前。

按："𡿺"形部件俗或作"𢯭"（參看"𡿺"字條）,蓋"𡿁"旁繁化使然（"巛"變作三刀,"山"譌變作"止",又繁化增一"止"旁）。北 6641(鱗 89)號《太子瑞應本起經》卷上："太子遍觀,旋視其妻,具見形體,髮爪髓腦……"其中的掃描字亦爲"腦"的俗字,右上部從三個"勿",可以比勘。

【腦】△

《箋注本切韻》四："𦚞,奴浩反。《説文》作此烞(烴)。"

按："腦"蓋"腦"之省。

【䐚】△

《正名要錄》"字形雖別,音義是同,古而典者居上,今而要者居下"類：腦膔。《箋注本切韻》三去聲震韻"䪿"下注"膔會"。伯 2160 號《摩訶摩耶經》卷上："我於無量劫,捨頭目髓膔。"

按:慧琳《音義》卷二《大般若經》第五十三卷音義："腦,有作膔,或作膴,……並非也。"《龍龕·肉部》以"膔"爲"腦"的俗字。"甾"形部件俗書多可寫作"忽"。斯 4415 號《大般涅槃經》卷三一："有寶藏者心無憂戚,其無藏者心則愁惚。""惚"爲"惱"的俗字,是其比。又《禮記音》："膔,奴到[反]。"這個"膔"亦爲"腦"的俗字,不過文中又爲"臑"的借字(所音爲《祭統》鄭玄注"凡前貴於後,謂脊脅臂臑之屬"句的"臑")。

膝[11]

【膝】△

《王一》入聲質韻息七反:"膝,腳骱。亦作厀。"北 240(地 67)號《僧伽吒經》卷一:"尒時一切大衆,從坐而起,偏袒右肩,右膝著地,合掌向佛。"

按:"膝""厀"分別爲"膝""厀"的俗寫(參看"漆"字條)。膝蓋字古本作"厀"。《說文·卩部》"厀"字下徐鍇繫傳:"今俗作膝。"慧琳《音義》卷一《大般若經》第一卷音義:"膝,正體從卩作厀,……經從肉作膝,時用字也。"同書卷三五《一字頂輪王經》第一卷音義:"厀,經……作膝,俗字,此字行久也。"

【厀】△

《箋注本切韻》一質韻息七反:"胅,按文作厀。"

按:"桼"字或"桼"旁俗書皆可寫作"来"形(參看"漆"字條),故"胅""厀"分別爲"膝""厀"的俗寫。

【胅】△

書證見前。伯 3697 號《捉季布傳文》:"上廳抱胅而呼足。"

按《干祿字書》:"胅膝:上俗下正。"《漢鄭固碑》已見"胅"字。希麟《續音義》卷五《一字奇特佛頂經》卷中音義:"膝,經文作胅,誤書也。"可參。

【胨】△

《毛詩音》二:"由胨:息栗[反]。"

按:所音爲《邶風·匏有苦葉》毛傳"由膝以上爲涉"句,"胨"即"膝"的俗字。慧琳《音義》卷九八《廣弘明集》第十八卷音義:"膝,集作胨,不成字也。"實則"桼"字或"桼"旁俗書皆可寫作"朱",初不僅"膝"字爲然。參看"漆"字條。

膚[11]

【肤】◎

《王一》平聲虞韻甫于反:"膚,體肌。亦作肤。"《王二》同。

按:慧琳《音義》卷三十《相續解脱地波羅蜜了義經》音義:"膚,或作肤。"《龍龕·肉部》:"肤,音夫,皮肤也。又美也,傳也。""肤"字可能是六朝前後産生的俗體。

縢[11]

【滕】◎

《王一》平聲登韻:"䲢,徒登反,國名。通俗作滕。"《王二》:"滕,徒登反,國名。正作縢。"

按:前例"䲢"爲"縢"的譌字。"滕"爲"縢"的隸變字。

脽[12]

【䏠】◎

《王一》平聲支韻觜隨反:"䏠,一脽。又子充反。亦作𦠄、𦜘。"

按:羹脽字《説文》從肉、隽声作"䏠"。俗書"雟"旁或簡省作"隽"(參看"攜"字條),寫字的人受其影響,誤以爲"䏠"所從的"隽"也是"雟"旁的俗寫,遂加以回改,造成字形繁化。《王二》"䏠"字作"䐒",即"䏠"的偏旁易位字。《集韻·支韻》:"䏠,或作䐒、𦜘、𦠄。"《龍龕·肉部》:"䐒,遵爲反,一脽也。""䐒"亦"䏠"的俗字。"䐒"字大約是由"䏠"繁化作"䐒"的第一站。

【𦜘】△

書證見上。

按:《集韻》載"䏠"或作"𦜘","𦜘"當是據"䏠"換旁或據"𦠄"字錯誤回改造成的譌俗字。

臊[13]

【䐔】△

《春秋後語音》:"虎肉䐔:桑刀反。"俄敦 1586 號《佛説八陽神咒經》:"腥㬽巐穢,人皆憎嫉。"

按《龍龕·肉部》:"㬽,俗;臊,正。"俗書"㬽""參"("參"俗又作"枀")不分,故"臊"俗書作"㬽"。《漢語大字典》據《龍龕》收"㬽"字(蓋據《四部叢刊續編》本),而失載"㬽"。實則"㬽"當是"㬽"的增筆繁化字。

臘 15

【臈】△

《箋注本切韻》一入聲盍韻:"臘,臘蜡。俗作臈。"伯3994號《更漏子》詞:"金鴨香,紅臈(臈—蠟)淚。"

按《干禄字書》:"臘蠟:上臘祭,下蜜;俗字從葛,非也。"《廣韻·盍韻》"臘"字下云:"臈,俗作也。""鼠"旁俗書皆可寫作"葛",又或變作"葛"。北圖河字12號《父母恩重經講經文》:"翠眉桃臉漸移改,臈色萎黃暗裏來。""臈"又爲"臈"之俗譌。參看"獵"字條。

【臈】△

《正名要録》"字形雖別,音義是同,古而典者居上,今而要者居下"類:臘 臈。北6345(寒24)號《大般涅槃經》卷十一:"赤銅白臈,鍮石盂器。"

按可洪《音義》第伍册《悲華經》第一卷音義:"比臈,郎盍反。""臈""臈"形微異。又《漢張遷碑》"臘"寫作"臈",《齊道興造像并疾方》作"臈",蓋皆隸書譌變字。參看"獵"字條。

贏 16

【盈】◎

《正名要録》"字形雖別,音義是同,古而典者居上,今而要者居下"類:贏 盈。

按:"盈"即"盈"字俗寫。《俗務要名林》(斯617號)市部:"贏,得利,音盈。""贏""盈"皆見於《説文》,二字音義均近,古多通用。玄應《音義》卷十二《賢愚經》第十六卷音義:"贏,弋成反,《字林》:贏,有餘也。《廣雅》:贏,益也。今皆作盈。"敦煌卷子亦多用"盈"字。如伯3645號《季布詩詠》:"漢高皇帝詔得韓信,於彭城垓下作一陣,楚滅漢盈。"是其例。

衞豫[22]

【豫】△

《王一》去聲祭韻："豫,豚屬。亦作豫。"

按:"豫"爲"豫"字俗省,猶"衛"爲"衞"字俗省。

【𧱎】△

書證見上。《王二·祭韻》:"𧱎,豚屬。亦作豫。"

按:此字下部當是"布"旁之誤。"布"爲古文"豕"字(見《說文》),從"豕"與從"豚"同意,故"豫"或體可以寫作"𧱎"。

氏　部

氏¹

【𫝀】*◎

《王一》平聲齊韻當兮反："𫝀，丘(氏)羌。通俗作𠀐。"《王二·齊韻》當嵇反："𫝀，一羌。通俗作𠀐。正作氏。"

按："氏"字《說文》作𠂢，"𫝀"即由其演化而來的俗體。《王一·齊韻》又載"鞁""䭿""詆"等字，《王二·齊韻》又載"低""鯷"等字，"氏"旁皆寫作"𫝀"形。

【互】*◎

《增字本切韻》斷片齊韻丁兮反："互，一羌。"前揭《王一》稱"𫝀"通俗作"𠀐"，形微別。北220(列28)號《大方等大集經》卷十八："東方七宿，謂角亢互房心尾箕。"

按：由"𫝀"楷化，"氏"字的俗體向兩個方向演變，一是變作"互"，與互相的"互"同形；二是變作"丘"，與丘山的"丘"同形。《龍龕·一部》："互，古文，音手；又都奚反，一羌。"後一音義的"互"即"氏"的俗字。《干祿字書》："互氏：上通下正，諸從氏者並準此。"敦煌卷子中經見寫作"互"形的"氏"旁字。上揭《增字本切韻》又載"低""秖(祇)""詆"等字，即其例。《王一·齊韻》載"低""秖(祇)"等字，形稍異。

【丘】*

"氏"旁的俗寫(參看上文)。《切韻》斷片一："䖴，蟻卵。岻，山口(名)。"

按：據上下文，可知上揭殘文爲平聲脂韻字。《廣韻·脂韻》真尼切："蚳，蟻卵。岻，山名。""䖴""岻"即"蚳""岻"的俗寫。《龍龕》載"詆"俗作"詆"，

"抵"俗作"扺","袛(祇)"俗作"祍",等等,亦皆"氏"旁作"丘"之例。《改併四聲篇海·目部》引《搜真玉號》:"眂,音是。""眂"即"眠(視)"字俗書,亦其例。

【氐】*◎

《箋注本切韻》一齊韻當嵇反:"氐,一羌。"

按:"氐"即"氐"的增點俗字。同韻載"低""秪"等字,脂韻載"坻""泜"等字,"氐"旁皆寫作"氐"形。可洪《音義》第叁冊《大集月藏經》第十卷音義:"氐宿,上丁兮反。"上字亦爲"氐"的俗字。

欠　部

欨⁴

【歔】◎

《王一》平聲覃韻："欨,貪。又呼恬反。或作歔。"同書添韻："欨,貪欲。又呼男反。亦作歔。"

按："歔"爲後起改易聲旁字。

欨⁵

【啊】◎

《王一》上聲哿韻："欨,呼我反,大笑。或作啊。"《王二》同。《箋注本切韻》一"啊"作"閜",蓋誤脱偏旁。

按：《王一》"啊"又有許下反一音,與"閜"同音。據此,則"啊"當是從口、閜聲的後起形聲字。

款⁸

【欵】△

《王一》上聲旱韻："欵,苦管反,申。亦作款,通俗作欵。"

按：字頭與注文通俗字字形略同,疑字頭左部當從《説文》隸定作"祟",注文通俗字則當作"欵"或"欵","欵""欵"蓋皆隸書之變。慧琳《音義》卷三四《十住斷結經》第二卷玄應音義："欵,又作款,同。"

【款】△

書證見上。又《王二·旱韻》："款,亦作欵、欵,俗欵。"

按："欵"爲《説文》或體，"欵"則爲"款"字俗譌。《龍龕》以"欵"爲俗字。

【欵】△

《正名要録》"各依脚注"類："欵，從土。"

按：變"出"爲"土"爲隸書通例。其下則譌"示"爲"天"。

【欵】△

《毛詩音》二："欵，苦管[反]。"《佛經難字及韻字抄》載"欵"字，形微別。斯 2200 號《新定吉凶書儀》夫與妻書："限以所役，展欵未由，空積思慕。"斯 329 號《書儀鏡》："音信寂寥，何欵心目。"

按《干祿字書》："欵 款：上俗下正。"《五經文字》卷下欠部："欵款：上《説文》，下經典相承隸省。作欵非。"慧琳《音義》卷五二《增一阿含經》第三十五卷音義："款，或作欵，同。"凡此"欵""欵""欵"皆爲"款"之變體。《龍龕》以"欵"爲正字，蓋據當時流俗通用而言。

【欵】*◎

書證見前。

按："欵"爲"欵"之變。《王二·旱韻》"窾"作"窾"，"款"旁從之。

歃[9]

【歃】◎

《五代本切韻》二入聲洽韻："歃，一血。又山輒、山洽二反。"

按："舌"旁俗書作"𠮷"（詳"舌"字條），故"歃"即"歃"的俗字。《龍龕·欠部》以"歃"爲"今"體。

【吸】△

《王一·洽韻》："歃，一血。又山輒反。亦作吸。"

按："吸"字它書不載，《王二》作"呹"，疑當據正。但"呹"字它書未載用同"歃"者，俟再考。

殳 部

殳

【殳】△*

《箋注本切韻》一平聲虞韻市朱反："殳,《詩》云:伯也執殳。"斯2052號《新集天下姓望氏族譜》:"雍州武功郡出四姓:蘇、韓、是、殳。"

按:《説文》"殳"字作"殳",上從几聲,"殳"即其隸變字。又金文中"殳"字上部有寫作"日"形的,"殳"或即導源於這類古體亦未可知。《箋注本切韻》一昔韻營隻反載"疫""煨""役"等字;又《楞嚴經音義》一:"投,音頭。"《俗務要名林》(斯617號)聚會部:"鋪䚯,下普盧反。""殳"旁亦皆寫作"殳"。又《箋注本切韻》一沒韻又載"没""坕"等字,其右旁本從"殳"(篆文作"殳"),但"殳"旁俗或作"殳",故其用作偏旁亦或寫作"殳"。

【殳】△*

"殳"旁的俗寫。《箋注本切韻》一入聲昔韻:"役,營隻反,案文作役。"

按《干禄字書》:"殳殳:上俗下正。諸從殳者並準此。""殳""殳"皆"殳"字篆文的隸楷變體。

【殳】△*

"殳"旁的俗寫。《正名要錄》"本音雖同,字義各別例":"磬,樂;罄,盡。"

按:裴務齊正字本《刊謬補缺切韻》卷端字樣:"殳殳:下通,市朱[反]。"《王二·沒韻》載"没""坕"等字,"殳"旁亦寫作"殳"。

段[5]

【段】△*

《字樣》:"段,姓也。徒(徒)亂反,從殳、從古文耑字省,古耑字如此。"《箋注本切韻》三去聲翰韻："段,徒玩反,《説文》作此。"伯3099號《悉談章》："佛與衆生同體段。"

按：裴務齊正字本《刊謬補缺切韻》卷端字樣："段段：上正,徒乱反。"又云："段,胡加反,又古雅反,又徒玩反。"徒乱反、徒玩反的"段""段""段"皆爲"段"字俗書。《説文》"段"字從殳,俗書變作"叟",致與"叚"字相亂。《字鑑》卷四換韻："段,徒玩切,……从殳、耑省聲,與叚字不同。叚音假。凡鍛、碬、腶、椴等諧聲者从段,俗作叚。"上揭《箋注本切韻》"段"字下又載"假""椵"二字,"段"旁亦寫作"叚"。

【叚】△*

《禮記音》："叚,徒乱[反]。"同書上文"乿"（亂）字下注"魯叚"反。北6615（閏24）號《涅槃疏》："從迦葉白仏如仏所説已下訖大叚,明解脱義。"

按：前例所音爲《坊記》鄭注"自貳謂若鄭叔段者也"句,"叚"即"段"的俗字。可洪《音義》第拾叁册《佛説苦陰因事經》音義："叚叚,二同,徒乱反,悮。"此二字皆爲"段"的譌俗字。《大正藏》本對應經文正作"段段"。《毛詩音》殘卷二："㪔,同乱[反]。"所音爲《鄭風·將仲子》毛傳"武姜生莊公及弟叔段"句,"㪔"當是"段"的增繁俗字,可參。參看"叚"字條。

殷[6]

【骰】△

《正名要録》"正行者雖是正體,稍驚俗,腳注隨時消息用"類"骰"下腳注"殷"。

按：據字形而論,"骰"似是"骰 jiù"字俗寫,但據腳注字,則又似"殷"字別體。兹暫定爲"殷"字。《魏王紹墓誌》"殷"字作"骰",可參。參下文。

【殷】△

《正名要録》"正行者楷,腳注稍訛"類"殷"下腳注"殷"。斯2832號《書儀》："士（事）君竭九殷之誠,直躬秉難奪之志。"

按："殷"爲"殷"字俗寫。前揭"骰"的腳注字作"殷",形微別。

【䘅】△

書證見上。北8599（來41）號《賢愚經》卷十："太子聞之,即往到邊,向其䘅勤嘉言求曉。"

按可洪《音義》第貳拾叁册《經律異相》第三十卷音義："𣪠富,上於斤反。"同書第一册《大般若經》第四十八帙音義："𣪠勤,上於斤反。"上一字皆爲"殷"的譌俗字。又《魏張玄墓誌》"殷"作"𣪠",可參。

殺[6]

【𣪠】△

《箋注本切韻》六去聲怪韻所拜反："𣪠,一害。又所八反。亦從攴,亦作敩。"伯3593號《唐開元二十五年律疏》："若謀而未𣪠,自當不睦之條。"伯2054號《十二時》："蹉跎不遇善親情,勸𣪠猪羊祭神鬼。"

按："又"旁俗多書作"又",而"殳"俗書作"旻",故"殺"俗書作"𣪠"形。

【敩】△*

書證見上。北圖河字17號《唐開元二十五年律疏》："十惡、故敩人、反逆緣坐,會赦猶除名。"

按："敩"爲"殺"的換旁字。可洪《音義》第拾叁册《佛説鐵城泥犁經》音義："烹敩,上普庚反,下所八反。"同書第拾叁册《大般涅槃經》下卷音義："敩戮,上所八反。""敩""𣪠"一字異寫,亦爲"殺"的換旁字,可參。又上揭《箋注本切韻》六同一小韻又載"鐵""樕"等字,"殺"旁亦寫作"敩"形。

【煞】△

《楞嚴經音義》二："煞,正作此𣪠(殺?)。"斯289號《報慈母十恩德》："爲男爲女作姻親,煞他猪羊屈閑人。"

按《干禄字書》："煞敩殺:上俗中通下正。"慧琳《音義》卷十五《大寶積經》第一百零八卷音義："殺,古文煞字也,經文作煞,俗字謬也。"希麟《續音義》卷八《根本説一切有部毘奈耶藥事》第六卷音義："殺,作煞,俗字也。""殺"字《説文》篆文作"𣪠","敩"爲隸變字,而"煞"又爲"敩"之變體。《廣韻·黠韻》:煞,俗"殺"字。"煞"又爲"煞"的變體。

殼[7]

【𣪊】*

"殼"旁的俗寫。《正名要録》"本音雖同,字義各别例"："磬,樂;聲,盡。"

按:《龍龕·殼部》"殼"旁多有寫從"𣪊"形的,可參。

殼⁹

【㱿】△

《王一》入聲覺韻許角反："㱿,吐。亦作㱿(㱿)。"

按《玉篇·欠部》："㱿,許角切,嘔吐也。""㱿"當是"㱿"的譌體。

彀⁹

【彀】△

《箋注本切韻》五去聲候韻古候反："彀,張弓。"

按:《王二》作"彀",皆爲"彀"的譌俗字。

毅¹¹

【毅】△

《正名要録》"正行者楷,腳注稍訛"類"毅"下腳注"毅"。

按:《魏劉懿墓誌》"毅"作"毅",蓋皆隸變字。

【毅】△

書證見上。俄敦 1672＋1680 號《黃世強傳》："見閻羅王當殿正坐,羽儀服飾,甚自嚴毅。"

按《干禄字書》："毅毅毅:上俗中通下正。""毅"與其中的俗體形近。

【毅】△*

《王一》去聲未韻："毅,魚既反,致果。通俗作毅。"

按《王二》同韻下云："毅,魚既反,致果。俗作毅。"又《龍龕·殳部》："毅,或作;毅,正。""毅""毅"分别爲"毅""毅"的俗寫。又《王一》"毅"下載"藙"字(原卷下部作"毅")或體下部作"毅","毅"旁亦寫作"毅"。伯 2568 號《南陽張延綬別傳》："性頗沈默,剛毅稀言。""毅"亦爲"毅"字,可參。

方 部

方

【扲】＊

"方"旁的俗寫。《毛詩音》殘卷一："扲,烏。"同卷又載"遊"字。

按《學林》卷十"参"條云："草書方字類才字,故於字改爲扲,遊字改爲遊。"王觀國認爲"扲""遊"等字是俚俗"據草書而改變隸體"形成的俗體,甚是。參看以下有關條目。

於⁴

【扲】＊◎

《箋注本切韻》二平聲魚韻："扲,央魚反,《説文》作於。"《王二》："於,俗作扲。"伯2005號《沙州都督府圖經》："孟授渠,長廿里。右據《西涼録》,燉煌太守趙郡孟敏,扲州西南十八里,扲甘泉都鄉斗門上,開渠溉田,百姓蒙賴,因以爲号。"

按《干禄字書》："扲於:上通下正。"慧琳《音義》卷四《大般若經》第三六六卷音義："於,經從手,非也。"上揭《箋注本切韻》二央魚反小韻又載"箊""菸"等字,《佛經難字及韻字抄》又載"瘀"字,"於"旁皆寫作"扲"形。

施⁵

【𢒈】◎

《王一》平聲支韻："施,爲。亦作𢒈。"《王二》"𢒈"作"𢒈"。

按:施爲字《説文》本作"㠯","𢒈"或"𢒈"即"㠯"的隸變字。

旃⁶

【旃】△

《正名要録》"字形雖別,音義是同,古而典者居上,今而要者居下"類:**旃旃**。伯2186號《普賢菩薩説證明經》:"西方起逆風,**旃**檀香七日七夜浴卻穢惡。"

按可洪《音義》第伍册《道神足無極變化經》第三卷音義:"迦**旃**,上音加,下之然反。""旃"爲"旃"的加點字。《字鑑》卷二僊韻:"旃,俗從舟作**旃**,誤。"可參。

【旃】△

書證見上。

按:《説文》"旃"或體作"旜","旜"即"旜"的俗寫。

【旍】△

《王一》平聲仙韻諸延反:"**旍**,之。亦作饘(旜)。"

按《龍龕·方部》:"旍,俗;旃,正。"北223(盈46)號《大方等大集經》卷二六:"如**旍**陀羅,如熱鐵丸。"可洪《音義》第柒册《陀羅尼集經》第七卷音義:"室**旍**,諸然反。""**旍**""旍"亦皆"旃"的俗字,大約是由"旃"到"旍"的過渡環節。

【旐】◎

《毛詩音》殘卷二:"**旐**,之然[反]。"

按:"**旐**"蓋"旐"字俗書。

旅⁶

【振】*◎

《王一》上聲語韻力舉反:"**振**,師。"斯4473號《後晉文鈔·大晉皇帝與北朝皇帝遺書》:"桓桓師振,須臾不可乏名。"

按《干禄字書》:"振旅:上俗下正。"《龍龕·手部》:"振,與旅字同。"《王一》力舉反小韻又載"**振**"等字,"旅"旁從之。

【旅】*◎

《楞嚴經音義》一:"**旅**亭:上音吕。"伯4638號《右軍衛十將使孔公浮圖功德銘并序》:"逐北出其前鋒,振**旅**推其後殿。"

按:慧琳《音義》卷十一《大寶積經序》音義:"㫋,俗用從衣作㫋,非也。"同書卷二一《華嚴經》第十五卷慧苑音義:"㫋,力與反……㫋猶言侣。""㫋"亦即"旅"。六朝碑刻已見"㫋"字。又《增字本切韻》斷片力舉反小韻又載"脊""簴"等字,"旅"旁原卷亦寫作"㫋"形。

【捄】△*

《正名要録》"字形雖別,音義是同,古而典者居上,今而要者居下"類:旅 捄。《增字本切韻》斷片力舉反:"捄,師一。"《楞嚴經音義》二載"捄泊"二字。伯4017號《曲子長想思》:"捄客住江西。"

按可洪《音義》第拾叁册《過去現在因果經》第二卷音義:"力捄,音吕,正作旅也。""捄"是"旅""捄"交互影響産生的俗體。《魏北海王元詳造像》已見"捄"字。斯329號《書儀鏡》參謁法官求身名語:"某乙薄有脊力,請劾一年。""脊"爲"脊"的俗書,是"旅"旁亦作"捄"。

【捄】△

《諸雜難字》載"捄"字。斯328號《伍子胥變文》:"捄客悽悽實可念。"形微異。

按:《隋龍華碑》"旅"字作"捄",可參。

【旂】△

《文選音》:"旂,吕。"

按:所音爲陸士衡《漢高祖功臣頌》"克滅龍且,爰取其旅"句,"旂"即"旅"字。"旅"字右下部篆文本從"从",茲復加一人而寫作"旂"。伯2381號《法句經》:"聞爲第一藏,最富旅力強。"其中的"旅"亦爲"旅"字,右下部已作三人。又《魏元端墓誌》"旅"字作"旅",右下部亦從三人作"众"。

【祣】

《王一·語韻》力舉反:"祣,祭名。"

按:《王一》同一小韻又載"旅(旅)"字,訓師旅。《玉篇·示部》:"祣,力煮切,祭名。《論語》作旅。"《論語·八佾》:"季氏旅于泰山。"何晏集解引馬融注曰:"旅,祭名也。"祭名之"祣"與師旅之"旅"古本一字,"祣"實爲"旅"的譌變俗字。《王一》以"祣"作爲祭名之"旅"的專字,與"旅"分訓,實非切當。

【祣】△

《增字本切韻》斷片力舉反:"祣,祭山。"

按:"袱"是"袱""挆"交互影響的産物。

【袽】△

《禮記音》:"袽,良儲[反]。"

按:所音爲《雜記下》"旅樹而反坫"句,"袽"即"旅"的俗字。《龍龕·衣部》:"袽,俗,音吕,祭名也。""袽"實亦"旅"的俗字,"祭名"特"旅"字字義之一端耳。《魏于景墓誌》已見"袽"字。斯 1891 號《孔子家語》卷十:"大饗之礼,不足以大袽。大袽具矣,不足以饗帝。"王肅注:"大袽,祭五帝也。"可洪《音義》第拾册《菩薩善戒經》第二卷音義:"軍袽,力与反,正作旅、抜二形。""袽"形的寫法大約是"旅""袽"到"袽"演變過程的中間一環。

族[7]

【族】△*

《正名要録》"正行者楷,脚注稍訛"類"族"下脚注"挨"。

按:"族"爲"族"之俗寫。慧琳《音義》卷二二《華嚴經》第五十卷慧苑音義:"族,孔安[國]注《書》曰:族,類也。"字亦寫作"族"。伯 3994 號《菩薩蠻》詞:"小院奏笙歌,香風蔟綺羅。""蔟"即"蔟"字,是"族"旁亦可作"族"。

【族】△*

《箋注本切韻》一入聲屋韻:"族,昨木反。"斯 785 號《李陵與蘇武書》:"陵家世隴西,名傳甲族。"斯 329 號《書儀鏡》:"限事華族,濫蒙獎取。"

按:"族"或"族"爲"族"之變。《大般涅槃經音》一:"鏃,作木反。"即"鏃"字。是"族"旁俗書亦可作"族"形。

【挨】△

書證見前。北 8271(盈 58)號《佛説因果經》:"爲人喜婬九挨親者,死墮雀中。"

按可洪《音義》第貳册《濡首菩薩經》上卷音義:"挨雪,上昨木反,類也……正作族也。"又《五經文字》卷下肀部:"族,作挨訛。"慧琳《音義》卷四四《八部佛名經》音義:"族,經從手作挨,俗字也。"同書卷五七《佛説八關齋經》音義:"族,經從手作挨,非也。""挨""挨""挨""挨"皆一字之變。

旋⁷

【㳬】△*

《王一》平聲仙韻："㳬,似泉反,還。"斯329號《書儀鏡》四海平蕃破國慶賀書："具得全師而㳬,彼此莫不欣慶。"

按可洪《音義》第伍册《持心梵天經》第一卷音義："周㳬,序全反,正作旋。"形微別。上揭《王一》同一小韻載"鏇""暶""蟬"等字,右旁原卷皆作"㳬"形。《唐寶公夫人楊氏墓誌》"旋"作"㳬",可參。

火　部

灰²

【灰】*◎

《箋注本切韻》一平聲灰韻："灰,呼𠂇反。"《王一·灰韻》："灰,爐餘。從又。通俗作灰。"《王二·灰韻》："灰,俗作灰。"《俗務要名林》(斯 617 號)火部："灰,呼迴反。"伯 3209 號發願文："爐灰收煤(煙),冰河息浪。"

按《干祿字書》："灰灰:上俗下正。"《龍龕·火部》："灰,今;灰,正。""灰"字《説文》篆文作"𤆅",隸書既可作"灰",亦可作"灰"(比較"有""厷""圣"等字上部篆文皆作ㄓ)。而"灰"則爲"灰"的變體。俗書"灰"旁亦作"灰"。《文選音》："詠,苦回[反]。"即"詠"字。又《箋注本切韻》一灰韻"恢"作"𢞫"、"胲"作"𦜕",亦其例。

炧³

【炿】◎

《王一》上聲哿韻徒可反："炧,煑。又四者反。亦作炿。"

按："也""它"篆文形近,故從"也"從"它"俗書每多相亂。參看《隸辨》卷六偏旁"它"字條按語。

炒⁴

【煼】△

《箋注本切韻》四上聲巧韻："煼,熬。楚巧反。《説文》又作此䥶(䥶)。"《王一·巧韻》："煼,楚巧反,熬。亦作炒。"

按：慧琳《音義》卷四十《千手千眼觀世音菩薩姥陀羅尼身經》音義："熽，楚巧反……《説文》作鬵。""熽"爲"鬵"的換旁字。"煋"又爲"熽"的俗寫。《龍龕·火部》以"熽""煋"爲古字。《漢語大字典》據《龍龕》載"煋"字，失真。

【𩱞】△

《王一·巧韻》"煋"字下接云："𩱞，乾。亦作鬵。"

按《玉篇·鬲部》："鬷，楚狡反，熬也。""𩱞"當是"鬷"的俗寫。

烏 [6]

【烏】△*

《箋注本切韻》一平聲模韻："烏，哀都反。"伯2299號《太子成道經》："復見壤{里}田乌鵲啄噉，深生慈慜。"斯328號《伍子胥變文》："乌鵲拾食遍交橫，魚龍踴躍而撩亂。""乌鵲"即"烏鵲"，《敦煌變文集》録作"鳥鵲"，誤。

按：伯3618號《秋吟》："孤鴻叫嗚噎之聲。""嗚"即"嗚"字。又《箋注本切韻》載"嗚""𪃹"等字(模韻、姥韻)，"烏"旁皆寫作"乌"。

【兮】△

《正名要録》"各依腳注"類："兮烏：一畫。"北7444(潛27)號《隨求即得大自在陀羅尼神咒經》："復次大梵乌禪那城，有王名曰梵施。"

按：前例注文"一畫"當是指上揭二字下部當作一橫畫。草書四點多連書作一橫畫，故"兮"即"鳥"字，"乌"則即"烏"字。"烏"字篆文作"𩾏"，隸定有作"烏"形者(見魏三體石經《書·無逸》)，又俄敦5482號《修行道地經》卷一殘片："如四交道墮一段肉，乌(烏)鵄、鵰狼各來争之。""兮"形應即這一類寫法的變體。伯2007號《老子化胡經》卷一記太上老君至于闐國毗摩城，以神力召諸胡王，其中有"烏長國王""烏刺尸王"等，"烏"原卷作"乌"形。又《俗務要名林》(伯2609號)酒部"押"字下注"乌甲反。""乌""乌"亦皆"烏"字，可以比勘。

烝 [6]

【烝】△

《箋注本切韻》五去聲證韻諸應反："烝，熱。又諸陵反。又作丞。"伯2140號《佛説梵摩渝經》："周旋教化，烝(烝—拯)濟衆生。"

按："烝"字《説文》從火、丞聲。慧琳《音義》卷四三《陀羅尼雜集》第一卷音義作"烝",蓋變從"承"聲。慧琳《音義》卷六四《戒消災經》音義又作"烝",與上揭寫卷字形同,蓋皆"烝"之省變。《龍龕·火部》以"丞"爲正字,可參。又"丞"用同"烝",未聞其審。

烽[7]

【烽】

《箋注本切韻》二平聲鍾韻敷容反:"烽,火。按《説文》作此熢。"伯 2005 號《沙州都督府圖經》"苦水"條:"又北流至沙州階亭驛南,即向西北流至廉遷烽。"

按《龍龕·火部》:"烽,或作;熢,正。""烽"又爲"烽"的俗寫。

焉[7]

【焉】△

《字樣》:"焉焉:二同。安點。"伯 2386 號《太上洞玄靈寶妙經衆篇序章》:"天下太平,國主享祚,十方寧焉。"

按可洪《音義》第貳拾陸册《集沙門不應拜俗等事》第一卷音義:"誚焉,下于乾反。""焉"即"焉"之變,與"焉"字爲篆文隸變之異。伯 2007 號《老子化胡經》卷一記太上老君至于闐國毗摩城,以神力召諸胡王,其中有"焉者國王","焉"亦"焉"字。又《漢尹宙碑》"焉"作"焉",《干禄字書》載俗字作"焉",皆可參。

焚[8]

【燓】△

《正名要録》"字形雖別,音義是同,古而典者居上,今而要者居下"類:燓焚。

按:今本《説文》有"燓"無"焚"。段玉裁《説文解字注》以"燓"爲"焚"之譌(後一形與甲骨金文等古文字相合)。"燓"當是"焚"之變。郎知本以"焚(燓)"爲"今而要者",疑"燓"爲六朝前後產生的繁化字。伯 2237 號《亡考文》:"如是第宅儼真儀,燓名香,設弥(珍)供。"其中的掃描字當亦爲"燓"的譌變字。

【燓】△

書證見上。

按："番"旁俗書多作"畨"，故"燔"爲"燔"的俗字。《說文》"燔"與"焚"字別，但《正名要録》這個與"焚"音義同的"燔"則當是"焚"的異體。《集韻·文韻》："焚，古作燔。"亦其證。

無⁸

【**燕**】△

《字樣》："**燕**：二同。"同書跋云："又體殊淺俗，於義**燕**依者，並從刪剪。"

按：《漢北海相景君銘》已見"燕"字，蓋隸變字。

【無】△

《箋注本切韻》一平聲虞韻："**魚**，有（《王二》作"有無"）。武夫反。"北 1482（致 36）號《金光明最勝王經》卷一："如來善知戒及戒果，**魚**我我所。"

按：伯 2305 號《解座文彙抄》："富貴即有高低，**魚**常且還一種。"是其比。伯 3821 號《生查子》詞："三尺龍泉劍，俠（篋）裏**魚**人見。""**魚**"亦"無"字，可參。

㷭⁹

【煏】△

《五代本切韻》五入聲麥韻下革反："煏，燒反（麥）。亦作㷭、**椴**。"

按《玉篇·火部》："㷭，下革反，燒[麥]也。""煏"字它書未見，與"㷭"當皆爲"椴"的後起形聲俗字。

【椴】△

書證見上。

按《説文·木部》："椴，穜樓也。一曰燒麥柃椴。从木，役聲。""役"異體作"伇"，"殳"旁俗作"旻"，故"椴""椴"當爲同字異體。

煙⁹

【烟】△

《正名要録》"字形雖別，音義是同，古而典者居上，今而要者居下"類：煙**烟**。《五代本切韻》一平聲先韻："烟，一火。"伯 2553 號《王昭君變文》："圍遶烟焰（脂）山，用昭軍（君）作中心。"

按：《説文》載"煙"或體作"烟"。俗書"因"字作"囙"，故"烟"又爲"烟"的俗寫。慧琳《音義》卷六三《根本説一切有部尼陀律》第四卷音義："煙,律文作烟,俗字也。"同書卷八《大般若經》第五九九卷音義："煙,或作炟。"皆可参。《俗務要名林》(斯617號)火部："煙,烏䈦(研)反,亦作炟。""炟"當是"炟"的形誤字。

熒[9]

【焭】◎

《正名要録》"字形雖别,音義是同,古而典者居上,今而要者居下"類：焭惸。

按：慧琳《音義》卷一百《安樂集》下卷音義："焭,《説文》從冎、熒省聲,集作焭,俗字也。"《龍龕·火部》："焭,今；熒,正。""焭""熒"蓋隸變之異。

【惸】◎

書證見上。伯3610號《開蒙要訓》："孤惸鰥寡,老弱衰憐。"

按：慧琳《音義》卷二二《華嚴經》第二十一卷音義："焭,字又作惸。"同書卷五六《佛本行集經》第十九卷玄應音義："焭,古文惸、傑二形,同。""焭(焭)""惸"蓋古異體字。

煣[9]

【楺】◎

《王一》上聲有韻："楺,屈木。或作煣。"

按："楺"爲"煣"的後起換旁字。

熏[10]

【熏】△*

《正名要録》"本音雖同,字義各别例"："熏,火；薰,草；曛,暮。"北4489(爲52)號《般若波羅蜜多心經疏》："四根常与煩惱相應,能作一切善惡種子,熏入八識,成諸種子。"

按："熏"下部本從"黑",俗書變"丷"爲横。慧琳《音義》卷五一《大乘起信論》卷上音義："熏,《説文》云火氣也,從黑從中作熏。今俗作熏,行用已久難改。"《龍龕·火部》："熏燻：二正。""熏"及"熏"旁皆寫作"熏"。

热[11]

【热】△

《正名要録》"字形雖別,音義是同,古而典者居上,今而要者居下"類:熱 热。伯3093號《定風波》詞:"時時寒热破微微。"

按《干禄字書》:"热熱:上俗下正。"《龍龕·火部》:"热,通;爇,正。"漢簡中"熱"左半的"坴"已或簡省作"圭"。

燂[12]

【燂】△

《正名要録》"字形雖別,音義是同,古而典者居上,今而要者居下"類:燂燖。

按《龍龕·火部》:"燖,或作;燘,今:徐兼反,以湯沃毛令脱也。"接云:"燂,徒含反,火熱也。又徐兼反,以湯沃毛令脱也。""燖""燘"皆爲"燖"的俗寫,"燂"則爲"燖"的俗寫。"燂""燖"《説文》字別,但在"以湯沃毛令脱"這一意義上"燖"爲"燂"字別構。

【燖】△

説見上文。

燃[12]

【燃】

《箋注本切韻》一平聲仙韻:"然,如延反。燃,燒。"《王一·仙韻》:"然,如是反,延(泉按:"是""延"二字當互乙)。燃,燒。上然從火已是燒,更加火,非。同梁加木,失。"斯203號《度仙靈録儀》:"入火不燃,入水不濡。"

按:"然"字從火、肰聲,本爲"燃"字初文,而"燃"則是"然"的後起分化字。《字樣》:"然,燒然字亦用此。"《正名要録》"各依脚注"類:"然,從散火,左不須火。"大約東漢以後,爲免與用作代詞的"然"混淆,"然"字加注火旁作"燃",用作燃燒之"然"的專字(東漢建和元年《武梁祠堂畫像題字》已見"燃"字)。《干禄字書》:"燃然:然燒字上通下正。"敦煌卷子中燃燒義"然""燃"並用,説明當時"然""燃"的分化尚未完成。

燕[12]

【鷰】

《字樣》:"燕,正;鷰,鳥也,並一見反,此相承用。"《王一》去聲霰韻:"燕,乙鳥。或作鷰。案《説文》燕會、燕子字並單作,後加言、加鳥,通。"北敦 14666 號《李陵變文》:"覩(魚)遊鏑中,鷰巢幕下。"

按《干禄字書》:"鷰燕:上通下正。""鷰"爲燕子之"燕"的增旁繁化字。

附按:《集韻·霰韻》:燕,或從鳥作鷰。"鷰""鷰"爲結構變易字。"燕"俗字又有作"鶈"者(見《廣韻》,敦煌卷子中亦多見),則又爲"鷰"字省變。

燥[13]

【燥】△

《王一》上聲晧韻蘇浩反:"燥,乾。正作燥。"失名《字書》:"燥,蘇告[反]。"斯 202 號《傷寒論辨脈法》:"脣口乾燥,捲(倦)卧,足恒冷。"

按:宋王觀國《學林》卷十"參"字條云:"草書法,喿字與參字同形,故晉人書操字皆作摻。""參"字或寫作"叅"(詳"參"字條),故"喿"旁又寫作"叅"。"燥"字《説文》從火、喿聲,作"燥"當是俗體。《干禄字書》:"燥燥:上俗下正。"《龍龕·火部》:"燥,俗;燥,正。"是也。慧琳《音義》卷五五《佛説五苦章句經》音義:"燥,經作燥,非也。""燥"又爲"燥"的變體。

【燥】△

《王二·晧韻》蘇晧反:"燥,乾。正作燥。"

按:《隸釋》卷四載漢《李翕析里橋郙閣頌》有"燥"字,洪适跋謂即"燥"字,可參。

爐[16]

【爐】△

《正名要録》"字形雖别,音義是同,古而典者居上,今而要者居下"類:爐鑪。伯 2838 號《云謠集雜曲子·鳳歸雲》:"一爐香盡,又更添香。"

按:"虍"旁俗書多作"严",故"盧"旁俗書作"盧"。"爐"字不見於《説文》,蓋"鑪"的後起換旁字。

【鑪】△

書證見上。伯 3994 號《更漏長》詞:"紅綫毯,博山鑪。"

按:"鑪"爲"鑪"字俗書。《龍龕·金部》:"鑪,音廬,酒盆也。又一冶也。""鑪"亦即"鑪"字。

爨²⁶

【爨】△

《楞嚴經音義》一:"炊爨,上音吹,下七亂反。"伯 4638 號《右軍衛十將使孔公浮圖功德銘并序》:"二魂螢爨,隨惱鱗而何之。"

按:"爨"異體作"爨",俗又作"爨"。《干禄字書》:"爨爨:上通下正。"斯 705 號《開蒙要訓》:"鼎鑊金(釜)鍋,銼鑼鍑爨。"末字又爲"爨"的變體。

斗 部

斗

【䰝】△*

《王二》上聲厚韻:"䰝,當口反,十䰝(升)器。"北 7484(寒 95)號《灌頂章句拔除過罪生死得度經》:"或就山神、樹下鬼神、日月之神、南䰝北辰諸鬼神所作諸呪誓……聞我說是藥師瑠璃光佛本願功德,无不兩作和解,俱生慈心,惡意悉滅。"

按:漢碑"斗"字或作"䰝","䰝"蓋即其隸變字。《五經文字》卷中斗部"斗"亦寫作"䰝"形。《王二·厚韻》載"抖""䀠""斣"等字,"斗"旁亦作"䰝"。

【外】△*

《字樣》:"䥴䥵䥶䥷:已上並從䥴。"俄敦 1099 號《大方等陀羅尼經》卷二:"餓鬼、□□(畜生)、虫蟻、蠅虱、水虫、科外、魚鼈之屬,无一不□(遍)。"

按:"䥴"蓋"外"手寫之變。"外"則當是"斗"的變體。慧琳《音義》卷八七《破邪論》卷上音義:"斗,論作外,誤也。"可參。上引《字樣》"䥵""䥶""䥷"則分別爲"料""科""斜"的俗寫,是"斗"旁俗亦或作"外"形。

【升】△*

《俗務要名林》(斯 617 號)數部:"十合爲一升(升),……十升爲一斛(斛)。"同卷船部:"舟(舟)升:洩船中水升(升)也。"

按可洪《音義》第貳拾伍册《一切經音義》第二十二卷音義:"升削,上得口反,正作斗、斗。"同書第貳拾捌册《辯正論》第七卷音義:"升極,上都口反,北斗也。悮。""升"蓋"外""升"的變體。《切韻》殘葉三"斟"作"斟",《佛經難字及韻字抄》"料"作"料","斛"作"斛","斗"旁亦皆寫作"升"形。

又按:"外""丬"右下部加點則爲"升"字。參見"升"字條。

【丬】△*

上條所揭《俗務要名林》諸"升"字異本伯2609號皆作"丬"。斯6836號《葉净能小説》:"水亦(一)離口,雲霧丬闇,化作大蛇。"

按可洪《音義》第貳拾捌册《破邪論》下卷音義:"五丬,都口反,正作斗。""丬"蓋"斗"的變體。《略雜難字》載"料"字,"斗"旁亦寫作"丬"。

刮[6]

【刮】△

《箋注本切韻》五入聲末韻烏活反:"刮,一取物。或作挏。"

按:"刮"爲"刮"的俗寫。"刮"字後起,蓋"挏"的後起分化字。《廣雅·釋詁》:"刮,抒也。"王念孫疏證:"刮,各本作刮,乃隸書之譌。"俗書"斗""升"形近相亂,故"刮"即"刮"字俗譌。《時要字樣》:"刮,俗。""刮"即"刮"字,其右部即已譌作"升"。又《字彙補·舌部》:"刮,古朽切,音久,舌取物也。""斗"俗書作"丬",故"刮"當即"刮"字。《字彙補》云云,蓋既望文生其音,而又望文生其訓耳。

斛[7]

【斛】△

《正名要録》"字形雖别,音義是同,古而典者居上,今而要者居下"類:斛 酙。《俗務要名林》(伯2609號):"十合爲一升,……十升爲一斛。"

按:"斗"或作"丬",故"斛"或作"酙"。

【酙】

書證見上。北6343(人23)號《大般涅槃經》卷十:"尒時純陀所持粳粮成熟之食,摩伽陀國滿足八酙。"

按《龍龕·雜部》:"酙,音斛。"可洪《音義》第拾玖册《阿毗達摩大毗婆沙論》第二十卷音義:"千酙,户木反。""升"俗書作"丬",故"酙"當即"酙"的俗寫。一斛爲十斗、百升,故"酙"當是"斛"的會意俗字。

【酙】

《佛經難字及韻字抄》有"酙"字。北344(珍34)號《大乘入楞伽經》卷一:

"一䣛及十䣛,十萬暨千億,乃至頻婆羅,是等各幾數?"

按《八瓊室金石補正》卷二八《隋龍華碑》:"鳥獸迴音,望八䣛之分身。"亦用"䣛"字。考慧琳《音義》卷七八《經律異相》第十八卷音義:"斛,經文作䣛,俗字也。"同書卷八九《高僧傳》第五卷音義:"斛,傳從百作䣛,俗字也。"《集韻·屋韻》:"斛,或作䣛。""斗"字俗書作"卝",故"䣛"應即"斛"字俗書。伯2413號《大樓炭經》卷三:"經(紅)蓮華泥黎中,百歲取一芥子,盡六十万八千八百億四百四十八万䣛乃得出。"伯2004號《老子化胡歌》卷十老君十六變詞十二變:"國王歡喜立東宮,与迎新婦字衢夷。八百伎女營樂身,八䣛四卝(斗)不亂禪。破散庫藏施貧人,道十八人詣宮門。"伯3631號《善因願通等七僧欠物曆》:"辛亥年正月廿九日先把物團善因、願通等柒人欠常住䣛䣛(斗),見將物色折債抄録,謹具如後。"斯2472號背《辛巳年十月三日州司倉公廨斛斗交過憑》:"辛巳年十月三日筭會州司倉公廨䣛䣛(斗)。"其中的"䣛""䣛""䣛"亦爲"斛"的俗字,可以比勘。《齊宋顯伯造像》已見用作"斛"的"䣛"字。

附按:"斛"俗字作"䣛"和"䣛",存在兩種路徑:一是"斛"從百升會意作"䣛",而"䣛"又訛變作"䣛";二是"斛"草書訛變作"䣛","䣛"又訛變作"䣛"。因"斗""升"俗寫相亂,這兩種訛變的可能都是存在的。《北史》卷五四《斛律光傳》:"周將韋孝寬懼光,乃作謠言,令間諜漏之於鄴曰:'百斗飛上天,明月照長安。'"其中"百斗"二字同書卷四七《祖珽傳》及《北齊書》、《通志》等均作"百升"。中華書局標點本因改爲"百升"。校記云:"百升爲一斛,暗寓'斛'字,今據改。""百升""百斗"分別指"斛"的俗字"䣛"和"䣛","明月"則爲斛律光的字,這兩句謠言暗寓斛律光有犯上作亂之意。根據"䣛""䣛"當時流行的情況,原本作"百升"或"百斗"皆有可能。所以比較穩妥的辦法是不輕改原文,而出校加以説明。

户　部

所⁴

【所】△

《字样》:"所,正;所,相承用。"

按:"所"字《説文》從斤、户聲,"所"即其變體。《漢夏承碑》已見近似寫法。

【所】△

書證見上。

按:"所"上部的横畫及左半爲"户"的隸變體(《漢張遷碑》已見相近寫法),其右下部則爲"斤"的變體。《漢韓勑碑》有"所"字,字形略同。

【所】△

《箋注本切韻》一上聲語韻:"所,疏舉反,案文户、斤爲正。又所。"《王一·語韻》:"所,通俗作所。"《王二·語韻》:"所,俗作所。"

按《干禄字書》:"所所:上俗下正。""所"蓋"所"的變體。

扂⁵

【串】△

《箋注本切韻》一上聲忝韻徒玷反:"扂,閉户。或作串。"《箋注本切韻》四忝韻:"扂,或作此串。"

按:玄應《音義》卷十五《十誦律》第一卷音義:"𣔳,地點反,《通俗文》:門鍵曰𣔳。"《廣韻·忝韻》:𣔳,同"扂"。"串"當是"𣔳"字俗省。慧琳《音義》卷五九《四分律》第三十三卷玄應音義:"扂户,《通俗文》作串,門串也。""串"亦即"𣔳"字。

心　部

必¹

【必】△*

《箋注本切韻》一入聲質韻："必,卑吉反。"斯 5440 號《捉季布傳文》："君但送僕朝門下,必得加官品位新。"

按："必"字中間的一點和一撇手寫時往往連書作"必"形(斯 5574 號《碁經》有例),"必"又是其變體。上揭韻書又載"秘""邲""毖"等字,"必"旁亦皆作"必"形。

忍³

【忍】△*

《切韻》殘葉四："忍,而軫反。"北 854(鱗 3)號《賢劫經》卷六："其心專精,離於所好,外衆邪欲,不以歡喜,是曰忍辱。"

按："忍"爲"忍"字俗寫。上揭韻書同一小韻下云："蒽,隱蒽,草名。"此字即"蒽"字,"忍"旁亦從俗作。

忱⁴

【忱】◎

《切韻》殘葉三平聲侵韻氏林反："忱,信。"《正名要錄》"字形雖別,音義是同,古而典者居上,今而要者居下"類:忱諶。斯 2074 號《古文尚書傳·多方》："多士,尔弗克勸忱我命。"

按："忱"爲"忱"的俗字,"諶"爲"諶"的俗字。《龍龕·心部》："忱,氏林反,信也。""忱"亦俗"忱"字。"忱""諶"皆見於《説文》,二字音義均近,蓋古異體字。

忝 4

【忝】△*

《正名要録》"各依脚注"類"忝"下脚注"從心"。《箋注本切韻》上聲忝韻:"忝,他玷反。"斯214號《燕子賦》:"忝爲王吏,豈受資賄。"

按:"忝"字篆文下從心,隸變作"小",而俗譌作"小"。《干禄字書》:"忝忝:上俗下正。"斯705號《開蒙要訓》:"豐饒添益。""添"爲"添"之俗,是"忝"旁俗亦作"忝"。

怨 5

【怨】◎

《字樣》載"怨"字。斯2607號有詞題曰"恭怨春"。

按:"怨"爲"怨"的增筆繁化字。《隋董美人墓誌》已見"怨"字。

【怨】△

《切韻》斷片二去聲願韻:"怨,於願反。"《毛詩音》二:"怨耦,五口[反]。"《大般涅槃經音》二"淵"字下注音"怨"。伯2553號《王昭君變文》:"苦復重苦,怨復重怨。"

按:"怨"俗書作"怨",其上部的"夗"不成字,俗書因復類化作形近的"死"。《毛詩音》二載"婉(婉)"字,其右下部變"夗"爲"死",可參。《漢語大字典》"怨"字條引《王昭君變文》例,録"怨"作"怨",臆改不足據。

【惌】◎

《箋注本切韻》一平聲元韻於袁反:"惌,一枉。"《王二·元韻》:"惌,一枉。"斯2614號《大目乾連冥間救母變文》:"長悲惌歎終無益,鼓樂絃歌我不聞。"

按:上揭韻書及《廣韻》"惌"與"冤"皆屬同一小韻,"冤"釋冤屈,"惌"釋惌枉,二字分訓。《集韻》則把"惌"當作"怨"的或體處理。但《干禄字書》云:"惌寃:上俗下正。"("寃"即"冤"字,實亦俗字)又《龍龕·宀部》:"惌寃:於袁反,屈也,枉也,苦也。又縣名。二。"慧琳《音義》卷五《大般若經》第四五八卷音義:"煩冤,於袁反,或作惌,亦同。《廣雅》:冤,枉也。《考聲》云:冤,屈也;冤,苦也,經文作惌,非也。"類似的話在該書中還多次出現。是則又皆以"惌"爲"冤"

的或體俗字。考"宛"本爲"宛"字或體(見《説文·宀部》),其用作怨枉義既可説是"宛"的引申義("宛"《説文》訓"屈草自覆"),亦可説是"怨"的換旁字(俗書往往把生僻的偏旁改爲常見的偏旁,"夗"旁生僻,故俗書多改從"宛";"苑"俗書多作"菀",是其比),又可説是"宛"的新造形聲俗字(從心、宛聲)。三説相較,似以第二説爲長。

校按:《説文·心部》載"怨"古文作"㿀",宋杜從古《集篆古文韻海》卷四願韻載"怨"古文作"倉"(《類篇·心部》、《集韻·願韻》稱"怨"古作"㥑",即據"倉"字楷定),"㿀""倉"與《説文·宀部》的"𡨴"或即一字之變,皆爲"怨"字異體,《説文》以後者爲"宛"字或體,未必妥當。甲骨文"宛"字或作"𡨴";又《侯馬盟書》詛咒類105:3有"𡨴"字,整理者定作"怨"字,引《説文》以"怨"爲"怨"的古體字,皆可以比勘。

急⁵

【㥑】△

《箋注本切韻》一入聲緝韻:"㥑,居立反,㥑。"伯2292號《維摩詰經講經文》:"我見居士,怱怱行李,㥑₌入城。"

按:《箋注本切韻》一緝韻"立"字音"力㥑反",又載"泣"字音"去㥑反",其中的"㥑""㥑"當皆爲"急"的俗字。《説文·心部》載"㥑"字,謹也,《廣韻》於謹切,與上揭"㥑"字別。

怪⁵

【恠】◎

《王二》去聲怪韻:"恠,古壞反,異。正作怪。"浙藏193號《妙法蓮華經·見寶塔品第十一》:"尒時四衆見大寶塔住在空中,又聞塔中所出音聲,皆得法喜,恠未曾有。"

按可洪《音義》第拾陸册《根本毘奈耶雜事》第二十一卷音義:"驚恠,古壞反,正作怪,亦作恠、怪二形。""怪""恠"爲篆文隸變之異,而"恠""佐"皆爲"恠"的譌變形。

【㤃】△

《諸雜難字》載"㤃"字。斯361號《書儀鏡》屈謙書答書:"緣某尊者處分少事未了,了即奔赴,無怪遲遲。"

按《五經文字》卷中心部:"怪,作恠及從工者皆訛。"慧琳《音義》卷九四《續高僧傳》第十八卷音義:"怪,正恠字。……傳文從左作恠,古字也。或作忹,俗字也。""忹"當是"恠"的譌俗字。《龍龕・心部》以"忹"爲正字,不確。

【恠】

《箋注本切韻》六怪韻:"恠,異。古壞反。"《楞嚴經音義》一:"恠,古賣反。"斯 2056 號《捉季布傳文》:"罷飯停餐驚耳熱,捻筋橫匙恠眼睛。"

按:"怪"異體作"恠","厷"字罕覯,故俗書"厷"旁又類化爲形近的"在"。《干祿字書》:"恠怪:上俗下正。"《龍龕》以"恠"爲"今"字。

恐[6]

【恐】◎

《字樣》載"恐"字。《楚辭音》:"恐,丘用反。"斯 2073 號《廬山遠公話》:"遠公便製疏抄,前後三年,方始得成,猶恐文字差錯。"

按:"恐"俗書作"恐"(《龍龕》以"恐"爲"今"體),其右上部的"几"手寫時往往作"12"形,加以楷定便寫成了"口"。《隋謝岳墓誌》已見"恐"字。

恥[6]

【耻】◎

《王一》上聲止韻:"恥,勅里反,惡。俗作耻。"《王二》末字作"耻"。伯 3048 號《醜女緣起》:"只爲思君多醜貌,我今羞耻會諸賓。"

按:"恥"字《說文》本從心、耳聲,"心"旁草書或書作"心",與"止"的草書同形(參看"止"字條)。《正名要錄》"各依腳注"類"恥"下腳注"從心"。這個"從心"的"恥"右旁即寫作"心"形。又後世音變,"耳"旁與"恥"字的讀音逐漸拉開了距離,於是俗書遂把"恥"右旁"心"楷定爲與"恥"字音近的"止",原來從心、耳聲的"恥"便變成了似乎是從耳、止聲的"耻"。《干祿字書》:"耻恥:上俗下正。"慧琳《音義》卷十六《佛刹經》中卷音義:"耻,《說文》辱也,從心、耳聲,有從止作耻,俗用,並非正也。"可洪《音義》第拾册《菩薩地持經》第五卷音義:"慚耻,丑耳反,辱也,《字樣》作耻(恥)。"《龍龕・耳部》:"恥,正,丑里反,慙也,從心作。耻、耻:二俗,同上。""耻"又爲"恥"的譌體。

恢⁶

【㶣】◎

《王一》平聲灰韻:"恢,苦回反,大。亦作㶣。"《五代本切韻》二灰韻:"**恢**,亦作**㶣**。"

按:"灰"俗寫作"灰"(參看"灰"字條),故"**恢**""**㶣**"分別爲"恢""㶣"的俗寫。"㶣"爲"恢"的後起換旁字。

恭⁶

【恭】

《正名要録》"各依脚注"類"**恭**"下脚注"從心"。《五代本切韻》一平聲冬韻:"恭,一敬,又姓,從心。駒冬反。"伯3211號《王梵志詩集·只見母憐兒》:"生時不恭養,死後祭泥土。"

按:"恭"字《説文》從心、共聲,俗書上變從艹,下變從小。《干禄字書》:"恭恭:上俗下正。"慧琳《音義》卷四一《大乘理趣六波羅蜜多經》第一卷音義:"恭,下古文心字,上共聲也,俗從尒,非也。"漢碑中已見上從艹和下從小的"恭"字。《宋書·五行志》:"王恭在京口,民間忽云:'黄頭小人欲作賊,阿公在城下指縛得。'……黄字上,恭字頭也;小人,恭字下也。""黄頭小人"即指"恭"俗字"恭"而言。

恖⁷

【忩】*

《箋注本切韻》二平聲東韻:"忩,古作恖。倉紅反。"伯2718號《茶酒論》:"阿你兩個,何用忩忩?"

按:"恖"字上部《説文》篆文作"囟",隸變作"匆",又或作"公"(漢碑中已見"忩"字)。漢簡和漢碑"恖"旁有作"忩"者,源於金文"𠙹"。"忩""恖""忽"都是在"忩"一類寫法的基礎上不斷演變而成的。① 俗書"恖"旁亦作"忩"。《俗務要

---

① 參看裘錫圭《説字小記》,載《北京師範學院學報》1988年第2期;劉釗《古文字構形學》第306—307頁。

名林》(斯617號)雜畜部:"駸,音佘。"《箋注本切韻》二載"鬆""聡""総"等字,皆其例。

悉[7]

【悉】*◎

《箋注本切韻》一入聲質韻:"悉,又作悉。息七反。"《王一·質韻》:"悉,息七反,皆。從釆(釆),音辨。通俗作悉。"(標目字與"通俗作"字同形,當有一誤)《王二·質韻》:"悉,息七反。俗作悉。"伯2628號孫愐《唐韻序》:"安尒[安]禾,並悉具言。"

按《干禄字書》:"悉悉悉:上俗中通下正。"《龍龕》以"悉"爲俗字。"悉"字《說文》上從釆,但"釆"字金文及秦漢陶文、璽印中已多見"米"形的寫法,秦漢簡帛、碑刻文字亦多見上部作米形的"悉"(劉釗《古文字構形學》謂"悉字最初應該從'米'作,很可能是從'心''米'聲的形聲字",第304—305頁),故"悉"字確可謂"通"行已久。又《王一》入聲屑韻先結反:"悉,動草聲。""悉"即"悉"字,"悉"旁亦從俗作"悉"。

【悉】△

《正名要録》"正行者楷,脚注稍訛"類"悉"下脚注"悉"。伯2007號《老子化胡經》卷一:"始建悉雲十二文字,展轉離合,三萬餘言。"又上條所揭《唐韻序》"悉"字伯2019號作"悉"。

按:《干禄字書》以"悉"爲俗字,以"悉"爲"通"字,較妥。"悉"或"悉"當是"悉"的變體。《龍龕》以"悉""悉"爲俗字,可參。

悖[7]

【憝】◎

《王一》入聲没韻蒲没反:"悖,逆。又蒲潰反。亦作憝。"

按:"憝"或作"懟",皆爲"悖"的後起繁化字。

惡[8]

【惡】△

《字樣》載"惡"字。斯80號《無上秘要》卷十:"罪福各緣生,善惡諒由心。"

心部 | 623

按:《魏長孫士亮妻宋靈妃墓誌》"惡"亦寫作"忠"形,蓋隸書之變。

【悪】

《正名要録》"正行者楷,腳注稍訛"類"惡"下腳注"悪"。《文選音》"悪"字音"烏"。《王二》去聲暮韻烏故反:"悪,恥。又烏各反。亦作惡。"伯 2553 號《王昭君變文》:"愛之欲求生,悪之欲求死。"

按《干禄字書》:"悪惡:上俗下正。"慧琳《音義》卷六《大般若經》第五百一卷音義:"惡,經文從西作悪,因草隸書訛謬也。""惡"俗作"悪",可能與改旁便寫有關。《顏氏家訓·書證》篇謂當時俗字"惡上安西",即指"悪"字而言。

【偲】△

《大般涅槃經音》一"偲"字下腳注"悪"。北 6324(騰 73)號《大般涅槃經》卷六:"如彼薄福憎偲粳糧及石蜜等,二乘之人亦復如是,憎偲无上大涅槃經。"

按:"悪"爲"惡"的俗字,而"偲"又爲"悪"的增旁繁化俗字。慧琳《音義》卷九《光讚般若經》第四卷玄應音義:"惡,經文從草作蕙,又從人作偲,皆非也。"《龍龕·人部》:"偲偲:二俗,烏各、烏故二反,正作惡字。"

恵⁸

【恵】△*

《王二》去聲霽韻胡桂反:"恵,仁。俗作恵。"《王一·霽韻》:"惠,仁。通□(俗)作□。"據《王二》,句末缺字當是"恵"。斯 516 號《歷代法寶記》引王梵志詩:"恵眼近空心,非關髑髏孔。"

按:漢碑已多見"恵"字。①《王一·霽韻》又載"憓""潓""鏸"等字,"惠"旁亦皆作"恵"。

悳⁸

【悳】△

《五代本切韻》一入聲德韻他得反:"悳,驚——。亦作𢜩。"

按:末字原卷不甚明晰,兹據大致形狀録定作"悳"。潘書作缺文。"悳"蓋

---

① "恵"字上部作"宙"戰國和秦漢文字已見,淵源甚古。參看梁春勝《楷書部件演變研究》第 314—315 頁。

"愲"的改换声旁俗字。《正字通·木部》:"檂,同楺。"可以比勘。

幬⁸

【幬】◎

《正名要録》"字形雖别,音義是同,古而典者居上,今而要者居下"類:
幬幬。

按:據字形,此二字可定作"幬""幬"。然字書"幬""幬"音義均略有差别,此以爲異形同字,未聞。頗疑文中乃"幬""幬"俗寫。俗書巾旁忄旁相亂,如該卷"本音雖同,字義各别例":"憺(幨),惟(帷);襜,褕,蔽膝。"禕,后服;幃(幃),香纓。""幟,盛;憾(幟),憣(幡)。""秩,禄;忕(袟),書。"其中掃描字所從的"忄"旁皆爲"巾"旁俗寫,是其例。"幬""幬"爲古異體字。《玉篇·巾部》:"幬,直流反,禪帳也。幬,同上。"是也。

愆⁹

【僁】◎

《正名要録》"字形雖别,音義是同,古而典者居上,今而要者居下"類:愆僁。《五代本切韻》一"愆"字下云:"僁,俗字,同上。"《王二》平聲仙韻:"愆,去乾反,罪。俗僁。"伯3065號《太子入山修道讚》:"衆生苦海入本源,誰是救你僁。"

按《干禄字書》:"僁愆:上俗下正。"慧琳《音義》卷七《大般若經》第五四九卷音義:"僁,《字書》云僁字正從人、從心、开聲也。……經中多從二天作僁,俗字也。""僁"字未見於《説文》,似亦後起字。斯328號《伍子胥變文》:"父愆子替,何用屍骸?""僁"當又爲"僁"的變體。

【謇】△

《文選音》:"謇,去焉[反]。"斯2074號《古文尚書傳·蔡仲之命》:"□□□□(爾尚蓋前人)之謇,惟忠惟孝。"

按:前例所音爲《三國名臣序贊》"行不脩飾,名迹無愆"句,"謇"即"愆"字别構。慧琳《音義》卷四一《六波羅蜜多經》第一卷音義:"愆,衛宏作謇、愆,並古字也,時不行用也。"《龍龕·言部》:"謇,古文,音愆,過也。"《説文》載"愆"字籀文作"謇","謇"當是"謇"的譌俗字。

愍⁹

【愍】△

《切韻》殘葉四:"愍,悲。眉隕反。"《箋注本切韻》一上聲軫韻:"愍,悲。眉殞反。"伯 2735 號背《辯中邊論》:"不慳有三障:一不尊重[正法,二尊重]名譽利養恭敬,三於諸{法}有情心无悲愍。"

按斯 318 號《洞淵神呪經》卷七:"今告丹誠,哀情可愍。"末字乃"愍"避唐李世民諱的缺筆字,而"愍"又爲其進一步簡省的結果。

【愍】△

《王二·軫韻》:"愍,眉隕反,悲。"同書平聲蒸韻"矜"字下訓"愍"。《正名要錄》"恤"字下訓"心憂愍"。北 8603(文 53)號《賢愚經》卷十三:"吾不愛色,而來至此,用慈愍故,來到此耳。"

按《五經文字》卷中心部:"愍,傷也,緣廟諱偏傍準式省從氏。凡泯、昏之類從氏。"《正名要錄》"字形雖别,音義是同,古而典者居上,今而要者居下"類:憫愍。"愍"爲"愍"避唐李世民諱的改形字。"憫"字不見《説文》,蓋"愍"的後起字。《八瓊室金石補正》卷三三《唐陽信令元某釋迦像銘》:"愍火宅居之正燎。"陸增祥跋以"愍"爲"愍"的避諱字,是也。

【慜】◎

《楞嚴經音義》一:"哀慜:音敏,合作愍,一憐也。"伯 2418 號《父母恩重經講經文》:"皆慚乳哺多恩德,盡感懷躭足慜憐。"

按今本《玉篇·心部》:慜,同"愍"。"愍"爲"愍"的避諱缺筆字,"慜"則爲"愍"的避諱改易聲旁字。"慜"字别有"聰也"一訓(《廣韻》),則爲"敏"的增旁俗字。陳垣《史諱舉例》第三《避諱缺筆例》下以"愍"字作"慜"爲避諱借用,未盡確。

惲⁹

【憚】△

《正名要錄》"正行者楷,腳注稍訛"類"惲"下腳注"憚"。伯 2305 號《妙法蓮華經講經文》:"千年而不怛(憚)劬勞,一日兮滿其功德。聞法是時,更莫慵憚!"

按：希麟《續音義》卷四《大乘瑜珈千鉢文殊大教王經》第五卷音義：" 惰，又作墮，同，徒卧反，《考聲》云：不勤也。"《新唐書·韋貫之傳》："有司弛墯不力。""墯"亦同"惰"。"堕"蓋"墯"之省文。北6335（藏36）號《大般涅槃經》卷九："尒時多有行惡比丘，不知如來微密之藏，懶墯懈怠，不能讀誦宣説分别如來正法。""墯"亦"惰"的俗字，可參。《龍龕·土部》以"堕"爲"墮"之俗體，則别爲一字。

愕⁹

【愕】△

《字樣》："愕愕：二同。"俄敦5421號《佛頂尊勝陀羅尼經序》："其僧驚愕，倍更虔心。"

按："愕"當是"愕"之異構。"亏""丐""于"三形隸變相混無别。《龍龕》以"愕"爲正字，而别無"愕"字。

【愕】△

書證見上。

按："亏"或"丐"旁隸書或作"于"，故"愕"或作"愕"（見《隸辨·鐸韻》），而"愕"又爲"愕"之寫變（《魏元子直墓誌》"愕"作愕，可參）。可洪《音義》第貳拾壹册《賢愚經》第四卷音義："驚愕，五各反。"同書第拾伍册《摩訶僧祇律》第十九卷音義："驚愕，五各反。"其中的"愕""愕"皆即"愕"字，可參。又《隸辨·鐸韻》載"鄂"或作"鄂"，是其比。

愧⁹

【諼】◎

《王一》去聲至韻："愧，軌位反，慙。亦作聭、媿、諼。"

按："鬼"字俗作"鬼"（詳"鬼"字條），上揭各字右旁皆爲"鬼"的俗寫。慙愧字《説文》本作"媿"，其或體作"愧"，《玉篇》又載或體作"聭"（馬王堆帛書已見"聭"字），"諼"爲其後起換旁字。

【愧】△

《正名要錄》"字形雖别，音義是同，古而典者居上，今而要者居下"類：愧媿。

按:"愧"爲"愧"之俗寫。

【媿】△

書證見上。

按:"媿"爲"愧"之俗。

惱⁹

【惱】◎

《王一》上聲晧韻奴浩反:"惱,懊惱。"斯 5549 號《女人百歲篇》:"四十當家主計深,三男五女惱人心。"

按:慧琳《音義》卷六八《阿毗達磨大毗婆沙論》第五十五卷音義:"煩嫐,……從女,惱省聲。論作惱,亦通。""嫐"爲《説文》本字,其後起換旁字作"惱",而"惱"俗字作"惱"。《龍龕・心部》:"惱,今;惱,正。""甾"形部件俗書皆可作"凶",初不獨"惱"字爲然。

【惱】△

《箋注本切韻》一晧韻:"惱,懊惱。古作惱。"伯 2418 號《父母恩重經講經文》:"思量慈母生身日,苦惱千般難可述。"

按:"甾"形部件《説文》作"甾",作"凶"或"凶"蓋皆爲其隸變體。

【惱】△

《箋注本切韻》四晧韻:"惱,懊—。"

按:"惱"右下部爲"止"俗書。蓋俗書"山""止"不分,故"惱"或作"惱",而手寫又書作"惱"。北 8278(日 30)號《法王經》:"我當爲汝分□□□□(別宣説真)實大乘決定了義。何以故?度衆生故,令諸衆生離煩惱故。"伯 2133 號《金剛般若波羅蜜經講經文》:"後顯諸佛斷滅煩惱盡儀(義)也。"《龍龕》以"惱"爲"惱"的"通"體,可參。

慇¹⁰

【慇】*

"慇"旁的俗寫。《切韻》殘葉四:"轂,車聲。"又云:"穏,治穀聚。烏本反。"《俗務要名林》(斯 617 號)女工部:"縄,綴絮。於謹反。"

按:故宫藏裴務齊正字本《刊謬補缺切韻》卷端字樣:"慇慇:於謹[反],下通。""慇"蓋又"慇"的俗寫。

愬¹⁰

【愬】△

《箋注本切韻》一入聲麥韻所責反:"愬,懼皃。俗作恝。"北 8456(辰 17)號《洞真上清諸經摘抄》:"駕炁眄空洞,乘景恝九天。"

按:"朔"字俗作"𦍤"(詳"朔"字條),故"愬"俗書作"恝"。"愬"及其俗體"恝"又用作"訴"的異體,參看"訴"字條。

慧¹¹

【譓】◎

《王一》去聲霽韻胡桂反:"譓,才智。亦作譓。"

按《原本玉篇·言部》:"譓,或慧字也。""譓"蓋"慧"的增旁字。"惠""慧"音近通用(敦煌卷子中"慧"字多借用"惠"字),故"譓"蓋又"譓"的改易聲旁字。

憁¹¹

【憎】△

《五代本切韻》一平聲冬韻祖冬反:"憎,一謀。"接云:"憎,一博多聞。從十(卜)、曹。亦後(從)十。"

按《說文·心部》:"憁,慮也。从心,䂀聲。""䂀"旁隸變作"曹",又省作"曺"(參看"曹"字條),故"憁"隸變作"憎",又省作"憎"。《龍龕·心部》:"憎,藏宗反,謀也。又音曹,心亂也。""憎"亦"憁"字。

【憎】△

《五代本切韻》二平聲冬韻祖冬反:"憎,一謀。"接云:"憎,一博(博)多聞。從十(卜)、曹。亦復(從)十。"

按:"亦復十"《五代本切韻》一作"亦後十","復""後"當皆爲"從"字之誤,即指"憎"俗書亦從"十"作"憎"而言。

慺¹¹

【慺】△

《王一》平聲虞韻:"慺,力朱反,敬。[□]作慺。"《王二·虞韻》:"慺,正作慺。"

按:"娎"字或作"娎"(詳"娎"字條),故"㦣"又作"㦣"。《龍龕·心部》:"㦣,力朱反,悦也。又力侯也;——,謹敬皃。"字亦寫作"㦣"。

愓¹¹ 愓

【痭】◎

《王一》平聲陽韻:"痭,憂思。又尸向反。亦作愓。"

按:"愓"見《説文》,"痭"爲其後起形聲字。《集韻·陽韻》尸羊切:"愓,憂疾。"又漾韻式亮切:"愓,《説文》:憂也。一曰閔也。或作痭。"《漢語大字典》據之以後一音義的"痭"爲"愓"的異體;前一音義的"痭"則視爲别一字,不妥。

慣¹¹

【串】◎

《正名要録》"字形雖别,音義是同,古而典者居上,今而要者居下"類:串慣。《王一》去聲諫韻:"慣,古患反,習。或作串。"《楞嚴經音義》一:"串,古患反,俗作慣。"

按《爾雅·釋詁下》:"串、貫,習也。""慣"爲"貫"的後起增旁字。"貫""串"音近義通。慧琳《音義》卷六八《阿毗達磨大毗婆沙論》第十二卷音義:"串,關患反,俗字也。正體從心作慣,《韻英》:習也。"則以"串"爲俗字。

憩¹²

【憇】◎

《大般涅槃經音》二載"憇"字。斯 2144 號《韓擒虎話本》:"衮虎拜舞謝恩,走出朝門,私宅憇歇。"

按:"憩"字慧琳《音義》卷三一引《古今正字》從息、舌聲作"憩"。"憇"爲"憩"的偏旁易位字。慧琳《音義》卷四二《法炬陀羅尼經》第三卷音義:"憇,《爾雅》:憇,息也。"標目字亦作"憇"。

憑¹²

【憑】△

《正名要録》"正行者雖是正體,稍驚俗,腳注隨時消息用"類"凭"下腳注"憑"。

按:"憑"爲"憑"的俗體。《字樣》載"馮"字與"憑"字,又《隋郭王墓誌》"憑"作"憑",可參。"凭"見《說文》,經典或借用"馮"字,而"憑"爲"馮"這一借用義的後起增旁字。《說文·馬部》:"馮,馬行疾也。"徐鉉注:"本音皮冰切,經典通用爲依馮之馮,今別作憑,非是。"慧琳《音義》卷四一《大乘理趣六波羅蜜多經序》音義:"憑,皮冰反,《集訓》云:憑,託也。從心、馮聲。《說文》作凭。"參看"馬"部"馮"字條。

憤[12]

【懫】◎

《王一》上聲吻韻:"憤,房吻反,怨。亦作懫。"

按:慧琳《音義》卷八《大般若經》第五六六卷音義:"憤,或作懫,古字也。"《龍龕·心部》:"懫,或作;憤,正。""懫"蓋"憤"的後起換易聲旁字。

憮[12]

【㒵】◎

《箋注本切韻》一上聲麌韻無主反:"憮,失意兒。字或作㒵。又荒烏反。"

按:"㒵"蓋"憮"的後起換旁字。《玉篇·人部》"㒵"字訓"慢",當別是一字。

憐[12]

【怜】◎

《正名要錄》"字形雖別,音義是同,古而典者居上,今而要者居下"類:憐怜。《箋注本切韻》一平聲先韻路賢反:"憐,愛。俗作怜。"伯2418號《父母恩重經講經文》:"釋迦聖主慈悲力,但是衆生總怜惜。"

按《干祿字書》:"怜憐:上俗下正。"慧琳《音義》卷三《大般若經》第三四九卷音義:"憐,經作怜,俗字也。"《龍龕·心部》:"怜,俗通;憐,正。"六朝碑刻中已見"怜"字,蓋"憐"的換易聲旁俗字。

憿[13]

【僥】◎

《王一》平聲蕭韻古堯反:"憿,一幸,或作徼倖。亦作僥。"《王二》同。

按:"憢"用同"憿",未見其他辭書載列。

懟[14]

【諪】◎
《王一》去聲至韻直類反:"懟,怨。亦作諪。"《王二》同。
按:慧琳《音義》卷三九《不空羂索經》第四卷音義:"懟,直類反,《説文》:懟,怨也;從心,對聲。《字書》亦從言作諪也。""諪"當是"懟"的後起換旁字。

懦[14]

【懦】◎
《箋注本切韻》一平聲虞韻日朱反:"懦,弱。又力乱反。"斯 1441 號《勵忠節鈔・賢行部》:"孟子曰:聞伯夷、叔齊之風者,貪夫爲之生廉,懦夫爲之立志。"
按:"需"旁俗書作"需",故"懦"即"懦"的俗字。《龍龕・心部》:"懦悷懦:人朱、奴亂、奴卧三反,怯劣、一弱也。""悷"同"悷",亦"懦"之俗譌字。

懇[16]

【懇】△
《佛經難字及韻字抄》載"懇"字。
按:"貌"字古亦作"皃",故"懇"上部亦或寫作"皃"。《集韻・覺韻》:懇,或作懇。"懇"當即"懇"字俗寫。

懶[16]

【悚】◎
《王一》上聲旱韻:"嬾,洛旱反,惰。或作悚、懶。通俗作嬾。"
按《正字通・心部》:"悚,俗嬾字。"

【懶】
書證見上。
按:懶惰字《説文》作"嬾","懶"爲"嬾"的後起換旁字。慧琳《音義》卷二九《金光明經》第六卷音義:"嬾,《説文》云:懈怠也,從女,賴聲。經從心作懶,亦通俗字也。"

【嬾】△

書證見前。又《切韻》殘葉四："嬾,落旱反。"斯 2607 號《浣溪沙》詞："萬家枮(砧)杵擣衣聲,坐寒更添□玉淚,嬾頻聽。"

按《干祿字書》："頼賴:上通下正。"故"嬾"當是"嬾"的通俗用字。《龍龕·女部》："嬾,落散反,惰也。與懶同。""嬾"爲"嬾"的俗寫,"懶"則爲"嬾"的俗寫。

【懶】◎

《佛經難字及韻字抄》載"懶"字。伯 3211 號《王梵志詩集·家中漸漸貧》："家中漸漸貧,良由慵懶婦。"

按:慧琳《音義》卷三《大般若經》第三百三十卷音義:"嬾,經從心作懶,雖訛亦通。"《字鑑》卷三旱韻:"嬾,俗从心从頁作懶,誤。"

懷[16]

【懷】△

《王一》平聲皆韻:"懷,户乖□□反,正作懷。"斯 3872 號《維摩詰經講經文》:"然須消放逸,莫遣亂心懷。"

按:前例標目字稍欠明晰,《敦煌掇瑣》、姜書等摹録作"懷",不確。敦煌卷子"懷"字多寫作"懷"。《干祿字書》:"懷懷:上通下正。"所謂"通"字與上揭寫卷字形合。

丬 部

丬

【牛】*

"丬"旁的俗寫。《楞嚴經音義》一:"牀枕,上或作此床。"又《字樣》載"牆(牆)"字。又《正名要錄》"陴"字下注:"女牆(牆)也。"

按:"丬"旁寫作"牛",則與"牛"旁相混無別,故俗書"丬""牛"二部每見相亂。《龍龕·牛部》載"将""牀""牉""牄"等俗字,其左旁皆爲"丬"的俗寫。

【扌】*

"丬"旁的俗寫。《字樣》載"搞(牆)"字。《王一》平聲陽韻載"將"通俗作"捋",又"莊"字寫作"莊","裝"字寫作"裝",等等。

按:《五經文字》卷上丬部稱"壯"作"壯"者譌,"狀"作"状"者譌,亦皆"丬"旁作"扌"之例。

牀[4]

【床】

《正名要錄》"正行者楷,腳注稍訛"類"牀"下腳注"床"。《箋注本切韻》一平聲陽韻:"床,簀。古作牀。士莊反。"《王一·陽韻》:"牀,通俗作床。"《王二·陽韻》:"牀,俗作床。"伯2133號《妙法蓮華經講經文》:"白角簟中安錦褥,象牙床上布紅絪。"

按《干祿字書》:"床牀牀:上俗中通下正。"今本《玉篇》已載"床"字。

将[7]

【将】△*

《正名要録》"正行者楷,脚注稍訛"類"将"下脚注"将"。

按《五經文字》卷上爿部:"將将:上《説文》,下經典相承隸省。"《龍龕·爿部》:"将,即羊反。"亦即"將"字。《切韻》殘葉四上聲養韻載"牂""將"等字,"將"旁亦寫作"将"。

【将】△

書證見上。又《王一》平聲陽韻:"将,即良反,欲。通俗作持。"伯 3911 號《曲子擣練子》:"莫将生分向耶娘。"

按:"將"左旁作"丬"形,漢碑已然。希麟《續音義》卷三《迴向輪經》音義:"將,經文作将,俗字,非正。"可參。又《禮記音》:"醬,子亮[反]。"《俗務要名林》(斯 617 號)船部:"艚,大橈,時(將)兩反。""将"爲"將"旁的俗寫,亦其比。

牆[13]

【廧】

《王一》平聲陽韻:"牆,疾良反,垣牆。亦作廧。通俗作墻(牆)。"中村 18 號《律抄》:"净地有四種:……三者僧自立寺,或勸化人建。欄牆不周,逐營人即自處分,然後請僧來入。"

按:"牆"字《説文》從嗇、爿聲。異體作"廧",蓋從广從嗇會意。希麟《續音義》卷二《新大方廣佛華嚴經》第四卷音義:牆,經文或作廧,俗用字,非也。

【牆】△

書證見上。

按《干禄字書》:"墙牆牆:上俗中通下正。"可參。

【墙】△

《楞嚴經音義》一:"墙宇,上疾良反。"伯 2005 號《沙州都督府圖經》"醫學"下:"右在州學院内於北墙别搆房宇安置。"伯 2827 號《太玄真一本際經》卷一:"令入法墙,遠離耶道。"伯 4638 號《大番故敦煌郡莫高窟陰處士公修功德記》:"南墙畫西方净土、法花、天請問、寶(報)恩變各一鋪。"

按慧琳《音義》卷四一《六波羅蜜多經》第二卷音義:"牆,經從土作墙,俗字也。""墻"蓋亦"牆"的會意俗字,而"墻"又爲"墻"的俗寫。《干禄字書》載俗字"墻",《龍龕·土部》又載俗字"塲"(斯 2056 號《捉季布傳文》亦有"塲"字),又皆爲"墻"的變體。斯 610 號《啓顏錄》"謿誚"類:"此人即走至屏墻,大聲語曰:……""墻"爲"墻"之省,可參。

【壚】△

《禮記音》:"壚,慈良[反]。"斯刻本 1 號《故圓鑒大師二十四孝押座文》:"若是弟兄争在户,必招隣里閻邅壚。"

按:上揭《禮記音》所音爲《雜記上》"至於廟門不毁牆"句,"壚"即"牆"的俗字。慧琳《音義》卷二一《大方廣佛華嚴經》第八卷慧苑音義:"廧字籀文、隸文皆作廧,今或加土也。""壚"當是"廧""墻"交互影響的産物,而"壚"爲"墻"的俗寫。《龍龕·土部》:"壚壚塲,三俗……正合作牆。"

【壚】△

《正名要録》"字形雖别,音義是同,古而典者居上,今而要者居下"類:牆壚。

按:"壚"《龍龕》又作"塲",蓋皆"壚"的譌體。

【牆】△

《字樣》:"牆牆:二同。"

按:"牆""牆"皆爲"牆"的俗寫。斯 610 號《啓顏錄》"謿誚"類:"(其人)負絹走出,未至屏牆,即遂倒卧不起。"《龍龕·牛部》有音墙的"牆"字,即"牆"的俗字,而"牆""牆"又爲"牆"之變。

【牆】△

書證見前。北 4710(劍 31)號《妙法蓮華經》卷四:"牆壁圮坼,泥塗褫落。"伯 2893 號《大方便佛報恩經》卷四:"樹木摧折,牆壁崩倒。"

按:"牆"應爲"牆"的俗寫。可洪《音義》第貳拾捌册《辯正論》第三卷音義:"牆隩,上自羊反。"即其字。參上條。

【牆】△

説見上文。

毋 部

毎²

【毎】*◎

《王二》上聲賄韻武罪反:"毎,頻。俗作每。"北 4756(結 21)號《妙法蓮華經》卷二:"父毎念子,與子離別五十餘年,而未曾向人説如此事。"

按:"每"字《説文》從屮、母聲作"𡴋",隸變作"毎",又作"每"。漢碑已見"毎"字。《正字通·毋部》:"毎,俗每字。"蓋據後世通行寫法而言。又《正名要録》載"誨"字,《王二》上聲海韻載"海"字,去聲隊韻載"薶""瞙"等字,"每"旁亦皆寫作"毎"形。

示 部

礿³

【禴】△

《正名要録》"正行者楷,脚注稍訛"類"禴"下脚注"禴"。

按:慧琳《音義》卷九五《弘明集》第三卷音義:"礿,《説文》云夏祭名也,從示、勺聲。亦作禴。""禴"爲"礿"的改易聲旁字。而"禴"字未見他書載録,疑是"禴"的形近誤字(俗書從衣從示不分),郎知本以"禴"爲楷正字,恐誤。

祇⁵

【秪】◎

《箋注本切韻》二平聲脂韻旨夷反:"秪,敬。"《王二·脂韻》:"秪,敬。正作祇。"伯2115號《窮詐辯惑論》卷下:"外道儻來,便將付与,自解秪承。"伯3808號《長興四年中興殿應聖節講經文》:"聞半偈而捐捨全身,求一言而秪供千載。"

按:"氏"旁隸變作"𠂇""互""丘"等形(詳見"氏"字條),故"祇"字右旁從之。《龍龕·示部》:"秖,俗;秖,通;秪,正:音脂,敬也;又一承也。"實皆即"祇"的俗寫。《漢語大字典》分"秪""祇"爲二字,不妥。

祧⁵

【庣】◎

《王一》平聲蕭韻:"祧,吐彫反,遠祖廟。亦作庣。"《王二》同。

按:《漢語大字典》據《廣韻》等書釋"庣"爲"不滿之皃"等義,而與"祧"無涉。

禍[8]

【𡆀】△

《王一》上聲哿韻:"禍,胡果反,不祐,亦作𡆀。"《王二》"𡆀"作"𡆀"。

按:"𡆀"當是"𡆀"的譌俗字,而"𡆀"又是"䄛"的譌俗字。《龍龕·旡部》:"𡆀旤,二俗;䄛,正:胡果反,逆惡之驚詞也。""䄛""禍"《説文》字別,但二字音同義近,故後世亦或以"䄛"爲"禍"的異體。《玉篇·旡部》:"䄛,户果切,《説文》云:逆驚辭也。神不福也。今作禍。"即以"䄛""禍"爲一字。

禮[13]

【礼】◎

《正名要錄》"字形雖別,音義是同,古而典者居上,今而要者居下"類:禮礼。《箋注本切韻》一上聲薺韻:"禮,古作礼。盧啓反。"《王一·薺韻》:"禮,亦作礼。"伯 3048 號《醜女緣起》:"纔礼世尊三五拜,當時白浄軟如綿。"

按《干禄字書》:"禮礼:並正,多行上字。"《説文》載"禮"古文作"𠃩",其左側從古文"示"字,"礼"即"𠃩"字變體(左旁變古文爲小篆)。漢碑已多見"礼"字。

禰[14]

【祢】△

《箋注本切韻》一上聲薺韻:"禰,祖禰。又作祢。乃礼反。"《王二·薺韻》:"禰,亦作祢。"伯 2922 號《佛説善惡因果經》:"今身作師母,合眼眠地{獄中},誑他上天,取祢魂神者,死墮斬腰地獄中。"

按《干禄字書》:"祢禰:上通下正。"慧琳《音義》卷九三《續高僧傳》第十三卷音義:"祢,古文作禰,今俗從草隸作祢。"今字作"祢",又爲"祢"的變體。

禲[14]

【痢】◎

《王一》去聲祭韻力制反:"禲,無後鬼。亦作例、痢。"

按:慧琳《音義》卷六一《根本説一切有部毗奈耶律》第四十八卷音義:"禲,或作痢、烈,皆古字也。"《龍龕·疒部》:"痢、𤶠:音例。二。"《王一》"例"字有誤,俟考。《漢語大字典》據《集韻》等書以"痢"爲"癘"字或體,而與"禲"字無關,有欠周全。

甘 部

甜[6]

【甜】◎

《王一》平聲添韻:"甜,甘。徒廉反。"

按《俗務要名林》(斯617號)飲食部:"甛,甘也。唐廉反。"慧琳《音義》卷五一《顯識論》音義:"甛,論作甜,俗字。""甛"爲《說文》本字,"甜"則爲"甛"的後起偏旁易位字。《龍龕·舌部》:"甛,或作;甜,正。"蓋唐五代以後"甜"字通行,故行均以"甜"爲正字。

石 部

矻³

【左】◎

《箋注本切韻》一入聲没韻苦骨反："矻,用力。或作左。"《王一》"左"作"圧",當是"左"的變體。

按:"矻"字不見于《說文》,當是"圣"的後起分化字。考《說文·土部》:"圣,汝潁之間謂致力於地曰圣。从土从又。""又"字篆文作"ㄋ",楷定作"又",用作偏旁亦作"ナ""厂",故"圣"隸變作"圣",亦作"左""圧"。《龍龕·土部》:左圣,二同。"灰"字異寫作"灰",可以比勘。

【骩】◎

《箋注本切韻》五没韻苦骨反:"矻,用力。或作骩。"

按:玄應《音義》卷一《大集日藏分經》第九卷音義:"骩骩,苦骨反,《廣雅》:骩,勤也。《埤蒼》:力作也。"《玉篇·骨部》:"骩,口骨切,用力也。""骩"與"矻"音義均同,"骩"蓋亦"圣"的後起分化字。《漢語大字典》"矻""骩""圣"的關係不明。

砨³

【碍】△

《五代本切韻》五入聲麥韻陟革反:"砨,磋。亦作碍。"

按:用同"砨"的"碍"字他書未見。《改併四聲篇海·石部》引《川篇》:"碍,陟革切,又音的。"以其音形求之,陟革切的"碍"與"碍"當為一字之變,亦即"砨"的異體。

研⁴

【研】◎

《王一》平聲先韻："研，磨。或作研。本硯、揅。"

按：慧琳《音義》卷三四《佛説自誓三昧經》音義："研，《説文》：研，礦，從石、开聲。經作研，俗字也。"《龍龕·石部》："研，俗；研，正。""研"簡作"研"漢碑已然。

【硯】

書證見上。

按："硯""研"《説文》字別，但在硯臺一義上二字又構成異體關係。《王一》於研磨義下云"研"本作"硯"，殆未確。

【揅】◎

書證見上。

按：慧琳《音義》卷八九《高僧傳》第二卷音義："研，或從手作揅……古字也。"《康熙字典·手部》以"揅"爲"揅"俗字，"揅"則又爲"研"的後起增旁字。

砭⁴

【砭】△

《王二》平聲鹽韻："砭，府廉反，以石刺病。亦作砭。"

按《龍龕·石部》："砭，古；砭，今。""砭"見《説文》，其異體作"砭"（見《玉篇》），"砭"則當是"砭"的譌俗字。慧琳《音義》卷九九《廣弘明集》第三十卷音義謂"砭"正作"砭（砭）"，可參。

砰⁵

【砯】◎

《王二》平聲耕韻普耕反："砰，一磕，如雷聲。或作砯。"

按：慧琳《音義》卷三三《六度集經》第二卷玄應音義："砰，又作砯，同。"《龍龕·石部》："砯，或作；砰，正。"

砰⁵

【岬】◎

《王一》入聲狎韻古狎反:"砰,山側。亦作岬。"《王二》《五代本切韻》二同。

按《集韻·狎韻》:"砰,兩山之間爲砰。許慎説或从山。"從石從山意近,故此二旁俗書多可換用。《漢語大字典》"岬""砰"的關係不明。

硁⁵

【砗】△

《王二》去聲怪韻古壞反:"砗,石似玉。"

按《廣韻·怪韻》古壞切:"硁,硁石,似玉。""圣"字隸變亦作"左"(參上"屹"字條),故"砗"即"硁"字異構。

【砼】◎

《箋注本切韻》六怪韻古壞反:"砼,石似玉。"

按:"砼"即"砗"的增筆繁化字。

【砐】◎

《王一·怪韻》古壞反:"砐,石似玉。"

按:"砐"爲"砗"的譌俗字。《龍龕·石部》:"砐砼,二或作;砐,今:古壞反,一石,似玉。"其中的"砐""砗""砼"三形實皆即"硁"字異寫。《漢語大字典》"砼"字誤録作"砼";又稱"砼""砐"同"砐",而與"硁"字當作完全不同的字處理,大謬。

砉⁶

【硙】△

《五代本切韻》五:"**硙**,呼麥反,破石聲。亦作騞。"

按《龍龕·石部》:"硙,《川韻》虎伯反,同硙。硙,虎伯反,一破。""呼麥""虎伯"讀音至近,"硙"當即"硙"的變體。"硙"字又作"砉"。《原本玉篇·石部》:"□(砉),呼獲反,《莊子》'砉然嚮'也。""硙""砉"皆從石、圭聲(參《説文通訓定聲·解部》"劃"字條注),即同一字的不同寫法。《龍龕·石部》"砉(砉)"字呼覓反,又虎伯反,後一音正與"硙"字同音。《集韻·陌韻》霍虢切:"砉,或書作砉。""砉""砉"當分别爲"砉"和"砉"的變體。而《龍龕》的"硅",當又是"砉""砉"交互影響的産物。

【騞】△

書證見前。

按《原本玉篇·石部》:"騞,乎馘反,《淮南子》'騞然莫不方音合於桑林之舞'。""騞"當是"騞"的简省俗字。玄應《音義》卷四《十住斷結經》第五卷音義:"騞然,呼馘反,騞猶忽也,義亦與砉(砉)字同。""騞"亦"騞"的省體。《説文通訓定聲》:"砉,字又作騞。"

附按:《廣韻·麥韻》:"剨,破聲。呼麥切。""剨"蓋亦"砉"的俗字。

确[7]

【埆】◎

《王一》入聲覺韻户角反:"确,磽确。亦揈作埆。"(泉按:"揈作"二字疑當互乙)

按《玉篇·土部》:"埆,口角切,墝埆,不平。"《説文·石部》"确"字段玉裁注:"确即今之埆字。""埆"蓋"确"的後起換旁字。《漢語大字典》未能溝通"埆""确"的異體關係。

附按:"揈""确"在角逐一義上可構成同義關係。此云"确"亦作"揈",他書未聞。

碎[8]

【䏶】◎

《王一》去聲隊韻:"碎,蘇對反,細縻。亦作䏶。"《王二》"細縻"作"細磨",餘同。

按:"縻""磨"蓋皆音誤字,其正字或當作"䃺"。"䏶"用同"碎",他書未見。

碇[8]

【磺】◎

《王二》去聲徑韻:"矴,丁定反,亦作磺。"

按《龍龕·石部》:"碇碇磺,三俗;矴,正:丁定反,石一也。"今通行"碇"字。

碗⁸

【椀】◎

《正名要録》"字形雖別,音義是同,古而典者居上,今而要者居下"類:盌椀。《箋注本切韻》一上聲旱韻:"椀,或作盌。烏管反。"斯 2143 號《出家讚文》:"吾本出家誰知,捨卻柒槃柒**椀**(椀)。"

按《干祿字書》:"椀盌:上通下正。"慧琳《音義》卷三七《陀羅尼集》第一卷音義:"盌,俗用作椀。""盌"爲《説文》本字,"椀"爲後起形聲字。今字作"碗",則又爲"椀"的換旁俗字。

【埦】◎

《五代本切韻》一上聲緩韻:"椀,烏緩反,小盂。……埦,同上,俗字。"

按:"埦"爲"椀"的換旁字。《龍龕·土部》:"**埦**,俗,烏管反,小盂也。""**埦**"又"埦"的俗寫。

破⁹

【殿】◎

《王一》去聲翰韻都亂反:"破,礌石。亦作殿。"《王二》同。

按:用同"破"的"殿"字他書未載。

磊¹⁰

【礧】◎

《箋注本切韻》一上聲賄韻:"礧,衆石。或作磊。落猥反。"

按《龍龕·石部》:"礌,今;磊,正。""磊"見《説文》,"礌"則爲"磊"的後起形聲字,而"礧"又爲"礌"的繁化俗字。《王二·賄韻》:"碨,落猥反,或作磊,衆石。""碨"當是"礌"或"礧"之譌字。

磃¹⁰

【厜】◎

《王二》平聲支韻息移反:"磃,館名。亦作厜。"

按《玉篇·广部》:"厜,思移切,地名。"又石部:"磃,四貲切,宫名。或作庶。"用同"碻"的"虎"他書未載,疑即"庶"之譌字。"庶""碻"蓋古異體字。

確 10

【確】◎

《正名要錄》"正行者楷,腳注稍訛"類"確"下腳注"確"。伯 2568 號《南陽張延綬別傳》:"蘊蓄百家之書,靡不精確。"

按:慧琳《音義》卷九十《高僧傳》第七卷音義:"確,苦角反,《古今正字》:確,堅也,從石,寉聲。寉音涸。傳文從霍作礭,俗字,非也。""寉"旁俗書與"霍"相亂(《干禄字書》載"鶴"俗字作"鶴",是其例),故"確"俗字又作"礭"。《晉鄭烈碑》已見"礭"字。

【礭】△

《箋注本切韻》一入聲覺韻苦角反:"礭,鞕,或作碻。"《王一·覺韻》:"礭,鞕。或作碻。亦作𥐌。"

按:"寉"字俗書亦作"宧"。《龍龕·宀部》:"宧,胡沃反,高也。""宧"即"寉"字。"寉"旁俗書亦或作"宧",故"確"俗書作"礭"。漢碑已見"礭"字。

【碻】◎

書證見上。

按:堅確字《説文》本作"塙","碻"即"塙"的後起換旁字。慧琳《音義》卷七三《尊婆須蜜所集論》第三卷玄應音義:"確,又作碻、塙二形,同,口角反。"

【碻】△

《正名要錄》"字形雖別,音義是同,古而典者居上,今而要者居下"類:碻確。

按:"碻"爲"碻"字之變。《龍龕·石部》:"碻確:苦角反,鞕也。""碻""礭"皆即"確"字。

【𥐌】△

書證見前。

按:"𥐌"字未見他書載録,俟考。

碾 10

【碾】

《箋注本切韻》一上聲獮韻尼展反:"𥐮,車轢物。或作碾。"標目字《王二》

作"輾"。

按：慧琳《音義》卷六十《根本説一切有部毗奈耶律》第六卷音義："碾，尼展反，俗字也。……正從車、㞋聲。""輾"爲《説文》本字。

磚[11]

【甎】△

《正名要録》"字形雖別，音義是同，古而典者居上，今而要者居下"類：甎塼。《五代本切韻》一平聲宣韻職川反："甎，一凡（瓦）字。塼，同上。"北 4528（調 47）號《妙法蓮華經》卷一："木蜜并餘材，甎凡（瓦）泥土等，若於曠野中，積土成佛廟。"

按："專"字異寫作"専"，"瓦"字俗作"凡"（詳見"專"字、"瓦"字條），故"甎"即"甎"字俗寫。

【塼】△

書證見上。

按："塼"爲"塼"字異寫。磚瓦字較早作"甎"，其後起換旁字作"塼"和"磚"。慧琳《音義》卷五五《佛説五苦章句經》音義："甎，《古今正字》從瓦、專聲。……經文從土作塼，俗字也。"同書卷三四《大方廣如來藏經》音義："甎，經從石作磚，俗字也。"

磣[11]

【硶】△

《王一》上聲寑韻初朕反："磣，食有沙。"俄弗 92 號《大佛頂如來密因修證了義諸菩薩萬行首楞嚴經》卷七："一切惡星并諸鬼神硶毒心人，於如是人不能起惡。"

按：慧琳《音義》卷八七《破邪論》卷上音義："磣，《古今正字》從石、參聲。""參"俗書作"参"（詳"參"字條），故"硶"即"磣"字俗書。《漢語大字典》不收"硶"字，而據《改併四聲篇海》等書收"硶"字，"硶"實爲"磣"進一步譌變的俗字。

磽[12]

【砿】◎

《箋注本切韻》一上聲篠韻："磽，山田。苦皎反。又口交反。古或作砿。"

《王一·篠韻》:"磽,苦皎反,山田。亦作垗。"

按:"兆"字俗作"㐬",故前書"垗"即"垗"的俗寫。"垗""磽"蓋古異體字。

礙[14]

【儗】◎

《王二》去聲代韻:"礙,五愛反,妨。亦作儗。"

按:"儗""礙"《說文》字別。

礦[14]

【礦】◎

《箋注本切韻》四上声梗韻:"礦,金璞。古猛反。《説文》從黃。"《楞嚴經音義》二:"鑛,古猛反,金也。或作從石。"

按《干禄字書》:"礦鑛:上通下正。"礦石字《説文》作"磺",其古文作卝(隸變亦作卯)。"礦"爲"磺"的改易聲旁字,"礦"又換旁作"鑛"。"鑛"爲"磺"字古文的增旁字。

【鑛】◎

書證見上。

按:希麟《續音義》卷四《守護國界主陀羅尼經》第七卷音義:"礦,經文從金、廣作鑛,俗用字也。"

礫[15]

【礰】△

《楞嚴經音義》一:"瓦礫,下音歷,或作礰。"又云:"礰,音歷,亦作此礫。"

按:慧琳《音義》卷八一《三寶感通錄》下卷音義:"沙礫,下零的反……録作礰,非也。"希麟《續音義》卷九《根本説一切有部毘奈耶破僧事》第九卷音義:"瓦礫,下……律文作礰,石聲也,非瓦礫義也。""歷"俗作"歴",故"礰"即"礪"的俗寫。用同瓦礫的"礰"蓋"礫"的改易聲旁字,與用作石聲或霹靂義的"礰"同形而異字。慧琳、希麟云云,實失之於拘。

目 部

眄[4]

【眄】

《字樣》載"眄"字。《楞嚴經音義》一："顧眄：音麵。"《春秋後語音》："眄，莫見反。"伯2170號《太玄真一本際經》卷三聖行品："太上道君凝思遐想，眄視十方諸大聖衆。"

按《玉篇·目部》："眄，俗作眄。"《五經文字》卷上目部："眄眄：莫見反，上《說文》，下經典相承隸省。"慧琳《音義》卷四五《佛說四輩經》音義："眄，經作眄，俗字也。"《龍龕·目部》："眄，通；眄，正。"六朝碑刻中已見"眄"字。斯328號《伍子胥變文》："悲歌以(已)了，行至江邊遠眄。唯見江潭廣闊，如何得渡？"又云："見君眄前看後，面帶愁容而步涉。"其中的掃描字又爲"眄"字手寫之變；《敦煌變文集》錄作"盼"，誤。參看"汅"字條。

盾[4]

【𦌎】△*

《切韻》殘葉四上聲混韻徒損反小韻載"𦌎"字。

按《毛詩音》二："能𦌎：松荀[反]。"《王一》去聲恩韻徒困反："遁，逃。""𦌎""遁"分別爲"循""遁"的俗寫，"盾"旁亦寫作"𦌎"形。考《龍龕·目部》載"盾"異體作"𦌎"，俗書"十"一類部件的豎筆多作撇勢，故"𦌎"俗書或作"𦌎"形。可洪《音義》第貳拾伍册《一切經音義》第一卷音義："𦌎(𦌎)𦌎，上直右反；下市准反，正盾。"而"𦌎"又爲"𦌎"之省筆俗書。《毛詩音》二："遁，徒儠[反]。""遁"即"遁"字俗寫，可參。

眉⁴

【眉】△*

《切韻》殘葉二平聲脂韻:"眉,古作𥄲(𥅘)。武悲反。"《箋注本切韻》一脂韻:"𥅘,又作眉。"俄敦 2417 號《妙法蓮華經》卷一:"尒時佛放眉間白豪相光,照東方萬八千世界,靡不周遍。"

按《王二·脂韻》:"眉,正作𥅘。""𥅘"爲《説文》篆文隸定字,隸變作"眉"。《五經文字》卷上目部:"𥅘眉:上《説文》,下經典相承隸省。""眉"又爲"眉"之省。漢碑已見"眉"字。《正名要録》"本音雖同,字義各別例":"湄,水;嵋,山。"又上揭《切韻》殘葉二又載"楣""瑂"等字,"眉"旁原卷亦皆作"眉"。

眥⁶

【𥊳】△

《王二》去聲霽韻在計反:"眥,目際。又才賜反。亦作𥊳。"俄弗 363 號《佛説相好經》:"如牛王目,目雙𥊳,頭旋生二毛,如青蓮華。"

按:"此"旁俗作"𫝀"(詳"此"字條),故"眥"俗作"𥊳"。

眽⁶

【脉】

《五代本切韻》五入聲麥韻莫獲反:"眽,——,姦人邪視。正作覛(?)、覗(覛)。"

按《玉篇·目部》:脉,同"眽"。"眽"見《説文》,右旁"𠂢"從反水,隸變從正永字(比較"脈"隸變作"脉")。"覛"字亦見《説文》,與"眽"音義均近,蓋古異體字。

睹⁸

【覩】

《字樣》:"睹覩:二同。"《箋注本切韻》一上聲姥韻:"睹,見。俗作覩。當古反。"《王一·姥韻》:"覩,亦作睹。"

按《干禄字書》:"覩睹:並正。"《説文》以"覩"爲"睹"字古文。

奭[8]

【奭】△

《字樣》:"奭,音构(拘),邪目視。"

按《九經字樣·雜辨部》:"奭,《說文》音拘,目邪也。"考《說文》其字從䀠從大作"奭","奭"蓋"奭"的變體。《玉篇·大部》:"奭,舉朱切,邪視皃。""奭"字同。

督[8]

【督】△*

《王一》入聲沃韻冬毒反:"督,率,又察。亦作督。"《春秋後語音》:"督亢:徐廣曰:方城縣有督亢亭。"伯2393號《太玄真一本際經》卷二付囑品:"向於光中,已奉告命,重被道君,上宣勸督。"

按:前例標目字與"亦作"字字形略同,標目字或當作"督"。《箋注本切韻》《王二》皆以"督"爲標目字,未出異體。"叔"字俗書作"尗",故"督"字上部從之。《正名要錄》"各依腳注"類:"督,察。""督"又爲"督"之變。又考《說文·目部》:"督,察也。一曰目痛也。从目,叔聲。"《五經文字》卷上目部:"督督:上《說文》,下經典相承隸省。"但慧琳《音義》卷十九《無盡意經》第四卷音義:"督,俗字也。正作督。"《龍龕·日部》:"督,今;督,正。"則皆以從日的"督"爲正字。裴務齊正字本《刊謬補缺切韻·沃韻》:"督,率也,察也,視也。從目。一曰目病。"據注文,似乎標目字乃"督"字之誤,但下接"褶"字右部原書亦作"督",看來未必是手寫之誤,而是所據《切韻》系韻書原本如此。敦煌寫本"督"字大抵作"督"。斯514號《唐大曆四年(769)沙州敦煌縣懸泉鄉宜禾里手實》有"沙州都督府印","督"字下部作"日",原字亦必是"督"字。連官府的大紅印章也把"督"刻成"督",看來慧琳等以"督"爲正字決不是偶然的了。秦漢簡帛及漢碑亦多見從日的"督"字,而罕見從目的"督"。故劉釗《古文字構形學》第十章、宋鎮豪《釋督晝》(收入《甲骨文與殷商史》,上海古籍出版社1991年版)等皆謂此字本作"督",從日、叔聲,從目乃漢代以後譌混。

睿⁹

【叡】△

《字樣》:"睿叡:並鋭。"

按:"並"下疑脱一"音"字。睿智字《説文》小篆從奴、從目、從谷省作"睿",古文作"𠳄",隸定分别作"叡"和"睿"。上揭《字樣》則省去"叡"或"睿"旁中間的一横畫。

【睿】△

書證見上。

按《魏元颺墓誌》已見"睿"字。

【叡】△

《正名要録》"字形雖别,音義是同,古而典者居上,今而要者居下"類:睿叡。

按《干禄字書》:"叡睿:並正。""叡""睿"爲"叡""睿"之省,而"叡""睿"蓋又"叡""睿"之省。

【睿】△

書證見上。

按《魏元始墓誌》已見"睿"字。

瞋¹⁰

【嗔】◎

《正名要録》"正行者楷,脚注稍訛"類"瞋"下脚注"嗔"。

按《干禄字書》:"瞋嗔:上瞋目,下嗔怒。"《集韻》平聲真韻則以釋"恚也"的"嗔"爲"謓"字或體。《王二·真韻》:"瞋,昌鄰反,怒。亦作謓。"又復以"謓""瞋"爲一字。考"瞋""嗔""謓"三字皆見於《説文》,分别訓"張目""盛气""恚"。據此,嗔怒字本以作"謓"爲近古。然上揭三字皆從真得聲,從目、從口、從言意復相近,據"瞋""嗔"之本義,亦可引申出嗔怒之義,故就嗔怒一義而言,不妨視"謓""瞋""嗔"三字爲古異體字。

瞠[11]

【睰】◎

《王一》平聲庚韻:"瞠,丑庚反,直視。亦作睰。"

按《龍龕·目部》:"睰,丑庚反,直視也。瞠,同上。""棠"聲與"堂"聲古多换用不分。

膠[11]

【睞】△

《箋注本切韻》一平聲肴韻口交反:"睞,面不平。或作靤。"

按:"翏"旁俗書或作"㸚",故"睞"即"膠"的俗寫。《廣韻·肴韻》:"膠,面不平也。"周祖謨校"膠"作"膠",當是。

【靤】△

上條所引《箋注本切韻》"睞"的"或作"字原卷似從酉旁,姜書錄作面旁,合於字義,兹姑從之。

按:"靤"爲"膠"的俗寫。"膠""靤"皆未見他書載列。

曬[19]

【曬】△

《箋注本切韻》一上聲紙韻所綺反:"曬,視。或作䚕。"

按《王一·紙韻》:"曬,視。""曬"蓋"曬"字俗譌。"䚕"見《說文》,"曬"蓋其後起换旁字。《龍龕·耳部》:"曬,俗,所寄反。"疑亦即"曬"的俗字。

矚[21]

【瞩】◎

《王二》入聲燭韻之欲反:"矚,視一。俗作瞩。"伯3449號《書儀》:"羣情仰瞩,戴命斯臨。"

按:"屬"俗作"属"和"属"(詳"屬"字條),故"矚"右旁俗書從之。《龍龕·目部》:"瞩,俗;瞩,正:之欲反,視也,覩也。"其中的"正"字實亦即"矚"的俗字。

田 部

由

【䌛】△

《王一》平聲尤韻以周反:"由,從。亦作䌛。"《王二》同。

按《玉篇·言部》:"䌛,與周切,從也。"《龍龕·言部》:"𧧻,音由,從也。""䌛""䌛""𧧻"蓋皆一字之變。

甹²

【甹】△*

《箋注本切韻》一平聲青韻普丁反:"甹,一牟,製(掣)曳。"

按:"甹"旁俗書皆可作"甹",又或變作"亏""甹"等形。《俗務要名林》(斯617號)果子部:"樗棗,上而兗反。"伯2609號"樗"作"𣐪",皆即"樗"之俗寫。又《正名要錄》載"駬""䏁""姱"等字,亦其例。

甹²

【梌】◎

《王一》平聲尤韻以周反:"梌,木更生。亦作由尸。"末二字《王二》作"甹(甹)"一字,當據正。

按:《漢語大字典·木部》"梌"字下引《正字通》:"梌,俗甹字。"書證應大大提前。

界⁴

【堺】◎

《正名要録》"各依脚注"類:"界,左不須土。"則有"土"者乃當時俗字。伯 2404 號《太玄真一本際經》卷三聖行品:"所治城臺,衆聖境堺,廣[宣]分別,種種階差。"

按可洪《音義》第玖册《大方便佛報恩經》第四卷音義:"堺上,上音界,境也,俗。"《集韻》去聲怪韻:"畍,或作堺,亦書作界。""畍"見《説文》,"界"見《爾雅》,"堺"則爲"界"的增旁俗字。六朝碑刻已多見"堺"字。

畛⁵

【畭】◎

《切韻》殘葉四:"畭,田間道。"《王二》平聲真韻職鄰反:"畛,塲。又之忍反。俗作畭字。"斯 5478 號《文心雕龍‧詮賦弟八》:"斯又小製之區畭,奇巧之機要也。"

按:"㐱"旁俗書皆可作"尔",故"畛"俗作"畭"。慧琳《音義》卷九九《廣弘明集》第二十四卷音義:"畛,集從尒作畛,俗字也。"《龍龕‧田部》:畛畛,二同。"畛"是由"畛"變"畭"的中間環節。

留⁵

【畱】△

《正名要録》"正行者楷,脚注稍訛"類"畱"下脚注作"留"。俄弗 9 號《大般若波羅蜜多經》卷四四一:"有薄福者多諸畱難,雖有欲樂而不能成。"

按《王二》平聲尤韻力求反:"畱,上(止)。正畱字。""畱"爲《説文》本字,從田、丣聲,"丣"旁隸變與寅卯之"卯"相亂,故"畱"隸變作"留",又作"畱","畱"乃"畱"的又一變體。《唐潘卿墓誌》"留"作"畱",是其比。《龍龕‧田部》以"畱"爲今體。斯 328 號《伍子胥變文》:"子胥即欲前行,再三苦被畱連。""畱""畱"當又是"留"的變體。

【留】△*

書證見上。伯 3418 號《王梵志詩‧審看世上人》:"有錢但喫着,實莫留

□櫃。"

按《干禄字書》："畱留：上通下正。"慧琳《音義》卷三《大般若經》第三百四卷音義："畱，今經文變體作留，或作留，又作留，展轉訛也。"《漢張遷碑》已見"畱"字，乃"留"的隸變字。《俗務要名林》（伯2609號）果子部："石榴，下音流。"又斯328號《伍子胥變文》："適別龍顏，遊於纏市，見一外國君子，……望陛下追問逗遛。""留"旁亦皆從俗作"畱"。

【畄】◎

《王一·尤韻》："留，俗作畄。"吐魯番出土文書73TAM517：24《高昌延昌三十七年(597)武德隨葬衣物疏》："忽尒徂殞，逕涉五道，幸勿呵畄。"

按可洪《音義》第拾貳册《增一阿含經》第二十六卷音義："稽畄，下力由反。"俗書方口尖口不分，故"留"俗又變作"畄"。漢碑已見"畄"字。《隸辨》卷二尤韻"畄"字下云："《說文》作畱，上從卯，變隸從卯，碑作厸，他碑亦作叩，皆卯之省也。"伯2838號《傾杯樂》詞："裙生石磂（磂－榴），血染羅衫子。""留"旁亦寫作"畄"形。

畝[5]

【畝】△

《箋注本切韻》四上聲厚韻莫厚反："畝，《說文》作此畮；或作此畂，從十，久聲。"伯3882號《孔子項託相問書》："兔生三日，盤地三畝。"《俗務要名林》（斯617號）田農部："畝，二百卌步爲一畝。莫補反。"

按：《說文》"畮"或體作"畂"，隸變或作"畝"（見《隸辨》卷三），俗書復寫作"畝"（俗書"人"字或作"く"形）。《干禄字書》："畝、畝（畝）：上通下正。"

畚[5]

【畚】◎

《王一》上聲混韻布忖反："畚，草器。亦作畚。"

按：畚箕字《說文》從甾、弁聲作"䈰"，隸變作"畚"，亦省作"畚""畚"。

【畚】

書證見上。

按《龍龕·厶部》："畚，音本，同畚。"

【畚】△

《王二·混韻》:"畚,草器。亦作畚。"

按《龍龕·田部》:"畚畚,二俗;畚,今。"可參。

【畚】△

書證見上。

按:"畚"當爲"畚"字俗譌。

異[6]

【异】◎

《正名要録》"字形雖別,音義是同,古而典者居上,今而要者居下"類:异異。

按:"异"字《説文》訓"舉",與"異"字字義迥殊,但二字同音,故古多假"异"爲"異"。《列子·楊朱》"重囚纍梏,何以异哉"晉張湛注:"异,異也,古字。"《龍龕·廾部》:"异,又音異,一哉,歟也。"皆可參。

番[7]

【畨】*◎

《箋注本切韻》一平聲元韻孚袁反:"畨,一數。又匹桲反。"又《正名要録》"禺"字下注"畨"。

按《五經文字》卷上釆部:"番番:上《説文》,下經典相承隸省。凡潘、蕃之類皆從番。"《説文》"番"字從釆,但"釆"字及"番"字所從的"釆"先秦古文字即已有作"米"形者,故作"畨"的寫法亦淵源有自。上揭《箋注本切韻》同韻載"幡""繙""燔""蹯""璠"等字,凡"番"旁原卷皆作"畨"。

畫[7]

【畫】*◎

《箋注本切韻》一入聲麥韻胡麥反:"畫,又胡卦反。"斯 3872 號《維摩詰經講經文》:"顯名於鳳閣之中,畫影向麟臺之上。"

按《干禄字書》:"畫畫:上通下正。"慧琳《音義》卷四一《六波羅蜜多經》第六卷音義:"畫師,上胡卦反,……經作畫,俗字也。《説文》作畫,從聿、從田、從一,正體字也。"《佩觿》卷上:"畫有胡賣、胡麥二翻,俗別爲畵,……其浮僞有如此者。"上揭《箋注本切韻》同一小韻又載"爐""割"等字,"畫"旁亦從俗作"畵"。伯2305號《解座文彙抄》:"更遺言,相委記,盡取閻王禎子跪。"其中的"盡"又爲"畵"字之小變,或録作"盡",非是。

甾8

【甾】△

《王一》上聲語韻丁吕反:"甾,㨗(幠),載盛米。亦作甾(甾)。"

按:"甾"見《説文》,從宁、從甾。"甾"篆文作"甾",隸變作"由",亦作"甾"(參看《玉篇·由部》)。"甾"左旁即"由"的變體。《玉篇·宁部》載"甾"異體作"甾",可參。《王二·語韻》:"甾,㨗(幠),載盛黍。亦作甾。"其中的"甾""甾"分别爲"甾""甾"的譌字,可參。

畷9

【畷】△

《刻本切韻》殘葉:"畷,城下田。書籍多作堧、壖。人絹反。"

按《説文·田部》:"畷,城下田也。……从田,耎聲。"俗書"大""火"不分,故"畷"即"畷"的俗字。《龍龕·田部》:"畷,而緣、而兖二反,城下田也。""畷"亦"畷"的俗字。

【堧】◎

《王一》去聲箇韻乃卧反:"堧,沙土。畷,城外隍内地。"

按:"沙"字原卷上部略有殘泐,《敦煌掇瑣》作"沙",姜書作"少",《王二》亦作"少"。"沙"字與殘形較合,兹據以録定。《廣雅·釋地》:"堧,土也。"王念孫疏證:"字亦作堧。"《玉篇·土部》:"堧,奴過、而緣二切,服虔曰:宫外垣也。韋昭曰:河邊地也。……俗作壖。""堧"字後起,當即"畷"的换旁俗字。其"沙土"義蓋承"河邊地"而來(《龍龕·土部》"堧〈堧〉"字釋"江河邊沙土也")。《王一》《王二》《廣韻》等書乃分"堧""畷"爲二字二義,實非其當。

【堧】△

書證見前。

按:"堧"當是"堧"的俗寫,猶"畷"俗寫作"畷"。《龍龕·土部》:"堧,或作;

壖,通;壖,正:奴卧、而兗、如緣三反,江河邊沙土也,又廣(泉按:此字疑"廟"之譌字)垣也。""壖(壖)""壖"等實皆即"陾"字異構;"壖"乃"壖"的變體(參下)。《玉篇》以"壖"爲"壖"俗作,是也。《龍龕》以"壖"爲正字,不確。

【壖】◎

書證見前。又《箋注本切韻》一平聲仙韻:"壖,江河邊地,又廟垣。而緣反。又而兗、奴玩二反。"《箋注本切韻》三去聲□韻□卧反:"壖,沙土。"《俗務要名林》(斯617號)田農部:"壖,沙土。乃卧反。"

按:"壖"當是"壖"的内部類化俗字。"耎"旁涉上部"而"類化而變作"需"。俗書"需"旁亦有涉下部"而"類化作"耎"的。故由"壖"加以回改,"壖"又有寫作"壖"的。參看"耎"字和"需"字條。

畿 10

【圻】◎

《箋注本切韻》二平聲微韻渠希反:"畿,王畿。或作圻。"

按:《説文》以"圻"爲"垠"字或作,但古書中"圻"多用同"畿"。玄應《音義》卷七《念佛三昧經》第三卷音義:"京畿,或作圻,同,渠衣反。"

疆 14

【壃】◎

《正名要録》"字形雖別,音義是同,古而典者居上,今而要者居下"類:疆壃。《王一》平聲陽韻居良反:"壃,堺。正作畺,或作疆。"《王二·陽韻》:"壃,界。亦作疆。"伯3618號《秋吟》:"闇惡不堪重掛體,施僧功德福無壃。"

按《干禄字書》:"壃疆:上通下正。"疆界字《説文》作"畺",其或體從彊、土作"壃"。"壃"蓋"畺"之增旁字或"疆"之省。

【壇】△

《俗務要名林》(斯617號)田農部:"田壇:田界,居郎反。"伯2187號《破魔變文》:"封壇再政(整)還依舊,牆壁重修轉更新。"

按:"壇"蓋"壃"的變體。《漢楊君石門銘》"疆"字作"疆",右上部的橫畫已寫作草字頭形,可參。斯1137號《發願文》:"先奉爲龍天八部,擁護壇場。"此亦作"壇"者。

【彊】

《正名要録》"正行者楷,腳注稍訛"類"疆"下腳注"彊"。伯 2044 號《釋門文範·軍亡》:"辰魂沉沉,滯彊埸而莫返。"

按:希麟《續音義》卷九《根本説一切有部毘奈耶破僧事》第一卷音義:"疆界,上居良反……律文作彊,正體强字,非也。""彊"爲强壯之"强"的本字("强"本義爲蟲名),與"疆"字別。但"疆"字從彊,古亦徑有以"彊"代"疆"者。金文已見用同"疆"的"彊"字,秦漢簡帛及碑刻中亦多有用例。可洪《音義》第壹册《大乘莊嚴經論》序文音義:"封彊,居羊反,正作疆。"《集韻·陽韻》:"畺,或作疆、彊。"

皿 部

盆⁴

【瓫】◎

《字樣》:"盆,正;瓫,相承用。"俄弗 152 號《觀佛三昧海經》卷一:"自有衆生樂觀如來缺瓫骨滿相。"

按:慧琳《音義》卷五五《禪秘要法經》卷上音義:盆,經作瓫,俗字也。"盆""瓫"即"盆""瓫"的俗寫。"瓫"爲"盆"的後起換旁字。

盇⁵

【盇】△*

《箋注本切韻》一入聲盇韻:"盇,何不。胡臘反。"

按:"盇"即"盇"字。"盇"字《說文》從血、大作"盇",隸變作"盇","盇"蓋篆文隸定或楷定形成的俗體。上揭《箋注本切韻》又載"闔""嗑""蓋""諂"等字,"盇"旁皆寫作"盇"。

溋⁵

【眨】△

《王一》去聲梵韻:"溋,柩。亦作眨。"

按《集韻·梵韻》:"溋,或作眨。""眨"當是"眨"的譌俗字。《王二》"眨"左部作"血",亦"眨"字俗譌。

盁⁵

【雅】◎

《箋注本切韻》一上聲馬韻五下反:"盁,酒器。俗作雅。"《王一》同。

按:"雅"字古有以指稱酒器者,但以之爲"盁"的俗字,他書未聞。

盛⁶

【㿽】△*

《正名要録》"字形雖別,音義是同,古而典者居上,今而要者居下"類:晟盛。《毛詩音》二:"㿽,尚征[反]。"《王二》去聲勁韻:"盛,承政反,多。亦作晟、墭。"("墭"字右旁原卷亦作"盛"形)伯3099號《悉談章》:"質(只)領㿽,弟二住心常看浄。"

按:"㿽""盛"爲隸變之異。《王二·勁韻》載"墭(墭)""甋(甀)"等字,"盛"旁亦皆作"㿽"。又"晟""盛"在盛多、盛大等義上爲同字異體關係。至於"墭",通常指盛物之器,蓋"盛"的後起分化字。

盤¹⁰

【盤】△

《字樣》:"槃,正;盤,相通用。"伯3211號《王梵志詩·机机貪生業》:"急手求三寶,願入涅盤期。"

按:"殳"旁俗書作"旻",故"槃""盤"分別爲"槃""盤"的俗寫。"槃""盤"爲《説文》小篆與籀文之異。

【槃】△

書證見上。斯2143號《出家讚文》:"吾本出家誰知,捨卻柒槃柒捥(椀)。"

按:説見上文。

滻¹⁴

【滻】△

《王一》上聲巧韻下巧反:"滻,器。又公巧反。亦作摎。"同韻古巧反下云:"滻,濁。又胡巧反。亦作摎。"

按《說文·皿部》:"盌,器也。从皿,謬聲。"《廣韻·巧韻》古巧切:"盌,濁也;《說文》器也。又胡巧切。""盌"即"盌"的俗寫。

【搤】△

書證見上。

按:《玉篇·皿部》《集韻·巧韻》並載"盌"或體作"盌","搤"當即"盌"字俗變。

鹽[19]

【鹽】△

《字樣》:"鹽,從鹵、監聲,非此,塩字者俗。"《正名要錄》"字形雖別,音義是同,古而典者居上,今而要者居下"類:鹽塩。伯2005號《沙州都督府圖經》"三所鹽池水"下有"東鹽池水""西鹽池水""北鹽池水",諸"鹽"字原卷皆作"鹽"形。

按:"鹽"蓋"鹽"字俗省。秦漢簡帛已見"鹽"所從的"鹵"變作"田"的用例。《漢武梁祠堂畫像題字》有"無鹽媿女",《隸辨》卷二謂次字即"鹽"字,可參。可洪《音義》第貳拾壹冊《修行道地經》第一卷音義:"嚼鹽,以廉反,正作鹽。"形微別。

【塩】△

書證見上。又《正名要錄》"正行者楷,腳註稍訛"類"鹽(鹽)"下腳註"塩"。斯5471號《千字文注》"海醎河淡"句下引《吳都賦》曰:"煮海成塩。"

按:"塩"蓋"鹽"之俗變。《齊道興造像》已見"塩"字。《類篇·鹵部》:"鹽,或作塩。"可參。

【盐】△

《五代本切韻》一平聲鹽韻:"鹽,余廉反,鹹味。古夙沙氏初煮海爲鹽。亦盐。古鹽從臣(臣),非目,不可不知。盐,俗字。"伯2492號《唐詩文叢鈔》載白居易詩"盐商婦"。

按可洪《音義》第貳冊《大寶積經》第五十七卷音義:"盐口,上羊廉反,或作鹽。""盐""塩"形微別,據其正字,似以前一形爲近古。

【盐】△

書證見上。

按："塩"蓋"塩"之變。《干禄字書》："塩鹽：上通下正。"又《隋范安貴墓誌銘》作"塩"，皆可以比勘。

【䀋】△

《俗務要名林》（斯617號）飲食部："䀋，移廉反。"又"醎"字下云："䀋多。"伯4608號《十空讚文》："無䀋貌陋心賢女，説盡潛臺万万功。"

按《玉篇·鹽部》：䀋，同"鹽"，俗。"塩""䀋"爲一字之變。

矢 部

矢

【夫】*◎

《箋注本切韻》一上聲旨韻："夫,陳。式視反。"《王一》《王二》略同。又《王二》上聲姥韻"砮"字下注："石,可作夫。"同書去聲線韻"箭"字下注"夫"。

按《玉篇·矢部》:夫,同"矢",俗。慧琳《音義》卷二一《大方廣佛華嚴經》第十五卷慧苑音義："矢,字又作夫,或亦作笶也。"《漢唐扶頌》已書"矢"作"夫"。《隸辨》卷三旨韻"夫"字下云："夫本失字,相承誤用。"《集韻·旨韻》："矢,古作夫。""矢"作"夫"蓋隸變之譌。又《王二·旨韻》"笶"("矢"的後起增旁字)作"笶","矢"旁亦寫作"夫"。

㚷[6]

【欿】△

《字寶》(伯2717號)上聲："人㚷欿,音比姿。"

按《玉篇·矢部》:"㚷,子兮切,䩛㚷。""欿"當是"㚷"的改易聲旁字。參看"䩛"字條。

短[7]

【捚】◎

《箋注本切韻》一上聲旱韻："短,都管反,又作捚。"伯2172號《大般涅槃經音》:"脩捚,下短。"伯2140號《佛説梵摩渝經》:"言无漏闕,无得其捚。"

按:慧琳《音義》卷二四《菩薩十住行道經》音義："短,《文字集略》或從手作㧜,與經本同。"同書卷五四《佛説善生子經》音義:"短,經從手作㧜,俗字。"漢碑中"短"已或作"㧜",參看《隸辨》卷三緩韻"㧜"字條。

䂳[8]

【䂷】◎

《字寶》(斯 6204 號)上聲字:"人䂷欤,音比姿。"

按《玉篇·矢部》:"䂳,必兮切,䂳䂷,短小兒。""䂷"當是"䂳"的改易聲旁字。《字彙補·矢部》:"䂷,子兮切,音咨,䂳䂷,短也。《字彙》作䂴。案字書多從此,姑存之。"實則"䂷"爲"䂳"字別構,而與"䂴"字别。吴任臣不達於此,誤"䂷""䂴"爲一字,大謬。

矯[12]

【㮯】△

《箋注本切韻》一上聲小韻:"矯,或作㮯。居沼反。"《王二·小韻》:"矯,或作㮯。"伯 2942 號《唐永泰間河西巡撫使判集》:"僞立符勅,㮯授庂麾。"斯 3287 號《千字文》:"㮯手頓足。"

按:"喬"旁俗書皆或作"髙"(詳"喬"字條),故"矯"字俗作"㮯"。慧琳《音義》卷十一《大寶積經》第三卷音義:"矯,《説文》:矯,擅也,從矢、喬聲也。《説文》又解'喬'字從夭(天),今俗用從右作髙,謬也。"漢碑中"矯"右旁已或書作"髙"。

【搞】◎

書證見上。

按:"搞"爲"撟"的俗寫。《説文·手部》:"撟,舉手也。从手,喬聲。一曰:撟,擅也。"又矢部:"矯,揉箭箝也。从矢,喬聲。"後世矯詔、矯詐之義當由"撟,擅也"一義所由出,字以作"撟"爲近古。《龍龕·矢部》:"矯,居夭反,妄也,詐也。從手者正。"北敦 5639(李 39)號 B《藏經音義隨函録》殘卷:"楠,居小反,詐也。正作撟(撟)。""楠"亦"撟"俗字。

禾 部

私²

【厸】◎

《箋注本切韻》二平聲脂韻:"厸,息指反。"斯 2144 號《韓擒虎話本》:"卿二人且歸厸地(第)。"

按《干祿字書》:"厸私:上俗下正。"慧琳《音義》卷二二《大方廣佛華嚴經》第五十卷慧苑音義:"私字厶上加撇者非。"《魏高道悦墓誌》已見"厸"字。

秄³

【秄】◎

《王一》上聲止韻即里反:"秄,擁苗。亦作耔。"

按:"耔"見《説文·禾部》,"秄""耔"音義均同,蓋古異體字。《漢語大字典》分而爲二,不妥。

粃⁴

【粃】

《王一》上聲旨韻卑履反:"粃,穅粃。或爲秕。"

按《玉篇·米部》:"粃,俗秕字。"

秒⁴

【穮】◎

《王二》上聲小韻亡沼反:"秒,禾芒。亦作穮。"《王一》末字作"標",蓋傳録之誤。

按:"秒"見《説文》,"穮"爲其後起異體字。

秭⁴

【秭】△

《王一》上聲旨韻將几反:"秭,万億。"《王二》同。

按:"秭"爲"秭"篆文的隸變字。

【秭】◎

《箋注本切韻》一旨韻:"秭,万億。"

按:"秭"爲"秭"手書之變。

秘⁵

【秘】◎

《王二》去聲至韻:"秘,鄙媚反,亦作祕。"伯 4094 號《王梵志詩·見惡須藏掩》:"若能依此語,秘密立身方。"

按《干禄字書》:"秘祕:上俗下正。"《五經文字》卷中示部:"祕,或從禾者訛。"慧琳《音義》卷三十《入定不定印經序》音義:"祕,經文從禾作秘,誤也。"

稍⁷

【䅼】△

《五代本切韻》二:"稍,麦皮。䅼,同上。"

按:"肖"旁俗書作"肖",故"稍"即"稍"字,而"䅼"則爲"䴺"的俗寫。《龍龕·麥部》:"䴺,俗,古玄反,正作稍,麦一也。"又慧琳《音義》卷五六《佛本行集經》第二十九卷玄應音義:"稍,經文作䴺,非體也。""䴺"是由"稍"變"䅼"的過渡環節。

稚⁸

【穉】◎

《毛詩音》二:"穉,直致[反]。"

按:所音爲《載馳》"衆穉且狂"句,"穉"字《説文》作"穉","穉"爲"穉"的隸變俗字。《龍龕·禾部》："稺稺,二俗;稺,正。"漢碑中已見"稺"字。

【稺】◎

《王一》去聲至韻直利反："稺,晚禾。亦作稢。"

按:"稺"又爲"稺"的繁化俗字。又"稢"字見《玉篇·禾部》,爲"稺"的異體字。

稟⁸

【稟】◎

《箋注本切韻》四上聲寢韻："稟,供穀。筆錦反。《説文》作稟,賜穀也。從禾也。"斯 1722 號《兔園册府》卷一："曦光散彩,稟陽氣以成形。"斯 462 號《大唐中興三藏聖教序》："蹟詞方憑於學者,銓義則稟於僧徒。"

按:慧琳《音義》卷六《大般若經》第四九一卷音義:"稟,《説文》從禾、㐭聲也。……從示作禀,非也。""稟"字變"禾"爲"示",漢碑中已見其例。

【禀】△*

《大般涅槃經音》一載"禀"字。伯 3553 號《宋太平興國三年四月都僧統鋼惠等上太保狀》："太保上禀三光,下臨五郡。"

按可洪《音義》第柒册《佛說正恭敬經》音義："禀受,上兵錦反,正作稟(禀)。""禀"即"稟"的俗字。《唐于孝顯碑》有同例。《唐王仲建墓誌》作"禀",伯 4660 號《陰法律邈真讚》又作"禀",可參。斯 5431 號《開蒙要訓》："枇檁檽樑。""檁"爲"檁"之俗。是"禀"旁俗亦作"禀"形。參看"壛"字條。

秸⁹

【秸】◎

《王一》入聲黠韻古黠反："秸,草。亦作秸、稭。"

按:"稭"爲《説文》本字,"秸""秸"皆爲"稭"的異體字。慧琳《音義》卷五九《四分律》第二卷音義:"秸,又作稭、鞂、秸三形,同。"同書卷九二《續高僧傳》第六卷音義:"秸,《説文》又作稭,古文秸字也。"《漢語大字典》分"秸""稭"爲二字,不妥。

禾 部

秳⁹

【穛】◎

《王一》入聲鎋韻："秳,禾舉出。又屈遏反。亦作穛。"

按："穛"爲"秳"的後起改易聲旁字。

稍⁹

【秞】◎

《王一》去聲宥韻即就反："稍,舂雇稅。亦作秞。"《王二》同。

按《廣韻·宥韻》即就切："稍,稻稯實。又稅也。"《集韻·宥韻》直祐切："稍,稅也。"接云："秞,稻實。""秞"實即"稍"字別構。《漢語大字典》分"秞""稍"爲二字,誤。

稱⁹

【稱】△

《字樣》載"稱"字。北8405(烏64)號《悉曇頌》："是無上咒無背向,……令遣讀誦遍稱揚。"

按："稱"即"稱"字。"爯"旁俗書多作"爯"形。參下條。

【爯】△*

《箋注本切韻》一平聲蒸韻："爯,知輕重。處陵反。……又作此爯、秤,同。"斯2114號《醜女緣起》："不要爯冤道苦,早晚得這個新婦。"

按："爯"即"爯"俗書。"爯""稱"古今字。上揭韻書同韻載"爯"字,"爯"旁亦書作"爯"。

【稱】△

《箋注本切韻》五去聲證韻："稱,蚩證反。又處陵反。"《王一·蒸韻》："稱,通俗作稱(稱)。"伯3656號《王梵志詩·長幼同欽敬》："但能行禮樂,鄉里自稱仁。"

按可洪《音義》第拾肆册《鬼子母經》音義："稱,尺陵反。""稱"爲"稱"的省筆俗字。《漢李翊碑》已見"稱"字。敦煌卷子中"爯"或書作"爯",可以比勘。《字鑑》去聲證韻："稱,俗作稱。"可參。

【秤】◎

書證見前。又《禮記音》："秆,尺烝[反]。"伯3128《解座文二首》之二:"娘子空來我空手,索何媒人斜秤量。"

按:次例所音爲《喪大記》"凡復,男子稱名,婦人稱字"句,"秆"即"稱"字。《干禄字書》:"秤稱:上俗下正。"慧琳《音義》卷五一《成唯識寶生論》第二卷音義:"稱,《考聲》正作稱。……作秤,俗字也。"宋王觀國《學林》卷十"稱秤"條:"兩漢止用稱字,未用俗書秤字也。用俗書秤字,其晉、魏以下乎?……俗書秤字,蓋生於草書稱字。按草書法,再字與草書平字相類,因而訛書作秤也。字因草書而訛變其體者甚多,不特此也。"考"平"字象物平衡之狀,故有平衡、公平、平正諸義,"稱"字作"秤",或亦與"平"義有關。伯4092號《新集雜別紙》:"以秤爲心,釐毫不忒。""秤"又爲"秤"之變。

稽[10]

【䇞】△

《文選音》:"䇞,古兮[反]。"伯2140號《佛説梵摩渝經》:"吾等應爲䇞首稟化之矣。"

按:"旨"旁俗書多作"百",而上字復省去上部的點筆;左旁的"禾"和右上部的"尤"相合訛變作"秋"。可洪《音義》第貳拾柒册《高僧傳》第一卷音義:"會䇞,下古兮反。"又同書第貳拾貳册《法句喻經》第一卷音義:"但䇞,右(古)兮反。""䇞""䇞"皆爲"稽"的訛俗字,可參。《魏鄭文公碑》已見"䇞"字。《王二》平聲齊韻胡鷄反:"嵇,山。""嵇"乃"稽"的俗字,可以比勘。

穋[10]

【䅴】△

《王二》平聲虞韻:"穋,士于[反],穋穰。俗作䅴。"

按《龍龕·禾部》:"稆,或作;穋,正。""䅴"蓋又"穋"之俗省("五"上部的"マ"蓋重文符號,表示省書"丑")。"芻"旁俗書多可寫作"丑"和"五"。

穄[11]

【穄】◎

《箋注本切韻》一平聲歌韻落過反:"臝,穀積。或作穄。"

按:"穋"蓋"臝"的改易聲旁字。

【臝】△

《王一·歌韻》:"臝,穀積。或作穋。"

按:《王一》標目字作"臝","臝"當是"臝"的增旁俗字。

穆¹¹

【穋】△

《禮記音》載"穋"字,音"目"。斯1722號《兔園册府》卷一:"當今風浮化洽,道穋時邕。"

按可洪《音義》第拾玖册《俱舍論》第十七卷音義:"乖穋,音目。""穋""穋"字形略同。《五經文字》卷中彡部:"穆穆:上《說文》,下經典相承隸省。"《魏元定墓誌》又有作"穋"的。"穋""穋"蓋即"穆""穆"之變體。上揭《禮記音》下文又載音"目"的"穋"字,當又爲"穋"之俗譌。《隋□夫人王光墓誌》"穆"字亦作"穋"。

穗¹²

【穗】◎

《正名要錄》"字形雖别,音義是同,古而典者居上,今而要者居下"類:穗穟。北462(閏68)號《大乘稻芊經》:"從莖生節,從節生穗。"

按:"惠"字異寫作"恵"(詳"恵"字條),故"穗"即"穗"字異寫。"穗""穟"皆見於《說文》,音義皆近,蓋古異體字。慧琳《音義》卷十九《大方廣十輪經》第三卷音義:"穟,或作穗。"《龍龕·禾部》:"穗穟:音遂,禾秀也。二同。""穗"正亦即"穗"字。《漢語大字典》謂"穗"同"穟",蓋猶未達於一間。

白 部

皆⁴

【皆】*◎

《箋注本切韻》一平聲皆韻："皆,古諧反。"《王二》平聲皆韻："皆,古諧反,皆,正作皆(皆)。"斯778號《王梵志詩集序》："不受(守)經典,皆陳俗語。"

按《類篇·白部》:皆,或省作"皆"。《說文》"皆"字下從白,故《王二》以作"皆"者爲正字。但秦漢簡牘及漢碑"皆"字多從"曰"(甲骨文從口),小篆從白實爲"曰"的譌變形。又上揭《箋注本切韻》《王二》同一小韻載"偕""喈""階"等字,"皆"旁原卷亦皆從曰作"皆"形,可謂淵源有自。

皎⁶

【皎】◎

《正名要録》"字形雖別,音義是同,古而典者居上,今而要者居下"類:皎曒。伯3211號《王梵志詩集·世間日月明》:"世間日月明,皎＝照衆生。"

按:慧琳《音義》卷四一《大乘理趣六波羅蜜多經》第一卷音義:"皎,《説文》從白、交聲,經從日,誤也。"《集韻·筱韻》:皎,或從日作"晈"。

【曒】△

書證見上。

按:"曒"乃"皦"之俗字。《龍龕·日部》:"曒,古了反,明也,清也。"亦即"皦"字。"皎""皦"皆見於《説文》,一爲"月之白",一爲"玉石之白",而二字音同,古多混用無別。《五經文字》卷下白部:"皦皎:並公了反,上玉石之白者,下月皎字,今《詩·風》通用之。案:今《詩》本及《釋文》多從日,傳寫之誤。"漢碑中已見從日的"皦"字。《金藏》廣勝寺本玄應《音義》卷四《大方便報恩經》第二卷音義:"曒,古文皦、皡二形,今作皎,同,公鳥反。"可參。

瓜 部

瓜

【瓜】△*

《正名要録》"各依脚注"類載"瓜"字。《王二》平聲麻韻："瓜,古華反,蓏屬。"斯76號《食療本草》"甜瓜"下云："生瓜葉搗取汁,治人頭不生毛髮者,塗之即生。"

按《字鑑》卷一麻韻："瓜,俗作苽。"考"瓜"字《説文》篆文作"㼌",據之楷定,既可作"瓜",亦可作"苽"。《干禄字書》《五經文字》皆作"瓜","瓜"旁亦皆作"瓜"。然宋元以後"瓜"字通行,而"苽"遂被目爲異體字。敦煌卷子中"瓜"旁亦或作"苽",例見下。

【爪】△*

《箋注本切韻》一麻韻："爪,古華反。"《俗務要名林》(斯617號)果子部："木爪:下古華反。"斯76號《食療本草》："胡爪,寒,不可多食。"

按:俗書"瓜""爪"不分,故"瓜"字或"瓜"旁俗書亦或寫作"爪"。《龍龕·瓜部》"瓜"字下云："一部與爪部相濫。爪音側絞反。"同書爪部"爪"字下云："一部與爪(瓜)部相濫。爪音古花反。"上揭《箋注本切韻》平聲模韻載"狐""弧""孤""苽""派"等字,"瓜"旁原卷皆寫作"爪"形,亦其證。

【苽】◎

《正名要録》"各依脚注"類"苽"下脚注："上不須草。"伯2656號《搜神記》"焦華"條："天遣我送苽一雙以父充藥。"

按《干禄字書》："苽瓜:上俗下正。"慧琳《音義》卷四十《聖迦抳金剛童子求成就經》音義："瓜,經作苽,非也。""苽(苽)"爲"瓜(瓜)"的增旁俗字。《説文》

別有"苽"字,指茭笋,與此非一字。

瓟[5]

【瓞】◎

《王一》入聲屑韻徒結反:"瓟,瓜瓟。亦作瓞。"

按:例中的"瓜"和"瓜"旁原卷皆作"![]"形,俗寫。"瓞"蓋"瓟"的後起改易聲旁字。

疒　部

疺[4]

【噃】◎

《王一》去聲願韻芳万反："疺,吐。亦作噃。"《王二》同。

按《玉篇·口部》："噃,孚願切,吐也。""噃""疺"音義全同,蓋古異體字。"噃"字又作"㗒"。《廣雅·釋詁四》："㗒,吐也。"《集韻·願韻》："㗒,《博雅》:吐也。或從辯(作噃)。通作疺。"

疹[5]

【疢】◎

《切韻》斷片二去聲震韻："疢,丑刃反。"《箋注本切韻》三震韻："疢,丑刃反,又作疢,正。"斯79號《類書》："(衛)玠有宿疢,發而死。"

按《玉篇·疒部》:疢,俗"疢"字。《干禄字書》："疢疢:上俗下正。"慧琳《音義》卷三二《佛説大净法門品》音義："疢,經作疢,通用。"《集韻》去聲稕韻："疢,或作疹、疢。"今按:以字形而論,"疢"當爲"疹"的隸變字。凡"㐱"旁隸變皆或作"尔"。"疹"《説文》云籀文"胗"字。"胗""疢"音義均近,古多混用不分。故"疢"古或用同"疢",而非"疢"即"疢"俗字也。《龍龕·疒部》："疹疢,二或作;疢,正;疢,今。""疢"實爲"疢"的譌字,行均定爲正字,謬。《復古編》卷上："疹,別作疢,又音丑刃切,非。"張有以"疢"爲"疹"字別構,是也。

痒[7]

【瘆】△

《箋注本切韻》四上聲寑韻："瘆,寒皃。疎錦反。本作瘆。"

按：上揭寫卷二掃描字字形略同，疑"本作"字當作"痒"。"痒"見《説文》，"痒"蓋"痒"字俗譌。《龍龕·疒部》："痒,所錦反,寒皃。"形微别。

痁⁹

【疘】△

《王一》平聲侵韻："痁,復故病。或作疘。"末字《王二》作"疘",當據正。

按《龍龕·疒部》："疘,或作；痁,正：氏三反,腹内故病也。"《廣韻·侵韻》：疘,同"痁"。"疘"爲"疘"的俗寫,後者則爲"痁"的改易聲旁字。《漢語大字典》據《龍龕》收"疘"字,字形失真。

瘧⁹

【虐】△

《楞嚴經音義》一："虐,魚略反,病。或作瘧。"

按："虐"蓋"虐"的俗寫。《説文》"瘧""虐"字别。希麟《續音義》卷六《佛説除一切疾病陀羅尼經》音義："瘧,魚約反,《切韻》：痁疾也。字書從疒、虐聲。經文單作虐,苛酷也,非痁疾義。"可參。

瘰¹¹

【瘰】△

《王一》上聲哿韻郎果反："瘰,一瘰,筋結。亦作瘰。"

按《龍龕·疒部》："瘰,或作；瘰,正。""瘰"字或書作"瘰","瘰"即其俗省。

【瘰】△

《王二·哿韻》："瘰,亦作瘰。"

按："瘰"亦"瘰"之俗省。

癃¹¹

【癃】◎

《王二》平聲東韻力中反："癃,病。亦作癃。"

按："癃"見《説文》,"癃"爲其省體。慧琳《音義》卷七七《釋迦譜》第八卷音義："癃,譜作癃,俗字也。"

癘¹²

【癩】◎

《王一》去聲泰韻:"癩,疾。或作癘。"

按:慧琳《音義》卷二《大般若經》第一二八卷音義:"癩,來大反,俗字也,……《説文》正作癘。"

癤¹³

【癤】△

《王一》入聲屑韻子結反:"癤,瘡癤。亦作癤、癥。"

按《龍龕·疒部》:"癤,今;癤,正。"《干禄字書》以"茚"爲"節"的俗字,故"癤""癤"當以前者爲正。

【癥】◎

書證見上。

按《龍龕》以"癥"爲古文"癤"字。慧琳《音義》卷三七《佛説七俱知佛母準泥大明陀羅尼經》音義:"癤,《古今正字》正體從截作癥,久廢不行,今時用作癤。"同書卷五十《業成就論》音義則云:"癤,或作癥,《古今正字》從疒、節聲也。"今本《玉篇》謂"癤"同"癥"("㦰""截"爲篆文隸變之異)。疑"癥"爲古本字,後起通行字作"癤"。《正字通》以"癥"爲俗"癤"字,殆未確。

癖¹³

【㿉】◎

《王一》入聲昔韻:"癖,腹病。亦作㿉。"

按:同韻"㿉"字下云:"亦作㿉。"此又以"㿉"爲"癖"字異體,他書未聞,疑有誤。

癢¹⁴

【癢】◎

《正名要録》"字形雖別,音義是同,古而典者居上,今而要者居下"類:癢痒。

按：痛癢字《說文》作"蛘"，"癢"蓋後起形聲俗字。慧琳《音義》卷二八《法花三昧經》音義："蛘，或作痒，經作癢，俗字也。"同書卷三三《太子須大拏經》音義："蛘，今皆作癢，近字也。"

【痒】◎

書證見上。伯2166號《佛説太子須大拏經》："母於山中，左足下痒，右目復瞤。"

按《説文·疒部》："痒，瘍也。"用作"癢"異體的"痒"蓋"蛘"的換旁俗字，與瘍痒的"痒"爲同形字。慧琳《音義》卷三十《持人菩薩經》第二卷音義："蛘，《文字集略》或作癢，《韻略》或作痒，與經文同，三字並同用。"同書卷五三《長阿含十報經》上卷音義則云："蛘，有作痒者，不成字也。"玄應《音義》卷十二《賢愚經》第四卷音義亦云："蛘，今皆作癢。經文作痒，痒似羊反，《字林》：痒，病名也。痒非此義也。"可洪《音義》第肆册《如來興顯經》第四卷音義："痛癢，羊兩反，正作痒。"玄應、慧琳墨守《説文》"痒"字的用法固然不妥，可洪以"痒"爲痛癢之"癢"的正字則亦無據。

瘞[16]

【瘞】◎

《王一》入聲錫韻閭激反："瘞，瘰瘞病。亦作癳。"《王二》標目字作"瘞"，而不載異體。

按：慧琳《音義》卷四十《十一面觀自在菩薩心密語儀軌經》上卷音義："瘰瘞，《古今正字》並從疒，累、歷皆聲也。""瘞"蓋"瘞"的省聲字。《龍龕·疒部》："瘞，音歷（歷），瘰一也。""瘞"又"癳"的俗字。

立　部

竩[13]

【竩】△

《字寳》(斯6204號):"物竩斜,苦乖反。又喎。"

按《説文·立部》:"竩,不正也。从立,羲聲。"《玉篇·立部》:"竩,呼蠆切,不正也。""竩"爲"竩"的俗字,而"竩"又爲"竩"的變體。

【喎】

書證見上。

按《説文·口部》:"呙,口戾不正也。从口,冎聲。""喎"爲"呙"的增旁字。"竩""呙"音義均近。

競[15]

【競】◎

《字樣》:"競,正;竸,通用。"斯5448號《渾子盈邈真讚并序》:"宿業來纏,桑榆競逼。"

按《干禄字書》:"竸競:上俗下正。"《龍龕·立部》:"竸,俗;䇨,古;競,正。"《五經文字》卷中言部:"䇨競:上《説文》,從古文兩言,下經典相承隸省。"就秦漢篆文的字形而言,"競"字或作䇨、䇨、䇨等形,據之隸定,自以據《字樣》《五經文字》作"競"爲近正。漢代碑刻字或作"競",乃隸變增筆字,顏元孫等定爲正字,實未切當。慧琳《音義》卷三《大般若經》第三四九卷音義:"競,經作競,俗字也。"其中後一"競"字《高麗藏》本作"競",未必妥當。

穴 部

突⁴

【窣】△

《毛詩音》二:"窣,出(徒)兀[反]。"北 8618(字 42)號《菩薩地持經》卷十:"阿羅漢猶有无記窣吉羅。"

按:前例所音爲《齊風·甫田》"突而弁兮"句,"窣"即"突"字。《五經文字》卷上穴部:"突,徒兀反,作窣者訛。"《干禄字書》:"窣突:上俗下正。"《龍龕·穴部》:"窣,俗;突,正。""窣""窣"皆爲"突"的增筆繁化字。《魏兗州刺史元弼墓誌》已見"窣"字。

窄⁵

【迮】◎

《正名要録》"正行者楷,腳注稍訛"類"窄"下腳注"迮"。《王一》入聲麥韻側革反:"迮,迫。或作窄。"

按:慧琳《音義》卷二三《大方廣佛華嚴經》第六十七卷慧苑音義:"窄,《廣雅》曰:迫狹也,窄陿也。窄字經作迮者,俗也。"同書卷八一《南海寄歸内法傳》第三卷音義:"窄,《古今正字》云:迫陿也,從穴、乍聲。……傳作迮,誤用也。""迮"字《說文》訓"迮迮,起也",而"窄"字不見於《說文》,清儒多謂狹窄即"迮"本義之引申,而以"窄"爲"迮"的後起俗字。

窰⁶

【窯】△

《正名要録》"字形雖別,音義是同,古而典者居上,今而要者居下"類:陶窯。

按：瓦窯字《説文》作"窯"，"窑"即"窯"的簡俗字。慧琳《音義》卷五五《洴沙王五願經》音義："窯，從穴、羔聲，經從宀作窑（窑），俗訛字也。宀音綿。"俄敦699號《正法念處經難字》載"窯"字，兼於"窯""窑"之間，可參。

【陶】△

書證見上。

按：慧琳《音義》卷十六《佛説胞胎經》音義："窯（窯），音姚，……或作陶。""陶"爲"陶"字俗書。"陶""窯"字別，"陶"用同"窯"蓋音近通假。郎知本以"陶"爲"窯"的"古而典者"，欠妥。

窔[6]

【窔】△

《箋注本切韻》三："窔，烏弔反……俗作此窔也。"

按："窔"見《説文》，其後起改易聲旁字作"窔"（《集韻》去聲嘯韻："窔，或作窔。"），"窔"即"窔"的贅筆繁化字（與"突"的俗字"窔"同形）。

窗[7]

【囪】△

《箋注本切韻》二平聲江韻："窗，楚江反，按《説文》作此囪，又從穴作此窗。"

按："窗"字《説文》篆文作"囱"，隸定作"囪"，而"囪"爲隸變字。《玉篇·冂部》："冊，音琮，冊孔也。""冊"即"囪"字，可以比勘。

【窗】△

書證見上。

按："囪"《説文》或體從穴作"窗"，"窗"即其隸變字。

【窓】

《字樣》："窗，正；窓，相承用。"伯2603號《讚普滿偈》："窗間客至風難立，影裏僧居日易曛。"

按《説文·穴部》："窗，通孔也。从穴，悤聲。""窗"蓋"窗"的後起形聲俗字（段玉裁謂"窗"篆係淺人所增）。而"悤"隸變或作"怱"，故"窗"亦或作"窓"。《五經文字》卷上穴部："窗窓：上《説文》，下經典相承隸省。……凡從悤者放此。"慧琳《音義》卷六一《苾蒭尼律》第十八卷音義："窗，俗字，《説文》正體象形囪,牕也,形聲字。"

【悤】△

《箋注本切韻》一:"悤,楚江反。"

按:俗書"穴"旁"宀"旁混用不分,故"窗"字俗書變從"宀"旁,而下部又變作"怱"。《隋陳叔毅修孔廟碑》"窗"字作"悤",是其比。

【忩】△

《王二·江韻》:"忩,楚江反,向。正作窗,亦作牕。"伯 2305 號《妙法蓮華經講經文》:"忩牖水精糚,門户摩尼作。"

按:慧琳《音義》卷十五《大寶積經》第九十六卷音義:"忩,俗字也,正作牕。"同書卷十九《大集大虛空藏經》第四卷音義"忩"字下引《考工記》云:"在牆曰牖,在屋曰忩。""忩"爲"窗"之省。"忩"既可説是"窗"的換旁字,又可説是"悤"的變體。《唐御史臺精舍碑》"窗"亦書作"忩"。

【㥯】◎

書證見前。又《切韻》殘葉二:"㥯,楚江反。"斯 4571 號《維摩詰經講經文》:"菩提道路教登涉,險惡門㥯斷去尋。"

按:慧琳《音義》卷八一《三寶感通傳》中卷音義:"窗,録文作㥯,俗字也。"如前所説,"窗"字或作"忩",又或換旁作"悤""㥯"等形;而"悤"字較早作"念"(詳見"悤"字條),故"悤""忩"異體也可作"㥯"。"㥯"字從宀、念(悤—悤)聲,爲形聲字。《漢語大字典》據《廣韻》等書收"㥯"字,劃歸穴部,殊非其當。

【牕】△

書證見前。

按:希麟《續音義》卷二《新大方廣佛華嚴經》第一卷音義:"牕,楚江反,《説文》云:在牆曰牖,在屋曰牕,從片,恩聲,像交眼之形。經作牕,或作窗,皆俗字。"考今本《説文》未見"牕"字,"牕"當是"窗"的後起形聲字,"牕"爲"牕"之變,而"牕"又爲"牕"之省。斯 6836 號《葉淨能小説》:"以水精爲牕牖。""牕"亦爲"牕"的俗字。《龍龕·片部》:"牕,或作;牕,正。"可參。

窨[9]

【瘖】△

《王一》去聲沁韻於禁反:"窨,地屋,亦作瘖。"《王二》末字作"癊"。

按:"癊""廕"分別爲"癊""廕"的異寫。用同"窨"的"癊"或"廕"他書未見。

窺[11]

【闚】

《正名要録》"字形雖別,音義是同,古而典者居上,今而要者居下"類:窺闚。《王二》平聲支韻:"闚,去隨反,亦作窺。"

按:"窺""闚"皆見於《説文》,音義俱近,蓋古異體字。慧琳《音義》卷一百《肇論》下卷音義:"窺,或作闚,同也。"

【䦕】◎

《箋注本切韻》一支韻:"䦕,去隨反,又作窺。"斯 1889 號《敦煌氾氏家傳并序》:"(氾孚)下帷潛思,不䦕門庭。"

按:慧琳《音義》卷二七《妙法蓮華經》譬喻品音義:"窺,又作䦕,同。"《龍龕·門部》:"䦕,俗;闚,正。""䦕"字從門從視,爲會意俗字。《魏孝文帝弔比干文》已見"䦕"字。

【窺】△

《箋注本切韻》二支韻:"闚,去隨反,《説文》:小視也,作此窺,二同。"斯 610 號《啓顔録》昏忘類:"來窺鏡者皆云此家王相。"

按《干禄字書》:"窺窺:上俗下正。"下字當是"窺"字俗譌。"窺"爲"窺"的會意俗字。六朝碑刻中已多見"窺"字。斯 343 號《大唐皇帝述聖記》:"窺天鑑地,庸愚皆識其端。""窺"又爲"窺"的换旁字。

復[12]

【復】△

《王一》入聲屋韻芳伏反:"塥,地室。亦作復。""室"下原卷有"反"字,兹據《王二》删。又末字原卷上部作"山"頭,宜當從《王二》作"復"。

按《説文·穴部》:"復,地室也。从穴,復聲。""復"當是"復"的换旁俗字。

【塥】

書證見上。

按《玉篇·土部》:"塥,又作復。""塥"亦"復"的後起换旁俗字。

竈[16]

【竈】△

《王一》去聲号韻："竈,則到反,炊。通俗作竈(竈)。"《王二》同。俄敦1295號《具注曆》："祀竈神吉。"

按："黽"字俗作"黽"(詳"黽"字條),故"黽"旁從之。《干禄字書》："竈竈:上通下正。"《唐龐德威墓誌》"竈"亦寫作"竈"。

竊[17]

【竊】△

《正名要錄》"正行者楷,腳注稍訛"類"竊"下腳注"竊"。俄敦11038號《放妻書一道》："竊聞夫婦義重,如手足似難分。"斯2659號《大唐西域記》卷一："其弟受命,竊自割勢,防未萌也。"後例左下部變體作"礻"。

按《五經文字》卷上米部："竊,作竊者訛。"希麟《續音義》卷二《新大方廣佛華嚴經》第十四卷音義："竊,經文有作竊字,非也。"《隋甯贊碑》已見"竊"字。又《干禄字書》："竊竊:上通下正。"可參。馬王堆帛書"竊"字有作"竊"形者,"竊"當即由其嬗變而來。

皮 部

旻皮⁹

【腕】◎

《箋注本切韻》一上聲軫韻武盡反："䟔,細理。或作䏒。"《王一·軫韻》："䟔,細理。或作腕。"

按:"免"旁俗書多作"兑",故"䏒"即"腕"的俗寫。《玉篇·肉部》:"腕,無阮、無怨二切,色肥澤也。"與"䟔"字音義均所不同。此以"腕"爲"䟔"字或體,他書未見。

【䟔】△

書證見上。

按:"䟔"即"䟔"的避唐諱變體字。

皺¹⁰

【皺】△

《王一》去聲宥韻:"皺,側救反,面皺。"《楞嚴經音義》一:"皺,側救反。"《時要字樣》載"皺"字。《諸雜難字》《佛經難字及韻字抄》亦載"皺"字。伯2999號《太子成道經》:"見一老人,髮白面皺,形容憔悴。"

按:"芻"旁俗書作"肙",又或變作"寻""互"等形(詳"芻"字條),故"皺"俗或作"皺"。慧琳《音義》卷十五《大寶積經》第一百九卷音義:"皺,莊瘦反,經文作皺,訛謬不正也。"《龍龕·皮部》:皺,俗;皺,正;皺皺,二今。伯3666號《燕子賦》:"雀兒煩惱,兩眉不皺。"此爲作"皺"者,可參。

【皺】△

《王二》去聲宥韻:"皺,側救反,面一。"俄弗 46 號《妙法蓮華經》卷六:"見彼衰老相,髮白而面皺。"

按:故宫舊藏裴務齊正字本《刊謬補缺切韻·宥韻》:"皴,俗皺,同。""皺"爲"皺"字省書。

矛 部

矜[4]

【矜】

《正名要録》"本音雖同,字義各別例"載"矜"字,其下腳注"憐"。《箋注本切韻》平聲蒸韻居陵反:"矜,憨。"《王一·蒸韻》同一小韻:"矜,憨。又渠巾反。矛柄。亦作𢶏(?)。從今。俗從令,失。"《毛詩音》二:"矜,京冰[反]。"伯3561號蔣善進臨《真草千字文》真書:"束帶矜莊。"其中的"矜"字相應的草書作"𦭞"。斯1441號《勵忠節鈔·將帥部》:"《漢記》云:班超久鎮四戎,……帝矜其年老,以任尚代超爲將。"

按《正名要録》"各依腳注"類"矜""貪"二字下腳注:"並今。"當指其字並當從"今"聲而言。《干禄字書》:"矜矜:上通下正。"慧琳《音義》卷十三《大寶積經》第四十一卷音義:"矜,《説文》從矛、今聲。經文從令作矜,誤也。"《龍龕·矛部》:"矜,正;矜,今。"此皆以"矜"爲俗字。但清儒多謂"矜"本從"令"聲。秦漢碑刻及簡帛亦多作"矜"(《戰國縱橫家書·苏秦謂齊王章(四)》有"𥎧"字,乃早期僅見作"矜"的用例)。《隸辨》卷二蒸韻:"諸碑矜皆從令。"唐慧苑《華嚴經音義》卷二云:"《説文》《字統》:矜,憐也。皆從矛、令。"今本《説文》從"今"聲作"矜",與慧琳《音義》所引相合。蓋唐人所見《説文》有作"矜"者,亦有作"矜"者。據秦漢碑刻及簡帛所見字形而言,似當以作"矜"者爲近古。

【齡】△

《正名要録》"正行者雖是正體,稍驚俗,腳注隨時消息用"類"齡"下腳注"矜"。

按:"矜"當是"矜"字俗譌,而"齡"則是"齡"的俗寫("鹵"旁俗書多作"卤")。《廣雅·釋詁》:"齡,哀也。"王念孫疏證:"矜與齡通。""齡""齡"一字之異。《龍龕·鹵(卤)部》:"齡,音矜,苦也。"可參。

耒 部

耕[4]

【耕】◎

《俗務要名林》(斯617號)田農部:"耕,耕田。各萌反。"伯2999號《太子成道經》:"見時人耕種收苅,極甚勞力。"

按:《正名要録》"各依脚注"類"耕"下脚注"從耒"。《干禄字書》:"耕耕:上俗下正。"

老 部

考²

【考】*

《字樣》:"考考:二同。"《王一》上聲晧韻:"考,苦老反,氏。通俗作考。"《王二·晧韻》:"考,俗作考。"俄敦 1309＋1316＋2969＋3016＋3024＋3153＋3159 號《書儀》:"惟某考仁風雅智,摽領袖於鄉閭。"

按《干祿字書》:"考考:上通下正。"漢碑已見"考"字。① 斯 5474 號《王梵志詩·可笑世間人》:"貧苦無處得,相接被鞭拷。""考"旁亦寫作"考"。

---

① 校按:"丂"旁先秦古文字多作"丁"形,魏晉以後以《說文》小篆作"丂"形的寫法爲正體,"丁"形的寫法則淪爲俗體。參看梁春勝《楷書部件演變研究》第309—310頁。

耳 部

耴¹

【耴】△*

《箋注本切韻》入聲葉韻陟葉反:"耴,一耳,國名,出《山海經》。"

按:同一小韻又云:"𦕑,專。"即"輒"字,"耴"旁亦寫作"耴"。

又按:"取"字俗書亦或作"耴"(詳"取"字條),與"耴"的俗寫"耴"同形,故從"耴"從"取"俗書每多相亂。《干祿字書》:"輙輒:上俗下正。"即其例。參看王觀國《學林》卷九"取耴"條。

耽⁴

【躭】◎

《箋注本切韻》一平聲覃韻:"躭,丁含反。"北 6662(黄 19)號《天請問經疏》:"儉約爲少,躭嗜名欲。"伯 3079 號《維摩詰經講經文》:"莫把嬌奢爲究竟,莫躭富貴不修行。"

按:上揭《箋注本切韻》同一小韻下云:"妉,一樂。耽,一耳。酖,一酒。"似有以"躭"與"妉""耽""酖"分用之意。慧琳《音義》卷二二《新譯大方廣佛華嚴經》第十七卷慧苑音義云:"躭,都舍(含)反。案《玉篇》《字林》等嗜色爲媅,嗜酒爲躭(酖),耳垂爲躭(耽)。《聲類》媅字作妉。今經本作躭字,時俗共行,未詳所出也。"從語源上來說,耽樂、沈溺義《説文》本字作"媅",其異體作"妉";"酖"爲嗜酒義的專字,後亦或指一般的耽樂義;"耽"的本義爲"耳大垂",其用作耽樂、沈溺義當是借用"妉"字。至於"躭"字,當又是"耽"的俗字。俗書耳旁身旁相混無别,故"耽"俗又譌變作"躭"。《玉篇·身部》:"躭,俗耽字。"

《五經文字》卷中耳部:"耽,德南反,從身訛。"慧琳《音義》卷五一《成唯識寶生論》第一卷音義:"躭,俗用,《考聲》云:躭(耽),嗜也,玩也。從耳作耽。"皆可參。《漢衡方碑》已見"躭"字。敦煌卷子中"躭"又多簡省作"躭"形。

【躭】△

《王二·覃韻》:"躭,丁含反,淫甚。"伯2175號《根本薩婆多部律攝》卷十三:"若苾芻先是躭酒人,不得酒時遂便瘦弱者……"

按可洪《音義》第捌冊《佛説金剛秘密善門陀羅尼經》音義:"利躭,都含反,正作躭。""躭"又爲"躭"的俗寫。

【躭】△

《禮記音》:"躭,都南[反]。"斯2659號《大唐西域記》卷一:屈支國"潔清躭翫,人以功競"。

按:前例所音爲《中庸》引《詩》"和樂且耽"句,"躭"即"躭(耽)"的俗字。《龍龕·身部》載"躭"俗作"躭",是其比。

聃[5]

【軪】◎

《字樣》:"聃,正;軪,相承用。"伯2353號《道德經開題序訣義疏》:"今姓李名耳,字伯陽,外字老軪。"斯4473號《大晉皇帝祭文》:"德同湯武,壽異彭軪。"

按:"聃"今作"聃",作"冄"作"冉"爲隸變之異。《九經字樣·雜辨部》:"冄,經典相承作冉。"又"冉"字俗書或作"冊"(詳"冉"字條),而"耳""身"俗書相混無別,故"聃"俗作"軪",又作"軪"。《干祿字書》:"軪聃:上通下正。"《龍龕·身部》:"軪軪,二俗,他甘反,老子名也。"又慧琳《音義》卷九五《弘明集》第一卷音義:"聃,集本從身作軪,通俗字也。"亦可參。

聘[7]

【騁】

《王二》去聲勁韻:"聘,匹政反,朝問。亦作騁。"斯2072號《琱玉集》:"許由,字武仲,……堯聞其賢,騁爲九州長。"

按《五經文字》卷中耳部:"聘,從身訛。"慧琳《音義》卷五一《起信論序》音義:"聘,或從身作騁,非也。"俗書從耳從身相亂,故"聘"俗書作"騁"。漢碑中已見"聛"字。而"聛"又爲"聛"之俗寫。

聯[8]

【聣】◎

《王一》去聲祭韻職例反:"聯,入意。一曰聞。亦作聣。"

按《龍龕·耳部》:"聣,俗;聯,正。""聣"蓋"聯"的改易聲旁字。

聰[11]

【聰】◎

《王二》平聲東韻倉紅反:"聰,睿。正作聰。"斯 619 號《讀史編年詩》八歲二首之一:"武侯有子亦聰惠,喪國亡家安用爲。"

按《干祿字書》:"聰聰聰:上中通,下正。諸從恖者並同,他皆倣此。"慧琳《音義》卷二九《金光明最勝王經》第六卷音義:"聰,《説文》察也,從耳、恖(恩)聲。囱……象形。今經文作聰,俗字也。""聰""聰"爲篆文隸變之異。漢碑已見"聰"字。

【聪】

書證見上。伯 2187 號《破魔變文》:"聖德臣聪四海傳,蠻夷向化静風煙。"

按《五經文字》卷中耳部:"聪,作聰訛。"慧琳《音義》卷十六《大方廣三戒經》卷下音義:"聰,經中從念作聪,俗字也。"漢碑中已見"聪"字。《龍龕》以"聰""聪"爲"二正",而別無"聰"字。"聪"乃"聰""聰"由秦漢古體演變而來的中間環節。參看"恖"字條。

聯[11]

【聮】△

《正名要録》"本音雖同,字義各別例":"聮,一累不絶。"

按《龍龕·耳部》:聮,俗;聯(聯),正。《魏敬史君碑》已見"聮"字。

聊[11]

【聊】△

《王一》平聲蕭韻落蕭反:"聊,耳中鳴。正作聊。"同書豪韻盧刀反:"聊,耳鳴。又力彫反。"《王二·蕭韻》:"膠,俗作聏。"

按:"翏"旁俗書皆可作"乑",故"膠"字俗作"聏"。"膠"爲"聊"字異構。

聶 12

【聑】△*

《箋注本切韻》一入聲葉韻尼輒反:"聑,姓。"

按《五經文字》卷中耳部:"聶,女涉反,兩耳就一耳。凡字從聶者皆放此。作聑訛。"上揭《箋注本切韻》同韻又載"蹋""鑷""讘""嚼"等字,則凡"聶"旁皆寫作"聑"。

職 12

【軄】◎

《字樣》:"職,正;軄,相承用。"《王二》入聲職韻:"軄,之翼反,主官。本作戠,亦作職。"伯2418號《父母恩重經講經文》:"或仕宦,居軄務,離別耶娘經歲數。"

按《玉篇·身部》:"軄,俗職字。"《五經文字》卷中耳部:"軄,從身者訛。"漢碑中已見"軄"字。

聽 16

【聼】△

《字樣》:"聽 聼:二同。"

按:"聽"字《説文》從耳、悳,壬聲,"聼"即"聽"字俗省,猶"德"字俗書省作"徳"。《漢曹全碑》"聽"字作"聼",可參。

【聼】△

書證見上。俄弗242號《文選》韋孟《諷諫》詩:"王赧聼讒,寔絕我邦。"

按:《唐述聖頌》"聽"字作"聼",是其比。

【聴】*◎

《箋注本切韻》一平聲青韻載"聴"字。斯2607號《浣溪沙》詞:"万家枯(砧)杵擣衣聲,坐寒更添☒玉淚,嬾頻聴。"

按可洪《音義》第柒册《佛説月光童子經》音義:"垂聴,下他定反,許也。"

"聴"爲"聽"字俗省。漢碑中已多見省壬聲的"聽"字。上揭《箋注本切韻》"聴"下又載"廰"字，"聽"旁原卷亦從省作"聴"。

【聴】△

《正名要録》"正行者雖是正體，稍驚俗，腳注隨時消息用"類"聴"下腳注"聴"。北 111(鱗 96)號《勝鬘師子吼一乘大方便方廣經》："若復善男子、善女人，聴受讀誦乃至執持經卷，福多於彼。"後例形微別。

按："聴"蓋"聽"的變體，其中間媒介或爲"聽"字。《漢靈臺碑》"聽"字左半已有作此形者。《唐張軫墓誌》"聽"作"聴"，可參。

【聴】△

書證見上。北 6345(寒 24)號《大般涅槃經》卷十一："尒時於此閻浮提中所有衆生遇斯光已，盲者見色，聾者聴聲。"

按："聴"蓋"聽"之變。

【聃】◎

《正名要録》"正行者正體，腳注訛俗"類"聴"下腳注"聃"。伯 2357 號《太上妙法本相經》："汝之所問，甚要甚妙，端坐諦聃，爲汝説之。"

按《龍龕·耳部》：聃，俗，正作聴(聽)字。"聃"字從用耳，蓋會意俗字。

臣 部

臣

【刂】*◎

"臣"旁的俗寫。《禮記音》:"𦥯,力鳩[反]。"又載"賢"字作"贒"。伯 2133 號《金剛般若波羅蜜經講經文》:"若來若去,若坐若卧。"

按:"臣"旁作"刂","刂"爲簡省符號。敦煌卷子中"歸"或作"帰","師"或作"师",其左旁亦爲簡省符號。

西 部

覃⁶

【覃】△*

《箋注本切韻》一平聲覃韻:"覃,徒含反。"斯 1722 號《毛詩·周南·葛覃》:"葛之覃兮,施於中谷。"

按《干禄字書》:"覃覃:上俗下正。"慧琳《音義》卷七七《大周刊定衆經目録序》音義:"覃,今俗用下從早者,誤也。"《龍龕·西部》以"覃"爲"正"字,以"覃"爲"今"字,恐未切當。上揭《箋注本切韻》覃韻又載"潭""譚""燂"等字,"覃"旁原卷亦皆寫作"覃"形。

而　部

耎³

【耎】*◎

《箋注本切韻》四上聲獮韻而兗反："耎，稍前大。"《楞嚴經音義》一："耎，而兗反。"伯2292號《維摩詰經講經文》："耎弱柔和如似水，此個名爲眞道場。"

按：俗書從大從火不分，故"炏"即"耎"的俗字。《龍龕·火部》："炏，而兗反，柔也，弱也。""炏"亦爲"耎"的俗字。又上揭《箋注本切韻》獮韻又載"㮕""愞"等字，"耎"旁原卷亦寫作"炏"。

至 部

致⁴

【致】△

《字樣》:"致,正;致,從攵(夊)聲,攵(夊)音張履[反],此相承用。"《王二》去聲至韻:"致,陟利反,俗反(又?)作致。"《王一·至韻》:"致,陟利反,遂。正作致(致)。"斯4473號《後晉文鈔·大晉皇帝致北朝皇帝遺書》:"致疾恙以潛生。"

按:"致"字《說文》從攵從至作"致",但秦漢古文字已有從攴作者。《龍龕·攴部》:"致,陟利反,至也。"而別無"致"或"致"字,蓋徑以"致"爲通行正字矣。

【致】◎

書證見上。

按《字鑑》卷四至韻:"致,俗从擊攵字作致誤。"《九經字樣·攵部》:"(攵)《說文》作攴,隸省作攵。""致"異寫作"致",自亦可作"致"。

臺⁸

【臺】△

《正名要錄》"字形雖別,音義是同,古而典者居上,今而要者居下"類:臺臺。俄弗112號《月上女經》:"佛神力,故於其右手忽然有一蓮花自出,黄金爲莖,白銀爲葉,琉璃爲蘂,碼碯爲臺。"

按:《魏章武王妃盧墓誌》已見"臺"字。可洪《音義》第壹册《摩訶般若波羅蜜經》第四十卷音義:"高臺,徒來反。"字形同。又《干禄字書》:"臺臺:上俗下正。"(俗字《叢書集成初編》本作"臺")伯3360號《大唐五臺曲子》標題中的"臺"字亦或作"臺",形微別。

虍 部

虍

【严】△*

"虍"旁的俗寫。《禮記音》:"虘,郎都[反]。"《正名要錄》載"歔""嚾""虞"等字。

按:故宫舊藏裴務齊正字本《刊謬補缺切韻》卷首字樣:"虍严:荒烏[反],上正下俗。"敦煌卷子中凡"虍"旁多寫作"严"形。

虎²

【虎】*◎

斯2072號《珠玉集》:"(李)廣聞悲泣,撫持弓箭,日夜覓虎。"

按《干禄字書》:"虎虎:上通下正。"慧琳《音義》卷二九《金光明最勝王經》第十卷音義:"虎,從巾作虎者,非也。"秦漢簡帛中已見"虎"形的寫法,漢碑"虎"字下部多寫從"巾"形。

虔⁴

【虔】△

《正名要錄》"字形雖别,音義是同,古而典者居上,今而要者居下"類:虔虔。伯2005號《沙州都督府圖經》"一所異怪"下:"涼王且渠茂虔訪於奉常張體順。"

按:"虔"字下部《説文》作"文",俗書"文"旁與"夊"相亂,故"虔"俗書作"虔"。《字鑑》卷二僊韻:"虔,俗作虔。"可参。《干禄字書》以"虔"為"正"字,不妥。

【廄】△

書證見上。

按可洪《音義》第陸册《六度集經》第五卷音義："肅廄,上息六反,下巨焉反。"又《干祿字書》："廄虡:上通下正。""虍"旁俗作"严",故"虡"俗作"廄",而"廄"又爲其變體。

虛⁵

【虗】△*

《王一》平聲魚韻："虗(虛?),許魚反,空。又作虚。通俗作虗。"《毛詩音》二："虗,起居[反]。"伯3697號《捉季布傳文》："枉讀詩書虗學劍。"

按《干祿字書》："虗虛:上俗下正。"又《正名要録》載"歔""嘘"等字,"虛"旁亦皆寫作"虗"。

【虗】△

《正名要録》"字形雖別,音義是同,古而典者居上,今而要者居下"類:虛虗。斯2204號《太子讚》："路遠人稀煙火無,修道甚清虗。"

按:"虛"字下本從丘,隸定既作"虚",亦作"虗",而"虗"即"虛"的俗寫。斯4571號《維摩詰經講經文》："教化羣生類,今拋虗幻身。""虗"又爲"虗"之變。

處⁵

【處】△

《字樣》："處處:上正,下相承用。"《正名要録》"正行者雖是正體,稍驚俗,腳注隨時消息用"類"處"下腳注"處"。《五代本切韻》五上聲語韻昌煑反:"處,居、止、安息也,留,定。亦處。處,同上,俗字。"

按:"處"字虎頭左下側本從"夂",此作"又",蓋形近之譌。

【處】◎

書證見上。又《楞嚴經音義》一:"處,昌慮反。"伯2187號《破魔變文》："學無道化之能,謬處讚揚之位。"

按《五經文字》卷下虍部:"處,從夂從几,俗作處,非。"慧琳《音義》卷五一《轉識論》音義:"處,經文作處,草書誤也。"漢隸中已見把"處"下部的"夂""几"

相合書爲"匆"的實例(參《隸辨》卷三)。附按:慧琳《音義》卷四三《大方廣圓覺修多羅了義經》音義:"處,經作處,俗字也。""處"蓋由"處"變"處"的中間環節。

【雴】△

《文選音》:"雴,一与。"凡三見。伯 2507 號《唐開元二十五年水部式》:"南渠水口初分,欲入中白渠、偶南渠雴,各著斗門堰。"

按可洪《音義》第玖册《菩薩處胎經》第四卷音義:"雴卅(世),上尺与反。""雴"蓋"處"的變體。《漢楊信碑》已見"雴"字。

【甐】△

《箋注本切韻》一語韻昌与反:"甐,又作處。"

按《龍龕·處部》:"甐,俗通;處,正。"《唐張仁珪造像銘》又作"甐",當皆是"處"或"處"的增繁俗字。

【虗】△

《王一·語韻》:"虗,居所。或作扎。通俗作處。"

按:"虗"當是"處"字俗譌。他書未見。

【扎】△

書證見上。

按:居處字《説文》本作"処",或體作"處","扎"當是"処"的譌變俗字("処"左旁譌作"又","又"古同"手",俚俗遂改從"扌")。

號⁵

【號】△

《箋注本切韻》一平聲豪韻胡刀反:"號,哭。又作嘷。"

按:同書上聲姥韻"虎"字下云:"案文山獸之君,足似人足,故足下安人,此儿是(此字原卷有濃墨,似已塗去)即古人字,音人。""虎"下部的"几(儿)"原本是否爲古人字,近人有不同意見。但古人則多信從此説,故"虎"字或"虎"旁亦有徑寫作"虍"的。《龍龕》有"虍"部,即"虎"部,其中有云:"號,胡刀反,大呼也,哭也,痛也。"這箇"號"即"號"字。而人旁俗書或書作"卜"(如"咎"俗作"咎"、"臥"俗作"卧"),故"號"當是"號"字俗書。斯 619 號《讀史編年詩》十八歲:"貴佩虎符稱善政,紫冠貂尾立殊勳。"其中的"虎"爲"虎"字俗書,可證。現代簡化字有"处",淵源於"処",可以比勘。

【唬】△

書證見上。

按：“虎”俗書作“席”（參看“虎”字條），故“唬”即“虓”的俗字。“虓”字《說文》云“虓聲也，一曰虎聲”，但上揭“唬”則是“號”字異構。“号”字從口，故從口亦猶從号也。希麟《音義》卷三《新譯十地經》第四卷音義：“號，作唬同。”《漢冀州從事郭君碑》：“卜商唬咷。”“唬”亦即“號”。可洪《音義》第拾冊《大智度論》第二卷音義：“嘑咷，上户高反。”掃描字又爲“唬”的俗寫。斯 328 號《伍子胥變文》：“子胥語已向前行，女子嘑咷發聲哭。”“嘑”爲“嚎”字俗寫，亦即“號”，則既從口，又從号，可以比勘。

【號】△

《楞嚴經音義》一：“号，正作號。”《禮記音》：“號，胡到[反]。”《毛詩音》一：“號，胡高[反]。”伯 2193 號《目連緣起》：“目連聞金口所說，不覺悶絶號咷。”伯 2553 號《王昭君變文》：“策拜號作煙脂貴氏。”斯 1441 號《勵忠節鈔・將帥部》：“（趙）包乃發聲號慟……”

按：可洪《音義》第伍冊《維摩詰所説經》中卷音義：“號，户高反。”慧琳《音義》卷十三《大寶積經》第四十八卷音義：“號，經中作號，俗用變謬也。”同書卷十八《十輪經》第四卷音義：“號，經作號，謬也。”《漢孫根碑》“號”作“號”，六朝以下碑刻又有作“號”“號”“號”“號”等形者（參看《碑別字新編》），是知敦煌俗寫有所自來也。

【号】◎

書證見上。伯 2553 號《王昭君變文》：“墳高數尺号青塚。”

按《說文・号部》：“号，痛聲也。”又云：“號，呼也。从号从虎。”敦煌卷子號呼字亦多寫作“号”，二字混用無別。

【唬】

斯 3469 號玄應《一切經音義》卷二《大般涅槃經》第一卷音義：“號哭，胡刀反，《尔雅》：號，呼也。大呼也。《釋名》云：以其善惡呼名之也。號亦哭也，字從号、虎聲。經文作嗥，《說文》：嗥，咆也。《左傳》豺狼所嗥，是也。嗥非此義。又從口作唬，俗僞字耳。”其中的“唬”字《叢書集成初編》本玄應《音義》作“号”，當誤。北 6472（雲 25）號《大般涅槃經》卷二九：“如人捨命受大苦時，宗親圍遶，唬哭懊惱。”

按:可洪《音義》第貳册《大寶積經》第一一二卷音義:"悲呺,音豪,哭也,正作號也。《易》曰'先號咷而後笑'是也。又音囂,非也。"用同"號"的"呺"當是"號""号"交互影響的結果,與"音囂"的"呺"同形異字。參看口部"呺"字條。

虞[7]

【虗】△

《王二》平聲虞韻:"虞,語俱反,防。通俗作虗。"伯 3821 號《定風波》詞:"霸王虗矩(姬)皆自别(刎)。"

按:"卢"旁俗作"严",而"吴"俗作"吴",故"虞"字俗書作"虗"。

虢[7]

【虩】△*

《五代本切韻》五入聲麥韻古獲反:"虩,國名。"

按:可洪《音義》第貳拾柒册《高僧傳》第十三卷音義:"姓虩,古攫反。"字形略同。上揭《五代本切韻》同一小韻又載"漷"字,"虢"旁原卷亦寫作"虩"形。參看"虢"字條。

虡[8]

【籚】◎

《箋注本切韻》一上聲語韻其吕反:"籚,枸籚。又作虞。"

按:"虞"見《説文》,篆文省作"虡","籚"蓋後起俗體。參下。

【虗】△

《王一·語韻》:"虡,神獸。亦作虗。"

按:慧琳《音義》卷九七《廣弘明集》第三卷音義:"虡(虡),集從丘作虗,古文字。"《龍龕·卢部》:"虞,其吕反,枸一。……亦作籚。""虞"爲"虡"字俗譌(比較"虚"字又作"虗"),而"虗"當又爲"虞"字俗省。

【蘆】△

書證見上。

按:"蘆"蓋"虗"的增旁俗字,而俗書從竹從艸不分,故"蘆"當又爲"籚(籚)"的俗變。

盧[10]

【盧】△

《切韻》殘葉二:"盧,落胡反。"《王一》平聲模韻:"盧,落胡反,器。通俗作盧。"《禮記音》:"盧,郎都[反]。"伯 2633 號《酒賦》:"紅地盧(盧—爐),相厭膝。"

按《五經文字》卷下卢部:"盧盧:上《説文》,下經典相承亦作下字。凡字從盧者皆放此。"上揭《切韻》殘葉又載"鑪""蘆""艫""櫨"等字,"盧"旁原卷皆作"盧"。

虩[10]

【𧆞】△

《王二》入聲陌韻:"虩,許郤反,懼兒。又所責反。或𧆞。"

按:"𧆞"爲"虩"的偏旁易位字。

虧[11]

【虧】△

《王二》平聲支韻:"虧,去爲反,損。通俗作虧。"

按:標目字與下列通俗字字形略同,必有一誤。據同書載"盧"通俗作"盧","虞"通俗作"虞","虚"通俗作"虚"之例,後者疑當作"虧"。可洪《音義》第貳册《無量清浄平等覺經》下卷音義:"虧負,上丘爲反,缺也。"標目字正寫作"虧"。

【虧】△

《正名要録》"正行者楷,脚注稍訛"類"虧"下脚注"虧"。

按:"虧"當是"虧"字俗省。《隋段濟墓誌》作"虧",可以比勘。

【虧】

《字樣》出"虧"字。俄弗 346 號《大智度論》卷四五:"譬如牢固金剛山,人來斸鑿毀壞,諸虫來齧,無所虧損,是名金剛心。"

按:《説文》"虧"字或從兮作"虧","虧"即"虧"字俗寫。可洪《音義》第叁册《大方廣佛華嚴經》序文音義:"不虧,丘隨反。"掃描字字形略同。

【虧】△

書證見前。又《楞嚴經音義》一："虧,闕,去爲反。"《禮記音》："虧,社(?)僞[反]。"斯 289 號《報慈母十恩德》："母飢羸,……甘制(旨)莫教虧。"

按慧琳《音義》卷二五《大般涅槃經》第九卷音義："虧,有作虧字,非體也。"可洪《音義》第拾肆册《本事經》音義："不虧,去隨反。"《干禄字書》："虧虧:上俗下正。""虧"當爲《説文》"虧"字或體"虧"的俗譌,"虧""虧"又爲"虧"字之變。《復古編》卷上又載"虧"字別作"虧",則又爲"虧"字俗譌。《隋造龍華碑》作"虧",當是"虧"字變體。

虫 部

虫

【虫】△*

北 6314(來 19)號《大般涅槃經》卷四："更不受於臭身、虫身、食身、□□(毒身)。"俄敦 5988 號《大方等陀羅尼經》卷二："從此出已,當生世間,餓鬼畜生、虫蟻蠅蝨、水虫科斗魚鼈之屬,无一不遍。"

按《龍龕·虫部》："虫,許偉反,鱗介總名也。又近代音直中反。""虫"蓋"虫"字篆文"❦"隸變之異。"虫"旁俗寫亦或作此形。《楞嚴經音義》一："薄𧉮:下音食。"又《禮記音》載"螺""蛉"等字,《佛經難字及韻字抄》載"蠅""蟠"等字,皆其例。

【虫】△*

《正名要錄》："蝀,虫。"伯 2049 號背《净土寺直歲願達牒》："麵壹碩肆斗,先年因會手上充造送蝗虫解火局席及徒衆等用。"

按："虫"蓋亦隸變之異。"虫"旁俗寫亦或作此形。《俗務要名林》(斯 617 號)有"虫部",凡"虫"旁均寫作"虫"形。

虯[2]

【虬】◎

《王一》平聲幽韻："虬,渠幽反,虬龍。又居幽反。或作龍。"《王二·幽韻》："虬,或作𧉮。"斯 1722 號《兔園册府》卷一："玄虬警路,蒼龍順時。"

按:"虬"爲"虯"的隸變字。"糾"字異體作"糺",是其比。

【龘】△

書證見上。

按:《王一》此字作"龍",乃"龍"的俗寫;《敦煌掇瑣》録作"龘",不確。《廣雅·釋魚》:"有角曰龍龍。"王念孫疏證:"虯與龍同。"《集韻·幽韻》:"虯,或作龍。""龍""龘"蓋皆"虯"的後起異體字。

蚩⁴

【蚩】△*

《箋注本切韻》二平聲之韻:"蚩,蟲名也。赤之反。《説文》作此蚩,從之,非山。"《王一·之韻》:"蚩,赤之反,蟲名。"斯619號《讀史編年詩》十歲二首之二:"軒轅自戮蚩尤後,藉藉神明萬國賓。"

按:慧琳《音義》卷十三《大寶積經》第五十四卷音義:"蚩,《説文》……從虫,音毀;從出(㞢),古之字也,㞢亦聲也。經中作蚩,訛略也。"《龍龕·虫部》:蚩,俗;蚩,正。《王一·之韻》又載"嗤""媸"等字,"蚩"旁亦寫作"蚩"。

【妛】△

《正名要録》"正行者雖是正體,稍驚俗,腳注隨時消息用"類"妛"下腳注"蚩"。

按:"蚩"即"蚩"的俗字。"妛"字他書未見,據字形而論,當是"姿"的譌字。"安"字俗書作"妟",又作"女"(見伯3821號《十二時行孝文》),"妛"即由"姿"字譌變使然。《集韻·之韻》:"姿,侮也,癡也。或作媸,通作蚩。"《王一·之韻》赤之反:"姿,侮輕。"《王二》同。"安"當是"姿"的譌字。"姿"字未見於唐代以前載籍,實為"蚩"的後起換旁字,"媸"則"蚩"的後起增旁字。

蛆⁵

【蛆】

《箋注本切韻》二平聲魚韻七余反:"蛆,俗作,蟲蛆。"《王二·魚韻》:"胆,虫在肉中,俗作蛆。"又去聲御韻七慮反:"胆,蠅胆。亦作蛆。"

按《玉篇·肉部》:"胆,俗作蛆。"慧琳《音義》卷十四《大寶積經》第五十七卷音義:"蛆蟲,上七余反,正從肉作胆,……經從虫作蛆,俗字。"

蚳[5]

【蚯】△

《切韻》斷片一:"蚯,蟻卵。"

按:"蚯"爲"蚳"的俗字,凡"氏"旁俗書皆可寫作"丘"。

蛇[5]

【虵】

《箋注本切韻》一平聲麻韻:"虵,毒虫,食遮反。案文作蛇。"《俗務要名林》(斯 617 號)虫部:"虵,毒虫名。"伯 2319 號《大目乾連冥間救母變文》:"猛火龍虵難向前,造次无由作方便。"

按《玉篇・虫部》:"虵,正作蛇。"《九經字樣・虫部》:"蛇,今俗作虵。"《龍龕・虫部》:"蛇,古;虵,正。"蓋當時"虵"字通行而被目爲正字。"它"旁"也"旁篆文形近,隸變二旁每多相亂。參看《隸辨》卷六偏旁"它"字下。

蛔[6]

【蛔】△

《楞嚴經音義》一:"蛔,音迴,一虫,人腹中虫。正作此蚘。"俄弗 93 號《大佛頂如來密因修證了義諸菩薩萬行首楞嚴經》:"衰癘之鬼衰窮報盡,生於世間多爲蛔類。"

按可洪《音義》第玖册《菩薩萬行首楞嚴經》第九卷音義:"蟯蛔,下户灰反,人腹中長虫也。正作蚘、蛔二形。下又《玉篇》及郭氏並音因,非也。""蛔""蛔"一字異寫,皆"蛔"的譌變形("囘"旁通常爲"因"的俗寫,故郭氏等誤讀"蛔"爲"因"音)。《玉篇・虫部》:蚘、蛔,並同"蛕"。慧琳《音義》卷五四《治禪病秘要法經》音義:"蛕蟲,上音回,……《説文》從虫、有聲;亦作蚘。經作蛔,俗字也。""蛔"即"蛔"俗寫。"蛔"蓋"蛕"的後起改易聲旁字。

【蚘】△

書證見上。

按:玄應《音義》卷四《觀佛三昧海經》第二卷音義:"蛕,又作蛔,同,胡魁反,……經作蚘、尤二形,非也。""蚘"即"蚘"字(比較《正字通》以"尢"爲"尤"本字)。"尤""有"音近,故"蚰"或改易聲旁作"蚘"。但無論"蚰"還是"蚘",後來它們的聲旁都代表不了原字的實際讀音,俚俗因而改易聲旁作"蛔",以使聲旁和字音趨於一致。

蜇⁷

【蛆】◎

《箋注本切韻》一入聲薛韻陟列反:"蜇,虫螫(?)。或作蛆。"

按《玉篇·虫部》:"蜇,陟列切,蟲螫也。又作蛆。"《廣韻·薛韻》亦云:"蜇,亦作蛆。"以"蛆"用同"蜇",來源不明,"蛆"疑是"蛆"的譌字。慧琳《音義》卷四五《菩薩投身餓虎起塔因緣經》音義:"蛆,展列反,《博雅》云:蛆亦螫也。……或作蜇。《古今正字》從虫、旦聲也。"同書卷五一《成唯識寶生論》第三卷音義:"蠍蜇:《説文》並從虫,歇、折聲。蜇或作蛆,從虫,從怛省聲。"皆可證。①

蜼⁸

【狉】◎

《箋注本切韻》一上聲旨韻力宄反:"狉,犹。或作蜼。"

按《廣韻·旨韻》:狉,同"蜼"。"蜼"見《説文》,"狉"蓋"蜼"的後起換旁字。《説文》別有"狉"字,爲鳥名,與此非一字。

融¹⁰

【融】△

《王二》平聲東韻:"融,餘隆反,明。通俗作融。"

按:"融"爲"融"的隸變字(參看"鬲"字條),而"融"則爲其俗體。《漢范式碑》已見"融"字。

螮¹¹

【蚳】△

《王一》去聲霽韻都計反:"螮,螮蝀。亦作蚳。"《王二》末字作"蚳"。

---

① 校按:胡吉宣《玉篇校釋》改《玉篇》原文"蛆"爲"蛆",校釋云:"蛆、蛆義異而音近,蛆、蜇義同而音異,形相涉而誤也。"

按:"氏"旁俗書作"𠄌""互"等形(詳"氏"字條),故"蚯""蚯"即"蚳"的俗寫。《集韻·霽韻》:"蠕,《説文》:蠕蝀,虹也。或作蚳。""蚳"蓋"蠕"的改易聲旁字。《説文》别有"蚳"字(《龍龕·虫部》又作"蚳"),螲子也,與此同形異字。《漢語大字典》據《改併四聲篇海》又載"蠕"别作"蚿",實爲"蚯"的變體。

蟊 [11]

【蟊】△

《王一》平聲尤韻莫浮反:"蟊,倉(食)穀蟲。亦作蟊、蜉、蝥。"

按《説文·蟲部》:蠹,蟲食艸根者,或从敄作蟊,古文从虫从牟作蝥。古書多假蠹蝥之"蝥"爲之。"蟊"當是"蠹""蝥"交互影響的産物。"蟊"字他書未見。

【蝥】◎

書證見上。

按《玉篇·蟲部》:"蝥,莫侯切,與蚤、蝥同。"其字《説文》作"蠹","蝥""蠹"一字之變(清桂馥《説文解字義證》卷四三謂"蠹"上部"本從古文矛")。

【蟊】△

《王二·尤韻》:"蟊,食穀虫。亦作蟊、蜉、蝥。"

按:"蟊"當是"蟊""蝥"交互影響的産物,也可説是"蠹"字之省。"蟊"字他書未見。

【螯】△

《正名要録》"字形雖别,音義是同,古而典者居上,今而要者居下"類:螯蜉。

按:細審原卷,"螯"字似本作"蟊",後又在"攵"旁底側添加一"力"而成爲"螯"。"螯"實即"蟊"的俗字。《漢語大字典》據《篇海類編》等書載"螯"字,同"蟊",即"蟊"之變。

蟲 [12]

【虫】

伯 2172 號《大般涅槃經音》:"蟲,虫。"《五代本切韻》四:"蟲,有足曰虫(蟲)。俗作虫。"《五代本切韻》二平聲佳韻"蝸"字下云:"蝸牛,虫名。"又皆韻

"蛓"字下云："𧉦名。"斯76號《食療本草》："蕪荑，……能化食，去三虫。"

按《干禄字書》："虫蟲：上俗下正。"慧琳《音義》卷一《高宗皇帝在春宮述三藏記》音義："蟲，《説文》從三虫，俗作虫。""虫"本爲"虺"字初文，但俚俗多用同"蟲"。漢碑中"蟲"字已多從省作"虫"。"𧉦""𧉦"則爲"虫"字俗書。

蟬[12]

【蝉】△

《王二》平聲仙韻市連反："𧖟，虫一。正作蟬。"

按："單"旁俗書皆可作"单"（詳"單"字條），故"蟬"俗作"蝉"。漢簡中已見"蝉"字。

蠴[12]

【虵】△

《增字本切韻》殘葉三入聲德韻："虵，食禾蟲……又作蚩，又蟻。"

按《玉篇·虫部》：虵、蟻，並同"蠴"。《龍龕·虫部》："蚩，俗，音特。"當即"蠴"的俗字。"蚩"字辭書別指蚱蜢等，與此爲同形字。慧琳《音義》卷三三《六度集經》第六卷玄應音義謂"虵"又作"虵"（《高麗藏》本玄應《音義》卷二十此字右部譌作"伐"），可參。

【蟻】△

書證見上。

按："蠴"字異體作"蟻"，"蟻"又爲"蟻"的贅撇字。

蠅[13]

【蠅】△

《字樣》："蠅，正；蠅，相承用。"《王二》平聲蒸韻："蠅，余陵反，俗作蠅。"俄敦5988號《大方等陀羅尼經》卷二："從此出已，當生世間，餓鬼畜生、虫蟻蠅虱、水虫科斗魚鼈之屬，无一不遍。"

按："黽"旁俗書皆可簡省作"黾"形（詳"黽"字條），故"蠅"字右旁從之。

蠕[14]

【蠕】◎
《王二》上聲獼韻而充反:"蝡,虫動。亦作蠕。"
按《龍龕·虫部》:蠕,俗;蠾,通;蝡(蝡),正。慧琳《音義》卷六四《沙彌十戒并威儀》音義:"蝡,《說文》從虫、耎聲,……經從需作蠕,非也。""蠕"大約是由"蝡"變"蠕"的中間環節。

蟲[14]

【蚰】△
《王二》平聲支韻符支反:"蜱,蛸。或作蠱、蚰。"
按:"蠱"見《說文》,或體作"蚩","蜱""蚰"爲"蚩"的偏旁易位字,"蚰"字他書未見。

蠢[15]

【截】◎
《王一》上聲軫韻:"截,出。亦作蠢。"
按:"蠢"字《說文》古文作"𢽍","截"即其變體。《龍龕·戈部》:"截,尺尹反,一出也。""截"亦即"蠢"字。

蠱[17]

【蛄】△
《正名要錄》"字形雖別,音義是同,古而典者居上,今而要者居下"類:
蠱蛄。
按:《金藏》廣勝寺本玄應《音義》卷一《大方廣佛華嚴經》第二十七卷音義:"蠱,公戶反,《說文》云:蠱,腹中虫也,謂行虫毒也。經文從蛊作蛄,音古胡反,螻蛄、蟪蛄也,蛄非此義。"慧琳《音義》卷二《大般若經》第一百二卷音義:"蠱,《說文》云:腹中蟲也,從蟲、從皿。或作蛄。""蠱""古"同音,用同"蠱"的"蛄"蓋即"蠱"的形聲俗字,與螻蛄的"蛄"爲同形字。

蠶18

【蠺】◎

《佛經難字及韻字抄》載"蠺"字。北 1820(巨 30)號《金光明最勝王經》卷七:"現爲閻羅之長姊,常著青色野蠺衣。"同卷末附經音云:"蠺,作含[反]。"

按:希麟《續音義》卷四《大乘本生心地觀經》第一卷音義:"蠶,雜含反,《説文》:任絲也,從䖵,朁聲。經文作蝅、蠺,非。或作蚕,音天顯反,蚯蚓之類,甚乖字義。"

【蝅】△

北 1854(淡 67)號《金光明最勝王經》卷七末附經音:"蝅,作含[反]。"

按可洪《音義》第拾柒册《根本薩婆多部律攝》第六卷音義:"蝅絲,上才南反。""朁"從"兓"聲,故"蠶"當可省聲作"蝅",而"蝅"俗書作"蝅"。《大般涅槃經音》一載"蝅繭"二字,蓋即"蠶繭"之俗,"蝅"亦爲"蝅"的變體。

【蝅】◎

《毛詩音》二:"蝅,在南[反]。"《五代本切韻》五入聲麥韻"榾"字下云:"蝅榾。"伯 2187 號《破魔變文》:"爲衣爲食,如蝅作繭。"

按《干禄字書》:"蝅蠶:上俗下正。"《龍龕・虫部》:"蝅,通;蠶,正。"《魏始平文貞公國太妃盧氏墓誌》已見"蝅"字。又《漢張遷碑》作"蝅","蝅"即其楷變字。

附按:"蠶"俗書又有作"蚕"者。如伯 3808 號《長興四年中興殿應聖節講經文》:"令知織婦之劬勞,交(教)識蚕家之忙迫。"慧琳《音義》卷九九《廣弘明集》第二十六卷音義:"蠶,集從天作蚕,非也。""蚕"即"蝅"之省併。"蚕"别指蜸蚕,音 tiǎn,與此爲同形字。

【蝆】◎

《正名要録》"正行者正體,脚注訛俗"類"蠶"下脚注"蝆"。北 617(爲 87)號《佛名經》卷三:"墾土掘地,種殖田園,養蝆煮繭。"

按《玉篇・虫部》:"蝆,自含切,俗蠶字。"《龍龕・虫部》:蝆,古;蠶,正。唐蘇鶚《蘇氏演義》卷上:"只如田夫民爲農,百念爲憂,更生爲蘇,兩隻爲雙,神蟲爲蠶,明王爲聖,……如此之字皆後魏流俗所撰,學者之所不用。"所謂"神蟲爲蠶",即指"蝆"字而言。據此,可知"蝆"蓋六朝會意俗字。

蠋²¹

【蠋】△

《王一》入聲燭韻市玉反："蠋,蟲。正作蠋。"

按："屬"旁俗省作"属"（詳"屬"字條），故"蠋"字右旁從之。《龍龕·虫部》："蠋,之欲反,蚕一。又音蜀,蜇蚕也。"標目字亦即"蠋"的俗字。《漢語大字典》據《字彙》載"蝎"字,"蝎"實"蠋"之變。

网 部

网

【冈】△＊

《王二》上聲養韻："罔，文兩反，無。亦作冈、囗、囗、宫。"《正名要録》"誣"下注"冈"。伯3813號《唐判集》："瞻言聖善，弥悽冈極之心。"

按：慧琳《音義》卷六六《阿毗達磨法蕴足論》第九卷音義："网，古文作冈。"《字鑑》卷三養韻："罔，《説文》作网，或作罔，亦作網，《石經》作冈，與罒字異。……俗从罒、冈，皆誤。"羅網字《説文》篆文作"网"，或體增加聲旁作"罔"，又增加形旁作"網"。約唐代前後以"罔"（亦寫作"冈"）爲罔無之"罔"的專字，以"網"（亦寫作"綱"）爲羅網之"網"的專字（而罕用"网"字）。然古代本無此區别。《漢曹全碑》："續遭禁冈。"《魏受禪表》："冈不沾渥。"前例指羅網，後例指罔無，是其例。伯2117號《大般涅槃經》卷三三："菩薩尒時閉氣不喘，示作死相，令彼取者不生煞害疑冈之想。"其中的掃描字斯2033號作"綱"，《大正藏》本作"網"，亦其例。甲骨文已見"冈"字，即後世"冈"字所由出。《正名要録》"各依脚注"類"罝""罜"等字下脚注："從冈。"《王二·養韻》又載"茵""魍（魍）"等字，"网（冈）"旁亦寫作"冈"形。《五經文字》卷上罒部"罩"字下云："作罩同。下從罒者作冈皆同。"是"罒（网）"旁皆可作"冈"。上揭伯3813號《唐判集》："我皇鳳時龍旋，天臨日鏡，掩八紘而頓綱，籠萬代以翔英。"又云："父既貪榮顯職，已犯朝章；子又規免王徭，更羅刑綱。"其中的掃描字皆爲"網"的俗寫；或録作"綱"，謬。

【冈】△＊

《楞嚴經音義》一："誣（誣）冈：上音無。"又云："了冈：上盧鳥反，下音綱

(網)，一无。"《俗務要名林》(斯 617 號)車部"𫐐"下注："音冈。"北 8638(鱗 10)號《法句譬喻經》卷三："投身羅冈，不顧鋒刃。"斯 390 號《氾嗣宗和尚邈真讚幷序》："運如弦之真(直)，濟潤黎民；行平等之心，高低冈間。"

按：慧琳《音義》卷四《大般若經》第三八一卷音義："綱，亦單作冈，象形字也。"故宫舊藏裴務齊正字本《刊謬補缺切韻》卷首字樣："同网冈：上正，中篆，下《石經》。"《廣韻·養韻》："网，俗作冈。"(據清澤存堂本，《隸辨》卷三養韻引"冈"作"冈")"又"旁俗書或作"又"，故"网"俗作"网"(漢碑已見)，而"冈"俗作"冈"。前揭斯 390 號的"冈"或録作"同"，非是。《魏靈藏造像》已見"冈"字。又"网(罔)"旁俗書亦或作"冈"。《龍龕·冈部》："冈，俗；罔，正：文兩反，無一也。此字與四部相濫，故從俗者也。"其下"网"旁皆書作"冈"。《俗務要名林》(斯 617 號)魚鼈部載"魟""罟""罯""罩"等字，亦其例。《貞松堂藏西陲秘籍叢殘》影印敦煌寫本《文殊問疾》："六通(道)每朝興教綱，三塗長日救輪迴。""綱"即"網"俗字。《敦煌零拾》録作"綱"，誤。

【囜】△*

《王一》上聲麌韻無主反"毋"字下注"雊囝"。又同書姥韻"咨"字下注"囜"。敦煌寫本《降魔變文》："須達整頓容儀，啓言太子：'太子至尊至貴，一國儲君，卑臣奉仕(事)玉階，股肱王室。豈容諈(諉)囜，誆敕何殊？纖毫差馳，臣可得全腰領？儲君不信，躬駕親觀，驗其虛實，表愚臣之忠節。'"

按："囜"蓋"冈"的變體，亦即"网"字。慧琳《音義》卷九八《廣弘明集》第十六卷音義"罕"字下云："《説文》從囜、干聲。囜，古冈字也。"《唐契苾銘》"罔"書作"囜"。又《正名要録》"各依脚注"類"罪""罕"等字下脚注："從冈。"《王一·養韻》載"茼""鬼"等字，前揭《俗務要名林》"𫐐""魟""罟""罯"等字"冈"旁伯 2609 號皆作"囜"，是"网(罔)"旁俗書亦或作"囜"。"罕"字《説文》上從网，今作"⺳"，即由"囜"楷變使然。

【冂】△

《王一·養韻》："囗，⊠兩反，無。亦作⊠、罔、冂、宦。"

按：《説文》載"网"字籀文作"冂"，"冂"即其省變(比較"罕"字上部由"网"省變)，多用作偏旁("罔"字從之)。《隸辨》卷六偏旁"网"條云："(网)省作冈、冈，古文网也；變作冂字；在上者亦作冂，經典相承用此字。"朝鮮本《龍龕手鏡》卷五冈部："罔，文兩切，無也。與網義同。冂，今增。"《中華字海》據以謂

"冈"同"罔"。嚴格來説,"冈"乃"网"字異寫,朝鮮本《龍龕》把它當作"罔"字異體是不準確的。

【罔】△

書證見上。伯 2235 號《新譯大乘入楞伽經序》:"顧四辯而多慚,瞻一乘而罔測。"

按:"罔"即"罔"字,"罔"所從的"冈"來源於"网"字籀文"冈",而"罔"所從的"门"即由"网"或其異體"冈"省變而來。《隸辨・養韻》引《漢楊震碑》"罔"字作"罔",可以比勘。

【宐】◎

書證見上。又《王一・養韻》作"官"。斯 799 號《古文尚書傳・泰誓中》:"夫子,宐或亡囚(畏)。"又同書《武成》:"官ナ敵于我師,前徒倒戈。"

按《玉篇・宀部》:"宐,無鞅切,古文罔。""官"即"宐",作"亡"作"三"爲隸變之異。魏三體石經"网"字或作"內","宐"蓋即其楷定字。又《説文》載"网"字古文作"冈","宐"所從的"宀"即由"冈"所從的"一"譌變。《唐柳尚善墓誌》亦載"宐"字。

罕³

【罕】◎

《字樣》:"罕,呼旱反。"斯 1722 號《兔園册府》卷一:"仰之者莫測其源,言之者罕詳其要。"

按《五經文字》卷上四部下云:"亡往反,《説文》作网,今依《石經》作四。凡從四放此。非從四。四從口中八,與四不同。"又云:"罕罕:上《説文》,下經典相承隸省作罕。"手寫時"四"旁多寫作"皿"。

【罕】△

《諸雜難字》載"罕"字。伯 2305 號《妙法蓮華經講經文》:"我居山中,風光罕匹。"

按:俗書"八"字形部件多寫作"丷"形,故"罕"俗書作"罕"。上揭《妙法蓮華經講經文》下文:"我有蓮花中道經,世間之中應罕有。""罕"又爲"罕"的變體。

睘⁸

【𡇼】*

"睘"旁的俗寫。《正名要錄》載"𠆵""𤣥""𦋗"等字,"睘"旁皆寫作"𡇼"。

按《康熙字典·目部》:"睘,俗作𡇼,譌作袁。"俗書方口尖口不分,"睘"中間方口俗寫作"厶",手寫時又與其下的撇筆相連書作"𠄏"形,於是"睘"便寫成了"𡇼""袁"等形。《漢語大字典》據《康熙字典》謂"袁"爲"睘"的譌字,那是欠妥當的。《漢語大字典·土部》載"袁"字,云"同'袁'",可與"𡇼"字互勘。《五經文字》卷上目部:"袁(𡇼)睘:上《說文》,下《石經》,見《詩》。凡還、擐之類皆從袁。""𡇼"是由"睘"變"袁"的中介。

罷¹⁰

【甩】△

《正名要錄》"正行者正體,腳注訛俗"類"罷"下腳注"甩"。

按《顏氏家訓·雜藝》:"北朝喪亂之餘,書迹鄙陋,加以專輒造字,猥拙甚於江南。乃以百念爲憂,言反爲變,不用爲罷,追來爲歸,更生爲蘇,先人爲老,如此非一,徧滿經傳。"所謂"不用爲罷",即指俗字"甩"而言。《龍龕·不部》:"甩,音弃。"這個"甩"則當即"弃(棄)"的俗字,與"罷"的俗字"甩"爲同形字。

羈¹⁹

【䨎】◎

《正名要錄》"字形雖別,音義是同,古而典者居上,今而要者居下"類:羈䨎。

按《干祿字書》:"羈䨎:上羈勒,下羈旅。"《王一》平聲支韻亦分"羈""䨎"爲二。實則"䨎"即"羈"的後起俗字("羈"字異體作"羇","䨎"蓋"羈""羇"交互影響的產物)。慧琳《音義》卷六十《根本說一切有部毗奈耶律》第十三卷音義:"羈,或從奇作䨎。"是也。

肉 部

肉

【肉】△

《正名要録》"字形雖別，音義是同，古而典者居上，今而要者居下"類：宍肉。斯522號《消滅交念往生發文》："莫交親骨肉男女妻兒近前。"

按《干禄字書》："宍肉：上俗下正。"《五經文字》《龍龕》皆以"肉"爲部首。希麟《續音義》卷三《新花嚴經》第四十卷音義："肉，《説文》作肉，像筋肉之形。"《字鑑》卷五屋韻："肉，俗作肉。""肉"字《説文》小篆作⺼，漢隸或作"肉"形，"肉""肉"皆爲隸書之變。可洪《音義》第拾肆册《四願經》音義："截肉，而六反，正作肉。""肉"當又爲"肉"的變體。

【宍】◎

書證見上。斯328號《伍子胥變文》："我有美酒一榼，魚宍五斤。"

按《唐韻·屋韻》："肉，又作宍。如六反。"《復古編》卷下："肉，俗別作宍，非。"《通雅》卷十八身體："《古樂苑》載《吴越春秋》古孝子《彈歌》曰：'斷竹續竹，飛土逐宍。'但從宀從六，或古籀之形訛邪？"考《漢史晨後碑》"肉"字作"宍"，《漢武梁祠堂畫像題字》作"肉"，"宍"當即這類寫法楷書的變體。

【宲】◎

《時要字樣》"血"下注"宲"。《佛經難字及韻字抄》載"宲"字，字形似在"宲"與"宍"之間。斯778號《王梵志詩集》："月月增長宲身肥。"

按可洪《音義》第叁册《大方等大集經》第廿四卷音義："肌宲，而六反。""宲"蓋"宍"之變。《廣韻·屋韻》："肉，俗作宲。""宲"中間的二横畫手書相連即可寫作"宲"形。而"宲"楷定即成"宲"。《魏孫遼浮圖銘》已見"宲"字。

【肉】△*

北 6660(收 44)號《佛爲首迦長者説業報差别經》:"隨所生處,囚眼不壞。"

按可洪《音義》第貳拾伍册《新華嚴經音義》下卷音義:"從囚,而六反,正作冃、月、肉 三形。"《五經文字》卷上肉部云:"今依《石經》變肉作月,偏傍從月者皆放此。"《龍龕·肉部》:"肉,隸書變體作月,故與月部相濫耳。""肉"旁作"月",則與日月之"月"相混無别,故變"肉"爲"囚"可能與避免跟"月"部相混有關。"囚"則又爲"肉"之譌變。俗書"肉"旁亦或作"囚"形。《箋注本切韻》一脂韻載"肌"字,之韻載"膶(胹)"字;《佛經難字及韻字抄》載"脊"字;《字寶》(斯 6204 號)載"人臀(臋)膂";《俗務要名林》(伯 2609 號)肉食部載"睹"字(斯 617 號作"腊"),皆其例。《敦煌變文集》卷一《伍子胥變文》:"及與梁鄭二國計會軍國,乘馹(肥)卻返。"王重民校記:"'肥'字用啓校。"啓校顯然是正確的。

缶 部

缶

【缶】*◎

《箋注本切韻》一上聲有韻："缶，瓦器。俗作缶。方九反。"

按："缶"當是"缶"手寫之變，其下載"匋"字作"匋"，可證。《五代本切韻》五入聲薛韻"缺"作"缺"，亦其比。《龍龕·缶部》："缶缶，二通；缶，正。"《字鑑》卷三有韻："缶，俗作缶，非。缶乃卸字左旁，从午从止。"《龍龕·缶部》"缶"旁多寫作"缶"或"缶"。《箋注本切韻》四有韻："缶，烝缶。"其中的"缶"則是"匋（匋）"的譌字。

【缶】△*

伯2718號《茶酒論》："曾道趙主彈琴，秦王擊缶。"

按可洪《音義》第貳拾伍册《一切經音義》第一卷音義："從缶，方久反。"掃描字亦爲"缶"字。又《箋注本切韻》一上聲講韻載"缿"字；《楞嚴經音義》一載"䍃"字，苦穴反；又載"匋"字，音逃；《俗務要名林》（斯617號）載"罐"字，水罐也，古亂反：凡此"缶"旁皆寫作"缶"形。參上文。

【缶】△*

書證見前。

按《干祿字書》："缶缶：上俗下正。"《五經文字》卷上缶部"匋"字下云："作缶者譌。凡字從缶者放此。""缶"爲"缶"的隸變字。敦煌辭書"缶"旁亦或作"缶"。參下"匋"字條。

䛲⁴

【䍃】*

"䛲"旁的俗寫。《正名要録》"本音雖同,字義各别例":"謡,歌;摇,動;傜,役。"

按:"䍃"旁據《説文》當作"䍃",上從肉;作"䍃"爲楷書之變。

缹⁴

【𤈶】△

《箋注本切韻》一上聲有韻方九反:"缹,烝缹。俗作𤈶。"

按:"缹""𤈶"皆爲"缹"的俗字。可洪《音義》第玖册《蘇悉地羯囉經》上卷音義:"烎,方久反。""烎"亦爲"缹"的俗字。參前"缶"字條。

缺⁴

【𡙇】◎

《正名要録》"各依脚注"類:"𡙇,從𡈼。"俄敦857號《佛名經》:"五篇七聚多𡙇□□(犯業)。"

按:"缶"俗寫作"𡈼",故"缺"字俗書從之。參上"缶"字條。

【軮】◎

《王一》入聲屑韻苦穴反:"缺,器破。或作軮。"《五代本切韻》五雪韻:"缺,頃雪反,小損。又作軮。"俄敦10547+10548號《妙法蓮華經》卷六:"齒不垢黑,不黄不踈,亦不軮落。"

按:慧琳《音義》卷七《大般若經》第五四七卷音義:"缺,或從垂作軮,通用。"同書卷十一《大寶積經》第一卷音義:"軮,正體從𡈼(甫苟反)作軮。""軮"疑是"缺"俗寫"缺"或"𡙇"的譌變字。《干禄字書》:"缺軮:上通下正。"恐爲顛倒。

罍¹⁵

【鑘】◎

《王一》平聲灰韻路迴反:"罍,酒器。或作㽁、蠱、鑘。"

按:酒器字《説文》作"㽁",又載或體"罍"和"蠱","鑘"則爲其後起换旁字。《集韻·灰韻》:"㽁,或作罍、蠱、鑘,亦書作罍。"

舌 部

舌

【右】△*

斯 4412 號《沙彌十戒文》："第四不妄語者，爲言綺語、惡口、兩右。"

按："十"形部件的豎筆俗書多作撇勢，故"舌"字或"舌"旁俗書作"右"形。《毛詩音》二："佸，胡桰(括)[反]。"又云："桰，古活[反]。"《箋注本切韻》一入聲末韻："活，戶桰反。"《毛詩音》前一例所音爲《君子于役》"曷其有佸"句，後一例所音爲同詩"羊牛下括"句，"佸""桰"分別爲"佸""括"的俗寫（俗書木旁才旁不分）。又"后"字或"后"旁俗書亦或作"右"，參看"后"字條。

舐⁴

【舐】◎

《五代本切韻》一："舓，食紙反，舌取物。亦舐、𦧇。舐，同上，俗。"《楞嚴經音義》一："舐，食紙反，正作舓。"俄弗 275 號《經律異相》卷十："母便以舌舐臏胥瘡，願毒入我口。"

按：慧琳《音義》卷二九《金光明經》第八卷音義："舐，《説文》正作𦧇，從舌，易聲。經本作舐，俗用字。"同書卷三九《不空羂索陀羅尼經》音義："𦧇，或作舓。今經作舐，俗字。"《龍龕·舌部》：舐，俗通；𦧇、舓，二古。《説文》以"舓"爲"𦧇"字或體，"舐"則爲其後起改易聲旁俗字，而"舐"乃"舐"的贅點俗字。

【䑛】△

《箋注本切韻》一上聲紙韻："舓，舌取物。倉(食)氏反。或作䑛。"

按："䑛"字他書未見，疑爲"𦧇"之譌字。"辭"的簡體字"辞"係由"辝"字譌變而然，可以比勘。

竹 部

竹

【艹】*

"竹"旁的俗寫。《禮記音》:"䔍,都鹿[反]。"即"篤"字。又《時要字樣》:"䇶,度。"即"節"字。又《楞嚴經音義》一載"苐"字,《佛經難字及韻字抄》載"𥫗"字,亦其例。

按:"竹"旁作"艹",淵源於隸書之變。《隸辨》卷六偏旁"竹"下云:"字在上者作竹,或作艹、卝,亦作艹、䒑,与從艸之字無別。"顧炎武《金石文字記》卷四《唐義陽郡王苻璘碑》跋云:"余考漢碑隸書率以竹爲艹,少有從竹者。"《干禄字書》:"䔍篤:上通下正。"又云:"䇶節:上俗下正。""苐等:上通下正。""𥫗篆:上俗下正。"皆可參。

笑[4]

【𥬇】

《正名要録》"正行者楷,脚注稍訛"類"笑"下脚注"𥬇"。《箋注本切韻》六去聲韻目卅三爲"笑",下注"私妙"反。《王二》去聲卅三韻目亦爲"笑"。伯3720號《七言美瓜沙僧獻款詩二首》之一:"因兹卻笑賓熬旅,史籍徒章貢賦名。"伯2054號《十二時》:"一生多是聚愁眉,百年少見開顔𥬇。""𥬇"爲"笑"的贅撇繁化字。

按:"笑"字下部原來從"夭"抑或從"犬",古人説多不同。《干禄字書》:"咲笑:上通下正。"(下字《叢書集成初編》本作"笑")《五經文字》卷中竹部:"笑,喜也。從竹下犬。"故宫舊藏裴務齊正字本《刊謬補缺切韻》去聲笑韻:"笑,私妙反,從犬。"《唐韻》去聲笑韻:"笑,《説文》云字林(從?)竹犬。又作𥬇。私妙反。"希麟《續音義》卷九《根本説一切有部毘奈耶破僧事》第十卷音義:"笑,《説文》云:欣笑也,從犬戴其竹樂然後笑。"以上爲主從犬者。《九經字樣·竹部》:"笑𥬇:喜也;上案《字統》注云:從竹從夭,竹爲樂器,君子樂然後笑;下經典相承,字義本非從犬。笑、賓……等八字舊《字樣》已出,注解不同,此乃重見。"據原書體例,"舊《字樣》"當指《五經文字》而言,是唐玄度不同意張參"笑"本從竹下犬之説。玄應《音義》卷二《大般涅槃經》第三十八卷音義:"笑,私妙反,《字林》:笑,喜也,字從竹、從夭聲。竹爲樂器,君子樂然後笑也。"慧琳《音義》卷十五《大寶積經》第一百十三卷音義:"笑,《古今正字》云:笑,喜也。《説文》闕。《文字釋要》云從竹、夭聲。俗從犬,誤也。村叟愚夫,隨情妄説,甚無憑。"以上爲主從夭者。大徐本《説文·竹部》"笑"下云:"此字本闕,臣鉉等案:孫愐《唐韻》引《説文》云:喜也,从竹从犬,而不述其義。今俗皆从犬。又案李陽冰刊定《説文》从竹从夭,義云:竹得風其體夭屈,如人之笑。未知其審。"雖兩存其説,但篆字則從夭作,蓋亦以從夭者爲長。宋以後辭書遂多從夭作"笑"。今考秦漢帛書、簡牘"笑"字下部皆從"犬"作,故其字當以作"笑"爲近古(其字上部秦漢帛書、簡牘則多從艸,未知孰是)。"犬"旁俗書或作"夭",與"夭"的俗字"夭"同形(參看"犬"字"夭"字條),故"笑"殆即"笑"字俗譌。後魏建義元年(528)《魏故始平王墓誌銘》:"蘭蕙芬芳之美,始言笑而表奇。""笑"字原碑如此,乃從"夭"之"笑"之早見者。

【唉】

《箋注本切韻》三:"唉,私□反。"北敦14666號《李陵變文》:"單于見管敢投來,大唉呵呵。"

按《玉篇·口部》:"唉,俗笑字。"希麟《續音義》卷九《根本説一切有部毘奈耶破僧事》第十卷音義:"笑,有作唉、咲二形,皆非。"六朝碑刻中已多見"唉"字,蓋"笑"的增旁俗字。

【唉】△

書證見上。斯2144號《韓擒虎話本》:"衮虎亦見,破顔微唉。"

按《龍龕·口部》:"唉、唉、咲、咲,四俗;唉,正。""唉"即"唉"的增筆俗字。

【咲】

《王二·笑韻》:"笑,私妙反,亦俗作咲。"斯4511號《醜女緣起》:"生來未省歡喜,見説三年一咲。"

按：慧琳《音義》卷七七《釋迦譜》第一卷音義："笑，譜文作咲，俗字也。"《集韻·笑韻》："笑，古作咲，……俗作咲，非是。"《漢王政碑》已見"咲"字。"咲"應是俗字"咲"進一步譌變的結果。可洪《音義》第貳拾玖册《弘明集》第八卷音義："可关，音笑。""关"則爲"笑"的譌變形。清李調元《卍齋璅録》卷九："笑本作咲。《前漢·楊雄傳》：士有不談王道者，則樵夫咲之。亦省作关。今俗作笑，或誤作笑。"李氏以"咲"爲古本字，恐不確。

【笑】

《王一》去聲笑韻："笑，私妙反。哈。亦作笑、笑。"同韻"照"字"之笑反"、"曜"字"弋笑反"、"要"字"於笑反"、"召"字"直笑反"、"噍"字"才笑反"，凡此"笑"字原卷皆作"笑"形。

按："笑"當爲"笑"的贅撇字。《王一》上聲小韻載"夭"或體作"夭"（參看"夭"字條），可以比勘。

【唉】

書證見上。

按："笑"或增旁作"唉"。希麟《續音義》卷四《守護國界主陀羅尼經》第九卷音義："笑，經作唉、咲、咲，皆非本字，傳寫誤。"斯610號《啓顏録》："高祖撫掌大唉。"斯4511號《醜女緣起》："王郎不用怪唉，只緣新婦幼少。""唉""唉"當又爲"唉"的增畫字。

策⁶

【筞】◎

《箋注本切韻》一入聲麥韻："筞，馬箠。惻革反。"《五代本切韻》五麥韻："筞，測革反，箠。"伯2553號《王昭君變文》："不稼（嫁）昭軍（君），紫塞難爲運筞定。"

按《干禄字書》："笑筞策：上俗，中下正。"希麟《續音義》卷三《新花嚴經》第二十二卷音義："策，經文從宋作筞，誤書字也。"《龍龕·竹部》："筞，俗；策，今。""筞""策"爲一字之異（歐陽修《歸田録》卷下："宋丞相庠早以文行負重名於時，晚年尤精字學。……其在中書，堂吏書牒尾以俗體書宋爲宋，公見之，不肯下筆。"可參），皆"策"的隸變俗字。《顏氏家訓·書證》："簡策字，竹下施束，末代隸書，似杞、宋之宋。"即指"筞"或"策"一類寫法而言。顏元孫以"筞""策"

並爲正字,蓋據時俗流行而言。

【筞】△

《大般涅槃經音義》:"筞,册。"伯2482號《羅盈達邈真讚并序》:"播白氏輸秦之籌筞,掩蕭何佐漢之聲華。"

按可洪《音義》第貳拾册《阿毗達磨顯宗論》第十九卷音義:"勤筞,楚責反。"又同册《成實論》第十四卷音義:"則筞,初責反。""筞""筞""筞"蓋"筞"之變。《魏王僧墓誌》作"筞",《魏皇甫驎墓誌》作"筞",是其比。

【筴】◎

《五代本切韻》五麥韻"筞"字測革反小韻下又云:"筴,蓍筴。"

按《顏氏家訓·書證》:"簡策字,……亦有竹下遂爲夾者,猶如刺字之旁應爲朿,今亦作夾。徐仙民《春秋》《禮》音遂以筴爲正字,以策爲音,殊爲顛倒。"慧琳《音義》卷十八《大乘大集地藏十輪經》第二卷音義:"策,或作筴。"秦漢篆文和古隸的"朿"旁有寫作𣏟、夫等形的,"朿"旁俗書作"夾"或"夾"顯然和這類古體有關。顏之推、顏元孫等以"筴""筴"與"策"爲一字,無疑是正確的。上揭《五代本切韻》及《王一》《王二》等分"筴""策"爲二,不妥。參下文。

【筴】◎

《王一·麥韻》:"筴,蓍。"《王二·麥韻》:"筴,蓍筴。"

按可洪《音義》第貳拾柒册《高僧傳》第十四卷音義:"抱筴,楚責反,書一也。……《説文》作筞(策)也。""夾"旁俗書或作"夾",故"筴"即"筴"的俗寫。《魏孝文帝吊比干文》已見"筴"字。又《漢北海相景君銘》"策"作"𦽥",下部已從俗作"夾"。

筏[6]

【栰】△

《正名要録》"字形雖别,音義是同,古而典者居上,今而要者居下"類:筏栰。伯2507號《唐開元二十五年水部式》:"如能接得公私材木栰等,依令分賞。"北420(鹹74)號《思益梵天所問經》卷三:"若知諸法相,如栰喻,不依法,不依非法,名聖默然。"

按:慧琳《音義》卷十《金剛般若波羅蜜經》音義:"筏,夫韈反,俗字也,正體從木從發作橃。《集訓》云:縛竹木浮於水上或運載名之爲橃。……經中從伐作栰,或從竹作筏,皆非也。"《龍龕·木部》:"栰,俗;橃,正:音伐,木一,乘之渡水也。""橃"見《説文》,釋云"海中大船";"筏"見《方言》,釋云簰筏,即今語竹筏、木筏之"筏";二字音同,古多混用不分。"栰"爲"筏"的後起换旁字,而俗書木旁扌旁相亂,故"扷"又爲"栰"字俗寫。

筋⁶

【筋】◎

《楞嚴經音義》一:"筋,音斤。"斯 6631 號《和菩薩戒文》:"八萬個小蟲來唼食,遺留白骨及皮筋。"斯 5588 號《求因果》詩:"父母老年皮肉薄筋衰弱。"("皮肉薄"三字疑衍)

按《玉篇·竹部》:"筋,俗筋字。"《干禄字書》:"筋筋:上通下正。"慧琳《音義》卷五三《阿那律八念經》音義:"筋,經作筋,俗字也。""筋"字所從的"月(肉)"旁或隸定作"冈"(參看"肉"字條),俗書作"角",蓋即"冈"的形近之譌。

【䈥】△

《正名要録》"字形雖别,音義是同,古而典者居上,今而要者居下"類:**䈥筋**。斯 2614 號《大目乾連冥間救母變文》:"骨肉爛,**䈥**皮折。"

按:慧琳《音義》卷四三《僧伽吒經》第四卷音義:"筋,經本從艸從角作䈥,非也。"俗書竹旁與艸旁相亂,故"䈥"又爲"筋"字俗書。

【䈥】◎

書證見上。斯 2947 號《女人百歲篇》:"明晨若有微風至,䈥骨相牽似打羅。"

按:慧琳《音義》卷二《大般若經》第五十三卷音義:"筋,經中從草作䈥,誤也。"同書卷五《大般若經》第四百十四卷音義:"筋,有從草作䈥,或從角作筋者,皆非也。""筋"作"䈥"亦竹旁草旁相亂之例。

筍⁶

【笋】◎

《正名要録》"字形雖别,音義是同,古而典者居上,今而要者居下"類:筍笋。斯 76 號《食療本草》:"(沙糖)不可共笋食之。"

按《干禄字書》:"笋筍:上通下正。"《五經文字》卷中竹部:"筍,俗作笋,訛。"《龍龕·竹部》:"笋,通;筍,正。""笋"蓋六朝俗字。

【篑】

《王一》上聲軫韻:"筍,思尹反,弱竹。亦作篑,又作笋。竹萌。"

按《玉篇·竹部》:篑,同"筍"。蓋"筍"的後起增旁字。

筆⁶

【笔】◎

《正名要録》"字形雖别,音義是同,古而典者居上,今而要者居下"類:笔筆。斯 3835 號《千字文》:"恬笔倫紙。"伯 2638 號《切韻序》:"法言即燭下握笔,略記綱紀。"

按:慧琳《音義》卷八九《高僧傳》第二卷音義:"筆,《史記》云:蒙恬造筆。《説文》從竹、聿聲(泉按:今本《説文》作"从聿、从竹")。傳文從毛作笔,非也。"古蓋削竹爲筆,故其字從竹。後世筆尖用毛,故易"聿"爲"毛",從竹從毛會意。上揭寫卷及慧琳引《高僧傳》爲"笔"字之早見者。郎知本以"笔"爲"古而典者",以"筆"爲"今而要者",恐爲顛倒。

箅⁷

【笇】◎

《禮記音》:"笇,蘇乱[反]。"《文選音》:"笇,素乱[反]。"伯 2319 號《大目乾連冥間救母變文》:"縱(蹤)由笇當更無人,應是三寶慈悲力。"

按:第一例所音爲《雜記下》"卿大夫疾,君問之無筭"句;第二例所音爲《三國名臣序贊》"筭無不經"句,"笇"即"筭"的俗字。可洪《音義》第貳拾册《尊婆須蜜菩薩所集論》第二卷音義:"笇數,上桑亂反。"上字亦爲"筭"的俗字。《玉篇·竹部》:笇,同"筭"。《五經文字》卷中竹部:"筭,作笇訛。"形微别。考"弄"字俗或作"卡"(詳"弄"字條),故"筭"字俗有作"笇"者,見《魏小劍戍主元平墓誌》,"笇""笇""笇"蓋即"笇"字變體。《齊李清爲李希宗造像記》已見"笇"字,《魏元融墓誌》又有"笇"字。《龍龕·雜部》:"卡卡卡:三古文,盧貢反。"皆即"弄"的俗字,可参。①

---

① 校按:"筭"異體作"笇",陳劍以爲是以"下"爲聲符(古音並爲元部字),而"笇""笇"等又是"笇"的變體,其説見梁春勝《楷書部件演變研究》第 190 頁引。参看本書"弄"字條。

筴⁷

【筴】◎

《五代本切韻》二入聲洽韻古洽反："筴，筯筴。又古協、測革二反。亦作䇲。"

按："夾"旁俗書作"夹"，故"筴"俗作"䇲"。又"筴"字古亦用作"策"的俗字，其俗書亦或寫作"䇲"，與筯筴的"筴""䇲"爲同形字。參看"策"字條。

節⁷

【莭】◎

《王一》去聲屑韻："節，子結反，限，又木竹之次。通俗作莭。"伯 2418 號《父母恩重經講經文》："扇枕温床，須知時莭。"

按《干禄字書》："莭節：上俗下正。"《類篇·艸部》："莭，子結切，艸約也。""莭"亦"節"俗字。"節"字作"莭"或"莭"漢碑已見，爲隸書之變。《漢語大字典》據《類篇》《干禄字書》收"莭"字，字形有問題。參看"竹"字條。

管⁸

【筦】◎

《五代本切韻》一上聲緩韻古卵反："筦，一篙。"

按《龍龕·竹部》："筦，俗；筦，正：古滿反，樂器也，主當也，又姓。與管同。"《廣韻·緩韻》"管"字音義與《龍龕》"筦"字同，又云"筦"同"管"。"筦"爲"管"字異構，而"筦"又爲"筦"字的俗寫。凡"完"旁俗書皆可作"㒵"。參看"完"字條。

籯⁹

【簞】◎

《正名要録》"字形雖别，音義是同，古而典者居上，今而要者居下"類：籯簞。

按："籯""簞"在竹製盛穀之器這一點上可構成同義關係，但二字音別，實非一字。

篤 10

【篤】△

《王一》入聲沃韻:"篤,冬毒反,厚。或作竃。"

按:《說文》有"管"字,釋"厚",即"篤"的古字。"竃"疑即"管"字之譌。

篪 10

【箎】△

《字樣》:"箎,音馳。"

按《干祿字書》:"箎篪:上通下正。""箎"實"篪"的俗字,而"箎""箎"又"箎"字俗書。

【箎】△

《春秋後語音》:"埵(壎)箎:上許爰[反],下馳。"

按:"虎"俗書作"虍",故"箎"即"箎(篪)"字俗書。《龍龕·竹部》:"箎箎,或作;篪,正。"

篘 10

【篁】△

《王一》平聲尤韻楚尤反:"篁,一酒。或作醔。"

按:"芻"旁俗書或作"且""旦"等形(詳"芻"字條),故"篁"即"篘"的俗字。《龍龕·竹部》:"篁,初尤反,酒一也。""篁"亦"篘"的俗字,可參。

【醔】◎

書證見上。

按:"醔"字亦作"酘"(見《玉篇·酉部》),皆爲"篘"字異構。

簀 11

【牘】◎

《王一》入聲麥韻側革反:"簀,牀簀。亦作牘。"

按:"牘"爲"簀"的後起形聲字。

篾[11]

【籙】◎

《正名要錄》"字形雖別，音義是同，古而典者居上，今而要者居下"類：籙籠。

按：《説文·竹部》載"籠"或體作"箓"，同"籠"的"籙"蓋"箓"的繁化字。《廣韻·燭韻》釋"籙"爲"圖籙"，則爲別一字。

篸[11]

【篸】△

《箋注本切韻》一平聲覃韻作含反："篸，所以篸衣。又作憾反。"

按《廣韻·覃韻》作含切："篸，所以綴衣。"同書去聲勘韻："篸，以針篸物。作紺切。"與"篸"字音義均相吻合，"篸"即"篸"字俗書。《龍龕·竹部》："篸，俗；篸，正。""篸"又爲"篸"的變體。《漢語大字典》載"篸"字，而失載"篸"。《王二·覃韻》"篸"字作"篸"，爲形誤字。

籞[12]

【籞】◎

《王一》上聲語韻魚舉反："籞，翳。亦作籞。"

按："籞"爲"籞"的後起繁化字。《漢語大字典》"籞""籞"的字際關係不清。

籣[17]

【韊】◎

《王一》平聲寒韻洛干反："籣，盛弩矢，人所負。亦作韊。"

按："韊"爲"籣"的後起換旁字。

臼 部

曳²

【臾】*◎

《箋注本切韻》一平聲虞韻羊朱反載"曳"字。伯2193號《目連緣起》:"目連蒙佛賜威雄,須曳直(擲)鉢便騰空。"又云:"夜叉點領罪人,……須曳領出,得見慈親。"

按《字鑑》卷一虞韻:"臾,俗作曳。""曳""曳"皆"臾"字俗省。《漢唐公房碑》已見"曳"字。上揭《箋注本切韻》同韻有"諛""腴""萸"等字,又有"諛""瘐"等字,"臾"旁亦寫作"曳"或"曳"。

舂³

【舂】△*

《王一》入聲洽韻楚洽反:"舂,舂去皮。亦作臿。"

按:"舂"字《説文》從臼、干,"臼"字篆文作"𦥑"形,"舂"下部即其隸定體。上揭《王一》同韻載"插""鍤""届""偘"等字,"舂"旁皆寫作"舂"形。

【臿】△

書證見上。

按《玉篇·臼部》:"臿,初夾切,米去皮也。俗舂字。""臿""舂"爲隸變之異。

【𦥑】△*

《五代本切韻》二洽韻:"𦥑,舂去米皮。亦作臿。"

按《廣韻·洽韻》:"舂,俗作𦥑。""𦥑""𦥑"皆爲"舂"字之變。上揭《五代本切韻》同一小韻又載"揥""錟""喢"等字,《王一·洽韻》又載"插"字通俗作"揷","舌"旁亦寫作"丟"。又上揭《五代本切韻》載"剉""屋""偓"等字,"丟"蓋又"丟"旁之變。

【叄】△

書證見上。

按:"叄"蓋"叄"字俗省。

舁³

【舁】

《王一》上聲語韻居許反:"舁,共舉。通俗作舁。"

按:舉舁字《説文》篆文作"舁","舁"即其隸定字。

舀⁴

【舀】△

《王一》上聲小韻以沼反:"舀,抒臼。或作舀。"

按《集韻·小韻》:"舀,或作舀。""舀""舀"蓋一字之變。

舉⁹

【𠷰】△

《正名要録》"正行者正體,腳注訛俗"類"舉"下腳注"𠷰"。

按:"舉"字《説文》本作"舉","𠷰"上部的"文"爲敦煌卷子中常見的簡省符號,其中的"才"兼於提手旁"扌"和"十"之間,蓋"手"旁的俗寫。《五音集韻》上聲語韻:"𠷰,與舉通用,俗字。""𠷰"字宋元以後的刻本中經見。如宋孝宗乾道五年閩刻《鉅宋廣韻》平聲虞韻"盱"字下云:"𠷰目。"又明刻本《清平山堂話本·死生交范張鷄黍》:"前者重陽日,夫主忽𠷰止失措。"皆其例。"𠷰""𠷰"當是一字之變。

自 部

臭⁴

【臰】△

《春秋後語音》："臰，尺又反。"《楞嚴經音義》一："香臰：尺救反，俗作髞。下同。"斯610號《啓顔録》"昏忘"類："向者寧馨癉，今來尒許臰。"

按："臰"即"臭"的增筆俗字。"犬"旁俗書多增筆作"戈"。參看"犬"字條。《字彙·自部》："臮，《衛凱殷君碑》：續其臮芬。音義無考。""臮"疑亦即"臭"字俗寫。唯此一"臭"字乃《易·繫辭上》"同心之言，其臭如蘭"之"臭"，謂芬香之氣也。《箋注本切韻》五去聲宥韻："臰，一氣，尺救反。"此字亦"臭"的增筆俗字，可以比勘。

【髞】

書證見上。斯2073號《廬山遠公話》："薄皮裏膿血，筋纏髞骨頭。"

按《干祿字書》："髞臭：上俗下正。"慧琳《音義》卷三《大般若經》第三二六卷音義："臭，今之俗從死作髞，非也。"《魏冀州刺史元壽安墓誌》已見"髞"字。

舟 部

舟

【舟】△

《禮記音》："舟,章遊[反]。"又《毛詩音》二："乘舟,支由[反]。"斯 6836 號《葉淨能詩》："江有惡蜃,舟舡不敢過之。"

按："舟"字敦煌卷子多書作"舟"形(伯 2609 號《俗務要名林》有"舟部",其中的"舟"旁皆書作"舟"形),而"舟"又爲"舟"的增筆俗字。《唐高士楊崇墓誌》"舟"字亦寫作"舟"形。《禮記音》："輈,張流[反]。""輈"爲"輈"的俗寫,可參。

船

【舩】

《王一》平聲仙韻："舩,繩川反,舟。通俗作舩。"《王二》標目字作"船",餘同。斯 427 號《禪門十二時》："法舩雖達涅槃城,二鼠四蛇從後至。"

按:希麟《續音義》卷三《新花嚴經》第二十三卷音義："船,《説文》云從舟、沿省聲也,……經文作舩,或作舡,皆非本字。"俗書方口尖口不分,故"合"旁俗書皆可作"公"。參看"合"字條。

艗

【檍】◎

《王一》入聲錫韻五歷反："艗,艗舟。亦作檍。"

按ःि"檍"蓋"艗"的後起換旁字。

衣 部

衰⁴

【裵】△

《正名要録》"正行者正體,脚注訛俗"類"裵"下脚注"裵"。伯 2007 號《老子化胡經》卷一:"百有餘載,王道將裵。"

按《干禄字書》"裵衰:上通下正。"《魏三級浮圖頌》"衰"作"裵",皆可參。

【褭】△

書證見上。北 7269(閏 51)號《大智度論》卷十三:"釋提桓因三毳、三毒未除,云何忘(妄)言持一日戒功德福報必得如我?"

按《字彙補·宀部》:"褭,音義與衰同。"又歹部:"毳,音義與衰同。"蓋皆一字之變。

袆⁴

【扶】△

《王一》平聲虞韻甫于反:"袆,袍襦之類前襟。亦作扶。"

按:末字《王二》作"袆",疑皆爲"帗"之譌字。《廣韻·虞韻》:帗,同"袆(袆)"。可證。

衽⁴

【衽】◎

《箋注本切韻》一上聲寢韻如甚反:"衽,衣衿。或作袵。"

按:"袵"爲"衽"的後起繁化字。

袔⁵

【襒】◎

《王一》去聲箇韻何箇反:"袔,袖。亦作襒。"

按《龍龕·衣部》:"袔襒:音賀,袯袖也。二同。""袔""襒"爲古異體字。《漢語大字典》"襒""袔"的字際關係不明。

袖⁵

【褎】◎

《正名要録》"字形雖别,音義是同,古而典者居上,今而要者居下"類:褎袖。《王二》去聲宥韻似祐反:"袖,衣長袂。亦作褎。"

按:衣袖之"袖"《説文》作"褎",又載其俗體作"袖"。"褎"則是"褎""袖"二形交互影響的産物。

【袖】△

書證見上。俄敦 1309＋1316＋2969＋3016＋3024＋3153＋3159 號《書儀》:"惟某考仁風雅智,摽領袖於鄉閭。"

按:俗書從衣從示不分,故"袖"即"袖"字俗書。《説文》以"袖"爲"褎"字俗體。慧琳《音義》卷八二《西域記》第三卷音義:"袖,囚祐反,俗字也,正體古文從衣從采(采)作褎。"《字鑑》卷四宥韻:"褎,俗從由作褎、袖,誤。"實則六朝前後"袖"便取代"褎"成爲通行用字,而罕用"褎"字。《五經文字》卷中衣部稱"褎""袖"爲"二同",是也。

祇⁵

【袛】△

《增字本切韻》斷片平聲齊韻丁兮反:"袛,短衣。"《王一·齊韻》:"袛,短衣。"《王二·齊韻》:"袛,短衣。"

按:俗書"衤""礻"不分,故從衤即從礻。又"氐"旁俗書作"𠦂""互"等形,故"祇"字右旁從之。參看"氐"字條。

【祇】△

《箋注本切韻》一齊韻:"祇,短衣。"

衣　部 | 739

按:"秖"爲"衹"字俗譌。

袍[5]

【裦】△

《王一》去聲号韻薄報反:"裦,衣前襟。亦作褒。"

按:"裦"蓋"褒"的增筆俗字。"褒""袍"古字通用。

【褒】◎

書證見上。

按《類篇·衣部》:"褒襃:薄報反,衣前襟。一曰裦也。或從麃。"實皆即"袍"或"裦"的後起異體字。《漢語大字典》"褒""袍"的字際關係不明。

裻[8]

【裻】△

《王一》入聲沃韻先篤反:"裻,新衣聲。"又同韻冬毒反:"𧛾,衣背縫。亦作𧜈、裯、𧛥。"《王二·沃韻》:"裻,新衣聲。亦作𧜈。"

按《説文·衣部》:"裻,新衣聲。一曰背縫。从衣,叔聲。""叔"旁俗書作"尗",又變作"𣎴"(詳"叔"字條),故"裻"字俗作"𧜈",又作"𧛥"。《龍龕·衣部》:"𧜈,俗;裻,正。""𧛥"又"𧜈"之變。又"裯"字亦見《説文》,"𧛾"見《方言》,在衣背縫義上"裻"與"裯""𧛾"爲同字異體關係。

【褶】△

書證見上。

按:《王二》作"褶","褶"即"褶"字俗寫。"褶"蓋"裻"的繁化俗字。《龍龕·衣部》:"𧝓,俗;𧛾、裯,二或作;褶,正;𧞪,今。"可參。參看"督"字條。

褠[10]

【幠】◎

《王一》平聲侯韻古侯反:"褠,單衣。亦作幠。"

按:"衣"旁"巾"旁義近,故俗書每多換用。

裭¹⁰

【裭】△

《楞嚴經音義》一：“裭，池尔反，奪也。”

按：“裭”字俗省作“裭”，“裭”又爲“裭”之俗。《龍龕·衣部》：“裭裭，二俗；裭，正。”可參。

褓¹¹

【褓】◎

《正名要録》"字形雖別，音義是同，古而典者居上，今而要者居下"類：褓襃。

按《五經文字》卷中衣部：“褓，補牢反，或作褓，又作襃，皆訛。”據《説文》，"褓"字本從衣、倸省聲，而"倸"即"保(保)"字古文，故從"保"實即從"倸"，張參以"褓"爲訛，殆未切當。慧琳《音義》卷五四《佛説鴦掘摩經》音義：“褓，從衣、呆聲，……俗作褓。”同書卷八四《集古今佛道論衡》第一卷音義：“褓，論文從倸作褓，俗用，亦通。”可參。

【襃】◎

書證見上。斯 5776 號《孝子傳》：“王襃，字元偉，修之孫也。”“襃”又爲“襃”之俗寫。

按《龍龕·衣部》：“襃，俗；褓，正。”上揭《孝子傳》之王襃《晉書》卷八八作"王襃"，《三國志·魏書·王脩傳》裴松之注作"王襃"，"襃""襃(襃)"實皆爲"褓"的俗字。"襃"字又音 póu，訓聚、衆等，則別爲一字。

韈¹⁴

【韤】△

《正名要録》"字形雖別，音義是同，古而典者居上，今而要者居下"類：韤韎（泉按：下字右旁當作"末"）。

按：韤子字《説文》作"韤"，《釋名》作"韈"，"韤"即"韤"的俗寫（比較《干禄字書》載"茂"俗作"蔑"）。《龍龕·韋部》作"韤"，可參。

【韤】◎

《箋注本切韻》五入聲月韻：“韤，履韤。望發反。從韋。”伯 3011 號《出家讚文》:"捨卻絲鞋綾韈,惟有麻鞋挺(?)子。"

按:前例"從韋"上疑脱一"正"字。"韈"爲"韤"的後起換旁字。慧琳《音義》卷七六《法句譬喻無常品經》第一卷音義:"韤,或從革作韈,亦作鞡、䩖也。"《龍龕·革部》作"韈",又爲"韈"的俗寫。

【鞡】◎

書證見前。伯 2555 號岑參《冀國夫人歌辭》:"爲愛錦波清見底,時將羅鞡踏成塵。"

按:"鞡"爲"韈"的改易聲旁俗字。《龍龕·革部》:"鞡,音末,一鞨,蕃人名。又俗亡發反。"後一讀音即指"鞡"又用作"韈(韤)"的俗字。

【襪】

《王一·月韻》:"韈,屬韈。正作幭,亦作韈、帓、䩖、襪、袜。"伯 2837 號《二月八日女弟子宋氏布施疏》:"白綾頭肅(繡)襪一量,……已上施入修造。"

按《干禄字書》:"襪韈:上通下正。"慧琳《音義》卷十五《大寶積經》第一百九卷音義:"韈,或從革作韈。今俗用或從衣、從巾、從皮作襪、袜、幭、䩖(䩖)六字,《韻詮》云:皆時俗穿鑿作之,並不可依據也。"《釋名》已見"襪"字。

【袜】

書證見上。吐魯番出土文書 75TAM2:1《北涼緣禾六年翟万隨葬衣物疏》:"故帛練袜一量。"

按:慧琳《音義》卷五七《自愛經》玄應音義:"襪,古文作袜、帓、䩖,並同。"(明永樂南藏等傳本玄應《音義》卷十三作"襪,古文作袜,今作袜,又作帓,頰二形,同。"有誤字)《龍龕·衣部》:"袜,音末,一肚也。又俗亡發反。""亡發反"的"袜"當是"襪"的改易聲旁俗字,慧琳引文以爲"古文",不確。

【幭】◎

《王二·月韻》:"韈,妄發反,屬韈。正作幭,亦作韈、帓、䩖、襪、袜。"

按:"幭"字《説文》訓"蓋幭",即覆物之巾,與"足衣"之"韈"字别。"幭"用同"韈"蓋引申義,或同音借用。《王一》及《王二》並以"幭"爲屬韈之正字,不妥。

【帓】◎

書證見上。

按:玄應《音義》卷十四《四分律》第七卷音義:"袜,古文韈,或作襪、帓、䩖三形,同。""袜"蓋"袜"的換旁字,或"幭"的改易聲旁字。

【靺】◎

書證見前。

按《龍龕·皮部》:"靺,俗,亡發反,正作韤、韈、襪三字。""正"字分別爲韤、韈、襪的俗寫。"靺"蓋"靺""袜"等的換旁字。

襦[14]

【襦】△

《箋注本切韻》一平聲虞韻日朱反:"襦,襖。"失名《字書》:"襦,日朱[反]。"伯3195號:"不惜羅襦裛馬汗,寧辭香粉著刀鐶。"

按:"襦"即"襦"的俗字。"需"旁俗書多寫作"㵐"。參看"㵐"字條。

【褥】△

《春秋後語音》:"褥,而朱反。"斯5431號《開蒙要訓》:"襤襠褌袴,衫褥裸袖。"

按《玉篇·衣部》:褥,同"襦",俗。《干祿字書》:"褥襦:上通下正。"俗書"需"旁或作"㵐"(參看"㵐"字條),故"襦"俗作"褥"。而俗書從衤從礻不分,故"褥"又"褥"之變。

羊 部

羌¹

【羗】◎

《王一》平聲陽韻:"羗,西戎牧羊人,從羊從儿,[儿],奇字人。加犬罪(非)。"

按《廣韻·陽韻》:羗,同"羌",或從犬。"羗"爲"羌"的增旁俗字。《王二》"羌"釋"發語端","羗"釋"西戎牧羊人",二字分訓,不妥。

美³

【羙】

《字樣》:"羙,從大或火,從犬俗,無依。"《正名要録》"各依脚注"類:"羙,從羊。"斯5692號佚名詩:"林中鳴,種種有,更有醍醐(提壺)沽羙酒。"

按《五經文字》卷上羊部:"美,從羊從大,從犬從火者訛。"《佩觿》卷上稱俗書以"羙羊之羙古刀翻爲美明鄙翻","其順非有如此者"。《履齋示兒編》卷二二引《雌黄》云:"書美惡字爲羙,不知羙字從火,乃羔羊之羔也。"《字鑑》卷三旨韻:"美,俗下從火作羙,非。羙古羔字。""羙"本爲"羔"篆文的隸定字。俗書"大""火"不分,於是"羙"俚俗又用作"美"的俗字。由於羔羊之"羔"隸書、楷書一般不寫作"羙",并不會與"美"的俗字"羙"發生意義上的混亂,於是約定俗成,作爲"美"俗字的"羙"便進入了流通領域。上揭《字樣》稱"美"字或從火,即其明證。秦漢簡帛及漢碑中"美"已多作"羙"形。一些正統學者從字形的來源着眼,以"美"字作"羙"爲非,這種指責是不公正的。

【羙】△

書證見上。斯5478號《文心雕龍·頌讚弟九》:"頌者,容也,所以羙盛德而述形容也。"

按:《字樣》及《五經文字》皆云"美"字俗或從犬,當指作"美"而言。《隋王仲墓誌》"美"作"羙",可參。

羝⁵

【羝】◎

《大般涅槃經音》二"羝"下音"佤"。斯 610 號《啓顔録》"昏忘"類:"有人餉其一羝羊。"

按:"佤"爲"低"的俗字,"羝"則爲"羝"的俗字。慧琳《音義》卷七七《釋迦氏略譜》音義:"羝,譜作羝,俗字也。"伯 2553 號《王昭君變文》:"黄羊野馬,日見千羣万羣;☐☐羏羝,時逢十隊五隊。""羝"又爲"羝"之變。《龍龕·羊部》:"羝,俗;羝,或作;羝,正。"行均以"羝(羝)"爲正字,蓋據時要用字而言。

羯⁹

【羭】◎

《王一》入聲月韻居謁反:"羯,羯羊。亦作羭。"《王二》末字亦作"羭"。

按《集韻·月韻》:羯,或省作"羭"。《龍龕·羊部》:"羭,俗;羯,正。""羭"蓋又"羭"字譌變。

米 部

粳[7]

【秔】△

《正名要録》"字形雖別,音義是同,古而典者居上,今而要者居下"類:秔粳。

按《龍龕·禾部》:"秔,俗;秔,正。""亢"旁俗書皆可寫作"冗"形。

【秔】△

《箋注本切韻》一平聲庚韻古行反:"秔,稻。或作粳。"北356(水3)號《大乘入楞伽經》卷六:"凈美食者,應知則是秔米、粟米、大小麥豆、蘇油、石密(蜜)。"

按:慧琳《音義》卷二四《方廣大莊嚴經》第十二卷音義:"秔,亦作秔,俗作粳,或作秔也。""秔""秔""粳"實皆爲"秔"的後起俗字。"秔"蓋由"秔"演變而來。

【粳】

書證見上。又《王一·庚韻》:"秔,稻。或作粳。"斯2659號《大唐西域記》卷一:"屈支國,……有粳稻。"

按:粳稻字《說文》作"秔",其或體作"稉","粳"即"稉"的後起換旁字。慧琳《音義》卷三七《文殊師利菩薩六字經》音義:"秔,經文從更作粳,俗字,亦共用也。"《龍龕·米部》:"粳,俗,音更,正作秔(秔)。"今通行"粳"字。

粲[7]

【粂】△

《毛詩音》二:"粂,采安[反]。"斯1722號《兔園册府》卷一:"天文粂然。"

按:前例所音爲《鄭風·緇衣》"還予授子之粲兮"句,"粂"即"粲"的俗字。

《干禄字書》:"粲粲:上俗下正。"《五經文字》卷上米部:"粲粲:上《說文》,下《石經》,從𣎆者訛。""餐"字俗書或作"飡",是其比。參看"餐"字條。

粝⁷

【粝】△

《王一》去聲未韻無沸反:"粝,饘。亦作𪎈。"

按:《王二》標目字作"粺","粺"即"粝"字("尾""尾"爲隸變之異)。《集韻·未韻》:粝,或作粺、餌,亦書作𪎈。

【𪎈】△

書證見上。

按:"𪎈"即"𪎈"的變體。《王二》作"𪎈",誤。

糊⁹

【糊】◎

《正名要錄》"本音雖同,字義各別例":"粘糊:並粘(粘)。"其下所載同音字爲"弧""狐"等。

按:粘糊字《説文》作"黏",其或體作"粘";"黏"字俗書繁化作"䊃"(見《集韻》),"粘"字則繁化作"糊"。《龍龕·米部》:"粘,正;糊,今。"《復古編》卷上:"黏,或作粘。別作糊、䊃,並非。"《字鑑》卷一模韻:"黏,或作粘。俗作糊,非。"今"糊"字通行。

糈⁹

【𥻆】△

《箋注本切韻》一上聲語韻疏舉反:"糈,祭神米。又先呂反。或作𥻆。"

按:"所"字俗作"𠩄"(詳"所"字條),故"𥻆"即"𥻆"的俗寫。"𥻆"字他書未載,蓋"糈"的改易聲旁字。

糟¹¹

【粩】△

《王一》平聲豪韻:"糟,作曹反,酒滓。亦作醩、𨡓。通俗作粩。"斯 3287 號

《千字文》:"飢厭糟糠。"

按《干禄字書》:"曹曺:上通下正。""曹"旁俗書亦或作"曺",故"糟"字右旁從之。《金藏》廣勝寺本玄應《音義》卷三《小品般若經》第三卷音義:"糟,籀文作醩同。"《龍龕·米部》:"糟,作勞反,酒滓也。"其中的"糟""醩"分別爲"糟""醩"的俗寫(上揭玄應《音義》的"糟""醩"《叢書集成初編》本即作"糟""醩"),亦其比。

【醩】◎

書證見上。

按:"糟"字《説文》篆文作"糟",籀文作"齇"(據小徐本),"醩"即籀文的隸變字。

糞[11]

【𡊍】◎

《王二》去聲問韻:"糞,府問反,又作𡊍,穢。"北 8599(來 41)號《賢愚經》卷十:"即有風來,吹除𡊍穢。"

按《干禄字書》:"𡊍糞:上俗下正。"慧琳《音義》卷四一《六波羅蜜多經》第三卷音義:"糞,經從土作𡊍,不成字也。""糞"字《説文》篆文本作"糞",上似米者爲矢(菌),下從𠬞推𠦒會意。隸作"糞",又作"糞"。"𡊍"和"𡊍"即"糞"或"糞"的換旁字。

【𡊍】△

《楞嚴經音義》一:"𡊍,與𡊍同。"

按:"𡊍"當是"𡊍"字譌省。參上條。

【𪍿】△

書證見上。俄敦 10787 號《占夢書》殘片:"夢見廁中𪍿污衣,得財,吉。"

按可洪《音義》第貳拾伍册《一切經音義》第二十三卷音義:"牛𪍿,方問反。""𪍿"蓋"糞"字譌省,《齊道興造像》已有用例。

糠[11]

【糠】

《王一》平聲唐韻苦岡反:"糠,米皮,亦作糠。"斯 3287 號《千字文》:"飢厭糟糠。"

按《玉篇·米部》："糠,俗穅字。"慧琳《音義》卷三四《大方廣如來藏經》音義："穅,經從米作糠,俗也。"今通行"糠"字。

糝[11]

【糁】△

《正名要録》"字形雖別,音義是同,古而典者居上,今而要者居下"類:糂糁。《箋注本切韻》一上聲感韻："糂,或作糁。素感反。"《王二·感韻》："糂,亦作糁。"

按:慧琳《音義》卷三七《牟梨曼陀羅呪經》音義："糂,《説文》從米、甚聲,經從參作糁,俗字。"《説文》以"糝"爲"糂"字古文,"糁"則爲"糝"字俗寫。《龍龕·米部》："糁,或作;糂,正。""糁"又爲"糁"的變體。參看"參"字條。

【餐】△

《王一·感韻》："糂,或作糁,亦作餐。"

按:玄應《音義》卷十九《佛本行集經》第三十一卷音義："糂,古文餐、糂、糝、餥四形,今作糁,同。"("餐""糝"所從的"參"《高麗藏》本玄應《音義》皆作"叅")《龍龕·食部》："餐餐餥:三俗,蘇感反,正作糂。""餐"當是"糝"的後起換旁字,而"餐"即"餐"的俗寫。

糧[12]

【粮】

《正名要録》"字形雖別,音義是同,古而典者居上,今而要者居下"類:糧粮。《箋注本切韻》一平聲陽韻呂張反："粮,人粮。"《王一·陽韻》："粮,食。亦作糧。"斯 328 號《伍子胥變文》："今日登山驀嶺,粮食罄窮,空中聞娘子打沙(紗)之聲,觸處尋聲訪覓。"

按《玉篇·米部》:粮,同"糧"。《干禄字書》："粮糧:上通下正。"《五經文字》卷中米部："糧,作粮訛。"慧琳《音義》卷十五《大寶積經》第一百九卷音義："糧,或作粮、粮,並俗字。"(注文"粮"字《高麗藏》本作"粮",右部從古文"量",當是;伯 2034 號《金剛般若經旨贊》卷上"糧"字有作此形者)"粮"字漢碑中已多見,乃"糧"的改易聲旁字。

糯[14]

【稬】◎

《王一》去聲翰韻乃亂反："稬,稻。亦作糯。"《王二·翰韻》同。又《王二》去聲箇韻乃臥反："稬,秾。本稬。"

按:糯稻字《說文》作"稬",後起字作"糯"。"耎""需"二旁篆文形近(劉釗《古文字構形學》第九章以爲此二字乃一字之分化),隸變每多互譌,故"稬"實即"稬"的隸變譌字。《睡虎地秦墓竹簡》已見"稬"字。

【稬】◎

《王一·箇韻》："稬,秾。本作稬。亦作糯。"

按:"需"字俗作"需"(詳"需"字條),故"稬"俗又變作"稬"。《龍龕·禾部》："稬,或作;稬,正:奴臥反,秾多也。""稬"爲"稬"字俗譌,"稬"則爲"稬"字俗書,行均以爲正字,不妥。

【稬】△

《正名要錄》"字形雖別,音義是同,古而典者居上,今而要者居下"類:稬稬。

按ःट"稬"爲"稬"的換旁字。

【糯】◎

書證見前。又《箋注本切韻》三箇韻："糯,秾也。"

按《復古編》卷上："稬,別作糯,非。""糯"又爲"糯"的俗寫。《龍龕·米部》："糯,俗,奴臥反,秔一。正作稬(稬—稬)。"可參。

糷[20]

【糷】

《王二》去聲旱韻洛旱反："糷,飯相着。亦作䉉。"

按《玉篇·米部》："糷,亦作糷。䉉,同上。"

【䉉】◎

說見上文。

聿 部

聿

【聿】△*

《箋注本切韻》一入聲質韻："聿，餘律反。"

按：同韻載"筆""溄"等字，《字樣》載"晝"等字，"聿"旁原卷皆寫作"聿"形。

肇⁸

【肇】△

《正名要錄》"各依腳注"類："肇，從户。"

按《玉篇·攴部》："肇，俗肇字。"《五經文字》卷中戈部："肇，作肇訛。""肇""肇"皆見於今本《説文》，段玉裁"肇"字下注云："古有肇無肇，从戈之肇漢碑或从殳，俗乃从攵作肇。""肇"即"肇"的省筆字。《晉辟雍碑陰》已見"肇"字。

【肇】△

《楞嚴經音義》一："肇，音趙，一始。"《王二》上聲小韻："肇，直小反，始。亦作厓。"

按可洪《音義》第貳拾玖册《弘明集》第十三卷音義："肇過，上直小反。""肇"即"肇"字，變"户"爲"石"，蓋隸變之異。《隋造龍華碑》已見"肇"字。《干祿字書》："肇肇：上通下正。"則又變"戈"爲"又"，蓋爲"肇"之俗寫。

艹 部

艾²

【艾】◎

《楞嚴經音義》一："艾，五盖反。"《俗務要名林》(斯 617 號)草部亦云："艾，五盖反。"伯 3931 號《某賀端午別紙》："伏以採艾芳辰，結蘆(廬)令節，冀啓交歡之日，將臻納祐之祥。"

按《五經文字》卷中艹部："艾，五蓋反，從乂。從又訛。"俗書"乂"旁與"又"旁相亂，故"艾"俗作"艾"。漢碑已見"艾"字。《隸辨》卷六偏旁"又"字下云："艾從乂，或作艾。"《龍龕·草部》："艾，俗；艾，正：五蓋反，歷也，老也，長養也。又草名，又姓。""艾"亦正是"艾"的俗字，行均以爲"正"，不妥。"艾"則又爲"艾"的贅點俗字。伯 2555 號《久憾縲紲之作》詩："今時有恨同蘭艾，即日無辜比冶長。"其中的"艾"即"艾"的俗字，或錄作"芝"，大誤。

艽²

【艽】△

《王一》平聲尤韻："艽，秦艽藥。或作𦶜。居由反。"

按："艽"《玉篇·艹部》及《廣韻》皆作"艽"。"艽"字蓋從艹、丩聲。"丩"旁手寫時或變作"ㄐ"（如上揭《王一》注文中的"艽"）。俚俗或書"斗"作"ㄐ"，又作"卅"（詳"斗"字條），於是由"艽"演變，"艽"便可寫成"艽"，而"艽"即"艽"的增點字。參下文。

【艽】△

《王二·尤韻》："艽，秦艽樂(藥)。或作𦶜(𦶜)。"

按：" 斗 "字俗書作" 屮 "作" 卅 "，亦作" 外 "（参" 斗 "字條），故" 芥 "即" 荗 "或" 荓（荓） "俗書之變。《王二·侵韻》職深反："坩，一鄒，古國。""坩"即"抖"的俗字，可資比勘。

【樛】△

書證見上。

按：《王一》作"樛"，《王二》作"摎"，蓋皆"樛"字俗書。《集韻·尤韻》："艽，或作樛。""樛""樛"蓋一字之變。"樛"用同"艽"，他書未載。

芒³

【笀】◎

《王一》平聲陽韻："芒，草端。亦作笀、秈。"

按《龍龕·竹部》："笀，音亡，正作芒，草一。""笀"爲"芒"的換旁俗字。

【秈】◎

書證見上。

按：慧琳《音義》卷二六《大般泥洹經》第一卷音義："芒，古文作秈，同。"《正字通·禾部》："秈，與芒通，禾秈。""秈"實亦"芒"的後起換旁字。

茂⁵

【茂】△

《王二》去聲候韻："茂，莫候反，古作懋，亦作茂。"伯 2005 號《沙州都督府圖經》"一所異怪"下："涼王且渠茂虔訪於奉常張體順。"

按：《隸辨》卷六偏旁艸字條云："（艸）字在上者……亦省作艹，經典相承用此字。亦變作䒑，或作卄。"《晉石尠墓誌》"茂"上部已寫作"䒑"形。伯 2931 號《佛說阿彌陀經講經文》："燒煩惱之叢林，遣覺花而漸茂。"《龍龕·草部》："茂，俗；茂，正。""茂""茂"又爲"茂"的變體。

芙⁵

【蔜】◎

《王一》入聲屑韻徒結反："芙，藕。亦作蔜。"

按："蔜"字從艸、或聲，當是"芙"的後起換旁字。

苟⁵

【苟】△ *

《字樣》："苟苟：從草，二同。"斯 361 號《書儀鏡》父母喪告兄姊書："某不自死滅，苟存視息。"

按《干禄字書》："苟苟：上俗下正。"此亦爲艸旁作亠之例。《熹平石經》中已見"苟"字。又《箋注本切韻》四上聲厚韻古厚反載"猫（猫—狗）""笱"等字，"苟"旁亦從俗作。

苑⁵

【茙】△

《楞嚴經音義》一："林茙：於院反，或作宪，非。茙者藥名。"

按可洪《音義》第伍册《普曜經》第一卷音義："茙囿，上於遠反。"上字亦爲"苑"字。俗書有改生僻的或不成字的偏旁爲常見的成字的偏旁的通例，"苑"所從的"夗"頗不經見，於是俗書遂寫作形近的常見的"死"或"宛"。《字鑑》卷三阮韻："夗，凡苑、宛、鴛、怨之類从夗，俗作夘、歹。""歹"蓋由"夗"變"死"的中間環節。

【苑】◎

上揭《楞嚴經音義》"或作宪"之"作"疑爲"從"字之誤，而"茙（苑）"即"苑"的俗字。伯 2838 號《云謠集雜曲子·傾盃樂》："憶昔笄年，未省離閣，生長深閨苑。"伯 3808 號《長興四年中興殿應聖節講經文》："宮圍（闈）西面，園苑新成。"伯 2122 號《佛説阿彌陀經押座文》："東宫内苑彩頻（嬪）妃，太子諸王金葉茂。"

按《干禄字書》："菀苑：上藥名，下園苑。"但俗書園苑之字亦或繁化作"菀"，與藥名之"菀"同形。《五經文字》卷中艹部："菀苑：並於阮反，《説文》獨以上字爲苑囿字，今則通用之，經文多作苑。"慧琳《音義》卷三十《佛昇忉利天爲母説法經》下卷音義："苑囿：經作菀，亦通。"同書卷四五《三聚懺悔》音義："苑，《蒼頡篇》云：養禽獸曰苑。……經作菀，是藥名，非苑囿之字也。""苑"寫作"菀"，是俗書改生僻的偏旁爲常見的偏旁的產物，與藥名之"菀"并非一字。《集韻》載"怨"或作"惌"，是其比。

苕⁵

【䒵】△
《王一》平聲蕭韻都聊反:"苕,葦花。亦作䒵。苕又音迢。"
按:用同"苕"的"䒵"字他書未見。
【苕】△
《王二·蕭韻》:"苕,葦花。亦作苕。"
按《龍龕·草部》:"苕,俗;苕,正。""召"旁俗書皆或作"㕿"。

茵⁶

【茵】◎
《王一》去聲祭韻直例反:"茵,補缺。亦作茵。"《王二·祭韻》:"茵,補缺。"
按《説文·艸部》:"茵,以艸補缺。从艸,因聲。""因"字古文作"囙"(《説文·囗部》)"茵"下部所從的"囙"即"囙"的變體。《漢語大字典》據《改併四聲篇海》引《奚韻》載"茵"字,音義均與"茵"字同,但"茵""茵"的異體關係沒有得到溝通。

茜⁶

【蒨】◎
《正名要錄》"字形雖別,音義是同,古而典者居上,今而要者居下"類:蒨茜。
按:《高麗藏》本玄應《音義》卷十八《十誦律》第十五卷音義:"茜,又作蒩、蒨二形,同,千見反。《説文》:茅蒐也,……從草,西聲。"用同"茜"的"蒨"蓋"茜"的後起改易聲旁字。《漢語大字典》"蒨""茜"的異體關係不明。

苗⁶

【䈙】◎
《王一》入聲燭韻起玉反:"䈙,蠶薄。亦作苗。"
按《集韻·燭韻》:苗,或从竹作"䈙"。"苗"見《説文》,"䈙"即"苗"的後起換旁字。《汉語大字典》"䈙""苗"的異體關係不明。

茲⁶

【茲】◎

《箋注本切韻》二平聲之韻:"茲,子之反,《說文》:草木多益也,作此茲。"

按《說文·艸部》:"茲,艸木多益。从艸,兹省聲(徐鍇《說文繫傳》作"絲省聲",當據正)。"又玄部:"兹,黑也。从二玄。"後者段玉裁注音胡涓切。二字音義均所不同。但俗書從艸之"茲"亦或寫作"兹",與從二玄之"兹"相混無別。《說文》"茲"字下段玉裁注:"經典茲,此也。《唐石經》皆誤作兹。"

【兹】△

書證見上。

按:徐鉉校定本《說文》"茲"字從兹省聲,"兹"蓋即據徐鉉本"茲"不省聲楷定而然。

華⁷

【蕐】△

《字樣》:"蕐華華:三同。"北 8298(日 46)號《佛說救護身命經》:"將來往无量壽國,即生蓮蕐,軀體金色,身相具足。"

按:"蕐"即篆文"華"的楷定字。《玉篇·華部》:"蕐,《說文》華。"《漢語大字典》據《正字通》載"蕐"字,可參。

【蕐】

書證見上。

按《玉篇·華部》:"蕐,今作華。"

【華】△

書證見上。

按:"華""蕐"皆爲隸變字。《魏元舉墓誌》已見"華"字。

【華】△

《正名要錄》"正行者楷,腳注稍訛"類"華"下腳注"華"。

按:"華"即"華"之省。

【華】△

書證見前。伯 2039 號《天竹國菩提達摩禪師論》:"《華嚴經》云:自歸依仏,自歸依法僧。"

按:《唐李惠静造像》"華"作"華",是其比。睡虎地秦簡"華"字或作"華",可參。

【花】◎

《楞嚴經音義》一:"華麗:上户瓜反,或作花。"伯 3079 號《維摩詰經講經文》:"莫將富貴奢花,便作長時久遠。"

按《佩觿》卷上:"華有户瓜、呼瓜二翻,俗別爲花,其浮僞有如此者。"《復古編》卷上:"華,別作花,非。""花"爲魏晉俗字。敦煌卷子中華麗之"華 huá""灼灼其華"之"華 huā"皆或寫作"花"。但《王一·麻韻》云:"華,户花反,美。"又云:"花,呼瓜反,樹采。"蓋唐時二字已開始分用。至宋代以後,"花"便被用作花朵之"花"的專字了。參看《廣雅·釋草》"花,華也"條王念孫疏證。

莊[7]

【莊】△

《王一》平聲陽韻:"莊,側羊反,飾。通俗作茌(茬)。"斯 619 號《讀史編年詩》七歲二首之一:"謝莊父子擅文雅,項橐師資推聖賢。"

按《干禄字書》:"疜莊莊:上俗中通下正。""爿"旁俗書多作"丬",故"莊"左下半從之。

【茬】△

書證見前。斯 2113 號《唐沙州龍興寺上座馬德勝和尚宕泉卾修功德記》:"内外茬嚴,並以(已)功畢。"

按:"爿"旁俗書或變作"广""疒"等形(如"牀"俗作"床",又作"痜",參看《碑別字新編》),故"莊"俗書作"茬"。

【庄】

《箋注本切韻》一陽韻:"庄,按文作莊。"《王二·陽韻》:"莊,通俗作庄。"《禮記音》:"庄,側亮[反]。"《毛詩音》二:"庄,側良[反]。"《正名要録》"靚"下注"庄"。伯 2305 號《解座文彙抄》:"買庄田,修舍屋。"

按《五經文字》卷中艹部:"莊,作庄非。"《漢武梁祠堂畫像題字》"莊"作"庄","庄"或"庄"蓋即其變體。斯 778 號《王梵志詩·使者門前喚》:"錢財不關已,庄收永長離。""庄"亦即"莊"字,可參。《漢孫叔敖碑》已見"庄"字。

莃⁸

【菒】◎

《王一》上聲止韻胥里反:"莃,胡莃。亦作菒。"《王二・止韻》:"莃,胡一。亦作菒。"

按《集韻・止韻》:莃,或作菒。蓋古異體字。《漢語大字典》"莃""菒"字際關係不明。

萏⁸

【蔊】△

《箋注本切韻》一上聲感韻徒感反:"萏,菡萏,荷花。按文作蔊。"《王二・感韻》:"萏,菡一,荷花。亦作蔊。"

按:菡萏字《説文》作"蔊",後起改聲旁字作"萏"。俗書"臽"旁"舀"旁不分,故"萏"俗作"萏",而"蔊"俗作"蔊"。《龍龕・草部》:"萏蔊:二正。""蔊"實亦"蔊"的俗字。

【萏】△

書證見上。《箋注本切韻》一感韻"菡"字下云:"菡萏。"

按:希麟《續音義》卷一《大乘理趣六波羅蜜多經》第十卷音義:"菡萏,經文作菡萏二字,皆不成字也。"參上文。

菹⁸

【葅】

《箋注本切韻》二平聲魚韻:"葅,側魚反,《説文》作此菹。"

按《玉篇・艸部》:葅,同"菹"。《干禄字書》:"葅菹:上通下正。""葅"爲"菹"的後起改易聲旁字。

菅⁸

【蕑】△

《箋注本切韻》一平聲刪韻古顏反:"菅,草名,又姓。或作蕑。"

按:玄應《音義》卷二《大般涅槃經》第三十一卷音義:"菅,古顏反,《爾雅》:

菅,茅屬也。……經文作菾,《字書》與蘭同。菾,蘭也。《說文》:菾,香草也。菾非此用。"菅""菾"音同義通,古多混用不分。"蘭"爲"菾"字異構,而"蕳"則爲"蘭"的俗字。

甾[8]

【甾】◎

《箋注本切韻》二平聲之韻:"甾,側持反,按《說文》,東楚名⿱也(缶)曰甾。又不耕田也。或作此菑字。"

按:據《說文》,"東楚名缶曰甾"的"甾"篆文作"⿱",隸變作"甾";"不耕田"的"甾"篆文作"⿱",或省艸作"⿱",前一形隸定作"蕾",亦作"菑",後一形隸定可作"甾",自亦可作"菑"。《隸辨》卷六偏旁"甾"字下云:"甾,《說文》作⿱,缶也。象形。隸變如上。與甾害之甾相類,亦即用爲甾害字。"於是便造成了"甾"字一身而兼二職的現象:既爲東楚名缶的"甾",又爲不耕田的"甾"。後一音義的"甾"《漢語大字典》失載。參看《字鑑》卷一之韻"甾"字和"菑"字條注。

葉[9]

【枼】△

《五代本切韻》二入聲葉韻:"葉,与涉反,枝一。俗作茮。"斯 2999 號《太上真一本際經》卷十:"金華靈幡,玉枼靈幡。"

按:"枼"爲"葉"的避諱缺筆字。參看"茮"字條。

【茮】*◎

書證見上。又《王二·葉韻》:"葉,俗作茮。"《王一·葉韻》書涉反:"茮,縣名,在南陽。"同韻載"力茮反""紫茮反""涉茮反"等切語,"葉"字亦皆寫作"茮"。

按:"茮"爲"葉"的避諱改形字,參看"枼"字條。《王一·葉韻》與涉反:"瘱,病。"即"殜(殜)"字,"葉"旁亦寫作"茮"。

葬[9]

【塟】◎

《佛經難字及韻字抄》載"塟"字。斯 1725 號《大唐吉凶書儀》:"大功九月,並給假廿日,荃三日,除服二日。"斯 2204 號《董永變文》:"當時賣身荃父母,感得天女共田常(填償)。"

按《五經文字》卷中艹部:"葬,上下從兩草。相承作荃,訛。""葬"古蓋以草裹屍埋於土中,故上草下土的"荃"仍是會意字。漢簡中已見"荃"字。

【坙】◎

《妙法蓮華經難字》載"坙"字。伯 2316 號《賢愚經》卷十一:"年至成人,父便命終。坙送畢竟……"

按《集韻》去聲宕韻:"葬,或作坙。"漢碑中已多見"坙"字。

茸⁹

【葺】△

《箋注本切韻》入聲緝韻七入反:"葺,修一。"斯 529 號《諸山聖迹志》:"已前鍾令公葺理時,水陸居人二十萬户,近日殘破,由(猶)有十萬餘家。"

按:"耳"旁俗書皆可作"冃",故"茸"俗作"葺"。《龍龕・草部》:"茸,子入反,茨也;又七入反,修補也。"接云:"葺,七入反,一累,修補也。又子入反,茨也。""葺"實即"茸"的俗字,行均一分為二,殊非其當。上揭斯 529 號的"葺"或録作"管",誤。參看"耳"字條。

荽⁹

【荾】◎

《箋注本切韻》二平聲脂韻息遺反:"荾,胡荾,香菜。又作此荾。"

按《箋注本切韻》一脂韻息遺反:"荽,胡一。"《切韻》斷片一息遺反:"荾,胡菜。""荽"見《說文》,"荾"為"荽"的後起簡化字。上揭《箋注本切韻》二的標目字當是"荾"的俗寫。《龍龕・草部》:荾,俗;荽,正,音雖,胡一,香菜也。"荾"實為"荽"的繁化俗字(比較《龍龕・草部》載"荾"或作"荽"),行均以為正字,蓋據當時通行而言。

【荾】◎

書證見上。又《俗務要名林》(斯 617 號)菜蔬部:"胡荾,下息唯反。"形微別。

按:《龍龕》以"荾"為"荽"的俗字。

萱⁹

【蕙】△

《正名要録》"正行者雖是正體,稍驚俗,腳注隨時消息用"類"蕙"下腳注"萱"。

按:萱草《説文》作"藼",其或體作"萱","蕙"即"藼"的俗寫。

蒜¹⁰

【蒜】

《字樣》:"蒜,正;蒜,相承用。"《俗務要名林》(斯 617 號)菜蔬部:"蒜,蘇乱反。"斯 705 號《開蒙要訓》:"葱蒜韭薤。"

按《玉篇·艸部》:"蒜,俗作蒜。"《干禄字書》:"蒜蒜:上俗下正。"《龍龕·草部》:"蒜,今;蒜,正。""蒜"蓋"蒜"的譌變俗字。

蓋¹⁰

【盖】*◎

《箋注本切韻》一入聲盇韻古盇反:"盖,姓,漢有盖寬饒。《字書》作鄐。"《王二》去聲泰韻:"盖,古大反,覆。正作蓋。"伯 3821 號《曲子感皇恩》:"欽皇化,雨露盖無邊。"

按《九經字樣·艹部》:"蓋,從艹從盇,取盇蓋之義。……玄宗皇帝御注《孝經》石臺亦作蓋。今或相承作盖者,乃從行書艹,與荅、若、著等字並皆訛俗,不可施於經典。今依《孝經》作蓋。"慧琳《音義》卷十一《大寶積經》第二卷音義:"蓋,《説文》蓋從草從盇,……經文從羊作盖,因草書訛謬也。"考篆文"盇"字從血從大作"盍",其上的"大"隸定變作"土"("去""赤""幸"上部的"土"皆由"大"隸變而然),其下的"血"隸定省去中間的一點變作"皿";而草字頭隸書或作丷(參看"茂"字條),於是"蓋"便變成了"盖"。故"盖"當是"蓋"字篆文的隸變字。漢碑中已多見"盖"字。《隸辨》卷四泰韻:"(蓋作盖)乃省艹爲丷,省去爲土,非從行書也。"説近是。俗書"蓋"旁亦多作"盖",如《王二·泰韻》"瞌""塂""磕"等字皆是。

莘¹⁰

【茟】◎

《箋注本切韻》一上聲止韻側李反："茟，草。或作莘。"

按："莘"見《説文》，"茟（茡）"蓋"莘"的後起改易聲旁字。但《王一》以"莘"爲"渽"字或體，"茟"字應亦同"渽"。説詳上文"渽"字條。

蔭¹⁰

【稌】◎

《王一》去聲沁韻："蔭，於禁反，厚陰。亦作稌。又於鹽反。"

按："蔭"爲"陰"的變體，參看"陰"字條。"稌"蓋"蔭"的後起形聲字。

蒸¹⁰

【蒸】△

《大般涅槃經音》一"蒸"下腳注"蒸"。《佛經難字及韻字抄》亦載"蒸"字。斯161號《禮懺文》："汝先屠戮我身，燒煮蒸炙。"

按：《説文》"蒸"字或省火作"烝"，"蒸"蓋"蒸""烝"交互影響產生的俗體。《隋諸葛子恒造像》已見"蒸"字。慧琳《音義》卷十八《十輪經》第九卷音義："蒸，《説文》：火氣上行也，從草、烝聲。""烝"爲"丞"或"丞"之俗，而"蒸"則爲"蒸"或"烝"之俗。《魏李壁墓誌》"丞"作"丞"，可參。

【餕】△

《大般涅槃經音》二"烝"下腳注"餕"。伯4909號《辛巳年十二月十三日後諸色破用曆》："壬午年三月三日，餕餅麪貳斜，餕麪伍升。"

按《改併四聲篇海·食部》引《俗字背篇》："餕，与蒸義同。"可洪《音義》第玖冊《蘇悉地羯囉經》上卷音義："餕，之陵反。""餕"爲"蒸"的增旁俗字，而"餕""餕"又爲"餕"之變。斯3872號《維摩詰經講經文》："直饒煮鴨䏑鵝，……終是傾於糞壤（壤），不免填彼溝坑。""䏑"亦俗"蒸"字，是其比。

蕋¹⁰

【蕋】△

《正名要録》"字形雖別，音義是同，古而典者居上，今而要者居下"類：蕊蕋。

按：慧琳《音義》卷八八《釋法琳本傳》第四卷音義："蓴,順倫反,顧野王云：今江東水中有蓴菜,人多食之也。……《古今正字》從草、專聲。"《集韻·諄韻》："莼,水葵。通作蓴。""莼"蓋"蓴"的後起改易聲旁字,而"芚"又爲"莼"的變體。凡"屯"旁俗書皆或作"乇",說詳"屯"字條。

【蓴】△
書證見上。
按："専"旁俗作"尃"（詳"専"字條）,故"蓴"即"蓴"的俗字。

蒁[11]

【茉】◎
《王一》入聲質韻親悉反："茉,似蘇。"
按《集韻·質韻》："蒁,艸名,似蘇,或作茉。""朮"旁俗書皆或作"未",參看"漆"字條。

蓼[11]

【蓼】△
《王一》上聲篠韻盧鳥反："蓼,菜。正作蓼。"《王二·篠韻》："蓼,亦作蓼。"斯 610 號《啓顏録》"昏忘"類："何因生菜……都無蓼味？"
按："翏"旁俗書皆可作"叕",故"蓼"俗作"蓼"。慧琳《音義》卷八六《辯正論》第七卷音義："茶蓼,《古今正字》茶蓼二字並從草,余、翏皆聲,……論作蓼,俗字也。"後一"蓼"疑即"蓼"的譌字。《龍龕·草部》："蓼蓼：音了,辛菜也。""蓼"又爲"蓼"的變體。

蔘[11]

【蓡】△
《切韻》殘葉三平聲侵韻所金反："蓡,本作蔘。人蓡,藥名。"
按："参"字古或作"曑"（詳"参"字條）,故"蓡"即"蔘"的異體。

【蓡】△
《五代本切韻》一所今反："蓡,人—,藥名。又作蔘。"
按："蓡"當是"蓡"的俗寫。參看"参"字條。

薤[13]

【韰】△

《箋注本切韻》六去聲怪韻祜界反:"韰,菜。《說文》作韰。"《王一·怪韻》胡界反:"韰,菜。亦作韰。"

按:"薤"字《說文》本作"韰",從韭,叡聲,俗書或省貝而書作"韰"(見《六書故》),"韰""韰"當即"韰"之變而復增加草旁。慧琳《音義》卷三一《入楞伽經》第八卷玄應音義:"薤,又作韰,同。"(傳本玄應《音義》卷七標目字作"韰"形)《龍龕·草部》:"韰,正;薤,今。""薤"蓋"韰""韰"的較早形式。行均以"韰"爲正字,蓋據時俗通用而言。

【薤】

《王二·怪韻》:"薤,菜薤。"

按《玉篇·韭部》:"韰,俗作薤。"《五經文字》卷下一部:"韰薤:上《說文》,從叡;下經典相承隸省。今《爾雅》作'韰',餘並用下字。""薤"蓋"韰"之省變。

蘧[13]

【蘧】△

《毛詩音》二:"蘧,其居[反]。"

按《龍龕·草部》:"蘧,其呂反,苦一,江東呼苦蕒也。蘧,俗,同上。""虡"旁俗書或譌變作"虞"(參看"據"字條),"蘧"作"蘧"亦其例。《漢語大字典》據《龍龕》收"蘧",字形失真。上揭《毛詩音》所音原文爲《邶風·新臺》"籧篨不鮮"句,"蘧(蘧)"蓋"籧"的借用字。

薛[13]

【薛】＊

《王一》卷五入聲韻目:"十五薛,私列反。"《王二·薛韻》:"薛,私結(列)反,古國。正作薛。"伯2129號《切韻序》:"昔開皇初,有劉儀同……薛吏部、魏著作等八人,同詰(詣)法言門宿。"

按:"薛"即"薛"的隸變字。《隸辨》卷六偏旁"𠂤"字下云:"(隸書)師或作师,帥或作帅,薛或作薛,與從𠂤、從邑之字無別。"《戰國縱橫家書》已見類似

"薛"的寫法。漢碑中又或增筆作"薛""薛"等形。伯 2877 號《乙丑年正月十六日行人轉帖》人名有"䆁行得","䆁"亦即"薛"字。又"薛"旁俗書亦或作"薛""薛"等形。如《箋注本切韻》一薛韻載"孽""蘖""蠥""櫱"等字,《正名要錄》"本音雖同,字義各別例"載"孼""蘖""孽"等字,前書"薛"旁皆作"薛"形,後書"薛"旁皆作"薛"形,是其例。

薊[13]

【薊】◎

《王一》去聲霽韻:"薊,草名,今用爲鄭。"《王二·霽韻》古詣反:"薊,草名。今爲鄭。"伯 3931 號《表本》:"薊門賊臣安禄山叛逆,傾陷中國。"

按《玉篇·艸部》:薊,同"薊",俗。《干禄字書》:"薊薊:上通下正。"《龍龕·草部》:"薊,音計,草名,又州名,亦縣名。""魚"旁"角"旁相亂,隸書已然(參看《隸辨》卷六偏旁"魚"字條),故"薊"即"薊"的譌俗字。《魏司空王誦墓誌》已見"薊"字。

薩[13]

【薩】△

《箋注本切韻》五入聲末韻桑割反:"薩,菩—。"《王一》《王二》同。伯 2999 號《太子成道經》:"薩埵王子時,捨身千遍,悉濟其餓虎。"

按:"薩"爲"薛"的後起分化字。玄應《音義》卷三《明度無極經》第一卷音義:"開士,謂以法開導之士也。梵云扶薩,又作扶薛,或言菩薩是。"《復古編》卷下:"薛,艸也,從艸、辥。別作薛,非。又桑葛切,作薩亦非。"孫星衍於上揭玄應《音義》下校云:"考菩薩'薩'字不見《説文》,錢少詹據宋張有謂即'薛'字。薛、薩聲形皆相近,字之誤也。及見此書,元(玄)應已云又作扶薛,知唐時尚未別出薩字。今《玉篇》有薩字,桑葛切,云釋典菩薩也。此類并非孫強所增,乃宋所廣益矣。蓋艸書寫自爲卩,寫辛先豎後畫,故以末畫居下爲形,今俗寫薩字譌從産,則又唐人字書碑碣所無也。"今考唐代前後石本及寫本文字,菩薩之"薩"皆作"薛""薛""薛"等形,而無作"薩"者。如北 6641(鱗 89)號《太子瑞應本起經》卷上:"菩薛顧曰:'買華從百錢至五百,已自交決,何宜相奪?'女曰:'我是王家人,力能奪卿。'菩薛匿然曰:'欲以上佛,求所願耳。'"又《八瓊室金石補正》卷二四《歷城千佛崖造像·李景崇題記》："維大隋開皇十年……敬造阿彌陀像一區并二菩薛。"同卷《陶□題記》："像主陶□……造□□壽像□□二菩薛。"例多不贅舉。而俗書"薛"字亦承用隸變體作"薜""薩""薩"等形。"薛""薜"例已見前"薛"字條。作"薩"的如：斯2055號《切韻序》有"薩史部道衡等八人"語，其中的"薩"字伯2129號作"薛"，《王二》《廣韻》皆作"薛"；王國維摹本錄作"薩"，誤。又伯2621號《事森》："薩苞，字孟常，汝南人也。""薩苞"《後漢書》卷三九作"薛包"。由此可見，"薛""薜""薩"實皆即"薛"字。但敦煌卷子中菩薩的"薩"多已寫作"薩"，蓋唐代前後"薩(薩)"與"薛"已開始分化，而讀作桑割反。今本《玉篇》有"薩"字，"桑葛切，釋典菩薩也"，當是唐人或宋人所廣益。然孫星衍斷定非唐孫強所增，則是太武斷了些(比較上揭《箋注本切韻》等書)。至於"薩"字，不見於《玉篇》《類篇》《集韻》等書(上揭各書皆作"薩")。《廣韻》(據宋孝宗乾道五年閩刻本)作"薩"，爲"薩"的增筆字。金韓道昭的《五音集韻》(據明成化庚寅重刊本)入聲曷韻："薩，釋典云菩薩。"乃爲"薩"字之早見者。《漢語大字典》有"薩"無"薩"，殊非其當。

薅[13]

【㨎】◎

《王一》平聲豪韻呼高反："薅，耘。亦作茠、㨎，鎒。"

按：《說文》"薅"字或體作"茠"，"㨎"即"茠"的換旁字(薅除田草的動作與手有關，故改從手)。《廣雅·釋詁三》："㨎，除也。""㨎"亦即"薅"字。

【鎒】◎

書證見上。

按《說文·木部》："槈，薅器也。从木，辱聲。鎒，或从金。"段玉裁注："從木者主柄，從金者主刃。"是"鎒"本爲"槈"的換旁字。但因薅除田草的工具與金屬有關，故"鎒"俗亦用同"薅"。《玉篇·金部》："鎒，呼高切，除草也。又奴豆切。"前一音義的"鎒"即"薅"字異構。《漢語大字典》"鎒""薅"字際關係不明。

【茠】△

《五代本切韻》一豪韻呼高反"薅"字條接云："茠，流俗用，失。"

按：慧琳《音義》卷十《濡首菩薩無上清淨分衛經》上卷音義："㨎鋤，又作薅……經文作茠莇，非也。"《龍龕·草部》："茠，俗；薅、茠，二正。"《說文》"薅"

字從蓐、好省聲,俗字作"荗",蓋"好"不省聲而"蓐"省形也。《漢語大字典》僅據《集韻》載虛到切訓"艸名"的"荗",蓋別一字。

葴[14]

【葴】◎

《王一》平聲唐韻:"葴(藏),昨郎反,匿。通作藏。"斯 3491 號《頻婆娑羅王后宮綵女功德意供養塔生天因緣變》:"遮莫金銀盈庫葴,死時爭豈(肯)爲君將!"斯 328 號《伍子胥變文》:"村坊搜括,誰敢隱葴。"

按《干祿字書》:"咸减臧:上俗中通下正。"故"藏"下部亦或從俗作"咸"。漢碑已見"葴"字。

藐[14]

【藐】◎

《毛詩音》一:"藐,萌剝[反]。"又云:"藐=,盲角[反]。"北圖夜字 7 號《金剛般若波羅蜜經》:"須菩提白佛言:世尊,佛得阿耨多羅三藐三菩提爲無所得邪?"

按:上揭《毛詩音》前例所音經文爲《大雅·抑》"聽我藐藐"句,後例所音爲《大雅·瞻卬》"藐藐昊天"句,"藐"皆爲"藐"的俗字。《隸釋》卷六載漢桓帝建和元年《敦煌長史武斑碑》:"商周假藐,歷世壙(曠)遠,不隕其美。"《漢語大字典》據此收"藐"字,稱其"音義不詳"。其實這個"藐"也正是"藐"的俗字,"假藐"即"遐藐"(洪适原注:"碑以'假'爲'遐'。"),文義甚安。參看"貌"字條。

蔡[14]

【蘮】△

《王一》入聲黠韻初八反:"蔡,草蔡。亦作𦫳。"《王二》同一小韻:"蔡,草一。出(古?)作蘮。"

按:"蔡"蓋"蔡"的後起音變繁化字。"蘮"字他書未見。龍宇純《唐寫全本王仁昫刊謬補缺切韻校箋》:"《集韻》祭韻充芮切有'蘮'字,注云'草名',又泰韻七蓋切'蔡'下引《說文》云'艸也。古文作𣛙','𣛙''蘮'並疑'蘮'字之誤。"《玉篇·林部》:"𣛙,且賴切,古文蔡。"可參。

藋¹⁴

【蘿】◎

《王一》去聲嘯韻："藋,徒弔反,菜。亦作蘿。"

按《集韻·嘯韻》：藋,或作蘿、藋。蓋皆後起增旁字。

藕¹⁵

【藕】△

《箋注本切韻》四上聲厚韻五口反："藕,《説文》作此蕅。"《大般涅槃經音》一亦載"藕"字。斯619號《讀史編年詩》廿三歲："陳物自□天外影,藕花空豔火中枝。"

按："蕅"見《説文》,"藕"載《爾雅》,"藕"則爲"藕"字俗變。"耒"旁俗書往往與"禾"旁相亂。

繭¹⁵

【繭】△

《王一》上聲銑韻："繭,古典反,蠶衣。亦作䌶、繭。"

按：蠶衣字《説文》作"繭",下部"糸"左"虫"右,此則反是。《干禄字書》："蠒繭：上俗下正。"正字亦虫旁在左。《魏受禪表》已見"虫"旁在左下部的"繭"字。

【繭】△

《箋注本切韻》一銑韻："繭,俗作蠒。"

按："繭"字或寫作"繭"（見《集韻》）,"繭"蓋即其俗變。

【蠒】◎

書證見上。斯3491號《破魔變文》押座文："爲衣爲食,如蠶作蠒。"

按：慧琳《音義》卷十五《大寶積經》第一百九卷音義："繭,經從爾作蠒,非也。"同書卷三一《大乘入楞枷經》第四卷音義："繭,經文作蠒,俗字也。"又卷八五《辯正論》第一卷音義："繭,論文從爾作蠒,非也。"《龍龕·虫部》："蠒,古典反,蚕衣也。"《廣韻·銑韻》：蠒,俗"繭"字。《集韻·銑韻》：繭,俗作蠒,非是。皆可參。

【蠒】△

《佛經難字及韻字抄》載"蚕蠒"字。伯 2578 號《開蒙要訓》:"繰絲撫蠒。"後例形微別。

按:可洪《音義》第陸册《楞伽阿跋多羅寶經》第三卷音義:"作蠒,古典反。""蠒"當是受"蠒""繭"的交互影響產生的俗字,而"蠒"又爲"蠒"之變。

【蠒】△

《佛經難字及韻字抄》又載"蠶蠒"字。

按:"蠒"蓋亦"蠒"之變。前文所引斯 3491 號《破魔變文》押座文"如蠶作蠒"之"蠒",同卷另一抄本亦作"蠒"形,可以比勘。

【繭】△

書證見上。伯 2296 號《受八戒文》:"飯(販)賣雞屯(豚),養蠶煮繭。"北 6335(藏 36)號《大般涅槃經》卷九:"爲无量罪垢所纏,不能得出,如虫(蠶)處繭。"

按:可洪《音義》第叁拾册《聖賢集》第二十八卷音義:"累繭,古典反,正作繭。"同書第拾册《大智度論》第十八卷音義:"煮生繭,下古典反。""繭""繭"一字異寫,大約是"繭"的譌變形。

蔍[15]

【蔍】△

《箋注本切韻》一上聲小韻:"蔍,草名,可爲席。或作苞。平表反。"

按:"蔍"爲"蔍"字譌省。

【苞】◎

書證見上。又《王一·小韻》:"蔍,或作苞。"

按《集韻·小韻》:"蔍,或作蔍、苞。"考《說文·艸部》:"苞,艸也。南陽以爲麤履。从艸,包聲。"與"蔍"字音義均近。

【蔍】◎

《王二·小韻》:"蔍,或作蔍。"

按:"蔍"當是在通用字"苞"的基礎上又受"蔍"的影響而產生的俗體。

藙[15]

【藙】△

《王一》去聲未韻魚既反:"藙,茱萸。亦作㮯。"

按:《干禄字書》載"毅"俗字左部作"豙",又敦煌寫本"毅"或作"榖",皆可參。參看"毅"字條。

潭¹⁵

【潭】△

《箋注本切韻》一平聲覃韻徒含反:"潭,水衣。或作薄。"

按:同"潭"的"薄"字未見。考字書與"潭"音義相類的有"蕁"字,"薄"蓋即"蕁"字俗作。

藩¹⁵

【蕃】△

《正名要錄》"字形雖別,音義是同,古而典者居上,今而要者居下"類:藩蕃。

按:俗書"番"旁作"畨",故"蕃"即"蕃"的俗字。據《說文》,"藩"爲藩籬、藩屏字,"蕃"爲蕃茂字。《干禄字書》:"蕃藩:上蕃隅,亦音繁;下藩屏。"可參。但古書前一義亦或以"蕃"字爲之。玄應《音義》卷二十《六度集經》第一卷音義:"蕃屏,俯煩反,《蒼頡篇》:蕃,蔽也,屏牆也,蕃籬也。"所釋實爲"藩"字之義。《箋注本切韻》一平聲元韻:"蕃,屏。甫煩反。藩,籬。"亦俗書"蕃""藩"混同之證。《王二·元韻》:"蕃,草盛。陸以爲蕃屏,失。"又云:"藩,籬。此是藩屏字。"這是拘泥於字形的本義,并不反映古時用字的實況。

蘇¹⁶

【蘓】△

《王二》平聲模韻:"蘓,思吾反,荏類。"伯 2845 號劉商《胡笳十八拍》之八:"當時蘓武單于問,道是賓鴻解傳信。"斯 4511 號《醜女緣起》:"於是王郎既彼(被)詓到(倒),左右宮人,一時扶接,已(以)[水]洫(洒)面,良久乃蘓。"

按《干禄字書》:"蘓蘇:上俗下正。""蘇"從"穌"聲,而"穌"俗或作"穌"(詳下文),故"蘇"亦或作"蘓"。明浮白齋主人《雅謔》有云:"李章赴鄰家小集,主人素吝,既進饌,主前一魚特大於衆客者。章從旁見之,即請於主曰:'每見人寫蘇字,其魚字或在左,或在右,何也?'主曰:'古人作字,不拘一體,從便移易耳。'章即引手取主前魚示衆曰:'從主命,今日左邊之魚,亦合從便移過右邊。'

一座爲之噴飯。"可見"蘇"字作"蕪"爲古時所常見。漢碑中已見"蕪"字。

【稣】△

《切韻》殘葉二思吾反："換，更生。"《箋注本切韻》一模韻："撫，更生。"斯5564號《十恩德》第一懷躭守護恩："説着氣不稣，慈親身重力全无。"

按《王一·模韻》："穌，更生。""稣"即"穌"的偏旁易位字。《説文·禾部》："穌，把取禾若也。从禾，魚聲。"引申爲死而更生義。然古書"穌"字義皆假"蘇"爲之（"蘇"本義爲"桂荏"，草名）。《集韻·模韻》："死而更生曰穌。通作蘇。俗作甦，非是。"可參。

【甦】

《正名要録》"正行者正體，腳注訛俗"類"蕪"下腳注"甦"。《禮記音》："甦，桑租[反]。"斯2614號《大目乾連冥間救母變文》："良久而死，復乃重甦。"

按：《顏氏家訓·雜藝》篇記北朝俗字有"更生爲蘇"，即指"蘇"的會意字"甦"而言。

蘭[17]

【蘭】△

《王二》平聲寒韻："蘭，落干反，香草。從柬，音簡。從東非。"伯2006號《金剛般若波羅蜜經》："以須菩提實无所行，而名須菩提是樂阿蘭那行。"

按：俗書"柬""曾""黑"等字方框中的點筆和撇筆往往連書作一橫畫，故"蘭"字俗書或從"東"作"蘭"。漢碑中已經見從東的"蘭"字。《字鑑》卷一寒韻："蘭，俗從東西字作蘭，誤。"可以比觀。

羽 部

羽

【⺘】*

斯5645號《小乘録》:"即使⺘林中郎[將]秦景、博士王遵等十六人,往天竺國而迎佛教。"斯5437號《漢將王陵變》:"項⺘領兵至北面,不那南邊有灌嬰。"

按《隸辨》卷六偏旁"羽"字下云:"字在上者作⺘。"《字鑑》卷三麌韻:"羽,偏旁作⺘誤。"《正名要録》"習"作"習",《佛經難字及韻字抄》載"翼""熪(嫪)"等字,《王一》載"尋"(去聲霽韻)、"翼""翼"(入聲狎韻)等字,"羽"旁(在字上部者)俗書亦或作"⺘"形。漢碑中已見"翟""習(習)""翬""翼"等寫法,蓋隸變使然。

翏[5]

【累】△*

《王一》去聲宥韻力救反:"累,高飛。又力要反。正作翏。"伯2583號《二月廿日弟子王氏布施疏》:"净心齋施累(翏—膠?)卅兩,與靈修寺。"

按:"羽"旁俗作"⺘",而"㐱"旁俗作"介",於是"翏"便寫作了"累"。俗書"翏"旁亦或作"累"。如《王一・宥韻》載"廖""僇""戮"等字,平聲尤韻載"勠""摎""嘐""憀""蟉"等字;《箋注本切韻》五去聲幼韻載"謬"字;《五代本切韻》一平聲肴韻載"轇""膠""嘐"等字,"翏"旁原卷皆作"累"形,是其例。

【累】△*

"翏"旁的俗寫。《正名要録》載"瘳""寥"等字,《佛經難字及韻字抄》載

"𦏰"字,《禮記音》載"𢈪"(廖—瘳。所音經文爲《祭義》"夫子之足瘳矣"句)字,"䂋"皆爲"翏"旁的俗寫。

按《龍龕·羽部》:"翏,正;䂋,今。""䂋"當是"䂋"的變體。

翸[12]

【翸】△

《王一》去聲霽韻胡桂反:"翸,羽翩。亦作翸。"

按:掃描字區別不太明顯,前者當是"翸",後者當是"翸","翸"即"翸"的異寫。參看"惠"字條。

糸 部

糸

【纟】＊

"糸"旁的俗寫。《毛詩音》二載"䊸(純)""續""綠"字,即其例。斯 2073 號《廬山遠公話》:"万法既立�经(經)名,衆聖因兹成道。"亦其例。

按《字鑑》卷五錫韻:"糸,偏旁俗作糹。""糸"作"糹"爲隸書之變,而"纟"又爲"糹"之俗省。六朝碑刻中"糸"旁已多簡省作"纟"。

糾²

【糺】◎

《箋注本切韻》四上聲黝韻:"糺,居黝反,《説文》作糾,繩三合。"斯 1441 號《勵忠節鈔·善政部》:"孔翊爲洛陽令,……糺弼貴戚,無所迴避。"

按可洪《音義》第拾壹册《大莊嚴論經》第六卷音義:"刹舉,上居黝反,正作糺。"此字《説文》篆文作"𰎑",隸定通常作"糾",而"糺""刹"皆爲其隸變之異。《復古編》卷上:"糾,別作糺,非。"《集韻·黝韻》:"糾,或作糺。"《隋諸葛子恒造像》"糾"作"紃",又爲"糺"的贅撇字。

【刹】◎

書證見上。俄敦 3877 號《大莊嚴論經難字》載"刹"字。

按《龍龕·刀部》:"刹,姜西反,出罪也。"又同書糸部:"刹糺:經西反,一舉也,繩三合也。二同。"(《漢語大字典》據《龍龕》收"紃"字,與原書字形不合)"刹""糺"實皆爲"糾"的俗字。參上條。

【紃】◎

《王二·黝韻》:"紃,居黝反,一告。"

按：“糾”字或作“糺”“糺”（伯 2386 號《太上洞玄靈寶妙經衆篇序章》：“撿慢糺非，不得輕宣。”其中的掃描字即“糾”俗寫），與“糺”爲一字之變。參看“赳”字條。

索⁴

【䌈】△

《禮記音》：“䌈，蘇洛[反]。”《文選音》：“䌈，所革[反]。”伯 3666 號《燕子賦》：“燕子不分，以理從䌈。”

按：上揭《禮記音》所音爲《雜記下》鄭注“蜡也者索也”句，《文選音》所音爲《聖主得賢臣頌》“索人求士者”句，“䌈”皆即“索”的俗字。《干禄字書》：“䌈索：上俗下正。”《魏趙阿歡造像》已見“䌈”字。

純⁴

【純】◎

《箋注本切韻》一上聲軫韻之尹反：“純，緣。”《正名要録》“本音雖同，字義各別例”：“純，美；淳，漬。”上博 48 號《十二時》：“足軒車，多宅舍，蘭室屏幃純繡畫。”

按《龍龕·糸部》：“綧，或作；純，今：常輪反，孝篤至美也，又好也，文也，大也。”“純”亦即“純”字。“屯”旁俗書皆或作“毛”，故“純”或作“純”。漢碑中已見“純”字。參看“屯”字條。

紙⁴

【帋】

《箋注本切韻》一上聲紙韻：“紙，與帋同，諸氏反。”《正名要録》“字形雖別，音義是同，古而典者居上，今而要者居下”類：紙帋。斯 2140 號《沙州乞經狀》：“《造塔功德經》一部一卷，二帋。”伯 3697 號《捉季布傳文》：“典倉牒帋而吮筆，便呈字勢似崩雲。”

按：“氏”字或“氏”旁俗書贅點作“氏”，故“紙”“帋”俗書作“紙”“帋”。《干禄字書》：“帋紙：上通下正。”《復古編》卷上：“紙，別作帋，非。”“紙”古本以絲爲原料，即所謂縑帛；後蔡倫造紙，易之以破布、樹皮之屬，故其字改從巾旁。《太平御覽》卷六〇五引王隱《晉書》云："魏太和六年,博士河間張揖上《古今字詁(詁)》,其巾部:紙,今也(世)其字從巾。古之素帛,依書長短,隨事截絹,枚數重沓,即名幡紙,字從系(糸),此形聲也。後和帝元興中中常侍蔡倫以故布擣剉作紙,故字從巾。是其聲雖同,系(糸)、巾爲殊,不得言古紙爲今紙。"("世"字據宋周密《齊東野語》卷十"絹紙"條所引校改)可參。伯2305號《解座文彙抄》："望兒孫,剩燒笨,相共冥間出道理。"則是把"紙""帋"熔爲一爐了。

紲 5

【絏】◎

《王二》入聲薛韻私結(列)反："紲,繫。亦作絏、緤。"

按："絏"爲"紲"避唐諱產生的異體。《玉篇・糸部》有"絏"字,當爲唐宋人所廣益。

【緤】◎

書證見上。

按："紲"字《說文》或體作"緤","緤"即"緤"避唐諱產生的異體。《龍龕・糸部》："紲、緤、絏、緤,私列反,繫也。"當皆即"紲"或"緤"字別構。

紇 5

【袂】◎

《王一》入聲屑韻(《王二》古穴反小韻)："紇,縷一條。亦作袂。"

按："袂""紇"《說文》字別。以"紇"或體作"缺"、亦作"袂"考之,則"紇"亦自可作"袂"。

綎 6

【鞓】◎

《箋注本切韻》一平聲青韻："綎,絲綬帶綎。亦作鞓。"

按《復古編》卷上："綎,別作鞓、鞓,並非。""綎"即"綎"俗寫(參看"廷"字條),而"鞓(鞓)""鞓"皆爲"綎"的後起形聲字。

經⁷

【经】△

《正名要錄》"正行者楷,腳注稍訛"類"經"下腳注"経"。伯 2603 號《讚普滿偈》："造立経今二百秋,細尋碑記見因由。"

按:"経"爲"經"手寫之變。漢碑中"經"或寫作"経"形,可以比勘。

【経】◎

書證見上。斯 2204 號《太子讚》："太子初學道,曾作忍辱賢,五百外道廣遮闌,修道経幾年?"又云:"姨母收養経七年,六藝有三端。"

按《九經字樣·糸部》:"經,作経者訛。"漢隸"巠"旁已多作"亚"形,蓋隸書之變。"经"亦已多見於漢碑。參看《隸辨》卷二青韻。

綱⁸

【綱】△

《楞嚴經音義》一:"綆紐:上音綱,一紀;下女久反。"伯 4660 號《故釋法律大德凝公邈真讚》:"空門碩德,法海紀綱。"

按:俗書"山""止"不分,故"綱"俗書作"綱"。

【綎】△

書證見上。又《正名要錄》"字形雖别,音義是同,古而典者居上,今而要者居下"類:綱綎。斯 462 號《大唐中興三藏聖教序》:"崇聖教之綎紀,啓含生之耳目。"

按:慧琳《音義》卷八一《南海寄歸内法傳》第三卷音義:"綱,傳文作綎,俗字。""綱"作"綎"爲隸書之變,而"綎"又爲"綎"字俗譌(參看"岡"字條)。《龍龕·糸部》:"綎,正;綱,今。""綎"又爲"綎"的譌字,行均以爲"正",謬。《復古編》卷上:"岡,隸作岡;别作崗、罡,非。"可參。

緙⁹

【緙】◎

《五代本切韻》五入聲麥韻:"緙,紩。又作鞢。"

按:"革"字俗作"草",故"緙""鞢"即"緙""鞢"的俗書。《玉篇·糸部》:

"緙,輕革切,紩也,織緯也。"同書巾部:"幏,五伯切,又音客,紩也。亦作緙。"從糸從巾義近,故"緙"字又作"幏"。緙是一種絲織工藝,其成品稱爲"緙絲"。《漢語大字典》"幏""緙"字際關係不明,又據《玉篇》"紩"的訓解而釋"幏"爲"縫補",大謬。

緝⁹

【絹】◎

《箋注本切韻》一入聲緝韻:"絹,績。七入反。"《文選音》:"絹,七入[反]。"斯2056號《捉季布傳文》:"母解絹麻居村墅,父能牧放住鄉村。"

按《干祿字書》:"絹緝:上俗下正。"《漢逢盛碑》:"學有絹熙。"《隸辨》卷五注:"《説文》緝從咠,碑變作𦘼。他碑𦗟亦作𦘼,咠與𦘼相混無別。"俗書"咠"旁"𦗟"旁皆可作"𦘼",參看"𦗟"和"咠"條。《俗務要名林》(斯617號)女工部:"絹,績之別名,雌入反。""絹"又爲"絹"的變體。

緻¹⁰

【緻】◎

《王一》去聲至韻:"緻,直利反,密。通俗作緻。"

按:"緻"字《説文》從"致"聲,"致"字右旁本從"夂",俗書譌從"夊"而寫作"致"(詳"致"條),故"緻"字俗亦或作"緻"。《龍龕‧糸部》:"緻,俗;緻,通;緻,正:直利反,密一也。"行均以"緻"爲正字,大約是相對於"緻""緻"而言的。其實這個"正"字是"緻"這個俗字進一步譌變的產物,當然算不上真正的正字。

縐¹⁰

【絇】△

《王二》去聲宥韻側救反:"絇,蹙。亦作𦇧。"《毛詩音》二:"絇,側救[反]。"

按:上揭《毛詩音》所音爲《鄘風‧君子偕老》"蒙彼縐絺"句,"絇"即"縐"的簡省俗字(省去右側的一個"勹"旁,合二"中"爲一"出"字)。

【絀】△

書證見上。

按:"芻"旁俗或作"밁",又省作"丒"(詳"芻"字條),故"綯"俗或作"絚"。《玉篇・糸部》:絚,同"綯",俗。"絚"當是"絚"的傳刻之變。《漢語大字典》據《玉篇》載"絚"字(據第二版,第一版作"絚"),字形有出入。斯705號《開蒙要訓》:"緊綯針縷。"此為作"絚"者,可參。

縷[11]

【縷】△

《箋注本切韻》一上聲麌韻:"縷,一絲。力主反。"《王二・麌韻》:"縷,力主反,正作縷,絲一。"上條引斯705號《開蒙要訓》"針縷"之"縷"原卷作"縷"。

按:"婁"旁俗作"妻",故"縷"字右旁從之。參看"婁"字條。

總[11]

【緫】△

《箋注本切韻》一上聲董韻作孔反:"緫,聚束。"

按:"囪"旁隸變或作"冊",故"總"字或書作"緫"。參看"囪"字條。

【㧡】△

《箋注本切韻》一上聲董韻:"㧡,作孔反。"

按《集韻・董韻》:"總,祖動切,《說文》:聚束也。一曰:皆也。或從手(作㧡)。古作緫、㧡。""㧡"爲"總"的後起換旁字;"總"或作"緫",相應"㧡"亦寫作"㧡"。

【㧡】△

《楚辭音》:"㧡,子孔反,一結也。"

按:上例所音爲《離騷》"總余轡乎扶桑"句,"㧡"即"總"字。《齊高肪墓誌》"總"字作"㧡",《龍龕・手部》以"㧡"爲"揔(揔)""捻"俗字,皆可參。可洪《音義》第陸冊《順權方便經》下卷音義:"㧡持,上則孔反,普也,皆也。正作揔也。"《復古編》卷上:"總,別作揔、揔、惣,並非。"斯5478號《文心雕龍・宗經弟三》:"銘誅箴祝,則《禮》㧡其端。""㧡""揔"一字之變,其右上部應皆爲"囪"字篆文"囪"隸書的變體。

【緫】△

《楚辭音》:"緫₌:子孔反。"

按：上例所音爲《離騷》"紛總總其離合兮"句。斯 5778 號《致兄書》："炫、沼、茸、暎、鄴、**總**、聯、驪已上八字在何聲内，惣捉不得。"《字鑑》卷三董韻："總，俗作総、揔。""**揔**""総"一字之變。參上條。

【総】◎

《毛詩音》二："総，祖工[反]。"《王二·董韻》作孔反："総，聚束。"斯 5478 號《文心雕龍·樂府弟七》："雖戎喪殊事，総入樂府。"

按："恖"旁是由"怱"旁演變而來的（詳"恖"字條），故"総""總"一字之異。《龍龕·糸部》："総，作孔反，聚束。""総"亦即"總"字。

【揔】◎

《王二·董韻》："揔，作孔反，率。俗作捴。"斯 2659 號《大唐西域記》卷一："（窣利人）齊髮露頂，或揔翦剃。"

按《集韻·董韻》："總，俗作揔，非是。"《玉篇·手部》：揔，俗"揔"字。慧琳《音義》卷七八《經律異相》第十卷音義："揔，宗董反，《廣雅》結也，衆也；《説文》聚束也，從手，怱（怱）聲。經作揔，俗字也。"可洪《音義》第壹册《大般若經》第四帙音義："若捴，則孔反，合也，普也，皆也，并結也，古文作惣（揔），《字樣》作総。""揔"不見於《説文》，"揔""捴"實皆爲"總"的俗字。《龍龕·手部》："掫，俗；揔，古；捴，今：音惣，普也，皆也，合也，衆也。""掫""揔""捴""惣"實亦皆"總"的俗字。《宋元以來俗字譜》載清刻《目連記》"總"字作"捴"，又爲"揔"字俗變。

又按：《王二》"揔"（俗作"捴"）字釋"率"，而"総"字釋"聚束"，前揭《箋注本切韻》一亦"総""揔"分立，蓋皆以從手從糸爲不同的字。《玉篇·糸部》載"總"字，手部載"揔"字，釋義有别，蓋亦以爲不同的字。實所不然。宋王明清《揮塵後録》卷二云："治平初，詔改諸路馬步軍部署爲總管，避厚陵名也。考之前史，總字皆從手，合作揔字，非從絲無疑。出於一時稽考不審，沿襲至今，不可更矣。"王氏謂總管之"總"合作"揔"，而以從糸作"總"爲非，更非探本之論。錢大昕《十駕齋養新録》卷三以《唐石經》"總"作"揔"爲俗體字；李調元《卍齋璅録》卷五以"揔""捴""惣"等爲"總"字或作俗體，皆是也。

【綜】◎

《正名要録》"字形雖别，音義是同，古而典者居上，今而要者居下"類：総綜。

按："総（總）""綜"字别，但二字音義均近。

【鬆】◎

《王二》上聲董韻作孔反:"鬆,一角。亦作髮。"

按《廣韻·董韻》:"鬆,鬆角。本亦作總。""鬆""髮"實皆爲"總(總)"的後起分化俗字。

【髮】△

書證見上。

按《集韻·董韻》:"鬆,或作髮。""髮"又爲"髮"字俗省。

繰[11]

【繰】△

《王一》平聲豪韻蘇遭反:"繰,絡繭取絲。又七聊反,深色紺。□☒銜反,旗□皃。正作繰。"伯2578號《開蒙要訓》:"繰絲撫璽。"後例掃描字原卷旁注直音"早"。

按《説文·糸部》:"繰,繹繭爲絲也。从糸,巢聲。"又云:"繰,帛如紺色,或曰深繒(朱駿聲《説文通訓定聲》:"深繒當作深紺。")。从糸,喿聲。"又云:"縿,旌旗之斿也。从糸,參聲。""參"旁俗書作"朵",上揭《王一》"旗□皃"的"繰"即《説文》"縿"的俗字;"喿"旁俗書或與"參"旁相亂,上揭《王一》"深色紺"的"繰"即《説文》"繰"的俗字;"繰"字或改易聲旁作"繰"(與《説文》"帛如紺色"的"繰"爲同形字),而"喿"旁俗書又變作"參","參"又寫作"朵",故上揭《王一》"絡繭取絲"的"繰"又爲"繰"的俗字。"繰"字一身而兼三職:分別爲"縿""繰""繰"的俗字。《王一》泛云"正作繰",實非切當。《龍龕·糸部》:"繰繰,二通;縿繰,二今:蘇刀反,絡繭取絲也。又色紺也。又所銜反,旗垂貌,又降帛也。"這也是把"繰""縿""繰"三字混而爲一了。《康熙字典·糸部》:"繰,按《類篇》繰或从喿作繰。俗从喿字,或變作參,亦作朵。此復誤作朵,非是。""繰"又爲"繰"的增筆俗字。

縿[11]

【縿】△

説見"繰"字條。

繞 12

【遶】◎

《正名要録》"字形雖別,音義是同,古而典者居上,今而要者居下"類:繞遶。

按《干禄字書》:"遶繞:上通下正。""遶"爲"繞"的後起換旁字。

繐 12

【繐】◎

《王一》去聲祭韻相芮反:"繐,疏布。又似歲反。亦作繐、繐。"

按《説文・糸部》:"繐,細疏布也。从糸,惠聲。"又云:"繐,蜀細布。从糸,彗聲。"二字音義均近。玄應《音義》卷八《虛空孕經》上卷音義:"繐,又作繐、繐二形,同,思叡反,《説文》:蜀白細布也。凡布細而疏者謂之繐。"(泉按:"又作繐、繐"《叢書集成初編》本作"又作繐、繐",有誤,茲從《高麗藏》本)可參。

【繐】◎

書證見上。

按:"慧""惠"同音,"繐"既可説是"繐"的改易聲旁字,也可説是"繐"的後起繁化字("慧"從"彗"聲)。《龍龕・糸部》:"繐,音歲,布細而疏者皆曰一。"此承《説文》"繐"字之義。《類篇・糸部》:"繐,蜀細布。"此承《説文》"繐"字之義。《漢語大字典》"繐"與"繐""繐"的字際關係不明。

繩 13

【繩】△

《王一》平聲蒸韻:"□,□☒反。索。☒(通)俗作繩。"伯 4010 號《李端公諱明振墓誌銘》:"猗歟哲人,世嗣羣官;珪繩于佩,嚴而不殘。"

按《干禄字書》:"繩繩:上通下正。"《龍龕・糸部》:繩繩,二俗;繩,正。"《廣韻・蒸韻》:"繩,俗作繩。"伯 4638 號《陰處士碑》:"深基禮迹,爲後代之孫;切示筌繩,富將來之嫡。"伯 3478 號《福嵒布施疏》:"今又施……方食床一張,繩床一。"斯 5471 號《千字文注》"始制文字"句下注:"上古之時刻木結繩。"漢碑中已見"繩""繩"等寫法。"黽"旁俗書皆可作"黽""黽""黽"等形,參看"黽"

字條。

纂[13]

【緑】△

説詳上文"繰"字條。

纂[14]

【纂】◎

《王一》上聲旱韻："纂,作管反,集。纂,一組。亦作繬。"伯 2388 號《太上妙法本相經》卷二三："空无不滿,德量充纂。"

按：纂組爲"纂"之本義,纂集乃其引申義,"纂"即"纂"之俗字,"纂""纂"非二字二義。慧琳《音義》卷八三《大唐三藏玄奘法師本傳》第七卷音義："纂,或從艸也。"《廣韻·緩韻》："纂,纂組。本亦作纂。"希麟《續音義》卷七《仁王般若波羅蜜念誦儀軌》音義："纂,經文從莫作纂,不成字也。""纂"又爲"纂"的變體。

【繬】△

書證見上。

按《玉篇·糸部》：繬,同"纂"。"繬"即"繬"的偏旁易位字。《高麗藏》本玄應《音義》卷十一《增一阿含經》第四十八卷音義："纂,古文繬同。"(《叢書集成初編》本"繬"作"儶",誤)

繼[14]

【継】

《正名要録》"正行者楷,腳注稍訛"類"繼"下腳注"継"。《王二》去聲霽韻古詣反："繼,紹一。俗作継。"《楞嚴經音義》一："継,音汁(計)。"伯 2133 號《金剛般若波羅蜜經講經文》："継絆網羅不用入,無明顛倒莫教侵。"

按《玉篇·糸部》：継,同"繼",俗。《干祿字書》："継繼：上通下正。"慧琳《音義》卷三七《菩提莊嚴陀羅尼經》音義："繼,經文從迷作継,俗字也,無來處,草書誤也。"《龍龕·糸部》："継,俗；繼,正。"宋王觀國《學林》卷十"參"字條下云："草書㡭爲迷,故斷字改爲断,繼字改爲継。"《魏元維墓誌》已見"継"字。

纏15

【纆】△

《王一》平聲仙韻:"纆,直連反,繞。通俗作纏(纏)。"

按:末字底卷字形不太明晰,似與字頭略同,《王二》作"纏",茲從校。"塵"字俗書作"厘"(詳"塵"字條),故"纏"字右旁從之。《龍龕·糸部》:"纆纆,二今;纏,正。"慧琳《音義》卷一《大般若經》第三十七卷音義:"纏,徹連反……《説文》……從糸、壓(塵)聲也。……經作纆,略也。""纆"大約是由"纏"變"纆"的中間環節。

【纏】

書證見上。又《王二·仙韻》:"纏(纏),通俗作纏。"《楞嚴經音義》一:"纏繞,上音經(纏)。"《字樣》亦載"纏"字。《正名要錄》"本音雖同,字義各別例":"厘,市;纏,束。"斯3016號《心海集·解悟篇》:"五蘊皆空含識盡,遣誰修證出籠纏。"

按:"厘"爲"塵"的俗字,而"纏"則爲"纏"的俗字。"塵"旁俗書皆或作"厘"。《廣韻·仙韻》:纏,俗"纏"字,餘皆做此。即是説"塵"旁俗書皆作"厘"。慧琳《意義》卷五一《寶生論》第五卷音義:"纏,或作纏。""纏""纏"皆爲"纏"的俗字。

繝17

【繝】△

《箋注本切韻》六居厲反:"罽,氈類。按《説文》作繝,西胡毳。"《王一》去聲祭韻:"罽,氈類。亦作繝。"

按《説文·糸部》:"繝,西胡毳布也。从糸,罽聲。""繝"即"繝"字俗省。《龍龕·糸部》:"繝,居例反,氈類也。""繝""繝"一字之變("冈""罒"皆爲"网"之隸變)。《漢語大字典》收"繝"而失載"繝"。

【罽】◎

書證見上。

按:慧琳《音義》卷六六《集異門足論》第八卷音義:"繝,几例反,《字書》正行繝,論文作罽,略也。……《古今正字》云:西戎毛錦也,從糸,罽聲。""繝"古或借用"罶"(《説文》釋"罶"爲魚网),"罰"又爲"罶"字俗省。

纔[17]

【裁】◎

《箋注本切韻》一平聲咍韻昨來反:"纔,僅。或作裁。"

按:《説文·才部》"才"字下王筠句讀:"凡始義,《説文》作才,亦借材、財、裁,今人借纔。"

纜[21]

【纜】◎

《王一》去聲闞韻盧瞰反:"纜,繫舟。亦作纜。"

按:"覽"字俗或作"覧"(詳"覽"字條),故"纜"字右旁俗書從之。《正字通·糸部》:"纜,俗纜字。"

繡[21]

【繡】△

《王一》入聲燭韻之欲反:"繡,綴帶。通俗作繡。"

按《玉篇·糸部》:繡,同"繡"。"屬"字俗或作"属",故"繡"即"繡"的俗寫。《龍龕·糸部》:"繡繡,之欲反,帶也。""繡"又爲"繡"之變。參看"屬"字條。

走 部

走

【赱】△*

《字樣》:"走,正;赱,相通用。"伯 2418 號《父母恩重經講經文》:"不孝父母,赱在他鄉。"

按《干禄字書》:"赱走赱:上中通下正。""赱"爲"走"草書的楷定字,漢簡已見類似字形。"足"字俗或作"㕞"(參看"足"字條),可以比勘。又"走"旁俗書亦或作"赱",如《正名要録》載"赴"字作"赴",《毛詩音》二載"起"字作"起",皆其例。

【夳】*◎

《箋注本切韻》一上聲厚韻載"夳"字,音義殘。《箋注本切韻》四厚韻:"赱,子厚反,《説文》作此夳,從夭,止聲。"斯 78 號《語對·客遊》出"東夳"條。

按:慧琳《音義》卷九十《高僧傳》第七卷音義:"夳,正體走字也。"《五經文字》卷上走部:"走,《説文》從夭從止,今依經典相承作走。""夳""走"皆爲"夳"的隸變字。《龍龕·大部》:"夳夳:今作走。"可參。又《箋注本切韻》一上聲黝韻"赳"字作"赳","走"旁亦寫作"夳"。

赴²

【赴】◎

《王一》去聲遇韻:"赴,撫遇反,奔。亦作仆、赴。"

按:"仆""赴"皆見於《説文》,二字音義均近。"赴"則爲"赴"的後起增旁俗字。《龍龕·辵部》:"赴,音赴。"實即"赴"的俗字。

【赴】△

《正名要録》"字形雖別，音義是同，古而典者居上，今而要者居下"類：訃赴。《王二·遇韻》："赴，亦作趴、走。"伯3438號《王鼎狀》："今則疊勞翰誨，令再赴筵。"

按："走"字俗作"走"，故"赴"俗書作"赴"。

【訃】

書證見上。

按《玉篇·走部》："赴，告也。或作訃。""訃"為"赴"的後起分化字。

赳²

【赳】◎

《箋注本切韻》一上聲黝韻居黝反："赳，武貌。"《毛詩音》二："赳，吉酉[反]。"伯4660號《臨甾左公讚》："趫雄赳＝，詩禮暉暉。"伯2568號《南陽張延綬別傳》："懷挾戎裝，實謂赳＝武夫。"

按《五經文字》卷上走部："赳，從丩；丩，吉由反；觓、收之類皆從丩，作赳訛。"《龍龕·走部》："赳，音糺(糾)，式也。"這個"赳"亦即"赳"的俗字，注文"式也"應是"武也"之譌。《漢校官碑》已見右旁作"刂"的"赳"字。"糾"字俗或作"糺"(參"糾"字條)，可以比勘。

【赳】△

《王二·黝韻》："赳，武貌。作赳。"

按："赳"為"赳"字變體。上揭《王二》"作"前當脫一"亦""或"等字。"糾"字俗或書作"糺"(詳"糾"字條)，是其比。《改併四聲篇海·走部》引《川篇》："赳，武皃。""赳"又為"赳"之變。

趉⁴

【趉】△

《王一》去聲候韻他候反："趉，自投。或作毁(毀)。"

按《王二·候韻》："趉，自投。或作毁。""殳"旁俗寫作"旻"，故"趉"當是"趉(趉)"字寫譌。《王二》"毁"則當是"毁(毀)"字寫譌。《說文·殳部》："毀，䚄擊也。从殳，豆聲。"即"投"字古文。又《說文新附·辵部》："透，跳也，過也。

从辵,秀聲。""赵"當是"殳"或"透"的後起分化字。

越⁵

【越】△

《字樣》:"越,正;越,相承用。"伯 2115 號《五藏論》:"白癩須附越桃。"

按:跨越字《説文》從走、戉聲,故當以作"越"爲典要。漢碑"越"字或從"戊"作"越","越"又爲"越"之增點繁化字。《五經文字》卷上走部:"越,從戉;作越者訛。"《字鑑》卷五月韻:"越,俗作越。"皆可參。

趁⁵

【趂】◎

《切韻》斷片二去聲震韻丑刃反:"趂,逐。"《箋注本切韻》一上聲獼韻:"趂,踐。尼展反。"伯 2633 號《齱齵新婦文》:"已後與兒索婦,大須穩審趂逐,莫取媒人之配。"斯 2073 號《廬山遠公話》:"這遍若不取我指撝,……趂出寺門,不得聞經。"

按《玉篇・走部》:趂,同"趁",俗。《集韻》去聲稕韻:趁,或從尒作"趂"。"參"旁俗書作"尒",手寫時又或變作"尓",故"趁"字俗作"趂",又作"趂"。今人或寫作"趂",又爲"趂"之變。《漢語大字典》據前揭《玉篇》等書所載收"趂"字,非原形。

趉⁵

【趜】◎

《王一》上聲麌韻孚武反:"趉,健。或作趜。"

按:《漢語大字典》"趜"字引《集韻》,書證可提前。

趯⁹

【越】△

《五代本切韻》二平聲皆韻楚皆反:"趯,一趈去。又作越。"

按:"趯""越"分别爲"趯""越"的俗寫。這一用法的"越"字他書未見。考《王二・皆韻》楚皆反小韻下云:"趈,起去。"疑"越"即"趈"字俗譌,而"趯"又爲

"赵"的改易聲旁字。

趨¹⁰

【趈】△

《王一》平聲虞韻:"趨(此字原卷僅存左旁),通俗作趈。"北 8446(昃 41)號《老子道德經》:"飄風不終朝,趈雨不終日。"

按:前例末字彩色照片字形模糊,姜書録作"趈",當是;周書作"趋",似誤。"芻"旁俗書或作"丑""彐"等形,而作"刍"則唐五代前較爲罕見。《魏元悰墓誌》"趨"作"趈",是其比。

【趋】◎

《王二·虞韻》:"趨,七朱反,疾行。俗作趣、趋。"

按《改併四聲篇海·走部》引《搜真玉鏡》:"趋,七須切。"即"趨"俗字。《魏元爽墓誌》"趨"作"趋",可參。

【趍】◎

《禮記音》:"趋,促。"斯 5437 號《漢將王陵變》:"張良聞詔,趍至殿前。"

按《五經文字》卷上走部:"趨,從芻,作多者訛。"慧琳《音義》卷十一《大寶積經》第二卷音義:"趍,取瑜反,……正體從走、從芻(原注:初于反)聲也。經文從多作趍,俗用字也。"《王二·支韻》直知反:"趍,《説文》:趍趙,久。《玉篇》爲趨字,失。後人行之,大謬。不考趍從多音支聲,趨從芻聲。"漢碑中已見寫從"多"的"趨"字。"芻"旁俗書有作"丑"者,"多"蓋即"丑"之譌也。

趨¹³

【忬】◎

《王一》平聲魚韻与魚反:"懙,謹敬貌,趨,安行。亦作忬。"《王二》同。

按《説文·走部》:"趨,安行也。从走,與聲。"同書心部:"懙,趨步懙懙也。从心,與聲。""懙"亦安行之貌。"趨""懙"蓋古異體字。而"忬"則應爲"懙"字異構("与"同"與")。《玉篇·心部》:忬,古文"懙"字。

車　部

軌²

【軌】△

《箋注本切韻》一上聲旨韻："軌,居洧反。"《王一·旨韻》："軌,居洧反,法。從古文𠥉(朹)音軌省,非從几。"《楞嚴經音義》一："軌,法,居水反。"伯2153號《唯識二十論序》："唯識二十論者,晣妙趣實之格言,濟玄匠機之至軌也。"

按《干禄字書》："軌軌:上通下正。"《龍龕·車部》："軌,《說文》《字樣》皆從九。"慧琳《音義》卷七二《阿毗達磨顯宗論》第三十七卷音義："軌,論文作軌,俗字。""軌"又爲"軌"的變體。

輭⁴

【輭】◎

《箋注本切韻》一上聲獮韻："輭,柔。俗作軟。而充反。"《箋注本切韻》四獮韻："輭,俗作軟也。"斯5692號《山僧歌》："山中軟草以爲衣,齋餐松柏隨時飽。"

按:軟弱字《說文》作"偄",古書亦假"耎""輀"(字亦作"輭")等字爲之。"輭"爲"偄"的後起換旁字,而"軟"則爲"輀"的譌變俗體。《玉篇·車部》："輭,而充切,柔也。軟,俗。"慧琳《音義》卷四六《大智度論》第十六卷音義："軟,諸書作耎,同,而充反。"《原本玉篇殘卷·車部》："輀,柔充反,《說文》:輀,轢也。野王案:今亦以爲柔㲽之㲽。《漢書》'軟弱不勝任'爲此字。"《字彙·車部》："輀,與輭同。楊用脩曰:俗作軟,从欠,蓋㲽字之誤。"參看《說文·人部》"偄"字下段玉裁注。

軫[5]

【軔】△

《王二》上聲軫韻："軫,之忍反,憂慮,俗作軔。"《春秋後語音》："軔,之忍反。"斯1137號《發願文》："故能傾心軔慮,大闡法延(筵)。"

按："㐱"旁俗書皆可作"尔",故"軫"俗字作"軔"。《玉篇·車部》："軫,俗作軔。"《廣韻·軫韻》："軫,俗从尔,餘同。"《龍龕·車部》："軔,通;軫,正。""軫"俗字宋以後多寫作"軔",又爲"軔"字之變。《漢語大字典》引《廣韻》等書,"軔"右旁俱臆改作"尔",非原形。

輀[6]

【轜】◎

《箋注本切韻》一平聲之韻如之反："轜,車。"《箋注本切韻》二之韻："轜,車。《説文》作此輀。"斯1040號《書儀新鏡·啓柩祭文》："龍轜啓行,出於某方。"

按《説文·車部》："輀,喪車也。从車,而聲。"段玉裁改篆文作"轜",釋作"从車、重而,而亦聲",注云："各本篆作輀,解作从車、而聲,今更正。《文選注》《玉篇》《廣韵》《龍龕手鑑》皆作轜。从重而者,蓋喪車多飾,如《喪大記》所載,致爲鯀緇,而者須也,多飾如須之下垂,故从重而,亦以而爲聲也。"今考慧琳《音義》卷一百《法顯傳》音義云："輀,《説文》:喪車也,從車,而聲。傳作轜,俗用非也。"上揭《箋注本切韻》二亦云《説文》作"輀",與慧琳所引合,是唐人所見《説文》俱作"輀"字,而以"轜"爲俗字。《正字通·車部》："轜,同輀,俗加而。"即據此而言。蓋唐代前後俗字"轜"通行,故上揭《箋注本切韻》一載"轜"而不載"輀",今本《玉篇》《廣韻》亦俱以"轜"爲標領字,而云"輀"同"轜"。至遼釋行均作《龍龕》,爲通行俗體所惑,乃云："輀,俗通;轜,正。"這種目通行用字爲"正"字,而以古本字爲"俗"字的情況在《龍龕》中是常有的事(參看本书上編第十章《研究敦煌俗字的重要參考書——〈龍龕手鏡〉》)。故《龍龕》云云,自亦不能用作《説文》本作"轜"的證據。段玉裁輕改篆文爲"轜",實在過於武斷。

【轋】◎

《王一·之韻》："轋,柩車。亦作輀。"

按："需"字俗作"𦂁"(詳"需"字條),由"𦂁"回改,則"轜"俗又作"轋"。《集韻·之韻》：“輀，或作轜、輭。”

輒[7]

【軝】△

《字樣》：“軝，字從取，=，耳垂也。”《箋注本切韻》一入聲葉韻：“軝，專。陟葉反。”伯2140號《佛説梵摩渝經》：“或宿或歸，軝與僧俱。”

按：《字樣》注中的“取”爲“耴”的俗字（參“耴”字條），而“軝”則爲“輒”的俗字。漢碑中已見寫作“軝”的“輒”字。又“取”字俗書亦多寫作“耴”（參看“取”字條），故由“耴”旁回改，“軝”俗又有譌變作“軓”的。《干禄字書》：“軓軝：上通下正。”“軓”即“軝”的變體。

輤[8]

【箐】◎

《王一》去聲霰韻倉見反：“輤，載柩車。亦作箐。”

按《玉篇·竹部》：“箐，七見切，棺車上覆也。”《廣韻·霰韻》“輤”字釋爲“載柩車蓋”，與“箐”字義合。“箐”“輤”蓋古異體字。《漢語大字典》“箐”“輤”字際關係不明。

輩[8]

【軰】◎

《王二》去聲隊韻補配反：“輩，俗作軰。”伯323號《永安寺法律願慶與老宿紹建相諍根由責勘狀》：“隨今時昏駭之徒，逐後生狷強之軰。”

按《干禄字書》：“軰輩：上通下正。”《五經文字》卷下車部則云：“輩，從非，作軰訛。”慧琳《音義》卷二《大般若經》第九十九卷音義亦云：“輩，正從非從車，俗從比（北）作軰。”同書卷五三《起世因本經》第一卷音義：“輩，經文從北作軰，俗字非正也。”據《説文》，儕輩字當以從非聲作“輩”爲典正。大約唐代前後通行從北聲的“軰”字（北、輩《廣韻》皆有補妹切一音，而“非”“軰”中古音聲韻調皆有區別），故顔元孫等人據當時通行用字以“輩”爲正字（《龍龕·車部》“軰”“輩”並列，不分正俗）。張參等人以《説文》爲根據，故仍以“輩”爲正字。段玉裁謂“輩”字俗從北“非聲也”（《説文》“輩”字下注），同樣是因爲拘守於《説文》。

輝[8]

【輝】◎

《箋注本切韻》一平聲微韻：“輝，許歸反。暉，日色。”《箋注本切韻》二微韻：“輝，許歸反，光。亦作煇、暉。”《王一》《王二》皆與後書同。伯3128號《望江南》詞：“新恩降，草木總光辉。”“辉”字伯3911號作“暉”。

按：“煇”“暉”皆見於《説文》，音義俱同（皆訓“光也”），蓋古異體字，“輝”則爲其後起換旁字。《干禄字書》：“輝暉：上通下正。”《復古編》卷上：“煇，光也，从火、軍。別作輝，非。”“暉”的“日色”義乃“光”義之引申，前揭《箋注本切韻》一乃分“輝”“暉”爲二，那是不準確的。

輞[8]

【輞】◎

《王一》上聲養韻文兩反：“輞，車輞。亦作枊。”《王二·養韻》：“輞，車一，亦作枊。”《俗務要名林》（斯617號）車部：“輞，音㒺。”後例“輞”字伯2609號作“輞”。

按：“㒺”字初文作“网”，古文或寫作“冈”“㒺”“𦉪”等形（詳“网”字條），故“輞”字亦或寫作“輞”“輞”“輞”等形。慧琳《音義》卷三三《無上依經》下卷音義：“輞，《古今正字》……從車、㒺聲也。”《龍龕·車部》：“輞，音㒺，車一也。與枊同。”“㒺”即“网”字，而“輞”則即“輞”字。希麟《續音義》卷六《大寶廣博樓閣善住祕蜜陀羅尼經》卷中音義謂“輞”字從車、㒺省聲，不確。《字彙·車部》謂“輞”字“見《釋藏》”，亦不準確。

【枊】△

書證見上。

按《玉篇·木部》：“枊，無兩切，車枊，與輞同。”“枊”即“㭃”字俗寫。前引《王一》作“枊”，《龍龕》作“枊”，皆爲一字之變。

輶[8]

【輶】△

《正名要錄》“正行者楷，腳注稍訛”類“輶”下腳注“輶”。

按："輺""輻"當皆是"輻"的俗字。參下文。

【輻】△

書證見上。伯2429號《太上妙法本相經》卷五："敬而順之，不離輻重。"

按："甾"旁俗書或作"齒"形（參看"淄"字條），故"輻"字右旁從之。《龍龕·車部》載"輻"俗作"輺"，可參。

輿 10

【舉】△

《正名要錄》"字形雖別，音義是同，古而典者居上，今而要者居下"類：舉輿。

按：慧琳《音義》卷十六《得無垢女經》音義："輿，《說文》從車、舁聲。經作舉，通俗。"同書卷八十《大唐內典錄》第五卷音義載"輿"俗字作"舉"，可參。郎知本以"舉"為"古而典者"，恐不妥。

轄 10

【轄】△

《正名要錄》"字形雖別，音義是同，古而典者居上，今而要者居下"類：鎋轄。

按："害"字俗或作"害"，故"轄"即"轄"的俗字。慧琳《音義》卷十七《大方等大集經》第十五卷玄應音義："轄，又作鎋，同。""轄"亦"轄"的俗字（通行本玄應《音義》卷一即作"轄"字）。伯2564號《晏子賦》："三寸車轄製（制）車輪，得長何益，得短何嫌？"此亦作"轄"者。參看"害"字條。

【鎋】△

書證見上。

按："轄"或體作"鎋"，"鎋"又為"鎋"的俗字。

轉 11

【轉】△

《箋注本切韻》四上聲獮韻："轉，陟兗反，按《說文》作轉。"伯3211號《王梵志詩集·愚人癡涳涳》："昏昏消好日，頑皮不轉動。"

按："專"字俗書作"專"，故"轉"字俗或作"轉"。漢碑中已見"轉"字。

轍[12]

【轍】△

《字樣》載"轍"字。《正名要錄》"本音雖同,字義各別例":"徹,通;撤,發;轍,車。"斯 4478 號《付法藏因緣傳》:"自是真乘啓轍,惠舸通津。"

按:"育"旁古字亦或作"肓"形(參看"徹"字條),故"轍"即"轍"字。《龍龕·車部》:"轍,直列反,車一。""轍"亦即"轍"字。

轛[14]

【樹】◎

《王二》去聲隊韻都佩反:"轛,或作樹。"

按《玉篇·木部》:"樹,都潰切,車箱。亦作轛。""樹"蓋即"轛"的後起換旁字。《漢語大字典》"樹""轛"字際關係不明。

轢[15]

【輊】△

《正名要錄》"字形雖別,音義是同,古而典者居上,今而要者居下"類:轢 輊。

按《集韻》入聲錫韻狼狄切:"轢,或作輊。""輊"即"轢"字俗書。

轡[15]

【轡】△

《正名要錄》"字形雖別,音義是同,古而典者居上,今而要者居下"類:紕 轡。伯 3409 號《行路難》之八:"身騎精進[馬],忍辱作鞍轡。"

按:慧琳《音義》卷五三《起世因本經》第二卷音義:"轡,經文從亡作轡,俗用非正體。""轡"又爲"轡"字俗省。《魏元孟輝墓誌》"轡"字作"轡",《隋宋仲墓誌》作"轡",皆其比。《干祿字書》:"轡轡:上俗下正。"可參。

【紕】◎

書證見上。又《王一》入聲質韻毗必反:"紕,車束。俗用爲轡字。"伯 2290 號《如來臨涅槃説教戒經》:"亦如惡馬,不以紕制,將當牽人墜於坑埳。"

按：“⿰革必”字《説文》釋“車束”，俗又用同“轡”。《集韻・至韻》兵媚切：“轡，或作⿰革必。”北 8722(李 39)號《藏經音義隨函録・大莊嚴論音義》：“⿰車必⿰車力(勒)，上兵媚反，馬一也。正作⿱䜌口(轡)，或作⿰革毖也。又毗必反，車革也。非。”“⿰車必”亦即“⿰革必”字，可參。

豆 部

豎[8]

【竖】◎

《字樣》:"豎竪,同。"《正名要録》"正行者正體,脚注訛俗"類"豎"下脚注"竪"。《王二》上聲麌韻:"竪,殊主反,立。正作豎。"斯 4505 號《結壇散食文》:"十信冥懷,廣竖三堅之會。"

按《干禄字書》:"竪豎:上通下正。"慧琳《音義》卷二十《寶星經》第五卷音義:"豎,殊乳反,顧野王云:豎,正從豆也。……經本從立作竪,俗也。""豎"字《説文》從臤、豆聲,俗字作"竪",便成了從臤從立的會意字。"竖"又爲"竪"的簡俗字。

䜴[8]

【㔽】△

《王一》上聲隱韻居隱反:"䜴,瓢,酒器,婚禮所用。陸訓㔽敬字爲䜴瓢字,俗行大失。"

按《説文·己部》:"巹,謹身有所承也。从己、丞。"《集韻·隱韻》:"巹,或作㔽。""㔽""㔽"皆爲"巹"字俗寫。"巹"用同"䜴",蓋同音借用。

豐[11]

【豊】

《王二》平聲東韻:"豊,敷隆反,多。正作豐。"伯 2747 號《捉季布傳文》:"公是徐州豊縣人。"

按《玉篇·豐部》："豐，俗作豊。"慧琳《音義》卷二九《金光明最勝王經》第五卷音義："豐，敷風反，正體字也。……經文從曲作豐，俗字也。"《易·豐卦》釋文："豐，芳忠反，《字林》匹忠反，依字作豐。今並三直，猶是變體。若曲下作豆，禮字耳，非也。世人亂之久矣。"漢碑"豐"已多作"豊"。又上揭《王二·東韻》載"鄷""灃"等字，"豐"旁亦皆寫作"豊"。

豔[21]

【豔】◎

《正名要録》"字形雖别，音義是同，古而典者居上，今而要者居下"類：豔艷。《王一》去聲韻目五十："豔，以贍反。"

按：美豔字《説文》從豐、盍聲作"豔"，隸變作"豔"（參"蓋"字條）。"豐"旁俗作"豊"，故"豔"俗又作"豔"。慧琳《音義》卷十五《大寶積經》第一百九卷音義："艷，閻漸反，俗字也。……正體從盍作豔。經文從色作艷，俗用非正字。……《説文》盍字從大從血，今俗用通從去從皿，失之遠矣。"同書卷十八《十輪經》第三卷音義："豔，經文從去作豔，俗字。"隸變後"豔"字通行，故《干禄字書》徑以"豔"爲正字。《漢祝睦後碑》已見"豔"字。

【艷】

書證見上。又《箋注本切韻》六去聲韻目五十："艷，以贍[反]。"《王一·豔韻》："□，以贍反，美色。亦作艷。"《大般涅槃經音》一"艷"字腳注音"炎"。《佛經難字及韻字抄》載"艷"字。伯2838號《傾杯樂》詞："觀艷質語載（軟？）言輕。"

按《玉篇·豐部》：艷，俗"豔"字。《干禄字書》："艷豔：上通下正。"《集韻·豔韻》："豔，隸作艷。""艷"字從豐、色，當爲"豔"的會意俗字，"艷""艶"則又爲"艷"字俗寫。

酉 部

醫[11]

【毉】◎

《王二》平聲之韻:"毉,於其反,俗通醫。"伯 3608 號《唐律》:"諸合御藥,誤不如本方,及封題誤者,毉絞。"

按《五經文字》卷上酉部:"醫,從巫俗。"慧琳《音義》卷一《大般若經》第四十九卷音義:"醫,經文作毉,俗用,亦通。"《説文·酉部》"醫"字下云:"古者巫彭初作醫。"蓋醫之先爲巫,巫亦即醫,故醫字或從巫作毉。

【醫】△

《正名要録》"字形雖别,音義是同,古而典者居上,今而要者居下"類:醫醫。斯 202 號《傷寒論辨脈法》:"寸口脈浮大,醫反下之,此爲大逆。"

按《干禄字書》:"醫醫醫:上俗中通下正。"慧琳《音義》卷四五《浄業障經》音義:"醫,經作醫,俗字。"《魏温泉頌》已見"醫"字。

【毉】△

書證見上。斯 107 號《太上洞玄靈寶昇玄内教經》:"至病急時,迎毉買藥。"

按:"醫"或作"毉","醫"爲"醫"之俗,"毉"則爲"毉"之俗。《隋王世琛墓誌》"醫"作"毉",可參。

醦[11]

【醦】△

《王一》上聲寑韻初朕反:"醦,酢甚。"

按:"參"旁俗書作"叅",故"醦"即"醦"的俗字。《王二》正作"醦"字。《龍龕・酉部》：" 酦，俗； 酦，正：初錦、所斬二反，醋味甚也。"正字"酦"當是"醶"字寫譌，俗字"酦"則是"酦"的變體。《漢語大字典》收"酦"而失載"酦"，而又以"酦""醶"爲不同的字，欠妥。

醯[12]

【醯】

《箋注本切韻》一平聲齊韻："醯，俗作醯。呼雞反。"《王二・齊韻》："醯，俗作醯，醋酸。"

按《玉篇・酉部》："醯，俗醯字。"《五經文字》卷上酉部："醯，作醯俗。""醯"字見於《說文》，"醯"蓋其後起形聲字(《說文》稱"醯"字從鬻、酒並省，從皿，爲會意字；"醯"則當是從酉〈酒〉、皿，兮〈兮〉聲，爲形聲字)。《龍龕・酉部》稱"醯"俗、"醯"正，持論與上揭各書相反，當不確。

釀[17]

【糵】◎

《王二》去聲漾韻："釀，女亮反，醖酒。亦作糵。"

按：用同"釀"的"糵"蓋"釀"的換旁俗字。"糵"字又訓雜、雜米，與此字別。

辰 部

辰

【辰】△*

《箋注本切韻》一平聲真韻："辰,愼鄰反。"《正名要録》"本音雖同,字義各別例"："辰,時;晨,早;宸,屋宇。"《毛詩音》二亦載"辰"字。斯2204號《董永變文》："棄背今辰事阿郎。"

按《干禄字書》："辰辰:上通下正。"又《切韻》斷片二去聲震韻載"震""振""娠"等字,《箋注本切韻》一真韻載"晨""宸"等字,"辰"旁原卷亦皆寫作"辰"形。

農6

【農】◎

《箋注本切韻》二平聲冬韻："農,奴東(冬)反,按《説文》又作此䢉。"《王二·冬韻》："農,奴冬反,業田。正作䢉。"《五代本切韻》二冬韻："䢉,由(田)一。又姓。奴冬反。䢉(䢉),姓一,此正。農,俗字。"

按《九經字樣·雜辨部》："䢉農:上《説文》,下隸省。""農"又爲"䢉"字俗書。

【農】△

書證見上。

按："農"當是"䢉"隸書的變體。

【䝉】△

《正名要録》"正行者正體,脚注訛俗"類"農"下脚注"䝉"。伯2388號《太上妙法本相經》卷二三："若知田道重,故懃脩䝉。"

按:"罟"當是"罠"的避諱缺筆字。"罠"則即"農"的會意俗字。唐蘇鶚《蘇氏演義》卷上:"只如田夫(泉按:"夫"字疑衍)民爲農,百念爲憂,更生爲蘇,兩隻爲雙,……囗王爲國,文字(子)爲學:如此之字,皆後魏流俗所撰,學者之所不用。""田夫民爲農"當即指"罠"字而言。

豕　部

豟[4]

【⿰犮厄】△

《王一》入聲麥韻:“豟,豕五尺。亦作⿰犮厄。”

按《集韻·麥韻》乙革反:豟,或作⿰犭厄。“犬”旁俗書多贅筆作“犮”,“⿰犮厄”疑是“豟”“⿰犭厄”交互影響產生的二形俗字。

豚[4]

【𣍧】△

《正名要録》“字形雖别,音義是同,古而典者居上,今而要者居下”類:豚𣍧。《箋注本切韻》一平聲魂韻徒渾反:“𣍧,豕子。”《王二·魂韻》:“𣍧,豕子。亦作豚。”伯3724號《王梵志詩·富饒田舍兒》:“牛羊共成羣,滿圈養𣍧子。”

按《干禄字書》:“𣍧豚:上通下正。”慧琳《音義》卷九五《弘明集》第二卷音義:“豚,集本從乇作𣍧,俗;亦作⿰犭乇。”《龍龕·肉部》:“豚,正;𣍧,今。”《説文》篆文“豚”字從肉、豕會意,俗字作“𣍧”,則成了從肉、乇(屯)聲的形聲字(俄弗223號《十吉祥》:“十方世界未曾聞,敖猪忽尔誕龍乇。”末字乃“豚”的假借字,可參)。《説文》“肫”字釋“面頯”,與用作“豚”俗字的“𣍧(肫)”爲同形字。《集韻·魂韻》:豚,通作肫。這個“通”和《干禄字書》中的“通”都應作通俗來理解,而非通假之“通”。

【⿰犭乇】△

《俗務要名林》(斯617號):“⿰犭乇,䐗子也。徒渾反。”《韻字殘卷》:“𣍧⿰犭乇:徒渾反。”斯2072號《琱玉集》:“君若見擔⿰犭乇人,遂(逐)之。”

按:《莊子·德充符》"適見㹠子食於其死母者"陸德明釋文:"㹠,本又作豚。"《廣韻·魂韻》:㹠、犺,並同"豚"。《復古編》卷上:"豚,別作㹠,非。""㹠""犺"亦皆爲"豚"的後起形聲字,而"犺"又爲"㹠"字俗寫。

象⁴

【𧰼】＊◎

《箋注本切韻》一上聲養韻詳兩反載"𧰼"字。《王二·養韻》:"象,似。正作𧰼。"北8437(雲24)號《八相變》:"悉達太子時,兼所有國城、妻子、𧰼馬七珍等施与一切衆生。"其中的掃描字另一本伯2999號作"𧰼"。

按可洪《音義》第拾叁册《十支居士城八人經》音義:"𧰼是,上徐兩反。"標目字與上揭《箋注本切韻》字形略同。考《干祿字書》:"象𧰼:上通下正。"希麟《續音義》卷四《大乘本生心地觀經》第三卷音義:"象,或作𧰼。"《集韻·養韻》:"象,古作𧰼。"據《説文》,"象"字篆文作"𧰼",像耳牙四足之形。據之隸定,既可作"象",也可作"𧰼"(比較"馬"字篆文作"𢒎"),而以前者爲近真。"𧰼""𧰼"則又爲"𧰼"的變體。前揭《箋注本切韻》一養韻載"㗊""搙"等字,"象"旁亦皆寫作"𧰼"形。

【𧰼】△

《正名要録》"字形雖别,音義是同,古而典者居上,今而要者居下"類:𧰼象。俄弗112號《月上女經》:"猪狗馬驢及駱駝,𧰼牛虎蠅蚕虱等,皆由多慾獲此報。"

按可洪《音義》第壹册《大般若經》第五十一帙音義:"香𧰼,音像,正作𧰼也。"又同書第伍册《普曜經》第三卷音義:"牽𧰼,下似兩反。""𧰼"與"𧰼""𧰼"一字之變,蓋皆"𧰼"的變體。

【𧰼】△

《大般涅槃經音》一"𧰼"下脚注"𧰼(𧰼)"。伯2187號《四獸因緣》:"迦毗羅鳥、兔及獼猴、𧰼等四獸,結爲兄弟。"

按:"𧰼""𧰼"當是"𧰼"的變體。前例蓋屬以正字爲俗字注音之例。可洪《音義》第叁册《大方廣佛華嚴經》第二十卷音義:"寶𧰼,祥兩反,正作𧰼。"可證。

㡯 [6]

【虜】*

"㡯"旁的俗寫。《箋注本切韻》一平聲魚韻强魚反載"璖""轒""蒢""醵"等字,"㡯"旁皆寫作"虜"。《毛詩音》二:"蒢,其居[反]。""屍"亦爲"㡯"旁的俗寫,形微別。

按:"㡯"旁俗書與"處"旁相亂,"處"俗書作"虜"或"屍"(詳"處"字條),故"㡯"旁亦或作"虜"或"屍"。《龍龕·玉部》:"璖,今;璩,正。"又車部:"轒,今;轅,正。"漢碑"據"字或寫作"摝""攄"等形(参《隸辨》卷四御韻),可參。

豪 [7]

【豪】

《王一》平聲豪韻:"豪,胡刀反,豪俠。亦作豪。通俗作豪。"

按:"豪"字《説文》篆文作"豪",籀文作"豪",後者隸省作"豪"。上揭《王一》標目字與通俗作字同形,或有一誤。参下文。

【豪】

《王二·豪韻》:"豪,亦作豪,通俗作豪。"《五代本切韻·豪韻》:"豪,亦作豪。"北4498(雨85)號《妙法蓮華經》卷一:"導師何故,眉間白豪,大光普照?"

按:前二書標目字與亦作字或亦作字與通俗作字同形,有誤。"豪"即"豪"字俗寫。《五經文字》卷中豕部:"豪豪:上《説文》,下經典相承隸省。"可參。参看"高"字條。

貝 部

負²

【負】△

《正名要録》"各依腳注"類："負，從人，亦從刀。"《箋注本切韻》四上聲有韻房久反："負，《説文》從[人]作此負。"伯 4017 號《鵲踏枝》詞："自歎宿緣作他邦客，辜負尊親虛勞力。"

按《五經文字》卷上貝部："負，從人下貝。勹，古人字；作負及以人爲刀者非。"慧琳《音義》卷六《大般若經》第五百三卷音義："負，人下有貝，會意字也。俗從力或從刀，並非字意。"斯 619 號《讀史編年詩》十九歲："此時負扆章皇帝，應想童心笑魯侯。"其中的"負"則爲從"力"的俗字。

【偩】◎

《王二·有韻》："負，亦作偩。"

按：慧琳《音義》卷八《大般若經》第五七二卷音義："負，有從人作偩，俗字。"

貰⁵

【貰】△*

《王一》去聲祭韻舒制反："貰，賒。"

按："貰"當是"貰"的避唐諱變體字。同韻餘制反小韻載"勩"字，即"勩"字，"貰"旁亦寫作"貰"形。

貴⁵

【貴】◎

《正名要録》"正行者雖是正體，稍驚俗，腳注隨時消息用"類"賓"下腳注"貴"。

按《干禄字書》:"貴貴:上通下正。""貴"爲"貴"的隸變字。

貿[5]

【貿】

《字樣》:"貿,正;貿,一易,並亡富反,此相承用。"《正名要録》"正行者楷,腳注稍訛"類"貿"下腳注"貿"。《楞嚴經音義》二:"貿,莫候反,正作貨(貿),轉易也。"伯 2290 號《如來臨涅槃説教戒經》:"持浄戒者不得販賣貿易。"

按:"貿"字從"卯"聲(據《五經文字》,今本《説文》作"丣"聲,誤),"貿""貿"皆即古"貿"字的變體。《干禄字書》:"貿貿:上俗下正。"慧琳《音義》卷十九《大集大虛空藏經》第八卷音義:"貿,經作貿,俗字也。"《魏元凝妻陸順華墓誌》已見"貿"字。

賈[6]

【估】◎

《俗務要名林》(斯 617 號)市部:"賈,坐者爲賈,音古,亦作估字。"

按:慧琳《音義》卷十八《十輪經》第四卷音義:"賈,經作估,俗字也。"同書卷二七《妙法蓮華經·譬喻品》音義:"估,音公户反,字書無此字,唯《爾雅》郭璞音義釋言注中資賈作此字。"

賓[7]

【賓】*◎

《王二》平聲真韻必鄰反:"賓,必鄰反,客。[□]作賓。"俄敦 2226＋2938 號《太玄真一本際妙經》卷三:"□□□□師,進品玉清賓。"

按:"賓"字《説文》從貝、宾聲,"賓"即其隸定之變。《九經字樣·宀部》:"賓,經典相承作賓已久,不可改正。"漢碑中已見"賓"字。又《王二·真韻》載"濱""檳""矉"等字,"賓"旁亦寫作"賓"。斯 328 號《伍子胥變文》:"僕是棄背帝鄉賓。""賓"又"賓"之變。《五經文字》卷上貝部:"賓,從尸訛。"即指"賓"字而言。

賣[8]

【賣】◎

《王一》去聲卦韻:"賣,莫懈反,出□。正作賣。"

按《九經字樣·貝部》："賞賣：埋去，從出，從買聲，上《説文》，下隸省。"慧琳《音義》卷七八《經律異相》第十卷音義："賣，正體從出從買，今俗用從土（士），訛略也。"

賭[8]

【賮】◎

《箋注本切韻》一上聲姥韻："賭，戲賭。又作賮。"

按：慧琳《音義》卷四五《優婆塞戒經》第六卷音義："賭，《文字典説》從貝、者聲。亦作賮。"

賚[8]

【賫】△

《正名要録》"字形雖別，音義是同，古而典者居上，今而要者居下"類：賚賫。

按："來"字俗作"来"（詳"來"字條），故"賚"俗寫作"賫"。

【賚】△

書證見上。

按：慧琳《音義》卷七九《經律異相》第四十四卷音義："賚，《集略》作賚，亦同。""賚"又爲"賚"的俗寫。

賴[9]

【賴】◎

《字樣》："賴，正；賴頼：並郎帶[反]，從刕；中字通用；下相承用，無依。"《王二》去聲泰韻："賴，落蓋反，俗賴（此字當作'賴'）、頼。"

按："賴"字《説文》從貝、剌聲，故其字右上部當從刀作"賴"，作"賴"爲隸寫之變（比較"負"字上部本從"勹"，而俗書或寫作"刀"）。《復古編》卷上："賴，別作賴、頼，並非。"《字鑑》卷四泰韻："賴，俗作頼，《增韻》从孤負字，皆誤。""賴"作"賴"漢碑已然。今"賴"字通行（《漢語大字典》有"賴"無"賴"，欠妥）。

【頼】*

書證見上。伯 3211 號《王梵志詩集·世間慵懶人》："一羣病頼（頼—癩）

賊,卻搦父母恥。"

按《干祿字書》:"頼賴:上通下正。"《五經文字》卷上貝部:"賴,從剌下貝,作頼訛。"《漢桐柏廟碑》已見"頼"字。斯705號《開蒙要訓》:"癩秃胗癧。""癩"爲"癩"的俗字,是"賴"旁俗亦書作"頼"。

【頼】△

《正名要錄》"正行者楷,腳注稍訛"類"賴"下腳注"頼"。伯2292號《維摩詰經講經文》:"四生頼汝提携,六道蒙君救度。"

按:"束"旁俗書與"來"("來"俗又作"来")旁相亂,故"賴"俗書又變作"頼"或"頼"。《玉篇·頁部》:"頼,力載切,頼,蒙也。"《正字通》以"頼"爲"賴"字之譌,是也。

賾 11

【賾】△

《五代本切韻》五入聲麥韻:"賾,仕革反,微。俗作賾。"

按:"賾"即"賾"字俗寫(參看"臣"字條)。用同"賾"的"賾"他書未見。

贊 12

【賛】*◎

《王一》去聲翰韻朝幹反:"贊,助。"《禮記音》:"贊,走旦[反]。"北圖鹹字18號《五臺山讚》:"文殊菩薩聲贊嘆,耳(如)若雲中化出來。"

按《五經文字》卷上貝部:"贊賛:上《説文》,下經典相承隸省,凡鄼、纘之類皆從賛。"《復古編》卷上:"贊,別作賛、讃,並非。"《王二·翰韻》又載"讃""鄼""攢"等字,"贊"旁原卷俱作"賛"。"贊"字及"贊"旁作"賛"漢碑已然。

贍 13

【儋】◎

《王一》去聲豔韻:"贍,市豔反,賙。亦作儋。"

按:玄應《音義》卷七《慧上菩薩問大善勸經》上卷音義:"贍,《聲類》或作儋,同。"

贛[17]

【貢】◎

《正名要録》"正行者雖是正體,稍驚俗,腳注隨時消息用"類"贛"下腳注"貢"。

按:"贛"爲"贛"字俗譌。《説文》"贛"釋"賜也","貢"釋"獻功也",然二字同音,"賜"義古亦多假"貢"爲之。《五經文字》卷上貝部:"貢贛:上貢獻,下賜也,經典亦通用之。"漢定縣竹簡"贛"字或作"贪",可以比勘。

見 部

規⁴

【𠂸】*◎

《佛經難字及韻字抄》載"𠂸"字。斯 6077 號《五更轉》:"栰喻成𠂸超彼岸。"斯 1920 號《百行章》愍行章第四十七:"莫好煞生,勿𠂸他命。"

按:《正名要錄》"各依脚注"類"規"下注"從夫"。《五經文字》卷下見部:"規,從夫,作𠂸訛。"慧琳《音義》卷七《大般若經》第五百六十卷音義:"規,從夫從見,有從矢或從失,皆誤也。"《干祿字書》:"𠂸規:上俗下正。"皆以"規"爲正字。但《正字通·矢部》云:"𠂸,規本字。規矩並从矢。"考此字較早見於戰國文字,左部確從夫,與《說文》篆形相合。①隸書"夫""矢""失"三旁形近相亂(參看《隸辨》卷六偏旁"矢"字條),故"規"字秦漢簡帛文字已多譌變作"𠂸"或"𠂸"。又《文選音》:"窺,去垂[反]。""規"旁亦從"矢"作"𧠷"。

覓⁴

【覔】

《正名要錄》"正行者正體,脚注訛俗"類"覓"下脚注"覔"。伯 2418 號《父母恩重經講經文》:"何假覔西方,自生極樂界。"

按《玉篇·見部》:覔,同"覓",俗。《干祿字書》:"覔覓:上俗下正。""覔"字從不見,蓋"覓"的會意俗字。唐蘇鶚《蘇氏演義》卷上記後魏俗字有"不見爲

---

① 參看陳劍《說"規"等字并論一些特別的形聲字意符》,《源遠流長——漢字國際學術研討會暨 AEARU 第三屆漢字文化研討會》論文集,北京大學 2015 年 4 月 11 日—12 日。

覓",即指"覔"字而言。

視⁴

【眎】△

《王一》上聲旨韻:"視,承旨反,☐。亦作眎(眂)。"

按:末字從周書録定。《説文》載"視"字古文作"眂","眎"即"眂"的俗寫。《改併四聲篇海·目部》引《搜真玉鏡》:"盽,音是。""盽"又"眎"之變。凡"氏"旁俗書皆可作"互",又變作"丘",參看"氏"字條。

覞¹⁰

【覭】◎

《王一》入聲錫韻莫歷反:"覞,小見。又莫經反。亦作覭、覹。"

按:用同"覞"的"覭""覹"蓋皆"覞"的後起換旁字。《玉篇·黑部》:"覭,亡狄切,草木叢也。亦作覞。覹,同上。"可參。

【覹】◎

説見上文。

覺¹³

【覺】△

《增訓本切韻》斷片:"☐,古岳反,又古孝反,字從爻,俗從与,非。"伯2381號《法句經》:"凡人爲惡,不能自覺。"

按:據注文所云,所缺標目字當是"覺"字,而從与的俗字則當是"覺"字。《九經字樣·見部》:"覺,作覺者訛。"是其證。北7266(鹹78)號《十地經論釋》:"一者觀漸次。初地方便脩相覺。"末字亦爲"覺"俗字,當又爲"覺"字簡省(比較同卷"舉"字多簡省作"舉"),可以比勘。

覽¹⁴

【覽】△*

《正名要録》"字形雖別,音義是同,古而典者居上,今而要者居下"類:覽覽。斯1441號《勵忠節鈔·簡賢部》:"凡邀時之人,但虚造聲譽,妄生毛羽,覽察其狀,則行佯顔、冉。"

按《干禄字書》:"覧覽:上通下正。"《魏馮邕妻元氏墓誌》"覽"字作"覧",可參。又"覽"旁俗書亦或作"覧",參看"攬"字條。

里 部

野⁴

【埜】△

《箋注本切韻》一上聲語韻:"野,田。俗作埜。署與反。又與者反。"

按:"埜"字他書未見。《王二》本條標目字作"墅",未列異體。《集韻》以"墅"爲首字,稱"或省"作"野"。底卷俗字或即"墅"字俗譌。

量⁵

【量】△

《文選音》:"量,力上[反]。"《禮記音》"量"下注音"諒"。《俗務要名林》(斯617號)量(原注:音亮)部:"量起於圭。"伯3883號《孔子項託相問書》:"樹樹每量無百尺。"

按《字鑑》卷二陽韻:"量,俗作量。"《梁陳寶齊造像記》已見"量"字。

釐¹¹

【釐】△

《正名要錄》"正行者楷,脚注稍訛"類"釐"下脚注"釐"。伯2004號《老子化胡經》卷十:"西向教化到罽賓,胡國相釐還迦夷。"北2006(鱗87)號《大唐三藏聖教序》:"大之則弥於宇宙,細之則攝於毫釐。"後二例形微別。

按:"釐"字或作"釐"(見下),"釐"即"釐"字俗譌。斯2659號《大唐西域記》卷一載屈支國有伽藍名"昭怙釐","釐"亦"釐"字。又《唐盧承業墓誌》作"釐",可參。

【釐】△

書證見上。俄敦 3877 號《大莊嚴論經難字》亦載"釐"字。

按《干禄字書》："釐釐：上俗下正。"《魏孔羡碑》"釐"作"釐"，《魏檀賓墓誌》作"釐"，皆可參。

【釐】◎

《春秋後語音》"釐"字下脚注"僖"。

按：《干禄字書》以"釐"爲"正"字，"釐"蓋"釐"之變。可洪《音義》第拾壹册《大莊嚴論》第十二卷音義："豪釐，里之反。""釐""釐"一字異寫。

足 部

足

【疋】*◎

《字樣》:"足疋,相承用。"("足"下當脫一"正"字)《正名要録》"搴"下注"疋","洗"下注"濯疋"。伯2292號《維摩詰經講經文》:"持戒是道場,得願具疋故。"

按《干禄字書》:"疋足:上通下正。""足"旁俗書亦作"疋"形,如前引《正名要録》"蹇"作"搴",又"促"作"侽",即其例。秦漢簡帛、碑刻中已見此類寫法。《漢語大字典》據《宋元以來俗字譜》收"疋"字,失之於晚。

跪 6

【趹】◎

《箋注本切韻》一上聲紙韻:"趹,跪趹。或作跪。求累反。跽字直良反。"

按:玄應《音義》卷二四《阿毗達磨俱舍論》第十四卷音義:"趹,求累反,今江南謂屈膝立爲跽趹,中國人言胡跽。……《禮記》:授立不趹。作跪,借字耳。"清莊炘按云:"趹,《説文》本作跪,解云:拜也。《集韻》作趹,云:與跪同,然則跪爲正字,趹乃俗字耳。"《龍龕·走部》:"趹,渠委反,與跪同,張(跽)一也。""趹"當是"跪"的後起换旁字。"足"旁"走"旁形、義皆近,故二旁俗多换用。

踖 8

【蹟】◎

《王一》入聲昔韻秦昔反:"踖,踐。亦作蹟。"

按《廣韻·昔韻》:蹢,同"踖"。"蹢"爲後起改易聲旁字。

蹹⁸

【趡】◎

《五代本切韻》五入聲雪韻陟劣反:"蹹,跳。或作趡。"

按《集韻·薛韻》:蹹,或從走作"趡"。此亦"足"旁"走"旁換用之例。

踳⁹

【騴】◎

《箋注本切韻》一上聲軫韻尺尹反:"踳,一駁。亦作騴。"

按:"踳"字古多"踳馳""踳駁""踳駮"連文,涉下字影響,故"踳"字亦類化從馬作"騴"。《玉篇·馬部》釋"騴"爲"馬文",蓋屬望形生訓。

踼⁹

【逿】◎

《王一》平聲唐韻徒郎反:"踼,跌。又杜浪反。或作逿。"

按:玄應《音義》卷九《大智度論》第十八卷音義:"踼,今作逿,同,徒郎反。""足""辵"二旁意近,古字每多換用,"逿"即"踼"的後起換旁字。《漢語大字典》"逿""踼"字際關係不明。

踵⁹

【崜】△

《王二》上聲董韻之隴反:"踵,足後跟。亦作崜。"

按:腳踵字《説文》作"歱"("踵"字《説文》釋"追"),"崜"即"歱"的譌俗字。"止"旁"山"旁俗書相亂,故"歱"俗書作"崜"。慧琳《音義》卷二八《普曜經》第二卷玄應音義:"踵,今作崜,同。……《廣雅》:崜亦跟也。"其中的"崜"亦即"歱"字俗書(玄應《音義》卷十二正作"歱")。《龍龕·山部》:"崜,動、種二音。"音"種"的"崜"當亦是"歱"的俗字。

蹄⁹

【蹄】◎

《王一》平聲齊韻："蹄,足名。亦作蹏。"《王二·齊韻》度嵇反："蹄,亦作蹏。"

按:慧琳《音義》卷八十《大唐内典録》第六卷音義："蹏,《説文》從足、虒聲。……録文從帝作蹄,俗通用字也。"同書卷八三《大唐三藏玄奘法師本傳》第八卷音義："蹏,傳作蹄,俗字。"

【跣】△

書證見上。

按:"虒"旁俗書多簡省作"虎"(參看"篪"字條),故"蹏"俗書作"跣"。《龍龕·足部》載"蹏"俗作"蹄","蹄"又"跣"字變體。《干禄字書》:"虒虎:上通下正。"可參。

踷¹¹

【跱】◎

《五代本切韻》一："跱,犕一,不進。又作踷。与踷同用。"

按:"踷"字或從止作"跱"(見《集韻·語韻》),"跱"即"跱"字之省。《玉篇·止部》:"跱,池、除二音,《玉篇》:踷也。""跱"亦即"踷"字。

【踷】△

書證見上。

按:"踷"蓋"踷"字省文。

躅¹³

【躅】◎

《王一》入聲燭韻："躅,直録反,躑躅。亦作躎。"

按《玉篇·足部》:躎,同"躅"。"躎"又是"躅"的俗體。《龍龕·足部》:"躅:直玉反,躑一也。二。""躎"亦俗"躅"字。《漢語大字典》以"躎"爲"蠋"字或體,謬。

躑¹⁴

【跖】◎

《箋注本切韻》一入聲昔韻直炙反："躑，一躅。或作跖。"

按："跖"字他書未載，疑有誤。《王一·昔韻》作"蹢"，可參。

躔¹⁵

【蹥】△

《王一》平聲仙韻直連反："躔，日月行。或作躔(躔)。"

按：標目字與或作字字形略同，兹從《敦煌掇瑣》校末字爲"躔"。"廛"旁俗書或作"黑"，又作"厘"(參看"纏"字條)，故"躔"字俗寫作"蹥"或"躔"。

【躔】◎

書證見上。斯1722號《兔園册府》卷一："列九野於躔房，疏五潢於清淺。"

按《龍龕·足部》："躔，或作；躔，正；躔，今。""躔""躔""躔"皆爲"躔"的俗體。

邑 部

邑

【邑】△

《增訓本切韻》殘葉二入聲緝韻："邑，累(縣)也。英及反。"失名《字書》："邑，英及[反]。"伯 3485 號《目連變文》："和尚有没事由來，連忙案上相祗邑(邑—揖)。"

按："邑"字篆文下從㔾(卩)，隸定既可作"巴"，亦可作"巳"(參看"肥"字條)，故"邑""邑"即"邑"字篆文隸變之異。《漢韓勑碑》："復顔氏并官氏邑中繇。"《隸辨》卷五緝韻按云："(邑)即邑字，省巴爲巳，與色省爲色同。"其實時代更早的甲骨金文"邑"字作"𠃊""𠂇"等形，睡虎地秦簡作"邑"形(下本從人)，其隸定作"邑"自屬水到渠成。上揭《增訓本切韻》同韻又載"悒""浥""莒""𩜈"等字，《切韻》殘葉二於容反載"邕"字，"邑"旁原卷亦皆寫作"邑"。

邪[4]

【枆】△

《箋注本切韻》一平聲麻韻："枆，不正。或作斜。似嗟反。"

按：邪僻之字《説文》作"衺"(古書多借用琅邪郡之"邪"爲之)，"枆"即"衺"的變體。

【斜】△

書證見上。

按："斜"爲"斜"字俗寫。"斜""邪"音同義通。

【耶】◎

《王一・麻韻》:"耶,以遮反,琅耶郡。"伯2544號劉長卿《酒賦》:"桑落蒲桃看不足,相命唯憂日勢耶。"伯3833號《王梵志詩・行善爲基路》:"偷盜五不作,耶䆒(淫)五不當。"

按《干禄字書》:"耶邪:上通下正。"《九經字樣・阝部》:"郎邪,郡名。……今經典相承郎字玉傍作良,邪字或作耶者訛。""牙""耳"隸書相似,故從"牙"從"耳"古多相亂。"邪"作"耶"漢碑已然。

邠[4]

【豳】△

《正名要録》"字形雖別,音義是同,古而典者居上,今而要者居下"類:邠豳。

按《玉篇・山部》:"豳,悲貧切,公劉邑。""豳"爲"邠"字俗寫,"豳"又"豳"之變。"豳""邠"古異體字。

那[4]

【郍】△

《箋注本切韻》一平聲歌韻:"郍,何;又朝郍縣,在安定。諾何反。"《楞嚴經音義》一:"富單郍,瀨人精氣鬼之別名也。"北敦14666號《李陵變文》:"何其没在虜庭中,生死不知居郍地。"

按:"那"字《説文》從邑、冄聲作"邦",隸變作"那",亦作"郍"。《漢西狹頌》已見"郍"字。斯2073號《廬山遠公話》:"人命刹郍,看看過世。""郍"又爲"郍"之變。

【郍】△

《文選音》:"郍,乃何[反]。"伯3451號《張淮深變文》:"念汝失鄉淪落衆,郍堪更遣負寒霜。"

按《五音集韻・歌韻》:那,或作"郍"。"郍"蓋"郍"省變。《魏元誕墓誌》"那"作"郍",是其比。《字鑑》卷二歌韻:"那,俗作那、郍。""郍"又爲"郍"之變。

邸⁵

【邱】△

《王二》上聲薺韻:"邸,都礼反,店,或作邱。"

按:"氐"旁俗書皆可作"![]"形,故"邸"俗書作"邱"。《龍龕·邑部》:"邸邱邳,三俗;邸,正:丁礼反,舍也,又姓。"正字當是"邸"字,而"邱"以下三字則皆爲俗字。"邱"當是由"邱"楷變而來。參看"氐"字條。

郤⁷

【郄】△

《字樣》:"郤,正;郄,通用,丘逆反。"斯 3553 號《字辭切音》:"怨郄:丘逆反。"

按《五經文字》卷中卩部:"郤,去逆反,作郄者訛。"斯 1441 號《勵忠節鈔·賢行部》:"郄中尚書曰:彼以惡來,我以善應。""郤""郄"又爲"郤"之變(變方口爲尖口)。《干禄字書》:"郄郤,上通下正。"顏元孫以"郤"爲正字,不妥。斯 85 號《春秋左氏經傳集解·文公十五年傳》:"晉郄缺以上軍、下軍伐蔡。"漢碑已見"郤"作"郄"形的寫法,"郄"乃"郤"字之小變耳。

郭⁷

【埠】

《正名要録》"字形雖別,音義是同,古而典者居上,今而要者居下"類:埠郭。《王一》平聲虞韻撫夫反:"郭,郭。亦作埠。"

按《玉篇·土部》:"埠,正作郭。""郭"字見載於《説文》,"埠"則爲其後起換旁字。郎知本以"埠"爲"古而典者",失考。

鄖¹⁰

【鄆】

《正名要録》"字形雖別,音義是同,古而典者居上,今而要者居下"類:鄆鄖。

按《龍龕·邑部》:"鄖,正;鄆,今:音云,國名。"俗書方口尖口不分,故"鄖"俗書作"鄆"。

【邱】

書證見上。

按："邱"蓋"郎"的後起改易聲旁字。

鄒[10]

【𨛬】◎

《王一》平聲尤韻："𨛬,側救反,地名。亦作鄒。"《王二·尤韻》："鄒,側鳩反,地名。亦俗作𨛬、邹、鄒。"《春秋後語音》載"𨛬魯"之稱。伯2305號《解座文彙抄》："怕見人,擬求屬,𨛬(鄒—皺)卻兩眉難啟觸。"

按："芻"旁俗書作"且",又變作"㠯""㠯""㠯"等形(詳"芻"字條),故"鄒"俗或寫作"郰""𨛬""邹"等形。《龍龕·邑部》："𨛬,俗;郰,通;郰,今;鄒鄹,二正。"《漢孔宙碑》已見"𨛬"字,《齊高叡修寺碑》又作"𨛬"字。

【邹】△

書證見上。又《正名要錄》"各依腳注"類"𨛬"下腳注："不重彐。"伯2395號《道要靈祇神鬼品經》："楊州社姓𨛬名昆。"

按《干祿字書》："邹鄒:上通下正。"伯2362號《太上業報因緣經》卷八："左手神天丁,右手神天𨛬。"末字即"鄒"字。"𨛬"(《龍龕》作"𨛬")爲"𨛬"字俗省,"邹"則爲"𨛬"字俗省("邹"亦可能由"𨛬"省變而來),"邹""𨛬"左上部的"マ"當皆爲簡省符號(表示省書一個"丑"或"彐")。郎知本謂"𨛬"字"不重彐"(即不作"𨛬"),而不知"邹"乃爲"𨛬"字省變也。

【鄹】

書證見上。

按《玉篇·邑部》:鄹,同"鄒"。"鄹"蓋後起異體。慧琳《音義》卷九六《弘明集》第十一卷音義："鄒,集本作隊,俗字也。""隊"又爲"鄹"的偏旁易位字。

鄰[12]

【隣】◎

《字樣》："鄰,正;隣,相承用。"《王二》平聲真韻："鄰,力珍反,俗隣。"斯2702號《三囑歌》："事須兄弟且和睦,莫聽隣里外人言。"

按《干祿字書》："鄰隣:上通下正。""鄰""隣"二字的位置應互乙。《九經字樣·阝部》:"鄰,作隣者訛。"《廣韻·真韻》:"鄰,俗作隣。"《集韻·真韻》:鄰,或從自作隣。漢碑中已見從左耳旁的"鄰"字。《隸辨》卷一真韻:"移阝於左,是謂隸行,如朡爲朗、獨爲獄之類,非訛從自也。"

鄳[13]

【鄳】△

《王一》平聲庚韻武庚反:"鄳,□名,在江夏,□俗作**鄳**。"

按:"黽"旁俗書皆可作"黾"或"䵉"形,故"鄳"俗作"鄳"。《龍龕·邑部》:"**鄳**,俗通;鄳,今。"可參。參看"黽"字條。

鄥[18]

【鄥】◎

《正名要録》"正行者楷,腳注稍訛"類"鄥"下腳注"**鄥**"。

按:"巂"旁俗書作"雟",又作"隽"(《集韻·紙韻》:"巂,或作雟。"《字彙·手部》:"攜,俗攜字。"可參),故"鄥""鄥"當皆爲"鄥"的俗字。《龍龕·邑部》:"鄥,户圭反,邑名,水名。""鄥"亦即"鄥"字。

【鄥】△

説見上文。

辵　部

迥⁵

【逈】△

《楞嚴經音義》一:"迥,户鼎反,或作此逈,非。"

按:"逈"即"迥"的省點字。"辶"旁手寫時往往略去上面的一點,似"廴"旁而實非"廴"旁。

【迴】△

書證見上。斯 328 號《伍子胥變文》:"妾家住在荒郊側,四迴無鄰獨棲宿。"伯 3137 號《南歌子》詞:"迴覷簾前月,鴛鴦帳裏燈。"

按《干禄字書》:"迴迴:上俗下正。"慧琳《音義》卷一《大般若經》唐太宗序音義:"迴,今俗從向者非也。""迴"即"迥"字俗省。

逓⁵

【迈】△

《王一》去聲霽韻都計反:"迈,不進。"《王二·霽韻》標目字作"迊"。

按:"氐"旁俗書作"互""亙"等形,故"逓"字可寫作"迊""迈"等形,"迈"爲手寫之變。《改併四聲篇海·辵部》引《奚韻》:"迊,丁計切,不進也。""迊"亦"迈"字之變。《漢語大字典》失收"迈"字,且"迊""逓"字際關係不明。

逃⁶

【迯】△

《正名要録》"正行者正體,脚注訛俗"類"迯"下脚注"迯"。伯 2962 號《張義潮變文》："漢家持刃如霜雪，虜騎天寬無處迯。"

按可洪《音義》第拾叁册《正法念處經》第十六卷音義："迯逇，上徒刀反，下徒困反。"此爲"逃遁"二字俗寫。"兆"旁俗書作"𠧞"，亦變體作"𠧞""𠧞"等形(詳"兆"字條)，故"逃"字或書作"迯""迯"等形。慧琳《音義》卷九二《續高僧傳》第十卷音義："迯，傳文作迯，俗字也。"

【迯】

書證見上。斯328號《伍子胥變文》："臣即不紹於家，棄父離君迯走。"又云："我昔迯迯至此，遂從女子求飡。"

按：慧琳《音義》卷六二《根本毗奈耶雜事律》第七卷音義："逃，律本作迯，非也。"《字鑑》卷二豪韻："逃，俗作迯。""迯"字從辵、外，蓋"逃"的會意俗字。明刻《金瓶梅詞話》第八十二回："經濟還拿着這根簪子做証見，認玉樓是姐，要暗中成事。不想玉樓哄趄，反陷經濟牢獄之災。""趄"亦"逃"的會意俗字，可以比勘。

迹⁶

【跡】

《正名要録》"字形雖別，音義是同，古而典者居上，今而要者居下"類：跡迹。《箋注本切韻》一入聲昔韻資昔反："跡，足跡。又作迹、蹟(蹟)。"《王一·昔韻》："迹，亦作跡、蹟、踈。"伯2970號《陰善雄邈真讚并序》："戎寇屏跡，外賊無踪。"

按："迹"爲《説文》本字，或體作"蹟"，籀文作"速"。"跡"則當是受"迹""蹟"的交互影響產生的後起字。漢碑已見"跡"字。《干祿字書》："跡迹：並正。"《五經文字》卷上辶部："迹，經典或作跡。"

【踈】◎

書證見上。

按："踈"當是受"速"、"蹟"(或"跡")交互影響產生的後起字。

退⁶

【退】◎

《正名要録》"字形雖別，音義是同，古而典者居上，今而要者居下"類：返退。《王一》去聲隊韻："返,他績反,卻下。亦作復、内(當作'衲'或'迡')。通俗作退。"《王二·隊韻》："返,亦作退。"

按：退卻字《説文》作"復",古文作"返","退"則爲"返"的隸變字。《干禄字書》："退退：上通下正。"慧琳《音義》卷二四《度諸佛境界智光嚴經》音義："返,經從艮作退,俗字也。"《集韻·隊韻》："復,隸作退。"

逖⁷

【逖】△

《正名要録》"字形雖别,音義是同,古而典者居上,今而要者居下"類：**逖** 逷。

按《説文·辵部》："逖,遠也。从辵,狄聲。逷,古文逖。""狄"字俗書作"狄"(參看"狄"字條),故"逖"當即"逖"的俗字。《隋楊居墓誌》"逖"字正作"逖"。

逢⁷

【逢】◎

《切韻》殘葉二："逢,符容反。"《王二》平聲鍾韻："逢,符容反,遇。俗作逢,音辝,誤。"《楞嚴經音義》一"神呪"下云："雖逢大匠,終媿謏聞。"斯328號《伍子胥變文》："今於水上泊紗,有幸得逢君子。"

按《干禄字書》："逢逢：上俗下正。諸同聲者並準此,唯降字從夅。"俗書"夆"旁皆可寫作"夅",與"夅jiàng"字同形(參看"夆"字條),故"逢"即"逢"的俗字。上揭《切韻》殘葉又載"縫"字,"逢"旁亦從俗作"逢"。大約唐代前後,或讀姓氏之"逢"爲"龐",而更異其形從俗作"逢",以與逢遇字相别。《廣韻·鍾韻》："逢,值也,迎也。符容切。"同書江韻薄江切："逢,姓也。"便是這種區别的實際反映。但古代本無此區别。參看顏師古《匡謬正俗》卷八"逢"條及羅振玉《碑别字序》。

達⁹

【達】△

《箋注本切韻》一入聲末韻："**達**,陁割反。"《王一·末韻》："達,陁割反,通。正作**達**。"

按："達"字《説文》從辵、奎聲作"達"，"達"即其隸省字。《漢郭旻碑》已見"達"字。

【達】△*

書證見上。北8236(宙15)號《究竟大悲經》卷二："貧人聞已，心大歡喜，遂便膝行前進，逕由三百里，達至其所。"

按《龍龕·辵部》："達，正；達，今。"《字鑑》卷五曷韻："達，俗作達。""達""達"爲"達"字隸變之異。漢碑中已見走之旁中作"幸"的"達"字。《箋注本切韻》一末韻載"闥""健""撻""躂""澾"等字，"達"旁原卷亦皆寫作"達"。

逼⁹

【逼】△

《正名要録》"字形雖別，音義是同，古而典者居上，今而要者居下"類：偪 逼。伯2008號《佛説大迴向輪經》："弟子某甲墮在生死，繫以大縛，閉居牢獄，離正法道，逼以強力煩惱怨敵，无護无救，无目无依。"

按慧琳《音義》卷二《大般若經》第七十七卷音義："逼，《説文》：近也，從辵，畐聲。或作偪。""逼""偪"皆未見於今本《説文》，段玉裁謂二字皆"畐"之俗字（《説文·畐部》"畐"字下注）。"畐"字篆文作"富"，隸變作"富"，亦作"畐"（《集韻·屋韻》芳六切及房六切小韻皆云："富，滿也。""富"即"畐"字），故"偪""逼"所從的"畐"旁可書作"富"，而手寫時又變作"畐"形。《龍龕·辵部》："逼，悲力反，迫也，近也。""逼"亦即"逼"字。《隸辨》卷五屋韻載"福"字漢碑既作"福"，又作"福""福"，可以比勘。

【偪】△

書證見上。伯2981號《春秋左氏經傳集解·昭公二十八年傳》："戊之爲人也，遠不忘君，近不偪同。"

按：《漢書·賈誼傳》"疏者或制大權以偪天子"顏師古注："偪，古逼字。""偪"即"偪"字。參上文。

遁⁹

【遁】△

《王一》去聲恩韻徒困反："遁，逃。亦作⊠、⊠、遯。"《毛詩音》二："遁，徒損[反]。"《正名要録》"字形雖別,音義是同,古而典者居上,今而要者居下"類:脞遁。斯78號《類書》"扶輪"條下云:"晉大夫趙遁於桑下見一餓人,遁乃傾壺飱以哺之。"

按《干禄字書》:"遁遁:上俗下正。"《龍龕·辵部》:"遁,俗;遯,或作;遁,正。"《齊高叡修寺碑》"遁"字作"遁","遁"蓋"遁"之變。參看"盾"字條。

【脞】◎

書證見上。

按:"脞"蓋"遯"的偏旁易位字。慧琳《音義》卷九九《廣弘明集》第三十卷音義:"遯,或作遁。……集從逐作脞,誤寫。""遁""遯"皆見於《説文》,二字音義均近,蓋古異體字。

遊[9]

【遊】

《王二》平聲尤韻以周反:"遊,遨一。俗作遊。"伯3333號《菩薩蠻》:"自從涉遠違(爲)遊客,鄉關條(迢)遞千山隔。"

按《龍龕·辵部》:"遊,通;遊,正。"希麟《續音義》卷二《新大方廣佛花嚴經》第五卷音義謂"游"字"經文作㳺,俗字非正",可參。參看"方"字條。

遐[9]

【遐】△

《字樣》:遐遐:上正,下相承用,字從叚,叚音賈。伯2005號《沙州都督府圖經》"歌謡"下有云:"帝德廣運,聖壽遐延。"

按:"叚"旁俗書皆可作"段"(參看"假"字條),故"遐"字俗書作"遐"。《魏孝文帝弔比干文》"遐"字作"遐",可参。

違[9]

【逺】△

《正名要録》"正行者正體,腳注訛俗"類"違"下腳注"逺"。伯3532號《慧超往五天竺國傳》:"有一漢僧,於此寺身亡。彼大德説從中天來,明閑三藏聖教,將欲還鄉,忽然逺和,便即化矣。"

按可洪《音義》第玖册《佛説菩薩本行經》中卷音義："不遠,于歸反,正作違。"《龍龕·辵部》:"遠,音違。"後書"遠"亦即"違"的俗字。

遞[10]

【遞】

《箋注本切韻》一上聲薺韻徒礼反："遞,更代。俗作遞。"斯 2073 號《廬山遠公話》:"望雲山而迢遞,覩寒雁之歸忙。"

按:慧琳《音義》卷十一《大寶積經》第二卷音義:"遞,經文作遞,俗字也。"同書卷一百《寶法義論》音義:"遞,論文作遞,俗用,不成字也。"《隋蘇孝慈墓誌》"遞"字作"遞",皆一字之變。

【遞】△

《楞嚴經音義》一第九卷音義:"遞相,上音悌。"斯 5631 號《庚辰年正月十四日社司轉帖》:"其帖速遞相分付,不得停滯。"伯 2507 號《唐開元二十五年水部式》:"桂廣二府鑄錢,……並和市折租等物,遞至揚州訖。"

按可洪《音義》第拾壹册《顯揚聖教論》第十一卷音義:"遞互,上音弟,下音護。"此爲"遞互"二字俗寫。又《魏孝文帝吊比干文》"遞"作"遞",可參。

【遞】△

《楞嚴經音義》一第四卷音義:"遞相,上音弟,下如字。"該條《楞嚴經音義》二云:"遞,音悌,正作遞(遞)。"斯 4622 號《毗沙門緣起》:"隣國侵抄,遞相傷害。"

按可洪《音義》第陸册《月燈三昧經》第三卷音義:"遞互,上大礼反,下乎故反。"此亦"遞互"二字俗寫。《龍龕·辵部》:遞,俗;遞,通;遞(遞),正。可參。

適[11]

【adequate】

《箋注本切韻》一入聲昔韻施[□]反:"adequate,嫁。"《王一·昔韻》施隻反:"adequate,嫁。此從女,傷俗,單作典要。"《王二·昔韻》:"adequate,嫁。一從女。"斯 4487 號《懺悔滅罪金光明經傳》:"昔溫州治中張居道……因adequate女,事屠宰。"

按:俗書"商""商"不分,故"adequate"即"adequate"的變體。《龍龕·女部》:"adequate,音釋,嫁也。"考《説文·辵部》:"適,之也。"引申爲女子出嫁。《玉篇·辵部》:

"適,女子出嫁。"而"嫡"字不見於秦漢典籍,實即"適"字女子出嫁義的後起分化俗字。《王二》謂"嫡"字"單作典要",即指其正字無女旁單作"適"字而言。

遷[12]

【遷】△

《大般涅槃經音》二:"遷"字腳注音"千"。伯 2318 號《光讚般若經》卷二:"若兜術天上遷移生此人間,或於人中來生。"斯 107 號《太上洞玄靈寶昇玄内教經》:"不能得道,有所遷達。"

按《干祿字書》:"遷遷:上俗下正。"《龍龕・辵部》:"遷遷,二古;遷,正。"《漢景北海碑陰》"遷"字作"遷"。"遷""遷""遷""遷"一字之變,當皆爲"遷"的隸變俗字。

【遷】△

《略雜難字》載"遷"字。伯 2049 號《維摩經疏》卷三:"生滅推遷,時無暫住。"

按可洪《音義》第貳拾壹册《佛所行讚》第一卷音義:"遷子,上七仙反。"同書第拾壹册《廣百論釋》第五卷音義:"遷逼,上七仙反。""遷""遷"蓋"遷""遷"等的變體。《魏孝文帝吊比干文》"遷"字亦作"遷",可參。

遴[12]

【賑】△

《王二》去聲震韻:"遴,行難。亦作賑。"

按《玉篇・貝部》:"賑,力振切,貪也,難也。或作遴。""賑"即"賑"的俗字。《説文・辵部》:"遴,行難也。"《廣雅・釋詁二》:"遴,貪也。""賑"字始見於《玉篇》,訓"難"的"賑"其本字當是"遴",訓"貪"的"賑"則當是"吝"的增旁俗字。

遲[12]

【遲】◎

《切韻》殘葉二平聲脂韻直尼反:"遲,又直利反。"《箋注本切韻》二脂韻:"遲,按《説文》從辛,又作此遲。"伯 2193 號《目連緣起》:"阿鼻受苦已多時,不論日夜受凌遲。"

按：《慧琳》音義卷三《大般若經》第三三二卷音義："遲,經文從尸從羊,俗字也。"《龍龕·辵部》：遲,俗；遟遅,二正。"遲"字籀文作"遟","遅"即"遟"的譌俗字。秦漢簡帛及漢碑皆已見"遅"字。

【迡】△

《箋注本切韻》二脂韻載"遲"又作"迡",又作字似當楷定作"迡"。

按《王二·脂韻》："遲,亦作迡。""迡"即"迡"的俗寫(參看"尼"字條)。《說文》載"遲"字或體作"迡",漢碑則或寫作"迡",清孔廣居等謂"迡"乃"迡"字寫譌(參看徐灝《說文解字注箋》)。《玉篇》、慧琳《音義》、《龍龕》等皆作"迡",疑以作"迡"爲是。

遽[13]

【遽】△

《字樣》："遽,正；遽,通用。"

按："虍"旁俗書作"严",故"遽"實爲"遽"字俗書。參看"虍"旁條。

【遍】△

書證見上。斯 78 號《書儀》："今則將謀參上,幸獲起居,遍叨獎用之私,已變幽頑之質。"

按《干祿字書》："遍遽：上通下正。"《五經文字》卷上辶部："遽,作遍訛。"慧琳《音義》卷十五《大寶積經》第一百五卷音義："遽,從豦聲。經從虜作遍,非也。"六朝碑刻中已見"遍"字。又六朝碑刻"遽"或寫作"遍",當是由"遽"變"遍"的中介。參看"豦"字條。

邀[13]

【傲】◎

《正名要錄》"字形雖別,音義是同,古而典者居上,今而要者居下"類：傲邀。

按：慧琳《音義》卷七《大般若經》第五六二卷音義："邀,或從彳作徼,訓釋亦同。""邀"字不見於《說文》,蓋"徼"的後起分化字,"傲"則爲"徼"的省筆俗字。《五經文字》卷上彳部："徼,古弔反,循也；又苦堯反,要也。案經典及釋文皆別作傲,傲字從彳,與字書不同。俗作僥者訛。"可參。

邇¹⁴

【迩】△

《箋注本切韻》一上聲紙韻兒氏反:"邇,近。或作迩。"《五代本切韻》一紙韻:"邇,一近。[亦作]迩、尔(迩)。迩,同上,俗。"《王二·紙韻》:"邇,近,亦作迩、迩。"伯3626號《千字文》:"遐迩壹體,率賓歸王。"

按:"邇""邇""邇"皆爲"邇"字之變(參看"爾"字條)。《説文》以"迩"爲"邇"字古文,"迩"則爲"迩"的隸變字。《五經文字》卷上辶部:"邇,作迩同。"《集韻·紙韻》:"邇,或作迩。"今字作"迩",又爲"迩"字之變。《漢語大字典》有"迩"無"迩",不妥。

谷 部

豁[10]

【豁】△

《箋注本切韻》一入聲末韻:"豁,一達。俗作豁。呼活反。"失名《字書》:"豁,呼活[反]。"伯 3812 號《十二月》詩:"願營方便覓歸□,使妾愁心暫時豁。"

按:"害"字或"害"旁俗書作"宔",故"豁"俗書作"豁"。參看"害"字條。

【谽】△

《王二·末韻》:"谽,呼括反,一達,大,空。"《箋注本切韻》五末韻:"谽,一達。呼括反。"斯 78 號《書儀》:"其它私懇,留面披谽。"

按:"谽"即"豁"字,左旁涉右旁而類化作"容"。斯 3092 號《道明還魂記》:"道明既蒙洗雪,情地谽然。""谽"亦爲"豁"的俗字,可參。斯 5475 號《壇經》:"《維摩經》云:'即是(時)谽然,還得本心。'""谽"又爲"谽"的變體。《改併四聲篇海·谷部》引《搜真玉鏡》:"谽,呼各切。"根據其讀音,這個"谽"則當是"叡(壑)"的俗字,與"豁"的俗字"谽"爲同形字。斯 2832 號《書儀》:"巨壑大舟,潛移逝水。""壑"爲"壑"的俗字。"壑"字俗或作"墾"(見《龍龕·土部》),而"壑"又爲"墾"之變。據此,則"豁(豁)"旁俗亦可書作"谽"。

豸 部

豸

【豸】△*

《箋注本切韻》一上聲紙韻："豸,蟲豸也。池尔反。"

按："豸"字《説文》篆文作"豸","豸""豸"爲隸變之異。《字鑑》卷三紙韻："豸,俗作豸、豸。"《箋注本切韻》一虞韻載"貙"字,皆韻載"豺"字,《俗務要名林》(斯 617 號)獸部載"豹"字,"豸"旁皆寫作"豸"。《龍龕·豸部》"豸"旁亦皆寫作"豸"。

【豸】△

《箋注本切韻》一上聲蟹韻："豸,或作獬。宅買反。"伯 3620 號《諷諫今上破鮮于叔明、令狐峘等請試僧尼及不許交易書》："静朝庭而使獬豸觸[邪]。"

按："豸"蓋"豸"的增筆繁化字。《隸辨》卷六偏旁："豸,象形,亦變作豸。""豸""豸"一字之變。《龍龕·豸部》："豸,俗;豸,正。"行均以"豸"爲正字,不妥。

【獬】

書證見上。

按《玉篇·犬部》："獬,直買切,又音稚,俗豸字。""獬"爲增旁繁化字。

豺[3]

【犲】

《楞嚴經音義》一："犲狼,上士皆反,下音郎。"伯 2845 號《胡笳十八拍》之二："戎羯腥臊豈是人,犲狼喜怒難宰(姑)息。"

按《干禄字書》："犲豺：上通下正。"慧琳《音義》卷十二《大寶積經》第十五卷音義："豺狼，上牀皆反，……經文從犬作犲，非也，無此字。"蓋"豺"字每與"狼"字連用，因受"狼"字影響，遂亦類化改從犬旁作"犲"。

豞⁴

【獥】◎

《箋注本切韻》一上聲巧韻側絞反："豞，俗作獥，一獠。"

按："巢""爪"音近，"獥"蓋"豞"的形聲俗字，《龍龕·犬部》："獥，側絞反，正作豞。"《集韻·巧韻》側絞切："獥，西南夷種。或从爪（作豞）。"但後書巧韻竹狡切及晧韻魯晧切又以"獥"爲"獠"和"獠"的或體，殆未確。參"獠"字條。

貀⁵

【貀】◎

《正名要錄》"字形雖別，音義是同，古而典者居上，今而要者居下"類：貀貀。《王一》入聲黠韻："貀，女滑反，獸名，似狸，亦作貀，無前足。"

按《龍龕·豸部》："貀，或作；貀，今。""貀"見《説文》，"貀"蓋"貀"的後起改易聲旁字。

貉⁶

【貉】△

《正名要錄》"字形雖別，音義是同，古而典者居上，今而要者居下"類：貉貊。

按：慧琳《音義》卷八四《集古今佛道論衡》第一卷音義："貉，莫革反……鄭注《周禮》云：北方曰貉。《説文》從豸、各聲。或從百作貊。論文從白作狛，《説文》云：狛，如狼也，非此義。""貊"當是"貉"的譌字。

【貊】◎

書證見上。

按："貊"爲"貉"的後起俗字。

【貊】△

《王二》入聲陌韻莫白反："貊，蠻貊。亦貊。"

按:"狛"爲"貊"的換旁俗字。前揭慧琳《音義》引《集古今佛道論衡》"貊"字作"狛",蓋又"狛"字省筆俗書,與"如狼"的"狛"同形異字。

【狢】

《增字本切韻》殘葉:"狢,狐狢。又作貉。"《略雜難字》亦載"狢"字。伯2845號劉商《胡笳十八拍》之五:"狐襟狢袖腥羶(復)羶,晝披行兮夜披卧。"

按《干祿字書》:"狢貉:上通下正。"狐貉字《説文》作"貈",古書多假"貉"爲之,而"狢"爲"貉"之換旁俗字。

貌[7]

【狠】*◎

《正名要錄》"字形雖别,音義是同,古而典者居上,今而要者居下"類:皃狠。《大般涅槃經音》二"皃"下脚注"皃"。斯516號《歷代法寶記》:"大師容狠端嚴,无改常日。"又云:"(弘忍)身長八尺,容狠與常人絶殊。"

按《干祿字書》:"皃皃貌:上俗中通下正。"《龍龕·豸部》:"**狠 狠**,二俗;貌,古;須**貌**,二正。"考容貌字《説文》篆文作皃,或作"須",籀文作"貌"。"皃"爲篆文的變體。"**狠**""**狠**""狠"等形右部又爲"皃"的變體。《隸辨》卷四效韻:"**狠**,《老子銘》:聃然老旄之一也。按《説文》:皃,籀文作貌。碑譌從皀,皀即艮字,從艮者狠字也,懇字從之,狠與貌相似,故致譌耳。"敦煌寫卷中"貌"字又有作"狠"者,又爲"狠"的換旁俗字。如斯1889號《敦煌氾氏家傳并序》:"氾洊……容狠短小。"是其例。慧琳《音義》卷十四《大寶積經》第八十八卷音義:"皃,茅豹反,《考聲》云容儀也。……今經中從犬作狠,非也。《玉篇》音云午間反,《説文》云:狠狠,犬鬪聲也。甚錯,乖經意也。"可參。又《正名要錄》及《文選音》"邈"字作"邈"形,"貌"旁亦寫作"狠"形。伯4660號載"康公諱通信**邈**真讚",文中云:"**邈**其影像,銘記千春。"其中的掃描字亦爲"邈"的俗字。

【皃】◎

《正名要錄》"正行者楷,脚注稍訛"類"**貌**"字脚注"**皃**"。《王一》去聲效韻:"**貌**,莫教反,儀。亦作皃。"斯4511號《醜女緣起》:"若輪(論)此女形皃相,長大將身娉阿誰。"

按:"皃"字下本從人,作"八"爲隸書之變。《王一·效韻》又載"**貌**""**狠**""**貌**"等字,"皃"旁亦寫作"皃"。

豸　部 | 837

【貇】◎

書證見上。伯 3082 號《悉談章》:"如己等昔貇非貇,非因非果无嗔笑。"

按《字彙補·豸部》:"貇,與貌同。"

貓⁸

【猫】

《五代本切韻》一莫包反:"貓,似狸,食鼠。亦猫。又武儦反。"俄弗 96 號《雙恩記》:"鼠爲猫之煞害,匪自人教。"

按:慧琳《音義》卷二四《金剛髻珠菩薩修行分經》音義:"貓,或從犬作猫,俗字也。"

獠¹²

【獠】

《箋注本切韻》一上聲晧韻盧浩反:"獠,狐獠,西南夷。俗作獠。"《王一·晧韻》:"貗,亦作獠。"

按《集韻·巧韻》:"獠,竹狡切,戎夷別名。或从豸。"同書晧韻魯晧切:"貗,西南夷謂之貗。或从犬。""獠"字見載於《説文》,獵也。"貗"字上揭韻書始見載録,蓋指稱戎夷的後起專字。

角　部

觕[5]

【觕】◎

《王一》入聲覺韻女角反:"觕,屋角。又弓。亦作觠。"

按:"觠"字《説文》從角、弱省聲作"觠",調弓也(上揭韻書"弓"前疑脱一"調"字)。《玉篇》不省聲作"觕"。"觕"則當是"觠"之變。《龍龕·角部》以"觠"爲俗,以"觕""觕"爲正,未當。

觥[6]

【觥】

《王一》平聲庚韻:"觥,古横反,以兕角爲酒器。亦作觵。通俗作觥。"《王二》同。

按:《説文》以"觥"爲"觵"的俗字,此云"通俗作觥",即承《説文》而言。實則秦漢以後即通行"觥"字,而罕用"觵"字。《龍龕·角部》以"觥觵"爲"二正",是也。

【觥】△

書證見上。

按:故宫舊藏裴務齊正字本《刊謬補缺切韻》:"觥,古横反,兜角爲酒器。或觵。""觥"即"觥"字别構(比較注文中的"兜"即"兕"字,漢碑"兕"或作"兜"形,可參)。"觥"字從兜角,蓋"觥"的會意俗字。《康熙字典·角部》引《搜真玉鏡》:"觥,同觥。""觥""觥"一字之變。《正字通·角部》以"觥"爲"兕"的俗字,疑未確。

角 部 | 839

䚔⁶

【䚔】

《王一》去聲祭韻時制反："䚔,牛角豎。亦作䚚。"

按《龍龕·角部》："䚚,俗;䚔,正。"《玉篇》已載"䚔"字。

解⁶

【解】△

《字樣》："解,正;觧,通用。"北 7474(地 32)號《佛説藥師經》："有如是罪過當墮地獄……聞我説是藥師瑠璃光佛,无不即得觧脱者也。"伯 3211 號《王梵志詩集·家中漸漸貧》："飲酒五夫敵,不觧縫衫袴。"

按:睡虎地秦簡已見"觧"字。《干禄字書》載"解"俗作"觧",《漢郙閣頌》"解"字作"觧",皆可参。

【觧】△

《正名要録》"正行者楷,腳注稍訛"類"解(解)"下腳注"觧"。北 8454(地 17)號背《某僧佛事手帖》："能持是法華,一心不觧怠。"斯 5541 號《每月十齋日》："十五日五道大神下,此日齋,不墮鋸觧地獄。"伯 2653 號《鷰子賦》："奪他宅舍,不觧卑喙。卻事兇尪,打他見困!"斯 6551 號《佛説阿彌陀經講經文》："一句一偈,價直百千兩金,我門徒弟子細觧説。"伯 3836 號《南歌子》："雪消冰觧凍,煙凝地發萌。"

按:"觧"一類的寫法當是"解"的變體。伯 2292 號《維摩詰經講經文》："須菩提求富捨貧,觧空之聲名虚忝。""觧"亦即"解"字。或録作"鮮",謬。

觩⁹

【觩】◎

《王一》平聲尤韻字秋反："觩,㸰射收縶角。亦作觓。"

按:"酋""酉"二旁俗書多可換用,如《説文》載"逎"或體作"遒",《龍龕》載"轎"俗作"輶",是其例。故"觩"即"觓"的俗字。《漢語大字典》據《字彙補》收"觩"字,以爲"觓"的譌字,欠妥。

觸[13]

【隺】

《正名要録》"正行者楷,脚注稍訛"類"觸"下脚注"隺"。

按《玉篇・角部》:𧢲,同"觸";隺,古文。"隺""𧢲"蓋皆"觸"的會意字。戰國晉璽有"䧳"字,即"隺"字。

【拥】△

《王一》入聲燭韻:"觸,尺玉反,突。亦作拥。"《王二・燭韻》:"觸,亦作拥。"

按:"拥""拥"一字之變,當皆爲"𧢲"的譌變俗字。唐寫本《唐韻・燭韻》:"觸,古作拥。"其中的"拥"即"𧢲"的俗寫。

言 部

訊³

【訙】△

《正名要録》"正行者楷,腳注稍訛"類"訊"下腳注"訙"。北 6994(成 10)號《大戒尼羯磨文》:"若大僧病,若衆不和合,若衆不滿,應遣信礼拜問訞訙。不者突吉羅。若比丘尼衆病,若不和合,若衆不滿,比丘尼亦當遣信礼拜問訙。不者突吉羅。"其中"訞"字右側原卷旁注一"卜"形删字符號。

按《干禄字書》:"訙訊:上俗下正。"《龍龕·言部》:"訙,俗;訊,正。"又慧琳《音義》卷五三《佛説文陁竭王經》音義:"訊,經文作訙,俗字,非正字也。"《集韻·稕韻》:"訊,或作訙。""訙"蓋"訊"變"訙"的中介。

訶⁵

【呵】

《箋注本切韻》一平聲歌韻:"訶,責。虎何反。又作呵。"

按《干禄字書》:"呵訶:上通下正。"慧琳《音義》卷四一《六波羅蜜多經》第二卷音義:"訶,經文作呵,俗字也。"馬王堆帛書中已見"呵"字。

訴⁵

【𧥣】△

《正名要録》"字形雖别,音義是同,古而典者居上,今而要者居下"類:𧥣訴。斯 203 號《太上正一度仙靈録儀》:"厶甲不揆頑瞽,崇新大化,今𧥣臣求受某官。"

按：告訴字《說文》本作"訴"，"訴"即"訴"的變體。

【愬】△

書證見上。

按：《說文》載"訴"字或體作"愬"，"愬"即"愬"的俗寫。參看"愬"字條。

診⁵

【䛴】◎

《箋注本切韻》三去聲震韻直刃反："䛴，候脈。"斯 840 號《字音》"䛴"字下注音"真"。伯 2115 號《平脈略例》："凡䛴脈法，肝心出左，脾肺出右。"

按：北 8722(李 39)號《藏經音義隨函錄·大莊嚴論音義》："䛴，之忍、直忍二反，候脈也。""參"旁俗書作"尒"，又變作"尓"，故"診"俗寫作"䛴"。《玉篇·言部》：䛴，俗"診"字。慧琳《音義》卷二五《大般涅槃經》第十卷音義："診，時用作䛴，一也。""診"字宋以後俗字又有作"診"者，乃爲"䛴"字變體。

訮⁶

【訸】◎

《五代本切韻》一平聲先韻可連反："訸，詞一。又作訮。"

按《龍龕·言部》："訸，或作；訮，正：許延反，詞也，怒也。又五閑反，亦諍訟也。又音天，亦詞兒也。""訸"當是"訮"字俗譌。"訸"字蓋從言、天聲，爲"訮"的後起俗字。又上揭各書注文中的"詞"疑皆爲"訶"字之誤。《玉篇·言部》："訮，呼田切，訶也。又五閑切，訟也。"又云："訸，他前切，訶也。"他前切的"訸"即《龍龕》音天的"訸"，乃或"訮"字，"訸""訮"一字之變。《玉篇》《集韻》及《漢語大字典》等書皆分"訸""訮"爲二字，失之。

詬⁶

【訽】△

《正名要錄》"字形雖別，音義是同，古而典者居上，今而要者居下"類：訽詬。

按：《說文》載"詬"字或體作"訽"，"訽"即"詬"的俗寫。可洪《音義》第拾肆冊《佛本行集經》第卅九卷音義："唱訽，呼漏反，怒也。"此"訽"亦爲"詬"的俗寫。參看"句"字條。

【䛚】△

《時要字樣》："䛚，嗔。"

按："后"旁俗書或寫作"右"，故"䛚"即"詬"的俗字。可洪《音義》第貳拾陸册《大唐西域記》第八卷音義："忍䛚，呼候反，怒也，正作詬也。"其中的"䛚"亦爲"詬"的俗字，則又爲"䛚"進一步譌變的結果。

【唃】◎

《王一》去聲候韻苦候反："詬，詈。又許邁、胡邁二反。亦作訽、唃。"

按："口""言"二旁意近，故"唃"當即"詬"的換旁字。《説文》別有"唃"字，厚怒聲，今字作"吼"，與用同"詬"的"唃"爲同形字。慧琳《音義》卷十八《十輪經》第四卷音義："訽，吼邁反，杜注《左傳》云：訽，罵也。或誤爲吼、呴、吽、狗四字，亦通，皆上聲字，音呼苟反，案諸字書並訓爲號鳴也，經意亦苞二義，訽罵亦不妨，宜從訽字，義正也。"可參。

詹⁶

【詹】△*

《正名要録》："正行者楷，脚注稍訛"類"詹"下脚注"詹"。

按："詹"字《説文》從言從八從产作"詹"，"詹"疑爲隸書形成的變體。故宮舊藏裴務齊正字本《刊謬補缺切韻》卷端字樣："詹詹：上正下通。""詹""詹"亦皆"詹"字別體，可參。又《箋注本切韻》一平聲鹽韻載"譫""糖""檐"等字，其中的"詹"旁當是"詹"的變體。

【詹】△*

《箋注本切韻》一平聲鹽韻："詹，一有。職廉反。"（《王二·鹽韻》："詹，詹省。"《龍龕·言部》："詹，省也。"前書"有"字疑誤）斯 76 號《食療本草》"胡桃"下："仙家壓油和詹香塗黃髪，便黑如漆光潤。"斯 3399 號《書儀》謝僧統都銜："（某乙）蒙尚書獎擢提携，得事都銜階詹。"

按："詹"蓋"詹"之變（俗寫又書"ク"爲"ソ"形）。前引裴務齊正字本《刊謬補缺切韻》以"詹"爲"通"體。《唐嗣曹王李戢墓誌》"詹"亦書作"詹"形。《俗務要名林》（斯 617 號）養蠶及機杼部："栲，茒擔也。""擔"即"檐"字。又斯 610 號《啓顔録》"嘲誚"類"擔"字寫作"擔"，是"詹"旁亦寫作"詹"。斯 2832 號《書儀》"雨"："階墀濺濕而來泥，👤隴(櫳)垂流而相續。""👤"又爲"詹"之變。《箋注本切韻》三徒濫反載"👤""👤"等字，"詹"旁亦寫作"詹"或"詹"形。

【詹】△*

書證見前。

按：故宮舊藏裴務齊正字本《刊謬補缺切韻·鹽韻》："詹，職廉反，省。亦👤。"《禮記音》坊記弟卅："👤，目。"①又《略雜難字》載"👤"字。是"詹"旁俗亦作"詹"形。《唐大泉三門記》"簷"作"👤"，是其比。《正名要錄》載"簷"作"👤"，又爲"詹"之變。

【詹】△*

"詹"旁的俗寫。《正名要錄》"本音雖同，字義各別例"："憺(憺)，帷；襜(襜)，褕，蔽膝。"同卷下文又載"瞻"字作"👤"。伯3697號《捉季布傳文》："👤愆負罪來祇候，死生今望相公恩。""👤"右旁爲"詹"之變。

按《干祿字書》："詹詹：上通下正。"漢碑"詹"或"詹"旁已或寫作"詹"。《隸辨》卷二鹽韻："詹，《說文》作詹，下從言，碑變作舌，今俗因之。"《集韻·鹽韻》："詹，俗作詹，非是。""詹"當是"詹"的譌字。

詣⁶

【詣】△

《王一》去聲霽韻："👤，五計反，就。"《王二》去聲霽韻："👤，五計反，亦作👤。"斯78號《書儀》："某伏限卑守，不獲👤衙祇候參賀。"

按："旨"字俗書作"旨"，故"詣"字右旁從之。參看"旨"字條。

【詣】△

書證見上。斯2454號《五更轉兼十二時》："毗耶長者半千人，俱(俱)持寶蓋來相👤。"

按："旨"旁俗書作"旨"，手寫時又變作"旨"，故"詣"亦寫作"詣"。參看"旨"字條。

---

① 此條係爲《坊記》有"睦於父母之黨，可謂孝矣"句注音，字頭本當作"睦"，故底卷直音"目"。但底卷字頭"👤"確爲"瞻"字俗寫，蓋"睦"形誤作"瞻"字。

誡[7]

【誡】◎

《字樣》:"誡誡:二同。"斯784號《天尊説禁誡經》:"汝等男女既得受生,貴爲人身,當身修行,持齋奉誡。"斯462號《金光明經果報記》:"善男女等,明當試之。"

按:"戒"俗字作"戎",故"誡"字俗書作"誡"。"試"又爲"誡"之省筆字。《龍龕·言部》:"誡,通;誡,正。"這裏的"通""正"關係應當倒過來説。參看"戒"字條。

誑[7]

【誆】◎

《字樣》:"枉誆正誆:準《説文》《字林》,上三字並從𡉚(坐),=音皇,又相承共作王;其言傍作者上正下相承。"斯610號《啓顔録》昏忘類:"市人知其癡也,誆之曰:奴直十千。"

按:"誑"從"狂"聲,"狂""枉"的聲旁"𡉚"篆文本作"𡉚",隸變作"王",與君王之"王"相混無別。《五經文字》卷中犬部:"狂狂:上《説文》,下經典相承隸省。"可參。"誆"則爲"誆"字俗省。《集韻》去聲漾韻:"誆,隸省(作誆),或作誆。"

唬[8]

【謼】◎

《王一》去聲禡韻呼訝反:"謼,誑。"

按《玉篇·言部》:"唬,火訝切,誑也。謼,同上。""謼"蓋"謼"字俗省。《龍龕·言部》:"謼謼,二或作;謼謼,二今:呼嫁反,誑一也。"《集韻·禡韻》:"唬謼:誑也。或作謼。"後書標目字"謼"亦"謼"字俗省。

【謼】◎

《字寶》(斯6204號)去聲:"相誑謼:呼架反。"斯5437號《漢將王陵變》:"二將當時夜半越對,謼得皇帝洽背汗流。"

按:"謼"蓋"唬"的改易聲旁字。《説文》"謼"字訓"評",《廣韻》荒烏切,與此字別。

諽⁹

【愅】◎

《王一》入聲麥韻古核反："諽,更。亦作愅。"《五代本切韻·麥韻》："諽,亦作愅。"

按《原本玉篇殘卷·言部》："諽,字書或爲愅字,在心部;今爲革字,在革部。""諽"見《説文》,"愅"蓋"諽"的後起换旁字。

諭⁹

【喻】

《正名要録》"字形雖别,音義是同,古而典者居上,今而要者居下"類：諭 喻。《王一》去聲遇韻羊孺反："諭,譬。或作喻。"

按《干禄字書》："喻諭：上通下正。"慧琳《音義》卷十二《大寶積經》第十八卷音義："諭,或從口作喻,俗字也。""諭""喻"分别爲"諭""喻"的俗寫。

謂⁹

【惰】◎

《王一》上聲語韻："謂,私吕反,智。亦作惰、諝。"

按："謂""惰"皆見於《説文》,二字音義皆同,蓋古異體字。"諝"則爲"謂"的俗字。《龍龕·言部》："謂,或作;諝,正。"參看"胥"字條。

謳¹¹

【慪】△

《王一》平聲侯韻："謳,烏侯反,吟哥。或作慪、嘔。"《王二》"吟哥"作"吟歌",餘同。

按：玄應《音義》卷五《獨證自誓三昧經》音義："謳,又作嘔、慪二形,同,烏侯反,《爾雅》:徒歌曰謳。"慧琳《音義》卷九六《弘明集》第十四卷音義："慪,《字書》云:慪,歌也,喜也,吟也。《古今正字》義同,從心,區聲。或作謳,亦作嘔,音義並同也。""慪"蓋"謳"的後起换旁字。《漢語大字典》據《玉篇》等書載"慪"字,訓"吝惜",與此字别。

言　部 | 847

【謳】◎

書證見上。

按：玄應《音義》卷十八《立世阿毗曇論》第二卷音義："謳歌，又作嘔，同。"同書卷二十《龍樹爲禪陀迦王說法要偈》音義："謳歌，又作嘔、慪二形，同。"（"慪"字從高麗藏本，叢書集成初編本作"傴"）"嘔"亦"謳"的後起換旁字。

謥[11]

【謥】

《正名要錄》"字形雖別，音義是同，古而典者居上，今而要者居下"類：

謥㣚。

按："恩"旁隸變或作"𢗊"，故"謥"即"謥"字變體。參看"恩"字條。

【㣚】◎

書證見上。

按："恩"旁俗作"忩"，故"㣚"當是"傯"字俗寫。傯，傯侗，字亦作"惚侗"、"偬侗"、"謥詷"、"謥詷"、"謥詷"等，疊韻連語，急促、不得志貌。

諏[11]

【嗅】△

《王一》入聲呼甲反："諏，誇誕。亦作嗅。"《王二》同。

按："嗅"用同"諏"，它書未載。

謬[11]

【謀】△

《王一》去聲幼韻："**謀**，靡幼反，錯，正作謬。"斯 78 號《書儀》："某幸叨獎眷，**誤**忝同年。"

按：慧琳《音義》卷六《大般若經》第五百四卷音義："謬，從言從翏，翏亦聲也。翏音力幼反，經從尒，非也。"《王二·幼韻》："謬，俗作謀。"末字當是"謀"字寫譌。慧琳《音義》卷七《大般若經》第五四一卷音義："謬，經文從爾作謬，俗字也，非正體也。"其中的"爾"當作"尒"（《高麗藏》本正作"尒"），其下的"謬"則當作"謀"。漢碑中已見右下部作"尒"形的"謬"字。參看"翏"字條。

譨[14]

【譳】◎

《箋注本切韻》五去聲候韻奴豆反："譳，詎一。"同韻丁豆反小韻："詎，詎譳，不能言。"

按《龍龕・言部》："詎譳，上都豆反，下奴豆反，一一，不能言也。"《正字通・言部》："譳，俗譨字。"參看"需"字條。

讒[17]

【讒】

《王一》平聲咸韻："讒，士咸反，[□](又)士銜反，通俗作讒。"俄敦10684號《金光明最勝王經》卷六末附經音："讒，士咸。"北8272(辰60)號《善惡因果經》："憙讒人者，死墮蟒蛇惡毒中。"

按："毚"旁俗書往往書作"㲋""毚""毚"等形，故"讒"俗或作"讒"。《龍龕・言部》："讒，俗；讒，正。"《字鑑》卷二咸韻："毚，俗从二兔作毚。"可參。

辛　部

辜⁵

【𠂤】◎

《略雜難字》"𠂤"字音"古"。斯6836號《葉净能詩》："朕實𠂤卿，願卿知意。"伯3451號《張淮深變文》："黄天不許𠂤神德。"

按：慧琳《音義》卷八《大般若經》第五七二卷音義："辜，經從手作𠂤，謬也。"希麟《續音義》卷二《新大方廣佛華嚴經》第十二卷音義："辜，經文從手作𠂤，傳寫誤也，字書無文也。"《龍龕·古部》："𠂤，俗；辜，正。""古"旁手寫時常書作"右"形，故"𠂤"俗又變體作"𠬛"（《箋注本切韻》一平聲模韻"辜"字寫作"𠬛"，可以比勘）。伯3627號《漢將王陵變》："斫營比是王陵過，無𠬛老母有何愆？""𠬛"亦即"辜"字，或録作"拿"，謬。

辦⁹

【辦】◎

《王一》去聲襉韻："辦，薄莧反，具。俗作辦。"斯1722號《兔園册府》卷一："端餘莫辦，晦朔不分。"伯2942號《唐永泰間河西巡撫使判集》"關東兵馬使請加米"："略有支持，皆出沙州，又須辦脚。"

按："辦"字《説文》本從刀辡聲作"辦"，隸變作"辦"。"辦"即"辦"的譌俗字。《廣韻·襉韻》：辦，俗"辦"字。清李賡芸《炳燭編》卷二："辨、辦本一字耳。隸變刀或作刀，或作刂，而刀又譌作力，遂以辨爲辨論之辨，以辦爲辦具之辦，大謬。"可參。

【辨】△

《正名要録》"正行者楷，脚注稍訛"類"辨"下脚注"辨"。伯2033號《十地論離垢地》卷二:"綺語之罪,亦令衆生墮於地獄畜生餓鬼。若生人中,得二種果報:一者所説正語人不信受,二者所有言説不能辯了。"

按:"辯"爲"辨"的增筆繁化字。"辛"形部件俗書多增一橫畫寫作"辛"。《齊高僧護墓誌》"辨"作"辩",可參。

【辫】△

書證見上。

按可洪《音義》第拾柒册《删補羯磨》音義:"辫衆,上步莧反,備也,正作辦……辦四形。""辫"亦"辨"字,字形略異。《龍龕·辛部》:"辫,古文,蒲幻反,与辦同。""辫""辫"蓋一字之變。

辭[12]

【辭】△

《王一》平聲之韻□兹反:"辭,獄訟。亦作辭。"

按:末字左半照片不甚明晰,姜書録作"辭",近是。俗書"辛"字多增畫作"辛",故"辞"即"辭"的增筆字。"辭"則爲"辭"的隸變字。《漢楊君石門頌》已見"辭"字。

【辭】△

《箋注本切韻》二之韻似兹反:"辭,理訟。"

按:"辭"亦爲"辭"的變體。《魏孝文帝弔比干文》"辭"已作"辭"。

【辞】△

《正名要録》"正行者楷,腳注稍訛"類"辭"下腳注"辞"。伯2140號《佛説梵摩渝經》:"稽首佛足,辞還本土。"

按:辭讓字《説文》篆文本作"辭",籀文作"辤",古書多假辭訟、辭説之"辭"爲之。"辤"即"辭"的增畫字。伯2962號《張義潮變文》:"將軍號令兒郎曰:尅勵無辤百載(戰)勞。"字亦增畫作"辤"。"辤"字又作"辞",當是"辤"的譌變俗字。《龍龕·舌部》:"辞,俗,音詞,正作辤。"可洪《音義》第柒册《如來師子吼經》音義:"辞辯,上祥慈反,正作辤。""辞"即"辤"的增畫字。《字鑑》卷一之韻:"辭,俗作辞。"又云:"辤,籀文作辞,俗作辞。"《魏元颺妻王夫人墓誌》"辭"字作"辞",可參。斯1441號《勵忠節鈔·字養部》:"孫謙爲錢塘令,……袟(秩)滿言歸,百姓追載縑帛以送之,謙辞而不受。"此爲作"辞"者。

雨 部

需⁶

【需】*◎

《正名要錄》"本音雖同,字義各別例":"須需,並待;繻,帛。"《春秋後語音》"需"下腳注"須"。

按《龍龕·而部》:"需,俗;需,正。"《字鑑》卷一虞韻:"需,俗作需,誤。""需"字從雨、而聲,俗書作"需",當是形符"雨"被聲符"而"類化使然。上揭《正名要錄》"繻"即"繻"的俗字。又《箋注本切韻》一虞韻載"儒""濡""獳""懦""嚅"等字,侯韻載"糯""甖"等字,"需"旁原卷皆從俗作"需"。《漢衡方碑》:"少以濡術。""濡"即"濡"字(文中通作"儒"),則"需"作"需"漢隸已然。

霞⁹

【霞】△

《字樣》:霞霞:上正,下相承用。斯610號《雜集時用要字》二儀部第一載"虹霞"。

按:"叚"旁俗書皆作"叚",故"霞"俗作"霞"。《魏根法師碑》"霞"作"霞",是其比。

霸¹³

【霸】◎

《正名要錄》"字形雖別,音義是同,古而典者居上,今而要者居下"類:霸霸。北6332(薑13)號《大般涅槃經》卷八:"我當調伏其餘王子,紹繼大王霸王之業。"

按：宋王觀國《學林》卷十"繩疊"條列舉"字爲俗書改其體者"，其中有"霸之覇"。《隸辨》卷四禡韻："《説文》霸從雨，……今俗作覇，非是。"《龍龕·西部》："覇，居宜、必嫁二反。""必嫁"反的"覇"亦即"霸"的俗字。宋邵博《聞見後録》卷二十："王荆公晚喜説字，客曰：'霸'字何以從西？荆公以西在方域主殺伐，累言數百不休，或曰：'霸'從雨不從西也。荆公隨輒曰：如時雨化之耳。"可參。

【覇】* ◎

書證見上。又《大般涅槃經音》二"覇"字音"把"。斯 5437 號《漢將王陵變》："大陳七十二陳，小陳三十三陳，陳陳皆輸他西楚覇王。"

按《干禄字書》："覇霸：上通下正。"《五經文字》卷上月部："霸，作覇訛。"《廣韻》去聲禡韻必駕反：覇，俗"霸"字。《晉石尠墓誌》已見"覇"字。斯 4473 號《後晉文鈔·大晉皇帝致北朝皇帝遺書》："歸漢主灞上之地。""灞"爲"灞"字俗書，是"霸"旁俗書亦或作"覇"。

【霸】△

《王二·禡韻》："霸，博駕反，王。亦作霸。"

按《龍龕·雨部》："霸，俗；霸，正。"斯 1722 號《兔園册府》卷一："逢五老而授圖書，獵雙童而基霸主。""霸"和"霸"當皆是"霸"的譌變俗字，而"霸""霸"則當係據"霸""霸"回改而來（"朔"字俗作"朔"）。漢簡及璽印文字中已見近似"霸"或"霸"形的寫法。又《王二》同韻載"灞"字，"霸"旁亦從俗作"霸"。

【霸】△

説見上條。

【覇】△

《春秋後語音》："覇，布嫁[反]。"

按："覇"當是"霸"俗字"覇"進一步譌變的結果。"逆"敦煌寫本或作"迕"，可以比勘。又《唐長孫氏墓誌》"霸"作"覇"，可參。參上條。

㲖[14]

【㲖】△

《箋注本切韻》一平聲侯韻女溝反："㲖，兔子。"

按："需"旁俗書作"禹"，故"㲖"俗寫作"㲖"。

靈 16

【靈】△

《字樣》:"靈靈:二同。"伯 2804 號《越州諸暨縣香嚴寺藏經記》:"同塵不染,悲濟生靈。"

按:"靈"字下部從"巫",此寫作"亚",蓋俗寫之變。《魏元俸墓誌》"靈"字已寫作"靈"形。漢碑中"靈"下部有寫作"亚"形的(靈),可參。

【霝】◎

《王二》平聲青韻:"靈,郎丁反,神。亦作霝、觀。"《毛詩音》一"靈臺"寫作"霝臺"。伯 2482 號《張懷慶逸真讚并序》:"公乃天資霝異,神授宏才。"

按:"霝"爲"靈"的簡俗字,《漢王稚子闕》已見。《鉅宋廣韻·青韻》"霝"字下云:"後魏置霝州,取靈武縣名爲之。"又"靈"字下云:"與霝同。"其中的"霝""靈"亦皆"靈"字俗寫。

【霊】△

《正名要錄》"各依腳注"類"霊"下腳注"從巫"。

按:"霊"當是"靈"的簡俗字。《唐張君夫人秦氏墓誌》"靈"亦寫作"霊"形。《隋嚴元貴墓誌》寫作"霊",可參。

【䨩】◎

《箋注本切韻》一平聲青韻:"䨩,神靈。郎丁反。"伯 2974 號《吐蕃宰相尚臘藏噓律鉢設齋文》:"振霜威而清四海,施惠澤而育万䨩。"

按《集韻·青韻》:靈,俗作䨩,非是。"䨩"當是"霝"或"霊"的變體。《唐王君妻梁氏墓誌》"靈"寫作"䨩",可參。

【觀】△

書證見前。

按:"觀"蓋"靈"的俗字。《集韻·青韻》以"觀"爲"靈"字異體,與"靈"字別。

隹 部

雀³

【雀鳥】△

《王二》入聲藥韻即略反："雀,小鳥。亦俗雀鳥。"伯2042號《大佛名十六卷略出懺悔》："若在畜生,則受鴿雀鳥鴛鴦等身。"

按："雀"字本從小隹會意,從"隹"已表"雀"爲鳥屬之意,但因該表示屬類的偏旁處在字之下部,於義不顯,故俗書又增加一個"鳥"旁,繁化作"雀鳥"。

雄⁴

【䧺】◎

《字樣》："䧺雄:二同。"伯4638號《右軍衛十將使孔公浮圖功德銘并序》："半千之應未期,百夫之䧺斯承。"

按《干禄字書》："䧺雄:上俗下正。"《五經文字》卷中隹部："雄,從右訛。"《龍龕·隹部》："䧺雄:此二同。"俗書尖口方口不分,故"雄"俗書作"䧺"。漢碑已見"䧺"字。

隽⁴

【雋】*◎

《箋注本切韻》一上聲獮韻徐兗反："雋,鳥肉肥。古作隽。"《王一·獮韻》："雋,徂兗反,鳥肥。通俗作隽。"斯1441號《勵忠節鈔·恩義部》："隽不疑當威而不猛,嚴而不殘。""隽不疑"《漢書》卷七一作"雋不疑。"

按《龍龕·隹部》："隽,通;雋,正。"《廣韻·獮韻》:隽,俗"雋"字。漢碑中已見"隽"字,蓋"雋"的隸變字。又《箋注本切韻》一獮韻"臇"寫作"䏈",《俗務要名林》(斯 617 號)"鐫"寫作"䥶","雋"旁亦皆從俗作"隽"。

雖[9]

【雖】△

《正名要録》"正行者楷,腳注稍訛"類"雖"下腳注"䧯"。俄敦 5477＋5478＋5480＋5486 號《法句經》:"䧯有天欲,慧捨不貪。"

按可洪《音義》第拾册《大智度論》第七十九卷音義:"䧯信,上息惟反,語助也,豈也。正作雖、雖二形也。"同書第貳册《小品般若經》第四卷音義:"䧯欲,上息惟反,正作雖。""䧯"又爲"雖"之變。《魏故西陽男高廣墓誌銘》"雖"亦或作"䧯"形。又《晉徐夫人管洛墓誌》作"䧯",可參。

雙[10]

【雙】◎

《箋注本切韻》一平聲江韻所江反"雙"寫作"雙"。斯 5643 號《曲子送征衣》:"每見庭前雙飛燕,他家好自然。"

按《復古編》卷上:"雙,作雙非。"《字鑑》卷一江韻:"雙,俗作雙。""雙"即"雙"的增筆繁化字。

【雙】△*

《箋注本切韻》二江韻:"雙,按《説文》作此雙。"《俗務要名林》(斯 617 號)數部:"雙,所江反。"伯 3726 號《釋門都法律杜和尚寫真讚》:"不詳(祥)瑞應,雙樹枝崩。"

按《干禄字書》:"雙雙:上俗下正。"慧琳《音義》卷七《大般若經》第五百四十三卷音義:"雙,《字要》云:雙字從隹,隹,鳥也;從又,又,手也;手持二鳥曰雙。經文從反作雙者,非也,謬已久矣。"《魏三級浮圖頌》已見"雙"字。上揭《箋注本切韻》末"雙"當是"雙"字誤書。從字形演變的角度來説,"雙"可能是"雙"的變體。"又"旁生僻,故俚俗改爲常見的"反"。上揭《箋注本切韻》同韻又載"瀧""慫""籦"等字,"雙"旁原卷亦皆寫作"雙"形。

【雙】◎

《正名要録》"正行者楷,腳注稍訛"類"雙"字腳注"雙"。北 8435(光 94)號

《維摩詰經講經文》:"十指纖纖如削玉,䨥眉隱隱似刀裁。"俄弗 96 號《雙恩記》:"憫念衆生業所爲,袖掩䨥淚旋還垂。"

按:故宫舊藏裴務齊正字本《刊謬補缺切韻·江韻》:"雙,所江反,手持二雔(隹)。從又者手也。亦䨥,非。"《龍龕·雨部》:"䨥,今作雙,同也。""䨥""雙"皆爲"雙"的俗字。從字形演變的角度來説,"䨥"當是"雙"的譌字。慧琳《音義》卷六八《阿毗達磨大毗婆沙論》第六十二卷音義:"雙,從雔從又,論從兩作䨥,非也。""雙"字從兩、隻,即"雙"的會意俗字。唐蘇鶚《蘇氏演義》卷上記後魏俗字有"兩隻爲雙"者,即指"雙"而言。俗書"兩""雨"不分,故"雙"又譌變作"䨥"。

雛[10]

【雓】△

《王二》平聲虞韻士于反:"雛,鷇子。又作雓。"

按《龍龕·隹部》:"𩀱𩀲,二俗;雓,俗通;雛(雛),正。"《魏元子正墓誌》已見"雓"字。"芻"旁俗書皆可作"丑""刍""五"等形。斯 2832 號《書儀》:"馬惚(瑙)臺上,躡花筵而引鳳鶵。""雛"字異體作"鶵",而"鶵"又爲"䳡"之俗,可參。參看"芻"字條。

離[10]

【雜】◎

《正名要録》"正行者楷,腳注稍訛"類"離"下脚注"雜"。斯 6631 號《和菩薩戒文》:"何時得離此波吒。"

按《龍龕·隹部》:"雜,音離。"即"離"的俗字。《顔氏家訓·書證》稱當時俗字"離"側配"禹",亦指"雜"而言。"離"左旁譌作"禹"漢碑已然。

阜　部

阡³

【阡】◎

《五代本切韻》一平聲先韻:"阡,阡陌,又路南北達。又阡、阡。"

按《原本玉篇殘卷·阜部》:"阡,《風俗通》:南北曰阡。《字書》:阡,陌也。《蒼頡篇》䦹字,在谷部;或爲圲字,在土部也。"《宋本玉篇·阜部》:"阡,或作䦹、阡。"日本平安昌泰年間(898—901)釋昌住《新撰字鏡》卷五土部:"阡,且田反,三里曰阡,陌也。又'阡'字,合作。"從土從阜義近,用同"阡"的"圲""阡"蓋皆"阡"的換旁字。

【䦹】△

書證見上。

按:《玉篇》謂"阡"或作"䦹","䦹""䦹"一字異寫。《說文》別有"䦹"字,用同"芊",與用同"阡"的"䦹"非一字。

阱⁴

【敱】△

《王一》去聲勁韻:"穽,陷穽。亦作敱。"

按:《王二》"敱"作"敊"。慧琳《音義》卷四一《六波羅蜜多經》第五卷音義:"穽,亦作阱,或作寇。""敱""敊""寇"當是一字之變。據《說文》,其正字當作"䣈"。《說文·奴部》:"䣈(篆文作𥩖),坑也。从奴、从井,井亦聲。"與"阱"(《說文》或體作"穽")字音義均近,故古或即以"䣈"爲"阱"字異體。而"敱""敊""寇"即"䣈"隸定或楷定形成的變體。

阢⁴

【阤】◎

《五代本切韻》一平聲宣韻以厶(專)反："阤,高一。阢,同上。"

按:"阢"見《說文》,而"阤"則是"阢"的後起改易聲旁字。《龍龕·阜部》:"𨸗,与專反。""𨸗"又爲"阤"的俗寫("台"旁俗書皆可作"公")。

阻⁵

【岨】◎

《正名要録》"字形雖別,音義是同,古而典者居上,今而要者居下"類:阻岨。

按:慧琳《音義》卷九一《續高僧傳》第五卷音義:"阻,或從山作岨。"同書卷九八《廣弘明集》第十八卷音義:"阻,集從山作岨,非也。"用同"阻"的"岨"當是"阻"的換旁俗字,與《說文》訓"石戴土"的"岨"爲同形字。

陋⁶

【陋】◎

《字樣》:"陋,正;陋,相承用。"

按《字鑑》卷四候韻:"陋,郎豆切,鄙惡也。从阜、从匸、从丙,……俗作陋。"《說文》"陋"字從阜、㔷聲,"陋"即"陋"的省筆字。

陑⁶

【陾】◎

《箋注本切韻》二平聲之韻如之反:"陾,地名,又峻坂。《說文》作陾,築牆聲。"

按:故宮舊藏裴務齊正字本《刊謬補缺切韻·之韻》:"陾,地名,又峻阪,在安邑。"《玉篇·阜部》:"陑,汝之切,地名。""陑""陾"一字,"陾"當是"陑"的繁化俗字,或爲"陾"字俗書。參下文。

【陾】◎

《王一·之韻》:"陾,地名,又峻岅。"《王二》同。

按：慧琳《音義》卷九九《廣弘明集》第二十八卷音義："陁，二之反，《考聲》云：陁，河東地名也。……或作陑也。"《龍龕·阜部》："陁，通；陑、陜（陝），二正：音而，地名，又峻嶮也。下又乃口反，衆頓也。"音而的"陑"當是"陁"的異體，行均以"陑"爲正，恐未妥。

陵⁸

【陵】◎

《正名要録》："陵陵：丘。"斯 5437 號《漢將王陵變》："王陵脱著體汗衫，綴（綴）一標記。"

按《干禄字書》："陵陵：上通下正。"《五經文字》卷中自部："陵，從夌訛。"漢碑中已見"陵"字。《隸辨》卷二蒸韻"陵"字下云："諸碑從夌之字皆變作麦。"

陰⁸

【陰】＊

《正名要録》"字形雖別，音義是同，古而典者居上，今而要者居下"類：陰陰。伯 2054 號《十二時》："恣荒唐，逞奢侈，一日光陰半朝醉。"

按《玉篇·阜部》："陰，今作隂。"《五經文字》卷中自部："陰隂：上《説文》，下《石經》。"《字鑑》卷二侵韻："陰，俗作隂。""隂"字漢碑中已見，蓋"陰"的隸變俗字。《王一·沁韻》："蔭，於禁反，厚隂。""陰"旁亦寫作"隂"。

【隂】△

書證見上。北 219（宿 43）號《大方等大集經》卷十四："負五隂擔，亦无住處。"

按《干禄字書》："隂隂陰：上通中下正。""隂"字右旁《説文》作"侌"，"侌"從云、今聲，"隂"當是"陰"的譌俗字。《隋宮人楊氏墓誌》"陰"亦寫作"隂"。

階⁹

【階】△

《正名要録》"字形雖別，音義是同，古而典者居上，今而要者居下"類：階堦。伯 2005 號《沙州都督府圖經》"苦水"下："北流至沙州階亭驛南。"

按："皆"旁古本或從曰作"皆"，故"階"即"階"字。《龍龕·阜部》："階，音皆,梯(梯)也,級也。"字亦寫作"階"。參看"皆"字條。

【堦】△

書證見上。斯4571號《維摩詰經講經文》:"臨辭室内愁眉結,頻被堦前日影催。"

按《干祿字書》:"堦階:階砌字上俗下正,合作階級之階。""堦"即"堦"字,乃"階(階)"的後起換旁字。顔元孫以"階"爲正字,可見當時"皆"旁仍以從曰作"皆"爲典正。

隙[10]

【隟】△

《箋注本切韻》一入聲陌韻:"隟,壁孔。綺戟反。又作此隟。"斯4474號《文樣·歎壙文》:"人之百齡,以(似)隟光而非分。"

按:"隟"當是"隙"字俗譌。《隋明質墓誌》"隙"作"隟",《龍龕·阜部》載"隙"俗作"隟",皆可參。

【隙】◎

書證見前。又《楞嚴經音義》一:"隙,綺戟反。"斯2832號《書儀》皇甫長官病可事:"公府神勞,……是規度隙影風氣所衝耶?"伯3718號《張良真生前寫真讚并序》:"元戎節下,不辜毫隙之非。"

按:"隙"蓋"隙""隟"進一步譌變的結果。《干祿字書》:"隙隙:上通下正。"慧琳《音義》卷二《大般若經》第一百卷音義:"隙,《説文》壁際小孔也,從阜,從白、上下從小。經從巢作隙,非也。"同書卷六七《阿毗達磨集異門足論》第十五卷音義:"隙,論文作隙,俗字也。"《龍龕·阜部》:"隙,俗"隙"字。

隨[12]

【随】△

《字樣》:"隨,正;随,通用。"《切韻》殘葉二平聲支韻:"随,旬爲反。"伯4638號《大番故敦煌郡莫高窟陰處士公修功德記》:"金烏東谷,随佛日以施仁。"

按《五經文字》卷上辶部:"隨,從左,作随訛。"漢碑已見"隨"走之旁中省"工"的寫法。

险 13

【险】△

《楞嚴經音義》一："崄，與險同。"斯 2985 號《蘇莫遮·大唐五臺曲子》："险突嵯峨朝戊(霧)已。"

按：漢碑中"險"已多作"险"，即"險"的隸變字。"僉"旁隸變皆可作"佥"。參看《隸辨》卷三琰韻。

【崄】△

書證見上。斯 107 號《太上洞玄靈寶昇玄内教經》："凡愚兇崄，無所畏忌。"

按：慧琳《音義》卷十一《大寶積經》第二卷音義："險，虛儼反，《廣雅》：險，阻也。……經文從山作崄，音儼，非也。崄者小不平也，坎也，字義與音俱乖經意，宜改從阜作險。"《集韻·琰韻》：險，或從山作"崄"。用同"險"的"崄"實即"險"的換旁俗字，而"崄"又爲"嶮"字俗書。

隰 14

【隰】

《王二》入聲緝韻似入反："隰，原隰，亦作隰。"

按《原本玉篇·阜部》："隰，《字書》亦隰字也。"慧琳《音義》卷八《大般若經》第六百卷音義："隰，或作隰。"《龍龕·阜部》："隰，或作；隰，正。""隰(隰)"即"隰"的後起改易聲旁字。

隱 14

【隠】◎

《箋注本切韻》一上聲隱韻："隱，於謹反。"《王一·隱韻》："隠，通俗作隠。"斯 5692 號《山僧歌》："獨隠山，實暢道，更無諸事亂相撓。"

按《干祿字書》："隠隠隱：上俗中通下正。"《五經文字》卷中自部："隱，從爪從工，或作隠，訛。"慧琳《音義》卷四《大般若經》第三百五十卷音義："隱，從阜、㥯聲，經從急作隠(隠)，訛謬也。"漢碑中"隱"已多簡省作"隠"。

【隠】◎

書證見上。北 6475(騰 44)號《大般涅槃經》卷二八："何故遠離？爲安隠故。何故安隱？爲禪定故。"

按："隱"字俗省作"隐"，而"急"字俗或作"㤺"（參看"急"字條），據以加以回改，則"隱"就有可能被誤改作"隐"。

隳 15

【陊】△

《箋注本切韻》二平聲支韻："陊，毀，許規反。《説文》作此隳（？），又作此墮。"伯4660號《故沙州緇門三學法主李和尚寫真讚》："千万不遂，今也云陊。"

按：隳毀字《説文》篆文作"隓"（隸變作"墮"），古籀作"陸"，後起俗字作"隳"。慧琳《音義》卷四二《大佛頂經》第一卷音義："陸，經作隳，俗用字也。"《龍龕·阜部》："隳，今；陸，正。""陊"則又爲"隳"字俗省。

【墮】△

書證見前。

按："墮"字他書未見，蓋"墮"字俗譌。

隴 16

【隴】△

《正名要録》："隴隴：坂。"伯2005號《沙州都督府圖經》"長城堰"下："自隴西徙居幽州之范陽。"

按："龍"字俗或書作"龍"或"龍"（參看"龍"字條），故"隴"字右旁俗書從之。《漢華山亭碑》已見"隴"字。

金 部

釣³

【魡】

《王一》去聲嘯韻多嘯反:"釣,釣魚。亦作魡。"

按《玉篇·魚部》:"魡,丁叫切,亦作釣,餌取魚。"慧琳《音義》卷三一《大薩遮尼乾子經》第三卷音義:"釣,或作魡。""釣"見《説文》,因爲釣鉤由金屬製成,故其字從金;但因爲釣的對象是魚,故俚俗又改易偏旁作"魡"。

鈿⁵

【細】◎

《王一》去聲霰韻堂見反:"細,寶細。今通用作此鈿。又蘇計反。"《王二·霰韻》堂見反:"鈿,寶鈿。今通作細字,蘇計反。"

按:"細"字用同"鈿"未見實際用例,俟再考。

鉛⁵

【鈆】◎

《箋注本切韻》一平聲仙韻与專反:"鉛,錫。或作鈆。"《王一·仙韻》:"鉛(鈆),通俗作鈆。"《王二·仙韻》:"鉛,通俗作鈆。"伯2292號《維摩詰經講經文》:"爲見鈆刀,兼輕龍劍。"

按《干禄字書》:"鈆鉛(原注:沿、船並同):上通下正。"《龍龕·金部》:"鈆,或作;鉛,正。""㕣"(古多作"㕣")、"公"相亂秦漢古文字已然(參看"㕣"字條),故"鉛"異寫作"鈆"。《漢張納碑》已見"鈆"字。

鉑⁶

【刟】△

《五代本切韻》五入聲陌韻莫白反:"鉑,鉑刀。亦作刟。"

按:從刀從金意義上有相通之處,故"鉑"又換旁作"刟"。

銓⁶

【硂】△

《王一》平聲仙韻此緣反:"銓,病(泉按:"病"字疑衍,《王二》無"病"字)一衡,亦作硂。"

按:《王二》末字作"硂"。"硂"為"銓"的後起換旁字,而"硂"則為"硂"的俗書。可洪《音義》第貳拾肆册《大唐內典錄》第十卷音義:"銓品,上七全反。"掃描字為"銓"字俗書,可以比勘。又該書第伍册《等集衆德三昧經》上卷音義:"觀銓,此全反,量也,正作銓、詮二形。""銓"又為"銓"的譌變形。參看"全"字條。

銷⁷

【焇】

《王一》平聲宵韻:"銷,鑠。亦作焇。"

按:慧琳《音義》卷四《大般若經》第三百五十卷音義:"銷,或作焇也,同用。"銷熔與火有關,故"銷"或換旁從火作"焇"。

錡⁸

【錡】△

《王二》上聲紙韻魚倚反:"錡,三足鼎,一曰兵藏為蘭錡。或作錡。"

按:"奇"字俗作"竒",故"錡"當是"錡"的俗字。參看"奇"字條。

鍥⁹

【銡】△

《王二》入聲屑韻古屑反:"鍥,鐮別名。又作銡。"

按《集韻·屑韻》：鍥，或從結作"鍥"。"鍥""鍥"當皆爲"鍥"的改易聲旁字。

鍱⁹

【鍱】◎

《王二》入聲葉韻与涉反："鍱，鐵一。亦作鍱(鍱)。"

按：慧琳《音義》卷十四《大寶積經》第七十六卷音義："(鍱)唐初避廟諱，改世作鍱。"同書卷四五《佛藏經》下卷音義："(鍱)經作鍱，俗字。"

【鍱】◎

書證見上。俄弗252號《維摩詰經講經文》："或有鍱腹婆羅，戴火外道，各將徒衆，誇逞神通。"

按《龍龕·金部》："鍱(鍱)，俗；鍱，今；鍱，正。""鍱"爲"鍱"的繁化俗字，"鍱""鍱"字形微異，當皆爲"鍱"的避諱變體字。行均所云，未盡切當。

鍼⁹

【針】

《正名要録》"字形雖別，音義是同，古而典者居上，今而要者居下"類：鍼針。《王二》平聲侵韻職深反："針，縫衣具。或作鍼。"

按：慧琳《音義》卷二四《信力入印法門經》第三卷音義："鍼，今從十作針，俗字也。"同書卷二九《金光明最勝王經》第九卷音義："鍼，俗用從十作針，亦順時且用也，正從金、從箴省聲。"

錘⁹

【錘】◎

《五代本切韻》二入聲葉韻："錘，丑輒反，綴衣針。正作錘。"

按《龍龕·金部》："錘，正；錘，今。""舌"旁俗書皆可寫作"舌"。《漢語大字典》據《龍龕》載"錘"字，失真；又分"錘""錘"爲二，亦不妥。

鍦⁹

【䥏】◎

《王一》去聲寘韻施智反："鍦，短矛。或作䥏。"

按：《王二》末字作"䂳"。短矛字《説文》作"鉈"，《方言》作"鏶"；"鉈"俗變作"鈀"；"䂳"爲"鈀"的换旁字，"䂳"則爲"鏶"的换旁字。《龍龕·矛部》："䂳䂳，同鏶。短矛也。"

鍪⁹

【鉾】△

《正名要録》"字形雖别，音義是同，古而典者居上，今而要者居下"類：鍪鉾。北444(閏27)號《大方便佛報恩經》卷二："服乘象馬，兜鉾弓箭。"

按：玄應《音義》卷四《大方便報恩經》第二卷音義："鍪，經文作鉾(泉按："鉾"字金藏廣勝寺本作"鉾")，非字體也。"《集韻·東韻》"鏠"字下注："首著兜鉾也。"《樂府詩集·横吹曲辭·梁〈企喻歌辭〉》："牌子鐵裲襠，鉅鉾鸜尾條。"凡此"鉾"皆爲"鍪"的改易聲旁俗字。而"鉾"又爲"鉾"字俗書。《漢語大字典》失載"鉾"字，而"鉾"字又失收同"鍪"這一義項。

鏵¹⁰

【鍜】△

《箋注本切韻》一平聲麻韻户化反："鏵，一鍫。又作鍜。"

按《王二·麻韻》户花反："鍜，一鍫。鏵，鍤。"慧琳《音義》卷七三《立世阿毗曇論》第二卷音義："鏵，古文奇字作鍜，同。""鍜"當是"鍜"的誤字。

鏁¹⁰

【鏁】◎

《王一》上聲哿韻："鎖，蘇果反，鐵鎖。俗作鏁。"《楞嚴經音義》一："枷鏁，下蘇果反。"伯2193號《目連緣起》："重門關鏁難開得，振錫之時總自通。"

按：慧琳《音義》卷十一《大寶積經》第八卷音義："鎖，經作鏁，俗字也。"同書卷四九《大莊嚴論》序音義："鎖，《説文》從玉作瑣，論中或有從巢作鏁者，非也。""鎖"字《説文新附》始見載録，其初文蓋本爲"瑣"，後起分化字作"鎖"，"璅""鏁"則分別爲"瑣""鎖"的俗字。参看"瑣"字條。

鎗[10]

【鎗】◎

《王一》平聲庚韻："鎗,楚庚反,鎗鼎。通俗作鐺。"《王二·庚韻》："鎗,俗作鐺。"

按《干禄字書》："鎗鐺:上鐘聲,楚庚反;鐺音當;今並以爲鎗釜字,更無別體。"慧琳《音義》卷六二《根本毗奈耶雜事律》第十卷音義："鎗子,上策康反,《考聲》云鼎類也。或作鐺,俗字也。"同書卷一百《受用三水要法》音義："鎗,楚庚反,《考聲》云鼎類也。俗作鐺。"用作"鎗"俗字的"鐺"與《説文》鋃鐺之"鐺"爲同形字。

鏝[11]

【墁】

《王一》去聲翰韻莫半反："墁,亦作摱,一扞,所以塗飾牆壁。"

按《説文·金部》:鏝,或從木作"槾"。泥鏝古蓋用鐵,亦或用木,故其字或從金,或從木;所塗者爲泥灰,故後世或從土作"墁"。

【塓】△

《王二·翰韻》："塓,亦作摱,所以塗牆壁。"

按《龍龕·土部》："塓,通;墁,正。""曼"字或"曼"旁俗書作"㬅",故"墁"字俗作"塓"。《漢語大字典》據《龍龕》迻録作"塓",非原形。

【摱】△

書證見上。

按:俗書從木從扌相亂,故"摱"可以説是"槾"字俗譌。從另一角度來説,以泥鏝塗飾牆壁必用手,故"摱"又可説是從手、曼聲的後起俗字。《龍龕·手部》："搧,通;摱,正:莫官反,一覆也。"這個正字"摱"似亦即"鏝"字異構,其"摱覆"義即塗飾牆壁義之引申耳。

【搧】△

書證見前。

按:"搧"爲"摱"字俗寫。

鏦[11]

【鉾】△

《王二》平聲冬韻七容反:"鏦,短矛。亦作鉾。"

按:《説文》載"鏦"或體作"錄","鉾"可能是"錄"的形近譌字,也可能是從金從矛的會意俗字。《玉篇·矛部》以"鉾"爲古"矛"字,與此字別。

【𥮹】△

《王二》平聲江韻楚江反:"𥮹,矛。亦作鏦。"

按:《廣韻》載"鏦"異體作"𥮹","𥮹"即"𥮹"的譌體。故宮舊藏裴務齊正字本《刊謬補缺切韻·江韻》楚江反:"𥮹,矛。""𥮹"亦即"𥮹"字,可參。《漢語大字典·矛部》據《改併四聲篇海》引《川篇》載"𥮹"字,音窓,矛也。這個"𥮹"當又是"𥮹"的譌字。

鐫[12]

【鑴】△

《王一》平聲仙韻:"鑴,子泉反,鑽𩰚。亦作鋑。通俗作鐫。"(末字原卷左上部誤作"亻"形,兹據《王二》改正)《王二》標目字作"鐫"。

按《干禄字書》:"鑴鐫:上通下正。""鑴"爲"鐫"的偏旁易位字。

【鐫】◎

書證見上。《俗務要名林》(斯617號):"鐫,刻石。"斯705號《開蒙要訓》:"雕鐫刻鏤。"伯2603號《讚普滿塔》:"碑上細微鐫盛事,佛前端正鐫全身。"

按:慧琳《音義》卷八一《三寶感通傳》下卷音義:"鐫,《説文》從金、雋聲,(雋)從隹從冂,録從乃,非也。"同書卷八四《續古今佛道論衡》音義:"鐫,論文作此鑴,俗字。""鑴""鐫"一字之變。《龍龕·金部》:"鑴鐫鑴,三俗;鐫,正:子泉反,鑽𩰚也。又户圭反,大鍾也。"其中的"鑴""鐫"爲一字,音子泉反;"鑴""鐫"則另爲一字("鑴"的俗字),音户圭反,行均混爲一談,殊非切當。

鐵[13]

【鐡】◎

《字樣》:"鐵,正;鐡,通用。"

按《干祿字書》:"鐵鐡鈇(鐵):上中通下正。"慧琳《音義》卷五三《起世因本經》第二卷音義:"(鐵)《説文》黑金也,從金,䥫聲,䥫音徒結反,正體字也。今經文從截作鐵,俗字也。"《龍龕·金部》:"鐵,俗;鐡鐵,二正。""鐵"當是"鐡"的隸變俗字。斯107號《太上洞玄靈寶昇玄内教經》:"死入地獄,燒鐵洋銅以灌口中。""鐵"亦"鐵"字,可參。

【鐵】◎

《箋注本切韻》一入聲屑韻:"鐵,俗作鐵。"斯778號《王梵志詩集·沉淪三惡道》:"牛頭鐵叉□(扠),獄卒把刀掇。"

按《五經文字》卷下金部:"鐵,相承或作鐵。"《太平廣記》卷三七一獨孤彦條(出《宣室志》):"以截附金,是鐵字也。""以截附金"即據俗字"鐵"而言。《魏冀州刺史元昭墓誌》已見"鐵"字。

鐉 [13]

【劗】◎

《王二》上聲獮韻旨善反:"劗,擊。亦作鐉。"

按:"劗"爲"鐉"的後起換旁字。

鎌 [13]

【鐮】△

《王二》平聲鹽韻力鹽反:"鎌,鎌刀。或作鐮。"斯610號《啓顔録》"謿誚"類:"水惡[鳥],頭如鐮桐尾如鑿。"

按:"鎌"爲《説文》本字,"鐮"則爲"鎌"字俗寫。慧琳《音義》卷四七《中論》第四卷音義:"鐮,《説文》從金、㾕聲也。""㾕"爲"兼"的俗字,"鐮"亦"鎌"字俗寫。參看"兼"字條。

鐴 [13]

【鐴】△

《五代本切韻》必益反:"鐴,一土,犂耳。又作鐴也。"

按:慧琳《音義》卷六五《毗尼律》第四卷音義:"鐴土,補赤反,《埤蒼》:鐴,大犂耳也。""鐴"字它書未見,當是"鐴"的繁化俗字。

鑼[19]

【鬲】△

《箋注本切韻》一平聲歌韻落過反:"鑼,銼鐵(鑼),小釜。或作鬲。"末字《王二》作"䰜"形。

按:《王二》同一小韻又出"䰝"字,云"亦鑼(鑼)。又公科反"。"䰝"應爲《說文·鬲部》"鬴"字之譌。"鬴"或寫作"鬲",《玉篇·鬲部》稱"亦作鬲"(據胡吉宣《玉篇校釋》本),"鬲""䰜"亦應爲"鬲"字俗寫之變。

【鑼】◎

《王一·歌韻》:"鑼,或作鑼。"

按《龍龕·金部》:"鑼,或作;鑼,正。""鑼"爲"鑼"的後起改易聲旁字。

門　部

闭³

【閇】

《大般涅槃經音義》"閉"下腳注"閇"。伯2721號《舜子至孝變文》："東院酒席常開,西院書堂常閇。"

按《玉篇·門部》：閇,俗"閉"字。《干祿字書》："閇閉:上俗下正。"慧琳《音義》卷二八《薩曇分陀利經》音義："閉,俗從下作閇。"

【閺】△

《正名要錄》"正行者楷,腳注稍訛"類"閉"下腳注"閺"。

按：上揭掃描字據字形當是"閺"字,但"閺""閉"字別,古書中亦未見譌"閉"爲"閺"者,疑"閺"爲"閇"字寫譌（其所從的部件"文"和"下"起筆相同）,"閇"爲"閉"的常見俗字。伯2003號《佛説閻羅王授記四衆預修生七往生净土經》："作大魔王,管攝諸鬼,科斷閻浮提内十惡五逆一切罪人,繫閇牢獄,日夜受苦。"可洪《音義》第柒册《佛説諫王經》音義："閇塞,上博計、并列二反。""閇""閇"即"閉"的俗字。

开⁴

【閞】

《正名要錄》"正行者楷,腳注稍訛"類"開"下腳注"閞"。北7474(地32)號《佛説藥師經》："佛去世後,當以此法閞化十方一切衆生。"

按：可洪《音義》第拾叁册《大般涅槃經》下卷音義："閞拓,他各反。"掃描字亦爲"開"字俗寫。

閻⁸

【閻】*◎

《王二》平聲鹽韻余廉反:"閻,里中門。"斯 2052 號《新集天下姓望氏族譜》:"青州樂安郡出十二姓:……閻、房、賀、曹。"伯 2319 號《大目乾連冥間救母變文》:"汝向閻浮提冥路之中尋問阿孃。"

按:俗書"臽""舀"不分,故"閻"俗書作"閻","閻"又爲"閻"之變。《王二·鹽韻》又載"塪""澗""櫚"等字,"閻"旁亦寫作"閻"。

闕¹⁰

【闕】△

《正名要錄》"正行者楷,腳注稍訛"類"闕"下腳注"闕",其中"門"内左下部字形不太明晰,原卷天頭上有一小字"羊",即指"門"内左下部當作"羊"。73TAM222:56/7(a),56/8(a)《唐殘判集》有"闕"字。

按:"屮"旁隸變或作"羊"形,"欠"旁隸變或作"尺"(參看《隸辨》卷五月韻),故"闕"字俗書或作"闕"。《漢史晨奏銘》"闕"字作"闕",是其比。

【闐】◎

《佛經難字及韻字抄》載"闐"字。斯 3872 號《維摩詰經講經文》:"行孝行忠無少闐,修仁修德有所哙。"

按《大戴禮記·保傅》:"過闕則下,過廟則趨,孝子之道也。"孫詒讓《大戴禮記斠補》云:"趙校云:'闕,本作闕。'……嚴校云:'字書不見闐字,疑闕之誤。《廣雅·釋詁》三:闕,空也。曹憲音口決反。《玉篇》:闕闋,無門户也。闐、闕音相近。《釋名·釋宫室》:闕在門兩旁,中央闕然爲道也。則義與闕亦相近。……'案:嚴校是也。闐蓋從門、劧聲,古音與闕同部,傳寫誤劧爲卦耳。"考"闕"字俗或作"闕"(見《干禄字書》),又變作"闕"(見《唐李從証墓誌》)等形。又"欠"旁隸書或作"尺"形,"卜"旁隸書或作"K"形(參看《隸辨》卷六偏旁"欠""卜"二旁下),字形趨於混同,故從"欠"之字俗書或變作從"卜","闕"便進而變成了"闐"。《吴尋陽長公主墓誌》"闕"字作"闐",伯 3595 號《蘇武李陵執别詞》作"闐",皆可資比勘。故"闐"當即"闕"的俗字。孫詒讓等謂"闐"爲"闕"字傳寫之誤,殆非確論。又"闕"字後起,疑亦即"闕"字俗變。

關[11]

【關】◎

《正名要録》"正行者楷,脚注稍訛"類"關"下脚注"開"。

按:《魏上尊號奏》已見"關"字。"關""關"爲篆文隸定之異。

【開】◎

書證見上。伯 2553 號《王昭君變文》:"遠指白雲呼且住,聽奴一曲別鄉開。"

按《干祿字書》:"開關:上俗下正。"慧琳《音義》卷三《大般若經》第三百四十卷音義:"關,經作開,非也。開音弁,非經義也。"用同"關"的"開"當是"關"的簡省俗字,與音弁的"開"爲同形字。

闖[12]

【闖】

《王二》上聲紙韻爲委反:"闖,門。亦作闖。"

按:玄應《意義》卷七《大哀經》第一卷音義:"闖,《字詁》:今作闖,同,于彼反。《廣雅》:闖,開闢也。"《龍龕·門部》:"闖,或作;闖,正。"上揭《王二》注文"門"字疑誤,或當與標目字連讀釋"闖門"。《國語·魯語下》:"闖門與之言,皆不踰閾。"《説文·門部》:"闖,闢門也。"可参。

隶 部

隶⁹

【隸】*

《王一》去聲霽韻魯帝反："隸,僕。亦作䜤(?)。"60TAM337：11/1 高昌延昌八年(568)寫《急就章》古注本："奴婢私隸。"

按：清澤存堂刻《廣韻·霽韻》：隸,同"隸",俗作"隸"。《漢魯峻碑》"隸"字作"隸"。玄應《音義》卷一《法炬陀羅尼經》第二卷音義謂僮隸字"從米、叔聲",《九經字樣》又謂"從又持米、柰聲"作"隸"(秦漢簡帛及漢碑多作後一形,其左上角的"木"偶或譌變作"土"形),"隸"當是"隸"或"隸"的變體。《唐處士賈德茂墓誌》作"隸",又爲"隸"字之變。《王二·霽韻》魯帝反小韻又載"隸(檨)"字,"隸"旁亦寫作"隸"。可見"隸"是當時習見的俗寫。上引《廣韻》"隸"字周祖謨《校勘記》據北宋本、巾箱本、景宋本校改作"隸(隸)",未必確當。

【隸】△

《正名要錄》"正行者楷,腳注稍訛"類"隸"下腳注"隸"。斯133號《羣書治要·左傳》襄公九年："商工皁隸,不知遷業。"

按："隸"當是"隸"的訛俗字。《魏貴華王普賢墓誌銘》"隸"已寫作"隸"。

【隸】△

書證見上。又《王二·霽韻》："隸,僕一。"《字寶》(伯2717號)去聲："潄淂,音隸帝。"斯203號《度仙靈錄儀》載有"四部司隸都官從事"的官名。

按：慧琳《音義》卷六《大般若經》第五百九卷音義："隸,正體作隸,從隶、柰聲也。經文從入從米作隸,謬也。"同書卷八三《大唐三藏玄奘法師本傳》第一卷音義："隸,《古今正字》從米、入,矣聲。"又《干祿字書》載"隸"字俗作"隸",皆可參。《魏孝昌石窟寺碑》已見"隸"字。

【隸】△

《略雜難字》載"隸"字。伯2032號《維摩經疏》卷五:"示入下賤者,示現僕隸身也。"斯367號《沙州伊州地志》殘卷:"(鄯善)上元二年改爲石城鎮,隸沙州。"

按:"隸"爲"隸"的變體。《齊李琮墓誌》"隸"字作"隸",又斯5454號《千字文》作"隸",是其比。

革 部

革

【草】△＊

《箋注本切韻》一入聲麥韻古核反："草，皮。"《五代本切韻》五麥韻："草，改。"《正名要錄》："草，改。"斯1722號《兔園冊府》卷一："將使占蹄之俗，革化而內遷。"

按《干祿字書》："草革：上通下正。"故宫舊藏裴務齊正字本《刊謬補缺切韻·麥韻》："草，《説文》作革。""革""草""草"爲一字之變（手寫時多作"草"）。上揭《五代本切韻·麥韻》又載"緈""脾""諱"等字，《文選音》載"鞏"字，《佛經難字及韻字抄》載"鞽"字，《俗務要名林》（斯617號）雜畜部載"鞦""鞭"等字，"革"旁原卷亦皆寫作"草""草"等形。

靴[4]

【靴】

《正名要錄》"字形雖别，音義是同，古而典者居上，今而要者居下"類：韡靴。北8272（辰60）號《善惡因果經》："著鞋靴入浮圖精舍中者，{今者}今作蝦蟇蟲。"

按《干祿字書》："靴韡：上通下正。"慧琳《音義》卷三一《大薩遮尼乾子經》第三卷音義："韡，或從化作靴，二字並從革，皆俗用字也。《説文》作屦，從履省，和聲也，亦轉注字也。"同書卷六五《五百問事經》音義："韡，《字林》從化作靴，並俗字也。《考聲》正作屦，從履省、禾聲也。《説文》闕無此字，諸字書無疊韻。"考"屦""屦"皆不見於各大型字書載録，俟再考。

【靴】◎

《王一》平聲歌韻："韡，韡鞋，無反語，胡屬。亦作靴。或作屦，火戈反，又布波反。"上條所引《善惡因果經》"靴"字另一本北 8657(果 90)號即作"鞾"。

按：慧琳《音義》卷十四《大寶積經》第六十二卷音義："鞾，《考聲》正體作屦(?)，經作靴、鞾、靴，並俗字也。"《龍龕‧革部》："靴，通；鞾，正：音靴。""鞾"當是"靴"的繁化俗字。

靼⁵

【靼】◎

《王二》入聲薛韻旨熱反："靼，柔皮，鐙一。亦鞆。"

按：同書末韻當割反："靼，柔革。"俗書"旦""且"不分，"靼"實即"靼"的俗字。《鉅宋廣韻‧薛韻》旨熱切："靼，柔皮。鞶，古文。鞆，俗。"《説文》載"靼"字古文作"鞶"，"鞶"即"鞶"字俗書，"靼"則爲"靼"字俗書。

【鞆】◎

書證見上。

按："鞆"當是"靼"的音變俗字（"折"與"靼"旨熱反的音切相同）。《龍龕‧革部》："靼，旨熱反，柔皮。"接云："鞆，旨熱反，鐙一，皮飾也。"隔數字後又云："鞶，或作；靼，正：當葛反，柔革也。"實則"靼""鞆""靼"皆一字之異，行均分而爲三，殊非切當。

鞃⁵

【鞃】◎

《王一》平聲登韻古弘反："鞃，軾中。亦作䩑、鞨。"

按《廣韻‧登韻》胡肱切："鞃，䩑鞃，軾中靶也。"又古弘切小韻："䩑，鞃中靶也。""䩑"實即"鞃"字異構，《廣韻》分而爲二，不妥。

【鞨】

書證見上。

按《龍龕‧革部》："鞨，俗；鞃，正。"

鞋⁶

【鞋】◎

《五代本切韻》二平聲佳韻户佳反："鞵，革中履。亦作鞋。鞋，俗作鞋履字。"伯3824號《出家讚文》:"捨卻高頭繡履,惟有草鞵相隨。"

按《干祿字書》:"鞋鞵:上通下正。"慧琳《音義》卷十五《大寶積經》第一百九卷音義:"鞋,核皆反,俗用非本字也,正體從奚作鞵。"同書卷三五《一字頂輪王經》第二卷音義:"鞵,經中作鞋,俗字也。"《龍龕·革部》以"鞋""鞵"爲"二正",蓋唐代前後"鞋"字通行,故行均徑以爲正字。

鞈[7]

【鞜】△

《五代本切韻》二入聲狎韻古狎反:"䩞,䩞韐。亦作鞜。"

按:"䩞"見《廣雅》,《説文》作"鞈","鞜"則爲"鞈"或"䩞"的改易聲旁字。《龍龕·革部》:"鞜,俗,胡甲反。"即"鞈"的俗字。

鞘[7]

【韒】◎

《正名要録》"字形雖別,音義是同,古而典者居上,今而要者居下"類:鞘韒。

按:"韒"爲"鞘"字俗寫;"鞘"見《説文》,"韒"則爲"鞘"的後起改易聲旁字。

【韯】△

《字寶》(斯6204號)去聲字:"皮韯,縣帛。亦韯。"

按:"韯"字他書未見,蓋"韒"的換旁字。

韛[12]

【韛】◎

《王一》去聲至韻逵位反:"韛,韋繡。亦作韛。"

按:"韛"見《説文》,"韛"爲"韛"的後起換旁字。

頁 部

須³

【湏】△*

《正名要録》"本音雖同,字義各別例":"湏需(需):並待。"《王二》平聲虞韻相俞反:"須,古從彡,俗誤從水。"伯2133號《金剛般若波羅蜜經講經文》:"非善法,不湏修,見善法,切湏修。"

按《五經文字》卷中彡部:"須,從水訛。湏,火外反,物湏爛之湏。"慧琳《音義》卷六九《阿毗達磨大毗婆沙論》第一三八卷音義:"須,《説文》從彡從頁。顧野王云,所須待之須從彡作須;從水作須(湏),音悔。今俗行已久,且依也。""須"俗寫作"湏"漢簡已然。又"須"旁俗書亦作"湏",如《箋注本切韻》平聲虞韻載"𩑣""𩭊(鬚)"等字,是其例。

頹⁷

【頺】◎

《字樣》:"頹,徒回反,從禿;從秀作俗。"《正名要録》"正行者楷,腳注稍訛"類"頹"下腳注"頺"。伯2005號《沙州都督府圖經》"古効穀城"下:"今北面有頺其(基)數十步。"

按《干禄字書》:"頺頹:上通下正。"《龍龕・頁部》:"頺,俗;頹,正。"

顛¹⁰

【顛】◎

《五代本切韻》一平聲先韻:"顛,一頂。多田反。"又《字樣》載"顛"字。《楞嚴經音義》一載"顛倒"一詞。伯2133號《金剛般若波羅蜜經講經文》："繼絆網羅不用入，無明顛倒莫教侵。"

按："顛"字本作"顛"，俗書作"顛"，"顛"是"顛"字涉左側聲旁類化形成的俗字。"顛""顛"則爲"顛"字手寫之變。慧琳《音義》卷十五《大寶積經》第九十七卷音義："顛，經從二真作顛，俗字誤也。"同書卷八八《法琳法師本傳》第一卷音義"巔"字下云："顛字正體右從頁，左從真，俗從二真，誤也。"《廣韻·先韻》：顛，同"顛"。《康熙字典·八部》："顛，《正字通》：俗顛字。"從理論上説，"顛"可以説是由"顛"内部類化形成的俗字。但"顛"字未見實際用例，很可能是編辭書的人據"顛"字回改形成的（"眞"俗作"真"）。又前揭《五代本切韻·先韻》又載"顛""顛"等字，"顛"旁亦寫作"顛"。

願[10]

【頿】△

《王一》去聲韻目廿四："頿，魚怨反，夏侯與恩别，與恨同，今並别。"正文該韻下云："□，魚怨反，情欲。"隔二字後云："頿，大頭。"韻目及訓大頭的"頿"《王二》皆作"願"。斯328號《伍子胥變文》："吾死之後，頿弟得存。"

按《五經文字》卷下頁部："願頿：二同，上大頭也。"可洪《音義》第壹册《大般若經》第四十三帙音義："所頿，魚勸反，欲也，念也，正作願、頿二形也。"考《説文·頁部》："願，大頭也。"又云："顥，顛頂也。"據前賢研究，戰國至兩漢前後，古人多借"顥"來表示欲愿的"愿"，漢代前後亦或借"願"字爲之，六朝以後則"願"字的使用逐漸普遍。"顥"字漢簡及碑刻或寫作"顥""頿"等形，"頿"字就是這類寫法進一步簡化的産物（六朝碑刻中已多見"頿"字。參看裘錫圭《文字學概要》頁191—192，頁343）。可見"頿""願"本是不同的字，但由於二字皆可借用來表示欲愿的"愿"，唐代前後遂混而爲一，以至訓大頭的"願"亦寫作"頿"，"頿"便被當成了"願"的俗字。

顧[12]

【顧】

《字樣》："顧，迴視。又相承作此顧字。"《王二》去聲暮韻："顧；古暮反，視。俗作顧。"《毛詩音》二："顧，工户[反]。"北8236(宙15)號《究竟大悲經》卷二:"但嗜其甜,而不顧毒,當時口美,久後便害。"斯 2614 號《大目乾連冥間救母變文》:"青提夫人一箇手,託著獄門迴顧盼。"

按《玉篇·頁部》:顧,同"顧",俗。《干禄字書》:"顧顧:上通下正。"《五經文字》卷下頁部:"顧,作顧非。"慧琳《音義》卷五《大般若經》第四二七卷音義:"顧,亦作顧,俗字也。"魏晉碑刻中已見"顧"字。"顧""顧"一字之變。

顯[14]

【顈】△

《正名要録》"正行者楷,腳注稍訛"類"顯"下腳注"顈"。

按:《漢魯峻碑》等"顯"字作"顈",可參。

顱[16]

【髗】◎

《王一》平聲模韻落胡反:"顱,頭顱。亦作髗。"

按:"髗"爲"顱"的後起换旁字。

面　部

靦[7]

【𩡨】◎

《王一》上聲銑韻他典反:"靦,面慙。亦作䩄、𩡨。"

按《玉篇·面部》:"靦,他典切,《詩》云'有靦面目',靦,姡也。又,靦,慙皃。䩄,《埤蒼》同上。𩡨,字書靦字。䩅,同上。"《集韻·銑韻》:"靦,或作䩄、䩅、𩡨。"《説文》以"䩄"爲"靦"字或體,"䩅"當是"䩄"的改換聲旁字;"𩡨"字的"單""亶"則皆爲聲符,乃"靦"的二聲俗字(比較《集韻·獮韻》載"墠"或作"壇")。《改併四聲篇海·面部》引《川篇》:"𩢶,他典切,面黄色。"這個字疑亦即"靦"的形聲俗字,可以比勘。

骨　部

骹⁶

【胶】◎
《王二》平聲肴韻口交反:"骹,脛骨近足細處。亦胶。"
按《集韻·爻韻》何交反:"胶,脛骨也。"這個"胶"即"骹"的後起换旁字。《漢語大字典》這一音義的"胶"與"骹"的異體關係不明。

髀⁸

【䫂】△
《正名要録》"字形雖别,音義是同,古而典者居上,今而要者居下"類:䏶䫂。
按《五經文字》卷下骨部:"䫂,捕米反,見《周禮》。""䫂"爲"髀"字俗寫。《漢語大字典》載"䫂"字,爲一字之變。參看"卑"字條。

【䏶】◎
書證見上。北8299(日85)號《相好經》:"佛如來兩䏶周圓,漸次而斂。"
按:慧琳《音義》卷二六《大般涅槃經》第十二卷音義:"髀,經文有作跰、䏶二體,並俗字,非正者也。"同書卷三十《證契大乘經》下卷音義:"髀,或作跰,經作䏶,俗字也。""髀"見《説文》,"䫂"爲"髀"的改换聲旁字,"跰""䏶"又爲"髀"的换旁字。《正名要録》以"䏶"爲"古而典者",欠妥。

髏¹¹

【頯】△
《王一》平聲侯韻落侯反:"髏,髑髏。亦作頯。"

按:"婁"旁俗作"妻"(參看"妻"字條),故"髏""顱"俗作"髏""顱"。玄應《音義》卷一《大集日藏分經》音義:"顱,又作髏,同,力侯反,《埤蒼》:頭骨也。""顱"爲"髏"的換旁字。

髎[11]

【髎】△

《王二》平聲宵韻力昭反:"髎,髋。正作髎。"

按:"髎"字當是從骨、翏聲,"翏"旁俗書作"𣎴",故"髎""髎"當以前者爲正字。

髓[12]

【髓】△

《王二》上聲紙韻:"髓,息委反,骨肉行(汁)。亦作髓。"

按:故宮舊藏裴務齊正字本《刊謬補缺切韻・紙韻》:"髓,骨汁。又髓。""髓""髓"皆爲"髓"(字又作"髓")的變體。

體[13]

【體】

《王二》上聲薺韻:"體,他禮反,膚。或作軆。"伯 2140 號《佛說梵摩渝經》:"軀體丈六,相有卅二。"

按《玉篇・身部》:"軆軆:並俗體字。"《干禄字書》:"軆體:上俗下正。""軆"爲"體"的換旁俗字。漢簡及碑刻中已見"軆"字(戰國文字中也已有從身的寫法)。

【躰】

《正名要錄》"正行者楷,腳注稍訛"類"體"下腳注"躰"。伯 2648 號《捉季布傳文》:"朕緣爭位遭傷中,變(遍)躰油瘡是箭痕。"

按:慧琳《音義》卷八九《高僧傳》第六卷音義:"體,傳文從身作躰,俗字也。""躰"字從身、本,蓋"體"的會意俗字。六朝碑刻中已見"躰"字。

鬼 部

鬼

【鬼】△*

《楞嚴經音義》一："厲鬼：上音例。"伯3286號《十二時》："死王誰怕鏡前花，煞鬼徒勞掌中舞。"

按："鬼""鬼"爲篆文隸變之異。《五經文字》《龍龕》皆以"鬼"爲部首。"鬼"旁亦或作"鬼"。《楞嚴經音義》一："塊，苦對反，土塊。"是其例。

【鬼】*

"鬼"旁的俗寫。《楞嚴經音義》一："魃（魃），蒲末反。"又云："魍魎，上音綱（網），下音兩。"

按："鬼"字甲骨金文作"𩲢""𩲡"等形，下從人，上象鬼頭，皆不從厶；秦文字或加"厶"形飾筆，爲《說文》所沿用。古"鬼"旁作"鬼"遠紹先秦古文。《龍龕·鬼部》"鬼"旁多寫作"鬼"形。斯76號《食療本草》："韭子，……去三虫，殺鬼毒、惡瘡。""鬼"即"鬼"字，可參。

魍[8]

【魍】△

《楞嚴經音義》一："魍魎，上音綱（網）。"《王一》上聲養韻文兩反："魍，一魎。亦作網。"《王二》標目字作"魍"。斯1137號《發願文》："祈江河魍魎并諸眷屬來降道場。"

按："罔"旁俗或作"冈"，又變作"冈""闪"等形，故"魍"字俗作"魍"，又作"魍""魍"等形。慧琳《音義》卷七《大般若經》第五百四十卷音義："魍魎，或作蜽蛧。""魍"亦即"魖"字。參看"网"字條。

【蜽】△

書證見上。

按:魖魎字《説文》作"蜽蛧","蜽"即"蜽"字俗寫。《龍龕·虫部》:"蜽蛧:上音㒼,下音兩,——,虫名也,又石之精也。""蜽""蜽"一字之變。參看"网"字條。

食　部

飣²

【籫】△

《王一》去聲徑韻丁定反："飣,貯食。或作籫。"

按:《王二》末字作"奠",《廣韻》亦云:奠,同"飣"。"籫"當是"奠"的增旁俗字。故宮舊藏裴務齊正字本《刊謬補缺切韻》去聲清韻:"飣,又作籫。"《改併四聲篇海·竹部》引《川篇》:"箐,音飣,竹器。""箐"疑即"籫"字之誤。《漢語大字典》據《改併四聲篇海》引《龍龕》收"籫"字,音佃,竹名,與此字別。

飫⁴

【饇】◎

《王一》去聲御韻:"飫,於據反,飽。亦作饇。"

按《原本玉篇·食部》:"饇,《字書》:亦飫字也。""饇"即"饇"字俗寫。《龍龕·食部》:"饇饇,二通;飫饇,二今。"其中的"饇"爲《說文》本字。

飯⁴

【飰】◎

《楞嚴經音義》一:"飯,或作飰。"《楞嚴經音義》二:"飯,正作飰,去聲。"伯3867號《漢將王陵變》:"卿等遠來,上帳賜其酒飰。"

按《玉篇·食部》:"飯,扶晚切,餐飯也。又符萬切,食也。飰、飰,並同上,俗。"《九經字樣》:"飯,作飰者訛。"考《說文·食部》:"飯,食也。从食,反聲。""反""卞"中古讀音不盡相同,故前人或視"飰""飯"爲不同的字。如《經典釋文》卷十一《禮記·曲禮》"三飯"下云:"依字書,食旁作卞,扶万反,食旁作反,符晚反,二字不同。今則混之,故隨俗而音此字。"清李調元《卍齋璅錄》卷二亦云:"歐陽氏曰:字書食旁作卞字扶萬切,食旁作反字扶晚切,二字不同,今俗混爲一,非。"實則"反""卞"上古音同屬元部,讀音頗爲接近。"飯"字作"飰",猶"汳"字作"汴",皆爲改易聲旁俗字。誠如錢大昕所說,"古音反如變,與卞相近,飯、飰非兩字兩音也"(《十駕齋養新錄》卷三"陸氏釋文多俗字"條)。至於"飯""汳"何以易"反"爲"卞",大概與魏晉以後諱言"反"字有關(參看段玉裁《説文解字注》"汳"字下注、畢沅《中州金石記》卷三《大中五年重刻顔真卿宋州官吏八關齋會報應記跋》及黄焯《經典釋文彙校》第十一引孫星衍語)。"飰"字《原本玉篇殘卷》已見(參下引),蓋六朝俗字。

【飰】

《字樣》:"飰,扶蔓[反]。飯,扶晚反,今飰字通用此飯字。"《王一》上聲阮韻扶遠反:"飯,進飰。"同書去聲願韻:"飰,符万反,飯食。"《大般涅槃經音》二"飰"下腳注"飯"。北6976(藏47)號《四分比丘尼戒本》:"不得搏飰遙擲口中,應當學。"

按《原本玉篇殘卷·食部》:"飰,抹(扶)萬反,……《字書》:飰也。野王案:今並爲飯字也。"慧琳《音義》卷六一《根本説一切有部毗奈耶律》第四十五卷音義:"飰,煩萬反,或上聲作飯,……兩體並通。""弁""卞"本篆文"𠥜"隸變之異(《説文·兒部》"𠥜"段注:"弁之譌俗爲卞,由隸書而貤謬也。"),故"飰"實亦即"飯"的改易聲旁俗字。今本《玉篇·食部》以"飰""飰"爲"飯"字俗體,是也。

【餁】

《大般涅槃經音義》:"香餁,下飯。"

按:"餁"爲"飰"字俗誤。

飲[4]

【歁】△

《王一》上聲寑韻:"飲,於錦反,啐。亦作歁。"

按:"飲"字《説文》作"歓",從欠、酓聲("酓"實即"歓"古字,從酉、今聲,而"歓"則當是從酉從欠,今聲),"歁"即"歓"字俗省。

飾⁵

【餝】

《諸雜難字》《佛經難字及韻字抄》皆載"餝"字。斯 840 號《字音》"餝"下注音"識"。又《春秋後語音》"餝"字注音"式"。伯 2714 號《十二時》:"姿妝粉黛莫奢華,服餝綾羅須儉素。"

按《玉篇·食部》:餝,同"飾",俗。《干祿字書》:"餝飾:上俗下正。"《五經文字》卷中巾部:"飾,作餝訛。"《匡謬正俗》卷八"飭"字條云:"飭者,謹也,敬也,音與勅同,字從食從力。其脩飾之字從巾。……曲學之士,不能詳別,遂使書寫訛謬,飾、飭兩字混而爲一,並食傍作芳,縱或知有勅音,止謂借飾爲飭耳。全不辨者,總讀爲飾,蓋大失之矣。""飾""飭"並從食得聲,二字宜可通用;"飭"字漢碑或作"飭","餝"當又是"飭"的繁化俗字。漢碑中"飾""飭"皆有寫作"餝"的,即顏師古"飾""飭"二字混同之證。參看《隸辨》卷五職韻"飭""飾"二條。

飼⁵

【飰】

《王一》去聲志韻辝吏反:"飰,食。"同書去聲闞韻"腏"字下云:"相飰。"

按:《正名要錄》"字形雖別,音義是同,古而典者居上,今而要者居下"類:飼飤。"飤"爲《說文》本字,"飼"爲其或體。俗書"人"字或作"卜"(如"咎"作"咎"、"臥"作"卧"之比),故"飰"即"飤"字俗書。《龍龕·食部》:"飰,俗;飤,今;飼,正。"行均以"飼"爲正字,蓋據時俗通行而言。

餇⁶

【桐】◎

《五代本切韻》三平聲東韻:"餇,餇糉字。桐,同上。"

按《集韻·東韻》徒東切:"桐,粽也。"而不載"餇"字。《玉篇·食部》:"餇,徒紅切,食也。"亦缺載"餇糉"之義。

餄[6]

【餄】

《五代本切韻》二入聲洽韻古洽反:"餄,餄餅。亦作餄。"

按《原本玉篇殘卷·食部》:"餄,公洽反,《字書》:餄餅也。"今本《玉篇·食部》:"餄,公洽切,餌也。"隔數十字後又增列"䬔""餄"二字,云:"䬔,古洽切,餅。餄,同上。"實則"䬔""餄"即"餄"字別構,今本《玉篇》分而爲二,殊非其當。

餐[7]

【飱】△

《毛詩音》二:"飱,蘇温[反]。"

按:所音爲《鄭風·緇衣》毛傳"粲,餐也"句,"飱"即"餐"字俗寫。"餐"字韻書或音蘇昆反(用同"飧"),"蘇温""蘇昆"一也。"奴"旁俗或書作"夊"(參"粲"字條),故"餐"上半從之而又省去中間的"人"。《原本玉篇殘卷·食部》:"飱,蘇昆反……《説文》:飱,餔也。《字書》:飲澆飯也。""飱"亦"餐(飧)"字,可參。

【湌】◎

《楞嚴經音義》一:"湌,倉干反。"《王一》平聲寒韻:"湌,倉干反,進食。正作湌。"斯 289 號《報慈母十恩德》:"臺(擡)舉近三年,血成白乳與兒湌。"

按:《説文》載"餐"字或體作"湌","湌"即"湌"字俗省;《王一》標目字與注文正字當易位。慧琳《音義》卷十四《大寶積經》第八十卷音義:"餐,或從水作湌。經從氵,非也。"《廣雅·寒韻》:湌,俗作湌。

館[8]

【舘】◎

《正名要録》"字形雖別,音義是同,古而典者居上,今而要者居下"類:館舘。《箋注本切韻》三去聲翰韻古段反:"舘,舍。《説文》從食。"《王一·翰韻》:"館,舍。通俗作舘。"伯 2005 號《沙州都督府圖經》"一所殿"下:"至今見在,州司以爲舘。"

按《干禄字書》:"舘館:上俗下正。"《五經文字》卷下食部:"館,從舍訛。"玄應《音義》(《金藏》廣勝寺本)卷五《梵女首意經》音義："館,今有從舍作舘,近字也。"

餪⁹

【餪】△

《楞嚴經音義》一："餪,乃管反,与此暖同。"

按《廣雅·釋言》："餪,饋也。"王念孫疏證："餪者,温存之意。唐段公路《北户録》引《字林》云:餪,饋女也。音乃管反。又引《證俗音》云:今謂女嫁後三日餉食爲餪女。"俗書從"大"從"火"不分,故"煗"即"餪"的俗字(比較"奥"字俗又作"奐")。唐宋間俗語又有"暖房""煖寒""煖女""煗女""軟脚""輭脚""煖痛""煖喪""暖孝"等等名目,前一字皆當以作"餪"爲典要。宋邵博《聞見後録》卷二七云:"(宋祁)嘗納子婦,三日,子以婦家饋食物書白,一過目即曰:書錯一字。……緩扣其錯,以筆塗'煖'字。蓋婦家書以食物煖女云。……又緩扣當用何'煖'字。久之,怒聲曰:從食、從而、從大。子退,檢字書,《博雅》中出'餪'字,注云:女嫁三日餉食爲餪女。始知俗間餪女云者,自有本字。"斯 1437 號《社司轉帖》:"(社人遠行)迴日,奐脚置酒兩瓮。""奐"爲"奐"的俗字,"奐脚"亦即"餪脚",可參。參看《敦煌變文字義通釋》"軟脚"條。

餻¹⁰

【餻】△

《正名要録》"字形雖別,音義是同,古而典者居上,今而要者居下"類:餻餻。

按:糕餅字較早的寫法爲"餻",宋代以後或作"糕","餻(餻)"則爲"餻"的後起形聲字。

饎¹²

【餟】◎

《王一》去聲志韻昌志反:"饎,熟食。亦作餟、糦。"

按:《説文》載"饎"字或體作"鯩",又作"糦","餟"即"鯩"字俗省。

饔[13]

【饛】△

《箋注本切韻》二平聲鍾韻於容反:"饛,熟食。《説文》作此饔。"

按:熟食字《説文》作"饔",隸變作"饔"。《五經文字》卷下食部:"饔饔:上《説文》,下隸變。""饛""饔"則皆爲"饔"字之變。

【饔】△

説見上文。

風　部

颷⁸

【颷】◎

《王一》入聲没韻呼骨反:"颷,疾風。亦作颷。"

按《龍龕·風部》:"颷颷,許勿反,疾風也。"即"颷"字别體。"颷"疑由"颷"譌變而來。"豖"旁俗書或作"豸",與"勿"形近而誤。《龍龕·風部》又載"颷"俗作"颷",疑又爲"颷"字之變。

音　部

響[11]

【嚮】

《王一》上聲養韻："響，許兩反，聲。亦作嚮。"

按：慧琳《音義》卷四《大般若經》第三百六十九卷音義："響，或作嚮，或從言作響；經從向作嚮，非。""嚮""響"皆爲"響"的後起換旁字。

韋 部

韝[10]

【䩱】△

《正名要録》"字形雖别,音義是同,古而典者居上,今而要者居下"類:䪕䩱。

按:"䩱"當是"韝"的俗寫("冓"旁上部的"丗"形近"世",唐人避太宗嫌諱,或改作"云")。字書以"韛"爲"韝"(《龍龕·韋部》載異體作"韛")字異體,音古侯切,指"臂衣"(射箭、架鷹時縛於兩臂束住衣袖以便動作的臂套);而"䪕"字《廣韻》音都歷切,釋馬繮繩,與"韝(韛)"字音義均所不同,疑此"䪕"字乃"鞁"字之誤,"韝""句"同音(《廣韻》皆有古侯切一讀),"鞁"即"韝(韛)"的換旁俗字。字書另有"鞠"字,音權俱切,釋兵器或馬鞍,則當别爲一字。

【䪕】△

説見上文。

鬥 部

鬧[5]

【閙】◎

《王一》去聲效韻奴效反："丙，不静。或作閙。"《楞嚴經音義》二："閙，奴效反，或作丙。"伯 2718 號《茶酒論》："諸人莫閙，聽説些些。"

按《干禄字書》："閙丙：上通下正。"慧琳《音義》卷三《大般若經》第三三三卷音義："丙，《説文》從市從人，會意字也。或作閙，俗字也。"同書卷二五《大般涅槃經》第七卷音義："丙，其字市下書人作丙，會意字也。經文多作閙，俗字也。門中作市，不是會意字。"又卷六一《根本説一切有部毗奈耶律》第四十四卷音義："閙，俗字也，正體從市從人作丙。《集訓》云：人處市則諠曰丙，會意字也。"考"丙""閙"字皆不見於《説文》；《箋注本切韻》三有"丙"無"閙"；《玉篇·人部》云"丙"與"閙"同，而同書門部卻不載"閙"字（鬥部亦無"鬧"字），蓋《切韻》及《玉篇》原本皆無"閙"字，有"閙"爲王仁昫、孫强等人所廣益。《説文新附》載"鬧"字，從市、鬥會意。然"鬧"字不見六朝以上載籍，蓋亦後起字。

鬮[14]

【鬮】◎

《王一》上聲薺韻乃礼反："鬮，智劣。或作閑。又莫氏反。"

按："鬥"旁俗書與"門"旁相亂，故"鬮"即"鬮"字俗寫。

【閑】◎

書證見上。

按："爾""尔(尒)"古通用，故"鬮"俗又作"閑"。

鬭 16

【鬭】△

《王一》去聲候韻："鬭，丁豆反，戰。不從門，從門(鬥)。本門(鬥)。通俗作鬭。"

按：《王一》云"鬭"字"不從門"，可知"鬭"字俗或從門作"鬭"也。《玉篇·門部》："鬥，今作門，同。"故其下"門"旁字皆寫作從"門"，"鬭"即寫作"鬭"。《廣韻·候韻》："鬥，凡從門(鬥)者今與門戶字同。"故其下載"鬭"字亦寫作"鬭"。《干祿字書》竟至以"鬭"為正字。

【鬭】△

《箋注本切韻》五候韻："鬭，丁豆反。"《正名要錄》"正行者楷，腳注稍訛"類"鬭"下腳注"鬭"。北437(盈43)號《佛說轉女身經》："化作男女像，兵衆共鬭戰。"

按：慧琳《音義》卷四四《佛說善夜經》音義：鬭，《說文》本作鬥，"先賢諸儒見與門字相亂，中加斲字為鬭以簡別之也。後代不曉，因草隸又改斲為豆，從門、從豆、從斤作鬭，行已久矣，不可改正也"。《龍龕·門部》："鬭，正；鬭，今。"考漢簡"鬭"字或作"斲"（見《銀雀山漢墓竹簡·孫臏兵法》），蓋從斤、豆聲的形聲字。可洪《音義》第拾冊《菩薩地持經》第五卷音義："斲諍，上都豆反，競也，爭也。正作鬭、鬥(鬥)二形也。""鬭"字也許是"斲"字的增旁繁化字。慧琳《音義》卷八四《集古今佛道論衡》第二卷音義："鬭，今作門中斲者，俗通用。"可參。前引慧琳《音義》以"鬭"為"鬭"草隸之變，殆未確。

【鬭】△

上揭《王一》稱"鬭"字通俗作"鬭"，"門"中部分不太清晰，各家錄作"鬭"，但和原卷字形有距離，今定作"鬭"。

按："斲"字俗或作"斲"（《干祿字書》："斲斲：上通下正。"可參），故"鬭"字進而又可作"鬭"。但此字未見實際用例，存疑。而"鬭"字則古書常見。《干祿字書》："鬭鬭鬭：上俗中通下正。"慧琳《音義》卷二十《寶星經》第二卷音義："鬭，從門、從尌作鬭者非也。"《廣韻·候韻》：鬭，俗"鬭"字。伯2418號《父母恩重經講經文》："呈線呈針鬭意長，對雞對鳳誇心智。"可洪《音義》第拾陸冊《四分律》第十五卷音義："尌訟，上都豆反，正作鬭、鬭二形。""尌"大約又是"鬭"的簡俗字，可以比勘。《龍龕·門部》分"鬭""鬭"為二，不妥。

髟 部

髟⁵

【齠】◎
《字樣》:"(上殘)齠,相承用,音調。"
按:"齠(齠)"上當殘"髫,正"等字。《干禄字書》:"齠髫:上俗下正。"慧琳《音義》卷一《大般若經》卷首《高宗皇帝在春宫述三藏記》音義:"齠,俗字也,正體從髟作髫。"

髾⁹

【髯】△
《王二》上聲哿韻丁果反:"髯,亦髾,小兒前髮。"
按:"髯"爲"髾"字俗省,猶"隨"字俗省作"随"之比。

鬚¹²

【湏】△
《箋注本切韻》一平聲虞韻:"鬚,古作湏。相俞反。"北8416(騰29)號《佛説諸經雜緣喻因由記》:"象户身著衣服變披袈裟,湏髮自落。"
按:鬚髮字本作"須",後起專用字作"鬚";"湏"即"須"字俗書,"鬚"則即"鬚"字俗書。慧琳《音義》卷五《大般若經》第四一六卷音義:"鬚,本作須,今俗從水作須(湏),非也。"參看"須"字條。

【鬚】△
書證見上。

按：上揭慧琳《音義》接云："《古今正字》從彡作鬚，正體字也。"蓋"須"俗假爲"需"，唐代前後後起專字"鬚"通行，遂以"鬚"爲鬚髮之正字。《龍龕·長部》："鬚，今；鬚，正。"《廣韻·虞韻》："須，俗作鬚。""鬚""鬚""鬚"當皆爲"鬚"字俗寫。

【鬚】◎

《王二·虞韻》："鬚，相俞反，頷下毛。古作須。"伯2297號《普賢菩薩説此證明經》："善男子、善女人，剃除鬚髮，出家學道。"

按：慧琳《音義》卷六四《迦葉禁戒經》音義："鬚，正作須。……今經文從彡作鬚，亦通，亦時俗共用字也。"《古今韻會舉要·虞韻》："今以須爲所須字，而鬚毛字別作鬚，俗又傳寫作鬚。""須""鬚""鬚"的演化，既可能如熊忠氏所説，"須"先換旁繁化作"鬚"（彡從長從彡，故從彡實即從彡），傳寫又繁化作"鬚"；也可能是"須"先增旁繁化作"鬚"，後又簡省重複的"彡"旁作"鬚"。而以後一種演化可能性較大。

馬　部

馮²

【凴】＊◎

《禮記音》："凴，扶氷[反]。"北敦 14666 號《李陵變文》："鳥之在空，由凴六翮。"伯 3666 號《燕子賦》："他家頭尖，凴伊覓曲。"

按：前例所音爲《喪大記》"主人馮之踊"句，陸德明釋文："馮，皮冰反，本或作憑。"以字形而論，"凴"當是"馮"的俗寫。《字彙·冫部》："凴，與馮同，據也。"是也。《龍龕·冫部》："凴，皮凝反，託也。又皮命反。""凴"亦即"馮"字。依凭、凭託義古本作"凭"，後亦或借用馬行疾之"馮"，"憑"則爲借用作依凭、凭託義的"馮"的後起增旁字。《干祿字書》："馮憑：上通下正。"可洪《音義》第叁册《大集賢護經》第五卷音義："歸馮，皮陵反，託也。正作憑。"顔元孫、可洪以"憑"爲正字，乃據時俗用法而言。伯 2838 號《云謡集雜曲子·鳳歸雲》："已凴三尺，勇戰姦愚。""凴"則爲"憑"字，是"馮"旁亦寫作"凴"。參看心部"憑"字條。

駔⁵

【龍】

《王二》上聲蕩韻："駔，子朗反，會馬市人。又在古反。俗作龍。"

按：故宫舊藏裴務齊正字本《刊謬補缺切韻·蕩韻》："駔，俗龍。"慧琳《音義》卷九三《續高僧傳》第十四卷音義："慧龍，臧朗反，或作駔，僧名也；王逸注《楚辭》云：駿馬也。訓釋字義駔同，一云千里馬也。會意字。""龍"從龍從馬，蓋"駔"的會意俗字。《干祿字書》載"駔"字俗作"䮬"，則是從龍、且聲的後起形聲字。

【驡】△

《正名要錄》"字形雖別,音義是同,古而典者居上,今而要者居下"類:驡駔。

按:"龍"字俗書或作"竜",又變作"龙",故"驡"俗又作"驚(驚)"。參看"龍"字條。

騁⁷

【騁】◎

《妙法蓮華經難字》載"騁"字。《春秋後語音》:"騁,敕領反。"伯 2305 號《解座文彙抄》:"文宣王,五常教,誇騁文章詞麗操(藻)。"

按《干禄字書》:"騁騁:上通下正。"慧琳《音義》卷十五《大寶積經》第一百十二卷音義:"騁,經文從甹作騁,非也。"《龍龕·馬部》:"騁,俗;騁,正。"《魏叔孫固墓誌》"騁"已寫作"騁"形。

騧⁸

【騧】◎

《正名要錄》"字形雖別,音義是同,古而典者居上,今而要者居下"類:騧駅。斯 4901 號《韓朋賦》:"宋王大喜,即出八輪之車,駅騾之馬,……往到朋家。"

按《集韻·麻韻》:"騧,或作騧。"《宋書·明帝紀》:"(明帝)末年好鬼神,多忌諱,言語文書有禍敗凶喪及疑似之言應回避者,數百千品,有犯必加罪戮。改'騧'爲馬邊瓜,亦以'騧'字似'禍'字故也。""馬邊瓜"即指"騧"字,是"騧"爲六朝避諱改易聲旁俗字。"駅""駅"則爲"騧"字俗譌。《玉篇·疒部》:"疷,古禾切,瘡也。又古花切。"接云:"瘑,古禾反,疽瘡也。""疷"字後起,殆亦即"瘑"的俗字(《玉篇》分而爲二,不妥),可以比勘。

騕⁹

【駣】◎

《王二》上聲篠韻烏晈反:"騕,褭,神馬。亦作駣。"

按:"駒"蓋"駸"的改易聲旁字。《龍龕·馬部》:"䭴,烏了反,一驂也。"與"駒"義略不同,蓋別一字。

騣⁹

【騣】△

《王二》平聲東韻子紅反:"騣,馬鬣。"

按《龍龕·馬部》:"騣,或作;騣,正。"考《龍龕·髟部》:"騣,子紅反,馬一。""騣"字從髟、怱聲,爲"騣"字別構(《玉篇·髟部》作"騣")。"騣"疑是"騣"的換旁字。

【騣】△

《箋注本切韻》二東韻:"騣,馬騣。俗作騣。"

按:故宮舊藏裴務齊正字本《刊謬補缺切韻·東韻》:"騣,馬。又騣。"("馬"下疑抄脱一指代"騣"字的省略符號)"騣"蓋"騣"字俗省。可洪《音義》第伍册《方廣大莊嚴經》第三卷音義:"朱騣,子紅反,正作騣、騣、騣。""朱騣"即朱騣,"騣""騣""騣"應皆爲"騣"字別構。字書以"騣"同"騣",指驄馬,蓋同形字。

騮¹⁰

【騮】△

《正名要録》"字形雖别,音義是同,古而典者居上,今而要者居下"類:聊騮。

按:"騮"字《説文》本作"駵","騮"即其隸變俗體。

【聊】△

書證見上。

按《集韻·尤韻》:"騮,或作駵。"古字亦或作"聊"。"聊"即"駵"或"聊"之變體。《龍龕·馬部》:"聊,或作;駋,正。""駋"當是"聊"字俗譌。

騶¹⁰

【騶】△

《王一》平聲尤韻側鳩反:"騶,廄御。一[曰]騶虞。"《春秋後語音》載"騶忌"名,上字"莊愁"反。

按:《漢韓勅碑》"騶"字作"騊",《龍龕·馬部》以"騊"爲"今"體,"騊"蓋又"騶"之俗省。斯1722號《毛詩·周南·關雎》序:"《鵲巢》《騊虞》之德,諸侯之風,先王之所以教,故繫之召公。""騊"亦"騶"字俗省。參看"芻"字條。

【騊】△

《春秋後語音》:"騊行,曹植集作騊羨。"

按:上揭掃描字蓋亦"騶"字俗省。《唐右勳衛周君平墓誌》"騶"字作"騊",是其比。

驅[11]

【駈】

《正名要錄》"字形雖別,音義是同,古而典者居上,今而要者居下"類:驅駈。《王一》平聲虞韻:"驅,馳一。亦作駈。"《王二·虞韻》:"驅,亦駈。"《禮記音》:"駈,差魚[反]。"斯2682號《太子成道經》:"假使百虫七鳥,駈駈猶爲子此身。"

按《玉篇·馬部》:駈,同"驅",俗。《干禄字書》:"駈驅:上通下正。"《五經文字》卷中馬部:"驅,音區,作駈訛。"慧琳《音義》卷五《大般若經》第四三七卷音義:"驅,《文字集略》作駈,俗字也。""丘"字古音屬之部,"區"字屬侯部,之侯通轉,故"丘"音與"區"近。《禮記·曲禮》"禮不諱嫌名"下鄭玄注:"嫌名謂音聲相近,若禹與雨、丘與區也。"陸德明釋文:"丘與區,並去求反。"是"駈"即"驅"的改易聲旁俗字。

騾[11]

【騾】◎

《正名要錄》"字形雖別,音義是同,古而典者居上,今而要者居下"類:蠃(蠃)騾。《箋注本切韻》一平聲歌韻落過反:"騾,騾馬。或作蠃。"

按《干禄字書》:"騾蠃:上通下正。"慧琳《音義》卷三二《一切法高王經》音義:"頻蠃,下魯戈反,梵語,是佛弟子名也。經從馬作騾,共諸經字異,誤也。""騾"爲"蠃"的後起形聲字,且譯音本無定字,慧琳以"騾"字爲誤,失之於拘。

鬲 部

鬲

【鬲】△*

《王二》入聲錫韻閭激反:"鬲,縣名,在平原。又古核反。亦作䰛、䰝。"

按:古文字"鬲"字有作"𩰫"形的(《鬲字布》),漢碑中或作"𩰫",蓋即"鬲"字所由出。《王二》又載"蒿""䤵"等字,《五代本切韻》五錫韻載"鎘"字,"鬲"旁原卷亦皆寫作"鬲"形。

【鬲】△*

《略雜難字》載"鬲"字。北6636(潛2)號《樓炭經略》:"有十八鬲,一一鬲中有十八苦事。"

按《五經文字》卷中鬲部下云:"《說文》作鬲,經典相承隸省作鬲。凡從鬲者皆放此。"《字鑑》卷五錫韻:"鬲,俗作鬲。"金文"鬲"字或作"𩰫"(《令簋》),可參。又"鬲"旁亦或作"鬲",如《字樣》載"融""隔"等字,是其例。

【䰛】△

書證見前。

按:《說文》載"鬲"或從瓦作"瓹"。"䰛"即"瓹"字俗寫。參看"瓦"字條。

敁⁴

【敁】△

《王二》上聲紙韻魚倚反:"敁,釜。亦作鈘。"

按:"敁"當是"敧"字俗譌。"鈘"則為"敧"字異體,見《玉篇·金部》。

高 部

高

【髙】*◎

《王一》平聲豪韻:"髙,古勞反,上出。通俗作高(髙)。"《王二·豪韻》:"高,或作髙。"《五代本切韻》一豪韻:"髙,又作高。"伯 2122 號《佛説阿彌陀經押座文》:"能者虔恭合掌着,清涼髙調唱將來。"

按《九經字樣·口部》:"高髙:上《説文》,下隸省。亭、亳等字並從髙省。"《字鑑》卷二豪韻:"高,俗作髙。"考甲骨文"高"字有作"

髙"形的,金文或作"髙",蓋即"髙"字所本。漢碑中已見"髙"字。又"高"旁亦或寫作"髙"。如《五代本切韻》一豪韻有"蒿""篙"等字,《楞嚴經音義》一有"槁"字,"高"旁原卷皆寫作"髙"形,是其例。

槩[13]

【髝】◎

《王一》去聲号韻蘇到反:"髝,髝髝。"《王二》同。

按《原本玉篇殘卷·高部》:"槩,蘇悼反,《埤蒼》:髝槩也。"故宫舊藏裴務齊正字本《刊謬補缺切韻·号韻》蘇到反:"槩,髝—。"俗書方口尖口不分,"槀""參"不分,故"槩""髝"皆即"槩"字俗寫。

麥 部

麥

【麦】*

《俗務要名林》(斯617號)田農部字頭有"麦"字。同部"䂹"下云"初麦反","穮(稍)"下云"麦莖"。斯2073號《廬山遠公話》:"鋤禾刈麦,薄會些些。"

按《玉篇·麥部》:麦,同"麥",俗。希麟《續音義》卷六《一字頂輪王念誦儀軌》音義:"麥字俗作麦也。"《龍龕·麥部》:"麦,俗;麥,正。"又"麥"旁俗亦作"麦",如前揭《俗務要名林》載"𪋻""𪌭""𪌮""𪌬"等字,是其例。"麥"或"麥"旁作"麦"漢簡及碑刻已然。

【夌】△*

《王二》入聲麥韻:"夌,莫獲反,芒穀。正作麥。"斯425號《太極真人問功德行業經》:"若施諸種子,票(粟)夌麻豆,稻叔(菽)菓菜……供三寶所須,是其下下。"

按:唐寫本《唐韻·麥韻》:"麥,麦、夌、夌並通。"可洪《音義》第玖冊《蘇婆呼童子經》中卷音義:"大夌,莫厄反,正作麥也。"《隋澧水石橋碑》"麥"作"夌",可參。又《王二·尤韻》:"麰,夌(麥)一。"同書沒韻載"𪌹"字,職韻載"𪌮"字,"麥"旁亦寫作"麦"。

麩[4]

【麬】△

《正名要錄》"字形雖別,音義是同,古而典者居上,今而要者居下"類:麬麩。《俗務要名林》(斯617號)田農部:"麬,芳于[反]。"

按《玉篇·麥部》:"麬,芳無切,俗麩字。"《龍龕·麥部》:麬,或作;麩,正。

麥 部 | 907

"翌"爲"孹"字俗寫。郎知本以"翌"爲"古而典者",欠妥。

麪⁴

【麵】△

《正名要録》"字形雖别,音義是同,古而典者居上,今而要者居下"類:**麪麵**。《王二》去聲霰韻:"麪,莫見反,麥秫。俗作麵。"斯4571號《維摩詰經講經文》:"每交(教)不出閨幃,長使調脂弄麵。"

按《玉篇·麥部》:麵,同"麪"。慧琳《音義》卷三八《金剛光焰止風雨陁羅尼經》音義:"麪,經文從面,俗字也。""麵"爲"麪"的後起改易聲旁俗字,"麵"又爲"麵"字俗寫。《龍龕·麥部》以"**麵**"爲"俗通",以"麵"爲"正",與字形演變的實際不合。

【麫】△

書證見上。伯3234號《癸卯年(943)净土寺直歲沙彌進麪破》:"**麫**叁斝歲日解齋用。"同卷"**麫**"字出現了數百次之多。

按《龍龕·麥部》:"麫,俗;麵,俗通;麪,正。""麫""**麫**""**麫**"一字之變,皆爲"麪"字俗書,參看"眄"字條。

麴⁸

【麯】△

《王二》入聲屋韻:"**麴**,驅竹反,酒母。亦作麯。"《俗務要名林》(斯617號)菜蔬部:"麴,丘六反。"其中的"麴"異本伯2609號作"**麯**"。

按《玉篇·麥部》:"麯,丘竹切,俗麴字。"《龍龕·麥部》:"麯,俗;麴,正。""麴""麯"分别爲"麴""麯"的俗寫。

麨⁹

【䃰】◎

《王一》平聲歌韻昨何反:"麨,擣。亦作䃰。"《王二》同。

按《玉篇·臼部》:"䃰,才何切,舂擣也。"《説文》"麨"字釋"䃰麥也",又引一曰"擣也","䃰"即"麨"的後起换旁字。《漢語大字典》"䃰"字昨何切下引《玉篇》,而與"麨"的異體關係不明。

鹵 部

鹵

【鹵】*◎

《箋注本切韻》一上聲姥韻郎古反："鹵，一薄。"《佛經難字及韻字抄》載"鹵"字。伯 2005 號《沙州都督府圖經》"甘草驛"下云："中間路遠，兼有沙鹵。"

按：《龍龕》以"鹵"爲部首。又上揭《箋注本切韻》載"滷""擄""菡"等字；《佛經難字及韻字抄》載"鹹"字，《楞嚴經音義》二亦云："鹹，音咸。"即"鹹"字。是"鹵"旁亦寫作"卤"。

航⁴

【䤲】◎

《箋注本切韻》一上聲蕩韻："䤲，鹽澤。或作䀲。各朗反。"

按《廣韻·蕩韻》：䤲、䀲，並同"航"。"航"見《玉篇》，"䤲""䀲"蓋其換旁字。

【䀲】◎

書證見上。

按：《説文》載"䀲"字，云"境也，一曰陌也"，與用同"航"的"䀲"恐非一字。

鹹⁹

【鹹】

《箋注本切韻》一平聲咸韻胡讒反："鹹，不淡。字或作醎。"《楞嚴經音義》一："鹹，音咸。或作醎，同。"伯 3910 號《新合千文皇帝感辭》："海水由來有鹹味。"

按《玉篇·酉部》："醎,音咸,俗鹹字。"《五經文字》卷上鹵部："鹹,作醎訛。"慧琳《音義》卷四《大般若經》第三五一卷音義："醎,時用俗字也,……《説文》正體從鹵(卤)作鹹,形聲字也。""卤""酉"二旁古多换用。斯 6551 號《佛説阿彌陀經講經文》："(極樂世界)无有荆棘沙礫醎卤之地。""醎"又爲"鹹"的繁化俗字。

䰞¹⁶

【䰞】◎

《王二》平聲皆韻乙乖反："䰞,亦作䰞。"標目字《王一》作"䰞",右部作"襄",形聲不諧,當誤。《四部叢刊初編》影印明刊本《酉陽雜俎》卷七《酒食》："䶗、䶘、䰞、䶍,鹽也。"其中的"䰞"當亦是"䰞"的形誤字。

按:"䰞"字亦作"䰞"(見《龍龕·鹵部》,原書左部從俗作"卤"),蓋皆"䰞"的改易聲旁字。

鳥 部

鳥

【鳥】△*

《箋注本切韻》四上聲篠韻：“鳥，都了反，五。《說文》：長尾禽揔名也，象形，鳥之足似匕，從匕。按篆文作𩾏，不全依，三點。”標目字左下部四點，據注文則應有從"三點"者。

按：《說文》篆文"鳥"字左下部作"𠘧"，甲骨文或作"𠃉""𠂉"等形，隸變通常作四點，亦或作三點。《龍龕·鳥部》："鳥，都了反，飛—也。篆文、《說文》及《玉篇》《切韻》皆云三點，象日中三足鳥也。"據此，或當以作三點爲近古。《龍龕》鳥旁左下部多作三點。

【鸟】△*

《正名要錄》"各依脚注"類"鸟"字下脚注"一畫"。同書"鷥"字"鷗鸟"字下皆脚注"鸟"。斯5692號佚名詩："念佛鸟，分明叫。"

按：變三點或四點爲一橫畫蓋草書使然。日本平安時期釋昌住《新撰字鏡》(天治本)序云："或有字點相似而亦別也，馬、魚、爲等字從四點，焉、鳥、与、此等字從一點，觀、舊等字從少(艹)，大略如是。"看來"焉"字"鳥"字左下部作"一點"(一橫畫)已然成爲通例。《正名要錄》載"鵲""鴻""鴨"等字，"鳥"旁亦寫作"鸟"。

鳧²

【鳧】◎

《春秋後語音》："鬼鴈，上房夫反。"《大般涅槃經音義》："鳧，[音]苻，亦鳧。"北 207(光 47)號《觀無量壽佛經》："此想成時,行者當聞水流光明,及諸寶樹、鳧應(雁)、鴛鴦皆說妙法。"

按《龍龕·鳥部》："鳧,音扶,野鴨小者也。""鳧"字《説文》從鳥、几聲作"鳧",俗省作"鳧"。《字鑑》卷一虞韻:"鳧,俗从几案之几作鳧者誤。"

【鳨】△

書證見上。又《正名要録》"各依脚注"類"鳨"下脚注"從力從夫"。上條所引《觀無量壽佛經》"鳧"字另一本北 206(月 99)號作"鳨"。

按:"從夫"之"從"疑爲"音"字之誤。《廣韻·虞韻》"夫""鳧"二字同屬防無切小韻。"鳨"即"鳧"的俗字。漢碑中"鳧"字或作"鳨",又作"鴅","鳨"又"鴅"之省。《隋元公姬氏墓誌》已見左下部從力的"鳧"字。《龍龕·鳥部》:"鳨鴅:音力,似鳧而小也。"《廣韻》《集韻》"鴅"字音義與《龍龕》相近。頗疑這個"鳨""鴅"實亦即"鳧"的俗字。"鳧"既變"几"爲"力",字譌音變,俚俗遂讀作"力"音,又與"鳧"字異釋,而不知其實本一字也。可洪《音義》第壹册《摩訶般若波羅蜜經》第三十九卷音義:"鳨鴈(鴈),上音扶,正作鳧(鳧)。又音力,非也。"可洪説是也。慧琳《音義》卷五七《佛説分別善惡所起經》音義:"鳧,輔無反,郭注《爾雅》云:鳧似鴨而小……經從力作鳨,非此鳥也。"慧琳所音經本"鳧"寫作"鳨",亦正"鳨"即"鳧"字之證。慧琳以"鳨"爲別一鳥,恐亦失之。

鴈[4]

【鴈】△

《王一》去聲諫韻:"鴈,五晏反,陽鳥。亦作鴈、鳫。"斯 6537 號《樂世辭》:"菊黄蘆白鴈南飛,羌笛胡琴淚濕衣。"

按:《説文》"鴈"從厂聲,俗書"厂""广"二旁不分,故"鴈"俗或加點作"鴈"。慧琳《音義》卷四《大般若經》第三百九十八卷音義:"鴈(鴈),或作鴈,同。"可洪《音義》第伍册《普曜經》第三卷音義:"鳨鴈,上音扶,下五諫反,正作鳧(鳧)鴈(鴈)也,並悮。"可參。《改併四聲篇海》引《奚韻》以"鳫"爲"鴈"字古文。"鳫"實亦爲"鴈"的變體俗字。

【鳫】◎

書證見前。

按《玉篇·鳥部》:鳫,同"鴈"。慧琳《音義》卷二五《大般涅槃經》第八卷音義:"鴈,五諫反,……鳫,古字也。""鳫"當是"鴈"字俗省,而非什麽"古字"。

鴨[5]

【鴙】△

《正名要録》"字形雖别,音義是同,古而典者居上,今而要者居下"類:鴙鴨。

按:"鴙"爲"鴜"字俗書。《玉篇·鳥部》載"鴨"或作"䳺",《廣韻·狎韻》又載或體作"䳺",鴙即"䳺"或"䳺"的偏旁易位字。

鴟[5]

【䲭】△

《王二》平聲脂韻:"鴟,處脂反,鳥。亦作䲭。"

按:"氏"旁俗書皆可作"互"。參看"氏"字條。

【䲭】△

《俗務要名林》(斯617號)鳥部:"䲭,老鴆也。處之反。"《春秋後語音》:"䲭,昌之反。"《韻字殘卷》:"鴟䲭:處脂反。"斯610號《啓顔録》"謿誚"類:"老䲭項曲緑,蹄波他。"

按:希麟《續音義》卷八《根本説一切有部毘奈耶藥事》第六卷音義:"鴟,或作䲭,俗字也。律文作䲭,非也。""鴟"作"䲭",當由"䲭"楷變而然。"氏"旁俗書皆可作"互"。參看"氏"字條。

【鵄】◎

書證見上。斯3835號《百鳥名》:"雀公身寸(才一材)惹子大,卻謙(嫌)老鵄没毛衣。"

按《玉篇·鳥部》:鵄,同"鴟"。《干禄字書》:"鵄䲭鴟:上俗中通下正。"慧琳《音義》卷五四《治禪病秘要法經》音義:"鴟,經作鵄,俗字也。"《龍龕·鳥部》以"鵄"爲"通"體。"鵄"當是"鴟"的改易聲旁俗字。《魏敬史君碑》已見"鵄"字。

鵙[7]

【鵙】◎

《王一》入聲錫韻古闃反:"鵙,伯勞。或作雎。"

按:伯勞字《說文》作"鶪",或體作"雎","鵙""雎"分別爲"鶪""雎"的俗寫。唐寫本《唐韻·錫韻》:"鵙,伯勞。""鵙"亦即"鶪"字。今"鵙"字通行。

【雎】◎

書證見上。

按《龍龕·隹部》:"雎,或作,古覓反,伯勞也。""雎"爲"雎"字俗寫。

鵠[7]

【雖】◎

《王一》入聲沃韻古沃反:"雖,鵠鵠,似鵲,鳥名。亦作鵠。"

按《五經文字》卷中鳥部:"鵠,互屋反,鵠也。今《禮經》注鵠鵠字並從鳥。""雖"字後起,當是"鵠"的換旁字。

鶇[8]

【彙】

《五代本切韻》三平聲東韻德紅反:"雉,鳥名。彙,同上。"

按《玉篇·鳥部》:"鶇,德紅切,鶆名,美形也。彙,同上。""彙"即"彙"字。

【雉】◎

書證見上。

按《玉篇·隹部》:"雉,德紅切,鳥名。""雉"實即"鶇"的換旁字。《漢語大字典》"雉""鶇"的異體關係不明。

鵪[8]

【鶆】◎

《王一》平聲咸韻:"鵪,苦咸反,鳥鵪物。又竹咸反。或作鶆。"同書去聲陷韻:"鶆,口啗反,喙。或作鵪。"

按:"鶆""鶆"一字之變,蓋"鵪"的後起形聲字。

鷚[11]

【雊】△

《王一》去聲宥韻力救反:"鶒,鷄子。一曰□(鳥)名。亦作雊。"(末字原

卷不太清晰,左部寫法與標目字略同)

按:鷄子(小鷄)字《説文》作"雛",《爾雅》作"鶵","芻"旁俗書作"罴",故"雛""鶵"俗書作"雉""鶋"。參看"芻"字條。

【鶋】△

説見上文。

魚 部

魚

【魚】△*

《俗務要名林》（斯617號）魚鼈部"腌"字下云："鹽漬魚也。"又"鰾"字下云："魚膠也。"又"鮮"字下云："生魚。"斯78號《類書》"濠梁"條下云："莊子觀魚遊，曰：是魚樂也。"俄敦5988號《大方等陀羅尼經》卷二："從此出已，當生世間，餓鬼畜生、虫蟻蠅蝨、水虫科斗魚鼈之屬，无一不遍。"

按：甲骨文"魚"字下部作魚尾之形。金文、篆文變作"火"形，隸變作四點，俱與火旁相混無別，俗書變四點爲三點，或許是爲免與火旁相亂。杭州花港公園有康熙御書"花港觀魚"，"魚"字亦從三點，據說即是康熙帝嫌於四點與火旁無別，故改作三點。三點，水也，魚依水而生，正與情理相合。可洪《音義》第貳拾叁册《陀羅尼雜集》第八卷音義："大魚，音魚。"又《魏張玄墓誌》"魚"字作"魚"，可參。又"魚"旁俗書亦或作"魚"，如上揭《俗務要名林》"魚"旁皆寫作"魚"。又《字樣》"蘇"字寫作"蘇"，《正名要錄》寫作"蘓"，亦其例。

【魚】△*

俄敦710號《无常偈》："念念崔（催）念（年）足（促），猶如少水魚。"伯4638號《右軍衛十將使孔公浮圖功德銘并序》："升堂珍獻，供絶泉魚。"

按："ク"旁俗書多作"ソ"形，故"魚"俗寫作"魚"。又"魚"旁亦作"魚"，如《箋注本切韻》一平聲脂韻載"鰤"字，又載"鮨"字；之韻載"鯔"字，皆其例。

【奐】*◎

《箋注本切韻》一平聲魚韻："奐，語居反。"同書之韻"鯔"下云："魚名。"又脂韻"鰤"下云："老奐。"斯76號《食療本草》："（芋）和奐煮爲羹，甚下氣。"伯

3697號《捉季布傳文》:"龍怕凡魚避水昏。"

按:《魏元瞻墓誌》"魚"或作"奠",可參。"奠"又爲"奠"字俗寫。《切韻》殘葉二載"鱸""換"等字,《箋注本切韻》一脂韻載"鰭"字,魚韻載"澳"字,"魚"旁亦寫作"奠"或"奠"。

鮔[5]

【鮔】△

《切韻》殘葉二平聲脂韻處脂反:"鮔,魚名。"

按《龍龕·魚部》:"鮕鮔,二或作;鮔,今:昌脂反,魚名。"正字當是"鮔",再變作"鮕""鮔""鮕"等形。參看"氐"字條。

鮮[6]

【尟】◎

《正名要錄》"字形雖別,音義是同,古而典者居上,今而要者居下"類:鮮尟。《楞嚴經音義》一:"尟,少。息淺反,亦作鮮。"伯3720號《都毗尼藏主陰律伯真儀讚》:"尊禮重樂,靡捐於常,斯人尟(尟)矣。"

按:慧琳《音義》卷二一《大方廣佛華嚴經》第十二卷慧苑音義:"鮮少,古體正作尠,或俗爲尟形,亦有用者。"同書卷二九《金光明經》第四卷音義:"鮮,正從是從少作尠。……經從甚作尟,俗用也。""尠"爲《説文》本字,"鮮"爲借用字,"尟"則爲"尠"的俗字。後世通用"鮮"字。

鰃[7]

【胺】◎

《箋注本切韻》一上聲賄韻奴罪反:"鰃,魚敗。或作胺。"

按:"胺"蓋"鰃"的換旁字。

鯇[7]

【鯶】◎

《王一》上聲混韻胡本反:"鯶,魚名。亦作鯇。"

按:"鯇"見《説文》,"鯶"爲後起字。

魚　部　917

鰂[9]

【鱡】◎

《五代本切韻》一入聲德韻昨得反："鱡，烏鱡魚。亦作鰂。"

按："鰂"爲《說文》本字，烏鰂魚俗稱烏賊魚，"鱡"即"賊"的增旁俗字。

鰥[10]

【鰥】△

《毛詩音》二："鰥，毛爪(瓜)頑[反]，鄭作鯤，古門反。"伯3147號《開蒙要訓》："孤犢鰥寡，老弱衰儜。"

按：所音爲《詩·齊風·敝笱》"其魚魴鰥"句，"鰥"即"鰥"的俗字。《龍龕·魚部》："鰥鰥，二俗；鰥，正：古還反，一寡也。……又魚名。""鰥""鰥"當皆是"鰥"的俗寫，而"鰥"爲"鰥"的改易聲旁字。行均以"鰥"爲正字，恐非探本之論。

【鰥】△

《正名要錄》"正行者楷，腳注稍訛"類"鰥"下腳注"鰥"。

按：俗書"魚""角"二旁相亂，故"鰥"字俗書寫從"角"旁。《干祿字書》："鰥鰥：一寡字上通下正。"慧琳《音義》卷九六《弘明集》第十一卷音義："鰥，集本作鰥，誤之矣。"《龍龕·角部》："鰥鰥鰥，三俗，古還反，正作鰥(鰥)字。""鰥""鰥""鰥"爲一字之變。"鰥"字漢碑已見。

【鰥】△

《文選音》："鰥，古還[反]。"

按：所音爲《典引》"懷保鰥寡之惠俠"句，"鰥"即"鰥"的俗字。參上文。

鱉[11]

【鱉】

《五代本切韻》五："鱉，龜屬。亦作鼈也。"伯3286號《十二時》："或豬羊，或魚鱉，盡向此時遭剸割。"

按《玉篇·魚部》："鱉，俗鼈字。"《干祿字書》："鱉鼈：上通下正。"慧琳《音義》卷二十《寶星經》第四卷音義："鼈，經本從魚作鱉，俗字。"

【鼇】◎

書證見上。

按：慧琳《音義》卷六十《根本説一切有部毗奈耶律》第七卷音義："鼇，律文從龜，或從虫，作鼇、螯，並非也。""鼇""螯""鰲"皆爲"鼇"的換旁字。

鯃[13]

【豃】△

《王一》上聲語韻徐吕反："鯃，魚名。亦作豃。"《王二》末字作"豃"。

按："豃"爲"豃"的增筆繁化俗字。《龍龕・魚部》："魦，或作；鯃，正。""魦"則爲"魦"的增筆俗字，可以比勘。《集韻・語韻》："鯃，或作魦。""魦""豃"一字之變，皆爲"鯃"的後起改易聲旁字。

鱣[13]

【鱋】△

《王一》平聲仙韻張連反："鱣，黃魚。亦作鱋。"《王二・仙韻》："鱣，黃魚。亦作鱋。"

按：玄應《音義》卷十五《十誦律》第三十九卷音義："鱣，古文鱋同。"同書卷二十《六度集》第一卷音義："鱣，古文鱋同。"《龍龕・魚部》："鯉，俗；鱋，或作；鱣，正。""鱋"爲"鱣"的改易聲旁字，"鱋""鱋""鯉"則皆爲"鱣"字俗寫。

鱴[14]

【魼】◎

《王一》入聲屑韻莫結反："鱴，魚名。又莫括反。亦作魼。"《王二・屑韻》："鱴，魚名。又作魼。"

按："魼"當是"鱴"的改易聲旁字。《玉篇・魚部》："魼，莫括、莫結二切，海中魚，似鮑也。"這個"魼"與用同"鱴"的"魼"音同而義別，蓋別一字。

麻 部

穈[12]

【穈】
《正名要録》"正行者楷,脚注稍訛"類"穈"下脚注"床"。

按《龍龕·广部》:"床,俗;穈,今;穈(穈),正:美爲反,穄别名也。"《集韻·支韻》:"穈穈,《説文》:穄也。或从禾。"

【床】
書證見上。伯3560號《沙州敦煌縣行用水細則》:"澆床粟麻等苗,還從東河爲始。"伯3774號《丑年十二月沙州僧龍藏牒》:"齊周於官種田處種得床。"

按:玄應《音義》(《高麗藏》本)卷二《大般涅槃經》第三十三卷音義:"粟床,字體作穈、穈(穈)二形,同,亡皮反,禾稔也。關西謂之床,冀州謂之穄。"孫星衍按:"床即穈省文。"同書卷十四《四分律》第四十二卷音義:"床,字體作穈,亡皮反。"錢大昕《十駕齋養新録》卷四"床"條下云:"《九域志》《宋史·地理志》俱云秦州有床穰堡,徧撿字書,皆無床字,莫詳其音。頃讀《一切經音義》,知《大般涅槃經》有粟床字,云……乃知隋唐以前已有此字。秦州本關西地,方俗相承,其來舊矣。"

鹿 部

鹿

【鹿】*◎

《字樣》:"鹿鹿:二同。"斯5692號佚名詩:"蚫(麕)鹿獐兒作隊行。"

按《字鑑》卷五屋韻:"鹿,俗作鹿。"漢碑中已見近似寫法。《箋注本切韻》一平聲模韻載"麤"字,真韻載"麟"字,"鹿"旁原卷亦皆從俗作"鹿"。《龍龕·鹿部》"鹿"旁亦多寫作"鹿"。

麟

【䴎】◎

《王二》平聲真韻力珍反:"麟,麒麟,獸。亦作䴎。"

按:麒麟字《廣雅》作"麡"(《爾雅》作"麔"),"䴎"即"麡"字俗書。慧琳《音義》卷六八《阿毗達磨大毗婆沙論》第七卷音義:"麟,或作䴎。"

麤

【麤】△

《正名要録》"正行者雖是正體,稍驚俗,腳注隨時消息用"類"麤"下腳注"麤"。《楞嚴經音義》一:"麤,倉胡反。"《箋注本切韻》一平聲模韻:"麤,米不精。倉胡反。"接云:"麤,行路速。"斯328號《伍子胥變文》:"適有麤疏,請君勿責。"

按:"麤"字《說文》云"行超遠也",引申之為鹵莽之稱。"粗"字《說文》云"疏也",引申之為粗劣之義。"米不精"義當以作"粗"為近古。然"麤""粗"二字音義均近,古多混用不分,故"米不精"義亦可以"麤"字爲之。"麁"則即"麤"的簡俗字。《干禄字書》:"麁麤:上通下正。此与精粗義同。今以粗音才古反,相承已久。"慧琳《音義》卷十一《大寶積經》第二卷音義:"麁,省略字也,久已傳用,《説文》正體作麤。"同書卷八六《辯正論》第八卷音義:"麤,論作麁,俗字也。""麁"字手寫時又多省點作"麁"。上揭《箋注本切韻》分"麁""麤"爲二,失之。

黹 部

【黻】△

《禮記音》"黻"字下注音"弗"。伯3481號《晉書·何曾列傳》:"都官從事劉亨嘗奏曾華侈,以銅鈎黻紖車,瑩牛蹄角。"後例"黻"字百衲本作"黻"。

按:前例所音爲《喪大記》"黻翣二"句,"黻"即"黻"字。《干禄字書》:"黻黻:上俗下正。"唐張守節《史記正義·論字例》云:"又字體乖日久,其黼黻之字,法從黹,今之史本則有從耑。《秦本紀》云:天子賜孝公黼黻,鄒誕生音甫弗,而鄒氏之前史本已從耑矣。""黻"蓋又"黻"之省筆字。

【黻】△

《正名要録》"正行者楷,脚注稍訛"類"黻"下脚注"絃"。

按:"黻"當是"黻"字俗譌。

【絃】◎

前揭《正名要録》"黻"字下脚注"絃","絃"當是"絃"字俗省。

按:"絃""黻"字别(二字古可通假),此以"絃"爲"黻"的"稍訛"字,疑有誤("絃"或即"黻"字誤書)。

黼[7]

【黼】◎

《禮記音》"黼"字音"斧"。

按:所音爲《喪大記》"黼翣二"句,"黼"即"黼"的俗字。《干禄字書》:"黼黼:上俗下正。"參看"黻"字條。

【𧃎】△

《正名要録》"正行者楷,脚注稍訛"類"𧃎"下脚注"顐"。

按:"𧃎"當是"蕭"字俗變,而"顐"則當是"蕭"的譌字。

黑 部

黑

【黑】△*

《五代本切韻》一入聲德韻："黑，呼得反，一色。"伯2714號《十二時》："死王來，去倉卒，前路茫茫黑如漆。"

按《字鑑》卷五德韻："黑，俗作黑。"漢簡及碑刻中已見"黑"字。《正名要録》載"黔""墨""黷"等字，"黑"旁亦寫作"黑"。又《龍龕》"黑"部字皆寫從"黑"。

默 4

【默】△

《正名要録》"字形雖別，音義是同，古而典者居上，今而要者居下"類：默嘿。又"本音雖同，字義各別例"："墨，書；嘿默，並静。"伯3558號《王梵志詩·耶孃行不正》："打罵但知默，無應即是能。"

按《干禄字書》："嘿默：上俗下正。""默"爲"默"的變體俗寫。《龍龕·黑部》："默，莫比反，静也。""默"亦即"默"字。

【嘿】△

書證見上。又《五代本切韻》一入聲德韻亡得反："默，静。或作嘿。"伯2140號《佛説梵摩渝經》："入户静嘿，深惟諸定。"

按：慧琳《音義》卷六一《根本説一切有部毗奈耶律》第三十一卷音義："默，或作嘿，俗字也。"同書卷七八《經律異相》第十八卷音義："默，經文作嘿，俗字也。""嘿"爲"默"的後起換旁字，而"嘿"又爲"嘿"字俗寫。

點⁵

【炶】△

《字寶》(斯 6204 號)上聲字:"火炶爇,上點。"

按:潘重規謂"炶"似"點"之省文,近是。《玉篇·火部》謂"炶"同"炶",當別是一字。

黨⁸

【堂】△*

《正名要録》"正行者楷,腳注稍訛"類"黨"下腳注"堂"。斯 1441 號《勵忠節鈔·薦賢部》:"司馬景王東征,取上堂。"

按可洪《音義》第叁册《大集賢護經》第三卷音義:"朋堂,都朗反,正作黨。"《齊李琮墓誌》"黨"字已寫作"堂"形。考《説文·黑部》:"黨,不鮮也。从黑,尚聲。"又邑部:"䣊,地名。从邑,尚聲。"地名及鄉黨之"黨"本應作"䣊","堂"蓋其換旁字。斯 610 號《啓顔録》"昏忘"類:"儻逢不解事官府,遣坽下頷檢看。""儻"爲"儻"字俗寫,是"黨"旁亦或作"堂"。

黍　部

黎[3]

【𪓐】◎

《王一》平聲齊韻："黎，落稊反，衆。[亦]作𪓐、𥟖。"《王二·齊部》："黎，亦作𪓐。"

按《龍龕·黍部》："𪓐，或作；𪏆，正。""𪓐"蓋"𪏆（黎）"的譌俗字。

【𥟖】◎

書證見上。

按："黎"字從黍、朿省聲；"黍"字俗書或作"桼"（參《隸辨》上聲語韻），故"黎"俗作"𥟖"。《龍龕·米部》："𥟖，或作，郎異反，衆也，又姓。又力脂反。""𥟖"即"黎"字。《漢孔宙碑》"黎"字作"𥟖"，可參。

黏[5]

【麰】

《箋注本切韻》一平聲模韻户吴反："麰，黏。或作黏。"《王一·模韻》："麰，亦作黏。"

按："黏"見《說文》，"麰"爲後起形聲字。《玉篇·麥部》："麰，俗黏字。"慧琳《音義》卷三九《不空羂索經》第二十八卷音義："黏，經從麦作麰，俗字也。""麰"又"麰"之俗。

【麰】◎

《王二·模韻》："麰，亦作麰。"

按："麰"爲"黏"的繁化俗字。

黏⁵

【黏】△

《楞嚴經音義》一:"黏,女占反。"

按《干禄字書》:"黍黍:上俗下正。"據此,則"黏"字當可寫作"黏"。可洪《音義》第拾壹册《大乘阿毗達摩集論》第一卷音義:"黏病,上女廉反。""黏"即"黏"俗字。而"黏"又爲其俗省。《龍龕·黍部》載"黏"今體作"黏",可參。

【粘】

《楞嚴經音義》一:"粘,女占反。"又云:"粘,女廉反,正作粘(黏)。"

按《玉篇·米部》:"粘,女廉切,與黏同。"慧琳《音義》卷一百《寶法義論》音義:"黏,論作粘,俗字通也。"

黐¹¹

【黐】△

《王一》入聲昔韻:"黐,竹益反,黏。又竹格反。亦作摘。"

按:"黍"字俗書或作"禾"(漢簡及碑刻已然),故"黐"字左旁俗書從之。

【樀】◎

書證見上。

按:"黍"旁"米"旁音義上有相通之處,故"樀"即"黐"字異構。《漢語大字典》"黐""樀"關係不明。

鼓 部

鼓

【皷】＊◎

《箋注本切韻》一上聲姥韻姑户反："皷，動。皷，鍾。"北8437（雲24）號《八相變》："樓頭纔打三更皷，寺裏初聲半夜鐘。"

按：前例二標目字同形，《王二》後一標目字作"鼓"。裴務齊正字本《刊謬補缺切韻》同一小韻："皷，{動}鐘一。鼓，動。"考鐘鼓字甲骨文作以手執杖擊鼓之形，篆文分化爲"鼓"（名詞）、"鼔"（動詞）二形，"皷"則爲隸變俗字（本來無論作動詞用還是作名詞用，皆可作"皷"，但唐代以後通常作名詞用時寫作"皷"）。《顏氏家訓·書證》篇稱當時俗字"鼓"外設"皮"，即指"皷"字而言。《五經文字》卷下壴部：鼓，作皷非。慧琳《音義》卷十二《大寶積經》第十七卷音義："鼓，公五反，經文鼓字由來多誤，或從皮作皷，俗字也。"《龍龕·鼓部》："皷，通；鼓，今；鼔（鼓），正：……字從攴，從皮者非也。"漢碑中已多見"皷"字。《隸辨》卷三姥韻疑"鼓"字本當從皮作"皷"，非是。又上揭《箋注本切韻·姥韻》載"𪔂"字，同書合韻載"𪔛"字，《正名要録》載"𪔘"字，"鼓"旁亦寫作"皷"。

鼙⁸

【鼙】△

《正名要録》"字形雖别，音義是同，古而典者居上，今而要者居下"類：鼙鼙。

按："鼓"字俗或作"皷"（見《隋曹禮墓誌》），而"卑"字俗作"甲"（參看"卑"字條），故"鼙"即"鼙"字俗寫。《龍龕·鼓部》"鼙"字作"鼙"，同部又載"鼙"作

"鼞",皆可參。

【韼】△

書證見上。

按:"韼"爲"鞞"字俗寫。《五經文字》卷下鼓部:"鞞,捕迷反,小鼓。今《禮記》或借鞞字用之。"用同"鼙"的"鞞"蓋即"鼙"的換旁字,與《説文》釋爲"刀室"的"鞞"同形異字。慧琳《音義》卷九十《高僧傳》第十一卷音義:"鼙,傳文從革作,古字,亦通也。"同書卷九五《弘明集》第一卷音義:"鼙,《字書》亦作鞞也。"皆可參。

鼜[9]

【䶑】△

《五代本切韻》二入聲帖韻他協反:"䶑,無聲皷。亦作鼜。"

按《集韻·帖韻》:"鼜,或作䶑。""䶑"又爲"鼜"的俗字。裴務齊正字本《刊謬補缺切韻·怗韻》:"䶑,皷音。""䶑"亦即"鼜"字。

【鼜】△

書證見上。

按《王二·怗韻》:"鼜,亦作鼜。""鼜"又爲"鼜"的俗寫。

黽　部

黽

【𪚥】△*

《王一》上聲軫韻武盡反："𪚥，—池縣，在弘農。又亡善反。通俗作黽。"

按："黽"字《説文》篆文作"𪓑"，從它，象形，"𪚥"蓋即其隸變字。可洪《音義》第貳拾伍册《一切經音義》第一卷音義："從宆，莫耿反，正作黽。"可參。《王一·庚韻》載"𪓟""䁯"等字，"黽"旁亦作"𪚥"形。

【黾】△*

《箋注本切韻》一軫韻武盡反："黾，俗作黽字。"同書獼韻無充反："黾，又作黽。"

按："黾"形當是"黽"手寫之變(比較"亡"字或作"ヒ")。同書蒸韻載"繩""蠅"等字，"黽"旁寫作"黾"形，是其證。同書又載"䋲"(蒸韻)、"㦃"(軫韻)等字，其右旁亦變作"黾"形。

【黽】△*

書證見上。又《切韻》殘葉四武盡反："黽，—池縣，在弘農。又亡善反。"《毛詩音》一："黽，名忍[反]。"《春秋後語音》載"黽塞"之稱。

按：上揭《切韻》殘葉又載"僶"字，《禮記音》載"繩"字，《俗務要名林》(伯2609號)載"蠅"字，"黽"旁亦寫作"黽"或"黽"形。

【黽】△

書證見上。

按：故宫舊藏裴務齊正字本《刊謬補缺切韻·軫韻》武盡反："黽(黽)，—池縣，在弘農。又亡善反，俗黽。""黽""黽"蓋皆"黽"字俗省。

鼻 部

鼻

【鼻】△*

《字樣》:"鼻,從畀,作鼻俗。"《王一》去聲至韻:"鼻,毗四反,面中岳。"同韻"齈"字音"許鼻反"。伯5545號《搜神記》"鄭袖"條:"王看你大好,唯憎你鼻大。"

按:《正名要録》"各依腳注"類"鼻"下腳注"不從畀",可知從"畀"爲俗字也。《干禄字書》:"鼻鼻:上通下正。"《魏元延明墓誌》已見"鼻"字。又《王一》尤韻載"鼽"字,至韻載"齈""齂"等字,伯5545號《搜神記》"鄭袖"條載"劓"字(《春秋後語音》"劓"字音魚器反),"鼻"旁亦寫作"鼻"。《龍龕》以"鼻"爲部首。

鼽[2]

【鼥】△

《王一》平聲尤韻巨鳩反:"鼽,《月令》曰:人多鼽嚏。亦作鼥。"

按《玉篇·鼻部》:"鼥,或鼽字。"《龍龕·鼻部》:"鼥,或作;鼽,正。""鼥"爲"鼥"的俗寫。"鼥"從"攵"於義無取,考"鼽"或作"鼽"(見《類篇》),"鼥"疑爲"鼥"的譌字。

齊　部

齊

【斉】*◎

《禮記音》："斉，在詣[反]。"(所音爲《樂記》有"故先王之喜怒，皆得其儕焉"句，"儕"字《荀子·樂論》《史記·樂書》等引作"齊")又云："斉，子愁(愁)[反]。"(所音爲《孔子閒居》"帝命不違，至于湯齊"句，鄭注讀"齊"爲"躋")俄弗359號《法華經疏》："深同冥(溟)渤，高類須弥，照灼奪朗月之華，破闇斉白日之力。"

按可洪《音義》第拾捌册《子毗尼母經》第八卷音義："斉量，上疾西反。""斉"爲"齊"的簡俗字，其上的"文"爲敦煌卷子經見的簡省符號。《履齋示兒編》卷二二引《字譜總論訛字》謂"齊"俗書作"斉"，可以比勘。"齊"作"斉"六朝碑刻已見。又上揭《禮記音》云："嚌，在細[反]。"又云："済，子詣[反]。"即"嚌"與"濟"字，是"齊"旁亦從省作"斉"。

【㐬】*◎

《正名要録》"正行者正體，腳注訛俗"類"齊"下腳注"㐬"。斯328號《伍子胥變文》："一人判死，百人不敵；百若㐬心，横行天下。"

按可洪《音義》第拾貳册《中阿含經》第二十一卷音義："飯㐬，下自西反，平也，等也，正作齊，俗作㐬。"《改併四聲篇海·文部》引《玉篇》："㐬，音齊，等也，中也，疾也。"《正字通》謂"㐬"即"齊"之譌，甚是。《魏帥僧達造像》已見"㐬"字。伯2193號《目連緣起》："唯願聖主慈悲，更賜方圓救済。""済"即"濟"字，是"齊"旁俗書亦作"㐬"。

齋³

【齋】△

《禮記音》:"齋,側亮(佳)[反]。"北 6636(潛 2)號《樓炭經略》:"敬事三尊,受持三歸五戒十善八齋。"

按:前例所音爲《祭儀》"君子當祭祀,必有齊莊之心以慮事"句,"齊"同"齋",而掃描字即"齋"的俗字。《龍龕·亠部》:"齋,俗;齋,正。""齋""齋"一字之變。

【斋】△

《禮記音》:"斋,側皆[反]。"

按:所音爲《祭儀》"齊戒沐浴而躬朝之"句,"齊""齋"古今字。《履齋示兒編》卷二二引《字譜總論訛字》謂"齋"字俗書作"斋","斋"當是"斋"的變體。伯 2133 號《妙法蓮華經講經文》:"三八鎮遊諸寺舍,十桼長是斷昏(葷)辛。""桼"當又是"斋"之省。宋王觀國《學林》卷十"繩疊"條列舉"字爲俗書改其體者",其中有"齋之桼"。《字彙補·文部》引《篇韻注》以"桼"爲古文"齋"字,殆未確。

齋⁶

【襠】△

《王二》平聲脂韻即夷反:"齋,齋縗,凶服。亦作襠。"

按:"齋"字從衣、齊聲,或體衣旁易位作"襠","襠"蓋即"齋"或"襠"的增旁繁化俗字。

齋⁷

【賫】◎

《王二》平聲齊韻:"賫,即黎反,持。又子斯反。亦賫。"中村 139 號《搜神記》"田昆崙"條:"王又遊獵野田之中,復得一板齒,長三寸二分,賫將歸回。"其中的掃描字伯 5545 號作"賫","賫"即"賫"的變體。

按《干祿字書》:"賫齎:上通下正。"慧琳《音義》卷八《大般若經》第五八○卷音義:"賫,俗字也,正體作齎。""賫"蓋"齎"的簡俗字。

【齋】△

《正名要録》"字形雖別,音義是同,古而典者居上,今而要者居下"類:齋賫。

按:"齋"當是"齋"的變體。《龍龕·亠部》:"齋,子西反。"同部又載"齋"字,亦音子西反,"齋"亦正是"齋"的俗字。

【賫】△

書證見上。

按:慧琳《音義》卷八一《大唐西域求法高僧傳》下卷音義:"齋,今俗用作賫。""賫"當是"賷"字俗省,而"賷"又爲"齎"之俗。

齒 部

齔[2]

【齓】◎

《王一》去聲震韻初遴反:"齓,去齒。通俗作齓。"《王二·震韻》:"齓,去齒。"伯2292號《維摩詰經講經文》:"嘆幼年能發於善心,怪韶齓解辭於俗網。"

按《干禄字書》:"齓齔:上俗下正。"慧琳《音義》卷五七《天請問經》音義:"齔,經作齓,非也,古文也。"《龍龕·齒部》:"齓,今;齔,正。""齒"旁俗書往往簡略右下部的豎筆,故上揭寫卷的"齔""齓"從之。

齱[8]

【齺】△

《王一》平聲尤韻側鳩反:"齺,一齱,齒偏。或作𪘂。又仕角反。"

按《龍龕·齒部》:"齺,通;齱,正。""取"旁俗書皆可作"耴",參看"取"字條。《漢語大字典》據《正字通》載"齱"字,音 chuò,當是"齱"的譌字。又上揭韻書"𪘂"當是"齱"字俗譌,與"齱"同音,但義略異,俟再考。

齲[9]

【蝺】△

《箋注本切韻》一上聲麌韻:"齲,齒病。軀主反。或作蝺。"

按:他書未見用同"齲"的"蝺"字。《王二》作"㿃","蝺"蓋"㿃"或"齲"的換旁俗字。

齫⁹

【齳】◎
《王一》上聲吻韻："齫,魚吻反,無齒。亦作齳。"
按："齳"爲"齫"的後起改易聲旁字。

齾¹⁰

【殣】◎
《王一》平聲咍韻古哀反："齾,牙。可(或)作殣。"《王二·咍韻》："齾,牙。亦作殣。"
按："殣"爲"齾"的後起換旁字。
【齾】△
書證見上。
按："齾"爲"齾"的偏旁易位字。

齱¹⁰

【齰】△
《王一》入聲覺韻七(士)角反："齱,齒相近。又側遊反。通俗作齰。"
按《龍龕·齒部》："齰,俗;齱,正。""齰"爲"齱"之變。"芻"旁俗書皆可作"丑""刍"等形,參看"芻"條。

龍 部

龍

【龍】△*

《切韻》殘葉一平聲鍾韻："龍,力鍾反。"《王二·鍾韻》："龍,通俗作竜。"斯2985號《蘇莫遮·大唐五臺曲子》："望見浮(扶)桑,海畔龍神闕。"

按《干祿字書》："龍龒龍:上中通,下正。"《漢韓勅碑》已見"龍"字,《隸辨》卷一鍾韻以爲即"龍"字省文。又《正名要録》載"籠""櫳""隴""壟"等字,上揭《切韻》殘葉又載"瓏""曨""瀧""聾""嚨""瓏""鸗"等字,"龍"旁原卷亦皆作"龍"形。

【龒】△

《字樣》："龒龍龍:三同。"北敦236號《勝天王般若波羅蜜經》："又如大地,若聞師子、龒象之聲,終无驚怖。"斯2985號《蘇莫遮·大唐五臺曲子》："不敢久停,爲有龒神操(躁)。"

按:希麟《續音義》卷六《大雲輪請雨經》卷上音義:"龍,或從尨作,俗也。"《漢白石神君碑》已見"龒"字,蓋即"龍"的隸變字。又《正名要録》載"龒""隴"等字,"龍"旁亦或作"龒"形。

又按:"龒"所從的"尨"蓋由"龍"右部譌變而然,其右部唐代前後類皆作三短橫,當亦源於"龍"字右部,而與"尨"字從彡者不同。但明清以後字書多把"龒"寫作"龒",改"尨"所從的三短橫作三撇,恐不妥。

龕[6]

【龕】◎

《字樣》："龕,正;龕,相承用。"北5243(黃67)號《妙法蓮華經》卷四:"五千欄楯,龕室千萬,无數幢幡以爲嚴飾。"

按《九經字樣·雜辨部》:"龕,龍皃也。從龍、從今聲。作龕訛。"慧琳《音義》卷十五《大寶積經》第一二〇卷音義:"龕,《說文》龍皃,從今從龍。俗從合,誤也。"同書卷八十《開元釋教錄》第六卷音義:"龕,録文從合作龕,俗字。"同書卷三十、三六、六六、六九、九七亦有類似的辨析。《龍龕·龍部》:"龕,今;龕,正。"今本《說文》從合聲作"龕",誤。《字鑑》卷二覃韻據誤本《說文》,反以從今作"龕"爲誤,殊爲顛倒。今"龕"字通行。

主要引用書目

敦煌遺書總目索引　王重民等　北京:中華書局,1983年
敦煌變文集　王重民等　北京:人民文學出版社,1957年
敦煌變文論輯　潘重規　臺北:石門圖書公司,1981年
敦煌變文集補編　周紹良等　北京:北京大學出版社,1989年
敦煌變文論文錄　周紹良等　上海:上海古籍出版社,1982年
敦煌變文集校議　郭在貽等　長沙:岳麓書社,1990年
敦煌變文選注　項楚　成都:巴蜀書社,1990年
敦煌曲初探　任半塘　上海:上海文藝聯合出版社,1954年
敦煌雲謠集新書　潘重規　臺北:石門圖書公司,1977年
敦煌歌辭總編　任半塘　上海:上海古籍出版社,1987年
王梵志詩校輯　張錫厚　北京:中華書局,1983年
王梵志詩校注　項楚　上海:上海古籍出版社,1991年
瀛涯敦煌韻輯　姜亮夫　上海:上海出版公司,1955年
瀛涯敦煌韻輯新編　潘重規　臺北:文史哲出版社,1974年
唐五代韻書集存　周祖謨　北京:中華書局,1983年
唐寫全本王仁昫刊謬補缺切韻校箋　龍宇純　香港:香港中文大學,1968年
敦煌掇瑣　劉復　北京:中國社會科學院考古研究所重印本,1957年
敦煌資料　中國科學院歷史研究所資料室　北京:中華書局,1959年
羅雪堂先生全集初編至三編　羅振玉　臺北:文華出版公司,1968年至1970年
敦煌俗字譜　潘重規等　臺北:石門圖書公司,1978年
敦煌古籍敘錄　王重民　北京:中華書局,1979年
敦煌學海探珠　陳祚龍　臺北:商務印書館,1979年

敦煌資料考屑　陳祚龍　臺北:商務印書館,1979 年
敦煌文物隨筆　陳祚龍　臺北:商務印書館,1979 年
全唐詩外編　王重民等　北京:中華書局,1982 年
敦煌遺書論文集　王重民　北京:中華書局,1984 年
敦煌變文字義通釋(增訂本)　蔣禮鴻　上海:上海古籍出版社,1988 年
敦煌社會經濟文獻真迹釋錄　唐耕耦等　第 1 輯,北京:書目文獻出版社,
　　1986 年;第 2—5 輯,北京:全國圖書館文獻縮微複製中心,1990 年
敦煌學概論　姜亮夫　北京:中華書局,1985 年
敦煌文學　顏廷亮等　蘭州:甘肅人民出版社,1989 年
敦煌地理文書彙輯校注　鄭炳林　蘭州:甘肅教育出版社,1989 年
敦煌碑銘讚輯釋　鄭炳林　蘭州:甘肅教育出版社,1992 年
敦煌吐魯番唐代法制文書考釋　劉俊文　北京:中華書局,1989 年
敦煌碁經箋證　成恩元　成都:蜀蓉棋藝出版社,1990 年
敦煌文書學　林聰明　臺北:新文豐出版公司,1990 年
英藏敦煌文獻(漢文佛經以外部分)　中國敦煌吐魯番學會等　成都:四川人
　　民出版社,1990 年至 1995 年
敦煌文學叢考　項楚　上海:上海古籍出版社,1991 年
中國古代寫本識語集錄　池田温　東京大學東洋文化研究所,1990 年
吐魯番出土文書　國家文物局古文獻研究室等　北京:文物出版社,1981 年至
　　1991 年

　　　　　　※　　※　　※　　※　　※　　※　　※　　※　　※　　※

說文解字　許慎　北京:中華書局影印清刻大徐本,1963 年
說文解字繫傳　徐鍇　北京:中華書局,1987 年
說文解字注　段玉裁　上海:上海古籍出版社,1981 年
說文釋例　王筠　武漢:武漢市古籍書店,1983 年
說文外編　雷浚　清光緒二年刻本
說文解字研究法　馬敘倫　上海:商務印書館,1929 年
爾雅校箋　周祖謨　南京:江蘇教育出版社,1984 年
釋名　劉熙　上海:上海古籍出版社,1984 年
方言　楊雄　四部叢刊初編本

廣雅　張揖　北京:中華書局影印王念孫疏證本,1983年
原本玉篇殘卷　顧野王　北京:中華書局,1985年
玉篇　陳彭年等重修　北京:北京市中國書店影印張氏澤存堂本,1983年
經典釋文　陸德明　北京:中華書局,1983年
干禄字書　顏元孫　北京:紫禁城出版社影印明拓本,1990年
一切經音義　釋玄應　叢書集成初編本
一切經音義　釋慧琳　上海:上海古籍出版社影印日本獅谷白蓮社刻本,1986年
續一切經音義　釋希麟　上海:上海古籍出版社影印日本獅谷白蓮社刻本,1986年
華嚴經音義　釋慧苑　上海:博古齋影印本,1912年
新集藏經音義隨函錄　釋可洪,中華大藏經影印高丽藏本
五經文字　張參　叢書集成初編本
九經字樣　唐玄度　叢書集成初編本
龍龕手鏡　釋行均　北京:中華書局,1985年
佩觿　郭忠恕　叢書集成初編本
廣韻　陳彭年等　上海:上海古籍出版社影印鉅宋廣韻本,1983年
集韻　丁度等　北京:北京市中國書店影印揚州使院刻本,1983年
類篇　司馬光等　北京:中華書局,1984年
復古編　張有　四部叢刊三編本
律音義　孫奭　四部叢刊三編《唐律疏議》末附
字鑑　李文仲　叢書集成初編本
字彙　梅膺祚　上海:上海辭書出版社,1991年
字彙補　吳任臣　上海:上海辭書出版社,1991年
正字通　張自烈　康熙二十四年清畏堂刻本
康熙字典　張玉書等　北京:中華書局,1958年
隸辨　顧藹吉　北京:中華書局,1986年
辭海　舒新城等　北京:中華書局重印本,1981年
辭海(修訂本)　上海:上海辭書出版社,1979年
辭源(修訂本)　北京:商務印書館,1979年

中文大辭典　　臺北:華岡出版有限公司,1979 年
漢語大字典　　徐中舒主編　　武漢:湖北辭書出版社,成都:四川辭書出版社,
　　1986 年至 1990 年
中華字海　　冷玉龍等主編　　北京:中國友誼出版公司,1994 年
漢語大詞典　　羅竹風主編　　上海:漢語大詞典出版社,1986 年至 1994 年
中國大百科全書語言文字卷　　北京:中國大百科全書出版社,1988 年
別雅訂　　許瀚　　叢書集成初編本
古文字詁林　　李圃主編　　上海:上海教育出版社,1999 年至 2004 年
金文編　　容庚　　北京:中華書局,1985 年
增訂碑別字　　羅振玉等　　北京:文字改革出版社,1957 年
六朝別字記　　趙之謙　　北京:商務印書館,1919 年
宋元以來俗字譜　　劉復等　　北京:文字改革出版社,1957 年
碑別字新編　　秦公　　北京:文物出版社,1985 年
佛學大辭典　　丁福保　　北京:文物出版社,1984 年

　　　※　※　※　※　※　※　※　※　※　※

十三經注疏　　北京:中華書局,1980 年
敦煌漢簡　　甘肅省文物考古研究所　　北京:中華書局,1991 年
居延漢簡甲編　　中國科學院考古研究所　　北京:科學出版社,1959 年
史記　　司馬遷　　北京:中華書局,1975 年
校刊史記集解索隱正義札記　　張文虎　　臺北:鼎文書局,1986 年
漢書　　班固　　北京:中華書局,1962 年
後漢書　　范曄　　北京:中華書局,1965 年
後漢書集解　　王先謙　　北京:中華書局,1984 年
三國志　　陳壽　　北京:中華書局,1959 年
晉書　　房玄齡等　　北京:中華書局,1974 年
魏書　　魏收　　北京:中華書局,1974 年
北齊書　　李百藥　　北京:中華書局,1972 年
北史　　李延壽　　北京:中華書局,1974 年
隋書　　令狐德棻等　　北京:中華書局,1973 年
舊唐書　　劉昫等　　北京:中華書局,1975 年

新唐書　歐陽修等　北京:中華書局,1975 年
廿二史考異　錢大昕　北京:商務印書館,1958 年
資治通鑑　司馬光　北京:中華書局,1956 年
列女傳　劉向　叢書集成初編本
山海經箋疏　郝懿行　四部備要本
水經注　酈道元　四部叢刊續編本
元和郡縣圖志　李吉甫　北京:中華書局,1983 年
唐律疏議　長孫無忌等　四部叢刊三編本
册府元龜　王欽若等　北京:中華書局,1960 年
太平御覽　李昉等　北京:中華書局,1960 年
職官分紀　孫逢吉　臺北:商務印書館影印四庫全書本,1986 年
漢魏南北朝墓誌集釋　趙萬里　北京:科學出版社,1956 年
隸釋　洪适　北京:中華書局,1985 年
金石錄　趙明誠　四部叢刊續編本
八瓊室金石補正　陸增祥　北京:文物出版社,1985 年
呂氏春秋　呂不韋　四部叢刊初編本
太玄經　楊雄　四部叢刊初編本
淮南子　劉安　四部叢刊初編本
鹽鐵論　桓寬　四部叢刊初編本
鹽鐵論簡注　馬非百　北京:中華書局,1984 年
鹽鐵論校注　王利器　北京:中華書局,1992 年
西京雜記　葛洪　四部叢刊初編本
世說新語校箋　徐震堮　北京:中華書局,1984 年
瑞應圖　孫柔之　長沙:長沙中國古書刊印社,1935 年
顏氏家訓　顏之推　上海:上海古籍出版社,王利器集解本,1980 年
諸病源候論　巢元方　北京:人民衛生出版社,1985 年
匡謬正俗　顏師古　萬有文庫本
唐國史補　李肇　上海:商務印書館,1922 年
闕史　高彥休　叢書集成初編本
蘇氏演義　蘇鶚　叢書集成初編本

資暇集　李匡乂(文)　叢書集成初編本
宋景文公筆記　宋祁　叢書集成初編本
夢溪筆談　沈括　上海:上海古籍出版社,1987年
靖康緗素雜記　黃朝英　叢書集成初編本
容齋隨筆　洪邁　四部叢刊續編本
老學庵筆記　陸游　叢書集成初編本
桂海虞衡志　范成大　上海:上海古籍出版社影印《説郛三種》本,1988年
學林　王觀國　北京:中華書局,1988年
野客叢書　王楙　北京:中華書局,1977年
賓退錄　趙與旹　叢書集成初編本
履齋示兒編　孫奕　叢書集成初編本
肯綮錄　趙叔向　叢書集成初編本
石林燕語　葉夢得　叢書集成初編本
游宦紀聞　張世南　臺北:商務印書館影印四庫全書本,1986年
東觀餘論　黃伯思　清邵武徐氏叢書本
貢父詩話　劉攽　叢書集成初編本
金華子雜編　劉崇遠　叢書集成初編本
滹南遺老集　王若虛　四部叢刊初編本
輟耕錄　陶宗儀　叢書集成初編本
表異錄　王志堅　叢書集成初編本
丹鉛續錄　楊慎　叢書集成初編本
勷說　楊慎　叢書集成初編本
俗言　楊慎　叢書集成初編本
俗呼小錄　李翊　上海:上海古籍出版社,1988年
字詁　黃生　北京:中華書局,1984年
日知錄　顧炎武　上海:上海古籍出版社,黃汝成集釋本,1985年
金石文字記　顧炎武　清蓬瀛閣校刊顧亭林先生遺書十種本
十駕齋養新錄　錢大昕　北京:商務印書館,1957年
潛研堂文集　錢大昕　四部叢刊初編本
抱經堂文集　盧文弨　北京:中華書局,1990年

中州金石記　畢沅　叢書集成初編本
冷廬雜識　陸以湉　臺北:新興書局,1979 年
史諱舉例　陳垣　北京:北京師範大學出版社影印勵耘書屋叢刻本,1982 年
元典章校補舉例　陳垣　北京:北京師範大學出版社影印勵耘書屋叢刻本,1982 年
漢字改革概論　周有光　北京:文字改革出版社,1961 年
蔡元培語言及文學論著　石家莊:河北人民出版社,1985 年
中國文字學　唐蘭　上海:上海古籍出版社,1979 年
古文字學導論　唐蘭　濟南:齊魯書社,1981 年
龍蟲並雕齋文集　王力　北京:中華書局,1980 至 1982 年
文字學概要　裘錫圭　北京:商務印書館,1990 年
文字問題　李榮　北京:商務印書館,1987 年
訓詁學　郭在貽　長沙:湖南人民出版社,1986 年
大正新修大藏經　日本大正一切經刊行會,1922 至 1933 年
祖堂集　釋靜　釋筠　日本禪文化研究所,1992 年
經律異相　釋寶唱　大正新修大藏經本
法苑珠林　釋道世　四部叢刊初編本
四庫全書總目提要　紀昀等　北京:中華書局,1965 年
鐵琴銅劍樓書目　瞿鏞　北京:中華書局,1990 年
日本國見在書目錄　藤原佐世　古逸叢書本
歷代笑話集　王利器　上海:上海古籍出版社,1981 年
全上古三代秦漢三國六朝文　嚴可均　北京:中華書局,1958 年
文選　蕭統　四部備要李善注本
文選考異　胡克家　北京:中華書局影印《文選》末附,1977 年
全唐文　董誥等　北京:中華書局,1983 年
楚辭　劉向　四部叢刊初編本
謝宣城詩集　謝朓　四部叢刊初編本
杜詩詳注　仇兆鰲　北京:中華書局,1979 年
長慶集　白居易　四部叢刊初編本
抱經堂文集　盧文弨　北京:中華書局,1990 年

※　少量引書已隨文標注版本,茲不複舉。

後 記

　　本書是我的博士論文。全書由上編《敦煌俗字研究導論》和下編《敦煌俗字彙考》兩部分組成。

　　本書的寫作,肇始於 1989 年。當時臺灣有關部門擬編寫一套敦煌學導論叢書,項楚師即建議讓我來寫其中的"敦煌俗字研究導論"。那時,先師郭在貽先生剛剛去世不久,我還沉浸在失去恩師的巨大悲痛中。由於種種原因,這個寫作計劃一直未能付諸實施。1992 年夏秋之交,我有幸成爲項師的第一個博士研究生,在項師的鼓勵下,纔正式把它當作博士論文着手進行。本書的上編,就是這一寫作計劃的具體成果。在"導論"的寫作過程中,我開始時曾考慮把敦煌卷子中的一些俗字書,如《正名要録》《時要字樣》《字寶》等等,彙輯在一起,作爲論文的附録。但這些字書編排比較雜亂,讀者查檢不便。另外,除字書以外,一些敦煌韻書、佛經音義書中也有大量的俗字材料(如被周祖謨先生稱爲"唐代通俗字字典"的王仁昫《刊謬補缺切韻》),但限於篇幅和體例,附録中不便收入;而且由於韻書、音義書的特點,即使收入了,讀者同樣很難利用。思考再三,我想不如索性把上揭各類卷子中的俗字材料輯録出來,重新按部首編排,同時用内證(敦煌文獻中的實際用例)、外證(傳世文獻和出土碑銘墓誌等材料中的俗字)加以比勘,對每個俗字的淵源流變作一番考察。我的這一想法得到了項師的首肯。現在這一設想就以本書下編的形式呈現在讀者面前。至於有沒有達到預期的目標,則有待於讀者的裁斷。我們期待讀者的批評和指教。

　　本書的撰作是在項楚師的指導下完成的。對本書的體例、内容,項師都給予了悉心的指導;張永言師也在百忙之中審閱了本書上編的全部初稿,幫我避免了不少疏誤;在後來的修訂過程中,又得到了周有光、季羨林、楊明照、周一良、李榮、饒宗頤、蔣禮鴻、張永言、趙振鐸、王文才、裘錫圭、許嘉璐、祝鴻熹、劉堅、蔣紹愚、李玲璞、江藍生、榮新江等先生的勉勵和指正,蔣紹愚、江藍生先生還千里迢迢趕赴成都主持我的論文答辯;德高望重的啓功先生爲本書題簽;唐發鐃、虞萬里、紀大慶等先生爲本書的出版費心費力;曹正義先生爲本書繕寫全部清稿:在此一併表示誠摯的謝意。

1993年夏天,我隨同項楚師赴香港參加第三十四屆亞洲及北非研究國際學術會議,有機會得到心儀已久的著名學者饒宗頤先生的教誨。當我把本書的構想向饒先生請教時,饒先生給予了熱情的鼓勵;稿成之後,饒先生不僅寄來了評議意見,又撥冗爲之作序。前輩學者對後學的那種殷殷關切之情,令人感愧不已。

我還要感謝我的師母何建華老師和我的妻子余獻,要感謝杭州大學和四川大學的有關領導及其他師友。我在川大苦讀、撰寫本書的兩年,正是商海巨浪騰涌的兩年。在經濟大潮的衝擊下,學者文人們亦不甘寂寞,紛紛縱身下海,或由内地向東南沿海作"戰略轉移"。而年屆不惑的我,卻偏要逆流而動,撇妻別女,到僻處西南的蓉城求學,果真何苦哉! 幸而我的妻子給予了我最大的理解和支持,她默默地承擔起了教育幼女的重任和全部家務;杭州大學的領導也伸出了援助之手,不僅在職稱、住房等方面給予關照,後來又把我妻子從杭州師範學院調到杭大,以便就近照顧女兒上學,從而使我義無反顧地踏上了"難於上青天"的巴蜀之路。到川大後,作爲一個"老"學生,憑着每月二百多元的工資,既要養家,又要對付一天三頓的粗菜淡飯及其他日用,生活確實是夠清苦的。感謝我的師母給了我許多關懷,她不但爲我洗衣洗被,還多次爲我做可口的飯菜,使我這遠方的遊子也感受到了家庭的溫暖。川大中文系的領導和其他一些可敬的師長也給了我許多特殊的照顧和幫助。學校圖書館的周元正老師則在圖書資料的利用方面給了我很多方便。我所在的研究生班級是一個非常溫馨的集體,我的師友周裕鍇、朱慶之、劉利、張勇等則在學業上給了我很大的教益。師兄蔣冀騁博士則從長沙寄來了我急需的資料。面對這許許多多的愛,我只有用加倍的努力來回報。我用屈原《橘頌》"深固難徙,更壹志兮"的名言來勉勵自己,而不敢稍有懈怠。1993年10月,我在拙著《漢語俗字研究》的後記中把自己在川大所住的學生宿舍稱爲"自樂齋",雖出於一時戲言,卻也表明了自己甘於清貧、自得其樂、獻身於祖國傳統文化研究的信心和決心。現在博士畢業已經一年多了,本書的校樣也已經擺在了我的面前。此時此刻,我沒有絲毫的輕鬆之感,而只是更加感到肩上責任的重大。我將銘記領導、師長和親友們的關懷和教導,在求學的道路上不停地攀登,不斷地前進。

作者,1996 年 7 月 8 日於北京大學中關園寓所

補記:本課題的研究工作得到國家社科基金和國家教委高校古委會的資助,謹致謝忱!

第二版後記

由於研究對象的關係,排版不易,因而拙著《漢語俗字研究》(岳麓書社1995)、《敦煌俗字研究》(上海教育出版社1996)、《漢語俗字叢考》(中華書局2000)當年均係手抄影印出版,讀者閱讀頗有不便。這幾部書都早已售罄,而隨着排版技術的進步,電腦造字慢慢也已不再是什麼難事,於是不少朋友慫恿我改排再版,自己也想借機對書稿作一些修訂。但由於這些年一直忙於《敦煌文獻合集》等幾部大書的編纂,無暇他顧,故一直延宕至今。2008年,《敦煌經部文獻合集》出版後,我纔下决心抽時間來做一點修訂工作。本書的修訂工作是在其他課題研究的間隙斷斷續續進行的,其中包括:1.改正了一些明顯的疏誤;2.增加或替換了部分例證;3.例字原書多係摹寫,難免失真,現儘量採用原卷圖版截字(爲追求更好的截字效果,我還花高價向收藏機構購買了部分寫本的彩色照片)。修訂時,特别注意吸收古文字學界的一些文字考釋成果,其中裘錫圭師的《古文字論集》(中华书局1992)、趙平安的《隸變研究》(河北大学出版社2009)《〈説文〉小篆研究》(广西教育出版社1999)、劉釗的《古文字構形學》(福建人民出版社2006)、季旭昇的《説文新證》(福建人民出版社2010)和李家浩先生的一些論文,參考尤多,謹致謝意。有必要指出的是,本書當年引用的一些著作,有的已出了新版,舊版的一些提法或解釋,新版已有調整或改正(如《漢語大字典》,2010年出了新版,新版已吸收了拙著關於疑難俗字考釋的一些成果),爲避免作傷筋動骨的改動,更爲了保持歷史的真實,修訂時一般不作改動。

本書出版後,《人民日報》(海外版)、《文匯讀書周報》、《中國社會科學》、《東方》(日本)等多種報刊發表書評或評論,在對拙著給予肯定的同時,有的也對其中存在的問題提出了建設性的意見;一些師友也在來信中指出了拙著的一些疏失。謹此表示衷心的感謝。

上海教育出版社爲本書提供了重版的機會，徐川山編審又再次擔任本書的責任編輯，他的督促和幫助，是本書得以以新的面貌面世的最大動力；李偉國先生受出版社約請審讀了全稿清樣，他以出版家的眼光和學者的謹嚴，訂正了校樣中的不少錯誤；友生鮑宗偉、張龍飛協助校讀了電腦文本或排版校樣，張龍飛還幫助重編了四角號碼索引，也一併表示謝意。

作者，2014年1月25日於臨安
2015年5月15日改定

重印後記

前些日子，本書責任編輯徐川山編審來信，説出版社打算重印，徵求我的意見，我當然同意。只是近些年各種任務依然很重，没能抽時間對全書作一次全面徹底的修訂，只能粗粗瀏覽一過，并根據平時查考所記，改正了若干疏失。期待讀者朋友繼續不吝賜教，匡我不逮。

作者，2023年9月16日於臨安寓所

四角號碼索引

一、本索引收入本書上編考釋過的俗字及其正字、下編載列的字頭及其俗字異體，按語中涉及的俗字異體亦擇要收入。

二、本索引按四角號碼檢字法排列。單字左面的數字爲四角及附角號碼，單字右面的數字爲本書頁碼。

三、四角號碼的查檢方法請參看《四角號碼新詞典》（商務印書館 2008 年第 10 版，2012 年 11 月第 67 次印刷）卷首的介紹。

0	0011_3 癰 353	0013_6 癭 677	0018_4 疢 676	龘 920
	庒 756	瘲 677	0018_6 癲 678	0021_3 庛 637
0010_2 亶 308	0011_4 疟 263	癃 677	0018_9 癊 170	0021_4 庬 263
330	瘖 677	癃 677	疨 676	壓 353
壇 308	疟 756	0013_7 疽 586	0019_3 療 677	廬 425
壹 308	庄 756	0014_1 痒 676	0019_8 疢 676	廬 425
壇 308	0011_5 癰 677	痺 676	0021_1 歷 510	0021_5 離 856
亶 309	瘂 677	痒 677	0021_2 廬 92	0021_7 亢 304
0010_4 壅 353	0011_7 疣 677	癖 678	竟 293	亢 304
雍 560	0011_8 瘊 677	0014_4 瘦 177	亮 307	亮 307
臺 698	0012_0 痾 638	瘦 177	廡 423	甏 506
0010_6 亶 308	癎 638	瘦 177	疣 423	甏 506
0010_9 壹 612	0012_2 疹 676	癭 178	廡 424	贏 590
0011_1 癀 345	0012_7 痾 629	0014_7 瘦 170	廡 424	旗 644
癆 679	癎 678	瘦 170	競 680	0022_3 齊 48
癆 679	癇 678	痠 584	競 680	932
瘵 679	癇 678	疲 676	竞 680	齋 933
0011_2 瘙 345	0013_2 癢 678	0015_1 痒 679	竟 737	齋 933
疪 677	瘳 683	0015_3 癥 678	竟 737	齋 933
疣 677	癢 684	0016_7 瘡 326	鹿 920	齋 934

	齋 934		豪 804	0029₂	麋 919		牽 551		襄 739
	斎 934		廱 892	0029₄	廉 426	0050₄	辛 734		褏 740
0022₄	齐 932		庻 920		床 633		羍 734		裦 740
	斋 933	0023₇	廕 920		麇 919	0055₁	辨 849		袞 740
	斎 933	0023₈	麐 919		床 919	0055₇	育 274		衮 740
0022₇	劤 117	0023₉	廡 510	0029₆	原 264		甭 274		裒 740
	帝 205	0024₀	府 423	0029₉	麇 919	0060₀	盲 519		裏 740
	401		附 423	0030₈	遝 67	0060₃	畜 390		褱 740
	商 307		府 423	0033₁	爗 308	0060₄	奢 176		衺 740
	商 307	0024₁	庭 342		熜 414		373		玆 755
	嵩 309	0024₆	庫 423		無 608		830		袞 819
	豐 309	0024₇	厚 264	0033₆	熜 414	0062₁	奇 362		饗 892
	市 400		厚 264	0033₉	爢 612	0063₂	威 655	0075₇	每 636
	席 405		殷 423		爢 612	0064₄	誊 56	0080₁	真 295
	廗 405		殷 424	0034₁	奪 365	0066₀	詣 844	0080₂	吏 896
	廟 424		夔 518	0040₁	奄 48	0068₀	威 655	0080₄	莫 294
	方 600		夒 518		932	0068₄	誠 461		奕 364
	高 905		夔 518		辛 106	0071₀	亡 304		爽 364
	髙 905		廢 584	0040₇	夻 54	0071₁	亶 382		癸 364
	鷹 911	0026₁	啎 146		65	0071₇	甕 506		奘 366
	斉 932		315		452	0073₂	裹 141		奭 366
	齊 933		庙 423		享 306		哀 378		奠 366
	齋 933		廧 424		亨 306		袤 402		奭 366
0023₀	亦 142		廅 424	0040₈	卒 261		衺 402		奚 366
	305		廈 634		卆 261		袤 402		奠 650
0023₁	廉 425	0026₄	廧 423	0040₉	平 261		衰 737	0080₆	貞 805
	廨 511		廧 424	0041₄	疕 305		衷 737	0088₁	顛 879
0023₂	慶 402	0026₅	庙 424	0044₁	辨 849		襃 737	0090₁	禀 668
	慶 402	0026₉	曆 530		辦 849		袤 737		稟 668
	廕 683	0028₄	厭 265	0044₃	弃 480		襃 738		稟 668
	廕 684		厭 265	0050₂	牽 551		衮 739	0090₄	枀 473
	豪 804		庹 284	0050₃	牽 551		衮 739		棄 480

四角號碼索引

碼	字	頁	碼	字	頁	碼	字	頁	碼	字	頁	碼	字	頁
	稟	668	0169_1	詠	434		誠	845		癹	584	0821_6	廬	601
	稟	668	0210_0	剠	869	0421_1	龍	937	0714_1	擗	282		廬	601
	案	819	0240_0	刹	326	0423_2	龖	920	0721_0	觚	508	0823_2	旅	133
	粢	933	0260_0	剖	492	0432_7	鷟	901	0721_1	龍	937			601
0090_6	京	169	0262_1	訴	841	0442_7	効	514	0722_7	廓	425		旅	601
		306	0264_1	訴	841	0446_4	𢀩	366		廓	426	0823_3	於	117
	京	169	0264_7	訊	64	0460_0	謝	631	0724_1	毅	599			600
		306			518	0461_7	訊	841	0724_7	毅	599		旋	601
0110_2	聾	900	0266_1	詾	842		訊	841		毅	599	0824_0	放	117
0112_7	彌	680		詣	844	0463_1	讌	432	0741_0	孰	451		敦	470
	彌	680	0266_4	話	843	0465_6	譁	846		斡	850	0824_7	旃	601
	彌	680	0268_4	訣	842	0468_1	讀	651		斡	850		旃	601
0121_1	龍	937	0270_0	剗	355	0468_6	讚	808	0748_6	贛	809	0828_1	旋	604
0121_2	䮾	308	0312_7	竚	280	0482_7	勛	334	0751_2	翱	850	0828_4	族	603
0121_7	䮾	508	0321_1	龍	937	0523_6	融	709	0761_0	訊	841	0828_8	旅	602
0124_7	敲	516	0322_2	麖	905	0541_7	孰	451	0761_2	讒	848	0844_0	敦	89
0132_7	熙	900	0328_4	族	603		孰	451		讒	848			470
0144_7	敦	470		族	603	0560_6	誢	375	0761_3	讒	848			515
0161_4	証	345	0328_5	族	603	0563_3	譓	628	0762_0	謝	390		效	514
	証	845	0329_4	麖	905	0563_7	譓	628		訋	787		敦	515
	証	845	0332_7	鷟	901	0618_1	挺	464		訋	842	0862_1	諭	846
0161_6	謳	846	0344_0	斌	416	0624_7	毅	599	0762_2	謬	847		諭	846
0161_7	誳	845	0360_0	計	786	0629_4	麖	905	0762_7	部	141	0862_2	診	842
0161_8	誣	345	0361_6	誼	385	0645_6	譂	367		謂	846	0864_0	識	847
0162_0	訶	841	0364_0	試	845	0661_3	魄	626	0763_2	認	847	0866_0	詁	844
0162_7	讚	848	0364_1	諱	845		魄	626	0766_8	諧	379	0869_0	訴	842
	讚	848	0364_8	諱	845	0662_7	謂	846	0768_0	猷	655	0925_9	麟	920
0164_0	訐	842		諱	845	0663_0	謥	847	0769_8	謀	847		**1**	
0164_4	誃	56		諱	845	0666_0	謂	380	0821_2	施	600			
0164_7	敫	491		諱	845	0710_4	望	583	0821_4	旎	601	1002_7	亏	245
0164_9	譁	845	0364_9	諱	845		望	583		旎	601	1010_2	互	112
0168_4	訣	842	0365_0	誠	845	0710_8	望	584	0821_5	旄	601			247

	亹 592		蠠 767	1023₆	聭 695		妭 421		磽 645
	畺 308	1014₇	聶 422	1024₇	虘 700	1041₂	聑 691	1063₂	釀 799
	畺 308	1016₁	霝 536		霞 851	1042₇	覇 852	1064₈	碎 643
	亞 315	1020₁	严 699	1024₈	虘 700		霸 852	1066₂	磊 644
	巠 344	1021₁	虐 677	1025₁	虡 701		覇 852	1068₆	礦 647
	巠 345	1021₂	覓 120		虡 701	1044₁	弄 123	1071₂	匝 268
	盃 470		810	1025₇	處 700		358	1071₅	匣 269
	靈 853		瓦 505		霧 701		羿 130	1071₆	盉 364
	靈 853		虛 700	1026₁	殯 653		聶 694	1071₇	瓦 505
1010₃	墾 467		虗 700	1028₄	虞 703	1044₇	再 248		甓 507
	墾 467		盧 704	1029₄	殊 500	1050₀	禾 112		甕 930
1010₄	至 344	1021₅	霍 78	1030₂	近 269		247	1071₈	賣 270
	巫 344	1022₁	所 616	1032₇	焉 607		秊 112	1072₈	斤 616
	墾 467	1022₇	甬 64		焉 607		247	1074₂	爵 576
	基 698		718		焉 607	1050₆	更 248	1074₆	爵 576
	堊 759		需 164	1033₁	怨 618		單 696	1074₇	霞 851
1010₆	亟 308		851		怨 618	1052₇	霸 851	1080₀	六 360
1010₈	巫 93		需 164		惡 622		覇 851	1080₁	疋 267
	344		851	1033₆	惡 623		霸 852	1080₃	疋 267
	靈 853		兩 249	1033₇	悥 627		覇 852	1080₄	奘 130
	靈 853		兩 249	1033₈	悆 618		覇 852		奭 697
1010₉	靈 853		爾 250	1040₀	于 245	1055₇	再 248	1080₆	賈 806
1011₅	雖 856		币 268	1040₁	霞 855	1060₁	晉 523		貢 809
	雖 856		兩 870	1040₆	單 696	1060₂	百 17	1080₉	奭 526
	雖 856		商 870	1040₇	霎 78		石 71		697
1012₁	聶 694		爾 870		108		面 149		奭 527
1012₇	焉 607		禹 870		855		882	1090₄	栗 475
	焉 607		禸 904		霎 78	1061₂	醯 799	1090₈	悆 618
	焉 607		禸 904		108	1061₆	礷 882	1091₅	蘿 518
1013₁	聽 694		禸 904		856	1061₇	酏 908		雜 913
1013₆	聽 694	1022₈	所 616		更 249	1062₁	磽 408	1110₀	止 248
	蚕 713		所 616		更 249	1062₇	磽 645	1111₆	疆 658

四角號碼索引

1111_7 甀 508	1150_6 輩 137	1240_1 延 192	1325_0 戲 504	1419_0 琳 464
甕 707	791	342	戯 504	1420_0 尌 870
1113_6 蠶 713	1161_1 礓 647	廷 342	1328_4 獻 498	1423_6 聽 695
蠺 713	1161_5 礭 645	1240_3 延 342	1340_0 耻 620	1424_7 敲 904
蚕 713	1163_9 砨 647	1240_5 廷 342	耻 620	1426_0 豬 495
1114_7 皺 563	1164_0 研 641	1241_0 孔 450	1345_0 職 694	1428_0 獻 922
致 698	1164_7 砝 513	1242_1 聇 693	1350_7 肇 750	1429_4 殛 500
豉 786	1164_9 砰 641	1243_0 耴 337	1361_2 碗 457	殛 500
1116_8 璿 466	1166_2 磕 642	691	碗 644	殛 500
璿 466	1171_7 龍 707	1243_3 聦 693	1361_5 確 645	1441_2 耽 12
璿 466	1180_1 冀 295	聰 693	1362_2 砂 646	108
1118_6 頭 79	冀 295	1247_0 耻 620	酵 798	312
1119_4 珴 465	1210_1 北 248	1247_2 聯 693	1363_8 碌 646	691
1121_2 麗 128	1211_1 玨 438	1250_6 輩 137	酵 799	1443_1 聽 130
貌 802	1212_1 斯 572	791	1364_0 酕 178	1443_6 聽 130
1121_6 彊 659	斳 897	1260_0 刟 320	1364_7 酸 115	694
1122_7 弜 448	1214_7 致 132	刪 347	1365_0 酖 908	1460_0 酐 49
彌 449	1216_2 瑙 465	刣 864	酖 909	615
彌 449	1217_2 琺 438	1261_3 砒 646	1366_0 碴 101	酐 49
粥 581	瑞 465	1261_4 砥 640	1368_1 碇 643	614
鬻 704	1219_4 瑛 465	1261_7 礦 644	1369_8 磙 646	酐 165
鬻 704	瑛 465	1263_2 砭 641	酵 798	酐 614
1124_0 孖 448	866	1268_4 磔 542	1410_0 斗 111	酐 615
1130_2 匠 67	1220_0 川 320	1269_4 礫 647	1412_7 功 332	1461_1 砒 646
匭 268	剝 325	1273_2 飱 890	1413_1 聽 130	1461_2 砝 642
1140_6 草 876	剹 325	1290_0 剌 323	694	磙 646
1140_7 蔓 422	剝 325	剽 327	1413_6 聽 694	1461_4 砝 642
1141_0 耻 620	劇 326	1290_4 桨 745	聽 694	砝 642
1141_2 聻 652	1221_0 凡 322	1322_7 補 923	1414_7 皺 563	砝 642
1142_7 孺 452	1223_0 弘 447	1323_6 強 449	皺 686	1461_5 確 645
孺 452	1225_0 戲 327	1324_0 戲 504	皺 686	1462_7 酺 585
1150_2 孥 641	1240_0 聊 693	1324_4 貓 802	皺 687	1463_0 酣 50

	614	1612₁	璫 392	1702₇	弓 87	1713₂	環 466		脅 582
1463₁	釄 432	1613₂	環 466		弓 87	1713₆	蠱 710		鶸 606
1464₇	敲 904		環 466		110		蠱 710		鄢 822
1466₁	醋 386		環 466		317	1714₀	政 513		鷚 913
1466₂	硑 642	1614₆	璫 392		弓 88	1714₁	瓊 466	1723₂	承 256
1510₆	㢱 376	1614₇	毀 786	1710₂	且 297		瓊 467		懇 868
1513₃	穗 772	1617₂	瑤 438		盂 298	1714₇	瓊 466		懇 868
1513₆	穗 772	1618₁	琨 464		亘 298		瓊 466		穩 868
1514₆	塼 646	1620₀	弨 447		孟 451		殳 786		穩 868
1520₀	酧 870	1623₆	強 449		孟 451	1717₀	田 771	1723₆	豫 918
1521₃	魃 711	1624₇	毅 599		孟 451	1718₀	玖 256	1724₁	毅 599
1523₆	瑞 449		毅 599		盈 590		玖 256	1724₇	毅 599
	融 709	1633₀	恐 620		孟 590	1720₂	廖 771		毅 599
	融 709	1640₁	聟 459		盉 661	1721₀	䴽 904		軗 705
1540₁	䵼 770	1640₆	翠 344	1710₄	至 344	1721₁	㗡 638	1729₂	弥 449
1542₇	聘 147	1641₃	聰 626	1711₀	珮 281	1721₃	戲 852	1730₂	廻 824
	692		聰 626		巩 344		戲 852		廻 824
	聘 452	1641₄	睚 141	1712₀	刁 319	1721₇	犯 446	1732₀	刃 162
	聘 452	1643₀	聰 693		切 332		犯 446		刃 319
	聘 452	1661₂	硯 641		羽 771		无 505	1732₇	弓 87
1544₇	聘 692		覰 882	1712₇	弓 88		无 505		110
1560₀	砰 642	1663₂	醖 178		弓 88		竪 507	1733₁	忌 211
1563₂	醲 178		碨 644		弱 448	1722₀	刀 319		烝 606
1564₃	磚 646	1664₁	碍 149		邱 821		332		忍 617
1566₆	醋 747		640		鄑 822		鶸 606		恐 620
	醋 747		碍 640		鄑 822	1722₇	弔 88		恐 620
1610₀	珂 344	1665₀	砰 642		鄑 822		㲿 332	1733₂	忌 211
	珂 465	1665₆	禪 882		鄑 822		弱 448		忍 617
1610₄	聖 141	1666₀	磕 101		鷁 856		弱 448		恕 628
1611₃	瑰 465	1669₃	礫 644		鶍 912		弱 448		842
	覭 853		礫 644		鶍 912		弱 448	1733₃	烝 606
	覭 853	1674₇	殳 512				脊 580		烝 607

四角號碼索引

丞 607	磡 546	粲 746	彌 449	坓 344
1733₈ 黍 771	1762₂ 礐 652	1790₈ 黎 771	黐 705	矗 712
1741₂ 耶 57	1762₇ 叧 440	1792₀ 冞 79	1823₂ 羚 147	2010₃ 壆 467
過 638	哥 440	飘 327	688	2010₆ 壬 706
1742₀ 聊 695	确 643	1792₇ 鵝 914	1829₀ 弥 103	710
1742₂ 膠 693	1763₂ 碾 645	1810₄ 壂 408	499	2011₂ 乖 255
1742₇ 耶 57	1763₇ 硡 561	1810₉ 鋻 866	弥 103	2012₇ 烏 606
820	1764₇ 磓 644	1811₁ 珏 438	499	2013₆ 虿 706
勇 109	1766₂ 磠 101	1812₂ 珍 464	弥 449	711
马 88	1768₁ 礙 151	1812₇ 玲 464	弥 449	鹽 768
110	647	1813₆ 蝱 710	1830₂ 㱙 829	鹽 768
447	1768₂ 飮 594	蟊 710	1843₃ 聪 693	2020₁ 乎 254
1743₂ 聰 693	歘 888	蚕 710	1861₂ 醯 799	2020₂ 乡 119
1744₀ 取 337	1769₈ 䃳 652	蚕 710	硷 864	2021₂ 覓 120
1745₀ 聃 692	1771₇ 瓦 505	1814₀ 致 132	1861₄ 硷 864	810
1749₈ 聚 693	瓯 507	698	1861₇ 砣 640	甗 737
1750₇ 肇 750	瓮 796	政 513	1864₁ 硏 641	2021₅ 雛 167
1752₀ 翔 582	瓮 796	1817₂ 珸 437	1868₄ 礦 643	鑴 167
1752₇ 弔 88	瓮 796	1818₁ 琁 466	1874₀ 改 191	儺 290
110	1772₇ 鵑 102	璇 466	512	離 856
447	邹 821	1819₀ 珴 438	改 191	2022₁ 豙 834
那 820	邹 822	464	1877₂ 欬 408	2022₂ 豙 834
1753₂ 弔 447	1774₇ 殳 191	珎 464	1918₆ 瑣 465	豙 834
1760₂ 召 371	殳 512	1821₂ 蓰 865	1922₂ 稍 483	2022₇ 喬 73
啚 440	1777₂ 函 316	蒁 866	1962₀ 砂 534	384
1760₄ 啟 382	函 316	1821₆ 彊 658	**2**	闍 258
1761₁ 磁 465	函 316	1822₁ 羚 688	2002₇ 号 254	閣 258
1761₂ 砠 641	函 820	尉 705	号 254	仿 277
1761₄ 硿 642	1780₆ 頁 805	1822₂ 疹 103	2010₁ 乓 721	僑 284
1761₇ 砣 641	1790₂ 氶 256	499	乡 773	僑 284
砣 641	557	1822₇ 羚 147	2010₂ 乓 344	喬 384
1762₀ 磡 546	1790₄ 梨 483	688		喬 385

	爲 575	2040_7 雙 78	辞 850	2080_5 夭 664	徎 279
	有 648	108	2064_8 皎 672	2081_6 鱧 918	徑 411
	爾 768	855	2065_1 辞 850	2090_3 糸 773	俓 411
	鶵 782	受 337	辞 850	2090_4 桒 487	虛 700
	隽 854	孚 451	2071_1 徏 268	采 575	虗 700
	隽 854	雙 855	隹 569	2091_0 秔 752	703
2023_2	豖 834	2040_8 卆 255	2071_4 毛 246	2091_3 穧 48	盧 704
2024_1	辭 850	2040_9 乎 254	隹 569	2091_4 纒 783	2121_4 虐 677
2024_4	倭 55	2041_5 雛 856	2071_5 雖 569	2091_5 穜 489	2121_7 僱 288
	278	2044_0 爻 360	2072_1 崎 408	虉 518	亢 304
	倭 55	493	2073_0 厶 335	稚 667	312
	278	493	369	雛 856	亢 305
	倭 278	爻 360	2073_2 畱 103	2092_7 秭 667	舡 692
2024_7	雙 855	2044_1 辤 850	380	縞 782	虎 699
2025_1	辞 850	2044_4 雙 856	畱 103	穲 927	2122_0 舸 502
	辞 850	2045_1 辤 850	381	穲 927	2122_1 岢 293
	辞 850	2052_7 牖 552	畱 380	2094_1 稽 47	衡 415
2026_1	信 181	2055_7 冊 669	饗 892	2096_1 稻 761	衡 415
2028_2	孩 418	2060_1 售 380	2074_2 胥 576	2099_4 絲 775	2122_7 儒 164
2028_5	侅 283	2060_4 右 86	2074_6 爵 576	2099_9 穗 747	289
2031_4	鱧 918	371	2077_2 岳 721	2101_2 匡 100	儒 164
2031_6	鱧 918	723	䍃 722	269	289
2033_1	焦 128	舌 86	畱 733	2110_0 止 509	儒 287
	熏 609	372	畱 733	2111_5 鍾 783	肯 577
	熏 609	723	兩 733	2112_7 儲 285	肯 577
2033_7	惡 619	香 648	2077_7 畱 733	鳥 606	膚 589
	627	看 648	咠 734	2117_2 齼 936	儜 591
	惡 619	2060_9 番 656	2078_2 崚 407	2120_1 步 509	儜 591
	627	2061_5 雒 913	2080_4 夭 360	2120_1 虍 699	庸 699
	盃 722	2061_7 舩 908	夭 360	2120_9 步 510	虜 704
2033_9	悉 622	2063_2 釀 909	奚 363	2121_2 伍 98	虜 704
2040_2	季 255	2064_1 辤 850	买 363	伍 277	虜 705

四角號碼索引

2123_1 卡 123	2126_6 偪 827	鹵 908	稰 749	斳 574
358	2128_1 徒 411	鹵 908	2193_1 纑 783	2212_7 毢 333
卡 358	虞 703	2160_8 睿 651	2194_7 稨 669	毢 333
偬 623	虞 703	睿 651	緞 777	乌 606
2123_2 佬 288	2128_4 虞 703	睿 651	2194_9 秤 670	2213_6 蚩 707
佬 288	虞 703	睿 651	秤 670	蚩 707
籚 591	2128_5 須 879	2164_7 敓 563	2196_0 黏 927	2218_2 嵌 388
籚 591	頵 879	2171_1 匜 267	黏 927	2220_0 列 320
廑 804	頵 879	匡 268	黏 927	制 323
2123_4 偯 624	顧 881	2171_2 爐 92	2198_4 稷 749	剀 323
2123_6 偲 623	2128_9 虢 621	崦 93	2198_9 稷 749	327
2123_8 偯 624	2131_1 鮨 916	2171_7 甑 507	2199_1 標 666	制 323
2124_0 虔 699	2131_4 鱷 918	2171_8 峻 93	2200_0 川 252	剠 325
2124_1 處 700	鱷 918	2172_7 師 404	川 252	劇 327
2124_4 佞 55	2131_5 鱷 918	2173_2 衰 379	川 696	劉 328
278	2131_7 號 703	衰 379	2201_0 巛 252	劇 551
侯 278	2132_7 烏 606	2180_1 燧 284	2202_1 斨 471	片 633
2124_6 便 192	2133_2 您 624	2180_4 燧 284	2202_7 崢 122	2220_2 叅 336
2124_7 敵 258	怎 788	2180_6 貞 174	崢 160	2221_0 牝 132
敵 259	鮎 916	2190_4 衆 475	2204_7 版 571	亂 257
復 410	2133_6 覺 284	2191_2 經 776	2210_0 刂 344	亂 257
伐 554	2133_8 懇 631	經 776	2210_1 崖 273	2221_2 伍 279
虔 699	2138_6 顝 396	經 776	崖 273	僎 290
2124_8 虔 699	顝 396	2191_4 程 556	2210_2 岜 140	兇 301
2125_3 歲 510	2141_2 舡 736	經 776	2210_6 凷 707	能 583
歲 510	2141_4 兗 305	經 776	2210_8 豐 796	鯱 838
歲 510	兗 305	2191_5 纏 783	2211_0 此 509	2221_7 兇 301
2125_7 處 701	2142_1 前 293	纏 783	乢 706	2222_7 甪 46
804	2151_2 牪 550	2192_7 繡 164	2211_2 砒 708	崩 46
2126_0 佔 311	2152_0 牣 502	繡 165	2212_1 斷 573	崩 46
2126_2 貊 835	2156_0 牤 550	稰 749	斷 573	鼎 127
2126_4 魷 839	2160_0 白 520		斷 573	岡 128

273	2233₀ 巛 252	2265₃ 畿 658	2288₁ 巔 880	稻 669
岗 273	347	2271₀ 聀 794	巔 880	2296₂ 稭 668
崟 333	2233₆ 懃 629	亂 935	2290₀ 刹 323	2299₄ 繅 780
僑 384	2233₈ 崟 336	乱 935	剩 328	2310₀ 虯 160
觜 390	2234₀ 觝 916	亂 935	555	2310₁ 叁 336
嶠 775	2234₄ 鮷 916	2271₁ 此 196	剩 328	2313₆ 蚤 711
2223₀ 孤 835	2239₄ 穌 769	300	紏 773	2314₀ 弑 195
2223₂ 農 800	2240₄ 巹 707	彎 794	紏 773	2320₀ 外 160
2223₄ 能 583	妾 707	彎 794	2290₄ 柴 475	2320₂ 參 335
2223₉ 儚 288	妾 707	彎 794	2290₆ 紫 391	2321₂ 䩜 692
2224₀ 低 98	2240₈ 變 64	2271₂ 岯 407	2291₀ 秕 666	2322₁ 佇 280
279	518	2271₅ 崋 816	紕 773	2322₇ 育 577
低 279	2241₀ 孔 257	2271₈ 齔 936	紕 773	輔 922
2224₃ 粲 463	2244₄ 舜 365	2272₁ 斷 573	紕 773	2323₂ 狼 196
2224₇ 仮 337	2244₇ 艸 260	斷 573	紕 773	狼 836
仮 337	䑓 487	斷 574	2291₁ 經 776	2324₀ 伐 280
後 410	2250₂ 挈 558	2272₇ 嶠 385	鮷 916	2324₄ 㦿 922
2224₈ 徽 414	2251₀ 牝 132	齲 935	2291₃ 繼 782	2324₇ 俊 284
徵 414	2251₁ 魁 453	2273₀ 岷 337	2292₂ 彩 575	2325₀ 俸 281
徵 414	2260₁ 旨 519	齲 935	2293₀ 私 195	戎 502
2224₉ 將 634	皆 649	2273₃ 飡 890	666	戠 503
2225₃ 幾 463	皆 672	2274₁ 岻 407	2293₂ 私 195	戲 504
幾 463	2260₂ 皆 672	2277₀ 凶 315	666	戲 504
歲 510	2260₃ 甾 758	凶 315	2294₀ 紙 134	職 694
岁 510	2260₉ 彎 794	匃 820	774	2326₇ 儈 483
2226₄ 循 413	2261₀ 乱 258	匃 820	秪 738	2328₄ 俟 283
偱 413	乱 258	2277₂ 岗 273	2294₁ 縱 775	俟 283
2227₂ 崖 131	乱 258	2278₄ 嶸 542	2294₃ 紙 774	獻 498
狌 835	2261₃ 齀 909	2280₁ 真 294	2294₅ 縱 775	獻 922
2228₄ 獄 140	2264₀ 舐 723	真 294	2294₇ 稱 669	2328₆ 償 290
2229₀ 休 543	2264₃ 舐 723	2280₆ 賞 806	緻 777	償 290
2230₀ 魶 917	2264₇ 販 511	2285₃ 幾 463	2295₇ 稻 669	償 290

四角號碼索引

2329_4 休 277		貧 806	僥 831	牀 633	屮 614
2329_9 俅 282	2390_4 秘 667	2421_3 壯 132	2429_6 獠 837	2471_0 此 509
2331_2 鮌 916	2390_8 㮈 335	2421_4 姃 418	2432_7 勳 334	齔 935
2333_8 然 129	2392_2 繆 780	妌 418	勛 911	2471_1 旹 351
610	2392_7 稍 667	2421_7 魷 931	2433_9 烋 277	2472_1 崎 408
糸 335	2393_8 綵 780	2421_9 伬 277	2435_3 鱶 918	2472_7 嵪 385
2333_9 烋 277	2394_4 紋 922	2422_7 備 124	2440_0 升 50	帥 402
2335_0 鹹 917	2395_6 緂 775	286	111	幼 463
2340_1 牟 550	2396_1 稽 670	僞 290	252	2480_1 失 361
2340_6 荢 383	2397_2 秭 670	僑 384	外 252	2480_6 贊 808
2345_0 戟 503	2398_2 紎 775	簫 552	外 252	2482_7 勛 334
2348_4 馱 497	2399_1 綜 779	豽 835	613	2490_4 柴 475
2350_0 牟 550	2399_8 絲 780	2423_1 德 414	2441_0 仕 857	2491_0 紕 775
牟 550	780	悳 695	2442_7 勁 333	2491_2 繞 781
2350_6 單 383	782	2423_6 徳 414	勁 333	2491_7 継 775
2351_2 牠 552	2411_2 豔 64	2424_0 妝 455	2443_0 外 253	2492_7 勣 327
2360_0 卧 116	797	2424_1 侍 285	2444_7 皺 686	2494_6 緯 776
376	馳 708	2424_7 伎 554	2450_0 牪 552	2494_7 稜 477
眢 655	豐 797	2426_0 佰 287	料 552	2495_6 緯 776
2360_4 咎 116	2416_0 㚄 712	豬 495	2451_0 牡 132	2496_0 黏 926
376	𡇺 817	豬 495	2451_2 牬 550	2496_1 稰 387
2360_8 畚 655	2420_0 斛 49	估 806	牠 552	秸 668
𡕕 656	614	貓 837	2454_1 特 550	2499_4 縲 775
2362_1 舒 657	斛 614	2426_1 牆 183	2460_0 刮 614	繰 775
2365_0 鹹 908	豺 834	202	甜 614	2500_0 牛 633
2370_0 心 509	2421_2 乿 12	634	甜 614	2508_6 犢 808
2371_7 乞 156	107	2428_1 徒 410	甜 614	2518_0 缺 722
2372_1 乣 657	180	俆 410	2460_1 肖 649	缺 722
乣 657	312	徙 410	2461_2 曉 530	2520_0 件 281
2373_2 彔 379	691	2428_6 儹 287	觝 723	2520_6 伸 279
2374_7 峻 407	儒 290	2428_9 猭 621	2467_0 甜 639	2521_0 牲 160
2380_6 負 379	銃 418	2429_0 休 277	2470_0 斗 613	2521_6 伷 279

2521_8	體 884	2594_4	縷 778	2622_1	鼻 931	2640_7	奭 421	2692_1	繝 783
2522_7	佛 131		縷 778	2622_7	髈 160		奭 421	2692_2	穆 671
	傳 282	2596_1	䅯 387		骨 377		奭 421		穆 671
	俜 282	2597_7	緝 781		580		髡 735		穆 671
	骋 692	2598_2	秧 668		貌 496	2644_0	臬 735	2692_7	鬄 531
	骋 693	2599_4	稞 669		觸 840	2651_3	鬼 885		稻 667
2523_0	体 94	2600_0	囟 396	2623_2	艖 917	2660_1	譽 624		稠 669
	躰 884		囟 397		鯘 917	2661_3	魋 909		絹 777
2524_3	傳 288	2602_7	粵 519		觧 917	2662_7	朗 217	2693_0	總 20
2524_6	傅 288	2603_0	悤 683	2624_1	得 115		朗 723		116
2524_7	脚 692	2610_2	盤 661		412		朗 723		778
2528_6	牘 731	2610_3	墾 352		叚 597	2670_0	岷 128		緫 778
2539_0	鮇 918	2610_5	量 813		殼 599		齨 936	2693_3	稌 671
2543_6	軸 712	2612_7	甥 160	2624_4	魗 387	2671_2	皂 836		稌 671
2554_0	健 551	2613_6	蠱 712	2624_7	役 409	2672_7	嶼 122	2694_1	緝 777
2556_1	犕 635	2620_0	仴 181		伇 409	2675_0	岬 642	2697_2	細 776
	犕 635	2621_0	但 171	2624_8	伇 410	2680_0	皀 836	2699_3	穋 670
2578_0	峽 362	2621_1	艜 917	2626_0	倡 280	2680_1	吳 521	2699_4	繰 780
2580_0	失 361	2621_2	貌 68		儞 393	2680_4	吳 374		782
2590_0	朱 159		148	2628_0	貎 837		臭 735	2702_0	勹 297
	耕 689		836	2628_4	魌 387	2681_2	䂓 810	2702_7	粵 519
2590_6	緎 775		兒 148	2629_9	鰈 917	2683_2	艜 917	2703_2	悤 683
2591_0	純 774		428	2631_7	鮑 912	2689_9	鰈 917		悤 683
2591_2	䅯 387		俔 171	2633_0	恩 621	2690_0	細 863	2710_1	堅 763
2591_7	純 774		侃 280		憩 629	2690_4	槃 661	2710_2	盤 661
2592_7	秝 667		倪 285	2633_1	憼 631	2691_1	經 776	2710_4	墾 352
	秝 667		魗 387		憼 631		經 776		墾 354
	稠 669		皃 428	2633_2	鰈 917	2691_6	繩 781		833
2593_3	穗 671		艍 483		鰈 917		繩 781	2710_8	竪 796
	總 781		髟 735	2639_9	鰈 917		繩 781	2711_0	甄 507
2593_6	穗 671	2621_6	偃 289	2640_0	卑 260		繩 781	2711_2	龃 707
2593_7	總 781		偃 289	2640_6	鼻 931	2692_0	繝 783	2711_7	艶 65

	797		鳩 312		假 285		倏 284		302
2712₇	歸 511		希 401		役 409	2728₆	偵 805		甑 329
	鳥 803		胥 582		後 409	2728₉	脩 285		舩 820
	鳥 910		豨 703		俊 409	2732₀	鮈 863	2741₃	甗 329
2718₂	歃 388		偽 803		殷 597	2732₂	魸 918	2742₇	芻 297
2720₇	多 119		鄭 823	2724₈	後 409		魸 918		雛 297
2721₀	佩 281		鄭 823		後 410	2732₇	烏 143		歸 511
	舢 701		鄭 823		俊 410		803		歸 511
2721₁	貊 836		觓 838	2725₀	觽 692		鳥 606		邶 820
2721₂	衂 281		舠 838		胼 692		鳥 910		郇 820
	倪 285		魡 838	2725₁	劓 701	2733₀	忿 177		郑 821
	舣 838		嚮 894	2725₂	解 839		617		鄒 822
	皃 910	2723₂	狠 68		解 839	2733₁	怨 618		鴝 856
	兒 920		197		解 839	2733₂	惚 116		觩 911
	兒 921		836	2725₃	解 839		778		觩 911
2721₄	羟 418		象 143	2726₁	贍 12		夵 142	2744₀	舟 271
2721₇	舡 107		803		詹 843		306		736
	692		像 288		詹 843		夵 305		舟 271
	俔 289	2724₀	奴 358	2726₃	詹 843	2733₃	懇 197		736
	鳧 910		奴 499		詹 843	2733₆	魚 915		奐 363
2722₀	卯 317		奴 499		詹 843	2733₇	急 619		奐 363
	匈 383		奴 499		詹 844	2735₆	鰱 916	2744₂	弇 292
	匋 383		叙 499		詹 844	2738₁	鰓 918		弇 292
	御 412		叙 499		詹 844	2740₇	孚 54	2744₄	鵯 366
	御 413		叙 499	2726₄	佫 286		夌 421	2744₇	般 125
	綢 419		厭 857		貉 835		夌 421	2746₁	船 736
	冉 682	2724₁	劓 700		詹 844		夊 596	2750₂	阜 840
2722₂	仔 278		解 839	2727₂	僩 587	2740₈	夒 421	2750₄	夆 420
2722₇	儵 285	2724₂	將 634	2728₀	歈 931		夒 421		420
	倫 287	2724₇	假 285	2728₁	儗 647		夊 596		夆 420
	俔 288		假 285	2728₄	侯 283	2741₂	免 49	2751₂	魍 885
	偽 288		假 285		候 283		87	2752₀	物 116

	犳 375		包 297		獎 366		網 120	2803₃	愸 683
2752₇	邡 820		岨 858		隼 915		175	2811₂	绝 167
	桷 840		齟 936	2780₆	負 805		勦 328	2821₀	㚘 144
2753₀	夆 420		齟 936		賀 806		勦 328	2821₂	伹 281
	420	2771₇	屺 407	2781₁	辮 917		翶 746		舩 838
2755₀	舟 271		豈 912	2782₇	郇 821		綱 776	2821₇	舩 692
	舟 736	2772₀	岡 128	2788₂	欶 595		綱 776	2822₇	俏 281
2760₁	舍 653		岡 128		欶 595		絢 777		俗 281
	舍 653		岡 135		欶 595		剩 926		僞 289
	畱 654		勾 370		欶 595		翱 926		侑 413
	響 894		幼 463	2789₄	蕘 874	2792₂	穆 752		侑 413
	響 894		岬 547	2790₂	尔 276		綢 783		虧 704
2760₂	臼 371	2772₂	峆 657	2790₄	粢 745	2792₇	穋 670	2823₁	儺 630
	畱 654	2772₇	歸 511		黎 926		絹 777	2823₂	像 288
	畱 655		鴝 913	2790₆	彙 913		絪 777		徔 412
	嚮 894		齬 936		魚 915		綢 784	2824₀	仵 277
2760₄	备 287	2773₂	裘 739		魚 915		綢 784		傲 286
	各 377		餐 890	2790₉	黎 926		澷 784		傲 286
	督 650	2774₀	收 512	2791₁	穊 746		鳥 910		微 413
	督 650		颾 935	2791₂	秱 670		鳥 910		微 413
2761₃	𥁒 354	2774₈	毅 597		絙 777	2793₂	總 778		微 414
2762₀	句 370	2775₆	轣 936		絙 778		總 778		徹 414
	甸 383	2776₂	豁 898	2791₃	纜 166	2793₄	縡 777		徹 414
2762₇	鵠 913	2777₂	畚 722		784	2793₅	穤 668		傲 415
2764₀	取 499	2778₂	敢 595		絚 776	2793₆	穤 770		徹 415
	叙 651		敢 595	2791₅	穊 746	2794₀	叔 52		敦 513
	叙 651	2780₀	具 521		絚 778		338		敦 516
2766₄	豁 354	2780₁	具 521	2791₇	秔 745		緻 777		傲 831
2768₀	攺 80	2780₄	矢 360		繩 781	2794₇	緻 163		徹 831
2771₀	㩴 507		奐 363	2792₀	網 119		秄 666		敷 931
2771₂	㞸 269		奐 363		網 119	2795₁	釋 667	2824₁	併 281
			獎 365		175	2799₄	繫 874	2825₁	儺 418

四角號碼索引

2826₁ 俗 283	2883₇ 嫌 584	2960₄ 醬 731	3021₂ 宽 314	袽 316
俗 283	嫌 584	2977₂ 愁 670	宂 427	裱 603
偺 283	2886₈ 谿 542	2991₉ 継 782	完 428	褙 739
2826₂ 俗 283	2889₄ 䌽 874	2992₀ 秒 666	寬 435	3024₂ 宇 312
2826₄ 偭 413	䌽 874	2992₇ 棽 585	寬 435	3024₇ 寇 432
偭 413	䌽 874		寬 435	寇 433
舶 839	䌽 874	**3**	寬 435	寇 433
2826₆ 偏 827	䌽 875	3002₇ 穿 160	氽 532	寇 433
2826₈ 俗 283	䌽 875	3010₂ 宜 204	窥 684	寇 433
貆 835	2889₅ 䌽 875	宜 313	視 684	寝 436
2828₁ 從 412	䌽 875	宜 429	3021₃ 寬 435	寝 436
從 412	2891₂ 統 166	3010₃ 宝 130	3021₄ 寇 432	寝 437
2833₄ 煞 195	絻 166	3010₄ 宝 130	寇 432	寝 437
598	纜 784	3011₁ 流 538	屋 441	寝 437
2835₁ 鮮 916	纜 784	3011₄ 窑 146	3021₇ 尼 263	寝 684
2838₆ 鮮 392	2891₇ 秕 745	316	宂 311	寝 684
2841₂ 艦 736	2892₇ 黏 926	3011₅ 准 541	427	3025₇ 庫 750
2841₄ 乾 257	2893₂ 穢 541	3012₃ 濟 48	3021₈ 座 441	3026₁ 居 616
2843₂ 舡 736	2893₃ 総 779	548	3022₁ 家 433	3027₂ 屈 131
2844₀ 敝 931	2894₀ 敉 195	3012₈ 濟 548	3022₂ 穿 433	窟 131
2846₈ 裕 857	緻 777	3014₁ 濟 48	3022₃ 檳 933	3028₆ 寶 806
2852₇ 拎 550	2899₄ 綵 874	548	濟 933	寶 806
2862₇ 齡 550	綵 874	泲 542	3022₇ 肩 109	3029₄ 癯 393
齡 688	2915₀ 岸 331	淒 548	441	癯 393
齡 688	2921₂ 魷 838	3019₂ 琮 129	肩 109	3029₅ 麻 434
2863₂ 齡 688	2923₇ 徑 411	3019₄ 深 310	441	麻 434
齡 688	2925₀ 伴 112	3019₅ 寐 434	寡 204	3030₂ 適 128
2866₄ 俗 354	2928₁ 從 411	寐 434	435	829
2866₈ 䉒 833	2928₉ 俠 539	3019₈ 琮 129	甯 350	之 429
2872₇ 齡 550	2929₆ 獻 704	438	局 440	3030₃ 乏 122
2873₆ 嵴 861	2960₀ 耆 670	3021₁ 扁 132	甯 682	寒 123
2874₀ 收 512	2960₁ 耆 670	窆 681	3023₂ 窊 146	迹 825

3033_1	窓 618		窶 436	3060_7	窨 483	3080_6	寶 129	3111_0	沚 534
	窓 618		寠 436	3060_8	宜 146		130	3111_1	澁 549
	窯 681	3040_7	夌 170	3060_9	審 437		437	3111_2	流 538
	窯 682		339		審 437	寳	129	3112_7	濡 164
3033_2	窓 145		夌 339	3071_0	宅 717		438		547
	683	3040_8	夋 682	3071_2	宦 429	寅	433		濡 164
	窓 145	3041_2	兖 314		窟 430	寅	433		547
	窓 145	3043_2	冣 525		窟 431	寅	433		沔 533
	682	3043_4	宲 52		窟 431	寳	438		沔 533
	窓 145		宲 434	3071_6	竈 685	寶	438		馮 900
	683	3044_0	突 681		電 930	寶	806		馮 900
	宏 429		682	3071_7	竈 685	3080_9	炎 170	3114_1	沂 542
3033_3	窓 683		突 681	3072_7	卯 362	3081_2	窺 684	3115_3	濺 547
3033_6	烹 204	3044_2	寉 433		卯 362		窺 684	3116_0	沾 536
	435		寉 434	3077_2	窑 681	3082_8	窳 450	3116_1	潜 545
	烹 435	3044_7	冣 524	3077_7	官 429		窳 450		潛 545
	烹 436	3046_8	宛 450	3080_0	宾 313	3090_2	永 532	3116_8	潜 546
	窓 682	3049_9	寢 434		宍 719	3090_4	稟 436	3118_6	湏 879
	懇 683	3050_2	牢 184	3080_1	賔 313		稟 436		898
	愍 683	3050_8	牢 184		賓 313	3090_6	稟 204	3119_0	沨 538
3040_1	準 541	3054_7	寂 857		賓 313		稟 204	3119_1	漂 545
	準 541	3060_1	㝐 146		賓 313		435	3121_2	袓 17
3040_4	安 56		316		賓 351	稟	436		189
	170		容 146		定 429	稟	436		637
	428		316		宊 719	3092_7	竊 685		738
	安 170		害 430		宊 719		竊 685		袉 637
	宴 431		害 431		宊 719		竊 685		袉 738
	宴 431		窨 683	3080_2	穴 427		竊 685	3121_7	袘 740
	宴 432	3060_2	窗 145		穴 427	3094_7	寂 52	3122_0	袔 738
	宴 432		682	3080_4	突 146		434	3122_7	襧 638
	寠 436	3060_5	害 430		681	3099_5	窣 434		襧 638
	寠 436	3060_6	富 434	3080_5	突 146		窣 435		裱 740

四角號碼索引

	褙 740		遷 830	3211_3 兆 196	3226_0 禃 83		310
	襦 742		遞 831		300	3228_4 袄 453	3300_4 必 177
	襦 742	3130_5 運 67	3213_0 泒 63		袄 453		617
3123_2 裖 16		269		538	3230_1 遞 115	3311_1 澄 548
	175		邅 830		泒 63		829		澄 548
3124_9 祎 670		邅 831		泒 538		逃 139	3311_2 浣 538
3126_0 祜 404	3130_6 逼 827	3213_2 派 63		824	3311_6 渲 540
3126_6 福 83	3130_8 遺 67		538		逃 825	3312_2 滲 545
	福 83		270		泛 532	3230_2 逝 574	3313_0 淞 549
3128_6 顧 880	3133_2 憑 629	3214_1 涎 537		逝 829		淞 549
3130_1 逯 106		憑 629	3214_9 將 634		逝 829	3314_1 淬 543
	巡 106		憑 630	3215_3 滅 547		逝 829	3315_0 減 178
	411	3154_7 巀 857	3216_3 淄 540		逝 829	3319_8 漆 545
	遷 169	3174_7 飫 600	3218_4 溪 542		逝 829	3320_4 祕 667
	830	3184_7 敝 503	3218_6 濆 541		逸 829	3322_7 鬴 922
	迳 268		敝 503	3219_0 冰 51		逸 829	3324_4 厳 922
	迳 824	3210_0 淵 82		310		遍 832	3330_0 迊 139
3130_2 近 67		540	3219_4 灤 541	3230_3 返 191		825
	269		刱 82	3221_0 礼 638		343	3330_4 迻 115
	迀 194		刱 82	3221_2 秖 637	3230_4 述 824	3330_8 迪 785
	辿 268		540		738	3230_5 迁 342		迭 826
	週 832		渕 82		祀 637		遜 830	3340_4 安 56
3130_3 遷 169		540	3221_3 祧 637	3230_6 適 827		170
	迊 267		渊 82	3221_4 祏 737		道 827		428
	迓 824		渕 82		祏 737		道 828	3350_7 肇 750
	遷 830		540	3221_7 褫 740	3230_8 遞 829		肇 750
	遷 830		涮 539	3223_0 祧 404	3233_2 懣 188	3385_0 戩 503
	遷 830		洞 540	3224_0 祗 17	3240_1 舉 251		戩 503
	邊 831		洞 540		189	3244_4 弊 366	3400_0 斗 50
	邊 831		淵 540		637	3244_7 叢 341		111
3130_4 迂 194		丬 633		祇 738	3260_0 剠 492		613
	遷 830	3211_2 湏 534	3224_4 祓 453	3290_0 氷 51	3402_7 為 575

3410₀ 對 356		613	袟 402	3710₄ 垈 349	3717₇ 汨 533
3411₂ 沈 534		朩 338	袟 737	埕 537	3718₂ 次 537
3411₇ 瀙 266	3443₀ 丼 253	袂 775	539	3719₃ 潔 546
3414₁ 𣲘 534		朩 338	3529₀ 袜 741	埕 539	潔 546
3416₁ 㳄 540		朩 338	3530₁ 辻 118	3711₀ 瀙 266	潔 546
㳄 540	3460₀ 瞽 650	迪 118	汎 532	潔 546
牆 634	3473₂ 袃 739	3530₄ 遝 182	渢 533	3721₂ 袍 739
3419₄ 渫 310	裂 739	828	3711₁ 澀 549	3721₃ 狂 312
渫 310	蘂 739	3530₈ 迭 159	溼 549	狂 313
涞 544	3510₆ 洩 376	遺 270	溼 549	3721₄ 冠 312
林 633	3511₀ 沲 533	3610₀ 汨 534	3711₂ 氾 532	3721₇ 冗 311
3419₈ 淶 544	3511₇ 沌 533	3610₂ 洎 528	532	427
3419₉ 漆 544	3513₆ 蟄 713	3611₂ 況 538	泥 537	3722₀ 初 322
3425₂ 襪 742	3516₁ 湍 540	3612₁ 湧 539	溼 661	初 322
3425₃ 襪 741	湍 540	3612₇ 滑 185	3711₅ 泥 439	初 322
襪 741	湍 540	3613₃ 濕 548	3711₇ 氾 532	御 412
3426₀ 褶 739	潛 545	3614₀ 渾 539	533	衿 637
3426₃ 褶 739	牆 635	3614₁ 淂 412	沉 534	3722₇ 禍 638
3430₁ 辻 410	3516₈ 潛 545	3618₆ 潰 534	3712₀ 洞 135	3723₂ 冢 312
遶 781	3518₀ 决 535	3619₄ 深 537	溯 542	3724₀ 徹 404
迷 824	决 535	3621₂ 視 811	溯 542	3724₂ 衿 312
3430₄ 逡 826	3521₈ 禮 638	3622₇ 褅 405	潮 545	衿 312
逡 826	3522₇ 袴 742	3623₃ 裸 671	澗 546	3724₇ 寇 433
達 827	袴 742	3626₀ 褅 405	澗 546	3725₆ 褌 16
3430₅ 違 182	3524₇ 構 739	3628₆ 襀 738	3712₇ 淯 185	175
828	3526₀ 袖 16	3630₂ 邊 816	溺 439	褌 16
達 826	175	3674₇ 叚 597	543	175
3430₆ 遒 389	738	3681₂ 覬 811	3714₀ 收 512	3726₄ 裙 739
3433₀ 懟 631	袖 16	3710₁ 㳄 349	3714₂ 將 634	3728₂ 欠 378
3440₀ 朩 52	175	3710₂ 宜 429	3714₇ 溲 540	3729₂ 祢 638
338	738	㲱 660	濺 547	3730₁ 迷 824
丼 253	3528₀ 袟 402	溼 661	3716₁ 沿 536	迢 831

3730₂ 迵 824	3810₄ 塗 352	3830₉ 途 352	盍 660	髙 384
逈 824	鎣 833	迻 832	4010₃ 土 168	喬 385
逡 829	3811₂ 涩 539	迻 832	346	巾 400
逸 829	3811₇ 滐 257	3850₇ 肇 750	4010₄ 左 640	斎 419
3730₃ 退 825	3812₂ 渗 536	3860₄ 启 382	臺 698	肴 577
3730₄ 遐 828	3813₂ 泅 536	3866₈ 谿 833	4010₅ 壺 351	脅 582
遐 828	滋 541	谿 833	4011₄ 壚 426	肉 719
遐 828	渝 890	谿 833	4011₅ 堆 349	肉 719
3730₅ 逢 826	3814₀ 牧 512	谿 833	壚 426	4022₈ 齐 520
逢 826	3814₁ 灤 538	3874₀ 攷 600	4011₇ 坑 347	4023₀ 尒 275
遅 830	3814₆ 漳 539	3884₀ 敝 503	4012₂ 埯 47	狌 498
遲 830	漳 539	3912₀ 沙 534	4013₂ 壞 354	4023₂ 猿 602
3730₉ 迚 832	3818₂ 潒 537	3918₆ 漬 541	4016₁ 墟 183	4026₄ 㒕 83
3740₁ 罕 717	潒 537	3918₉ 淡 539	635	4030₂ 之 785
罕 717	3819₀ 㳄 536	3928₇ 袳 406	壚 635	4034₁ 奪 163
3741₃ 冤 314	㳄 536	3930₅ 遴 830	4018₂ 垓 47	365
3741₄ 冗 305	3819₃ 灤 539	3930₈ 遜 826	4019₁ 壊 353	4040₁ 辛 123
3744₄ 𦮙 366	3822₇ 襘 637		4019₄ 壊 352	849
3744₇ 取 524	襘 637	**4**	壊 352	杢 261
3754₀ 敕 857	3823₂ 襛 602		4020₀ 才 600	秊 849
3760₆ 畐 434	襛 602	4001₂ 尤 311	4020₇ 参 906	4040₇ 交 420
畐 434	3824₀ 衩 182	尢 368	4021₂ 堯 350	906
3760₈ 咨 160	衩 182	4001₄ 尨 368	尭 350	孛 450
379	3829₀ 袮 638	4001₇ 九 256	尭 350	支 491
3766₄ 㕮 833	3830₁ 迍 681	4002₇ 力 332	4021₅ 幢 12	支 491
3771₇ 巳 297	3830₂ 遒 829	4008₅ 怅 283	400	麦 906
瓷 349	遒 832	4010₀ 土 168	雅 709	衾 906
3777₂ 瓷 349	3830₄ 遨 513	346	4022₂ 䜩 418	
3780₀ 冥 313	遊 828	土 168	4022₇ 高 72	4040₈ 李 469
3780₁ 冥 313	遊 828	4010₁ 岙 785	384	4041₅ 嬉 487
冥 313	邀 831	4010₂ 奎 308	希 205	4042₇ 劦 332
冥 313	3830₆ 逼 827	壶 351	401	姉 454
		查 481		4043₂ 嫡 128

	829	4071_6 奝 364			774	4111_5 埋 425		婦 454
媥 829		奝 364		索 122		4111_6 壇 658		嬾 461
媥 829		奝 364			774	4112_7 壔 658		嫺 461
4044_0 卉 260		奝 365		4090_4 枈 70		壔 658		4144_0 奸 456
4044_4 奔 76		4072_7 奇 362			141	4113_1 埋 425		4144_6 婡 458
	姦 456	4073_2 袁 349			476	4113_2 圪 348		4146_1 姤 72
4044_6 弈 359		袁 349		窠 163		4114_6 偰 192		姤 72
4046_1 嘉 389		袁 349			365	4114_7 鼓 928			86
	赤 389		公 370	窠 163		4116_1 壚 183		4146_2 妘 70
4048_4 嫉 460			亗 373		365		635		86
4050_2 享 123			亥 374	棘 359		4118_4 墺 657			454
	849		喪 382	枣 476		4118_9 墺 657		麵 907
	拿 123	4080_1 真 294		枘 544		4119_1 坛 348		4148_6 嬾 632
	849		真 294	4090_8 來 280		4121_2 帧 404		4149_1 嫖 545
	牽 551		裹 747	4090_9 黍 544		4121_7 甁 507		4158_1 鞁 443
4053_2 乾 878			裹 747	4091_5 椎 480		4122_7 帊 448		4164_7 敒 491
	乾 878		裹 747	橦 487		獩 496		散 515
4053_8 夊 275			走 785	權 490		獩 496		4168_6 頏 579
4055_7 輷 895			赱 785	4091_6 檀 104		4123_2 帳 400		4174_7 觳 354
4060_1 占 370		4080_2 奓 418		4091_8 楗 559		4124_0 忏 448		岐 600
	卨 386	4080_4 奭 364		4092_1 樗 469		4124_7 敒 515		4180_6 赳 18
4060_2 壽 642		4080_6 奭 366		4092_7 柿 474		敒 515		4188_6 顛 879
4060_3 畜 655			夷 650	4093_2 樱 482		敷 516		4191_2 柜 474
4060_4 希 374			貞 805	4094_7 樺 469		4126_2 狛 835		概 483
	杀 374		賣 806	4094_8 校 475		4126_6 幅 83		概 483
4060_8 奮 656			資 807	4098_9 檷 443		4128_6 顠 290		4191_8 櫨 472
4061_5 雄 854			賈 933	4111_1 壚 183		4140_6 麵 149		榴 559
4062_1 奇 362			賷 934		635	輂 928		4192_0 杍 469
4065_1 辝 850			賷 934	圿 348		4141_2 孀 128		柯 502
4071_0 棗 382		4080_8 夾 362		4111_4 埕 146		4142_7 麪 149		4192_7 樗 484
4071_1 㚖 382		4080_9 夾 605		埵 350			907	樗 484
4071_5 雄 854		4090_3 紊 122		壖 425		犎 334		檽 488

	櫔 488		垢 204		455		析 471	4340_4	埶 795
4193_1	標 484		371		姤 86	4292_2	杉 416	4340_7	婂 70
4193_2	櫨 566	4217_7	塪 347		372	4292_7	枅 471		86
4193_6	櫋 485	4219_1	壞 586		455	4293_4	棌 488		454
4194_6	梗 477	4221_2	獵 497		婚 457	4294_0	柢 474	4341_2	婉 457
	椫 488		巤 508	4248_4	妖 101	4294_7	橙 487	4342_7	菊 667
4194_7	椒 483	4221_7	巤 508		453		板 571	4345_5	戟 503
4194_9	樟 484	4222_2	獢 834		妖 453	4298_5	樸 486	4350_4	靯 794
4196_0	枯 190	4222_7	獨 497	4248_6	嫆 129	4301_2	尤 368	4365_0	哉 377
4196_2	栢 473		獨 497	4252_1	靳 877	4301_4	尨 368		截 712
4196_4	栖 479		獮 498	4253_0	靰 877	4304_0	犮 493	4375_0	裁 784
4198_2	櫬 172		獯 498	4254_5	鞋 775	4310_0	瓲 711	4380_0	犬 493
	486	4223_0	帐 404	4256_2	鞊 668	4311_2	壚 352		赴 785
4198_6	楨 77	4224_7	媛 496	4258_4	鞿 877		661		赳 825
	頫 282	4226_9	幡 12	4259_4	鞍 668		埦 644	4380_5	越 787
	頼 808		400	4260_0	剞 324	4311_7	塆 644		越 787
4199_0	杯 470	4227_7	幠 403		492	4314_0	甈 508		越 787
4199_1	標 484	4229_4	獵 835	4271_7	甈 508	4314_7	埈 408		787
4210_0	到 356	4230_0	赵 786	4276_4	晧 639	4315_0	壗 661	4390_0	朴 486
4211_2	坛 348	4240_0	刻 324	4280_0	刺 323	4321_0	猇 368	4390_7	柳 142
	坛 348	4241_0	乹 257		赳 786	4322_0	獫 496		211
4211_5	埵 349		婣 458		赳 786	4322_7	奝 384	4391_2	枕 477
4212_1	圻 408	4243_6	嬬 707		赳 786	4324_0	犮 377		椀 644
	658	4244_4	妖 101	4280_1	赳 786	4324_7	狄 494	4392_2	槮 485
4214_0	坻 348		砂 453		赴 786	4325_0	戕 377	4393_8	橡 486
4214_7	垺 821	4244_7	嫠 906	4290_0	刹 323		幟 406		樊 487
4216_1	垢 204	4246_1	姤 70		刾 326		截 503	4394_0	弒 195
	371		86		刾 326	4328_4	狄 494	4395_0	杙 137
	堦 860		372		刺 327	4329_8	猋 496		械 192
4216_2	堦 860		455	4291_2	櫔 489	4330_0	赴 786		栽 192
4216_4	垢 204	4246_4	姤 85	4291_4	杝 483	4333_8	憗 266		474
	372		372	4292_1	析 471		憗 266		械 192

械 192	4412_7 墥 862	花 756	蘭 770	4425_6 幝 400
栻 474	4413_2 壞 354	莊 756	4423_1 恭 406	幛 776
械 481	4414_6 薄 769	4421_5 薩 80	蘸 768	4425_7 廌 763
槪 482	薄 769	764	4423_2 猿 67	4426_0 猪 495
梂 728	4414_7 蔉 422	薩 80	猨 68	猫 837
4396_8 榕 472	皷 928	764	蘷 341	4428_8 峽 403
4399_8 楾 485	皷 928	獾 498	猿 495	狹 494
4400_0 廾 358	4414_8 蔉 422	蒦 767	猨 495	4429_6 獠 837
廿 724	4415_3 薉 752	4421_7 蠃 671	芘 674	4429_9 藤 187
4402_7 協 261	4416_1 墻 634	4422_0 葪 764	芘 674	4432_0 蓟 764
考 690	4416_8 墻 635	4422_7 菁 106	蔭 761	4432_7 鷰 127
荨 755	4416_9 藩 769	759	蔭 761	611
4410_0 対 356	4418_1 填 351	藨 187	蘿 763	鶑 127
4410_1 蓥 763	4420_0 犲 834	希 205	猿 766	611
蓥 763	4420_1 孝 690	蒂 406	4424_1 薛 80	4433_1 燕 127
4410_2 萱 298	4420_2 蓼 486	猗 494	763	611
萱 298	762	獢 497	764	熱 610
萱 299	蓼 762	獢 497	4424_7 陂 400	蒸 761
盇 660	蓼 762	暜 584	藢 514	蒸 768
蓋 760	4421_1 薩 763	葤 728	菠 759	4433_2 憁 622
盖 760	薩 763	肋 728	藙 768	4433_3 蒸 761
4410_3 蓥 758	4421_2 貌 68	荓 754	藙 768	4433_6 蕙 623
4410_4 薹 698	766	蒪 754	4424_9 蔚 766	蔥 760
薹 758	蘆 703	蘭 757	4425_1 薛 80	4433_8 恭 621
4410_6 萱 760	苑 753	蕳 757	763	蓺 762
4410_8 荽 796	菀 753	蕳 758	764	4434_3 蕁 762
4411_2 薀 757	菀 753	茆 761	薩 764	4434_6 尊 762
4411_3 莊 756	蒓 753	蕳 767	4425_3 巇 406	4439_4 蘇 769
4411_4 莊 756	蒞 753	蕳 767	741	4440_0 艾 84
莊 756	菀 753	蕳 767	茂 752	751
莊 756	麓 768	蕳 767	藏 766	4440_1 莘 106
4411_6 墥 658	4421_4 狓 368	蘭 770	蔵 766	251

	荸 543		758	4460_1	昔 520	4472_7	劫 333	4488_1	顛 879
	761	4444_3	薅 765		薔 754		茚 730		𤎼 880
	茸 759	4444_4	莽 76		薔 929	4473_1	葚 250	4490_0	樹 484
	聲 929		163		薔 929	4473_2	廿 153		樹 794
4440_3	艾 84		蓋 758		薔 929		兹 755	4490_1	蔡 766
	751	4444_6	芏 757		薔 929		茲 755	4490_3	蒙 782
4440_6	草 876	4444_7	芛 765	4460_2	茗 754	4474_0	廿 752		蒙 782
	草 876	4444_8	莽 76	4460_3	苗 758	4474_1	薛 80	4490_4	菓 470
	鏨 928		163	4460_4	茜 754		763		菓 471
4440_7	艾 84	4450_4	華 755		茜 754		764		葉 473
	751	4450_6	革 876	4460_5	苗 754		薛 80		茉 473
	苂 337	4450_8	華 755	4460_8	甚 584	4474_2	欝 416		菓 757
	塋 452		華 755		苣 754		鬱 417		葉 758
	塋 452	4450_9	葷 755	4460_9	蕃 769		欝 417		葉 758
	芝 557	4451_0	靴 876		蕃 769	4474_6	欝 416		菜 758
	𦭐 557	4451_2	鞑 878	4462_7	苟 753		欝 416		茉 762
	芝 751	4451_4	靴 876	4464_7	敖 491		鬱 417	4490_8	蒸 486
	菱 759		鞋 877	4470_0	斟 165	4477_7	苔 757		恭 621
	菱 759	4453_2	靴 877	4471_0	土 247		营 757		菜 762
	菱 759	4455_3	轈 740		芒 752		菅 757		蒸 762
	菱 759		轢 742	4471_1	地 196	4480_0	赵 787	4490_9	蒸 762
4440_8	華 755		轢 742		300	4480_1	其 292	4491_2	楂 481
4441_2	婉 458	4455_4	韓 876		甚 249	4480_5	芙 752	4491_5	權 489
4442_7	葤 298	4455_7	幠 273	4471_2	苴 100	4480_6	貰 805		蕋 761
	勃 333		冓 274		老 144	4480_8	趄 287		蘿 767
4443_4	茾 751		冓 274		苞 768	4480_9	焚 136	4491_6	樞 472
4444_0	井 152	4458_1	揵 153	4471_7	地 196		607		樞 472
	卅 154	4458_8	鞅 878		世 247		焚 607		楂 481
	卅 154	4460_0	蘭 398	4471_8	甚 249		焚 607	4491_7	蘸 761
	冊 155		菌 441	4472_0	廿 751	4481_2	葙 757	4492_7	蓊 299
	芊 751		菌 441	4472_2	鬱 416	4482_0	剜 764		櫛 489
4444_1	葬 130		茵 754			4482_7	勘 334		勑 514

	檎 665	4529_0	帙 741	4592_7	柿 474	4640_1	聟 459	4699_3	櫟 354
	藕 767		袜 742		栭 474		聲 459	4699_4	倮 477
	藕 767	4533_1	熱 610	4593_6	榹 653	4640_6	聾 928	4702_0	切 319
4493_1	橃 487		熱 610	4594_4	棲 479	4641_2	媳 459		切 320
4493_2	棲 482	4540_2	姨 456		樓 485		媳 459	4702_7	扬 332
	棣 482	4542_7	姊 131		樓 485		媞 460		邟 535
4493_6	蕪 769		姊 142	4599_9	隷 874	4641_3	媿 626		磬 599
4494_1	梼 475		454	4602_7	悄 405		魄 626	4710_2	钁 662
4494_7	棱 181		姊 142		磬 599		媞 627	4710_4	坙 352
	477		453	4611_3	塊 351	4642_7	䫥 667	4712_0	坰 348
	樓 484		娉 147	4612_1	堺 423	4644_0	鞞 929		堋 350
4498_4	模 137		勢 204		聲 459	4650_2	挲 569	4712_7	埽 559
4499_1	蒜 760		334	4612_7	埧 458	4651_1	靶 877		堬 643
4499_4	桎 487		勢 334		場 867	4651_4	鞋 775	4713_2	塚 312
	蒜 760		姊 453	4612_8	堺 654	4652_7	鞘 878		塚 312
4506_6	慱 628		姊 454	4614_0	坤 423	4654_0	鞭 929	4713_7	塯 349
4510_6	坤 347	4546_0	麵 907	4614_1	埔 458	4655_1	鞘 878		堨 350
4511_0	坒 534	4548_1	麸 906	4614_7	墁 867	4661_2	覯 649		560
4511_2	墙 183	4548_2	姨 456	4618_1	堤 351	4665_6	鞼 366	4714_7	圾 347
	202	4549_6	嬾 456	4620_2	狛 835	4671_4	鞈 569	4717_7	埳 347
	635		嬾 456	4622_7	獌 44	4680_8	赾 786	4718_2	坎 347
4514_3	塼 646		孃 457		獌 44	4690_0	榓 483	4719_4	垛 149
4516_1	墻 183	4549_7	嬾 457		496	4690_2	柏 473		348
	635	4550_2	挚 558		帽 405	4691_2	棿 477		梁 348
	墙 634		挚 558		獌 496	4691_3	槐 482	4721_0	帆 401
4521_0	犾 802	4554_7	轉 895	4624_7	獌 44	4692_7	楞 180		颿 507
4521_7	独 803		轉 895		496		477	4721_4	幄 405
4524_7	幪 739	4558_6	鞭 878		獲 177		楊 478	4722_0	狗 494
4528_0	帙 402		韉 878		戛 598	4694_1	梼 475	4722_2	獠 565
	帙 403	4559_0	鞍 741	4624_9	獐 388		楫 482	4722_7	猰 204
	狹 494	4580_8	赳 159	4625_6	獋 367	4694_7	樨 478		鴉 498
	鈌 556	4590_0	杖 470	4626_0	帽 405		柅 608	4723_2	狼 836

4724_0 㪿 404	部 821	柳 474	毲 874	4864_0 敨 515
4724_7 殷 598	4764_7 散 515	柳 487	毲 874	敬 515
肢 598	殻 599	橺 488	4799_8 稬 751	4880_1 趡 787
殻 599	4771_1 㘽 301	橺 488	4810_2 塩 662	4880_2 趁 787
4725_6 揮 16	4772_0 却 318	梨 588	塩 662	4880_9 趙 787
4726_1 幨 84	切 319	枫 792	盐 663	趣 787
406	卻 333	桐 792	4811_2 壚 662	趂 787
4726_4 狢 836	卻 333	枫 792	盐 663	4891_1 槌 481
4727_7 帕 403	4772_7 卻 318	枫 792	4811_3 㜑 486	4891_2 槎 481
4730_7 趨 788	4780_1 趉 788	4792_2 杼 473	4814_7 垻 684	檻 736
4732_7 鵝 127	趨 788	㮯 752	4821_2 悦 403	4891_3 栓 172
611	趣 815	4792_7 楣 481	猇 743	486
4741_2 媲 459	4780_2 趋 787	橺 481	4822_7 猗 494	4891_4 栓 172
媲 460	趣 788	梛 487	4823_2 猨 602	486
娼 460	趂 788	榍 562	4823_3 扵 600	栓 174
4742_0 麴 907	4780_4 趖 786	榍 562	4824_0 敖 513	4893_2 松 472
糊 926	超 816	4793_7 槌 480	散 514	4894_0 牧 182
4742_2 妤 278	4780_7 趨 788	4794_7 穀 163	敫 516	救 182
4742_7 婦 135	4780_8 趣 788	殺 195	敦 516	揪 483
457	4782_0 期 584	598	敷 516	4895_3 樴 107
婿 458	4784_7 殻 599	栧 608	4826_1 帢 403	4899_2 樣 183
嫷 460	4788_2 欷 595	4796_1 檐 488	4828_6 憸 406	4899_4 絑 874
4744_7 嫂 458	欷 599	4796_3 桶 481	4833_4 愁 622	4928_0 狄 494
4746_4 婚 457	4791_0 机 303	4797_2 桶 482	4840_0 从 135	4928_9 峽 406
4748_6 嬾 631	机 303	4797_7 楢 562	457	4972_0 勘 916
4751_2 靻 877	4791_4 極 170	4798_2 枕 472	4841_2 獲 907	4994_7 櫻 443
4752_0 韛 732	480	款 594	4841_7 乾 257	
靳 895	握 405	款 594	4845_3 犧 741	5
4752_7 靷 877	4791_5 權 488	款 594	4848_1 嬿 461	5000_0 丰 750
4762_0 胡 159	4792_0 柳 142	款 594	4849_9 姈 461	5000_6 曳 102
579	211	4798_4 楔 481	姈 461	申 279
4762_7 郜 821	474	4799_4 樣 609	4855_2 籱 740	串 616

629	5011₅ 雖 709	屯 246	5101₈ 㧾 664	蠣 712
5000₇ 聿 750	5013₆ 虫 706	5071₆ 电 279	5102₁ 捗 509	5113₂ 蚘 710
5001₅ 雉 200	710	5071₇ 屯 245	5102₇ 捬 553	5118₄ 蜆 712
攉 490	蟲 710	5077₂ 螽 733	搞 554	5118₉ 蜺 712
5001₈ 捸 558	蠢 712	螽 734	擩 566	5121₅ 釐 813
5002₁ 撑 470	5020₂ 衷 361	5077₇ 螽 733	擩 566	5121₇ 甌 352
掎 491	5022₇ 宋 254	5080₀ 夹 362	輌 790	5133₃ 掀 480
5002₇ 搞 516	市 254	夾 364	輍 790	5140₂ 赽 907
摘 564	攜 284	奭 366	轆 790	5140₆ 麵 149
摘 564	567	5080₂ 夷 361	5103₁ 撫 484	907
携 567	市 400	夷 361	5103₂ 捺 561	5144₇ 數 516
粤 653	携 567	5080₆ 臾 733	據 566	5148₆ 類 883
甹 653	5023₀ 本 469	貴 805	5103₄ 撫 480	類 884
丏 653	5033₃ 惠 623	賁 807	5103₉ 轤 794	5194₇ 敉 559
丏 653	5033₆ 恚 623	5090₀ 来 280	5104₀ 撥 551	5198₆ 頼 807
粤 653	5033₈ 泰 535	棄 479	5104₁ 攝 194	頼 808
5003₂ 攘 354	5034₃ 專 356	5090₂ 棄 479	5104₆ 掉 488	5200₀ 划 321
5004₇ 撑 470	5034₆ 専 356	案 479	5104₇ 技 553	荊 326
5004₈ 挍 475	5040₄ 婁 457	5090₅ 棐 479	擾 567	揃 558
5006₁ 掂 561	婁 457	5090₆ 棐 479	5104₉ 掾 553	捯 558
5008₁ 捷 559	5040₇ 麦 420	棄 479	5105₇ 攄 566	揃 558
5009₃ 攌 558	906	5090₈ 奈 536	5106₀ 拈 190	揃 564
攌 558	5044₆ 羿 292	5090₉ 泰 535	5108₀ 扒 555	捯 564
5009₄ 攌 558	5044₇ 冉 271	5091₅ 雛 913	5108₄ 頓 791	5201₃ 挑 556
5010₂ 畫 72	5060₀ 由 653	5101₁ 挑 556	5108₆ 損 74	5201₇ 搋 553
656	5060₁ 壽 386	轤 794	5109₁ 摽 484	5201₈ 挳 560
壺 351	壽 387	5101₂ 輕 85	5110₁ 整 516	5202₁ 折 472
壹 657	5060₂ 耆 642	扼 554	整 517	5202₇ 扸 472
蠱 712	耆 642	輌 791	整 517	攜 567
5010₅ 壺 351	5060₆ 曹 105	5101₄ 挃 556	5111₂ 蚘 709	攜 567
5010₆ 畫 72	523	5101₇ 摅 553	5111₇ 甌 352	搞 665
656	5071₀ 七 245	擞 563	5112₇ 蟆 712	搞 665

5203_0 軭 791	5280_0 刺 322	5308_4 挨 603	5401_4 挂 556	5504_3 轉 793
5203_2 鞌 529	5280_1 墊 529	5308_5 挨 603	5401_5 攉 489	5504_6 轉 793
5204_4 扷 115	5290_0 剌 322	挨 603	攉 489	5506_1 輲 793
168	剌 326	5309_8 捒 564	5401_7 軌 789	輻 793
555	5290_4 棶 563	5310_0 戜 501	5402_1 掎 492	5508_0 扶 737
5204_7 蛃 200	5300_0 栛 82	戜 501	5402_7 抅 118	5508_1 捷 558
5204_9 捋 634	捌 118	5310_2 盛 661	撊 563	5509_2 揀 566
5206_2 鞧 529	326	5311_2 蛇 708	搞 665	5509_6 揀 559
5206_3 輲 792	九 275	虵 708	5404_1 擣 137	揀 566
5207_2 搖 560	掛 556	5314_0 蜿 711	561	5510_8 豐 796
搖 560	5301_1 摻 564	虼 711	5404_7 蛃 200	5513_6 棘 713
5207_7 搯 559	5301_7 挖 554	5315_0 蝶 711	技 553	5523_2 農 64
挿 560	5302_1 掎 492	5315_6 蟬 711	5409_0 揪 765	800
5209_4 採 575	掎 492	5318_6 蠖 711	5410_1 墊 517	農 800
蠰 794	5302_2 摻 564	5320_0 戚 502	墊 517	5533_7 慧 628
5210_0 虯 706	5303_2 捸 565	咸 502	墊 518	5533_9 慦 289
5211_0 虬 706	捸 565	盛 661	5411_2 蚍 708	5533_4 懋 289
5211_2 蚯 708	5303_5 撼 178	5328_1 靛 547	蚍 708	5540_6 麯 907
蛇 709	5304_4 拔 168	5340_0 戒 501	麯 797	5540_7 燮 289
5212_1 斲 573	555	5340_2 趄 667	麯 797	5544_7 茾 273
5212_7 蝸 935	較 200	5362_1 虰 657	5412_7 蠵 709	5555_7 茾 273
5213_6 蟹 709	5304_7 拔 115	5370_0 戎 501	5416_0 蛄 712	茾 273
5214_0 蚝 708	較 200	戎 502	5421_5 蠹 813	5560_6 曹 105
710	捸 565	5380_0 戒 501	蠺 814	523
5222_7 耕 839	5305_0 械 178	5400_0 轈 794	5455_3 蠿 740	5580_6 贊 808
5230_0 剳 327	撒 482	5401_1 批 556	蠿 740	5580_9 樊 289
5230_2 墊 529	撒 555	5401_2 抛 77	5473_2 憨 517	樊 289
5233_2 墊 188	撒 555	抛 77	5492_7 勒 514	5588_9 棽 289
5240_4 犛 906	扷 727	抛 77	勒 514	5590_0 耕 689
5260_0 割 643	5306_1 轄 793	抛 77	5500_0 扙 470	5599_0 棘 478
5260_2 暫 529	轄 793	撓 565	5502_7 輯 791	棘 479
暫 529	5306_5 轄 793	撓 565	5504_1 摶 561	5599_2 棘 478

	鼚 479		挋 562		㩉 561	5712_0	蝸 886	5794_7	籽 666
5599_5	藗 478		揘 562		㩉 561		蝸 886	5798_6	賴 807
5599_6	棘 478		擝 662		摡 778		蝸 886		賴 807
5600_0	擭 563	5701_4	牼 85		憁 778	5712_7	蠣 714	5801_2	梲 49
5602_7	捐 119		握 405		憁 778		蠣 714		558
	撈 180	5701_7	把 575	5703_7	捎 560		蠣 714		搋 554
	867	5701_9	拯 557	5703_8	摖 564	5718_0	螟 105		搋 554
5603_0	摠 778	5702_0	㓵 118	5704_0	剏 326	5718_2	歁 380		挩 557
	揔 778		326		斸 791	5722_7	契 204		攬 568
5604_1	捐 119		㓵 118	5704_3	扠 553		鬻 839		攬 568
5604_7	投 187		抑 555	5704_7	搬 125	5728_2	戨 594	5801_3	拴 173
	撮 565		抑 555		投 187	5731_0	戟 646		486
	攫 567		掏 559		搜 560	5733_3	掀 480		拴 173
	攘 867		輖 792	5706_1	擔 12	5733_4	撠 170		梲 558
5605_0	押 353		輖 792		180		480	5801_4	拴 172
5606_0	招 133		輖 792	5706_2	招 190	5740_2	麸 907		拴 486
5609_4	操 564		輖 792	5706_7	捃 558		麸 907	5802_2	輪 790
5610_0	蝸 708	5702_2	摎 564	5707_2	掘 172	5742_0	糊 926	5803_2	捩 133
	蝸 708		565	5707_7	帕 200	5744_2	挈 194		602
	蝸 708	5702_7	搗 137		帕 200		363		振 133
5611_0	蚎 709		562		挡 563		挈 194		601
5611_6	蠅 711		搗 137	5708_2	軟 789		363		捩 602
5614_0	蜱 712		562	5708_4	換 107		挈 194		捩 602
5615_6	蟬 711		輻 482	5709_2	拯 557		363	5803_3	捻 20
5681_2	規 810		掃 559	5709_8	操 564	5780_4	契 194		779
5701_0	朰 701		搗 562	5710_1	㓞 517		363		拎 600
	軌 789		搗 562	5711_2	蛆 707		契 194	5803_6	捻 779
	軌 789		搗 562		709		363	5804_0	撤 566
5701_2	鞁 49		搗 563	5711_7	艶 65		契 194		撤 566
	558		擻 563		797		363		轍 794
	挽 557		捐 840		蠅 711	5792_0	耖 588		轍 794
	挋 562	5703_2	拯 557		艶 797	5792_7	鵣 913	5805_3	撤 107

5806₀ 拾 190	6010₀ 旦 96	6017₇ 曰 77	黑 924	圖 399
5806₆ 捁 133	519	396	6033₈ 暴 529	嵒 399
5807₂ **拾** 486	旦 96	6020₂ 參 336	6034₁ 尋 150	冒 522
5808₂ 揉 183	519	6021₂ 罷 64	6040₀ 甲 260	6070₁ 胃 800
5808₄ 挨 603	日 146	718	**甲** 260	6071₁ **罣** 64
5809₀ 悚 790	曰 519	6021₅ 雌 855	早 260	**罡** 272
5809₂ 揉 183	6010₁ 罡 272	6022₀ 囲 396	6040₁ 晜 377	6071₄ 囮 396
擦 565	罡 273	6022₇ 昂 44	罕 717	圂 397
5809₃ 擦 565	叄 336	340	6040₄ 晏 523	6071₅ 囤 396
5810₁ 整 516	6010₂ 囯 395	昂 45	晏 523	6071₆ 黽 166
鼇 518	6010₃ 囯 62	339	6040₇ 曼 44	罠 166
5821₅ 鼇 813	398	昂 45	339	930
鼇 813	6010₄ 囯 62	340	囯 147	黽 930
鼇 814	398	囻 98	孚 264	**黿** 930
5824₀ 敖 513	壘 354	398	囜 395	黽 930
敷 516	呈 372	囷 98	旻 596	6071₇ 囜 147
5844₀ 數 516	囸 398	昴 341	6042₁ **羈** 718	囷 396
5894₁ 敕 514	6010₅ 星 372	嘳 391	6042₇ 昂 44	邑 819
5902₀ 抄 554	量 813	嘳 391	340	邑 819
5902₇ 捎 557	6010₉ 璽 722	囡 398	昂 45	6072₇ 曷 523
5903₀ 扶 555	6011₄ 疆 818	囻 398	340	昌 523
5906₉ 輛 792	彊 818	胃 522	6043₀ **畢** 260	6073₂ 裹 140
	6011₅ 疆 818	肖 577	6044₀ 昇 293	園 398
6	雖 855	胃 580	6044₇ 最 524	圜 399
6000₀ 口 335	6012₇ 蹄 817	6022₈ 界 654	6050₆ 囫 395	罭 718
369	踦 818	6023₂ 晨 524	6051₂ 兒 885	罳 718
6001₇ 吭 908	6013₀ 跡 179	晨 524	6051₃ 鬼 885	罳 718
6002₇ 号 702	825	6028₁ 昃 521	**鬼** 885	6074₇ 罠 64
6004₁ 嚦 676	6015₃ 國 62	6030₂ 乏 815	6051₆ 罎 882	801
嚦 676	98	6033₀ 恩 76	6052₁ 羈 718	6077₂ 罜 272
6004₄ 咥 376	397	恩 76	6052₇ 羈 718	罜 272
6004₈ 晈 672	國 397	6033₁ 黑 924	6060₀ 回 396	罍 722

Code	Char	Pg	Code	Char	Pg	Code	Char	Pg	Code	Char	Pg	Code	Char	Pg
6077_7	曶	403	6090_9	暴	528	6111_7	趹	817	6212_7	躋	444	6400_0	叫	7
	昌	403	6101_2	㬢	376	6112_7	蹄	817	6222_7	獬	702			371
6080_0	囚	395		曬	531	6113_1	蹎	818		獮	702		叺	111
6080_1	是	249		晒	811	6116_2	跖	818		獬	702	6401_2	曉	530
	吴	374	6101_6	暉	527	6121_7	號	701		獬	702	6401_7	咄	375
	異	656		暉	527	6123_1	虓	701	6226_7	屈	88	6401_8	嚏	378
	足	815		暉	527	6128_1	號	701	6231_2	覷	811	6403_2	嚶	393
6080_4	因	57		嘔	847	6136_0	點	925	6251_7	豎	453	6403_6	嗤	389
		77	6101_7	唬	702	6138_6	顯	881	6270_0	剮	324	6406_0	嗜	386
		395	6102_0	呵	841	6144_7	敷	513		剮	324		咕	580
	吴	374	6102_7	哬	376	6180_1	蹩	284	6280_4	夾	380		睹	649
	昊	520		嗎	389	6198_6	顠	881	6290_0	剝	327	6406_1	嗜	385
	昊	520		瞞	526		顠	881	6301_6	喧	385		睹	386
6080_5	吳	374		晒	527	6200_0	叫	7	6304_4	吱	372		嗜	386
6080_6	員	379		眄	648			371	6305_0	喊	380	6408_1	嚏	392
	圓	399		盻	648		叫	7		喊	383		瞋	651
	圓	399		嘘	702			371	6308_4	吠	372		嗔	651
6080_9	囡	57	6103_1	咔	358	6201_0	吼	375	6309_2	眿	649	6408_5	暎	522
		395		咔	358	6201_2	昡	811	6310_4	墜	353	6412_7	蹄	444
6081_5	雕	913	6104_0	呀	379	6201_8	瞪	74	6321_7	甗	353	6416_0	踽	817
6082_0	剴	783		呀	379	6202_7	嘴	390	6324_4	散	188	6416_1	蹭	815
6084_7	賅	807	6104_2	嗟	389	6203_0	颭	567		散	265		蹭	815
6086_1	賠	124	6104_7	唆	389	6203_2	眕	649	6328_4	猷	188	6416_4	踽	817
6086_4	賠	830	6106_4	晒	378		眨	660			265	6483_2	賧	830
6090_4	杲	184	6108_4	暎	525	6203_6	噁	388		猷	265	6484_1	時	285
		471		暎	657	6204_0	眠	811		獣	497	6486_0	賭	807
	果	184	6108_6	嗊	74	6204_1	啶	537	6333_8	慰	266	6489_8	睞	807
		470	6108_9	暎	526	6204_7	暖	525		默	924	6500_0	吽	375
	暴	528		暎	657	6206_1	咶	843	6338_4	默	924	6500_6	嗅	375
	暴	529	6109_1	味	384	6211_4	跬	883	6355_0	戰	161	6502_7	嘯	193
6090_8	㬅	336		哚	385	6211_5	踵	816	6368_4	獣	497		咘	376
	暴	529	6111_5	踵	818	6211_7	蹴	817	6378_4	獣	497	6508_0	暎	522

四角號碼索引

6509_0 昧 522	6608_4 嗅 387		跪 815	6802_2 畛 654
眛 522	6609_4 曝 529	器 391	6712_2 野 813	6803_2 唸 381
6509_2 唻 391	6609_9 曝 529	6671_1 罌 382	6712_7 躅 817	6804_0 噉 381
6509_6 唻 391	曝 529	6671_6 罨 930	躅 817	847
6516_8 踌 816	6610_4 呾 346	6671_8 罌 382	躞 818	吙 595
6519_2 踈 825	6610_5 單 290	6680_4 哭 380	6714_7 躞 816	噭 672
6589_0 賕 807	6611_2 跐 460	哭 380	6722_7 骻 702	6804_4 嘆 193
6600_0 咽 378	6612_7 踢 816	奥 380	骻 702	嘆 725
呬 378	躅 817	夹 380	6731_4 騂 325	6806_1 唅 373
咽 580	6621_2 咒 301	6701_2 睚 527	6733_3 驟 547	6806_2 哈 373
6601_2 呢 379	光 302	眤 527	6738_0 䐄 811	6806_8 哈 373
6602_7 眄 217	6624_8 嚴 392	6701_5 曜 530	6738_1 驟 547	6808_1 瞧 461
咢 378	嚴 392	6702_0 吻 373	6750_2 擘 585	瞧 461
号 378	6632_0 骄 384	嘲 390	擘 585	6808_4 吠 378
嘈 383	6632_7 駡 100	明 521	擘 585	嗾 389
呺 388	罵 100	明 521	6751_2 魍 885	唤 725
702	罵 100	喎 594	魍 885	咲 725
嘱 393	6640_4 嬰 461	6702_2 曙 652	魍 885	嘆 726
噣 652	嬰 461	6702_7 囑 393	6752_7 鴨 161	噢 726
6603_1 嘿 924	嬰 461	囑 393	912	6808_5 咲 725
嘿 924	嬰 462	囑 394	6772_7 鄲 823	6808_6 噢 392
6603_8 曝 529	嬰 462	囑 652	鄲 823	6808_9 嘆 725
6604_1 嗶 388	嬰 462	囑 652	鴲 912	6809_0 眕 654
嗶 388	嬰 462	睰 652	鴲 912	6810_4 坐 346
睴 528	6640_6 單 383	喝 680	6782_7 鄖 821	6813_2 跀 179
6604_8 嗶 388	6650_6 單 383	6704_7 暇 527	賜 912	6844_4 㱃 725
睴 528	6660_0 畊 654	暇 527	6786_1 贍 808	㱃 726
6604_9 嗶 388	6660_1 晿 390	6705_2 睜 585	6801_2 嗑 383	6880_4 奥 380
嗶 388	6666_0 蹋 140	6708_2 吶 160	392	6901_4 瞠 652
暉 528	393	嗽 389	6802_0 畔 654	6908_9 唸 381
6605_0 暉 528	6666_1 噐 391	6709_8 瞭 652	6802_1 喻 846	6909_4 曉 652
6606_0 唱 380	6666_8 囂 140	6711_2 跪 460	喻 846	

7

7010₁ 壁 678	7121₅ 厘 425	厚 263	7133₁ 厼 144	7220₀ 刖 321
7021₅ 雕 416	7121₇ 肌 321	7126₁ 后 71	570	剛 324
雅 661	7121₈ 陛 494	后 71	7134₄ 騣 901	剠 325
7022₇ 騰 589	陸 494	盾 423	7171₁ 匹 267	7221₂ 臘 590
䲢 589	7121₉ 胚 580	厴 424	匡 268	7221₄ 胇 439
7024₈ 脺 643	7122₇ 隔 73	7126₂ 陌 18	巨 304	胜 883
骹 883	膈 581	7126₄ 厴 266	7171₂ 匠 67	骰 883
胶 883	鬲 581	厴 424	269	7221₇ 虜 645
7026₀ 脂 581	鬲 581	7126₈ 厴 266	臣 100	7221₈ 豎 936
7026₁ 陪 124	䣝 581	7126₉ 曆 530	269	7222₁ 脈 136
141	陑 858	曆 530	匝 268	肵 471
陪 561	隅 858	7128₀ 厌 275	既 468	斤 572
7110₄ 壓 265	隔 858	7128₂ 厥 29	既 468	所 616
353	鴈 911	264	臣 696	7222₂ 彤 416
7110₆ 曁 528	鳫 911	厭 264	7171₅ 匣 269	7222₇ 胹 134
曁 528	7123₁ 黑 426	厭 265	7171₈ 匱 67	774
7113₆ 蠹 713	7123₂ 豚 135	厭 265	270	髠 277
蠢 713	802	7128₄ 厭 188	7172₇ 師 404	騰 589
7121₁ 歷 510	展 442	265	7173₂ 長 175	䲢 589
曨 862	展 442	厭 265	7190₄ 粱 145	膵 590
7121₂ 厄 263	厴 442	冣 275	粲 173	騰 590
肌 321	豚 446	冥 275	7210₁ 丘 248	胹 774
陑 858	辰 800	7128₆ 願 880	7210₂ 丘 248	髻 898
髏 881	辰 800	顧 880	592	髻 898
7121₃ 壓 893	7123₃ 脛 828	顧 881	乒 592	猦 935
7121₄ 厐 263	7123₇ 隱 861	7128₉ 灰 605	7210₄ 氏 593	7223₀ 瓜 674
陲 350	隱 861	陝 859	7212₁ 斯 572	瓜 674
壓 425	7123₈ 慭 265	7129₀ 胚 580	斯 573	爪 674
壓 425	懸 265	7129₆ 原 264	斯 573	7223₃ 聡 587
压 640	7124₀ 牙 247	原 264	斯 573	聡 587
	7124₁ 斤 572	7131₂ 駆 902	斯 573	7223₇ 隱 861
	7124₇ 厚 263	7131₆ 驅 903	7213₂ 駅 901	隱 861

四角號碼索引

7224₀ 阡 857	騳 902	7420₀ 升 111	7432₇ 骑 901	7529₆ 陳 9
7224₁ 斥 572	7273₃ 騳 902	7421₁ 隴 862	駒 901	7532₇ 騁 901
斤 572	7274₀ 氏 348	7421₂ 曉 530	7433₈ 驣 862	7536₂ 騎 643
7224₄ 胺 916	592	曉 530	7436₂ 騎 643	7536₈ 驕 816
7224₇ 反 337	7275₄ 繇 217	隴 862	驕 643	7539₀ 馱 159
7226₁ 后 371	繇 217	7421₃ 陛 253	7438₀ 馱 109	7572₇ 肺 402
脂 581	7277₂ 岳 140	7421₄ 陛 253	7440₀ 升 50	7578₆ 隤 808
階 859	7278₆ 鬶 898	陛 253	7472₇ 帥 402	晴 808
7226₂ 腦 587	鬒 899	陛 253	7474₇ 皷 686	7622₇ 胭 580
階 859	7280₀ 剷 328	陸 253	皷 686	7623₀ 腮 136
7226₄ 脂 373	7280₁ 髮 780	7421₈ 腊 586	7490₈ 燊 862	7623₃ 隰 861
盾 648	7280₆ 質 129	7422₇ 隔 73	7520₀ 阱 857	7624₀ 髀 883
7227₂ 腦 587	鬢 899	腩 585	7520₆ 陣 9	髀 883
7228₁ 髿 780	7321₂ 腕 585	膽 590	7521₀ 肶 135	7628₁ 隉 351
7229₄ 陝 860	阮 858	膽 590	802	7629₄ 臊 589
7231₂ 馱 903	7321₄ 隴 862	刐 640	阤 533	7639₃ 騾 903
7233₀ 馴 901	7323₈ 滕 590	鬸 675	7521₇ 阤 533	7672₇ 朋 217
馴 901	7324₀ 膩 178	臍 884	肬 802	7694₇ 殺 598
7233₂ 髲 780	7324₄ 猷 188	臍 884	7521₈ 體 94	7710₂ 岡 281
7233₃ 髲 780	7324₇ 胺 584	7423₂ 隨 860	884	豐 330
騳 902	7329₈ 滕 589	隨 860	7522₇ 帥 402	豐 330
7234₇ 駿 138	7334₄ 馱 109	髓 884	肺 578	豐 331
159	7334₇ 駿 104	7424₁ 隋 73	7523₂ 膿 178	7710₄ 堅 583
902	7338₄ 馱 109	7424₇ 陵 859	7523₈ 胱 675	圣 640
7240₄ 毕 29	7339₁ 騣 138	7426₀ 腊 386	7524₄ 髓 883	堅 813
7260₂ 髻 898	159	腊 495	髓 883	7710₈ 豎 796
7260₄ 昏 86	7362₁ 舒 657	7426₁ 腊 386	7524₇ 陵 859	豎 796
昏 522	7377₂ 隆 407	7429₄ 胺 588	7528₀ 肤 589	豎 798
7272₇ 髫 278	隆 407	7429₉ 膝 165	7529₀ 胰 165	豎 798
髫 278	7410₂ 墮 862	588	588	7711₁ 閒 131
7273₂ 鬃 217	7410₄ 墮 149	膝 165	膝 588	7712₁ 鬪 897
鬃 217	862	膝 588	7529₅ 膝 165	鬪 897

	鬪 897	7721₃	颺 893		腳 586		屬 444		叚 339
	鬪 897		颺 893		脚 586		属 444		屐 584
7712₇	邱 821	7721₄	颩 401		冐 645		属 444		597
	邱 821		尾 440		陶 682		属 445		殿 644
	鸠 912		屋 441		陶 682		属 445		履 876
7713₁	鬨 872	7721₇	肥 579		网 715		属 445	7725₁	犀 551
	鬨 872		肥 579		冈 715		属 445		犀 551
7713₂	鬩 872		阫 579		冈 715		脇 583	7725₈	犀 551
7714₁	鬬 897	7721₈	屆 441		网 716		邪 819	7725₉	犀 551
	鬬 897	7722₀	朋 46		冈 716		閽 873	7726₂	閭 139
7714₇	闕 161		114		門 716		鬧 896		隌 861
	鬮 873		164		囚 717		鬧 896		隌 861
7718₂	欧 381		578		肉 720		鬮 896	7726₄	居 441
	鬭 872		朋 46	7722₂	髁 884		鬮 896	7726₇	眉 649
7721₀	風 102		114	7722₇	局 109	7723₁	爬 575		眉 649
	几 303		578		440		閒 871	7726₉	閽 872
	凡 505		114		屌 109		閒 871		屠 876
7721₁	尾 440		164		440	7723₂	展 442	7727₇	胎 584
	膤 587		岡 128		屌 109		展 442	7728₁	屓 443
	膤 587		272		440		展 442	7728₂	次 378
7721₂	兕 301		月 147		釁 330		晨 524	7728₄	戾 442
	兕 301		朋 164		希 401		晨 524	7729₂	尿 439
	尼 439		冊 272		希 401		腮 587	7729₄	陎 149
	尾 439		397		鄘 425		隊 822		348
	肥 579		682		鄘 425	7723₇	腿 586		陎 348
	閜 684		冄 317		鄘 425		隐 861		屎 441
	腕 686		冈 348		鄘 426	7724₁	犀 551		屎 443
	胆 707		刚 521		属 444		閉 871		屎 443
	覺 811		胸 582		属 444	7724₄	屢 443		屎 746
	覺 811		腳 586		属 444		屢 443		屎 876
	阻 858		腳 586		属 444		屢 877	7729₈	髁 884
	颺 893					7724₇	叚 338	7731₀	飆 401

四角號碼索引

7731_2 駔 900	閞 873	7772_7 鵰 102	7780_9 灸 605	7834_7 駿 104
駔 902	7744_7 叚 191	912	饞 612	7850_2 擎 568
駔 903	596	邸 821	7781_2 闋 684	7860_4 醫 798
駔 903	昪 734	郒 821	7790_4 桑 70	7871_2 瞪 907
7732_0 駒 902	7748_2 闋 872	鄘 823	141	7894_0 敩 598
駒 902	7750_2 擎 585	7774_7 叚 338	476	7921_4 塍 586
駒 902	7750_6 舉 793	叚 339	槡 746	7922_7 騰 187
7732_7 騎 901	7750_8 舉 78	596	7790_8 闍 896	勝 585
驕 902	734	叚 339	7810_1 登 518	7925_9 鄰 822
7733_1 忠 622	舉 793	597	臸 518	7928_9 朕 382
7733_6 鼡 309	7752_7 郵 820	叚 339	7810_2 鹽 662	7929_4 隙 860
330	7753_2 闋 872	叚 512	鹽 662	7929_6 隙 860
鼡 330	7755_0 冉 271	7776_2 昭 734	鑒 798	7929_9 滕 589
7736_1 騷 902	冊 272	7777_0 凹 146	7810_8 鹽 798	**8**
7736_2 騷 902	7755_1 開 871	315	7821_2 覽 811	
7740_0 閔 871	7758_2 閞 872	7777_2 關 873	覽 811	8001_7 气 144
7740_7 學 54	7760_1 閣 162	7777_7 閒 139	覽 812	8002_7 分 292
65	合 369	161	7821_5 蠱 814	兮 292
451	曾 390	872	7822_2 胗 580	旮 292
閒 161	7760_2 曹 272	凸 146	7823_2 阽 858	卷 317
叟 170	留 654	315	陰 859	糸 321
339	留 654	非 616	陰 859	8010_1 生 253
學 451	7760_4 曹 272	閻 872	陰 859	甡 721
叟 596	譽 330	7780_1 興 62	7823_6 隘 861	8010_2 全 276
叟 596	昏 522	189	7826_0 陷 858	仝 276
7742_7 舅 217	醫 798	296	7828_4 朕 582	並 293
鵅 638	7762_7 鄰 821	興 189	7828_6 險 861	差 345
7744_0 册 272	7771_7 電 166	296	7829_0 胗 580	益 451
冊 272	930	興 296	7833_3 駿 902	盆 660
7744_1 昪 656	巴 446	興 793	7833_4 愍 625	盖 760
開 871	巳 446	7780_6 貿 806	愍 625	8010_4 全 276
7744_3 開 873	7772_0 卯 317	7780_7 奭 733	愍 625	全 276

	龠 467		兊 302	8033₆	魚 287	8060₆	倉 307		276
	龠 467		竞 330		㸓 915		曾 525		尒 250
	皇 578	8021₇	㕲 75	8033₇	燕 294		曾 525		275
8010₆	僉 287		506		魚 722	8060₈	含 373	8090₄	槧 426
8011₄	荘 756		㕲 75	8040₃	傘 286	8062₇	苟 753		傘 476
	鐘 869		羌 456	8040₄	姜 456	8071₁	耂 345	8091₇	氣 144
8011₆	鐘 869		貧 505	8040₇	㚇 54	8071₇	瓮 75	8111₂	鑪 611
8011₇	鑛 870		竞 506		复 421		505		鑪 612
	鑛 870	8022₀	介 275		復 421		乞 570	8111₇	疏 507
8012₁	錆 864	8022₁	俞 282		夒 421		瓮 660	8114₃	鎒 765
8012₇	剪 325		俞 282		燮 421	8072₇	餲 552	8116₂	銟 864
	鑴 868		前 293		燮 422		飯 889	8124₇	敝 913
	鑴 868		斧 572	8040₈	羮 164	8073₀	飰 887	8131₇	瓠 508
8013₇	鎌 869	8022₇	分 321		傘 286	8073₂	公 369	8141₇	瓶 507
8014₁	鎌 869		剪 325		傘 286		戾 378	8144₇	箴 518
8014₇	蔑 422		剪 325	8041₂	兌 49	8075₇	每 636	8151₁	羝 744
8018₆	鑛 647		蕘 868		87	8077₂	缶 721	8153₂	羖 744
8019₄	鍊 865		鶚 868		302	8080₁	箕 295	8171₂	瓯 891
8020₂	彡 275	8023₇	兼 294		尭 329		箕 295	8171₇	瓰 507
8021₁	乍 253	8025₁	舞 418	8050₀	年 255		巽 295	8172₀	釘 887
	龕 937	8025₃	茂 752		秊 255		巽 296	8178₄	饅 891
	龕 938		茂 752	8051₁	羌 345		巽 296	8178₉	饅 891
8021₂	兌 49	8030₂	令 276	8051₂	羗 743	8080₄	羹 164	8181₈	短 664
	75	8032₇	爲 143	8054₂	羙 744		矢 664	8188₆	頹 880
	87		803	8060₀	凸 371		美 743	8211₂	鋞 200
	302		鳥 803		卤 399		美 743		鋞 200
	302	8033₁	無 608		百 520		美 916	8211₄	鈖 205
	兊 75		無 608	8060₁	合 162	8080₉	美 743	8212₇	鏽 127
	兊 75		無 608		善 385	8081₇	氖 145	8217₂	鏟 865
	87		無 722		善 385	8088₆	僉 287	8217₇	錨 865
	302	8033₃	忿 397		亼 426	8088₇	兼 294	8219₄	鑠 866
	竞 293		621	8060₂	含 373	8090₀	尒 250	8220₀	剃 324

四角號碼索引

	創 326	8375_0	餅 888		177		朔 582		笕 730
8240_4	剿 328	8377_7	館 890	8612_7	鋗 217	8752_0	羢 744		簏 732
8242_1	斯 328	8379_8	餘 748	8613_2	鐶 466	8762_0	卻 318	8821_7	篾 65
8254_0	羝 744	8410_0	針 865		鐶 466		綢 547		731
8254_3	瓨 744	8412_1	錡 864	8614_1	鋗 217	8762_7	郤 821		簾 65
8260_0	剏 324	8414_7	鈑 904	8614_7	鑹 177	8768_2	欲 79		731
8264_0	衸 857	8415_4	錞 866		鍜 866		欲 79	8822_0	竹 724
8274_7	飯 887	8416_1	錯 864		鏝 867	8771_5	餛 746	8822_7	筋 728
8278_4	飫 887		錯 865	8616_0	鐳 722	8771_9	餪 761		筋 728
8280_0	劍 140	8419_4	鍱 865	8619_3	鏍 870	8772_0	餬 159		筋 728
	剄 328		鎌 865	8640_1	聲 459		飼 889		篇 730
8281_0	刓 664		鎌 865	8650_2	羖 744		飼 889		箒 731
	刓 665	8460_0	斜 324	8652_7	羯 744	8776_1	饏 808		箒 731
8282_1	斵 329		斜 324	8674_9	餺 891	8778_2	飲 888		箹 732
8282_7	矯 665	8471_8	餛 748	8675_0	卹 890	8788_2	欸 664		簡 732
8292_1	斯 328	8472_7	餚 577		餹 891	8790_4	槊 483		箐 791
8314_1	錚 866		餳 889	8681_2	規 810	8810_2	笪 731	8823_0	竿 729
8315_0	鐵 865	8473_1	餟 761	8684_0	婢 665		篁 731	8823_1	竿 729
	錚 866	8473_3	餟 761	8712_0	釛 140	8810_4	坐 346		笒 729
	鐵 868	8476_1	儲 386		162	8811_2	鎝 865	8823_4	笨 94
	鐵 868		饝 891		鋼 175	8811_4	銓 864	8824_0	斁 913
	鐵 869	8478_8	餕 890		釣 863	8812_7	弱 448	8825_3	筏 727
	鐵 869	8482_7	矯 665	8712_2	釸 868	8813_2	鈆 863	8830_6	簽 390
8315_3	錢 113	8490_0	斜 819	8712_7	鍋 321	8813_7	鐮 869	8832_7	篤 731
8316_1	鎊 793		斜 819	8713_2	鍋 321	8814_7	籤 487	8833_4	煞 195
	錯 793	8511_0	鈍 205	8716_1	鉛 863	8816_7	鎗 867		598
8316_5	鏪 793	8511_7	鈍 205	8718_4	鍥 864	8818_1	縱 868		憋 625
8367_7	館 890	8518_0	鈇 572	8722_7	邠 820	8819_9	鑲 732	8833_8	篆 732
8370_0	卧 889	8578_0	缺 722	8728_2	欻 594	8820_1	竽 473	8834_6	篳 887
8371_1	鑓 748		缺 722	8733_2	慾 628	8820_2	篸 732	8840_7	笿 729
8372_2	鑓 748	8610_0	鈿 863	8741_0	瓩 507	8820_7	薓 732	8842_7	篔 731
8374_0	餅 888	8611_5	鏷 172	8742_0	朔 118	8821_2	籬 703	8843_0	笑 726

	竿 729		簀 731		懷 632	9102_7	憍 287		627
8844_0	筊 724	8880_8	筊 727	9006_4	恉 176		忬 448	9207_2	怵 53
	筊 726		730		374		懦 631		151
8844_1	筝 729	8882_1	筛 329	9008_4	悿 460		懦 631		悩 53
8850_6	箄 730	8882_3	節 329	9010_5	靠 747	9108_4	懊 631		65
8850_7	筆 134	8890_1	筞 727		堂 925	9108_6	憤 174		151
	729		籑 732	9021_5	雀 854		懶 632		627
	笌 728	8890_2	策 75	9033_1	恙 622	9108_9	𧘍 621	9207_7	惛 403
8855_7	箅 272		726		薰 925		懷 631	9281_1	煋 587
8860_5	笛 754	8890_3	纂 782	9033_5	恙 622	9109_1	慓 400	9282_7	爌 589
8862_7	筍 728	8890_4	策 75	9033_9	恣 622	9181_2	爐 611	9283_3	㷙 587
8864_0	敬 515		726	9040_7	学 450		爐 611	9284_7	煖 525
8871_0	笉 752		箂 726	9060_1	甞 527	9181_4	煙 608	9286_9	燔 608
8871_4	笔 134		箂 727	9060_9	畓 656	9182_7	爌 526	9291_0	粕 666
	729	8890_5	箂 727	9071_2	卷 88		炳 581	9292_1	粣 746
8871_6	筧 731	8890_8	蔡 732		110		煸 608	9304_0	忕 280
8871_7	籢 145	8894_0	敦 598		317	9184_6	燀 610	9305_0	懴 406
8872_7	節 730	8912_0	鈔 554	9077_4	甞 527	9185_6	燀 610	9381_1	燈 611
	飾 889	8912_7	銷 864	9080_1	兴 62	9186_0	㸃 925	9381_1	炧 605
8873_1	饈 891	8916_6	鐺 867		糞 747	9188_4	煥 525	9383_8	燃 129
8873_3	餝 887	8918_6	鎖 866		糞 747	9188_9	煥 526		610
	餙 887			9082_7	爌 589	9191_7	號 704		燦 611
8876_1	飴 890		**9**	9083_1	燋 127	9192_7	糯 749	9389_8	燦 611
8877_7	管 730	9000_0	忄 400	9091_3	粧 145		糯 749	9392_2	糁 748
8880_4	笑 193	9001_5	憧 12		455	9194_6	粳 745	9393_2	粮 748
	724	9002_7	卷 88		粧 455	9196_0	粘 927	9393_8	糁 748
	笑 724		317	9091_4	粧 145	9198_4	粮 749	9399_8	糤 748
	簧 887		卷 88		455	9201_1	忱 627	9401_1	憿 530
8880_5	笑 664		317	9092_7	摘 927		忹 627		630
	筊 727		卷 317	9093_2	糵 799	9203_3	恷 627		忱 617
	730		卷 317	9099_9	糠 747	9206_2	悩 53		佐 619
8880_6	箈 390	9003_2	懷 632	9101_6	慍 846		151	9401_4	性 619

	恠 620		憒 628	9721_5	耀 530		驚 917
9402_7	协 261	9508_0	怢 402		遼 792	9844_4	弊 359
	惰 625	9509_6	悚 631	9722_7	鄰 822	9880_4	獎 359
9403_1	忐 406	9596_0	釉 669		鶼 854		奬 359
	憶 623	9596_6	糟 746	9725_6	輝 792	9884_0	燉 89
9403_2	忕 176		糟 746	9781_2	煋 605	9893_1	糕 891
	恠 176	9599_6	棶 749	9782_0	爛 610	9905_9	憐 630
	374	9601_3	愧 626		爛 610	9906_9	憣 12
	懷 632		媿 626		爛 610	9907_2	惱 627
9404_1	懤 624		聭 626	9782_7	爍 606	9921_7	甇 609
9404_7	悖 622	9602_7	愕 626	9783_5	烽 607	9932_7	鴬 100
9405_6	悼 846		愣 626	9784_6	燨 610	9941_7	營 609
9406_1	懎 630	9604_1	㥁 623	9784_7	殁 347	9942_7	勞 333
9406_4	恎 374		悍 626	9785_4	烽 607	9982_0	炒 605
9408_1	怢 402		悍 626	9788_1	爔 589	9982_7	焇 864
9408_6	憤 630	9680_0	炟 608	9789_4	煣 609	9986_9	燔 607
9408_9	恢 621		烟 608	9791_5	粔 746	9990_4	榮 74
9410_4	墮 625		炯 609	9792_0	糊 746		
	墮 626	9689_4	燥 611		糷 749		
9442_7	勃 333	9691_5	糧 748		粡 889		
9481_2	灺 605	9701_4	怪 619	9792_7	糈 746		
9485_6	燁 608	9701_7	忹 617	9801_2	憸 392		
9488_6	燌 136	9702_0	刎 320	9802_7	惕 629		
9491_0	粧 456		惆 624	9803_1	憮 630		
	糚 456	9702_7	恊 262	9803_2	怜 630		
9491_4	粔 145	9703_2	惚 65	9803_3	憽 847		
	455		怪 176	9804_0	傲 286		
9491_8	糕 748		恎 374		傲 286		
9492_7	糷 749	9704_7	悍 609		憿 630		
9504_4	慺 628	9706_4	悟 374	9811_7	鼈 918		
	僂 628	9708_6	慣 629	9813_6	螫 918		
9506_6	憻 628		懶 631	9833_6	鰵 917		

圖書在版編目(CIP)數據

敦煌俗字研究/張涌泉著.—2版.—上海：上海教育出版社，2015.12(2023.10 重印)
ISBN 978-7-5444-5972-3

Ⅰ.①敦… Ⅱ.①張… Ⅲ.①敦煌學-研究
①K870.6

中國版本圖書館 CIP 數據核字(2015)第 257009 號

責任編輯　徐川山
書籍設計　陸　弦

敦煌俗字研究(第二版)
張涌泉　著

出版發行　上海教育出版社有限公司
官　　網　www.seph.com.cn
地　　址　上海市閔行區號景路 159 弄 C 座
郵　　編　201101
印　　刷　上海中華印刷有限公司
開　　本　787×1092　1/16　印張　62.5　插頁　11
版　　次　2015 年 12 月第 1 版
印　　次　2023 年 10 月第 2 次印刷
書　　號　ISBN 978-7-5444-5972-3/H·0240
定　　價　268.00 元(精裝)

如發現質量問題，讀者可向本社調換　電話：021-64373213